Stephan Malinowski
Vom König zum Führer

ELITENWANDEL IN DER MODERNE

Herausgegeben von Heinz Reif
Band 4

Band 1
Heinz Reif (Hg.)
Adel und Bürgertum in Deutschland I.
Entwicklungslinien und Wendepunkte im 19. Jahrhundert

Band 2
Heinz Reif (Hg.)
Adel und Bürgertum in Deutschland II.
Entwicklungslinien und Wendepunkte im 20. Jahrhundert

Band 3
René Schiller
Vom Rittergut zum Großgrundbesitz
Ökonomische und soziale Transformationsprozesse
der ländlichen Eliten in Brandenburg im 19. Jahrhundert

Stephan Malinowski

Vom König zum Führer

Sozialer Niedergang und politische Radikalisierung
im deutschen Adel
zwischen Kaiserreich und NS-Staat

2. Auflage

Akademie Verlag

Abbildungen auf dem Einband:
Kaiser Wilhelm II. mit seinen sechs Söhnen vor dem Berliner Stadtschloß
auf dem Weg zur Parolenausgabe am 1. 1. 1913
Reichskanzler Adolf Hitler, Vizekanzler Franz von Papen
und Reichspräsident Paul von Hindenburg
am „Tag von Potsdam" (21. 3. 1933)
vor der Potsdamer Garnisonkirche.
© ullstein bild

ISBN 3-05-004037-8

© Akademie Verlag GmbH, Berlin 2003

Das eingesetzte Papier ist alterungsbeständig nach DIN/ISO 9706.

Alle Rechte, insbesondere die der Übersetzung in andere Sprachen, vorbehalten.
Kein Teil dieses Buches darf ohne schriftliche Genehmigung des Verlages
in irgendeiner Form – durch Photokopie, Mikroverfilmung oder irgendein
anderes Verfahren – reproduziert oder in eine von Maschinen, insbesondere von
Datenverarbeitungsmaschinen, verwendbare Sprache übertragen
oder übersetzt werden.

Einbandgestaltung: Jochen Baltzer
Druck: MB Medienhaus Berlin GmbH
Bindung: Norbert Klotz, Jettingen-Scheppach
Gedruckt in Deutschland

Für Béatrice

Inhaltsverzeichnis

Danksagung 10

1.) Einleitung 13

1.1.) Thema 13
1.2.) Fragestellung und Aufbau 15
1.3.) Zum Forschungsstand 20
1.4.) Methoden und Quellen 28
1.5.) Begriffe und Differenzierungen 34

Teil I.) Grundzüge der Adeligkeit im 20. Jahrhundert 47

2.) Elemente des adligen Habitus 47

2.1.) Die adlige Familie und die Familie des Adels 47
2.2.) Landbindung und Großstadtferne 55
2.3.) Charakter versus Bildung 73
2.4.) Kultur und Kult der Kargheit 90
2.5.) Herrschaft und „Führertum" 104

Teil II.) Fragmentierung und Reorganisation im Adel bis 1918 118

3.) Annäherungen: Grandseigneurs und Bourgeoisie 121

3.1.) Konnubium und Nobilitierungen 122
3.2.) Soziabilität 127
3.3.) Wilhelm II. als „Herr der Mitte" 134

4.) Entfernungen: Sammlung und ideologische Formierung im Kleinadel 144

4.1.) Die Deutsche Adelsgenossenschaft: Gründung, Sozialprofil, Programm 145
4.2.) Die DAG als Selbsthilfeorganisation des Kleinadels 154
4.3.) Antiliberalismus und Antisemitismus: Die DAG und der Weg nach rechts . 157
4.4.) Die Distanzierung des Kleinadels vom Kaiser 170
4.5.) Adlige in den Verbänden der Neuen Rechten 175
4.6.) Der Adel und die völkische Bewegung 189

Teil III.) Zusammenbruch und Neuorientierung nach 1918 198

5.) November 1918 – Der Untergang einer Welt 198

5.1.) Verlusterfahrungen: Die Revolution als „Sturz aus großer Höhe" 200
5.2.) Verlustphantasien: Wahrnehmung und Deutung der Revolution 203
5.3.) Reaktionsmuster: Rückzug, Sammlung, Brutalisierung 209
5.4.) Entfernung von der Truppe: Interpretation und Wirkung der Kaiserflucht ... 228
5.5.) Die Auflösung des Monarchismus 247

6.) Adel im Übergang?
Zur sozialen Flugbahn einzelner Adelsgruppen 259

6.1.) Untergänge: Der soziale Niedergang des Kleinadels 260
6.2.) Übergänge: Adlige Beharrungs- und Anpassungsleistungen 282

7.) Orientierungssuche: Debatten, Leitbegriffe und Konzepte 293

7.1.) Nachfrage:
Führertum und Neuer Adel als Achsenthema der Neuen Rechten 299
7.2.) Angebot:
Führertum und Adelserneuerung als Achsenthema im alten Adel 310

Teil IV.) Sammlung, Transformation und Radikalisierung
1918-1933 321

8.) Adlige Organisationen: Homogenisierung und
inneradlige Konflikte 321

8.1.) Die DAG und die Schaffung eines „deutschen Adels" 321
8.2.) Arierparagraph und EDDA: Die völkische Zerstörung des Adelsbegriffes .. 336
8.3.) Grundtendenzen im katholischen Adel 358
8.4.) Gegen den Strom: Adelskonservativismus in Süddeutschland 367
8.5.) Katholizismus von Rechts: Der westfälische Adel 385
8.6.) Führer-Fürsten: Der Wernigeroder Kreis 395
8.7.) Nord gegen Süd: Der Konflikt um die Jungadelsschule „Ellena" 398
8.8.) Interessenverbände der Grandseigneurs 413

9.) Adlig-bürgerliche Organisationen: Die „Führersammlung".........422

9.1.) Führer über den Massen: Der Deutsche Herrenklub 422
9.2.) Das Netzwerk der Führer: Die Ring-Bewegung..........................437
9.3.) Der rechte Rand der Ring-Bewegung: Die Nationalklubs..........448
9.4.) Führer im Hintergrund: Die „Gäa"..456
9.5.) Exkurs: Renegaten – Adlige Republikaner.................................460

Teil V.) Der deutsche Adel und die NS-Bewegung..................476

10.) Affinitäten und Ambivalenzen..476

10.1.) Die gemeinsame Feindbestimmung..476
10.2.) Antisemitismus...482
10.3.) „Führertum" und Antibürgerlichkeit.......................................488
10.4.) Gen Ostland reiten – Karrierechancen im NS-Staat.................500

11.) Differenzen und Ambivalenzen...504

11.1.) Monarchismus und christliche Tradition.................................504
11.2.) Großgrundbesitz und Nationalsozialismus..............................516
11.3.) Neuadel aus Blut und Boden..520
11.4.) „Herrentum" versus „Volksgemeinschaft"...............................531

12.) Formen und Ausmaße der Annäherung..............................553

12.1.) Katalysatoren der Annäherung – Nazi-Salons..........................553
12.2.) Die Selbstgleichschaltung der Adelsverbände.........................556
12.3.) Wege in die Bewegung – Biographische Skizzen....................560
12.4.) Namen die keiner mehr nennt – Adlige in der NSDAP...........569
12.5.) Kalkül und Mißverständnis – Versuch der Deutung................578
12.6.) Lange und kurze Messer: Juni 1934 und Juli 1944.................585

13.) Zusammenfassung..594

14.) Quellen...610

15.) Forschungsliteratur..626

16.) Personenregister...650

17.) Sachregister...656

18.) Abkürzungen...659

Danksagung

Dieses Buch ist die überarbeitete Fassung meiner im Dezember 2001 am Institut für Geschichte und Kunstgeschichte der Technischen Universität Berlin eingereichten Dissertation. Die wissenschaftliche Aussprache fand im Februar 2002 statt. Die Druckfassung der Arbeit wurde von der Deutschen Forschungsgemeinschaft großzügig unterstützt.

Die Endredaktion eines wissenschaftlichen Textes ist ein einsames Geschäft, seine eigentliche Entstehung jedoch ein Gemeinschaftswerk. Die vorliegende Arbeit verdankt der Hilfe und den Anregungen anderer weit mehr als üblich. Die angehäufte Dankesschuld ist deshalb groß.

Mein Dank gilt an erster Stelle dem Betreuer dieser Arbeit. Heinz Reif bin ich nicht nur „zu Dank verpflichtet", sondern darüber hinaus für eine langjährige Unterstützung, eine ebenso intensive wie tolerante Kritik sowie für eine Vielzahl von gewährten Freiheiten auch tatsächlich dankbar. Danken möchte ich Michael Müller, dem Zweitgutachter der Dissertation, der mir wichtige Türen geöffnet und die Arbeit zu Beginn von allerhand Ballast befreit hat, mit dem sie nicht weit gekommen wäre.

Das von Heinz Reif geleitete und von der DFG finanzierte Forschungsprojekt Projekt *Elitenwandel in der Moderne* bot an der TU Berlin über Jahre ein Umfeld mit idealen Bedingungen für gemeinschaftliches Arbeiten. In den hier geführten Diskussionen sind die Ideen der einzelnen Mitarbeiter so lange verschmolzen, bis sich am Ende weder die Urheberschaft der guten noch die Urheberschaft der schlechten Einfälle zweifelsfrei klären ließ. Von allen Mitgliedern dieses Arbeitskreises hat die Arbeit in unterschiedlicher Form sehr profitiert. Mein Dank gilt hier Marcus Funck, Gunter Heinickel, Kai-Uwe Holländer, Thierry Jacob, Martin Kohlrausch, Rainer Pomp, René Schiller, Wolfram Theilemann und Katrin Wehry. René Schiller danke ich außerdem für die geduldige Weitergabe seiner Computerkenntnisse, die er im Projekt als einziger hatte, und von denen alle Mitarbeiter profitiert haben.

Wichtige Anregungen und Ideen, die in die Arbeit eingegangen sind, stammen weiterhin aus Colloquien und Gesprächen mit Karl Otmar Frhr. v. Aretin, Gisela Bock, Roger Chickering, Christoph Conrad, Christof Dipper, Heinz-Gerhard Haupt, Larry E. Jones, Klemens v. Klemperer, Alf Lüdtke, Hans Medick, Jean-Claude Michéa, Jim Retallack und Reinhard Rürup.

Dem DAAD danke ich für ein Stipendium, das mir zweieinhalb Jahre Forschungsarbeit und Studium am Europäischen Hochschulinstitut in Florenz ermöglicht hat. Aus den Seminaren von John Brewer, Michael Müller, Luisa Passerini, Raffaele Romanelli und Bo Stråth habe ich mehr Hinweise vergessen, als ich an anderen Orten je bekommen hätte. Die Anregungen dieser Jahre, die über das Fachliche weit hinausgingen, gehören zu den besten Erfahrungen, die mit dieser Arbeit verbunden sind.

Danken möchte ich den Freunden, mit denen ich die Zeit in Italien geteilt und von denen ich gelernt habe: Jean-Pierre Cassarino, Ângela Barreto Xavier, Amy Farber, Stefan Halikowski-Smith, Laura Di Grigorio, Stefania und Gianni Pettena, Giampaolo Rinaldo, Oliver Schmidt, Pisana Visconti und Norbert Wuthe, dem *zio*, der ganze Welten vorführen konnte.
In diesen Freundeskreis gehörte auch Knut Mittendorfer (1973-1998). Seine Fragen leben in denen weiter, die ihn gekannt haben.

Vier Freunde haben die Arbeit besonders intensiv begleitet: Hans-Peter Rouette danke ich dafür, daß er mich mit seinen Geschichten zur Geschichte gebracht hat. Fast alles, was ich über das Stellen von Fragen weiß, habe ich von ihm gelernt. Daniel Schönpflug und seinem ordnenden Blick verdanke ich von den Anfängen in Montpellier bis zum Ende in Berlin nicht nur im Fachlichen sehr viel. Die „Führerqualitäten" von Oliver Schmidt waren in fränkischen Dörfern ebenso unumstritten wie in der Neuen Welt. Von ihm habe ich am Ende gelernt, wie man die Tür schließt und geschlossen hält. Inhaltlich hat diese Arbeit niemand näher begleitet und mehr befördert als Marcus Funck. Ohne ihn wären 400 Adelsautobiographien, 4.000 Lidos-Eingaben, 40.000 Sinneinheiten und 4 Bücher Manfred v. Killingers ebensowenig zu ertragen gewesen wie die Arbeitsaufträge aus Sambalpur und Saratow.

Jan Bockelmann, Jesko Graf zu Dohna, Marcus Funck, Martin Kohlrausch, Sven Reichardt, Hans-Peter Rouette, Daniel Schönpflug, Alexander Sedlmaier und Katja Stoppenbrink haben Teile der Arbeit gelesen und kritisiert. Viele der Verbesserungen im Text gehen auf ihr Konto. Alle verbleibenden Schwächen und Fehler auf das meine.

Mein Dank gilt weiterhin den Vorständen aller adligen Familien, die mir die Einsicht in ihre Privatarchive genehmigt haben.
In allen besuchten Archiven haben mir die dortigen Mitarbeiter durch wichtige Hinweise geholfen und Umwege erspart. Besonders wertvoll war die freundliche Hilfe von Horst Conrad (Münster), Jesko Graf zu Dohna (Castell), Christoph Franke (Marburg) und Heinz Fehlauer (Berlin). Unter meinen adligen Gesprächspartnern möchte ich mich insbesondere bei Karl Otmar Frhr. v. Aretin, Jesko Graf zu Dohna, Ellinor Gall, geb. Freiin v. Hammerstein, Henning v. Holtzendorff und Konstanza Prinzessin zu Löwenstein bedanken. Sie haben mir mit zahlreichen Hinweisen geholfen und mir die Möglichkeit gegeben, ein in Archiven und am Schreibtisch zusammengesetztes Bild mit persönlichen Erinnerungen zu vergleichen.

Am meisten verdankt die Fertigstellung dieser Arbeit meiner Frau.
Doch nicht nur deshalb ist sie ihr gewidmet.

1.) Einleitung

1.1.) Thema

Zwischen den jahrhundertealten Traditionen des Adels und dem Faschismus liegen Welten. Für den deutschen Adel war der Weg vom König zum Führer weit und alles andere als selbstverständlich. Am Anfang dieser Arbeit stand deshalb eine Verwunderung. Wie fügt sich eine Gruppe, die für Tradition, Beharrung, Herrschaftserfahrung und eine ganze Reihe positiv besetzter Werte steht, sozial und ideologisch in die radikale Rechte des 20. Jahrhunderts? Wie fügen sich eine in Jahrhunderten gehärtete Ideologie der Höherwertigkeit und ein damit verbundenes System spezifischer Ehrbegriffe in die Herrschaft der Gemeinheit? Die ersten Assoziationen zu diesem Thema sind äußerst widersprüchlich.

Zur Bedeutung des deutschen Adels im 20. Jahrhundert fallen jedem Historiker zumindest zwei Dinge ein. Erstens jene „Kamarilla", die im Januar 1933 dem greisen Feldmarschall auf dem in der Verfassung nicht vorgesehenen Gut Neudeck die Machtübergabe abhandelte. Zweitens der Sprengsatz des Grafen Stauffenberg und der eindrucksvolle Adelsanteil im Kreis der Verschwörer des 20. Juli 1944. Im Hinblick auf den Adel läßt sich ohne unzulässige Übertreibung sagen, daß zwischen und unmittelbar vor diesen beiden Polen ein Gebiet liegt, das Historiker vielfach überflogen, jedoch nur selten betreten und bislang nicht systematisch vermessen haben.

Diese Pole markieren zugleich die negative und die positive Variante der Assoziationen, die gewöhnlich mit dem Begriff „Adel" verbunden werden. Letztere denkt den Adel als Vertreter einer untergegangenen, besseren Welt – etwa nach dem Muster von Lampedusas „Leoparden" – die sich von der Niedertracht der nachfolgenden „Schakale und Hyänen" glanzvoll unterscheiden.[1] Die nostalgische Färbung dieses Bildes hat sich seit der Französischen Revolution kaum verändert. Inhalt und Ton hatte Edmund Burke 1790 in einem der wichtigsten Texte des politischen Konservativismus vorgegeben: „But the age of chivalry is gone. That of sophisters, economists, and calculators, has succeeded; and the glory of Europe is extinguished for ever."[2] Sechs Jahrzehnte nach Burkes *Reflections* finden sich selbst am Gegenpol der politischen Landschaft Formulierungen, die trotz ihrer ironischen Brechung in merkwürdigem Einklang mit Burkes nostalgischer Verklärung des vorbürgerlichen Zeitalters stehen. Im Manifest der Kommunistischen Partei sprachen

---

[1] Giuseppe Tomasi DI LAMPEDUSA, Der Leopard, München 1959, S. 131. Die berühmte Formulierung stammt aus einem Schlüssel-Satz am Ende des vierten Kapitels. Der sizilianische Fürst Lampedusa legt ihn seinem Roman-Fürsten Salina in den Mund, der den Versuch eines piemontesischen Adligen abwehrt, den Fürsten für die Übernahme eines Senatorenpostens zu gewinnen: „Wir waren die Leoparden, die Löwen: unseren Platz werden die kleinen Schakale einnehmen, die Hyänen."

[2] Edmund BURKE, Reflections on the Revolution in France (1790), Introduction by A.J. Grieve, London, 1910, S. 73.

Marx und Engels vom „heiligen Schauer der frommen Schwärmerei, der ritterlichen Begeisterung, der spießbürgerlichen Wehmut", den die Bourgeoisie im „eiskalten Wasser egoistischer Berechnung ertränkt" habe. Kein anderes Band sei zwischen Mensch und Mensch geblieben „als das nackte Interesse, als die gefühllose ‚bare Zahlung'".[3] Selbst hier scheint sich die vom Adel repräsentierte und dominierte Welt des Ancien Régime im Vergleich zur entzauberten Welt der „Schakale und Hyänen" positiv abzuheben. In dieser Deutung erscheint der Adel als sympathischer Repräsentant von Idealen, Lebensformen und Werten, die zur Wiederverzauberung einer zunehmend uniformisierten Welt bewahrt werden sollten.

Die negative Variante der Assoziationen zeichnet hingegen ein äußerst dunkles Bild des Adels. Auf dieser Seite erscheint der Adel als Garant sozialer Ungleichheit – eine mächtige Minderheit, geprägt durch Dünkel, geistige Borniertheit, Militarismus und Menschenverachtung. Friedrich Engels sprach 1887 von einem „Schmarotzeradel" an der untersten Grenze der „ganzen adligen Sippschaft" und malte – etwas voreilig, wie man im Rückblick weiß – das Bild einer „nur künstlich erhaltenen Klasse", die „dem Untergang geweiht" sei.[4] In der deutschen Adelsgeschichte laufen alle negativen Assoziationen zum Adel in der Figur des preußischen „Junkers" zusammen. Aus unterschiedlichen Perspektiven haben die Adelskritik des liberalen Bürgertums, die marxistische Geschichtsschreibung und die wichtigsten Vertreter der bundesrepublikanischen Sozialgeschichte dem ungebrochenen Einfluß der „Junker" eine erhebliche Verantwortung für die verhängnisvollsten Fehlentwicklungen in der deutschen Geschichte zugeschrieben. Keine der einflußreichen Deutungen, die sich um eine Erklärung der Blockaden von „Fortschritt", „Demokratisierung" und „Modernisierung" bemühen, kommt ohne die Erwähnung des Adels aus. In der Debatte um den deutschen Sonderweg, der in zwei Europa verwüstende Weltkriege und den Völkermord des NS-Staates führte, war und bleibt der Einfluß der „alten Eliten" – und damit nicht zuletzt des Adels – eine zentrale Größe.

Die vorliegende Arbeit untersucht die politischen Schlußkapitel dieser kleinen, herrschaftserfahrenen und auch nach 1918 einflußreichen Minderheit.

---

[3] Karl MARX/Friedrich ENGELS, Manifest der Kommunistischen Partei (1848), in: MEW, Bd. 4, Berlin (DDR) 1964, S. 459-493, zit. S. 464f.

[4] Friedrich ENGELS, Die Rolle der Gewalt in der Geschichte (1887/88), in: MEW, Bd. 21, Berlin (DDR) 1962, S. 405-461, zit. S. 450.

1.2.) Fragestellung und Aufbau

Ziel dieser Arbeit ist die Darstellung des Entwicklungsprozesses, in dem sich unterschiedliche Gruppen des Adels von den traditionellen Leitbildern des Konservatismus ab- und einer neuformierten Rechten zuwandten, die weitgehend außerhalb des Adels entstanden war. Der soziale Niedergang, verbunden mit der zunehmenden Auflösung der traditionellen adligen Lebenswelten, und die politische Radikalisierung großer Teile des Adels werden als zwei eng miteinander verknüpfte Prozesse interpretiert.

Untersucht werden Voraussetzungen, Motive, Verlauf und Auswirkungen der Annäherung einzelner Adelsgruppen an die Neue Rechte und den Nationalsozialismus. Mit dem Begriff „Neue Rechte" werden die im Kaiserreich entstandenen Gruppierungen der radikalen Rechten bezeichnet, die sich in Zielen und Politikformen deutlich von den Traditionen des politischen Konservatismus unterscheiden lassen. Der Begriff wird in expliziter Abgrenzung zu der seit Armin Mohler in der Forschungsliteratur verankerten Bezeichnung „Konservative Revolution" verwendet. Der hier gewählte Begriff beschreibt sowohl die fundamentalen Unterschiede zwischen den Traditionen des Konservatismus und den im Kaiserreich entstehenden rechtsradikalen Gruppierungen als auch die fließenden Übergänge zum Nationalsozialismus.[5]

Die Arbeit ist explizit nicht als Beitrag zu den großen, äußerst gründlich erforschten Fragen der Politikgeschichte zwischen Kaiserreich und Nationalsozialismus konzipiert. Es wird nicht versucht, das Verhalten der prominentesten Adligen im Offizierkorps, der Beamtenschaft, der DNVP, dem Stahlhelm oder den Agrarverbänden zu rekonstruieren, um die Kenntnisse über diese Institutionen um einige adlige Nuancen zu erweitern. Im Mittelpunkt der Arbeit steht vielmehr der Versuch, die spezifischen Handlungsmotive zu erfassen, die sich aus der Zugehörigkeit zum Adel ergaben. Dafür muß der Adel an den Orten aufgesucht werden, an denen das adlige Kulturmodell hergestellt, bewahrt und modifiziert wurde. Die Aufmerksamkeit gilt deshalb zunächst den adligen Familien und den Adelsverbänden.

Es wird danach gefragt, welche Teilgruppen des Adels die Annäherung an die Neue Rechte getragen und welche sich ihm entzogen haben. Der Prozeß der Annäherung von altem Adel und Neuer Rechter wird über einen Zeitraum von ca. sieben Jahrzehnten verfolgt: Der Untersuchungszeitraum reicht vom

---

5   Zum Begriff vgl. Axel SCHILDT, Radikale Antworten von rechts auf die Kulturkrise der Jahrhundertwende. Zur Herausbildung und Entwicklung der Ideologie einer „Neuen Rechten" in der Wilhelminischen Gesellschaft des Kaiserreichs, in: Jahrbuch für Antisemitismusforschung, Bd. 4 (1995), S. 63-87 und Hans-Christof KRAUS, Altkonservativismus und moderne politische Rechte. Zum Problem der Kontinuität rechter politischer Strömungen in Deutschland, in: Weltbürgerkrieg der Ideologien. Antworten an Ernst Nolte. Festschrift zum 70. Geburtstag, Berlin 1993, S. 99-121. Konzeptionell folge ich den Arbeiten Stefan Breuers, darunter vor allem: Stefan BREUER, Ordnungen der Ungleichheit. Die deutsche Rechte im Widerstreit ihrer Ideen 1871-1945, Darmstadt 2001. Zur Diskussion von Begriff und Literaturlage vgl. Kapitel 7 dieser Arbeit.

Kaiserreich bis zur Konsolidierung der nationalsozialistischen Herrschaft im Jahre 1934 und ist damit lang genug, um Entwicklungslinien und Wendepunkte gleichermaßen beschreiben zu können. Zeitlich liegt der Schwerpunkt der Untersuchung in der Weimarer Republik, den unabweislichen Fluchtpunkt der Fragestellung bildet der Januar 1933. Das so umrissene Thema wird in fünf separaten Fragekomplexen behandelt, die der Gliederung der Arbeit in fünf, jeweils mehrere Kapitel umfassende Teile entsprechen:

I.) Der Adel als „imagined community"
Eine sozialgeschichtliche Auffächerung der einzelnen Gruppen „des" Adels – analog zur neueren Bürgertumsforschung – war bislang nur in Ansätzen erkennbar. Im Adel lassen sich entlang verschiedener Trennungslinien diverse Teilgruppen unterscheiden. Die Darstellung versucht, diese noch näher zu beschreibenden Binnendifferenzierungen zu berücksichtigen, ist jedoch vorwiegend daran interessiert, die nach 1918 stark betonten Gemeinsamkeiten der einzelnen Teilgruppen darzustellen. Analog zum Begriff der „Bürgerlichkeit" werden hier zentrale Elemente der „Adeligkeit" beschrieben. Anhand von fünf Aspekten (Familienbegriff, Landbindung, Bildungsdistanz, Kargheitskult, Herrschaftsverständnis) untersucht der erste Teil der Arbeit Statik und Dynamik jener Elemente, die in ihrer Summe den adligen Habitus in der ersten Hälfte des 20. Jahrhunderts determiniert haben. Im Mittelpunkt steht hier die Frage, wie sich der Adel im bürgerlichen Zeitalter vom Bürgertum abgegrenzt hat. Stärker als in den folgenden Teilen rückt dieses Kapitel den adligen Zugang zur Realität und die Rekonstruktion des adligen Selbstverständnisses nach 1918 in den Vordergrund. Die Analyse des adligen Habitus ist auch für die nachfolgenden Kapitel zentral, weil hier die Bahnen vorgestellt werden, in denen sich das politische Denken des Adels bewegt hat.

II.) Adel und Bürgertum im Kaiserreich: Annäherungen und Entfernungen
Auch wenn die Feudalisierungsthese als ehemals wichtiges Element der Sonderwegsdebatte längst zum Ladenhüter geworden ist, sind die mit ihr verbundenen Fragen noch immer aktuell. Ältere Thesen über die „Feudalisierung" des Bürgertums, die „Verbürgerlichung" des Adels, oder die „Verschmelzung" beider Gruppen lassen sich, dem Gang der Forschung folgend, unterdessen differenzieren: Welche Teilgruppen aus Adel und Bürgertum trafen im Kaiserreich an welchen Orten wie aufeinander, welche Annäherungen und welche Entfernungen lassen sich aufzeigen, und welche Rolle spielten dabei der Kaiser und sein Hof? In der Auseinandersetzung mit dem Bürgertum gingen die reichsten und die ärmsten Teile des deutschen Adels getrennte Wege. In diesen Abschnitten wird untersucht, in welchem Verhältnis die Annäherung einer adligen Minderheit an das Großbürgertum und die aggressive Formierung der kleinadligen Mehrheit zueinander standen. Die Ansätze zur Entstehung einer aus reichem Adel und Großbürgertum zusammengesetzten „composite elite" und die Annäherung des Kleinadels an die völkische Bewegung werden in zwei getrennten Kapiteln dargestellt.

1.2.) Fragestellung und Aufbau   17

III.) Reaktionen auf die Zäsur von 1918
Der dritte Teil untersucht die Auswirkungen von Kriegsniederlage und Revolution im deutschen Adel. Gefragt wird sowohl nach den realen Verlusten als auch nach den adligen Verlustphantasien, welche die Reaktionen auf die vielfach als „Weltuntergang" gedeutete Zäsur geprägt haben. Die Auswirkungen der Kaiserflucht auf das Denken im Adel werden hier v. a. aus der Perspektive der Debatten um „Führer" und „Führertum" behandelt. Zwischen unterschiedlichen Adelsgruppen differenzierend, wird nach adligen Anpassungsleistungen und nach adligen Untergängen gefragt. Da der weitaus größte Teil des Adels keine Schlösser besaß, in die der oft behauptete „Rückzug" des Adels nach 1918 hätte führen können, stehen die Negativkarrieren und sozialen Untergänge im Kleinadel hier im Mittelpunkt. Erst auf der Grundlage dieser radikalen Veränderungen ist der *indian summer* der Debatten um einen „Neuen Adel" zu verstehen. An vielen Orten wirkten Mitglieder des alten Adels und bürgerliche Rechtsintellektuelle in den Diskussionen über ein neues „Führertum" aufeinander ein. Zu fragen ist nach den Erfindern und Inhalten der Konzepte eines neuen „Führertums" bzw. eines „neuen Adels", dem man die Erschaffung des „Dritten Reiches" (Moeller van den Bruck) zutraute. Der adlige Versuch, sich als „Führerstand" neu zu erfinden und die rechtsintellektuelle Suche nach einem neuen „Führertum" waren eng miteinander verbunden. In diesem Sinne standen alter Adel und Neue Rechte, so die These dieses Abschnitts, im Verhältnis von Angebot und Nachfrage zueinander.

IV.) Organisationsversuche und inneradlige Konflikte
In zwei Schritten untersucht der vierte Teil die praktische Umsetzung der zuvor skizzierten Debatten um die angemessene Positionierung des Adels in der Republik. Zunächst wird anhand der großen Adelsverbände dargestellt, welche Neuorientierungen im ostelbischen Adel, in Bayern, in Südwestdeutschland und in Westfalen praktisch durchgesetzt wurden. Im Mittelpunkt steht hier die 1874 gegründete *Deutsche Adelsgenossenschaft* als größter Verband des deutschen Adels, daneben eine Reihe von Verbänden des katholischen Adels. Die scharfen inneradligen Konflikte, die hierbei entstanden, werden vor allem anhand der Nord-Süd und Süd-West-Unterscheidung aufgezeigt. Besondere Aufmerksamkeit gilt dem katholischen, vor allem dem altbayerischen Adel. Der zweite Abschnitt wendet sich den Organisationen zu, die sich mit der Sammlung einzelner „Führer" aus Adel und Bürgertum um die Erschaffung einer adlig-bürgerlichen „Herrenschicht" bemühten, die jenseits aller demokratisch-parlamentarischen Mechanismen herrschaftsfähig sein sollte. Im Mittelpunkt dieses zweiten Abschnitts steht der 1925 gegründete *Deutsche Herrenklub*, der 1932 mit dem „Kabinett der Barone" den Höhepunkt seines Einflusses erreichte. Der vierte Teil schließt mit einem Exkurs über die winzige Minderheit adliger Republikaner und Demokraten.

V.) Adel und Nationalsozialismus
Der fünfte Teil liefert eine systematische Analyse der Muster von Annäherung und Abstoßung zwischen Adel und Nationalsozialismus. Die im ersten Teil

vorgestellten, in den Teilen II, III und IV auf ihre Wirkung befragten Elemente des adligen Habitus werden hier erneut aufgenommen. Anhand von vier Affinitäten und vier Differenzen wird das Gefüge von Annäherungen und Abstoßungen von Adel und Nationalsozialismus vorgestellt, das sich überall dort finden läßt, wo Adlige ihre Position zur seit 1930 mächtigsten Bewegung der radikalen Rechten zu bestimmen versuchten. Untersucht werden die Funktion adliger Salons als Katalysatoren der Annäherung, die Entwicklung der Adelsverbände in den Monaten der Gleichschaltung sowie anhand von einzelnen Biographien verschiedene Typen adliger Wege in die NS-Bewegung. Gefragt wird weiterhin nach Motiven und Ausmaß der Unterstützung, welche die NS-Bewegung aus dem sozialen Kern des alten Adels erhielt. Überprüft werden hier die Interpretationsmuster, die sich aus der eindrucksvollen Beteiligung des Adels am 20. Juli 1944 ergeben. Ein Teil der Forschung hat dieses Phänomen als Indikator für die große Distanz zwischen Adel und Nationalsozialismus gedeutet. Mit einem Ausblick auf den 30. Juni 1934 und den 20. Juli 1944 schließt der fünfte und letzte Teil dieser Arbeit mit den beiden historischen Momenten, in denen die Annäherungen von Adel und Nationalsozialismus ihre stärksten Erschütterungen erfuhren. Eine im wesentlichen jenseits des hier gesteckten Zeitrahmens liegende Frage wird in diesem Abschnitt zumindest thematisiert: die Frage nach der Rolle, die der alte Adel im Herrschafts- und Mordsystem des NS-Staates gespielt hat.

Der im Untertitel dieser Arbeit verwendete Begriff „Radikalisierung" gehört zu den Termini, die man überall verwendet, zumindest in der historiographischen Literatur jedoch nirgendwo definiert findet. Da der Begriff bzw. der Prozeß, den er bezeichnet, für die gesamte Darstellung von zentraler Bedeutung ist, soll hier kurz skizziert werden, in welchem Sinn er im folgenden verwendet wird.[6] Als „Radikalisierung" wird im folgenden ein Ensemble von Elementen bezeichnet, die gleichermaßen Wahrnehmung, Denken und Handeln der Akteure betreffen. Diese Elemente sind:

a) *Veränderung und Bewegung*: Radikalisierung bezeichnet prozeßhafte Veränderungen im Denken und Handeln von Menschen. Radikalisierung entsteht in Reaktion auf strukturelle Umbrüche und führt selbst zu strukturellen Veränderungen im Denken und Handeln. Radikalisierungsprozesse werden von kleinen, hochaktiven Minderheiten initiiert und gesteuert. Historische Bedeutung erlangen die Vorstöße radikaler Minderheiten nur dann, wenn sie von einer (passiven) Mehrheit unterstützt, zumindest aber geduldet werden. Scharfe Kritik am Status quo verbindet sich stets mit unscharfen Entwürfen einer „besseren" Zukunft.

---

[6] Orientiert ist diese Begriffsdefinition an den Überlegungen von Daniel SCHÖNPFLUG, Der Weg in die Terreur. Radikalisierung und Konflikte im Straßburger Jakobinerclub 1790-1794, München 2002, S. 16-20. Für eine ausführliche Debatte der Radikalisierungsprozesse in der Französischen Revolution vgl. François FURET, Augustin Cochin, La théorie du jacobinisme, in: François FURET, Penser la Révolution française, Paris 1978, S. 257-316.

1.2.) Fragestellung und Aufbau

b) *Reduktion und Dichotomisierung*: Radikalisierung geht mit der Ausblendung einzelner Wirklichkeitsbereiche einher: eine Tendenz zur Reduktion komplexer Zusammenhänge, die auf schwierige Fragen vermeintlich einfache Antworten hervorbringt. Es entstehen zunehmend dichotome Weltbilder mit einer schlichten Trennung zwischen Freund und Feind, die als antagonistische Pole konstruiert werden, zwischen denen jede Vermittlung ausgeschlossen erscheint. Auf diese Weise hängen der Abbruch des Dialogs und der Weg in die Gewalt zusammen. In den Worten von Anthony Giddens: „Where dialogue stops, violence begins."[7] Die größtmögliche Einheit der „Freunde" und der möglichst vollständige Ausschluß der „Feinde" sind zwei Seiten einer Forderung. Die Forderung nach „Reinheit" und die Praxis der Gewalt gehören in Radikalisierungsprozessen meist zusammen.[8]

c) *Emotionalisierung*: Die transportierten Inhalte sprechen weniger die kognitive als die affektive Wahrnehmung an. Sie sollen nicht argumentativ überzeugen, sondern emotional beeindrucken.

d) *Brutalisierung der Sprache*: Die Veränderung der gedanklichen Inhalte drückt sich in der Schaffung neuer, aggressiv aufgeladener Begriffe, Metaphern und Symbolsets aus. Die „Entmenschlichung" des politischen Gegners bzw. „Feindes" manifestiert sich sprachlich oft in Begriffen aus der Tierwelt. Parallel zur sprachlichen Verwandlung des „Feindes" in Ungeziefer wandeln sich die Verben: aus überzeugen, in die Schranken weisen, schlagen, ausweisen werden ausmerzen, zertreten, vertilgen, vernichten, ausrotten.

e) *Brutalisierung der Mittel*: Die Entstehung neuartiger Organisationsformen und Aktionsformen, in denen „entschiedenes", „hartes" oder „radikales" Handeln bzw. „Durchgreifen" gefordert, ermöglicht und realisiert wird.

f) *Tendenz zur Anarchie der erzeugten Gewalt*: Die Abnahme der Steuerungsfähigkeit von Ausmaß und Ausrichtung der freigesetzten Gewalt – ein Zauberlehrlingseffekt, bei dem sich Gewalt leichter erzeugen als dauerhaft steuern läßt. Da sich die geforderte Gewalt schließlich gegen ihre Initiatoren wenden kann, weisen Prozesse der Radikalisierung meist eine Tendenz zur Selbstzerstörung auf.[9]

---

[7] Anthony GIDDENS, Political Theory and the Problem of Violence, in: Ders., Beyond Left and Right: The Future of Radical Politics, Cambridge 1994, S. 229-245, zit. S. 242.

[8] Vgl. dazu Sebastian CONRAD/Julia ECKERT/Sven REICHARDT, Reinheit und Gewalt: Ein Vorwort, in: Sociologus. Zeitschrift für empirische Ethnosoziologie und Ethnopsychologie, 51 (2001), S. 1-5 sowie die nachfolgenden Beiträge von Daniel SCHÖNPFLUG, Thomas ROHRKRÄMER, Sven REICHARDT und Thomas LINDENBERGER.

[9] In diesem Sinne beschreibt der von Hans Mommsen konzeptualisierte Begriff der „kumulativen Radikalisierung" zunehmend unkontrollierte, von den Intentionen einzelner Akteure nur noch teilweise gesteuerte Prozesse, die zu einer Verschärfung und Brutalisierung der angewandten Mittel führen und in eine Spirale von Zerstörung und Selbstzerstörung münden. Vgl. Hans MOMMSEN, Der Nationalsozialismus. Kumulative Radikalisierung und Selbstzerstörung des Regimes, in: Meyers Enzyklopädisches Lexikon, Bd. 16, Mannheim/Wien/Zürich 1976, S. 785-790. Vgl. Arno J. MAYER, The Furies. Violence and Terror in the French and Russian Revolutions, Princeton 2000, S. 23-125.

1.3.) Zum Forschungsstand

In den Erklärungen zur Zerstörung der Weimarer Republik, der Machtübergabe von 1933 und des nachfolgenden Zivilisationsbruches ist der Adel überall präsent, auch wenn er nur selten beim Namen genannt wird. Ungeachtet aller Unterschiede in der Gewichtung gibt es einen breiten Konsens darüber, daß von der Machtübergabe schweigen müsse, wer von den „alten Eliten" nicht reden wolle.[10] Heinrich August Winklers Diktum, keine der alten Machteliten habe „so früh, so aktiv und so erfolgreich an der Zerstörung der Weimarer Demokratie gearbeitet wie das ostelbische Junkertum",[11] bezieht sich weniger auf „den Adel" als auf die stärksten, auch von der Revolution nicht gebrochenen Teilgruppen des Adels, die als zentraler Bestandteil im „Bündnis der Eliten"[12] einen erheblichen Beitrag zur „deutschen Katastrophe" (Friedrich Meinecke) geleistet haben. In der Sonderwegsdebatte spielten in den 1970er und 1980er Jahren die These einer spezifischen „Feudalisierung" des deutschen Bürgertums und die These einer „Manipulation" breiter Bevölkerungsschichten durch die „von oben" gesteuerten Agitationsverbände eine wichtige Rolle. Erstere ist durch die neuere Bürgertumsforschung erheblich revidiert, wenn nicht widerlegt worden. Die Herausforderung der zweiten These ist vor allem mit dem Namen Geoff Eley verbunden.[13]

---

[10] Vgl. dazu Hans ROSENBERG, Die Pseudodemokratisierung der Rittergutsbesitzerklasse, in: Ders., Machteliten und Wirtschaftskonjunkturen, Göttingen 1978, S. 83-101, hier S. 100f.; Karl Dietrich BRACHER, Die deutsche Diktatur, Köln ⁷1993, S. 184-209; Hans MOMMSEN, Zur Verschränkung traditioneller und faschistischer Führungsgruppen in Deutschland beim Übergang von der Bewegungs- zur Systemphase, in: Ders., Der Nationalsozialismus und die deutsche Gesellschaft. Ausgewählte Aufsätze, Hg. v. Lutz Niethammer und Bernd Weisbrod, Reinbek 1991, S. 39-66; Hans-Ulrich WEHLER, Das Deutsche Kaiserreich 1871-1918, Göttingen 1973, S. 20-24, 236-239; DERS., Deutsche Gesellschaftsgeschichte, Bd. 3, München 1995, S. 825 und zuletzt in seiner Rezension der Adelsstudie Dominic Lievens, in: Die Zeit, 3.11.1995, S. 15; Jürgen KOCKA, Ursachen des Nationalsozialismus, in: Aus Politik und Zeitgeschichte, 21.6.1980, S. 3-15; Henry A. TURNER, Die Großunternehmer und der Aufstieg Hitlers, Berlin 1985, S. 387f., 405-426; DERS., Hitlers Weg zur Macht. Der Januar 1933, S. 159f.; Fritz FISCHER, Bündnis der Eliten. Zur Kontinuität der Machtstrukturen in Deutschland 1871-1945, Düsseldorf 1979, S. 11-15, 63-75; Martin BROSZAT, Der Staat Hitlers. Grundlegung und Entwicklung seiner inneren Verfassung, München 1969, S. 28-32; Ian KERSHAW, Hitler 1889-1936, Stuttgart 1998, S. 525, Detlev J. K. PEUKERT, Die Weimarer Republik. Krisenjahre der Klassischen Moderne, Frankfurt a. M. 1987, S. 265.

[11] Heinrich August WINKLER, Requiem für die Republik. Zum Problem der Verantwortung für das Scheitern der ersten deutschen Demokratie, in: Peter Steinbach/Johannes Tuchel (Hg.), Widerstand gegen den Nationalsozialismus, Bonn 1994, S. 54-67, zit. S. 57. Vgl. DERS., Deutschland vor Hitler. Der historische Ort der Weimarer Republik, in: Walter Pehle (Hg.), Der historische Ort des Nationalsozialismus, Frankfurt a. M. 1990, S. 28.

[12] Fritz FISCHER, Bündnis der Eliten. Zur Kontinuität der Machtstrukturen in Deutschland 1871-1945, Düsseldorf 1979.

[13] Zu Eleys These der Selbstmobilisierung s. Geoff ELEY Wilhelminismus – Nationalismus – Faschismus. Zur historischen Kontinuität in Deutschland, Münster 1991. Vgl. Peter FRITZSCHE, Rehearsals for Fascism: Populism and Political Mobilization in Weimar Germany, New York/Oxford 1990. Die frühe Phase der Debatte läßt sich verfolgen bei: Hans-

1.3.) Zum Forschungsstand

In Bezug auf die Deutung der Rolle des Adels stehen die einflußreichsten Arbeiten der bundesrepublikanischen Sozial- bzw. Gesellschaftsgeschichte in bemerkenswerter Nähe zur marxistischen „Junker"-Interpretation. Der Steuerungsmöglichkeit adliger Depositare entzogen und durch den freien Zugang zu verstaatlichten Adelsarchiven privilegiert, entstanden in der DDR einige Studien, die durch ihre empirischen Erträge auch dann wertvoll bleiben, wenn die Schlußfolgerungen die bekannten Tendenzen zur verordneten Homogenität aufweisen.[14] In großer Geschlossenheit haben sich Historiker in der DDR um eine Erhärtung der These bemüht, nach der „Junker" und „Monopolkapital" eng miteinander „verquickt" und „verschworen" waren.[15] Von seltenen Ausnahmen abgesehen ist es jedoch kein originäres Interesse am Adel, das diese Studien trägt; die „Junker" werden lediglich als Juniorpartner des Monopolkapitals und integraler Bestandteil der herrschenden Klasse untersucht.[16]

Trotz der großen Bedeutung, die dem Adel aus unterschiedlichen Perspektiven zugeschrieben wird, ist er auf den äußerst dicht bestellten Forschungsfeldern der Weimarer Republik und des Dritten Reiches zweifellos die unbekannteste aller sozialen Gruppen geblieben. In aller Regel taucht der Begriff Adel in der Literatur zur Weimarer Republik und dem Dritten Reich weder im

---

[14] Ulrich WEHLER, Zur Kritik an einigen „Mythen deutscher Geschichtsschreibung", in: Merkur 35 (1981), S. 478-487. Vgl. Dirk STEGMANN, Konservativismus und nationale Verbände im Kaiserreich, in: GG 10 (1984), S. 409-420. Zur jüngeren Diskussion der Feudalisierungsthese s. Kapitel 3 dieser Arbeit.
Neben den nachfolgend genannten Arbeiten gilt dies v. a. für die empirisch dichten Beiträge in: Dieter FRICKE u. a. (Hg.), Lexikon zur Parteiengeschichte. Die bürgerlichen und kleinbürgerlichen Parteien und Verbände die Deutschland (1789-1945), 4 Bde., Köln 1983, hier v. a. die Beiträge über die Deutsche Adelsgenossenschaft, den Juniklub, den Deutschen Herrenklub, die DNVP, den Alldeutschen Verband und den Reichslandbund.

[15] Bruno BUCHTA, Die Junker und die Weimarer Republik. Charakter und Bedeutung der Osthilfe in den Jahren 1928-1933, Berlin (DDR) 1959, S. 18-34, zit. S. 22, 24. Joachim COPIUS, Zur Rolle pommerscher Junker und Großgrundbesitzer bei der Vorbereitung der faschistischen Diktatur und der imperialistischen Aggressionspolitik (Ein Beitrag zur Auseinandersetzung mit der Junkerapologetik des westdeutschen Publizisten Walter Görlitz), in: Wissenschaftliche Zeitschrift der Ernst-Moritz-Arndt-Universität Greifswald 20 (1971), S. 113-116. Vgl. als frühe und umsichtige Fassung dieser Interpretation Alexander ABUSCH, Der Irrweg einer Nation. Ein Beitrag zum Verständnis deutscher Geschichte, Berlin 1947, S. 163-203, v. a. den Abschnitt „Die Verschwörung im Stahlhaus" S. 199ff.

[16] Dazu gehören u. a.: Kurt GOSSWEILER, Junkertum und Faschismus, in: Ders. Aufsätze zum Faschismus, Berlin 1988 (zuerst 1973), S. 260-276. Willibald GUTSCHE/Joachim PETZOLD, Das Verhältnis der Hohenzollern zum Faschismus, in: ZfG 29 (1981), S. 917-939. Kurt GOSSWEILER/Alfred SCHLICHT, Die Junker und die NSDAP 1931/32, in: ZfG 15 (1967), Heft 4, S. 644-662. Ferner: Udo RÖßLING, Der italienische Faschismus im Kalkül der deutschen Adelsgenossenschaft in den Jahren der Weimarer Republik, in: Jenaer Beiträge zur Parteiengeschichte 44/1980, S.165-183 und Klaus VETTER, Bodo von der Marwitz. Der Beitrag eines preußischen Junkers zur ideologischen Verbreitung des Faschismus auf dem Lande. In: ZfG 23 (1975), S. 552-568; Herbert SEIFFERT, Die Junker von Alvensleben im 20. Jahrhundert, Phil. Diss., Berlin (Ost) 1960.

Sachindex, noch als analytische Kategorie der Untersuchungen auf. An Forderungen, diesen Zustand zu beheben, herrscht kein Mangel.

Im Ausblick der bislang umfassendsten Synthese der deutschen Adelsforschung reformuliert Heinz Reif die Frage Max Webers, warum das Amalgam aus Adel und Bürgertum in Deutschland „nicht demokratisierbar" war, als Orientierungslinie künftiger Forschungen.[17] Hans-Ulrich Wehler hatte einige Jahre zuvor gefordert, die These vom „verhängnisvollen Einfluß" des Adels bei der Zerstörung der ersten deutschen Demokratie endlich aus der Perspektive der Adelsforschung zu erhärten.[18] Dominic Lieven schließlich beendet das letzte Kapitel seiner komparativen Adelsstudie mit folgender Frage: „*In extremis*, would aristocrats be sufficiently reactionary or civilised to remain constrained by traditional conceptions of religion and honour, or would insecurity, resentment of lost status and agnosticism lead them down the path towards totalitarian nationalism and its inevitable companion, barbaric antisemitism?"[19] Die vorliegende Arbeit soll einen Beitrag zur Klärung der von Lieven gestellten, in seiner bis 1914 führenden Untersuchung aber nicht mehr verfolgten Fragen liefern.

Innerhalb der Sozialgeschichte ist die Adelsgeschichte ein Spätblüher.[20] Im Vergleich zum Kenntnisstand über die Arbeiterschaft und das Bürgertum sieht das Forschungsfeld der Adelsgeschichte noch immer unbestellt aus. Ein Forschungsüberblick, der 1987 die theoretischen Möglichkeiten künftiger Studien zur Sozialgeschichte des Adels absteckte, schloß mit einer skeptischen Frage: „Aber werden sie geschrieben?"[21] Die Frage läßt sich unterdessen bejahen – nicht zuletzt aufgrund der Arbeiten, die der Fragesteller selbst verfaßt, herausgegeben oder betreut hat.[22] Die Sammelbände und Monographien, die in

---

[17] REIF, Adel im 19. und 20. Jahrhundert, München 1999, S. 120.
[18] Hans-Ulrich WEHLER, Einleitung, in: Ders. (Hg.), Europäischer Adel 1750-1950, Göttingen 1990, zit. S. 11, 13f.
[19] Dominic LIEVEN, The Aristocracy in Europe 1815-1914, London 1992, S. 242 (Dt.: Abschied von Macht und Würden. Der europäische Adel 1815-1914, Frankfurt a. M. 1995, S. 317).
[20] Zu den Gründen für diese Verzögerung vgl. die prägnante Skizze von Josef MOOSER, Wirtschafts- und Sozialgeschichte, Historische Sozialwissenschaft, Gesellschaftsgeschichte, in: Fischer-Lexikon Geschichte, Hg. v. Richard van Dülmen, Frankfurt a. M. 1990, S. 86-101.
[21] Heinz REIF, Der Adel in der modernen Sozialgeschichte, in: Wolfgang Schieder/Volker Sellin (Hg.), Sozialgeschichte in Deutschland, Bd. 4, Göttingen 1987, S. 34-60, zit. S. 56.
[22] Dazu gehören: Heinz REIF, Westfälischer Adel 1770-1860: vom Herrschaftsstand zur regionalen Elite, Göttingen 1979; DERS., „Erhaltung adligen Stamm und Namens" – Adelsfamilie und Statussicherung im Münsterland 1770-1914, in: Neidhard Bulst, Joseph Goy u. Jochen Hoock (Hg.), Familie zwischen Tradition und Moderne, Göttingen 1981, S. 275-309; DERS., Adelserneuerung und Adelsreform in Deutschland 1815-1874, in: Elisabeth Fehrenbach (Hg.), Adel und Bürgertum in Deutschland 1770-1848, München 1994, S. 203-230; DERS., Mediator between Throne and People. The Split Aristocratic Conservatism in the 19th Century Germany, in: Bo Stråth (Hg.), Language and Construction of Class Identities, Göteborg 1990, S. 133-150; DERS., Adel im 19. und 20. Jahrhundert, München 1999; DERS. (Hg.), Adel und Bürgertum in Deutschland, Bd. 1, Entwicklungslinien und Wendepunkte im 19.

1.3.) Zum Forschungsstand

den letzten zehn Jahren vorgelegt bzw. auf den Weg gebracht wurden, lassen erkennen, daß sich die Adelsgeschichte zumindest für das „lange 19. Jahrhundert" in einer Konjunkturphase befindet.[23] Während sich somit für diesen Zeitraum von einer unterdessen florierenden Adelsforschung sprechen läßt, markiert die Zäsur von 1918/19 eine Grenze, hinter welcher der Adel zeitgleich mit seiner formalen „Abschaffung" aus dem Blick der Adelshistoriker verschwindet. Jenseits dieser Grenze wird die Literaturgrundlage, auf die sich die vorliegende Untersuchung unmittelbar stützen kann, sehr dünn.

Zu dieser Grundlage gehört zunächst die einflußreiche Darstellung, die Walter Görlitz bereits 1956 über den ostelbischen Adel vorlegte.[24] Das ohne wissen-

---

Jahrhundert, Berlin 2000; DERS. (Hg.), Adel und Bürgertum in Deutschland, Bd. 2, Entwicklungslinien und Wendepunkte im 20. Jahrhundert, Berlin 2001. Zu nennen sind hier weiterhin die Dissertationen, die im Rahmen des von der DFG finanzierten und von Heinz Reif geleiteten Forschungsprojektes (Elitenwandel in der gesellschaftlichen Modernisierung. Adlige und bürgerliche Führungsschichten 1750-1933) vorgelegt wurden bzw. in Kürze vorliegen werden: René Schiller, Ländliche Eliten im Wandel? Großgrundbesitz und Großgrundbesitzer in der Provinz Brandenburg 1807-1918, Berlin 2003, hier zitiert nach der zugrundeliegenden Dissertation, Berlin 2001; Wolfram G. THEILEMANN, Adel im grünen Rock. Adliges Jägertum, Großprivatwaldbesitz und die preußische Forstbeamtenschaft 1866-1914, Phil. Diss., Berlin 2001. Weiterhin die bis Anfang 2003 vorliegenden Untersuchungen von Martin KOHLRAUSCH, Monarchie und Massenöffentlichkeit. Politische Skandale im wilhelminischen Deutschland und Marcus FUNCK, Feudales Kriegertum und militärische Professionalität. Adel und Bürgertum in den preußisch-deutschen Offizierkorps 1860-1933/34 sowie die vorliegende Arbeit.

[23] Unter den Monographien ist neben den in Anmerkung 22 aufgeführten Arbeiten an erster Stelle zu nennen: Hartwin SPENKUCH, Das Preußische Herrenhaus. Adel und Bürgertum in der Ersten Kammer des Landtages 1854-1918, Düsseldorf 1998. Weiterhin das mit einiger Verzögerung von der Forschung weitergeführte Pionierwerk von Heinz GOLLWITZER, Die Standesherren. Die politische und gesellschaftliche Stellung der Mediatisierten 1815-1918. Ein Beitrag zur deutschen Sozialgeschichte, Göttingen 1964; die Synthese von LIEVEN, Abschied; sowie die Untersuchungen von Ilona BUCHSTEINER, Großgrundbesitz in Pommern 1871-1914. Ökonomische, soziale und politische Transformation der Großgrundbesitzer, Berlin 1993, und Klaus HEß, Junker und bürgerliche Großgrundbesitzer im Kaiserreich. Landwirtschaftlicher Großbetrieb, Großgrundbesitz und Familienfideikommiß in Preußen 1867/71-1914, Stuttgart 1990; Hansjoachim HENNING, Die unentschiedene Konkurrenz. Beobachtungen zum sozialen Verhalten des norddeutschen Adels in der zweiten Hälfte des 19. Jahrhunderts, Stuttgart 1994. Zu den wichtigen Sammelbänden gehören: Peter Uwe HOHENDAHL/Paul Michael LÜTZELER (Hg.), Legitimationskrisen des deutschen Adels 1200-1900, Stuttgart 1979; Les Noblesses Européennes au XIXè siècle. Actes du colloque organisé par l'Ecole française de Rome, Rom 1988; Armgard von REDEN-DOHNA/Ralph MELVILLE (Hg.) Der Adel an der Schwelle des bürgerlichen Zeitalters 1780-1860, Stuttgart 1988; Hans-Ulrich WEHLER (Hg.), Europäischer Adel 1750-1950, Göttingen 1990; Elisabeth FEHRENBACH (Hg.) Adel und Bürgertum in Deutschland 1770-1848, München 1994 sowie das Themenheft „Deutscher Adel", in: GG 25 (1999), S. 343-479.

[24] Walter GÖRLITZ, Die Junker, Adel und Bauer im deutschen Osten. Geschichtliche Bilanz von 7 Jahrhunderten. Vierte ergänzte und erweiterte Auflage, Limburg i. D. Lahn 1981 (zuerst 1956), S. 254-431. Zur Wirkungsgeschichte der apologetischen Literatur vgl. Heinz REIF, Die Junker, in: Etienne François/Hagen Schulze (Hg.), Deutsche Erinnerungsorte, Bd. 1, München 2001, S. 520-536, hier S. 534f.

schaftlichen Apparat operierende Werk besticht durch seine wohl unübertroffenen Insiderkenntnisse ebenso wie durch anfechtbare Interpretationen, den Kasinoton und das apologetische Gesamturteil. Den Gegenpol bietet der dreißig Jahre später verfaßte Überblick von Francis L. Carsten, den Shelley Baranowski am Beispiel des Pommerschen Adels aufgenommen und differenziert hat.[25] Von den Arbeiten, die der hier behandelten Fragestellung am nächsten stehen, seien die wichtigsten kurz erwähnt. Zu nennen ist zunächst die Marburger Dissertation von Iris Freifrau v. Hoyningen-Huene.[26] Die 1992 erschienene Arbeit über den „Adel in der Weimarer Republik" beeindruckt durch die Fülle der (ausschließlich gedruckten) Quellen, die hier ausgebreitet werden. Ihre Grenzen liegen in den Verstößen gegen quellenkritische Grundregeln. Quellen adliger Provenienz und endlose Zahlenreihen von höchst zweifelhaftem Aussagewert werden fast durchgängig ohne kritische Distanz verwendet.[27] Nicht ohne Ähnlichkeit ist in dieser Hinsicht die Untersuchung von Mario Niemann über den Großgrundbesitz in Mecklenburg während des Dritten Reiches. Anders als Hoyningen-Huene liefert Niemann durch die Verwendung moderner quantifizierender Methoden eine ganze Reihe neuer und solide abgesicherter Ergebnisse zur Sozialgeschichte der ostelbischen Großgrundbesitzer. Ähnlich wie Hoyningen-Huene löst sich jedoch auch Niemann insgesamt nicht vom „Gutsherrenblick". Unter Mißachtung der etablierten analytischen Standards der Oral History werden die Aussagen der adligen Interviewpartner nicht auf Inhalt und Komposition überprüft, sondern durch ihre distanzlose Wiedergabe im Rang historischer Tatsachenschilderungen präsentiert.[28]

Hervorzuheben sind schließlich die Arbeiten, an deren Ergebnissen sich die vorliegende Untersuchung direkt orientiert hat: Zunächst der empirisch dichte und analytisch eindrucksvolle Aufsatz von Georg H. Kleine zum Verhältnis

---

[25] Francis L. CARSTEN, Geschichte der preußischen Junker, Frankfurt a. M. 1988, S. 138-196; Shelley BARANOWSKI, The Sanctity of Rural Life. Nobility, Protestantism and Nazism in Weimar Prussia, New York/Oxford 1995; DIES., East Elbian Landed Elites and Germany's Turn To Fascism: The Sonderweg Controversy Revisited, in: European History Quarterly, 2/1996, S. 209-240.

[26] Iris FREIFRAU V. HOYNINGEN-HUENE, Adel in der Weimarer Republik. Die rechtlich-soziale Situation des reichsdeutschen Adels 1918-1933, Limburg a. D. Lahn 1992.

[27] Analytisch wenig hilfreich ist zudem die in der ganzen Studie durchgehaltene Gruppenbildung nach Adelstiteln, die zwar unzählige Tabellenreihen, jedoch keine Erkenntnisse über die Gründe unterschiedlicher Verhaltensweisen in verschiedenen Adelsgruppen liefert. Vgl. HOYNINGEN-HUENE, Adel, S. 214, 289-291, 384f., 390-402.

[28] Mario NIEMANN, Mecklenburgischer Grossgrundbesitz im Dritten Reich. Soziale Struktur, wirtschaftliche Stellung und politische Bedeutung, Köln/Weimar/Wien 2000, v. a. S. 222-247. Das analytische Verfahren Lutz Niethammers, auf den sich Niemann eingangs beruft, wird hier über weite Passagen zur Karikatur. Das milde Gesamturteil, zu dem der Autor gelangt, resultiert nicht zuletzt aus der distanzlosen Übernahme der Interviewäußerungen. Vgl. dazu die Besprechungen von Damian VAN MELIS mit dem treffenden Titel „Mit Gutsherrnblick", in: FAZ vom 10.4.2001, S. 10.

1.3.) Zum Forschungsstand

des größten deutschen Adelsverbandes zum Nationalsozialismus.[29] Von Kleine stammt außerdem eine unveröffentlichte Arbeit von 1978, die zum Besten gehören dürfte, was über die Sozial- und Politikgeschichte des deutschen Adels im Kaiserreich geschrieben wurde.[30] Sodann die im Rahmen von Martin Broszats Bayern-Projekt entstandene Studie Karl Otmar Frhr. v. Aretins über den bayerischen Adel, deren Ergebnisse Jesko Graf zu Dohna in seiner Untersuchung des fränkischen Adels differenziert hat.[31] Weiterhin wären neben dem Forschungsüberblick von Wolfgang Zollitsch die neue Ergebnisse präsentierenden Arbeiten hervorzuheben, die Friedrich Keinemann und Larry E. Jones über den westfälischen Adel vorgelegt haben. Dieser Forschungsstand wurde zuletzt durch zwei von Heinz Reif herausgegebene Sammelbände erweitert.[32]

Neben der vorwiegend politikgeschichtlichen Ausrichtung der meisten Arbeiten fällt die regionale Begrenzung des Untersuchungsrahmens auf; eine Tendenz, die naturgemäß auch für die Studien über einzelne Adelsfamilien[33] und die meist Adlige aus dem Umkreis des 20. Juli 1944 untersuchenden Biographien gilt.[34] Mit guten Gründen hat man argumentiert, Lokalstudien seien beim derzeitigen Stand der Forschung der naheliegende, wenn nicht einzige Weg zu haltbaren Ergebnissen. In seiner Rezension der Arbeit von

---

[29] Georg H. KLEINE, Adelsgenossenschaft und Nationalsozialismus, in: VfZ 26 (1978), S. 100-143.

[30] Georg H. KLEINE, Nobility in No Man's Land: Prussia's Old Families and Industrial Society 1871-1914, unveröffentlichtes Typoskript, Tampa (Florida) 1978. Diese erst nach Abschluß der vorliegenden Studie aus einer Schublade in Florida auferstandene Arbeit und die darin gezeichnete Interpretationslinie waren dem damaligen Forschungsstand um zwanzig Jahre voraus. Georg Kleine danke ich herzlich für die Überlassung des Textes.

[31] Karl Otmar FRHR. V. ARETIN, Der bayerische Adel. Von der Monarchie zum Dritten Reich, in: Martin Broszat u. a. (Hg.), Bayern in der NS-Zeit, Bd. 3, München 1981, S. 513-567; Jesko Graf zu DOHNA, Adel und Politik. Studien zur Orientierung des fränkischen Adels 1918-1945, Magisterarbeit an der Ludwig-Maximilians-Universität, München 1988.

[32] Wolfgang ZOLLITSCH, Adel und adlige Machteliten in der Endphase der Weimarer Republik. Standespolitik und agrarische Interessen, in: Heinrich August Winkler, Die deutsche Staatskrise 1930-1933. Handlungsspielräume und Alternativen, München 1992. S.239-256; Friedrich KEINEMANN, Vom Krummstab zur Republik. Westfälischer Adel unter preußischer Herrschaft 1802-1945, Bochum 1997; Larry Eugene JONES, Catholic Conservatives in the Weimar Republic: The Politics of the Rhenish-Westphalian Aristocracy, 1918-1933, in: German History 1/2000, S. 60-85; REIF (Hg.) Adel und Bürgertum, Bd. 2.

[33] Andreas DORNHEIM, Adel in der bürgerlich-industrialisierten Gesellschaft: eine sozialwissenschaftlich-historische Fallstudie über die Familie Waldburg-Zeil, Frankfurt a. M. 1993; Hannes STEKL/Maija WAKOUNIG, Windisch-Graetz. Ein Fürstenhaus im 19. und 20. Jahrhundert, Wien 1992.

[34] Hier nur fünf wichtige Beispiele: Bodo SCHEURIG, Ewald von Kleist-Schmenzin. Ein konservativer gegen Hitler, Oldenburg/Hamburg 1968; Ulrich HEINEMANN, Ein Konservativer Rebell. Fritz-Dietlof Graf von der Schulenburg und der 20. Juli, Berlin 1990; Gregor SCHÖLLGEN, Ulrich von Hassell 1881-1944. Ein Konservativer in der Opposition, München 1990; Peter HOFFMANN, Claus Schenk Graf von Stauffenberg und seine Brüder, Stuttgart 1992. Und das Gruppenporträt von Detlef Graf v. SCHWERIN, „Dann sind's die besten Köpfe die man henkt." Die junge Generation im deutschen Widerstand, München 1991.

Hoyningen-Huene über den Adel in der Weimarer Republik hat zuletzt Eckart Conze für eine Konzentration der Adelsforschung auf möglichst kleine Untersuchungseinheiten plädiert. Aus den analytischen Schwächen des besprochenen Buches zog Conze 1992 einen programmatischen Schluß, der zugleich einen werbenden Vorgriff auf seine eigene Arbeit enthielt. Bevor generalisierende Aussagen zur Adelsgeschichte im 20. Jahrhundert möglich seien, so Conze, bedürfe es „noch vieler Einzeluntersuchungen zum Adel einzelner Regionen, wenn nicht zur Geschichte einzelner Adelsfamilien".[35] Eine solche hat Conze wenig später vorgelegt – und nicht irgendeine. Mit seiner 2000 im Druck erschienenen Habilitationsschrift über die Grafen v. Bernstorff hat Conze die wohl beste Monographie verfaßt, die zur Geschichte des deutschen Adels im 20. Jahrhundert auf dem Markt ist.[36] In gelungener Umsetzung der jüngeren Theoriedebatten über eine „Sozialgeschichte in ihrer Erweiterung" legt Conze die elegant geschriebene *histoire totale* einer Adelsfamilie, genauer: die *histoire totale* von drei Häusern einer Adelsfamilie vor. Alle Vorteile des familienbiographischen Zugriffs werden hier umgesetzt: Was für das Sample von insgesamt 51 Personen aus drei Generationen an politik-, sozial-, wirtschafts-, kultur-, und geschlechtergeschichtlichen Fragen untersucht wird, läßt, was die analytische Präzision betrifft, nur wenig Wünsche offen.

Dennoch ist der hier gewählte Weg nicht ohne Nachteile. Auf welche Gruppen des Adels Conzes Ergebnisse zutreffen, ob seine Untersuchung tatsächlich „von deutschem Adel", oder nicht doch eher von den reicheren, landbesitzenden Familienzweigen des protestantischen Adels in Norddeutschland handelt, ist schwer zu sagen. So scheinen etwa die hier als „Radikalisierung" bezeichneten Entwicklungen in Conzes Studie eher als Randphänomene. Zu fragen ist allerdings, ob diese im Adel, oder doch eher in den drei untersuchten Häusern der Familie v. Bernstorff Randphänomene waren. Mit großer Präzision hat Conze *einen* Adelstypus untersucht – und zweifellos einen bedeutenden. Eine Reihe anderer, für gewisse Fehlentwicklungen erheblich wichtigere, Adelsgruppen werden in der Analyse jedoch v. a. deshalb nicht erfaßt, weil sie nicht Bernstorff hießen. Richtung und Ausmaß der fatalsten Entwicklungen im Adel geraten lediglich an den Rand des Blickfeldes, da sie in den überdurchschnittlich reichen, durch Großgrundbesitz stabilisierten Zweigen der untersuchten Familie kaum zum Ausbruch kamen.

Wie in jeder historischen Studie determiniert der analytische Zugriff das Endergebnis. Bezogen auf das soziale Kaliber der von ihm ausgewählten Untersuchungsgruppe ähnelt Conzes Ansatz den Arbeiten von Hartwin Spenkuch und René Schiller, die zu den besten neueren Arbeiten über den Adel im Kaiserreich gehören.[37] Stellt man ein Untersuchungssample aus den reichsten,

---

[35] Eckart CONZE, Rezension von Hoyningen-Huene, Adel, in: HZ 261 (1995), S. 972-974, zit. S. 974.
[36] Eckart CONZE, Von deutschem Adel. Die Grafen von Bernstorff im zwanzigsten Jahrhundert, Stuttgart/München 2000.
[37] SPENKUCH, Herrenhaus, SCHILLER, Eliten.

1.3.) Zum Forschungsstand

flexibelsten und politisch stärksten Teilen des Adels zusammen, wird man im Resümee einen Adel finden, der reich, flexibel und politisch stark erscheint. Dies wäre der methodische Einwand. Forschungspraktisch gibt es einen zweiten: Wenn die Untersuchung einzelner Familien bzw. eng begrenzter Regionen tatsächlich der einzige Weg zu relevanten Aussagen wäre, wird man sich noch einige Forschergenerationen lang gedulden müssen, bis Ergebnisse vorliegen, in denen die Orientierung der wichtigsten Teilgruppen des Adels zumindest in Umrissen deutlich werden.

Ohne Zweifel: „Den" deutschen Adel hat es nie gegeben. Diese Einsicht ist ebenso wichtig wie banal. Wichtig, weil jeder Versuch, die „in Europa einzigartige Vielfalt"[38] des deutschen Adels in *ein* analytisches Schema zu zwingen, zu unzulässigen Verbiegungen der historischen Realität führen muß. Banal, weil keine soziale Gruppe benennbar ist, deren Analyse ohne innere Differenzierungen machbar wäre. Ausgehend von der Einsicht in die Heterogenität des Adels eine Beschränkung auf möglichst kleine Untersuchungseinheiten zu fordern, leuchtet deshalb nicht unmittelbar ein. So unverzichtbar die analytische Trennung einzelner Adelsgruppen auch ist – der Adelshistoriker beschäftigt sich mit einer extrem kleinen, auf äußerst wenige professionelle und sozio-kulturelle Feldern konzentrierten Minderheit mit einem Reservoir an Traditionen, Einstellungen und Idealen, das eher durch seine Homogenität als durch seine Vielfalt auffällt. Abhängig von der gewählten Perspektive lassen sich einige der benennbaren Unterschiede auch als Nuancen innerhalb eines Modells beschreiben, denen in der politischen Praxis wenig Handlungsrelevanz zukam.

Aus diesen Gründen geht die vorliegende Untersuchung einen anderen Weg. Die Rekonstruktion von Statik und Dynamik der adligen Leitbilder versucht den adligen Habitus zu beschreiben, dessen Grundzüge in den unterschiedlichsten Adelsgruppen wirkungsmächtig waren. Die großen Adelsverbände, das heißt die Orte, an denen der Adel unter sich war und eine Reihe von konkreten Vorschlägen zur „Wiedererfindung des Adels"[39] diskutiert und umgesetzt hat, werden als optisches Instrument benutzt, um Heterogenität und Homogenität im deutschen Adel zu untersuchen. An herausragenden Einzelpersonen lassen sich verschiedene Idealtypen beschreiben, an denen die Orientierungen regional, konfessionell und sozial unterschiedlicher Teilgruppen deutlich werden. Schließlich lassen sich einzelne Prozesse, Ereignisse und politische Grundfragen benennen, die den gesamten Adel betrafen, in unterschiedlichen Gruppen jedoch zu unterschiedlichen Reaktionsmustern führten.

Die analytischen Nachteile dieses Ansatzes liegen auf der Hand. Die Präzision prosopographischer oder regional eng begrenzter Studien ist aus dieser Perspektive nicht zu erreichen. Obwohl sich die vorliegende Arbeit bemüht,

---

[38] REIF, Adel im 19. und 20. Jahrhundert, S. 1.
[39] Ich übernehme den Begriff von Claude Isabelle BRELOT, La noblesse réinventée. Nobles de Franche-Comté 1814 à 1870, Paris 1992.

den empirisch abgesicherten Kenntnisstand über den Adel zu erhöhen, haben einige der referierten Ergebnisse Thesencharakter. Nicht alle der vorgestellten Thesen werden ihrer Überprüfung in regional- oder gar familiengeschichtlichen Studien standhalten. Dieser Mangel erscheint jedoch deshalb akzeptabel, weil beim derzeitigen Forschungsstand Fortschritte am ehesten aus einer Kombination verschiedener methodischer Ansätze zu erwarten sind.

1.4.) Methoden und Quellen

Methodisch orientiert sich diese Arbeit an dem Paradigmenwechsel, der sich jenseits der noch immer polemisch geführten Debatten um eine kulturgeschichtliche Erweiterung der Sozialgeschichte in den Arbeiten der jüngeren Historikergeneration zu formieren scheint. Gemeint ist hier der zunehmend deutliche Wechsel der Leitbegriffe, in dem die ältere Betonung der „Strukturen"[40] durch eine Konzentration auf die „soziale Praxis" abgelöst bzw. ergänzt wird. Stärker als es in der „Sozialgeschichte der Väter" der Fall war, haben Sozialhistoriker der jüngeren Generation die Einsicht betont, daß sich die Strukturen nicht selbst machen, sondern im Handeln von Menschen entstehen und verändert werden.[41]

Die Schwächen der Ansätze, die in den letzten Jahren unter dem Sammelbegriff *Neue Kulturgeschichte* debattiert wurden,[42] sind aus der Perspektive der etablierten Sozialgeschichte hart kritisiert worden. In einem Aufsatz mit dem fulminanten Titel „Glanz und Elend der Bartwichserei" hatte Detlev Peukert 1983 die alltagsgeschichtliche Tendenz zu analytischen Tiefflügen

---

40 Zur Formulierung der orthodoxen, die Bedeutung der „Strukturen" betonenden Bielefelder Position s. Jürgen KOCKA, Sozialgeschichte. Begriff – Entwicklung – Probleme, Göttingen ²1986 (zuerst 1977), S. 49-111, v. a. S. 70-77, 82-89. Zu Geschichte, Entwicklung und Kritik dieser Position vgl. Gerhard A. RITTER, Die neuere Sozialgeschichte in der Bundesrepublik Deutschland, in: Jürgen Kocka (Hg.), Sozialgeschichte im internationalen Überblick. Ergebnisse und Tendenzen der Forschung, Darmstadt 1989, S. 19-88, v. a. S. 58ff.

41 Thomas WELSKOPP, Die Sozialgeschichte der Väter, in: GG 24 (1998), S. 173-198, v. a. S. 178-183.

42 Der Gang der Debatte und ihre wichtigsten Ergebnisse lassen sich in folgenden Sammelbänden nachvollziehen: Alf LÜDTKE (Hg.), Alltagsgeschichte. Zur Rekonstruktion historischer Erfahrungen und Lebensweisen, Frankfurt a. M./New York 1989; Winfried SCHULZE (Hg.), Sozialgeschichte, Alltagsgeschichte, Mikro-Historie. Eine Diskussion, Göttingen 1994; Hartmut LEHMANN (Hg.), Wege zu einer neuen Kulturgeschichte, Göttingen 1995; Thomas MERGEL/Thomas WELSKOPP (Hg.), Geschichte zwischen Kultur und Gesellschaft. Beiträge zur Theoriedebatte, München 1997; Kulturgeschichte Heute, Hg. v. Wolfgang HARDTWIG und Hans-Ulrich WEHLER, Göttingen 1996; Kultur & Geschichte, Neue Einblicke in eine alte Beziehung, Hg. v. Christoph CONRAD und Martina KESSEL, Stuttgart 1998; Hans-Ulrich WEHLER, Die Herausforderung der Kulturgeschichte, München 1998 und zuletzt Ute DANIEL, Kompendium Kulturgeschichte. Theorien, Praxis, Schlüsselwörter, Frankfurt a. M. 2001, v. a. S. 7-25, 179-194, 298-313.

1.4.) Methoden und Quellen

aufgespießt.⁴³ So berechtigt diese Kritik im einzelnen bleibt, so schwer lassen sich die analytischen Leistungen bestreiten, die eine „erzählerische Vermittlung konkreter vergangener soziokultureller Lebenswirklichkeiten" erbringen kann.⁴⁴ Ohne als „Königsweg" gelten zu müssen, ist hier ein wichtiges Korrektiv zu den „Strukturanalysen" der älteren Sozialgeschichte entstanden. Letztere waren vergleichsweise arm an handelnden Menschen und reich an „theories of a middle range" (Robert K. Merton), in denen „Details", die sich der Theorie nicht fügen wollten, ignoriert wurden.⁴⁵

Die von Thomas Nipperdey im ersten Band von *Geschichte und Gesellschaft* formulierte Mahnung an seine Bielefelder Kollegen, der Historiker solle die Geschichte nicht über ihre eigentlichen Aufgaben belehren,⁴⁶ läßt sich im Rückblick kaum als reaktionärer Neohistorismus abtun. Das Plädoyer, die anthropologische Dimension der Geschichte nicht aus dem stählernen Gehäuse Weberscher Begrifflichkeiten auszusperren, hat langfristig nicht nur die Reaktionäre überzeugt.

Allerdings: Gerade in der Adelsgeschichte erscheint die Gefahr, durch eine alltagsgeschichtliche Ausrichtung wenig mehr als „biederen Hirsebrei" (Wehler)⁴⁷ anbieten zu können, zumindest auf den ersten Blick groß. Als Ergebnis denkbar wäre eine Geschichte der Schlösser, Husarenuniformen, Parkanlagen, Pferdeställe, Kutschfahrten, Landgüter, Jagden, Herrenabende, Parademärsche, Salons, Bälle und Casinos, die seltsam unverbunden neben den großen Fragen an das 20. Jahrhundert stünde. „Eine Geschichte der Tränen", heißt es in einer der schönsten Formulierungen über die Schwächen der Kulturgeschichte, „ersetzt keine Geschichte der Versicherungswirtschaft".⁴⁸ Ebenso kann eine Geschichte adliger Selbstbespiegelungen die Geschichte vom tendenziellen Fall der Roggenpreise nicht ersetzen.

---

43 Delev PEUKERT, Glanz und Elend der „Bartwichserei", in: Das Argument 140/1983, S. 542-549 (Replik auf: Alf LÜDTKE, „Kolonisierung der Lebenswelten" – oder: Geschichte als Einbahnstraße?, in: ebd., S. 536-541).

44 Martin BROSZAT, Plädoyer für Alltagsgeschichte. Eine Replik auf Jürgen Kocka, in: Merkur 36 (1982), S. 1244-1248, zit. S. 1245. Neben Broszats „Bayern im NS"-Projekt wären hier auch die Anregungen Alf Lüdtkes zu nennen, auf die sich Peukerts Kritik bezog.

45 Vgl. zu dieser Diskrepanz die Katholizismuskapitel bei WEHLER, Gesellschaftsgeschichte, Bd. 3, S. 892-902, 1055-1060, 1181-1191 mit Darstellung und Interpretation bei David BLACKBOURN, Marpingen. Apparitions of the Virgin Mary in Bismarckian Germany, Oxford 1993. Zum theoretischen Hintergrund vgl. den einflußreichen Aufsatz von Hans MEDICK, „Missionare im Ruderboot"? Ethnologische Erkenntnisweisen als Herausforderung an die Sozialgeschichte, in: GG 10 (1984), S. 295-319 und die Diskussion bei Peter BORSCHEID, Alltagsgeschichte – Modetorheit oder neues Tor zur Vergangenheit?, in: Sozialgeschichte in Deutschland, Hg. v. Wolfgang Schieder und Volker Sellin, Bd. 3, Göttingen 1987, S. 78-99.

46 Thomas NIPPERDEY, Wehlers „Kaiserreich". Eine kritische Auseinandersetzung, in: GG 1 (1975), S. 539-560.

47 So der Spott in einem einflußreichen Vortragspapier: Hans-Ulrich WEHLER, Alltagsgeschichte. Königsweg zu neuen Ufern oder Irrgarten der Illusionen (zuerst 1984), in: Ders., Aus der Geschichte lernen?, München 1988, 130-151, zit. S. 150.

48 CONRAD/KESSEL, Einleitung, in: Dies. (Hg.), Kultur & Geschichte, S. 27f.

In der Adelsgeschichte sprechen jedoch weit mehr als nur modische Gründe dafür, in das historiographische „perception business"⁴⁹ zu investieren und der Analyse adliger Selbst- und Weltwahrnehmungen einen zentralen Platz einzuräumen. „Neu" ist an diesem Versuch im übrigen allenfalls die Gewichtung. Schließlich war es kein geringerer als Max Weber, der in seiner vielzitierten Formulierung über die „Weltbilder", welche die Bahnen vorprägen, in denen sich die Interessen bewegen,⁵⁰ eben jene Grundidee formuliert hat, die auch im Mentalitätsbegriff der *Annales*-Tradition und im von Pierre Bourdieu systematisierten Habituskonzept von zentraler Bedeutung ist.⁵¹

„Erfahrungen können falsch sein." So zumindest steht es bei Jürgen Kocka. In erstaunlicher Schärfe haben die Vertreter der Kritischen Geschichtswissenschaft ihre Skepsis gegen die Leistungsfähigkeit der Alltagsgeschichte mit dem Vorwurf der „Trivialisierung" verbunden. Doch selbst wenn Kockas Satz zuträfe, spräche er nicht gegen die Bedeutung der Schlüsse, die Menschen auch aus ihren „falschen" Erfahrungen ziehen. Darüber hinaus läßt sich der Satz generell in Frage stellen. Die vorliegende Arbeit schließt sich deshalb der Argumentation an, „daß Erfahrungen weder ‚richtig' noch ‚falsch' sind; daß Strukturen und Prozesse erst eine historische Wirksamkeit haben als Phänomene, die von handelnden Menschen – wie auch immer – erfahren werden; daß Erfahrungen nicht nur die grundlegenden Strukturen der menschlichen Gesellschaft vermitteln, sondern auch [...] konstitutiv auf dieselben einwirken."⁵²

Im Hinblick auf den Adel im hier betrachteten Zeitraum, insbesondere im Hinblick auf die Zäsur von 1918, verspricht der so umrissene Paradigmenwechsel mehr als nur analytische Vorteile – er erscheint unabdingbar. Vermutlich gibt es keine zweite soziale Gruppe, in denen die Binnen- und Außengrenzen so stark von Vorstellungen und Wahrnehmung gezogen werden wie im Adel. Dies gilt um so mehr für die „entadelte Gesellschaft"⁵³ nach

---

49 Philipp GASSERT, Amerika im Dritten Reich. Ideologie, Propaganda und Volksmeinung 1933-1945, Stuttgart 1997 (Vorwort).
50 Webers Hinweis auf die „Interessen", die statt der „Ideen" das Handeln der Menschen beherrschen, folgt der Satz „Aber: die ‚Weltbilder' welche durch ‚Ideen' geschaffen wurden, haben sehr oft als Weichensteller die Bahnen bestimmt, in denen die Dynamik der Interessen das Handeln fortbewegte" (Max WEBER, Die Wirtschaftsethik der Weltreligionen, in: MWG, Bd. I/19, Tübingen 1989, S. 75-127, zit. S. 101).
51 Peter BURKE, Offene Geschichte. Die Schule der Annales, Berlin 1991; Pierre BOURDIEU, Entwurf einer Theorie der Praxis auf der ethnologischen Grundlage der kabylischen Gesellschaft, Frankfurt a. M. 1976, S. 139-202. Zur Diskussion der Begriffe Mentalität und Habitus s. u., Kapitel 1.4.
52 Roger CHICKERING, Die drei Gesichter des Kaiserreiches. Zu den großen Synthesen von Wolfgang J. Mommsen, Hans-Ulrich Wehler und Thomas Nipperdey, in: NPL 41 (1996), S. 364-375, (Zitat und Zitat Kockas S. 373). Vgl. Jürgen KOCKA, Sozialgeschichte zwischen Struktur und Erfahrung. Die Herausforderung der Alltagsgeschichte, in: Ders., Geschichte und Aufklärung, Göttingen 1989, S. 29-44, v. a. S. 37f.
53 So der Begriff bei Heinz-Gerhard HAUPT, Der Adel in einer entadelten Gesellschaft: Frankreich seit 1830, in: Wehler (Hg.), Adel, S. 286-305.

1.4.) Methoden und Quellen

1918, in der ein Großteil der äußeren Strukturen, die den Adel bislang zusammengehalten hatten, schlagartig verschwanden und in welcher der Adel zunehmend zu dem wurde, was er an spezifischen Lebensweisen, Wertsystemen und kulturellen Besonderheiten bewahren konnte. Der Adel muß nach 1918 stärker als je zuvor in seiner langen Geschichte als ein Lebens- und Kulturmodell betrachtet werden, als eine um bestimmte Traditionen, Lebensweisen, Werthaltungen, um eine spezifische Selbstsicht, symbolische Abgrenzungen, soziale Praxis, kulturelle Codes und spezifische Erinnerungstechniken organisierte Gruppe von Menschen. Zu den 1918 zerbrochenen „Strukturen", die den Adel bislang zusammengehalten hatten, gehörten der Kaiser und die Bundesfürsten, die Höfe, das Offizierkorps der alten Armee, die Kadettenschulen, die ersten Kammern, die Adelsschutzbehörden, das Drei-Klassen-Wahlrecht und die juristische Qualität der Adelstitel. Andere für den Adel wichtige „Strukturen", so etwa die traditionelle Konzentration auf bestimmte professionelle Felder und die fideikommissarisch abgesicherten Eigentumsverhältnisse verloren zunehmend ihre Statik. Diese Dynamisierung des Adels, seit jeher Inbegriff von Tradition, Beharrung und Stetigkeit, läßt sich nur noch sehr bedingt „strukturell" beschreiben.

Die Geschichte geht nicht in dem auf, „was Menschen wechselseitig intendieren." Immer wieder ist die von Jürgen Habermas formulierte Einsicht als ceterum censeo der deutschen Sozialgeschichtsschreibung zitiert worden.[54] Über diese unbestreitbare Einsicht schien zeitweise aus dem Blick zu geraten, daß die Geschichte auch in dem nicht aufgeht, was Strukturen wechselseitig strukturieren. Bezogen auf das hier behandelte Thema wäre darüber hinaus festzuhalten, daß die Geschichte nicht in Strukturen aufgeht, die nicht mehr existieren.

Anders, als kulturgeschichtlichen Ansätzen und ihrer Konzentration auf die „feinen Unterschiede" (Pierre Bourdieu) vorgeworfen wurde, gilt deshalb nicht zuletzt für den Adel, daß die „Einsicht in die Härte der sozialen Ungleichheit" mit der Konzentration auf Wahrnehmungen und kulturelle Codes nicht verstellt, sondern verfeinert und geschärft wird.[55] Gerade hier scheint die Stärke der Arbeiten zu liegen, denen die Umsetzung der kulturgeschichtlichen Theoriedebatten gelungen ist: Neben der strukturellen, meist quantifizierbaren „hardware" wird hier auch die einzig über eine Beschreibung der sozialen Praxis faßbare „software" der Herrschaft sichtbar. Die Ergebnisse älterer Struktur- und Positionsanalysen, die von der Tendenz „to discount

---

[54] Die Formulierung stammt von Jürgen HABERMAS, Zur Logik der Sozialwissenschaften, Tübingen 1967, S. 116. Zit. u. a. bei WEHLER, Gesellschaftsgeschichte, Bd. 1, München 1987, S. 30; KOCKA, Geschichte und Aufklärung, S. 12, 36.

[55] Hans-Ulrich WEHLER, Von der Herrschaft zum Habitus, in: Die Zeit, 25.10.1995, S. 46, vgl. dagegen Christoph CONRAD/Martina KESSEL, Blickwechsel: Moderne, Kultur, Geschichte, in: Dies. (Hg.), Kultur & Geschichte, S. 9-40, hier S. 12. Zur Diskussion: Klaus Eder (Hg.), Klassenlage, Lebensstil und kulturelle Praxis. Beiträge zur Auseinandersetzung mit Pierre Bourdieus Klassentheorie, Frankfurt a. M. 1989.

what cannot be counted"[56] nicht ganz frei waren, finden auf diese Weise eine sinnvolle Ergänzung.

Um die empirische Grundlage zu skizzieren, auf die sich der so umrissene methodische Ansatz stützen kann, sind hier die wichtigsten Quellengruppen, aus denen die vorliegende Arbeit geschrieben ist, in knapper Form vorzustellen. Hervorzuheben ist zunächst die systematische Auswertung von Adelsautobiographien, die insbesondere den ersten Teil der Arbeit trägt. Traditionell wurden Autobiographien „either ignored completely or treated as a minefield to be avoided by all but the most experienced veterans."[57] Meist werden sie als Lieferanten einzelner Zitate verwendet, die als narrative Farbtupfer zur Kolorierung bereits feststehender Thesen dienen. In dieser Form der Auswertung gleichen sie Wassertropfen, die den Wanderer in den weiten Steppen strukturgeschichtlicher Metaerzählungen erquicken.[58] In Anlehnung an Arbeiten der neueren Bürgertumsforschung[59] wurde hier der umgekehrte Weg beschritten: Aus ca. 400 erfaßten Adels-Autobiographien, die vom späten Kaiserreich bis zur Gegenwart erschienen sind, wurden ca. 160 systematisch auf typische, immer wieder auftauchende Themen, Leitbilder, Symbole, Anekdoten und Sprachmuster überprüft. Im Mittelpunkt steht explizit nicht die quellenkritische Trennung des Erzählten in „wahre" und „falsche" Anteile. Zu einzelnen Aspekten adliger Lebenswelten liefern diese Texte zwar wertvolle Beschreibungen, die in dieser Dichte keine andere Quellengattung bieten kann; ihr Wert für die Adelsgeschichte liegt jedoch in einem anderen Aspekt: Sichtbar wird hier der spezifische Zugang der adligen Autoren und Autorinnen zur Realität.[60] Der in den letzten 100 Jahren in mehreren Wellen entstandene Strom adliger Erinnerungen bietet sehr detaillierte Einblicke auf den beiden Analyseebenen, die in dieser Arbeit verfolgt werden: erstens in die tiefen Unterschiede zwischen einzelnen Adelsgruppen, zweitens in die habituellen und ideologischen Gemeinsamkeiten, die den Adel als Adel zusammen-

---

56 David BLACKBOURN, A thoroughly Modern Masterpiece. Wehler's Deutsche Gesellschaftsgeschichte. Bd. 3: 1849-1914, in: NPL 41 (1996), S. 189-192, zit. S. 191.
57 Kenneth D. BARKIN, Autobiography and History, in: Societas. A Review of Social History (6) 1976, S. 83-108, zit. S. 83.
58 So etwa bei WEHLER, Gesellschaftsgeschichte, Bd. 3, 806, 819f., 822, 824, 840. Wehler verwendet hier Zitate aus einigen Klassikern adliger Memoirenliteratur zur Illustration „aristokratischer Weltfremdheit" (818) und „pathologischer Arroganz" (822) des preußischen Adels.
59 Gunilla-Friederike BUDDE, Auf dem Weg ins Bürgerleben. Kindheit und Erziehung in deutschen und englischen Bürgerfamilien, Göttingen 1994; Dolores L. AUGUSTINE, Patricians and Parvenus. Wealth and High Society In Wilhelmine Germany, Oxford/Providence 1994; Michael MAURER, Die Biographie des Bürgers. Lebensformen und Denkweisen in der formativen Phase des deutschen Bürgertums (1680-1815), Göttingen 1996.
60 Dies in Anlehnung an den analytischen Zugang, den Klaus Theweleit bei seiner Auswertung der Freikorpsliteratur gewählt hat. Klaus THEWELEIT, Männerphantasien, 2 Bde., Frankfurt a. M. 1977, s. die „Nachbemerkung", Bd. 2, S. 542.

1.4.) Methoden und Quellen

hielten, als sich die sozialen Gräben zwischen einzelnen Adelsgruppen dramatisch verbreiterten.⁶¹

Daneben bieten vor allem die vor 1945 verfaßten Autobiographien im Abgleich mit anderen Quellen unerschöpfliches Rohmaterial zur Rekonstruktion der adelsspezifischen Sprache bzw. des adligen Jargons. Nicht zuletzt in der Fremdheit dieses Jargons werden die kulturellen Besonderheiten des Adels deutlich. Seine ausführliche und möglichst exakte Wiedergabe soll die Analyse des adligen Habitus nicht ersetzen, sondern ermöglichen. Hierzu gehört auch der Versuch, das farbenfrohe, in seinem inhaltlichen Kern erstaunlich stabile Set von Anekdoten, das in der inneradligen Kommunikation von großer Bedeutung ist, analytisch zu lesen. Auch hier besteht die Gefahr, „methodisch in der Beschreibung des Kleinräumigen" steckenzubleiben und „Clifford Geertz' ‚dichte Beschreibung' zu Unrecht für eine Beschränkung auf positivistische Detailmalerei in der Quellensprache ins Feld" zu führen.⁶² Der adlige Jargon und die Weitergabe von Leitbildern über Anekdoten sind zentrale Bestandteile des adligen Kulturmodells. Ihre Nachzeichnung ist deshalb mehr als „Detailmalerei", weil sich die kulturellen Codes des Adels erst dann analysieren lassen, wenn man ihre erhebliche Entfernung von der Rationalität der bürgerlichen Gesellschaft deutlich macht. Zentral sind die Autobiographien jedoch nur für den ersten Teil dieser Arbeit, der die Grundzüge des adligen Habitus beschreibt.

Das empirische Rückgrat der Arbeit, das alle anderen Teile trägt, wird hingegen von zumeist ungedruckten Quellen gebildet, die in 30 Archiven zusammengetragen wurden. Das lokale und soziale Spektrum der Verfasser dieser Quellen reicht von verarmten mecklenburgischen Leutnants bis zu millionenschweren bayerischen Fürsten. Hervorzuheben sind hier zunächst zwei Bestände: Der Nachlaß der bayerischen Landesabteilung der *Deutschen Adelsgenossenschaft* im Deutschen Adelsarchiv (Marburg), über den sich das Innenleben des größten, vom ostelbischen Adel dominierten Adelsverbandes aus einer süddeutschen Perspektive rekonstruieren läßt. Zweitens die inhaltlich äußerst dichten und hervorragend geordneten Bestände im Westfälischen Archivamt (Münster). Weiterhin boten die Privatarchive diverser Fürstenhäuser (u. a. Fürstenberg, Löwenstein-Wertheim-Rosenberg, Mecklenburg, Öttingen-Wallerstein, Stolberg-Wernigerode, Thurn und Taxis) Einblicke in die politischen Orientierungen in den reichsten Teilen der katholischen Adelsfamilien in Süddeutschland. Ca. 80 weitere Nachlässe und Deposita in staatlichen Archiven bzw. Bestände in den Privatarchiven einzelner Adelsfamilien boten in Form von Verbands- und Privatkorrespondenzen, politischen Denk-

---

61 Für eine ausführlichere Diskussion der methodologischen Fragen s. Marcus FUNCK/Stephan MALINOWSKI, Geschichte von oben. Autobiographien als Quelle einer Sozial- und Kulturgeschichte des deutschen Adels in Kaiserreich und Weimarer Republik, in: Historische Anthropologie 7 (1999), S. 236-270. Vgl. Katharina SCHLEGEL, Zum Quellenwert der Autobiographie: Adlige Selbstzeugnisse um die Wende vom 19. zum 20. Jahrhundert, in: GWU (4) 1986, S. 222-232.
62 So die Formulierung bei WELSKOPP, Sozialgeschichte der Väter, S. 183.

schriften, Reden auf Familientagen und Adelsvereinigungen, Akten diverser Großgrundbesitzervereinigungen, Aufstellungen über die inneradlige Armenunterstützung, Familienzeitungen und Tagebüchern Einsichten in die unterschiedlichsten Aspekte adligen Denkens und Handelns. Bei einem Großteil dieses Materials handelt es sich um ungedruckte, von der Forschung bislang nicht ausgewertete Quellen. Wertvolle Hinweise auf die Muster adliger Annäherungen an den Nationalsozialismus finden sich schließlich in den Beständen des ehemaligen *Berlin Document Center* im Bundesarchiv Berlin. Neben der Auswertung von ca. 300 Personalakten adliger NSDAP-Mitglieder wurde anhand der beiden NSDAP-Karteien ein Sample zusammengestellt, für das über 350 Adelsfamilien und ca. 4.000 Einzelpersonen überprüft wurden. Systematisch erhoben und ausgewertet wurde zusätzlich ein Sample, das detaillierte biographische Daten zu ca. 130 adligen SA-Führern enthält.

Unter den gedruckten Quellen ist das von 1883 bis 1944 erschienene *Deutsche Adelsblatt* hervorzuheben, daneben die Mitteilungsblätter anderer Adelsverbände, einzelne Zeitschriften der rechten Intelligenz (u. a. *Das Gewissen, Der Ring, Süddeutsche Monatshefte*) und ein Teil der NS-Presse (*SA-Mann, Das Schwarze Korps*).

1.5.) Begriffe und Differenzierungen

„Everyone knows, what aristocracy means until they have to write a book on the subject. Then the problems of definition begin."[63] Die Sätze, mit denen Dominic Lieven seine komparative Studie zum europäischen Adel im 19. Jahrhundert einleitet, gelten ganz besonders für eine Arbeit über den deutschen Adel im 20. Jahrhundert. Über den Adel in einem Zeitraum zu schreiben, in dem es formal keinen Adel mehr gab und in dem die Begriffe Stand, Klasse und Elite ihre analytischen Dienste weitgehend versagen, macht eine Reihe von Vorbemerkungen zum verwendeten Adelsbegriff nötig. Vorgestellt werden im folgenden die Begriffe, mit denen in dieser Arbeit Einheit und Vielfalt im deutschen Adel dargestellt werden.

Zunächst zur quantitativen Dimension: Der Begriff Adel bezeichnet in den 1920er Jahren eine Gruppe von ca. 60.000 bis 100.000 Personen. Da die genaue Zahl unbekannt ist, wird hier von einem Mittelwert von 80.000 Angehörigen des Adels ausgegangen, eine winzige Minderheit, die einem Anteil von ca. 0,15% der deutschen Bevölkerung entsprach.[64]

Die Arbeit untersucht die Familien des *alten Adels*, worunter hier der gesamte „Uradel" und die vor 1800 in den Adelsstand erhobenen Familien des

---

[63] LIEVEN, Aristocracy, S. XIII.
[64] Die genaue Anzahl ist unbekannt. Auch HOYNINGEN-HUENE, Adel, S. 17-20, die für die oben genannte Untergrenze plädiert, liefert nicht mehr als begründete Schätzungen, die auf den unkontrollierbaren Angaben im Gotha basieren. Vgl. REIF, Adel im 19. und 20. Jahrhundert, S. 59f.

1.5.) Begriffe und Differenzierungen

„Briefadels" gemeint sind.[65] Diese alten, landbesitzenden Familien bildeten den sozialen Kern des Adels, an dessen Leitbildern sich auch die sozialen Ränder des Adels orientierten. Mit der relativ leicht zu treffenden Unterscheidung der „Ränder" vom sozialen „Kern" des Adels ist eine der wichtigen Differenzierungen benannt. Innerhalb des Kerns sind allerdings kompliziertere Grenzlinien zu beachten, die im 20. Jahrhundert von Brüchen überlagert wurden, welche die traditionellen Grenzziehungen und den Bestand des adligen Kerns in Frage stellten.

Adlige aus Familien, die erst im 19. Jahrhundert nobilitiert wurden, werden hier nur dann berücksichtigt, wenn sie sich aufgrund von Karrieren in adligen Berufsfeldern sowie Heiraten in den alten Adel sinnvoll zu letzterem zählen lassen. Weitere inneradlige Subsysteme kultureller Unterscheidungen, die sich auf Titel, Anreden, Ancienität und Reputation beziehen und vielfach nur für den Adel selbst „lesbar" sind,[66] wurden nur dort berücksichtigt, wo sie von Bedeutung für die Fragestellung dieser Arbeit waren.

Explizit außerhalb des hier verwendeten Adelsbegriffes steht neben dem Personaladel schließlich die kleine Gruppe der im 19. Jahrhundert nobilitierten Industriellen, Bankiers, Professoren und Künstler. Wie die neuere Forschung gezeigt hat, waren Adelsprädikat, Hofzugang und der Aufkauf von Landgütern keineswegs gleichbedeutend mit der Aufgabe von bürgerlichen Lebensweisen.[67] Es würde den analytischen Wert des Adelsbegriffes unnötig ruinieren, zählte man nobilitierte Bürger wie Adolph von Menzel, Gerson von Bleichröder oder Carl Friedrich von Siemens aufgrund ihres Adelspartikels undifferenziert zum Adel.[68] Weiterhin wird der überaus unscharfe Begriff

---

65 Das Jahr 1806 wurde von Genealogen als Abgrenzung von „älterem" und jüngerem Briefadel zumindest debattiert, s. FRITSCH, Taschenbücher, S. 119f. Zwischen 1798 und 1918 wurden 1.857 Personen nobilitiert. Man schätzt, daß am Ende des Kaiserreiches fast jede zehnte preußische Adelsfamilie eine Kreation des langen 19. Jahrhunderts war. Vgl. SCHILLER, Eliten, S. 239-248, REIF, Adel im 19. und 20. Jahrhundert, S. 5f., 34.

66 Dazu gehören etwa die unterschiedlichen Farben der Gothabände und deren Differenzierung in gerade und ungerade Jahrgänge. Die Unterscheidung zwischen „Uradel" und „Briefadel" wurde hier 1900 im Untertitel, seit 1907 im Haupttitel geführt, zu Beginn der 1930er Jahre wieder aufgegeben und durch die bis heute gebräuchliche Unterscheidung in „Teil A" und „Teil B" ersetzt. Vgl. Thomas Frhr. v. FRITSCH, Die Gothaischen Taschenbücher. Hofkalender und Almanach, Limburg/Lahn, v. a. S. 105-117. Als Einführung in Namensrecht, Adelsregeln, Adelsränge und die formalen Differenzierungen, u. a. zwischen hohem und niederem Adel s. Friedrich Wilhelm EULER, 100 Bände GHdA, in: Genealogisches Handbuch des Adels, Bd. 100 der Gesamtreihe (= Fürstliche Häuser, Bd. XIV), Limburg 1991, S. XV-XLIII. Mit größerem Gewinn liest sich zu diesen inneradligen Unterschieden das Kapitel „Die gottgewollten Unterschiede – Von der Schichtung des Adels und der Benutzung des Gotha" bei DISSOW, Adel im Übergang, S. 115-135.

67 AUGUSTINE, Patricians and Parvenus, S. 239-254. Als Festigung der Ergebnisse Augustines am Beispiel der Großbankier: Morten REITMAYER, „Bürgerlichkeit" als Habitus. Zur Lebensweise deutscher Großbankiers im Kaiserreich, in: GG 25 (1999), S. 66-93.

68 HOYNINGEN-HUENE, Adel, führt ihr Kapitel über die *adlige* Beteiligung am modernen Wirtschaftsleben spätestens dort ad absurdum, wo Carl F. v. Siemens als adliger Wirtschaftsführer auftaucht (S. 403).

„Junker", der sich bis heute in der Forschungsliteratur findet, konsequent vermieden. Da die Rede von „den Junkern" in vielen Fällen kaum deutlich machen kann, ob sie sich allein auf adlige oder auch auf nobilitierte und bürgerliche Gutsbesitzer bezieht, stiftet der Begriff mehr Verwirrung als Klarheit. Als Kampfbegriff der liberalen und marxistischen Adelskritik, der seine politische Mission längst erfüllt hat, ist es an der Zeit, ihn aus der wissenschaftlichen Literatur zu verabschieden.[69]

Mit Bedacht kündigt der Untertitel dieser Arbeit keine Studie über „den" deutschen Adel, sondern über Entwicklungen „im" deutschen Adel an. Einen sozial und politisch geschlossenen „deutschen Adel" hat es niemals gegeben. Aus unzähligen regionalgeschichtlichen Perspektiven ließen sich ebenso unzählige Ausnahmen rekonstruieren, ohne jedoch einen generellen Einwand gegen das zu liefern, was vom hier als „Adeligkeit" bezeichneten Modell geboten werden soll: eine deskriptive Annäherung an die wichtigsten Charakteristika, welche den sozialen Kern des Adels prägten, auch an den sozialen Rändern des Adels als Orientierungspunkte anerkannt wurden und das Erscheinungsbild „des" Adels dominierten.

Der Adel läßt sich entlang von fünf Trennungslinien in zahlreiche, heterogene Einzelgruppen aufgliedern: erstens regional, zweitens konfessionell, drittens entlang der adelsrechtlichen Unterscheidungen, v. a. zwischen hohem und niederem Adel, viertens nach Anciennität (und Reputation) der einzelnen Familien und fünftens anhand der sozialen (v. a. durch Besitz, Ausbildung und Beruf bestimmten) Realitäten einzelner Familien bzw. Personen. Nach 1918 gab es im Adel eine wachsende Bereitschaft, die ersten vier Grenzlinien geringer zu werten, während es eindeutig die sozialen Grenzlinien waren, deren Bedeutung erheblich wuchs. Erstens, weil die Erfahrung eines relativen Niedergangs praktisch auf den gesamten Adel zutraf. Zweitens, weil die sozialen Grenzlinien innerhalb des Adels nach 1918 ihren Verlauf änderten. Drittens, weil die Gräben zwischen den einzelnen Gruppen immer tiefer wurden. Die Unterscheidung nach sozialen Kriterien steht hier deshalb am Anfang. In der Darstellung werden in idealtypischer Annäherung drei Gruppen unterschieden, die durch fließende Grenzen voneinander getrennt waren. Für diese drei Gruppen werden folgende Begriffe verwendet:

1.) Als *Grandseigneurs* werden hier die reichsten und sozial stabilsten Gruppen des landbesitzenden alten Adels bezeichnet. Hierzu zählt ein Großteil, nicht mehr jedoch die Gesamtheit aller Mitglieder der hochadligen und standesherrlichen Familien. Zu dieser Gruppe gehörten weiterhin die reichsten Mitglieder der reichsten Familienzweige aus dem niederen Adel. Typisch ist hier Großgrundbesitz, der die Familien in die Lage versetzte, einen Großteil ihrer Mitglieder sozial abzusichern, das Schloß oder große Gutshaus als Le-

---
[69] SPENKUCH, Herrenhaus, S. 179f., BUCHSTEINER, Großgrundbesitz, S. 306f. Zum politischen Gebrauch des Begriffes v. a. REIF, Die Junker, S. 520-536.

1.5.) Begriffe und Differenzierungen

bensmittelpunkt der Familie, eine akademische Ausbildung auch für die nachgeborenen Söhne sowie Heiraten, die meist innerhalb des alten Adels bleiben. Häufiger als in den anderen Gruppen werden hier Elemente der bürgerlichen Herrschaftsfelder (Handel, Finanz, Industrie, Wissenschaft) in die Ausbildungswege der Söhne integriert. Typisch bleibt jedoch auch in diesen Fällen die Fortführung adliger Lebenswelten, deren Bewahrung v. a. in dieser Gruppe gelang.

2.) Mit dem Begriff *Kleinadel* wird die große Mehrheit der Familien des niederen Adels bezeichnet, die zusammen mit den Grandseigneurs den sozialen Kern des alten Adels bildeten. Typisch ist hier der Landbesitz, welcher der engeren Familie des Besitzers eine „standesgemäße" Existenz ermöglicht, jedoch nicht ausreicht, um die nachgeborenen Söhne und die Töchter abzusichern. Der Begriff schließt auch jene alten Familien bzw. Familienzweige ohne eigenen Landbesitz ein, deren Mitglieder seit Generationen in Beamten- und Militärkarrieren reüssierten und mit den landbesitzenden Familien durch gemeinsame Heirats- und Verkehrskreise fest verbunden waren.

3.) Am unteren Ende der sozialen Hierarchie innerhalb des Adels stand schließlich eine stetig wachsende Gruppe, die hier mit einem zeitgenössischen Ausdruck als *Adelsproletariat* bezeichnet wird. Der Begriff wird für die sozial schwächsten Teile der adligen Verlierergruppen verwendet, die ihre soziale Verankerung in den traditionellen Lebenswelten des Adels verloren, ohne ihre habituelle und ideologische Zugehörigkeit zum Adel aufzugeben. Gemeint sind mit dem Begriff adlige Frauen und Männer, die zu Erwerbstätigkeiten in meist mittelständischen, außerhalb der traditionellen Adelsprofessionen liegenden Bereichen gezwungen waren. Neben den Seitenflügeln schlichter Gutshäuser sind hier beengte Wohnungen in den größeren Städten als Lebensmittelpunkte typisch. Es waren entlassene Offiziere, unverheiratete Töchter ohne Berufsausbildung, mittellose Witwen und nachgeborene Söhne auf hochverschuldeten Gütern, aus denen sich diese Gruppe rekrutierte. Der sozial schwächste Teil dieses Adelsproletariats war zeitweise oder dauerhaft erwerbslos, auf staatliche und auf die von den Adelsverbänden organisierte Sozialhilfe angewiesen. Auch hier markiert das Jahr 1918 eine starke Beschleunigung älterer Prozesse.

Die Verwendung dieser drei idealtypischen Begriffe wird dadurch komplizierter, daß die hier gezogenen Grenzen oftmals mitten durch einzelne Familien verliefen. Die klassischen Einteilungen entlang professioneller und adelsrechtlicher Kategorien bieten für eine Sozialgeschichte des Adels nach 1918 nur noch wenig Halt. So war etwa die durch Geburt erworbene Zugehörigkeit zum „Landadel" längst nicht mehr zwingend mit Landleben, geschweige denn mit Gutsbesitz identisch. Der Begriff „Landadel" beschreibt im 20. Jh. immer häufiger Familien, in denen ein großer Teil der Familie von den Besitzrechten und den durch die Güter gebotenen Lebenschancen ausgeschlossen blieb. Dies galt in starkem Maße für die Töchter, immer häufiger jedoch auch für die nachgeborenen Söhne. Die Frage, ob in einer Gutsbesitzerfamilie die nichterbenden Söhne und Töchter sinnvoll zum „Landadel" zu zählen sind, kann im Grunde nur auf der Ebene einzelner Biographien geklärt werden. Der Begriff „Militäradel" war nicht länger gleichbedeutend mit Garnisonstadt, Kaserne und Kasino, sondern müßte auch die Heerscharen entlassener Offiziere auf Arbeitssuche umfassen. „Uradel" verweist ebensowenig auf eine vornehme Lebensweise wie „Hochadel" durchgängig auf einen Platz im gesellschaftlichen „Oben". Lebensläufe, die uradlige Grafen aus Offizierskarrieren in die Leitung von Berliner Taxiunternehmen, Töchter aus berühmten Familien an die Schreibmaschinen Hamburger Versandhausbüros und Prinzen aus hochadligen Familien zu „Führungsaufgaben" in der SA führen, sind nach 1918 keine skurrilen Einzelfälle mehr. Sie stehen für eine ständig wachsende, politisch hochaktive Gruppe der adligen Verlierer von 1918. Zusätzlich zur Unterscheidung dieser drei Gruppen sind fünf weitere Differenzierungen von Bedeutung:

a) *Region*: Relevante und eindeutige Unterschiede zwischen einzelnen Adelsgruppen lassen sich entlang regionaler Grenzen aufzeigen. Schwer lösbar ist allerdings die Frage, bis auf welche Ebene hinunter die landschaftliche Differenzierung unterschiedlicher Adelstraditionen im 20. Jahrhundert sinnvoll erscheint, ohne am Ende bei Dorf-zu-Dorf-Loyalitäten zu enden. Möglich ist bei der Anlage dieser Arbeit einzig die Berücksichtigung regionaler Differenzen auf einer Makroebene, auf der zahlreiche Feindifferenzierungen vernachlässigt werden müssen. Ohne die Binnengrenzen innerhalb dieser Gruppen ganz zu übergehen,[70] werden in dieser Arbeit drei mehr oder minder deutlich identifizierbare Adelsregionen[71] berücksichtigt: der ostelbische Adel in den altpreußischen Provinzen und Mecklenburg; der bayerische Adel, der sozial und politisch große Ähnlichkeiten mit dem zahlenmäßig schwachen Adel Südwestdeutschlands aufwies und als dritte Gruppe der westfälische Adel.

b) *Konfession*: In zentralen Fragen hat sich die katholische Minderheit im Adel dezidiert anders als die preußisch-protestantische Mehrheit verhalten. Über die Untersuchung der katholischen Adelsverbände lassen sich die konfessionell begründeten Verhaltensunterschiede an wichtigen Einzelfragen darstellen. Die eindeutigen Unterschiede, die sich etwa zwischen bayerischem

---

[70] So wären z. B. die schlesischen „Magnaten" im ostelbischen Adel, in mancher Hinsicht auch der fränkische innerhalb des bayerischen Adels als Sonderfälle zu betrachten.

[71] Vgl. dazu die Grobgliederung in vier Regionalgruppen bei Heinz REIF, La noblesse et la formation des élites en Allemagne aux XIXème et XXème siècles, in: Bulletin du Centre Pierre Léon d'histoire économique et sociale, 4/1995, S. 13-23, hier S. 15. Die von Reif genannten Adelsgruppen im Südosten (Schlesien und Sachsen) bleiben in dieser Arbeit weitgehend unberücksichtigt, Zu den Besonderheiten des hannoverschen Adels im ehemaligen Kurhessen vgl. Robert V. FRIEDEBURG, Adel, Staat und ländliche Gesellschaft in den neupreußischen Gebieten: Das Beispiel des ehemaligen Kurhessen (1867-1914), in: Adamy/Hübener (Hg.), Adel, S. 345-366. Für Sachsen zuletzt Silke MARBURG/Josef MATZERATH (Hg.), Der Schritt in die Moderne. Sächsischer Adel zwischen 1763 und 1918, Köln 2001.

1.5.) Begriffe und Differenzierungen

und westfälischem Adel beschreiben lassen, zeigen allerdings, daß diese Abweichungen durch das konfessionelle Element allein nicht erklärt werden können.

c) *Profession*: Zu beachten sind weiterhin die prägenden Einflüsse der jeweiligen Berufsfelder. Für den sozialen Kern des deutschen Adels gilt bis 1945, daß die entscheidenden Prägungen von nicht mehr als drei professionellen Bereichen ausgingen, auf denen der alte Adel seine „standesgemäßen" Berufe fand: Landwirtschaft, Staatsdienst, Militär. Die unterschiedlichen Ausbildungswege haben unterschiedliche Adelstypen hervorgebracht: Ostelbische Kadettenanstalten prägten ihre Schüler anders als sächsische Gymnasien oder das Jesuitenkolleg in Feldkirch. Innerhalb einer einzigen Gutsbesitzerfamilie konnten der erbende Sohn, seine jüngeren Brüder im diplomatischen Dienst und Generalstab, die Schwestern als „Haustochter" und Stiftsdame fünf verschiedene, gleichermaßen adelstypische Lebensmodelle repräsentieren. Von besonderer Relevanz für die hier untersuchten Fragen waren jene Familien des Kleinadels, deren (nachgeborene) Söhne traditionsgemäß im Militär dienten. Diese sehr zahlreichen, den gesamten, insbesondere jedoch den ostelbischen Adel stark prägenden Gruppen werden hier als *Militär-Clans* bezeichnet.[72]

d) *Generation*: Thematisiert werden schließlich die z. T. markanten Differenzen, die zwischen den unterschiedlichen Generationen bestanden. Lebenswelten und politische Orientierungen unterschieden sich entlang der Generationsgrenzen mitunter erheblich. Neben der Beachtung des Lebensalters bei den jeweils porträtierten Personen werden im folgenden drei Generationen unterschieden: die „Wilhelminer", die Frontgeneration und die Kriegsjugendgeneration.[73]

e) *Geschlecht/Gender*: Eine gleichmäßige Gewichtung der Geschlechter wird in dieser Arbeit nicht geleistet. Die Analysen stützen sich mehrheitlich auf Quellen männlicher Provenienz, was der gesamten Darstellung eine stark „männliche" Schlagseite gibt. Abweichendes Verhalten von adligen Frauen wird überall dort thematisiert, wo sich entsprechende Überlieferungen – nach denen nicht systematisch gesucht wurde – finden ließen. Stärker als die hier nur schwach beleuchteten Lebenswege adliger Frauen bringen die ausgewerteten Quellen hingegen die Kategorie *Männlichkeit* ins Spiel. Eine Untersuchung von Radikalisierung und Brutalisierung im Adel sucht in den männerbündischen, Frauen und Weiblichkeit weitgehend ausschließenden Milieus an der richtigen Stelle.

---

[72] Der Begriff stammt von Marcus Funck. Zu seiner analytischen Verwendung s. Marcus FUNCK, The Meaning of Dying. East Elbian Noble Families as „Warrior-Tribes" in the 19th and 20th Centuries, in: Sacrifice and National Belonging in the 20th-Century Germany, Hg. v. Greg Eghigian und Matthew Paul Berg, Arlington 2002, S. 26-63 sowie DERS., Kriegertum, Kapitel I.1.-I.4.

[73] Zu den „politischen Generationen" s. PEUKERT, Republik, S. 25-31. Vgl. Hans JAEGER, Generationen in der Geschichte. Überlegungen zu einer umstrittenen Konzeption, in: GG 3 (1977), S. 429-452 sowie den Überblick bei DANIEL, Kompendium, S. 330-345.

Um den gemeinsamen Nenner zu beschreiben, mit dem sich die heterogenen Adelsgruppen trotz aller Differenzen als gemeinsame Gruppe beschreiben lassen, hilft erneut ein Blick auf die jüngere Bürgertumsforschung. Diese hat die Heterogenität „des" Bürgertums immer deutlicher dargestellt, ohne die Gemeinsamkeiten der einzelnen Teilgruppen aus den Augen zu verlieren. Mit dem Leitbegriff der „Bürgerlichkeit" wurde ein Kulturmodell analysiert, in dem sich die Spezifika einer sozialen Formation beschreiben lassen, die – je nach Definition – etwa 50 bis 150 Mal größer als der Adel war.[74] Überzeugend ist in den letzten zwanzig Jahren gezeigt worden, wie der „bürgerliche Wertehimmel"[75] von einer bürgerlichen Minderheit aus den obersten Segmenten des Wirtschafts- und Bildungsbürgertums, geprägt wurde. Die von dieser Minderheit fixierten Ideale hatten einen Vorbildcharakter, an dem sich auch die sozialen „Ränder" des Bürgertums orientierten. Dieses Modell läßt sich auf den Adel direkt übertragen.

Die Arbeit versucht eine Analyse des „adligen Wertehimmels", an dem sich in den Jahrzehnten vor und nach 1918 die verschiedenen Gruppen des alten Adels orientiert haben. Analog zum Begriff Bürgerlichkeit wird das Lebens- und Kulturmodell des Adels hier als *Adeligkeit* bezeichnet. Wie im Bürgertum läßt sich dieses Modell auch im Adel als ein „sozial bestimmter und kulturell geformter Habitus" beschreiben. In Übernahme einer Definition von Wolfgang Kaschuba wird dieser definiert als „ein in sich zwar vielfach abgestuftes und variiertes, in seinen Grundzügen jedoch verbindliches Kulturmodell, das entscheidende Momente sozialer Identität in sich birgt. Es vermittelt [adliges] Selbstverständnis und Selbstbewußtsein, definiert durch den Gebrauch materieller Güter, durch den Bezug auf ideelle Werte, durch die Benutzung kultureller Verhaltensmuster, die zusammengenommen ein lebensweltliches Ensemble bilden."[76]

Das so definierte Konzept läßt sich für die Adelsgeschichte deutlich schärfer als für das Bürgertum fassen, da es sich beim Adel im Vergleich zum Bürgertum um eine erheblich kleinere, klarer bestimmbare Gruppe handelt. Stärker als im Bürgertum, zu dessen Wertekanon auch der Anspruch auf Allgemeingültigkeit und Verbreitung desselben gehörte,[77] ist das adlige Kulturmodell für einen eng begrenzten Kreis gedacht, der begrenzt bleiben will.

---

[74] KOCKA, Muster, S.10, gibt den Anteil des Bürgertums an der Bevölkerung für die zweite Hälfte des 19. Jh. mit, je nach Definition des Begriffes, 5 bis 13% an. Ähnlich bei Hans-Ulrich WEHLER, Deutsches Bürgertum nach 1945: Exitus oder Phönix aus der Asche?, in: GG 27 (2001), S. 617-634, hier S. 621.

[75] Manfred HETTLING/Stefan-Ludwig HOFFMANN, Der bürgerliche Wertehimmel. Zum Problem individueller Lebensführung im 19. Jahrhundert, in: GG 23 (1997), S. 333-360; DIES. (Hg.), Der bürgerliche Wertehimmel. Innenansichten des 19. Jahrhunderts, Göttingen 2000.

[76] Wolfgang KASCHUBA, Deutsche Bürgerlichkeit um 1800. Kultur als symbolische Praxis, in: Jürgen Kocka (Hg.), Bürgertum im 19. Jahrhundert, Bd. 2, Göttingen 1995, S. 92-127, zit. S. 101 (zum Begriff „Bürgerlichkeit").

[77] KASCHUBA, Bürgerlichkeit, S. 99f.

1.5.) Begriffe und Differenzierungen

Stärker als im Bürgertum zielt der adlige Wertekanon auf Distinktion und Ausschluß der Nichtzugehörigen. Das Konzept der Adeligkeit erhebt den Anspruch, über inneradlige Grenzen regionaler, konfessioneller, politischer, adelsrechtlicher und sozialer Art hinweg Charakteristika zu beschreiben, die in unterschiedlichen Adelsgruppen gleichermaßen galten. „Zwei Adlige", so eine Formulierung von Maurice Halbwachs, die auch für das 20. Jahrhundert gilt, „die sich begegnen, ohne sich jemals gesehen zu haben, [müssen] nach dem Austausch einiger Sätze in der Lage sein, sich als Mitglieder einer und derselben weitverbreiteten Familie wiederzuerkennen".[78] Innerhalb dieser „Familie" bleibt eine Vielzahl von Varianten unterscheidbar.

Die Besonderheiten, die mit dem Begriff Adeligkeit erfaßt werden, lassen sich auf unterschiedlichen Ebenen beschreiben: bezogen auf die Spezifika adliger Lebensweisen (Landbindung, Konzentration auf wenige professionelle Felder, etc.), bezogen auf adelsspezifische kulturelle Praktiken (Familienverbände, Sprach-, Tisch-, Kleidungskonventionen, etc.), und schließlich auf ein Ensemble von Vorstellungen und Haltungen. Letztere lassen sich teilweise mit den Begriffen Mentalität und Habitus, teilweise als adelsspezifische Ideologie beschreiben. Definition und Abgrenzung dieser drei Begriffe müssen hier nicht neu geleistet werden.[79] Die oftmals synonym verwendeten Begriffe[80] Mentalität und Habitus beschreiben tradierte, durch Sozialisation und Berufswege gefestigte Systeme von Wahrnehmungs- und Verhaltensdispositionen, die bestimmte Gedanken und Handlungen nahelegen, andere blokkieren bzw. ausschließen und somit „Handlungsspielräume" festlegen.[81] In dieser Arbeit bezieht sich der Begriff *Mentalität*[82] auf Wahrnehmung und Denken, der Begriff *Habitus*[83] auf das Verhalten Adliger. Als Phänomene der

---

[78] Maurice HALBWACHS, Das Gedächtnis und seine sozialen Bedingungen, Frankfurt a. M. 1985 (zuerst 1925), S. 308.
[79] Vgl. Peter SCHÖTTLERs Plädoyer für eine historiographische „bricolage" der unterschiedlichen Konzepte: Mentalitäten, Ideologien, Diskurse. Zur sozialgeschichtlichen Thematisierung der ‚dritten Ebene', in: Lüdtke (Hg.), Alltagsgeschichte, S. 85-136.
[80] Zu ihrer Unterscheidung aus sozialgeschichtlicher Perspektive s. REITMAYER, „Bürgerlichkeit", hier S. 67-69.
[81] Wolf LEPENIES, Von der Geschichte zur Politik der Mentalitäten, in: HZ 261 (1995), S. 673-694, zit. S. 677.
[82] Vgl. Volker SELLIN, Mentalität und Mentalitätsgeschichte, in: HZ 241 (1985), S. 555-598. Peter Burke, Strengths and Weaknesses of the History of Mentalities, in: History of European Ideas 7 (1986), S. 439-451.
[83] Pierre BOURDIEU, Entwurf einer Theorie der Praxis auf der ethnologischen Grundlage der kabylischen Gesellschaft, Frankfurt a. M. 1979, v. a. 164-189; DERS., Sozialer Sinn. Kritik der theoretischen Vernunft, Frankfurt a. M. 1987, v. a. S. 98f.; DERS., Réponses. Pour une anthropologie réflexive, Paris 1992, v. a. S. 100-103. Zur historiographischen Umsetzung des Konzeptes s. Ingrid GILCHER-HOLTEY, Kulturelle und symbolische Praktiken: das Unternehmen Pierre Bourdieu, in: Kulturgeschichte heute, S. 111-130, hier v. a. S. 118-121 sowie Sven REICHARDT, Bourdieu für Historiker? Ein kultursoziologisches Angebot an die Sozialgeschichte, in: Mergel/Welskopp, Geschichte, S. 71-93, hier v. a. S. 73-75. Zuletzt: Hans-Ulrich WEHLER, Pierre Bourdieu. Das Zentrum seines Werks, in: Ders., Herausforderung, S. 15-44.

longue durée, die politische und soziale Umbrüche überdauern können, unterscheiden sich beide Konzepte im Sinne von Theodor Geigers anschaulicher Metapher von den bewußtseinsnäheren Ideologien: Ideologie gleicht einem „Gewand", Mentalität hingegen einer „Haut".[84]

Einzuführen ist hier schließlich ein weiterer Begriff, der in der Adelsgeschichte gewöhnlich eine zentrale Rolle spielt: Der Begriff *Elite*. In der Literatur werden die Begriffe Adel und „alte Eliten" vielfach als Synonyme verwendet. Für die Geschichte des Ancien Régime ist dies ebenso sinnvoll wie naheliegend. Fraglich ist hingegen, ob dies auch für die Zeit seit dem späten 19. Jahrhundert gilt.

Die an der paradigmatischen Vorstellung vom „Bündnis der Eliten" (Fritz Fischer) orientierte Forschung hat sich bislang auf die sozial stabilsten und politisch einflußreichsten Teile des Adels konzentriert. In äußerst exakten politikgeschichtlichen Analysen über das Wirken einzelner Adliger in den Machtzentren der Weimarer Republik ist auf diese Weise jedoch nicht der Adel, sondern lediglich ein Kreis von maximal zwanzig immer wieder genannten Adeligen untersucht worden. Selbst der Blick auf Leitungsebenen der gut untersuchten agrarischen Interessenverbände, der Beamtenschaft, des Offizierkorps und der Wehrverbände erfaßt nur eine Minderheit des Adels.[85] Eine Sozialgeschichte des Adels, die sich auf adlige Mitglieder der verschiedenen Funktionseliten konzentriert, verfehlt jedoch ihr Sujet.

Zweifellos lassen sich adlige Mitglieder der Funktionseliten im Großgrundbesitz, in der Beamtenschaft, der Diplomatie und in der Reichswehr auch während der Weimarer Republik noch sinnvoll mit dem Elitenbegriff beschreiben. Der Elitestatus dieser Personen resultierte jedoch aus ihrer Position stärker als aus ihrer Zugehörigkeit zum Adel. Mit dem Blick auf die Gesamtheit des Adels ist der Elitebegriff jedoch nur von sehr begrenztem Wert. Für die Mehrheit des Adels führt er – was das 20. Jahrhundert betrifft – in die Irre.

Im Gegensatz zum Ancien Régime, in dem der Adel militärische, politische, und wirtschaftliche Macht in einem relativ homogenen Personenkreis vereinen konnte, ist die industrielle Moderne durch eine wachsende Pluralität unterschiedlich zusammengesetzter Eliten gekennzeichnet. Herrschaft wird auf

---

[84] Theodor GEIGER, Die soziale Schichtung des deutschen Volkes. Soziographischer Versuch auf statistischer Grundlage, Stuttgart 1932, zit. S. 77f.

[85] Vgl. zu diesem Ansatz Martin BROSZAT/Klaus SCHWABE (Hg.), Die deutschen Eliten und der Weg in den Zweiten Weltkrieg, München 1989; Jost DÜLFFER, Die Machtergreifung und die Rolle der alten Eliten im Dritten Reich, in: Wolfgang Michalka (Hg.), Die nationalsozialistische Machtergreifung. München/Wien/Zürich 1984, S. 182-194 sowie die wichtigen Studien von PUHLE, Interessenpolitik, MERKENICH, Front, und Klaus-Jürgen MÜLLER, Das Heer und Hitler. Armee und nationalsozialistisches Regime 1933-1940, Stuttgart 1969, v. a. S. 13-141.

1.5.) Begriffe und Differenzierungen

diese Weise immer stärker zu einer Angelegenheit von Kompromissen, wie Raymond Aron argumentiert hat.[86]

Aus diesem Grund ist die Adelsgeschichte im 20. Jahrhundert auch, nicht aber primär Elitengeschichte. Seit dem Kaiserreich war der deutsche Adel genau das nicht mehr, was er jahrhundertelang gewesen war: Eine „Mehrzweckelite".[87] Für den hier betrachteten Zeitraum ist das gerade Gegenteil zu konstatieren: Elitepositionen besetzte der Adel nur noch in einem äußerst engen Bereich, der von den drei o. g. professionellen Feldern abgesteckt wurde. Hier und nur hier gelang ihm die erfolgreiche Anpassung an die veränderten, immer stärker auf Leistung begründeten Selektionsmechanismen. Hier und nur hier stellte der Adel noch einen Teil jener „Machteliten", die Elitentheoretiker wie Vilfredo Pareto, Gaetano Mosca, Joseph Schumpeter, C. Wright Mills, Raymond Aron und Ralf Dahrendorf beschrieben haben.[88] Das Machtmonopol ging allerdings selbst auf diesen Feldern bereits während des 19. Jahrhunderts verloren, was sich bereits aus den Zahlenverhältnissen erklären läßt: Zur Besetzung der Elitepositionen in den stetig wachsenden Herrschaftsapparaten reichte das vorhandene „Junkermaterial" nicht aus.[89] Wichtiger als die zunehmende Ausdünnung des Adelsanteils in diesen Feldern war der relative Bedeutungsverlust dieser traditionellen adligen Herrschaftsbereiche: „Die Zukunft gehört Ihnen ja doch!"[90] – in der trotzigen Bemerkung, die Ernst Heydebrandt v. d. Lasa vor 1914 einem liberalen Abgeordneten zurief, spiegelte sich die Einsicht wieder, daß sich ein moderner Industriestaat nicht mehr von Roggenfeldern und Kasernenhöfen aus dominieren ließ. Den Anschluß an die neuen Kommandozentralen der Herrschaft (v. a. Handel, Finanz, Industrie, Technik, Wissenschaft) hätte der Adel nur dann finden können, wenn er diesen Anschluß systematisch gesucht hätte.

Aus zwei Gründen erscheint es dennoch sinnvoll, den Elitebegriff auch in der Adelsgeschichte des 20. Jahrhunderts nicht vollständig aufzugeben. Zunächst aufgrund der im Adel intensiv debattierten Option, Teil einer aus Adel und

---

[86] Raymond ARON, Social Structure and the Ruling Class, in: British Journal of Sociology I/1-2 (März/Juni 1950), S. 1-16, 126-143, hier S. 8. Vgl. dazu T. B. BOTTOMORE, Elite und Gesellschaft. Eine Übersicht über die Entwicklung des Eliteproblems, München 1966, S. 114-130; Giovanni BUSINO, Elites et élitisme, Paris 1992, S. 79-86 und Ralf DAHRENDORF, Gesellschaft und Demokratie in Deutschland, Stuttgart/Hamburg 1965, S. 245-260.
[87] Karl Ferdinand WERNER, Adel – „Mehrzweck-Elite" vor der Moderne?, in: Eliten in Deutschland und Frankreich im 19. und 20. Jahrhundert, Hg. v. Rainer Hudemann und Georges-Henri Soutou, Bd. 1, München 1994, S. 17-32. Vgl. BOTTOMORE, Elite, S. 30.
[88] Zur älteren und neuen Elitentheorie in der Soziologie vgl. die Synthesen von BOTTOMORE, Elite, S. 7-68, 114-130 und BUSINO, Elites, S. 3-86.
[89] „Unsere Macht findet dort ihre Begrenzung, wo unser Junkermaterial zur Besetzung der Offiziersstellen aufhört." General Lothar v. Schweinitz 1870 zu Bismarck, zit. n. WEHLER, Gesellschaftsgeschichte, Bd. 3, S. 820.
[90] Zit. n. WEHLER, Gesellschaftsgeschichte, Bd. 3, S. 824.

Bürgertum gebildeten „composite elite" zu werden.[91] Noch im frühen Kaiserreich schien eine aus dem Adel und den mächtigsten Teilen des Großbürgertums gebildete „Elitenfusion" zumindest im Bereich des Möglichen zu liegen. Die Machtchancen, die der Adel in der englischen gentry und in der Notabelngesellschaft des langen 19. Jahrhunderts in Frankreich genutzt hat, lassen sich als Präzedenzfälle für dieses Modell verstehen und zumindest das englische Adelsmodell wurde im deutschen Adel auch immer wieder positiv diskutiert.[92] Ohne Zweifel gab es vor 1914 Ansätze zu einer Synthese der reichsten und mächtigsten Gruppen aus Adel und Bürgertum. Wie diese Annäherung aussah, welche Adelsgruppen sie getragen, welche sie boykottiert haben, wird Teil der Darstellung sein.[93]

Die zweite Ebene, auf der sich der Adel noch als Elite im Sinne einer einflußreichen, das Verhalten einer Mehrheit beeinflussenden Minderheit[94] beschreiben läßt, ist schwerer zu fassen. Zu ihrer Beschreibung muß man sich einmal mehr auf das Feld der Kulturgeschichte begeben. Betrachtet man die Ebene der Leitbilder, Wahrnehmungen und Sehnsüchte, läßt sich der Adel auch nach seiner zunehmenden Verdrängung aus den Machtzentren als eine Minderheit mit großer Ausstrahlungskraft beschreiben. In der politischen Kultur der Weimarer Republik übte der Adel nicht nur durch seine verbliebenen Machtressourcen, sondern auch als Fiktion Einfluß aus. Eine Analyse dieses Phänomens begibt sich auf schwankenden Boden. Nicht erst seit der auf Max Webers Charisma-Konzept gestützten Hitler-Biographie Ian Kershaws ist bekannt, daß die Wirkung von Charisma für den Historiker schwer zu beschreiben und noch schwerer zu beweisen ist.[95] Ähnlich verhält es sich mit der charismatischen Ausstrahlung der Adelsidee.

Wirklichkeit und Mythos der sprichwörtlichen tausend Jahre Herrschaft, auf die der Adel zurückblickt, greifen hier ineinander. Zu allen Zeiten hat der Adel als Minderheit, die hartnäckig auf ihren tatsächlichen und angeblichen Besonderheiten bestand, von den Zuschreibungen bestimmter Idealbilder durch andere Gruppen profitiert. Die Existenz von Adel hat stets eine Reihe von Vorstellungen, genauer: die Vorstellung vom vererbbaren Besitz be-

---

[91] Heinz REIF, Einleitung, in: Ders. (Hg.), Adel und Bürgertum in Deutschland, Bd. 1, S. 11-17. Zum Begriff der *composite elite* vgl. Werner MOSSE, Adel und Bürgertum im Europa des 19. Jahrhunderts. Eine vergleichende Betrachtung, in: Kocka (Hg.), Bürgertum, Bd. 2, S. 276-314 und SPENKUCH, Herrenhaus, S. 441-455.

[92] Zu Frankreich: HAUPT, Adel, in: Wehler, (Hg.), Adel, S. 286-305. Zu England: Robert VON FRIEDEBURG, Das Modell England in der Adelsreformdiskussion zwischen Spätaufklärung und Kaiserreich, in: Reif (Hg.), Adel und Bürgertum, Bd. 1, S. 29-49.

[93] Vgl. dazu Teil II dieser Arbeit.

[94] So der von Bottomore beschriebene kleinste gemeinsame Nenner, auf den sich Pareto, Mosca und Aron bringen lassen. BOTTOMORE, Elite, S. 12-14.

[95] Zur Anwendung des Weberschen Konzeptes vgl. KERSHAW, Hitler 1889-1936, S. 7-28; Mario Rainer LEPSIUS, Das Modell der charismatischen Herrschaft und seine Anwendbarkeit auf den „Führerstaat", in: Ders., Demokratie in Deutschland. Ausgewählte Aufsätze, Göttingen 1993, S. 95-118 und die Ausführungen von Georg EICKHOFF, Das Charisma der Caudillos: Cárdenas, Franco, Perón, Frankfurt a. M. 1999, S. 199-231.

1.5.) Begriffe und Differenzierungen

stimmter Qualitäten zur Vorbedingung, die Adlige sich selbst zuschreiben und die Adligen von außen zugeschrieben werden. Adel ist in diesem Sinne nicht zuletzt eine „Denkform des Individuums und derer, die dem Individuum Adel zuschreiben" – eine Feststellung, die sich für den Adel des frühen Mittelalters[96] ebenso wie für den Adel des 20. Jahrhunderts treffen läßt.

Die Sozialisation, die sich im Milieu dieser inneren und äußeren Zuschreibung vollzog und stets mit dem Glauben an die eigene Höherwertigkeit verbunden war, brachte einen Habitus hervor, der nicht zuletzt durch ein außerordentliches Maß an Selbstsicherheit charakterisiert war.[97] Wirkungsmächtig war diese Selbstsicherheit auch dort, wo sie nicht mehr als Ideologie bzw. „falsches Bewußtsein" war. Die adligen „Herrschernaturen" des Ancien Régime, die „Führer" der Zwischenkriegszeit und schließlich die heute im höheren Management begehrten „leaders" überschneiden sich in den Qualitäten der von Selbstzweifeln weitgehend freien Persönlichkeit.

Zumindest möglich ist es, daß der Adel tatsächlich überdurchschnittlich viele „Charismatiker" hervorgebracht hat. Unbestreitbar ist hingegen, daß Begriff und Idee des Adels selbst zu allen Zeiten charismatische Wirkung hatten. Auf der Ebene der Wahrnehmung hat der Adel, d. h. die Idee, die sich Menschen von ihm machen, auf unterschiedlichen soziale Gruppen charismatische Wirkung ausgeübt. Im strategischen Einsatz von Charisma als Herrschaftstechnik dürfte im übrigen ein Berührungspunkt liegen, an dem sich der alte Adel und die Neue Rechte im 20. Jahrhundert begegneten. Für die Macht des Adels hatten Charisma und Mythos eine ähnliche Bedeutung wie für die Macht der faschistischen Bewegungen. „Wir haben unseren Mythos geschaffen. Der Mythos ist ein Glaube, ein edler Enthusiasmus. Es ist nicht notwendig, daß er eine Wirklichkeit sei", soll Mussolini am Tag vor dem Marsch auf Rom gesagt haben.[98]

Ähnlich verhielt es sich mit den „Führerqualitäten", die sich der Adel zusprach und die er vor allem von Teilen des Bildungsbürgertums zugesprochen bekam – sie mußten nicht der Wirklichkeit entsprechen, um Wirkung zu entfalten. Es erscheint hilfreich, diese Ebene zu bedenken, wenn man nach den Gründen sucht, die den schwer erklärlichen Einfluß des deutschen Adels auf die politische Kultur der Zwischenkriegsjahre erklären können. Denn mit einer Machtelite, wie sie in den Werken Paretos, Moscas oder Mills' beschrieben wird, hatte der deutsche Adel in seiner Gesamtheit kaum noch Ähnlichkeit. Berücksichtigt man hingegen die „charismatische Situation"

---

[96] Otto Gerhard OEXLE, Aspekte der Geschichte des Adels, in: Wehler (Hg.), Adel, S. 21f.

[97] In Frankreich sind über den gegenwärtigen Adel einige Arbeiten entstanden, die sich an Pierre Bourdieus Einsichten über die Mechanismen der Persistenz sozialer Ungleichheit orientieren. Ihre Ergebnisse lassen sich cum grano salis auf den deutschen Adel im Untersuchungszeitraum dieser Arbeit übertragen: Eric MENSION-RIGAU, L'enfance au château. Aristocrates et Grands Bourgeois. Education, Traditions, Valeurs, Paris 1994 und Monique SAINT-MARTIN, L'espace de la noblesse, Paris 1993.

[98] Zit. n. Carl SCHMITT, Die geistesgeschichtliche Lage des heutigen Parlamentarismus, München ²1926, S. 89.

(Mario Rainer Lepsius),[99] d. h. die spezifischen Umstände, in denen der Adel im Kaiserreich und nach 1918 „charismatische" Wirkungen entfalten konnte, lassen sich dem Adel weiterhin „elitäre" Qualitäten zusprechen. In einer Zeit, in der die „Führeridee" zu einer der wichtigsten Chiffren der politischen Kultur wurde, stiegen die Chancen der adligen Minderheit, Einfluß auf Denken und Handeln der bürgerlichen Mehrheit auszuüben, erheblich an. In einer destabilisierten und desorientierten Gesellschaft, deren bürgerliche Oberschichten nur schwache Ausstrahlungskraft besaßen,[100] erfuhr der Adel einen Bedeutungszuwachs, der allerdings außerhalb der quantifizierbaren Parameter lag.

Die charismatische Wirkung, die der Adel auf das Bürgertum ausübte, ging im 20. Jahrhundert von der Fiktion „Adel" stärker als von den sozialen Realitäten des Adels aus. Die folgende Beschreibung des adligen Kulturmodells, mit der die Darstellung beginnt, berücksichtigt aus diesem Grund beide Ebenen: Realität und Fiktion der Adeligkeit.

---

[99] Mario Rainer LEPSIUS, Modell, in: Ders., Demokratie, v. a. S. 100-105.
[100] So die aus dem europäischen Vergleich gewonnene These bei KOCKA, Muster, S. 46-55.

Teil I.) Grundzüge der Adeligkeit im 20. Jahrhundert

2.) Elemente des adligen Habitus
2.1.) Die adlige Familie und die Familie des Adels

> „Durch alles hindurch, durch die Religiosität, das Benehmen, die Freundlichkeit zu den ‚Leuten', durch die Fragen des Geschmacks bis hin zu Subtilitäten der Sprache, des Anziehens, der Eßgewohnheiten mußte deutlich werden, daß wir, der ‚Adel', die Arnims, etwas anderes seien als die übrigen Menschen."
> – Dankwart Graf v. Arnim[1]

> „Gott, der Teufel und der Adel existieren nur, wenn man an sie glaubt."
> – Heinrich Heine

Zu den „meßbaren" Grundlagen der eingangs als Adeligkeit bezeichneten Lebensform gehört bis in die Gegenwart der auffällig kleine Radius adliger Heirats- und Verkehrskreise. Bei erheblichen Unterschieden zwischen einzelnen Adelsgruppen (und -familien) ist die Grundtendenz eindeutig: Der Hinweis auf den im 19. Jahrhundert stetig zunehmenden Anteil adlig-bürgerlicher Ehen ist stets mit dem auch im 20. Jahrhundert hohen Anteil rein adliger Ehen zu verbinden.[2] 1953, um eine Zahl für Süddeutschland zu nennen, kam eine 485 bayerische Adelsfamilien erfassende Statistik[3] noch auf 42% adlig-adlige Ehen, ein Anteil, der im titulierten Adel, in einzelnen Regionen und bei den erbenden Söhnen erheblich höher lag.[4] Eine neuere Erhebung kommt für die Altersgruppe der zwischen 1871 und 1900 geborenen adligen Frauen auf 36%, für adlige Männer auf 42% bürgerliche Ehepartner. Im landbesitzenden Adel lag der Anteil adlig-adliger Ehen insbesondere bei den erstgeborenen Söhnen auch im ersten Drittel des 20. Jahrhunderts erheblich höher.[5] In einer Gruppe,

---

[1] ARNIM, S. 107. Anmerkung zur Zitierweise: Bei allen Zitaten aus adligen Autobiographien werden stets nur der Autorenname und die Seitenzahl genannt. Die vollständigen bibliographischen Angaben sind dem Literaturverzeichnis (Abschnitt 14.3.) zu entnehmen.

[2] Exakte Zahlen für den gesamten Adel liegen nicht vor. Vgl. die Einschätzung bei REIF, Adel im 19. und 20. Jahrhundert, S. 60f. mit den an einem untypischen Beispiel gewonnenen Einzelergebnissen bei Rüdiger v. TRESKOW, Adel in Preußen: Anpassung und Kontinuität einer Familie 1800-1918, in: GG 17 (1991), S. 344-369, hier S. 353 und BUCHSTEINER, Pommerscher Adel, S. 366-370. Vgl. dazu die bislang differenzierteste Studie von René Schiller, der für seine Untersuchungsgruppe einen erheblich höheren Anteil von endogamen Heiraten belegen kann: SCHILLER, Eliten, S. 384-406.

[3] Karl August GRAF v. DRECHSEL, Der bayerische Adel 1921-1951, Sonderdruck aus: Bd. IV des Genealogischen Handbuches des in Bayern immatrikulierten Adels (in: BayHStA, GKE, Nr. 3).

[4] Das Verhältnis adlig-adliger zu adlig-bürgerlichen Ehen betrug bei Standesherren 215:52; bei anderen Fürsten und Grafen 397:183; bei Freiherren 885: 1.165 (in: ebd.).

[5] Rainer POMP/Katrin WEHRY, Adel und bürgerliche Führungsschichten im 19./20. Jahrhundert: Eine prosopographisch-sozialstatistische Untersuchung (unveröffentlichtes Typoskript), Berlin 1999, S. 21. Das Sample dieser Arbeit erfaßt 51 Adelsfamilien und insgesamt

deren Anteil an der Gesamtbevölkerung bei ca. 0,15% lag, zeugen diese Zahlen von einer nach wie vor starken Konzentration auf den inneradligen ‚Heiratsmarkt'. Zudem wurden die bürgerlichen Ehepartner in den traditionellen professionellen Feldern des Adels gesucht und gefunden. Bürgerliche Schwiegerväter aus den Bereichen Handel, Finanz und Industrie blieben auch in jenen Familien des (preußischen) Adels selten, in denen nur noch jede zweite Ehe adlig war.[6] Die These einer nachlassenden, insgesamt jedoch fortbestehenden sozialen Konzentration des Adels auf sich selbst wird von älteren[7] und neuen Untersuchungen der bis 1918 eingeschlagenen Berufswege bestätigt. Die Ergebnisse der neueren Arbeiten[8] unterstreichen vor allem die weiterhin große Distanz des Adels von den bürgerlich geprägten Berufsfeldern Handel, Finanz und Industrie. Als groben Richtwert darf man annehmen, daß der Anteil des alten Adels, der sich bei Beginn des ersten Weltkrieges in eindeutig bürgerlichen Berufsfeldern etabliert hatte, kaum über zehn Prozent lag.

Verwandtschaftliche Beziehungen, Familienverbände, endogame Heiratsmuster, die hohe Adelspräsenz in einzelnen Korps und Regimentern, exklusive ‚Gesellschaften' auf Jagden, in Clubs, Salons, Stadtpalais, Gutshäusern und Schlössern, schließlich auch die verschiedenen, nach 1918 enorm expandierenden Adelsverbände erhielten ein *entre-nous* Milieu, das trotz der formal immer größeren „Öffnung" zum Bürgertum auch nach 1918 fortbestand.

Neben der Kontinuität persönlicher Verbindungen durch Familie, Familienverbände, Freund- und Bekanntschaften bestanden somit organisatorische Verbindungen fort, die den adligen Zusammenhalt beförderten. Die großen Adelsverbände sind hier nur das sichtbarste Beispiel. Von der Zusammensetzung des Corps Borussia[9] über den Offiziersklub der ehemaligen Garde-Kavallerie-Division[10] bis zur gut untersuchten personalen Grundlage des 20.

3.684 zwischen 1751 und 1900 geborene Adlige aus unterschiedlichen Teilen Deutschlands. Für die Gruppe der Großgrundbesitzer vgl. die Angaben bei NIEMANN, Großgrundbesitz, S. 101-113 und NABERT, Großgrundbesitz, S. 51-53, 163 (mit Anteilen von ca. 75% adligadligen Heiraten im ersten Drittel des 20. Jahrhunderts).

[6] BUCHSTEINER, Pommerscher Adel, S. 369f.; POMP/WEHRY, Adel, S. 21-27; PEDLOW, Hessian Nobility, S. 45; SCHILLER, Ländliche Eliten, S. 235-275.

[7] Helene PRINZESSIN V. ISENBURG, Der Berufswandel im deutschen Adel (1912-1932), in: Archiv für Sippenforschung 12/1935, S. 33-38, 70-74. DIES., Berufswandel im Uradel während des letzten Vierteljahrhunderts (1912-1937), in: DAB 55/1937, S. 887f.

[8] POMP/WEHRY, Adel, S. 27f., 32-38, BUCHSTEINER, Pommerscher Adel, S. 352-359, Hoyningen-Huene, Adel, S. 359-405 und v. a. aber die Beiträge von Hartmut BERGHOFF, Adel und Industriekapitalismus im Deutschen Kaiserreich, und Thierry JACOB, Das Engagement des Adels, beide in: Reif (Hg.), Adel und Bürgertum, Bd. 1, S. 233-330.

[9] Vgl. die rein adlige Zusammensetzung des 1923 zu Bonn gegründeten *Vereins Alter Herren des Corps Borussia*, die auch Unterstützungen „notleidender Korpsbrüder" organisierte (Aufruf vom 30.10.1925), in: FFAD, Fürstl. Hs., Erziehung, ‚CC'.

[10] Gründungsaufruf (5.8.1919), Satzungen, u.ä. der *Vereinigung ehemaliger Offiziere der Garde-Kavallerie-Division*, in: FFAD, Fürstl. Hs., Akten, Offiziersclub der GKD. Dem Klub gehörten 1924 mehrere hundert Offiziere aus acht Regimentern an. Die von Wilhelm

2.1.) Die adlige Familie und die Familie des Adels 49

Juli 1944[11] läßt sich zeigen, wie haltbar adlige Netzwerke geknüpft waren und blieben. Um die Exklusivität der adligen „Familie" und die Statik des hier geprägten Habitus angemessen zu beschreiben, sind quantifizierende Angaben über den Wandel von Heirats-, Ausbildungs- und Berufsstrukturen nur begrenzt geeignet. Daß die Integration des Adels in die bürgerliche Gesellschaft „geschmeidig" verlief,[12] läßt sich nur behaupten, wenn man den Blick hinter die Zahlen unterläßt. Erst die Untersuchung der Leitbilder und Einstellungen, die sich im Adel trotz oder gerade wegen der nach 1918 schlagartig veränderten sozialen Realitäten hielten bzw. neu herausbildeten, kann verdeutlichen, welche Koalitionen mit welchen Teilgruppen des Bürgertums überhaupt denkbar waren und welche undenkbar blieben. Ein Blick auf drei Eigenarten des adligen Familienbegriffs soll im folgenden einige der Aspekte skizzieren, die für den adligen Habitus und somit für den Fortbestand der „Adeligkeit" von Bedeutung waren.

Die Besonderheit des adligen Familienbegriffs liegt erstens in seiner Weite, die bürgerliche Zeit- und Raumvorstellungen sprengt. Der Adel besitzt die einzigartige Fähigkeit, die eigenen Vorfahren nicht nur zwei bis drei Generationen, sondern fünf, zehn oder mehr Jahrhunderte zurückverfolgen zu können. Um die von mißgünstigen Parteifreunden in Umlauf gebrachte Unterstellung „jüdischen Blutes" zurückzuweisen, gab Werner v. Alvensleben 1931 zu Protokoll, seine Vorfahren bis 1000 n. Chr. lückenlos und nach einem Zwischenstück von 70 Jahren bis ins Jahr 800 n. Chr. nachweisen zu können.[13] Für das adlige Selbstverständnis ist die Fähigkeit, auch die Vorfahren der entferntesten Zeitschichten zu „kennen" und somit als Mitglieder der Familie betrachten zu können, von großer Bedeutung. Familie wird im Adel stets als Gemeinschaft der vergangenen, lebenden und kommenden Generationen verstanden. Wenn etwa Franz v. Papen von „uns" verliehenen Privilegien spricht, sind nicht seine Großväter, sondern Familienmitglieder des 13. Jahrhunderts gemeint.[14] Bildreich beschwört Ottfried Graf v. Finckenstein in seiner Autobiographie die mystische Verbundenheit aller, welche die alte Ordensburg „im stillen Schein des Mondes haben liegen sehen, [...] die einmal

---

II. und Kronprinz Wilhelm angeführten Listen verzeichnen nur vereinzelte bürgerliche Namen und werden von den renommierten preußischen Adelsfamilien dominiert.

[11] Der von SCHWERIN, Köpfe, S. 16, vorgeschlagene Begriff „bürgerlicher Widerstand" verfehlt die sechs Adligen unter den sieben porträtierten Mitgliedern des Widerstandes eindeutig. DÖNHOFF, ‚Um der Ehre Willen', S. 179, berichtet von „Ehre" und „austerity", übergeht jedoch dezent die Zugehörigkeit zum alten Adel, dem die von ihr porträtierten Freunde ausnahmslos angehörten.

[12] So die insgesamt unzutreffende These von BUCHSTEINER, Pommerscher Adel, S. 374, als Resümee ihrer quantifizierenden Untersuchung über eine der zweifellos „ungeschmeidigsten" Gruppen des deutschen Adels. Auch die Interpretation bei BRAUN, Bemerkungen zum Obenbleiben, in: Wehler (Hg.), Adel, S. 95 dürfte sich in dieser Form nicht halten lassen.

[13] Werner V. ALVENSLEBEN, Brief aus dem Jahre 1931, in: LHAM-AW, Rep. H Neugattersleben, Nr. 225, Fol. 441. Einer kritischen Überprüfung hielte diese Angabe nicht stand.

[14] PAPEN (1952), S. 15.

den tiefen Atem der sechs Jahrhunderte eingesogen haben".[15] Das von adligen Autoren gebrauchte „wir" kann sich auf Familienmitglieder beziehen, auf die sich ein Nichtadliger kaum beziehen könnte. Der Blick der „Familie" erhält seine Strenge durch eine historische Tiefe, die selbst in den „guten" Familien des Bürgertums nicht erreicht wird: „Die Jahreszahl ‚1229' steht über unserem Familienblatt: sie will mahnend einem jeden unseres Geschlechtes einprägen: Bald 700 Jahre urkundlicher Bülowscher Geschichte schauen auf Dich herab! Sei ihrer wert!" – so der Leitsatz, den die Zeitung des Bülowschen Familienverbandes 1926 formulierte.[16] Mit Bezug auf Marx' berühmte Formulierung im *18. Brumaire* läßt sich betonen, daß auch Adlige „ihre eigene Geschichte", diese jedoch „unter unmittelbar vorgefundenen, gegebenen und überlieferten Umständen" machten. „Die Tradition aller toten Geschlechter lastet wie ein Alp auf dem Gehirne der Lebenden"[17] – Marx' Diktum nimmt vorweg, was in dieser Arbeit mit dem Begriff des Adelshabitus und der von ihm ausgehenden Vorprägungen adligen Denkens und Handelns gemeint ist: Für den Adel, in dem die „Tradition der toten Geschlechter" eine faktisch und symbolisch unvergleichlich hohe Bedeutung hatte, dürfte dieser Satz wie für keine andere Gruppe gelten.

Eine von Adligen häufig bemühte Metapher für die übernatürliche Verbindung von Individuen aus unterschiedlichen Zeiten ist das Bild der „Kette". Die einzelnen Glieder dieser Kette sind direkt oder indirekt miteinander verbunden und – unabhängig von ihrer jeweiligen Position innerhalb der Kette – aufeinander angewiesen; die Kette „reißt" in dem Moment, in dem eine Familie „im Mannesstamme erlischt", wie die Formulierung im adliggenealogischen Jargon lautet. „Du stehst, mein Kind, in einer langen Reihe, bist das Glied einer Kette, die Dich hält und die Du fortschmieden musst", wie es 1931 in der Rede eines bayerischen Barons hieß.[18] Glied einer solchen Kette zu sein, bedeutet im adligen Selbstbild auch, die Fähigkeit zu besitzen, das Eigenleben der einzelnen Glieder zu kennen und auf metaphysische Weise nach- bzw. miterleben zu können. Die sinnlichen Eindrücke, die adlige Kinder beim Spiel in Burgruinen, alten Schlössern, Rittersälen, „tausendjährigen Eschen" und Parkanlagen aufnehmen, vermitteln die persönliche Bindung an das Schicksal vergangener Generationen lange bevor sich der erwachsene Adlige zu dieser Verbindung bekennt: „Wie alle Kinder lebten wir Geschwister in der Fülle der Gegenwart, lebten aber doch auch, ohne es zu ahnen, in der Vergangenheit. Die Gräber der Urgroßeltern und zahlreicher Verwandter auf dem alten Familienfriedhof [...] waren uns eine Stätte frommer Scheu."[19] In der Stilisierung Joachim v. Winterfeldts wird der Gang durch die fami-

---

15 FINCKENSTEIN, S. 10.
16 LHAM-AW, Rep. H v. Bülow, Nr. 52, Fol. 1 (v. Bülowsche Familienzeitung, 1926).
17 Karl MARX, Der 18. Brumaire des Louis Bonaparte (1852), in: MEW, Bd. 8, Berlin (DDR) 1969, S. 111-207, zit. S. 115.
18 Rede Wilhelm FRHR. V. REITZENSTEINS, in: DAAM, LAB, Bd. 2, Hft. ‚Protokolle', S. 9. Sehr ähnlich bei WINTERFELDT, S. 352 und OPPEN, S. 15.
19 BRAUN, S. 12 („Scheu"); LÖWENSTEIN, S. 12 („Esche").

2.1.) Die adlige Familie und die Familie des Adels 51

lieneigenen Wälder, in denen der Landrat jeden größeren Baum kennt, zum Spaziergang mit längst verstorbenen Familienmitgliedern: „Beim Gange durch Birk- oder Eichwerder, durch die hohen Elsen und den Hau begleiten mich auf Schritt und Tritt meine Vorfahren. Ich lebe stark in der Vergangenheit und nicht nur meiner eigenen. Ich fühle mich als Glied einer langen Kette, die leider bei mir abreißt, denn ein Sohn ist mir versagt geblieben."[20]

Die symbolgeladene Nähe zu den Ahnen, die manchen Naturreligionen näher zu stehen scheint als dem bürgerlichen Individualitätskult, dem „archimedischen Punkt bürgerlicher Lebensführung",[21] wird durch adelsspezifische Erinnerungsorte und -objekte her- und dargestellt: Stammbäume, Gemäldegalerien, Familienarchive, Wappen, Familiengräber, Familiengeschichten, in alten Schloß- und Burgmauern aufbewahrte Ritterrüstungen, Schwerter und Gebrauchsgegenstände gehören zu den Techniken adligen Erinnerns, die in anderen Bevölkerungsgruppen weit schwächer ausgeprägt oder unbekannt sind. Adlige Medien der Erinnerung weisen neben ihrer Vielfalt eine Reihe von Spezifika auf, die ihre adlige Prägung auch dort nicht vollständig verlieren, wo sie vom Bürgertum kopiert werden. Privilegierte Plätze in der Kirche oder im Speisesaal der Kadettenanstalt, wo der junge adlige Offiziersanwärter auf dem selben Platz wie seine Vorfahren sitzt und mit demselben Besteck wie seine Vorfahren speist,[22] verweisen auf ein in Jahrhunderten gewachsenes, komplexes System adliger Erinnerungstechniken. Jahrhundertealter Familienbesitz, von den Vorfahren gestaltete Landschaften, Gutshäuser, Burgen und die umgebende Natur bilden adelsspezifische *lieux de mémoire*.[23] Dankwart Graf v. Arnim spricht in seiner Beschreibung des imposanten märkischen Schlosses seiner Familie von der „Wucht der aus allen Mauern und Bildern und Menschen wirkenden Familiengeschichte."[24] Doch nicht nur moosbewachsene Burgmauern, sondern auch unscheinbare Gegenstände können zu Erinnerungsobjekten mit wichtigen Funktionen werden, deren Dauerhaftigkeit Adlige z. T. durch die fideikommissarische Bindung solcher Gegenstände zu garantieren versuchten.[25] Der 1945 „vor den Russen gerettete" Silberlöffel, den Immanuel Kant einem Vorfahren schenkte, die Tabakdose, die Zar Alexander I. einem Urgroßvater überreichte und die Ölporträts, die Friedrich der Große den Grafen Dönhoff vermachte, sind mehr als nur Gegenstände in

---

[20] WINTERFELDT, S. 352.
[21] Zur Tradition der vom Bürgertum kultivierten „Pflicht, ein Ich zu werden" s. MAURER, Die Biographie des Bürgers, S. 255-266. Vgl. Manfred HETTLING, Die persönliche Selbständigkeit. Der archimedische Punkt bürgerlicher Lebensführung, in: Hettling/Hoffmann (Hg.), Wertehimmel, S. 57-78.
[22] GERSDORFF, S. 38 und RENN (1946), S. 27.
[23] Zum Konzept vgl. Pierre NORA, Entre Mémoire et Histoire. La problématique des lieux, in: Ders. (Hg.), Les lieux de mémoire, Bd. I, La République, Paris 1984, S. XVII-XLII und FRANÇOIS/SCHULZE, Einleitung, in: Dies. (Hg.), Erinnerungsorte, Bd. 1, S. 9-24.
[24] ARNIM, S. 29.
[25] Vgl. dazu die Schilderung des 1887 gestifteten Fideikommisses des Generalleutnants v. Bredow, zu dem Pokale, Bücher, Möbel, Bilder von Schlachten, an denen v. Bredow teilgenommen hatte und sein „Bild zu Pferde als Ulan" gehörten, bei SCHILLER, Elite, S. 315.

"unberührbaren Glasvitrinen".[26] Präsentiert werden hier Insignien zeitloser adliger Größe, die auf der adligen Verbindung von Vergangenheit, Gegenwart und Zukunft beruht.[27]

Eindrucksvoll manifestiert sich die symbolische Präsenz vergangener Generationen als Mitglieder der Familie in einem Theaterstück, das 1921 aus Anlaß des 25-jährigen „Regierungsjubiläums" des Fürsten Christian Ernst zu Stolberg-Wernigerode unter der Regie des Erbprinzen im Schloß des Vaters aufgeführt wurde: Im Vor- und Nachspiel des Stückes mit dem Titel „Von Christian Ernst zu Christian Ernst. In fünf Bildern durch zwei Jahrhunderte" gibt es einen Dialog von zwei Familienchefs, die durch mehrere Generationen voneinander getrennt sind. Im direkten Gespräch mit „der Zeit" ist es ihnen vergönnt, in die Welt des jeweiligen Namensvetters versetzt werden. In einem von der Zeit geschenkten, vorübergehenden Trancezustand können die Vettern auf die Sorgen und Kämpfe des Nach- bzw. Vorfahren zu blicken und daraus Kraft für die eigene Gegenwart zu schöpfen. Dem schlafenden Fürsten zärtlich über den Kopf streichend, erinnert „die Zeit" an den ungetrübten Glanz des Familienwappens und die ewigen Werte, die beide Vettern zum Ruhm der Familie verteidigt und befördert haben: „Aus Altem schöpfend" zieht der tief und fest verwurzelte „Stamm" ewig neue Kräfte, die vom Schaum der Tage nie benetzt und in den Kämpfen der Gegenwart und Zukunft stets einsetzbar sein werden.[28] Ähnlich läßt sich die unübersehbare Ironie deuten, mit der Alois Fürst zu Löwenstein-Wertheim-Rosenberg im Jahre 1946 amerikanische Entnazifizierungs-Offiziere über die zeitlichen Dimensionen adliger Traditionsbegriffe belehrte. Die auf „Arisierungs"-Profiteure gezielte Frage, in welchem Zeitraum er seinen Privatbesitz erworben habe, beantwortete der bayerische Standesherr mit dem Hinweis „zwischen ca. 1495 und 1805".[29]

---

[26] BRAUN, S. 12; DÖNHOFF (1989), S. 16.

[27] Zur Bindung an vergangene Generationen durch adelsspezifische Erinnerungsorte und -objekte vgl. NOSTITZ (1933), S. 13f., 28f.; ARNIM, S. 29-31; PUTLITZ, S. 17; DISSOW, S. 20; PAPEN, S. 13; WILMOWSKY, S. 15, 23; SCHULENBURG, S. 26; LÖLHÖFFEL, S. 94; DÖNHOFF (1989), S. 17f.; DÖNHOFF (1994), S. 63f.; Hedwig v. BISMARCK, S. 209; SACHSEN, S. 227; KROCKOW, S. 255f.; HOHENLOHE, S. 241; HUTTEN, S. 152; GUTTENBERG, S. 15-18; LEHNDORFF, S. 286f.; STAHLBERG, S. 17f.; HESSEN, S. 7, 39, 84; SALBURG, S. 166f.; MALTZAN, S. 10f., 176-178; MÜNCHHAUSEN, S. 30; ALVENSLEBEN, S. 37f., 42-46, 87f.; STENBOCK, S. 8.

[28] LHAM-AW, Rep H Stolberg-Wernigerode, O, L, Nr. 8, Fol. 18-21. Das Stück wurde vom Erbprinzen geschrieben und von Mitgliedern der Familie aufgeführt. Zitat aus den Anweisungen für die letzte Szene: „*Christian Ernst, wie aus einem Traume erwachend*: ‚Habe Dank für diesen letzten Traum [...] in wilderregten Zeiten lebt mein Spross / fast möcht ich zweifeln, selbst verzagen / und doch, vielleicht ist auch am Neuen manches gross / wenn sie im alten deutschen Sinn es wagen [...] / es wird der schwarze Hirsch im Wappen weiter leben / wenn sie getreu dem alten Herrengeist / fortschreitend, mit der Zeit, nach hohen Zielen streben / die sie das Wohl der Menschheit ewig weist.' *Bei den letzten Worten tritt die Zeit leise vor und streicht Christian Ernst über die Augen, der voller Zuversicht für seines Hauses Wohl wieder in Schlaf versinkt. Langsam fällt der Vorhang.*"

[29] Entnazifizierungs-Fragebogen Löwensteins in: BayHStA, GKE, Vol. 20.

2.1.) Die adlige Familie und die Familie des Adels 53

Eine zweite Besonderheit des adligen Familienbegriffes liegt in der außergewöhnlichen Größe des Kreises, der hier als Familie betrachtet wird.[30] Das Beispiel des Bülowschen Familienverbandes, der seine Rundschreiben in den 1930er Jahren an über 600 Familienmitglieder versandte,[31] ist durch seine Dimension zwar außergewöhnlich, verdeutlicht jedoch die Unterschiede zu bürgerlichen Familien- und Organisationsidealen mit der starken Betonung der Kleinfamilie sowie dem Prinzip der freiwilligen Assoziation autonomer Individuen in der Vereinsgesellichkeit.[32] Mitglieder der adligen Familie sind alle „Träger" des Namens. Die im Adel überall gebräuchlichen Begriffe „Vetter" und „Cousine" können sich auf sehr entlegene Verwandtschaftsverhältnisse beziehen und Personen meinen, die einander nie begegnet sind. Die praktische Bedeutung dieser Auffassung wird an den Familienverbänden deutlich. Diese zuerst und vorwiegend im ostelbischen Adel verbreiteten Institutionen[33] halten nicht etwa die Kleinfamilie und die engste Verwandtschaft zusammen; bis in die Gegenwart besteht ihre Leistung darin, den faktischen und symbolischen Zusammenhalt von Mitgliedern des „Geschlechtes", die Erinnerung an die Toten und die Weitergabe ihrer Werte an die lebenden und noch nicht geborenen Mitglieder der Familie zu unterstützen.[34] Mit dem Verweis auf solche Zielsetzungen lassen sich die Familienverbände nach außen als Bollwerke gegen den „Materialismus" darstellen. Ein familieneigenes Mitteilungsblatt mit dem Titel „Lindenzweig", das in den 1930er Jahren vom „Geschlechterverband" der fränkischen Familie Seckendorff herausgegeben wurde, ist charakteristisch für diese Selbstsicht der Familienverbände: „Unser ‚Lindenzweig' soll durch Schilderung von Personen und Begebenheiten aus der Vorzeit unseres Geschlechtes [...] die Anteilnahme für die Familie und ihre Überlieferung vertiefen und in der jetzigen Zeit des Materialismus den alten Geist der Ritterlichkeit, [...] der Treue und Selbstverleugnung, wie er aus zahllosen Beispielen unserer Geschichte hervorgeht, hochhalten." [35]

Die Aufgaben und Bedeutungen der Familienverbände gingen über die hier anklingende Appellfunktion weit hinaus. Um das erklärte Ziel, die „Einigung

---

30 Die Familientage der baltendeutschen Familie Stackelberg versammelten 1914 über 400, im Jahre 1939 noch 175 Familienmitglieder (STACKELBERG, S. 348f.).
31 Zu Organisation und Tätigkeit des Bülowschen Familienverbandes s. die umfangreiche Überlieferung in: LHAM, Rep. E v. Bülow, hier v. a. die Bde. 30, 50, 52 und 90.
32 Thomas NIPPERDEY, Verein als soziale Struktur, S. 174-205. REITMAYER, „Bürgerlichkeit", S. 69.
33 Als die Notwendigkeit adliger Zusammenschlüsse nach 1918 eine neue Qualität erreicht hatte, wies GRAF DRECHSEL darauf hin, daß die in Norddeutschland so wichtigen Familienverbände in Bayern so gut wie unbekannt seien: Mitteilungen der GKE, 8.8.1920, S. 6f.
34 BLHA, Rep. 37, Friedersdorf, Nr. 259, Fol. 1-4: Die (undatierte) Satzung des Familien-Verbandes der v. d. Marwitz' nennt als Zweck des Verbandes „in allen Angehörigen des Geschlechtes [...] das von den Vorfahren überkommene Gefühl für Ehre und Pflicht, den Gemeinsinn und inneren Zusammenhang [...] zu stärken sowie die Interessen des Geschlechtes zu fördern." Ähnlich bei SECKENDORFF, S. 44f.; WINTERFELDT, S. 123f. und GERLACH (1926), S. 32ff.
35 SECKENDORFF, S. 44f.

des Familiensinns und [...] der Geschlechtsangehörigen" zu fördern, wurden die Verbände mit konkreten Kontroll- und Regulierungskompetenzen ausgestattet, zu denen die Verpflichtung der Familienmitglieder gehörte, alle relevanten biographischen Veränderungen dem „Familienrat" anzuzeigen.[36] In den Vorständen der Familienverbände wurde entschieden, wer als Familienmitglied zu halten, wer aus der Familie auszustoßen war.[37] Neben der materiellen Unterstützung hilfsbedürftiger Familienmitglieder zählten die (adels-) öffentliche Ächtung und der Ausschluß „unwürdiger" Familienmitglieder zu den prosaischen, jenseits der oben zitierten Ritterromantik liegenden Funktionen der Familienverbände. Zu deren Leistungen sind weiterhin die regelmäßig abgehaltenen Familientage zu zählen, die Hunderte von Personen versammeln konnten. Die Verbände organisierten Familienzeitungen mit internen Nachrichten und Anekdoten über einzelne Mitglieder und die Geschichte der gesamten Familie, eigene Finanzfonds,[38] aus denen etwa Stipendien für Studenten, Unterstützungen für unverheiratete Töchter[39] oder für verarmte Witwen bezahlt wurden. Insbesondere in den wohlhabenden Familien wurden über diese familieninterne Form der Kapitalverteilung erhebliche Summen verteilt.[40] Bezogen auf eine einzelne Adelsfamilie folgte die Alimentierung dieser Fonds durch die wohlhabenden, landbesitzenden Mitglieder bzw. Zweige einer Familie[41] denselben Regeln, nach denen die Adelsverbände ihre Zuwendungen innerhalb der Familie des Adels verteilten. „Wir bitten: Gebt

---

[36] Satzungen des v. Bismarck'schen Familienverbandes von 1904 (Zitat) und 1939 (hier u. a. §4), in: LAG, Rep. 38d Karlsburg, Nr. 1062 und 1076. Ähnlich in einer Jubiläumsrede zum 50-jährigen Bestehen des von Bonin'schen Familienverbandes im Jahre 1913: Ebd., Rep. 38d Bahrenbusch, Nr. 71, Fol. 198.

[37] Charakteristisch dazu die vom Familienverband v. d. Marwitz 1920 veröffentlichte Erklärung gegen ein Familienmitglied, das sich in Paris als „Pazifist" betätigte: BLHA, Rep. 37 Friedersdorf, Nr. 259, Fol. 155f.

[38] Die Stiftung der ostelbischen Familie v. Bonin, konnte ihr Vermögen zwischen 1906 und 1911 von 118.000 auf 136.000 Mark steigern. Protokolle der Versammlungen des Familienverbandes in: LAG, Rep. 38d Bahrenbusch, Nr. 71, Fol. 179-197. Der Verband der Familie v. d. Marwitz verfügte 1938 über 19.000 Mark in Wertpapieren und 1.000 Mark in bar: BLHA, Rep. 37 Friedersdorf, Nr. 259, Fol. 219. Die Familienkasse der Dohnas enthielt um 1900 über 1.000.000 Mark. Für diesen Hinweis danke ich Jesko Graf zu Dohna (Castell).

[39] Die „Bonin'sche Jubiläumsstiftung für unverheiratete Töchter", begründet im Jahre 1913, besaß 1914 ein Vermögen von ca. 16.000 Mark, von dessen Zinsen sechzehn „Cousinen" unterstützt werden konnten: LAG, Rep. 38d Bahrenbusch, Nr. 73.

[40] Vgl. die umfangreichen Akten, welche die Arbeit der „Botho Stolberg Familienstiftung" bis in die 1940er Jahre dokumentieren. Die Stiftung wurde 1876 mit einem Grundkapital von 300.000 Mark gegründet: LHAM-AW, Rep. H Stolberg-Wernigerode, Kam. Ilsenburg, XI, Bd. I-III, hier Bd. II, Fol. 40-46.

[41] Zu unterscheiden wäre zwischen den freiwilligen Zahlungen, die von den Kassen der Familienverbände aufgebracht wurden, und den Stiftungen zur Versorgung von Agnaten, die nicht nur in den standesherrlichen Familien einen Rechtsanspruch auf regelmäßige Zahlungen hatten. Zu Funktion, Logik und Organisation dieser innerfamiliären „Kapitalvergabe" s. CONZE, Von deutschem Adel, S. 355-661 und JACOB, Engagement, S. 327-329.

2.1.) Die adlige Familie und die Familie des Adels

uns, was ihr entbehren könnt!" bat der DAG-Vorstand 1921 in einem Aufruf an den landbesitzenden Adel.[42]
Für die hier behandelten Fragen wird der feste Zusammenhalt der Adels*familie* dort wichtig, wo er die bürgerlichen Vorstellungen von Familie sprengt. Unzählige Kleinigkeiten in den Umgangsformen spiegeln die Vorstellung des Adels als einer trotz aller Binnengrenzen geeinten einzigen „Familie" wider. So ist etwa das im bayerischen Adel verbreitete Duzen auch unter (männlichen) Standesgenossen üblich, die sich noch nie gesehen haben.[43] Es wird zu zeigen sein, wie adlige Vorstellungen von „familiärem" Zusammenhalt auch nach 1918 nicht nur rhetorisch, sondern auch auf der Ebene praktischen Handelns modernisiert wurden. Um etwa die duldende Protektion zu verstehen, die wohlhabende Adlige in noch intakten Adelswelten dem völkischen Sturmlauf ihrer ruinierten und fanatisierten Standesgenossen vielfach angedeihen ließen, ist ein Blick auf die Logik und Funktionsweise der adligen Familiensolidarität hilfreich. Auch „Vettern", die an Besitz, Ausbildung und beruflicher Stellung nichts mehr zu bieten hatten, was an Adel erinnerte, blieben „Vettern". Ihre Protektion wurde als „Opfer" deklariert, das zumindest symbolisch der ganzen „Familie" zugute kam: „Das Ansehen der Familie fordert es".[44]

Das Festhalten an der sozialen und kulturellen Konzentration auf sich selbst mag im Rückblick als vormodernes Clandenken erscheinen; aus der Perspektive des Kleinadels folgte es jedoch auch im 20. Jahrhundert einer nachvollziehbaren Logik.[45] Innerhalb der adligen Minderheit, die weiterhin Mitglieder der Funktionseliten stellte, wurden Karrieren durch adlige Netzwerke erleichtert. Nachdem 1918 eine Reihe der traditionellen staatlichen Protektionsmechanismen ausgefallen war, nahm die Bedeutung der in Eigenregie organisierten Mechanismen erheblich zu. Die adlige Mehrheit, die auf eine flexible Anpassung an die veränderten Bedingungen habituell und professionell nicht vorbereitet war, fand hier Gegen- bzw. Parallelwelten, die auch nach 1918 zahlreiche Nischen boten, in denen man den Anforderungen der Gegenwart entgehen konnte. Gegen den sozialen Abstieg boten diese Nischen keinen Schutz mehr, vielfach jedoch gegen den freien Fall.[46]

---

[42] Der v. a. um Nahrungsspenden bittende Aufruf sprach von „Verzweiflung", „Hunger", „Krankheit" und „Elend" der in den Städten lebenden Standesgenossen: DAB 1921, S. 281 („Aufruf an den Landadel!").
[43] Diese Eigenart wird allerdings noch entlang der jeweiligen Konfession differenziert. Vgl. dazu ARETIN, Adel, S. 513.
[44] Kommentar zur finanziellen Hilfe innerhalb des Bülowschen Familienverbandes im Jahre 1923 in: LHAM-AW, Rep. E v. Bülow, Nr. 50, Fol. 175.
[45] Zur Logik dieser Konzentration auf sich selbst vgl. REIF, Erhaltung, S. 275-309.
[46] Vgl. dazu Conzes eindringliche Darstellung des Nischen-Daseins Andreas v. Bernstorffs, der seine Offizierskarriere bereits im Kaiserreich aufgeben mußte: CONZE, Von deutschem Adel, S. 148-188. Bereits die für diese Arbeit ausgewerteten Autobiographien verdeutlichen, daß der von Conze analysierte Einzelfall einen in allen Adelsgruppen vertretenen Typus darstellt.

Neben diesen Aspekten beansprucht der adlige Familienbegriff drittens eine qualitative Sonderstellung, die nicht zuletzt auf dem Anspruch beruht, Spitzenleistungen einzelner (toter oder lebender) Familienmitglieder als Beleg für die Leistungsfähigkeit „des" Adels auszugeben. Georg Simmel hat den ebenso eigentümlichen wie erfolgreichen Anspruch des Adels, nicht nach seinem Durchschnitt, sondern stets nach seinen herausragendsten Vertretern beurteilt zu werden, als „Präjudiz" beschrieben, „das die andern Stände dem Adel zugute kommen lassen, das er unter sich hegt, das endlich für jedes einzelne Mitglied sozusagen die Voraussetzung seines Selbstbewußtseins ist und für dieses einen ebenso starken individuellen Halt bildet, wie einen sozialen für die Gesamtheit des Standes."[47] Diese nach innen und außen wirksame Frühform der „PR"-Arbeit wird erst durch den adligen Familienbegriff und die ausgefeilten Techniken erinnernder Inszenierung möglich. Der Adel ist ein „Experte der Sichtbarkeit" (Heinz Reif) und ein Meister der selektiven Erinnerung.[48] Die von den adligen Erinnerungstechniken geleistete Selektion ist Voraussetzung für die Ausblendung diverser Schwächen und die Verbreitung habitusprägender Leitbilder. So erweist sich etwa das oben genannte „Kennen" der eigenen Vorfahren bei näherem Hinsehen vielfach als Legende – das in den 1920er Jahren betriebene Projekt einer nach „rassischen" Kriterien geführten Adelsmatrikel brachte nebenbei zutage, daß etwa die Hälfte aller Adelsfamilien keineswegs in der Lage war, eine lückenlose 32er-Ahnenreihe zu dokumentieren.[49] Einfacher und wichtiger als das „Kennen" aller Vorfahren blieb stets die Erinnerung an einzelne, den Durchschnitt überragende Vorfahren. Allein ihr Bild ist es, das von der adligen Erinnerung bewahrt, von Flecken bereinigt, aufwendig gerahmt und der Außenwelt als Beleg für die eigene Hochwertigkeit präsentiert wird. Die in der selektiven Erinnerung geleistete Heraushebung großer Einzelner hat jenen zweifachen Effekt zum Ziel, der in der eingangs zitierten Passage Dankwart Graf v. Arnims anklingt: Der Glanz des einzelnen Familienmitgliedes setzt neben der adligen Familie auch die Familie des Adels in ein positives Licht. Querschläger, Versager und Renegaten werden mit großem Aufwand verschwiegen, geächtet, ausgeschlossen oder „nach Amerika geschickt".[50] Auch die oft hagiographischen

---

[47] Georg SIMMEL, Exkurs über den Adel, in: Soziologie. Untersuchungen über die Formen der Vergesellschaftung (Bd. 11 der Gesamtausgabe, hg. v. O. Rammstedt, Frankfurt a. M. 1992, S. 824).

[48] Zu Funktion und Bedeutung adliger Erinnerungstechniken vgl. Marcus FUNCK/Stephan MALINOWSKI, Masters of Memory. The Strategic Use of Memory in Autobiographies of the German Nobility, in: Alon Confino/Peter Fritzsche (Hg.), Memory Work in Germany, Urbana/Chicago 2002, S. 86-103 sowie CONZE, Von deutschem Adel, S. 344-355.

[49] Nach Angaben aus der DAG-Führung waren „kaum 50% des Adels [in der Lage] ihre Ahnen bis in die 32er Reihe nachzuweisen". Walter v. Bogen, undatierter Druck: Der neue Weg der DAG, in: DAAM, LAB, Bd. 6, Hft. ‚Adel und NS'. Das Projekt der 1920 begründeten ‚EDDA'-Matrikel wird in Kap. 8.2. dargestellt.

[50] DÖNHOFF (1988), S. 57.

2.1.) Die adlige Familie und die Familie des Adels

Porträts, die reiche Familien über einzelne Personen anfertigen lassen,[51] folgen diesem Prinzip; je besser es gelingt, den Glanz einzelner Personen hervorzuheben, desto stärker wächst das Prestige der Familie des Adels. Das Herausfiltern vieler und die Heraushebung weniger aus dem kollektiven Adelsgedächtnis ist ein Gemeinschaftswerk, das von einzelnen Familien getragen wird und den gesamten Adel symbolisches Kapital akkumulieren läßt. Die Heraushebung und Stilisierung einzelner „großer" Vorfahren im Interesse der gesamten Adelsfamilie schafft nachhaltig wirkende, nie jedoch unveränderliche Bilder. Je nach Zeitgeist und politischen Opportunitäten wechseln nicht nur die jeweils herausgehobenen Personen,[52] sondern auch das jeweilige Bild, das von einzelnen Personen gezeichnet wird. In seiner eindrucksvollen Studie über die „Biographien" des Friedrich August Ludwig v. d. Marwitz bietet Ewald Frie tiefe Einblicke in die vom Familienverband beeinflußte Lenkung der Erinnerungsströme.[53] Durch selektive Archivöffnungen und die Vorgaben an ad hoc engagierte, meist bürgerliche Autoren, erstrahlt dieselbe Person je nach Bedarf als aufrechter Kämpfer gegen den Despotismus, als Leitfigur des Konservativismus oder als Vorkämpfer des nationalsozialistischen Staates. Die unübertroffene Meisterschaft des Adels, die kollektive Erinnerung jeweils zeitgemäß aus einem unerschöpflichen Reservoir flexibler Anekdoten, Symbole und Bilder zu versorgen, ist bis in die Gegenwart ungebrochen. Kaum eines dieser Bilder ist statisch. Die beachtlichen Nuancen entsprechen den Bedürfnissen der jeweiligen Epoche, für die sie produziert werden. Unverändert bleibt allein der „Glanz" des Namens.

Die Aura, die aus der mystischen Verbindung zu den entferntesten und „größten" Vorfahren entsteht, wird über den Familiennamen stärker als über die Titel transportiert. Zur Betonung des besonderen Klanges berühmter Adelsnamen gehört die ostentative, nicht selten gespielte Unkenntnis nichtadliger Namen: Ungeachtet der sozialdemokratischen Kontrolle über die Straße wendet sich ein General v. Tschirschky inmitten der Revolutionswirren schulterklopfend an den SPD-Vorsitzenden „Herrn Evers".[54] Dietlof Graf v. Arnim äußerte sich in Briefen an seine Standesgenossen 1931 konsequent über „Herrn H." bzw. „Herrn Hittler".[55] Aus Ostpreußen berichtet die Legende von einem Grafen Lehndorff, der seine Rede zum Erntefest 1933 „im Stil der neuen Zeit" beenden wollte. Dann aber habe er „ratlos" um sich geblickt

---

[51] Insbesondere die im Rahmen dieser Arbeit eingesehenen Privatarchive hochadliger Familien enthalten oftmals umfangreiche Akten, die den Herstellungsprozeß solcher „Biographien" dokumentieren. Die Auftraggeber entscheiden hier oft bis in einzelne Formulierungen hinein, was gesagt und was verschwiegen werden soll.

[52] Vgl. dazu die Hinweise auf die familiäre Erinnerung an den 1945 ermordeten NS-Gegner Albrecht Graf v. Bernstorff-Stintenburg bei CONZE, Von deutschem Adel, S. 199-206.

[53] Ewald FRIE, Friedrich August Ludwig von der Marwitz 1777-1837. Biographien eines Preußen, Paderborn u. a. 2001, hier v. a. das Kapitel „Bilder", S. 9-27, ferner S. 333-341.

[54] PUTLITZ, S. 12.

[55] Vgl. die im Februar 1931 verfaßten Briefe Dietlof GRAF V. ARNIMs an diverse Standesgenossen, in: Gossweiler/Schlicht, Junker, S. 655.

und schließlich ausgerufen: „Donnerwetter, wie heißt der Kerl doch gleich? [...] Na, denn Waidmannsheil!".[56] Im adligen Selbstverständnis blieben Klang und Glanz des adligen Namens ein wichtiges, nach adliger Auffassung unzerstörbares Distinktionsmerkmal. Helene v. Nostitz protokolliert diese Auffassung 1933 in einer Anekdote über Adalbert Graf v. Sternberg, dem sie 1919 in Wien begegnet: „Er rief uns schon von weitem zu: ‚Schauen Sie meine Visitenkarte an! Adalbert Sternberg, geadelt unter Karl dem Großen, entadelt unter Karl Renner', und seine Lache schallte weithin".[57]

Die Hervorhebung einzelner Personen, die zur starken Bindung an die Familie stets dazugehört, hat einen weiteren wichtigen Effekt. Die von der selektiven Erinnerung und Wahrnehmung kunstvoll herauspräparierten Familienmitglieder gleichen „Leittieren", deren Werke und Taten innerhalb der „Familie" ständig als Modell und Orientierungshilfe präsent sind. Im Rahmen dieser Arbeit ist diese Beobachtung nicht zuletzt für jene Situationen wichtig, in denen einzelne solcher „Leittiere" durch eine (adels-)öffentlich bekannte Korrektur ihrer politischen Haltung einen Akt mit weithin sichtbarer Signalfunktion vollzogen.

Die von Georg Simmel konstatierte Tendenz adliger und nichtadliger Beobachter, dem Adel rational nur schwer faßbare Besonderheiten, einen offen oder insgeheim bewunderten Sonderstatus zuzuschreiben,[58] wurde 1918 keineswegs gebrochen. Zwanzig Jahre nach Simmels Text formulierte einer der profiliertesten Vertreter der Neuen Rechten diese Einsicht im Gestus der höhnischen Verachtung für die Ideale der Demokratie. Edgar Julius Jung, der sich intensiv mit den zeitgenössischen Elitentheoretikern auseinandergesetzt und in Lausanne bei Pareto studiert hatte, widersprach 1930 Paretos Bild vom *Friedhof der Aristokratien*:[59] „Die äußeren Formen des echten Feudalismus erfüllen immer noch traumbildhaft die Vorstellung des Zivilisationsmenschen. [...] Mag das Witzblatt den vertrottelten Grafen – wieviel vertrotteler ist das Großbürgertum schon in der dritten Generation – noch so häufig der überlegenen Verachtung der breiten Massen preisgeben. Trotzdem steht noch heute der europäische Adel in Amerika hoch im Heiratskurse; noch ist der Adelige der einzige Arme, der in großen und reichen Häusern geduldet wird. Noch spielen im Romanteile liberaler Blätter mehr Grafen und Barone die Heldenrolle, als es nach dem Gotha überhaupt gibt. Auch das sozialistische Dienstmädchen beugt sich noch in unausrottbarer Hochachtung vor der Romangräfin."[60] Hymnisch lobte auch Oswald Spengler, der sich in Adelskreisen außerordentlicher Beliebtheit erfreute und einen Teil seiner Propagandareisen von adligen Gutsbesitzern finanziert bekam, den Adel als einen „innere[n]

---

[56] DÖNHOFF (1988), S. 72f.
[57] NOSTITZ (1933), S. 116f.
[58] SIMMEL, Exkurs, S. 824.
[59] Zu Paretos Theorie vom Kreislauf der Eliten vgl. Vilfredo PARETO, Allgemeine Soziologie, Hg. von C. Brinkmann und W. Gerhardt, Tübingen 1955, S. 220-229; BOTTOMORE, Elite, S. 47-68.
[60] JUNG, Herrschaft, S. 176, gemünzt auf die „Stillosigkeit" des „modernen Bürgertums".

2.1.) Die adlige Familie und die Familie des Adels

Besitz, der schwer zu erwerben und schwer zu halten ist und der, wenn man ihn begreift, schon das Opfer eines ganzen Lebens wert erscheint."[61] Anders als von Maurice Halbwachs für Frankreich beobachtet, wurde die Deutungsmacht des deutschen Adels nach 1918 keineswegs in nostalgischen Bildern „eingesponnen" und für die Gegenwart unbrauchbar.[62] Ihre bleibende Kraft speiste sich nicht zuletzt aus dem Beitrag einer bereits im Kaiserreich zahlreichen Gruppe bürgerlicher Elitetheoretiker und „barfüßiger Propheten", die den Begriff Adel nach 1918 mit neuen Bedeutungen aufluden und somit zum Ausbau der kommunikativen Brücken zwischen Kleinadel, Mittelstand und der intellektuellen Rechten beitrugen.

2.2.) Landbindung und Großstadtferne

Auch nach 1918 blieb der Landbesitz die wichtigste Quelle adliger Wirtschaftsmacht und das Feld, auf dem adlige Lebens- und Herrschaftsformen eingeübt, gefestigt und den Bedürfnissen der Zeit angepaßt wurden. Das „Land" blieb der wirtschaftlich, sozial, kulturell und ideologisch wichtigste, von landbesitzenden und landlosen Adligen aller Gruppen äußerst zäh verteidigte Bezugspunkt für den gesamten deutschen Adel. Zunehmend wurden Gutshäuser, Schlösser, Wald- und Landbesitz zu den wichtigsten Rückfallposten für wirtschaftlich havarierte Familienmitglieder[63] und zum wichtigsten Reproduktionsort des adligen Kulturmodells. Nach dem Verschwinden der Höfe und dem Absturz alter Seilschaften in Militär und Bürokratie gewannen die Gutshäuser und Schlösser als adlige Bastionen noch einmal erheblich an Bedeutung. Im 19. Jahrhundert durch das erstaunlich zählebige Relikt des Lehnswesens und durch die bis 1914 massiv ansteigende Anzahl von Fideikommißgründungen mit einem schwer zu brechenden Schutzpanzer überzogen,[64] blieb der adlige Großgrundbesitz tatsächlich die „Festung", die sowohl der Adel als auch seine Gegner in ihm sahen. Die in der Literatur verbreitete Vorstellung eines resignierten bzw. „schmollenden" Rückzuges auf das Land, den der Adel 1918 angetreten haben soll,[65] ist allerdings aus zwei Gründen

---

[61] Oswald SPENGLER, hier zit. nach Gustav Steinbömer, Oberschicht und Adel, in: Gewissen, 22.3.1926, wo das Zitat als vorangestelltes Motto verwendet wird.
[62] So die Beobachtung von HALBWACHS, Das Gedächtnis, S. 320, über den französischen Adel des Ancien Régime.
[63] Vgl. dazu CONZE, Von deutschem Adel, S. 148-164, 314; Hoyningen-Huene, Adel, S. 119f., sowie die plastischen Einblicke in die Verhältnisse einer fränkischen Familie, in der das Schloß als Asyl für havarierte Familienangehörige dient: SECKENDORFF, passim.
[64] Zur Fideikommißfrage vgl. HEß, Junker, S. 101-214; Fusao KATO, Die wirtschaftliche und soziale Bedeutung der Fideikommißfrage in Preußen 1871-1918, in: Reif (Hg.), Agrargesellschaft, S. 73-93. Zum Überleben der Lehen und den Fideikommissen ausführlich und mit neuer Akzentsetzung SCHILLER, Eliten, S. 276-345.
[65] ROSENBERG in Wehler, S. 30 („Schmollwinkel"); GÖSE, Adel, S. 61 („schmollend"), WEIDMÜLLER, Gesellschaft, S. 16; GÖRLITZ, Junker, S. 327, 330, 334 („Resignation"); ROSENBERG, Entstehung und Geschichte der Weimarer Republik, Frankfurt a. M. 1961, S.

unzutreffend. Erstens diente der Landbesitz nach 1918 weniger als Ort melancholischer Rückzüge zur Suche nach der verlorenen Zeit, denn als Wohnort und wirtschaftliche Basis der Familien, zudem als Ausgangspunkt zur ideologischen Sammlung und organisatorischen Vorbereitung der Konterrevolution. Die Bedeutung, die adligen Landgütern als Orten politischer Schulungskurse[66] sowie als Waffen- und Ausbildungslager[67] zukam, rangierte eindeutig vor ihrer Funktion als Kulisse für melancholische Stilleben. Zweitens war ein solcher „Rückzug" einer rapide wachsenden Gruppe von Adligen schlichtweg unmöglich. Treffender als die nach Passivität klingende Formulierung vom adligen *Rückzug* dürfte der Hinweis auf den adligen *Bezug* auf „das Land" sein. Als Adelsphantasie blieb die Landbindung auch bzw. insbesondere dort erhalten, wo der Landbesitz verloren ging. Schließlich ließ sich „kaum eine Familie denken, die nicht wenigstens aus ihrer historischen Entwicklung Beziehungen zur deutschen Scholle und damit Interesse an derselben" hatte.[68] In der Prägung des Adels-Habitus folgte der gesamte Adel einem Prinzip, das Oldwig v. Uechtritz 1890 im Namen des landlosen Adels eindringlich formuliert hatte: „Der grundbesitzende Adel ist der Urstock des Standes, mit welchem dieser selbst steht und fällt. Von ihm werden die in den Städten lebenden Glieder wesentlich die Gedanken, Neigungen und Vorstellungen zu empfangen haben, in denen sich der Adel zu bewegen hat, wenn er sich selbst treu bleiben, seine Natur bewahren will."[69]

Zweifellos wurde die Vorstellung vom Landbesitz als Rückgrat adliger Macht in den Debatten über ein zeitgemäßes Führertum nach 1918 eher gestärkt als geschwächt. Ewald v. Kleist-Schmenzins Formulierung von 1926 wäre in den Adels- und Familienverbänden aller Regionen unterschrieben worden: „Auf einem Gebiete muß der Adel seine Stellung ganz besonders sorgfältig wahren, nämlich auf dem Lande. In einem großen Landbesitz liegen die Wurzeln seiner Kraft und werden sie immer liegen. Die Führung auf dem Lande darf nie verloren werden."[70] Daß eben dies „zu einem großen Teil" bereits geschehen war, hatte Franz v. Papen 1922 in einer Rede vor dem westfälischen Adelsverein festgestellt und gemahnt: „Diese Führerschaft aber zu erhalten und wieder zu gewinnen [...] scheint mir das Gebot der Stunde [...].

8; ZOLLITSCH, Adel, S. 256; ZOLLITSCH, Interessen, S. 6; ABELSHAUSER/FAUST/PETZINA, Sozialgeschichte, S. 91; HENNING, Noblesse oblige, S. 332-339; CONZE, Von deutschem Adel, S. 17f.; HOYNINGEN-HUENE, Adel, S. 79, 119. Auch PYTA, Dorfgemeinschaft, S. 163, 168, 339, beschreibt einen „Trend zum Rückzug ins Privatleben".

[66] Vgl. dazu Kapitel 8. und 9.2. dieser Arbeit.

[67] Vgl. dazu Jens FLEMMING, Die Bewaffnung des ‚Landvolks'. Ländliche Schutzwehren und agrarischer Konservatismus in der Anfangsphase der Weimarer Republik. In: MGM 2/1979, S. 7-36 sowie Axel SCHILDT, Der Putsch der „Prätorianer", Junker und Alldeutschen". Adel und Bürgertum in den Anfangswirren der Weimarer Republik, in: Reif (Hg.), Adel und Bürgertum, Bd. 2, S. 103-125.

[68] A. FRHR. V. REDWITZ, Rede auf einer DAG-Tagung vom 24.4.1924 in: AVBG, Hft. ‚Bodenreform 1923-1932'.

[69] Oldwig v. UECHTRITZ, Land und Stadt, in: DAB 1890, S. 21.

[70] Ewald v. KLEIST-SCHMENZIN, Adel und Preußentum, S. 379.

2.2.) Landbindung und Großstadtferne

Der Grundbesitz ist das Fundament unserer Stellung, unseres Anspruches auf Führerschaft."[71] Nur in sprachlichen Nuancen unterschied sich die völkische Variante dieser Forderung: „Die führende Schicht des deutschen Volkes [soll] ein Adel sein, der nicht zum heimatlosen Nomadentum [herabsinkt], sondern der bodenverbunden [ist]."[72]

Realität und Phantasie der adligen Landbindung lassen sich aus unterschiedlichen Perspektiven beschreiben: als Mittelpunkt der Lebenswelt des landsässigen Adels, als Grundlage von Habitus und Ideologie des gesamten Adels, als Objekt der Herrschaftsausübung, als Mittel adliger Identitätsstiftung und Abgrenzung von nicht-adligen Gruppen sowie als Teil der im deutschen Adel besonders betonten Distanzierung von den Großstädten.

Die unterschiedlichen Arten der Naturaneignung schaffen eine deutlich markierte Grenze, die Adel und Bürgertum voneinander trennt. Der städtisch geprägte Bürger nähert sich der Natur stets von außen an und bleibt in ihr ein Fremdkörper – eindringlich zeugen bürgerliche Naturprojektionen von der Romantik über *Gartenlaube* und „Gartenstadt" bis zur Jugendbewegung von der Sehnsucht nach einem weit entfernten Objekt. Natur wird vom Bürgertum betrachtet, analysiert, bereist, durchwandert, genossen, besungen und bedichtet. Auf Spaziergängen und Ausflügen, auf Reisen in die Schweiz, dem „Mekka der Naturreisenden", behält der bürgerliche Naturtourist stets eine Distanz bei, die sich in den obligatorischen Reiseberichten niederschlägt, die Bürgerkinder bei ihren Eltern abzuliefern hatten.[73] Der (sonntägliche) Spaziergang „ins Grüne" gehört zwar zum festen Inventar der Bürgerlichkeit, führt jedoch in einen domestizierten, wenn nicht künstlich geschaffenen Naturausschnitt:[74] Die bürgerliche *passegiata* macht den Park zum räumlichen, nicht zum inhaltlichen Ziel – für das Sehen und Gesehen-Werden im Berliner Tiergarten etwa liefert die domestizierte Natur lediglich eine Kulisse bürgerlicher Selbstdarstellung.[75] Die neuere Forschung hat selbst für die bürgerlichen Großgrundbesitzer ein von adligen Mustern abweichenden Umgang mit dem Landbesitz belegen können.[76] Eklatant werden diese Unterschiede, wenn man Funktion und Nutzung der Landsitze betrachtet, die um 1900 in einem wachsenden Kreis der reichen Bourgeoisie en vogue waren. Die Welten, um die sich adliges Landleben in Tradition und Funktionsweise vom „Weekend-Nomadentum" der Bourgeoisie unterschied,[77] wurden zwar durch den nach

---

[71] Franz v. PAPEN, Rede der vor GKE, 12.8.1922 in: Keinemann, Krummstab, S. 391.
[72] Rittmeister a. D. v. RAMIN, Die Stellung des Adels in Staat und Volk, Rede auf der Jungadelstagung in Berlin (10./11.12.1932), Protokoll in: DAAM, LAB, Bd. 2, Hft. ‚Korrespondenz 24/34'.
[73] KASCHUBA, Bürgertum, S. 123 (Zitat), 113, BUDDE, Bürgerleben, S. 91, 165.
[74] Christian GEULEN, „Center Parcs". Zur bürgerlichen Einrichtung natürlicher Räume im 19. Jahrhundert, in: Hettling/Hoffmann (Hg.), Wertehimmel, S. 257-282, v. a. S. 271ff.
[75] BUDDE, Bürgerleben, S. 90.
[76] BUCHSTEINER, Großgrundbesitz, S. 112-194; SCHILLER, Eliten, S. 248-346, 434-497.
[77] Erich WENTSCHER, Berliner Finanzadel, in: Archiv für Sippenforschung, Heft 11, 1929, S. 403f.

„Feudalisierung" fahndenden Teil der Sozialgeschichte, nicht jedoch von den Zeitgenossen übersehen.

Tatsächlich waren die Unterschiede fundamental. Anders als im Bürgertum war gelebte Naturnähe im landbesitzenden Adel eine alltägliche Erfahrung. Das Hineinwachsen in diese Erfahrung, vor allem durch die Väter vermittelt, die ihr Wissen als Gutsbesitzer, Forstbeamte und Jäger an ihre Kinder weitergeben, Fruchtwechselfolgen erklären, Vögel an ihrem Ruf erkennen, den kundigen Umgang mit Pferden und das „edle Waidwerk" vermitteln können, findet im bürgerlichen Kulturmodell keine Entsprechung.[78]

Doch auch Autoren in städtischen Existenzen, die der sprichwörtlichen „Scholle" – etwa als Beamte oder Berufsoffiziere – längst „entwachsen" waren, behielten durch die Rückbindung an die Güter ihrer Väter, Brüder, Schwiegerväter oder die Jagdgesellschaften auf den Gütern ihrer Freunde oftmals enge Kontakte zur Welt des Landadels. Auch hier wurde das Leitbild des einfachen, harten, aber ehrlichen Landlebens, fern vom „Materialismus" der Großstädte, identitätsstiftend dienstbar gemacht. Der preußische Berufsoffizier Rudolf v. Gersdorff, der ein Leben „am Schreibtisch" als unerträglich bezeichnet, nennt seine Liebe zur Natur den Grundstein seines „abenteuerlichen Soldatenlebens". Ein adliger Hochschulprofessor beschreibt Jagden als einzigartigen „Rausch", in dem sein Blut ins „Sieden" geriet. Ein altadliger Kruppdirektor und ein adliger Pazifist nennen die Jagd ihre „einzige große Passion", ein geadelter Admiral erfreut sich an der kaiserlichen Genehmigung, einen Hirsch zu schießen und ein pensionierter General preist die „lebensspendende Kraft der Erdscholle".[79] Nicht nur in landadligen Stilisierungen wird das stets geöffnete „Lehrbuch der Natur" zum Ersatz für „totes" Buchwissen und „verschwimmendes Blau weit entfernter Tannenwälder" zu einem Wert, der über „Kunstgeschichte und Opernaufführungen" steht. Noch unter den intellektuell profiliertesten Adligen findet sich die Verklärung von Naturträumen während langweiliger Schulstunden, die jeden Waldspaziergang über die „Gioconda im Louvre" stellt und zu Oden auf das hofeigene „Rebhuhnvolk" ansetzt.[80] Auch für den süddeutschen Hochadel findet sich das Bild „jener Naturnähe des höchsten Adels, die von den Menschen mehr weiß,

---

[78] LEHNDORFF, S. 26 („Präparieren"); ähnlich: SELCHOW, S. 383; HINDENBURG, S. 130f. („edles Weidwerk"); vgl. GERLACH, S. 41 und DISSOW, S. 18.

[79] COUDENHOVE, S. 28; SCHULENBURG, S. 23; GERSDORFF, S. 23 („Schreibtisch"); WILAMOWITZ, S. 18f. („Rausch"); WILMOWSKY, S. 187 („Passion"); SCHÖNAICH, S. 220f. („Erdscholle"); TIRPITZ, S. 78f. („Hirsch"); vgl. LIEBERMANN, S. 136; TRESCKOW, S. 172 und GERLACH, S. 45. Keiner der hier genannten Autoren ist zum engeren Kreis des Landadels zu zählen.

[80] HADELN, S. 163 („Lehrbuch"); STACKELBERG, S. 99 („Tannenwälder/Opernaufführungen"); BERNSTORFF, S. 13f. („Langweile"); ROHAN, S. 331 („Gioconda"). WINTERFELDT, S. 353-356 (in einem Gedicht, in dem „O Erde, Heimaterde! Braune Erde!" ebenso wie das „Rebhuhnvolk" ihren Platz finden).

2.2.) Landbindung und Großstadtferne

als Bücher je geben könnten."[81] In eleganterer Form wird hier variiert, was der Gutsbesitzer Oldenburg-Januschau in seinem „polternden Temperament" in folgende Worte faßt: „Wieviel Ferkel eine Sau in Januschau bekommt, interessiert mich mehr als die geistreichste Rede des Abgeordneten Richter."[82]

Land und Natur sind die Kontrapunkte zur „lähmenden Stubenluft" und Gegenstand der prägendsten Erfahrungen.[83] Wie in Prousts berühmter Madeleine-Episode aus der *Suche nach der verlorenen Zeit* sind diese Erfahrungen oft in Form von sinnlichen Erinnerungen gespeichert; so verbindet Dankwart v. Arnim die Erinnerung an den Geruch von Pferdeschweiß, gewienertem Leder und Holunderblüten mit „Sommer und Glücklichsein", Tisa v. d. Schulenburg herabfallendes Laub in herbstlichen Gärten mit dem „Tiergartengeruch" ihrer Berliner Kindertage, während Marion Gräfin Dönhoff den Klang der rauschenden Bäume ihrer Heimat als „unverlierbar und für immer ins Gedächtnis eingegraben" bezeichnet. Adlige Kinder geben ihren Lieblingsbäumen Namen und „befreunden" sich mit ihnen, der erwachsene Adlige kennt in der Umgebung des Familiengutes „jeden Baum, jeden Strauch, jeden Teich, jede Kuppe".[84]

Das Land liefert adligen Autoren zentrale Erinnerungsorte, mit denen die eigene Kindheit, Höhepunkte des Erwachsenenlebens und am Lebensende wichtige Symbole der Einkehr und Selbstbesinnung verbunden sind. Auch die im Adel unvergleichlich wichtige Verbundenheit mit den Toten findet durch die Natur ihren Rahmen. Das Grab des Vaters oder „Lieblingspferdes" unter alten Eichen, mit Blick auf Wald und Felder des Familienbesitzes, der Ort, an dem man den „ersten Hirsch" schoß, der familieneigene Wald, durch den man als Junge lief, das Moos auf 600 Jahre alten Schloßruinen, die von den Vorfahren angelegten Eichenalleen oder die als Kind gepflanzten Tannen stehen für die „Verwurzelung" in den Traditionen der vergangenen, gegenwärtigen und kommenden Generationen der eigenen Familie.[85] In diesem Sinne bemühte Graf v. Garnier-Turawa 1930 in der entscheidenden Landtagsdebatte um die Auflösung der Fideikommisse – „umtost vom Geschrei der Kommunisten" – schwerfällige Lyrik: „Mein Enkelsohn, du wirst den Wald durchwandern / Der Väter Erbe dieses wundervolle / wenn längst mich deckt des Ra-

---

[81] Dem Andenken des Fürsten Carl Friedrich zu Öttingen-Wallerstein, in: Jahrbuch der DAG 1931, S. 50 (ohne Angabe des Verfassers, mit Sicherheit von einem bayerischen Standesgenossen, vermutlich von Erwein Frhr. Aretin verfaßt).

[82] So die treffende Formulierung bei PUHLE, Agrarische Interessenpolitik, S. 275, Zitat („Ferkel") n. ebd.

[83] HADELN, S. 228 („Stubenluft"); WINTERFELDT, S. 241f.; GERLACH, S. 21f.; BERNSTORFF, S. 13f.; FINCKENSTEIN, S. 10; GUTTENBERG, S. 22f.; HOHENLOHE, S. 1.

[84] ARNIM, S. 18-21 („Glücklichsein"); DÖNHOFF (1988), S. 210f., 221 („eingegraben"), SCHULENBURG, S. 23, 26-28 („Tiergartengeruch/jeden Baum"), fast wortgleich bei WINTERFELDT, S. 325 und ähnlich bei DÖNHOFF (1994), S. 63.

[85] BISMARCK, S. 19, 328 („Lieblingspferd/Tanne"); HUTTEN, S. 117f. („als Junge"); NOSTITZ (1933), S. 13f.; LEHNDORFF, S. 286f.; FINCKENSTEIN, S. 10, 263; DÖNHOFF (1988), S. 221; DÖNHOFF (1989), S. 17f. („Alleen"); KROCKOW, S. 225; GERLACH, S. 21f.

sens grüne Scholle / In deiner Hand wird Axt und Säge ruhn / Geschlechter werden schaffen und vergehen / wirst vor dem Richter Wald du auch bestehen?"[86] Die gegen das moderne ‚Nomadentum' gerichteten Bilder lassen sich in Kaiserreich und Weimarer Republik als Ermahnung an die Standesgenossen deuten, die ‚angestammte' Lebenswelt nicht zu verlassen.

An zwei für das adlige Kulturmodell zentralen Aspekten – der Jagd und der Bedeutung von Pferden – läßt sich zeigen, auf welche Weise sich der adlige Umgang mit der Natur von den Naturverklärungen und der Naturunterwerfung des Bürgertums unterscheidet. Die Bürger-Polemik über den Adel als „Indianerstamm"[87] findet in diesen beiden Aspekten eine Bestätigung, in der die Distanz zu den Bürgerwelten erneut deutlich wird.

Pferde werden als intensivste Leidenschaft junger Mädchen und alter Männer beschrieben. Einige Autobiographen widmen den Schilderungen von Pferde-Erlebnissen weit mehr Raum, als den spärlichen Passagen über Ehefrauen, die häufig als schattenhafte, z. T. namenlose Gestalten auftauchen, die „forsch" erobert und „schlankweg" geheiratet werden, um nach ihrer Ernennung zum „besten Freund und Kameraden" als handelnde Subjekte aus den Erzählungen zu verschwinden.[88] Reichsministern war es selbstverständlich, Pferde wie Menschen zu schätzen und manchem Adligen galten sie als „das größte Vergnügen, das Gott für den Menschen ausgedacht hat". Die praktische Rolle des Pferdes als Fortbewegungsmittel, Wertanlage und *conditio sine qua non* der Kavalleristen und Parforce-Jäger wurde von ihrer symbolischen Bedeutung als Distinktionsmerkmal vermutlich noch übertroffen, wie die Autobiographien nahelegen.[89]

Die Anekdote über eine Gutsfrau, die statt Suppe „puren Hafer" in die Teller der Speisenden füllt, steht für die herausragende Bedeutung des Sujets als Gesprächsthema, dessen ‚Beherrschung' ein wichtiges Kriterium der Zugehörigkeit zum adligen Kulturmodell darstellte. Anhand von Reitstil, Gespannen und den Fähigkeiten als *horsemen* taxieren Adlige einander. Dankwart v. Arnim beschreibt, wie der prüfende Blick in die Pferdeställe und Gespanne einer besuchten Familie mehr über Wohlstand und Stil der Besitzer verriet, als die Schloßfassade. Neben Kenntnissen über Zigaretten und französischen Kognak erleichterte auch der souveräne Umgang mit Pferden noch in den

---

[86] So zumindest in der Stilisierung von F.C. GRAF V. WESTPHALEN, Die neue Fideikommißauflösungs-Gesetzgebung in Preußen. Vortrag auf der Tagung des rheinischen Grundbesitzerverbandes in Köln am 26.3.1930, in: WAB (Westfälisches Adelsblatt) 1930, S. 23-38.

[87] So Heinrich Laube im Jahre 1833, zit. n. WEHLER, Gesellschaftsgeschichte, Bd. 3, S. 805.

[88] TSCHIRSCHKY, S. 40f. („schlankweg/forsch") und HINDENBURG, S. 51 („Kamerad"), über seine Frau, von der man nur erfährt, daß sie ein ‚Soldatenkind' war, bevor das Armeekorps ihres Vaters genannt wird. Vgl. ABERCRON, S. 40 und v. a. die eindrucksvolle Lesart bei THEWELEIT, Männerphantasien, Bd. 1, S. 13-54.

[89] BRAUN, S. 177 („Pferde wie Menschen schätzen"); DISSOW S. 70f.; EINEM, S. 19 und das Vorwort bei Killinger, Freikorpsführer und NS-Minister, dessen überaus brutale Schilderung seinem Pferd („Tigerchen") gewidmet ist. Vgl. LEHNDORFF, S. 59f. („Vergnügen"), der hier ein einzigartiges „Vertrauensverhältnis" zwischen Mensch und Tier beschreibt.

2.2.) Landbindung und Großstadtferne

1920er Jahren den Eintritt in den diplomatischen Dienst, einem Feld, in dem der Adel stark überrepräsentiert blieb.[90]

Junge Adlige, gleich ob Königssöhne, Offizierstöchter oder Gutsbesitzerkinder, lernen den Umgang mit Pferden bereits als Kinder. Zu Pferd wird das Gut „inspiziert", vom Pferd aus spricht der Gutsherr zu „seinen" Leuten, Pferde scheiden auf Jagden die Reitenden von den Gehenden, beim Heer die „edlen" von den technischen Waffengattungen. Zu Pferd lassen sich Offiziere beim Ritt durch die Garnisonsstadt von jungen Mädchen bewundern, Pferderennbahn und *Union-Club* sind soziale Schaltstellen von „Herrenreitern" und mondänen Aristokraten. Der adlige Freikorpsführer nimmt sein Pferd zärtlich küssend in den Arm, während der gestürzte Kaiser am Schreibtisch seines holländischen Exils auf einem Pferdesattel sitzt. Bereits aus der Perspektive adliger Kinder bedeutet die zu Pferde gewonnene Höhe ein Machtgefälle, das sich in rein symbolischer Überlegenheit ebenso wie in der Anwendung von physischer Gewalt ausdrücken kann. Im martialischen Kinderspiel vertreibt der adlige Gutsbesitzersohn, als einziger auf einem Pony sitzend, die „Armee" des Brennmeistersohnes. In zwei Szenen, die erst durch ihre Stilisierung ähnlich werden, strecken eine junge Gräfin v. Maltzan und ein junger Kürassierleutnant v. Eulenburg die „Tumultanten" jeweils durch Schläge ins Gesicht zu Boden, die vom Rücken eines Pferdes, somit von oben nach unten geführt werden.[91] Einer Gruppe von revoltierenden Berliner Arbeitern, die am 1. Mai Waffengeschäfte geplündert haben, begegnet der Kompaniechef v. Schlabrendorff, indem er seine Truppe zurückhält, den Aufständischen „mutterseelenallein" entgegenreitet und diese zur Umkehr überredet. In unzähligen Schilderungen dieser Art bildet das Pferd die unverzichtbare Requisite für die Inszenierung jener Form aristokratischer Überlegenheit, deren Fehlen Oldenburg-Januschau beim Putschversuch des bürgerlichen Reaktionärs Kapp moniert – diesem will er 1920 zugerufen haben: „Nehmen Sie Reitstunden! Wer Berlin in die Hand bekommen will, muß durchs Brandenburger Tor geritten kommen!"[92]

Der zweite Aspekt, die Jagd,[93] bot dem Adel ein in seiner Bedeutung noch wichtigeres Feld symbolischer Ein- und Ausschlüsse. Johann-Albrecht v. Rantzaus Urteil, man könne sich „kaum eine übertriebene Vorstellung von der Bedeutung machen, die die Jagd von jeher im Leben [...] des ganzen europäi-

---

[90] LEHNDORFF, S. 100f. („Hafer"); ARNIM, S. 29-31 („Pferdeställe"); DISSOW, S. 75 („Kognak"); HENTIG, S. 250 („Umgang").
[91] BISMARCK (1992), S. 116 („Garnisonsstadt"); KILLINGER, Vorwort („Freikorpskämpfer"), SALM, S. 61ff. („Pferdesattel", Photo in: Der letzte Kaiser. Wilhelm II. im Exil, hg. v. Hans Wilderotter und Klaus-D. Pohl, Gütersloh/München 1991, S. 129); GERLACH, S. 42f. („Gutsbesitzersohn"); MALTZAN, S. 35 („Reitpeitsche"); EULENBURG, S. 2f. („Kürassierleutnant"). Über den Union-Club s. ARNIM, S. 49f., PUTLITZ, S. 27f., 93 und REIBNITZ (1929), S. 126, 133.
[92] SCHLABRENDORFF, S. 23 („mutterseelenallein"); OLDENBURG, S. 212 („Reitstunden").
[93] Zum Gesamtkomplex Adel und Jagd im 19. und 20. Jahrhundert vgl. die neueste und wohl differenzierteste Untersuchung von THEILEMANN, Adel im grünen Rock, S. 38-198.

schen Adels einnimmt",[94] wird in den autobiographischen Schilderungen überall bestätigt.[95] Zwar ist die Jagd im hier betrachteten Zeitraum längst keine exklusive Adels-Veranstaltung mehr, doch bewegten sich bürgerliche Aufsteiger auf Jagden im doppelten Wortsinn in einer Domäne des Adels. Adlige Jagdgesellschaften sind Gelegenheiten, bei denen bürgerliche Jagdgäste sich bemühen mußten, die verbale und symbolische Sprache des Adels zu sprechen und dabei – zumindest in der Sicht adliger Kommentatoren – kläglich am Komment scheiterten.

Vereint, festen formalen Regeln folgend, werden Könige, Fürsten und untitulierte Landadlige, über inneradlige und nationale Grenzen hinweg, zur „Internationale des jägerischen Adels", in der auch waffenkundige adlige Frauen ihren festen Platz hatten.[96] Die irreführende Behauptung jedoch, wie Soldaten vor dem Tod würden alle Jäger „vor dem Wild gleich", verdreht eine der wichtigsten sozialen Funktionen der Jagd um 180 Grad. Zwar ermöglichen Jagdgesellschaften, Differenzen zu überbrücken und Kontakte zu knüpfen bzw. zu pflegen – gleich, ob der Jagdgast Wilhelm II. oder Hermann Göring hieß. Jagden wurden jedoch als hierarchisierte, in „Treffen" geteilte Veranstaltungen organisiert, die zum Zusammenschluß der *insider* ebenso geeignet wie zum Ausschluß der *outsider* waren.[97] Städtische Großbürger blieben aus dieser ‚Internationale' oftmals auch dann ausgeschlossen, wenn sie sich an ihren Aufmärschen beteiligten. Um sich „unmöglich" zu machen, bedurfte es nicht der groben Fehler eines „Dr. Rosenbusch", der, angetreten mit besonders feuerkräftigem Schießgerät, die Jagd zur „Hasenkanonade" degradierte. Schon die falsche Flintenhaltung, ein unpassender Reitstil oder einfach die Unfähigkeit, sich „in jeder Hinsicht waidmännisch auszudrücken" waren hinreichend, um sich aus dem inner circle auszuschließen. Ein kommentarloser Blick zwischen Eingeweihten genügte, um Parvenüs, die den vom Adel geprägten Jagdkomment nicht beherrschen, als „Schießer" zu ächten. „Man" ging nicht etwa „in den Wald, was städtisch oder geziert geklungen hätte, sondern eben ins Holz."[98] Dankwart Graf v. Arnim beschreibt die Funktion, die der Beherrschung verbaler und habitueller Codes zukam, wie folgt: „Kleine Verstöße gegen diese ungeschriebenen Regeln, sachliche oder auch nur verbale Fehler [...] ließen sofort eine unter uns Brüdern kaum beredte, aber endgültige Einstufung eintreten. Winzigkeiten, Lächerlichkeiten: Sprach jemand von einem „schönen" statt von einem „starken" Bock, ging jemand an ein Pferd im Stall

---

[94] DISSOW, S. 22; sehr ähnlich bei GERLACH (1937), S. 35f.
[95] Vgl. neben den angeführten Belegen die Hinweise bei CONZE, Von deutschem Adel, S. 373-380.
[96] SALM, S. 38-41; GERLACH, S. 36 („ereignisarmes Landleben"); DISSOW, S. 23 („Internationale"), ROHAN, S. 34 („vor dem Wild gleich"), DOHNA-SCHLOBITTEN, S. 175 („Göring"). Jagende Frauen: TSCHIRSCHKY, S. 40f.; DISSOW, S. 18, 164f.; HADELN, S. 62; STAHLBERG, S. 176-179 und NOSTITZ (1933), S. 33f.
[97] Eine Analyse der Jagdgesellschaften als soziokulturelle Clearingstellen zwischen Adligen und Bürgerlichen bietet THEILEMANN, Adel im grünen Rock, S. 74-111.
[98] DISSOW, S. 19 („ins Holz"); EULENBURG, S. 137.

ungeschickt heran, war jemand zum Personal zu freundlich oder zu distanziert, all dies und unendlich viel mehr an Nuancen bestätigte die Abgrenzung und das Gefühl der Sonderstellung, die nicht jedermann zugänglich war."[99]
Wer zum Gang „ins Holz" falsch gekleidet war oder statt des Gewehrs einen Regenschirm mitbrachte, gab sich der Lächerlichkeit preis. Daß selbst Wilhelm II. auf Jagden als „Schießer" auftrat, in dem er, aus zwei Flinten auf das ihm zugetriebene Wild feuernd, 800 Hasen oder 925 Fasanen pro Jagd erlegte und auf zehn Jagden 3.892 Stück Wild zur Strecke brachte, wurde zwar durchaus als stilistische Verirrung bewertet, jedoch stirnrunzelnd hingenommen[100] – *quod licet Iovi, non licet bovi*, scheint hier der unausgesprochene Leitsatz zu sein.

Mit zunehmendem Alter wächst mit der Feuerkraft der Jagdwaffen die Größe der Beute: Von Pusterohr und Schleuder über Luftgewehr und Tesching zum ersten eigenen Jagdgewehr wird der mit 12 Jahren „hasenreife" Adlige zum Waidmann. Dem Kind fallen Hornissen, Mäuse, Ratten, Eichhörnchen, Katzen und Eichelhäher, dem Jugendlichen Enten, Hasen und Hirsche, dem weltmännischen Erwachsenen Wölfe, Füchse, Elche, Bären, Auerochsen, Löwen, Krokodile, Elefanten, im Einzelfall auch mal ein in schlesischen Wäldern ausgesetztes Känguruh zum Opfer.[101] Tiere werden von früher Kindheit an gejagt, gefangen, erschlagen und geschossen. Nager in Käfigen, Schlangen in Terrarien, eine an der Leine geführte Schildkröte und ein Krokodil in der Badewanne der Kaserne bevölkern die autobiographischen Jagd- und Naturbeschreibungen. Die „organische" Einbindung des Adligen in die Natur läßt sich kaum plastischer darstellen als in den Jagdbeschreibungen, welche die Vereinigung von Mensch und Natur als „participation mystique" geradezu beschwören.[102] Jenseits dieser Selbstsicht ist die Jagd jedoch auch eine Form der Herrschaft. Die zur Strecke gebrachte Jagdbeute, aufgereiht, ausgestopft und repräsentativ an Wände gehängt, ist die deutlichste Verbildlichung adliger Naturbeherrschung, die sich von allen bürgerlichen Natur-Schwärmereien und Natur-Unterwerfungen unterscheiden läßt. Faktisch und in seiner Selbstüberhöhung lebt der adlige Jäger organisch mit und in der Natur. Den „Waldgang" als Attitüde des aristokratischen Rückzugs aus den Niederungen der Massen-

---

[99] ARNIM, S. 108.
[100] Zu den Kaiserjagden in Neugattersleben (1890er Jahre) vgl. SEIFFERT, Junker, S. 263-275. Seiner Majestät Abschußlisten auf S. 273. Ähnliches über die kaiserlichen Jagderfolge bei schlesischen Grandseigneurs bei SPENKUCH, Herrenhaus, S. 285. Vgl. DOHNA-SCHLOBITTEN, S. 156 („800 Hasen").
[101] Zur mit dem Lebensalter aufsteigenden Abschußhierarchie vgl. GERLACH, S. 41 („hasenreif"), ähnlich bei SACHSEN; S. 35, BÜLOW (1954), S. 164; PLEß, S. 247 und RENN (1956), S. 145, die ausführlicheren Jagdschilderungen bei ARNIM, S. 99-106; STAHLBERG, S. 176-179 und die mondäne Variante bei HOHENLOHE, S. 160-183. Die Känguruh-Anekdote bei LIEVEN, Abschied, S. 209. Zur Weiterführung und Veränderung uralter Jagdpraktiken in den Kolonien, v. a. in Afrika, s. THEILEMANN, Adel im grünen Rock, S. 178-186.
[102] ARNIM, S. 14f., 138 („Schlangen/Terrarien"); SACHSEN, S. 26 („Schildkröte"); WINDISCH 49 („Krokodil"); ROHAN, S. 32 („participation"); HADELN, S. 163 („Melodien"); NOSTITZ (1933), S. 33f.

gesellschaft mußte der Adel nicht erst von Ernst Jünger und Martin Heidegger erlernen;[103] seine bewaffnete Variante in Form der Jagd war eine jahrhundertealte, lange Zeit exklusive kulturelle Praxis des Adels, die sich im 20. Jahrhundert mit neuer Bedeutung aufladen ließ. Ortega y Gasset lieferte 1929 zur Symbolik der Jagd ein Stichwort, das die ideologische Bedeutung des Jagdrituals im 20. Jahrhunderts trefflich faßt: „Und das ist es nun, warum sie jagen. Wenn sie die ärgerliche Gegenwart satt haben, wenn sie es müde sind, ‚ganz 20. Jahrhundert zu sein', dann nehmen sie die Flinte, pfeifen Ihrem Hund, gehen in den Wald und geben sich für ein paar Stunden oder ein paar Tage dem Vergnügen hin, ‚Steinzeitmensch zu sein'".[104]

Im gesamten Habitus haben jagende Adlige das von Ortega beschriebene archaische Moment im 20. Jahrhundert gepflegt, als Distinktionsmerkmal genutzt und in unzähligen Varianten in die Flut antimodernistischer Sprachformeln eingespeist. Auch hier ließen sich aus einer uralten, über Jahrhunderte weitgehend stabilen kulturellen Praxis nach 1918 neue Interpretationen gewinnen, die den Adel mit Bedeutung aufluden. Die Betonung der bodenständigen, anti-urbanen und kriegerischen Aspekte der Jagd, ihre Deutung als „Leidenschaft, die Härte bildet"[105] mag nach „Steinzeit" geklungen haben. Doch wie an anderen Stellen war es genau dieser archaisch-vitalistische Grundton, der im Milieu der Neuen Rechten begeistert aufgenommen, kopiert und variiert wurde. Im Umfeld einer sich neu formierenden Rechten, die ihre Sprache noch nicht gefunden hatte, jedoch allerorts den „Boden" lobte und den „Asphalt" schmähte, verhalf die antimodernistische Neuinterpretation eines uralten Rituals dem Adel auch hier zu einem Ehrenplatz.

Realität und Phantasie der adligen Landbindung hatten in der Distanzierung von den Großstädten, insbesondere von der Reichshauptstadt, dem „Reichsbabel",[106] einen komplementären Aspekt, der seit der Jahrhundertwende immer schärfer akzentuiert wurde. Eine pointierte und prominente Zuspitzung der Berlin-Ressentiments findet sich bei Wilhelm II., der in seinen Erinnerungen zu Protokoll gibt, er habe sich in Berlin, der „Großstadt mit ihrem steinernen Meer, fernab der Natur" stets wie ein „Gefangener" gefühlt. Zwar wird das „alte Berlin" in adligen Erinnerungen häufig liebevoll als glänzende Stadt der unbegrenzten Möglichkeiten beschrieben, die glänzende Hoffeste, karrie-

---

[103] Zum „Waldgänger" als rechtsintellektuellem Konstrukt mit pseudo-aristokratischen Anklängen s. Lutz NIETHAMMER, Posthistoire. Ist die Geschichte zu Ende?, Hamburg 1989, S. 89-104.
[104] ORTEGA Y GASSET, Aufstand der Massen (1929), zit. n. THEILEMANN, Adel im grünen Rock, S. 55.
[105] Kapitelüberschrift bei THEILEMANN, Adel im grünen Rock, S. 38ff.
[106] So ein populäres zeitgenössisches „Scheltwort", vgl. den Beitrag „Für Berlin", in: DAB 1900, S. 794f.

2.2.) Landbindung und Großstadtferne

refördernde Kontakte und jungen Offizieren „ein lustiges Leben" bot.[107] Eindeutig wurde das „neue Berlin" der Gründerzeit jedoch zunehmend als Zentrale all jener Tendenzen wahrgenommen, die den Adel und seine Welt bedrohten. Im „Häusermeer der Großstadt", so der General v. Freytag-Loringhoven, drohten Menschen wie Pferde zu „verkümmern" und zu „verblöden". Die Vorstellung, das „Berliner Asphaltklima" mache krank und „pflaumenweich", gehörte zum Kernbestand landadliger Topoi, die auch von Adligen in städtisch geprägten Existenzen gepflegt wurden. Bogislav v. Selchow beschreibt den Verlust des väterlichen Gutes in den 1890er Jahren, der ihn „in die Steinmassen der Großstadt" verschlug, als schweres Trauma, bei dem er „den Wurzelboden [seines] Seins" verlor. Ähnlich schildert Paula v. Bülow ihren Umzug nach Berlin im Jahre 1920: „Das Treiben und Hasten der modernen Großstadt, der betäubende Lärm, die Unrast waren [... mir] zuwider. Alles in mir schrie auf, meine Seele litt, die Nerven zitterten." Ein Leitmotiv variierend, das die Neue Rechte bereits im späten Kaiserreich zunehmend verwandte, spricht schließlich der weltläufige Karl Anton Prinz Rohan, in den 1920er Jahren Herausgeber der *Europäischen Revue*, abschätzig von „Asphaltmenschen", „Asphaltkultur", „entwurzelte[n] Nomaden und [der] Welt des Asphalts". Etwa wortgleich hatte der westfälische Baron v. Lüninck 1931 gefordert, die Führung des Staates den „entwurzelten Asphaltpolitikern" zu entreißen und Personen zu übergeben „die im Boden verwurzelt sind."[108] Selbst Städte von bescheidener Größe erscheinen – im Vergleich zum bedrohten Landidyll – als „etwas Enges, Totes und Künstliches" – als „Steinmeer".[109] Auch diese Haltung läßt sich keineswegs als weltfremdes Ressentiment einer isolierten Gruppe sozialer Verlierer einordnen. Ein Vergleich mit den einflußreichsten Analysen der „Asphaltkultur" aus der bürgerlichen Intelligenz macht die ideologisch-politische Anschlußfähigkeit dieser Wertungen deutlich.[110] Die alte kleinadlige Auffassung, nach welcher die Großstädte dem Land „das Mark aus den Knochen" saugten,[111] und die völkische Publikationsflut gegen die „Stadt als Rassengrab"[112] paßten auch hier

---

[107] WILHELM II, S. 34 („wie ein Gefangener"); REISCHACH, S. 46-49 („lustiges Leben"); DEIMLING S. 28; ähnlich: FREYTAG-LORINGHOVEN, S. 43; HUTTEN, S. 62; WILAMOWITZ, S. 96; PUTLITZ S. 27f.

[108] FRHR. V. LÜNINCK, Adel und Staat, Vortrag auf einer Jungadelstagung in Heidelberg, 16./17.5.1931, in: WAAM, Nl. Lüninck, Nr. 815.

[109] LORINGHOVEN, S. 109 („verblöden"); DISSOW, S. 229f. („Asphaltklima"/„pflaumenweich"); SELCHOW, S. 16 („Steinmassen"), 10f. („Steinmeer/etwas Totes"); BÜLOW (1924), S. 193 („Nerven zitterten"); ROHAN, S. 125, 165, 169 („Asphaltmenschen/Nomaden").

[110] Vgl. zu Großstadtfeindschaft und verachteter „Asphaltkultur" im Denken Werner Sombarts: LENGER, Sombart, S. 136-142 sowie die Beiträge in Clemens ZIMMERMANN/Jürgen REULECKE (Hg.), Die Stadt als Moloch? Das Land als Kraftquell? Wahrnehmungen und Wirkungen der Großstädte um 1900, Basel/Boston/Berlin 1999.

[111] H. V. KNEBEL DOEBERITZ, Großstadtbildung und ihre Folgen, in: DAB 1909, S. 290-292, 305-307, zit. S. 307. Vgl. DERS., Agrarstaat oder Industriestaat?, in: ebd., S. 90-92, 138-140.

[112] Vgl. dazu den gleichnamigen Abschnitt bei Uwe PUSCHNER, Die völkische Bewegung im wilhelminischen Kaiserreich. Sprache – Rasse – Religion, Darmstadt 2001, S. 115-119.

wie Schloß und Schlüssel ineinander. Was völkische Autoren über die „in Großstädten lebenden verweichlichten und verwöhnten Modemenschen" zu berichten wußten, die in „himmelhohen Mietsbauten hausen, in denen sie selten ein Fleckchen des Himmels zu sehen bekommen, stickige Luft einatmen und wenig körperliche Bewegung haben",[113] war in der Sprache verfaßt, die in jedem Gutshaus verstanden wurde. Der Lob des Landes als ruhender Gegenpol zu den Schrecken der dekadenten Großstädte konnte zudem an die großen Debatten anknüpfen, die vor dem Krieg von den führenden Köpfen der deutschen Nationalökonomie über die Chancen des Agrarstaats als Alternative zum Industriestaat geführt worden waren.[114] Die emotional-assoziativen Mosaiksteine der Völkischen vor 1914 wurden nach dem Krieg von den akademisch geschulten Köpfen der aufstrebenden „Rassenkunde" mit pseudowissenschaftlich gefaßten Argumenten zu einem funktionstüchtigen Ensemble zusammengesetzt. Noch immer galten die Großstädte als „Mahlmühlen", „in denen menschliche Familien zermahlen und zermürbt werden". Und noch immer hatte der nunmehr wissenschaftlich kostümierte Großstadthaß theoretische und praktische Verbindungslinien zum Landadel.[115]

Auch hier erscheint der niedere, landbesitzende Adel als Hauptproduzent dieser Bilder, die jedoch von Autoren, die große Teile ihres Lebens in Großstädten verbracht hatten, häufig reproduziert werden. So präsentierte sich etwa der durchaus großstadtfeste Magnus Frhr. v. Braun, in Berlin Mitglied des Deutschen Herrenklubs und Minister im Kabinett der Barone, als Landmann: „Meine Frau und ich stammen beide vom Lande. Wir liebten Pferde- und Kuhstall, wir liebten das Sprießen der Saaten und den Duft des Waldes. Wir hatten in den Großstädten genug der Spreu gesehen, die vor dem Winde verweht. Wir wollten wieder Wurzeln schlagen in der heimatlichen Erde und unseren Kindern ein Stück heiligen Bodens hinterlassen, den sie bebauen könnten, wie es unser beider Vorfahren seit Jahrhunderten getan hatten."[116] Sprachlich und ideologisch war der ehemalige Minister in Papens Kabinett der Barone auch hier nur um Nuancen von der völkischen Version dieser Dichotomisierung entfernt: „In einem unerbittlichen Ringen stehen sich heute

---

[113] Adolf REINECKE, Entartung und Verfall – Das Hauptstück der völkischen Frage, in: Heimdall 12 (1907), S. 14.
[114] Hartmut HARNISCH, Agrarstaat oder Industriestaat. Die Debatte um die Bedeutung der Landwirtschaft in Wirtschaft und Gesellschaft Deutschlands an der Wende vom 19. zum 20. Jahrhundert, in: Reif (Hg.), Agrargesellschaft, S. 33-50.
[115] „Mahlmühlen": Eugen FISCHER, Eugenik und Anthropologie. Der Untergang der Kulturvölker im Lichte der Biologie, in: Westfälisches Adelsblatt, Nr. 4-6 /1929, S. 49-63, zit. S. 61f. Eugen Fischer (1874-1967) war von 1927-1942 Direktor des Kaiser-Wilhelms-Instituts für Anthropologie, menschliche Erblehre und Eugenik in Berlin-Dahlem. Fischer beschäftigte sich 1929 auch mit der ‚Anthropologie des westfälischen Adels'. Den hier zitierten Aufsatz hatte er vor Mitgliedern des westfälischen Adelsvereins als Vortrag gehalten.
[116] BRAUN, S. 290, 292, 401; vgl. PUTLITZ, S. 68 (über New York).

2.2.) Landbindung und Großstadtferne

der neue Vaterlandsmensch auf seinem Stückchen schwer erkämpfter Scholle und der internationale Großstadtmensch gegenüber."[117]

Immer stärker wurde Berlin als topographische Konzentration all dessen wahrgenommen, was der Adel an der „neuen Ära" haßte: moderne Kunst- und Kulturbewegungen, die immer selbstbewußteren „Massen" der Industriearbeiter, der ostentativ zur Schau gestellte Reichtum der „Klirrziegen"[118] aus den neureichen Familien der Finanz- und Industriebourgeoisie, die unverstandene, jedoch spürbare Macht der internationalen „Börse" und nicht zuletzt: die Juden.[119]

Die Kontrastierung des guten „alten Berlins" – „des Preußentums Herz" – mit dem schlechten neuen, dem „Paradies des Hebräertums", Schauplatz der Revolution, an dem eine neue „Kaste" „reichgewordener Plebejer" an den „knallroten Tische[n] des Kurfürstendamm" nunmehr unbehindert ihre „Pöbelherrschaft" errichten konnte, führte Ressentiments aus dem späten Kaiserreich fort.[120] Der offene Berlin-Haß für die Zeit der 1920er Jahre, in der das „Tauentzien-Girl" und die „Hopswut" zu omnipräsenten Symbolen von „Würdelosigkeit" und „blödsinnige[r] Zeitkrankheit" geworden waren, beruht auf einer Wahrnehmung der Hauptstadt als „Panoptikum", die indirekt auch von adligen Autoren bestätigt wird, die sich in die turbulenten Ströme des Nachkriegs-Berlin aktiv und lustvoll eingefügt hatten: „Exzeß", „Sex", „Sektlaune", „pompöse Frauen", Finanzskandale, taxifahrende Offiziere und Großmütter, die mit ihren Enkelinnen um die Gunst der verbliebenen Männer konkurrieren, „Früchtchen", die „munter im Strudel des nachrevolutionären Berlin umherschwamm[en]", „Schieber und Raffkes", die auf „schwellenden roten Polstermöbeln" den „Sekt in Strömen" konsumierten, dominieren die Wahrnehmung selbst jener Autoren, die dem „neuen Berlin" keineswegs ablehnend gegenüberstanden. Ottfried Graf v. Finckenstein, Gutspächter mit mondäner Perspektive, bringt diese Wahrnehmung auf den Punkt: Berlin sei in den 1920er Jahren ein „internationaler Freihafen geworden, in dem das Geld den einzigen Wertmaßstab abgab."[121]

Auch hier spiegelt die ideologisch verformte, endgültig negative Berlin-Wahrnehmung nach 1918 einen längerfristigen und realen Prozeß wieder: den um die Jahrhundertwende vollzogenen Rückzug des Adels aus der „Parvenu-

---

[117] SALBURG, S. 159.
[118] Laut KROCKOW, S. 125, gängige Bezeichnung für „neureiche" Ehefrauen, die ihren jungen Reichtum in Form von Schmuck ostentativ präsentierten.
[119] Als drastisches Beispiel, in dem die Versammlungen des BdL als Warnung an das internatonal-jüdische „Großstädterthum" stilisiert werden vgl. den Beitrag „Das Land und Berlin", in: DAB 1897, S. 156-158.
[120] SALBURG, S. 182f., 264 („Preußentum/Hebräertum"); ZOBELTITZ, S. 202f. („Pöbelherrschaft/Plebejer"). Vgl. zur Kontrastierung von altem und neuem Berlin Paula v. BÜLOW (1924), S. 9-12, 40f.; NOSTITZ (1933), S. 56-58 („knallrote Tische") und UNRUH, S. 91.
[121] FINCKENSTEIN, S. 136-138 („pompöse Frauen"); SECKENDORFF, S. 33 („Sektlaune"); SCHULENBURG, S. 88f. („Sex/Exzeß"); ZOBELTITZ, S. 172, 208 („Hopswut/Girl"); DISSOW, S. 195-199 („Früchtchen/Raffkes/Polstermöbel/Sekt"); STENBOCK, S. 120-123 („Panoptikum").

Protzerstadt".[122] Der Entfaltung der luxuriösen Villen- und Wohnkultur des reichen großstädtischen Bürgertums[123] und der daraus entstehenden Konkurrenz entzog sich der Landadel durch eine nicht immer freiwillige Abwendung vom „Moloch" Großstadt. Selbst die unvermindert reichen Familien des Hochadels gingen dazu über, ihre Stadtpalais zu verkaufen und während der kurzen Saison in Hotels oder gemieteten Etagen zu logieren. Die „amphibische Lebensweise"[124] zwischen Stadt und Land, die den englischen, französischen und italienischen Adel charakterisierte,[125] wurde vom deutschen Adel vergleichsweise wenig kultiviert und seit der Jahrhundertwende zunehmend aufgegeben.[126] Die völkische Interpretation dieses Phänomens wurde selbst von Adligen verbreitet, denen das Obenbleiben auch im Berlin der Nachkriegszeit geglückt war: Der „nordische Mensch", der Großstadt und moderne Zivilisation nicht vertrage, überließ der jüdischen „Rasse" den urbanen Raum „kampflos".[127] Durch die von Ressentiment und Antisemitismus geprägte Distanzierung von den Großstädten verlor der Adel eine wichtige Anschlußmöglichkeit an die Gesellschaft des 20. Jahrhunderts. Die adlig-bürgerliche Elitenfusion verlor ihr logisches Zentrum, das Berlin für einen kurzen Zeitraum zu werden schien. Zu den hier verlorenen Anschlußmöglichkeiten ist die seit dem späten Kaiserreich immer stärker prononcierte Bildungsfeindschaft als weiteres Element hinzuzuzählen.

---

[122] So der protzende, neuadlige Parvenu LIEBERMANN, S. 170, über Berlin.
[123] AUGUSTINE, Die wilhelminische Wirtschaftselite, S. 193-214.
[124] Den Begriff „amphibische Lebensweise" hat David Cannadine für den englischen Adel geprägt. David CANNADINE, The Decline and Fall of the British Aristocracy, London 1990, v. a. S. 54-71, 112-138, 559-572; DERS., Lords and Landlords. The Aristocracy and the Towns 1774-1969, Leicester 1980, S. 21-40, 417-429.
[125] CANNADINE, Lords and Landlords; LIEVEN, Abschied, 147-153; BRELOT, La noblesse réinventée, S. 748-766; Gian Carlo JOCTEAU, Un censimento della nobiltà italiana, in: Meridiana. Rivista di storia e scienze sociali 19/1994, S. 113-145, v. a. S. 150.
[126] REISCHACH, S. 169-171, der den Rückgang adligen Engagements im Zentrum der Berliner *Gesellschaft* beschreibt. Bestätigend dazu Lamar CECIL, Jew and Junker in Imperial Berlin, in: Leo Baeck Year-Book 20/1975, S. 47-58, hier S. 54f.; LIEVEN, Abschied, S. 190-195 und REIF, Hauptstadtentwicklung und Elitenbildung, S. 694-696, am detailliertesten bei SPENKUCH, Herrenhaus, S. 474-480.
[127] So Heinrich v. GLEICHEN, (Villenbesitzer in Potsdam und Vorsitzender des in Berlin gegründeten Deutschen Herrenklubs), Adel – eine politische Forderung, in: Preußische Jahrbücher, August 1924, S. 131-145, zit. S. 139.

2.3.) Charakter versus Bildung

„Tuzzis Grundsatz war, daß man im Ausdruck sparsam sein müsse und Wortspiele, wenn man ihrer auch im geistvollen Gespräch nicht ganz entbehren könne, niemals zu gut sein dürften, weil das bürgerlich sei."
– Robert Musil[128]

Für den Aufstieg des Bürgertums war und blieb die Akkumulation von Bildung und Fachwissen eines der wichtigsten Vehikel. Für die adligen Strategien des „Obenbleibens" erlangte der Besitz von kulturellem Kapital hingegen niemals eine vergleichbare Bedeutung. Diese Ausgangslage erklärt die beachtlichen Unterschiede, die sich für Realität und Stilisierung von Ausbildung, Bildung und Geistigkeit in Adel und Bürgertum beschreiben lassen. Tatsächlich hatte akademisch vermitteltes Fachwissen für den Erhalt adliger Lebenswelten eine zweifellos geringere Bedeutung als für die bürgerlichen Aufsteiger in den wichtigsten Feldern der wirtschaftlichen Moderne. Neben diesem pragmatischen Unterschied sind jedoch adlige Ressentiments, Aversionen und Negativbilder von Bedeutung, wenn die bleibende und zunehmend aggressiv aufgeladene Distanz des Kleinadels zur Zivilgesellschaft erklärt werden soll.

Weit stärker als das im Bürgertum propagierte Ideal der freien Entfaltung des Individuums haben adlige Erziehungsideale die kollektive Formung „auf ein Bild hin" zum Ziel.[129] Nicht der einzelne und seine individuellen Stärken, sondern die Einübung kollektiver, adelstypischer Verhaltensmuster stehen hier im Vordergrund. Oberstes Ziel dieser „Abrichtung", die ein adliger Beobachter in bezug auf die drastischen Methoden zur Einschleifung adliger Tischsitten beschreibt,[130] ist die Aneignung herrschaftlicher Denk- und Verhaltensmuster. Je stärker bürgerliche Einbrüche in traditionelle Betätigungsfelder des Adels erfahren wurden, desto wichtiger wurde die Festigung verbindlicher kultureller Codes, die geeignet waren, den Adel nach innen zu einigen, nach außen abzugrenzen und die Illusion aufrecht zu erhalten, als Kollektiv eine „natürliche" Überlegenheit zu besitzen.

Den größten Teil seiner traditionellen Erziehungsmuster hat der Adel auch im 20. Jahrhundert beibehalten – die Kindererziehung durch Gouvernanten und Hauslehrer, den relativ späten Wechsel in ausgesuchte Gymnasien, Kadettenkorps, Pagerien,[131] Landerziehungsheime[132] und Internate, schließlich die unterschiedlichen Ausbildungsstrategien, die innerhalb der Familien den

---

[128] Robert MUSIL, Der Mann ohne Eigenschaften, Erstes Buch, Kap. 23.
[129] ARNIM, S. 108.
[130] DISSOW, S. 95f.
[131] Vgl. dazu Otto FREIHERR VON WALDENFELS, Die Edelknaben der Churfürstlich und Königlich Bayerischen Pagerie von 1799-1918, München 1959; FUNCK, Kriegertum, Kapitel I.3.2.
[132] Rupprecht V. BRAUN, Deutsche Landeserziehungsheime, in: DAB 1931, S. 717, mit einem Seitenhieb auf die „Notenstreber" an staatlichen Schulen, die in den Landeserziehungsheimen keine Chance hätten, da hier v. a. der „Charakter" geschult würde.

Weg des ersten Sohnes klar von dem der nachgeborenen und die Söhne von den Töchtern[133] unterschieden. Die Konzentration auf wenige Fächer (Jura, Landwirtschaft und Forstwissenschaft) an wenigen Universitäten, sowie eine Reihe wichtiger Distinktionsrituale ermöglichten „die Absolvierung des unabdingbaren Bildungsganges in einem dem Adel genehmen Geist".[134] Die Anpassung an die vom Bürgertum durchgesetzten Leistungsüberprüfungen in Gymnasien und Hochschulen hat der Adel in einigen Bereichen lange verweigert,[135] insgesamt jedoch vielfach mit Erfolg geleistet.[136] Das Feindbild des ungebildeten und geistesfeindlichen „Junkers" beschreibt deshalb einen zwar real existierenden, insbesondere im altpreußischen Kleinadel zahlreichen Typus, nicht jedoch „den Adel". Mühelos lassen sich zahllose individuelle[137] und kollektive[138] Beispiele adliger Bildungs- und Kulturleistungen auf höchstem Niveau finden, die einzelne Adlige auch in ihrer Außendarstellung betonen.[139] Ein Versuch von 1908, die Kulturleistungen des zeitgenössischen

---

[133] Zu den Ausbildungswegen der Töchter im (norddeutschen) Adel vgl. Tisa v. d. SCHULENBURG, Des Kaisers weibliche Kadetten. Schulzeit in Heiligengrabe zwischen Kaiserreich und Revolution, Freiburg 1983; Franziska v. REVENTLOW, Autobiographisches, Novellen, Schriften, Selbstzeugnisse, Frankfurt a. M./Berlin 1986, S. 7-28, DISSOW, S. 46-54; DIEMEL, Frauen, S. 36, 56-58; und v. a. CONZE, Von deutschem Adel, S. 319-329.

[134] SPENKUCH, Herrenhaus und Rittergut, S. 386.

[135] Zur Durchsetzung des Abiturs als Zugangsvoraussetzung für die Offizierslaufbahn und die Praxis königlicher Dispense s. Hermann RUMSCHÖTTEL, Bildung und Herkunft der bayerischen Offiziere 1866-1914. Zur Geschichte von Mentalität und Ideologie des bayerischen Offizierkorps, in: MGM 8, 1970, 81-131; REIF, Adel im 19. und 20. Jahrhundert, S. 80f.

[136] BUCHSTEINER, Pommerscher Adel, S. 359-363; REIF, Westfälischer Adel, S. 315-369; CONZE, Von deutschem Adel, S. 287-329.

[137] Als eindrucksvolles Beispiel für einen Adelstypus, der sich in das hier gezeichnete Bild nicht einpassen ließe, vgl. über den Intendanten der Dresdener Oper: Johan TRYGVE HASELLISON, Graf Nicholas von Seebach and the Political Uses of Avant-Garde Opera and Theater in Dresden 1900-1917, (unveröffentlichter Vortrag auf der Jahrestagung der German Studies Association, Atlanta 1999).

[138] Als preußisches Beispiel vgl. neben der 1925 von Johannes Haller edierten Korrespondenz Fürst Eulenburgs zu den hohen Kultur-Standards im „Liebenberger Kreis": Isabel HULL, Kaiser and ‚Liebenberg Circle', in: Röhl/Sombart (Hg.), Kaiser Wilhelm II. New Interpretations, Cambridge 1982, S. 193-220, v. a. S. 196; John C. G. RÖHL, Philipp Graf zu Eulenburg – des Kaisers bester Freund, in: Ders., Kaiser, Hof und Staat, Wilhelm II. und die deutsche Politik, München 1995, S. 35-77, v. a. S. 40. Vgl. dazu die bei Reinhold BRUNNER, Die Stellung des ostelbischen Adels zu Kultur, Wissenschaft und Kunst am Ende des 19. Jahrhunderts, in: Adamy/Hübener (Hg.), Adel, S. 167-183, v. a. S. 175-181 versammelten Beispiele adliger Wissenschaftler und Künstler.

[139] EULENBURG, S. 50; BRAUN, S. 33; ECKARDSTEIN, S. 19, 23, 27; SCHULENBURG, S. 31, 45, 58f., 61, 71, 77, 79, 136, 153; WINTERFELDT, S. 21-31, 38, 42f., 77, 88f., 123f., 146, 243-245; GERSDORFF, S. 18, 20; STACKELBERG, S. 238, 255-258; PRITTWITZ, S. 15-20, HOHENLOHE, S. 82; LÖWENSTEIN, S. 9f.; COUDENHOVE, S. 28, 32f., 59, 100-102, sowie NOSTITZ (1933), BUNSEN und KEYSERLING jeweils passim. Louis Ferdinand PRINZ V. PREUßEN, S. 99, der pauschalisierend vom hohen Bildungsniveau „der Junker" spricht, verzeichnet das Bild, da er sich ausdrücklich auf die reichsten und angesehensten Familien im östlichen Preußen bezieht. Vgl. dazu die Hinweise bei SPENKUCH, Herrenhaus, S. 267-272 sowie die Differenzierungen bei BRUNNER, Stellung, in: Adamy/Hübener (Hg.), S. 167-183 und bei STOLBERG-WERNIGERODE, Generation, S. 180-184, 195-205.

2.3.) Charakter versus Bildung

Adels zu dokumentieren, konnte immerhin 46 Adlige porträtieren, die sich als Schriftsteller versucht und es dabei zu mehr oder minder allgemeiner Anerkennung gebracht hatten.[140] Außerhalb des preußischen Kleinadels dürfte das generelle Kultur- und Bildungsniveau in den „besseren" Familien, in den Diplomaten-„Dynastien" und im hohen Adel[141] sehr hoch gewesen sein. Der pauschalisierende Vorwurf einer allgemeinen Kultur- und Geistlosigkeit war deshalb geistloser als der „junkerliche" Personenkreis, auf den er gemünzt war. Er gehört zu den politisch motivierten Zerrbildern, denen nicht zuletzt die großartigen Karikaturen im Simplicissimus zu Unsterblichkeit verholfen haben, und darf getrost aus dem historiographischen Diskurs entlassen werden; nicht allerdings, ohne an die realen Entwicklungen zu erinnern, auf die sich das Zerrbild des „barbarischen" Junkers bezog.[142]

Die im 18. Jahrhundert noch mit großer Selbstverständlichkeit stilisierte Auffassung, integraler Bestandteil der „gebildeten Stände" zu sein, erfuhr in der ständig verschärften Konkurrenz zum Bildungsbürgertum schwere Erschütterungen. Das durchschnittliche Bildungsniveau sank im Adel während der zweiten Hälfte des 19. Jahrhunderts in der Relation zur bildungsbürgerlichen Konkurrenz deutlich ab. Zweitens läßt sich nicht übersehen, daß „von Süd nach Nord, von West nach Ost ein Kulturgefälle bestand".[143] Aus zweifellos gutem Grund karikiert die bildungsbürgerliche Adelskritik den ostelbischen Leutnant, nicht den süddeutschen Fürsten. Drittens gab es in allen Adelsgruppen eine eindeutige und zumeist scharfe Ablehnung aller modernen Kulturbewegungen, die im Adel als Verfallserscheinungen bewertet wurden – *die ganze Richtung paßt uns nicht,* wie die berühmte Formel dazu lautete.[144] Viertens schließlich kam es zu einer im späten Kaiserreich einsetzenden Betonung der selbstgewählten Distanz von einem „Übermaß" an Kultur und Bildung.

Zu allen Zeiten gab es im Adel hochgebildete Männer und Frauen, die in der Lage waren, sich auf den bürgerlich dominierten Parketts der Bildungsinstitutionen souverän zu bewegen. Versuche jedoch, derartige Bildungsleistungen besonders zu betonen, sind in den zeitgenössischen Quellen so selten wie in späteren Selbstdarstellungen. Vielmehr schwingt im Tenor adliger Selbst-

---

140 Die Aufzählung reichte von drei Hochadligen über erfolgreiche Autoren wie Georg Frhr. v. Ompteda und Börries Frhr. v. Münchhausen und völkische Publizisten wie Ernst Graf v. Reventlow und Ernst Frhr. v. Wolzogen, die Pazifistin Bertha v. Suttner bis zu adligen Verfassern drittklassiger Novellen: Richard V. DAMM, Autoren aus Fürsten- und Adelskreisen, in: ASB 1908, S. 67-69, 79f., 91f., 102f., 114f., 126f., 137f., 150f.
141 BÜLOW, Denkwürdigkeiten, Bd. 4, S. 21-27. Zu den hohen Bildungsstandards der Diplomatenkinder vgl. die Schilderungen von DISSOW, PRITTWITZ, PUTLITZ, BERNSTORFF, COUDENHOVE; zur Bildungs-Stilisierung im Hochadel HESSEN, Louis Ferdinand PRINZ V. PREUßEN, HOHENLOHE, LÖWENSTEIN, ROHAN. Zu Realität und Stilisierung der höheren Bildungsstandards im baltischen Adel s. STENBOCK, STRACHWITZ, KEYSERLING (jeweils passim).
142 Dazu die Skizze der „Junker"-Kritik bei REIF, Junker, passim.
143 STOLBERG-WERNIGERODE, Generation, S. 197.
144 So nach DISSOW, S. 84f., in den 1890er Jahren das Urteil über den Naturalismus.

darstellung eine Bildungsdistanz mit, deren Kontrastierung mit der enormen Bedeutung, der Bildung im bürgerlichen Kulturmodell, eine der wichtigsten Grenzen aufzeigt, die Bürgerlichkeit und Adeligkeit voneinander trennen. Für die Breite des Grabens zwischen beiden Welten liefert Joachim v. Winterfeldt-Menkien gerade dort eine anschauliche Beschreibung, wo ein Vetter beschrieben wird, der zur akademischen Elite gehörte. Als Vorsitzender seines Familienverbandes bemühte sich Winterfeldt gezielt um jene Familienmitglieder, die der „meist aus Offizieren, Beamten und Gutsbesitzern zusammengesetzten Vetternschaft durch mannigfache Schicksale entfremdet waren". Die Schilderung der Zusammenkunft mit dem Berliner Universitätsprofessor Paul v. Winterfeldt liefert eine anschauliche Illustration der Distanz, die zwischen den Lebenswelten des Landadels und solchen Familienmitgliedern entstand, welche den Weg der bürgerlichen Professionalisierung beschritten hatten. Der Vetter, der dem Vorsitzenden des Familienrates die Wohnungstür öffnet, erscheint in dieser Schilderung als bärtiger Mediävist im langen schwarzen Rock. Eingezwängt zwischen den Bücherregalen einer „armseligen", an Fausts Studierstube erinnernden Stadtwohnung, treibt der kurzsichtige Gelehrte mit „schonungslosem Einsatz seiner Körperkräfte" das Gedeihen der *Monumenta Germaniae Historica* voran. Der Autor dieser Beschreibung, als kultivierter und bildungsbeflissener Gutsbesitzer und Landrat in seiner märkischen Umgebung eher eine Ausnahme,[145] stilisiert zwar Ruhm und Ehre des wissenschaftlichen Tuns, schildert jedoch sehr plastisch, wie radikal der Vetter berufsbedingt „seinem alten Namensgeschlecht, seiner gens [entrissen]" worden war.[146]

Bildung und Bildungswissen sind im Bürgertum *das* Ideal, dem wichtige Bereiche des alltäglichen Lebens untergeordnet werden.[147] Die starke Betonung von Bildung, die ausgefeilten Techniken, ihre Inhalte zu memorieren, zu reproduzieren und den eigenen Kindern zu vermitteln, sind von der neueren Bürgertumsforschung minutiös herausgearbeitet worden. Der bürgerliche Nachwuchs, der von den Eltern zu fortlaufend lesenden, klavierspielenden, zitat- und fremdsprachenkundigen Wunderkindern emporgezüchtet wird, war zugleich Ideal und Realität in unzähligen Bürgerhäusern.[148] Die Stilisierung dieses Ideals, die aus bürgerlichen Selbstdarstellungen geradezu herausquillt,

---

[145] Einblick in eine ungewöhnlich hochstehende, die Moderne offen rezipierende, Kultur bietet, eindrucksvoller als seine Autobiographie, der Briefwechsel von Bernhard V. D. MARWITZ und Goetz FRHR. V. SECKENDORFF (1912-1914), zu deren Freundeskreis Winterfeldt gehörte (BLHA, Rep. 37 Friedersdorf, Bd. 781).
[146] WINTERFELDT, S. 123-125.
[147] Rudolf VIERHAUS, Bildung, in: Geschichtliche Grundbegriffe, Stuttgart 1972, Bd. 1, S. 508-551; Aleida ASSMANN, Arbeit am nationalen Gedächtnis. Eine kurze Geschichte der deutschen Bildungsidee, Frankfurt a. M. 1993; HETTLING/HOFFMANN, Einleitung, in: Dies. (Hg.), Wertehimmel, S. 14f.
[148] Zu Tradition und Funktion der Bildung im deutschen Bürgertum s. MAURER, Biographie, S. 439-517. Zur Fortführung im hier interessierenden Zeitraum vgl. BUDDE, Bürgerleben, S. 91, 117-119, 164, 335, 339; KOCKA Muster, S. 17-22; KASCHUBA, Bürgertum, v. a. S. 112f. und NIPPERDEY, Deutsche Geschichte, Bd. 1, S. 382-389.

2.3.) Charakter versus Bildung

sucht man bei adligen Autoren vergebens. Die adlige Anekdote über den Gutsbesitzer, der sich den Spitznamen „der Bücherwurm" verdiente, nur weil er regelmäßig die „Jägerzeitung" las,[149] schrumpft den Wert, der Bildung zugemessen wurde, auf eine relative Größe zurück. Die adlige Distanzierung vom bürgerlichen Bildungskult beginnt mit den Schilderungen der Schulzeit – häufiger und prononcierter als in bürgerlichen Selbstdarstellungen fallen hier die Anekdoten über bestenfalls mittelmäßige Schulleistungen, das Aufbegehren gegen häusliches und schulisches Lehrpersonal aus. Typisch sind lange Passagen über das Träumen von Jagd und Natur während unsagbar langweiliger Schulstunden in „stickiger Luft". Zur Verachtung des Bildungswissens und seiner Vermittler gehörte die betont gleichgültige Haltung gegenüber den von „Knackern" verteilten Schulnoten.[150] Charakteristisch für diesen Zug ist die Episode, die ein adliger Fregattenkapitän a. D., der nach dem Krieg ein Studium aufnahm und als Historiker promovierte, über seine Abiturprüfung kolportieren ließ. Geschwächt durch eine „Gehirnerschütterung" infolge eines Sportunfalls fällt der Gymnasiast durch die Lateinprüfung. Wenig zuvor jedoch habe er an Reichskanzler Bismarck folgende Sätze gesandt: „Aufgebaut hast Du das Reich, dauernder als Erz und höher als der Königsbau der Pyramiden, *quod non Gallia ferox non Bebel impotens possit diruere*." Nachdem sich Bismarck in seiner Antwort lobend über die „gute Latinität" des Schülers geäußert hatte, habe ihm der Schuldirektor das Reifezeugnis nicht verweigern wollen.[151] Einem schlagfertigen „Charakter", so die Botschaft, muß selbst die bildungsbürgerliche Pedanterie jederzeit Respekt zollen. Übersetzt in den adligen Code der Anekdote spiegelt sich hier eine moderne Variante der adligen Kultur des Körpers wider, deren Differenz zur bürgerlichen Kultur der Sprache Angelika Linke für das 19. Jahrhundert beschrieben hat.[152]

Die kindliche „Wildheit", die weibliche und männliche Adlige in ihren Selbstdarstellungen so häufig betonen,[153] richtet sich nicht selten gegen das auch von den Eltern belächelte Erziehungspersonal. Nun ließe sich dies allein schwerlich als adlige Besonderheit beschreiben, auffällig ist jedoch die Schilderung einer gewissen elterlichen Billigung der Akte kindlicher Rebellion, die

---

[149] KROCKOW, S. 125, wenig variiert bei BISMARCK (1992), S. 57. Ähnlich bei DÖNHOFF (1988) S. 58f.; GERLACH, S. 50 und ARNIM, S. 112f. Vgl. die differenzierte Einschätzung von DISSOW, S. 168-171, der v. a. die große Ferne des Adels von allen *modernen* Kulturbewegungen betont, was KROCKOW, S. 167f. und FINCKENSTEIN, S. 38, mit den Angaben über die Bestände der Schloßbibliotheken bestätigen.

[150] TSCHIRSCHKY, S. 20, 25; HENTIG, S. 8; UNRUH, S. 21ff.; ARNIM, S. 112f., 138, 142f.; SCHLABRENDORFF, S. 17f., DÖNHOFF (1988), S. 75, 218; HOHENLOHE, S. 16; LIEBERMANN, S. 21; HADELN, S. 50; FINCKENSTEIN, S. 61, 75; SALM, S. 50, 56-59; OLDENBURG, S. 12, 17.

[151] Wolfgang LOEFF, Bogislav v. Selchow. Der Soldat, Dichter und Historiker, in: DAB 1937, S. 859-861.

[152] Angelika LINKE, Sprachkultur und Bürgertum. Zur Mentalitätsgeschichte des 19. Jahrhunderts, Stuttgart u. a. 1996.

[153] ARNIM, S. 70, 142f.; BISMARCK (1910), S. 80-82; BISMARCK (1959), S. 36-38; BÜLOW, Denkwürdigkeiten, Bd. 4, S. 132.

sich als Teil des adligen „Charakter"-Kultes interpretieren lassen. Im Ungehorsam gegen nicht-adlige Erzieher, Gouvernanten, Diener, Zofen, Hauslehrer und Studiendirektoren[154] verkehrt das adlige Kind die Hierarchie der Generationen und demonstriert das Gefälle der Wertigkeit, das auch zwischen dem adligen Kind und dem nicht-adligen Erwachsenen erkennbar bleiben soll. Zumindest in der adligen Wahrnehmung erscheint das bürgerlich dominierte Gymnasium als Schauplatz einer adlig-bürgerlichen Konkurrenz, in der sich die Minderheit adliger Schüler gegen das Ressentiment kleinbürgerlicher Lehrer und die Mißgunst großbürgerlicher Mitschüler behaupten mußte. Als „Grafenkind", „Komteß", „Prinzling" und „Junker" tituliert, sahen sich adlige Schüler offenbar häufig in eine „Ausnahmeposition" gestellt. Die Berichte über die Schule als Ort, an dem Adlige zunehmend mit adelsfeindlichen Haltungen konfrontiert wurden, reichen vom mildem Spott über die „Edelknechte", die von den „Holzknechten" abschrieben, über eine Horde von Realgymnasiasten, die ihren hochadligen Mitschüler zusammenschlugen, bis zur Einstufung adliger Schüler als Kinder jener „Schweine", denen ein kommunistischer Lehrer den Luxemburg-Mord anlastete.[155]

Obwohl Abitur und Hochschulstudium für einen großen Teil der Adelssöhne längst zur Lebenswelt gehörten, prägen ähnliche Muster die Schilderungen der Studentenzeit, die an ältere Traditionen des adligen Universitäts- „Besuches" erinnern.[156] So werden Universitäten nur selten als hehre Orte der Bildung, weit häufiger hingegen das „organisierte Nichtstun und Trinken" beschrieben. Nicht der Vorlesungsaal, sondern der „Paukboden", auf dem der fechtende Student eine Kombination aus körperlichen Fähigkeiten, Mut, Opferbereitschaft, Korpsgeist und „Charakterfestigkeit" demonstrieren und festigen kann, dominieren adlige Schilderungen der Studentenzeit. Auch wenn bürgerliche Autoren ähnliche Bilder produziert haben,[157] läßt sich der ungleich höhere Stellenwert, den das im Universitätsstudium akkumulierte kulturelle Kapital für den bürgerlichen Studenten hatte, kaum bestreiten. Anders als in Süddeutschland, so Johannes Haller 1919 in einem Brief an Fürst Eulenburg, habe das preußische „Korpsstudententum" nur zwei Dinge geschult: „Nichtstun und sich in der Abgeschlossenheit eines engen Kreises überlegen fühlen".[158] Das Beispiel Bismarcks, dessen sagenhafte Sauf- und Paukkünste den Korpsstudenten als Vorbild vor Augen standen, scheint die „berufsmäßige

---

[154] DISSOW, S. 63 („Knacker"); ROHAN, S. 11 („Erziehungspersonal"); vgl. COUDENHOVE, S. 58; SCHLABRENDORFF, S. 24 („belächelt"); BRACKEL, S. 31. Vgl. dazu ABERCRON, S. 16-18, der 1938 freimütig berichtet, wie er seine Lehrer zusammenschlug. Zur Gelehrtenautorität im Bürgertum vgl. dagegen BUDDE, Bürgerleben, S. 366.

[155] TSCHIRSCHKY, S. 20, 25 („Holzknechte"); SCHAUMBURG, S. 40f. („Realgymnasiasten"); SALM 56f. („Schweine"); ähnlich bei ARNIM, S. 128; REISCHACH, S. 14f.; Louis Ferdinand PRINZ V. PREUßEN, S. 57; BISMARCK (1959), S. 19; MALTZAN, S. 45; DISSOW, S. 62f. („Knacker"), 76; BÜLOW, Denkwürdigkeiten, Bd. 4, S. 26f., 63f. („Junker"); KESSLER, S. 142.

[156] Dazu REIF, Westfälischer Adel, S. 150-152 und 336-364.

[157] MAURER, Die Biographie, S. 494-511.

[158] Johannes HALLER an Philipp Fürst zu Eulenburg, 30.3.1919, in: Eulenburg, Bd. 3, S. 2260f.

2.3.) Charakter versus Bildung

Besoffenheit"[159] in den Korps noch verstärkt zu haben.[160] Dies gilt wiederum für den protestantischen Adel weit stärker als für den katholischen.[161] Das Bismarck-Bild, bei dem (adlige) Stilisierungen stets den robusten Kraftmenschen, nicht den französisch parlierenden Diplomaten hervorhoben, war für adlige Ausblendungen des Intellektuellen ebenso vorbildhaft wie charakteristisch. Eindringlich belegt das Beispiel Bernhard v. d. Marwitz, wie die adlige Erinnerungskunst einen intelligenten, kultivierten Adligen mit guten Verbindungen zur künstlerischen Avantgarde seiner Zeit[162] posthum in eine soldatische Stahlgestalt verwandelte, die nicht durch Bildung, sondern durch Charakterfestigkeit glänzen sollte. Dreizehn Jahre, nachdem der feinsinnige junge Mann sein Leben 1918 in den „Blutmühlen" der Westfront verloren hatte, verschwand der schmale Kopf des Autors auf dem Titelbild der politisch motivierten Buchausgabe seiner Briefe[163] unter einem überdimensioniert wirkenden Stahlhelm. Wesen, Werk und Bild des Autors verzerrte die Edition ebenso ins Soldatische wie das als Titel gewählte Goethe-Zitat: „Stirb und werde".[164]

---

[159] Otto FRHR. V. TAUBE, Vom deutschen Adel, in: Erster Rundbrief an den jungen Adel Bayerns, Hg. v. Erwein Frhr. v. Aretin (1923), in: FÖWA, VIII 19. 1c, Nr. 117, in seiner Kritik am norddeutschen Kleinadel, hier über die Bonner Preußen. Ein Blick in die bierseligen „Annalen der Borussia zu Bonn, Wintersemester 1908/9", (LHAM-AW, Rep H Neugattersleben, Nr. 195f.) belegt die Berechtigung dieser Urteile sehr plastisch. Auch Friedrich Graf v. d. Schulenburg erinnert sich 1920 an drei Semester bei den Saxoborussen als einer Zeit, in der „Trinkzwang" und „absolutes Nichtstun" den Grafen „angewidert" hatten: BAMA, N 58/1: Erinnerungen SCHULENBURGs (1920), S. 8.

[160] Über Auslandsaufenthalte: WILMOWSKY, S. 28-33 („Bürgermädchen"), LEHNDORFF, S. 219-224 (über Genf und Paris); WINTERFELDT, S. 36f. (über Lausanne). ähnlich: GERLACH (1937) S. 61; selbst die eitlen „Denkwürdigkeiten" BÜLOWs, Bd. 4, S. 114-126, zit. S. 115, stilisieren das „Schwänzen" der Lausanner Vorlesungen. Vgl. zum „Nichtstun" an Universitäten: ECKARDSTEIN, S. 90; HOHENLOHE, S.15, 21f.; DOHNA-SCHLOBITTEN, S. 95; PRITTWITZ, S. 22; WILMOWSKY, S. 32. Zum korpsstudentischen Duellzwang eindrucksvoll HOHENLOHE, S. 19-33, ähnlich: SCHÖNAICH, S. 52; LIEBERMANN, S. 43; Louis Ferdinand PRINZ V. PREUßEN, S. 101f; SALM, S. 27; DOHNA-SCHLOBITTEN, S. 98. Zu Bismarck vgl. HOHENLOHE, S. 28; MÜLLER, (1966), S. 97 und die höhnischen Passagen bei EULENBURG, S. 57, 60, 203-206. Bestätigend: KLEINE, Nobility, S. 45-48.

[161] Vgl. dazu Prinz Friedrich Christian HERZOG ZU SACHSEN, Der katholische Adel und die katholischen Studentenverbindungen, in: MGKE 8.8.1920, S. 1-4 (mit einem Plädoyer, den im katholischen Adel weit verbreiteten Widerstand gegen die schlagenden Verbindungen zu überwinden).

[162] Der eindrucksvolle Briefwechsel zwischen Bernhard V. D. MARWITZ und Goetz FRHR. V. SECKENDORFF (1912-1914), in: BLHA, Rep. 37 Friedersdorf, Bd. 781 dokumentiert u. a. ein noch im Juni 1914 geplantes Treffen mit Paul Claudel, den Marwitz ins Deutsche übertragen wollte (ebd., Fol. 151f.).

[163] Konzipiert war der Band als Gegenstück zu Remarques „Im Westen nichts Neues". Vgl. den Brief des Herausgebers Harald v. KÖNIGSWALD an Bodo v. d. Marwitz, 16.11.1929, in: BLHA, Rep. 37 Friedersdorf, Nr. 384, Fol. 43.

[164] Harald V. KÖNIGSWALD (Hg.), Stirb und Werde! Aus den Briefen und Tagebuchblättern des Leutnants Bernhard von der Marwitz, Breslau 1931.

Idealtypisch findet sich die betonte Mißachtung von Bildungswerten in der Selbstdarstellung des Offiziers und Gutsbesitzers Elard v. Oldenburg-Januschau, der seine Autobiographie mit einem Seitenhieb auf das „tintenklecksende Säkulum" beginnt und von seinem Schreibtisch als „meinem Feinde" spricht.[165] Mit nachweislich großer Ausstrahlung verkörperte Oldenburg, der Antiintellektuelle sans phrase, jenen sprichwörtlichen Männertypus, der seinen Browning entsichert, sobald er das Wort Kultur hört.[166] Dieser Typus hatte im Kleinadel eine sehr alte Tradition und in der Neuen Rechten einen Kreis hochaktiver Bewunderer. Insbesondere von Angehörigen des niederen Land- und Militäradels wurde der vom „Geschwätz der Städte großgezogene emancipationssüchtige verwilderte Menschengeist" immer wieder als Feind dargestellt, „zu dessen Bekämpfung der Landadel in seinen Schlössern ein noch immer mit respektablen Machtmitteln ausgerüstetes Arsenal besitzt."[167] Dies blieb eine für den Kleinadel typische Denkfigur, auch wenn der schnarrende Kasinoton, den etwa die Erinnerungen Hindenburgs anstimmen, eher soldatisch als adlig einzuordnen ist: „Die herzhafte Tat hat den Vorrang vor den Künsteleien des Verstandes auch jetzt noch behalten. Geistesgegenwart und Charakterfestigkeit blieben höher im kriegerischen Kurs als Feinheiten der Gedankenschulung."[168] Tatsächlich blieb das adlige Engagement in den akademischen Karrieren schwach.[169] In der Verklärung dieser Tatsache sprachen Offiziere und Gutsherren einmal mehr dieselbe Sprache. Es sei für den Adel durchaus wichtig, so Ewald v. Kleist-Schmenzin 1926, seine Bildung zu erweitern: „Denn der Führerberuf verlangt es, [...] den geistigen Kampf mit Waffen aus eigener Schmiede [zu] führen." Das „Streben nach Geistigkeit" müsse jedoch „dort seine Grenze finden, wo es auf Kosten der geschlossenen Persönlichkeit, der Wurzelfestigkeit und der Stoßkraft des Handelns geht."[170] In ähnlicher Tonlage appellierte ein adliger Offizier 1939 an die Adelsjugend, den Wechsel aus der Welt der Bildung in die dem Adel

---

[165] OLDENBURG, S. 6. Vgl. WINTERFELDT, S. 113.

[166] Die häufig zitierte Formel stammt aus Hanns JOHST, Schlageter, München 1933, S. 26. Dort sagt ein junger Nationalrevolutionär: „Zehn Schritte vom Leib mit dem ganzen Weltanschauungssalat. Hier wird scharf geschossen. Wenn ich Kultur höre, entsichere ich meinen Browning!".

[167] Oldwig v. UECHTRITZ, Land und Stadt, in: DAB 1890, S. 4-6, 20-22, 35f., zit. S. 35.

[168] HINDENBURG, S. 64f.

[169] Dr. v. TROTHA-TREYDEN, Die Teilnahme des Adels an den akademischen Berufen, in: DAB 1921, S. 19f., nennt Adelsanteile, die mit regionalen Unterschieden zwischen 0,4% der Lehrer (76 von 17.501 Personen) und (in Bayern) 5,9% für Professoren lagen. Bei den 139 Professoren, die hinter dieser Angabe standen, dürfte es sich v. a. um Nobilitierte gehandelt haben. Vgl. die zwischen altem und neuestem Adel nicht differenzierenden Zahlen bei HOYNINGEN-HUENE, Adel, S. 246-250.

[170] Ewald v. KLEIST-SCHMENZIN, Adel und Preußentum, in: Süddeutsche Monatshefte 5/1926, S. 379. Vgl. den Beitrag eines „FRHR. V. M.", Wahrer Adel, in: DAB 1905, S. 54.

2.3.) Charakter versus Bildung

einzig würdige Welt so schnell wie möglich zu vollziehen: „Fertigwerden mit der Penne, Soldat werden, Offizier sein!"[171]

Auch hier läßt sich differenzieren – so erinnert etwa die Tatsache, daß der Chef des preußischen Generalstabes seine Korrespondenz als „Dr. Graf Schlieffen" zu unterzeichnen pflegte, an den Typus des gebildeten Generalstaboffiziers, der seine Bildung auch in der Außendarstellung betont.[172] Dennoch ist die Grundtendenz eindeutig. Die Festigkeit des „Charakters", die Sicherheit des Auftretens, daneben auch rein körperliche Qualitäten wie das sprichwörtliche „Gardemaß", körperliche „Zähigkeit" bzw. „Schneidigkeit" galten in den ländlich und militärisch geprägten Adelsmilieus mehr als Wissen und Bildung, die vielfach als Sekundärtugenden eingestuft wurden.[173] Eine geringe Körpergröße oder das Tragen von Brillen wurden als ernstzunehmende körperliche Mängel, „Wehleidigkeit, jedes Zeigen von Angstgefühlen [...] als schlimmstes Verbrechen" bewertet.[174] Nach der erheblichen Aufwertung der Militärclans in den Gründungskriegen geriet der hier produzierte Hohn über den lähmenden „Formelkram" der Universitäten neue Konjunktur. „Deutscher Professor und unpraktischer Mann", hieß es 1884 im Deutschen Adelsblatt, „sind allmälig nahezu identische Begriffe geworden und niemand denkt daran, die Männer der That unter den Gelehrten zu suchen".[175] Die prononcierte Distanz zu Bildung und Geistigkeit als potentiell schädlicher Eigenschaften überstand die Zäsur von 1918 weitgehend unbeschadet. Weiterhin wurde die Stilisierung von „Charakter" und „Tat" im Kleinadel und insbesondere durch Mitglieder der Militärclans gegen die „verweichlichten" Bildungsprodukte der bürgerlich dominierten Gymnasien in Stellung gebracht: „Man braucht nur die Schüler der oberen Klassen, wenn sie die Schule gemeinschaftlich verlassen, anzusehen; wie wenige frische Gesichter und kräftige Gestalten sind darunter, die meisten haben eine ungesunde Gesichtsfarbe, viele tragen bereits Brillen, die Haltung ist nicht gerade, sie gehen mehr oder weniger krumm. [...] Die zarter gebauten jungen Leute – und zu diesen gehört die Mehrzahl der Kinder gebildeter Eltern, namentlich der Stadtkinder – bleiben häufig ihr Leben hindurch schwächlich. [...] Der Landjunker dagegen, mit dessen wissenschaftlichen Kenntnissen es oft recht schwach bestellt ist, weiß sich zu benehmen, versteht mit dem gemeinen Sol-

---

[171] Major Wilhelm VOLRAD V. RAUCHHAUPT, Wehrmacht und Adel, in: DAB 15.7.1939, S. 976-978.

[172] Niall FERGUSON, Der falsche Krieg. Der Erste Weltkrieg und das 20. Jahrhundert, Stuttgart 1999, S. 52f. Vgl. dazu FUNCK, Schock, S. 151-160 und DERS., Cultures.

[173] Fürst Eulenburg klagte nach Kriegsende über den „flott", „schneidig" und „forsch" auftretenden Offizierstypus, dessen Karriere unter einem Kaiser möglich wurde, der „Husarenstücke" moralisch höher als die „Durchbildung" des Offiziers bewertet habe. FÜRST EULENBURG, Quem deus perdere vult – dementit, (Typoskript, Dezember 1918), in: BLHA, Rep 37 Liebenberg, Nr. 653, Fol. 6f.

[174] DISSOW, S. 16 („Brillen"/„Schneidigkeit"); BISMARCK (1992), S. 38f. („Gardemaß"); OPPEN, S. 165 („Verbrechen"). Vgl. (über Ritterakademien und Kadettenanstalten) FINCKENSTEIN, S. 64 und SCHÖNAICH, S. 18-21.

[175] DAB 1884, S. 364. Ähnlich: DAB 1890, S. 242.

daten umzugehen, er ist das Befehlen gewohnt und hält Strapazen gut aus. Von Hause aus Reiter und Jäger, befindet er sich als Soldat in seinem Element und ist mit den gesellschaftlichen Formen von Jugend auf vertraut."[176]

Das hier umrissene Ideal meint nicht nur den Offizier als „Willensmenschen" par excellence.[177] Gepriesen wird in diesen Worten ein spezifisches Männer- und Menschenbild, das sich bis in den Wortlaut hinein auch in den bekanntesten Zukunftsvisionen des völkischen Staates findet. Dieser, so Hitler in „Mein Kampf", müsse davon ausgehen, „daß ein zwar wissenschaftlich wenig gebildeter, aber körperlich gesunder Mensch mit gutem, festem Charakter, erfüllt von Entschlußfreudigkeit und Willenskraft, für die Volksgemeinschaft wertvoller ist als ein geistreicher Schwächling."[178] Die praktische Umsetzung des hier umrissenen Ausbildungsideals wird man später in den „Junkerschulen" der SS wiederfinden.[179]

Die Kritik einzelner Adliger an der Bildungsdistanz ihrer Standesgenossen blieb ohne nachhaltige Wirkung. Ernst v. Wolzogen hatte seinen Standesgenossen 1895 prophezeit, die adlige Mißachtung von Bildung und Kunst würde die Denker zum Bündnis mit dem „Pöbel" zwingen und so das Todesurteil des alten Adels besiegeln: „Freilich, ihr habt meistens, seit ihr von der Schule abgingt, keinen Dichter mehr gelesen. Ihr hattet so viel zu thun mit Trinken, Kartenklopfen und Uniformierung Eurer Sitten und Gesinnungen, daß ihr für so etwas keine Zeit fandet."[180] Ähnlich formulierte Werner v. d. Schulenburg, Herausgeber der philofaschistischen Zeitschrift „Italien", drei Jahrzehnte später scharfe Kritik an seinen Standesgenossen, denen er vorwarf, seit den 1870er Jahren „in Hinsicht auf die Kultur die Hände in den Schoß gelegt" und vorzugsweise „Damennovellen" gelesen zu haben. In starker Betonung von Kultur und Geistigkeit als Grundvoraussetzung adliger Führung forderte Schulenburg den Adel auf, nicht neue „Kadettenkorps", sondern „Internate" zu gründen.[181] In Schulenburgs Text klang wie in vergleichbaren adligen Ermahnungen[182] die Einsicht an, daß solche Aufrufe so berechtigt wie ver-

---

[176] UNRUH, S. 21 ff., einen ungenannten, gebildeten General paraphrasierend; (Zitat i.O. teilweise im Konjunktiv). Ähnlich, noch dezidierter „Charakter" gegen Bildungswissen betonend: FREYTAG-LORINGHOVEN S. 12f., 36-41; gemäßigter bei BRAUN, S. 14f., 33, 36f.

[177] Ursula BREYMAYER/Bernd ULRICH/Karin WIELAND (Hg.), Willensmenschen. Über deutsche Offiziere, Frankfurt a. M. 1999, v. a. Bernd ULRICH, Der deutsche Offizier stirbt..., in: ebd., S. 11-20.

[178] HITLER, Mein Kampf, S. 451-487, zit. S. 452. Inhaltlich gleich in den „Richtlinien für die Erziehung des Jungadels" bei R. W. DARRÉ, Neuadel aus Blut und Boden, München 1930, S. 201-227.

[179] Bernd WEGNER, Hitlers politische Soldaten: Die Waffen-SS 1933-1945, Paderborn ³1988, S. 149-171.

[180] WOLZOGEN, Linksum, S. 38-40.

[181] Werner v. d. SCHULENBURG, Deutscher Adel und deutsche Kultur, in: Süddeutsche Monatshefte 5/1926, zit. S. 24f.

[182] Otto FRHR. V. TAUBE, Adel und Geistesleben, in: Archiv für Sippenforschung, Heft 2, 1929, S. 57-59; Dr. v. TROTHA-TREYDEN, Die Teilnahme des Adels an den akademischen Beru-

2.3.) Charakter versus Bildung

geblich waren. Zu groß war die soziale und ideologische Distanz zum seit langem gemiedenen Feld des Geistes. Gegen Schulenburgs Auffassung räumte dieselbe Ausgabe der Süddeutschen Monatshefte einem Berliner Rechtsanwalt den Raum ein, um den Adel über seine eigentlichen Qualitäten zu belehren. Diese, war hier zu lesen, ließen sich eben nicht in „die spanischen Stiefel der formalen Logik" zwängen. Wer den Fehler mache, die Bedeutung des Adels an seinen Examensleistungen ablesen zu wollen, müsse „den Schluß ziehen, daß der Adel, besonders der norddeutsche, großenteils aus Menschen bestände, die knapp den geistigen Durchschnitt erreichten und deshalb als wertvollster Bevölkerungsteil keineswegs anzusprechen seien." Die wirklich wertvollen Qualitäten des Adels lägen jedoch in „Instinkt, Suggestivkraft und [...] Persönlichkeit". Nicht zögerliche Gelehrigkeit, sondern Religion, „Landluft", Tradition und Familienbewußtsein waren die Elemente, aus denen der Adel seine große „rassenbiologische Bedeutung" und seine „Immunisierung" gegen zivilisatorischen Verfall zog, wie jeder Vergleich mit den meisten Bürgerdynastien zeige, die selten nur in der Lage seien, sich über vier Generationen zu halten. Bei der Unterstützung ihrer Mitglieder solle die DAG deshalb nicht Bildung, sondern kinderreiche Familien, die ihren „generativen Pflichten" nachgekommen und „rassenhygienisch" wertvoll waren, besonders honorieren.[183] Bildungsbürgerliche Avancen dieser Art machen es verständlicher, warum ein Großteil des Adels an der eigenartigen Auffassung festhielt, nach der Bildungsdistanz im Adel als Qualität zu betrachten war. Die „ungeheure Unbildung im Adel", die der Schriftsteller Börries Frhr. v. Münchhausen 1926 dem kleinen Land- und Militäradel vorwarf,[184] wurde deshalb von dieser Gruppe nicht selten bewußt akzentuiert. „Die landangesessene Aristokratie erhob ja im allgemeinen auch keinen Anspruch, zu der Welt der Dichter oder Intellektuellen zu gehören. Im Gegenteil, sie machten durchaus deutlich, daß dies nicht ihre Sache sei."[185] Der joviale Ton, den Graf Hülsen-Haeseler als Mitglied einer deutschen England-Delegation im Jahre 1907 anschlug, übertönte die im alten Adel wachsende Erkenntnis, durch bürgerliche Leistungseliten zunehmend verdrängt zu werden. Der Graf ließ sich durch einen kultivierten Beamten des Auswärtigen Amtes, der sieben Sprachen beherrschte, nicht beeindrucken: „Ick weeß nich [...] ick finde es um so schlimmer, det der Unsinn von dem ooch noch in allen sieben Sprachen in die Welt hinausjeht."[186] Stärker als in anderen Adelskulturen begegnete der

---

fen, in: DAB 1921, S. 19f.; J. V. VOLKMANN, Geistiges und politisches Führertum, in: Adlige Jugend (Jugend-Beilage des DAB), 1.2.1930, S. 72. Und Börries FRHR. V. MÜNCHAUSENS Klage über die „ungeheure Unbildung" im Adel: Protokoll einer DAG-Sitzung vom 8.11.1926, in: WAAM, Nachlaß Lüninck, Nr. 815.

[183] Ludwig FLÜGGE, Die rassenbiologische Bedeutung des Adels und das Prinzip der Immunisierung, in: Süddeutsche Monatshefte 5/1926, S. 403-409.

[184] Protokoll einer DAG-Sitzung vom 8.11.1926, in: WAAM, Nachlaß Lüninck, Nr. 815.

[185] DÖNHOFF (1989), S. 42f. Ähnlich: Oldwig v. UECHTRITZ, Land und Stadt, in: DAB 1890, S. 21.

[186] EINEM, S. 128.

preußische Kleinadel bürgerlichen und adligen Ermahnungen,[187] der Adel werde seine Stellung „nicht durch Hunde und Tabakrauchen", sondern durch Bildung und die „Teilnahme an allem Großen und Edlen"[188] erhalten, mit demonstrativer Nichtachtung.

Es gäbe, so Magnus v. Levetzow, Generalbevollmächtigter des exilierten Kaisers im Jahre 1927, „eigentlich nur drei große deutsche Männer, um deren Worte man sich zu kümmern braucht [...] Luther, Friedrich der Große und Bismarck – der Bauer, der Fürst und der Edelmann; sie haben alles gesagt, was Deutsche zu wissen brauchen."[189] Selbst hier gab es eine Verbindung zur antiintellektuellen Attitüde der Rechtsintellektuellen – „50 Bücher", war bei Stefan George zu lesen, „reichen für einen anständigen Menschen aus. Alles andere ist ‚Bildung'".[190] Über karge Soldatenweisheiten hinaus zeigte die im Leitsatz „bene natus, bene vestitus, moderate doctus" ausgedrückte Verachtung jedes Spezialistentums auch bei den Standesherren Wirkung.[191] Selbst die wenigen adligen Mitglieder der universitären Elite hielten sich vom Bildungskult fern. So vermochte sich etwa Ulrich v. Wilamowitz-Moellendorf, als Altphilologe Mitglied der akademischen crème in Berlin, für wachsende Studentenzahlen in den 1920er Jahren nicht zu erwärmen. Durch die Vermittlung von Bildung auf breitere Bevölkerungskreise würden lediglich „Klugscheißer" herangezogen, die allenfalls zu Journalisten oder Parlamentariern taugten: „Diese Halbgebildeten sollen die Führer des Ochlos werden."[192]

Aufschlußreich wegen ihrer – zumindest angestrebten – Signalwirkung sind die 1928 publizierten Erinnerungen des letzten Kaisers. Wilhelm II. berichtet zwar von der „fieberhaften Begeisterung", mit der er sich in die Werke der Weltliteratur vertieft haben will, kritisiert die „Schwächen" des preußischen Schulsystems jedoch scharf: Hier wurden kraftlose „Philologen" herangezogen, unfähig zur Begeisterung für den „großdeutschen Gedanken". Voll Neid will der Kaiser auf die „sportlich erstarkten Knaben" in Eton gesehen haben, die zwar schlechtere Philologen waren, den Kopf jedoch voll Begeisterung für praktische Taten im britischen Kolonialreich hatten.[193] Eindrucksvoll ist die

---

[187] Werner V. D. SCHULENBURG, Deutscher Adel und deutsche Kultur, in: Süddeutsche Monatshefte 5/1926, S. 365-369. Der im Tessin lebende Autor, Dr. iur. et phil., sah in einer Überwindung der adligen Bildungs- und Kulturdistanz die Frage, die über „Größe und Lächerlichkeit" des Adels entscheiden würde (S. 369).

[188] Zitiert nach einer 1919 gehaltenen Rede, in der bezeichnenderweise ein bayerischer Graf auf das Stein-Zitat („Tabakrauchen") zurückgriff: Dr. Conrad GRAF V. PREYSING auf einer Versammlung der Genossenschaft bayerischer Edelleute: DAB 1919, S. 97.

[189] Magnus v. Levetzow an William v. Levetzow, 24.9.1927, in: GARNIER, Levetzow, S. 248.

[190] Stefan George, zit. n. PETZINNA, Erziehung, S. 27.

[191] Vgl. dazu die Charakterisierung des Grandseigneurs bei GOLLWITZER, Standesherren, S. 319f. (Zitat).

[192] WILAMOWITZ-MOELLENDORF, S. 292 („Ochlos"), 72 („Klugscheisser"), vgl. ebd., S. 63, 296.

[193] WILHELM II., S. 20f. („Begeisterung"), 132f. („Eton"), 65, 134f. Die Söhne des Kaisers besuchten auf Weisung des Vaters nicht das Gymnasium: Louis Ferdinand PRINZ V.

2.3.) Charakter versus Bildung

kaiserliche Selbstdarstellung nicht durch die Aufzählung von Autoren aus dem zeitgenössischen Bildungskanon, sondern in der Schilderung des erbarmungslosen, von jedem Lob freien Drill, mit dem der körperbehinderte Prinz entlang militärischer Leitbegriffe zum König geschliffen wurde. Glaubwürdig schildern die Erinnerungen „harte, nüchterne Pflichterfüllung" als Methode und die „Stählung des Charakters durch stetes Entsagen" als Ziel. Die hier in wenige Sätze gepreßten Adjektive – „hart, streng, nüchtern, altpreußisch, tränenreich, freudlos, dürr" – ergeben mit den dazugehörigen Substantiven – „Dienst, Angst, Rücksichtslosigkeit, Kraft, Schmerz, Pflicht, Entsagung, Einfachheit, Spartaner, Brot, Anspannung, Vollkommenheit" – die karge Essenz des Erziehungsideals im preußischen Kleinadel.[194] Dieses Ideal blieb auch für den Kaiser und seine militärische Entourage, deren Einfluß nach dem Krisenjahr 1908 nachhaltig zunahm,[195] vielfach handlungsleitend. Die hier stilisierte „Härte" als Grundlage der allgegenwärtigen „Haltung" hat eine deutlich preußische Färbung, findet sich in diversen Abwandlungen jedoch auch in anderen deutschen Adelskulturen.[196]

Zwar standen dem katholischen Adel zur Pflege seiner Besonderheiten auch nach 1918 eine Reihe von (Internats-) Schulen zur Verfügung, denen wohlhabende katholische Adelsfamilien ihre Söhne zur Ausformung des katholischen Adelshabitus anvertrauten. Zu den bekanntesten dieser, z. T. von Ordensgeistlichen geführten Institutionen gehörten Feldkirch, Ettal und das 1607 gegründete „Adelige Julianeum zu Würzburg", auf dem die katholischen Absolventen vor allem auf das Theologie- und Jurastudium vorbereitet wurden, dessen Lehrplan jedoch auch eine Ausbildung in Fechten, Turnen, Reiten und Schwimmen umfaßte.[197] Dennoch gab es in der Adelserziehung bei allen

---

[194] PREUßEN, S. 44f. Zu den deutsch-englischen Erziehungsunterschieden im Adel s. LIEVEN, Abschied, S. 214-240.
WILHELM II., 24-33. Daß diese Stilisierungen die brutale Realität der Königserziehung wiedergeben, steht seit John C. G. RÖHL, Wilhelm II. Die Jugend des Kaisers 1859-1888, München 1993, S. 134-187 außer Frage. Zur Erziehung der preußischen Prinzen und der preußischen Militärelite in der Kadettenanstalt Plön sehr anschaulich bei OPPEN, S. 163-167. Vgl. dazu die Selbstdarstellungen bei Karl-Hermann FRHR. V. BRAND/Helmut ECKART, Kadetten. Aus 300 Jahren deutscher Kadettenkorps, Bd. 1, München 1981, S. 155-203 und (über Plön) 289-304 sowie STÜLPNAGEL, S. 23-30. Zur Prinzenerziehung nach 1918: Louis Ferdinand PRINZ V. PREUßEN, S. 48-59. Zum Kontrast, aus der Perspektive des katholisch-süddeutschen Hochadels: HOHENLOHE, 15-33. Zusammenfassend: Klaus SCHMITZ, Militärische Jugenderziehung. Preußische Kadettenhäuser und Nationalpolitische Erziehungsanstalten zwischen 1807 und 1936, Frankfurt a. M. 1997.

[195] Isabel V. HULL, The Entourage of Kaiser Wilhelm II. 1888-1918, Cambridge 1982, S. 175-235; Zum Niedergang des aristokratischen und zum Aufstieg des soldatischen Männlichkeitsideals innerhalb des Offizierkorps selbst s. FUNCK, Kriegertum, Kapitel II.3.2., II.3.4.

[196] Vgl. dazu die Darstellung der Schulungskurse im *Münchener Jungadel* und in der thüringischen Adelsschule *Ellena* in Kapitel 8.4. und 8.7. dieser Arbeit.

[197] Satzung und Hausordnung des Julianums von 1930: DAAM, LAB, Bd. 3, Hft. ‚Stifte und Heime'. Die jährlichen Gebühren betrugen für die aus der Jugendbewegung hervorgegangene Internatsschule Neubeuern (Oberbayern) im Jahre 1925 2.250 Mark, für das Julianeum

Unterschieden einen gemeinsamen kleinsten Nenner, der nicht zuletzt mit der Verachtung eines Übermaßes an Bildung zusammenhing.

Alois Fürst zu Löwenstein, als bayerischer Standesherr und streng gläubiger Katholik in herausragenden Ämtern den Lebens- und Denkwelten des preußischen Militäradels so fern wie im Adel möglich, wandte sich 1928 auf der Suche nach einem Hauslehrer für seine Söhne an einen befreundeten westfälischen Grafen: „Was wir suchen, ist ein Gentleman, dem Charakter, der Gesinnungsart und der Lebensart nach, nicht nur mit Bezug auf das Nicht-mit-dem-Messer-Essen. Ein Mensch, der den Buben auch ritterliche Denkart beibringt. [...] Dabei sind gar nicht die Manieren die Hauptsache, die können die Buben auch so lernen, sondern dass er so denkt wie Unsereiner." Graf v. Galen unterbreitete dem Fürsten einen Vorschlag, der über adlige Erziehungsvorstellungen einiges aussagt. In die nähere Auswahl kam ein westfälischer Baron, dessen Qualifikation nicht etwa in Bildungspatenten bestand. Galen konnte lediglich vage vermuten, daß sein Kandidat ein Gymnasium besucht und gewisse Sprachkenntnisse hatte. Verbindlich konnte Galen berichten, daß sein 34-jähriger Protegé zwar eine Glatze, dafür jedoch eine „frische, jugendliche Lebensauffassung" hatte. Weiterhin war der verarmte Baron, der sich nach dem Krieg in den USA als „Künstler" versucht hatte, durch seine Kampferfahrung als Pilot und einen „schneidigen" Ausbruchsversuch als Kriegsgefangener ausgewiesen.[198] Die Tatsache, daß die Söhne Fürst Löwensteins drei Jahre später für das renommierte Internat Feldkirch vorgesehen waren, steht für die hohen Bildungsstandards, die wohlhabende Adelsfamilien aufrechterhielten. Die Art der Anfrage und der Inhalt der Antwort zeugen jedoch von jenem älteren, auf „die Festigkeit des Charakters", Gesinnung, Manieren und Lebensart gerichteten Teil „wahrhaft adeliger Erziehung", der auch in diesen Familien mindestens gleichberechtigt neben den Bildungsanforderungen bestehen blieb. Diese Beobachtung gilt auch für die wohlhabenden Familien des katholischen Adels,[199] dessen herausragende Vertreter die Bedeutung von „Kultur" spürbar häufiger als ihre preußischen Standesgenossen erwähnten, dabei jedoch stets den Wert einer im Adel „gelebten Kultur" betonten, in die man bei Umgang mit „hervorragenden Menschen" in den alten Adelsschlössern „mühelos" und „ganz von selbst" hineinwuchs.[200] Die eigentümliche Vorstellung, nach der bestimmte Menschengruppen mit einem angeborenen Zugang zur Wahrheit ausgestattet waren und deshalb auf das bildungsbürgerliche Instrumentarium weitgehend verzichten konnten, gehört zu den Gemeinsamkeiten zwischen altem Adel und Neuer Rechter. Bei Arthur Moeller van

---

(Würzburg) im Jahre 1911 1.200 Mark, kamen somit also nur für wohlhabende Familien in Frage. Vgl. DOHNA, Adel, S. 6f.

[198] Briefe LÖWENSTEINs und GALENs vom 12., 20.10.1928, in: WAAM, Nl. Galen, Nr. 34.

[199] Max V. PFETTEN, Stellung und Aufgabe des Adels in bezug zum Volksganzen, in: DAB 1921, S. 193-197, (Rede auf der Generalversammlung der Genossenschaft katholischer Edelleute in Bayern), zit. S. 194.

[200] Dr. theol. Conrad GRAF V. PREYSING, Vortrag vor der GKEB, in: DAB 1919, S. 94-97, zit. S. 96. Preysing war Vorsitzender der bayerischen *Genossenschaft katholischer Edelleute*.

2.3.) Charakter versus Bildung

den Bruck las sich dies so: „Die Linke hat die Vernunft. Die Rechte hat den Verstand. [...] Das Wesen des Verstandes ist Männlichkeit. Es gehört Charakter dazu, sich keinen Selbsttäuschungen hinzugeben. Der konservative Mensch besitzt diesen Charakter nebst der körperlichen Tüchtigkeit und der sittlichen Entschlußkraft aus dem Charakter zu handeln [...] Er bringt von Hause die Gabe mit zu urteilen und zu schließen, zu erkennen, was wirklich ist [...] Konservativismus beruht auf Menschenkenntnis."[201]

In einer 1931 vor süddeutschen Standesgenossen gehaltenen Rede, welche die bleibende Leistungsfähigkeit des historischen Adels zu belegen versuchte, bezeichnete Wilhelm Frhr. v. Reitzenstein die „harte", nach „altbewährten adeligen Grundsätzen erfolgende strenge Erziehung" nach dem Muster der königlichen Pagerie als vorbildlich – „auch für die Erfordernisse des heutigen Lebens". Im militärisch knappen Motto, das Reitzenstein der bayerischen Adelsjugend zurief, findet sich der Begriff, der nicht nur innerhalb der preußischen Militärclans ein Leitmotiv war: „*Charakter* ist alles!"[202]

Reitzensteins Hinweis auf die „harten" Berufe zeigt an, wie sich die ideologisch aufgeladene Differenz zwischen bürgerlichem Bildungs- und adligem Charakterkult erklären läßt. Einige der traditionell adligen Berufsfelder, zuvorderst die Landwirtschaft und das Militär,[203] ermöglichten Karrieren jenseits universitärer Leistungsparameter, in anderen war Bildung notwendige, nicht aber hinreichende Bedingung einer Karriere. Die Beherrschung des adligen Kultur-Komments war in vielen Karrieren so wichtig wie universitäre Abschlüsse.[204] Selbst wenn Adlige „in den Examensleistungen hinter den überlieferungslosen Elementen unleugbar sehr oft zurück[standen]"[205] halfen in Reichswehr, Staatsdienst und Diplomatischem Dienst die noch immer leistungsfähigen Netzwerke aus Bekannt- und Verwandtschaften vielfach weiter.

Intellektuelle Fähigkeiten, exaktes Fachwissen und allgemeine Bildung konnten im Bürgertum diverse Karrierewege und Lebenschancen öffnen; im

---

[201] Arthur MOELLER VAN DEN BRUCK, in: Gewissen 17.3.1920, S. 1f.
[202] Wilhelm FRHR. V. REITZENSTEIN, Rede in Aystetten, 25.10.1931 (Hervorhebung im Original), in: DAAM, DAG, LAB, Bd. 2, Hft. ‚Protokolle 24-34' (Reitzenstein war Vorsitzender der DAG-Bezirksgruppe Schwaben). Vgl. dazu BRAUN, S. 36f. und: „Zur Charakterbildung im deutschen Adel", in: DAB 1902, S. 102.
[203] Noch 1890 konnten nur 35% der Fahnenjunker im preußischen, sächsischen und württembergischen Heer den erfolgreichen Abschluß eines Gymnasiums, einer Kadettenanstalt oder eines Realgymnasiums vorweisen. Wilhelm II. erteilte zwischen 1902 und 1912 noch über tausend Dispense für Fahnenjunker ohne Primarreife. Vgl. Detlef BALD, Sozialgeschichte der Rekrutierung des deutschen Offizierkorps von der Reichsgründung bis zur Gegenwart, in: Sozialwissenschaftliches Institut der Bundeswehr, Bericht, Heft 3, München 1977, S. 15-47, hier S. 24; Karl DEMETER, Das deutsche Offizierkorps in Gesellschaft und Staat 1650-1945, Frankfurt a. M. 1964, S. 69-107.
[204] Vgl. dazu DISSOW, S. 75 und BRAUN, S. 88f. über die Bedeutung kultureller Distinktionen (hier anhand von Kognak, Zigarren und der Leistung als Schütze) für das professionelle Avancement. Bestätigend die Hinweise bei CONZE, Von deutschem Adel, S. 295.
[205] Ludwig FLÜGGE, Die rassenbiologische Bedeutung des Adels, in: Süddeutsche Monatshefte 5/1926, S. 404. Vgl. K. V. BORCKE, Das sind wir. Biographie einer Jugend, Zürich 1939, S. 81f.

Adel gehörten Beruf und Bildung zwar zum Ideal des „unzersplitterten Seins" (Robert Musil), waren jedoch weder Kern noch unverzichtbarer Bestandteil der Adeligkeit. In seiner Walter Rathenau nachempfundenen Figur des Dr. Arnheim hat Robert Musil die bürgerliche Überspannung des adligen Ganzheitsideales karikiert: In einer Gesellschaft von Spezialmenschen saugt der von allen bewunderte und von niemandem geliebte Über-Bürger Arnheim jeden nur erdenklichen Wissensbezirk wie ein willenloser Schwamm auf. Eben dadurch wird er zur Karikatur.[206] Die gelungene Version adliger Ganzheit wird hingegen durch bewußte Verzichtleistungen möglich, mit denen sich der Adlige auch im 20. Jahrhundert noch als *rocher de bronze* aus jenem Strom der Optionen und Teilkompetenzen heraushebt, der dem modernen Menschen seine „Eigenschaften" raubt. Idealtypisch vereint das adelsspezifische Leitbild die Geringschätzung von Fachwissen und Spezialistentum mit der Ablehnung der „bürgerlichen" Überflutung bzw. Verwässerung des „Charakters" durch ein Übermaß an Bildungswissen. Auch von jüngeren Adligen wurde die „Hinzüchtung auf ein Bild" immer wieder gegen das „Lehren und Lernen, das in der Hypertrophie des Verstandes nur Teilmenschen erzieht" als Ideal gepriesen, durch das sich der vitalistische „adlige Mensch" positiv vom rational verformten „bürgerlichen Menschen" abhob.[207] Diese Form der halbfreiwilligen Beschränkung bringt Johann-Albrecht v. Rantzau auf eine treffende Formel: „Es [ist] nicht abwegig, wenn der Adel so oft ‚beschränkt' genannt worden ist. Er beschränkte sich bewußt, indem er den uralten überkommenen atavistischen Lebensformen einer kriegerischen und jägerischen Gesellschaft anhing und eine auf sie gegründete Existenz auch innerhalb der modernen Zustände fortzuführen versuchte."[208] Dieses Urteil gilt, ungeachtet aller Anpassungsleistungen, eindeutig für den oben als „sozialen Kern" bezeichneten Teil des Adels.

Für den Bürger hat die Akkumulation von Bildung eine vierfache Logik: Erstens wird hier das bürgerliche Kulturmodell (mit dem Bildungsgedanken als wesentlichem Kern) eingeübt, zweitens eine feste Basis für den späteren Beruf – Kern und notwendige Bedingung der Zugehörigkeit zum Bürgertum – geschaffen, drittens liefert sie das wichtigste Vehikel zum Aufstieg ins gesellschaftliche „Oben" und viertens eine selbst kontrollierte Barriere gegen unerwünschte Aufstiege aus dem gesellschaftlichen „Unten". In der bürgerlichen Realität und Selbstdarstellung *wird* das Individuum durch Leistung, Bildung und Arbeit[209] „etwas", nämlich zum von Bürgern anerkannten Bürger – der

---

[206] Robert MUSIL, Der Mann ohne Eigenschaften, 1. Buch, v. a. Kap. 47 und 48.
[207] B. v. MUTIUS, Der adlige und der bürgerliche Mensch, in: Adlige Jugend Nr. 11-12/1930 (DAB-Jugendbeilage, November 1930), zit. Nr. 11/1930, S. 43.
[208] DISSOW (d.i. Rantzau), S. 10. Dazu bestätigend GÖRLITZ, Junker, S. 306-309.
[209] Zum bürgerlichen Kult um die rationale Verwaltung von Lebenszeit, welche die Einschätzung des zweckfreien Spiels als „Zeitmord" aufkommen ließ, vgl. MAURER, Die Biographie, S. 378-435. Zum Kult um die individuelle Leistung als zentraler Bestandteil im Habitus der reichen Bankiers vgl. Morten REITMAYER, Bankiers im Kaiserreich. Sozialprofil und Habitus der deutschen Hochfinanz, Göttingen 1999, S. 206-224.

2.3.) Charakter versus Bildung

Adel hingegen hat den Anspruch, als Kollektiv von Geburt an „*etwas zu sein*"[210] – nämlich der zu Herrschaft bzw. Führung berufene Stand. Auch als akademisch vermitteltes Fachwissen für die Karriere- und Lebenschancen des einzelnen Adligen ständig an Bedeutung gewann, bot der Habitus der adligen Kerngruppe dem bebrillten Universalgelehrten ebensowenig Platz wie dem hochspezialisierten Fachmann. Zeitgenössische und retrospektive Selbstdarstellungen stimmen auch in diesem Punkt überein. Adlige Distanz zur bürgerlichen Macht des Wissens erscheint hier als Versuch, das Ideal vom unzersplitterten Sein zu bewahren gegen jene professionelle Deformation der Persönlichkeit, die in Form des Spezialistentums den bürgerlichen „Fortschritt" des 19. und 20. Jahrhunderts ermöglicht und kennzeichnet. Stahlschiffe konstruieren bzw. das BGB auslegen zu können, mochte als Beruf, Berufung und Erfüllung eines bürgerlichen Lebens ausreichen;[211] in der Selbstsicht des Adels blieben solche Fertigkeiten bestenfalls nützliche Zusatzqualitäten. Der durch die ritualisierte Bildungsdistanz geschaffene Damm gegen zentrale Qualifikationen moderner, städtisch geprägter Funktionseliten – darunter ein weit überproportionaler Anteil jüdischer Bildungsbürger[212] – war vor allem für jene Gruppen des Adels wichtig, die solche Qualifikationen nicht oder nur mangelhaft besaßen. Demselben Muster folgte eine weitere Grenzziehung: die adlige Distanzierung vom (bürgerlichen) Reichtum.

---

[210] So die Formulierung bei Alois FÜRST ZU LÖWENSTEIN, Aufgaben des Adels in der Gegenwart, in: Artikel ‚Adel', Staatslexikon, Freiburg 1926, Bd. 1, Sp. 44.

[211] Manfred HETTLING/Stefan-Ludwig HOFFMANN, Der bürgerliche Wertehimmel. Zum Problem individueller Lebensführung im 19. Jahrhundert, in: GG 23 (1997), S. 333-360, v. a. S. 347f.

[212] Shulamit VOLKOV, Soziale Ursachen des jüdischen Erfolgs in der Wissenschaft, in: Dies., Antisemitismus als kultureller Code. Zehn Essays, München ²2000, S. 146-165.

2.4.) Kultur und Kult der Kargheit

Von der humanistischen Adelskritik bis zu den Hochglanzvarianten der europäischen Boulevardpresse gehört die Vorstellung vom märchenhaften Leben in Reichtum, Luxus und verfeinertem Lebensgenuß zu den Assoziationen, die mit dem Wort Adel verbunden sind.[213] Der Realitätskern dieser Vorstellungen dürfte sich vorwiegend in der Betrachtung des Hoch- und Hofadels sowie der Repräsentationsformen der reichsten Teile des Landadels geformt haben. Das Zerrbild vom Adligen als im Überfluß schwelgenden Prasser verfehlt jedoch das adlige Selbstbild ebenso wie die sozialen Realitäten der meisten Adelsgruppen, die in dieser Arbeit behandelt werden. Statt dessen wurden Reichtum und Luxus, selbst dort, wo sie im Adel noch vorhanden waren, zunehmend negativ konnotiert. Die immer schärfere Akzentuierung „antimaterialistischer" Haltungen knüpfte an ältere Traditionen an und enthielt somit ein statisches Element[214] – sie ist jedoch als dynamische Entwicklung zu beschreiben, die um die Jahrhundertwende begann und sich nach 1918 in starker Beschleunigung vollzog. Als Beginn dieser Dynamisierung läßt sich somit die Zeitspanne benennen, in welcher der großbürgerliche Reichtum die Repräsentationsformen des reichen Adels nicht etwa kopierte, sondern in einer eigenen Formensprache konterte und für jeden sichtbar übertraf. Ältere Muster, mit denen ein eher durch Bildung denn durch Reichtum ausgezeichnetes Bürgertum die „Opulenz" des Adels kritisiert hatte, kehrten nun unter umgekehrten Vorzeichen zurück.

Im kulturellen Umgang mit dem Reichtum waren die als Erkennungsmarken notwendigen „feinen Unterschiede" manchmal nicht größer als eine Krawattennadel: Die Anekdote über einen Hamburger Kaufmann, der seinen Wohlstand dem Import von Guano verdankte, illustriert das im Adel rapide steigende Bedürfnis nach kleinen symbolischen Siegen in Zeiten großer wirtschaftlicher Niederlagen und schrumpft den im Überseehandel erfolgreichen Großbürger zum stillosen Parvenü. Schon auf dem ersten „pomphaften Diner", das der nobilitierte Großhändler auf seinem Gut gibt, muß er sich im eigenen Hause bedeuten lassen, daß ein Baronstitel ohne „ländliche Gesinnung" wertloser Ballast ist. Eine auf der Krawatte prunkende, übergroße Perle bietet den Stilsicheren die willkommene Gelegenheit, die bleibende Distanz von ihrem neureichen Nachbarn zu bekunden. Ein Mitglied aus einer alten mecklenburgischen Familie fragt den geadelten Kaufmann mit gespielter Freundlichkeit: „Sagen Sie mal, mein lieber Ohlendorff, hat Ihnen das auch der Pelikan dahingemacht?".[215] Ähnlich geht es dem nobilitierten Sohn eines jüdischen Bankiers, der seinen Schneider zur Maßanfertigung per Sonderzug

---

[213] Dieter LANGEWIESCHE, Bürgerliche Adelskritik zwischen Aufklärung und Reichsgründung, in: Fehrenbach (Hg.), Adel und Bürgertum, S. 11-28, hier S. 19; REIF, Junker, in: François/Schulze (Hg.), Erinnerungsorte, Bd. 1, S. 521f.
[214] KONDYLIS, Konservativismus, S. 169-181.
[215] DISSOW, S. 26. Die Hamburger Großhändler Ohlendorff hatten den preußischen Erbadel im Jahre 1873 erhalten. Vgl. dazu REIBNITZ (1929), S. 114.

2.4.) Kultur und Kult der Kargheit

auf sein schlesisches Gut kommen läßt. Die „heißersehnte Aufnahme" in den altadlig dominierten Union-Club scheitert an der Ballotage.[216] Von ähnlicher Form und Funktion ist der Bericht über den Herzog von Braunschweig, der sich an seinem eigenen Hof zur öffentlichen Demütigung einer bürgerlich-neureichen „Klirrziege"[217] genötigt sah. Indem der Fürst den aufgestützten „fleischigen Arm" der Fabrikantengattin ergreift und diesen schmerzhaft auf die Tafel krachen läßt, hatte er in den Augen der altadligen Tischgesellschaft eine Erziehungsmaßnahme ergriffen, die mit „unverhohlener Befriedigung" registriert wurde.[218] Unzählige Schilderungen dieser Art verkehren die Tendenz des realen Niederganges der Erzählenden in symbolische Triumphe. Selbst den republikfreundlichen Autoren, welche die drei Anekdoten überliefern, ist die große „Befriedigung" noch anzumerken, mit der diese im Adel vor und nach dem Ersten Weltkrieg erzählt wurden. Baron Reibnitz, sozialdemokratischer Minister a. D., kommentiert dazu: „Ab und zu freilich gab es gerade in Hofkreisen eine gesunde Reaktion gegen die verschiedenen Snobs männlichen und weiblichen Geschlechts, die am Rande der Hofgesellschaft herumkrochen, um in diese einzudringen."[219]

In erstaunlicher Gleichförmigkeit berichten adlige Erinnerungen von einem Milieu, in dem Luxus faktisch nur selten vorhanden und angeblich nirgendwo erstrebt war. Gerade die retrospektiven Übertreibungen zeigen die Grundrichtung des ehemaligen Ideals an: Die Bitte um einen Zuckerwürfel zum Tee, die in einem pommerschen Gutshaus naserümpfend als Zeichen der Dekadenz gewertet wird. Ein preußischer Kriegsminister a. D., der nicht ohne Stolz von einer „gewissen Armut" berichtet, die ihn als jungen Kavallerieoffizier häufig auf sein Abendessen verzichten ließ, ohne daß es seinen Pferden jemals an Hafer gemangelt hätte.[220] Reichspräsident Hindenburg, der sich neben der im schlichten Holzrahmen gehaltenen Devise *ora et labora* ablichten läßt und seinen zerschlissenen Hut mit dem Hinweis auf die Wirtschaftskrise auch gegen den energischen Einspruch seines Kammerdieners behält.[221] Tisa v. d. Schulenburg, verlorene Tochter und notorisch schwarzes Schaf einer ebenso alten wie berühmten Familie, die nach 1918 in die Strudel der Berliner Künstlerszene eingetaucht war, schildert Reichtum und Opulenz der Dahlemer Villa ihres jüdischen Ehemannes als eine ihr wesensfremde Geißel.[222] Unter

---

[216] REIBNITZ (1929), S. 126, 173-175. Die Anekdote bezieht sich entweder auf den 1907 nobilitierten Paul v. Schwabach, der ein Gut in der Nähe Berlins besaß, oder auf seinen Bruder Ernst, den LIEBERMANN, S. 47, als „verbummelt" beschreibt. Vgl. SPITZEMBERG, S. 456 und Braun, S. 79.
[217] Der bayerische GRAF V. PREYSING sprach in einer Rede von „geistlos aneinandergereihten Diamantpflastersteinen", die ihre Trägerinnen zur „Südseeinsulanerin" erniedrigten (Abdruck der 1919 gehaltenen Rede in: DAB 1919, S. 96). Vgl. KROCKOW, S. 125 („Klirrziegen").
[218] DISSOW, S. 71f.
[219] REIBNITZ (1929), S. 126
[220] KROCKOW, S. 128 („Zuckerwürfel"); Einem, S. 19 („Hafer").
[221] Bella FROMM, Als Hitler mir die Hand küßte, Hamburg 1994, S. 24, 56.
[222] SCHULENBURG, S. 94f., 194.

anderen Vorzeichen taucht dieses Motiv im Bericht eines nationalsozialistischen Prinzen auf, der Millionenbeträge ausschlug, die ihm eine Kölner Fabrikantenwitwe angeboten haben soll.[223] Alexander Prinz v. Hohenlohe, Sohn aus einer reichen Familie des süddeutschen Hochadels, bezeichnet 1925 bürgerliche Industrielle und Bankiers als „moderne Haifische", deren „brutale Raubgier" ihm als prosaische, vom Kapitalismus jeder Romantik entkleidete Version des Raubrittertums gilt.[224] Ottfried Graf v. Finckenstein, der mit seinem Doppelleben nach 1918 zeitweise einen Spagat zwischen dem Milieu der ostpreußischen Güter seiner Familie und einer Existenz als Banker und Börsianer versuchte, bietet einige Jahrzehnte später eine aufrichtigere Variante an: „Es war nie Ziel der Junker, Geld zu verdienen. Erstens waren sie meist relativ arm und zweitens hat ein anständiger Mensch eben Geld, wie Frau von Thadden zu bemerken pflegte". In seiner Deutung der großen Distanz zwischen Adel und Bürgertum, die „in verschiedenen Terminologien aneinander vorbeiredeten", verweist Finckenstein nicht zuletzt auf die unterschiedlichen Einstellungen zum Geld. Das Pathos, mit dem selbst der Börsen- und USA-erfahrene Graf die Weigerung stilisiert, „in der Mittelmäßigkeit des Geldverdienens [zu] ersticken", legt erneut nahe, die hier beschriebene Haltung nicht als nachträgliche Ideologie zu belächeln, sondern zum Kernbestand des adligen Habitus zu zählen:[225] Haltungen dieser Art wurden auch dort beibehalten, wo sie zur veränderten Realität nicht mehr paßten. Helene von Nostitz, als „Madame Culture"[226] und Muse Rodins bekannt, schildert ein „Diner während des Krieges", bei dem zwei „Industriemagnaten" selbstzufrieden über ihre Kanonenproduktion, die Bombardierung von Paris und die Erschießung streikender Arbeiter schwadronieren. Die Diskrepanz zwischen der geldgesättigten Plumpheit der Industriellen und dem noblen Degout der adligen Gesprächspartner wird bereits durch die Requisite der von Nostitz entworfenen Szene deutlich: „Die Industriemagnaten rauchen Zigarren, die den Umfang von Spazierstöcken haben. Man kann solch eine Zigarre nur mit dem Ausdruck satter Befriedigung rauchen. Der Erzherzog spielt mit einer dünnen Zigarette."[227]

Die erstaunliche Homogenität der Bilder[228] zeugt auch hier von einer imaginierten Adels-Allianz, die sozial sehr heterogene Adelsgruppen auf dem

---

[223] SCHAUMBURG-LIPPE, S. 51-69.
[224] HOHENLOHE, S. 390f., 291, 331.
[225] FINCKENSTEIN, S. 108-110, 251.
[226] Oswalt v. NOSTITZ, Muse und Weltkind. Das Leben der Helene von Nostitz, München/Zürich 1991, S. 143f.
[227] NOSTITZ (1933), S. 129.
[228] Vgl. neben den bislang zitierten Stellen ähnliche Anklänge bei DISSOW, S. 24f.; PUTLITZ, S. 24-26; DÖNHOFF (1988), S. 60; KROCKOW, S. 126, 193f.; HOHENLOHE S. 44f.; ZOBELTITZ (1934), S. 203; BRAUN, S. 396f.; OLDENBURG-JANUSCHAU, S. 225-228; GERSDORFF, S. 85f., 125; HINDENBURG, S. 65; PUTLITZ, S. 39; SCHLABRENDORFF, S. 18; BERNSTORFF, S. 12; PRITTWITZ, S. 21; SACHSEN, S. 12; REIBNITZ (1929), S. 107f, 113-116, 126; FINCKENSTEIN, S. 262; LÖWENSTEIN S. 32; MALTZAN, S. 33; BÜLOW (1931), S. 497; WINDISCH-GRÄTZ, S. 32; EULENBURG, S. 188; HENTIG, S. 22; TSCHIRSCHKY, S. 16;

2.4.) Kultur und Kult der Kargheit

Wege der Ideologie wenn nicht vereint, so doch einander annähert. In der antimaterialistischen Symbolwelt finden zur Tugend verklärte Knappheit und gottgegebener Adelsreichtum zueinander: Ein junger preußischer Graf schenkt seinen Frack einem Kellner, sein Vetter vermacht das gleiche Kleidungsstück dem Bruder und verzichtet während der eigenen Hochzeit darauf. „Verschmutze Hosenbeine" und „die ungekämmte Locke in der Stirn" sind nicht etwa Zeichen der Nachlässigkeit, sondern zeugen von einem Stil, der als freiwilliger Verzicht, Bescheidenheit und „Unbestechlichkeit" verstanden werden soll.[229] Ein Standesherr, der sich ob der schlechten Zeiten für seine neuen Stiefel schämt und Briefumschläge mehrfach verwendet; Kronprinz Wilhelm, der seine Offiziere im exklusiven Union-Club vor den Versuchungen des Luxus warnt; adlige Schüler, die ihr knappes Taschengeld, über dessen Umfang die bürgerlichen Mitschüler spotten, in Zinnsoldaten anlegen. Ein preußischer Graf, der aus Bescheidenheit und Sparsamkeit auf den Fürstentitel verzichtet, der junge preußische Fürst, der mit seinen Kommilitonen vierter Klasse reist. Ein altadliger Krupp-Direktor, der seine Verwaltungsaufgaben im Krieg freiwillig mit minimaler Ausstattung bewältigt und auf den Dienstwagen verzichtet; der katholische Graf, trotz großen Vermögens „unendlich einfach" lebend, der an einigen Tagen nicht mehr als „eine Flasche Mineralwasser" zu sich nimmt; der altadlige, organisch mit der Natur lebende Jäger, der sich über den materialistischen „Schießer" entsetzt. Ein italienischer König, der im Feldbett schläft und schließlich die Kinder aus renommierten ostelbischen Familien, die schallende Ohrfeigen für das Loben einer Puddingspeise erhalten und als Strafmaßnahme für die gezeigte Freude an einem gebratenen Fasan monatelang mit Fasanenfedern verkleidetes Hammelfleisch vorgesetzt bekommen; – die hier nachgezeichneten Bilder[230] fügen sich in die Beschreibungen der Schlösser und Landhäuser, deren Bewohner hinter imposanten Fassaden ein nachgerade spartanisch anmutendes Leben in kühlen, bescheiden eingerichteten Räumen fristen[231] und – anders als auf den opulenten Festen der Bourgeoisie – selbst bei festlichen Anlässen „Maß und Ziel" nie aus den Augen verlieren: nicht länger als bis 9 Uhr bei Tisch, niemals

---

SPITZEMBERG, S. 128, 456, 565; ECKARDSTEIN, S. 238; WINTERFELDT, S. 19. Für die Variante der antisemitischen Zuspitzung v. a. HADELN, S. 15-18, 40-42, 346f. und SALBURG, S. 222f.

[229] DÖNHOFF (1994), S. 77; 80-82, 100 über die Grafen v. d. Schulenburg und v. Yorck, so auch bei MOLTKE, S. 52; GERSDORFF, S. 16f. und Tisa v. d. Schulenburg, die für das Tragen der alten Stiefel und Hemden ihrer Brüder verspottet wurde. Vgl. SCHWERIN, Köpfe, S. 67.

[230] SALM, S. 289 („Stiefel/Briefumschläge"); WILHELM II, S. 211f.; 216f. („Union-Club"); DISSOW, S. 76 („Taschengeld"), sehr ähnlich bei SCHULENBURG, S. 70, 75, 78f.; SCHLABRENDORFF, S. 241f. (Fürstentitel); DOHNA-SCHLOBITTEN, S. 97 („4. Klasse", vgl. aber dazu die Beschreibung seiner Bärenjagd, ebd. S. 159); DISSOW, S. 27; („Pudding/Fasan"), vgl. dazu eine ähnliche Schilderung bei FINCKENSTEIN, S. 26f.; BÜLOW (1954), S. 164 („Schießer"); HESSEN, S. 37 („Feldbett"). Max GRAF SPIEGELFELD, Nachruf auf Franz Graf v. Merveldt, in: Westfälisches Adelsblatt 1929, S. 141-144 („Mineralwasser").

[231] ROHAN, S. 18 und DÖNHOFF (1988), u. a. S. 104, 115, 144f., 191f., 209.

wünscht man einen „guten Appetit", niemals äußert man sich lobend über das servierte Essen. Die Equipagen der Gäste spätestens gegen 22 Uhr 30 und keine Verzögerung des Aufbruchs: „Pferde durften nicht stehen. Das war ein eiserner Grundsatz aller Landmenschen und Offiziere, und auch ihren Frauen und Töchtern war er in Fleisch und Blut übergegangen."[232] Regeln wie diese gehörten zum kleinadligen Komment, so wie jene Offiziersfrauen, die „abends heimlich bei verhängten Fenstern die Kinderwäsche selbst" wuschen, zur kleinadligen Realität gehörten.[233]

Die hier skizzierte Haltung läßt sich als Kultur der Kargheit beschreiben. Im Kleinadel war diese einerseits eine seit unzähligen Generationen gelebte Realität, andererseits eine nach 1918 zunehmend wichtige Stilisierung für die zeitgemäße Wiedererfindung des Adels. Insgesamt ist die nach 1900 einsetzende Flut „antimaterialistischer" Invektiven im Adel zweifellos als Indikator zunehmender Schwäche zu interpretieren. Dennoch wäre es unzureichend, die hier skizzierte Wort- und Bilderflut nur als Sammlung von Verliererphantasien zu deuten, die auf groteske Weise eine veränderte Realität verfehlten. Der Kult der Kargheit glich einem aus faktischer Schwäche geborenen Versuch, über eine imaginierte, angeblich auf Verzicht beruhende Stärke auch außerhalb des Adels an Attraktivität zu gewinnen. Der nach 1918 zunehmend ins Ideologische verzerrte Kargheitskult bot Zusammenschluß nach innen, Abgrenzung nach außen und die Grundlage für eine weitere Form symbolischen Kapitals: Schließlich war das hier propagierte Ideal nicht nur für Adlige attraktiv, sondern an ältere Ressentiments gegen den „Geldsack" anschlußfähig.[234] Produktion und Verbreitung dieser Selbstsicht sind leicht nachzuzeichnen. Weit schwieriger läßt sich beurteilen, von wem und wie die hier produzierten Bilder elitärer Askese angenommen wurden. Es spricht jedoch einiges dafür, die Aura dieser Bilder ernstzunehmen. Möglicherweise besaß der Adel tatsächlich eine besondere Begabung, die Kargheit der eigenen Existenz zu romantisieren und als besondere Qualität erscheinen zu lassen. Von Elitentheoretikern ist die Fähigkeit zur Askese als wichtiger Bestandteil der Ausstrahlungskraft einer Elite betont worden. In den Worten Arnold Gehlens: „Ein Eliteanspruch muß also stets durch eine Askeseforderung legitimiert sein, oder er dringt nicht durch." Der Traum von „asketischen Eliten, die sich von dem allgemeinen Wettrennen nach dem Wohlleben ausschließen", von dem Gehlen 1952 sprach,[235] existierte während der Zwischenkriegszeit als

---

232 Dissow, S. 70f. Vgl. als Kontrast die Hinweise zum betont luxuriösen Stil auf Festen in den reichen Häusern der (Berliner) Bourgeoise: Augustine, Patricians, S. 219-226.
233 Braun (1909), S. 325f.
234 Zur Tradition dieser Tendenz vgl. Christina von Hodenberg, Der Fluch des Geldsacks. Der Aufstieg der Industriellen als Herausforderung bürgerlicher Werte, in: Hettling/Hoffmann (Hg.), Wertehimmel, S. 79-104.
235 Arnold Gehlen, Die Rolle des Lebensstandards in der heutigen Gesellschaft (1952) und Ders., Das Elitenproblem (1958), beide in: Ders., Gesamtausgabe, Bd. 7, Frankfurt a. M. 1978, zit. S. 108, 19.

2.4.) Kultur und Kult der Kargheit

diffuses Ideal in breiten Bevölkerungsschichten. Im Kult der Kargheit konnte sich der Kleinadel in diesen Traum ebenso einspeisen wie in die antimaterialistische Rhetorik der NS-Bewegung.

Mühelos ließ sich der Kargheitskult als Angebot an die „antikapitalistische Sehnsucht"[236] präsentieren, das auf dem seit Kriegsende pulsierenden Markt der Weltbilder reißenden Absatz fand.[237] Lange vor der nationalsozialistischen Umformung dieser Sehnsucht hatte sich Arthur Moeller van den Bruck als einer der einflußreichsten *maîtres à penser* der Neuen Rechten vom Dandytum ab- und dem preußischen Kargheitskult zugewandt. Der geläuterte „Literat" war damit zum Prototyp des Rechtsintellektuellen geworden, der dem alten Adel neue Bedeutungen zuschrieb. Moellers 1915 gefundene Parole „Unser Stil ist die Haltung",[238] der ein Jahr später sein Lobgesang auf den „Preußischen Stil" folgte,[239] steht für die Verneigung vor dem Schlichten, Disziplinierten, Soldatischen. Die aus diesen Leitideen destillierte ästhetische Opposition gegen den Bourgeois war an den Großteil der kleinadligen Denk- und Sprachwelten anschlußfähig.[240]

Der über Fragen des Geschmacks ausgetragene Kampf um den Einfluß von Lebensstilen ist immer auch eine Frage der Macht, wie die moderne Soziologie lehrt.[241] Deshalb war das Festhalten am Stil der Kargheit für den Kleinadel selbst dort, wo man lediglich dem Diktat faktischer Knappheit folgte, ein Mittel im Kampf um Einfluß und Macht. Wo es gelang, materielle und kulturelle Dürftigkeit als einen ehrenwerten Lebensstil von besonderer Qualität erscheinen zu lassen, konnte der Kleinadel dem Prozeß der Selbstabwertung entgehen, dem Menschen normalerweise unterliegen, die den herrschenden Standards nicht genügen.[242]

Spöttisch hatte der Historiker Johannes Haller auf die drei Dinge verwiesen, die nach Tocqueville den Adel ausmachen: *naissance, richesse et savoir vivre*. Mit dem Hinweis auf andere Verhältnisse in seiner baltischen Heimat gab Haller über den deutschen Kleinadel zu Protokoll, diesem fehle das zweite und deshalb meist auch das dritte.[243] Ohne Zweifel gab es die enge Verbin-

---

[236] So die berühmte Formel aus einer Reichstagsrede Gregor STRASSERs vom 10.5.1932.
[237] Über vergleichbare Bilder im Bildungsbürgertum vgl. DOERRY, Übergangsmenschen, S. 24f. und Konrad JARAUSCH, Die Krise des deutschen Bildungsbürgertums im ersten Drittel des 20. Jahrhunderts, in: Kocka (Hg.), Bildungsbürgertum, S. 180-205.
[238] Arthur MOELLER VAN DEN BRUCK, Unser Stil ist die Haltung, in: Der Tag, 3.7.1915.
[239] DERS., Der preußische Stil (1916), Neuausgabe Breslau 1931.
[240] Vgl. zu diesem Typus die Darstellungen bei SCHWIERSKOTT, Moeller, passim; STERN, Kulturpessimismus, S. 248-266 und PETZINNA, Erziehung, S. 11-50.
[241] Pierre BOURDIEU, Die feinen Unterschiede. Kritik der gesellschaftlichen Urteilskraft, Frankfurt a. M. 1982, v. a. S. 17-27. Vgl. Ingo MÖRTH/Gerhard FRÖHLICH (Hg.), Das symbolische Kapital der Lebensstile. Zur Kultursoziologie der Moderne nach Pierre Bourdieu, Frankfurt a. M. 1994.
[242] Sieghard NECKEL, Status und Scham. Zur symbolischen Reproduktion sozialer Ungleichheit, Frankfurt a. M. 1991.
[243] Johannes Haller, zit. n. STOLBERG-WERNIGERODE, Generation, S. 148f.

dung zwischen materieller und kultureller Dürftigkeit auch im Adel. An dieser Verbindung ist nichts Erstaunliches, erstaunlich sind hingegen ihre Ausbreitung und Stilisierung.

Der Kargheitskult hatte konkrete Auswirkungen auf die Formen adliger Geselligkeit. In den 1920er Jahren konnten im „Kurmärkerklub" in der Berliner Voßstraße, wie ein adliger Beobachter spöttisch vermerkte, „die weniger bemittelten Angehörigen der deutschen Adelsgenossenschaft [...] schon für eine Mark ein schmackhaftes Mittagessen" einnehmen. Auf den winterlichen Bällen des Klubs, die in Kreisen des Landadels als „Hofballersatz" galten, erschienen demonstrativ auch das Kronprinzenpaar sowie die anderen preußischen Prinzen mit ihren Ehefrauen.[244] Die Kultivierung des Kargheitsideals führte im Klub zur Veranstaltung von Jugendabenden, die unter Verzicht auf die entsprechende Kleidungs- und Orchesterrequisite explizit als Abende „ohne Tanz" angepriesen wurden.[245] Auch an diesen Stellen wird deutlich, wie sich der Kleinadel bemühte, aus materiellen Mangelerscheinungen „antimaterialistische" Tugend zu destillieren. Im Adelsblatt wurden Damen vor Empfängen aufgefordert, im „einfachen Abendkleid" und „ohne Hut" zu erscheinen.[246]

In ihrer Überhöhung besteht die Kultur der Kargheit aus einer adelsspezifischen Mischung ländlicher, ritterlicher, christlicher und militärischer Leitmotive, die als Ensemble einen konstitutiven Teil der Adeligkeit ausmachen. Preußische Majore a. D. und vom Ruin bedrohte Mitglieder des ostelbischen Landadels mögen die produktivsten Propagandisten dieser Bilder gewesen sein. In diversen, den inhaltlichen Kern nicht verändernden Nuancen wurden sie jedoch auch von süddeutschen, katholischen, gebildeten und reichen Adligen verwendet. Die antimaterialistische Bildproduktion findet sich nicht nur dort, wo „Kinderreichtum" der einzig erreichbare blieb[247] und überschuldete Roggenäcker opulente Lebensformen ohnehin ausschlossen, sondern generell in allen Gruppen des Adels, inklusive der reichsten Familien des Hochadels.[248] Als ideologisch verformte Abgrenzung von der luxuriösen Lebensführung der Grandseigneurs, die im Kleinadel ohnehin unerreichbar blieb, schuf der Kargheitskult jedoch auch eine wichtige inneradlige Grenze.[249]

---

[244] REIBNITZ (1929), S. 135. Eingeladen wurden stets auch Mitglieder der ehemals regierenden Häuser. Einladung an den Großherzog von Mecklenburg vom 14.1.1931 in: MLHA, GHK III, Nr. 2647.

[245] Jugend unter sich – ohne Tanz. Ein Versuch. In: DAB, Adlige Jugend (DAB-Beilage), 1.2.1930, S. 7f.

[246] DAB 15.9.1931, S. 614; DAB 30.9.1933, S. 704, beide zit. n. SCHALM, Deutscher Adel, S. 89.

[247] In antimammonistischer Pose nennt Friedrich GRAF V. D. SCHULENBURG, letzter Generalstabchef der Heeresgruppe Kronprinz, seine sechs Kinder „unsere Millionen": Erinnerungen, unveröffentlicht (1920), in: BAMA, N 58/1, Fol. 8.

[248] Für die Standesherren: GOLLWITZER, Standesherren, S. 290f.

[249] Friedrich GRAF V. D. SCHULENBURG zog sich 1929 von den Gesellschaften im Schloß der Grafen v. Arnim-Muskau zurück: „Das Muskau der Eltern ist dahin. Heute trifft man dort Fürsten über Fürsten und internationale Leute, die mir gar nichts sagen." Brief Schulenburgs

2.4.) Kultur und Kult der Kargheit

Schließlich waren es vor allem die preußischen Militär-Clans, in denen die Kultur der Kargheit zum Kargheits-Kult verkam. Die sprichwörtlichen „Leutnants, die bei kurzem Solde und geringem Avancement nichts weiter fordern, als das in ihren Familien seit vielen Generationen einheimische Vorrecht, sich, sowie ein Krieg ausbricht, in Massen totschießen zu lassen",[250] waren sowohl Mythos als auch blutige Realität. Für die Militär-Clans, in denen seit Generationen große Teile der Familie keine Alternative zum Offiziersberuf kannten, hat die Stilisierung der eigenen Opferleistungen zur raison d'être eine gewisse Logik.[251] Trotz erheblicher Nuancen, zu denen die preußische Verachtung der angeblichen „Weichheit" des süddeutschen Adels gehörte, trugen auch bayerische Adlige, die dem maßlosen Militarismus preußischer Militär-Clans denkbar fernstanden, zu diesen Stilisierungen bei. „Der Adel meiner bayerischen Heimat", so der betont unmilitärische Erwein Frhr. v. Aretin beim Verweis auf den Anteil von 8,4% der männlichen Adligen Bayerns, die im ersten Weltkrieg gefallen waren, „kennt keinen größeren Ruhmestitel als diese kleine Zahl."[252] Der Helden- bzw. Opferkult und die z. T. erst posthume Soldatisierung der gefallenen Söhne werden im Adel mit großem Aufwand betrieben. Bilder und Photos im Gotha, welche bis heute die Erinnerten in Wehrmachtsuniform zeigen, als besäßen die Familien keine anderen Photos, Register mit den Gefallenen einzelner Familien zum internen Familiengebrauch[253] oder als Auflistung im Adelsblatt,[254] waren die innere Seite. Andere Formen, so z.B. die 1921 angefertigte Gedenktafel für die 37 im Weltkrieg gefallenen Mitglieder standesherrlicher Häuser,[255] insbesondere die

---

vom 19.11.1929, hier zit. n. POMP, Arnim, S. 53. Vgl. die für den Kleinadel typische Aufforderung an alle Standesgenossen, die sich „einen gewissen Luxus" noch leisten konnten, stets die „Einfachheit der Lebenshaltung" zu beachten: Oberst z. D. V. DÜCKER, Die Pflichten des deutschen Adels in der Gegenwart im Hinblick auf seine Geschichte, in: DAB 1919, S. 207.

[250] So die Formulierung, die Ernst Ludwig v. Gerlach 1851 der revolutionären Adelskritik entgegenhielt. Zit. n. KROCKOW, S. 194.

[251] Zum Begriff der „Militär-Clans" und seiner analytischen Verwendung s. FUNCK, Meaning, und DERS., Kriegertum, Erster Teil.

[252] Erwein FRHR. V. ARETIN, Vom Adel in Bayern, in: Süddeutsche Monatshefte, 5/1926, S. 391. Aretin, ein hochkultivierter Zivilist mit einer „offensichtlichen Vorliebe für das gute Leben" (ARETIN, Der bayerische Adel, S. 528), war aufgrund eines Herzfehlers nie Offizier geworden und stand militärischen Stilisierungen noch ferner als im altbayerischen Adel ohnehin üblich.

[253] Aus der Familie v. d. Marwitz fielen im ersten Weltkrieg 11 von 35 Vettern, die „im Felde" waren. Siehe die detaillierte, z.T. makaber wirkende Beschreibung der jeweiligen Todesarten in der Gedenkschrift des Familienverbandes: BLHA, Rep. 37 Friedersdorf, Nr. 259, Fol. 105-120.

[254] Das Deutsche Adelsblatt veröffentlichte nach dem Krieg monatelang Zusammenstellungen mit den Gefallenen einzelner Familien (vgl. u. a. 36/1918 und die ersten Nummer des Jahrgangs 1919). Während des zweiten Weltkrieges brachte jede Ausgabe des Adelsblattes Photoreihen von gefallenen Adligen, die – stets ihren Männern „voranstürmend" – an der Front ihr Leben „gegeben" hatten.

[255] Dazu diverse Schriftwechsel in: FFAD, Kab. Sekr., Akte: ‚Verein der deutschen Standesherren'. Dazu GOLLWITZER, Standesherren, S. 336f.

nach beiden Weltkriegen erstellten „Helden-Gedenkmappen" zur Erinnerung an die adligen Kriegstoten bildeten die äußere Seite der Darstellung adliger „Opferleistungen".[256] „Ganze Geschlechter", hieß es 1921 in der *Helden-Gedenkmappe*, waren wie in „vergangenen Sagen" gegen die erdrückende Übermacht vorangestürmt, bis sie „von der Sichel des Schnitters dahingemäht" zu Boden sanken: „und die bleichen Lippen röchelten im Todesschrei von der Verdammnis ungesühnten Mordes."[257] Nach 1918 hatten solche auch im süddeutschen Adel organisierten[258] Aufstellungen die Funktion, die weiterhin außergewöhnliche Opferbereitschaft und Leistungsfähigkeit des Adels zu dokumentieren. Nach 1933 stiegen Notwendigkeit und Nutzen solcher Leistungsbeweise gleichermaßen an. Kurz nach der Wiedereinführung der allgemeinen Wehrpflicht erinnerte der Bülowsche Familienverband die neuen Machthaber 1935 daran, im Weltkrieg „34 unserer Besten geopfert" zu haben.[259] Selbst der bayerische Grundbesitzerverein stellte eine Schrift zusammen, in der die wenig beeindruckende Information, von 136 Mitgliedern seien drei gefallen, durch den Zusatz aufgebessert wurde, 39 ältere Herren hätten „zusammen 66 Söhne einschließlich ihrer Erstgeborenen, dem Dienst des Vaterlandes zur Verfügung gestellt", von denen 17 im Krieg fielen.[260]

An die Stilisierung von Enthaltsamkeit, Opferwillen und Selbstlosigkeit fügt sich ein weiteres Element, das für die Kultur der Kargheit wichtig ist: Die Stilisierung körperlicher und charakterlicher „Härte". Das Aushalten von Schmerzen, die Schulung körperlicher Zähigkeit und der Verzicht auf jede Klage sind Bestandteil jenes Adelsideals, das als „Haltung" bekannt ist. Neben adligen Berichten aus Kadettenanstalten, studentischen Korps, Schützengräben und ähnlichen Schmieden der Männlichkeit[261] werden Bilder von erstaunlicher Ähnlichkeit auch in den Memoiren adliger Frauen entworfen.[262] An vielen Stellen scheinen diese nicht zuletzt gegen den bürgerlichen Kult der

---

[256] Alexis v. SCHÖNERMARCK, Helden-Gedenkmappe des deutschen Adels. Mit einem Geleitwort von Alex-Victor v. Frankenberg u. Ludwigsdorff, Stuttgart 1921. Nach 1945 wurde die lange Tradition adliger Heldenstilisierung unter einem schlichteren Titel fortgeführt: Matthias GRAF V. SCHMETTOW, Gedenkbuch des deutschen Adels, Limburg/Lahn 1967. Das Werk verzeichnet 8284 gefallene bzw. durch Kriegseinwirkung umgekommene Adlige.

[257] Alex-Victor V. FRANKENBERG U. LUDWIGSDORFF, Präludium, in: Schoenermarck, Helden-Gedenkmappe.

[258] Aufruf zur Einreichung der entsprechenden Formulare, die auch Tätigkeiten in der freiwilligen Krankenpflege und Hilfsdienste hinter der Front erfaßten, in: MGKE, 18.1.1920, S. 1.

[259] Tischrede des „Familienführers" Friedrich v. Bülow auf dem Familientag am 8.7.1935, LHAM-AW, Rep. E v. Bülow, Nr. 52, Fol. 65-69.

[260] Schrift des Vereins für gebundenen Grundbesitz in Bayern vom 15.4.1921, in: AVBG, Hefter ‚Protokolle'.

[261] SCHÖNAICH, S. 52; LIEBERMANN, S. 43; Louis Ferdinand PRINZ V. PREUßEN, S. 101f.; HOHENLOHE, S. 19, 28; SALM, S. 27; DOHNA-SCHLOBITTEN, S. 98; MÜLLER (1966), S. 97; PAPEN, S. 86; HINDENBURG, S. 3, 66; OETTINGEN, S. 10, 37, 44, 50; KESSLER, S. 142; SCHAUMBURG, S. 40f.; FINCKENSTEIN, S. 120; SELCHOW, S. 322f.; Wilhelm KRONPRINZ V. PREUßEN, S. 345-347.

[262] GUTTENBERG. S. 17f.; MALTZAN, S. 14f.; DÖNHOFF, S. 76f., SALBURG, S. 10; HADELN, S. 28; SECKENDORFF, S. 14; SCHULENBURG, S. 76.

2.4.) Kultur und Kult der Kargheit

Empfindsamkeit und „Emotionalisierung" zu stehen;[263] oft scheint es, als seien die Autoren an der Präsentation ihrer Entemotionalisierung interessiert.

Die traditionsreiche Produktion dieser „antimaterialistischen" und pseudo-anti-kapitalistischen Selbst- und Fremdsicht besaß neben ihrer kulturellen Funktion als Ein- und Abgrenzungsritual auch eine politische Dimension. Es liegt auf der Hand, von welchen sozialen Gruppen und politischen Lagern sich der Kleinadel durch die Stilisierung der Kargheit entfernte und welchen er sich annäherte. Die nachhaltigste politische Wirkung entfaltete die betont kämpferisch-anti-bürgerliche Attitüde bekanntlich im Faschismus. Mussolinis (auf deutsch) gegebene Antwort auf die Bitte, das Wesen des Faschismus in einem Satz wiederzugeben, bringt die neu-rechte Antibürgerlichkeit, die zu den wichtigsten kommunikativen Brücken zum Kleinadel gehörte, auf eine prägnante Formel: „Wir sind gegen das bequeme Leben".[264]

Nach eben diesem Muster wendete sich der Kleinadel offen gegen den Reichtum des Bürgertums und nur wenig verdeckter gegen jene Teile des Adels, deren Reichtum eine luxuriöse Lebensführung erlaubte. Die Fürsten, der Hoch- und der Hofadel sowie die süddeutschen Grandseigneurs wurden auf diese Weise zunehmend zu Zielscheiben des preußischen Kleinadels. Eine Anekdote, die Charlotte Frfr. v. Hadeln 1935 auf den Markt der Deutungen brachte, gibt den trotzigen Stolz dieser Haltung prägnant wieder: „Die Kaiserin Friedrich soll einst, als sie als junge Prinzessin aus England nach Potsdam kam, die Frage gestellt haben: ‚Was gibt es denn hier in der Mark? Sand – Kartoffeln – Kiefern' – worauf ihr [geantwortet] wurde – und *Helden*, Königliche Hoheit!'".[265]

Die Gemeinsamkeiten im adligen und neu-rechten Sprach- und Symbolgebrauch waren unübersehbar, wie die folgende Überlieferung idealtypisch illustriert. Der „korpulente" Demokrat Erzberger, dessen „selbstgefällige Rede über die Finanzen" den adligen Widerwillen ebenso erweckt wie seine „femininen, weich gestikulierenden Hände", trägt in das Gästebuch des Weimarer Hotels „Fürstenhof" folgenden Satz ein: „Erst schaff deine Sach', dann trink' und lach'!". Nicht zufällig ist es in Albrecht v. Graefe einer der prominentesten Völkischen aus dem norddeutschen Adel, der darunter den Satz setzt: „Wer in solcher Zeit trinken und lachen kann, der ist fürwahr ein erbärmlicher Mann!" – und nicht zufällig ist es eine Adlige, die seit 1918 in beengten Verhältnissen lebte und frühzeitig zur NSDAP gestoßen war, von der die Geschichte überliefert wird.[266]

---

[263] Ann-Charlott TREPP, Emotion und bürgerliche Sinnstiftung oder die Metaphysik des Gefühls: Liebe am Begin des bürgerlichen Zeitalters, in: Hettling/Hoffmann (Hg.), Wertehimmel, S. 23-55; vgl. FUNCK/MALINOWSKI, Geschichte von oben, S. 241f.
[264] Antwort Mussolinis auf die Frage eines finnischen Journalisten, zit. n. REIBNITZ (1933), S. 26.
[265] HADELN, S. 288.
[266] HADELN, S. 201f. Graefe (1868-1933) gehörte zum völkischen Flügel der DNVP.

Dem „weichlichen" Demokraten Erzberger, der in diesem Bild zur Negativchiffre wird, steht als positives Gegenbild ein neuerschaffener und im Krieg gehärteter Typus von Adel gegenüber. Wie man sich das Idealbild des neuen, völkische und adlige Wertvorstellungen verbindenden Führer-Adels vorzustellen hat, schildert der autobiographische Bericht einer völkischen, altadligen Publizistin aus dem Jahre 1931. Edith Gräfin v. Salburg zeichnet hier das Porträt eines neuartigen *Führer-Adels*, in dem adlige Traditionen, symbolisches Kapital, materielle Armut und der feste Wille zum radikalen Umdenken eine zeitgemäße Synthese bilden und das Ideal des *Herrscher-Adels* verabschieden. Salburg porträtiert die gediegene Atmosphäre eines sächsischen Schlosses, in dessen Ahnensaal Gemälde der ehemaligen Schloßherren – stets im Alter von 17 Jahren und stets im Kettenhemd – hängen: „Der heute hier im Schloß der Erbe heißt, ist arm. [...] Er trägt ein rauhes Arbeitskleid und hart geworden wirken seine Hände. [...] Weit offen steht das Tor, das durch Jahrhunderte so streng verschlossen war. [...] Sein Blick geht leuchtend denen nach, zu deren Führer er reifen will. Er hat es fest gelobt. Der Schlösser Tag ist nicht vorbei."[267]

Wie im Fall der hier zitierten völkischen Autorin[268] gab es vielfach eine direkte Verbindung zwischen sozialem Abstieg und der Steigerung der gegen Geld, Reichtum, Luxus, den Handel, die Börse, kurz: den modernen Finanz- und Industriekapitalismus gerichteten Affekte. Wie im Fall der bewußt betonten Bildungsdistanz zeugt auch die Gestaltung des Kargheitskultes vom Versuch adliger Verlierergruppen, aus materieller Knappheit charakterliche Qualität und Tugend zu destillieren. Ihre Bedeutung läßt sich jedoch nur mit dem Blick auf den Appellcharakter erschließen, den die Kultur der Kargheit gleichzeitig besaß. Ein durch Friedrich v. Berg und Oskar v. Hindenburg gezeichneter „Aufruf an den deutschen Adel" warnte 1921 auf dem Titel des Adelsblattes davor, dem „Luxus der Lebenshaltung" zu erliegen. Wie in unzähligen Adels-Publikationen wurden Adel, „Ritterlichkeit" und die „Einfachheit seiner Lebensführung" hier als untrennbare Trias entworfen.[269]

Das dazugehörige Ideal preußischer Härte, Zucht und Sparsamkeit ließe sich jahrhundertweit zurückverfolgen, wichtiger scheint hier jedoch seine Reformulierung im Kaiserreich, zu der insbesondere die kleinadlige Sammlungsbewegung in der Deutschen Adelsgenossenschaft beitrug. In einer Weisung Wilhelms I. an das Kriegsministerium über die Einführung von Offiziers-Ehrengerichten heißt es 1874: „Je mehr anderwärts Luxus und Wohlleben um sich greifen, um so ernster tritt an den Offiziersstand die Pflicht heran,

---

[267] SALBURG, S. 166f.
[268] SALBURG, d.i. Elisabeth Freifrau von Krieg-Hochfelden, geb. Gräfin Salburg-Falkenstein, (1868-1942). Die eigenen Angaben über den Werdegang der mehrfach geschiedenen Publizistin, die frühzeitig zum alldeutsch-völkischen Umfeld gehörte, verweisen auf ein Leben in bescheidenen bis ärmlichen Verhältnissen.
[269] Aufruf an den deutschen Adel!, in: DAB 15.12. 1921, S. 353 (Titelseite). Neben Hindenburg und dem DAG „Adelsmarschall" v. Berg von ca. 30 weiteren prominenten Adligen gezeichnet.

2.4.) Kultur und Kult der Kargheit

nie zu vergessen, daß es nicht materielle Güter sind, welche ihm die hochgeehrte Stellung im Staate und in der Gesellschaft erworben haben und erhalten werden."[270] Über den Offiziersstand hinausgreifend appellierte die hier von einem soldatisch geprägten König übernommene Kritik in martialisch-romantisierenden Sprachformeln stets an alte Rittertugenden. Das Ungeheuer, das es zu bekämpfen galt, war dreiköpfig: das Judentum, die Finanzbourgeoisie und ein Teil des reichen Hoch- und Hofadels verschmolzen in der Wahrnehmung des Kleinadels immer stärker zu ein und demselben Übel.

Der Antisemitismus, um dieses Ergebnis vorwegzunehmen, wurde weit über die Kreise des ostelbischen Kleinadels hinaus zum wichtigsten Medium, um die zersetzende Wirkung des „Mammonismus" zu ächten. Franz Graf v. Galen, ein jüngerer Bruder des bekannten Bischofs von Münster und bis 1928 Vorsitzender des Vereins katholischer Edelleute, faßte diese Haltung 1921 in seinem Vortrag über „Ritterlichkeit in alter und neuer Zeit" zusammen:

„[Wir müssen] festhalten an der traditionellen Einfachheit unserer Sitten. In unseren Häusern sollen Weichlichkeit und Luxus keinen Platz haben. Luxus ist stets ein sicheres Zeichen der Dekadenz. Und wenn die Juden uns einmal erst so weit haben, daß wir ihren weichlichen, parfümierten, üppigen Luxus mitmachen oder nachmachen, dann haben sie uns bald ganz. [...] Dann fehlt nur noch die ‚reiche Heirat' als sogenanntes letztes Rettungsmittel, um das alte Wappenschild zu vergolden. Aber unter dem Golde werden die alten ruhmreichen Feldzeichen des ritterlichen Geschlechtes nicht mehr zu erkennen sein. Und vor dem jüdischen Geist wird der alte Geist strenger Ritterschaft klagend aus den stolzen Mauern unserer alten Burgen fliehen. Nein, meine Herren, so weit darf es nicht kommen. Kehren wir zur Einfachheit in unserem Tun, unseren Ansprüchen und in unserer Umgebung zurück [...]. Lassen Sie uns den Luxus in jeder Form verachten."[271]

Wie im Fall der oben zitierten völkischen Gräfin lohnt sich der Blick hinter die rhetorische Kulisse auch in diesem Fall.[272] Der Autor dieser Zeilen, Jesuitenzögling und strenggläubiger Katholik, Major a. D., lebte als Vater von sechs Söhnen und einer Tochter, finanziert durch seine Majorsrente und eine unzureichende Apanage in geordneten, von der Möglichkeit luxuriöser Lebensführung jedoch weit entfernten Verhältnissen. Nachdem ein Neffe, dessen Gut Galen verwaltet hatte, 1928 volljährig geworden war, bemühte sich der Graf, offenbar erfolglos, eine „standesgemäße" Anstellung auf einem Gut zu

---

[270] Weisung WILHELMS I. vom 2.5.1874, zit. n. WAAM, Nl. Lüninck, Nr. 815.
[271] „Ritterlichkeit in alter und neuer Zeit", Vortrag Franz GRAF V. GALENS auf der Generalversammlung des VKE, 1.9.1921 in Münster in: WAAM, Galen, Nr. 51. Es ist zu betonen, daß Franz Graf v. Galen und sein Bruder Clemens später sowohl zum Rassen-Antisemitismus als auch zur NS-Bewegung eine deutliche Distanz bewahrten.
[272] Zur Einordnung vgl. Olaf BLASCHKE, Antikapitalismus und Katholizismus. Die Wirtschaftsmentalität der Katholiken im Wilhelminischen Deutschland, in: J. Heil/B. Wacker (Hg.), Shylock? Zinsverbot und Geldverleih in der jüdischen und christlichen Tradition, München 1997, S. 114-146.

finden. Von der „Karriere" in einem ominösen antibolschewistischen Geheimbund, die Galen zwischenzeitlich als Brotberuf erwog, hatte ihm sein älterer Bruder abgeraten.[273] Wie in diesem Beispiel dürfte die Verzahnung von beengten Verhältnissen und einer ‚antimaterialistischen' Weltsicht in unzähligen Fällen zu finden sein. Für die Orientierung des Adels war die Durchsetzung dieser Ideologie von praktischer Bedeutung. Die von den Adelsverbänden mit großem Aufwand betriebene ideologische und materielle Unterstützung verarmter Standesgenossen half dem Kleinadel, die gelegentlich noch geäußerte Ansicht, daß Adel und finanzielle Unabhängigkeit zusammengehörten, wirkungsvoll und dauerhaft zu ersticken. Als Hans F.K. Günther 1926 in seinem Pamphlet „Adel und Rasse" formulierte, es sei der Reichtum gewesen, der im Kaiserreich begonnen habe, „die Rasse zu verwüsten",[274] referierte er eine im Kleinadel seit Jahrzehnten gängige Vorstellung.

Auch hier lassen sich zumindest tendenziell regionale Unterschiede beschreiben. Häufiger als beim preußischen Kleinadel findet sich das Festhalten an materiellen Mindeststandards jedenfalls im süddeutschen Adel. In einer programmatischen Schrift an „den jungen Adel Bayerns" thematisierte Erwein Frhr. v. Aretin nach 1918 die von den Besitzverhältnissen gezogene „scharfe und schmerzliche Grenze [,die] mitten durch den alten Bezirk des Adels hindurch" verlief. Zwar stellte sich auch Aretin schützend vor seine verarmenden Standesgenossen: „Der verarmte Adelige mag dem Standesbewußtsein manch harte Nuß zum Knacken geben, unverdaulich aber ist uns nur jener, der auf krummen Wegen zum Besitze gelangte." Anders als manche Tirade im Adelsblatt bestand der Baron jedoch auf adligem Besitz als unabdingbarer Voraussetzung adliger Kultur und Herrschaft: „Unwichtig ist uns der Besitz nicht. Wir wissen, daß er das Rückgrat unseres Standes ist, daß er allein es ermöglicht, ein Geschlecht von unbeengtem Lebensgefühl aufwachsen zu lassen [...] Damit ist aber die Funktion des Besitzes in unserem Weltbild nach beiden Seiten umschrieben. Er ist nicht Ziel unserer Lebensauffassung, sondern nur Mittel zu ihrer Erlangung [...]."[275] Das hier von Aretin verwendete Muster findet sich, wo immer wohlhabende Adlige öffentlich über Besitz räsonnieren. Die verbale Ablehnung ungehemmter „Kapitalmacht" blieb ein Leitmotiv, in dem sich christliche und patriarchale Motive mischten. Das Ideal des Gutsherrn als „erstem Diener seines Betriebes", der den ererbten Besitz „als Lehnsträger Gottes" zum Wohle der ihm Anvertrauten nicht zu mehren, sondern zu pflegen und weiterzuvererben hatte, enthielt eine deutli-

---

[273] Zu Galens finanzieller Lage vgl. WAAM, Galen, Nr. 34: Schreiben C.A. GRAF V. GALEN an seinen Bruder vom 13.1.1929, in dem er diesem zum Broterwerb durch journalistische Arbeiten rät. Vgl. GALENS Stellengesuch vom 9.2.1929, außerdem ebd., Nr. 39, GALENS Brief vom 11.7.1934.

[274] Hans F. K. GÜNTHER, Adel und Rasse, München 1926, S. 32, mit Bezug auf die von Wilhelm II. geförderten Ehen mit „Bankierstöchtern".

[275] Erwein FRHR. V. ARETIN, Adel und Krone, in: Ders., Erster Rundbrief.

2.4.) Kultur und Kult der Kargheit

che Spitze gegen den traditionslosen Industriellen oder gar Börsianer.[276] Während das Grundmotiv für alle Adelsgruppen gilt, deuten die Variationen auf unterschiedliche wirtschaftliche Ausgangslagen. So entsprach etwa die eben zitierte, unter Berufung auf die Enzyklika Rerum Novarum verfaßte adlige Denkschrift der doppelten Position ihres westfälischen Verfassers als Gutsherr und Vorsitzender der westfälischen Bauernverbände. Auf die Idee, eine Warnung gegen die „übermässige Besitzanhäufung in wenigen Händen" mit der „lebhaften Förderung" von „Siedlungsbestrebungen" zu verbinden, wäre man in den Schreibstuben der ostelbischen Großgrundbesitzerverbände kaum gekommen. Auch an solchen Nuancierungen der jeweils produzierten Selbst- und Feindbilder blieben die Unterschiede zwischen unterschiedlichen Gruppen „des" Adels erkennbar. Dennoch bildete der Kult der Kargheit eine der Gemeinsamkeiten, in denen der Adel zueinander fand und alte Abgrenzungen neu akzentuierte: die zunehmend aggressive Abgrenzung von den mächtigsten Teilen des Großbürgertums als einer „Menschenklasse, die ihren Lebensinhalt eingestandenermaßen im bloßen Geldverdienen sah"[277] war die folgenreichste dieser Ab- bzw. Ausgrenzungen. Die vom adligen Habitus bestimmte „Matrix" des Denkens und Handelns war durchaus nicht statisch. Die traditionellen und die neu erfundenen Elemente dieser Matrix bauten gegen die Welt des modernen Industriekapitalismus und der parlamentarischen Demokratie jedoch so hohe Barrieren auf, daß dem Adel der „geschmeidige" Übergang in diese Welt erst nach 1945 gelang. Was auf dieser Grundlage blieb, war die Stilisierung von (angeblichen) Fähigkeiten, die im Bereich der Imagination angesiedelt waren. Der wohl wichtigste Aspekt war hierbei der Versuch des Adels, sich als „Führerstand" neu zu erfinden, dem bei der Überwindung der demokratischen „Massengesellschaft" eine Schlüsselrolle zukam. Die materielle Grundlage, auf der diese Führerideologie errichtet wurde, war dünn; das intellektuelle und politische Klima, in das sie gesendet wurde, für ihre Aufnahme jedoch überaus günstig.

---

[276] KERCKERINCK/GALEN, Grundsätze zur Sozialpolitik (1924), in: WAAM, Kerckerinck, Nr. 176.
[277] PUTLITZ, S. 41.

2.5.) Herrschaft und „Führertum"

„Die eigentliche und vornehmste Aufgabe des Adels ist: *die Führerschaft*. Der Edelmann soll ein Führer sein. Das ist sein Beruf, dazu ist er da."
– W. v. Hagen 1921 im Deutschen Adelsblatt[278]

Von der Vorstellung, anders als der stets „überbürdete und übertrainierte, am Rande der Erschöpfung arbeitende Leistungsethiker" aus dem Bürgertum,[279] ein *natürlicher* Führer zu sein, hat sich der Adel auch nach 1918 nicht verabschiedet. „Die Herren vom Adel haben gleich von vornherein eine angesehene Stellung, während andere diese sich erst schaffen müssen" – diese Auffassung, zitiert aus einer Rede, die Friedrich Graf v. Galen 1912 vor seinen Standesgenossen hielt,[280] gehört zum offenbar unzerstörbaren Kern des adligen Habitus, wie zeitgenössische und später produzierte Quellen adliger Provenienz über alle inneradligen Grenzen hinweg nahelegen.

Zu unterscheiden sind allerdings verschiedene Ideale und Realitäten von Herrschaft und Führung, die für verschiedene Adelsgruppen charakteristisch waren. Die in der Einleitung vorgestellten Grenzlinien zwischen einzelnen Adelsgruppen sollen an dieser Stelle zur Unterscheidung von zwei Grundmodellen zusammengezogen werden.

In starker Vereinfachung lassen sich aus den o. g. Teilgruppen zwei deutlich unterscheidbare Adelsideale auseinanderhalten. Der erste Adelstypus, der Kleinadel, war besonders im ostelbischen Preußen zahl- und einflußreich. Er war oftmals ohne eigenen Landbesitz, vorwiegend protestantischer Konfession, durch bescheidene ökonomische Ressourcen und eine stark militärische Prägung gekennzeichnet. Der zweite Typus der Grandseigneurs war vor allem in Süddeutschland zu finden, vorwiegend katholischer Konfession, durch Großgrundbesitz und anderen Reichtum, ein deutlich höheres Ausbildungsniveau und die Orientierung am Ideal des „freien Herrentums", d. h. die Unabhängigkeit von Karrieren in Militär- und Staatsdienst charakterisiert.

Ein Themenheft mit dem Titel „Der deutsche Adel", für das die Süddeutschen Monatshefte 1926 süd- und norddeutsche Autoren versammelten, bietet eine zeitgenössische Darstellung dieser Differenz, die auf die lebensweltlichen Realitäten ebenso wie auf die jeweiligen Leitbilder zu beziehen ist. Die Publikation ist deshalb von besonderem Interesse, weil hier prominente, in den jeweiligen Regionen besonders einflußreiche Adelige eine Mischung aus

---

[278] W. V. HAGEN, Adel verpflichtet, DAB 1921, S. 37f. Etwa gleichlautend der Schlußsatz bei: Hans Georg V. STUDNITZ, Kann der Adel wieder führen?, in: Politik und Gesellschaft 11/1932, S. 10-17.
[279] Thomas MANN, Betrachtungen eines Unpolitischen, Frankfurt a. M. 1988, S. 136f.
[280] Friedrich Graf v. Galen, Rede vor dem VKE in Münster, 12.2.1912, zit. n. KEINEMANN, Krummstab, S. 29.

2.5.) Herrschaft und Führertum

Selbstdarstellung und politischem Programm der jeweiligen Adelskultur entwarfen, die sie in ihren Texten vertraten.

Der Beitrag, der den bayerischen Adel porträtierte, wurde von Erwein Frhr. v. Aretin verfaßt. In dem Mittelpunkt seines Porträts rückte der in Bayern einflußreiche Baron adlige Kulturleistungen. Aretin berichtete von prachtvollen Schlössern, „strotzend von Kunstwerken aller Art", von fränkischen Domherren, die „wenig zur Askese neigten" und „zu den feinstgebildeten Menschen ihrer Zeit" gehörten.[281] Das hier umrissene, für das Selbstbild der in Süddeutschland dominierenden Familien typische Ideal lehnte sich eindeutig an den o. g. Typus des Grandseigneurs an. Dieses wurde von süddeutschen Adligen offen gegen das „Dienst"-Ideal des ostpreußischen Kleinadels gewendet. Über das rein „militärische Führertum, das auf einen Gehorsam aufbaut, der durch die Rechtsprechung erzwungen werden kann und dessen Ausdrucksform das Kommando ist", wurde im süddeutschen Adel nicht ohne Geringschätzung räsoniert. In dieser Selbstsicht lag die höchste Form des „Führertums" nie im militärischen Befehl, sondern in jenem „selbstverständlichen Herrentum, das niemals zum Befehl greifen muß, [...] weil sich ihm ohnehin niemand entziehen kann."[282]

In scharfem Kontrast zu diesem Bild standen die Beiträge, welche die drei Vertreter des altpreußischen Adels für die Süddeutschen Monatshefte verfaßt hatten. Verbunden mit einem verächtlichen Seitenhieb auf die „freundlichen Weinberge des sonnigen Maintals" erinnerte Reinold v. Thadden-Vahnerow in seinem Porträt über den „Adel in Norddeutschland" an seine Vorfahren, die in der „kümmerlichen Armut des märkischen Sandbodens" geherrscht hatten. „Spartanische Einfachheit [...] Schlichtheit, Nüchternheit und Strenge" hoben sich bei Thadden gegen den Glanz „auf dem Parkett des kurfürstlichen Schlosses" ab. In der Sprache der Militärclans wurde statt dessen die „mit Strömen von Blut" getränkte „Via triumphalis" des preußischen Adels besungen. Thadden pries einen Adel, dessen König einst „die Flöte mit dem Schwert vertauscht [hatte], um fortan nicht ein Dasein verfeinerten Lebensgenusses, sondern des Kampfes und der Arbeit für sein Volk zu wählen."[283] Die hier getroffene Gegenüberstellung eines „süddeutsch-legitimistischen" und eines „norddeutsch-staatlich denkenden" Adelstypus ergänzte Ewald v. Kleist-Schmenzins Beitrag mit dem Titel „Adel und Preußentum". Auch hier bildeten die Begriffe Selbstlosigkeit, Pflicht und Dienst das sprachliche Material, aus dem die schroffen Gedankenketten geknüpft waren. Gegen „Schwächlichkeit und Humanitätsduselei" führte der pommersche Gutsbesitzer Kleist „Schlichtheit", „Sparsamkeit", „Gehorsam", „Strenge", „Gerechtig-

---

[281] Erwein FRHR. V. ARETIN, Vom Adel in Bayern, in: Süddeutsche Monatshefte 5/1926, S. 385-391, zit. S. 387f.
[282] Dem Andenken des Fürsten Carl Friedrich zu Öttingen-Wallerstein, in: Jahrbuch der DAG 1931, S. 50 (ohne Angabe des Verfassers, mit Sicherheit von einem bayerischen Standesgenossen, vermutlich von Erwein Frhr. v. Aretin verfaßt).
[283] Reinold V. THADDEN-VAHNEROW, Der Adel in Norddeutschland, in: Süddeutsche Monatshefte 5/1926, S. 391-396.

keit" und „Kraft" ins Feld.²⁸⁴ Friedrich v. Berg-Markienen, letzter Chef des kaiserlichen Zivilkabinetts und Vorsitzender des größten deutschen Adelsverbandes, unterstrich die Beiträge seiner Standesgenossen, indem er die „Erziehung zur Pflicht, die mit Unterordnung, Disziplin [und] Selbstverleugnung beginnt", zum „obersten Grundsatz" erklärte. Nicht „verdienen", sondern „dienen" sei des Adels Losung.²⁸⁵

Inhalt und Ton der hier eher gegen- als nebeneinander gestellten Selbstporträts aus Preußen und Süddeutschland lassen erkennen, daß die unterschiedlichen Adelskulturen im Adel selbst nicht nur wahrgenommen, sondern auch bewußt akzentuiert wurden. Die das Heft dominierende Verherrlichung ostelbischer Kargheitsideale blieb im Adel nicht ohne Gegenposition.

Für einen programmatischen „Rundbrief an den jungen Adel Bayerns", hatte Erwein Frhr. v. Aretin bereits drei Jahre zuvor einen baltischen Standesgenossen gewonnen, um die traditionsreiche Kritik am preußischen Kleinadel in scharfer Form zu reformulieren. Trotz anerkennender Worte für einzelne preußische Grandseigneurs glich der Text des Schriftstellers Otto Frhr. v. Taube einer Philippika gegen den norddeutschen Kleinadel. Diesen zeichnete der Baron als Ansammlung ehemaliger Herrengestalten, die von den Hohenzollern-Königen gebrochen und zu abhängigen Dienern herabgewürdigt worden seien. Der „Untergebenengeist", von dem Taube die „norddeutschen Kleinadelsanschauungen" getragen sah, galten hier als unvereinbar mit dem „freien Herrentum". Taube brachte seine Verachtung für diese Gruppe auf eine spöttische Formel, die nicht nur dem Adelsproletariat, sondern auch einem Großteil des Kleinadels in Militär- und Beamtenkarrieren jede Herrschaftsqualifikation absprach: „Verwaltung ist ebensowenig Politik, wie Radfahren Reiten bedeutet." Eben diesen, an Zahl und Einfluß reichen Adelstypus identifizierte der Baron als Kernproblem des Adels im 19. und 20. Jahrhundert. Taube sprach von einer Gruppe, die sich „von der freiheitsspendenden Kraft des Adelsitzes" längst entfernt hatte – einer Gruppe, die „von Ort zu Ort in Königs Dienste versetzt, heimatlos, in engen Verhältnissen, ehrbar, tüchtig, selbstlos, gute Werkzeuge, nie aber Meister stellte, politisch wog, aber nicht führte". Anders als in England habe der „ungerechtfertigte Dünkel" dieser Adelsgruppe in Norddeutschland „die freien Herren vom Grundbesitz, denen allein die Sonderstellung der Nobility gebührt hätte", überwuchert.²⁸⁶

Zielscheibe dieser baltisch-süddeutschen Kritik war somit weniger eine bestimmte Region als ein Adelstypus, der das Erscheinungsbild des Adels im ostelbischen Deutschland dominierte. Taubes Kritik – erschienen in einer

---

284 Ewald v. KLEIST-SCHMENZIN, Adel und Preußentum, in: Süddeutsche Monatshefte 5/1926, S. 378-384.
285 Friedrich v. BERG-MARKIENEN, Die deutsche Adelsgenossenschaft, in: Süddeutsche Monatshefte 5/1926, S. 402f.
286 Otto FRHR. V. TAUBE, Vom deutschen Adel, in: Erwein Frhr. v. Aretin, Erster Rundbrief an den jungen Adel Bayerns, in: FÖWA, VIII, 19.1c, Nr. 117. Vgl. sehr ähnliche Töne bei Kurt FRHR. V. REIBNITZ, Der Gotha, in: Querschnitt, 2/1928, S. 73.

2.5.) Herrschaft und Führertum 107

Schrift, die sich als ein Manifest des süddeutschen Adels lesen läßt – griff auf Argumente zurück, die spätestens seit dem Freiherrn vom Stein in den adelsinternen Debatten zirkulierten.[287] Die berühmte Sentenz des nassauischen Reichsritters über die kurmärkischen Bewohner der „dürren Ebenen", bei denen „kümmerliches Auskommen [und] freudenloses Hinstarren auf den kraftlosen Boden" zur „Beschränktheit in den Mitteln" und zur „Kleinheit in den Zwecken" führten,[288] war zumindest im süddeutschen Adel nicht in Vergessenheit geraten.

Gerade von den einflußreichsten Vertretern der Grandseigneurs ist die reale Distanz zum Kleinadel immer wieder akzentuiert worden. Mit einer Mischung aus Nostalgie und Spott kommentierte Alois Fürst zu Löwenstein-Wertheim-Rosenberg, Vorsitzender *der Genossenschaft katholischer Edelleute in Bayern*, kurz nach dem zweiten Weltkrieg die großzügige Handhabung des Begriffes „Standesgenosse" durch seinen Sohn. Seine Generation, so der bayerische Fürst, wäre erschrocken „wenn man einen gewöhnlichen Grafen oder – horribile dictu – einen Baron einen Standesgenossen genannt hätte. Standesgenosse war der Standesherr, der reichsunmittelbare Fürst oder Graf. Sic transit gloria mundi."[289]

In Annäherung an eine der wichtigsten inneradligen Differenzen läßt sich die hier erkennbare, vom zeitgenössischen Adel selbst akzentuierte Unterscheidung von „freiem Herrentum" und den „Kleinadelsanschauungen" als eine der wichtigsten Trennungslinien im Adel benennen. Deutlich werden hier zwei unterschiedliche Adelsideale, die sich in grober Annäherung unterschiedlichen Adelsgruppen und unterschiedlichen Regionen zuordnen lassen: Während das Ideal eines anspruchslosen, dem Staat dienenden Adels Realität und Leitbild des ostelbischen Kleinadels wiedergibt, spiegeln sich im Ideal des „freien Herrentums" materielle Ressourcen und Selbstsicht der in Süddeutschland dominierenden Adelsfamilien wider. In ähnlicher Form fand sich dieses Leitbild bei den reichsten, sozial stabilsten Teilen der grundbesitzenden Familien in Preußen. Für das „obere Segment" des preußischen Adels hat Hartwin Spenkuch den Typus des Grandseigneurs beschrieben, welcher „der modernen Welt weniger verständnislos-feindselig gegenüber[stand] als der junkerliche Kleinadel".[290] Überträgt man Spenkuchs anhand seiner Untersu-

---

[287] Zur zeitgenössischen Darstellung: Erich BOTZENHART, Adelsideal und Adelsreform beim Freiherrn vom Stein, in: Westfälisches Adelsblatt 5/1928, S. 210-241; Fritz MARTINY, Die Adelsfrage in Preußen vor 1806 als politisches und soziales Problem, Stuttgart 1938, S. 67-71. Vgl. Horst MÖLLER, Aufklärung und Adel, in: Fehrenbach (Hg.), Adel, S. 1-10 und Heinz REIF, Adelserneuerung und Adelsreform in Deutschland 1815-1874, in: Fehrenbach (Hg.), Adel, S. 203-230.
[288] STEIN an Gneisenau, 17.8.1811, zit. n. FREIHERR VOM STEIN, Briefe und amtliche Schriften, neu bearbeitet von Walter Hubatsch, Stuttgart 1961, Bd. 3, S. 567f.
[289] Brief Löwensteins an seinen Sohn, 5.8.1947, in: STAWKB, Lit D 761n.
[290] Hartwin SPENKUCH, Herrenhaus und Rittergut. Die Erste Kammer des Landtages und der preußische Adel von 1854 bis 1918 aus sozialgeschichtlicher Sicht, in: GG 25 (1999), S. 375-403, hier S. 384.

chung über die Adligen im preußischen Herrenhaus gewonnene Gegenüberstellung von Grandseigneurs und Kleinadel[291] auf den gesamten Adel, ist die vermutlich wichtigste Trennungslinie innerhalb des deutschen Adels benannt. Dieser Adelstypus, den Theodor Wolff als „eine sympathische Gruppe liberalisierender Grandseigneurs" bezeichnet hat, war sozial durch gebundenen Großgrundbesitz und andere Reichtumsquellen,[292] kulturell durch hohe Ausbildungsstandards, konfessionell durch ein dominierendes „katholisches Element", insgesamt also durch die Konzentration von ökonomischem, sozialem, kulturellem und symbolischem Kapital, politisch durch die Persistenz eines moderaten Konservativismus gekennzeichnet.[293] Für das 20. Jahrhundert läßt sich mit dieser Terminologie die Einteilung in hohen und niederen Adel sinnvoll ersetzen. Zwar dürften sich die meisten Mitglieder des Hochadels auch nach 1918 als Grandseigneurs einordnen lassen. Auch aus diesen Familien lebten jedoch einzelne Mitglieder in Verhältnissen, die der Begriff „Kleinadel" angemessener wiedergibt. Umgekehrt standen die Lebenswelten der reichsten Mitglieder des „niederen" Adels den „hochadligen" Grandseigneurs näher als dem Großteil des Kleinadels.

Ungeachtet der immensen Unterschiede zwischen diesen beiden Modellen läßt sich die Vorstellung einer angeborenen Sonderstellung und Höherwertigkeit als Gemeinsamkeit benennen, in der sich beide Gruppen überschnitten.

Alois Fürst zu Löwenstein, bayerischer Standesherr und einer der wichtigsten Repräsentanten des katholischen Adels, fand 1926 im Staatslexikon einen prominenten Ort zur Reformulierung dieser Auffassung: „Die Wesenseigenschaft, die wohl mehr als alle andern den Adel zu besonderen Leistungen im Volksganzen befähigt, wurzelt in der Tatsache, daß er von Geburt aus etwas ist und es daher nicht nötig hat, etwas zu werden."[294] Zur Legitimation dieser Vorstellung ist es wichtig, Jahrhunderte des „Obenbleibens", die sprichwörtlichen „1.000 Jahre Herrschaft", innerhalb der eigenen Familiengeschichte belegen zu können. Dies gilt sowohl für das Selbstbild des hohen Adels als auch für den Stolz begüterter Familien des niederen preußischen Adels, bereits mehrere Jahrhunderte, bevor die Hohenzollern in die Mark kamen, lokale

---

[291] SPENKUCH, Herrenhaus, S. 178-180, 227-236.
[292] Vgl. dazu die Angaben bei LIEVEN, Abschied, S. 53-70, 91-103; REIF, Adel im 19. und 20. Jahrhundert, S. 11-15, 71-74, 89-96.
[293] SPENKUCH, Herrenhaus und Rittergut, S. 382-392. Vgl. die ausführliche Charakterisierung der Grandseigneurs bei SPENKUCH, Herrenhaus, S. 252-276, idealtypisch illustriert am Beispiel von Hermann Fürst v. Hatzfeld, ebd., S. 277-305, dort auch das Wolff-Zitat (S. 277f.). Vgl. GÖRLITZ, Junker, S. 224f. und die Sympathiebekundungen bei Max WEBER, Wahlrecht und Demokratie in Deutschland (Dezember 1917), in: Ders., Gesammelte Politische Schriften, neu herausgegeben von Johannes Winckelmann, Tübingen ²1958, S. 233-294, v. a. S. 260, 265, 270. Da der Typus des Grandseigneurs in Preußen v. a. in Schlesien und den Westprovinzen vertreten war, war er auch hier vielfach mit dem Katholizismus verbunden. Beispiele für Süddeutschland bei LÖFFLER, Kammer, S. 151-159, 190-202.
[294] Alois FÜRST LÖWENSTEIN, Aufgaben des Adels in der Gegenwart, in: Art. Adel, in: Staatslexikon (Görres-Gesellschaft), Freiburg 1926, Bd. 1, Sp. 44.

2.5.) Herrschaft und Führertum

Herrschaft ausgeübt zu haben.[295] Um gegen anderslautende Behauptungen aus der NS-Bewegung zu belegen, daß der historische Adel „kerngesund" und weiterhin zur Führung fähig war, gewährte ein süddeutscher Baron im Jahre 1931 Einblick in die Herrschaftsbilanz seiner Familie: 250 Träger seines Namens hatten seit der Errichtung stehender Heere als Offiziere gedient, 25 von ihnen den Generalsrang erreicht, 80 waren „auf dem Felde der Ehre gefallen".[296] Die eindrucksvollen Leistungsbilanzen, die das Adelsgedächtnis präsentiert, fußen sowohl auf einem tatsächlich überreichen Erfahrungsschatz, der in jahrhundertelanger Herrschaftserfahrung angesammelt wurde, als auf dem Glanz mühsam herauspräparierter Einzelner, in deren Schatten die Masse der Vorfahren unsichtbar wird. 25 Generale und 80 auf dem Feld der Ehre gefallene Offiziere in der Ahnenreihe einer einzigen Familie beeindrucken vor allem dann, wenn der Respekt vor soviel Leistung die Frage nach dem Rest der Familie gar nicht aufkommen läßt. Über solche Korrekturen an der adligen Selbstsicht sollte jedoch nicht übersehen werden, daß adlige Herrschaftstraditionen tatsächlich aus historischen Tiefen stammen, in die keine der modernen Funktionseliten zurückgreifen konnte.

Im Kontrast zu Thomas Manns Verfallsporträts bürgerlicher Familien und Bismarcks spöttischem Bonmot, im Bürgertum beginne der Wiederabstieg bereits in der dritten Generation, die „Kunstgeschichte" studiere, zeugen diese Beispiele von einer historischen Tiefe des „Obenbleibens", die im Bürgertum kein Äquivalent hat. Eben hier liegt am Ende des 19. und im Laufe des 20. Jahrhunderts eine der wichtigsten Trennungslinien zum aufsteigenden Bürgertum und seiner die *individuelle* Bildung, Qualifikation und Leistung betonenden Ideologie. Die traditionellen Lebensformen der alten Adelsgeschlechter und der darauf gebaute Führungsanspruch sind das Produkt der „Arbeit von Generationen".[297] Den hier geübten Formen generationentiefer Vorbereitung, Eingewöhnung und Festigung von Herrschafts- bzw. Führungsqualitäten, „die, einmal in einer Familie erreicht, bei kluger Pflege Generationen lang jeder Nachahmung spotten kann",[298] hat das auf individuelle Leistungen konzentrierte Bürgertum nach adligem Verständnis nichts Gleichwertiges entgegenzusetzen. Freimütig verwies man im Adel darauf, daß der in Jahrhunderten eingeschliffene Herrschaftshabitus „selbst bei den Minderbegabten" eine Sicherheit des Auftretens hervorbrachte, die sich andere schwer oder

---

[295] PUTLITZ, S. 23, sehr ähnlich bei SCHLABRENDORFF, S. 11f. Vgl. SCHWERIN, Köpfe, S. 19, sowie die Anfangspassagen von Theodor Fontanes Stechlin. Eine exemplarische Überprüfung des Mythos der jahrhundertelangen Verbundenheit adliger Familien mit ihren Landgütern findet sich bei SCHILLER, Eliten, S. 265-271. Für Mecklenburg: NIEMANN, Großgrundbesitz, S. 55.

[296] Rede Wilhelm FRHR. V. REITZENSTEINS, 25.10.1931, in: DAAM, LAB, Bd. 2, Hft. ‚Protokolle'.

[297] Hugo V. FREYTAG-LORINGHOVEN, Menschen und Dinge, wie ich sie in meinem Leben sah, Berlin 1923, S. 34f.

[298] Erwein FRHR. V. ARETIN, Adel und Krone, in: Ders., Erster Rundbrief.

gar nicht aneignen konnten.[299] In diesem Sinne versteht sich die Familie des Adels als ein Wertsubstrat, dessen einzelne Mitglieder unterschiedliche Varianten einer durch die Jahrhunderte und den Wandel der Zeiten hindurch stabilen Leistungsfähigkeit darstellen. Simmel spricht in diesem Zusammenhang von einem Edelmetall, das in „fortwährenden Umschmelzungen" die Form wechselt, während die „Wertsubstanz relativ unvergänglich ist."[300] Treffender läßt sich der Kern des adligen Selbstverständnisses kaum beschreiben.

Weit über den Ersten Weltkrieg hinaus dachte sich die deutsche Adelsgesellschaft vor allem als einen Herrschaftsstand, der aufgrund seiner Traditionen und Leistungen über eine spezifische Berufung zum Herrschen verfügte. Trotz der im 19. Jahrhundert zunehmenden inneren Differenzierung des Adels in Deutschland waren dessen Selbstverständnis und Weltsicht zutiefst geprägt von der jahrhundertealten „Herrschaft über Land und Leute". Insbesondere der preußische Landadel hielt auch im bürgerlichen Zeitalter vergleichsweise unbeirrt an einem „Herrenstandpunkt" fest, der vom gelehrten Bürgertum schon seit dem späten 18. Jahrhundert als unzeitgemäß kritisiert worden war.[301] Adlige Herrschaft bezeichnet einen eigenständigen Typus, der vom bürokratisch-funktionalen Herrschaftskonzept klar zu unterscheiden ist und in zwei verschiedenen, in sich stabilen Ausprägungen gedacht und praktiziert wurde: erstens als Herrschaft über Personen innerhalb eines persönlichen Herrschaftsbereiches; der adlige Gutsherr und der von ihm abgesteckte Macht- und Einflußbereich verkörpern dieses Modell idealtypisch.[302] Zweitens in Form der Herrschaft als Verpflichtung, als persönlich begründeter, verantwortungsvoller „Dienst" in einem vom Souverän verliehenen Amt. In das „Gehäuse" des modernen Verwaltungsapparates ließ sich der Adel nur schwer sperren. Der primär an Profit und Kapitalakkumulation orientierten Wirtschaftsweise setzte der Adel ebenso wie seiner Eingliederung in die bürokratischen Herrschaftsapparate eigene Konzepte direkter Herrschaft und Führung mit spezifischen symbolischen Ausdrucksformen entgegen. Diese werden in einer Szene gepriesen, die der ungekrönte Anekdotenkönig Oldenburg-Januschau entwirft: Auf einen Stock gestützt geht Viktor v. Podbielski, durch das Reichstagsgebäude und trifft dort auf August Bebel. Als dieser mit Blick auf die Gehhilfe fragt: „Nun, sind Exzellenz leidend, daß Sie sich auf

---

[299] Ernst FRHR. V. WOLZOGEN, Links um kehrt schwenkt – Trab! Ein ernstes Mahnwort an die herrschenden Klassen und den deutschen Adel insbesondere, Berlin 1895, S. 20f.
[300] SIMMEL, Exkurs, S. 825.
[301] Vgl. Dieter LANGEWIESCHE, Bürgerliche Adelskritik zwischen Aufklärung und Reichsgründung in Enzyklopädien und Lexika, in: Elisabeth Fehrenbach (Hg.), Adel und Bürgertum in Deutschland 1770-1848, München 1994, S. 11-28.
[302] Zu diesem Typus der direkten, paternalistischen Herrschaft über Land und Leute vgl. die unterdessen ‚klassischen' Betrachtungen von Robert BERDAHL, Preußischer Adel: Paternalismus als Herrschaftssystem, in: Hans-Jürgen Puhle/Hans-Ulrich Wehler (Hg.), Preußen im Rückblick, Göttingen 1980, S. 123-145.

2.5.) Herrschaft und Führertum 111

einen Stock stützen müssen?", lautet die Antwort: „Nein, den Stock habe ich für Euch Luderich mitgebracht."[303]

Ideal und Praxis der direkten Herrschaft lassen sich am eindringlichsten anhand der Beschreibungen des ländlichen Zusammenlebens von Adel, Bauern und Landarbeitern erschließen. Adels-Autobiographien beschreiben das adlige Modell paternalistischer Herrschaft im *Oikos*[304] und die Ausweitung dieses Modells zu einem gesamtgesellschaftlichen Herrschaftsanspruch.

In der Praxis der direkten Herrschaft, die wichtige Züge des „Führergedankens" vorwegnahm, fällt zunächst die häufige Stilisierung einer „Volksverbundenheit" auf, die sich von älteren Idealisierungen des adligen Grundherren als Hirten seiner „Herde" deutlich unterscheidet.[305] Zweifellos existierte die häufig betonte physische Nähe zwischen herrschaftlichen und beherrschten Kindern tatsächlich. Zweifelhaft ist hingegen die Vorstellung der im Kinderspiel auf wundersame Weise aufgelösten Standesunterschiede, die unzählige Adlige zu erinnern glauben.[306] Denn im Spiel der „Schloßgeborenen" mit den Dorf- und Bauernkindern wurde nicht „Nähe", sondern Distanz und somit jene Herrschaftsordnung eingeübt, die ihr späteres Zusammenleben bestimmen würden. Ein Dönhoffsches Familienphoto liefert eine ebenso unfreiwillige wie eindrucksvolle Richtigstellung des im nebenstehenden Text gepriesenen unschuldigen Kinderspiels zwischen Grafen- und Bauernsöhnen. In Husarenuniformen gekleidete Grafensöhne mit kleinen Säbeln reiten auf ihren Ponys der Holzschwerter und formlose Kleidung tragenden Dorfjugend voran, die zu Fuß folgt.

Die von frühester Kindheit an praktizierte Mischung aus physischer Nähe und auratischer Distanz zu „den Leuten" erklärt, warum sich der alte Adel nach 1918 als Verkörperung des modernen Ideals vom „Führer" darstellen konnte, der Volksverbundenheit und Aura zu verbinden wußte.

Als anerkannte Führer der Dorfjugend organisierten die Herrschaftskinder die oftmals martialischen Kinderspiele unter ihrer Leitung. Der junge Helmuth von Gerlach arrangiert ein aufwendiges Manöver, in dem er die eine, der Sohn des Brennmeisters die andere Armee führt. Doch die entscheidende Schlacht bleibt zu seiner Enttäuschung aus, da die Kinder der landproletarischen „Armee" nicht wagen, sich „gegen den Sohn des ‚gnädigen Herrn' [...] zur Wehr zu setzen. [...] Dafür steckte ihnen die Angst vor dem Schloß und

---

[303] OLDENBURG, S. 72
[304] Zum Ideal des selbstverwalteten *Oikos* s. Otto BRUNNER, Adeliges Landleben und europäischer Geist, Salzburg 1949, sowie Panajotis KONDYLIS, Konservativismus. Geschichtlicher Gehalt und Untergang, Stuttgart 1986, v. a. S. 80-90. Vgl. ARNIM, S. 96; BISMARCK (1992), S. 61; BRAUN, S. 30, 295; DISSOW, S. 179; DOHNA-SCHLOBITTEN, S. 156; GERLACH, S. 169; KROCKOW, S. 135; MALTZAN, S. 32; PUTLITZ, S. 25, 54; WINTERFELDT, S. 13f.; ZOBELTITZ (1916), S. 16f.
[305] Alexis DE TOCQUEVILLE, Einleitung zur „Demokratie in Amerika", zit. n. Ders., Das Zeitalter der Gleichheit, Köln/Opladen 1967, S. 9.
[306] ARNIM, S. 107f.; DÖNHOFF, (1988), S. 76; (1989), S. 51; FINCKENSTEIN, S. 17; GERLACH, S. 42f.; LEHNDORFF, S. 20; LÖWENSTEIN, S. 15; MOLTKE, S. 16; PUTLITZ, S. 9; WINTERFELDT, S. 13f.

seinen Insassen viel zu tief im Blut. Sie taten sonst alles, was ich befahl; aber schon vor dem bloßen Schein des Kampfes bebten sie zurück." Ebenso offen wie Gerlach benennt Fürst Dohna die Grenzen des Kinderspieles: „Die Welt [war] in Kasten eingeteilt, und die Einteilung bestimmte, mit wem wir wohl und mit wem wir nicht spielen durften."[307] Herrschaftskinder, auch solche aus bescheidenen Gutshäusern Ostelbiens, werden von ihren Altersgenossen stets als „die vom Schloß" wahrgenommen. Als Grafensohn im Haus eines Landarbeiters kulinarisch und symbolisch bevorzugt zu werden, wurde „als gegeben hin[genommen], weil ja die gesellschaftliche Bildung, die wir alle erhielten, diese Unterschiede nicht etwa in Frage stellte, sondern als Daseinsgrundlage anerkannte."[308]

Adlige Erinnerungen stilisieren die reale physische Nähe von oben und unten zu einem über Jahrhunderte gewachsenen „Vertrauensverhältnis" bis hin zur Vorstellung der ‚großen Familie auf dem Gut'. Das „warmherzige, partriarchalische Verhältnis zu den Gutsleuten", an das sich etwa der Berufsoffizier Rudolf v. Oppen zu erinnern glaubt, erfährt im nachfolgenden Satz die wohl entscheidende Richtigstellung, welche die Chemie des ‚schönen Zusammenlebens' erahnen läßt: „Wie liebten wir die alten Mamsells, die Diener, Kutscher und Förster auf den verschiedenen Gütern, und wie verwöhnten diese uns!" Landgesellschaft wird stets als ein gewachsenes, *organisches* Gefüge verstanden, als eine durch wechselnde und gegenseitige Abhängigkeiten historisch begründete Kultur- und Wertegemeinschaft, die vom Bewußtsein des ‚Aufeinander-Angewiesenseins' geprägt ist, aber auch als eine natürliche Ordnung, die auf Ungleichheit basiert und in der jeder weiß, „wo unten und wo oben ist."[309] Zum realen Kern dieses Ideals gehörten auch im 20. Jahrhundert die fundamentalen Unterschiede zwischen den ländlichen, von den großbürgerlich-städtischen, vom Industrieproletariat und den bürgerlichen Unterschichten sorgsam getrennten Wohnformen. In unzähligen Varianten beschreiben Adlige die fürsorgliche Nähe zur Landbevölkerung: „Herrentum ohne die tätige Fürsorge für die ihm anvertrauten Menschen ist keines." Ob

---

[307] FINCKENSTEIN, S. 17 („schloßgeboren"); DÖNHOFF, (1988), S. 76 („Familienfoto/Anführer aller Unternehmungen"); WINTERFELDT, S. 13f. („Führer der Dorfjugend"); ERDÖDY, S. 14 („Rädelsführerin bei allen Knabenstreichen"), vgl. LINDEN, S. 42; ARNIM, S. 107 („Grafenkinder") und TSCHIRSCHKY, S. 20 („Herrschaftskinder"); GERLACH, S. 42f. („Manöver"); DOHNA-SCHLOBITTEN, S. 14 („Kasten"); HADELN, S. 35; WINTERFELDT, S. 14.

[308] PUTLITZ, S. 9 („die vom Schloß"), vgl. KROCKOW, S. 155; FINCKENSTEIN, S. 17; ARNIM, S. 107f. („Daseinsgrundlage"). Zahlreiche Bestätigungen für dieses Bild bei CONZE, Von deutschem Adel, S. 362-368.

[309] DOHNA-SCHLOBITTEN, S. 179 („Vertrauensverhältnis/Familie"); SALBURG, S. 15 („über Jahrhunderte gewachsen"); vgl. auch WINTERFELDT, S. 19, 348, OLDENBURG, S. 42: TSCHIRSCHKY, S. 43f.; DÖNHOFF (1989), S. 72 („Nähe zu den Landarbeitern"); Bismarck (1992), S. 26; vgl. auch BISMARCK (1910), S. 26, 33; BRAUN, S. 30, 209 („große Familie/Schicksalsgemeinschaft"); vgl. LILIENCRON, S. 197; LÖLHÖFFEL, S. 151f.; DÖNHOFF, 132 („unten und oben"). Besonders anschaulich: OPPEN, S. 162 („warmherzig/verwöhnt'). Als Beispiel für die zeitgenössische Verklärung des adligen Verhältnisses zu „den Leuten": Ungerechtfertigte Angriffe, in: DAB 8/1905, S. 115-117.

2.5.) Herrschaft und Führertum

die Einrichtung von Kinder-, Alters- oder Siechenheime durch den Gutsbesitzer, ärztliche Betreuung, Kinder- und Schulerziehung durch die Gutsbesitzerfrau, oder sogar die finanzielle Unterstützung von in Not geratenen Landarbeitern durch Gutsbesitzerkinder: Die soziale Fürsorge für die Beherrschten erscheint zumindest im verklärenden Rückblick als „Ehrenpflicht" der Herrschenden.[310] Die Ideologie der adelsspezifischen Verbindung von Eigentum, Herrschaft und Fürsorge hatte Ludwig v. Gerlach Mitte des 19. Jahrhunderts in eine prägnante Formel gefaßt: „Nur in der Verbindung mit den darauf haftenden Pflichten ist Eigentum heilig, als bloßes Mittel des Genusses ist es nicht heilig, sondern schmutzig. Gegen Eigentum ohne Pflichten hat der Kommunismus recht!"[311]

Da Umfang und Empfänger der sozialen „Gaben" stets vom Gutsherrn bestimmt werden, wird das Herrschaftsverhältnis durch diese „Pflichten" eher stabilisiert als bedroht. Der einzelne hat keinen gesetzlichen Anspruch auf Versorgung und Fürsorge, sondern empfängt die Leistungen aus einer persönlichen Beziehung heraus als Gabe des Gutsherrn, der – noblesse oblige – ausschließlich seinem adligen Herrentum verpflichtet ist. Dies äußert sich auch in der Ablehnung einer unabhängigen Rechtsprechung, denn Streitigkeiten zwischen Ungleichen werden nicht nach dem BGB, sondern mit Maßnahmen aus dem ‚Gesichtskreis der Leute' geregelt, die auf Momente herrschaftlicher Gnade angewiesen bleiben. Bei einem Landarbeiterstreik in den 1920er Jahren zwingt Ewald v. Kleist-Schmenzin als Verhandlungsführer der pommerschen Gutsbesitzer die Streikenden zur Aufgabe, indem er die Ernte auf den Feldern verrotten läßt, bis die Arbeiter gebrochenen Willens an die Arbeit zurückkehren. Erst nachdem die Herrschaftsverhältnisse auf diese Weise klargestellt sind, billigt er die Lohnerhöhungen – als gewährte Gabe, nicht als erfüllte Forderung: „Von da ab wußte jeder in Hinterpommern: Wer es mit Ewald von Kleist zu tun hat, hat mit einem Herrn zu tun, nicht mit jemandem, der große Worte macht und mit Konzessionen endet."[312]

In der adligen Weltsicht gleicht Herrschaft einem Auftrag, dem „Dienst" an der Landbevölkerung, die geradezu verlangt, beherrscht zu werden. Freiwillig

---

[310] BISMARCK (1992), S. 61; COUDENHOVE, S. 36; DÖNHOFF (1988), S. 60, 158, DIES., (1989), 43f.; DOHNA-SCHLOBITTEN, S. 179f.; DISSOW, S. 179 („Ehrenpflicht"); FINCKENSTEIN, S. 15f.; HADELN, S. 44, 67, 124; KRONPRINZESSIN CECILIE, S. 85; KROCKOW, S. 145, 159 („Herrentum"); LILIENCRON, S. 197; LÖLHÖFFEL, S. 95; MALTZAN, S. 32-34; OERTZEN, S. 8f., 24-27; PAPEN, S. 149; PUTLITZ, S. 93f.; SALBURG, S. 15f.; SALM, S. 41f.; SCHULENBURG, S. 53; TSCHIRSCHKY, S. 44f.; WILAMOWITZ-MOELLENDORFF (1936), S. 70f.; WINTERFELD, S. 97f., 167. Vgl. dazu die merkwürdig distanzlose Widergabe des adligen Selbstbildes bei HENNING, „Noblesse oblige", v. a. S. 318-325, der in diesem Aufsatz durch eine jeder Quellenkritik bare Übernahme adliger Eigendarstellungen sowie der Urteile einschlägiger Freunde des deutschen Adels (Walter Görlitz, Gerd Heinrich, Otto v. Stolberg-Wernigerode) zu ebenso merkwürdigen Ergebnissen gelangt.

[311] Ludwig v. GERLACH, 1848 in einer Parlamentsrede, hier zit. n. BLHA, Rep. 37 Friedersdorf, Nr. 729 (Kurier. Mitteilungsblatt des Vereins der ehemaligen Zöglinge der Ritterakademie zu Brandenburg an der Havel, Nr. 69, 1.2.1958).

[312] SCHLABRENDORFF, S. 107.

kommen sündige Arbeiter zu ihrem Gutsherrn, der wie ein „homerischer König" lebt, um sich nach kleineren Vergehen dort reumütig „Backpfeifen" abzuholen. Auf die Frage eines westpreußischen Gutsherren „wessen Karl" er sei, antwortet ein Schafhirte zum Erstaunen eines Berliner Gastes, „dem gnädigen Herrn sein Karl". Süddeutsche Selbstdarstellungen unterscheiden sich in diesem Punkt kaum von ihren preußischen Pendants. Als süddeutsche Bauern nach 1848 den Grafen fragen „Ja, wenn Sie nicht mehr Graf sind, wer wird dann der Graf?" und die „väterliche Antwort" „niemand" lautet, schütteln die Leute „ungläubig die Köpfe", bis ein alter Bauer äußert „Das glauben wir nicht, denn es hat immer einen Grafen gegeben!" Schon adlige Kinder wissen, daß sie sich in den Häusern der Landarbeiter zwar Eierkuchen servieren lassen, niemals jedoch zu einem „Wellfleischessen" erscheinen dürfen. Der fein austarierte Wechsel von Nähe und Distanz schafft eine „unsichtbare Schranke" zwischen Herrschaft und Leuten, deren Funktion auf beiden Seiten genau bekannt ist. Auch dort, wo Adlige sich „gemein machen" ist diese Schranke stets präsent. Bodo Graf v. Alvensleben, Stahlhelmführer und Präsident des Deutschen Herrenklubs, der in den 1920er Jahren auf seinem Gut hinter dem Tresen für die Dorfbewohner Freibier zapft, symbolisiert diese scheinbare „Volksnähe" ebenso wie der bayerische Kronprinz Rupprecht, der zur gleichen Zeit durch einen älteren Bauern und dessen Anrede „Genga ma a wengl spaziern, Königliche Hoheit?" in seinen historisch-ethymologischen Ausführungen unterbrochen wird, sich aber die Zeit für ein freundliches Gespräch über Frau, Kinder und Vieh des Bauern nimmt.[313] Diese „unnachahmliche Geste von persönlicher Vertrautheit und institutioneller Distanz, [...] die nur der Eingeweihte bemerkt und versteht", hat einen tieferen Sinn, der sich in einem Bonmot des Grafen Kanitz widerspiegelt, der 1933 gefragt wird, ob er denn nicht „volkstümlich" sei: „Janz im Jejenteil, bin kolossal volkstümlich. Volk muß natürlich immer parieren, immer so jewesen", soll dieser geantwortet haben.[314]

Die lange Tradition dieser Mischung aus Nähe und Distanz half dem Adel nach 1918 bei seinen Versuchen, unter Erhalt vormoderner Leitbilder seine Rolle als „Führertum" neu zu definieren. In der von der Neuen Rechten im Kaiserreich formulierten Kritik, „nur noch verwaltet [...] nicht aber wahrhaft geführt" zu werden, war das Führer-Motiv der 1920er Jahre bereits voll ausgebildet. Die „allgemeine Demokratisierung der Welt mit ihren nivellierenden Tendenzen, die der Ausbildung selbstbewußter aristokratischer Persönlich-

---

[313] FINCKENSTEIN, S. 15f. („Verlangen der Untertanen"); COUDENHOVE, S. 36 („homerischer König"), vgl. KROCKOW, S. 160 („kleiner König"); LEHNDORFF, S. 274 („Backpfeifen"), 175f. („Karl"), LERCHENFELD, S. 6f. („Bayern"), HOHENLOHE, S. 234 („sich gemein machen"), ähnlich bei JORDAN, S. 14ff., („Schranke/Wellfleischessen"), SEIFFERT, Junker, S. 308, 312f. („Bier ausschenken"); MÜLLER, S. 287 („Königliche Hoheit").
[314] LEHNDORFF, S. 175f.; DÖNHOFF (1994), S. 64 („unnachahmliche Geste"); SCHLABRENDORFF, S. 58 („volkstümlich"); ARNIM, S. 41f.

2.5.) Herrschaft und Führertum

keiten [...] nicht günstig war",[315] lieferte die Gründe für den Niedergang, gleichzeitig jedoch neue Führerchancen für den Adel.

In grober Vereinfachung lassen sich drei verschiedene Modelle einer neuen „Führungsschicht" ausmachen, an deren Ausgestaltung sich Adlige beteiligt haben und denen drei unterschiedliche „Führer"-Bilder entsprechen: Erstens die rassisch-völkische Linie, auf der mit dem Kriterium der rassischen Reinheit argumentiert wurde und die mit einer aggressiven, expliziten Ablehnung von Technik, Urbanität und Moderne verbunden war. Ihr entsprach ein rassisch umdefiniertes Krieger- bzw. Ritterideal. Diese Linie wurde vor allem in der *Deutschen Adelsgenossenschaft*, dem größten deutschen Adelsverband, vertreten. Zweitens: Die Variante der Führerschaft *in* den Massen, für die sich ein verstärktes Engagement in den „nationalen" Verbänden und Parteien anbot. Dieses Modell krankte von den Landbünden über die Wehrverbände bis in die SA theoretisch und praktisch an einem schwer überwindbaren Grundwiderspruch: Die fortlaufende Behauptung angeborener Höherwertigkeit und das Bestehen auf angeborenen Führungsansprüchen standen quer zum Ideal des durch Leistung und Charisma legitimierten Führers, vor allem jedoch quer zum zugkräftigen Ideal der „Volksgemeinschaft". Drittens: der Versuch einer Elitenbildung *über* den Massen, bei der sich Adlige mit Vertretern des Bildungs- und Wirtschaftsbürgertum zur Schaffung einer neuen „Herrenschicht", in betonter Distanz zu „den Massen" zusammendachten. Die Organisationsform sind hierbei Klubs und Salons, die Kriterien Herkunft, Tradition, Reichtum, Bildung, Fachkenntnisse, Leistung und Kontakte. Die politisch bedeutsamste Verkörperung dieser Linie formierte sich 1925 im *Deutschen Herrenklub*.[316]

Im 1918 anschwellenden Strom der Verweise auf die Heldentaten einzelner Führergestalten wurde ein Adel erfunden, der zur Erledigung der zeitgenössischen Führungsaufgaben wie geschaffen war. Durch die Neukomposition einzelner Elemente aus dem adligen Wertekanon wurde das zeitgemäße adlige Gegenbild zum blind gehorchenden Funktionär, zum korrupten Bürokraten und zum entscheidungsunfähigen Demokraten geschaffen. Aus der Perspektive der auf dem Gutshof erprobten Muster persönlicher „Führung" erscheint der bürgerliche Verwaltungsapparat so lächerlich wie die Menschen, die ihn bedienen. Die aus der langen Herrschaftstradition geborene Instinktsicherheit wurde im Adel überall als Voraussetzung eines zeitgemäßen Führertums gepriesen, das gegen jedes Versinken in kraftlosen Erwägungen gefeit war. In der Formulierung des preußischen Seeoffiziers Bogislaw v. Selchow: „Der Vorsichtige legt das Ruder nur zehn Grad nach Steuerbord. Der Wagende befiehlt Steuerbord 25. Das kann leicht schiefgehen. Aber Wagen ist Herren-

---

315 FREYTAG-LORINGHOVEN, S. 150; vgl. die verhaltene Kritik am wilhelminischen Deutschland mit ähnlich scharfer antidemokratischer Spitze bei TIRPITZ, S. 206f. und WINTERFELD, S. 215.
316 Vgl. dazu unten, Kapitel 4.1.-4.3., 8.1. und 8.2. (zur DAG), Kapitel 11.4 (zum Adel in der „Volksgemeinschaft") und Kapitel 9 (zum *Deutschen Herrenklub*).

art. Wer sich mit zehn Grad an der Verantwortung vorbeidrückt, ist zum Kärrner geboren, nicht zum König." *Wagen statt wägen, handeln statt händeln*, die instinktive, energische Tat zeichnet den Führer aus. Gepriesen wurde im Adel ein politischer *Stil*, der Haltung vor Kalkül, Tatkraft vor Diskussion und die Einzelpersönlichkeit vor die Mechanismen sachlich-funktional begründeter Entscheidungsfindungen stellt. Diese adlige Forderung war zugleich ein adliges Angebot, denn jede Form eines neu geschaffenen Führertums würde auf den Adel zurückkommen müssen."[317] Die berühmte Formel vom „Leutnant und zehn Mann", die der König jederzeit mit der sofortigen Schließung des Reichstages beauftragen könne, ließ sich nach dem Kapp-Lüttwitz-Putsch, Mussolinis Marsch auf Rom und der gescheiterten Variante in München als zeitgemäße Handlungsanweisung lesen.[318]
Die Chance des Adels lag demnach vornehmlich in seinem Vorsprung an (Herrschafts-) Geschichte und in seiner Fähigkeit, diese Geschichte in Gegenwart zu übersetzen und verfügbar zu machen. Die „Überzeugung, daß der Adel [...] in die vorderste Front muß",[319] um seiner Berufung zur Herrschaft weiterhin folgen zu können, wurde von allen Adelsgruppen in unzähligen Varianten neu formuliert: „Ich habe Vertrauen, daß unser Volk im tiefsten Kern doch noch gesund ist. Es wartet nur auf den Führer und dieser Führer ist der Adel."[320] Daß der Begriff Herrschaft nach 1918 tendenziell aus dem adligen Sprachgebrauch verschwand und selbst in der älteren Generation überall durch den Begriff „Führung" ersetzt wurde, war nicht nur ein semantischer Wechsel. Der Anspruch, „Führer sein zu wollen, nicht Herr",[321] zeugte von Veränderungen, welche die Aufgaben des Adels ebenso wie den Begriff Adel selbst betrafen. In allen Adelsgruppen reifte die Erkenntnis, daß eine neue Führungschance „die Angleichung seines Bewußtseins an die Gegenwart [erforderte]. Privilegierte Herrenschicht ist auf absehbare Zeit unaktuell geworden."[322] In sehr konkreter Form finden sich diese Vorstellungen etwa im Ideal des volksnahen und landbesitzenden Führer-Beamtentums wieder, das Fritz-Dietlof Graf v. d. Schulenburg Anfang der 1930er Jahre entwickelte. Die

---

317 WINDISCH, S. 10; SELCHOW, S. 75 („Steuerbord"); BRAUN, S. 36f., 213; RHEINBABEN, S. 17f.; WILMOWSKY, S. 69.
318 Das verächtliche Wort über die „Quatschbude" wurde 1910 durch Elard v. Oldenburg-Januschau geprägt. Vgl. OLDENBURG-JANUSCHAU, S. 109-111, vgl. GÖRLITZ, Junker, S. 314 und die adligen Reminiszenzen bei BRAUN, S. 226f.; DÖNHOFF (1989), S. 105; WINTERFELDT, S. 216; LEHNDORFF, S. 180f. Explizit wird das Zitat durch den Juristen Fabian v. Schlabrendorff, der über gute Kontakte zur Neuen Rechten verfügte, mit der Staatskrise von 1932 in Beziehung gebracht: SCHLABRENDORFF, S. 56, vgl. dazu SOMBART, Der deutsche Mann, S. 169f.
319 Friedrich GRAF V. D. SCHULENBURG an den preußischen Kronprinzen, 18.4.1924, in: BAP, 90 Mu 1, Nr. 3, Fol. 223.
320 W. V. HAGEN, Adel verpflichtet, in: DAB 1921, S. 37 f.
321 V. BODELSCHWINGH-STEINHAUK in einer antisemitischen Brandrede auf dem DAG-Adelstag von 1921, in: DAB 1921, S. 177-179, zit. 178.
322 Karl Anton PRINZ V. ROHAN, Adel und Nation, in: Archiv für Sippenforschung, Heft 2, 1929, S. 62f. Vgl. dazu Ernst DOMEIER, Führung oder Herrschaft?, in: DAB 1.1.1933, S. 5.

2.5.) Herrschaft und Führertum

von Schulenburg konzipierte offene Führungselite war mit dem historischen Adel zwar nicht identisch, trug jedoch durch die Anlehnung an militärische, antimaterialistische und ländliche Traditionen eindeutig adlige Züge.[323]

Die Wiedererfindung des Adels im kriegerisch und völkisch gefärbten „Führertum" war ein Versuch, uralte Herrschaftskonzepte zeitgemäß zu modifizieren; anders gesagt: zu modernisieren. In welchen Formen die hier zitierten Führerphantasien das Stadium bodenloser Debatten verließen und in die politische Praxis überführt wurden, ist noch genauer zu behandeln. Ungeachtet der ideologischen und praktischen Veränderungen läßt sich jedoch bereits hier der unzerstörte Glaube an die Berufung des Adels zum „Führer der Führer",[324] der keineswegs auf den landbesitzenden Adel beschränkt war,[325] als Zentrum des adligen Habitus bestimmen.

---

[323] MOMMSEN, Schulenburg, in: Ders., Alternative, S. 245-253. Vgl. Schulenburgs sog. Denkschriftfragment von 1943, abgedruckt in: HEINEMANN, Rebell, S. 226-241.

[324] So die Definition der adligen Berufung in einem programmatischen Aufsatz von 1890: Die Adelsreform und ihre Träger, in: DAB 1890, S. 573.

[325] Die zum hier skizzierten Muster passenden Ergebnisse BARANOWSKIs, Sanctitiy, S. 68-78, über den landbesitzenden Adel in Pommern lassen sich auch auf andere Adelsgruppen übertragen.

Teil II.)
Fragmentierung und Reorganisation im Adel vor 1918

„Mein Adel liebt die Fonds, und meine Bankierstöchter die vons."
– Friedrich Wilhelm IV.[1]

„Zahlreiche Glieder, gerade der im Strom des modernen Lebens dahinfahrenden Hocharistokratie, vermeinen ‚kluge Politik' zu treiben, wenn sie sich an die *Haute Finance* und an die Industriegewaltigen anklammern."
– Deutsches Adelsblatt, 1902[2]

Innerhalb der Debatten um den deutschen Sonderweg ist die auf prominente Ahnen zurückgehende[3] These von einer „Feudalisierung" bzw. „Aristokratisierung" des deutschen Bürgertums, die in der kritischen Deutung des Kaiserreiches eine wichtige Rolle spielte,[4] von den Mühlsteinen empirischer Einzelstudien zerrieben worden. Die ursprünglichen Thesen sind unterdessen auch von ihren wichtigsten Vertretern so weit revidiert worden, daß die Wiedergabe der Debatte in die Fußnoten verlegt werden kann.[5]

---

[1] Zit. nach GÜNTHER, Adel und Rasse, S. 32.
[2] Der souveräne, hohe und fürstliche Adel im Lichte der Standes-Reformbewegung, in: DAB 1902, S. 54f., 71-73, zit. S. 55.
[3] Hier nur wenige prominente Beispiele: Max WEBER, Der Nationalstaat und die Volkswirtschaftspolitik (1895), in: MWG, Bd. I/4, Tübingen 1993, S. 545-574, v. a. S. 566-570; DERS., Die ländliche Arbeitsverfassung, in: MWG I/4, S. 165-207; DERS., Entwicklungstendenzen in der Lage der ostelbischen Landarbeiter, in: MWG I/4, S. 368-462; DERS. Agrarstatistische und sozialpolitische Betrachtungen zur Fideikommißfrage in Preußen, in: MWG, Bd. I/8, S. 92-188. Dazu Wolfgang J. MOMMSEN, Max Weber und die deutsche Politik 1890-1920, Tübingen 1959, S. 103-152 und Cornelius TORP, Max Weber und die preußischen Junker, Tübingen 1998. Ähnlich bei Werner SOMBART, Der Bourgeois. Zur Geistesgeschichte des modernen Wirtschaftsmenschen, München/Leipzig 1913, S. 462-464; Robert MICHELS, Zur Soziologie des Parteiwesens in der modernen Demokratie (1910), Stuttgart ⁴1989, S. 16; Walther RATHENAU, Der Kaiser. Eine Betrachtung, Berlin 1919, S. 26f.
[4] Die unterdessen ebenso klassische wie überholte Formulierung der These bei Hans-Ulrich WEHLER, Das Kaiserreich 1871-1918, Göttingen 1973, S. 123-135, 227-239. Einflußreich waren die Studien von Friedrich ZUNKEL, Die rheinisch-westfälischen Unternehmer 1834-1879, Köln/Opladen 1962, v. a. S. 99-127; Wolfgang ZAPF, Wandlungen der deutschen Elite 1919-1961, München 1965, S. 41-49 und Hans Rosenberg, Große Depression und Bismarckzeit, Berlin 1967, S. 164ff. Ähnlich, allerdings unter Übertragung der These auf den europäischen Maßstab: Arno J. MAYER, The Persistence of the Old Regime, London 1981.
[5] Die überzeugendste Untermauerung der Zweifel, die u. a. Hartmut KAELBLE, Wie feudal waren die deutschen Unternehmer im Kaiserreich?, in: Richard Tilly (Hg.), Beiträge zur quantitativen Unternehmensgeschichte, Stuttgart 1985, S.148-174, formuliert hatte, bietet Dolores L. AUGUSTINE, Patricians and Parvenus. Wealth and High Society in Wilhelmine Germany, Providence 1994. Da die englische Ausgabe um zahlreiche Tabellen gekürzt ist, wird im folgenden v. a. aus der zugrundeliegenden Dissertation zitiert: DIES., Die wilhelminische Wirtschaftselite: Sozialverhalten, soziales Selbstbewußtsein und Familie, Phil. Diss., Berlin 1991, S. 272-278. Aus anderer Perspektive kommt zu ähnlichen Ergebnissen: BUDDE, Weg, S. 333-344, 401-417. Als Synthese der hartnäckigsten anglo-amerikanischen Kritiker

Die Ergebnisse, die sozial- und kulturgeschichtlich orientierte Arbeiten der neueren Bürgertumsforschung vorgelegt haben, zeichnen übereinstimmend das Bild eines Bürgertums, das bei seinem Aufstieg zwar zahlreiche Ausdrucksformen des Adels übernahm, diese jedoch vielfach „kreolisierte",[6] d. h. aus ihrer ursprünglichen Bedeutung in einen eigenen, „bürgerlichen" Sinngehalt übersetzte.[7] Anders als in älteren Deutungen behauptet, läßt sich für das deutsche Bürgertum weder eine generelle „Aristokratisierung" noch eine „Verschmelzung" mit dem alten Adel belegen – im Gegenteil: Adel und Bürgertum blieben in Deutschland bis in das 20. Jahrhundert hinein zwei im europäischen Vergleich ungewöhnlich deutlich voneinander getrennte Gruppen. Diese wichtige Einsicht läßt sich seit kurzem auch aus der Perspektive der Adelsgeschichte auf unterschiedlichen Untersuchungsebenen eindeutig bestätigen.[8]

Nachdem die Feudalisierungs- und Verschmelzungsthese weitgehend widerlegt sind, müßten nunmehr die wichtigsten Schnittstellen der adligbürgerlichen Lebenswelten aus adelsgeschichtlicher Perspektive untersucht werden. Eine so veränderte Perspektive könnte die beiden konträren Paradigmen ablösen, die entweder die „Aristokratisierung" des Bürgertums oder die „Verbürgerlichung" des Adels zu belegen versuchten. Zu suchen wäre statt dessen nach adlig-bürgerlichen Mischungen, die im Austausch von Adel und Bürgertum in einzelnen sozialen Feldern entstanden.

Zu den wichtigsten Feldern dieser Art gehörten neben der hohen Bürokratie und dem diplomatischen Dienst einige Bereiche der Armee, so z.B. der Generalstab und einzelne Regimenter, in denen der Prozeß der militärischen Professionalisierung adlig-bürgerliche Mischkulturen besonders beförderte. In einzelnen „Luxusregimentern" der Garde und der Kavallerie entstanden vor 1914 „Regimentskulturen", in denen sich altadliger, neunobilitierter und großbürgerlicher Reichtum mischte und von den ärmeren Teilen des Kleina-

---

der Sonderwegsthese vgl. The German Bourgeoisie. Essays on the Social History of the German Middle Class from the Late Eighteenth to the Early Twentieth Century, Edited by David BLACKBOURN and Richard J. EVANS. London/New York 1991, S. 1-45. Vgl. die Synthese der neueren Bürgertumsforschung bei Jürgen KOCKA, Muster, hier v. a. S. 46-55. Vgl. die Nuancierung älterer Positionen bei WEHLER, Gesellschaftsgeschichte, Bd. 3, S. 716-772 und die Synthese auf S. 1250-1295. Diese Revisionen lassen sich als Annäherungen an NIPPERDEY, Deutsche Geschichte 1866-1918, Bd. 1, S. 391-394, lesen.

[6] Zu Begriff und Konzept der „creolization" s. Rob KROES, If you've seen one, you've seen them all. Europeans and American Mass Culture, Illinois 1996, S. 162-165.

[7] Zur bürgerlichen „Kreolisierung" der ursprünglich adligen Duellkultur vgl. die Deutung bei Ute FREVERT, Ehrenmänner. Das Duell in der bürgerlichen Gesellschaft, München 1991, S. 133-177, 178-196. Mit anderer Akzentsetzung: Kevin MCALEER, Dueling. The Cult of Honor in Fin-De-Siècle Germany, Princeton 1994, S. 119-158.

[8] SCHILLER, Eliten, S. 434-497; BUCHSTEINER, Großgrundbesitz, S. 302-309; SPENKUCH, Das Preußische Herrenhaus, S. 441-455, 560-562; Zusammenfassung des Forschungsstandes bei REIF, Adel im 19. und 20. Jahrhundert, S. 37-39, 60-67.

dels scharf angegriffen wurde.⁹ Zu Ausmaß und Grenzen der Herausbildung einer „composite elite" am Beispiel des Preußischen Herrenhauses ist die wohl definitive Untersuchung bereits geschrieben und auch für das bayerische Pendant der Reichsräte liegen detaillierte Ergebnisse vor. Die ersten Kammern lassen sich als Katalysatoren einer begrenzten grandseigneurial-großbürgerlichen Annäherung angemessener beschreiben, denn als Bollwerke feudaler Reaktion.¹⁰

Jenseits dieser Untersuchungen über einzelne staatliche Institutionen, in denen nicht „der Adel", sondern stets nur ein Teil der adligen Spitzengruppen in den Blick gerät, ist über die soziale Dynamik und die kulturelle Praxis adlig-bürgerlicher Annäherungen nur wenig bekannt. Das Ziel dieses Kapitels ist nicht, diese Lücke zu füllen, sondern die Frage nach Annäherung und Entfernung aus der adligen Perspektive zu differenzieren. Drei für die Adelsgeschichte zentrale Prozesse sind hier zu unterscheiden: *erstens* der Annäherungsprozeß, in dem sich ein Teil der Grandseigneurs und Teile der reichen Bourgeoisie sozial, kulturell und politisch aufeinander zubewegten. Die Felder zur Erprobung, Umsetzung und Akzentuierung dieser Annäherung lagen im wesentlichen in den Städten. *Zweitens* eine doppelte Entfernung des Kleinadels, der die ständig wachsende soziale Distanz zum Großbürgertum in der aggressiv getönten Ideologie der Antibürgerlichkeit bewußt zuspitzte. Der oben beschriebene Kult der Kargheit, die Großstadt- und Bildungsfeindschaft sowie die kleinadlige Annäherung an die völkische Bewegung sind in diesen Kontext zu stellen. „Doppelt" war diese Entfernung deshalb, weil neben dem Großbürgertum auch die reichsten und anpassungsfähigsten Teile des Adels in die Schußlinie der kleinadligen Kritik gerieten. Das soziale Feld zur Akzentuierung dieser Abgrenzung lag im wesentlichen fern der Großstädte auf dem Land. Diese Entwicklung führte *drittens* zur Suche nach neuen Bündnispartnern und mündete in die Annäherung des Kleinadels an den alten Mittelstand, mit dem man die Erfahrung des sozialen Niederganges teilte.

Für alle drei Prozesse spielten der Aufstieg der jüdischen Bourgeoisie und die ideologische Ausgestaltung des modernen Antisemitismus eine wichtige Rolle. Die jüdische Bourgeoisie übernahm im Annäherungsprozeß zwischen Grandseigneurs und Großbürgertum eine Scharnierfunktion. Die grotesk verzeichnete Wahrnehmung dieses Prozesses beschleunigte die Ausbreitung des Antisemitismus im Kleinadel, wo er noch vor der Jahrhundertwende zu einer der wichtigsten Deutungshilfen für die Interpretation des eigenen Niedergangs wurde. Für den hilflosen und aggressiven Protest gegen grandseigneurial-großbürgerlichen „Mammonismus", sowie für die Annäherung an den Mittel-

---

9 Marcus FUNCK, Regimental Cultures in the German Armies 1871-1914, Vortrag am Center for European Studies der Harvard-University 1998 (unveröffentlichtes Manuskript, S. 11f.); DERS., Kriegertum, Kapitel II.2.1.
10 So die freihändige Deutung bei MAYER, Adelsmacht, S. 150. Vgl. dagegen die äußerst gut belegten Ausführungen bei SPENKUCH, Herrenhaus, S. 549-562 und die Ergebnisse von Löfflers Studie zur Ersten Kammer in Bayern: LÖFFLER, Kammer, S. 117-127, 562-568.

stand stellte der antisemitische Code die passenden Sprach- und Symbolsets bereit. Im Blick auf einzelne Parameter sollen diese drei Prozesse im folgenden näher betrachtet werden.

3.) Annäherungen: Grandseigneurs und Bourgeoisie

In ihrer Untersuchung der 502 reichsten Mitglieder der wilhelminischen Bourgeoisie hat Dolores Augustine nachgewiesen, wie stark diese Gruppe in Berufswahl, Konnubium, Wohnformen, Geselligkeit, Kultur und Erziehung bürgerlichen Mustern verpflichtet blieb.[11] Zu diesem Befund passen die Forschungsergebnisse über einen der formal wichtigsten Wege der Annäherung des Bürgertums an den Adel: die Nobilitierung. Die preußische Nobilitierungspolitik konzentrierte sich auf exakt jene professionellen Felder, in denen der Adel ohnehin stark war. Die sozio-kulturellen Kernbereiche des Bürgertums wurden lediglich am Rande berücksichtigt. Ein systematischer Versuch, die Funktionseliten aus den professionellen Kernbereichen des Bürgertums auf dem Weg der Nobilitierung dem alten Adel anzunähern, wurde bis 1918 nur äußerst zögerlich unternommen. Entsprechende Tendenzen unter Wilhelm II. führten zwar zu erheblicher Unruhe im alten Adel, blieben jedoch Anfänge einer nicht konsequent verfolgten Annäherungspolitik.[12]

Erst auf den zweiten Blick lassen die Ergebnisse der hier zitierten Studien Tendenzen einer adlig-bürgerlichen Annäherung erkennen. Diese werden hier nicht als Indiz für eine „Aristokratisierung" des Bürgertums, sondern als Anfänge einer „Elitensynthese" aus Mitgliedern verschiedener Funktionseliten gedeutet. Der bürgerliche Anteil rekrutierte sich hierbei aus den obersten Schichten des Wirtschafts- und Bildungsbürgertums, zusammengenommen ca. 5% der Bevölkerung.[13] Die adlige Komponente dieser Synthese stellte der numerisch winzige Teil der reichsten Adelsgruppen, der auch bei großzügiger Schätzung nicht mehr als 0,02% der Bevölkerung ausgemacht haben kann. Die häufig bemühte Vorstellung von der adlig-bürgerlichen „Verschmelzung" ist bereits aufgrund dieser Größenverhältnisse abwegig. Eine Verschmelzung mit dem Bürgertum hätte kaum mehr als das Verschwinden des Adels bedeutet. Statt dessen kam es zu anderen Formen der sozialen und kulturellen Annäherung, für die jedoch nur eine Minderheit des Adels die Voraussetzungen mitbrachte. Wie noch zu zeigen ist, stand die große Mehrheit des Kleinadels für eine „Elitensynthese" aus adligen und bürgerlichen Komponenten nicht

---

11 Zusammenfassung bei AUGUSTINE, Wirtschaftselite, S. 272-278.
12 Lamar CECIL, The Creation of Nobles in Prussia 1871-1918, in: AHR, Vol. LXXV, No. 3 (1970), S. 757-795; SCHILLER, Eliten, S. 239-248; Hartmut BERGHOFF, Aristokratisierung des Bürgertums? Zur Sozialgeschichte der Nobilitierungen von Unternehmern in Preußen und Großbritannien 1870 bis 1918, in: VSWG 81, 1994, S. 178-204.
13 Hans-Ulrich WEHLER, Deutsches Bürgertum nach 1945: Exitus oder Phönix aus der Asche?, in: GG 27 (2001), S. 617-634, hier S. 621, schätzt den Anteil dieser obersten Bürgerschicht inklusive der Familienangehörigen für das Jahr 1913 auf ca. 3,6 Millionen Personen = ca. 5% der Bevölkerung; weitere 10% der Bevölkerung zu den „bürgerlichen Mittelklassen".

zur Verfügung und bemühte sich in zunehmend aggressiver Form um ihre Verhinderung. Beim derzeitigen Stand der Forschung bleibt unklar, wie weit sich diese Synthese bis 1914 entwickeln konnte[14] – wichtig ist hier allein die Feststellung, daß sie über ihr Embryonalstadium hinausgekommen und von den Zeitgenossen wahrgenommen worden ist. Idealtypisch lassen sich die Elemente dieser Annäherung wie folgt beschreiben: Die reiche Bourgeoisie und ein Teil der Grandseigneurs waren ihre sozialen Bestandteile, die jüdische Hochfinanz ihr Katalysator, Wilhelm II. ihr Protektor, Berlin ihr topographisches Zentrum, der alte Mittelstand, ein Großteil des alten Adels und insbesondere der Kleinadel ihre erbitterten Feinde. Da die ideologische Sammlungspolitik des Kleinadels nur vor dem Hintergrund der Annäherung von Grandseigneurs und Bourgeoisie zu verstehen ist, sollen die Grundzüge dieser Annäherung anhand von drei Parametern skizziert werden, die in der Diskussion der Aristokratisierungsthese wichtig waren: Konnubium, Nobilitierungspolitik und Soziabilität.

3.1.) Konnubium und Nobilitierungen

Augustines Ergebnisse belegen eine starke Abschließung der großbürgerlichen Heiratskreise. Aus dem Sample der 502 reichsten Wirtschaftsbürger heirateten über 88% in nicht-adlige Familien, der Anteil der Heiraten mit Frauen aus altadligen Familien lag nur bei 3,3%. Für die jüdischen Unternehmer lag der Anteil nicht-adliger Heiraten bei 93%.[15] Der Eindruck einer erstaunlich festen großbürgerlichen Endogamie, den diese Zahlen vermitteln, verändert sich beim Blick auf die weiteren Ergebnisse. In der jüngsten Jahrgangskohorte lag der Anteil von Heiraten in den Adel bereits bei 28%, davon 12% in den älteren Adel. Die progressive Tendenz wird vom Heiratsverhalten der Unternehmersöhne eindringlich bestätigt: 32% der Söhne heirateten adlig, 21% der Ehefrauen gehörten zum älteren Adel, eine Zahl, die bei den Unternehmertöchtern noch höher lag: Augustine errechnet hier einen Anteil von 33%.[16] Das Heiratsverhalten der jüdischen Großbürger weicht von diesen Zahlen überraschenderweise nur unerheblich ab: 30% der Söhne aus jüdischen Großbürgerfamilien heirateten adlige Frauen, 19% davon Frauen aus Familien des älteren Adels. Bei den jüdischen Töchtern dieser Gruppe betrug der Anteil altadliger Ehemänner 24%.[17] Bereits diese Zahlen, die stets vor dem Hintergrund eines Adelsanteils von ca. 0,15% der Gesamtbevölkerung zu lesen sind, zeugen von einer zunehmenden Tendenz adlig-großbürgerlicher Verbindungen, die für die adligen Zeitgenossen unübersehbar gewesen sein muß. Ohne ihre Gesamtdeutung anzuzweifeln, lassen sich diese Ergebnisse aus adelsge-

---

14 REIF, Adel im 19. und 20. Jahrhundert, S. 34-39, 62-74.
15 AUGUSTINE, Wirtschaftselite, S. 109-117, Tabellen 3.27 und 3.33 auf S. 413 und 419.
16 Ebd., s. die Tabellen 3.39, 3.49 auf S. 426, 437. Vgl. BERGHOFF, Adel, in: Reif (Hg.), Adel und Bürgertum, Bd. 1, S. 250f.
17 AUGUSTINE, Wirtschaftselite, s. die Tabellen 3.43 und 3.53 auf S. 430, 441.

3.1.) Konnubium und Nobilitierungen

schichtlicher Perspektive anders interpretieren, als es Augustine getan hat. Bemerkenswert erscheint hier nicht die relativ klein bleibende Anzahl adlig-großbürgerlicher Verbindungen, sondern der statistische Nachweis ihrer deutlichen Zunahme. Die steigende Anzahl „plutokratischer" Allianzen aus reichem Bürgertum und altem Adel, die einen erstaunlich großen Anteil jüdisch-adliger Verbindungen enthielt, existierte somit nicht nur als Hirngespinst ihrer mittelständischen und kleinadligen Kritiker. Festzuhalten ist an dieser Stelle dreierlei: Erstens blieben großbürgerlich-adlige Ehen selten,[18] altadlig-jüdische Ehen sehr selten. Die aufwendigen Anstrengungen, die Adlige seit den 1920er Jahren unternahmen, um den Grad der „Verjudung" exakt zu bestimmen, ergaben selbst dann, wenn man alle seit 1800 geschlossenen Ehen berücksichtigte, daß „ungünstig gerechnet" etwa 3 % des Adels als „verjudet" zu betrachten waren.[19] Zweitens waren die tatsächlich dokumentierten Fälle dennoch zahlreich und spektakulär genug, um Aufsehen zu erregen. Drittens nahm der Kleinadel – wie noch näher darzustellen ist – diese Entwicklung in starker ideologischer Verzerrung wahr.

Die „Sichtbarkeit" der Heiraten zwischen relativ reichen Adligen und reichen jüdischen Großbürgern, die selbst im Hochadel vorkamen, wurde durch die kleinadlige Kritik erhöht.[20] Als Zeichen des Verfalls registrierte der Schriftsteller und ehemalige Ulanenoffizier Fedor v. Zobeltitz Heiratsanzeigen, in denen reiche bürgerliche Erbinnen nach „Grafen" suchten und altadelige Barone jüdische Frauen in den Horizont ihrer Brautschau aufnahmen.[21] Die spektakulärste Ausprägung solcher Heiraten boten einige Verbindungen der Rothschild-Familie.[22] Unabhängig davon, auf welchen Prozentsatz künftige Studien die Häufigkeit solcher Verbindungen berechnen werden, darf die große symbolische Bedeutung dieser im gesamten Adel beachteten Einzelfälle als sicher gelten. Besonders auffällig wurde eine solche Verbindung durch die Ehe des Grandseigneurs Guido Graf Henckel v. Donnersmarck verkörpert. Der schlesische Magnat war ein persönlicher Freund Bismarcks, Erboberlandmundschenk im Herzogtum Schlesien, freier Standesherr und Erbherr einer Vielzahl von Fideikommissen und einer der reichsten Industriellen des

---

[18] Die Anzahl der Fälle, auf denen Augustines o.g. Prozentzahlen für einzelne Jahrgangs- und Konfessionsgruppen fußen, liegt z.T. unter 100. Präzise Zahlen am Beispiel der Hochfinanz bei REITMAYER, Bankiers, S. 225-236.

[19] Bericht Walter v. BOGENs auf einer DAG-Vorstandssitzung in Nürnberg am 6.3.1938, DAAM, Bd. 3, Hft. ‚Jugendfrage 1937/39'. Vgl. seinen Bericht: Der neue Weg der DAG (ca. 1934), in: DAAM, Bd. 6, Hft. ‚Adel und NS'. Zur völkischen Adelsmatrikel s. Kapitel 8.2. dieser Arbeit.

[20] ZOBELTITZ, Geschlechter, S. 249f., mit Beispielen fürstlich-bürgerlicher Heiraten, u. a. amerikanischer Ehefrauen.

[21] CECIL, Jew, v. a. S. 49, mit weiteren Beispielen. ZOBELTITZ, Chronik, I, S. 90-95. Fedor v. Zobeltitz (1857-1934), war der Sohn eines Rittergutsbesitzers und in den Kadettenanstalten von Plön und Berlin erzogen worden. Nach seinem Abschied vom Militär im Jahre 1880 lebte er als Schriftsteller in Berlin. Zur Biographie vgl. IDA, http:// home.foni.net/ ~adelsforschung/lex03.htm.

[22] FERGUSON, World's Banker, S. 763-778.

Landes, der neben seinen montanindustriellen Unternehmen im Jahre 1908 über 27.000 Hektar Grundbesitz und ein Vermögen von 177 Millionen Mark sein eigen nannte. Als junger Mann hatte der Graf ein luxuriös-ungebundenes Rentiersleben im Paris des Second Empire geführt. Angeblich erst unter dem Einfluß einer geschäftstüchtigen Frau, mit der er seit längerem ein uneheliches Verhältnis hatte, soll sich der Erbe zum disziplinierten und erfolgreichen Unternehmer gewandelt haben: Die als Marquise Blanche de Paiva bekannte Gefährtin des Grafen war mit dem Namen Sarah Lachmann als Tochter jüdischer Eltern in Neiße geboren worden. Nach dem näselnden Zeugnis Fürst Bülows erregte die Frau, die Deutsch und Französisch mit jiddischem Akzent sprach, auch durch ihre äußeren Formen den Widerwillen der adligen Gesellschaft: „Unförmlich dick und dabei mehr als tief dekolletiert, geschminkt und bemalt, mit Brillanten, Revieren und Perlenschnüren überladen, so saß sie da wie eine indische Pagode." Namen und Titel verdankte sie der Scheinehe mit einem Portugiesen, dessen Suizid ihre Ehe mit Donnersmarck ermöglichte. Die Marquise war längst gestorben, als Donnersmarck, der eine zweite – geschiedene – Frau geheiratet hatte, im Jahre 1901 von Wilhelm II. in den Fürstenstand erhoben wurde.[23] Ähnlich wie die Grandseigneurs, die sich im Unternehmen des jüdischen self-made-Millionärs Strousberg verspekulierten, verkörperte der gefürstete Multimillionär Donnersmarck die Arrangements der Grandseigneurs mit der Welt des bürgerlichen Reichtums. Der Fürst von Kaisers Gnaden repräsentierte damit eine Tendenz im reichen Adel, der sich Kleinadlige in der Kreuzzeitungs-Gruppe, der Deutschen Adelsgenossenschaft und der völkischen Bewegung in den Weg zu stellen versuchten.

Eben diese Tendenz läßt sich durchaus auch in den Untersuchungen über die kaiserliche Nobilitierungspolitik erkennen. Nur auf den ersten Blick scheint die Ausrichtung der Nobilitierungen der These einer von oben geförderten Elitensynthese aus altem Adel und reichem Bürgertum zu widersprechen. Einer wachsenden großbürgerlichen Begehrlichkeit stand um die Jahrhundertwende ein wachsendes Entgegenkommen des Kaisers gegenüber. Die Anzahl der Nobilitierungsgesuche scheint gegen Ende des 19. Jahrhunderts sprunghaft angestiegen zu sein. Eine zeitgenössische Schätzung der bürgerlichen „Adelsstreberei" ging für das Jahr 1910 allein für Preußen von 1.000 Nobilitierungsgesuchen bei einer Erfolgsquote von etwa einem Prozent aus.[24] Auch wenn diese Schätzung übertrieben sein mochte,[25] löste der Eindruck,

---

23 LAUBNER, Guido Henckel v. Donnersmarck. Freund und Vertrauter des Reichskanzlers, in: ZfG, 7/1991, S. 677-686; DERS., Guido Henckel v. Donnersmarck – Aristokrat durch Geburt und Geld, in: Ders. (Hg.), Adel und Junkertum im 19. und 20. Jahrhundert, Halle 1990, S. 27-40. Zur Marquise de Paiva vgl. BÜLOW, Denkwürdigkeiten, Bd. 4, S. 492-497 und, aus der Perspektive eines jüdischen Bankiers, FÜRSTENBERG, Lebensgeschichte, S. 87f., außerdem LIEVEN, Abschied, S. 249.

24 Stephan KEKULE V. STRADONITZ, Gedanken über eine Um- und Ausgestaltung des Adelswesens in Deutschland, in: Deutsche Revue 35 (1910), S. 295-305, Angabe auf S. 303.

25 KALM, Heroldsamt, S. 70f., und SCHILLER, Eliten, S. 239f.

3.1.) Konnubium und Nobilitierungen

Wilhelm II. erleichtere den bürgerlichen Griff nach dem Adelstitel, in weiten Kreisen des alten Adels wachsenden Unmut aus.

„In choosing his nobles", so Lamar Cecils Resümee zur wilhelminischen Nobilitierungspolitik, die u. a. das weitgehende Fehlen von Industrie, Finanz, Wissenschaft und Kunst unter den Begünstigten konstatiert, „William II did not reveal himself as the ‚modern' ruler his handful of admirers claimed him to be."[26] Ohne Zweifel folgte die Nobilitierungspolitik unter Wilhelm II. in ihrem Kern den Regeln, die auch sein Vater und sein Großvater befolgt hatten. In den Adelsstand wurden vorwiegend Bürgerliche aus den drei professionellen Kernbereichen des alten Adels erhoben: Offiziere, Beamte, Gutsbesitzer. Das auf den ersten Blick eindeutige Bild läßt sich jedoch auch in diesem Fall nuancieren. Erstens stieg die absolute Zahl der Nobilitierungen an: Erhebungen in den erblichen Adelsstand gab es unter Wilhelm I. 313, unter Friedrich III. 42 und unter Wilhelm II. 739 Mal.[27] Zweitens erhöhte sich der Anteil des Wirtschaftsbürgertums unter den Nobilitierten unübersehbar. Wilhelm I. nobilitierte 24 Industrielle und Bankiers,[28] sein Enkel 117, was ca. 6% der Nobilitierungen Wilhelms I., und 14% der durch Wilhelm II. verfügten Erhebungen ausmachte.[29] Drittens hatten, und dieser Punkt war für die kleinadlige Wahrnehmung besonders wichtig, die beiden ersten Kaiser je zwei, Wilhelm II. jedoch sieben Juden in den Adelsstand erhoben.[30] Zumindest in der völkischen Bilanz, die mit „rassischen" statt mit konfessionellen Einteilungen operierte, dürfte die Zahl der im Kaiserreich nobilitierten Juden erheblich höher als in der offiziellen Statistik gelegen haben. Wie viele konvertierte Juden sich unter den geadelten Großbürgern befanden, läßt sich schwer bestimmen.[31] Hinzu kam, daß nicht-preußische Adelstitel für jüdische Großbürger „relativ leicht zu beschaffen" waren. Der Umfang dieser Nobilitierungen ist unbekannt, der „schamlose Ordens- und Titelschacher", den Kleinadlige den Fürsten einiger Kleinstaaten vorwarfen,[32] wurde im alten Adel jedenfalls immer wieder thematisiert.[33] Im o.g. Sample der 502 reichsten

---

26 CECIL, Creation, S. 795.
27 Ebd., Tab. I, S. 761.
28 Dazu ausführlich: REITMAYER, Bankiers, S. 147-162.
29 CECIL, Creation, Tab. V, S. 771.
30 Ebd., Tab. IV, S. 768. Dazu kamen unter Wilhelm II. 49 Nobilitierungen, bei denen sich die Konfession nicht ermitteln ließ (ebd.).
31 1911 waren 12 der 67 reichsten Berliner Juden zum Christentum konvertiert, 8 von ihnen als Kinder getauft worden: Dolores L. AUGUSTINE, Die jüdische Wirtschaftselite im Wilhelminischen Berlin: Ein jüdisches Patriziat?, in: Jüdische Geschichte in Berlin. Essays und Studien, Hg. v. Reinhard Rürup, Berlin 1995, S. 101-116, hier S. 102. Im Adelsblatt wurde 1901 die Zahl von insgesamt 35 nobilitierten Juden genannt, vgl. DAB 1.9.1901, S. 574 und KLEINE, Aristocracy, S. 156.
32 Karl Ludwig FRHR. V. BIEDENWEG, Erinnerungen (ca. 1938), in: NWSTD, D 72 von Biedenweg, Fol. 22, über den von einem jüdischen Beamten organisierten Titelverkauf im Fürstentum Lippe.
33 Dr. Stephan KEKULE V. STRADONITZ, Gedanken über eine Um- und Ausgestaltung des Adelswesens in Deutschland, in: Deutsche Revue 35 (1910), S. 295-305, zit. S. 302.

Wirtschaftsbürger trugen ca. 18% einen im Kaiserreich erworbenen Adelstitel und dies unabhängig davon, ob sie Protestanten, Katholiken oder Juden waren.[34] Mit Sicherheit waren unter den 192 Anerkennungen nicht-preußischer Titel, die unter Wilhelm II. gewährt wurden,[35] mehr Juden als die sieben, die nach Cecils Zählung direkt vom Kaiser geadelt wurden. Von den „plutokratischen Adelsverleihungen" profitierten somit auch jüdische Großbürger, die der Kultur der alten Landadelsfamilien denkbar fern standen und nach altadligem Urteil statt Verdiensten um den Staat „nur ihren Reichtum ins Feld führen" konnten und angeblich zu den vom „Volksempfinden gehaßtesten Typen" zählten.[36]

Die Tendenz war auch hier deutlich: Unter Wilhelm II. vollzog sich eine vorsichtige und langsame, in der Tendenz jedoch eindeutige „Modernisierung" der Nobilitierungspraxis, welche die obersten Segmente der Bourgeoisie zunehmend berücksichtigte. Um die zeitgenössische Wahrnehmung im Kleinadel angemessen einzuschätzen, ist ein Blick auf die genaueren Umstände einzelner Nobilitierungen vermutlich wichtiger als die o.g. Zahlenreihen, denn man darf vermuten, daß sich die kleinadlige Wahrnehmung eher in Anekdoten und Gerüchten über spektakuläre Einzelfälle als im Studium sozialstatistischer Erhebungen formte. Am Hof, in den Gutshäusern, Offizierskasinos und Klubs wurden einzelne Fälle von Nobilitierungen jüdischer und nichtjüdischer Mitglieder der Bourgeoisie debattiert, deren dubiose, die Grenzen der Korruption touchierende Umstände als Auswüchse des „jüdischen Materialismus" interpretiert wurden. Kölner Bankiers und Hamburger Guano-Importeure, jüdische Magnaten, die ihren Adelstitel der Summe von einer Millionen Mark verdankten, die dem Kaiser als „Handgeld" überreicht wurde, gehören ebenso zu dieser Wahrnehmung wie die „Bierabende", zu denen Wilhelm II. Mitglieder der Berliner Hochfinanz in eines seiner Schlösser lud und „Zeichnungslisten" auslegen ließ, um mit der Kollekte eigene Projekte zu finanzieren. Viele der adligen Beobachter sahen ihren Monarchen nicht länger von Edelleuten, sondern von „Koofmichs" umgeben, bzw. umzingelt.[37] Graf v. Zedlitz-Trützschler hatte die Einnahmen, die der Krone als „Vorausleistungen" für die Verleihung von Adelspatenten und Orden zuflossen, im Jahre

---

34 AUGUSTINE, Die wilhelminische Wirtschaftselite, S. 64-69, zit. 69, vgl. Tab. 2.33 und 2.39 auf S. 365 und 372.
35 SCHILLER, Eliten, S. 240.
36 Stephan KEKULE V. STRADONITZ, Gedanken über eine Um- und Ausgestaltung des Adelswesens in Deutschland, in: Deutsche Revue 35 (1910), S. 295-305, zit. S. 303. „Volksempfinden": Gedanken über Standeserhöhungen und Nobilitierungen, in: DAB 1889, S. 569-571, 583-586, zit. S. 584.
37 SPITZEMBERG, S. 456 (Tagebucheintrag von 1906), über die Nobilitierung von Caro und Friedländer. Vgl. DISSOW, S. 26; REIBNITZ (1929), S. 113-115, zu den Nobilitierungen Ohlendorffs („Guanomist"), der Kölner Bankiers und der kaiserlichen „Bierabende". Vgl. auch CECIL, Creation, S. 781-784. Zur adligen Gleichsetzung von „Koofmichs" mit dem Judentum vgl. den ehemaligen Antisemiten GERLACH (1937), S. 108f., 115; GERLACH (1926), S. 109 und den nobilitierten Juden LIEBERMANN, S. 85.

3.1.) Konnubium und Nobilitierungen

1904 auf eine Million Mark jährlich taxiert.[38] Professionelle Finanzoperationen, die von jüdischen Bankiers mit direktem Zugang zum Kaiser geleitet wurden und erkennbar eher persönlichen Vorlieben des Kaisers denn dem Gemeinwohl dienten, scheinen in einigen Fällen den Weg zur Nobilitierung erleichtert zu haben; so wurde etwa der zum Protestantismus konvertierte Paul v. Schwabach im Jahre 1907 in den Adelsstand erhoben, nachdem er dem Kaiser behilflich gewesen war, auf Korfu für 600.000 Mark einen Palast in erlesener Lage zu erwerben.[39] Angeblich aufgrund der Reize seiner Ehefrau, die Mitgliedern des Hofadels im Kurort Bad Ems zu gefallen wußte, wurde der „biedere" Hamburger Kaufmann Keßler nicht nur in den erblichen Adel, sondern später im Fürstentum Reuß in den Grafenstand erhoben. Die durch diese Standeserhöhung ausgelöste Unruhe führte dazu, daß den Duodezfürsten das Recht zu eigenständigen „Grafungen" entzogen wurde.[40] Für Unruhe im alten Adel sorgten weiterhin die von Wilhelm II. ernannten Ritter des Hohen Ordens vom Schwarzen Adler, die in der Hofrangordnung vor den Fürstenhäusern rangierten, und nicht zuletzt eine ganze Reihe von im Adel äußerst umstrittenen Fürstungen, die erhebliche Mengen „mauvais sang surtout en Prusse et parmi le parti conservateur" hervorriefen.[41]

3.2.) Soziabilität

Die „Sichtbarkeit" der von solchen Einzelfällen repräsentierten Annäherung von Teilen des reichen Adels an Teile der reichen, nicht selten jüdischen Bourgeoisie wurde durch eine Reihe von gesellschaftlichen Schnittpunkten vergrößert, welche die Verkehrskreise beider Gruppen zueinander führten. Mondäne Salons, so etwa die von Léonie von Schwabach und Aniela Fürstenberg geführten Häuser, bildeten Schnittpunkte dieser Art. Neben der Salonkultur gab es – wiederum vorwiegend in Berlin – jüdische Häuser, die Teile des Hofadels[42] zu festlichen Anlässen empfingen. Die glanzvollen Bälle im

---

[38] ZEDLITZ-TRÜTZSCHLER (1924), S. 75-77.
[39] Boris BARTH, Weder Bürgertum noch Adel – Zwischen Nationalstaat und kosmopolitischem Geschäft. Zur Gesellschaftsgeschichte der deutsch-jüdischen Hochfinanz vor dem Ersten Weltkrieg, in: GG 25 (1999), S. 94-122, hier S. 114; RÖHL, Hof und Hofgesellschaft unter Kaiser Wilhelm II., in: Ders., Kaiser, Hof und Staat, S. 86. Ähnlich über die Nobilitierung von Ernst und Otto Mendelssohn-Bartholdy: AUGUSTINE, Die wilhelminische Wirtschaftselite, S. 68.
[40] BÜLOW, Denkwürdigkeiten, Bd. 4, S. 497f.
[41] RÖHL, Hof, in: Ders., Kaiser, S. 109-112 (zit. S. 110 die Warnung Varnbülers und Bülows an den Kaiserfreund Philipp Eulenburg, der am 1.1.1900 in den erblichen Fürstenstand erhoben wurde). Vgl. den Kommentar bei SPITZEMBERG, S. 392f. Wilhelm I. hatte einen einzigen Adligen (Otto v. Bismarck) in den Fürstenstand erhoben. Wilhelm II. verlieh den Titel 13 Mal. Vgl. dazu SCHILLER, Eliten, S. 240, 519.
[42] Als „Hofadel" werden im folgenden alle dauerhaft am Hofe lebenden Mitglieder der weiteren königlichen Familie, alle adligen Inhaber von Hofämtern, sowie Adlige, die *regelmäßig* am Hof erschienen, bezeichnet. Unter Einschluß des gesamten Personals umfaßte der preu-

Hause des Bankiers Bleichröder rangen auch dem stets streng-elitären Urteil der Baronin Spitzemberg Respekt ab, die 1870 notierte, dort fast ausschließlich Leuten der „ersten Gesellschaft" begegnet zu sein.[43] Der auch von Bleichröder ostentativ zur Schau gestellte Reichtum erreichte zwar nicht die Standards, welche die legendären Schlösser der Rothschilds gesetzt hatten; Lebensführung und Repräsentation jedoch waren zumindest an diesem Stil orientiert.[44] Bleichröders Nobilitierung und Hoffähigkeit lagen zeitlich deutlich vor jener der Rothschilds am Wiener Hof, die 1888 im alten Adel für Unruhe sorgte.[45]

Die Reaktionen des reichen, nicht erst seit Wilhelm II. an aufwendige Repräsentation gewöhnten Hof- und Hochadels auf die hier gebotene Opulenz scheinen durch Affinitäten ebenso wie durch Ressentiments geprägt gewesen zu sein. Auch die Ballabende im Palais der Friedländer-Fulds wurden von adligen Offizieren und Teilen der Berliner Hofgesellschaft regelmäßig besucht.[46] Umgekehrt verkehrte Walther Rathenau, „Hochmeister des Kapitalismus",[47] vierfach legitimiert durch die Verbindungen seines Vaters, seinen Reichtum, seine gesellschaftlichen und seine intellektuellen Fähigkeiten, im Gesellschaftskreis um Kaiserin Augusta und traf den Kaiser ein bis zweimal im Jahr.[48] Auch als Besitzer eines Schlosses, das einst eine preußische Königin bewohnt und das Walther Rathenau 1909 „samt dem Nähtisch der Königin Luise"[49] gekauft hatte, symbolisierte Rathenau das „Eindringen" der jüdischen Bourgeoisie in die Domänen des Hochadels. Derartige Verbindungen dürfte es in einer ganzen Reihe von Salons des kultivierten Hochadels, besonders sichtbar in der Hauptstadt, gegeben haben.[50] Einige der in Berlin ge-

---

Bisch-deutsche Hof ca. 3.500 Personen. Vgl. dazu das Handbuch über den königlich-preußischen Hof und Staat für das Jahr 1900, Berlin 1899 sowie die Analysen von RÖHL, Hof, in: Ders., Kaiser, S. 87-93 und Isabel HULL, Der kaiserliche Hof als Herrschaftsinstrument, in: Der letzte Kaiser, S. 19-30.

[43] SPITZEMBERG, S. 88 (Eintrag vom 26.2.1870). Paul Graf v. Hatzfeld hatte 1872 zum ersten großen Hausbankett mehrere Standesgenossen im Hause Bleichröder eingeführt: STERN, Gold, S. 349. Zu den später zunehmend opulenten Festen Bleichröders ebd., S. 659-662.

[44] STERN, Gold, S. 245, 252-255. Zu den Standards unter deutschen Bankiers vgl. BARTH, Bürgertum, S. 110, 112f. und REITMAYER, Bankiers, S. 112-120.

[45] Georg V. MARCZIÁNNI, Die Courfähigkeit am österreichisch-ungarischen Hofe und das Haus Rothschild, in: DAB 1888, S. 23-25, mit dem Hinweis auf die grobe Verletzung der in Wien geltenden 16-Ahnen-Probe.

[46] CECIL, Jew, S. 49.

[47] Hartmut POGGE VON STRANDMANN, Hochmeister des Kapitalismus. Walther Rathenau als Industrieorganisator, Politiker und Schriftsteller, in: Die Extreme berühren sich. Walther Rathenau 1867-1922. Eine Ausstellung des Deutschen Historischen Museums in Zusammenarbeit mit dem Leo Baeck Institute, New York, Hg. v. Hans Wilderotter, Berlin o.J., S. 33-44.

[48] Die Treffen fanden zwischen 1901 und 1914 statt. Vgl. Walther RATHENAU, Der Kaiser. Eine Betrachtung, Berlin 1919, S. 26.

[49] So Maximilian HARDEN in einem spöttischen Kommentar über die Aneignung von Insignien des preußischen Adels durch die jüdische Bourgeoisie, in: Zukunft, 11.10.1913, S. 38.

[50] AUGUSTINE, Wirtschaftselite, S. 104-107. Vgl. BRAUN, S. 79; REIBNITZ (1929), S. 173-180; LIEBERMANN, S. 47, 105f.; SCHÖNAICH, S. 14 und die Schilderungen Fürst Bülows über die

3.2.) Soziabilität

führten Adelssalons bemühten sich bewußt um eine „Verbindung zwischen der kultivierten Geburtsaristokratie und der wissenschaftlichen Geistesaristokratie unter liberalen Vorzeichen".[51] Institutionen wie der „Internationale Klub" in Baden Baden, diverse Sport- insbesondere Pferderennclubs bildeten wichtige Schaltstellen, die reiche, nicht selten jüdische, Vertreter des Bürgertums mit reichen Grandseigneurs aus ganz Europa zusammenbrachten.[52]

Die in den Salons hergestellten Verbindungen hatten in Berlin einige wenige Pendants in Form von Klubs. Während die Casino-Gesellschaft am Leipziger Platz ein Club der reichsten Teile des alten Adels mit nur vereinzelten nobilitierten Mitgliedern blieb,[53] vereinte etwa der Unions-Club eine plutokratische Gesellschaft mit adligen und großbürgerlichen Anteilen.[54] Eine bedeutende Schnittstelle bildete weiterhin der 1899 in Berlin gegründete Deutsche Automobilklub, der einen exklusiven Kreis von Hochadligen und anderen Grandseigneurs, Diplomaten und Herrenhaus-Mitgliedern mit bürgerlichen Industriellen und (z. T. jüdischen) Bankiers zusammenführte.[55] Das repräsentative Klubhaus am Leipziger Platz bot in Form der wöchentlichen Klubabende ein durch hohe finanzielle Barrieren abgeschirmtes, im Jahre 1909 jedoch fast 1.700 Klubmitgliedern zugängliches Forum, auf dem sich Wilhelm II., seit 1905 Förderer und Protektor des Klubs, einmal jährlich zu einer Tafel „im Kreise ausgewählter Großindustrie und Hochfinanz" einfand.[56]

Auch in dieser adlig-bürgerlichem Sammlung im Zeichen des Automobils, Luxusobjekt und Ikone des technischen Fortschritts, fand die faktische und symbolische Abgrenzung der mondänen Grandseigneurs vom ländlich-provinziellen Kleinadel eine sinnfällige Form, an deren Gestaltung wiederum der Kaiser und ein Teil des Hofadels beteiligt waren. Mit der Übernahme der

---

Kontakte seiner Familie zu den Rothschilds, BÜLOW, Denkwürdigkeiten, Bd. 4, S. 27-29. Zur Restauration des von Rathenau gekauften Schlosses: OLDENBURG, S. 180.

[51] Petra WILHELMY, Der Berliner Salon im 19. Jahrhundert (1780-1914), Berlin/New York 1989, S. 289. Bestätigend: REIF, Hauptstadtentwicklung, S. 686-688.

[52] Dazu die Schilderungen bei LIEBERMANN, S. 113-123, über den „Turf-Club", den „Internationalen Club" in Baden Baden und die Empfänge im Schloß Karl Egon Fürst zu Fürstenbergs.

[53] Mitgliederlisten und Statuten der *Casino-Gesellschaft*, deren ca. 300 Mitglieder nach 1. und 2. Klasse unterschieden wurden und in der 1. Klasse einen Jahresbeitrag von 200 Mark zu entrichten hatten, in: LHAMW, Rep H St. Ulrich, Nr. 463 und FFAD, Kab.Sekr., Casino-Gesellschaft. Vgl. SPENKUCH, Herrenhaus, S. 443.

[54] REIBNITZ (1929), S. 133; Marcus FUNCK, Horsemen, Businessmen, Gentlemen. Berlin's „Union-Klub" as a Metropolitan Elite Network, 1860s to 1914 (unveröffentlichtes Vortragspapier, Berlin 2000).

[55] Vgl. dazu die Namensangaben bei Barbara HAUBNER, Nervenkitzel und Freizeitvergnügen. Automobilismus in Deutschland 1886-1914, Göttingen 1998, S. 76-86. Nach dem Krieg wurde der Klub durch Adolf Graf v. Arnim-Muskau präsidiert, dem eine englische Zeitung die Bezeichnung „first gentleman of Prussia" angehängt hatte und der gleichzeitig auch Präsident des Union-Clubs war (REIBNITZ, 1929, S. 133).

[56] REIBNITZ (1929), S. 133, REIF, Hauptstadtentwicklung, S. 689-691; SPENKUCH, Herrenhaus, S. 444f.; WILHELMY, Der Berliner Salon, S. 383ff.

Schirmherrschaft durch den Kaiser erwarb der Klub das Recht, sich „Kaiserlicher Automobilklub" zu nennen. Der Kaiser, der ebenso wie das Kronprinzenpaar und weitere Mitglieder des Hochadels auf den Festbanketts und Siegerehrungen des Klubs erschien, hatte bis 1910 einen eigenen Wagenpark mit 22 Kraftfahrzeugen anschaffen lassen.[57] Die motorisierte Form der Verbindung von „nobility and mobility"[58] war nur den obersten Segmenten des alten Adels möglich. Für die Lizenz als „Herrenfahrer" forderten die Klubstatuten eine „unabhängige Lebensstellung" mit einem gesicherten Einkommen, das gestattete, „die mit der Ausübung des Automobil-Sport verknüpften Ausgaben aus eigenem Vermögen zu bestreiten". Dazu gehörte nach dem Automobil auch der Klub-Jahresbeitrag von 100, später 200 Mark.[59]

Dieselben finanziellen Barrieren fanden sich auch im paramilitärischen *Kaiserlichen Freiwilligen-Automobil-Corps*, in dem reiche Bourgeois und reiche Adlige militärische und monarchische Elemente mit der technischen Moderne verschmolzen. Dem Kleinadel blieben diese Institutionen verschlossen, denn in den obligatorischen „Besitz eines Automobils bewährter Konstruktion, bei Explosionsmotoren von mindestens 8 HP"[60] konnte sich nur ein kleiner Teil der Familien des Kleinadels bringen. Auch im *Automobil-Corps* gab es eine jüdische Beteiligung, die stark genug war, um diese Einrichtung der paramilitärischen Herrenfahrer in toto als „jüdisch" wahrzunehmen. Der bayerische König ließ im Januar 1916 einen Witz kolportieren, in dem von einer Begegnung zweier Herren berichtet wird: „der eine war vom Automobilkorps, der andere war auch ein Jude."[61]

Im Hinblick auf die Salon- und Klubgeselligkeit läßt sich eine Gründung aus dem Ersten Weltkrieg als Höhe- und Endpunkt der in Berlin bewerkstelligten adlig-bürgerlichen Annäherungen beschreiben. Im Herbst 1915 wurde in Berlin eine klubartige Verbindung mit dem Namen *Deutsche Gesellschaft von 1914* aufgebaut. Die Initiative zu dieser Gründung ging maßgeblich von Wilhelm Solf aus, der als ehemaliger Gouverneur Westsamoas und Leiter des Reichskolonialamtes über diplomatische Erfahrung und gute Kontakte zum Adel verfügte.[62] Diesem gelang die Sammlung einflußreicher adliger und

---

[57] HAUBNER, Nervenkitzel, S. 78, 84.
[58] Zur adligen Passion für die modernen Formen der Lokomotion, mit denen sich auch neue Formen der Distinktion verbinden ließen, vgl. das Kapitel „Nobility and Mobility in Modern Britain", in: David CANNADINE, Aspects of Aristocracy. Grandeur and Decline in Modern Britain, New Haven/London 1994, S. 55-73.
[59] HAUBNER, Nervenkitzel, S. 81 führt den Begriff auf den Radsport zurück. Er dürfte jedoch eher in Anlehnung an Begriff und Typus des „Herrenreiters" entstanden sein.
[60] Zitate aus den §§1-6 der Satzung des Kaiserlichen Freiwilligen-Automobil-Corps (undatiert) in: LAG, Rep. 38d Karlsburg, Nr. 2052, Fol. 1-8. Der jährliche Mitgliedsbeitrag im Korps lag bei 100 Mark.
[61] Brief Alois Fürst zu Löwensteins, zit. bei DORNHEIM, Kriegsfreiwilliger, S. 173.
[62] Der Orientalist und Indologe Wolf Heinrich Solf (1862-1936) war 1900-1911 Gouverneur von Westsamoa, 1911-1918 Leiter des Reichskolonialamts, Oktober-Dezember 1918 Staatssekretär des Äußeren, wurde 1919 Mitglied der DDP und 1920-1928 Botschafter in Tokio.

3.2.) Soziabilität

bürgerlicher Mitglieder verschiedener Funktionseliten in einer Vereinigung, die in ihren Statuten explizit ausschloß, der „Klub *einer* politischen Partei oder einer abgegrenzten politischen oder sozialen Gruppe" zu sein. Offiziell bezweckte die Vereinigung „reichsdeutschen Männern aus allen Berufen und Ständen, ohne Unterschied der Partei die Möglichkeit eines vorurteilsfreien, zwanglosen geselligen Verkehrs zu geben und so den Geist der Einigkeit von 1914 in die Jahre des Friedens hinüberzutragen". Eine soziale Vorauswahl war freilich bereits durch den hohen Jahresbeitrag gegeben, der 60 Mark nicht unterschreiten durfte, der elitäre Charakter durch die Maßgabe betont, nicht mehr als insgesamt 1.000 Mitglieder aufzunehmen. Die Statuten erwähnten „berufene Wortführer" in „Regierungen oder Parlamenten, dem Handel, der Landwirtschaft, der Industrie und Arbeit, Heer und Flotte, der Kunst und Wissenschaft", deren Zusammenführung der Klub organisieren sollte. Diesen „Wortführern" wurde auf den wöchentlich organisierten Diskussionsabenden in der Berliner Wilhelmstraße „schickliche Gelegenheit" zur „Aussprache von Mensch zu Mensch" geboten.[63]

Die Mitgliederlisten bezeugen das sozial elitäre Profil der Vereinigung, deren adlig-bürgerliche Auswahl jedoch ins demokratische Lager hineinreichte, jüdische Mitglieder der Bourgeoisie und vereinzelte Sozialdemokraten des rechten Parteiflügels einschloß. Die politische Linie, welche die Leitung der Gesellschaft durchzusetzen versuchte, läßt sich als liberale Gegenbewegung zum Annexions-Kurs der Alldeutschen verstehen.[64]

Der hier versammelte Kreis ging über das Lager des Liberalismus allerdings weit hinaus: Graf v. Arnim-Boitzenburg, (Präsident des Herrenhauses), Graf Schwerin-Löwitz, (Vorsitzender des Landwirtschaftsrates, Präsident des Hauses der Abgeordneten), Frhr. v. Wangenheim (Vorsitzender des BdL), Fürst Bülow, Fürst Fürstenberg, Herzog Friedrich zu Mecklenburg, Graf zu Eulenburg, Graf Tiele-Winkler, Fürst Henckel zu Donnersmarck und dessen ältester Sohn verkehrten hier „schicklich" und „von Mensch zu Mensch" mit bedeutenden Industriellen, Bankdirektoren, Kommerzienräten, Diplomaten, Parlamentariern, Professoren und Journalisten, deren Spektrum sich von Matthias Erzberger, Friedrich Meinecke, Nicolaus Cossmann, Hans Delbrück, Walther Rathenau,[65] Hjalmar Schacht, Max Warburg, Georg v. Simon, Oskar Wassermann, Gerhard Hauptmann, Ernst Jäckh, und Prof. v. Wilamowitz-

---

Seine Frau Johanna Solf, geb. Dotti, (1887-1954) war während des zweiten Weltkrieges Mittelpunkt des oppositionellen „Solf-Kreises".

[63] Protokolle mit dem Gründungsaufruf (Oktober 1915) und diversen Ansprachen Solfs in: FFAD, Akten, „Dt. Ges. 1914", Vgl. dazu die Angaben bei WINTERFELDT, S. 208-210 und REIBNITZ (1929), S. 131f.

[64] Knut HANSEN, Albrecht Graf von Bernstorff. Diplomat und Bankier zwischen Kaiserreich und Nationalsozialismus, Frankfurt a. M./Berlin/Bern 1996, S. 83f.; Eugen SCHIFFER, Ein Leben für den Liberalismus, Berlin 1951, S. 30f., Lothar ALBERTIN, Liberalismus und Demokratie am Anfang der Weimarer Republik, Düsseldorf 1972, S. 11; Ernst JÄCKH, Der goldene Pflug, Stuttgart 1954, S. 193-195.

[65] Bernd SÖSEMANN, Jenseits von Partei und Parlament. Walther Rathenaus „aufbauende Ideenpolitik" in der Deutschen Gesellschaft 1914, in: Extreme, S. 169-178.

Moellendorff über die Sozialdemokraten Albert Südekum, Robert Schmidt und Carl Legien bis zu dem alldeutschen Publizisten Ernst Graf v. Reventlow erstreckte.[66] Die Behauptung der Vereinigung, „nicht Amt und Titel sondern Persönlichkeit, nicht Meinung sondern Leistung, nicht Vermögen sondern Können" zu fördern, war somit mehr als eine Parole; tatsächlich versammelten sich in der „Gesellschaft" jedoch vorwiegend Personen, die durch Titel, Leistung, Einfluß *und* Vermögen hervorstachen. Das von Solf in seiner Einweihungsrede beschworene „Wirken des freien Mannes",[67] und die hier hergestellte Verbindung zwischen adligen und bürgerlichen Welten überlebten die Kriegsniederlage nicht,[68] glich jedoch in mancher Hinsicht dem Ideal des unabhängigen „Herren", das Graf Alvensleben zehn Jahre später bei der Gründung des Deutschen Herrenklubs beschreiben sollte.[69] Das heterogene politische Spektrum der Vereinigung wurde während des Krieges offenbar von jenem ideologischen Rahmen gebündelt, dem die Gesellschaft ihren Namen verdankte. Dieser Rahmen und mit ihm die Gesellschaft zerfiel in der unmittelbaren Nachkriegszeit. Der rechte Flügel der Vereinigung scheint sich frühzeitig aus dem breiten Angebot der neuentstandenen rechtsradikalen Gründungen bedient und der Gesellschaft den Rücken gekehrt zu haben, deren republikanische Ausrichtung zu- und deren politische Bedeutung daraufhin abnahm. Der BdL-Vorsitzende Konrad Frhr. v. Wangenheim z.B. verließ die Gesellschaft Anfang 1920, weil ihn die jüdische Beteiligung störte. Seine Suche nach einer Organisation „auf rein nationaler Grundlage" führte zu seiner Mitgliedschaft im rechtsradikalen Nationalen Klub.[70]

---

[66] Die ca. 400 Personen umfassende Mitgliederliste, (darunter ca. 40-50 Adlige), in: FFAD, Akten, Deutsche Gesellschaft 1914, verzeichnet außer den oben Genannten u. a.: August Thyssen, Geh. Kommerzienrat Deutsch, Franz v. Mendelsohn (Präsident der Berliner Handelskammer), Wilhelm und Georg v. Siemens, den Reichbankpräsidenten Havenstein, den Generaldirektor des Norddeutschen Lloyd Heineken, den Direktor der Dresdner Bank Gutmann, Bankdirektor Fritz Andreae, den Direktor der Bank für Handel und Industrie v. Simson, Fritz v. Friedländer-Fuld, Geh. Rat v. Dirksen, Robert Bosch, den Kruppdirektor Tilo Frhr. v. Wilmowsky, Max Warburg, Franz Ullstein, Werner Sombart, die Landräte Frhr. v. Maltzan und v. Winterfeldt-Menkien, Legationsrat Frhr. v. Richthofen, den bayerischen Gesandten Graf Lerchenfeld-Köfering, den Botschaftsrat Albrecht Graf v. Bernstorff, Johann Albrecht Herzog zu Mecklenburg, Viktor Salvator Prinz v. Isenburg,

[67] Zit. n. Eberhard VON VIETSCH, Wilhelm Solf. Botschafter zwischen den Zeiten, Tübingen 1961, S. 143.

[68] Das der Familie Bosch gehörende Klubhaus in der Wilhelmstraße 67 mußte 1925 aufgegeben werden. Die Weiterführung der *Gesellschaft* in der Schadowstraße 6-7 blieb ohne Bedeutung (Denkschrift zur Erhaltung des Hauses in der Wilhelmstraße 67, in: FFAD, Akten, ‚Deutsche Gesellschaft 1914'). 1924 war der Mitgliederkreis zwar auf 2.500 Personen angewachsen und eine Studienfahrt in die USA, welche die Gesellschaft im Sommer 1924 ihren Mitgliedern zum Preis von 500 $ anbot, zeugt von der einstigen Finanzstärke des Mitgliederkreises, der durch das Abwandern seines rechten Flügels und parallel zu seiner numerischen Aufblähung jedoch bereits in der unmittelbaren Nachkriegszeit an Bedeutung verlor.

[69] Zum 1925 gegründeten Deutschen Herrenklub s. Kapitel 9 dieser Arbeit.

[70] WANGENHEIM an Roesicke, 30.1.1920, in: BAP, 90 Wa 1, Bd. 15, Fol. 6.

3.2.) Soziabilität

Was sich anhand der Salon- und Klubkultur beschreiben läßt, findet eine Entsprechung in den Veränderungen adlig-großbürgerlicher Wohnformen in Berlin. Der großbürgerlichen Wohnkultur, die sich in Berlin etwa im Grunewald oder den Villenkolonien am Wannsee eindrucksvoll entfaltete,[71] wiederum mit einem starken jüdischen Anteil, stand auf der Seite des alten Adels faktisch und symbolisch keine städtische Gegenkultur mehr gegenüber. Die Millionäre aus dem 1864 gegründeten „Club von Berlin", die an den Wannseeufern – die östliche Seite wurde 1874 einem preußischen Prinzen abgekauft – zu den Bauherren gehörten, waren v. a. reiche bürgerliche Bankiers. Die hier entstehende großbürgerliche Lebenswelt im Grünen, zu der auch die kostspieligen Aktivitäten in den Golf-, Segel- und Poloklubs gehörten, kultivierte neue, durch die Kombination von Geld und Kultur verfeinerte Lebensformen, an der zahlreiche jüdische Bankiers und einzelne reiche Mitglieder des alten Adels teilhatten.[72]

Zeitlich parallel zu dieser Entwicklung verstärkte sich die oben bereits erwähnte Tendenz der „Aufgabe" der Reichshauptstadt durch den alten Adel, die sich in Verkauf und Aufteilung prachtvoller Stadtpalais' adliger Familien ausdrückte, so daß einige der eindrucksvollsten Gebäude im Berliner Zentrum nunmehr Besitzer aus der jüdischen Bourgeoisie hatten.[73] Spektakuläre Besitzwechsel ließen sich als symbolische Verdichtung des jüdischen ‚Eindringens' in ehemals adlige Domänen interpretieren: Das Palais des Bankiers Schwabach am Wilhelmplatz war einst von der Familie Hatzfeld bewohnt worden. Der mit einer Amerikanerin verheiratete Diplomat Paul Graf v. Hatzfeld, Protégé Bismarcks und dessen „bestes Pferd im Stall", stand weit oben in den Schuldbüchern Bleichröders.[74] Dieser wiederum hatte das Rittergut des Generalfeldmarschalls v. Roon aufgekauft und den Kaiser dort 1877 zu einem kurzen Besuch empfangen.[75] Das Palais der Grafen Redern mit der exquisiten Adresse Unter den Linden 1 wurde abgerissen, um Platz für den luxuriösen Bau des Hotel Adlon zu schaffen.[76] Diese Formen selbstbewußter Repräsentanz symbolisierten erfolgreiche, teilweise, wie im Fall von Strousbergs mitten im Regierungsviertel erbauter Villa, kometenartige Aufstiege in den sozialen Hierarchien des Kaiserreiches.

---

[71] Villenkolonien in Wannsee 1870-1945. Großbürgerliche Lebenswelt und Ort der Wannsee-Konferenz (Begleitbuch zur Ausstellung), Berlin 2000, S. 14-69.

[72] Villenkolonien in Wannsee, S. 15-24. Zum Club von Berlin, der auch als „Millionärsklub" bezeichnet wurde s. Max I. WOLFF, Club von Berlin. 1864-1924, Berlin 1926. Vgl. die Schilderungen bei REIBNITZ (1929), S. 135f., 151-153 und WILMOWSKY, S. 183f.

[73] Zu den prachtvollen Palais' altadliger Familien im Berliner Regierungsviertel vgl. die Schilderung bei Paula v. BÜLOW, S. 9-12; FÜRSTENBERG, Lebensgeschichte, S. 65f., S. 396, und ZOBELTITZ, Chronik, I, S. 71-73. Vgl. CECIL, Jew, S. 54f. REISCHACH, S. 169-171; LIEVEN, Abschied, S. 190-195 und REIF, Hauptstadtentwicklung, S. 694-696. Zu den Hintergründen s. Laurenz DEMPS, Berlin-Wilhelmstraße. Eine Topographie preußisch-deutscher Macht, Berlin 1994; DERS., Der Pariser Platz. Der Empfangssalon Berlins, Berlin 1995.

[74] STERN, Gold, S. 347-356, zit. S. 347.

[75] Ebd., S. 252-256.

[76] CECIL, Jew, S. 55. Vgl. Laurenz DEMPS, Das Hotel Adlon, Berlin 1997.

Dem Ahnen- und Kargheitskult des Kleinadels denkbar fern, setzten christliche und jüdische Mitglieder der Bourgeoisie praktisch um, was Thorstein Veblen in seiner berühmten, um die Jahrhundertwende formulierten Einsicht über die notwendige „Sichtbarkeit" von Macht und Reichtum festgehalten hatte: „The wealth or power must be put in evidence, for esteem is awarded only on evidence."[77] Mehr als jede andere Stadt im Reich wurde Berlin zum Ort, an dem die Erfolgsgeschichte christlicher und jüdischer Großbürgerfamilien sichtbar gemacht wurde.

3.3.) Wilhelm II. als „Herr der Mitte"

Was sich in Konnubium, Nobilitierungen, Salons und Besitzwechseln andeutete, fand schließlich durch einzelne Züge im stets zwischen unterschiedlichen Polen oszillierenden Kurs Wilhelms II. die aus kleinadliger Perspektive vermutlich wichtigste symbolische Bestätigung. Bekanntlich pflegte der Kaiser eine Reihe von direkten Kontakten zu reichen, z.T. jüdischen Beratern und „Freunden", die in puncto Reichtum und Fachwissen über moderne Herrschaftsqualifikationen verfügten, mit denen weder die adligen Mitglieder der kaiserlichen Entourage, geschweige denn der Großteil des niederen Landadels mithalten konnte.[78] Albert Ballin, Emil und Walther Rathenau, Carl Fürstenberg, Gerson v. Bleichröder, Fritz v. Friedländer-Fuld, Paul v. Schwabach, Isidor Löwe, Franz von Mendelssohn, James Simon u. a. symbolisierten durch ihre direkten Kontakte zum Kaiser und zur Hofgesellschaft die Bedeutung des jüdischen Beitrages in Wirtschaft, Politik und Kultur.[79] Die öffentlich sichtbaren Kontakte in umgekehrter Richtung – Besuche des Kaisers bei jüdischen Mitgliedern der Gesellschaft – dürften ebenfalls großes Aufsehen erregt haben. Albert Ballin, der „Hofozeanjude", wie ihn sein Freund Maximilian Harden nannte, hatte in seinem Haus Kanzler, Fürsten und den Kaiser bewirtet und 1899 mit Philipp Ernst v. Hohenlohe-Schillingsfürst einen Sohn des Reichskanzlers in den Aufsichtsrat der HAPAG geholt.[80] Wilhelm II. besuchte die Mendelssohns im Berliner Grunewald, um „Ratschläge" für die Inneneinrichtung der neuerworbenen Villen zu geben. Der Aufstieg von Ernst und Franz v. Mendelssohn-Bartholdy und Franz v. Mendelssohn, die 1902 und 1913 zu Mitgliedern des preußischen Herrenhauses ernannt wurden, symbolisierte diese Form kaiserlicher Begünstigungen besonders deutlich.[81] Seit die Kontakte des Hofadels zu reichen Juden neben älteren Verbindungen zu

---

77 Thorstein VEBLEN, The Theory of the Leisure Class. An Economic Study of Institutions (1899), London 1970, S. 42.
78 Werner MOSSE, Wilhelm II. and the Kaiserjuden. A Problematic Encounter, in: Jehuda Reinharz/Walter Schatzberg, The Jewish Response to German Culture: From the Enlightenment to the Second World War, Hanover, NH 1985, S. 164-194.
79 AUGUSTINE, Wirtschaftselite, S. 226-242, v. a. 231f.
80 Eberhard STRAUB, Albert Ballin. Der Reeder des Kaisers, Berlin 2001.
81 BARTH, Bürgertum, S. 113-115.

den seit langem etablierten jüdischen Familien zunehmend auch Kontakte zu jüdischen Aufsteigern der Gründerzeit einschlossen, ließ sich der Vorwurf des „unwürdigen" Umgangs, in den selbst Kaiser und Kronprinz arglos „hineingezogen" wurden, immer schärfer konturieren. Reiche Mitglieder des Berliner Hofadels, die in den Kunstgalerien jüdischer „Börsenritter", Grundstücksspekulanten und „Rattenkönige" erschienen, diese im Gegenzug zum Souper luden und bei ihren „Börsen-Orgien" auf „einen schönen Schmu" hofften, wurden in antisemitischen Bestsellern als untrügliche Anzeichen materialistischer Dekadenz präsentiert, dem der reiche Adel – seine eigentliche Berufung, die „kleinen Leute" und das Vaterland gleichermaßen verratend – zunehmend verfiel: „Das ist eben das Empörende, dass die Gründer [...] es wagten, sich an die ersten Personen des Reiches zu drängen."[82]

Diese Annäherung, die von großen Teilen des alten Adels mit Bedenken, immer häufiger mit offenem Protest beobachtet wurde, bestätigt Willy Ritter Liebermann v. Wahlendorf, aus der Perspektive einer nobilitierten jüdischen Familie, in dessen Memoiren aufdringliche Stilisierungen seiner guten Kontakte zu reichen Mitgliedern des alten Adels viel Platz einnehmen:[83] Altadlige Vorbehalte gegen Handel, Geld und Luxus wurden als „verrückte Auffassungen bald, Ende der 80er Jahre, durch das vernünftige Eingreifen des jungen Kaisers geändert, der dem Kaufmannsstand [...] die ihm gebührende Stellung gab und ihm auch aristokratische Kreise zuzuführen liebte."[84] Ähnlich bezeichnete Walther Rathenau „strahlende Großbürger, liebenswürdige Hanseaten [und] reiche Amerikaner" als eine Umgebung, „wie [der Kaiser] sie liebte und wie sie ihm gemäß war".[85]

Die scharfe Kritik an der hier gelobten Tendenz läßt sich auf der Gegenseite von den ersten Jahrgängen des Deutschen Adelsblattes, über die großen und kleinen Traktate der intellektuellen Neuen Rechten bis in Hitlers schriftlich fixiertes Credo verfolgen – eine kleinadlig-rechtsradikale Parallele, die bereits hier angedeutet werden soll. Die völkische Deutung beerbend formulierte Hitler eine giftige Kritik an der Hofführung der deutschen Fürsten vor 1918, die in den letzten Jahren zunehmend durch „berufsmäßige Kriecher und Schleicher", devote Feiglinge sowie „geadelte oder auch ungeadelte Spulwürmer" kontrolliert worden seien. Was Liebermann v. Wahlendorf – stellvertretend für die große Gruppe bürgerlicher Aufsteiger, die von der hier

---

[82] Otto GLAGAU, Der Börsen und Gründungsschwindel in Berlin, Leipzig 1876, zit. S. VII, XI, 38, 152 und S. 327.

[83] LIEBERMANN V. WAHLENDORF (1863-1939), der seine Memoiren 1936 unter dem Titel „Mein Kampf" verfaßte, trug einen Adelstitel, der dem Vater 1873 in Österreich vom Kaiser verliehen und später in Preußen anerkannt wurde. Als Beschreibung der Möglichkeiten und Grenzen adlig-jüdischer Annäherungen im Kaiserreich sind die Memoiren von einigem Wert.

[84] LIEBERMANN, S. 86.

[85] RATHENAU, Kaiser, S. 34; Vgl. ähnliche Urteile bei Daisy FÜRSTIN PLEß, Tanz auf dem Vulkan, Bd. 1, Dresden 1930, S. 67 und FÜRSTENBERG, Lebensgeschichte, S. 439, REVENTLOW, Kaiser, S. 77.

skizzierten Nobilitierungspolitik und Hoffiihrung Wilhelms II. profitiert hatte – als große Leistung des Kaisers präsentiert, deutete Hitler in der Tradition seiner adligen und nicht-adligen Vorgänger als Quelle des Verderbens: „Die Herrschaft des Geldes wurde leider auch von der Stelle aus sanktioniert, die sich am meisten dagegen hätte auflehnen müssen: Seine Majestät der Kaiser handelte unglücklich, als er besonders den Adel in den Bannkreis des neuen Finanzkapitals hineinzog." Die wenigen wirklichen „Heldennaturen" aus dem „Schwertadel", so Hitler, mußten die vom „Finanzadel" überschwemmten Höfe zunehmend meiden, um nicht „in Beziehung zum nächstbesten Bankjuden gebracht zu werden."[86] Daß der Kaiser drohte, zur Geisel des jüdischen „Mammonismus" zu werden, hatte Heinrich Claß bereits 1912 öffentlich ausgesprochen: „Wie ist es [...] möglich, daß er gerade nachher ein Gönner der Juden geworden ist, wie selbst nicht sein instinktloser Oheim Eduard, indem er reichgewordene jüdische Unternehmer, Bankiers und Großhändler in seinen Verkehr zog, adelte und selbst ihren Rat einholte. Einer der Widersprüche dieses an solchen überreichen Lebens – wahrscheinlich der folgenreichste, schlimmste!"[87] Aus adelsgeschichtlicher Perspektive ist das Aufsehen, das Claß mit seinem Kaiserbuch erreichte, nicht zuletzt deshalb interessant, weil hier einer der wichtigsten bürgerlichen Köpfe der Neuen Rechten genau jene Kritik veröffentlichte, die in weiten Kreisen des Kleinadels am Kaiser formuliert wurde: Laut Claß hatte die „minder aristokratisch gewordene Umgebung des Herrschers" denselben von den „treuesten Getreuen, den deutschen Männern von Adel des Blutes, der Gesinnung und der Leistung" entfernt, ohne ihn dem Volk nähergebracht zu haben – „Kein absoluter Fürst war seinen Getreuen so unnahbar, wie dieser konstitutionelle Herrscher."[88]

Die hier beklagte Unnahbarkeit des Kaisers ließ sich an unterschiedlichen Orten wahrnehmen. Neben den kaiserlichen Besuchen der Kieler Woche[89] und der Villa Hügel, Verbindungsorte mit der Welt rheinischer Industrieller, hanseatischer Patrizier und der internationalen Finanzbourgeoisie, waren auch die „Nordlandfahrten", bei denen der Kaiser auch jüdische Mitglieder seiner weiteren Entourage mit an Bord nahm, für den Kleinadel Schreckbild und Albtraum: Ein von Hofadligen, Professoren und angeblich sogar von jüdischen Finanzmagnaten umringter König, der seine altadligen Generale an

---

[86] HITLER, Mein Kampf, München, [49]1933, S. 256.
[87] CLAß/FRYMANN, Kaiser, S. 35.
[88] Ebd., S. 223. Die hier zitierten Vorwürfe spiegeln die kleinadlige und neu-rechte Wahrnehmung allerdings stärker als die Realität wider. Über die tatsächliche Komposition der kaiserlichen Entourage sowie über das faktische Verhältnis von Nähe und Ferne einzelner Personen am Hof, das sich in der ersten Hälfte der Regierungszeit Wilhelms II. etablierte, s. John C. G. RÖHL, Wilhelm II. Der Aufbau der Persönlichen Monarchie. 1888-1900, München 2001, v. a. S. 191-206.
[89] Zur adligen Wahrnehmung des stets im Juni organisierten Großereignisses in der Kieler Bucht s. DEIMLING, S. 124-126, der auf das zur Teilnahme „nötige Kleingeld" verweist und schreibt: „Den ganzen Tag frühstücken und dinieren, Süßholz raspeln und flirten, das war mir auf die Dauer zu viel. Auf der afrikanischen ‚Pad' hatte ich mich wohler gefühlt." Vgl. die Kritik von Axel Frhr. v. Varnbüler, zit. bei HULL, Entourage, S. 35.

3.3.) Wilhelm II. als „Herr der Mitte"

Deck zu entwürdigenden Leibesübungen zwang und an Bord eines modernen Stahlschiffes in nordischen Nebeln verschwand.[90] Graf Reventlow karikierte das Entsetzen seiner Standesgenossen in seinem polemischen Rückblick aus dem Jahre 1942: „Im Sommer 1902 lud der Kaiser für seine Nordlandreise auf die Hohenzollern neben anderen auch ein: die reichen Juden Bleichröder, Arnhold, Isidor Loewe, Markus u. a. M. Das sozialdemokratische Parteiorgan, der Vorwärts, schrieb hierzu: ‚das ist die neue Hofgesellschaft, derentwegen die Junker auf ihren Stammsitzen Simplizissimusstimmungen äußern'."[91] Für die Entfernung des Königs aus dem Gesichts- und Kontrollkreis „seines" Landadels bot die jenseits aller preußischen Traditionen liegende nordischvölkische Symbolik der „Nordlandfahrten"[92] die prägnanteste Illustration. Wie im Falle der mittelalterlichen Inszenierungen zum 100-jährigen Firmenjubiläum auf dem „Hügel" der Krupps, bei denen im Jahre 1912 ein berittener Auftritt Gustav Krupp v. Bohlen u. Halbachs als Graf v. Helfenstein bzw. als lanzentragender Ritter vorgesehen war,[93] vereinte auch die kaiserliche Nordland-Mystik drei unvereinbare Elemente. Zwei davon hatte Theodor Fontane 1897 benannt: Den „totalen Bruch mit dem Alten" und das „Wiederherstellenwollen des Uralten".[94] Blickt man hinter die mit modernsten Mitteln aufgebaute germanisch-mittelalterliche Fassade, wird das dritte Element sichtbar: Das Anknüpfen an Personal, Mittel und Möglichkeiten des Neuen, der indu-

---

[90] Die Nordlandreisen fanden zwischen 1889 und 1914 alljährlich im Juli im Anschluß an die Kieler Woche statt und dauerten vier Wochen. Vgl. neben dem Bericht von Philipp FÜRST ZU EULENBURG-HERTEFELD, Mit dem Kaiser als Staatsmann und Freund auf Nordlandreisen, Hg. von Augusta Fürstin zu Eulenburg-Hertefeld, 2 Bde., Dresden 1931, vor allem aber die Analyse von Birgit MARSCHALL, Reisen und Regieren. Die Nordlandreisen Kaiser Wilhelms II., Hamburg 1991. Zum Rhythmus des „kaiserlichen Jahres": SOMBART, Wilhelm II., S. 117-130. Zu den Kniebeugen der alternden Generäle s. REVENTLOW, S. 378 und das Photo bei MARSCHALL, Reisen, S. 190ff.

[91] REVENTLOW, Von Potsdam nach Doorn, S. 37. Der Semi-Gotha von 1912 enthielt ein „Vorstück", in dem ein Zitat von Wilhelm II. („Zusammen müssen wir arbeiten...") um folgenden Zusatz ergänzte: „Aber ohne: Sir Cassel, Ballin, Bodenstein, Caro, Friedländer-Fuld, Goldberger, Huldschinsky, Isidor Löwe, Levin-Stölping, Mendelsohn, Rathenau, Rießer, Simon, Schwabach usw." (Semi-Gotha, S. XIII, vgl. ebd. S. XLVI mit entsprechenden Äußerungen von Theodor Fritsch). Vgl. den Artikel: Kaiser Wilhelm II. und die Großindustriellen, in: DAB 1890, S. 536. Zum Verhältnis von Antisemitismus und Hochfinanz s. REITMAYER, Bankiers, S. 176-193.

[92] Zur Symbolik des von Wilhelm II. geschätzten „Drachenstils" und zur Geschichte der „Nordland"-Konstruktion s. Julia ZERNACK, Anschauungen vom Norden im deutschen Kaiserreich, in: Handbuch der „Völkischen Bewegung", 1871-1918, Hg. v. Uwe Puschner u. a., München/New Providence u. a. 1996, S. 482-511, hier S. 485-487.

[93] Michael STÜRMER, Alltag und Fest auf dem Hügel, in: Tilmann Buddensieg (Hg.), Villa Hügel. Das Wohnhaus Krupp in Essen, Berlin 1984, S. 256-273; Robert Laube, „... und Waffen uns am treuesten verbrüdern". Sozialimperialismus, soziale Realität und ein Ritterspiel im Jahre 1912, in: Ferdinand Seibt u. a. (Hg.), Vergessene Zeiten. Mittelalter im Ruhrgebiet. Katalog zur Ausstellung im Ruhrlandmuseum Essen, Essen 1990, S. 329-336 und zuletzt Lothar GALL, Krupp. Der Aufstieg eines Industrieimperiums, Berlin 2001.

[94] Theodor FONTANE, Briefe an Georg Friedlaender vom 5.4.1897, zit. n. Zernack, Anschauungen in: Handbuch der „völkischen Bewegung", S. 487.

striellen Moderne, die sich bei selektiver Wahrnehmung als „jüdisch" beschreiben ließ; eine Wahrnehmung, die weit über den Adel hinausreichte.[95]

Die Bedeutung der schwimmenden Nebenhöfe, die faktisch und symbolisch einen Teil der modernen Funktionseliten versammelten, wurde vom alten *Land*-Adel durchaus richtig verstanden. Denn gleich, ob der Kaiser gen „Nordland" fuhr oder zu archäologischen Ausgrabungen vor griechischen Küsten kreuzte – die kleinadlige Analyse dieser Ausfahrten stand fest: der preußische König mutierte zum „Herrn der Mitte" und entzog sich der Nähe „seines" Landadels. Dieser nahm den Kaiser zunehmend als „Liberalen" wahr.[96] Voll Abscheu notierte Graf Reventlow 1906, der Kaiser sei in Hamburg bereits als „erster Geschäftsreisender Deutschlands" gefeiert worden.[97] Auch kaiserliche Fahrten in heimischen Gewässern wurden als Präsentationen technischer Moderne wahrgenommen und als Verrat am traditionell kargen Stil des preußischen Adels bewertet. Entsetzt nahm ein adliger Generalstabsoffizier die Swimmingpools sowie „Reitkamele und anderes Viehzeugs" zu Protokoll, die den Kaiser bei seiner Ausfahrt auf dem modernsten HAPAG-Passagierdampfer erfreuten.[98]

Die quer zur byzantinischen Hofrangordnung[99] stehende Teilintegration bürgerlicher Magnaten aus den vom Adel weitgehend gemiedenen Bereichen Industrie, Finanz und Handel am Berliner Hof blieb zwar in ihren Anfängen stecken, steht jedoch eindeutig für den Versuch, den Hof als Forum und Katalysator einer modernen Elitenbildung zu verwenden. Dieser Versuch stand im Kontrast zu älteren Traditionen, die Höfe als Orte adliger Selbstvergewisserung, Abschottung, Stabilisierung und zur Akzentuierung „angeborener"

---

[95] Zur Gleichsetzung von Kapitalismus und Judaismus vgl. Werner SOMBART, Die Juden und das Wirtschaftsleben, Leipzig 1911 und die Hinweise bei LENGER, Sombart, S. 187-197. Zur positiven Aufnahme des Buches im Kleinadel s. DAB 1912, S. 323. Zur Modernität der eingesetzten Mittel s. Saskia ASSER/Liesbeth RUITENBERG, Der Kaiser im Bild. Wilhelm II. und die Fotografie als PR-Instrument, in: Der Kaiser im Bild. Der fotografische Nachlass des letzten deutschen Kaisers aus Haus Doorn, präsentiert von Huis Marseille, Zaltbommel 2002, S. 16-77.

[96] So bereits die Feststellung bei PUHLE, Interessenpolitik, S. 278. Nicolaus Sombarts apokryphe, gegen John C. G. Röhl entwickelte Deutung des Kaisers als „Sündenbock und Herr der Mitte" bietet ein ganzes Bündel von Ansätzen für eine kulturgeschichtliche Reinterpretation des Kaiserbildes. Anders als Sombart nahelegt (SOMBART, Wilhelm II., S. 7), muß man den Kaiser nicht unbedingt „lieben", um Sombarts Denkanstöße für produktiv zu halten.

[97] REVENTLOW, Kaiser, S. 166f. (mit Bezug auf die Kieler Woche).

[98] FREYTAGH-LORINGHOVEN, S. 172f. Der Autor war später als Generalquartiermeister Vorgänger Erich Ludendorffs. Vgl. dagegen die Formulierung des Landrates und Mitgründers der „Gesellschaft 1914" Joachim v. Winterfeldt, der seine Orientfahrt auf einem „herrlichen Luxusschiff" der HAPAG beschreibt: WINTERFELDT, S. 68 und FÜRSTENBERG, Lebensgeschichte, S. 443f.

[99] Vgl. die 62 Ränge unterscheidende Hofrangordnung des Berliner Hofes in: SOMBART, Wilhelm II., S. 104. Vgl. dazu HULL, Entourage, S. 15-44 und RÖHL, Hof, in: Ders., Kaiser, S. 94-98.

3.3.) Wilhelm II. als „Herr der Mitte"

Ungleichheit zu nutzen.[100] Weitere Elemente der kaiserlichen Zeichensprache stützten diesen Versuch: So wurde „die von Wilhelm II. 1905 mitarrangierte hochsymbolische Verbindung zwischen der Unternehmerfamilie Krupp und der adligen Familie v. Bohlen und Halbach"[101] ebenso wie die Besuche des Kaisers und des Kronprinzen auf der Villa Hügel[102] vom Adel als Signal zwar nicht an-, wohl aber wahrgenommen. So überzogen die Vorstellung gleichberechtigter „Männerfreundschaften" sein mag – in Form der persönlichen Beziehungen zu einzelnen Industriellen, deren Bedeutung durch diverse Zeichen aus der Symbolsprache des Hofes betont wurde, hatte der „Herr der Mitte" neue Akzente gesetzt.[103] 1903 erklärte Wilhelm II., zur Verbesserung der Beziehungen zwischen Adel und Industriellen habe er auf der Kieler Woche beide „wie Schrotkugeln in eine Trommel" geworfen, die Gesichter der Adligen seien dabei aber „zum Fottegraphieren" gewesen.[104]

Interessanterweise lassen sich selbst militärische Entsprechungen für den bis hier skizzierten Prozeß adlig-großbürgerlicher Annäherungen aufzeigen. So schufen etwa die hochangesehenen „Luxus"-Regimenter wie das Potsdamer Garde du Corps, das 1. Garderegiment zu Fuß, das 1. Garde-Dragoner Regiment und ihre Entsprechungen im restlichen Deutschland neue Verbindungen zwischen Söhnen aus reichen Familien des alten und neuen Adels und Söhnen aus z.T. nobilitierten Industriellenfamilien. Nicht zufällig wurden diese, in ihrem militärischen Wert umstrittenen, Regimenter Zielscheibe der Kritik alter adliger Militär-Clans, deren Mitglieder die finanziellen Voraussetzungen für die Aufnahme in diese Regimenter oftmals nicht erfüllen konnten.[105] In einer adligen Polemik gegen Eugen Richter, der die hohen Adelsanteile in diesen Regimentern kritisiert hatte, hieß es 1884: „Er möge sich beruhigen. Wenn die pekuniären Anforderungen, welch jene bevorzugten Truppenkörper an ihre Offiziere stellen, sich noch steigern sollten, wird sein Auge in deren Reihen künftig nur noch Prinzen und Finanzbaronen – gegen welche letztere er wohl nichts einzuwenden haben wird – begegnen."[106]

---

100 Karl MÖCKL, Der deutsche Adel und die fürstlich-monarchischen Höfe 1750-1918, in: Wehler (Hg.), Adel, S. 96-111; REIF, Adel im 19. und 20. Jahrhundert, S. 82f.
101 REIF, Adel im 19. und 20. Jahrhundert, S. 34.
102 Hartmut POGGE VON STRANDMANN, Krupp in der Politik, in: Bilder von Krupp. Fotografie und Geschichte im Industriezeitalter, Hg. v. Klaus Tenfelde und Berthold Beitz, München 1994, S. 181-201. Vgl. Willi A. BOELCKE (Hg.), Krupp und die Hohenzollern in Dokumenten. Krupp-Korrespondenzen mit Kaisern, Kabinettchefs und Ministern 1850-1918, Frankfurt a. M. 1970.
103 Hartmut POGGE VON STRANDMANN, Der Kaiser und die Industriellen. Vom Primat der Rüstung, in: Der Ort Kaiser Wilhelms II. in der deutschen Geschichte, Hg. v. John C. G. Röhl, München 1991, S. 111-129. Vgl. HULL, Entourage, S. 157-174.
104 RÖHL, Hof, in: Ders., Kaiser, S. 114.
105 Zu den finanziellen Standards in diesen Regimentern s. die Zahlenangaben bei ZEDLITZ, 192, zum negativen Ruf bei den Militär-Clans SCHOENAICH, S. 16, 48-52. Für eine detaillierte Analyse der finanziellen und kulturellen Welten, die zwischen unterschiedlichen Regimentern lagen, s. Marcus FUNCK, Kriegertum, Kapitel II.1.1.
106 Oldwig v. UECHTRITZ, Der Adel in der christlich-sozialen Bewegung der Gegenwart, in: Zeitfragen des christlichen Volkslebens, Bd. IX, Heft 7 (1884), S. 3-48, zit. S. 29.

Diese Vision war kaum mehr als reine Polemik. Insgesamt blieb das Offizierkorps eine der wirkungsvollsten Institutionen zur Blockade großbürgerlich-grandseigneurialer Annäherungen. Die gesellschaftliche Akzeptanz der Juden stieß hier an scharf gezogene Grenzen. Den aktiven Offizieren, die Bleichröders Tochter bei Hofe den Tanz verweigerten, entsprach das Ehrengerichtsverfahren, in dem Bleichröders Sohn sein bei den Bonner Königs-Husaren erworbenes Patent als Reserveleutnant 1878 unter unklaren Umständen wieder entzogen wurde. In Preußen wurde 1885 zum letzten Mal ein Reserveoffizierspatent an einen nicht konvertierten Juden verliehen.[107] Das Offizierkorps und die „feinsten" studentischen Korps blieben zwei der wichtigsten Bastionen, die dem sozialen Aufstieg jüdischer Bourgeois scharfe symbolische und reale Grenzen setzten.

Ohne Zweifel blieben die vor allem in Berlin sichtbaren Fortschritte bei der Entstehung einer „composite elite", einer Elitensynthese aus Großbürgertum und den reichsten, kultiviertesten Teilen des alten Adels bescheiden.[108] Bedenkt man den im Vergleich zu London oder Paris kurzen Zeitraum, der in Berlin für diese Entwicklung zur Verfügung stand, erstaunen die Fortschritte dieser Annäherung jedoch nicht weniger als ihr Scheitern. Das Entwicklungs*potential* des hier skizzierten Prozesses, zu dem nicht zuletzt eine gewisse Annäherung der jüdischen Bourgeoisie an den Hoch- und Hofadel zu zählen ist, scheint seit den Gründerjahren erheblich gewesen zu sein. Das „Eindringen" jüdischer Bourgeois in die militärische Entourage des jungen Kaisers symbolisiert somit eine noch schwache, heftig bekämpfte, in diesen Jahrzehnten jedoch reale Entwicklung. Zu den Familien des deutschen Bürgertums, die an Reichtum, Kultur und politischem Einfluß am ehesten als Bündnispartner der Grandseigneurs in Frage kamen, gehörten die reichen jüdischen Familien. Berlin als Residenzstadt und Zentrum des etablierten bzw. aufsteigenden jüdischen Bildungs- und Wirtschaftsbürgertums bot sowohl für die realen Anfänge einer solchen Verbindung als auch für ihre denkbare Weiterentwicklung den weithin sichtbaren Mittelpunkt. Selbstbewußt formuliert Liebermann v. Wahlendorf die Abwendung von seinen Glaubensgenossen „niedrigsten Kalibers" und verweist auf „jene großen jüdischen Familien, die einzig und allein mit der christlichen Hocharistokratie an Vornehmheit, Würde [und] Hochhaltung von seit Jahrhunderten übernommenen Pflichten verglichen werden konnten."[109]

Im Jahrzehnt um 1800 hatte es in Preußen bereits eine ebenso beispiellose wie vorübergehende Annäherung der „Ausnahmejuden" an Teile der kultivierten preußischen Aristokratie gegeben. Das goldene Zeitalter dieser Annä-

---

[107] BARTH, Bürgertum, S. 118; STERN, Gold und Eisen S. 672-674.
[108] Zum Begriff der *composite elite* und ihrem Scheitern in Deutschland vgl. die Synthese von Werner MOSSE, Adel und Bürgertum im Europa des 19. Jahrhunderts. Eine vergleichende Betrachtung, in: Kocka (Hg.), Bürgertum, Bd. 2, S. 276-314, v. a. S. 276-278, 300-303 und SPENKUCH, Herrenhaus, S. 441-455.
[109] LIEBERMANN, 105f.

herung, die in der Berliner Dachstube Rahel Levins ihre Formvollendung fand, ermöglichte neben dem gesellschaftlichen Umgang im Rahmen der Salonkultur die Entstehung adlig-jüdischer Freundschaften und eine wachsende Anzahl von adlig-jüdischen Heiraten: „Ein Jahrzehnt sah es so aus, als ob die preußischen Judenmädchen in kürzester Zeit von den Adligen einfach aufgeheiratet werden würden", wie Hannah Arendt formuliert hat.[110] Ludwig v. d. Marwitz' im Jahre 1811 vorgetragene Mahnung, man solle die Juden nicht anstelle des Adels zu „Hauptrepräsentanten des Staates" machen „und so unser altes ehrwürdiges Brandenburg-Preußen [in einen] neumodische[n] Judenstaat" verwandeln,[111] liest sich wie die Urfassung des kleinadligen Widerstandes gegen adlig-bürgerliche Kombinationen aus Reichtum, Bildung und Macht.

Im Kaiserreich wurde die adlig-jüdische Annäherung – nunmehr unter den Vorzeichen eines voll entfalteten Finanz- und Industriekapitalismus – erneut dynamisch. Gerade weil die Kluft zwischen Adel und Finanzwelt „während des gesamten Kaiserreiches nahezu unüberbrückbar" blieb,[112] übernahmen einzelne Mitglieder der deutsch-jüdischen Hochfinanz im Kaiserreich die Rolle von connecting links zwischen beiden Welten. Als Gruppe, die „weder Bürgertum noch Adel" war,[113] fiel der jüdischen Bourgeoisie die Rolle des Vermittlers zwischen dem reichen Adel und dem nicht-jüdischen Wirtschaftsbürgertum offenbar in erstaunlichem Umfang zu.

Das Obenbleiben reicher, kultivierter und flexibler Teilgruppen des alten Adels und der soziale Aufstieg alter und neuer jüdischer Bankiersfamilien scheinen sich in diesem äußerst schmalen Teil der Oberschicht tendenziell weniger behindert als ergänzt und gegenseitig gestützt zu haben. Wie in einem sozialen Substrat waren in dieser äußerst dünnen Schicht genau jene Kombination von Qualitäten, die der weitaus größte Teil des alten Kleinadels nicht besaß, in höchster Konzentration versammelt: Tradition, Reichtum, Bildung, Fachkenntnisse sowie familiäre und professionelle Netzwerke in genau den Bereichen, die für die Schaltstellen des modernen Kapitalismus immer wichtiger wurden.

Im Blick auf die Beteiligungen des alten Adels am modernen Industriekapitalismus lassen sich ähnliche Beobachtungen wie bei den bisher betrachteten Parametern machen. Wie die Forschung in jüngster Zeit gezeigt hat, kann tatsächlich „kein Zweifel daran bestehen, daß sich der deutsche Adel nur in sehr begrenztem Umfang und mit größter Vorsicht auf den Industriekapitalismus einließ" und selbst größere agrarkapitalistische Investitionen der Ratio

---

[110] Vgl. Hannah Arendts Analyse der „Ausnahmejuden", in: ARENDT, Elemente, 110-131, zit. S. 116.
[111] So in Marwitz' berühmter *Letzten Vorstellung der Stände des Lebusischen und Beeskow-Storkowschen Kreises an den König* (1811), zit. n. ARENDT, Elemente, S. 70. Zu Marwitz' Konservatismus vgl. FRIE, Marwitz, S. 237-332.
[112] REITMAYER, Bankiers, S. 225-236, 345-363, zit. S. 229.
[113] BARTH, Bürgertum, S. 94-122. Vgl. REITMAYER, Bankiers, S. 163-193.

einer „Bestandsicherung und Arrondierung der im Landbesitz begründeten Basis aristokratischer Lebensformen" folgte.[114] Zwar scheint die adlige Nutzung kapitalistischer Einkommensquellen erheblich weiter verbreitet gewesen zu sein, als bislang angenommen. Konflikte mit dem adligen Lebens- und Kulturmodell mußten daraus jedoch so lange nicht entstehen, wie das (agrar-)kapitalistische Engagement altadliger Familien einer adelsspezifischen Logik folgte, die den Erhalt der adligen Lebensformen als oberste Maxime anerkannte.[115]

Wie im Falle der bislang betrachteten Indikatoren waren es auch hier durch ihren Ausnahmecharakter Aufsehen erregende Einzelfälle, in denen das industrielle Engagement reicher Adliger die Grenzen durchbrach, innerhalb derer die Nutzung kapitalistischer Wege zum Reichtum noch als „standesgemäß" gelten konnte. Ein Überschreiten dieser Grenzen fand wiederum v. a. in den reicheren Familien und im Hochadel statt. Gustav Mevissen hatte den Unterschied bereits 1847 beim Namen genannt: Anders als im „Krautjunkertum" sei im hohen Adel Fähigkeit und Verständnis für eine Beteiligung am modernen Kapitalismus vorhanden.[116] Das von Mevissen angedeutete Potential erwies sich bis zum Beginn des Ersten Weltkrieges als durchaus real. Ohne die Konzentration auf den Grundbesitz aufzugeben, stammte die Minderheit, die sich mit Risikobereitschaft und Erfolg auf den vom Bürgertum dominierten Feldern des Finanz- und Industriekapitalismus bewegte, tendenziell aus den reichsten Teilen des alten Adels.[117] Doch auch die Mehrheit des reichen Adels hatte die Sektoren Industrie und Finanz nur mit großer Vorsicht betreten und den Schwerpunkt des in Jahrhunderten aufgebauten Vermögens im Agrar- und Forstsektor belassen.[118]

Im Falle der schlesischen Magnaten[119] und bei einzelnen Standesherren erreichte das industriekapitalistische Engagement allerdings Dimensionen, die mit der agrarkapitalistischen Verwertung von Kartoffeln und Rüben auf dem eigenen Gut nicht mehr zu vergleichen war.[120] Fürst von Pless und Christian

---

114 BERGHOFF, Adel und Industriekapitalismus, in: Reif (Hg.), Adel und Bürgertum, Bd. 1, zit. S. 261, 270.
115 Vgl. dazu die empirisch dichte Studie von JACOB, Engagement, hier v. a. S. 318-330. Jacob breitet hier überzeugend die These eines adelsspezifischen Gebrauchs kapitalistischer Einkommensquellen aus. Damit setzt er zwar deutlich andere Akzente als Berghoffs Studie, auch Jacob unterstreicht jedoch die Distanz des alten Adels zur kapitalistischen Markt- und Gewinnlogik.
116 GOLLWITZER, Standesherren, S. 256.
117 Ebd., S. 254-259. JACOB, Engagement, S. 278, verweist auf die im reichen Adel größere Bereitschaft zum Erwerb von spekulativen Wertpapieren.
118 REIF, Adel im 19. und 20. Jahrhundert, S. 9-15, 89-96.
119 Waclaw DLUGOBORSKI, Die schlesischen Magnaten in der frühen Phase der Industrialisierung Oberschlesiens, in: Toni Pierenkemper (Hg.), Industriegeschichte Oberschlesiens im 19. Jahrhundert, Wiesbaden 1992, S. 107-128; Toni PIERENKEMPER, Unternehmeraristokraten in Schlesien, in: Fehrenbach (Hg.), Adel, S. 129-157; Jürgen LAUBNER, Zwischen Industrie und Landwirtschaft. Die oberschlesischen Magnaten – aristokratische Anpassungsfähigkeit und „Krisenbewältigung", in: Reif (Hg.), Agrargesellschaft, S. 251-266.
120 Vgl. die Beispiele bei BERGHOFF, Adel und Industriekapitalismus, S. 252-260.

3.3.) Wilhelm II. als „Herr der Mitte"

Kraft Fürst zu Hohenlohe-Öhringen, Herzog von Ujest, die vor dem Ersten Weltkrieg als Multimillionäre zu den reichsten Männern Deutschlands gehörten, beschäftigten in ihren Bergwerken und Kohlegruben vor dem ersten Weltkrieg 5.000-8.000 Bergleute. Zur Kapitalbeschaffung gründete die kleine Gruppe der Magnaten Aktiengesellschaften, in denen sie z.T. selbst die Position des Vorstandsvorsitzenden übernahmen. Ähnlich wie der nach dem Kaiser reichste Mann in Preußen, der 1901 in den Fürstenstand erhobene Großunternehmer Guido Henckel von Donnersmarck,[121] versuchte auch die von den Fürsten Hohenlohe-Oehringen und Fürstenberg gegründete *Handels-Vereinigung* die Expansion in moderne Wirtschaftszweige und auf die internationalen Märkte. Im Vorstand der Hohenlohe-Werke saßen u. a. die jüdischen Bankiers Fürstenberg und Friedländer; ersterer hatte die Emission der Hohenlohe-Aktien an der Berliner Börse mit großem Erfolg geleitet. Der spätere Zusammenbruch dieses Unternehmens führte 1909 neben einem spektakulären Bankenkrach zu einer direkten Intervention des Kaisers. Um das Unternehmen des sogenannten „Fürstentrusts", an dem mit Fürst Fürstenberg ein persönlicher Freund des Kaisers maßgeblich beteiligt war, zu retten, hatte sich Wilhelm II. vergeblich bemüht, den jüdischen Bankier Carl Fürstenberg für die Abwicklung des Unternehmens zu gewinnen.[122]

Die direkte, letztlich der Berliner Bank übertragene kaiserliche Hilfe ließ sich durchaus als Neuauflage der Bismarckschen Patronage begreifen, von der hochadlige „Spekulanten" vierzig Jahre zuvor beim Zusammenbruch des Strousberg-Unternehmens profitiert hatten. „Unverantwortlich", notierte Baronin Spitzemberg nach dem spektakulären Zusammenbruch, in den die Hohenlohe-AG 1913 geraten war, „daß ein Herr wie Hohenlohe soweit kam". Die kommenden Prozesse würden „Fürstenberg zum Gelde noch die Ehre kosten" und für den Kaiser würde es einmal mehr „sehr peinlich" werden."[123]

Der kleinadlige Gegenpol zur Minderheit der reichen, sozial starken und flexiblen Grandseigneurs reagierte frühzeitig auf die skizzierten Annäherungstendenzen, die mit der Entfremdung zwischen reichen und armen Adelsgruppen einherging. Die soziale Grundlage und die politische Ausrichtung dieser Gegenreaktion lassen sich am Beispiel der neu gegründeten Adelsvereinigungen, insbesondere an der Deutschen Adelsgenossenschaft untersuchen.

---

[121] Jürgen LAUBNER, Donnersmarck, S. 677ff.
[122] Hierzu LIEVEN, Abschied, S. 174-176; PIERENKEMPER, Unternehmeraristokraten, in: Fehrenbach (Hg.), Adel, S. 148f.; HULL, Entourage, S. 151. Vgl. FÜRSTENBERG, Lebensgeschichte, S. 445 und 495-501.
[123] SPITZEMBERG, S. 565.

4.) Entfernungen:
Sammlung und ideologische Formierung im Kleinadel

Zwischen 1869 und 1875 entstanden drei Adelsvereinigungen, die in Zusammensetzung, Leistungsfähigkeit und Bedeutung die bis dahin bestehenden Organisationen[124] übertrafen und auch nach 1918 von Bedeutung blieben: Der vom westfälischen Adel dominierte *Verein katholischer Edelleute Deutschlands* (1869), die in Berlin gegründete Deutsche Adelsgenossenschaft (1874) und die *Genossenschaft katholischer Edelleute in Bayern*. Die bayerische Genossenschaft war ursprünglich eng mit dem *Verein katholischer Edelleute* verbunden, der im Zusammenhang mit dem Kulturkampf von westfälischen Adligen gegründet worden war und seinen Schwerpunkt in Westfalen behielt. Angeregt durch einen Kreis von siebzehn bayerischen Adligen kam es nach diesem Vorbild in München zur Gründung einer eigenen Organisation, die sich im Mai 1875 als *Genossenschaft katholischer Edelleute in Bayern* konstituierte.[125] Angelehnt an die Statuten des westfälischen Vereins[126] stellte sich auch die Genossenschaft unter den Schutz der „unbefleckt empfangenen, allerseeligsten Jungfrau Maria", ließ sich von der bayerischen Polizeidirektion als nichtpolitische Vereinigung anerkennen und definierte als Vereinszweck die Förderung karitativer, christlicher und konservativer Unternehmungen, die geeignet waren, den Zusammenhalt des katholischen Adels zu befördern.[127] Zumindest in der Vorkriegszeit läßt das Konzept der Genossenschaft nicht zuletzt Überlieferungsreste aus der katholischen Tradition der französischen und deutschen „Sozialaristokraten" erkennen, die sich im letzten Drittel des 19. Jahrhunderts auf hohem Niveau mit der sozialen Frage auseinandergesetzt hatten.[128] Vorträge zu adelsspezifischen und theologi-

---

[124] Heinrich v. WEDEL, Über Entwürfe zur Reorganisation des deutschen Adels im 19. Jahrhundert, in: DAB Nr. 20-32/1912, S. 295-298, 337-338, 353-356, 365-367, 382-385, 393f., 405-407, 421-423, 437-439, 453-456, 465-467. Vgl. Heinz REIF, Adelsreform, in: Fehrenbach (Hg.), Adel, S. 203-231.

[125] Erste Vorbesprechung im Schloß Ludwig Graf v. Lerchenfelds in Köfering, Gründungsversammlung im Münchener Haus des Grafen v. Preysing. Darstellung nach: Carl August GRAF V. DRECHSEL, Chronik der GKE 1876-1908, Ingolstadt 1908. Typusskript zur Vereinsgeschichte von 1926 (vermutlich von Drechsel), in: BayHStA, GKE, Nr. 1.

[126] Als Zweck des VKE nannte die Satzung die „Förderung des kirchlichen und standesmäßigen Lebens der Mitglieder", die Förderung der „Barmherzigkeit", die Bewahrung des Grundbesitzes und die Teilnahme am katholischen Vereinsleben. Der Beitritt zum Verein, der sich in § 1 „unter den Schutz der unbefleckt empfangenen, allerseligsten Jungfrau Maria" stellte, stand „jedem katholischen Edelmann offen, der als treuer Sohn der katholischen Kirche nach deren Glauben und Geboten leben" und die Vereinssatzung anerkennen wollte (Satzung des VKE, Mai 1919, §§ 1, 4 und 6, in: WAAM, Nl. Galen, Nr. 41).

[127] § 3 der Satzung: „Wahrung des Glaubens und Ausübung der Werke der Barmherzigkeit. Förderung des standesgemäßen Lebens der Mitglieder, der gleichartigen unabhängigen Gesinnung und des christlichen Familienlebens. Beteiligung an allen wahrhaft konservativen Bestrebungen, insbesondere auch Förderung der Interessen des Grundbesitzes.", in: BayHStA, GKE, Nr. 1.

schen Themen, Sammlungen für karitative Zwecke, die Anlehnung an die bayerische Monarchie und den Papst prägten die ersten Jahrzehnte des Vereins, dessen betont katholischer Charakter durch die Teilnahme der Vereinsmitglieder an Exerzitien in katholischen Klöstern unterstrichen wurde. Seit der Jahrhundertwende verschoben sich die karitativen Leistungen auch in der *Genossenschaft* immer stärker zugunsten verarmender Standesgenossen.[129] Numerisch blieben der westfälische und bayerische Verein im Vergleich zu den Sammlungserfolgen der DAG klein: In Bayern erhöhte sich der im Jahre 1908 erreichte Stand von 112 Mitgliedern bis Ende des ersten Weltkrieges nicht nennenswert.[130]

4.1.) Die Deutsche Adelsgenossenschaft: Gründung, Sozialprofil, Programm

Anders als diese beiden regional und konfessionell begrenzten, trotz ihrer kulturkämpferischen Gründungsgeschichte betont „unpolitischen" Vereine trat die Deutsche Adelsgenossenschaft (DAG) frühzeitig mit einem ambitionierten, eher politisch als christlich definierten Programm zur Sammlung des gesamten deutschen Adels hervor. Die DAG entstand im Februar 1874 als Gründung einer kleinen Gruppe von Gutsbesitzern aus dem alten ostelbischen Adel. Zunächst existierte der Verein jahrelang als „Fähnlein von etwa 60 angesehenen Edelleuten voll höchsten Pflichtgefühls", als Gruppe von „Offizieren ohne Soldaten, Führern ohne Gefolgschaft". Doch bis zum Beginn des Ersten Weltkrieges wuchs die DAG, die bereits 1890 über 1.000 Mitglieder hatte, zum einzigen überkonfessionellen und überregionalen Adelsverband mit ca. 2.500 Mitgliedern heran.[131] Die DAG wurde in den ersten Jahren durch die märkischen und pommerschen Gutsbesitzer v. Erxleben-Selbelang, v. Braunschweig-Lübzow und das Herrenhaus-Mitglied Werner Graf v. d. Schulenburg-Beetzendorf[132] dominiert. Das antigouvernementale Potential der frühen DAG-Führung hob bereits ein Rückblick im ersten Jahrgang des

---

[128] Christoph WEBER, Papsttum und Adel im 19. Jahrhundert, in: Noblesses européennes, S. 607-657, hier S. 634-638.
[129] Vgl. dazu Kapitel 8.3. dieser Arbeit.
[130] Mitgliederverzeichnisse der Vor- und Nachkriegszeit in: BayHStA, GKE, v. a. Nr. 1 und 2/2. Außerdem in: StAA, Nl. H. Waldbott v. Bassenheim, Karton ‚449' und in: DAAM, LAB, Bd. 7, Hft. ‚Adelsorganisationen in Bayern 1925'.
[131] Mitgliederstand: 1883: 174; 1884: 206; 1885: 339; 1886: 500; 1900: ca. 1000. Angaben nach: Die Deutsche Adelsgenossenschaft. Was sie erstrebt und ob man ihr beitreten soll, in: DAB 1884, S. 556 und DAB 1890, S. 72 sowie: Aus der Vergangenheit der deutschen Adelsgenossenschaft, in: DAB 1888, S. 114-116.
[132] Schulenburg (1829-1911), 1. Vorsitzender der DAG, gehörte zum Vorstand der 1875 gegründeten *Vereinigung der Steuer- und Wirtschaftsreformer*, deren antiliberales Programm vom Versuch zeugte, sich „dem Volk" anzunähern. Nach größeren Verkäufen besaß Schulenburg noch das 2.000 ha große Fideikommiß Beetzendorf. RETALLACK, Notables, S. 15f.; SPENKUCH, Herrenhaus, S. 205.

Adelsblattes 1883 stolz hervor: „entschieden konservativ; entschieden kirchlich; entschieden schwarz-weiß; gouvernemental nur dann, wenn die Regierung eine von Konservativen und christlichen Grundsätzen geleitete ist, nöthigenfalls aber auch eine entschiedene, wenn auch loyale Opposition."[133] Anders als die deutlich exklusiveren Vereinigungen des katholischen Adels ließ die DAG bereits 1884 selbstbewußt verkünden, es sei „eine Pietätlosigkeit gegen die Vorfahren und [...] eine Pflichtvergessenheit gegen die Nachkommen", ihr nicht anzugehören. In der vor und nach 1918 umstrittenen Frage, wie weit die Adelsvereinigungen politisch aktiv werden sollten, hatte die DAG-Führung deutliche Akzente gesetzt. Die Hauptaufgabe der DAG, hieß es 1884, lag „nicht auf karitativem, sondern auf sozialpolitischem Gebiet". Ziel sei es, „dem Adel die ihm gebührende Bedeutung im öffentlichen Leben zu schaffen."[134]

Der Genossenschaft konnten zunächst nur männliche grundbesitzende Adlige ab dem dreißigsten Lebensjahr beitreten. Grundbesitz als notwendige Voraussetzung für die Mitgliedschaft wurde bereits vor 1884 fallengelassen und durch die flexible Forderung nach einer „standesgemäßen sozialen Position" ersetzt, das Mindestalter auf 24 Jahre gesenkt. Wenige Jahre später bildeten die Mitglieder ohne eigenen Grundbesitz bereits die Mehrheit.

Entgegen späteren Polemiken, welche die DAG als unbedeutende Vereinigung des „neuesten Briefadels" verhöhnten,[135] ist festzuhalten, daß sich der Kern der DAG von Anfang an aus Mitgliedern renommierter Familien des alten, niederen Adels v. a. Ostelbiens[136] zusammensetzte, die zunächst ausschließlich in den traditionellen professionellen Feldern des Adels verankert waren. Während der 1880er Jahre mauserte sich das ehemalige „Fähnlein" allmählich zu einer Adelsorganisation mit ständigem Zulauf, die nun eigene Hilfsorganisationen gründete, mit einem äußerst ambitionierten Programm zur Adelsreform hervortrat[137] und gegenüber den „eng begrenzten" Zielen und Aufgaben der Ritterorden und katholischen Verbände immer selbstbewußter den Anspruch vertrat, zur „Neuorganisation" des gesamten deutschen Adels berufen zu sein. Eine den deutschen Adel erfassende Matrikel gehörte bereits hier zu den Zielen der Organisation, die zur Festigung des „modernen Rittertums" ein weitgestecktes Ziel faßte: „Die Deutsche Adelsgenossenschaft erstrebt die korporative Organisation des gesamten deutschen Adels zu einer

---

[133] DAB 1884, S. 556.
[134] Ebd., S. 581 („Pietätlosigkeit") und DAB 1912, S. 453 („Bedeutung").
[135] Kurt FRHR. V. REIBNITZ, Der Gotha, in: Querschnitt, 2/1928, S. 73.
[136] Ausgehend von Pommern und der Mark Brandenburg hatte die Organisation die größten Sammlungserfolge zunächst in den preußischen Ostprovinzen, im Königreich Sachsen, am Niederrhein und in Lothringen (Die Adelsreform und ihre Träger, in: DAB 1890, S. 572).
[137] Vier charakteristische Beispiele: Oldwig V. UECHTRITZ, Unsere Frauen in der Standes-Reform-Bewegung, in: DAB 1887, S. 381f., 400f., 420f., 436f. Die Adelsreform und ihre Träger, in: DAB 1890, S. 522f., 539f., 554., 571-574. Vgl. dazu: Was beabsichtigt und fordert die Deutsche Adelsgenossenschaft?, in: DAB 1900, S. 299f, 314f., 330f. sowie E. V. D. DECKEN, Worin besteht die Bedeutung des Adels und was ist seine Aufgabe?, in: DAB 1908, S. 198-200, 215-217, 228-231, 241-243, 254-256, 270-272.

4.1.) Die deutsche Adelsgenossenschaft

ethischen Berufsgenossenschaft."[138] Die Sammlungserfolge der Organisation waren quantitativ und qualitativ beachtlich: Eine Mitgliederliste aus dem Jahre 1884 verzeichnet 206 Standesgenossen, unter denen sich die Namen alter, angesehener Familien, v. a. des niederen preußisch-norddeutschen Adels finden.[139]

Die Satzungen und frühen Publikationen der Vereinigung machen jedoch deutlich, daß sich in der DAG bereits in den ersten Jahren nicht die soziale und wirtschaftliche Crème des alten Adels, sondern v. a. jene Standesgenossen zusammenfanden, welche die sozialen Umwälzungen der Moderne bereits aus der Perspektive der Verlierer wahrnahmen. Die zeitliche Nähe der DAG-Gründung zur „säkulare[n] Agrarkrise seit 1876" dürfte alles andere als zufällig gewesen sein. Die sechsjährige Depressionsphase, die mit dem Börsencrash von 1873 begann,[140] traf die Landwirtschaft schwerer und nachhaltiger als den sekundären Sektor. Der 1875 einsetzende Fall der Getreidepreise führte zu einer „beispiellos langen Preisdeflation auf Kosten landwirtschaftlichen Erzeuger". Dieser Einbruch, der sich im landwirtschaftlichen Sektor mit einer Überschuldungs- und Kreditkrise verband, erzeugte auch unter adligen Landwirten das „Gefühl einer exzessiven, fundamentalen Bedrohung." Die Phase der ersten Sammlungserfolge der DAG vollzog sich parallel zum Absturz der Getreidepreise, die bis zu ihrem Tiefpunkt im Jahre 1887 innerhalb von vierzehn Jahren um 37% sanken.[141] Trotz der Korrekturen, die neuere Untersuchungen an dieser Interpretation angebracht haben,[142] dürfte die „Krise" v. a. für die schwächeren Teile des adligen Grundbesitzes überaus real

---

[138] Die DAG, Was sie erstrebt und ob man ihr beitreten soll. In: DAB, 1884, zit. S. 556f. und S. 581.

[139] DAB 1884, S. 157-161. Unter den 206 adligen Männern befanden sich 21 Grafen, 36 Barone und 149 Untitulierte. Neben dem Schriftleiter der Kreuz-Zeitung (Wilhelm Frhr. v. Hammerstein-Schwartow) handelte es sich ausschließlich um Gutsbesitzer, Offiziere und Beamte. Die Liste verzeichnet u. a. Mitlieder aus folgenden Familien: Arnim, Bassewitz, Below, Brandenstein, Braun, Braunschweig, Bülow, Gersdorff, Hammerstein, Hardenberg, Hertzberg, Heydebrand, Hohenthal, Kalckreuth, Keyserlingk, Levetzow, Lüttwitz, Manteuffel, Marwitz, Puttkamer, Quast, Reitzenstein, Schack, Schlabrendorff, Schulenburg, Seydlitz, Solms, Veltheim, Wartensleben, Winterfeldt, Wrangel, Zastrow, Zitzewitz. Stolz verwies die DAG auf das wohlwollende Schreiben eines Hohenzollernprinzen und auf 2 Regiments-Kommandeure, 10 Stabs-Offiziere, 20 Hauptleute und 22 Leutnants in ihren Reihen. Zu dieser Zeit gewann die DAG jährlich zwischen 60 und 100 neue Mitglieder (DAB 1884, S. 593, 606. Vgl. die DAB-Ausgaben vom 19.10.1890 und vom 30.11.1890), ohne dieses Muster zu verändern: Im Jahre 1900 wurden z.B. 98 neue Mitglieder aufgenommen, von denen ein einziges einen Beruf ausübte, der als nicht adlig einzustufen wäre: Georg v. Zitzewitz, dessen „Stand" mit „Kaiserlicher Ober-Postkassen-Buchhalter" bezeichnet wurde. Alle anderen waren Offiziere, daneben Gutsbesitzer und einige Beamte (DAB 1900, S. 101-104).

[140] WEHLER, Gesellschaftsgeschichte, Bd. 3, S. 100-105, 552-567, zit. S. 699.

[141] Ebd., S. 56-59, 685-699 (zit. S. 58). Übersichten zu den Getreidepreisen in Deutschland ebd., S. 40, 687.

[142] Vgl. HEß, Junker, und Walter ACHILLES, Deutsche Agrargeschichte im Zeitalter der Reformen und der Industrialisierung, Stuttgart 1993, jeweils passim, sowie zuletzt SCHILLER, Eliten, S. 143-157.

gewesen sein. Anders als einzelne Interpretationen von Konjunkturzyklen ist die in diesem Zeitraum beschleunigte Transformation des Kaiserreichs vom „Agrarstaat" in einen „Industriestaat" unbestreitbar. Die Folgen dieser tiefgreifenden Umwälzung wurden im Adel nicht in akademischen Debatten erwogen,[143] sondern am eigenen Leibe erfahren. Im Hinblick auf die DAG ist etwa die frühe Zurücknahme des Grundbesitzes als Voraussetzung der DAG-Mitgliedschaft nur so zu verstehen. Der Grundbesitz sollte zwar weiterhin das „Knochengerüst" der Genossenschaft bilden; nicht jedoch um diese relativ gefestigte „Elite", die durch ihren Besitz genug „Rückgrat" hatte, wollte sich die DAG primär bemühen, sondern um die „besitzlose große Masse des Adels. Sie gerade ist es, aus der sich das adlige Proletariat und alle Auswüchse des Standes rekrutieren; hier ist die Wurzel des Uebels, bei der dasselbe angefaßt werden muß." Gerade jene Familien, die „der Krone seit Jahrhunderten selbstlosen Schwertdienst [geleistet und] den Grundbesitz verloren haben" sollten den Schutz der DAG genießen. Explizit wurde das „große Heer der jüngeren Söhne und Brüder, der Agnaten und Cognaten" gegen alle Modelle ihrer Zurücksetzung protegiert.[144] Alle inneradligen Projekte, die vor und nach 1918 auf den Ausschluß jener Standesgenossen zielten, die keine „ihrem Stand und Namen entsprechende Lebensführung aufrecht" erhalten konnten und zum „Spott- und Zerrbild ihres Standes" geworden waren,[145] fanden in der DAG die organisierte Gegenposition. Bereits vor dem Krieg wurden auch Adlige, die sich außer Stande sahen, den geringen, zwischen 6 und 18 Mark liegenden Jahresbeitrag zu entrichten, als Mitglieder gehalten. Dies verweist auf den äußeren sozialen Rand der DAG-Klientel, der nach 1918 schnell ins Innere der Organisation expandierte.[146] Eine Auseinandersetzung mit dem Johanniter-Orden im Jahre 1885 belegt, daß der Versuch der DAG, eine adlig-bürgerliche Annäherung zu torpedieren, in bessergestellten Kreisen des Adels auf Kritik stieß. In seinem Mitteilungsblatt hatte der Orden die DAG als bedenklichen Versuch einer adligen Abschließung vom Bürgertum kritisiert und bezeichnender Weise auf das englische Adelsmodell und die freieren Entfaltungsmöglichkeiten der Gentry hingewiesen.[147] In seiner Erwi-

---

143 Zur zeitgenössischen Debatte dieser Transformation s. HARNISCH, Agrarstaat, in: Reif (Hg.), Agrargesellschaft, S. 33-50 und WEHLER, Gesellschaftsgeschichte, Bd. 3, S. 618-620.
144 Die DAG, Was sie erstrebt und ob man ihr beitreten soll, in: DAB 1884, S. 604.
145 So die Ausführungen des bayerischen Grafen Karl Anton v. Drechsel, Aberkennung und Niederlegung des Adels, Rede auf dem Adelstag in Berlin, 18.2.1911, Protokoll in: Bayerisches Hauptstaatsarchiv München (BayHStA), Abtl. V, Bestand: Genossenschaft katholischer Edelleute in Bayern (GKEB), Bd. 3.
146 Der Jahresbeitrag betrug 6 Mark, 18 Mark inklusive des Jahresabonnements für das Deutsche Adelsblatt. Budget-Debatten der bayerischen Landesabteilung (1925/26) und Bericht des Vorstandes an alle Landesabteilungen vom 7.3.1931 in: AFLH. Vgl. die DAG-Satzung von 1891 in: LHAM-AW, Rep. H, St. Ulrich, Nr. 458, Fol. 1-5.
147 Wochenblatt der Johanniter-Ordens-Balley Brandenburg, 29.4.1885. Vgl. die spätere, ausführliche und positive Würdigung des englischen Adelsmodells: Die Gentry in ihrer heutigen sozialen und politischen Bedeutung, in: ebd. 31-34/1893, S. 181-184, 187-190, 195-197, 202-204.

4.1.) Die deutsche Adelsgenossenschaft

derung lehnte das Adelsblatt jede „Degradierung der jüngeren Söhne als Kräftigungsbad für die Erstgeborenen" ebenso wie die Hinwendung des Adels zu „bürgerlichen Erwerbszweigen" ab.[148] Um die materielle und soziale Distanz zwischen den beiden – gleichermaßen preußisch-protestantischen – Adelsgruppen einzuschätzen, die von der DAG und dem Johanniter-Orden repräsentiert wurden, genügt ein Blick auf die Beiträge. Während sich die DAG vor 1914 entschließen mußte, ihren Jahresbeitrag auf sechs Mark zu reduzieren, lag der Jahresbeitrag, den die Johanniter-Ritter zu entrichten hatten, 1898 bei 1.000 Mark – eine Summe, die bis 1932 auf 300 Mark gesenkt wurde, die DAG-Größenordnungen jedoch noch immer um das Dreißigfache übertraf.[149] Im Jahre 1905 sollen ca. 70% der DAG-Mitglieder ein Jahreseinkommen unter 10.000, 45% von unter 5.000 Mark gehabt haben.[150]

Der hier gegen einen Teil des reichen Adels formulierte Widerstand sollte die Politik der Genossenschaft in den folgenden Jahrzehnten bestimmen – er läßt sich als hartnäckig durchgehaltene Opposition gegen die oben skizzierten Möglichkeiten einer adlig-bürgerlichen Elitensynthese deuten. Getragen und organisiert wurde diese Opposition von jenen Teilen des Adels, denen für eine solche Annäherung nicht nur der Wille, sondern zumeist auch die sozialen Voraussetzungen fehlten.

Die Satzungen der DAG enthielten neben allgemeinen Erklärungen über die Förderung von Anstand, Sitte, Ehrbarkeit, christlichem Glauben und die „Hingabe für das gemeine Wohl" einige Formulierungen, die sich als weitere Anhaltspunkte für die soziale Lage und die ideologische Ausrichtung der DAG lesen lassen. Gefordert wurde der „ehrliche Kampf gegen den Materialismus und Egoismus unserer Zeit", die „Mäßigkeit in materiellen Genüssen", „Trost und Hülfe [...] für Standesgenossen in Fällen unverschuldeten Unglücks", die „Wahrung und Pflege des ererbten Grund und Bodens" und das „Widerstreben gegen eine Veräußerung desselben ohne zwingende Nothwendigkeit".[151] In die Sprache der sozialhistorischen Analyse übersetzt, lassen sich bereits anhand der Satzung und frühen Selbstdarstellung, die spätere Statuten im Kern unverändert beibehielten,[152] fünf Grundzüge benennen, welche die Politik der DAG-Führung vor und nach 1918 prägten: 1.) Eine aggressive Frontstellung gegen die ökonomische Moderne und ihre professionellen Kernbereiche: Handel, Finanz und Industrie. Politisch verband sich diese Haltung mit einem Anti-Liberalismus *sans phrase*. 2.) Die Festschrei-

---

[148] DAB 1885, S. 267.
[149] ARNIM, Arnim-Boitzenburg, S. 292. Dem Johanniter-Orden gehörten 1889 insgesamt 2.281 Mitglieder aus den alten Adelsfamilien an. Nicht nur unter den Commandantoren drängten sich hier die größten Namen des alten preußischen Adels: WJOBB 1/1890, S. 1-3.
[150] Angabe nach KLEINE, Nobility, S. 69.
[151] Formulierungen im ersten Programm der DAG, zitiert nach: Die Deutsche Adelsgenossenschaft. Was sie erstrebt und ob man ihr beitreten soll, in: DAB 1884, 5-teilige Serie, S. 556-606, hier S. 556. Die Satzung der DAG von 1891 enthält die Programmpunkte im wesentlichen unverändert: LHAM-AW, Rep. H St. Ulrich, Nr. 458, Fol. 1-5.
[152] DAG-Satzung von 1892 in: WAAM, Nl. Kerckerinck, Nr. 508.

bung und Stilisierung der traditionellen Lebenswelten und Berufe des Adels, der Bindung an die „Scholle" und der Ablehnung „bürgerlicher" Berufe. 3.) Praktische Unterstützung und ideologische Aufwertung des verarmenden Adels sowie die Abwehr aller Modelle, die eine Koppelung des Adelsstatus an bestimmte materielle Mindeststandards vorsahen. Dazu gehörte die Pflege der oben skizzierten Kultur der Kargheit, aus deren unerschöpflichem Vorrat an Metaphern man sich jahrzehntelang bemühte, die materielle Not eines ständig wachsenden Kreises als ethische Tugend darzustellen. 4.) Praktische Zusammenführung und ideologische Homogenisierung aller Adelsgruppen als „deutscher Adel". 5.) Als wichtigste Verklammerung dieser vier Linien diente ein fünftes Element, das bereits vor 1918 viele der DAG-Debatten beeinflußte oder dominierte: Ein äußerst aggressiver, zunächst kulturell und ökonomisch, dann biologisch-rassisch definierter Antisemitismus.

Der vermessene Anspruch der DAG, *die* politische Vereinigung des Adels zu sein, stand vor 1918 auf äußerst dünnem Boden. Dennoch erklären sich die erstaunlichen Erfolge der DAG nach 1918 aus der Tatsache, daß die DAG die einzige Adelsorganisation war, die sich dem Ziel, den Adel jenseits konfessioneller, regionaler und adelsrechtlicher Binnengrenzen zu einigen, seit 50 Jahren in praktischen Schritten genähert hatte. Als Organisation des niederen preußischen Adels verfügte die DAG bei Kriegsende als einzige Adelsorganisation über ein landesweites Netzwerk mit wenigen, jedoch fest etablierten Verbindungen zum Hochadel und nach Süddeutschland. Zum Hochadel und zu einem Großteil des niederen Adels in Süddeutschland blieb das Verhältnis der DAG-Führung stets gespannt. Davon wird noch zu sprechen sein; hier sei zunächst die Bedeutung der Verbindungen betont, die bis Kriegsbeginn geknüpft wurden.

Die Schwierigkeiten der DAG, sich in Süddeutschland zu etablieren, lassen sich v. a. auf zwei Gründe zurückführen. Erstens auf die weitverbreiteten antipreußischen und anti-unitaristischen Reflexe im süddeutschen Adel, zweitens auf die Tatsache, daß in Bayern und Südwestdeutschland bereits Organisationen adliger Großgrundbesitzer bestanden, die an dem Anschluß an eine mit erheblich geringeren Mitteln arbeitende Interessenvertretung ärmerer Standesgenossen kein Interesse haben konnten. Dennoch gelang die 1890 programmatisch verkündete und mit deutlicher Kritik an der „Lethargie" des süddeutschen Adels kombinierte[153] Überschreitung der „Mainlinie". Formal vollzog sich dieser Übergang mit der Einrichtung einer bayerischen Landesabteilung im Jahre 1897, deren Vorsitz mit Karl Ernst Graf Fugger v. Kirchberg-Weißenhorn sogleich ein Standesherr übernahm.[154]

---

[153] Die Adelsreform und ihre Träger, in: DAB 1890, S. 572f.
[154] Nachfolger des Grafen wurde 1900 der Reichsrat und Staatsminister Maximilian Frhr. v. Soden-Frauenhofen und 1910 der kgl. bayer. Kämmerer und Oberst Hermann Frhr. v. Rotenhan. Bereits während des Krieges übernahm Karl August Graf zu Drechsel, der bis 1933 zum Vorstand gehörte, die Geschäftsführung.

4.1.) Die deutsche Adelsgenossenschaft

So richtig es ist, die DAG in erster Linie als Interessenvertretung des materiell bedrohten, protestantischen Kleinadels in Nord- und Nordostdeutschland zu begreifen, so wichtig bleibt der Hinweis auf die Brückenschläge in den deutschen Süden, die bereits vor 1918 gelangen. Nur so läßt sich erklären, daß, um beim bayerischen Beispiel zu bleiben, bereits 1920 mit Erwein Fürst v. d. Leyen und zu Hohengeroldseck wiederum ein prominenter Standesherr an die Spitze der bayerischen Landesabteilung trat und damit ein Signal setzte, das ein beachtlicher Teil der einflußreichen, renommierten, grundbesitzenden Adligen in Bayern befolgte.[155] Das Grundprinzip einer organisatorischen Sammlung des Adels wurde bereits vor dem Krieg auch von angesehenen bayerischen Adligen befürwortet: Graf Drechsels kenntnisreicher Überblick über Adelsreformbestrebungen im 19. Jh. schloß im Jahre 1911 mit einem Plädoyer für die Schaffung einer „gemeinsamen Zentrale" der Adelsverbände, die zur Vertretung der gemeinsamen, im ganzen Adel geteilten Interessen dienen sollte.[156] Die organisatorisch beste Infrastruktur für ein solches Projekt hatte zweifellos die DAG geschaffen.

Ähnlich läßt sich das distanzierte Verhältnis zum hohen Adel beschreiben. 1901 wandte sich Herzog Ernst Günther von Schleswig-Holstein, der kurz zuvor Ehrenpräsident der DAG geworden war, an den Verein der deutschen Standesherren, um sich über die standesherrliche Distanz zur DAG zu beklagen. Die Antwort der Vereinsführung, man sehe keinen Grund, eine „Assimilierung" an den niederen Adel voranzutreiben, ist dabei ebenso aufschlußreich wie die Protektion, die der DAG hier durch einen Schwager des Kaisers zuteil wurde.[157] Über Ehrenmitgliedschaften und v. a. über die DAG-eigenen Hilfsorganisationen bestanden jedoch wichtige organisatorische Verbindungen zum Hochadel.[158] Stolz konnte der DAG-Adelstag zu Beginn des Jahres 1900 Fürst Leopold v. Hohenzollern-Sigmaringen als reguläres Mitglied begrüßen.[159]

Zu den Besonderheiten, mit denen die DAG bei Kriegsende aufwarten konnte, gehörte eine eigene, dezidiert politische Zeitschrift, deren Autoren seit 35 Jahren genau jene ideologischen Felder beackert hatten, auf denen die politische Rechte nunmehr die Ernte einzufahren begann. In der überkonfessionellen, landesweit vertriebenen Wochenzeitung schrieben zunächst adlige Auto-

---

[155] Angaben aus: Jahrbuch (Kalender) der DAG, 1927, 75-77.
[156] Karl August GRAF V. DRECHSEL, Über Entwürfe zur Reorganisation des deutschen Adels im 19. Jh., Ingolstadt 1912, S. 114f. Die Schrift erschien auch in den Mitteilungen der GKE und im DAB.
[157] GOLLWITZER, Standesherren, S. 282 f.
[158] Als Beispiel für Baden: Jahresbericht, Hilfsverein der DAG-Landesabteilung Baden von 1912, hier mit der großherzoglichen Familie und einzelnen Mitgliedern der fürstlichen Familien Löwenstein, Leiningen, Hohenlohe, Schönburg als Ehrenmitgliedern (FFAD, Akte ‚DAG').
[159] DAB 1900, S. 101-104 (mit der Formulierung des Dankes-Telegramms). Angaben zu weiteren DAG-Mitgliedern aus dem Hochadel bei KLEINE, Nobility, S. 68.

ren für eine adlige Leserschaft über adelsspezifische Themen. Das „Deutsche Adelsblatt – Wochenschrift für die Interessen des deutschen Adels beider Konfessionen",[160] begründet im März 1883 durch den ehemaligen Offizier und Landrat Paul Frhr. v. Roëll, wurde ein Jahr später zum „Organ" der DAG.[161] Einige Jahre darauf wurde ein Mitglied des schlesischen Uradels Chefredakteur: Rudolf v. Mosch, bei Übernahme der Redaktionsleitung etwa 35 Jahre alt, Oberleutnant a. D., Vater von sieben Kindern und aktives Mitglied der christlich-sozialen Bewegung.[162] Für die DAG Mitglieder wurde der Bezug der Zeitschrift 1905 zur Pflicht erklärt. Die Verbreitung der Zeitschrift scheint den Kreis der Mitglieder zumindest zeitweise deutlich übertroffen zu haben.[163]

Nach 1918 äußerten adlige Kritiker des Adelsblattes polemisch, die Abonnenten läsen die Zeitschrift entweder nur wegen der Anzeigen oder aber gar nicht.[164] Tatsächlich war das Adelsblatt auch wegen seines ebenfalls adelsspezifischen Annoncenteils von Bedeutung, der neben Hofnachrichten, Hinweisen auf Hochzeiten und Todesfälle, Verweise auf Adelsbälle und ähnliche gesellschaftliche Anlässe an Fürstenhöfen, auf Schlössern und Gutshäusern enthielt. Wichtig war die Zeitschrift schließlich durch die Stellengesuche und -angebote sowie durch den bereits 1900 eingerichteten „Stellenanzeiger". In einem typischen Stellengesuch im Geiste der DAG-Leitung annoncierte in diesem Jahr ein „älterer adliger Herr, [...] ehemaliger Offizier, [...] als Gutsbe-

---

[160] Das Adelsblatt umfaßte um 1900 pro Ausgabe 16 großformatige Seiten mit folgenden Rubriken: Bekanntmachungen/Sitzungsberichte, Politik und Presse, Sprechsaal (v. a. eingesandte Zuschriften/Debatten), den Unterhaltungsteil (Fortsetzungsgeschichten meist adliger Autoren), Bücher und Zeitschriften (Rezensionen), Hofnachrichten, Aus dem Leben des Adels, Familiennachrichten (Geburten, Hochzeiten, Todesfälle), Spenderlisten der Zentralhilfe u.ä. und schließlich den Annoncenteil. Die Zeitschrift erschien im Berliner Verlag Wilhelm Graf von Schlieffen.

[161] Paul Frhr. v. Roëll (geb. 1854), Offizierssohn aus einer Familie des ursprünglich burgundischen Adels, geboren in Berlin, Kadett in Potsdam, Seconde-Leutnant im deutsch-französischen Krieg, hatte nach seinem Abschied vom Militär Volkswirtschaft und Jura studiert und seit 1873 als Redakteur diverser Zeitungen gearbeitet. 1893 wurde er zum Landrat ernannt. Vgl. die Angaben in: IDA, http://home. foni.net/ ~adelsforschung/lex61.htm.

[162] Rudolf v. Mosch (1850-1904) hatte aus zwei Ehen mit zwei Cousinen (beide geb. v. Mosch) insgesamt sieben Kinder. Auch seine Mutter war eine geborene v. Mosch. Zu seiner politischen Orientierung s. Rudolf V. MOSCH, Materialien zu einem Katechismus der Sozialreform, Berlin 1888 (Besprechung in: DAB 1888, S. 516-519). Zu den engen Mitarbeitern von Roëll und Mosch gehörte der später als demokratischer Adels-Renegat bekannte, in den 1880er Jahren noch Adolf Stoecker verpflichtete Helmuth v. Gerlach, der für das DAB zunächst Theaterkritiken, später auch politische Beiträge schrieb: Vgl. GERLACH (1926), S. 43 und GERLACH (1937), S. 131.

[163] Ein Rückblick behauptete im Jahre 1888, die ersten Auflagen des Blattes hätten bei 30.000 Exemplaren gelegen (DAB 1888, S. 115). Die Zahlung war mit dem DAG-Jahresbeitrag zu entrichten: WAAM, Nl. Kerckerinck, Nr. 508 (Statut von 1891 mit Anhängen).

[164] So die Behauptung Karl Frhr. v. Aretins, der das Adelsblatt allerdings überaus gründlich las und einer seiner schärfsten Kritiker war: Brief ARETINs vom 3.3.1932, in: DAAM, LAB, Bd. 1, Hft. ‚Hauptgeschäftsstelle 31/32'. Ebenso: Brief von FRHR. V. LEONROD an einen Baron v. Reitzenstein 30.3.1928, in: DAAM, Bd. 12, Hft. ‚Schwaben'.

4.1.) Die deutsche Adelsgenossenschaft

sitzer sein Vermögen verloren, z.Z. ohne Stellung", der eine „Vertrauensstellung irgend welcher Art" suchte und hinzufügte: „Hohes Gehalt wird weniger beansprucht als ehrenhafte Stellung."[165] Als landesweiter Stellenmarkt für „standesgemäße" Tätigkeiten war der Anzeigenteil zunehmend auch für ledige adlige Frauen wichtig.

Die größte Bedeutung hatte die Zeitschrift jedoch als Diskussionsforum für adelsspezifische Fragen aus Politik und Kultur, das nachweislich auch von prominenten Vertretern des katholisch-süddeutschen Adels wahrgenommen wurde.[166] Mit seinem dezidiert politischen Profil unterschied sich das DAG-Organ deutlich von späteren Zeitschriften für einen adligen Leserkreis, so etwa vom „Adels- und Salonblatt", das sich neben seiner Hof- und Kaisernähe[167] auch durch die Veröffentlichung von Geschäftsbilanzen großer Geschäftsbanken vom Deutschen Adelsblatt unterschied und v. a. aus einer Mischung aus Hofnachrichten und höherem Klatsch bestand.[168]

Für eine nähere Beschreibung der DAG werden im folgenden fünf Aspekte analysiert: Organisation und Umfang der inneradligen Karitas, die Kritik am Wirtschaftsbürgertum, dem reichen Adel und dem Monarchen sowie insbesondere Argumentation und Funktion des kleinadligen Antisemitismus.

---

[165] Annonce in: DAB 1900, S. 475, ebd. S. 473 mit dem Hinweis auf den „Stellenanzeiger".
[166] Karl Fürst zu Löwenstein-Wertheim-Rosenberg (1834-1921), Mitbegründer der Zentrumspartei, Präsident des Zentralkomitees der deutschen Katholiken und seit 1907 Ordensgeistlicher, hatte das Adelsblatt nach Auskunft seines Sohnes regelmäßig und „gern" gelesen. Alois LÖWENSTEIN an Berg, 5.9.1925, in: STAWKB, Lit D, 761e/18. Die Bedeutung des Blattes hatte in Bayern auch Carl August GRAF V. DRECHSEL betont (DAB, 1912, S. 453).
[167] Siehe das im (für die Monarchie neuralgischen) Jahr 1908 erschienene Jubelporträt von Wilhelm ONCKEN, Kaiser Wilhelm II., in: ASB 1908, S. 19ff. (Serie).
[168] Als *Adels- und Salonblatt. Zeitschrift für die Interessen des deutschen Adels* erschien die Zeitschrift von 1892/93 bis 1914/15 in Berlin. Die Zeitung stand Kaiser, Hoch- und Hofadel deutlich näher als das Deutsche Adelsblatt, brachte feuilletonistische und mied politische Beiträge. Großen Raum nahmen die Rubriken „Von den Höfen und aus der Gesellschaft" und „Hof- und Adelschronik" ein, in denen sich u. a. Meldungen wie „Der Kaiser leidet an einem Furunkel" finden ließen, in: ASB 1910, S. 134.

4.2.) Die DAG als Selbsthilfeorganisation des Kleinadels

„Die [...] Verarmung des deutschen Adels, man kann wohl sagen, ‚seine Armut', ist viel bedeutender, als oberflächliche Anschauung der ‚Standesgenossen' sich wohl vorstellen mag. Wer sich davon eine Vorstellung machen will, muß in den Betrieb des ‚Zentralhilfsvereins der Deutschen Adelsgenossenschaft' hineinzusehen Gelegenheit gehabt haben."[169]

– Stephan Kekule v. Stradonitz, 1911

Zu Beginn der 1880er Jahre hatte die DAG einen eigenen, unter dem Namen „Nobilitas" firmierenden „Verein zur Förderung und Unterstützung verarmter Edelleute gegründet, dem sich bald „weit schon [...] die Hände der Hungernden entgegen" streckten – „herzerschütternd die Briefe, in denen bitterste Armuth von Standesgenossen Linderung erhofft."[170] 1888 wurde auf Initiative eines Majors aus dem niederen Adel der „Zentral-Hilfsverein", später „Zentralhilfe" genannt, als DAG-eigene Organisation zur Unterstützung verarmter Standesgenossen gegründet. Die Organisation bemühte sich „dem Verfalle des Adels dadurch entgegenzuarbeiten, daß [sie] für die Erziehung der Kinder mittelloser Adliger sorgt, sofern mit einiger Bestimmtheit zu erwarten ist, daß sie in eine angemessene Stellung gebracht oder in ihr erhalten werden können." Der hochadlige Vorsitzende des Vereins, Eduard Prinz zu Salm-Horstmar, benannte die Tendenz, die Zusammenhalt und Traditionen des Adels immer stärker bedrohte, ohne Umschweife: „Es ist Pflicht für uns zu helfen, gilt es doch, die Jugend zu erziehen, zu verhindern, daß die Kinder unserer Helden, unsere adlige Jugend ins Proletariat herabsinkt und ohne genügende Berufsausbildung in das Leben tritt. In diesem Sinne arbeitet der Central-Hilfsverein."[171]

Die Zentralhilfe unterhielt einen „Damenunterstützungsfonds", einen „Stellennachweis" und eine „Wappen-Malschule für unbemittelte adlige Damen". Neben alleinstehenden adligen Frauen wurden v. a. junge männliche Adlige mit Stipendien für die Kriegsakademie und universitäre Studien unterstützt. Im Jahre 1905 war auf dem Adelstag debattiert worden, wie der Verarmung im Adel zu begegnen sei. Neben weitschweifigen Empfehlungen zur „Bekämpfung irriger Auffassungen von standesgemäßem Auftreten und verderblichem Luxus" wurde die Förderung der Stellenvermittlung durch familiäre Kontakte und die DAG befürwortet. Zwar wurden Zulagen für „zwei geisteskranke Offiziere" gewährt, „dem Proletariat bereits anheimgefallene" Adlige sollten jedoch aufgegeben werden, um die Hilfsmittel auf die Adligen

---

[169] Stephan KEKULE V. STRADONITZ, Armut und Reichtum im deutschen Adel, in: Deutsche Revue 36 (1911), S. 35-42, zit. S. 40.
[170] DAB 1884, S. 557 und DAB 1887, S. 227 (Zitat).
[171] Satzung des Central-Hilfsvereins (undatiert) und Jahresbericht des Central-Hilfsvereins (März 1920), in: NWSAD, L 114, v. Donop, Nr. 508. Zahllose gleichlautende Aufrufe in zahllosen Nummern des DAB vor 1914. Salm-Horstmar, General der Kavallerie, war General-Adjutant des Kaisers und bereits 1908 Vorsitzender des Hilfsvereins.

4.2.) Die DAG als Selbsthilfeorganisation des Kleinadels

konzentrieren zu können, „welche durch die Beihilfen sowohl selbst, wie in der Erziehung ihrer Kinder in einer wenn auch noch so bescheidenen aber adligen Gesinnung bezeigenden Lebensführung erhalten werden können." Die Formel wurde offenbar bewußt vage gehalten, über die Einzelfälle entschieden die regional organisierten DAG-Hilfsstellen.[172]

Der über Beiträge und freie Spenden finanzierte „Verein zur Errichtung von adligen Damenheimen" konnte 1908 durch eine ungewöhnlich großzügige Schenkung eine „Wirtschaftliche Frauenschule" im sächsischen Löbichau eröffnen, die adligen „Maiden" eine hauswirtschaftliche Ausbildung bot und gleichzeitig als Damenstift diente.[173] Weitere Damenheime mit eng begrenzten Aufnahmekapazitäten konnten in Schöneberg bei Berlin, Naumburg, Breslau und Potsdam gegründet werden.[174] Der Verein konnte bis Kriegsbeginn zwar 2.600 Mitglieder, darunter auch die Kaiserin, jedoch kein Kapital gewinnen, das für mehr als die ca. 60 Heimplätze ausgereicht hätte. Für Jahresbeiträge zwischen 400 und 1.000 Mark erhielten Frauen in den Heimen „Wohnung, Heizung, Beleuchtung, freie Wäsche und bei vorübergehender Erkrankung freie ärztliche Behandlung."[175] Auch die Mittel der Zentralhilfe, der neben Eduard Prinz zu Salm-Horstmar weitere Mitglieder des Hochadels, u. a. Prinz Oskar von Preußen als Ehrenvorsitzende angehörten, blieben bescheiden: Im Jahre 1911 hatte der „Damenunterstützungsfond" ein Kapital von ca. 17.800 Mark. Zur Unterstützung junger Adliger, u. a. Kadetten, konnten bis Kriegsende jährlich zwischen 25.000 und 56.000 Mark gezahlt werden. Vergleicht man diese Beträge mit den ca. 6.000 Mark, die nötig waren, um *einem* Sohn die Offizierskarriere zu finanzieren bzw. mit den 12.000- 25.000 Mark, die erforderlich waren, um die Ausbildung *eines* Sohnes zum Juristen zu ermöglichen,[176] wird schnell deutlich, daß der kleinadlige Nachwuchs mit diesen Ressourcen keine großen Sprünge machen konnte.

Die Unterstützungsfonds wurden aus Mitgliederbeiträgen und Kleinspenden zusammengestückelt. Großspenden blieben seltene Glücksfälle für die DAG-Kassen – die im Adelsblatt regelmäßig veröffentlichten Spenderlisten verzeichneten Einzelspenden, die durchschnittlich im Bereich von fünf bis zwanzig Mark lagen. Gleichzeitig waren die 40.000 Mark, die Werner v. Siemens

---

[172] WAAM, NL Kerckerinck, Nr. 509 (Bericht über den 24. Adelstag der DAG zu Berlin am 20.2.1905).
[173] Die Schule eröffnete im Mai 1908 den Lehrbetrieb mit 17, bis Jahresende 29 adligen „Maiden". Die DAB investierte 1908 in Löbichau die für ihre Verhältnisse immense Summe von 70.000 Mark Bau- und 35.000 Mark Ausstattungskosten (DAG-Finanzbericht für 1908 und diverse Berichte in: DAB 1909, S. 101-106, 236f.).
[174] DAB 1909, S. 83. Das Heim in Schöneberg bot 24 „bedürftigen" aber erwerbstätigen Frauen Platz, die in Berlin arbeiten wollten und im Heim für 400 Mark untergebracht und verpflegt wurden. Angeschlossen war dem Verein auch das Nobilitasstift in Potsdam mit 16 Plätzen. Zu weiteren Stiftungen vgl. DULLINGER, Obenbleiben, S. 96-98.
[175] Mehr adelige Damenheime!, in: DAB 1902, S. 830f. (Zitat), vgl. Kalender der DAG 1912, S. 31 (Kaiserin, Mitgliederzahlen) und Kalender der DAG 1920, S. 8f.
[176] Angaben nach Gerhard A. RITTER/Jürgen KOCKA (Hg.), Deutsche Sozialgeschichte. Dokumente und Skizzen, Bd. 2, München 1977, S. 230.

testamentarisch als Einzelspender für einen wohltätigen Zweck hinterließ, der adligen Aufmerksamkeit ebenso wenig entgangen, wie die 33 Millionen Mark, die der im Alter philanthrop gewordene Stahlmagnat Andrew Carnegie in den USA bis 1909 für gemeinnützige Zwecke gestiftet hatte.[177] Zwar wandte sich die Hilfsstelle, bald gestützt von der Autorität hochadliger Namen, z.t. erfolgreich mit der „untertänigsten Bitte" an wohlhabende Fürsten, dem Unterstützungsfonds „eine Gnadengabe huldvollst überweisen lassen zu wollen"[178] – Erfolge, welche die Finanzlage dauerhaft verbessert hätten, wurden dabei jedoch nicht erzielt. Vor und nach dem Krieg organisierte die DAG-Zentralhilfe ihre Unterstützungsarbeit in sechs verschiedenen Abteilungen: 1.) „Unterstützungswerk" (Stipendien, Erziehungsbeihilfen, Renten), 2.) Erholungsheime, 3.) Unterbringung von Kindern zur „Miterziehung", 4.) Stellenvermittlung, 5.) Unterhaltung von drei Heimen bzw. Stiften und 6.) Zusammenarbeit mit anderen Wohlfahrtsorganisationen.[179]

Die Kapitalkraft der *Genossenschaft katholischer Edelleute in Bayern*, die im Vergleich mit der bayerischen DAG-Landesabteilung eindeutig als der „feinere" Zusammenschluß anzusehen ist, ging über diesen finanziellen Rahmen nicht wesentlich hinaus. Die Genossenschaft, die zur Jahrhundertwende noch Beträge zwischen 2.000 und 3.000 Mark als direkte Zuwendungen an den Papst bzw. an karitative Stiftungen der katholischen Kirche übergeben konnte, beschloß im Jahre 1908 den zum Rinnsal ausgedünnten Strom der vorhandenen Gelder künftig in Richtung der eigenen Standesgenossen umzuleiten: Jährlich wurden ca. 1.500 Mark bereitgestellt, die in Portionen von 50 bis 100 Mark v. a. an alleinstehende adlige Damen verteilt wurden.[180] Auch hier spiegelten sich vereinzelte hohe Spenden, wie etwa die 10.000 Mark, mit denen die bayerische Königin die Genossenschaft 1919 testamentarisch bedacht hatte,[181] in Budgets und Spendenzuweisungen des Vereins nicht wider.

---

[177] Andrew Carnegie und seine Schenkungen, in: WJOBB 32/1900, S. 191 und (zum Legat durch Werner v. Siemens) den Bericht über den „Verein gegen Verarmung in Berlin", in: ebd. 10/1894, S. 60.
[178] Schreiben des Centralhilfsvereins an den Großherzog von Mecklenburg, 4.5.1912, in: MLHA, GHK III, Nr. 2464.
[179] DAAM, LAB, Bd. 14, Hft. ‚Zentralhilfe' („Fünfzig Jahre Zentralhilfe der DAG" (1938) und den „Bericht der Zentralhilfe über das Jahr 1927"). Zum Budget vor 1914 s. auch den Finanzbericht in DAB 1909, S. 103. Im Jahre 1908 konnte die DAG-Zentralhilfe 26.000 Mark für „Subventionen und Stipendien" aufbringen.
[180] Karl August GRAF V. DRECHSEL, Chronik der GKE 1876-1908, Ingolstadt 1908, in: BayHStA, GKE, Nr. 1.
[181] FÜRST LÖWENSTEIN an GKE-Vorstandsmitglieder 12.12.1919 in: BayHStA, GKE, Nr. 7/2.

4.3.) Antiliberalismus und Antisemitismus: Die DAG und der Weg nach rechts

Politisch bewegte sich die DAG im Koordinatensystem zwischen dem Hammerstein-Flügel der Konservativen, der Stoecker-Bewegung und dem Bund der Landwirte.[182] Unter aktiver Mitarbeit der DAG wurde hier ein ideologisches Feld abgesteckt, auf dem neue Formen einer politischen Allianz zwischen zwei sozialen Formationen erprobt wurden, die von der ökonomischen und politischen Moderne in ihrer sozialen Substanz gleichermaßen bedroht waren: Eine Allianz des Kleinadels mit der kleinbürgerlichen Welt[183] des alten Mittelstandes.[184] Vom Adel her betrachtet bestand die Geschäftsgrundlage dieser Allianz darin, daß sich ein Großteil des preußischen Kleinadels auch durch staatliche Protektion nicht „zu einer Aristokratie *aufblasen*" ließ, wie Max Weber 1917 bissig formulierte. Die Mehrheit dieser Gruppe, so Weber, war „ökonomisch und sozial ebenso wie nach ihrem Horizont ein *bürgerlicher Mittelstand.*"[185] „Neben dem Typus des Aristokraten, der nicht kapitalistisch wirtschaften will", vermerkte eine soziologische Analyse im Jahre 1926, „steht überall der Typus des anderen, der es nicht kann. [... Und dieser] neigt dazu, mit den gleich ihm wirtschaftlich zurückbleibenden Elementen des städtischen Handwerks und des Kleinbauerntums [...] eine Art ‚mittelständischer' Opposition gegen die Mächte des wirtschaftlichen Aufschwungs zu bilden."[186] Trotz der immer „feudaler" klingenden Töne im Adelsblatt war eine Annäherung kleinadliger und kleinbürgerlicher Lebenswelten längst unübersehbar. Als zu dieser Realität passende Ideologie ließ sich die ältere Vorstellung vom adligen „Vermittleramt zwischen Fürst und Volk" aufgreifen und ins Völkische wenden. Die Forderung, der Adel müsse „der beste Freund des Volkes" werden, läßt sich als Verklärung einer lebensweltlichen „Volksnähe" lesen, die für viele Kleinadlige ebenso unfreiwillig wie unabweisbar bestand.[187]

---

[182] Zum positiven Verhältnis der DAG zum Bund der Landwirte vgl. DAB 8.10.1893, DAB 1908, S. 123-125 und DAB 1909, S. 123-125; KLEINE, Nobility, S. 84-124.

[183] Gemeint sind hier v. a. kleine Ladenbesitzer, Handwerker und kleine Landwirte, daneben auch untere Beamten und kaufmännische Gehilfen. Zum Begriff s. Heinz-Gerhard HAUPT/Geoffrey CROSSICK, Die Kleinbürger. Eine europäische Sozialgeschichte des 19. Jahrhunderts, München 1998, S. 11-28.

[184] So als Fazit aus der Perspektive seiner Studie über den BdL auch bei PUHLE, Agrarische Interessenpolitik, S. 277. Vgl. den Artikel „Mittelstand und Konservative", in: DAB 1909, S. 231f., der den Mittelstand als „natürlichen Bundesgenossen des Besitzers auf dem Lande" definierte. Ausführlich aus sächsischer Perspektive: Heinrich FRHR. V. FRIESEN-RÖTHA, Die Konservativen im Kampfe gegen die Übermacht des Judentums und für die Erhaltung des Mittelstandes, Hg. vom Konservativen Landesverein im Königreich Sachsen, Leipzig 1892.

[185] Max WEBER, Wahlrecht und Demokratie in Deutschland (Dezember 1917), in: Ders., Gesammelte Politische Schriften, neu herausgegeben von Johannes Winckelmann, Tübingen ²1958, S. 233-279, zit. S. 265f. (Hervorhebungen im Original).

[186] Carl BRINCKMANN, Die Aristokratie im kapitalistischen Zeitalter (Grundriß der Sozialökonomik, IX. Abt.), Tübingen 1926, S. 22-34, zit. S. 26.

[187] Zitat: DAB 1892, S. 939f. Zur Tradition dieses Ideals vgl. REIF, Mediator, S. 138-153.

Bereits aus den ersten Jahrgängen des Adelsblattes lassen sich die Blaupausen für eben diese Koalition erkennen: Wenn sich das Handwerk selbst organisierte und die Bauern den „bewährten Führern" folgten, würde eine gemeinsame Front „gegen die feindlichen Mächte des Capitals, gegen Juden und Judengenossen" möglich werden. Unter der Führung von Adel und Kirche würde die Handwerk und Bauernschaft sammelnde Bewegung, erfüllt von „werkthätiger Liebe für die Armen und Elenden" dem „Großkapital" und dem Liberalismus eine „Gänsehaut" bereiten.[188] Die hier verwandten Argumente und Sprachformeln waren der zeitgleich aufblühenden Agitation der mittelständischen Verbände zum Verwechseln ähnlich.[189] Insbesondere auf den Großhandel hatte sich die DAG frühzeitig eingeschossen. Ein publizistischer Angriff mit dem Titel „Marchands", der 1900 den Lesern des Adelsblattes erklärte, jeder Handelsstaat müsse sich kulturell zurückentwickeln, die Aristokratie durch „Handelsplebejer" ersetzen und sich auf „Domestikennaturen" verlassen,[190] stellte nur sprachlich die Verschärfung einer seit über zehn Jahren verfolgten Linie dar. Voll Ressentiment und Verachtung kommentierte das Adelsblatt die Lebens- und Berufswelten der Bourgeoisie. 1886 wurde Standesgenossen, die gezwungen waren, ihren Lebensunterhalt in „bürgerlichen" Berufen zu verdienen, auf dem DAG-Adelstag die Niederlegung ihres Adelsprädikates empfohlen.[191] Die symbolbeladene Kritik an Reichtum, Luxus und Bequemlichkeit zieht sich unverändert durch die gesamte Geschichte der Adelsgenossenschaft. Ebenso durchgängig waren die „Warnungen" an den reichen Hoch- und Hofadel. 1884 ermahnte das Adelsblatt die reichen Standesgenossen niemals zu vergessen, „daß sich's auf dem fruchtbaren Boden der heimischen Erde zwar nicht so bequem geht, wie auf dem Parquet des Kaiserschlosses, daß man aber dort fester steht [...]." Was die Autoren und Leser des Adelsblattes umtrieb, war weniger das Eintreten für christlich definierte „Sittlichkeit" als der Kampf gegen die oben beschriebene Tendenz einer modernen „Elitensynthese" aus Teilen des reichen Adels und der Bourgeoisie. Angegriffen wurde zunächst die Fest- und Repräsentationskultur dieser neuen Koalition: „An die Stelle einfach edler Gastlichkeit traten schwelgerische Feste und ein unverantwortlicher Aufwand auf jedem Gebiet des öffentlichen Auftretens. [...] Leichtfertige Frauen und Theaterprinzessinnen saugen der goldnen Jugend der Großstädte das Mark aus den Gliedern und haben schon manch

---

[188] UECHTRITZ, Der Adel in der christlich-sozialen Bewegung, zit. S. 31, 37f. Uechtritz verwies auch explizit auf das Vorbild des westfälischen Freiherrn v. Schorlemer-Alst, den Vorsitzenden des westfälischen Bauernvereines, den Uechtritz als „Bauernkönig" bezeichnete (ebd.).

[189] Heinrich August WINKLER, Der rückversicherte Mittelstand: Die Interessenverbände von Handwerk und Kleinhandel im deutschen Kaiserreich, in: Ders., Liberalismus und Antiliberalismus, Göttingen 1979, S. 83-98, v. a. S. 88-94. Zur kleinbürgerlichen „Drift nach Rechts" vgl. HAUPT/CROSSICK, Kleinbürger, S. 205-221.

[190] FABRICIUS, Marchands, in: DAB 1900, S. 250f. Zu den lebhaften Reaktionen in der (liberalen) Presse vgl.: Das Deutsche Adelsblatt vor dem Tribunal „der Oeffentlichkeit", in: ebd., S. 282-285.

[191] Aus der Vergangenheit der Deutschen Adelsgenossenschaft, in: DAB 1888, S. 116.

4.3.) Die DAG und der Weg nach rechts

uralten Wappenschild von der First stattlicher Schlösser gerissen."[192] Die Forderung, „zu den schlichten Sitten der Väter zurück[zukehren]"[193] richtete sich an die reichen Familien des hohen und niederen Adels, die über das finanzielle und soziale Potential zu Allianzen mit dem reichen Bürgertum verfügten.

Im Lichte dieses inneradligen Konfliktes läßt sich John Röhls Auffassung, der am Hof des Kaisers kultivierte Luxus habe „nicht zuletzt" beim Hofadel Unbehagen erzeugt, nur bedingt zustimmen. Auch wenn sich Mitglieder insbesondere der militärischen Entourage im Privaten abschätzig über den höfischen „Firlefanz" äußerten,[194] waren die vom Kleinadel kritisierten „Orgien der Ueppigkeit und der raffinierten Verschwendung",[195] schließlich nicht durch Oktroi des Monarchen entstanden. Statt dessen war der höfische Luxus wilhelminischer Prägung ein Lebensstil, der vom reichen Adel am Hof ermöglicht, gestaltet und genossen wurde. Luxus als „soziale Giftblase unserer Zeit"[196] anzugreifen lag auch innerhalb des Adels jenen, die ihn täglich genossen, deutlich ferner als jenen, die niemals in seine Nähe gelangen würden.[197]

Auf die Frage, wem die materialistische „Zersetzung" der Gesellschaft und der Niedergang des Adels anzulasten war, wurden in der DAG schlichte Antworten gefunden. Bereits die fortlaufend verwendeten Schlagworte[198] verweisen auf antisemitische Argumentationsmuster, die sich nicht gegen Treitschkes sprichwörtliche „hosenverkaufende Jünglinge", sondern gegen die „jüdische" Industrie- und Finanzbourgeoisie und den wachsenden Einfluß des „jüdischen" Bildungsbürgertums wandten. Vor, später dann neben der „rassischen" Argumentation wurde die Vorstellung „jüdischer" Gesinnung und „jüdischen" Verhaltens als Argument gegen den modernen Finanz- und Industriekapitalismus verwandt, dessen Dynamik die Lebensgrundlagen des Adels immer deutlicher bedrohte: „Strenger als das Jüdischhandeln der Juden verurtheile man das Jüdischhandeln der christlichen Deutschen und zumal vor Allem jener Standesglieder (sic), welche sich nicht entblöden, ihrer edlen

---

[192] Der Adel in der christlich-sozialen Bewegung, in: DAB 1884, S. 543.
[193] Oldwig v. UECHTRITZ, Semitismus und Adel, in: DAB 1885, S. 233.
[194] RÖHL, Hof, in: Ders., Kaiser, S. 112. Als „Firlefanz" und „Unfug" bezeichnete Helmuth v. Moltke die vom Kaiser geschaffene Titelinflation.
[195] Oldwig v. UECHTRITZ, Der Adel in der christlich-sozialen Bewegung, S. 29f.
[196] A. BERGHAUS, Etwas vom Luxus, in: DAB 1890, S. 691f.
[197] Eben diese Diskrepanz sehr anschaulich bei BRAUN (1909), S. 110f.
[198] So etwa in der Artikelserie von Oldwig v. UECHTRITZ, Semitismus und Adel, in: DAB 1885, S. 169-235, zit. S. 197f., 233-235: „jüdisches Pumpwerk – Israels mammonkalte Hand – Aufsaugung des Vermögens des deutschen Volkes – geistige Unterjochung Deutschlands – schmeichlerischer Wucherjude – teuflisch raffinierte jüdische Geschäftsleute – Wechsel-Ritter – Geldsack – von den Börsenfürsten subventionierte Presse – geistreiche Töchter Israels in der Hauptstadt der Hohenzollern – verjüdelte Wissenschaft und Presse – scharrender Gelderwerb – Gründungstaumel – Emporkömmlinge vom Geldschrank – Finanz-Baronie – Reigen um das goldene Kalb – goldene Jugend – Gründer-Heirathen".

Vorfahren Erbe in Saus und Braus zu verprassen, um dann neue Mittel für ihre Vergeudung in allerlei gründerhaften Spekulationen zu erstreben." Galt die wirtschaftliche und kulturelle Moderne einmal als „jüdisch", ließ daraus auch folgern, in welche Richtung eine „Gesundung" zu suchen war: In der „Ertödtung (sic) des Semitismus und aller mit ihm aus gleichem Brunnen schöpfenden wirthschaftlichen und sozialpolitischen Ideen."[199]

Untypisch für die seinerzeit numerisch noch schwache, aber bereits unverhältnismäßig lautstark auftrumpfende Gruppe der völkischen Adligen hatte Ernst v. Wolzogen 1895 in seinem „Mahnwort" an den Adel die Verachtung der – von Juden dominierten – „ekelhaften Ära des Kapitalismus" mit der Aufforderung kombiniert, die Abneigung gegen die Berufe der Bourgeoisie zu überwinden. Der Adel dürfe die mächtige „Idee der Moderne" weder fürchten noch dem Judentum überlassen, sondern sie aktiv gestalten. Von der Aufstiegstaktik der Juden und der Kultur des englischen Adels müsse man lernen: „Leiht doch ihr dem edlen Waidwerk eure reinen Hände! Laßt das thörichte Vorurteil fahren, als ob es irgend einen Beruf gäbe, der eines Edelgeborenen unwürdig sei [...]. Lassen wir die Dinge so weiter gehen wie bisher, so wird ganz sicher [die] jüngste semitische Aristokratie [...] unsere germanische an die Wand drücken, bis ihr gänzlich der Atem ausgeht."[200] Der zynische Vorschlag des Antisemiten Wolzogen, sich an den Aufstiegswegen des Judentums zu orientieren, hatte wenig Chancen, im Adel Gehör zu finden. Die Vorstellung, junge Adlige könnten sich bestimmten Berufsgruppen nicht ohne „Erniedrigung" zuwenden, blieb im Kleinadel fest verankert. Unter dramatisch verschlechterten Bedingungen begann die Auflösung dieser Vorstellung erst in den adelsinternen Debatten der 1920er Jahren, um schließlich nach 1933 – nunmehr als verbale Konzession an die Volksgemeinschaftsideologie – für überholt erklärt zu werden.[201]

Zur Beschreibung des sozialgeschichtlich rekonstruierbaren Kerns, auf den sich das kleinadlige ceterum censeo über den „jüdischen Mammonismus" bezog, sollen hier einige Zahlen genügen. Im späten Kaiserreich waren 67 von 111 Berliner Unternehmern mit einem Vermögen über sechs Millionen Mark Juden. Noch deutlicher ließen sich die Erfolge des jüdischen Wirtschaftsbürgertums in der dünnen Schicht der reichsten Berliner Bourgeoisie beim Blick auf einzelne Sektoren erkennen: 39 der 60 und 8 der 10 reichsten Unternehmer Berlins, 61% der Berliner Bankiers und 37% aller Inhaber und Direktoren von Banken waren um die Jahrhundertwende Juden.[202] Der Anteil jüdischer Inhaber von Privatbanken, deren Anzahl in den 1920er Jahren auf 2.000 bis 3.000 geschätzt wird, lag bei ca. 50%. Eine herausragende Stellung nahmen

---

[199] Oldwig v. UECHTRITZ, Semitismus und Adel, in: DAB 1885, S. 233f.
[200] Ernst v. WOLZOGEN, Links um kehrt schwenkt – Trab! Ein ernstes Mahnwort an die herrschenden Klassen und den deutschen Adel insbesondere, Berlin 1895, S. 25, 28-30.
[201] Heinrich ROGGE, Zur Adelsfrage – Ein kritischer Rückblick, in: DAB 1935, S. 315.
[202] AUGUSTINE, Die soziale Stellung, S. 228f. Vgl. ähnliche Zahlenangaben bei BARTH, Bürgertum, S. 103.

4.3.) Die DAG und der Weg nach rechts

jüdische Bankiers außerdem in den Groß- und Konzernbanken als Gründer, Inhaber, Direktoren, Vorstandsmitglieder und Syndizi ein.[203]

Hinzuweisen ist hier schließlich auf den bis 1933 stark überproportionalen Anteil jüdischer Kaufleute im Einzelhandel, der bis 1933 auf ca. 25% zurückging, sowie auf das aus den USA übernommene Konzept der Warenhäuser, dessen Umsetzung in Deutschland vor allem jüdischen Kaufleuten erfolgreich gelang. Vier der fünf größten Warenhausunternehmen gehörten vor 1933 jüdischen Besitzern.[204] Wie auch im Bereich der Presse und in den freien akademischen Berufen blieb die überwältigende Mehrheit des Adels genau jenen professionellen Feldern fern, in denen das deutsche Judentum im Kaiserreich die größten und schnellsten Aufstiegserfolge erzielen konnte.[205] Die ohnehin große soziale Distanz zwischen beiden Gruppen vergrößerte sich erheblich. Je weiter sich die Schere zwischen jüdischem Erfolg in den modernen und kleinadligem Mißerfolg in den traditionellen Berufsfeldern öffnete, desto mehr verwandelte sich im Kleinadel die traditionelle Ignoranz bzw. Verachtung der „jüdischen" Berufsfelder in offene Aggression. Gleich ob einzelne Berufsfelder, die Börse, der Kapitalismus oder der Liberalismus:[206] Im niederen Adel wurden die Bezeichnungen „jüdisch" und „verjudet" frühzeitig als Etiketten zur Stigmatisierung von Teilbereichen der Moderne entdeckt, in denen sich der Kleinadel weder entfalten konnte noch wollte. Wo die Theorie nicht zu den Fakten passen wollte, halfen sprachliche Neuschöpfungen nach, um die Etikettierung aufrecht erhalten zu können. Nicht-jüdische Geldverleiher, deren überzogene Zinsforderungen unzählige Bauernhöfe ruiniert hatten, erklärte einer der einflußreichsten Vertreter des westfälischen Adels in einer 1901 gehaltenen Rede kurzerhand zu „christlichen Juden".[207] Wichtig war somit die tatsächliche, weit überproportionale Präsenz erfolgrei-

---

[203] Rolf WALTER, Jüdische Bankiers in Deutschland bis 1932, in: Werner E. Mosse/Hans Pohl, Jüdische Unternehmer in Deutschland im 19. und 20. Jahrhundert. Stuttgart 1992, S. 78-99; vgl. REITMAYER, Bankiers, S. 163-176.

[204] Konrad FUCHS, Jüdische Unternehmer im deutschen Groß- und Einzelhandel dargestellt an ausgewählten Beispielen, in: Mosse/Pohl, Jüdische Unternehmer, S. 177-195, hier v. a. S. 187, 195.

[205] Auf die Erfolge einer „deutsch-jüdischen Symbiose", die im kaiserzeitlichen Berlin einen Schwerpunkt hatte und sich auch in beachtlichen wirtschaftlichen Erfolgen des jüdischen Bürgertums ablesen ließ, hat Reinhard RÜRUP immer wieder hingewiesen. Vgl. dazu seine Einleitung in: Jüdische Geschichte in Berlin. Essays und Studien, Hg. v. Reinhard Rürup, Berlin 1995, S. 5-12. Als empirische Bestätigung dieser Interpretation zuletzt Till VAN RAHDEN, Juden und andere Breslauer. Die Beziehungen zwischen Juden, Protestanten und Katholiken in einer deutschen Großstadt von 1860 bis 1925, Göttingen 2000.

[206] Zur Gleichsetzung von Liberalismus und Judentum vgl.: Oberst a. D. v. ARNIM, Conservative „Junker" und liberales „Bürgerthum", in: DAB 12.12.1897, S. 797-799 und Heinrich v. WEDEL, Historische Kritik des Liberalismus, in: DAB 14.10.1906, S. 581f. Ähnlich: Was kostet der [sic] Deutschen Nation der Kapitalismus und wie ist derselbe zu bekämpfen?, in: DAB 1888, S. 212-214, 242-244.

[207] Engelbert FRHR. V. KERCKERINCK, Der Adel und seine soziale Aufgabe dem Kleingrundbesitz gegenüber, Vortrag vor dem Verein katholischer Edelleute, 24.1.1901, in: WAAM, Nl. Kerckerinck, Nr. 293.

cher jüdischer Aufsteiger in den genannten Bereichen. Wichtiger jedoch wurde die Einordnung bzw. Stigmatisierung ganzer professioneller Felder mit starker jüdischer Präsenz als „jüdisch". Jean-Paul Sartres berühmte Vorstellung vom „juif imaginaire",[208] d.h. dem Juden als einer Chiffre, die der Antisemit aus seinen Wahrnehmungen, Phantasien, Ressentiments und Ängsten zusammensetzt,[209] läßt sich mit einigem Gewinn auf den gegen bestimmte professionelle Felder gerichteten (Adels-) Antisemitismus übertragen, der an entsprechende Wahrnehmungen im Bildungsbürgertum[210] ohne weiteres anschlußfähig war. Wie Shulamit Volkov überzeugend gezeigt hat, ist der moderne Antisemitismus[211] weniger als direkte Reaktion auf reale Umstände, denn als Reaktion auf eine „selbstgemachte Konzeption der Wirklichkeit" zu begreifen. Die „falschen Metaphern", die der Antisemitismus im letzten Viertel des 19. Jahrhunderts schuf, beschreibt Volkov als „antisemitischen Code". Für die verzerrte Wahrnehmung einer rapide veränderten Wirklichkeit und für die entsprechend verzerrte Reaktion auf diesen Wandel war dieser „Code" auch im Adel von zentraler Bedeutung.[212] Für den größten Teil des alten Adels blieben einzelne Berufsfelder die Inkarnation des unbekannten, abgelehnten und gefürchteten Fremden,[213] auf das sich rational begründbare (Abstiegs-)Ängste ebenso wie die haßerfüllte Rassenideologie des Antisemitismus projizieren ließen. Die so aufgebaute Ablehnung zentraler Bereiche des modernen Kapitalismus, gekleidet in die seit den 1880er Jahren ausformulierten Denk- und Sprachmuster des modernen Antisemitismus, sollte auch nach 1918 Ideologie und Handeln großer Teile des deutschen Adels bestimmen.

Explizit wandte sich diese Argumentation gegen den reichen, insbesondere den hohen Adel, dem man vorwarf, im „Gründungstaumel" mit „jüdischen und christlichen Börsenfürsten den Reigen [...] um das goldene Kalb" getanzt

---

[208] Zu Konstruktion und Kritik dieses Konzepts s. Alain FINKIELKRAUT, Le Juif imaginaire, Paris 1980, S. 9-45.
[209] Jean-Paul SARTRE, Réflexions sur la question juive, Paris 1954. Vgl. dazu Hannah Arendts Seitenhieb auf diese Vorstellung als „Mode": ARENDT, Elemente, S. 23.
[210] Zur Gleichsetzung von Judentum und Kapitalismus: Werner SOMBART, Die Juden und das Wirtschaftsleben, Leipzig 1911. Vgl. dazu die Analyse von LENGER, Sombart, S. 187-197 und die Aufnahme des Buches im Adelsblatt: DAB 1912, S. 323.
[211] Reinhard RÜRUP, Die ‚Judenfrage' der bürgerlichen Gesellschaft und die Entstehung des modernen Antisemitismus, in: Ders. Emanzipation und Antisemitismus. Studien zur „Judenfrage" der bürgerlichen Gesellschaft, Frankfurt a. M. 1987 (zuerst 1975), S. 93-119 und DERS., Antisemitismus. Entstehung, Funktion und Geschichte eines Begriffs, in: ebd., S. 120-144; Shulamit VOLKOV, Das geschriebene und das gesprochene Wort. Über Kontinuität und Diskontinuität im deutschen Antisemitismus, in: Dies., Antisemitismus, S. 54-75.
[212] Shulamit VOLKOV, Antisemitismus als kultureller Code, in: Dies., Antisemitismus, S. 13-36, hier v. a. S. 25-30 (zuerst 1978).
[213] Zur Konstruktion des „Fremden" am Beispiel des jüdischen Händlers vgl. Georg SIMMEL, Exkurs über den Fremden, in: Ders., Soziologie. Untersuchungen über die Formen der Vergesellschaftung (GSG, Bd. 11), Frankfurt a. M., 1992 (zuerst 1909), S. 764-771.

4.3.) Die DAG und der Weg nach rechts

und dabei das „Gleichgewicht" verloren zu haben.[214] Wie in Vorwegnahme der späteren Leitformel vom „preußischen Sozialismus" (Oswald Spengler) erörterte das Adelsblatt die Notwendigkeit eines „Sozialismus" ohne Enteignungen und zeichnete die Umrisse einer „sozialreformatorischen Partei" mit einem „energischen wirthschaftlich-sozialistischen Programm", das 1887 als „Nationalsozialismus" bezeichnet wurde.[215] Polemiken gegen „unseren Standesgenossen, den Fürst-Reichskanzler" Bismarck verbanden sich mit der Forderung, den Kleinadel als Kontrollinstanz um den Monarchen zu gruppieren. Die alten Geschlechter sollten, so 1884 die Formulierung im Adelsblatt, die „politische Leibwache des sozialen Königthums" stellen.[216] Der reiche Adel, die „im Strome des modernen Lebens dahinfahrende Hocharistokratie"[217] und die „Byzantiner" am Berliner Hof galten als denkbar ungeeignet, die Aufgaben dieser „Leibwache" zu übernehmen. Durchgängig wurden die trotzigen Warnungen der DAG an den Hofadel in die Sprache des Kargheitskultes gefaßt: „Der Hofkavalier möge nie vergessen, daß der erdige Geruch des von den Vätern ererbten Grund und Bodens stets das beste Edelmanns-Parfüm [...] bleiben wird."[218] Den „großen Herren", die ein gleichnamiger Artikel von 1887 durchgängig in Anführungszeichen führte, warf die DAG vor, die „Waffenbrüderschaft" mit dem Kleinadel zu verweigern, weil sie im „Tagesgötzendienst" mit Personen aufgingen, „deren Name sich nimmer mit den ihren hätte berühren dürfen". Tatsächlich belegen bereits die regelmäßig namentlich veröffentlichen Spenderlisten der DAG-Hilfsorganisationen die Abstinenz der Grandseigneurs.[219] Groß nur noch auf dem „Parquet, im Jagdgrund und auf der Rennbahn", interessiert nur noch an den „Sporen", die man sich an der Börse verdienen konnte, stünden die Grandseigneurs der Adelsreform fast ausnahmslos gleichgültig bis ablehnend gegenüber. Letztere sei deshalb „in allererster Linie ein Kampf des Adels gegen die Hemmnisse im eigenen Lager."[220] Ein Beitrag über die Aufgaben adliger Frauen polemisierte im gleichen Jahr gegen den „Musik- und Malfanatismus" der „wohlhabenden Dilettantinnen, [...] die Geld und Zeit genug besitzen" um sich mit dem „Piano" und „philosophischen Vorträgen", zu beschäftigen und „in einem Jahr in

---

[214] DAB 1885, S. 233. Der „Tanz um das goldene Kalb" gehörte in unzähligen sprachlichen und gedanklichen Nuancen, jahrzehntelang zu den am häufigsten gebrauchten Metaphern im Adelsblatt.
[215] Die Formulierung findet sich in einem Bismarck-freundlichen Beitrag: Fürst Bismarck der erste Nationalsozialist, in: DAB 1887, S. 450f.
[216] DAB 1884, S. 580f.
[217] Der souveräne, hohe und fürstliche Adel im Licht der Standes-Reformbewegung, in: DAB 1902, S. 54f., 71-73, zit. S. 55.
[218] DAB 1884, S. 605.
[219] In Schlesien, der Bastion der sprichwörtlichen „Magnaten" wies die Bilanz der DAG-Hilfskasse Einzelspenden zumeist um 10 Mark und keinen einzigen Magnaten-Namen auf: DAB 1909, S. 532f.
[220] Vgl. den aufschlußreichen Beitrag „Große Herren" in: DAB 1887, S. 649-651, 669, 671, 689-691, zit. S. 651, 690f. Etwa gleichlautend: Oldwig V. UECHTRITZ, Die Adelsreform und ihre Träger, in: DAB 1890, S. 573.

Berlin Porzellan, im zweiten in Dresden Aquarell, im dritten in München in Oel [zu malen]."[221]
Namentlich wurden die hier gemeinten Standesgenossen nie benannt. Wer mit der „hohe[n] und höchste[n] Geburtsaristokratie", gemeint war, der das Adelsblatt die zynische Frage stellte, „wodurch sich eigentlich die Magnaten der Geburt von denen des Geldsacks in ihrer Haltung, in ihrem öffentlichen Auftreten, in den Kundgebungen ihres Willens unterscheiden", geht aus den verwendeten Symbolen jedoch recht klar hervor. Das Bild vom „Semitenbaron", der den „Magnaten", die „Botschafter-Fraktion", die „Förderer der vaterländischen Pferdezucht", „*charmante* Söhne" und „*rasend schick[e]*" Töchter am Hofe, auf Pferderennbahnen und im „Sport-Club" traf, war auf jene Teile des reichen Adels gezielt, die sich, z.t. mit beträchtlichem Erfolg, z.t. mit dramatischen Verlusten, an den finanziellen und kulturellen Unternehmungen des Finanz- und Industriebürgertums beteiligt hatten: mit gewaltigen Geldbeträgen, oft mit jüdischen Vertragspartnern und unerreichbar für die große Mehrheit ihrer kleinadligen Standesgenossen in Stadt und Land.

Bemerkenswert ist die im Adelsblatt mehrheitlich verwendete Sprache, die sich vom umständlich gewundenen Adelsjargon frühzeitig unterschied und dem drastisch-vulgären Stil der völkischen Publizistik glich. Vom „krächzenden Schacherruf schwarzlockiger Semiten" war da zu lesen, von einem Teil „des sogenannten hohen Adels", der „den plattfüßigen Spuren der Hebräer" folgte, „auf der Rennbahn und im Klub" die „mammonfeuchte Hand" des Judentums schüttelte, um schließlich „an des Geldsacks Leitseil [zu] tanzen."[222] Drastische Metaphern verbanden „morgenländische Fremdlinge" mit „Schlingpflanzen", „Fürsten des Morgenlandes" versprühten ihr „semitisches Gift" und eilten mit „Israels goldbeschwingter Ferse" zur „Weltherrschaft".[223] In den frühen Ausgaben des Adelsblattes dominierte noch der Versuch, den adligen Antisemitismus christlich und „sittlich" zu verankern und sich so vom Odium der Ideologie des „Pöbels" freizuhalten. Einzelne Beiträge wiesen den „Racenstandpunkt in seiner ganzen Nacktheit" zurück und brachten explizit die christliche Tradition gegen einzelne Nuancen des völkischen Antisemitismus in Stellung. Germanisierende Agitatoren „mit ihrem faulen ästhetischen Pantheismus, der sich vergebens in dem altgermanischen Bärenfälle zu verhüllen sucht", wurden zumindest verbal mit Verachtung gestraft.[224] Solange sich ein Teil der Antisemiten als „Feinde der historischen Gesellschaft" aufführe, müsse das Tischtuch zerrissen bleiben; generell galt die antisemitische Bewegung jedoch als „bündnisfähig". Elitäre Distanzierungen von „verdammenswerten Ausschreitungen"[225] des sogenannten Radauantisemitismus

---

[221] Oldwig v. UECHTRITZ, Unsere Frauen in der Standes-Reform-Bewegung, in: DAB 1887, S. 381f., 400f, 420f., 436f., zit. S. 421.
[222] Geburtsaristokratie und Judentum, in: DAB 10.9.1899, S. 612.
[223] DAB, 4/1886, S. 347ff.
[224] DAB, 1/1883, S. 93, 264f.
[225] Unser Antisemitismus und die antisemitischen Parteien, in: DAB 1895, S. 66f.

4.3.) Die DAG und der Weg nach rechts

lassen sich zwar auch in späteren Ausgaben finden, lösten sich jedoch tendenziell auf. Formulierungen wie jene vom „Speck", den „Juda" anhäufte, um „die germanischen Mäuslein zu fangen",[226] stehen für die Übernahme völkischer Denk- und Sprachmuster.

Der Haupteinwand gegen die ausgiebig gelobte Stoecker-Bewegung zielte zunächst auf die Inkonsequenz des Hofpredigers, den „Gifthauch des Börsenbaums" nicht mit der gleichen Energie wie die minder gefährlichen „Trödeljuden" verfolgt zu haben. Gefordert wurde die Umsetzung eines praktischen Antisemitismus in den Oberschichten und insbesondere am Hof. „Ein ‚Stoecker' der Aristokratie tuth uns Noth" – hieß es deshalb 1886.[227] Die „Fürsten des Morgenlandes und das Großkapital" arbeiteten gemeinsam daran, daß deutsche Volk zu „entgermanisieren". Einem Teil des reichen Adels und v. a. dem höheren Bürgertum sei das Verständnis für die „sozialen Aufgaben des Standes" längst abhanden gekommen.[228] Die Formel vom „Stoecker der Aristokratie" ist als Aufruf an den reichen Adel zu lesen, die gesellschaftliche Distanz auch zu den „hoffähigen" Teilen der (jüdischen) Bourgeoisie nicht aufzugeben.

Neben dem bekannten Hofprediger, dem das Adelsblatt die Ehre zuwies, als erster „die Hand in das Hexen-Gebräu Judas" gesteckt zu haben, hob das Adelsblatt auch antisemitische Agitatoren vulgärsten Schlages auf den Schild ritterlicher Ehre – so wurde etwa „der Rektor Ahlwardt" 1892 für sein Auftreten gegen Gerson v. Bleichröder belobigt.[229] Auch der ehemalige Rittmeister Liebermann v. Sonnenberg, der seinen Dienst wegen zu hoher Schulden quittieren mußte, gehörte zu den Agitatoren, denen das Adelsblatt seine Referenz erwies, nachdem er den „judenfreundlichen" Kurs Reichskanzlers Bülows angegriffen hatte.[230] Im Gegensatz zur älteren Vorstellung, der Adel habe die Aufgabe, den Antisemitismus sittlich zu „verbessern" und den „Radauantisemitismus" zu verurteilen, wurde im Kleinadel nunmehr immer häufiger gefordert, die antisemitische Bewegung zu „führen". In dieser Linie stand die beachtenswerte, 1892 formulierte Forderung, die Zurückhaltung gegen das Milieu der Biertische fahren zu lassen: „Selbstverständlich sollen wir auch vor der Oeffentlichkeit Farbe bekennen und Volksversammlung und Tribüne nicht scheuen, wenn es gilt, führend die Fahne zu ergreifen."[231] Die im Adelsblatt gestellte Frage „Können die Juden in anderen Völkern aufge-

---

226 Der Antisemitismus und die Geburtsaristokratie (Serie), in: DAB 1892, zit. S. 626f.
227 Der deutsche Edelmann und das geadelte Judentum, in: DAB, 4/1886, S. 333f; 347-349; 365f.; 376f.
228 DAB, 4/1886, S. 366, 334. Vgl. Die Mission des Judentums, in: DAB 1890, S. 333-335.
229 Hofprediger Stoecker und die konservative Partei, in: DAB 1885, S. 303-305, zit. S. 304. Zu Stoecker vgl. ebd. S. 567f. („Hexen-Gebräu"). Dazu: Dietrich v. OERTZEN, Adolf Stoecker. Lebensbild und Zeitgeschichte, Schwerin 1912. Zu Ahlwardt: DAB 1892, S. 627. Vgl. Hermann AHLWARDT, Schwerin und Bleichröder. Edelmann und Jude, Dresden 1893.
230 DAB 53/1905, S. 782f. Zu Liebermann v. Sonnenberg vgl. GERLACH (1926), S. 111 und GERLACH (1937), S. 114.
231 Der Antisemitismus und die Geburtsaristokratie, in: DAB, 10/1892, S. 606-609, 626-628, 646-648, zit. S. 646.

hen?" hatte lediglich rhetorischen Charakter. Mit dem jeweiligen Autor changierte die Verneinung dieser Dauerfrage in der jeweiligen Begründung und Radikalität.[232] Ein erster Höhepunkt dieser Radikalisierung war bereits 1892 in der Forderung erreicht, die jüdische Gemeinde „scharf, klipp und klar" unter „Fremdenrecht" zu stellen. Im Rückgriff auf mittelalterliche Judenviertel und die Kennzeichnung von Juden „durch weithin leuchtende Zeichen" wurden drastische Maßnahmen debattiert, die auch auf ‚verräterische' Standesgenossen zielten: „Wollen wir Ruhe haben in Germanien, dann bleibt uns nichts übrig, als ‚mutatis mutandis' neue Ghettos, eventuell mit Kasernements für die Juden-Schutztruppe versehen, zu errichten."[233] Erstaunlich ist der scharfe, den adligen *point d'honneur* touchierende Ton, der hier angeschlagen wurde: „Wir können [...] den für die Judenschutztruppe geworbenen adeligen Chefs nur dringend rathen, sich rechtzeitig aus dem Geschäft zu ziehen [...]. Die zwölfte Stunde ist für die Deutsche Aristokratie in der Judenfrage ebenso da, wie für die Deutschen Regierungen."[234]

Die ewig gleichen Anspielungen der adels-antisemitischen Argumentationen lassen vermuten, daß die adlige Wahrnehmung durch spektakuläre Einzelfälle stärker geprägt wurde als vom tatsächlichen Einfluß der jüdischen Bourgeoisie in bestimmten Gesellschaftsbereichen. Wie im Fall der oben genannten Beispiele aus der Umgebung Wilhelms II. sind allerdings auch die im Adel fortlaufend erwähnten Skandalfälle weniger als antisemitische Wahnvorstellungen, denn als verzerrte Wahrnehmung realer Tendenzen zu interpretieren. Eindeutig läßt sich der Strousberg-Skandal, der zeitlich etwa mit der Reichsgründung zusammenfiel, als der Fall betrachten, der die adlige Wahrnehmung der neuen „Ära" am nachhaltigsten geprägt bzw. verzerrt hat. Sein Ablauf sei aus diesem Grunde kurz in Erinnerung gerufen.

Baruch Hirsch Straußberg, 1823 geborener Sohn eines jüdischen Kaufmannes, war nach diversen beruflichen Zwischenstationen (u. a. als Journalist, Kunsthändler, Vermittler von Baukonzessionen) in Deutschland, England und den USA der kometenhafte Aufstieg zum „Eisenbahnkönig" gelungen.[235] Strousberg, wie sich der Unternehmer seit seiner Taufe nannte, hatte sich im Zentrum des Berliner Regierungsviertels eine Villa erbauen lassen, besaß eine überregionale Zeitung, eine Pferderennbahn und zeitweise ein Mandat im norddeutschen Landtag. Nachdem ein Hohenzollernprinz als Carol I. den rumänischen Thron bestiegen hatte, leitete Strousberg ein Konsortium, das mit dem Bau einer großen rumänischen Eisenbahnlinie beauftragt wurde. Das

---
232 Können Juden in anderen Völkern aufgehen?", in: DAB 1901, S. 197-199.
233 Der Antisemitismus und die Geburtsaristokratie, in: DAB 1892, zit. S. 647. Vgl. die deutlich mäßigere Version in: DAB, 12/1894, S. 265f.
234 Der Antisemitismus und die Geburtsaristokratie, in: DAB 1892, zit. S. 627.
235 Vgl. Bodo-Michael BAUMUNK, Der Eisenbahnkönig. Bethel Henry Strousberg – ein Unternehmerportrait der Gründerjahre, in: Exerzierfeld der Moderne. Industriekultur in Berlin im 19. Jahrhundert, Hg. v. Jochen Boberg/Tilman Fichter/Eckhart Gillen, München 1984, S. 338-343 und Joachim BORCHART, Der europäische Eisenbahnkönig Bethel Henry Strousberg, München 1991.

4.3.) Die DAG und der Weg nach rechts

Unternehmen, an dem sich mehrere Grandseigneurs, darunter die später vielfach verhöhnten[236] Herzöge von Ratibor und Ujest sowie Graf Lehndorff-Steinort mit erheblichen Summen beteiligt hatten, mündete seit 1870 in einem finanziellen Desaster. Die finanzielle und soziale Rettung der beteiligten (Hoch-) Adligen wurde durch eine persönliche Intervention Bismarcks möglich, der die Abwicklung des Unternehmens im Oktober 1871 auf Adolf Hansemann und seinen jüdischen Bankier Gerson Bleichröder übertragen hatte.[237] Überzeugend hat die neuere Forschung gezeigt, wie untypisch dieser Skandalfall für den Umgang des alten Adels mit Wertpapieren und Spekulationsgeschäften war. Doch diese Einsichten blieben dem zeitgenössischen Kleinadel versperrt – für die hier vorherrschende Wahrnehmung war die Wirkung dieses Skandals immens.[238]

Funktion und Einfluß Bleichröders symbolisierten die im Adelsblatt formulierten Adels-Ängste wie in einem völkischen Bilderbuch: Bismarcks Bankier hatte die Verhandlungen mit den französischen Rothschilds über die französischen Reparationssumme geführt. Neben Bismarck und Bismarcks Sohn hatte er u. a. die Fürsten Henckel-Donnersmarck und Putbus sowie Paul Graf v. Hatzfeld in Finanzsachen beraten.[239] 1871 wurde der Bankier – zum Entsetzen der Generalität – im militärischen Hauptquartier vor Paris empfangen und mit dem Eisernen Kreuz II. Klasse ausgezeichnet. „In erster Linie muß Bleichröder ins Gefecht gehen", hatte Bismarck nach Sedan im Blick auf die Reparationsverhandlungen formuliert: „Der muß gleich nach Paris hinein, sich mit seinen Glaubensgenossen beriechen und mit den Bankiers reden, wie das zu machen ist."[240] Als symbolischer Höhepunkt im Aufstieg des „patriotischen Parvenüs" wurde Bleichröder, der einst als Agent der Rothschilds gearbeitet hatte, im März 1872 nach einer Intervention Bismarcks als erster nichtkonvertierter Jude vom Kaiser in den erblichen Adelsstand erhoben.[241] Dem

---

[236] Nach dem Zusammenbruch des Unternehmens hing Fürst Putbus der Spottname „Fürst Kaputtbus" an (FÜRSTENBERG, Lebensgeschichte, S. 57f., 69-71). Vgl. die über Marion DÖNHOFF tradierte Anekdote, nach der Wilhelm I., als er von Strousbergs Verurteilung erfuhr, dessen ehemaligen Kompagnon verärgert mit den Worten begrüßt habe: „Guten Tag, Doktor Ujest, wie geht es dem Herzog von Strousberg?" (STERN, Gold, S. 510f.).

[237] Zum Strousberg-Skandal, s. STERN, Gold, S. 499-513.

[238] JACOB, Engagement, S. 278-288, belegt eindrucksvoll den verbreiteten und vorsichtigen Umgang adliger Gutsbesitzer mit Wertpapieren. Die börsenfeindlichen, zunehmend haßgeladenen Ressentiments in den ärmeren Teilen des Kleinadels blieben von solchen Fakten jedoch unberührt.

[239] Fritz STERN, Das Scheitern illiberaler Politik. Studien zur politischen Kultur Deutschlands im 19. und 20. Jahrhundert, Frankfurt a. M. 1974, S. 72f.

[240] Zit. n. ARENDT, Elemente und Ursprünge, S. 54. Zu Bleichröders Rolle bei den Reparationsverhandlungen vgl. STERN, Gold, S. 217-231 und FERGUSON, The World's Banker, S. 723-725, 734.

[241] Im Kladderadatsch hieß es „Ahasverus, Pardon – Herr Baron von Ahasverus ist courfähig geworden." Hansemann wurde hier als Jude „von Beruf" bezeichnet. In Bleichröders Adelsbrief war die sonst gebräuchliche Formulierung über die Ehrung einer „guten Familie" gestrichen worden, STERN, Gold, S. 246-250, zit. 249. Hier auch Kapitel 17: „Der Jude als patriotischer Parvenü". Auch Adolf Hansemann wurde für die Rettung der finanziell havarier-

durch die Gunst von Kanzler und Kaiser beschleunigten, durch Villa, Landgut und Adelstitel symbolisierten Aufstieg Bleichröders stellte sich der Kleinadel massiv entgegen. Die formale „Hoffähigkeit" ließ sich demonstrativ in ihr Gegenteil verkehren, indem Bleichröders Tochter Else von den adligen Gardeoffizieren demonstrativ geschnitten wurde.[242] Die Ehe mit Bernhard v. Uechtritz, einem Mitglied des meißnischen Uradels,[243] die Else Bleichröder im Sommer 1887 schloß, wurde bereits acht Monate später wieder geschieden, nachdem die Mitgift den Ehemann um die sagenhafte Summe von 2,5 Millionen Mark bereichert hatte.[244] Die näheren Umstände der Verbindung und ihrer Auflösung ließen sich nicht rekonstruieren. Bemerkenswert ist in jedem Fall die Verwandtschaft von Else Bleichröders kurzzeitigem Ehemann mit einem der Chef-Denker der DAG. Ein Vetter von Uechtritz hatte sich im Adelsblatt seit einigen Jahren durch selbst für DAG-Verhältnisse ungewöhnlich scharfe antisemitische Hetzkampagnen hervorgetan.[245]

Die im Strousberg-Skandal offengelegten Verbindungen umreißen den Hintergrund, vor dem die Angriffsrichtung des Adelsblattes erklärbar wird – ähnlich, aber weit schärfer als die bekannteren „Ära-Artikel" der *Kreuzzeitung*[246] und der einflußreichen Attacke, die Otto Glagau in der Gartenlaube

---

ten Magnaten geadelt. Der etwa zeitgleichen Nobilitierung des Dessauer Bankiers Cohn, der in den Freiherrenstand erhoben wurde, lagen offenbar keine vergleichbaren Leistungen zugrunde; s. FÜRSTENBERG, Lebensgeschichte, S. 57f., 272f.

[242] HUTTEN-CZAPSKI, S. 63, BERNSTORFF, S. 17.

[243] Die Ehe mit dem Kammergerichtsreferendar Bernhard v. Uechtritz (1855-1924) wurde im August 1887 geschlossen und im April 1888 geschieden. Uechtritz, ältester Sohn eines schlesischen Gutsbesitzers und einer Gräfin v. Wartensleben, hatte zwei jüngere Brüder, von denen der jüngere, ein Leutnant, 1895 in London eine Amerikanerin heiratete (GGT, A, 1900, 1939, 1965).

[244] STERN, Gold and Iron, S. 492; AUGUSTINE, Patricians, S. 85.

[245] Vgl. die bereits mehrfach zitierte Artikelserie von Oldwig v. UECHTRITZ, Semitismus und Adel, in: DAB 1885, S. 169-235 und DERS., Der Adel in der christlich-sozialen Bewegung der Gegenwart, in: Zeitfragen des christlichen Volkslebens, 1884, Heft 7, Bd. 1, v. a. S. 3-48. Oldwig v. Uechtritz und Steinkirch (1832-1910), bis 1875 Offizier in diversen Garde-Regimentern, war der Sohn eines preußischen Generalleutnants und einer v. Blücher, in zweiter Ehe mit einer Freiin v. Knobelsdorff verheiratet und stammte aus einem anderen Zweig der Familie. Uechtritz, ein Anhänger Stoeckers, der seit 1875 in Dresden lebte, gehörte zu den aktivsten Mitgliedern der sächsischen DAG-Abteilung und bis zu seinem Tod zu den radikalsten Antisemiten in der DAG. Sein älterer Bruder war Oberst in der preußischen Armee. Vgl. vom Mitherausgeber der *Zeitfragen*: Eduard FRHR. V. UNGERN-STERNBERG, Zur Judenfrage, in: Zeitfragen des christlichen Volkslebens, Bd. 17, Heft 7 (1892). Zur Biographie Uechtritz' vgl. die (gegen den Strich zu lesenden) Angaben in: IDA, http:// home. foni.net/ ~adelsforschung/lex.49.htm.

[246] Franz PERROT, Die Ära Bleichröder-Delbrück-Camphausen und die neudeutsche Wirtschaftspolitik (5-teilige Serie) in: Kreuzzeitung v. 29.6. - 3.7.1875. Perrot war von Philipp v. Nathusius-Ludom, dem altkonservativen Herausgeber der Kreuzzeitung beauftragt worden. Vgl. zum Hintergrund RETALLACK, Notables, S. 14f.; Lothar GALL, Bismarck. Der weiße Revolutionär, Frankfurt a. M./Berlin 1980, S. 545-547 und v. a. James F. HARRIS, Franz Perrot. A Study in the Development of German Lower Middle Class Social and Political Thought in the 1870s, in: Studies in Modern European History and Culture 2 (1976), S. 73-106.

4.3.) Die DAG und der Weg nach rechts

gegen den „Gründungs- und Börsenschwindel" publizierte hatte,[247] wendete das Adelsblatt antisemitische Argumentation gegen Industrie, Kapitalismus und Liberalismus. Den angeblich 2 Millionen Lesern der Gartenlaube hatte Glagau 1874 dargelegt, daß „gut 90 Prozent der Gründer und Börsianer" Juden seien. In langen Aufzählungen adliger Namen, darunter v. a. Mitglieder des Hof- und Hochadels hatte Glagau dem Adel vorgeworfen, mit jüdischen „Börsenrittern" und „Rattenkönigen" einen „schönen Schmu" gemacht zu haben.[248]

Wie zuvor in der Kreuzzeitung wurde neben Bleichröder auch „Fürst Bismarck", der sich dem einstigen „Abgeordnete[n] von Bismarck-Schönhausen" entfremdet hatte, Gegenstand der Angriffe. Für die „Verjüdelung und Entdeutschung", für die „Entmannung unseres Volksthums" wurden neben Bismarck und seinen Ministern Mitglieder des reichen Hof- und Hochadels verantwortlich gemacht, die sich der „Großmacht Berliner Börse" hingegeben und den „Giftbaum des Mammonismus" gepflegt hatten: „Tiefer aber, als jeder andere Stand, sah der Adel dem Becher der Verführung ins lockende Auge. Wer entsänne sich nicht noch der Zeit des Gründungsfiebers, der Zeit, in welcher die Namen zahlreicher hochadliger und fürstlicher Geschlechter [...] innig gesellt neben denen der Levi und der Aaron, der Hirsch, Wolf und Meier standen, in denen die Träger der ältesten Namen Israels, der hervorragendsten Firmenschilder, in den Palästen der weltbeherrschenden Spree-Capitale aus – und eingingen, nicht etwa nur als geschäftliche Agenten, nein, als liebe Freunde und Genossen."[249] Die ältere völkisch-antisemitische Pauschalanklage gegen „den Adel", der sich mit „den Juden" verbündet hatte,[250] wurde im Adelsblatt durch Differenzierung zwischen unterschiedlichen Adelsgruppen zwar nuanciert, im Kern jedoch jahrzehntelang reproduziert und übernommen.

Der zuletzt von James Retallack formulierte Zweifel am Sinn der Gegenüberstellung von „Herrenmenschen und Demagogen" wird im Blick auf die DAG erheblich verstärkt. Tatsächlich hatten auch im Kleinadel gerade die dynamischsten Teile der Konservativen den antisemitischen Code so vollständig übernommen, daß die Frage nach einer konservativen „Zähmung" bzw. „Instrumentalisierung" der antisemitischen Bewegung falsch gestellt erscheint.[251] Die in der Adelsgeschichte zuletzt von Eckart Conze formulierten

---

[247] Otto GLAGAU, Der Börsen- und Gründungsschwindel in Berlin, Leipzig 1876 (Überarbeitung einer vierzehnteiligen Artikelserie, die zwei Jahre zuvor in der Gartenlaube (49) 1874 erschienen war.
[248] GLAGAU, Börsen- und Gründungsschwindel, zit. S. 38 („Rattenkönig"), 104 („Börsenritter"), 152 („Schmu"). Zur Aufzählung adliger Namen s. ebd., S. 8-12, 34, 66, 152f., 221.
[249] Der Antisemitismus und die Geburtsaristokratie (Serie), in: DAB 1892, zit. S. 607.
[250] Hermann AHLWARDT, Der Verzweiflungskampf der arischen Völker mit dem Judentum, Berlin 1890, v. a. S. 179.
[251] James RETALLACK, Conservatives and Antisemites in Baden and Saxony, in: German History 4/1999, S. 507-526, v. a. S. 515-519, 526. DERS., Antisemitism, Conservative Propaganda, and Regional Politics in Late Nineteenth Century Germany, in: German Studies Review, 3/1988, S. 377-403.

Zweifel, ob ein adelstypischer Antisemitismus überhaupt identifizierbar sei,[252] lassen sich in bezug auf den Kleinadel, aber auch weit darüber hinaus, eindeutig ausräumen. Der Antisemitismus war in allen Adelsgruppen früh, weit und fest verbreitet und trug einzelne nur aus der inneradligen Perspektive verständliche Züge. Für die Wahrnehmung und Deutung der industriekapitalistischen Gesellschaft spielte er im Kleinadel eine wichtige, wenn nicht zentrale Rolle. Dennoch sollte über diese wichtige Einsicht nicht übersehen werden, daß die sukzessive Verschärfung antisemitischer Parolen innerhalb des Adels durch völkische Angriffe von außerhalb ständig ergänzt und überboten wurde. Die völkische Adelskritik, die mit ähnlichen Argumentationsmustern im Kleinadel neue Mischungen bildete und den gesamten Adel unter Druck setzte, bildete einen Mechanismus, der noch im Dritten Reich wirksam blieb. Adliger Antisemitismus und antisemitische Adelskritik lassen sich als zwei getrennte, jedoch aufeinander bezogene und einander fortlaufend radikalisierende Traditionslinien beschreiben.

4.4.) Die Distanzierung des Kleinadels vom Kaiser

Mit der Bourgeoisie und den reichsten, sozial und politisch flexibelsten Teilen des hohen und niederen Adels sind die beiden wichtigsten Zielscheiben der kleinadligen Kritik benannt, die immer stärker auf antisemitische Deutungsmuster festgelegt wurde. Daneben läßt sich eine dritte Frontstellung beschreiben: Die zunehmend offene und zunehmend scharfe Kritik des Kleinadels am Kaiser. Die Kritik am Hofadel, die im Adelsblatt bereits zur Regierungszeit Wilhelms I. erstaunlich scharf war, richtete sich seit den 1890er Jahren auch gegen Hofführung und Person des Monarchen selbst. Die 1903 von Maximilian Harden in der *Zukunft* vorgetragene Auffassung, daß nur die „eiserne Faust" des Königs die Agrarier „niederzwinge",[253] zeugt von der Zuspitzung der Entfremdung des „Herrn der Mitte" vom Kleinadel. Der durch Fürst Bülow überlieferte Ausruf „die Großen meines Hofes verlassen mich", den der Kaiser im Jahre 1899 getan haben soll,[254] steht für die zunehmenden Konflikte, die sich zwischen dem Monarchen und den am Hofe verkehrenden

---

[252] CONZE, Von deutschem Adel, S. 162f. Conze kommt anhand der von ihm untersuchten Familie (bzw. Familienzweige) zu einer recht milden Gesamtbewertung des politischen Verhaltens „im Adel", die hier wie an anderen Stellen quer zu den Ergebnissen und Deutungen der vorliegenden Arbeit steht. Walter v. HUECK, Organisationen des deutschen Adels seit der Reichsgründung und das Deutsche Adelsarchiv, in: Adamy/Hübener (Hg.), Adel, S. 19-37 übergeht den gesamten Komplex der völkischen Radikalisierung in der DAG, als hätte es diesen nie gegeben. Dies ist um so erstaunlicher, als es sich beim Verfasser dieser Studie um den langjährigen Leiter des Deutschen Adelsarchivs in Marburg handelt.

[253] Zit. n. Joachim RADKAU, Das Zeitalter der Nervosität. Deutschland zwischen Bismarck und Hitler, München/Wien 1998, S. 281.

[254] BÜLOW, Denkwürdigkeiten, Bd. 1, S. 269-298, zit. S. 298.

4.4.) Die Distanzierung des Kleinadels vom Kaiser

Grandseigneurs entwickelt hatten.[255] Deutlich tiefer allerdings waren die zwischen Monarch und Kleinadel entstandenen Brüche.

Neben der Hofführung war die königliche Nobilitierungspolitik eine der häufigsten Zielscheiben kleinadliger Kaiserkritik. Da man die vom König verfügten Nobilitierungen schwerlich offen anfechten konnte, ließ das Adelsblatt ein „korporatives Verhalten gegen [die] unserer Eigenart aufgedrungenen Fremden" debattieren.[256] Der „hochgemuthe junge Kaiser", dessen erste Thronreden die DAG für kurze Zeit begeistert hatten,[257] wurde kaum verhohlen gewarnt, sein Programm des „sozialen Königthums" ohne adlige Unterstützung nicht durchführen zu können. Beim „Anblick israelitischer Üppigkeit" würde das Volk in „mächtigem Zorn auflodern" – der Adel müsse sich, wenn er zum Mittler zwischen Thron und Volk werden sollte, deshalb von entsprechenden „Elementen" fernhalten bzw. reinigen. Der König wurde aufgefordert, dem Adel „neues Blut" v. a. durch Nobilitierung „geeigneter" Offiziere und Gutsbesitzer zuzuführen. Mehrfach findet sich die Forderung, der König solle nur Personen berücksichtigen, die ihm ein Adels-Rat zur Nobilitierung vorschlage.[258] „Vier Ahnen christlichen Bekenntnisses und deutschen Blutes", so ein Vorschlag, sollten die rassische Mindestvoraussetzung für eine Nobilitierung bilden.[259] Der Adel, der „einst seinen Heerkönig auf den Schild erhoben" hatte, müsse seinen König insbesondere gegen seine Feinde „schützen", die „sich seine ersten Diener nennen."[260]

An der Schaffung disparater, immer höher geschraubter Erwartungen an den Kaiser, der Enttäuschung dieser Erwartungen, der Entstehung von konkreten Konkurrenzkulten und diffusen Führersehnsüchten war der Adel ebenso beteiligt wie an der Vergrößerung der kritischen Distanz zum Kaiser.[261] Die Untersuchung einzelner Affären und Skandale, die sich zur Darstellung von Konfliktlinien zwischen dem Monarchen und einzelnen Bevölkerungsgruppen besonders eignen, fördert kleinadlige Kaiserkritik auch an unerwarteten Stellen zu Tage. So wies etwa die Caligula-Affäre, die 1894 mit Ludwig Quiddes

---

[255] Vgl. dazu SPENKUCH, Herrenhaus, S. 262-267 und Kathrine A. LERMANN, The Chancellor as Courtier. Bernhard v. Bülow and the Governance of Germany 1900-1909, Cambridge 1990, v. a. S. 63-67.
[256] DAB, 4/1886, S. 349.
[257] Vgl. dazu die Artikel „Kaiser Wilhelm II. und die Sozialreform", in: DAB 1888, S. 417-419 und „Kaiser Wilhelm II. und die ‚Edelsten' des Volkes", in: DAB 1888, S. 561-563.
[258] Gedanken über Standeserhöhungen und Nobilitierungen, in: DAB, 7/1889, S. 569-571, 583-586; Zur Frage der Nobilitierungen und Standeserhöhungen, in: DAB 1900, S. 38f. Vgl. die Erwägungen am Ende der Artikelserie über Adelsreformprojekte im 19. Jahrhundert: DAB, 32/1912, S. 465-467.
[259] DAB, 4/1886, S. 365.
[260] UECHTRITZ, Der Adel in der christlich-sozialen Bewegung, S. 34.
[261] Elisabeth FEHRENBACH, Wandlungen des deutschen Kaisergedankens (1871-1918), München/Wien 1969; HULL, Entourage, S. 118f.; KOHLRAUSCH, Monarchie und Massenöffentlichkeit, S. 28-62; DERS., Flucht, S. 65-75.

berühmter Schrift über den „Cäsarenwahnsinn" begann,[262] erstaunliche Züge eines Konfliktes zwischen König und Kleinadel auf, die erst eine nähere Betrachtung der offensichtlichen Konfliktlinie zwischen dem liberalen Bildungsbürgertum und einem autokratischen Monarchen deutlich werden läßt. Wie die jüngste Untersuchung der Affäre zeigt, wurde die Massenwirksamkeit von Quiddes Pamphlet ausgerechnet durch die *Kreuzzeitung* maßgeblich befördert. Quidde, der liberale Historiker aus einer Bremer Kaufmannsfamilie, scheint einen Teil seiner Informationen aus dem ostelbischen Adel erhalten zu haben und von diesem – in adelsspezifischer Deutung – breit rezipiert worden zu sein.[263]

Auch aus adelsgeschichtlicher Perspektive muß das Jahr 1908, in dem die Prozeß- und Presseschlacht um die Homosexualität Eulenburgs, Moltkes und anderer Kaiser-„Freunde" mit der Daily Telegraph-Affäre zusammenfiel, als wichtige Zäsur eines Ablösungsprozesses vom Kaiser gelten. Drei Jahrzehnte nach den Ereignissen um die Daily-Telegraph-Affäre schildert Elard v. Oldenburg-Januschau die antikaiserliche Stimmung, die er als einziges Mitglied des Reichstages in einer von royalistischem Pathos getragenen Rede zu durchbrechen versuchte.[264] Von allen Verbündeten verlassen, so die Selbstdarstellung, tritt der Gutsbesitzer allein an das Rednerpult, wendet sich einem bayerischen Grafen zu und ruft aus: „Sehen Sie mal, Herr Graf, mit dieser Schweinebande da werde ich jetzt fechten." Einsam und „von einem Weinkrampf geschüttelt" will der Inbegriff des ostelbischen „Junkertums" nach dieser Rede auf einem Sessel der Wandelhalle gelegen und „den Kopf auf die Arme" gestützt haben. Erst die Worte „Finis Germaniae!", die ihm ein Abgeordneter zuruft, lassen den Offizier a. D. aufspringen, mit der Faust auf den Tisch schlagen und „donnern": „Ach Unsinn, wir haben fünf Millionen Soldaten!"[265] Für das Zusammenspiel der aus unterschiedlichsten Richtungen formulierten Führersehnsucht und der wachsenden Kritik am „Führungsversagen", markiert das Jahr 1908 eine erhebliche Steigerung, die in der adligen Interpretation des 9. November 1918 ihren Höhepunkt erreichen sollte.[266]

In einem äußerst offensiven Pamphlet mit dem Titel „Der Kaiser und die Byzantiner" hatte Ernst Graf v. Reventlow, völkischer Publizist *faute de*

---

[262] Ludwig QUIDDE, Wilhelm II. Eine Studie in Caesarenwahnsinn, in: Ders., Schriften über Militarismus und Pazifismus, Hg. v. Hans-Ulrich Wehler, Frankfurt a. M. 1977. Quiddes Schrift war im April 1894 in der liberalen Monatsschrift *Die Gesellschaft* erschienen.
[263] Vgl. die Deutung der Affäre bei Martin KOHLRAUSCH, Monarchie und Massenöffentlichkeit, „June-Paper" am Europäischen Hochschulinstitut, Florenz 2000, S. 71-100. Eine ausführliche Besprechung von Quiddes Studie erschien am 18.5.1895 auf der Titelseite der Kreuzzeitung.
[264] Abdruck der Rede in: Verhandlungen des Reichstages, XII. Legislaturperiode, I. Session, Bd. 233, Berlin 1909, S. 5437.
[265] OLDENBURG, S. 98-100, vgl. WINTERFELDT, S. 55.
[266] KOHLRAUSCH, Flucht, S. 75. Vgl. dazu Kapitel 5.3. dieser Arbeit.

4.4.) Die Distanzierung des Kleinadels vom Kaiser

mieux, bereits 1906 den Kaiser und seinen Hofstaat scharf kritisiert.[267] Als „Wesen des Byzantinismus" definierte Reventlow ein „krankhaftes Verhältnis zwischen Fürst und Volk". Dieses führe zu einem alle Kulturbereiche verunstaltenden System haltungsloser Kriecherei.[268] Reventlow faßte den Verfall altpreußischer Tugend in ein prägnantes Bild. Zum Staatsbesuch des italienischen Königs wurden die Säulen des Brandenburger Tores mit Goldfarbe lackiert. Wochenlang seien die Stadtväter hinterher mit dem Abkratzen der Farbe und mit der Herstellung des ursprünglichen, zweifellos besseren Zustandes beschäftigt gewesen. Durch eigene Schuld allen mannhaft-aufrechten Beratern fern, sei der Kaiser für eine krankhafte Entwicklung verantwortlich, die sich in geschmacklosem Prunk, schrankenloser „Redefreudigkeit" und zahllosen Feierlichkeiten ausbreite, deren Anlässe „an den Haaren herbeigezogen" werden mußten.[269]

Auch der gescheiterte Seeoffizier Reventlow mahnte eine Rückkehr zur Kultur der Kargheit an. Ein Monarch, dessen Prachtentfaltung ins Maßlose glitt, würde als „unsozial" gelten und den Unwillen der (sozialdemokratischen) Massen auf sich ziehen. Eine bewußt kultivierte „Einfachheit" würde hingegen eine neue Verbundenheit mit dem Volk ermöglichen, die „der geschichtlich gewollte Führer des Deutschen Reiches" in Zukunft herstellen mußte.[270]

Auf derselben Linie hatte Albrecht v. Graefe, der wie Reventlow vor und nach 1918 zu den prominentesten Adeligen im Lager der Völkischen gehörte, während des Krieges die „chinesische Mauer" um den Kaiser angegriffen.[271] Ähnlich hatte sich auch der bereits zitierte Ernst v. Wolzogen, ein jüngerer Bruder des bekannten Wagner-Vertrauten Hans Paul v. Wolzogen, bereits 1895 öffentlich geäußert.[272] Dem Adel warf Wolzogen vor, sich als „lebendige Mauer zwischen die Fürsten und das Volk" gestellt zu haben. Mit dem Vorwurf an Kaiser und Adel, die modernen Ideen dem „Pöbel" überlassen zu haben, sprach Wolzogen von der Notwendigkeit einer „neuen Aristokratie des

---

[267] Ernst GRAF ZU REVENTLOW, Kaiser Wilhelm und die Byzantiner, München 1906. Das Werk lag noch im selben Jahr in der sechsten Auflage vor. Vgl. DERS., Der Kaiser und die Monarchisten, Berlin 1913.
[268] Zu REVENTLOWS Definition des für seine Kaiserkritik zentralen Begriffes „Byzantinismus" s. ebd., S. 1-16. Vgl. dazu das im 2. Weltkrieg verfaßte Kapitel „Byzantinismus und Autobyzantinismus", in: DERS., Von Potsdam nach Doorn, S. 365-383.
[269] REVENTLOW, Kaiser, S. 162, 165.
[270] Ebd., S. 17, 85-88, 160, 164.
[271] BAP, 90 We 4, Bd. 200, Fol. 65f. Die Metapher von der „chinesischen Mauer", die Hofleute um den König bildeten, auch bei UECHTRITZ, Der Adel in der christlich-sozialen Bewegung, S. 44. Aus einer anderen Richtung argumentierend kam Fedor v. Zobeltitz mit seiner Kritik am kaiserlichen „Troß von Schranzen", die den Adel hinderten „Mittler zwischen König und Volk" zu sein, zu ähnlichen Schlüssen, vgl. ZOBELTITZ, Geschlechter, S. 256-259.
[272] Ernst FRHR. V. WOLZOGEN (1855-1934), Sohn einer englischen Mutter, hatte in Berlin studiert und lebte bis 1900 als Kabarettist und Stückeschreiber mit besten Kontakten zur lokalen Bohème in München. Vgl. seine Autobiographie: Wie ich mich ums Leben brachte. Erinnerungen und Erfahrungen, Braunschweig/Hamburg 1922.

Geistes", an deren Spitze ein neuartiger Herrschertypus stehen würde. Der volksnahe Führer der Zukunft würde als König „von *Volkes Gnaden*" eine bislang unbekannte Machtfülle konzentrieren. Dieser Führer, der, wie Wolzogen in einer späteren Schrift ausführte, auch „ein derber Bauernkerl" sein konnte, mußte „ein starker Tatmensch" sein.[273] Ein König, der „als moderner Mensch" den Mut fände, allen adligen Vorurteilen zu entsagen und ganz ein Mann der Gegenwart zu sein".[274] Kurz vor Beginn des ersten Weltkrieges hatte ein fränkischer Baron, der wenig später in die Leitung des Alldeutschen Verbandes aufsteigen sollte, den hier geforderten Übergang vom König zum Führer in einem Brief an den Vorsitzenden der Alldeutschen gefordert: „Wir wollen einen führenden König und keine Puppe."[275]

Dieses Muster findet sich auch in einer der wichtigsten Publikationen der Neuen Rechten vor dem Ersten Weltkrieg. In Heinrich Claß' 1912 unter Pseudonym veröffentlichten Kampfschrift *Wenn ich der Kaiser wär*[276] wurde die Kritik an Kaiser, Regierung und den alten „Führungsschichten" zu einem Block gepreßt, dessen heterogene Teile durch antisemitische Invektiven und die Forderung nach einer kaiserlichen Führer-Figur eher notdürftig zusammengehalten wurden. Die hier erträumte hierarchisierte, rassisch definierte „Volksgemeinschaft", welche die Juden durch Fremdengesetze ausschließen, Großstädte und Finanzkapital bekämpfen und die Basis für eine plebiszitär verankerte Führerdiktatur bilden würde, war den im Kleinadel debattierten Zukunftsmodellen durchaus ähnlich. Allerdings mußte die von Claß gewünschte elitäre Gesellschaftskonzeption, in der sich „die Besten" im „ehrenvollen Wettbewerb" zwischen Geburts- und „Verdienstadel" durchsetzen würden,[277] auch als Gefahr interpretiert werden: Zu den „Besten" würden nur noch Teile des alten Adels gehören.

Zum Ideal der Leistungs-„Elite", das der Bildungsbürger Claß entwarf, paßte die Rüge für den Kronprinzen, der zuviel „Sport" trieb und sich ungenügend auf seinen künftigen „Beruf" vorbereitete.[278] Claß sprach von dem Bedürfnis der „Besten unseres Volkes, einem starken, tüchtigen Führer zu folgen". Die Krone galt Claß zwar grundsätzlich als „geborene Führerin in diesem Daseinskampfe", Wilhelm II. jedoch hatte sich eher den Schwächen

---

[273] Ernst v. WOLZOGEN, Augurenbriefe. Band 1, Berlin 1908, S. 160f. Vgl. DERS., Offenes Sendschreiben an den christlichen Adel deutscher Nation, o.O. 1920 und DERS., Harte Worte, die gesagt werden müssen, Leipzig/Hannover ²1919.

[274] Ernst v. WOLZOGEN, Links um kehrt schwenkt – Trab! Ein ernstes Mahnwort an die herrschenden Klassen und den deutschen Adel insbesondere, Berlin 1895, S. 30-35, Hervorhebungen i. O.

[275] GEBSATTEL 27.5.1913 an Claß, in: BAP, 90 Ge 4, Bd. 1, Fol. 2.

[276] Daniel FRYMANN [d.i. Heinrich CLAß], Wenn ich der Kaiser wär'. Politische Wahrheiten und Notwendigkeiten Leipzig 1912. Das Buch erschien 1925 in der siebenten Auflage. Hintergründe und inhaltliche Analyse ausführlich bei Dirk STEGMANN, Die Erben Bismarcks. Parteien und Verbände in der Spätphase des Wilhelminischen Deutschlands. Sammlungspolitik 1897-1918, Köln/Berlin 1976, S. 293-304.

[277] CLAß/FRYMANN, Kaiser, S. VIII, 219-229; STEGMANN, Erben, S. 294.

[278] CLAß/FRYMANN, Kaiser, S. 225-227.

4.4.) Die Distanzierung des Kleinadels vom Kaiser

als den Forderungen der Zeit angepaßt und es somit versäumt, selbst der „starke Führer" zu sein, den es zu finden galt. Der preußische Adel stand in falsch verstandener Vasallentreue vor dem Kaiser und seinen schädlichen Beratern und schwächte damit das Königtum.[279]

In beachtlichem Gleichklang mit Claß' Bestseller verlangten die kleinadligen, immer häufiger auch namentlich hervortretenden Kaiserkritiker vom König neben größerer Volksnähe auch Belege für seine „Leistung". Die Kaiserproklamation von 1871, so Graf Reventlow, sei „eine Schilderhebung im altgermanischen Sinne" gewesen und das Verhältnis von Kaiser und Volk müsse stets auf gegenseitiger „Leistung" beruhen.[280] Trotz der pseudofeudalistischen Anklänge stand diese Mischung aus germanentümelnder Kritik und elitär-meritokratischem Leistungsdenken den neuartigen Führer-Gefolgschaftsmodellen der Völkischen eindeutig näher als der preußischen Tradition. Bis 1918 stellten altadlige Publizisten wie Wolzogen, Reventlow, Graefe, Uechtritz und Gebsattel im Adel zweifellos eine numerisch kleine Minderheit dar, deren Stimme von den Standesgenossen jedoch gehört und beachtet wurde. Für seine Bemerkung, die Regierung besitze „nicht genug Mark" hatte Graf Reventlow im Jahre 1913 von einem Standesgenossen eine Pistolenforderung erhalten.[281] Nicht nur in den Reihen der DAG war die Anzahl der Sekundanten für die Positionen des unbequemen Grafen bis zu diesem Zeitpunkt bereits erheblich gewachsen.

4.5.) Adlige in den Verbänden der „Neuen Rechten"

Die Geschwindigkeit, mit der sich Restbestände konservativer Ideologie- und Politikformen nach 1918 auch im Adel auflösten und durch rechtsradikale Argumentations- und Organisationsmodelle verdrängt wurden, verweist auf die ideologische und organisatorische Vorgeschichte der „Neuen Rechten" im späten Kaiserreich.[282] Mit diesem Begriff wird hier eine heterogene Strömung

---

[279] Ebd., S. VIII, S. 212, 219-229. Auch Friedrich Meinecke wünschte sich 1913 einen „Führer, für den wir bereit sind, durchs Feuer zu gehen", Vgl. FEHRENBACH, Wandlungen, S. 91.
[280] REVENTLOW, Kaiser, S. 13f.
[281] Vgl. BAP, 90 We 4, Bd. 256, Fol. 4f. und ebd., Bd. 200, Fol. 56-77.
[282] Zu Phänomen und Begriff der „Neuen Rechten" vgl. u. a. die unterschiedlichen Zugriffe von SCHILDT, Antworten; DERS., Konservatismus in Deutschland. Von den Anfängen im 18. Jahrhundert bis zur Gegenwart, München 1998, S. 119-130; KONDYLIS, Konservatismus, S. 469-493, 504-506, KRAUS, Altkonservatismus, S. 99-121; ELEY, Reshaping, S. 14f., 178-196; PYTA, Dorfgemeinschaft, S. 474-478; ULLMANN, Politik, S. 33. NIPPERDEY, Deutsche Geschichte 1866-1918, S. 595-609; v. a. aber BREUER, Grundpositionen und DERS., Ordnungen. Die Verwendung des Begriffes für die rechtsintellektuellen Antworten auf die 68-er Bewegung ist irreführend, weil sich in der französischen Nouvelle Droite und in der bundesrepublikanischen Neuen Rechten wenig „Neues" findet, das sich nicht aus der Weimarer Zeit herleiten ließe. Vgl. dazu die Hinweise bei PETZINNA, Erziehung, S. 8f.

zusammengefaßt, die andere Autoren als „Opposition von rechts",[283] „Präfaschismus", „Protofaschismus"[284] bzw. „Konservative Revolution" bezeichnet haben. Aus verschiedenen Perspektiven ist die Formierung der Neuen Rechten ideologiegeschichtlich, v. a. aber anhand ihrer neuartigen Organisationsformen von den völkischen Zirkeln über den Bund der Landwirte bis zu den Alldeutschen untersucht worden. Bei allen Unterschieden zwischen den einzelnen Komponenten lassen sich zwei wichtige Grundzüge benennen, die für die gesamte Neue Rechte gelten: erstens die Abwendung vom ideologischen Kern und den traditionellen Politikformen des Konservatismus; zweitens die fließenden Übergänge zu den rechtsradikalen Bewegungen der Nachkriegszeit, insbesondere zum Nationalsozialismus.

Fußend auf einem breiten antidemokratischen und antiliberalen Grundkonsens waren beim Erscheinen des neu-rechten Kursbuches von Heinrich Claß im Jahre 1912 eine Reihe von Elementen etabliert, die das Etikett *neue* Rechte angemessen erscheinen lassen. Zu diesen Elementen gehörten: die auch im Adel immer offener vertretene, oft mit einer diffusen Führersehnsucht verbundene Kritik am Kaiser, eine Vielzahl von stets gegen den Parlamentarismus gedachten Führer-Gefolgschafts-Modellen, die sich vom konservativen Ideal der gottgewollten, organisch gegliederten societas civilis[285] unterscheiden lassen, der aggressive Nationalismus, diverse Spielarten von Kulturkritik, Elitismus und Sozialdarwinismus, ein zunehmend rassisch definierter Antisemitismus, die politische Mobilisierung breiter Bevölkerungsschichten,[286] sowie die Erfindung von Repräsentationsformen, die „den Massen", wie es in der berühmten Formel Walter Benjamins heißt, wenn nicht zu ihrem Recht, so doch zu ihrem Ausdruck verhalfen.[287] Dezidiert konservative Kritik an der Transformation ins Völkische und Rechtsradikale, wie sie sich etwa 1912 unter dem Schlagwort „Kulturkonservativismus" formierte, blieb eine innerhalb der Rechten marginale Erscheinung, die nach 1918 vollkommen an Einfluß verlor.[288] Der gedankenreiche, an Einfluß jedoch arme Sozialkonservati-

---

[283] So die Kapitelüberschrift bei Hans-Ulrich WEHLER, Deutsche Gesellschaftsgeschichte, Bd. 3, S. 923.
[284] Hans-Jürgen PUHLE Conservatism in Modern German History, in: Journal of Contemporary History 13 (1978), S. 689-720, v. a. S. 701-707. Dirk STEGMANN, Vom Neokonservativismus zum Proto-Faschismus. Konservative Parteien, Vereine und Verbände 1893-1920, in: Ders. u. a. (Hg.), Deutscher Konservatismus im 19. und 20. Jahrhundert, FS Fritz Fischer, Bonn 1983, S. 199-230, hier S. 199f. und S. 229f.
[285] KONDYLIS, Konservativismus, S. 161-169, 331-341.
[286] Zur Mobilisierung breiter Bevölkerungsschichten durch die „nationalen Verbände" vgl. zuletzt: Axel GRIEßMER, Massenverbände und Massenparteien im Wilhelminischen Reich. Zum Wandel der Wahlkultur 1903-1912, Düsseldorf 2000.
[287] Walter BENJAMIN, Das Kunstwerk im Zeitalter seiner technischen Reproduzierbarkeit, in: Ders., Gesammelte Schriften, Bd. I, 2, Frankfurt a. M. 1974, S. 471-509, hier S. 506.
[288] Adolf GRABOWSKY, Der Kulturkonservativismus und die Reichstagswahlen, Berlin 1912, S. 5f. Vgl. dazu Dietrich MENDE, Kulturkonservativismus und konservative Erneuerungsbestrebungen, in: Leben und Werk, Festausgabe für Adolf Grabowsky, Köln/Berlin 1963, S. 87-129 und PUHLE, Interessenpolitik, S. 277. Als bemerkenswerte Außenseiterpositionen in dieser Tradition außerdem: Adam RÖDER, Konservative Zukunftspolitik. Ein Mahnwort an

4.5.) Adlige in den Verbänden der "Neuen Rechten" 177

vismus blieb eine bürgerliche Bewegung, in welcher der Adel v. a. durch Abwesenheit glänzte.[289]

Die Ergebnisse der einst leidenschaftlich geführten Debatte[290] über Charakter und Funktion neuartiger Agitationsverbände wie dem Bund der Landwirte, dem Flottenverein und dem Alldeutschen Verband sind für die Untersuchung der politischen Radikalisierung des Adels von unmittelbarer Bedeutung. Die völkische Umformung konservativer Traditionen und ihre nach 1890 bewerkstelligte Überführung in völkische, plebiszitär abgestützte Ideologie- und Politikformen ist spätestens seit Hans-Jürgen Puhles Studie über den Bund der Landwirte bekannt.[291] Unter den wichtigsten Agitationsverbänden des Kaiserreiches kommt dem BdL aus adelsgeschichtlicher Perspektive aus drei Gründen eine besondere Bedeutung zu: als wichtigste agrarische pressure-group des ostelbischen Landadels,[292] als Instanz, welche die zeitlich parallele Radikalisierung der Konservativen Partei nachhaltig beeinflußte,[293] sowie als eines der wichtigen Aktionszentren für jenen neuartigen Typus rechtsradikaler Demagogen, Publizisten und Verbandspolitiker, zu dem einzelne Mitglieder des alten Adels entweder selbst wurden oder aber ständige und enge Kontakte unterhielten.[294] Für die v. a. nach 1918 wichtige Beteili-

---

die Konservativen Deutschlands, Karlsruhe 1918; DERS., Der deutsche Konservatismus und die Revolution, Gotha 1920; DERS., Reaktion und Antisemitismus. Zugleich ein Mahnwort an die akademische Jugend, Berlin 1921 und v. a. Georg QUABBE, Tat a Riß. Variationen über ein konservatives Thema, Berlin 1927. Die Namen Grabowsky und Quabbe stehen für das erhebliche gedankliche Potential, das konservatives Denken noch freisetzen konnte. Ihre Isolation zeigt hingegen den Niedergang dieses Denkens innerhalb der als konservativ firmierenden Gruppierungen an. Zu Quabbe vgl. Karin STEIMANN, Leben lassen, Leipzig 1999.

[289] KONDYLIS, Konservativismus, S. 444f., 429.
[290] Frühe Produkte der Debatte: Hans-Jürgen PUHLE, Zur Legende von der Kehrschen Schule, in: GG 4/1978, S. 108-119 und W. MOCK, „Manipulation von oben" oder Selbstorganisation der Basis? Einige neuere Ansätze in der englischen Historiographie zur Geschichte des deutschen Kaiserreichs, in: HZ 232 (1981), S. 358-375; STEGMANN, Konservativismus und nationale Verbände; ELEY, Einleitung, in: DERS., Wilhelminismus, S. 15-30. Überblick zuletzt bei ULLMANN, Politik, S. 80-98.
[291] Hans-Jürgen PUHLE, Agrarische Interessenpolitik und preußischer Konservatismus im Wilhelminischen Reich (1893-1914). Ein Beitrag zur Analyse des Nationalismus in Deutschland am Beispiel des Bundes der Landwirte und der Deutsch-Konservativen Partei, Hannover 1966. Geoff ELEYS Kritik an Puhles Interpretation zuletzt: Anti-Semitism, Agrarian Mobilization, and the Conservative Party. Radicalism and Containment in the Founding of the Agrarain League, 1890-93, in: Jones/Retallack (Hg.), Reform, S. 187-227. Jenseits der Debatte über ihre Ursachen werden Radikalisierung und Rechtswendung der adligen Verbands- und Parteiführer auch von Eley nicht angezweifelt.
[292] Zur Mitgliederstruktur s. PUHLE, Interessenpolitik, S. 37-71, 310-312; STEGMANN, Erben, S. 37-40.
[293] PUHLE, Agrarische Interessenpolitik, S. 213-289; STEGMANN, Erben, S. 140-143, v. a. aber RETALLACK, Notables of the Right: The German Conservative Party and Politcal Mobilization in Germany, 1876-1918, Boston/London 1988, S. 100-112, 131-147.
[294] Zum Typus des Berufsdemagogen und Verbandspolitikers vgl. PUHLE, Agrarische Interessenpolitik, S. 274-276, 295-297, sowie Eley, Reshaping, S. 101-235. Zum Wirkungsfeld dieses Politikertypus, der adligen Traditionen und Lebenswelten sehr fern stand, vgl. Roger

gung des alten Adels an der „Bierbankpolitik" – so das treffende Etikett, das Reichskanzler Fürst v. Bülow den Alldeutschen Ende 1900 in einem Reichstag-Rededuell erfolgreich anhängen konnte[295] – wurden die Verbände die wichtigsten Foren. Im Adel war der BdL für die Auflösung der Grenzen zwischen Honoratiorenpolitik und „volkstümlicher" Demagogie[296] wichtiger als alle anderen Verbände der Neuen Rechten. Die hier eingeübten antisemitischen Agitationsmuster wurden in den Agrarverbänden der Weimarer Zeit aufgenommen und zugespitzt.[297]

Sollte es die Vorstellung einer „von oben" gesteuerten Manipulation der „Massen" jemals in der schlichten Form gegeben haben, wie es ihre Kritiker behaupten,[298] so darf sie als widerlegt gelten. Die zunehmende Radikalisierung des deutschen Konservatismus trug deutliche Züge einer Dynamik, welche die großgrundbesitzenden Adligen der BdL-Führung weder alleine geschaffen noch vollständig kontrolliert hatten.[299] Ältere Interpretationsmuster einer „Manipulation von oben" lassen sich zumindest auf die dynamischsten Verbände der Neuen Rechten nicht anwenden, die eine zunehmend demagogische, anti-gouvernementale und kaiserkritische Opposition von rechts etablierte. Wichtiger als der Streit um Ursachen und Dynamik ist hier die weitgehende Einigkeit über das Ergebnis dieses Prozesses: Erosion und Auflösung des traditionellen Konservatismus, die meist mit dem Begriff „Radikalisierung" bezeichnete Annäherung der politischen Rechten an Positionen der Alldeutschen und schließlich die Herausbildung „faschistischer Potentiale",[300] zu denen Adlige innerhalb der Verbände aktiv beigetragen haben.

---

[295] CHICKERING, We Men Who Feel Most German. A Cultural Study of the Pan-German League 1886-1914, Boston 1984, S. 152-178.
Heinrich CLAß, Wider den Strom. Vom Werden und Wachsen der nationalen Opposition im alten Reich, Leipzig 1932, S. 60f.; CHICKERING, We men, S. 67f.
[296] Vgl. die kritischen Anmerkungen zur Polarisierung dieser Begriffe bei James RETALLACK, Demagogentum, Populismus, Volkstümlichkeit. Überlegungen zur „Popularitätshascherei" auf dem politischen Massenmarkt des Kaiserreichs, in: ZfG 4/2000, S. 309-325, v. a. S. 323-325.
[297] Heinz REIF, Antisemitismus in den Agrarverbänden Ostelbiens während der Weimarer Zeit, in: Ders. (Hg.), Agrargesellschaft, S. 379-411.
[298] In einer für diese Kritik typischen Formulierung warf Richard J. EVANS, (Hg.), Society and Politics in Wilhelmine Germany, London 1978, S. 23, der frühen „Bielefelder" Deutung vor, das Kaiserreich als ein „puppet theatre, with Junkers and industrialists pulling the strings, and middle and lower classes dancing jerkily across the stage of history" gezeichnet zu haben. Vgl. dazu Roger CHICKERINGs Kritik an Geoff Eley in: AHR 86 (1981), S. 159f. (Rezension).
[299] Vgl. zur Durchsetzung des antisemitischen Tivoli-Programms der Konservativen Partei (Dezember 1892), einem der wichtigsten Wendepunkte in der Auflösung konservativer Politik, die Analyse bei RETALLACK, Notables, S. 91-99; ELEY, Antisemitismus, S. 194-199.
[300] ELEY, Konservative und radikale Nationalisten in Deutschland: Die Schaffung faschistischer Potentiale 1912-1928, in: DERS. Wilhelminismus, S. 209-247, zur Marginalisierung und Auflösung des Konservatismus v. a. S. 236ff. Eleys Formulierung trifft den offenen Prozeß präziser als die o. g. teleologisch klingende Formel vom „Prä-" bzw. „Protofaschismus". Vgl. die in *dieser* Hinsicht mit Eley übereinstimmenden Interpretationen u. a. bei

4.5.) Adlige in den Verbänden der „Neuen Rechten"

Zweifellos bildete der Adel weder den wichtigsten noch den dynamischsten Teil der Gruppen, von denen dieser Prozeß in der Konservativen Partei und in den nationalistischen Verbänden gestaltet wurde. Im Hinblick auf die adligen Beteiligungen, die es in den wichtigsten Organisationen der Neuen Rechten gab, bleibt jedoch festzuhalten, daß der Adel den Prozeß der Radikalisierung nicht passiv ertragen, sondern aktiv mitgestaltet hat.

Auf der Suche nach den politischen Ursprüngen der Neuen Rechten, d.h. nach dem Zeitraum, in dem die Verdrängung des traditionellen Adelsideals der kleinräumigen, personalen Herrschaft durch imperialistische, völkisch-antisemitische Ideologien begann, sind die Ergebnisse dieser Debatte hilfreich. Der Zeitraum, in dem rechtsradikale, von Agitationsverbänden mit Hunderttausenden von Mitgliedern getragene Agitation gegen Juden und andere „Volksfeinde" auch innerhalb des Adels hoffähig wurde, fällt mit der Gründung der großen Verbände zusammen, in der die Neue Rechte erstmals eine organisatorische Gestalt erhielt. Zum Projekt der Deutschen Adelsgenossenschaft, aus dem Adel einen rassereinen, schollenverbundenen und industriefeindlichen Kampfverband zu formen, gehört die aktive Mitarbeit Adliger in den bürgerlich dominierten Massenverbänden. Zwei unterschiedliche Typen lassen sich hier auseinanderhalten.[301] Erstens jene Verbände, die im engen Zusammenspiel zwischen Reichsleitung, etablierten Fachleuten, Politikern, hohen Beamten, Offizieren, Propagandisten, Hochschulprofessoren und industriellen pressure groups entstanden. Vor allem die Deutsche Kolonialgesellschaft, weniger eindeutig der Deutsche Flottenverein und der Deutsche Wehrverein[302] gehören in diese Kategorie. Franz Prinz von Arenberg wurde 1892 zum stellvertretenden Präsidenten des deutschen Kolonialvereins. Der 1898 gegründete Flottenverein, dessen Mitgliederstand Ende seines Gründungsjahres bereits 78.000 Mitglieder betrug und sich bis zum Kriegsbeginn auf über eine Million vergrößerte, hatte Prinz Heinrich v. Preußen zum Protektor, Großherzog Friedrich v. Baden zum Ehrenmitglied, Otto Fürst zu Salm-Horstmar als Präsidenten und eine beachtliche Reihe Mitglieder des alten Adels als Vorsitzende in den einzelnen Landes- und Bezirksgruppen, die den katholischen Adel ebenso wie Vertreter des Hochadels einschlossen.[303] In Bayern etwa wurde der Flottenverein seit 1909 in Friedrich Carl Fürst zu

---

CHICKERING, We men, 253-305; WEHLER, Gesellschaftsgeschichte, Bd. 3, S. 1060-1081; MOCK, Manipulation, S. 374; RETALLACK, Notables, S. 208-224. Bei HENNING, „Noblesse oblige?", S. 336f., erscheint die adlige Beteiligung in den rechtsradikalen Agitationsverbänden als „gesamtgesellschaftliches Engagement" in „patriotisch verstandenen" Vereinen. Die hier von Henning vorgelegte Gesamtdeutung ist nur durch Begriffsverwirrungen dieser Art möglich.

[301] Ich folge der Unterscheidung von Roger CHICKERING, Patriotic Societies and German Foreign Policy 1890-1914, in: International History Review 1/1979, S. 470-489.

[302] Zur Mitgliederstruktur s. Marilyn SHEVIN-COETZEE, The German Army League. Popular Nationalism in Wilhelmine Germany, New York 1990, S. 80-97; CHICKERING, We men, S. 267-277.

[303] WEHLER, Gesellschaftsgeschichte, Bd. 3, S. 1077-1079. ELEY, Reshaping, S. 101-118.

Castell-Castell durch einen fränkischen Standesherren geführt.[304] Diese Form der Beteiligung gab es auch auf der Ebene der Ortsverbände. So hatte etwa Albert Fürst v. Thurn und Taxis 1911 den Ehrenvorsitz der Ortsgruppe Regensburg übernommen. Neben der bescheidenen regelmäßigen Zahlung von 50 Mark im Jahr hatte der reiche Fürst zusätzlich einzelne höhere Spenden, so z.b. 1916 anläßlich des „Opfertages für die Deutsche Flotte" eine Summe von „1000 Mark gnädigst zu bewilligen geruht."[305] Mehrheitlich handelte es sich hier um das Anwerben glänzender Namen und Titel, welche ihre Träger den Agitationsverbänden zur Verfügung stellten, ohne sich an den Tagesgeschäften der Verbandspolitik zu beteiligen. So ließ sich etwa Otto Fürst zu Stolberg-Wernigerode 1894 brieflich durch Ferdinand v. Hansemann und Heinrich v. Tiedemann für eine Mitgliedschaft im Ostmarkenverein gewinnen. Die Gründer des antislawischen Agitationsvereines zur „Kräftigung und Sammlung des Deutschthums" waren bürgerliche bzw. nobilitierte Gutsbesitzer, Vorstand und Mitglieder rekrutierten sich v. a. aus dem Bildungsbürgertum, auf beiden Ebenen war der alte landsässige Adel jedoch stark vertreten.[306] Der Sohn des Fürsten, Christian Ernst Fürst zu Stolberg-Wernigerode, folgte somit gewissermaßen einer Familientradition, als er sich im April 1918 von einem Studienrat für die Übernahme des Ehrenvorsitzes in der Ortsgruppe der Vaterlandspartei gewinnen ließ.[307]

Kurze Zeit später dürfte die Anzahl der Adligen, denen professionelle Agitatoren finanzielle und soziale Unterstützung für antisemitische und „antibolschewistische" Projekte abschwatzen konnten, drastisch angestiegen sein. Das Beispiel des jungen Gutsbesitzers Bodo v. d. Marwitz, den völkische Propagandisten kurz nach Kriegsende für Artur Dinters „Sünde wider das Blut" und die Protokolle der Weisen von Zion interessieren konnten, illustriert den Ablauf völkischer Bettelzüge bei adligen Gutsbesitzern sehr plastisch. Gebeten, bei der Sammlung „geeigneter Bazillen der Aufklärung über die jüdische Gefahr" behilflich zu sein, hatte sich der politisch unerfahrene Frontheimkeh-

---

[304] Jesko GRAF ZU DOHNA, Carl Fürst zu Castell-Castell 1897-1945, in: Casteller Hefte, Heft 26, Castell 1998, S. 17. Zum Engagement der Standesherren in der Kolonialbewegung und die Annäherung an antisemitische und imperialistische Argumentationen vgl. die Hinweise bei GOLLWITZER, Standesherren, S. 250-253.

[305] Schriftwechsel mit dem Ortsverein des Deutschen Flottenvereins, Juni/Juli 1911 und 7.10.1916, in: FTTZA, Nr. 2970.

[306] Schreiben HANSEMANNs und TIEDEMANNs an den Fürsten vom 7.10.1894 und Vereinssatzung (Zitat) in: LHAM-AW, Rep. H Stolberg, O, E, Nr. 18. Hier u. a. folgende Namen: Graf v. Alvensleben-Schönborn, v. Bernutz, Graf Bismarck-Schönhausen, Graf Eulenburg-Prassen, Graf Henckel v. Donnersmarck, Graf zu Limburg-Stirum, Graf v. d. Goltz, v. Grö-wenitz, v. Helldorf, v. Massenbach, Graf Mirbach-Sorquitten, v. Tempelhoff, v. Unruh, v. Wentzel, v. Wilmowsky, v. Witzleben, Frhr. v. Wolf, Graf Zedlitz-Trützschler, v. Zobeltitz. Der Verein hatte im Januar 1895 ca. 3.000 Mitglieder (Schreiben vom 24.1.1895 in: ebd.). Zur Zusammensetzung der Mitgliedschaft, die bis 1914 auf 54.000 anstieg: WEHLER, Gesellschaftsgeschichte, Bd. 3, S. 1075-1077.

[307] Schreiben vom 21.4.1918, in: LHAM-AW, Rep. H Stolberg, O, E, Nr. 21.

4.5.) Adlige in den Verbänden der „Neuen Rechten"

rer zu einer beträchtlichen Spende in Höhe von 5000 Mark für die von Eduard Stadtler organisierte Antibolschewistische Liga überreden lassen.[308]

Von deutlich anderer Qualität war das Engagement, das Teile des Kleinadels in die bürgerlich dominierten Agitationsvereine einbrachten und das über repräsentative Ehrenmitgliedschaften weit hinaus führte. Wie das Beispiel des bayerischen Kronrates Ludwig Frhr. v. Würtzburgs zeigt, der 1900 bis 1907 im Deutschen Flottenverein als Präsident des bayerischen Landesverbandes, Vizepräsident des Gesamtvereins und als Führer des moderaten Flügels fungierte,[309] führte die aktive Mitgliedschaft in diesen Verbänden keineswegs automatisch über die Vaterlandspartei in die Verbände der radikalen Rechten nach 1918. Den von völkischem Rassenhaß triefenden Denkschriften, die zeitgleich sein Standesgenosse Konstantin Frhr. v. Gebsattel verfaßte, um Welten entfernt, hatte sich Freiherr v. Würtzburg zu Mitwitz im September 1914 gegen einen „von Rassenhass durchglühten Krieg" und die Verrohung traditioneller militärischer Ehrbegriffe gewandt, die der Baron weiterhin auch für alle Feinde gelten lassen wollte. Auch drei Jahre später bewies Würtzburg bei seiner Eingabe an Reichskanzler Hertling einen kühlen Kopf. Inhaltlich und sprachlich bewegte sich der bayerische Schloßbesitzer hier in Bahnen, auf denen der preußische Adel in aller Regel nicht anzutreffen war. Politisch auf der Linie der Friedensresolution des Reichstags, riet der Baron dem Kanzler, die Kriegslage „wie bei einem kaufmännischen Unternehmen" abzuwägen. Bayern solle sich als einer der „Hauptaktionäre" im Geschäft des Weltkrieges aus diesem zurückziehen, bevor das „Kapital" weiter sinnlos verschleudert würde.[310] Wie sehr diese in Kaufmannsmetaphern gekleidete Form der nüchternen Moderation als bayerisch-katholischer Sonderfall einzuordnen ist, unterstreichen ähnliche Äußerungen eines der prominentesten Vertreter des bayerischen Adels. Alois Fürst zu Löwenstein-Wertheim-Rosenberg hatte bereits in der ersten Kriegswoche räsoniert, ein „Bierbrauer" dürfe im Kampf mit dem Wirt letzteren nicht erschlagen, da sonst niemand mehr da sei, um „ihm sein Bier abzukaufen".[311]

Jenseits der süddeutschen Ausnahmen wurden die Weichen für einen Weg nach rechts außen jedoch durch die in den Verbänden gepflegte Ideologie, die

---

[308] Vgl. die Schriftwechsel (1919/1920) in: BLHA, Rep. 37 Friedersdorf, Bd. 477, Fol. 15, 19, 24, 93 („Bazillen"), 96. Vgl. auch das Rundschreiben Rüdiger V. HERTZBERGS zur Schaffung der „rasseinen" Adelsmatrikel, die Marwitz ebenfalls finanziell unterstützte: ebd., Bd. 478, Fol. 13.

[309] Ludwig FRHR. V. WÜRTZBURG (1845-1920) blieb konservativen, aristokratischen und monarchischen Positionen unverändert treu. Die große und stabile Distanz von völkischen und rechtsradikalen Argumentationen vor und nach 1918 ist durch seine überlieferte Korrespondenz über jeden Zweifel erhaben: AFWM, F II, Nr. 2159, 2160, 2188 und Nr. 2204. Vgl. ELEY, Reshaping, S. 175, 191, 261-279 und Wilhelm HOTZELT, Ludwig Freiherr von Würtzburg, in: Lebensläufe aus Franken IV, Würzburg 1930, S. 555-566.

[310] Schreiben WÜRTZBURGS vom September 1914 und Juli 1917 in: AFWM, F II, Nr. 2188 und Nr. 2204.

[311] Brief LÖWENSTEINS vom 6.8.1914, zit. bei Dornheim, Kriegsfreiwilliger, S. 178f.

hier eingeübten Politik- und Agitationsformen sowie die hier etablierten Kontakte zu kommenden Männern der Neuen Rechten in vielen Fällen gestellt. Für den Hochadel präsentiert Otto Fürst zu Salm-Horstmar, von 1902 bis 1908 Präsident des Flottenvereins, den Typus des aktiven adligen Organisators rechtsradikaler Agitation. Der Fürst gehörte zu den aktiven Verbreitern antisemitischer Haßparolen, wurde Mitglied der Vaterlandspartei und organisierte 1920 die erste deutsche Übersetzung der „Protokolle der Weisen von Zion", für die er alte Netzwerke adliger Herrenhausmitglieder aktivierte.[312]

Wichtiger für den organisatorischen Zusammenhang von altem Adel und Neuer Rechter war der zweite Typus der im Kaiserreich entstehenden Agitationsverbände, die stärker als z.b. der Flottenverein als Gründung „unabhängiger" radikal-nationalistischer Agitatoren, gelten können, deren „Bierbankpolitik" zu einer einflußreichen regierungs- und kaiserkritischen Rechts-Opposition wurde. Für diesen Typus dürfte der Alldeutsche Verband die wichtigste Neugründung gewesen sein, welche die im Bund der Landwirte kultivierte „Mischung aus verbissenem Gralsrittertum und entschlossener Mafia" trotz aller Differenzen zwischen beiden Organisationen auf vielen Ebenen verstärkte. In Erweiterung von Siegmund Neumanns bekanntem Drei-Stufen-Modell[313] hat Hans Jürgen Puhle dafür plädiert, die in den Verbänden propagierte Ideologie als „vierte und letzte Stufe des preußischen Konservatismus [zu] begreifen, die sich selbst aufhebt und im völkischen deutschen Nationalismus aufgeht".[314] Für die Auflösung konservativer Denk- und Politikformen im Adel läßt sich diese Formulierung übernehmen.

Die statistischen Erhebungen, die Roger Chickering im Rahmen seiner Arbeit über den Alldeutschen Verband zusammengestellt hat, liefern für eine Beurteilung des adligen Engagements in den wichtigsten Verbänden der Neuen Rechten zwar kein repräsentatives Material, jedoch eine Grundlage für Einschätzungen, die über bloße Vermutungen hinausgehen.[315] Die Analyse eines Samples von insgesamt 6.125 Personen, die vor 1914 in sieben verschiedenen Verbänden,[316] die sich der Neuen Rechten zuordnen lassen, leitend, d.h. min-

---

312 Gerd KRÜGER, „Treudeutsch Allewege!", Gruppen, Vereine und Verbände der Rechten in Münster 1887-1929/30, Münster 1992, S. 58-60, 135f.
313 Sigmund NEUMANN, Die Stufen des preußischen Konservatismus. Ein Beitrag zum Staats- und Gesellschaftsbild Deutschlands im 19. Jahrhundert, Berlin 1930.
314 PUHLE, Interessenpolitik, S. 278 („Mafia"), 285 („vierte Stufe"). Zur Schwäche des „gemäßigten" Konservativismus zuletzt: Matthias ALEXANDER, Die Freikonservative Partei 1890-1918. Gemäßigter Konservativismus in der konstitutionellen Monarchie, Düsseldorf 2000.
315 Zahlenangaben im folgenden nach eigenen Auszählungen auf der Grundlage der Datensätze, die von Roger Chickering erstellt wurden. Diesem danke ich für die freundliche Überlassung dieses Materials. Die Liste verzeichnet Namen und Organisationszugehörigkeit sowie nach einem Schlüssel codierte Angaben u. a. zu Ausbildung, Beruf und sozialer Stellung der erfaßten Mitglieder. Nähere Angaben zur Zusammenstellung der erfaßten Daten bei CHICKERING, We men, S. 306-328.
316 Erfaßt sind im Sample Mitglieder aus folgenden Verbänden: Alldeutscher Verband, Deutscher Wehrverein, Deutschnationaler Kolonialverein, Deutscher Flottenverein, Verein für

4.5.) Adlige in den Verbänden der „Neuen Rechten"

destens auf der Ebene der Ortsvorstände, aktiv waren, liefert einige Aufschlüsse über Art und Ausmaß der adligen Beteiligung in diesen eindeutig vom Bildungs- und Wirtschaftsbürgertum dominierten Verbänden. Im Alldeutschen Verband, den Chickering überzeugend als eine vom deutschen Bildungsbürgertum dominierten Vereinigung beschrieben hat, lag der Adelsanteil bei ca. 2%.[317]

In der Datenbank der namentlich erfaßten Personen aus sieben „nationalen Verbänden" sind insgesamt ca. 330 Adlige verzeichnet, was einem Adelsanteil von ca. 5% der hier erfaßten Verbandsmitglieder entspricht. Am häufigsten waren Adlige aus diesem Sample in der Deutschen Kolonialgesellschaft (115) vertreten, gefolgt vom Alldeutschen Verband (89), dem Deutschen Wehrverein (49) und dem Deutschen Flottenverein (40).[318] Nach Adelstiteln aufgeschlüsselt, finden sich hier 8 Fürsten bzw. Prinzen, 29 Grafen, 44 Barone und 252 Untitulierte. Ungewöhnlich hoch war der Akademikeranteil: Die Liste verzeichnet 263 adlige Hochschulabsolventen, darunter 63 Promovierte. Zu diesem Befund paßt die Beobachtung, daß über ein Viertel dieser Adligen in Handel, Industrie, Universitäten und als Freiberufler außerhalb der traditionellen Berufsfelder des Adels standen.[319] Die anderen drei Viertel umfassen 12 Gutsbesitzer, 81 höhere Beamte und 92 Offiziere, davon 62 Obristen und Generale.[320] Ein Blick auf die Familiennamen bestätigt, was sich bereits anhand der Ausbildungs- und Berufsstruktur vermuten läßt: das Sample umfaßt drei unterschiedliche Adelsgruppen: erstens politisch ambitionierte Mitglieder des alten Adels in den traditionellen adligen Berufsfeldern, in denen sie mittlere bis hohe Positionen besetzten. Zweitens einen hohen Anteil Neunobilitierter, die als Beamte, Bankiers, Industrielle zu den Aufsteigergruppen des Kaiserreiches gehörten. Drittens eine kleine Gruppe von Adligen mit klangvollen Namen und Titeln, darunter Angehörige des Hochadels, die innerhalb der Verbände repräsentative Funktionen übernahmen, sich an der aktiven Verbandsarbeit jedoch nur in Ausnahmefällen beteiligt haben dürften.

Beim Verweis auf das konfliktbeladene Verhältnis des Alldeutschen Verbandes zur Konservativen Partei vor 1914 schilderte Claß rückblickend die Bedeutung prominenter Adliger im ADV. Adlige in den alldeutschen Führungsabteilungen – Claß nennt die Grafen Mirbach-Sorquitten und Udo zu Stolberg-Wernigerode – erhöhten die Salonfähigkeit der Alldeutschen und dienten Reichskanzler Bülow als „moderate" Verbandsmitglieder zu Kommu-

---

das Deutschtum im Ausland, Deutscher Ostmarkenverein, Allgemeiner Deutscher Sprachverein.
[317] CHICKERING, We men, S. 102-121 und 303.
[318] Bei den Ortsvorständen im Kolonial- und Flottenverein lag der Adelsanteil bei über 16% (vgl. die Tabelle bei CHICKERING, We men, S. 314).
[319] 14 Adlige, die nach Chickering zur „industrial elite including top management" gehörten, 27 aus dem Bereich „business and higher management", 18 Lehrer, 13 Universitätsprofessoren und 12 Freiberufler.
[320] Hinzu kommen 27 Adlige, die mindestens einen Grafentitel trugen und ohne Berufsangabe verzeichnet werden.

nikationsversuchen mit der Verbandsführung.[321] Prominente Adlige, die sich an der ADV-Arbeit aktiv beteiligten und/oder repräsentative Funktionen übernahmen, spielten eine wichtige Rolle im Versuch der Verbandsführung, „das Vorurteil, das von oben her gegen uns Alldeutsche gezüchtet" wurde, zu überwinden.[322] Auf dieser Ebene bewegten sich auch Claß' Versuche, das soziale Kapital adliger Verbandsmitglieder als indirekten Zugang zum inner circle der Reichsspitze zu nutzen, der dem Justizrat selbst verwehrt war und blieb. Wichtig für das spätere Verhalten des Adels zu den Agitationsverbänden war die Tatsache, daß sich prominente Träger glänzender Namen, darunter Hermann Graf zu Arnim-Muskau, Wilhelm v. Kardorff, Udo Graf zu Stolberg-Wernigerode und Julius Graf v. Mirbach-Sorquitten bereits in den 1890er Jahren der ADV-Führung angeschlossen und damit ein auch im Adel unübersehbares Signal gesetzt hatten.[323]

Seltener, für die Geschichte des Adels nach 1918 jedoch nicht weniger bedeutend, war der Typus des adligen Außenseiters, der mit den Konventionen des alten Adels teilweise oder vollständig gebrochen hatte und in den Verbänden zum rechtsradikalen Flügel gehörte. Diesen Typus verkörperte der bereits mehrfach erwähnte Ernst Graf zu Reventlow, vor und nach 1918 eine der schärfsten Federn der völkisch-alldeutschen Publizistik.[324] Reventlow gehörte einer angesehenen Familie des holsteinischen Uradels an und war als Marineoffizier zunächst auch dem Karriereplan gefolgt, auf den er programmiert war. Nach der Heirat mit einer Französin, deren Adelstitel so fragwürdig wie ihr Vorleben war, nahm der 29-jährige Graf 1899 als Kapitänsleutnant seinen Abschied, um sich nach einem einjährigen USA-Aufenthalt in Berlin als Publizist zu etablieren.[325] Der gebildete Graf, den ein republikanischer Gegner aus dem Adel anerkennend als den „Weisen vom Berg" bezeichnete, gehörte als völkischer Publizist, der den Kaiser öffentlich kritisiert hatte, zur wachsenden Gruppe altadliger Außenseiter, die sich den verschiedenen Spielarten der neuen Rechtsopposition anschlossen. Die Außenseiterposition teilte der

---

321 CHICKERING, We men, S. 66.
322 Heinrich CLAß, Das Kaiserbuch, 8. Auflage, Berlin 1935, S. 267-269.
323 Stolberg-Wernigerode, Besitzer von drei schlesischen Fideikommissen, war Mitglied des Reichstages und des Herrenhauses, Landrat und ab 1891 Oberpräsident in Ostpreußen. Kardorff war der Vorsitzende der Freikonservativen, Mirbach-Sorquitten, MdH und Mitglied im Bund der Landwirte, war einer der wichtigsten Interessenvertreter des ostelbischen Großgrundbesitzes; über ihn vgl. SPENKUCH, Herrenhaus, S. 237-251. Arnim-Muskau, der auch der Kolonialgesellschaft und dem Flottenverein angehörte, Besitzer der Standesherrschaft, die einst Fürst Pückler gehört hatte. Vgl. dazu ELEY, Reshaping, S. 48-50; RETALLACK, Notables, S. 16; STEGMANN, Erben, S. 105-113 und (zu Arnim) BERGHOFF, Adel, in: Reif (Hg.), Adel und Bürgertum, Bd. 1, S. 257f.
324 Horst BOOG, Graf Ernst zu Reventlow (1869-1943). Eine Studie zur Krise der deutschen Geschichte seit dem Ende des 19. Jahrhunderts, Phil. Diss., Heidelberg 1965, S. 82-136.
325 Über Reventlows Frau, ausgestattet mit dem falschen Adelstitel Comtesse Marie Gebrielle d'Allemont, kursierten verschiedene Gerüchte, u. a., daß sie ihren Lebensunterhalt vor der Ehe als Tänzerin in einem Nachtklub verdient hatte. Vgl. BOOG, Reventlow, S. 102-109 und Richard V. DAMM, Autoren aus Fürsten- und Adelskreisen, in: ASB 1908, S. 79f.

4.5.) Adlige in den Verbänden der „Neuen Rechten" 185

Graf mit zwei seiner Geschwister: Sein 1906 gestorbener Bruder Ludwig war „in seinen jungen Jahren zum Entsetzen aller Granden Holsteins Sozialist [und] beteiligte die Landarbeiter seines Gutes am Reingewinn", bevor er antisemitischer Reichstagsabgeordneter wurde. Sodann mit seiner Schwester, der Schriftstellerin Franziska zu Reventlow, die als enfant terrible der Schwabinger Bohème bis zu ihrem Tod im Jahre 1918 mit allen adligen Konventionen gebrochen hatte, die zu brechen waren.[326]

Der Typus des adligen Außenseiters ist in der Rechts-Opposition vor 1918 zwar häufig, nicht jedoch exklusiv vertreten. Ohne jeden biographischen Bruch hatte sich z.b. ein katholischer Baron zum Rechtsradikalen gewandelt, der nach Herkunft, sozialen Kontakten und gesellschaftlicher Stellung fest in einer eindeutig adligen Lebenswelt verankert war und diese weder angegriffen noch verlassen hat. Die erhaltenen Schriftwechsel im Nachlaß Konstantin Frhr. v. Gebsattels illustrieren anschaulich die Art und Weise, in der sich die Annäherung eines altadligen Generals an das völkisch-alldeutsche Ideengemisch vollziehen konnte, ohne für den katholischen Adel Süddeutschlands als typisch gelten zu können. Gebsattel, ein 1910 im Alter von 56 Jahren als Generalleutnant z. D. entlassener Kavallerieoffizier aus einer bekannten Familie des fränkischen Uradels,[327] wandte sich im Mai 1913 nach der Lektüre von *Wenn ich der Kaiser wär'* in einem Schreiben voll begeisterter Zustimmung an „Frymann", der sich in seiner Antwort als Vorsitzender des Alldeutschen Verbandes zu erkennen gab. Noch vor der Lektüre des Buches hatte Gebsattel eine eigene Denkschrift entworfen, die Claß' Gedankengängen in erstaunlicher Weise ähnelte. Gebsattel sah einen „Entscheidungskampf" gegen den „Krebsschaden" des Judentums, die Sozialdemokratie und den Freisinn nahen, für den man „einen führenden König" benötigen würde.[328] Gebsattel sehnte sich nach dem „erlösenden Krieg" und einem vom Kaiser gewählten starken Mann, der er selbst nicht sein könne, dem er jedoch gerne als „Arm" dienen wollte. Gebsattel empfing Claß im August 1913 auf seinem Landsitz und wurde wenig später gebeten, in den Vorstand des Alldeutschen Verbandes einzutreten, was der energische Pensionär wenig später tat: „Ich

---

[326] Vgl. dazu das kaum verschlüsselte Selbstporträt, das u. a. den Weg der Autorin in die Münchener Bohème nachzeichnet: Franziska GRÄFIN ZU REVENTLOW, Ellen Olestjerne. Roman. Mit einem Nachwort von Gisela Brinker-Gabler, Frankfurt a. M. 1985, die Anmerkungen bei REIBNITZ (1933), S. 30f. sowie Johann Albrecht V. RANTZAU, Zur Geschichte der sexuellen Revolution. Die Gräfin Franziska zu Reventlow und die Münchener Kosmiker, in: Archiv für Kulturgeschichte 56 (1974), S. 394-446.

[327] Michael PETERS, Konstantin Freiherr von Gebsattel, in: Fränkische Lebensbilder, Bd. 16, Neustadt/Aisch, 1996, S. 173-187.

[328] BAP, 90 Ge 4, Bd. 1, Fol. 1-8, Hervorhebung im Original. „Krebsschaden" ebd., Fol. 22. Gebsattel wollte alle Juden unter Fremdenrecht gestellt wissen – „mit allen seinen Folgen" (ebd., Fol. 4). Vgl. zu Gebsattels Gedankengängen und seinem Austausch mit Claß s. Uwe LOHALM, Völkischer Radikalismus. Die Geschichte des Deutsch-Völkischen Schutz- und Trutzbundes 1919-1923, Hamburg 1970, S. 40-56; CHICKERING, We men, S. 287; Heinz HAGENLÜCKE, Deutsche Vaterlandspartei. Die nationale Rechte am Ende des Kaiserreiches, Düsseldorf 1997, S. 36-39.

werde ihm [dem kommenden Führer, S. M.] wenigstens das Beste, das ich habe, meinen Namen, zur Verfügung stellen". Innerhalb weniger Monate stieg der Baron zu Claß wichtigstem Mitarbeiter und zum stellvertretenden Vorsitzenden des Verbandes auf.[329] Gebsattel hatte als altadliger General a. D. und als Mitglied eines der wichtigsten fränkischen Militärclans[330] Verbindungen, die über den engeren Kreis seiner katholischen Standesgenossen weit hinausreichten. Der katholische Baron[331] verfügte über hervorragende Kontakte, die dem Verband als Türöffner auf unzähligen adligen Landsitzen dienten. Als ehemaliger Inspekteur der bayerischen Kavallerie war der Franke zudem ein ideales Bindeglied zwischen preußischem und altbayerischem Adel.[332] So konnten sich auch die (erfolgreichen) Versuche, dem „Kaiserbuch" und diversen Denkschriften des Verbandes auf den obersten Ebenen Gehör zu verschaffen, auf Gebsattels Verbindungen stützen.[333] Gebsattel bemühte sich um den bayerischen Kronprinzen und um Kronprinz Wilhelm, auf den der Verband zeitweise große Hoffnungen setzte. Eine Denkschrift, die im Herbst 1913 eine antiparlamentarische Umgestaltung des Staates, die Entmachtung der sozialdemokratischen Presse und die vollständige Entrechtung der deutschen Juden forderte, gelangte über Gebsattel bis an die Reichsspitze, wo sie von Bethmann-Hollweg und Wilhelm II. kommentiert und in schroffer Form verworfen wurde. Diese Reaktion zeugt von der relativ deutlichen Grenze, die sich zumindest bis zum Beginn des Weltkrieges zwischen konservativem und neurechten Politikverständnis noch ziehen läßt. Die Tatsache, daß Claß' Kaiser-Buch in der *Kreuzzeitung* zwar ablehnend besprochen, das hier ausgebreitete Programm jedoch mit „Märchentraum" des „Tischlein deck dich" verglichen wurde,[334] läßt Gräben und Brücken zwischen alter und neuer Rechter gleichermaßen erkennen. Die Ablehnung, die den alldeutschen „Heißspornen" und ihren „Luftschlössern" im Jahre 1913 noch entgegenschlug,[335] läßt jedoch v. a. die Distanz erkennen, die der soziale Kern des Adels zu diesem Zeitpunkt noch von der rechtsradikalen „Avantgarde" im Adel hielt.

---

[329] BAP, 90 Ge 4, Bd.1, Fol. 4, 16, 34 (GEBSATTEL an Claß). Gebsattel, der sich 1915 daran „gewöhnt" hatte, wichtige Fragen vom „Rassenstandpunkt" aus zu beurteilen, erwartete vom Krieg „die grosse Auseinandersetzung zwischen Germanen u. Slaven" (ebd., Fol. 522, 164).

[330] Gebsattel (1854-1925) war der älteste von insgesamt fünf Brüdern, von denen vier als hohe Offiziere im 1. Ulanenregiment dienten. Der Vater, Viktor Frhr. von Gebsattel, war kgl. bayerischer Kämmerer und Hofmarschall der Königin von Griechenland.

[331] Vor dem ersten Treffen hatte Gebsattel Claß gebeten, anti-katholische Bemerkungen mit Rücksicht auf seine gläubige Frau zu unterlassen: BAP, 90 Ge 4, Bd. 1, Fol. 1-8, vgl. CLAß, Wider den Strom, S. 244.

[332] Gebsattel soll auf Claß' Buch durch den pommerschen General Georg v. Kleist hingewiesen worden sein. Kleist war Inspekteur der preußischen, Gebsattel der bayerischen Kavallerie. Vgl. den Rückblick bei Heinrich CLAß, Wider den Strom, S. 243ff.

[333] BAP, 90 We 4, Bd.1, s. v. a. Fol. 22f. 28, 35, 49.

[334] Zit. n. STOLBERG-WERNIGERODE, Generation, S. 387, der sich um eine scharfe Betonung der Differenzen zwischen den Alldeutschen und den alten Eliten bemüht.

[335] Hartmut POGGE V. STRANDMANN, Staatsstreichpläne, Alldeutsche und Bethmann Hollweg, in: Ders./Imanuel Geiss, Die Erforderlichkeit des Unmöglichen. Deutschland am Vorabend des ersten Weltkrieges, Frankfurt a. M. 1965, S. 7-45, zit. S. 21, 38.

4.5.) Adlige in den Verbänden der „Neuen Rechten"

Von den standesherrlichen Mitgliedern der Alldeutschen über die eben genannte Denkschrift vom August 1913, die alldeutsche „Salm-Eingabe", die dem Kaiser im Januar 1916 nach dem Scheitern aller anderen Kontaktversuche durch Fürst Otto v. Salm-Horstmar überbracht wurde,[336] bis zum Ehrenvorsitz, den Herzog Johann Albrecht zu Mecklenburg 1917 in der Deutschen Vaterlandspartei, dem letzten rechtsradikalen Sammlungsversuch vor Kriegsende, übernahm, läßt sich die häufigste der von Angehörigen des hohen und niederen Adels übernommene Funktion klar benennen. Der Neuen Rechten stellten sie, wie Gebsattel im oben zitierten Briefwechsel mit Claß formulierte, „das Beste was sie hatten" zur Verfügung – den Glanz ihrer Namen und Titel sowie das immense soziale Kapital ihrer Beziehungen, das die wenigsten der groß- und kleinbürgerlichen Verbandspolitiker, Berufsagitatoren und „Möchtegern-Honoratioren"[337] besaßen. Adlige in der Neuen Rechten waren bis 1918 vor allem anderen Vermittler zwischen zwei sozialen Welten, darüber hinaus Aushängeschilder und „Galionsfiguren".[338]

Für die weitere Radikalisierung des Adels war jedoch die kleine, außergewöhnlich agile und aggressive Gruppe von Adligen, die vor und nach 1918 die völkische Verformung der Adelsverbände, insbesondere der DAG betrieb, von ebenso großer Bedeutung. Für viele der Adligen, die nach 1918 als rechtsradikale Agitatoren auftauchen, lassen sich ideologisch-organisatorische Lehrjahre in den Verbänden der Neuen Rechten, insbesondere im ADV und im *Deutsch-Völkischen Schutz- und Trutzbund* (DVSTB) belegen. Da ein personaler Konnex zum Alldeutschen Verband für mehrere Führer dieser völkischen Frondeure in der DAG nachweisbar ist, läßt sich vermuten, daß man den Plan zu einem institutionalisierten „Arierparagraphen" direkt von den Alldeutschen mitgebracht hatte.[339] Heinrich Claß' spätere Angabe, auf sein Betreiben hin habe der ADV bereits 1909 in seinen Satzungen „Juden und Jüdisch-Versippte" von der Mitgliedschaft ausgeschlossen,[340] ist nachweislich falsch. Die konsequente Durchsetzung eines radikal antisemitischen Kurses innerhalb des Verbandes sowie die Einführung eines alldeutschen „Arierparagraphen" wurde weniger von Claß als von seinem wichtigsten adligen Mitarbeiter betrieben. Angetrieben durch den energischen Konstantin Frhr. v. Gebsattel, der 1916 auch Großmeister des Germanenordens geworden war, hatte die Alldeutsche Führung den kaiserlich verkündeten Burgfrieden

---

[336] Hetty GRÄFIN VON TREUBERG, Zwischen Politik und Diplomatie, Straßburg 1921, S. 83ff.; STEGMANN, Erben, S. 482f.; HAGENLÜCKE, Vaterlandspartei, S. 94-97. Otto Fürst v. Salm-Horstmar war der ehemalige Vorsitzende des Flottenverbandes, Mitglied des ADV und Vorsitzender des Verbandes der Grundbesitzervereine Deutschlands. Auch Claß' Kaiserbuch wurde über einen adligen Vertrauten des Autors, Max Frhr. v. Stössel, dem deutschen Kronprinzen überbracht: STEGMANN, Erben, S. 297.
[337] NIPPERDEY, Deutsche Geschichte 1866-1918, S. 605.
[338] HAGENLÜCKE, Vaterlandspartei, S. 164, über den Herzog von Mecklenburg, der sich in die „laufenden Geschäfte" der Vaterlandspartei kaum aktiv einschaltete.
[339] Zum Arierparagraphen s. Kapitel 8.2. dieser Arbeit.
[340] Heinrich CLAß, Strom, S. 130.

endgültig aufgekündigt und eine öffentliche „Kriegserklärung an das Alljudentum" verbreitet.[341] Der 1917 konstituierte Ausschuß zur „Judenfrage" mündete dann Anfang 1919 in die Gründung des *Deutsch-Völkischen Schutz- und Trutzbundes*.[342]

Die adlige Beteiligung in dieser wohl wichtigsten organisatorischen Schaltstelle des frühen Nachkriegsantisemitismus war beachtlich und ging über die passiv-repräsentative Beteiligung deutlich hinaus. Geschäftsführender Vorsitzender des DVSTB wurde Gertzlaff v. Hertzberg, Sohn des pommerschen Gutsbesitzers und Herrenhausmitgliedes Ernst v. Hertzberg-Lottin, der mit Claß befreundet war und zum inneren Kreis der Alldeutschen gehörte.[343] In Bayern waren mit Hildolf Frhr. v. Thüngen[344] und Willibald v. Zezschwitz Adlige auf der Ebene der aktiven Verbandsführung beteiligt. Einzelne Mitglieder des Hochadels unterstützen den Verband durch finanzielle Zuwendungen.[345]

In charakteristischer Weise bezeichnet die Wandlung Gertzlaff v. Hertzbergs vom Mitglied der preußischen Verwaltungselite zum „professionellen" Agitator und Organisator des Antisemitismus die im preußischen Kleinadel häufige Verbindung von Negativkarrieren und ideologischer Radikalisierung. Der Verwaltungsjurist Gertzlaff v. Hertzberg war 1918 im Alter von 38 Jahren als Landrat in Neustettin aus dem Staatsdienst entlassen worden. Über das Engagement der beiden Generationen in BdL, ADV, DVSTB und den Freikorps[346] hinaus gehörte die Familie zu den wichtigsten Protagonisten, die einen völkisch-rechtsradikalen Kurs in den Kreisen ihrer Standesgenossen durchsetzten. Als Mitglieder der Deutschen Adelsgenossenschaft gehörte Ernst v. Hertzberg-Lottin mit mindestens zwei seiner Söhne zu den wichtigsten Akteuren, denen es 1920 gelang, im größten deutschen Adelsverband die Einführung eines Arierparagraphen und die Einrichtung einer Adelsmatrikel nach völkischen Kriterien durchzusetzen. Diese sind noch ausführlich zu be-

---

341 Zwei von Claß und Gebsattel redigierte Artikel, die in der *Deutschen Zeitung* erschienen, markierten hierzu einen Wendepunkt: „Alldeutsch – vielleicht alljüdisch?", in: DZ Nr. 305 vom 18.6.1917 und „Judenwahlen – Judenfriede?", in: DZ, 21.9.1917.

342 1915 hatte Claß an Gebsattel geschrieben, der ADV habe jüdische Vorstandsmitglieder. Aus taktischen Gründen habe er, Claß, „jeden Versuch, den ADV amtlich antisemitisch zu machen, bekämpft". Zur Durchsetzung des institutionalisierten Antisemitismus s. LOHALM, Radikalismus, S. 45-56, zit. S. 46, 49, und CHICKERING, We men, S. 230-245.

343 Ernst v. Hertzberg-Lottin (1852-1920) war außerdem Landschaftsdirektor in Treptow und eines der aktivsten Mitglieder im pommerschen BdL. Seit 1919 gehörte er auch dem „Beirat" des Deutsch-Völkischen Schutz- und Trutzbundes an. Hertzberg war mit Eva v. Busse, der Tochter eines Landrates verheiratet.

344 Thüngen fand nach 1918 erst zur SA und bereits 1931 zur SS, DOHNA, Adel, S. 58, 60.

345 LOHALM, Radikalismus, S. 98, 103, 277. Zu den finanziellen Förderern gehörten u. a. Carl Eduard Herzog v. Sachsen Coburg u. Gotha sowie Heinrich Fürst v. Reuß.

346 Im August 1919 reiste Gerzlaff v. Hertzberg zusammen mit Leopold Frhr. v. Viethinghoff zu den Freikorps-Truppen ins Baltikum, um deren Rückzug zu verhindern; vgl. LOHALM, Radikalismus, S. 96f., 364f. und Bernhard SAUER, Vom „Mythos eines ewigen Soldatentums". Der Feldzug deutscher Freikorps im Baltikum im Jahre 1919, in: ZfG 10/1995, S. 869-902, hier S. 888f.

4.6.) Der Adel und die völkische Bewegung

Rote Fäden, die durch die ideologischen und organisatorischen Irrgärten der völkischen Bewegung leiten, sind nur schwer zu finden.[347] Im hier betrachteten Kontext lassen sich jedoch zunächst drei Elemente beschreiben, die als unstrittig gelten dürften: Die völkische Ideologie und Bewegung entstand im Kaiserreich als „Such- und Erneuerungsbewegung", die sich als „Gegenkultur" beschreiben läßt. Ihre Trägergruppen rekrutierten sich im wesentlichen aus dem alten Mittelstand.[348] In Form von Phantasiegebilden spielt der Adel im völkischen Denken eine beachtliche Rolle – die völkische Bewegung entstand jedoch eindeutig außerhalb des alten Adels.

Auf ihren historischen Kern reduziert läßt sich die äußerst heterogene völkische Bewegung als ebenso hilf- wie erfolgloser Versuch des alten Mittelstandes interpretieren, sich in einer neuen Sprache gegen die Umwälzungen des modernen Industriekapitalismus zu verteidigen. Zum inhaltlichen Kern des völkischen Denkens gehörten ein ins Emotional-Mythische gesteigerter Nationalismus, antidemokratisch ausgerichtete Führer-Gefolgschafts-Modelle und inhaltlich stets vage bleibende Forderungen einer neu zu schaffenden „Aristokratie". Wenn auch die meist unscharfen völkischen Projektionen einer erneuerten Aristokratie „jenseits der real existierenden Aristokratie und des real existierenden Bürgertums" lagen, so zeigen allein die verwendeten Begriffe unübersehbar Anleihen beim historischen Adel an. Kaum zufällig wich die ältere, den „gelehrten" und „gebildeten" Mittelstand beschreibende Begrifflichkeit um 1900 der Denkfigur einer „Aristokratie des Geistes".[349] Noch wichtiger für die völkische Neufassung des Begriffes Aristokratie waren die Kategorien „Blut" und „Rasse", die in Form des kulturell und biologisch gefaßten Antisemitismus die wohl wichtigste Chiffre zur völkischen Unterschei-

---

[347] Die neuesten Versuche einer systematischen Gesamtdarstellung dokumentierten v. a. die große Heterogenität und machen die Schwierigkeiten deutlich, den kleinsten gemeinsamen Nenner des völkischen Denkens zu bestimmen. Vgl. dazu die Beiträge im Handbuch zur „völkischen Bewegung" und die detaillierte Gesamtdarstellung von PUSCHNER, Bewegung, Darmstadt 2001, S. 9-25, 263-288. BREUER, Grundpositionen, S. 80-89, ordnet die Völkischen überzeugend als „Hybride" aus progressiven und regressiven Tendenzen ein. Eine kundige Führung durch das Gestrüpp der völkischen Organisationen bietet Nicholas GOODRICK-CLARKE, Die okkulten Wurzeln des Nationalsozialismus, Graz/Stuttgart 1997.

[348] Handbuch zur „völkischen Bewegung", S. XXI („Gegenkultur"). Zu den sozialen Trägerschichten der völkischen Bewegung s. PUSCHNER, Bewegung, S. 275-279, 379f.

[349] Rüdiger VOM BRUCH, Wilhelminismus – Zum Wandel von Milieu und politischer Kultur, in: Handbuch zur „völkischen Bewegung", S. 3-21, zit. S. 13. Vgl. DERS., Kaiser und Bürger. Wilhelminismus als Ausdruck kulturellen Umbruchs um 1900, in: Adolf M. Birke/Lothar Kettenacker (Hg.), Bürgertum, Adel und Monarchie. Wandel der Lebensformen im Zeitalter des bürgerlichen Nationalismus, München/London/New York/Paris 1989, S. 119-146.

dung von Freund und Feind lieferten – „Das Wesen der Rasse schlummert im Blut, und das Blut ist zum guten Teil auch Träger des Geistes, der Seele." Die völkische Behauptung, daß „Gemüts- und Charaktereigenschaften, Instinkte, Temperament und Gesittung" wesentlich „im Blut wohnten"[350] brachte den ebenso weit wie unscharf gefaßten Rassebegriff der Völkischen in eine spannungsvolle Nähe zu den traditionellen Behauptungen des Adels über die spezifischen Qualitäten seines „Blutes".

Die völkische Vorstellung von einer (nordischen) „Herrenrasse", deren besondere Qualitäten erblich und an das „Blut" gebunden waren, läßt sich gleichermaßen als Nachahmung und Bedrohung des adligen Blut-Kultes lesen. Akzeptierte man den völkischen Grundgedanken der Hochwertigkeit ganzer „Rassen", mußte die Vorstellung, der Adel sei aufgrund besonderer, generativ weitergereichter Qualitäten zur „Führung" berufen, rapide an Plausibilität verlieren. In diesem Sinne lag in der völkischen Rassenideologie eine „Demokratisierung" des adligen Anspruches auf blutsgebundene Höherwertigkeit. „Edel" war nicht länger allein der äußerst enge Kreis „blaublütiger" Standesgenossen, edel waren nunmehr Millionen „reinrassiger", bzw. den „edlen Rassen" angehörender Volksgenossen.[351] Das adelsfeindliche Potential, das die völkische Rassenideologie in sich barg, scheint im Adel nur wenig und von den adligen Protagonisten völkischer Gruppen überhaupt nicht reflektiert worden zu sein. Selbst einzelne Mitglieder des Hochadels traten als aktive Förderer völkisch-rassistischer Schriften hervor, so etwa Hermann Fürst zu Hohenlohe-Langenburg, der Mittel zum Aufkauf des Gobineau-Nachlasses gestiftet hatte. Dem Wagner-nahen Sohn des Fürsten, Ernst Erbprinz zu Hohenlohe-Langenburg hatte Ludwig Schemann, Gobineaus Apostel in Deutschland, sein Buch über den Vordenker des modernen Rassismus gewidmet.[352]

Adlige Vorbehalte gegen den sogenannten „Radauantisemitismus" bezogen sich v. a. auf den Stil der Agitation. Bismarck sprach 1880 für eine hellsichtige Minderheit altadliger *Hexenmeister*, als er besorgt äußerte, das „sozialistische" Element der antisemitischen Agitation werde sich nicht nur gegen die Juden, sondern bald gegen den Besitz generell richten.[353] Im Zusammenhang mit dem Tivoli-Parteitag von 1892 äußerte der gestürzte Parteiführer Otto v. Helldorff-Bedra sich besorgt über die „erschreckende Verwilderung der öffentlichen Stimmung" und die Entfachung von „Leidenschaften niedrigster

---

[350] Hammer, Nr. 58, November 1904, S. 515. Vgl. Semi-Gotha, 1912, S. XXXVIf. Vgl. dazu die bislang umfassendste Analyse von PUSCHNER, Bewegung, S. 49-201.
[351] In diesem Sinne bezeichnet Sartre die Antisemiten als selbsternannte „aristocratie de naissance". SARTRE, Réflexions, S. 30f.
[352] Vgl. dazu GOLLWITZER, Standesherren, S. 244-253, hier S. 246. Über Ludwig Schemann, dessen Gobineau-Übersetzung 1900 abgeschlossen wurde, und seine Einbindung in die Netzwerke der Alldeutschen s. CHICKERING, We men, S. 237-241.
[353] So die Bedenken, die Bismarck (und Bleichröder) 1880 formulierten, vgl. RETALLACK, Notables, S. 41.

4.6.) Der Adel und die völkische Bewegung

Art", welche die gesellschaftliche Ordnung, die Krone und das Rittergut gleichermaßen bedrohte.[354]

An klaren Analysen dieser Art herrschte im Adel kein Überfluß. Die Mehrheit des Adels dürfte die völkischen Gedankengebäude nicht zuletzt deshalb gelassen betrachtet haben, weil die adelskritischen Anklänge der Völkischen von eindeutig positiven Bezügen auf den Adel übertönt wurden. Am Beispiel der DAG läßt sich beobachten, wie die völkische Adelssehnsucht vom Kleinadel als neue Führungschance interpretiert wurde. Wenn sich der Adel als „reinrassige" Führungselite glaubhaft machen, über die antisemitische Agitation ein neues Band zum alten Mittelstand schaffen und in der völkischen Bewegung „die Führerfahne ergreifen" könnte, würde sich daraus eine politisch gewichtige Koalition ergeben, die zumindest für den Kleinadel attraktiv sein mußte.

Schließlich zeichneten sich die äußerst heterogenen Gruppierungen der „Bismarck-, Wagner-, Gobineau- und Chamberlain-Verehrer, Flotten-Freunde, Papst-Feinde, Antisemiten, Sprachreiniger, Sittlichkeits-Bewahrer, Spritbekämpfer, Volks-Erzieher und wie sie alle heißen",[355] weniger durch Forderungen nach einer Abschaffung des Adels als durch den Traum, selbst „Adel" zu sein, aus. Die skurrile Vorstellung des ehemaligen Artamanen Heinrich Himmler, die Reinkarnation von Heinrich dem Löwen zu sein,[356] erscheint aus dieser Perspektive weniger als eine persönliche Schrulle, denn als Zuspitzung völkischer Adelssehnsüchte. Von der völkischen Mischung aus Adels-Anlehnung und Adels-Anmaßung zeugt bereits die auffällige Häufung „adliger" Phantasienamen. Paul de Lagarde, einer der wichtigsten „Gründer der völkischen Bewegung",[357] hieß bis zu seiner Adoption Paul Bötticher.[358] Arthur Moeller hatte seinem prosaischen Namen das van den Bruck seiner mütterlichen Familie angehängt.[359] Rudolf Glauer, Sohn eines Lokomotivführers und Gründer der Thule-Gesellschaft, verbesserte seinen Namen auf Rudolf Frhr. v. Sebottendorf.[360] Der Lehrersohn Adolf Lanz, „Ariosoph", Grün-

---

[354] GRAF HELLDORFF an Fürst Eulenburg 11.12.1892, zit. n. James RETALLACK, Ein glückloser Parteiführer in Bismarcks Diensten – Otto von Helldorff-Bedra (1833-1908), in: Konservative Politiker in Deutschland. Eine Auswahl biographischer Porträts aus zwei Jahrhunderten, Hg. v. Hans-Christopf Kraus, Berlin 1995, S. 185-203, zit. S. 202. Für ähnliche Bedenken, die Julius Graf v. Mirbach-Sorquitten nach dem Tivoli-Parteitag äußerte, vgl. RETALLACK, Anti-Semitism, Conservative Propaganda, S. 394.

[355] So die völkische Ortsbestimmung durch Ernst Hunkel im Jahre 1904, die in den Satz mündet: „alle diese Leute können wir brauchen". Zit. n. Uwe PUSCHNER/Walter SCHMITZ/Justus H. ULBRICHT, Vorwort, in: Handbuch zur „Völkischen Bewegung", S. XI.

[356] John M. STEINER, Über das Glaubensbekenntnis der SS, in: Bracher/Funke/Jacobsen, Nationalsozialistische Diktatur, S. 206-223, hier S. 207.

[357] So die Einschätzung bei George L. MOSSE, Ein Volk – Ein Reich – Ein Führer. Die völkischen Ursprünge des Nationalsozialismus, Königstein/Ts. 1979, S. 40.

[358] Ina Ulrike PAUL, Paul Anton de Lagarde, in: Handbuch der „Völkischen Bewegung", S. 45-93, hier S. 51-53; STERN, Kulturpessimismus, S. 25-50.

[359] STERN, Kulturpessimismus, S. 223f.

[360] Detlev ROSE, Die Thule-Gesellschaft. Legende – Mythos – Wirklichkeit, Tübingen 1994, S. 27-32.

der des „Ordens vom Neuen Tempel" und Herausgeber der Ostara-Hefte, hatte sich 1910 durch Namensänderung als Georg Lanz von Liebenfels geadelt.[361] Auch das „von" im Namen des Wiener Kaufmannssohns Guido List, dessen „Schauungen" über die „Ario-Germanen" im völkischen Milieu von großem Einfluß waren, war von seinem Träger erfunden worden. Das aberwitzige Lehrgebäude des langbärtigen Pseudo-Gelehrten List unterschied die Gruppe der „Ario-Germanen", bzw. „Herrenmenschen" von den „Tschandalen", die er als „Affenmenschenbrut" klassifizierte. Ein „neuer Adel" müsse unter strikter Rassentrennung durch „Rein- und Hochzucht" erst geschaffen werden. Neben breitem Lob für das Feudalwesen, die Fideikommisse und andere Elemente der historischen Adelskultur fand sich in Lists Schriften die Idee, daß Teile des deutschen Adels Vertreter einer alten „armanischen" Kultur und Träger eines geheimen Wissens seien.[362] Guido von List hatte 1911 den „Hohen Armanen Orden" gegründet, dessen symbolische Adels-Anleihen bei Adolf Lanz „von Liebenfels" und seinen Träumen vom „blonden Patriziat„ noch deutlicher wurden. Lanz war 1907 der Begründer des „Ordens der Neuen Templer". Auf der als Hauptsitz des Ordens aufgekauften Burgruine Werfenstein an der Donau hatte Lanz im gleichen Jahr die Hakenkreuzfahne gehißt.[363] Titel und Inhalt des Pamphlets, in dem Lanz 1905 seine Lehren darlegte, zeugen von der imaginären Annäherung an den Adel ebenso wie von der faktischen Annäherung an den Schwachsinn: „Theozoologie oder: Die Kunde von den Sodoms-Äfflingen und dem Götter-Elektron. Eine Einführung in die älteste und neueste Weltanschauung und eine Rechtfertigung des Fürstentums und des Adels".[364] Noch auf den skurrilsten Nebenpfaden der völkischen Bewegung trifft man auf die völkische „Kreolisierung" adliger Symbole und Traditionen, so etwa im Fall der „sexualreligiösen und leistungsaristokratischen wissenschaftlichen Nacktloge A.N.N.A.", eine Abkürzung, die für „Aristokratische Nudo-Natio-Allianz" stand.[365] Die Mitglieder-Werbung des

---

361 Ekkehard HIERONYMUS, Jörg Lanz von Liebenfels, in: Handbuch zur „Völkischen Bewegung", S. 131-146. Zur Usurpation adliger Symbole in Lanz' „Ostara – Bücherei der Blonden" s. die Reproduktion eines Ostara-Titelblattes von 1922 bei Hans-Ulrich THAMER, Verführung und Gewalt. Deutschland 1933-1945, Berlin 1994, S. 79 und bei ROSE, Thule-Gesellschaft, S. 84: Ein Kreuzritter schwingt sein Schwert über der Karikatur eines „jüdisch" aussehenden Kopfes. Titel: „Wer soll führen? Wer soll Herzog sein?"
362 Guido LIST, Die Armanenschaft der Ario-Germanen. Zweiter Teil, Leipzig/Wien 1911, S. 53-146.
363 Vgl. dazu die Ausführungen bei ROSE, Thule-Gesellschaft, S. 80-95, hier v. a. S. 85.
364 Joerg LANZ VON LIEBENFELS, Theozoologie oder: Die Kunde von den Sodoms-Äfflingen und dem Götter-Elektron; Eine Einführung in d. älteste u. neueste Weltanschauung und eine Rechtfertigung d. Fürstentums und des Adels, Wien/Leipzig 1905.
365 PUSCHNER, Bewegung, S. 25. Ob die völkische Ideenwelt, wie Puschner hier schreibt, tatsächlich erst durch den Simplicissimus ‚der Lächerlichkeit preisgegeben' wurde, läßt sich zumindest für beachtliche Teile der völkischen „Theorien", die dies selbst besorgten, anzweifeln. Vielfach erscheinen die überaus kruden Theoreme der Völkischen erst in den idealtypischen Systematisierungen moderner Sozialwissenschaft wie sinnvolle Welterklärungen. Über Systematik freut sich der Mensch, es leuchtet jedoch nicht ein, warum man

4.6.) Der Adel und die völkische Bewegung

Germanen-Ordens erklärte den Untergang der Kulturvölker mit der „fortgesetzten Rassenvermischung der Arier infolge zuchtloser Gattenwahl" und führte aus, daß es sich bei der „nordisch-ariogermanischen Rasse" um „eine uralte Adelsrasse der Menschheit" gehandelt habe.[366]

Heinrich Claß, der sich im Alldeutschen Verband sozial in anderen Sphären als die bislang genannten Mittelständler bewegte und sich vom esoterischen Denken der Völkischen entfernt hatte, unterließ zwar den Griff nach dem falschen Adelspartikel, kam jedoch bei seinen eigenen Elitevorstellungen nicht ohne Anleihen beim Adel aus. In seinem 1932 publizierten Rückblick, der mit Ausführungen über seine „Ahnen" und „das Geschlecht der Claß" beginnt, das „seit Jahrhunderten im Herzen der heutigen Provinz Rheinhessen", ansässig war, sind die Anklänge völkischer Adelssehnsüchte kaum zu überhören.[367] Insbesondere unter den antisemitischen Autoren scheint die Usurpation adliger Namen und Symbole im übrigen keine deutsche Besonderheit gewesen zu sein.[368]

Die völkische Mischung aus Adelskritik, Adelssehnsucht und Adelsanmaßung führte zu einer dauerhaften Spannung zwischen den Völkischen und dem alten Adel. Bereits vor der Jahrhundertwende hatten einzelne Publizisten aus dem völkischen Umfeld dem Adel vorgeworfen, sein vormals blaues Blut habe durch „Mesalliancen" mit der jüdischen Geld-Aristokratie eine so „schmutzige Farbe bekommen", daß der Adel endgültig aufgehoben und als „Donquixoterie zum alten Trödel" geworfen werden solle.[369] Abgesehen von der Schlußfolgerung lag der Vorwurf einer „Verjudung" des Adels im Grunde auf der Linie, die auch von der DAG seit Jahren gehalten wurde. Die folglich etwas ratlos wirkende Verteidigung im Adelsblatt konzentrierte sich auf drei Punkte: erstens hatte „man" die jüdischen „Elemente" dem Adel gegen seinen Willen aufgenötigt – „man" konnte nach Lage der Dinge nur den Kaiser meinen. Zumindest in der Lesart der DAG hatte der Kleinadel diese Nobilitierungen tatsächlich als das empfunden, was sie nach Meinung der Völkischen

---

den geistigen Tiefstand bzw. den *schwach*-sinnigen Charakter, der insbesondere das völkische Rassendenken auszeichnet, nicht beim Namen nennen sollte.

[366] Reproduktion eines Flugblattes des Germanen-Ordens mit dem Titel „Germanen-Botschaft" bei ROSE, Thule-Gesellschaft, S. 90f. Vgl. dazu Jörg LANZ VON LIEBENFELS, Rasse und Adel, Mödling-Wien 1918.

[367] Heinrich CLAß, Wider den Strom, S. 127f.

[368] „Graf" Joseph Arthur de Gobineau hatte den Titel *Comte* 1853 unrechtmäßig von einem verstorbenen Onkel übernommen. Edouard Drumont, der wohl einflußreichste Vertreter des französischen Antisemitismus vor 1914, ließ sich auf dem Titelbild einer Sonderausgabe seines antisemitischen Bestsellers als drachentötenden Kreuzritter darstellen: Edouard DRUMONT, La France juive, Paris 1885. Vgl. dazu die adelsfreundlichen Töne bei Georges VACHER DE LAPOUGE, Der Arier und seine Bedeutung für die Gemeinschaft, Frankfurt a. M. 1939 (zuerst Montpellier 1898), S. 304-311.

[369] So die völkische Zeitung *Freideutschland*, die vom Reichstagsabgeordneten Paul Förster herausgegeben wurde. Zit. nach der Erwiderung in DAB, 12/1894, S. 344-347, 365-370, Zitate auf S. 345.

waren: als „Peitschenschläge".[370] Zweitens würde die Aufhebung des Adels einen „Rückfall" in das Bürgertum bedeuten, das jedoch mit den Juden längst „ein Herz und eine Seele" geworden war. Zum Wohle aller müsse sich der Adel, der stets „an der Spitze der *Volksgenossen* sein Blut verspritzt" habe, weiterhin aus der „grauen, chaotischen, unbestimmten Masse" herausheben. Drittens betreffe der Vorwurf nur eine Minderheit des Adels.[371]

Der hier entstehende Konflikt, der im Verhältnis des alten Adels zu den Völkischen und später zur NS-Bewegung noch eine erhebliche Rolle spielen sollte, erreichte 1912 einen ersten Höhepunkt, als anonym agierende Autoren im Umkreis des Germanenordens[372] eine folgenreiche Publikation auf den Buchmarkt brachten, die das Ausmaß der „Verjudung" des Adels verzeichnen und ächten sollte: den „Semi-Gotha".[373]

Die zwischen 1912 und 1914 erschienenen Bände illustrieren anschaulich den Druck, den Teile der völkischen Bewegung auf den alten Adel ausübten. Der vom völkischen Kyffhäuser-Verlag in Weimar verlegte „Semi-Gotha", der offenbar eine bereits 1889 im selben Verlag erschienene Publikation fort-

---

[370] So die Formulierung im Semi-Gotha, 1912, S. XLVIII.
[371] DAB 1894, S. 365, 367. Meine Hervorhebung.
[372] Autoren- und Herausgeberschaft des Werkes ließen sich nicht zweifelsfrei klären. Nach Auskunft von Walter v. HUECK (Deutsches Adelsarchiv Marburg) war der Herausgeber des „Semi-Gotha" der 1866 in Graz geborene Wilhelm Pickl Edler v. Witkenberg (1866-1922), k.u.k. Hofoffizial i.R. und Leutnant a. D. (Brief an den Autor v. 17.4.1997, ich danke Dr. Moritz Graf Strachwitz, Marburg, für diese Auskunft). Witkenberg scheint sowohl den *Semi-Gotha* und die *Semi-Alliancen*, als auch den berüchtigten *Semi-Kürschner* verfaßt, bzw. redaktionell geleitet zu haben. Die Werke wurden dann offenbar von dem Journalisten, Ariosophen und List-Schüler Philipp Stauff herausgegeben. Für die Herausgeberschaft Stauffs sprechen die Untersuchungen von Alexandra GERSTNER, „Was ist des Deutschen Adelsstand?" Adelsvorstellungen in der ‚Völkischen Bewegung' 1890-1914, Magisterarbeit, FU Berlin 2001, S. 16f. Alexandra Gerstner, deren Studie die Ergebnisse dieser Arbeit aus der völkischen Perspektive vielfach bestätigt, danke ich herzlich für den Hinweis auf Stauff. Der berüchtigte *Semi-Kürschner*, den Stauff 1913 im Selbstverlag publizierte, trug den opulenten Titel: „Semi-Kürschner oder Literarisches Lexikon der Schriftsteller, Dichter, Bankiers, Geldleute, Ärzte, Schauspieler, Künstler, Musiker, Offiziere, Rechtsanwälte, Revolutionäre, Frauenrechtlerinnen, Sozialdemokraten usw., jüdischer Rasse und Versippung, die von 1813-1913 in Deutschland tätig oder bekannt waren. Unter Mitwirkung von völkischen Verbänden, von Gelehrten, Künstlern, Geistlichen, rechtsstehenden Politikern, Juristen, Agrariern, Handwerkern, Industriellen, Kaufleuten, von Männern und Frauen des In- und Auslandes, Hg. v. Philipp Stauff, Berlin/Gr. Lichterfelde, Selbstverlag Stauff 1913." Zu beiden Publikationen s. außerdem Rudolf v. SEBOTTENDORFF, Bevor Hitler kam. Urkundliches aus der Frühzeit der nationalsozialistischen Bewegung, München 1933 (Nachdruck Bremen 1982), S. 31ff., ROSE, Thule-Gesellschaft, S. 81 sowie Hanns JÄGER-SUNSTENAU, Über den Semigotha, in: Genealogisches Jahrbuch, 19 (1979), S. 395-408.
[373] Der vollständige Titel lautete: Weimarer historisch-genealoges [sic] Taschenbuch des gesamten Adels jehudäischen Ursprunges („Semi-Gotha"), Weimar 1912. Vgl. Semigothaisches Genealogisches Taschenbuch ari(st)okratisch-jüdischer Heiraten [...]. Aufsammlung aller adeligen Ehen mit vollblutjüdischen und gemischtblütigen Frauen [...], München 1914 (3. Jahrgang), (Unterstreichungen im Original). In zwei verschiedenen Reihen wurden „Familien hebräischer Abstammung im Mannesstamme" und Adlige, die „Jüdinnen, Juden oder Mischblütige" geheiratet hatten, getrennt verzeichnet.

4.6.) Der Adel und die völkische Bewegung

setzte,[374] lehnt sich in Bezeichnung und Aufmachung an die Gothaischen Taschenbücher an und unternahm den Versuch, den „verjudeten" Adel in genealogischen Listen zu verzeichnen. Unter Berufung auf die gängigen Vordenker des modernen Rassismus (v. a. Gobineau und Lagarde) ging das mit Swastika und bärtigem Germanenkopf geschmückte Werk gegenüber Kaiser und adligen Führungsansprüchen auf scharfe Distanz: „Gewiß ist es wichtig, daß an der Spitze der germanischen Staaten Männer edler Abkunft stehen, keineswegs aber reicht der Adel [als] Führer aus, den modernen Staat gesund und kräftig zu erhalten, dazu ist auch die durch das gute Blut erzeugte tüchtige Gesinnung des Volkes unerläßlich."[375] Charakteristisch für die völkische Adelsanmaßung verwies der Semi-Gotha nachdrücklich auf den „unendlichen Wert des Blutadels der großen Massen ohne Adelsdiplom".[376] Die sprachlich und editorisch vulgäre Publikation sorgte in Adelskreisen für erhebliche Unruhe und wurde im Adelsblatt lebhaft debattiert. Es dürften einflußreiche Adlige gewesen sein, die bereits einen Monat nach dem Erscheinen des ersten Bandes eine vorübergehende Beschlagnahme des Werkes erwirkten.[377]

Vor dem Hintergrund der antisemitischen Tradition des Adelsblattes kaum überraschend, bezog sich die umfangreiche Kritik keineswegs auf die Grundidee der Matrikel, von deren handwerklich gut gemachter Ausführung „ein sehr verdienstliches Werk" zu erwarten gewesen sei. Die Vorrede des Werkes galt als „stellenweise sehr gut" und enthielt, so war zu lesen, viel „Wissenswertes" – der mangelnde genealogische Sachverstand und die „haltlose Klatschsucht" machten es jedoch „als zuverlässiges Nachschlagebuch untauglich" – wie im folgenden anhand unzähliger Beispiele von fälschlich verzeichneten Adligen belegt wurde.[378]

Wie sehr die kleinadlige und völkische Kritik am reichen Adel trotz dieser methodischen Einwände miteinander verschmolzen und daß der Nationalsozialismus diese ideologische Linie eher verlängerte als veränderte, zeigt ein Vergleich mit den von Heinrich Claß und Adolf Hitler formulierten Anwürfen. Neben längeren Abschnitten über Genußsucht, Materialismus, maßlose Großbanken, Warenhäuser und die „Gefahren des Reichtums", gebündelt im Bild des überall agierenden Judentums, hatte Claß 1912 seine „Warnungen" ähnlich wie seine adligen Weggefährten formuliert: „Der Hof, die auf ihn blickende Regierung, die gouvernementalen Bestandteile der Konservativen

---

[374] Im Kyffhäuser-Verlag war 1889-1891 eine Publikation mit dem Titel „Geadelte jüdische Familien" erschienen. Zu diesem Werk, von dem sich auch über die Fernleihe kein Exemplar beschaffen ließ, vgl. die lobende Erwähnung in: DAB 1912, S. 373.
[375] Semi-Gotha, 1912, S. XXIf., vgl. die „Vorrede", S.VII-LXII.
[376] Ebd., 1912, S. XXXVII.
[377] Der Semi-Gotha wurde erstmals im Mai 1912 publiziert und bereits im Juni vorübergehend beschlagnahmt. Semi-Gotha, 1912, Vorwort.
[378] DAB, 30/1912, S.371-373. Vgl. ähnliche, stets die *Methode* kritisierende Stellungnahmen im DAB: 7.7.1912, S. 394ff.; 28/1912, S. 407-410; 29/1912, S. 423; 30/1912, S. 439-441; 33/1912, S. 483; 37/1912, S. 530; 47/1912, S. 658; 3/1913, S. 34.

sind mit dem Judentum ein Herz und eine Seele – mit der Blindheit geschlagen, die den Todfeind nicht erkennt."³⁷⁹

Dreizehn Jahre nach Claß' Kaiserbuch konnte Hitler an diese Argumentation anschließen, wenn er ausführte, der Adel habe sich von seinen heroischen Traditionen entfernt, als er an den deutschen Höfen und insbesondere in Berlin in den Bann des „Götzen Mammon" geraten sei. Nicht nur „rein blutsmäßig betrachtet war eine solche Entwicklung tief traurig: der Adel verlor immer mehr die rassische Voraussetzung zu seinem Dasein, und zu einem großen Teile wäre viel eher die Bezeichnung ‚Unadel' für ihn am Platze gewesen."³⁸⁰
Die Verlagerung der Kritik an den gesellschaftlichen Verbindungen von Adel und Judentum auf die biologisch-rassistische Ebene, die Hitlers Gedankengebäude ebenso wie einen Großteil der antiadligen NS-Propaganda charakterisiert, stellt im Vergleich zum Adels-Antisemitismus vor 1918 nicht etwa eine neue Qualität, sondern eher die konsequente Zuspitzung eines zunehmend biologisch gefaßten Antisemitismus dar. Laut Hitler hatte die „Mammonisierung unseres Paarungstriebes" den „gesamten Nachwuchs" verdorben, was insbesondere am Adel zu erkennen sei. Gesellschaftlicher Zwang, also der an den Höfen und anderen Schaltstellen der Oberschichten stattfindende Umgang von Adligen und Juden sowie das finanzielle Kalkül verarmender Adliger habe vielfach zu einer widernatürlichen Annäherung beider Gruppen geführt: „Das eine führt zur Schwächung überhaupt, das andere zur Blutsvergiftung, da jede Warenhausjüdin als geeignet gilt, die Nachkommenschaft seiner Durchlaucht – die allerdings dann danach aussieht – zu ergänzen. In beiden Fällen ist vollkommene Degeneration die Folge."³⁸¹

Der Unterschied dieser im Abstand von 40 Jahren formulierten Kritik am Adel, v. a. an seinen reichsten Schichten, liegt somit weniger auf der inhaltlichen als auf der intentionalen Ebene: Die Warnungen an den Hoch- und Hofadel, die Vertreter des Kleinadels in den 1880er Jahren im Adelsblatt formulieren, gleichen dem Versuch, über verbale Beschwörungen der (vermeintlichen) eigenen Leistungen und Qualitäten das „Obenbleiben" in einer veränderten Welt herbeizureden. Der sozialen und kulturellen Annäherung einiger wohlhabender Adelsgruppen an die reiche Bourgeoisie warf die kleinadlige Kritik, der Umgang mit Vertretern des Wirtschaftsbürgertums führe letztlich zum Judentum, wirkungsvoll Sand ins Getriebe. Hitlers schneidende Sätze standen hingegen nach dem verlorenen Weltkrieg für die Abrechnung mit dem adligen Teil der Herrschaftseliten des Kaiserreiches und gehörten zum inhaltlichen Kern im Credo der Neuen Rechten: Der alte Adel hatte in der Leistungsprobe des Krieges versagt und war zur Errichtung des Dritten Reiches allein nicht in der Lage – bestenfalls konnte er der „Bewegung" Teile seiner Tradition, seiner Qualitäten und seiner Mitglieder zur Verfügung stellen, die sich jedoch ohne Anspruch auf besonderen Vorrang in die Marsch-

---
³⁷⁹ CLAß/FRYMANN, Kaiser, S. 38.
³⁸⁰ HITLER, Mein Kampf, München, ⁴⁹1933, S. 256.
³⁸¹ Ebd., S. 270.

4.6.) Der Adel und die völkische Bewegung

kolonnen einzuordnen hatten. Die von den Alldeutschen und dem weiteren Umfeld der Neuen Rechten ausgearbeitete Weltdeutung erhielt vor 1914 nur vereinzelten Zuspruch aus dem alten Adel. Die schmalen kommunikativen Brücken zwischen altem Adel und Neuer Rechter wurden vor dem Krieg nur von einer adligen Minderheit genutzt, die erst nach 1918 Leitfunktionen übernahm. Erst der verlorene Weltkrieg und seine Folgen zerstörten die Ressentiments, mit denen die sozial und politisch dominierenden Adelsgruppen die Neue Rechte bis dahin mehrheitlich betrachtet hatten.

In einem bemerkenswerten Aufsatz von 1964 hat Ernst Nolte die Einebnung der Barrieren zwischen Konservativismus und Nationalsozialismus in eine Metapher gefaßt, die sich auf die Umstände übertragen läßt, unter denen sich der soziale Kern des Adels das neu-rechte Ideengemisch zueigen machte: „Um das alldeutsche Gericht genießbar zu machen, bedurfte es eines Feuers, das zu entzünden weder die friedlichen Revolutionsredner der Sozialdemokratie genügten noch ein bißchen Mittelstandspolitik noch gar der kluge Justizrat Claß. Es sollte sich erweisen, daß ein Weltkrieg nötig war, um das Brennholz herbeizuschaffen; die russische und die deutsche Revolution, um es zu schichten; ein unableitbares persönliches Element, um es in Brand zu setzen."382

Bevor die ideologische und organisatorische Annäherung von altem Adel und Neuer Rechter näher betrachtet werden kann, gilt es deshalb, einen Blick auf den Zusammenbruch des Kaiserreichs und die Revolution von 1918 zu werfen.

---

382 Ernst NOLTE, Konservativismus und Nationalsozialismus, in: Hans-Gerd Schumann (Hg.), Konservativismus, Königstein/Ts. ²1984, S.244-261, zit. S. 255f. Nolte bezeichnet den Nationalsozialismus hier als „ein echtes, durch die Kontinuität der Gedanken und Einstellungen klar identifizierbares Phänomen des Konservativismus" (ebd., S. 258). Vgl. gegen diese Deutung KRAUS, Altkonservativismus.

Teil III.)
Zusammenbruch und Neuorientierung nach 1918

5.) November 1918 – Der Untergang einer Welt

„Ich finde keine Worte, um meinen Schmerz über das Geschehen des Novembers 1918 wiederzugeben, um zu schildern, was in mir zerbrach. Ich fühlte eine Welt einstürzen und unter ihren Trümmern alles das begraben, was der Inhalt meines Lebens gewesen war, was meine Eltern mich von Kindesbeinen an zu verehren gelehrt hatten."[1]
– Elard v. Oldenburg-Januschau, 1936

„Alles was wir bisher für wertvoll, ideal und verehrungswürdig gehalten haben, ist zerstört, beschmutzt und verdorben. [...] Unsere politische Rolle fussend auf unserer historischen Stellung ist vorläufig ausgespielt, unsere wirtschaftliche Lage wird mit schweren Verlusten rechnen müssen."[2]
– Friedrich Carl Fürst zu Castell-Castell, 1919

Auf die Frage, wie schwer die Revolution von 1918/19 „den" Adel traf, gibt es keine eindeutige Antwort. Auffällig ist zunächst die Diskrepanz zwischen der in den Eingangszitaten anklingenden Wahrnehmung des Adels und den gängigen Urteilen über die unvollendete Revolution. Aus unterschiedlichen Perspektiven ist die deutsche Revolution von 1918/19 als unvollständig, gescheitert, bezwungen, verraten oder steckengeblieben bezeichnet worden.[3]

Im Sinne von Lenins Spottwort über die deutschen Revolutionäre, die vor der Erstürmung des Bahnhofes erst Bahnsteigkarten lösen, wurde die Inkonsequenz der Revolutionäre je nach Standpunkt beklagt oder verhöhnt. „Auf allen Gesichtern stand geschrieben: Die Gehälter werden weitergezahlt" – der bekannten Formulierung, die Ernst Troeltsch über die am Revolutionssonntag vorsichtig durch den Berliner Grunewald flanierenden Großbürger notierte,[4] lassen sich unzählige hinzufügen. „Die deutsche Revolution ist eben die deutsche, wenn auch Revolution" – spöttische Urteile über den moderaten Verlauf der Revolution reichen vom flanierenden Großschriftsteller, der am 10. November „Sonnenschein" und den Verzehr von „Ente und Fruchttartelets"

---

[1] OLDENBURG, S. 207.
[2] Tischrede an seine aus dem Krieg zurückkehrenden Söhne, zit. n. DOHNA, Adel, S. 16.
[3] Vgl. die Deutung bei Sebastian HAFFNER, Die verratene Revolution. Deutschland 1918/19, Berlin/Bern/München/Wien 1969 und den Überblick von Reinhard RÜRUP, Demokratische Revolution und „dritter Weg". Die deutsche Revolution von 1918/19 in der neueren wissenschaftlichen Diskussion, in: GG 2/1983, S. 278-301, v. a. S. 285f.
[4] Ernst TROELTSCH, Spektator-Briefe. Aufsätze über die deutsche Revolution und die Weltpolitik 1918/22, Tübingen 1924, S. 24.

getreulich zu Protokoll gab,[5] bis Arthur Rosenberg, der am unzureichenden Revolutionswillen der aufständischen Matrosen verzweifelte.[6]

Selbst in der Geschichtswissenschaft vergingen Jahrzehnte, bis der „Zusammenbruch" als Revolution bewertet wurde.[7] Die Tragweite der revolutionären Dynamik von 1918, deren Anfangserfolge so bemerkenswert wie ihr frühes Verschwinden sind, wird treffend mit dem Begriff der „steckengebliebenen" Revolution beschrieben.[8] Die so umrissene Einschätzung der Revolution gibt die Perspektive des deutschen Bürgertums wieder, die sich schließlich auch in der Historiographie durchgesetzt hat. Die in der historischen Forschung etablierten Einsichten sind allerdings scharf von der Perspektive zu trennen, aus der Adlige 1918/19 die Revolution erlebten. Um die Auswirkungen der Revolution auf den deutschen Adel zu beschreiben, sollten drei Ebenen unterschieden werden: 1.) die immensen faktischen Verluste, die der Adel als direkte Folgen von Krieg und Revolution erlitt; 2.) die adlige Wahrnehmung der Revolution als „Weltuntergang" – die Verlustphantasien übertrafen die tatsächlich erlittenen Verluste und führten zu einer nachhaltigen Radikalisierung adliger Weltdeutungen; 3.) die verschiedenen Reaktionsmuster, unter denen die Tendenz zur Brutalisierung des Denkens und Handelns die fatalste Folge war.

Im Adel wichen Panik und Verzweiflung bald einer gewissen Erleichterung und die kurzfristigen den langfristigen Planungen zur Konterrevolution. Unterschiedliche Gefühlslagen und Verhaltensweisen lassen sich zumindest grob unterschiedlichen Zeitphasen zuordnen. Um das Spektrum adliger Verhaltensweisen zwischen Rückzug, Fatalismus, Radikalisierung und Angriff zu überblicken, sind zwei weitere Unterscheidungen möglich. Erstens entlang der Generationen – adlige Frontoffiziere reagierten in der Regel anders als ihre Väter – zweitens entlang der jeweiligen Position, die sich nach 1918 halten ließ: Latifundienbesitzer reagierten in ihren Schlössern zumeist anders als perspektivlos entlassene „Charaktermajore". In den folgenden Abschnitten wird versucht, diese Differenzierungen zu berücksichtigen.

---

[5] Tagebucheintrag Thomas Manns vom 10.11.1918, zit. n. LONGERICH, Republik, S. 80.
[6] Arthur ROSENBERG, Entstehung der Weimarer Republik, Hg. v. Kurt Kersten, Frankfurt a. M. 1961 (zuerst 1928), S. 235.
[7] Reinhard RÜRUP, Probleme der Revolution in Deutschland 1918/19, Wiesbaden 1968, S. 48-51.
[8] KOLB, Die Weimarer Republik, S. 22. Vgl. die Deutung der „gebremsten Revolution" im gleichnamigen Kapitel bei WINKLER, Weimar, S. 33-68 sowie die Anmerkungen von Wolfgang SCHIEDER, Die Umbrüche von 1918, 1933, 1945 und 1989 als Wendepunkte deutscher Geschichte, in: Dietrich Papenfuß/Wolfgang Schieder (Hg.), Deutsche Umbrüche im 20. Jahrhundert, Köln/Weimar/Wien 2000, S. 3-18, hier S. 6-10.

5.1.) Verlusterfahrungen:
Die Revolution als „Sturz aus großer Höhe"

Um sich ein Bild von den tatsächlichen Verlusten zu machen, die der Adel im Weltkrieg erlitt, ist zunächst auf den hohen Adelsanteil der im Krieg getöteten Offiziere zu verweisen. Da die Meisterschaft adliger Erinnerung auch hier Stilisierungen geschaffen hat, für die es in anderen Gruppen kein Pendant gibt, erscheint es angezeigt, adlige Angaben zum angeblich einzigartigen „Opfergang" des Adels skeptisch zu lesen.[9] Doch auch bei einer kritischen Lektüre des adligen Opferkultes stehen die deutlich überproportionalen Todesraten, die der Krieg unter adligen Männern forderte, außer Frage: Zwischen 4.500 und 4.800 adlige Offiziere und damit fast ein Viertel der volljährigen adligen Männer kehrten aus dem Krieg nicht zurück.[10] In vielen Familien der Militärclans lagen die anteiligen Verluste noch erheblich höher, einzelne Familien verloren im Krieg ihre letzten „Namensträger": Die 1921 edierte *Helden-Gedenkmappe des deutschen Adels* verzeichnet 160 einzige Kinder, 675 einzige Söhne, 100mal Vater und Sohn sowie 497 Brüderpaare, die „in heißestem Kampf" gefallen bzw. „spurlos auf kühner Patrouille [...] in wogender See, im Dickicht des Urwaldes, im Grauen der Wüsteneinsamkeit" ihr Leben „gegeben" hatten.[11] Friedrich Eberts stolze Antwort auf Max von Badens pathetisches Wort: „Ich lege Ihnen das Deutsche Reich ans Herz!" ruft in Erinnerung, daß es sich auch hier um „Opferleistungen" handelt, die weniger als Tatsache denn durch die Art ihrer Darstellung eine adlige Besonderheit darstellten. „Ich habe zwei Söhne für dieses Reich verloren", so die überlieferte Antwort Eberts an den Badischen Prinzen.[12] Anders als im Adel hat die „Brüderpaare", „einzigen Söhne" und letzten „Namensträger" in den Familien anderer Bevölkerungsgruppen niemand in separaten Statistiken aufgelistet. Doch auch notwendige Relativierungen dieser Art ändern nichts daran, daß allein die sprunghafte Zunahme der hinterbliebenen Witwen und Waisen eine dramatische Verschlechterung für die soziale Lage des gesamten Adels bedeutete, die schon für sich genommen zahlreiche Familien und alle Adelsver-

---

9   Ehrentafel der Kriegsopfer des reichsdeutschen Adels 1914-1919, Gotha 1921; Nachtrag zur Ehrentafel 1914-1919, Gotha 1926 und v. a. SCHÖNERMARCK, Helden-Gedenkmappe des deutschen Adels, Stuttgart 1921. Bereits die im Vorwort gemachten Hinweise auf einen 80-jährigen Oberstleutnant, 52 Schwestern und 145 Generale, zeugen von sehr weit gefaßten Kriterien bei der Zusammenstellung der „toten Helden des Adels". Vgl. dazu FUNCK, Meaning.

10 HOYNINGEN-HUENE, S. 20-23 und FUNCK, Schock, S. 139-141; ferner GÖRLITZ, Junker, S. 318-320.

11 SCHOENERMARCK, Helden-Gedenkmappe, Vorwort. Erstaunlich distanzlose Übernahmen dieser Stilisierung finden sich bei GÖRLITZ, Junker, S. 318-323 und HEINRICH, Staatsdienst, S. 191-197. Eine kritische Überprüfung von Schoenermarcks Zusammenstellung bei FUNCK, Kriegertum, Kapitel I.1.4., III.1.-2.

12 Ebert hatte vier Söhne und eine Tochter. Der zweite und der dritte Sohn waren als Soldaten im Weltkrieg gefallen. Zit. n. Werner MASER, Friedrich Ebert, der erste deutsche Reichspräsident. Eine politische Biographie, München 1987, S. 182.

5.1.) Verlusterfahrungen

bände vor kaum lösbare Probleme stellte. Auch diese lassen sich keineswegs als adlige Einbildungen bewerten.

Mit dem Kaiser verschwanden der höchste Repräsentant und einer der wichtigsten Orientierungspunkte des Adels buchstäblich über Nacht. Der Verlust des Monarchen und der Monarchie wogen für den Adel so schwer, daß sie in einem separaten Kapitel zu behandeln sind.[13] Mit dem Kaiser waren auch die 18 Bundesfürsten verschwunden, jeweils mit den dazugehörigen Höfen und Hofstellen, die seit Jahrhunderten Orte der kulturellen Orientierung, gesellschaftliche Schaltstellen und nicht zuletzt als Stellenreservoir für männliche und weibliche Adlige fungiert hatten.[14] Im Sog der geflohenen Fürsten, später auch nach einzelnen politischen „Säuberungen", kam es zudem zum Absturz adliger Seilschaften in der höheren Beamtenschaft. Mit dem preußischen Dreiklassen-Wahlrecht, den ersten Kammern und insbesondere dem preußischen Herrenhaus fielen die Institutionen, die es dem Adel am ehesten ermöglicht hatten, den ungeliebten Parlamentarismus zu ertragen.[15]

Den faktisch schwersten Schlag für den Kleinadel dürfte die im Versailler Vertrag verfügte Reduktion des Offizierkorps auf 4.000 Stellen dargestellt haben. Angaben, die lediglich anhand von Prozentzahlen auf den beeindruckend hohen Adelsanteil in der Reichswehr verweisen, entwerfen ein irreführendes Bild. In absoluten Zahlen ausgedrückt fanden von den ca. 10.000 adligen Offizieren der kaiserlichen Armee nicht mehr als 900 den Weg in die Reichswehr.[16] Ähnlich schwer wog die Abschaffung der Pagerien und Kadettenkorps in Preußen und anderen Ländern.[17] Letztere hatten, wie eine polemische Formulierung von 1930 lautete, „selbst den dümmsten Söhnen des preußischen Adels"[18] Lebenschancen im Offizierkorps geboten. Dieses traditionelle Versorgungsinstitut für die nachgeborenen Söhne brach 1918 ersatzlos zusammen. Parallel dazu erschwerte die Schließung mehrerer Stifte und Damenklöster einen der traditionellen Lebenswege für adlige Töchter.[19] Für den landbesitzenden Adel war der Griff nach dem wichtigsten Institut der Besitzbindung besonders schwer zu verkraften: die in Artikel 155 der Weimarer Reichsverfassung angekündigte Auflösung der Fideikommisse und die

---

13 Kapitel 5.3 und 5.4. dieser Arbeit.
14 Vgl. die plastischen Beschreibungen bei Fedor v. ZOBELTITZ, Die Entthronten, Berlin 1923.
15 SPENKUCH, Herrenhaus, S. 87-149; LÖFFLER, Kammer, S. 562-568.
16 Marcus FUNCK, Schock, S. 141. Vgl. dazu unten, Kapitel 6.2.
17 Karl-Hermann FRHR. V. BRAND/Helmut ECKART, Kadetten. Aus 300 Jahren deutscher Kadettenkorps, Bd. 1, München 1981, S. 199-201, 339-350. Zum Ende der Kadettenkorps in Bayern und Sachsen s. Erwin HECKNER/Anton GRAF V. BISSI FEDRIGOTTI, Kadetten. Aus 300 Jahren deutscher Kadettenkorps, Bd. II, München 1989, S. 105-110, 203-205. John MONCURE, Forging the King's Sword. Military Education Between Tradition and Modernization - The Case of the Royal Prussian Cadet Corps 1871-1918, New York 1993.
18 Karl DEMETER, Das deutsche Offizierskorps in seinen historisch-soziologischen Grundlagen, Berlin 1930, S. 20.
19 CONZE, Von deutschem Adel, S. 299.

damit verbundene Verpflichtung der Landesgesetzgebungen, den gebundenen Besitz den allgemeinen Regeln des Erbrechts zu unterwerfen.[20]

Artikel 109 der Weimarer Reichsverfassung verfügte das Ende der letzten öffentlich-rechtlichen Vorrechte „der Geburt oder des Standes" und erklärte die Adelstitel, um deren Erhalt einzelne Adelsgruppen zäh und erfolgreich gerungen hatten[21] zu Bestandteilen des Familiennamens.[22] Die Auflösung des preußischen Heroldsamtes und ähnlicher Adelsbehörden beendete schließlich den staatlich organisierten „Schutz" der adligen Namen und Titel und öffnete der Ausbreitung von Scheinadel, Hochstapelei und Namensschwindel Tür und Tor.[23] Auch wenn sich die Linke in der Nationalversammlung mit dem Antrag auf eine explizite „Abschaffung des Adels" nicht durchsetzen[24] und der Adel mit dem Recht, seine Titel weiter zu führen, anders als in Österreich ein wichtiges Distinktionsmerkmal erhalten konnte, hatte der deutsche Adel formal aufgehört zu existieren.

Rückblickend haben Adlige im Vergleich mit 1945 den Sturz des Jahres 1918 als den tieferen beschrieben, weil er unerwarteter kam und „die Höhe, aus der wir stürzten, eine andere [war]".[25] Auch jenseits der irrationalen Züge adliger Wahrnehmungen relativiert die immense Schadensbilanz in den genannten Bereichen die weiterhin eindrucksvollen Adelsanteile in Großgrundbesitz, höherer Beamtenschaft, diplomatischem Dienst und Offizierkorps. Trotz der beachtlichen Anpassungsleistung einzelner Adelsgruppen muß man davon ausgehen, daß Kriegsniederlage und Revolution 1918 für den Adel als Gesamtgruppe in der Tat einen Sturz darstellten, der tiefer als für jede andere gesellschaftliche Gruppe war.

---

20 CONZE, Von deutschem Adel, S. 242f.; HOYNINGEN-HUENE, Adel, S. 41-48.
21 Vgl. die Eingaben gegen die „frivole Ungerechtigkeit" des geplanten Titel-Verbotes, u. a. von Hermann FRHR. V. GEBSATTEL sowie durch die FÜRSTEN FUGGER-GLÖTT, v. d. LEYEN und LÖWENSTEIN an den bayerischen Landtag und einzelne BVP-Parlamentarier, Juni und Juli 1919, in: BayHStA, Nl. Held, Nr. 691 und 693.
22 HOYNINGEN-HUENE, Adel, S. 30-40.
23 Harald V. KALM, Das preußische Heroldsamt (1855-1920). Adelsbehörde und Adelsrecht in der preußischen Verfassungsentwicklung, Berlin, 1994, S. 236-246; Stephan POROMBKA Felix Krulls Erben. Die Geschichte der Hochstapelei im 20. Jahrhundert, Berlin 2001; DERS. (Hg.), Der Falsche Prinz. Leben und Abenteuer von Harry Domela, Berlin, 2000.
24 Stenographische Berichte des Reichstages vom 11./15.7.1919, Bd. 328, S. 1497, 1560ff. Vgl. den Kommentar in DAB 1919, S. 345.
25 Erinnerungen von Antonie GRÄFIN ZU EULENBURG, geb. Gräfin zu Stolberg-Wernigerode, geschrieben 1950/51 in: BAK, Kl. Erw. Nr. 708, Fol. 118. Ähnlich bei GERSDORFF, S. 26 und ROGALLA VON BIEBERSTEIN, Adel, S. 247.

5.2.) Verlustphantasien:
Wahrnehmung und Deutung der Revolution

Die adlige Angst vor „Bartholomäusnächten", die angeblich überall ausgebrochen waren, bezog sich zunächst auf Gerüchte, die zwischen Front und Heimat in beiden Richtungen kursierten. Die Sorge des adligen Frontoffiziers um seine vom „roten Terror" bedrohte Familie basierte auf ebenso vagen Informationen wie die Sorge der Familie um den Ehemann oder Sohn, den man sich umringt von blutrünstigen Revolutionären vorstellte. Zweifellos besaßen diese Gerüchte einen aus realen Erfahrungen bestehenden Kern, dessen Größe nur schwer zu rekonstruieren ist. Der Bestand realer adliger Erfahrungen, in denen sich revolutionäre Gewalt explizit gegen Adlige gerichtet hatte, stammte zunächst aus Rußland und dem Baltikum. Die brutale Ermordung der Zarenfamilie wurde im Juli 1918 etwa gleichzeitig mit dem tödlichen Attentat auf den deutschen Gesandten Wilhelm Graf v. Mirbach bekannt. Die Rezeption der ersten Berichte über den bolschewistischen Terror[26] verlief im Adel jedoch vielfach direkt über baltische und russische „Vettern". Anders als vermeintliche Kausalketten, die daran geknüpft wurden, dürfte die Angst der Bourgeoisie vor der bolschewistischen Revolution, auf deren Bedeutung Ernst Nolte seit vierzig Jahren insistiert, als unbestritten gelten.[27] Sie war im gleichen, wenn nicht in höherem Maße eine Angst des Adels. Physische Bedrohung – real und imaginiert – war im Adel eine gleichermaßen männliche wie weibliche Erfahrung. Adlige Offiziere erfuhren physische Bedrohungen in Formen, die vom Dackel eines Fregattenkapitäns, den revolutionäre Matrosen in der Offiziersmesse als „Hasenbraten" servierten,[28] über Verhaftungen, Attentate[29] und physische Verletzungen bis zur Tötung einzelner Offiziere reichten. So übertrieben und verzerrt die überlieferten Schilderungen durch adlige Autoren fast ausnahmslos sind, so real sind die tatsächlich gemachten Erfahrungen, die in unzähligen Fällen hinter diesen Zerrbildern standen. Der

---

26 Vgl. als Beispiel aus der Flut der russischen Emigranten-Literatur das 1986 durch Ernst Nolte erneut in die Debatte gebrachte Pamphlet von Sergej MELGUNOV, Der rote Terror in Rußland 1918/1923, Berlin 1924. Als neuere Synthesen vgl. Nicolas WERTH, Ein Staat gegen sein Volk. Gewalt, Unterdrückung und Terror in der Sowjetunion, in: Das Schwarzbuch des Kommunismus. Unterdrückung, Verbrechen und Terror, Hg. v. Stéphane Courtois u. a., München/Zürich 1998, S. 51-298, hier S. 85-123. Orlando FIGES, A People's Tragedy. The Russian Revolution 1891-1924, London 1996; Manfred HILDERMEIER, Geschichte der Sowjetunion 1917-1991. Entstehung und Niedergang des ersten sozialistischen Staates, München 1998, S. 143-156.

27 Vgl. als Zuspitzung der Thesen, die 1986 im Zentrum des Historikerstreits standen: Ernst NOLTE, Der europäische Bürgerkrieg 1917-1945. Nationalsozialismus und Bolschewismus, Frankfurt a. M./Berlin 1987, S. 106-133, 194-212, 533-549. Vgl. dazu die bei Ernst Nolte entstandene Arbeit von Kai-Uwe MERZ, Das Schreckbild. Deutschland und der Bolschewismus 1917 bis 1921, Berlin/Frankfurt a. M. 1995, v. a. die Abschnitte über die *Germania* und die *Kreuzzeitung*, S. 225-284, 332-363 sowie Gerd KOENEN, Deutschland und die Russische Revolution 1917-1924, München 1998.

28 GUTTENBERG, S. 30ff.

29 BISMARCK, S. 30f., über ein (scheiterndes) Pistolenattentat auf seinen Vater.

verzweifelte, hilflos in einer zusammenbrechenden Welt stehende, adlige Offizier, dem Aufständische mit den Epauletten die Symbole seiner Herrschaft abgeschnitten haben, gehört zu den Leitmotiven adliger Revolutionserinnerungen.[30] Zumindest in der adligen Wiedergabe ging die revolutionäre Energie über die eher symbolischen Angriffe auf die Kleiderordnung deutlich hinaus. Berichtet wird von Offizieren mit abgebissenen Ohren,[31] von Revolutionären mit gezückten Pistolen und gewetzten Messern.[32] Gerüchte über Offiziere, die mit abgehackten Fingern in die Spree geworfen wurden, waren ebenso wirkungsmächtig wie authentische Berichte über adlige Schicksale im Baltikum und in Rußland.[33]

Weit von den Frontlinien entfernt machten adlige Frauen ähnliche Erfahrungen. In der Schilderung Clara v. Arnims scheint der Schutz vor den Gefahren der Revolution noch durch das Absperren der Tür möglich: „Klingelte ein Mann mit einer Schiebermütze am Gartentor, wies [meine Mutter] die Köchin an: ‚Nicht aufmachen, sicher ein Sozi'."[34] Dramatischer klingt die Bedrohungserfahrung bereits bei Tisa v. d. Schulenburg, deren Leben als Pensionatsschülerin noch im Sommer 1919 bedroht zu sein schien: „Die Äbtissin sagte uns erregt, daß Haufen von bewaffneten Spartakisten plündernd durch das Land zögen, bis zu tausend Mann! Sie seien auf dem Weg zu uns! Unausdenkbar! Wir müßten bereit sein, in die Wälder zu fliehen."[35] Auf deutschem Boden kosteten lokale Aufstände, v. a. aber die bewaffneten Auseinandersetzungen der ersten Monate nach Kriegsende einzelne Adlige das Leben, die Situationen, in denen Adlige in eine reale Gefahr für Leib und Leben gerieten, dürften weit häufiger gewesen sein. Die insgesamt denkbar weit von der historischen Realität entfernten Erinnerungen der fränkischen Baronin v. Guttenberg eignen sich zumindest für die Rekonstruktion der adligen Wahrnehmung der Münchener Revolution: „Wir lebten im Finstern, denn es wurde oft in die Fenster der Wohnungen bekannter Persönlichkeiten geschossen, so daß wir mit heruntergelassenen Jalousien viele in jeder Hinsicht dunkle Tage verlebten. Man hörte von Terrorakten und wußte, daß die roten Banden zügellos Gewalt ausübten. Die Atmosphäre in München war gezeichnet von lähmender Angst." Bezeichnend sind hier die Formulierungen „man hörte" und „man wußte" – auf der gleichen Seite beschreibt Guttenberg eine Szene, in der „eine Rotte Roter" in das Haus ihres Vaters eindringt, am Bett des schwerkranken Barons jedoch Kehrt macht und „schweigend" das Haus verläßt.[36] Allerdings

---

30 Vgl. PUTLITZ, S. 10f., 16f.; ROHAN, S. 48; SCHULENBURG, S. 58f., 69f.; Wilhelm KRONPRINZ V. PREUSSEN, S. 327; PAPEN, S. 111.
31 ROHAN, S. 46.
32 MOLTKE, S. 17; BISMARCK, S. 30; SCHAUMBURG, S. 36f.; DISSOW, S. 108.
33 PUTLITZ, S. 16f.; SCHULENBURG, S. 58f.; TSCHIRSCHKY, S. 32 und v. a. STACKELBERG, S. 127-132.
34 Clara V. ARNIM, S. 99.
35 SCHULENBURG, S. 64, vgl. DOHNA-SCHLOBITTEN, S. 164f.
36 GUTTENBERG, S. 38f. Aus baltischer Perspektive das gleiche Bild bei STACKELBERG, S. 129, wo „fünf bis sechs schmutzstarrende Kerle in hohen Fellmützen und mit aufgepflanz-

5.2.) Verlustphantasien

liefert gerade die von der Revolution geschaffene „verkehrte Welt" in München die wohl zahlreichsten Fälle, in denen Adlige tatsächlich bedroht, angegriffen, verhaftet, verhört und erschossen wurden.[37] Auch hier erreichten die wenigen Fälle zumindest im Adel eine landesweite Aufmerksamkeit. Die Erschießung von zehn Gefangenen durch Soldaten der Münchener Räterepublik im April 1919, bei der u. a. ein Baron v. Seydlitz, ein Baron v. Teichert, Haila Gräfin v. Westarp und Gustav Franz Maria Prinz v. Thurn und Taxis, Mitglieder der völkisch-rechtsradikalen Thule-Gesellschaft, erschossen wurden,[38] gehört zu den wenigen, propagandistisch um so intensiver verwendeten Fällen, in der sich die revolutionäre Energie über verbale Drohgebärden erhob und Adlige das Leben kostete. Weit über Bayern hinaus wurde die Erschießung der Münchener Gefangenen zeitweise zum wichtigsten Symbol für den „roten Terror". Die suggestiven Photographien der Leichen, die Hitlers späterer Hofphotograf Heinrich Hoffmann am Tatort aufnahm, waren Teil einer modernen Propagandamaschinerie, die den Eindruck vermitteln sollte, die Revolution habe „die Schandtaten der französischen Revolution" längst übertroffen und „die Tore zur Hölle" weit aufgestoßen. Die Münchener Neue Illustrierte brachte eine „Special-Geisel-Nummer" mit einem seitengroßen Foto des „Geiselkellers". Postkarten mit Porträts der Opfer, insbesondere jenes der jungen Gräfin v. Westarp, erreichten hohe Publizität.[39]

Adlige Rückblicke auf die Revolution schwanken zwischen der Schilderung der Angst vor mordlustigen „Rotten" und einem eher spöttischen Blick auf den entfesselten „Pöbel". Je weiter die Schilderungen zeitlich von den Revolutionsereignissen entfernt sind, desto blasser wird der erst- und desto farbiger der zweitgenannte Aspekt. In den zeitgenössischen Texten liegen Angst und Verzweiflung noch offen. In vielen der Jahrzehnte später verfaßten Erinnerungen ist die Intensität dieser Gefühle hinter der Fassade aus höhnischen Anekdoten über lächerliche Insurgenten kaum mehr erkennbar. Die näselnde Verachtung des „Pöbels", der adlige Zorn, nicht aber Angst erzeugte, entstand erst in der Phase postrevolutionärer Sammlung. Eine andere Sprache findet sich in den Überlieferungen aus der unmittelbaren Revolutionszeit.

In einem Brief berichtete Hans-Hasso v. Veltheim seiner Mutter von „Bartholomäusnächten" in Belgien: Für fünf Mark pro Stück hätten deutsche Soldaten ihre Maschinengewehre an die Zivilbevölkerung verkauft, die damit

---

tem Bajonett mein Zimmer durchsuchten, zum Glück ohne etwas zu finden." Ein etwa gleichlautendes Beispiel aus Mecklenburg bei OERTZEN, S. 105f.

[37] Vgl. den Brief Max Egon FÜRST FÜRSTENBERGS vom 21.5.1919 über eine Geiselnahme unter seinen Verwandten/Bekannten, in: FFAD, Hofverw., Fü.Hs., Vol. bb II/4. Zum Hintergrund: Martin GEYER, Verkehrte Welt. Revolution, Inflation und Moderne. München 1914-1924, Göttingen 1998, S. 50-129, 278-318.

[38] Hermann GILBHARD, Die Thule-Gesellschaft – Vom okkulten Mummenschanz zum Hakenkreuz, München 1994, S. 116 sowie ROSE, Thule-Gesellschaft, S. 58-66.

[39] Vgl. die Reproduktionen der Bilder in: Rudolf HERZ/Dirk HALFBRODT, Revolution und Fotografie, München 1918/19, Berlin 1988, v. a. S. 183-192. Zitat: Bayerischer Kurier, 3./4.5.1919, zit. n. ebd., S. 184.

Offizieren in den Rücken geschossen habe.[40] Ähnliche Schreckbilder tauchten im Tagebuch des jungen Bodo v. d. Marwitz auf, der als Offizier an der Westfront wie viele seiner Standesgenossen zunächst nur über Informationen verfügte, die ebenso vage wie besorgniserregend waren: „Die Gerüchte erzählen von unglaublichen Zuständen in Deutschland. Überall haben ein Paar wildgewordene Soldaten die Gewalt an sich gerissen, nennen sich Soldatenrat, setzten Könige und Fürsten ab und verheissen einen seligen Zukunftsstaat."[41]

Zeitgenössische Quellen wie Korrespondenzen und Tagebücher entwerfen ein in diesem Punkt einheitliches Stimmungsbild, auf dem Angst, Verzweiflung und Wut variiert werden. „An der Rheinbrücke begegnet uns ein Auto mit einem hineingeflezten Matrosen. Das Biest trägt einen 1/2 m breiten Pelzkragen und schaut möglichst blasiert und vornehm drein. Solch ein Gesindel hat jetzt die Gewalt. Es packt einen immer wieder die blanke Wut, wenn man das ansieht."[42] Die Wahrnehmung einer undisziplinierten „Masse", die sich aus betrunkenen Soldaten und pöbelnden, oftmals „landesfremden" Arbeitern zusammensetzte,[43] stimmt in Tagebüchern und Korrespondenzen bis in den Wortlaut mit ihrer späteren Wiedergabe in Autobiographien überein. Bei der Rekonstruktion der adligen Revolutionswahrnehmung ist der hohe Grad der Stilisierung in Rechnung zu stellen, um hinter dem nachträglich konstruierten Ideal eines unerschrockenen Führer-Adels die nachhaltige Schockerfahrung nicht zu übersehen, die der Adel 1918 machte.

Der inhaltliche Kern dieses schlichten Leitmotivs hat von seiner Erfindung bis in die Adelsautobiographien, die in den letzten zehn Jahren erschienen sind, alle politischen Umbrüche unverändert überstanden: In den Turbulenzen von Aufruhr und Revolution beweist der Adel die Zeitlosigkeit seiner in Jahrhunderten gewonnenen Führerqualitäten. Allerdings haben adlige Autoren stets zeitgemäße Nuancen am ewig gleichen Set der Geschichten eingebaut, um deren jeweils zeitgemäße Deutung zu befördern. Ein Vergleich der seit 1919 veröffentlichten Adelserinnerungen an die Revolution läßt in etwa folgendes Muster erkennen: 1919-1933 empfahl sich der Adel in Geschichten dieser Art als potentieller Überwinder der „Herrschaft der Minderwertigen". Intendiert wurden hier Fingerzeige auf die *zukünftigen* Einsatzmöglichkeiten adligen Führertums. 1933-1945 ging es um Hinweise auf das tatkräftige adlige Engagement gegen das „System". Die Anekdoten gleichen hier Leistungsbeweisen, die Adlige zur Anbiederung an das neue Regime verwenden – Hinweise auf die Brauchbarkeit des Adels in der nationalsozialistischen *Gegen-*

---

[40] Brief Hans-Hasso v. VELTHEIMS an seine Mutter, 13.11.1918, in: LHAM-AW, Rep. H Ostrau, II, 188.

[41] Tagebucheintrag von Bodo V. D. MARWITZ am 11.11.1918, in: BLHA, Rep. 37 Friedersdorf, Nr. 329, Fol. 75f.

[42] Tagebucheintrag Gerhard V. DONOPS vom 3.12.1918, in: NWSAD, D 72, v. Donop, Nr. 3, s. Fol. 174-178.

[43] Für entsprechende Darstellungen der Revolution in Mecklenburg s. die Berichte der Staatsminister Langfeld und Bossart sowie ein Schreiben des mecklenburgischen Großherzogs (November 1918) in: MLHA, GHK III, Nr. 533.

5.2.) Verlustphantasien

wart. Unmittelbar nach 1945 dient das Erzählmuster hingegen als Beleg für die angeblich zeitlose Distanz, die der Adel stets vom „Pöbel" zu bewahren wußte. Bei gleichbleibendem Leitmotiv weicht die Figur des sozialdemokratischen Arbeiters in den Geschichten nun dem brutalen SA-Mann oder einer der zahllosen narrativen Karikaturen, in denen Hitler als eine für adlige Standards indiskutable Witzfigur erscheint. Die Geschichten fügen sich nunmehr in die apologetischen Zwecke der konservativen Erinnerungsflut der Nachkriegszeit ein und sprechen von *vergangener* adliger Größe. Letzteres gilt noch stärker für die letzte, unabgeschlossene Phase, in der die einst immense Aggressivität heiter bis nostalgisch gestimmten „Grafenerzählungen" weicht, die einen wachsenden Leserkreis erfreuen.[44]

In der Darstellung der Revolution von 1918 liefern die Memoiren Elard v. Oldenburg-Januschaus einen von vielen sprachlichen Höhepunkten adliger Selbstdarstellung, die sich in Oldenburgs 1936 verfaßtem Rückblick finden. Auch der verbal wie politisch äußerst schlagfertige Gutsbesitzer variiert zunächst das Motiv tiefster Verzweiflung, indem er schreibt, er fände noch immer „keine Worte, um meinen Schmerz über das Geschehen des Novembers 1918 wiederzugeben, um zu schildern, was in mir zerbrach. Ich fühlte eine Welt einstürzen und unter ihren Trümmern alles das begraben, was der Inhalt meines Lebens gewesen war [...]". Worte findet er dann schließlich doch, v. a. jedoch ein Bild, mit dem die Wiedergeburt adligen Führertums aus der überwundenen Revolte gezeichnet wird. In dieser Passage kehrt der Offizier von der Front wie Odysseus nach langer Irrfahrt auf sein Gut zurück, um mit physischer Gewalt für Ordnung zu sorgen. Allein einem revoltierenden Knecht entgegentretend stellt der Gutsherr die alten Herrschaftsverhältnisse wieder her: „Ich haue Dich in die Fress', daß Du Kopp stehst!" will der mit einem Knotenstock gewappnete Oldenburg seinem Knecht lautstark gedroht haben, bis dieser kläglich zusammenbrach, um schließlich reumütig seinen alten Platz im *Oikos* wieder einzunehmen. Die Passage endet wie folgt: „Sein Mut verließ ihn, und er bezeichnete mich als den Herrn. Das gegenseitige Vertrauensverhältnis war wieder hergestellt. Er arbeitet nach wie vor mit der gewohnten Gewissenhaftigkeit in meinem Betriebe. Damit war die Revolte in Januschau erledigt. Das Beispiel wirkte so, daß seitdem nie wieder eine Auflehnung bei mir vorgekommen ist."[45]

Geschichten dieser Art, in denen adlige Frauen und Männer, oft allein kraft ihrer Aura, wenn nicht durch List oder den Einsatz physischer Gewalt den

---

[44] Zum mehrfachen Wechsel in der Ausrichtung adliger Erinnerungsarbeit und Legendenproduktion vgl. FUNCK/MALINOWSKI, Masters.

[45] OLDENBURG, S. 208f. GÖRLITZ, S. 329, der die Anekdote in den Rang der historischen Darstellung erhebt, beschränkt seine Analyseleistung hier auf die Information, Oldenburg habe es geliebt, die Anekdote „im schönsten Ostpreußisch" zu erzählen. Wichtiger wäre der Hinweis auf den 36 Mann starken „Stoßtrupp" gewesen, den der heimgekehrte Frontoffizier auf seinem Gut zusammenstellte. Als Beleg für die Symbol- und Leitfunktion, die Oldenburg in Preußen besaß, vgl. die schriftliche Verbeugung, mit der ihn die Zeitschrift des *Deutschen Herrenklubs* 1932 ehrte: Der Januschauer, in: Der Ring, 10/1932.

Aufstand der „Massen" niederringen, sind Legion.[46] Unzählige Anekdoten zeigen, wie die eben noch weinenden Männer mit den abgeschnittenen Epauletten das Gebot der Stunde erkennen: General von Tschirschky, ein „rotweinfreudiger Haudegen", dem eben noch die Tränen über seine „rauhen Backen" rollten, kann es sich bereits kurze Zeit später erlauben, Friedrich Ebert auf einer Versammlung als „Herrn Evers" anzukündigen, und durch die Ignoranz des korrekten Namens das alte Herrschaftsgefälle symbolisch wieder herstellen.[47] Ein achtzehnjähriger adliger Leutnant stellt den „kleinen, rundlichen Zivilisten" Ebert im Namen seiner älteren Freikorpskameraden zur Rede, um bessere Verpflegung zu verlangen. Konfrontiert mit dem adligen Knaben wird der erfahrene Parteiführer Ebert „unsicher" und sagt seine Hilfe zu.[48] Die Kaiserin vertreibt in das Potsdamer Palais eingedrungene Matrosen mit dem beherzten Satz: „Ich pflege mich zu setzen, wenn es mir paßt".[49] Kronprinz Wilhelm sagt hinter der Front einem aufrührerischen „Burschen dermaßen Bescheid, daß er zitternd und schreckensbleich eine Ehrenbezeigung nach der anderen macht."[50] Prinz Heinrich von Sachsen bringt an der Ostfront durch wenige, kernige Worte seine gesamte Truppe wieder zur Räson, die sich schließlich freiwillig wieder unter seine Führung stellt und von ihm in die Heimat „geführt" wird. Ein revoltierender Offizier blickt nach der herrschaftlichen Zurechtweisung des Prinzen „wie der Ochse, wenn es blitzt".[51]

Schilderungen dieser Art sind jedoch nicht als Beschreibungen realer Zustände, sondern als Wunschbilder und – v. a. in den Publikationen vor 1945 – als politisches Programm zu lesen,[52] aus dem sich viel über adlige Ideale, einiges über adlige Ängste und nur sehr wenig über die tatsächliche Reaktion des Adels im Jahre 1918 erfahren läßt. Anders als in der immer wieder zitierten Anekdote über Oldenburg und seinen reumütigen Knecht[53] war es dem Adel keineswegs möglich, mit dem Knotenstock in der Hand über das Feld zu schreiten, um die Revolution am Ohr zu packen, auf die Knie zu zwingen und ihre Träger unter winselnder Anerkennung adligen Herrentums in die alten

---

46 Vgl. neben nach nachfolgenden Beispielen FUNCK/MALINOWSKI, Geschichte von oben, S. 260-266.
47 PUTLITZ, S. 12.
48 TSCHIRSCHKY, S. 36f.; PUTLITZ, S. 12.
49 TSCHIRSCHKY, S. 32.
50 Wilhelm KRONPRINZ V. PREUßEN, S. 330.
51 PRINZ VON SACHSEN, S. 116f., 126, 130. Vgl. EBERHARDT, S. 272f.
52 Die bereits erwähnte Lesart bei SOMBART, Der deutsche Mann, S. 169f., bringt Oldenburg-Januschaus berühmtes Bonmot vom „Leutnant und zehn Mann", die jederzeit in der Lage sein müßten, den Reichstag zu schließen, mit dem politischen Denken Carl Schmitts in Verbindung, das Oldenburg über Fabian v. Schlabrendorff vermittelt worden sei. Diese Interpretation ist ebenso anregend wie unbewiesen, führt jedoch selbst als Spekulation erheblich weiter als die gängigen Wiedergaben solcher Anekdoten.
53 U. a. bei: GÖRLITZ, Junker, S. 329; ROGALLA VON BIEBERSTEIN, Adel und Revolution, S. 255; CARSTEN, Geschichte, S. 161; SCHLEGEL, Quellenwert, S. 225; SCHILDT, Putsch, S. 109f.; FUNCK/MALINOWSKI, Geschichte von oben, S. 264.

patriarchalen Formen zurückzuweisen. Ungebrochen blieben weniger die Formen und Mittel adliger Herrschaft als der Anspruch auf Vorrang und Führung. Auch wenn die soziale Machtstellung der Großgrundbesitzer im wesentlichen unangetastet blieb,[54] war die Revolution für den Adel eine Schockerfahrung mit nachhaltiger Wirkung.

Einer kurzen, durch Angst, Verzweiflung und Rückzug gekennzeichneten Phase folgten Jahre der Sammlung und Reorganisation. Pläne zur Rückkehr in die Welt vor 1914 blieben in der älteren Generation zwar präsent, wichtiger jedoch erscheinen die Veränderungen im Denken und Handeln. Ideologie und Praxis des „Führer-Adels" an der Spitze einer neu formierten Volksgemeinschaft, bis zum Krieg nur von einer adligen Minderheit propagiert, erhielten nun massiven Zuspruch. Diese in ihren zentralen Komponenten noch zu beschreibende Radikalisierung gehört zu den wichtigsten Ergebnissen der Revolution. Sie ist mit dem Wunsch nach einer Rückkehr in die Zustände des Kaiserreiches nicht zu verwechseln und stellt den adligen Beitrag zur „inneren Verweigerung des Friedens"[55] und letztlich zur „Brutalisierung" der politischen Kultur nach 1918 dar.[56]

5.3.) Reaktionsmuster: Rückzug, Sammlung, Brutalisierung

„Der Übergang zu einer bürgerlichen Welt wurde nicht geleistet. Der Krieg ging gewissermaßen weiter. Verbrämt mit Versen von Münchhausen und Rilke."
– Tisa Gräfin v. d. Schulenburg[57]

So einheitlich die adlige Gefühlsmischung aus Angst, Verzweiflung und Trauer war – ein einheitliches Reaktionsmuster auf die Revolution gab es im Adel nicht. Innerhalb der „schöpferischen Antirevolution" (Hans Rosenberg) haben einzelne Adelsgruppen und -generationen unterscheidbare Reaktionsmuster entwickelt, die sich zudem in unterschiedliche Phasen einteilen lassen. Trotz des erheblichen Anteils, den Adlige an der militärischen Niederschlagung der Revolution hatten, läßt sich das bereits genannte „Abtauchen" bzw. „in Deckung gehen" als allgemeines Muster beschreiben. Auf alle politisch relevanten Gruppen des Adels läßt sich Reinhard Rürups Formulierung über das Verhalten der alten Funktionseliten übertragen: „Aus der kurzen Betäubung während des Staatsumsturzes erwacht" gingen Adlige „mit großer Umsicht und Zähigkeit daran, ihre erschütterten Herrschaftspositionen wieder zu

---

[54] WINKLER, Weimar, S. 47f.; CONZE, Von deutschem Adel, S. 29-51, 89-130; BARANOWSKI, Sanctity, S. 35-82; PYTA, Dorfgemeinschaft, S. 83-162.
[55] Kapitelüberschrift bei Hans MOMMSEN, Die verspielte Freiheit, S. 101. Vgl. zuletzt: Dirk SCHUMANN, Politische Gewalt in der Weimarer Republik. Kampf um die Straße und Furcht vor dem Bürgerkrieg, Essen 2001.
[56] George MOSSE, Gefallen für das Vaterland. Nationales Heldentum und namenloses Sterben, Stuttgart 1993, S. 195-244.
[57] SCHULENBURG, S. 77.

festigen – das war *ihre* Interpretation des Kompromisses mit der Revolution."[58] Unmittelbar auf die kurze Phase einer orientierungslosen „Betäubung" und eines bereits strategisch geplanten „Abtauchens" begann der landbesitzende Adel mit der Reorganisation der Interessenvertretung durch die Grundbesitzerverbände.[59] Die Verbände des Kleinadels und adlig-bürgerliche Neugründungen der Neuen Rechten entwickelten neue Formen der „Führersammlung", die noch ausführlich zu behandeln sind.[60] Neben diesem organisationsgeschichtlichen Aspekt ist ein Reaktionsmuster zu beschreiben, das v. a. in den militärisch geprägten Teilen des Kleinadels entwickelt und vom adligen Großgrundbesitz vielfach unterstützt wurde: die militärische Konterrevolution und, nach dem Scheitern der ersten Putschversuche, die paramilitärische Sammlung.

a) Rückzug und Deckung
In den landwirtschaftlichen Verbänden, im Zentrum und in den Rechtsparteien begann die Verdrängung adliger Funktionsträger unmittelbar nach der Revolution. Die Ausdünnung des Adelsanteils in den Leitungsgremien der Verbände und Parteien muß jedoch vielfach als eine bewußt gewählte Strategie des „Abtauchens" in eine Warte- und Beobachtungshaltung bewertet werden.[61]

Deutlicher und dauerhafter als im Kleinadel blieb die Strategie des Abtauchens unter die tagespolitische Oberfläche dort Programm, wo es für „Rückzüge" entsprechende Rückzugsposten gab: im reichen, begüterten Adel. Insbesondere für die Grandseigneurs ist unmittelbar nach 1918 eine abwartende, zurückhaltende Haltung gegenüber parteipolitischen und ideologischen Verbänden charakteristisch. In deutlichem Kontrast zum Aktionismus im Kleinadel wurde das Abwarten und Beobachten hier regelrecht zum Programm erhoben. Dies gilt sowohl für einzelne Personen, als auch für die vom Hochadel dominierten Interessenverbände. Die von Christian Ernst Fürst zu Stolberg-Wernigerode, dem Vorsitzenden des Vereines der deutschen Standesherren, im März 1919 ausgegebene Direktive, angesichts der „unruhigen politischen Zeitläufe" zunächst in Deckung zu gehen und sich in der Öffentlichkeit nicht

---

58 RÜRUP, Probleme der Revolution, S. 34 (Hervorhebung im Original).
59 CONZE, Von deutschen Adel, S. 34-39 sowie Kapitel 8.8. dieser Arbeit.
60 Vgl. Kapitel 8 und 9 dieser Arbeit.
61 Zu den unterschiedlichen Mustern taktischer Rückzüge vgl. MERKENICH, Front, S. 54, 142-152; PYTA, Dorfgemeinschaft, S. 163-184; POMP, Brandenburgischer Landadel, S. 186ff., 200ff.; CONZE, Von deutschem Adel, S. 39 sowie Thomas NABERT, Der Großgrundbesitz in der preußischen Provinz Sachsen 1913-1933. Soziale Struktur, ökonomische Position und politische Rolle, Köln/Weimar/Wien 1992, S. 83-99. Zu Rückzug bzw. Verdrängung des Adels im Zentrum: KEINEMANN, Krummstab, S. 377f. Für die DNVP s. Anneliese THIMME, Flucht in den Mythos. Die Deutschnationale Volkspartei und die Niederlage von 1918, Göttingen 1969, S. 27f.

5.3.) Reaktionsmuster: Rückzug, Sammlung, Brutalisierung 211

politisch zu exponieren,[62] scheint zumindest von den Chefs der Häuser weitgehend befolgt worden sein. Die Begründung, mit der Max Egon Fürst v. Fürstenberg die Mitgliedschaft in der ihm „sympathischen" DNVP ablehnte, läßt sich innerhalb des hohen Adels häufig finden. Der Kaiserfreund hielt es 1920 für ratsam, „in der Politik nirgends sichtbar" zu werden und sich keiner Partei anzuschließen.[63] Auch Herzog Adolf Friedrich v. Mecklenburg lehnte 1926 ein öffentliches politisches Engagement ab und bemühte sich um diskretere Wege, seinen Einfluß geltend zu machen.[64] Für den preußischen Kronprinzen entwarf dessen Beraterkreis zu Beginn der Weimarer Republik die Strategie „dezenter" Zurückhaltung: „Im übrigen ist meine Politik für ihn die: Den Mund halten, sich in allem zurückhalten, keine Politik treiben, mit Ernst und mit fester Arbeit ein neues Leben aufbauen, im persönlichen Leben keine Angriffsflächen bieten. Im übrigen abwarten."[65]

Im Hochadel und in anderen Familien reicher Grandseigneurs scheint die Einsicht, daß man dem Schicksal Ludwigs XVI. und der Zarenfamilie entgegen den ersten Befürchtungen entgehen würde, früher und nachhaltiger zu einer entspannten Haltung geführt zu haben. Eine Tendenz, die sich schlüssig erklären läßt, da die Revolution zwar auch für die Grandseigneurs überall zu massiven Einschränkungen führte, anders als im Kleinadel jedoch nur selten zur Zerstörung der bisherigen Lebenswege.

Prinz Rohan beschreibt seine bange Rückkehr von der Ostfront, bei der er im elterlichen Schloß wider Erwarten statt brennender Ruinen und ermordeter Bewohner eine Abendgesellschaft beim Hausstreichquartett vorfand: „Ein ungeheures Erstaunen brach in uns auf: Die Welt war also nicht zusammengebrochen? Wir hatten nur das Ende eines Zeitalters erlebt."[66] Aus den bis 1918 regierenden Häusern zeugen einzelne zeitgenössische Quellen bereits wenige Wochen nach den „bewegten Tagen" von einer erstaunlich gelassenen Haltung. Noch während in Berlin die Revolution in Form von Häuserkämpfen tobte, entspannten sich mecklenburgische Landadlige auf der Jagd,[67] während ihr geflohener Fürst im dänischen Exil begonnen hatte, sich mit der neuen Situation zu arrangieren. Zwar klagte der Großherzog von Mecklenburg über die ihm unerträgliche Vorstellung, sein Schweriner Schloß zu verlieren, aus der komfortablen Position seines Exilschlosses mit dem Namen „Sorgenfrei" stellte er jedoch nur fünf Wochen nach seiner Abdankung erstaunlich arglose

---

62 Rundschreiben des Fürsten im Standesherren-Verein, 20.3.1919, in: FFAD, Kab.Sekr. Verein der dt. Standesherren. Ähnlich in den Briefen des Fürsten Max Egon zu FÜRSTENBERG nach 1918: FFAD, Hofverw. Fürstl. Hs., Vol.bb II/4, (Briefe 1916-1922).
63 Max Egon FÜRST V. FÜRSTENBERG, Schreiben vom 19.11.1920, in: FFAD, Hofverw. Fürstl.Hs., Vol. bb II/4.
64 OERTZEN an Gleichen, 19.6.1926, in: MLHA, HGM, Bd. 1, Fol. 119.
65 Schriftwechsel MÜLDNER V. MÜLNHEIM – Friedrich GRAF V. D. SCHULENBURG, vor 1923, in: BAP, 90 Mu 1, Bd. 1. Fol. 163.
66 ROHAN, S. 55. Vgl. den Brief Otto FÜRST V. BISMARCKS an seine Mutter vom 12.11.1918, in: AOBS, I, Bd. 5a.
67 CONZE, Von deutschem Adel, S. 43 (über die Grafen v. Bernstorff-Wedendorf).

Fragen nach Immobilien und Möbelstücken, der Größe seiner zukünftigen Dienerschaft und seines Fuhrparks. Die Ergebnisse der Revolution messerscharf erfassend, sah der Fürst ein Sinken seines künftigen Lebensstandards voraus: „Eine gewisse Einschränkung wird sich nun leider nicht umgehen lassen!" Die Briefe des Großherzogs illustrieren das für den Hochadel charakteristische kampflose Zurückweichen vor der Revolution ebenso wie die vorsichtige Rückkehr auf alte Positionen, nachdem die Realität der Revolution weit hinter den Befürchtungen zurückgeblieben war: „Ganz im Dunkeln tappen wir betreffs der Länge des hiesigen Aufenthaltes. Was meinen Sie denn darüber? Können Sie schon sagen, zu wann Sie unsere Rückkehr nach Mecklenburg empfehlen, für den Fall, daß die republikanische Staatsform vorläufig von Bestand bleibt?"[68]

Zu den flexiblen und vorausschauenden Reaktionen gehörte auch die aktive Beteiligung an den institutionellen Gründungen der Revolutionszeit. Der Eintritt adliger Offiziere in lokale Soldaten- und Bauernräte wird in adligen Memoiren meist als eine lebenskluge Herrschaftstechnik zur „Übertölpelung" des „Pöbels" dargestellt.[69] Eckart Conze hat in seiner Fallstudie gezeigt, daß es sich hier um ein tatsächlich und erfolgreich angewandtes, im Adel sorgfältig koordiniertes Vorgehen handelte. Indem die Bildung autonomer Landarbeiter- und Bauernorganisationen auf lokaler Ebene vielfach unterbunden bzw. im Sinne einer ländlichen „Blockbildung" beeinflußt werden konnte, gelang es, die Revolution auf dem Lande zu beenden, bevor sie wirklich begonnen hatte.[70] Anders als im Fall der historischen Vorläufer in Frankreich und Rußland lassen sich die scharfen Reaktionsweisen innerhalb des Adels schwerlich aus einem System kumulativer Gewalt erklären, wie es für die Abfolge von Revolution, Konterrevolution, Terror und Rache typisch ist.[71]

b) Angriff: Adlige in der Konterrevolution

Neben solchen Formen flexiblen Zurückweichens, mit dem sich zumindest für den landbesitzenden Adel tradierte Machtchancen erhalten ließen, war die kriegerische Option eine Antwort auf die Revolution, die im Adel nicht nur ehemalige Frontoffiziere, sondern auch junge Männer der „überflüssigen Generation" wählten, die vom „legitimierenden Mythos der Fronterfahrung ausgeschlossen blieb."[72] In Reinform wird die adlige Variante im Reaktions-

---

[68] Friedrich Franz GROSSHERZOG VON MECKLENBURG an seinen Oberhofmarschall v. Rantzau, 28.12.1918, in: MLHA, GHK III, Nr. 533. Der Fürst war in Kopenhagen von seiner Schwester, der dänischen Königin, aufgenommen worden.

[69] HADELN, S. 182f.

[70] Dazu: Heinrich MUTH, Die Entstehung der Bauern- und Landarbeiterräte im November 1918 und die Politik des Bundes der Landwirte, in: VfZ 21 (1973), S. 1-38 und CONZE, Von deutschem Adel, S. 29-50.

[71] MAYER, Furies, S. 23-170.

[72] Zur Unterteilung der nach 1918 handelnden vier „politischen Generationen" s. PEUKERT, Weimarer Republik, S. 25-31, zit. S. 30. Den Kern der „Frontgeneration" machten die Jahrgänge 1880-1899 aus. Der Jahrgang 1900 wurde zwar 1918 noch eingezogen, kam in der Regel jedoch nicht mehr an die Front und wäre somit der erste Jahrgang der „überflüssigen",

5.3.) Reaktionsmuster: Rückzug, Sammlung, Brutalisierung

muster der jüngeren Brüder, die Peter Merkl als „victory watchers" beschrieben hat,[73] durch den Generalssohn Fritz-Dietlof Graf v. d. Schulenburg vertreten. Als Sechzehnjähriger meldet sich der junge Graf, auf den der Krieg, wie seine Schwester es nennt, nicht gewartet hatte, 1919 freiwillig für den „Grenzschutz", ohne am ersehnten Kampf noch teilnehmen zu können. Als Jugendlicher, der den brutalen Maschinenkrieg nicht aus eigener Anschauung und Praxis, sondern v. a. aus den Berichten seiner älteren Brüder kannte, steht Schulenburg nicht für den Typus des im Krieg brutalisierten Frontkämpfers, der keinen Weg zurück in das Zivilleben findet, sondern für den Typus des jüngeren Bruders, der die dichotomen und gewaltlastigen Freund-Feind-Einteilungen von der Frontgeneration übernimmt – ein Muster, das man in den Wehrverbänden und v. a. in der SA wiederfinden wird.[74] Für den jungen Grafen Schulenburg, der sich wenig später als fechtender Korpsstudent sein Gesicht regelrecht zerhacken ließ, blieb die Sehnsucht nach Bewährung im Kampf unerfüllt. Die Orientierung an den älteren Brüdern, die den Kampf an der Front kannten und als freiwillige „Baltikumer" fortgeführt hatten, blieb jedoch sehr stark.[75]

Die wohl wichtigste Form der freiwilligen Weiterführung – im Fall der jüngeren Söhne: der Aufnahme des bewaffneten Kampfes „gegen die Revolution" – bildeten auch für den Adel zwischen 1919 und 1923 die Freikorps.[76] „Der Drang der alten Offiziere, dem Vaterland ihre Dienste gegen den Bolschewismus anzubieten, war groß."[77]

„Der Wahrheit eine Gasse" bahnend berichtet Franz v. Papen in seinen Memoiren freimütig, wie er bei München zufällig auf ein Freikorps stieß, dem sich der Offizier sogleich anschloß, um „die roten Eisner-Garden auszuräuchern".[78] Wilhelm v. Oppen-Tornow, ehemaliger Offizier im Afrika-Korps

---

bzw. der „Kriegsjugendgeneration". Peukert trennt die davor liegenden Jahrgänge in „Gründerzeitgeneration" und „Wilhelminische Generation". Vgl. dazu Hans JAEGER, Generationen in der Geschichte. Überlegungen zu einer umstrittenen Konzeption, in: Geschichte und Gesellschaft 3 (1977), S. 429-452; Ulrich HERBERT, „Generation der Sachlichkeit". Die völkische Studentenbewegung der frühen zwanziger Jahre in Deutschland, in: Frank Bajohr u. a. (Hg.), Zivilisation und Barbarei. Die widersprüchlichen Potentiale der Moderne. Detlev Peukert zum Gedenken, Hamburg 1991, S. 115-144.

[73] Peter H. MERKL, Political Violence under the Swastica. 581 Early Nazis, Princeton 1975; DERS., The Making of a Stormtrooper, Princeton 1980.

[74] In der SA rekrutierte sich die Mehrheit der Führer aus Frontoffizieren, zwischen 70 und 80% der einfachen SA-Männer hingegen aus jungen Männern der nach 1902 geborenen Kriegsjugendgeneration, deren Mitglieder nicht mehr an die Front kamen. Detaillierte Angaben zu diesem Muster bei REICHARDT, Kampfbünde 317-335, 416-430.

[75] SCHULENBURG, S. 70. Der älteste der vier Schulenburg-Brüder war Jahrgang 1898, der jüngste (Fritz-Dietlof) Jahrgang 1902.

[76] Die soziale Zusammensetzung der Freikorps ist nur sehr ungenau bekannt. Vgl. die Angaben bei SCHULZE, Freikorps, S. 47-54 und Günter PAULUS, Die soziale Struktur der Freikorps in den ersten Monaten nach der Novemberrevolution, in: ZfG, 3 (1955), Heft 5, S. 685-704.

[77] LÜTTWITZ, Im Kampf gegen die Novemberrevolution, Berlin 1934, S. 49.

[78] PAPEN, S. 122.

und Rittmeister a. D., versteckte, wie die Familiengeschichte im Plauderton berichtet, Küstriner Putschisten und Fememörder in seinem „wunderschönen" Landhaus. Die Nutzung adliger Landgüter als Waffenkammern und Ausbildungslager der Konterrevolution – Teil einer breiteren „Tendenz zur Privatisierung von Krieg und Gewalt"[79] – war erstmals während des Kapp-Lüttwitz-Putsches, an dem adlige Offiziere einen bedeutenden Anteil hatten,[80] von direkter Bedeutung. Landesweit, in vielen Regionen führend[81] waren Adlige an der „Bewaffnung des Landvolkes", dem Aufbau von Wehrverbänden, zunächst in der *Orgesch*, dann insbesondere im Stahlhelm und schließlich in der SA beteiligt. Auf den Führungsebenen dieser Organisationen drängten sich Mitglieder des alten Adels.[82]

Ideologische Überhöhung und praktische Ausübung brutaler Gewalt wurden auch hier als Erbschaft aus dem Weltkrieg übernommen. In den „Blutmühlen" der Westfront, v. a. jedoch im „Osten"[83] und zuvor in den Afrika-Truppen[84] hatte das deutsche Offizierkorps unter massiver Beteiligung des Adels Theorie und Praxis einer brutalisierten Kriegsführung eingeübt, die gegen „primitive" und „minderwertige" Feinde erdacht worden waren. In Afrika hatten auch adlige Kommandeure lange vor 1914 „Rassenkriege" geschlagen, in denen

---

79 FUNCK, Schock, S. 148.
80 Vgl. die Liste der Offiziere, gegen die im Zusammenhang mit dem Putsch ermittelt wurde: Emil Julius GUMBEL, Verschwörer. Zur Geschichte und Soziologie der deutschen nationalistischen Geheimbünde 1918-1924, Neuausgabe Frankfurt a. M. 1984, S. 62-71. Vgl. Johannes ERGER, Der Kapp-Lüttwitz-Putsch. Ein Beitrag zur deutschen Innenpolitik 1919/20, Düsseldorf 1967 und zuletzt SCHILDT, Putsch, in: Reif (Hg.), Adel und Bürgertum, Bd. 2, S. 103-125.
81 Detailreich zum adligen Beitrag zu den westfälischen Freikorps und v. a. zum *Westfalenbund*, dem lokalen Verband der *Orgesch*, KRÜGER, Treudeutsch, passim.
82 BERGHAHN, Stahlhelm, u. a. S. 56f., 133.
83 Zur Praxis des „wilden Krieges" an den östlichen Fronten s. Michael GEYER, Gewalt und Gewalterfahrung im 20. Jahrhundert. Der Erste Weltkrieg, in: Der Tod als Maschinist. Der industrialisierte Krieg 1914-1918, Hg. v. Rolf Spilker und Bernd Ulrich, Osnabrück 1998, S. 241-257, hier v. a. 248-253 und Michael EPKENHANS, Kriegswaffen – Strategie, Einsatz, Wirkung, in: ebd., S. 69-83, hier S. 74. Zum militärischen Umgang mit „Volk und Raum" im Osten vgl. Vejas Gabriel LIULEVICIUS, War Land on the Eastern Front. Culture, National Identity and German Occupation in World War I, Cambridge 2000. Vgl. insbesondere das Memorandum, das Wilhelm Frhr. v. Gayl als Leiter der politischen Abteilung Ober Ost 1917 über die Verschiebung ganzer Bevölkerungsgruppen vorlegte, S. 94f., 202f.
84 Über die Anteile des Adels in den Kolonialtruppen liegen keine präzisen Untersuchungen vor, er scheint jedoch bis 1914 auf über 30% angestiegen zu sein. Vgl. einzelne Hinweise bei Wolfgang PETTER, Das Offizierkorps der deutschen Kolonialtruppen 1889-1918, in: Das deutsche Offizierkorps 1860-1960, Hg. von Hanns Hubert Hofmann, Boppard a. Rh. 1980, S. 163-174 und DERS., Der Kampf um die deutschen Kolonien, in: Wolfgang Michalka (Hg.), Der Erste Weltkrieg, Wirkung, Wahrnehmung, Analyse, München 1994, S. 392-411. THEILEMANN, Adel, S. 188-198. In Hamburg und Mecklenburg wurde die Niederschlagung der Aufstände 1919 mit Paul v. Lettow-Vorbeck durch einen adligen „Afrika-Helden" kommandiert. Eine neuadlige Variante dieses Typus beschreibt Katja Maria WÄCHTER, Die Macht der Ohnmacht. Leben und Politik des Franz Xaver Ritter von Epp 1886-1946, Frankfurt a. M. 1999, v. a. S. 37. Epp wurde erst während des Krieges nobilitiert. Genauere Angaben jetzt bei FUNCK, Kriegertum, Kapitel II.1.4.

5.3.) Reaktionsmuster: Rückzug, Sammlung, Brutalisierung 215

„rohe Gewalt" und blanker „Terrorismus" gegen Frauen und Kinder explizit gefordert, geplant und eingesetzt wurden. Unter den Offizieren, die noch während der ersten Kriegsphase vorgeschlagen hatten, Gefangene erschießen und Stabsoffiziere unter Peitschenhieben barfuß zu Straßenbauarbeiten antreten zu lassen, waren auch einzelne Adlige.[85] Die Praxis der kriegerischen Brutalität gegen Kombattanten und Zivilisten brach 1918 bekanntlich nicht ab, sondern tobte nun im Baltikum,[86] an der deutsch-polnischen Grenze und v. a. im Bürgerkrieg gegen bewaffnete und unbewaffnete Landsleute.[87] Die in einer vierjährigen Praxis der Todesnähe habituell eingeschriebene Brutalisierung betraf selbstverständlich nicht nur den Adel.[88] Eric Hobsbawms Formulierung über den Ersten Weltkrieg als „Maschine zur Brutalisierung der Welt"[89] deutet an, daß sich Planung, Ausführung und Perpetuierung der Gewaltorgien des Krieges nicht ohne weiteres einzelnen sozialen Gruppen zuschreiben lassen. Allerdings ist in der neueren Literatur über den Ersten Weltkrieg zurecht eine Präzisierung der unscharfen These von der Brutalisierung „der Welt" gefordert worden.[90] Wie stark adlige Männer aktive Träger dieser

---

[85] Vgl. dazu den im Mörderjargon verfaßten Erlaß des Generals v. TROTHA, Oberbefehlshaber der deutschen Truppen bei der Niederschlagung des Herero-Aufstandes in Deutsch-Südwestafrika vom 2.10.1905 sowie v. TROTHAs Schreiben an v. Schlieffen vom 4.10.1905, in: Quellen zur deutschen Außenpolitik im Zeitalter des Imperialismus 1890-1911, Hg. v. Michael Behnen, Darmstadt 1977 (=Ausgewählte Quellen zur Deutschen Geschichte der Neuzeit. Freiherr vom Stein-Gedächtnisausgabe, Bd. XXVI), S. 291-293. Der Vorschlag der Geiselerschießung in einem Brief des fränkischen Kavalleriegenerals Konstantin FRHR. V. GEBSATTEL an seinen Bruder, in: BAB, 90 Ge 4, Bd. 1, Fol. 565.

[86] Bernhard SAUER, Vom „Mythos eines ewigen Soldatentums". Der Feldzug deutscher Freikorps im Baltikum im Jahre 1919. In: ZfG 10/1995, S. 869-902; LIULEVICIUS, War Land, S. 227-243.

[87] Vgl. dazu Gabriele KRÜGER, Die Brigade Erhardt, Hamburg 1971; Heinrich HILLMAYR, Roter und weißer Terror in Bayern nach 1918, München 1974 und Erhard LUCAS, Märzvolution im Ruhrgebiet. März/April 1920, 2 Bde., Frankfurt a. M. 1973/74.

[88] Vgl. dazu Bernd WEISBROD, Gewalt in der Politik. Zur politischen Kultur in Deutschland zwischen den beiden Weltkriegen, in: GWU 43 (1992), S. 391-404 und die Skizzen von George L. MOSSE, Der Erste Weltkrieg und die Brutalisierung der Politik, in: Manfred Funke u. a. (Hg.), Demokratie und Diktatur. Geist und Gestalt politischer Herrschaft in Deutschland und Europa. Festschrift für Karl Dietrich Bracher, Düsseldorf 1987, S. 127-139 sowie Hans MOMMSEN, Militär und zivile Militarisierung in Deutschland 1914 bis 1938, in: Ute Frevert (Hg.), Militär und Gesellschaft im 19. und 20. Jahrhundert, Stuttgart 1997, S. 265-276.

[89] Eric HOBSBAWM, Das Zeitalter der Extreme. Weltgeschichte des 20. Jahrhunderts, München/Wien 1995, S. 163. Hobsbawm ordnet die „Brutalisierung" allerdings politisch, nämlich etwas freihändig nach rechts ein.

[90] Benjamin ZIEMANN, Das „Fronterlebnis" des Ersten Weltkrieges – eine sozialhistorische Zäsur? Deutungen und Wirkungen in Deutschland und Frankreich, in: Hans Mommsen (Hg.), Der Erste Weltkrieg und die europäische Nachkriegsordnung. Sozialer Wandel und Formveränderung der Politik, Köln/Weimar/Wien 2000, S. 43-82, v. a. S. 49ff. Ähnlich bei Richard BESSEL, 1918-1919 in der deutschen Geschichte, in: Papenfuß/Schieder (Hg.), Deutsche Umbrüche, S. 173-182, hier S. 175f., 180. Die Forderung nach einer differenzierenden Bewertung, die beide Autoren v. a. für die (sozialdemokratische) Arbeiterschaft und die bäuerliche Bevölkerung vorlegen, ist überaus einleuchtend. Allerdings belegen die Ergebnisse von REICHARDT, Kampfbünde, S. 61-101, 243-337, für junge Männer aus genau

Brutalisierung waren, wird sich nicht exakt vermessen lassen; daß sie es in deutlich überdurchschnittlichem Maße waren, legt jedoch bereits die schlichte Feststellung über das adlige Kriegserlebnis aus der „Führerperspektive" nahe. Adlige Männer an der Front hatten den Krieg fast ausschließlich als Offiziere und somit je nach Dienstgrad und Position als Spezialisten, Organisatoren und/oder Aus-Führer und Antreiber des militärischen Tötens erlebt.[91] Selbstverständlich lassen sich private Friedenssehnsüchte auch bei adligen Offizieren finden[92] – verbreiteter jedoch scheint das direkte Gegenteil gewesen zu sein. Gleich, welche Quellengattung man betrachtet, das Ergebnis ist in diesem Punkte eindeutig. Es läßt sich die begründete Vermutung formulieren, daß die hohen Verluste sowie die Gefühle von Trauer und Verzweiflung im Kleinadel seltener als in anderen Gruppen in Erschöpfung, Resignation und Sanftmut mündeten. Das Resultat war eindeutig die Verhärtung des kriegerischen Habitus. Zur Erklärung dieses Phänomens sei erneut an einen fundamentalen Unterschied in der jeweiligen „Berufung" zum Krieg erinnert. Adlige Männer waren ausschließlich in maximaler Entfernung von den Träumen und Formen des bürgerlich-proletarischen Pazifismus sozialisiert worden. Anders als die Millionen kriegspflichtiger Arbeiter-, Bauern- und Bürgersöhne waren der Typus des adligen Kriegers und die Kultur des militärischen Töten und Getötetwerdens nicht nur Propaganda, sondern eine in den adligen Militärclans historisch tief verwurzelte, gelebte und gelobte Realität.[93]

Aus dieser Position heraus fanden adlige Frontoffiziere vielfach den Weg in die Freikorps, die zweifellos zu den wichtigsten Protagonisten bei der Festschreibung der „Kultur des Krieges" in der deutschen Nachkriegsgesellschaft gehörten. Ältere Deutungen, welche die vom Freikorpsmilieu ausstrahlende Brutalisierung in ein mildes Licht tauchen,[94] dürfen seit Klaus Theweleits bahnbrechender Darstellung enthemmter Männer-Gewalt als widerlegt gel-

---

jenen Schichten, die bei Ziemann als tendenziell „friedfertiger" erscheinen, die äußerste Stufe im Habitus brutalisierter Männlichkeit.

[91] Adlige mit Mannschaftsgraden blieben im kaiserlichen Heer eine quantité négligeable. Die von ZIEMANN, Fronterlebnis, S. 49, 62f., geforderte Differenzierung für jene Frontkämpfer, die zur militärischen Gewalt von „Herrenmenschen" angetrieben werden mußten, läßt sich deshalb auf den Adel nicht anwenden. Zur adligen Kriegserfahrung aus der Führer-Perspektive s. FUNCK, Kriegertum, Kapitel III.1.2.

[92] Vgl. den Tagebucheintrag von Bodo V. D. MARWITZ am 28.6.1918, verfaßt, nachdem seine Brüder bereits gefallen waren: „Ich möchte doch aber so gern noch leben, möchte erleben, dass mir noch das Glück beschieden wird, das jetzt einem nicht beschieden war", in: BLHA, Rep. 37 Friedersdorf, Nr. 329.

[93] Vgl. dazu die Deutung bei FUNCK, Meaning.

[94] Die Bilanz der Berliner Märzkämpfe von 1919 (1.200 Tote unter den Aufständischen gegenüber 75 Toten bei den Regierungstruppen) läßt Hagen Schulze das Vorgehen der Korps als „wenig freundlich" bewerten. Was die vom Verfasser bemühten „Notwendigkeiten des Straßenkampfes" konkret meinen, ist nicht zu erkennen (SCHULZE, Freikorps, S. 80f.). Die Niederschlagung der Münchner Räterepublik produzierte innerhalb von zwei Tagen 606 Tote, darunter 335 Zivilisten und 38 Soldaten der Regierungstruppen (WINKLER, Weimar, S. 81; MOMMSEN, Freiheit, S. 59f.).

5.3.) Reaktionsmuster: Rückzug, Sammlung, Brutalisierung

ten.[95] Kaum zufällig sind Adlige in den von Klaus Theweleit ausgewerteten Autobiographien mehrfach vertreten – hier spiegelt sich der hohe Anteil wider, den Adlige als Mitglieder und Führer der unterschiedlichen Freikorps-Typen stellten.[96] Einblicke in den adligen Beitrag zur Brutalisierung, die der nach innen verlängerte Krieg mit sich brachte, gewähren die bereits vor 1933 erstaunlich freimütigen Schilderungen adliger Freikorpskommandeure,[97] sowie das 1938 publizierte „Buch vom deutschen Freikorpsführer".[98] Ernst v. Salomons Stilisierung des kriegerischen Blutrausches, dem nicht zuletzt „die bürgerlichen Tafeln, die Gesetze und Werte der zivilisierten Welt" zum Opfer fallen, besang einen neuartigen Kriegertypus, zu dem nicht nur „üble Elemente" aus den sozialen Unterschichten, sondern auch adlige und bürgerliche Offiziere gehörten[99] „Wir knallten in überraschte Haufen und tobten und schossen und schlugen und jagten. [...] Wir schmissen die Leichen in die Brunnen und warfen Handgranaten hinterdrein. Wir erschlugen, was uns in die Hände fiel, wir verbrannten, was brennbar war. Wir sahen rot, wir hatten nichts mehr von menschlichen Gefühlen im Herzen."[100] In Realität und Stilisierung entfernte sich der gegen deutsche Männer und Frauen geführte Bürgerkrieg immer weiter vom Ideal der „ritterlichen" Kriegsführung bzw. den Restbeständen, die auf den Schlachtfeldern des Weltkrieges davon übrigge-

---

[95] THEWELEIT, Männerphantasien, v. a. S. 66-176. Vgl. Martin SABROW, Der Rathenaumord. Rekonstruktion einer Verschwörung gegen die Republik von Weimar, München 1994.

[96] Vgl. die Liste bei Nigel H. JONES, Hitler's Herolds. The Story of the Freikorps 1918-1923, London 1987, S. 249-265, die unter 132 nach ihren Führern benannten Freikorps 42 mit adligen Namen aufführt. Einzelne Hinweise über den süddeutschen Adel bei DOHNA, Adel, S. 17. Zum Adel in der militärischen Konterrevolution vgl. FUNCK, Schock, S. 145-151.

[97] Peter v. HEYDEBRECK, Wir Wehr-Wölfe. Erinnerungen eines Freikorpsführers, Leipzig 1931, v. a. den Abschnitt „Mein Freikorps", S. 82-150; Bernhard v. HÜLSEN, Der Kampf um Oberschlesien, Berlin 1922; Rüdiger Graf v. D. GOLTZ, Meine Sendung in Finnland und im Baltikum, Leipzig 1920; Walter Eberhard FRHR. V. MEDEM, Stürmer von Riga. Die Geschichte eines Freikorps, Berlin/Leipzig 1937. Kordt v. BRANDIS, Baltikumer. Das Schicksal eines Freikorps. Mit einem Geleitwort von Rüdiger Graf v. d. Goltz, Berlin 1939; Hans v. KESSEL, Handgranaten und rote Fahne, Berlin 1933; Paul v. LETTOW-VORBECK, Heia Safari! Deutschlands Kampf in Ostafrika, Leipzig 1923; DERS., Mein Leben, Bieberach 1957; Friedrich Wilhelm v. OERTZEN, Die deutschen Freikorps 1918-1923, München ³1938; Walther FREIHERR V. LÜTTWITZ, Im Kampf gegen die November-Revolution, Berlin 1934; Karl v. BOCK UND POLACH, Westfälische Freikorps-Batterie v. Bock, Hamm 1934. Die vulgärsten und brutalsten Schilderungen liefert der Freikorpsführer Manfred v. KILLINGER, Ernstes und Heiteres aus dem Putschleben, München ⁹1942 (zuerst 1927); DERS., Kampf um Oberschlesien (1921), Leipzig 1934.

[98] Ernst V. SALOMON, Das Buch vom deutschen Freikorpskämpfer, Herausgegeben im Auftrage der Freikorpszeitschrift Der Reiter gen Osten, Berlin 1938. Die Beiträge des Bandes enthalten zahlreiche Hinweise auf adlige Freikorpsoffiziere, die z.T. von adligen Autoren stammen.

[99] Letztere hätten diesen neuen Typus „in etwas gehobener Form" präsentiert, wie OERTZEN, Die deutschen Freikorps, S. 61f., betont. Formulierungen wie diese sind häufig, lassen jedoch durchaus nicht auf eine geringere Brutalität, sondern eher auf die im Adel häufige Betonung schließen, die kriegerische Brutalisierung in „gehobenen" Formen, d. h. standesgemäß frisiert und bekleidet mitgestaltet zu haben.

[100] Ernst v. SALOMON, Die Geächteten, Gütersloh 1930, S. 167f.

blieben waren. Statt der feindlichen Kugel, die des treuen Kameraden Herz traf, wurde auch in adligen Kampfberichten nunmehr die Handgranate besungen, die „das auf der Feldküche sitzende Weibstück" zerriß.[101] Der im konterrevolutionären Kampf vollzogenen Verwandlung des aristokratischen Kriegers zum Typus des kühlen Töters, dem alle traditionellen Vorstellungen vom „ritterlichen" Kampf abhanden kommen, bevor diese Verwandlung in den faschistischen Kampfbünden Europas ihren folgerichtigen Endpunkt findet, hat Marguerite Yourcenar in der Novelle *Der Fangschuß* ein literarisches Denkmal gesetzt.[102] Die tiefen Spuren, die der über den Waffenstillstand hinaus verlängerte Krieg im Adel hinterließ, finden sich auch in den Erinnerungen der Ehefrauen und Schwestern. Eine baltische Adlige faßt diesen Wandel in der Beschreibung ihres jungen Ehemannes in ein plastisches Bild. Dieser hatte den Weltkrieg „verpaßt", dann jedoch freiwillig als Weißgardist gegen die Rote Armee gekämpft. Als ihn seine Ehefrau nach langer Trennung in Stettin begrüßt, ist die Entfremdung so groß, daß sie ihren Mann siezt: „Er war jetzt ein Krieger geworden, die familiäre Idylle lag ihm nicht; nachts wollte er auf der harten Diele schlafen, weil ihm das Bett zu weich und ungewohnt war."[103]

„Im Felde macht man das so, Mutter", lautete die Erklärung für die Außerkraftsetzung adliger Tischsitten der Vorkriegszeit – „Schützengrabenstil" nennt Tisa Gräfin v. d. Schulenburg den veränderten Habitus ihrer älteren Brüder. Bei Tisch nach der Wurst mit der Hand zu greifen, war dabei die harmloseste Komponente dieser Verhaltensänderung. „Es ist kein Zweifel, daß die Brüder nach dem Krieg so eine Art Schützengrabenstil mitbrachten und sich auch darin gefielen. Je rauher und wilder, desto besser."[104]

Während man von Veränderungen dieser Art für praktisch alle adligen (und nicht adligen) Männer ausgehen darf, die von den Fronten zurückkehrten, sind, was Wahrnehmung und Reaktion betrifft, erhebliche Unterschiede in den einzelnen Altersgruppen anzunehmen. Eindrucksvoll illustriert das Porträt, das Tisa Gräfin v. d. Schulenburg vom Familienleben im mecklenburgischen Gutshaus ihres Vaters zeichnet, die unterschiedlichen Reaktionsmuster der alten und der jungen Generation. Der Vater, 1918 Generalstabschef der Heeresgruppe Kronprinz, zieht sich als gebrochener und verbitterter Mann in einen separaten Teil des Gutshauses zurück, um seine Verzweiflung in eine Unmenge von Briefen und ein 2.000 Seiten umfassendes Memoirenwerk[105]

---

[101] Ulrich v. BOSE, Vormarsch gegen Essen, in: Salomon, Das Buch vom deutschen Freikorpskämpfer, S. 394-402, zit. S. 395. Vgl. dazu die Hinweise bei FUNCK, Schock, S. 150f.
[102] Marguerite DE YOURCENAR, Le coup de grâce, Paris 1939 (1976 von Volker Schlöndorff verfilmt). Yourcenar, eigentlich Marguerite de Crayencourt (1903-1987), stammte aus einer alten französisch-belgischen Adelsfamilie.
[103] STACKELBERG, S. 157.
[104] SCHULENBURG, S. 71.
[105] Friedrich Graf v. D. SCHULENBURG an Graf Arnim, 8.4.1933, in: Briefwechsel Arnim/Schulenburg. Schulenburgs Erinnerungswerk „Die deutsche Führung im Kriege" sollte nach dem Tod aller genannten Personen veröffentlicht werden.

5.3.) Reaktionsmuster: Rückzug, Sammlung, Brutalisierung

fließen zu lassen. Tatsächlich zeugt die Korrespondenz des Generals, der im November 1918 der energischste Befürworter einer militärischen Konterrevolution gewesen war, in den ersten Jahren nach 1918 von Depression, Verzweiflung, Verbitterung und der nostalgischen Verklärung der Vergangenheit. „Freudig können meine Gedanken heute nicht sein, die sich unwillkürlich in die stolze Vergangenheit richten und heute am Toten-Sonntag der Glücklichen gedenken, die für Kaiser u. Reich fallen konnten", hieß es 1920 in einem Brief an seinen Freund Dietlof Graf v. Arnim. Einige Monate später folgte der Satz: „Eine Freude ist es nicht, noch weiter leben zu müssen. Umsomehr freut es mich, daß wir in alter Treue aneinander festhalten."[106] Anders die Reaktion der Kinder: Während die Tochter einen jüdischen Geschäftsmann heiratet und tief in die Strudel der Berliner Bohème eintaucht, berichten die älteren Söhne bei Kaminfeuer und Marschmusik immer wieder von ihren Fronterlebnissen, melden sich zum Freikorps und diskutieren im väterlichen Gutshaus Literatur, die deutlich über den alten Kanon hinausging und politisch in eine Richtung wies, die abgesehen von der Tochter die gesamte Familie wenig später einschlagen sollte: Neben Nietzsche und Stefan George werden im Tressower Gutshaus die Protokolle der Weisen von Zion und die Schundromane Artur Dinters diskutiert.[107]

Bei allen Ausnahmen ist die generelle Tendenz eindeutig: Während die ältere Generation 1918 tatsächlich als Weltuntergang wahrnahm, erlebten die Jüngeren eher den Untergang *einer* Welt, der Welt der Eltern, einen Zusammenbruch, der gleichzeitig ein Durchbruch zu neuen Formen des Denkens und Handelns war. Im ideologischen Gleichschritt mit der jüngeren Generation der rechten Intelligenz wurde der „Zusammenbruch" gleichzeitig als ein „Aufbruch" verstanden,[108] den Arthur Moeller van den Bruck 1920 in eine prägnante Formel gefaßt hatte: *„Wir wollen die Revolution gewinnen."* Verbunden mit Heinrich v. Gleichens Formulierung über den Kapp-Putsch als „reaktionäres Eitergeschwür" markierte diese Formel bereits die Grenze zwischen den Hoffnungen auf ein „Drittes Reich" und dem reaktionären Monarchismus der älteren Generation.[109]

Franz v. Papen, der die Revolution als 39-jähriger Offizier erlebte und somit zwischen der alten und der jungen Generation stand, benennt in seinen Memoiren beide Seiten. Zunächst den Weltuntergang: „Die Welt, die ich gekannt

---

[106] SCHULENBURG an Arnim 21.11.1920, 21.4.1921, in: Briefwechsel Arnim/Schulenburg.
[107] SCHULENBURG, S. 69-77, 147. Vgl. HEINEMANN, Rebell, S. 1-12.
[108] Aus politikgeschichtlicher Perspektive für die jüngere Generation der „Konservativen": Peter FRITZSCHE, Breakdown or Breakthrough? Conservatives and the November Revolution, in: Jones/Retallack (Hg.), Reform, S. 299-328.
[109] MOELLER VAN DEN BRUCK, Wir wollen die Revolution gewinnen, in: Das Gewissen, 31.3.1920, hier auch die Formulierung Heinrich v. Gleichens. Ein programmatischer Sammelband mit dem sprechenden Titel „Die neue Front" forderte wenig später die „Nationalisierung der Revolution": Eduard STADTLER in: Die neue Front, Hg. von Moeller van den Bruck/Heinrich v. Gleichen/Max Hildegard Boehm, Berlin 1922, S. 413-420. Vgl. die gleichlautenden Formulierungen bei MOELLER, Das Dritte Reich, S. 1-27.

und geliebt hatte, gehörte der Vergangenheit an. Alle Werte, die sie erfüllt und für die wir gedient, gekämpft und geblutet hatten, waren gegenstandslos geworden." Schließlich aber auch die Notwendigkeit, in den neuen Verhältnissen, genauer: gegen die neuen Verhältnisse nach neuen Wegen zu suchen: „In der Republik gab es keinen Ersatz für [die zerbrochene] Tradition. Jeder war frei, seinen Standpunkt zu wählen."[110]

Die Symbolik, in der Adlige aus der Generation der „Wilhelminer"[111] den Abschied von einer untergegangenen Welt zelebrierten, trug vielfach eher nostalgische als aggressive Züge. Noch am 21. Dezember 1918 ließ der bereits erwähnte Kommandeur des 3. Garde-Ulanen-Regiments, General v. Tschirschky, Flügeladjutant seiner Majestät, in Potsdam einen „Paradenmarsch hinlegen." Zahlreiche Schilderungen solcher Abschiedsrituale beschreiben den inneren und äußeren Prozeß des Abschiednehmens durchaus glaubwürdig. Dennoch war dies kein Rückzug „des Adels", sondern lediglich der Rückzug der älteren Generation aus den vordersten Reihen politischen Handelns; ein Wachwechsel, der die eigenständige Neuorientierung der jüngeren Adelsgeneration ebenso ermöglichte wie erzwang. Um bei der Schilderung des von Tschirschky inszenierten letzten Marsches zu bleiben: „Da stand er, der alte rotweinfreudige Haudegen mit seinem schneidigen Kaiser-Wilhelm-Schnurrbart und einer Stentorstimme, die den Lärm des ganzen Bornstedter Feldes überdonnern konnte – und die Tränen liefen ihm über die rauhen Backen."[112] Wenig später findet ein junger Neffe den an seinem Schmerz zerbrechenden „Haudegen" bei den Januarkämpfen im Berliner Zeitungsviertel wieder. An den Häuserkämpfen waren auch Potsdamer Freikorps beteiligt, die vorwiegend aus Angehörigen der alten Garderegimenter bestanden. Der junge Tschirschky, der sich kurz zuvor erfolgreich um die Aufnahme in das Freikorps Maercker bemüht hatte und später zu den politisch aktivsten Köpfen im schlesischen Adel gehörte, stellt die Begegnung mit seinem Onkel als Wachwechsel zweier Adelsgenerationen dar. Dem alten General, dem der Stahlhelm schief im Gesicht hängt und der von der „Senge" berichtet, die er beinahe „bezogen" hätte, rät sein Neffe in der Leutnantsuniform, die Führung *dieses* Krieges den Jüngeren zu überlassen: „Du hast doch hier auch nichts zu suchen. Von dieser Art Kriegsführung verstehst du doch nichts. Geh lieber zu Dressel und bestell uns dort ein gutes Essen."[113] Dieselbe Form jungadliger Kampfbereitschaft der Frontgeneration, die sich von der kraftlos-resignierenden Haltung der Väter und Großväter abhob, symbolisiert auch der private „Paradenmarsch" der jungen Grafen v. d. Schulenburg, den der 55-jährige Vater – tränenüberströmt auch er – an einem Sylvesterabend zu Be-

---

[110] PAPEN, S. 116.
[111] DOERRY, Übergangsmenschen, S. 30-43, 155-176; PEUKERT, Republik, S. 25-31.
[112] PUTLITZ, S. 10f.
[113] TSCHIRSCHKY, S. 35.

ginn der Zwanziger Jahre bei klirrendem Frost auf der Freitreppe seines Gutshauses abnimmt.[114]

In der „Totenstille" der Potsdamer Garnisonskirche, „vor der Grabstätte der großen Könige" inszenierte der 48-jährige Siegfried Graf v. Eulenburg, letzter Kommandeur des 1. Garderegimentes zu Fuß, symbolschwer den Untergang des berühmten Eliteregimentes. Während dieses inszenierte „Abschiednehmen [...] in der dämmrig feierlichen Stille des Wintertages" für die ältere Generation tatsächlich einen Endpunkt markiert haben mag, ließ sich die Szenerie, in der „jedem Beteiligten bewußt wurde, daß das Alte zusammengebrochen war und keine Zukunft mehr hatte", von den Jüngeren auch als Aufbruch deuten.[115] Kurz nach dieser Szene bildeten Offiziere und Unteroffiziere aus dem 1. Garderegiment zu Fuß, den Gardejägern, dem Regiment Garde du Corps und zwei Gardefeldartillerieregimentern das ca. 1.200 Mann starke „Freikorps Potsdam", das wenig später den Sturm auf das Vorwärts-Gebäude im Berliner Zeitungsviertel anführte.[116] Der Weg des ältesten Sohnes des Kommandeurs führte über verschiedene Wehrverbände und die Jugendorganisation der DAG schließlich zum Plädoyer für ein Bündnis mit der SA.[117]

Diese Reaktionsmuster beschreiben nur die äußere Seite der kriegerischen Antwort des Adels auf die Revolution. Diese findet ihre innere Entsprechung in der Art und Weise, wie die Revolution im Adel mehrheitlich gedeutet wurde. Gegen besseres Wissen produzierte Legenden wie jene vom Dolchstoß in den Rücken der siegenden Armee[118] verschmolzen auch in adligen Köpfen mit tatsächlich geglaubten Verschwörungstheorien v. a. antisemitischer Tönung zu neuartigen Mischungen.[119] Auch hier stimmen zeitgenössische und autobiographische Zeugnisse überein: Für eine rationale Analyse von Gründen und Folgen der Niederlage war die adlige Wahrnehmung denkbar ungeeignet. Die Realität auf merkwürdige Weise verfehlend war diese Wahrnehmung eine adlige Spielart der „Flucht in den Mythos".[120] Neben dem rapiden

---

[114] SCHULENBURG, S. 76f., über eine Szene zu Sylvester 1920/21.
[115] OPPEN, S. 169-171. Der Autor der bei Oppen wiedergegebenen Szene war ein jüngerer Leutnant des Regiments.
[116] Major a. D. v. STEPHANI, Der Sturm auf das Vorwärts-Gebäude am 10. Januar 1919, in: Salomon, Das Buch vom deutschen Freikorpsführer, S. 39-44; Hans v. KESSEL, Handgranaten und rote Fahne, Berlin 1933, S. 169f. Vgl. zum Freiwilligenbataillon, das sich zum „Schutz" des Tiergartenviertels bildete HENTIG, S. 209.
[117] Zu Botho-Ernst GRAF ZU EULENBURG-WICKEN (1903-1944), Dr. phil., Dipl. Landwirt, seit 1938 mit einer Tochter Ernst Frhr. v. Weizsäckers verheiratet, s. Kapitel 8.7. und 11.4. dieser Arbeit.
[118] Ulrich HEINEMANN, Die verdrängte Niederlage. Politische Öffentlichkeit und Kriegsschuldfrage in der Weimarer Republik, Göttingen 1983; Gerd KRUMEICH, Die Dolchstoß-Legende, in: François/Schulze, Erinnerungsorte, Bd. 1, S. 585-599. Zur Rolle süddeutscher Adliger in der Dolchstoßpropaganda vgl. auch ARETIN, Adel, S. 522.
[119] Besonders anschauliche Schilderung der adelstypischer Erklärungen der Kriegsniederlage bei JORDAN, S. 203; vgl. den Hinweis bei ARETIN, Adel, S. 516.
[120] THIMME, Flucht.

Anwachsen eines aggressiven Antisemitismus und der allgemeinen Verbreitung des „Schützengrabenstils" läßt sich v. a. für den militärisch geprägten Adel ein Realitätsverlust feststellen, der sich in den Phantasien über die Niederschlagung der Revolution manifestierte. Insbesondere in der militärischen Entourage des Kaisers, in den preußischen Militärclans und von Adligen im Umkreis der Alldeutschen wurde die vermutlich an den Erfahrungen von 1848 orientierte Männerphantasie vom rechtzeitigen Zusammenschießen der Revolution als konkreter Lösungsvorschlag formuliert. Dieser wurde aus der Revolution in die politischen Auseinandersetzungen der Weimarer Republik mitgenommen. Der Kavalleriegeneral v. Vietinghoff erklärte 1919 den Sieg der Revolution mit „verräterischen Schießverboten", dem Fehlen männlich entschiedener Kaiserberater in Spa und der Tatsache, daß sich die alten Gewalten zu früh „geduckt" hatten.[121] Die Ankündigung Wilhelms II. vor seiner Flucht, er werde die Revolution gnadenlos zusammenschießen lassen, blieb zum Leidwesen vieler Offiziere ein rein verbaler Kraftakt. Der konterrevolutionäre Marschplan, für den Friedrich Graf v. d. Schulenburg in Spa ebenso energisch wie vergeblich plädiert hatte, wurde noch Jahrzehnte später debattiert. Elard v. Oldenburg-Januschau hatte Hindenburg bekniet, vor konterrevolutionärem Blutvergießen nicht zurückzuschrecken. Die Ankündigung des Generalobersten v. Linsingen, Oberbefehlshaber der Marken, er werde „schießen lassen" hatte Oldenburg „mit übermächtiger Freude" erfüllt, da er überzeugt war, „daß durch eine solche große energische Tat sich alles wieder zum Guten wenden könnte."[122] Selbst der besonnen-moderate Kuno Graf v. Westarp hatte es unter Berufung auf ein Grillparzer-Zitat bereits im Vorfeld des 9. November abgelehnt, die Verhinderung des Bürgerkriegs über das Schicksal des Kaisers zu stellen: „Die Ehre des Königs steht nicht um tausend Menschenleben feil."[123] Vorstellungen dieser Art entstammten einem engen Gesichtskreis und der habituell eingeschriebenen Gewöhnung an Autorität, Hierarchie und Befehlswege, die im Störfall durch physische Gewalt wieder gangbar gemacht werden konnten. Nicht zufällig steht Oldenburgs Bericht über seinen revoltierenden Knecht, den er am Ohr auf die Knie zerrt und mit dem Knotenstock bedroht, direkt neben der Männerphantasie, die gesamte Revolution „niederzutrampeln".[124]

Zweifellos hing die Brutalisierung der Metaphern mit der im Weltkrieg radikalisierten Übertragung militärischen Denkens auf das (politische) Zivilleben zusammen. Der nach 1918 beschleunigte Verfall des im Adel seit Jahrhunderten sorgfältig gepflegten „guten Tones" und die Ausbreitung einer schroffen Kasernen- und Frontsprache betrafen selbstverständlich nicht allein

---

[121] General der Kavallerie v. VIETINGHOFF, Sie wissen nicht, was sie tun, in: Kreuzzeitung 10.10.1919 und danach in: DAB 1919, S. 330-333.
[122] OLDENBURG, S. 207f.
[123] WESTARP am 25.19.1918 in der Kreuzzeitung, zit. n. Kuno GRAF v. WESTARP, Das Ende der Monarchie am 9. Nov. 1918, Hg. v. Werner Conze, Berlin 1952, S. 190.
[124] OLDENBURG, S. 207f. Als weiteres, prominentes Beispiel s. August v. CRAMON, Die tragische Schuld Hindenburgs (1934), in: BAMA, N266, Nr. 83.

5.3.) Reaktionsmuster: Rückzug, Sammlung, Brutalisierung 223

„den" Adel. Aber eine wachsende Anzahl von Adligen trat nun offensiv unter Verwendung des neuen Stils hervor. Der Bericht über den „Deutschen Tag" in Coburg, den der in Alldeutschem Verband und DAG gleichermaßen einflußreiche Gerzlaff v. Hertzberg-Lottin 1922 an Heinrich Claß richtete, gibt eine durchaus charakteristische Kostprobe dieser Brutalisierung. Hitler und „seine Garden", so der ehemalige Landrat, hätten es „den Roten" gezeigt: „die zerschlagenen Hirnschalen müssen erst wieder zusammenwachsen."[125]

Die Gefühle von Verzweiflung, Angst, Trauer, Leid, Haß und Ekel, die von der Revolution im Adel ausgelöst wurden, finden sich in drastischen Schilderungen über die „Judenseuche" wieder, die Staat und Volk „zersetzt" hätten. „Es ist ekelhaft", klagte Baron Uexküll Anfang 1919 in einem Brief an Fürst Eulenburg, „innerhalb der Zersetzung zu leben". Uexküll verwendete zwei Metaphern, welche die beiden großen Strategien der politischen Rechten nach 1918 vorwegnahmen: „Zweierlei Auswege sehe ich. Ein fremder Chirurg, der das Bolschewistengeschwür ausschneidet. Dabei wird der Staat stark amputiert werden. Und zweitens die grosse mystisch-religiöse Reaktion, wenn das allgemeine Hungern beginnt."[126]

An der Organisation einzelner Mordaktionen in der ersten Brutalisierungsphase der Konterrevolution waren einzelne Adlige führend beteiligt.[127] Wie sehr Techniken der „Auseinandersetzung" wie Zusammenschlagen, Erschießen und Morden des politischen Gegners auch in wachsenden Kreisen des Adels hoffähig wurden, zeigt auch die Biographie des Eisner-Mörders Anton Graf v. Arco-Valley. Der junge Graf, der im Februar 1919 den bayerischen Ministerpräsidenten Kurt Eisner von hinten erschoß und später im NS-Staat bei der Lufthansa Karriere machen sollte, war und blieb nach seiner vorzeitigen Haftentlassung Mitglied der exklusivsten bayerischen Adelsorganisationen.[128] Der Ehemann einer Gräfin v. Arco-Zinneberg blieb das unverändert etablierte Mitglied der „besten" Heirats- und Verkehrskreise des bayerischen Adels – ein uradliger Mörder, der von vielen seiner Standesgenossen nicht nur akzeptiert, sondern als Held verehrt wurde. Bei allen Zweifeln an der charakterlichen Eignung des Attentäters zum „Führer" galt Arco nicht zuletzt im Umkreis des Bayerischen Heimat- und Königbundes als Tyrannenmörder, der

---

[125] Hertzberg an Claß, zit. n. Willi KREBS, Deutschvölkischer Schutz- und Trutzbund, in: Fricke u. a. (Hg.), Lexikon, Bd. 2, S. 568.

[126] Jakob FRHR. V. UEXKÜLL an Fürst Eulenburg, 13.1.1919, in: BLHA Rep. 37 Liebenberg, Nr. 657, Fol. 33f.

[127] Das Kommando zur Ermordung Karl Liebknechts im Berliner Tiergarten wurde von Kapitänleutnant Horst v. Pflugk-Harttung geführt. Dazu: Andreas HALLEN, Die ermordete Revolution. Der 15. Januar 1919 – Ein Stimmungsbild, in: Revolution und Fotografie. Berlin 1918/19, Berlin 1989, S. 263-286, hier v. a. S. 267-269, 277.

[128] Anton Graf v. Arco-Valley gehörte sowohl dem Münchener Herrenklub als auch der Genossenschaft katholischer Edelleute an; vgl. die Mitgliederverzeichnisse von 1925 und 1930 in: BayHStA, GKE, Bd. 2/2 und BayHStA, Slg. Varia Nr. 160 (Herrenklub). Detailliert zu Arco und dem Attentat: Friedrich HITZER, Anton Graf Arco. Das Attentat auf Kurt Eisner und die Schüsse im Landtag, München 1988.

einen „Schädling beseitigt" hatte.[129] Den im rechten Lager verbreiteten und z.t. unverhohlenen Freudensbekundungen über „die Tat" des jungen Grafen stimmten auch Adlige aus den „besten Familien" bei.[130] Nicht anders hatten im Norden des Landes Adlige aus den renommiertesten Familien öffentlich und privat jubiliert, nachdem man „die freche Jüdin Rosa Luxemburg gelyncht" hatte: „Dem Himmel sei Dank! Nun wird man hoffentlich reinen Tisch mit der ganzen Sippe machen."[131] Der 1932 von Kronprinz Wilhelm bei Schleicher und Hindenburg eingereichte Ratschlag, nicht zu „anständig" zu sein und politische Gegner mit „rücksichtsloser Energie" zu verfolgen,[132] läßt sich als Beleg für die ständig schrumpfende Distanz lesen, die einst zwischen „adliger Kampfesweise" und rohem Landknechtsstil, zwischen „ritterlichem" Ehrenkodex und enthemmter Gewalt gedanklich, sprachlich und faktisch bestanden haben mag. Nicht erst im Kontext des 20. Juli 1944, sondern bereits hier bestünde Anlaß, das tausendfach verwendete Marwitz-Zitat zu bemühen, mit dem genau diese Distanz immer wieder behauptet worden ist. Da nach 1918 jedoch ein Bruch, nicht die Kontinuität der „ritterlichen" Kampfführung anzuzeigen ist, wäre das Zitat zu variieren: Immer mehr Adlige wählten sprachlich und faktisch die rohe Gewalt, wo „Ritterlichkeit" keine „Führung" brachte.[133]

Der Zusammenbruch institutioneller Strukturen, die dem Adelshabitus seit Jahrhunderten als Rahmen gedient hatten, bereitete der sprichwörtlichen Stabilität adliger Weltdeutungen und Verhaltensweisen ein Ende. Ein erheblicher Teil der Auffassungen und Verhaltensregeln des Adels, die Marion Gräfin Dönhoff treffend als „Sicherheitsgeländer" beschreibt,[134] brach unter der Last

---

[129] Bericht eines bayerischen Adeligen v. 12.6.1925 an Baron Lüninck, WAAM, Nl. Lüninck, Nr. 696.

[130] LÖWENSTEIN, S. 32.

[131] Andreas v. Bernstorff, Tagebucheintrag vom 17.1.1919, zit. n. CONZE, Von deutschem Adel, S. 156. Vgl. Karl GRAF V. BERNSTORFF an Kuno Graf v. Westarp, 19.3.1930, in: AFHG, Nl. Westarp, VN 1, 1930, A-C, Nr. 55, über eine Amnestie für Femermörder.

[132] KRONPRINZ WILHELM an Schleicher und Hindenburg, 24.6.1932, in: BAMA, N 42, Nr. 27, Fol. 43-49.

[133] Der Satz –„Sah Friedrichs Heldenzeit und kämpfte mit ihm in allen seinen Kriegen, wählte Ungnade, wo Gehorsam nicht Ehre brachte"– ist als Zitat-Evergreen für die adlige Selbstdarstellung und in den Gedenkreden zum 20. Juli 1944 von großer Bedeutung. Er gibt die Inschrift eines Gedenksteins auf dem märkischen Gut Friedersdorf wieder und bezieht sich auf Johann Friedrich Adolf v. d. Marwitz, der sich im Siebenjährigen Krieg als Kommandeur des Regiments Gensd'armes geweigert hatte, den königlichen Befehl zur Brandschatzung eines sächsischen Schlosses auszuführen. Zit. n. der einflußreichen Rede von Theodor HEUSS am 20.7.1954 im Auditorium Maximum der Freien Universität Berlin, in: Der 20. Juli 1944. Reden zu einem Tag der deutschen Geschichte, Bd. 1, Hg. von der Gedenkstätte Deutscher Widerstand, Berlin 1984, S. 56. Eine typische Referenz jüngeren Datums bei Bodo SCHEURIG, Insubordination als Gebot. Eine alte preußische Tugend und ihr später Verfall, in: FAZ vom 3.8.1996. Vgl. die Analyse von Ewald FRIE, Preußische Identitäten im Wandel (1760-1870), in: HZ 272 (2001), S. 569-585.

[134] DÖNHOFF (1989), S. 42.

5.3.) Reaktionsmuster: Rückzug, Sammlung, Brutalisierung 225

von Kriegsniederlage und Revolution zusammen – der Adelshabitus und die in ihm aufbewahrten Denk- und Verhaltensvorgaben waren fortan entsichert.

Zweifellos läßt sich die These einer nach 1918 erheblich gesteigerten „Gewaltakzeptanz"[135] auch auf große Teile des Adels übertragen. Diese Form der Brutalisierung, an deren Ende der politische Gegner nicht mehr politisch bekämpft, sondern totgeschlagen wird, hat Geoff Eley als zentrales Element bei der Entfaltung „faschistischer Potentiale" beschrieben.[136] Grenzüberschreitungen, die mit gedanklichen und sprachlichen Formveränderungen beginnen und – wenn die Ehre Treue heißt – in der Exekution physischer Gewalt gegen wehrlose Gegner enden, lassen sich nicht nur für die marodierenden „Landsknechte", sondern auch für den Adel beschreiben. Die Zurückhaltung gegenüber roher Gewalt, die sich für die Rechte der Vorkriegszeit und ihre Verbände beschreiben läßt,[137] löste sich nach 1918 unter aktiver Mitwirkung des Adels auf.

Die brutalste Variante der Vorstellung, gesellschaftliche Konflikte durch ein Maximum an „Härte" und männlich-militärischer Führungskraft lösen zu können, bietet der Freikorpsführer und Nationalsozialist Manfred v. Killinger in seinen Erinnerungen. Genüßlich breitet Killinger aus, wie eine von ihm geführte Soldateska 1919 im roten München „Ordnung" schafft: Ein Gefangener bekommt eine Handgranate „rin in die Kiemen", „gurgelt" in seinem Blut und „torkelt von dannen". Eine gefangengenommene Frau, welche die Fäkalsprache des Autors als lüsternes „Schwabinger Malweibchen" porträtiert, wird von mehreren Männern zusammenschlagen und ausgepeitscht, „bis kein weißer Fleck mehr auf ihrer Rückseite war". Killingers Kommentar: „'Roh', wird mancher sagen. Stimmt, aber richtig. Alles andere würde von dem Gesindel als Schlappheit ausgelegt werden." An mehreren Stellen wird deutlich, daß der Autor hier nicht nur einen blutrünstigen Frontroman, sondern auch ein zukunftsträchtiges Führungsmodell vorstellt. Die Revolution konnte aus demselben Grund gelingen, aus dem der Kapp-Putsch wenig später „in die Binsen ging": Die Verantwortlichen verhielten sich wie „Karnickel". Beides wäre, so die Botschaft, vermeidbar gewesen, wenn man das adligmilitärische Führungspotential früh genug von der Kette gelassen hätte. Denn „Führer, [die] den Teufel aus der Hölle holte[n], wenn es sein mußte", standen zur Niederschlagung der „Minderwertigen" bereit.[138] In der äußerst primiti-

---

[135] Dirk SCHUMANN, Einheitssehnsucht und Gewaltakzeptanz. Politische Grundpositionen des deutschen Bürgertums nach 1918, in: Mommsen (Hg.), Der Erste Weltkrieg, S. 83-106.
[136] Geoff ELEY, Conservatives and Radical Nationalists in Germany: The Production of Fascist Potentials, 1912-1928, in: Martin Blinkhorn (Hg.), Fascists and Conservatives. The Radical Right and the Establishment in Twentieth-Century Europe, London 1990, S. 50-70, hier S. 51.
[137] Heinz HAGENLÜCKE, Formverwandlungen der Politik in Deutschland, in: Mommsen (Hg.), Der Erste Weltkrieg, S. 107-124, hier S. 121.
[138] KILLINGER, s. v. a. S. 13ff. und 52f.

ven Brutalität der Darstellung zweifellos eine Ausnahme,[139] liefert der inhaltliche Kern von Killingers Erinnerungen vielleicht das adlige Erinnerungswerk, das die Interpretation der Revolution und die vermeintlichen Lehren, die ein Großteil des Kleinadels daraus zog, am deutlichsten darstellt. Seiner brutalen Worthülsen entkleidet, ist die hier formulierte Botschaft durchaus charakteristisch für die Selbstdarstellung, die sich adlige Autobiographen nach 1918 bemühten, auf den Markt der Meinungen und Interpretationen zu bringen. Im Hinblick auf Kapp-Putsch und marodierende Freikorps erscheint es jedenfalls angemessener, die auch den Adel betreffende Brutalisierung zu beachten, als in heiteren Anekdoten von der „urwüchsigen Originalität" des ostelbischen Adels und seiner konterrevolutionären „Husarenstreiche" zu plaudern.[140]

Die Vorstellung, der revolutionäre Umsturz wäre durch entschiedenes, rechtzeitiges und sorgfältiges „Zusammenschießen" nicht näher definierter Menschengruppen aufzuhalten gewesen, findet sich auch in den posthum veröffentlichten Memoiren des ehemaligen Kaiserberaters Friedrich v. Berg-Markienen. Der entscheidende Fehler, so der Vorsitzende der DAG, bestand darin, daß man gegen den Zerfall der Disziplin „nicht genügend scharf einschritt. Bei den ersten Deserteuren, bei böswilliger Urlaubsüberschreitung hätten einige Dutzend Leute totgeschossen werden müssen. Das hätte gewirkt. Man hat es nicht getan aus Angst vor den Links-Parteien. Das hat das Verderben gezeigt."[141] In nationalsozialistischen Erklärungen der Revolution wird später beklagt werden, daß niemand „königlicher sein wollte als der König", da sonst „der ganze Spuk bei der ersten scharfen Maschinengewehrgarbe zerflogen" wäre.[142] Dieses Erklärungsmuster ist im übrigen auch für die Bewertung des Kapp-Lüttwitz-Putsches typisch, dessen Scheitern darauf zurückgeführt wurde, „daß Kapp und die Seinen nicht hart genug gewesen waren. [...] Wer einen Staatsstreich machen will, muß doch vorher die Handschuhe

---

[139] Manfred v. Killinger (1886-1944), gehörte einer briefadligen Familie an, die in der zweiten Hälfte des 18. Jahrhunderts geadelt worden war. Sein Vater war in Sachsen Gutsbesitzer, die Mutter und die 1917 geheiratete Ehefrau bürgerlich. Im Krieg Kapitän eines Torpedobootes, war Killinger später Bataillonsführer im Freikorps Erhardt, führend an der Ermordung Erzbergers beteiligt, in Sachsen Führer der Wikingjugend und für die NSDAP Abgeordneter im sächsischen Landtag (1928), ab 1932 dann im Reichstag.

[140] So GÖRLITZ, Junker, S. 343, über die Beschießung der Stadt Waren, auf die Baron Stefan Le Fort mit einem aus dem Krieg als Souvenir mitgebrachten Feldgeschütz feuern ließ. Die blutige Aktion forderte fünf Tote und elf Schwerverletzte, was man bei Görlitz nicht erfährt, der dafür folgenden Zusatz bietet: „eine Tat, die sehr rasch alle weltrevolutionären Gelüste besänftigte". Die Episode wird von Uwe Johnson in den *Jahrestagen* behandelt. Vgl. dazu Uwe JOHNSON, Zurück in die Heimat und weg aus ihr (unveröffentlicht), in: du, 10/1992, S. 68-71. Zu Görlitz vgl. die ähnlich unangemessen heiteren Anekdoten bei ROGALLA V. BIEBERSTEIN, Adel und Revolution, S. 250-255.

[141] Friedrich V. BERG, Erinnerungen, S. 154 (verfaßt 1920, ediert 1971).

[142] Darstellungen aus den Nachkriegskämpfen deutscher Truppen und Freikorps, Bearbeitet und herausgegeben von der Forschungsanstalt für Kriegs- und Heeresgeschichte, 9 Bde., 1936-1943, zit. Bd. 5, Berlin 1939, S. 3.

5.3.) Reaktionsmuster: Rückzug, Sammlung, Brutalisierung

ausziehen."[143] Hier und in späteren Jahren waren Kraftworte dieser Art mehr als verbale Drohgebärden. In vielen Fällen handelte es sich um konkrete Handlungsanweisungen, die man dort, wo sie sich nicht direkt umsetzen ließen, an andere weiterleitete. Das gleiche Muster findet sich im Inneren des kaiserlichen Beraterstabes. Der politische Generalbevollmächtigte Wilhelms II. raisonierte 1931 in einem Brief an Fürst Donnersmarck, man solle gegen Kommunisten „brutal" vorgehen. „Wo der Kommunist gewaltsam und umstürzlerisch auftritt, da soll er vom Fleck weg umgebracht werden durch den örtlichen Gegenterror." Der Seeoffizier a. D. wußte auch Rat, wer diese Aufgabe übernehmen könnte – „dazu sind die Hitlerleute erzogen."[144]

Inhalt und Stil der Ratschläge, die der politische Chefberater des Exilkaisers erteilte, fanden sich auch in den Äußerungen des preußischen Kronprinzen wieder. In einem Schreiben an Hindenburg und Schleicher knüpfte Kronprinz Wilhelm im Juni 1932 an die Hunnen-Reden-Tradition seines Vaters an, dessen waidmännische Formeln mehrfach gefordert hatten, neben „scheel" blickenden Chinesen auch unbotmäßige Untertanen „zur Strecke" zu bringen.[145] Ähnlich wie sein Vater brachte auch der Kronprinz eine durchaus konkrete Forderung vor, indem er die Generale wissen ließ, er wolle süddeutsche Quertreiber „mit rücksichtsloser Energie ausgeschaltet" und „mal eine Anzahl Kommunisten aufs Pflaster gelegt" sehen.[146] Kurz bevor der Kronprinz in einem Brief an Hitler dessen „so wundervolle Bewegung" mit hochadligem Lob bedachte,[147] sandte er an Reichswehrminister Groener die kritische Frage, wie dieser „das wunderbare Menschenmaterial, das in der SA und SS vereinigt ist und das dort eine wertvolle Erziehung genießt, zerschlagen helfen" konnte.[148]

---

[143] SELCHOW, S. 322f.
[144] Die ursprüngliche Formulierung „ermordet" hatte Levetzow durchgestrichen. Magnus v. LEVETZOW an Guidotto Fürst v. Donnersmarck 28.8.1931, in: Granier, Levetzow, S. 303.
[145] In seinen 1924 publizierten Memoiren zitierte Robert GRAF V. ZEDLITZ-TRÜTZSCHLER, S. 74f. ein Telegramm, das Wilhelm II. nach einem Streik der Straßenbahnangestellten an das Generalkommando des Gardekorps schickte, wie folgt: „Ich erwarte, daß beim Einschreiten der Truppen mindestens fünfhundert Leute zur Strecke gebracht werden." Zur Einordnung s. Bernd SÖSEMANN, „Pardon wird nicht gegeben; Gefangene nicht gemacht." Zeugnisse und Wirkungen einer rhetorischen Mobilmachung, in: Der letzte Kaiser, S. 79-94. Wie vor tausend Jahren nach dem Auftreten der Hunnen, hieß es in den berüchtigten Worten, die Wilhelm II. am 27.7.1900 den nach China aufbrechenden Truppen mitgab, sollte künftig kein Chinese mehr wagen „einen Deutschen auch nur scheel anzusehen" (Zit. n. ebd., S. 81, vgl. dazu BÜLOW, Denkwürdigkeiten, Bd. 1, S. 358-361).
[146] Briefe des KRONPRINZEN z.T. zur Weitergabe an Berg, Schleicher, Hindenburg, Papen und Neurath, Juni 1932, in: BAMA, N 42, Nr. 27, Fol. 43-49.
[147] KRONPRINZ WILHELM an Hitler, 25.9.1932, in: GStAPK, Rep. 54, Nr. 137.
[148] KRONPRINZ WILHELM an Groener, 14.4.1932, zit. n.: Klaus W. Jonas, Der Kronprinz Wilhelm, Frankfurt a. M. 1962, S. 232.

Die „Reitpeitschenmanieren"[149] und Kraftworte des Kronprinzen müssen wohl auch als verbale Kompensation eines Verhaltens ausgelegt werden, das ein Großteil des Adels ihm und v. a. seinem Vater seit dem 9. November 1918 als unverzeihliches Versagen auslegte. Mit der Kaiserflucht und ihrer Interpretation wendet sich der folgende Abschnitt einem der wichtigsten Wendepunkte im Prozeß der Auflösung adliger Traditionen zu.

5.4.) Entfernung von der Truppe: Interpretation und Wirkung der Kaiserflucht

> „So Kinder, nun bewaffnet Euch!"[150]
> – Wilhelm II. am 9. November 1918 zu seinen Begleitern

Als das kaiserliche Fluchtfahrzeug am Ende einer gespenstischen Nachtfahrt am frühen Morgen des 10. November 1918 holländischen Boden erreicht hatte, soll Wilhelm II. seinen Begleitern Rauchzeichen der Erleichterung gegeben haben: „Kinder, raucht auch – ihr habt's verdient".[151] Sechzehn Jahre später fand der Exilkaiser für seine ehemalige Entourage weniger freundliche Worte: „Blut muß fließen, viel Blut, bei den Offizieren und den Beamten, vor allen beim Adel, bei allen, die mich verlassen haben"[152]. Zwischen beiden Zitaten liegt eine im Adel besonders intensiv geführte Deutungsdebatte über das kampflose Abtreten Wilhelms II., der sich ebenso wie alle Bundesfürsten des Reiches[153] ohne jeden Ansatz von Gegenwehr in Sicherheit gebracht hatte. Im Adel hatte sich in dieser Debatte eine eigene Vorstellung darüber herausgebildet, wessen Blut im November 1918 hätte fließen sollen und wer wen verlassen hatte. Die Überlieferungen zur Kaiserflucht quellen über von dramatischen Momenten, Entscheidungen großer Männer, markigen Worten und Anekdoten. Die Bedeutung der Flucht und ihrer Interpretation im Adel erschöpft sich allerdings keineswegs im Anekdotischen. Was auf den ersten Blick wie ein groteskes Detail im Gesamtzusammenhang der deutschen Revolution wirkt, erweist sich bei näherer Betrachtung der inneradligen Debatten als Wendepunkt, der für die politischen Orientierungen innerhalb des symbolfixierten Adels von immenser Bedeutung war. V. a. im

---

[149] So die Formulierung bei GROENER in einem Schreiben vom 29.11.1932 an seinen ehemaligen Zögling Kurt v. Schleicher: „Die Reitpeitschenmanieren müssen aufhören. Das kann auch Hitler.", in: Ursachen und Folgen, Bd. 8, S. 711.
[150] ILSEMANN, Kaiser, Bd. 1, S. 39
[151] Detaillierte Schilderung bei ILSEMANN, Kaiser, Bd. 1, S. 36-49, zit. S. 45.
[152] (In der publizierten Fassung gestrichene) Tagebucheintragung Sigurd V. ILSEMANNS vom 22. August 1934, zit. nach: KOHLRAUSCH, Flucht, S. 67.
[153] Eine Übersicht über den „unheimlich starken Abgang des Hohenzollernkaisers Wilhelm II." und die Abdankung der achtzehn Bundesfürsten bietet im Stil des historisch informierten Feuilletons: Hans RIEHL, Als die deutschen Fürsten fielen, München 1979 (zit. ebd., Kapitelüberschrift, S. 95).

5.4.) Entfernung von der Truppe: Interpretation der Kaiserflucht

preußischen Adel wurden Tatsache und Deutung der Kaiserflucht bedeutsam für die Dekomposition des adligen Weltbildes, die Schwäche des preußischen Monarchismus, den Niedergang konservativer und die Konjunktur neu-rechter Ideologien. Gerade im Adel war die Kaiserflucht schließlich eine Voraussetzung für die Entstehung jenes symbolischen und politischen Vakuums, in dem verschiedenste Führersehnsüchte und die Anerkennung von Hitlers Rollenwechsel „vom Trommler zum Führer"[154] gedeihen konnten.
Nicht nur unmittelbar nach 1918 ist die Kaiserflucht, an der sich die Forschung bis vor kurzem erstaunlich desinteressiert zeigte,[155] als Konzentrat schicksalhafter Entscheidungen großer Männer erzählt worden. In diesem Kapitel interessieren weniger die Ereignisgeschichte, als die adligen Deutungen der Flucht des „fleischgewordenen Unglücks der jüngeren deutschen Geschichte vor Hitler."[156] Nicht das Ereignis selbst, sondern die an ihm zu gewinnenden Einblicke in die Weltbilder der Entourage um den Kaiser stehen hier im Mittelpunkt. Nicht als verhängnisvoller Entschluß einer kleinen Gruppe von *decision-makers*, sondern als symbolschwerer Höhepunkt eines längeren Prozesses, der den Kaiser in ein spannungsvolles Verhältnis zu den preußischen Militär-Clans brachte, erscheint eine nähere Betrachtung der Vorgänge lohnend.

Zur Vorstellung, dem Kaiser hätte noch im November 1918 eine gangbare Alternative zum Rückzug offengestanden, gehörten zwei unterschiedliche Erklärungen der Zerstörung dieser vermeintlichen Alternative. Eine (schrumpfende) Gruppe von älteren, zumeist adligen Offizieren, Beamten und Flügeladjutanten und ihre publizistischen Hilfstruppen arbeiteten, meist in jahrelanger Kleinarbeit und z.T. gegen besseres Wissen, an der Legende des Führer-Kaisers, der von schwächlichen und unfähigen Beratern umgeben und verraten wurde, die schließlich seine „Reise nach Holland"[157] durchsetzten. Neben dem absurden Begriff der „Abreise" wurde in dieser Gruppe auch die Formel

---

[154] Albrecht TYRELL, Vom „Trommler" zum „Führer", München 1975.
[155] Jenseits einer in den 1920er Jahren entstandenen Flut von Pamphletliteratur ist die Kaiserflucht in der historischen Forschung weitgehend ignoriert worden. Eine apologetisch gefärbte, empirisch dichte Darstellung aus der älteren Literatur liefert Ernst Rudolf HUBER, Deutsche Verfassungsgeschichte seit 1789, Bd. 5, Stuttgart u. a. 1978, S. 658-706; CECIL, Wilhelm II., Bd. 2, S. 283-295; HULL, Entourage, S. 288-292. Dieser Forschungsstand hat sich durch die Arbeiten von Martin Kohlrausch, der die Kaiserflucht als Endpunkt der Entfremdung von Monarch und Öffentlichkeit untersucht, grundlegend geändert. Vgl. dazu folgende Arbeiten: Martin KOHLRAUSCH, The Deserting Warlord: Fashioning Wilhelm II's Flight in Germany after the First World War, MA Dissertation, University of Sussex 1997; DERS., Flucht, S. 65-101 und vor allem seine 2003 am Europäischen Hochschulinstitut in Florenz eingereichte Dissertation: Monarchie und Massenöffentlichkeit. Martin Kohlrausch danke ich für unzählige Hinweise und Diskussionen. Der folgende Abschnitt verdankt seiner Kaiser-Expertise, die irgendwann noch Röhlsche Dimensionen annehmen wird, sehr viel.
[156] NIPPERDEY, Deutsche Geschichte, Bd. 2, S. 421.
[157] So die Formulierung im Buch des Kronprinzen, S. 304.

verwandt, Wilhelm II. sei im November 1918 „zur Seite getreten"[158] bzw. „fortgegangen". Auf der anderen Seite stand eine (wachsende) Gruppe v. a. jüngerer Adliger, die das Verhalten des letzten Kaisers als „Flucht" oder gar „Desertion" bewerteten, in der die bereits in den Vorkriegsjahren offen kritisierte „Führungsschwäche" des Monarchen ihren dramatischen Endpunkt gefunden hatte. Daß sich die Vorstellung einer nicht genutzten Alternative als Illusion widerlegen läßt, schmälert ihre zeitgenössische Bedeutung nicht; innerhalb des Adels tauchte sie frühzeitig auf[159] und blieb weit über das Ende des zweiten Weltkrieges hinaus Gegenstand erregter Debatten und Schuldzuweisungen.

Die nervösen Beratungen im militärischen Hauptquartier in Spa, wo Wilhelm II. am 29. Oktober eingetroffen war, die Einzelheiten der Verhandlungen mit der immer nachdrücklicher auf Abdankung drängenden Reichsleitung um Prinz Max v. Baden sind minutiös rekonstruiert worden und müssen hier nicht im einzelnen dargestellt werden. Erinnert sei lediglich an die Abdankungserklärung, die in Berlin durch den Reichskanzler ohne Rücksicht auf kaiserlichen Widerstand und die Wunschkonstruktion der kaiserlichen Entourage, dem Monarchen zumindest die Stellung als preußischer König zu erhalten,[160] am Nachmittag des 9. November bekannt gegeben wurde.

Weit von der Hauptstadt entfernt debattierte die militärisch-diplomatische Entourage des Kaisers im männerbündischen „Soziotop"[161] von Spa drei verschiedene Optionen. Erstens eine „rechtzeitige" Abdankung mit dem Ziel, die Monarchie als Institution zu erhalten. Diese Option war von Reichskanzler Max v. Baden und seinen Beratern Ende Oktober mit wachsendem Nachdruck debattiert, vom Kaiser jedoch drastisch zurückgewiesen worden. Vergeblich hatte sich der badische Prinz bemüht, dem Kaiser die Notwendigkeit der Abdankung durch einen Standesgenossen persönlich vortragen zu lassen.[162] Als der schließlich im Auftrag des Reichskanzlers gesandte Emissär, der preußische Innenminister Drews, die Auffassung des Kanzlers und des Auswärtigen Amtes am 1. November vortrug, wurde er vom Kaiser in schroffer Form zurückgewiesen: „Wenn nur das Geringste passiert, dann schreibe ich denen die Antwort mit Maschinengewehren auf das Pflaster, und wenn ich mir mein eigenes Schloß zerschieße; aber Ordnung muß sein."[163] Nach dem Bericht des kaiserlichen Flügeladjutanten hatte Wilhelm II. für den Fall bolschewistischer

---

[158] Siegfried GRAF ZU EULENBURG-WICKEN, Warum ging der Kaiser nach Holland?, in: Kreuzzeitung, 29.8.1926, zit. n. Abschrift in: BayHStA, Nl. Leinhaas, Nr. 38.
[159] Als frühe Darstellung im Adelsblatt s. den Beitrag des Kavallerie-Generals v. VIETINGHOFF: ‚Sie wissen nicht, was sie tun' in: DAB 37/1919, S.331 und Kreuzzeitung vom 10.10.1919. Die Behauptung, zum erlösenden Marsch auf Berlin habe nur der Führer gefehlt, steht hier neben Schuldzuweisungen an ‚die Juden'.
[160] Vgl. dazu die bei HUBER, Verfassungsgeschichte, S. 658ff., versammelten Bedenken.
[161] KOHLRAUSCH, Flucht, S. 77.
[162] BADEN, S. 551-560; CECIL, Wilhelm II, Bd. 2, S. 288; KOHLRAUSCH, Warlord, S. 9.
[163] So Wilhelm II. eigene Darstellung: Vorwort von Werner Conze in: WESTARP, Ende, S. 190.

5.4.) Entfernung von der Truppe: Interpretation der Kaiserflucht

Aufstände hier bereits explizit einen Marsch auf Berlin unter seiner Führung angekündigt: „[Dann] stelle ich mich an die Spitze einiger Divisionen, rücke nach Berlin und hänge alle auf, die Verrat üben. Da wollen wir mal sehen, ob die Masse nicht doch zu Kaiser und Reich hält!"[164]

Zu Beginn der Revolution entwickelte Generalquartiermeister Wilhelm Groener, dessen Analyse von Hindenburg inhaltlich gedeckt wurde, am 8. und 9. November in den militärischen Lagebesprechungen ein pessimistisches Szenario. Nach Groeners nüchterner Auffassung war das Heer nur noch bedingt in der Hand der Kommandeure, würde dem Kaiser nicht mehr folgen und sei insbesondere für einen Kampf gegen die Revolution nicht brauchbar.

Eben dies war jedoch die zweite Option, die durch Friedrich Graf v. d. Schulenburg, den Chef des Generalstabs der Heeresgruppe Kronprinz, ins Spiel gebracht und zäh verteidigt wurde. Schulenburg hielt die Sammlung zuverlässiger Truppenteile, ihre Ausstattung und Versorgung und einen Marsch über die von revolutionären Truppen kontrollierten Rheinbrücken nach einer zweitägigen Ruhepause für realisierbar. Unterstützt von zwei weiteren, vorsichtiger argumentierenden Generalen plädierte Schulenburg für einen vom Kaiser geführten langen Marsch auf Berlin mit dem Ziel, die Revolution mit Waffengewalt niederzuschlagen.[165] Bereits dieser Plan eines vom Kaiser geführten konterrevolutionären Marsches auf Berlin behandelte das Leben des Monarchen wie eine Verfügungsmasse seiner Getreuen. Selbst wenn Schulenburg den Tod seines Herrn im Kampf nicht als Ziel angestrebt und tatsächlich an einen militärischen Sieg über die Revolution geglaubt haben sollte, zeigen die Formulierungen überdeutlich, daß ein solches Ende bewußt einkalkuliert und der kaiserlichen „Reise nach Holland" vorgezogen wurde. Schulenburgs Bitte an den Kaiser, „nach vorn zu uns" zu kommen und die mehrfach geäußerte, später propagandistisch ausgewalzte Bereitschaft des Kaisers, den Kampf „bis zum äußersten" aufzunehmen, weisen klar in diese Richtung.[166] In einem Brief, den Schulenburg neun Tage zuvor an einen Freund geschrieben hatte, hatte der General zwar noch gehofft, einen Bürgerkrieg vermeiden zu können, den Tod jedoch auch für sich selbst als Erlösung angesehen: „Ich beneide diejenigen, die der grüne Rasen deckt und die in dem stolzen Bewußtsein gefallen sind, daß die Kraft unseres Volkes nicht zerbrochen werden kann und daß sein treues, tapferes Heer nicht zu besiegen ist."[167] Schulenburgs Marschplan nahm die brutale Freikorps-Realität vorweg: die rücksichtslose Fortführung des Krieges im Inneren, im Kampf gegen Männer, die eben noch Kameraden gewesen waren. Er konnte darüber hinaus an die

---

[164] Wilhelm II. zu Minister Drews am 1.11.1918 nach dem Zeugnis ILSEMANNs, Kaiser, Bd. 1, S. 31.
[165] Detaillierte Darstellung in der Denkschrift SCHULENBURGs zum 9. November, LHAM-AW, Rep. H Karow, Nr. 219, Fol. 48-57.
[166] Zit. aus der Denkschrift SCHULENBURGs über 9. November in: LHAM-AW, Rep. H Karow, Nr. 219, Fol. 56. Vgl. dazu Wilhelm KRONPRINZ V. PREUßEN, S. 306f.
[167] SCHULENBURG an Graf v. Arnim-Boitzenburg, 30.10.1918, in: Briefwechsel Arnim/Schulenburg.

verbalen Stärkeanfälle des Kaisers anschließen, mit denen dieser, ältere Tonlagen aufnehmend,[168] sein Schattenkaisertum noch einmal verbal durchbrochen hatte: Er werde sich an die Spitze einiger Divisionen setzen, nach Berlin marschieren und „die Stadt zusammen[schießen], wenn es sein muß."[169]

Während der zunehmend nervösen Debatte über die beiden erstgenannten Optionen ergab eine improvisierte Befragung von 39 Generalen und Regimentskommandeuren mehrheitlich die Auffassung, das Heer sei für einen Kampf gegen „den inneren Feind" unbrauchbar.[170] In diese Lage hinein fielen die mit zunehmendem Nachdruck vorgetragenen telephonischen Aufforderungen aus der Berliner Reichskanzlei, der Kaiser müsse unverzüglich abdanken, am frühen Nachmittag dann die Information, die Abdankung Wilhelms II. als Kaiser und König sei ebenso wie der Thronverzicht des Kronprinzen durch den Reichskanzler bekannt gegeben worden. Hindenburg, dem die bei Varennes scheiternde Flucht Ludwigs XVI. und das Schicksal der Zarenfamilie – das Schreckbild eines von aufständischen Soldaten gefangengenommen und mißhandelten Königs vor Augen stand,[171] fand offenbar nicht den Mut, das Vabanquespiel des energisch auftrumpfenden Grafen v. d. Schulenburg zu befürworten.[172] Gegen den Vorschlag, in die republikanische Schweiz zu gehen, brachte Hindenburg das nur 50 km entfernte Königreich Holland als praktikabelste Lösung ins Spiel: „Seine Majestät kann, wenn an der Vorderseite der Villa geschossen würde, immer noch aus der Rückfront im Auto fortfahren."[173] Nach weiteren Nachrichten über die Lage in Berlin und Meldungen über aufständische Truppenteile, die sich im Vormarsch auf das kaiserliche Hauptquartier befanden, nach erneutem Vortrag durch den Vertreter des Auswärtigen Amtes, der dringend zur „Abreise" riet, ordnete Wilhelm II. diese schließlich am späten Abend des 9. November für den frühen Morgen des nächsten Tages an.

Der genaue Ablauf dieser Ereignisse ist aus zahlreichen Denkschriften und Memoiren von Beteiligten,[174] v. a. jedoch durch die jahrelange, akribische

---

[168] SÖSEMANN, Pardon, in: Der letzte Kaiser, v. a. S. 79-81.
[169] ILSEMANN, Kaiser, Bd. 1, S. 35.
[170] WESTARP, Ende, S. 47. Den Rand von Hindenburgs Bericht über das Urteil der 39 „bewährten und getreuen Frontoffiziere" versah WILHELM II. mit den Kommentaren: „Komödie!" – „Absolutes Blech!" – „Machwerk!": BAK, N 1101, Nr. 88, Fol. 43-47.
[171] Dazu NIEMANN, Kaiser und Revolution, S. 142f.
[172] BAMA, N 266, Nr. 83: Denkschrift August v. CRAMONS: Die tragische Schuld Hindenburgs (verfaßt 1934), bestätigt durch Dietlof Graf v. Arnim, dem Hindenburg persönlich berichtet hatte: Brief ARNIMS vom 13.5.1928 (vermutlich an Hugenberg, hier zit. n. POMP, Arnim, S. 61.
[173] WESTARP, Ende, S. 95.
[174] Aus der umfangreichen Literatur, die der exkaiserliche Propagandaapparat hinterlassen hat, verdienen die Publikationen von Alfred Niemann Hervorhebung, v. a. wegen der hier abgedruckten Dokumente: Alfred NIEMANN, Kaiser und Revolution. Die entscheidenden Ereignisse im Großen Hauptquartier, Berlin 1922; DERS., Die Entthronung Kaiser Wilhelms II. Eine Entgegnung auf: Ludwig HERZ ‚Die Abdankung', Leipzig 1924 und DERS., Revolution

5.4.) Entfernung von der Truppe: Interpretation der Kaiserflucht

Kleinarbeit, die ein führendes Mitglied der Deutschkonservativen auf sich genommen hatte, bis ins Detail bekannt. Mit großem Aufwand stellte Kuno Graf v. Westarp, der seit 1913 Vorsitzender der Deutschkonservativen Reichstagsfraktion war, ein erstmals im Juli 1919 veröffentlichtes Protokoll zusammen, für das er monatelang die Darstellungen von Beteiligten und Augenzeugen zusammentrug. Wichtiger als dieses, für den politischen Tageskampf zusammengestellte Dokument ist jedoch eine spätere Arbeit Westarps, die äußerst detaillierte Einblicke in die von ihm geführte Hexenküche monarchistischer Legendenschreibung bietet: Die Dokumentation der einzelnen Positionen, der kaiserkritischen Töne und der scharfen Konflikte unter den ehemaligen Kaiserberatern, die das Protokoll vom Sommer 1919 verschweigt, wurden von Westarp ca. 20 Jahre später zusammengestellt und posthum im Jahre 1952 veröffentlicht. Sie ist von der späteren Forschung modifiziert und ergänzt, im wesentlichen jedoch bestätigt worden.[175] Taktisch war die Schrift im Jahre 1919 als Angriff auf die geplante Reichspräsidentschaftskandidatur Prinz Max v. Badens gedacht,[176] langfristig ging es um die Herstellung einer gut dokumentierten Darstellung, mit der die Kritik am Verhalten des Kaisers bekämpft und das Bild eines heroischen, um das Wohl seines Volkes besorgten obersten Kriegsherrn gemalt werden sollte.

Bei der Herstellung des Protokolls, für das Westarp die Einzeldarstellungen ständig einander anglich und vier verschiedene Versionen erstellte,[177] kam es zu erheblichen Meinungsverschiedenheiten der Beteiligten.

Bis zum Erscheinen des Protokolls wandte Graf Westarp viel Mühe auf, um unfreiwillige Offenbarungen dieser Art sprachlich und inhaltlich zurechtzubiegen. Der für seinen Rat vom 9. November von den Generalen Plessen und Schulenburg scharf kritisierte Hindenburg wurde ultimativ zur Unterzeichnung der Darstellung aufgefordert. Wilhelm II. hatte dem Feldmarschall bereits im März 1919 eine holprig formulierte Übernahme der Verantwortung abringen können.[178] Das mit großem Aufwand frisierte Protokoll, das neben

---

von Oben – Umsturz von Unten. Entwicklung und Verlauf der Staatsumwälzung in Deutschland 1914-1918, Berlin 1927.

[175] Kuno GRAF V. WESTARP, Das Ende der Monarchie am 9. November 1918. Abschließender Bericht nach den Aussagen der Beteiligten, Hg. v. Werner Conze, Stollhamm/Berlin 1952, bleibt die zur Darstellung der Vorgänge wichtigste Quelle. Hervorzuheben ist weiterhin die akribische Rekonstruktion bei Ernst Rudolf HUBER, Deutsche Verfassungsgeschichte seit 1789, Bd. 5, Stuttgart/Berlin u. a. 1978, v. a. S. 658-706, über deren *Ergebnisse* auch die gründlichste der neueren Gesamtdarstellungen nicht hinausgeht: Lamar CECIL, Wilhelm II. Volume Two: Emperor and Exile, 1900-1941, S. 274-296.

[176] WESTARP an v. Goltz und v. Graefe, 4. und 5.2.1919, in: BAP, 90 We 4, Nr. 35, Fol. 67-69.

[177] BAP, 90 We 4, Nr. 190-199, insbesondere Nr. 191.

[178] Hindenburgs öffentliche Erklärungen vom 19.3.1919 und vom 16.8.1920 in: WESTARP, Ende, S. 19. Zu Hindenburgs schweren Gewissensnöten über seine am 9. November gegebenen Ratschläge siehe die skurrile Schilderung der Sterbeszene Hindenburgs bei Ferdinand SAUERBRUCH, Das war mein Leben, Bad Wörishofen 1951, S. 219.

Hindenburg und Schulenburg drei weitere Beteiligte unterzeichnet hatten,[179] wurde schließlich am 27. Juli 1919 der Presse zur Veröffentlichung übergeben. Der bürgerliche Württemberger Groener wurde von der preußisch-adligen Offiziersgruppe von der Unterzeichnung ausgeschlossen, ein Affront, der seine Fortsetzung in einem Ehrengerichtsverfahren fand.[180]

In der Summe entwarf die offizielle Darstellung vom Juli 1919 folgendes Bild: Ein ungebrochener, mutig-entschlossener Kaiser trifft in einer ernsten, durch die Schilderungen zaghafter Berater aussichtslos erscheinenden Lage und erst nach der nächtlichen Intervention zwielichtiger Berater den ebenso schweren wie selbstlosen Entschluß, ins Ausland zu gehen, um seinem aufständischen Volk das Leid eines Bürgerkrieges zu ersparen. Betrachtet man die Publikation, die sich als offizielle Bilanz der militärischen Kaiser-Entourage lesen läßt, durch die Adel-Bürgertums-Brille, wird auch hier eine eher zwischen den Zeilen stehende Nuance erkennbar. Aus der Perspektive des preußischen Adels gelesen, handelt es sich hier nicht zuletzt um die Abrechnung der adlig-preußisch-militärischen Kaiserentourage mit den bürgerlich-süddeutsch-zivilen Teilen der ehemaligen Reichsführung. Der heroischen Haltung des Kaisers, des Kronprinzen und seiner treuen Generale von altem preußischen Adel stehen gegenüber: Ein bürgerlicher preußischer Innenminister, der den Kaiser zur Abdankung auffordert (Drews), ein bürgerlicher Zahlmeistersohn aus Württemberg, der die militärische Lage in dunkelsten Farben schildert (Groener), ein bürgerlicher Unterstaatssekretär, der telephonisch zur Abdankung drängt (Wahnschaffe), ein badischer Prinz, der eine gefälschte Abdankungserklärung veröffentlicht (v. Baden) und schließlich zwei Diplomaten, die dem Kaiser zu später Stunde und fern vom Rat seiner altadligen Generale die Abreise nach Holland einreden: ein Sohn aus der morganatischen Ehe eines bayerischen Fürsten (Frhr. v. Grünau), und ein erst 1908 geadelter Marineoffizier (v. Hintze). Das Protokoll bot somit eine Deutung an, warum die erste Option (der „rechtzeitigen" Abdankung) unzumutbar, die zweite Option (der Konterrevolution) zwar wünschenswert, aufgrund schwächlicher Berater jedoch undurchführbar gewesen war.[181]

Dies war die für die Öffentlichkeit hergestellte Version. Über die tatsächliche Auffassung der beteiligten Autoren sagt diese wenig aus. In seiner für die Nachwelt, nicht mehr für propagandistische Zwecke geschriebenen Darstellung des 9. Novembers äußerte Graf Westarp resümierend jene schlichte Einsicht, die das von ihm organisierte Protokoll 20 Jahre zuvor ebenso wie ein Großteil der monarchistischen Literatur hartnäckig verweigert hatte: „Für die Entschlüsse des 9. November [...] hatte der Monarch volle persönliche Hand-

---

[179] Generaloberst Hans v. Plessen (1918 Kommandant des Großen Hauptquartiers), Staatssekretär a. D. Paul v. Hintze (1918 Vertreter des Reichskanzlers beim Kaiser) und General Ulrich Freiherr v. Marschall (1918 Chef des Militärkabinetts).
[180] FUNCK, Schock, S. 167f.
[181] WESTARP, Ende, passim.

5.4.) Entfernung von der Truppe: Interpretation der Kaiserflucht 235

lungsfreiheit und die Pflicht, davon Gebrauch zu machen." Dem Kaiser allein habe es letztlich oblegen, die Lage einzuschätzen „selbst zu entscheiden und falls das erforderlich war, andere Persönlichkeiten mit der Durchführung seines Entschlusses zu betrauen."[182] Der kaisertreue Graf, der sich noch in den 1940er Jahren der Sisyphos-Arbeit unterzog, Wilhelm II. gegen eine Flut von Anwürfen zu schützen, zeigte hier die gleiche Distanz, die auch Hindenburg *intern* in Verschlüsselungen geäußert hatte – in einem Brief hatte der Feldmarschall 1919 gewarnt, je deutlicher der nicht realisierte Marschplan Schulenburgs und Plessens im von Westarp redigierten Protokoll hervorgehoben würde, desto mehr müsse „die urteilslose Menge es Seiner Majestät verübeln, sie nicht beachtet zu haben."[183]

Nur zwischen den Zeilen[184] läßt sich aus dem Protokoll schließlich eine dritte Option herauslesen, die in Berlin und Spa jedoch ins Gespräch gebracht und v. a. innerhalb des Adels zu einer noch nach Jahrzehnten nicht beendeten Debatte wurde: das Königsopfer, der inszenierte Tod des Kaisers auf dem Schlachtfeld.

Inhalt, Intensität und Langlebigkeit der Debatte um den Heldentod des Kaisers auf dem Schlachtfeld lassen sich unschwer nachzeichnen, unklar bleibt, ob sie Wilhelm II. offen als Forderung zugetragen wurde, was Groener als einer der Hauptbeschuldigten des Protokolls nachdrücklich behauptet hat. Nach seiner eigenen Darstellung hatte Groener in Spa die Auffassung vertreten, „daß der Kaiser unverzüglich sich auf das Gefechtsfeld begeben müsse, um dort den Tod zu suchen. Ein heroisches Ende des Kaisers würde die gesamte politische Lage mit einem Schlag verändern und selbst wenn er nur verwundet würde, so sei bei der Psyche des Deutschen Volkes ein Umschwung in der öffentlichen Meinung zugunsten des Kaisers sehr wahrscheinlich. [...] Später griffen jüngere Offiziere der Obersten Heeresleitung meinen Gedanken auf und äußerten den Wunsch, mit dem Kaiser in den Tod zu gehen."[185] Groener blieb später bei dieser Auffassung, äußerte nun jedoch, anders als die entschlußlosen preußischen Generale sei er als Württemberger nicht berufen gewesen, dem preußischen König „den Weg zu zeigen".[186] In einem Brief an Westarp hatte Groener 1919 behauptet, er selbst habe „mehrfach versucht, den Kaiser dorthin zu bringen, wohin er meines Erachtens gehörte, in den Kampf auf das Schlachtfeld, wie sein großer Ahn in solchen

---

[182] Ebd., S. 177f.
[183] HINDENBURG an Plessen, 15.7.1919 in: Ebd., S. 207.
[184] Im Protokoll heißt es, „der Kampf mit dem Feinde" sei am 9. November bereits unmöglich gewesen, nachdem die deutsche Waffenstillstandskommission bereits zwei Tage zuvor die französischen Linien überschritten hatte (WESTARP, Ende, S. 93).
[185] Darstellung GROENERS vom 1.6.1922 in: BayHStA, N 1101, Nr. 88, zit. Fol. 6.
[186] Ebd. Die Interpretation von HUBER, Verfassungsgeschichte, S. 702-706, die Groener als den Hauptvertreter der Operation Königstod sieht, verläßt sich v. a. auf Groeners nachträgliche, um die eigene ‚Ehre' ringende, Selbstdarstellung.

Lagen zu tun pflegte."[187] Tatsächlich scheinen Groener und der Chef der Operationsabteilung des Generalstabes, Joachim v. Stülpnagel, handfeste Vorbereitungen für eine Operation Königstod getroffen zu haben: Ein geeigneter Ort für eine vom Kaiser geführte finale Attacke wurde in den Schützengräben sondiert, Freiwillige für den „kleinen Spezialangriff" gesucht und gefunden.[188] Parallel dazu entwickelten Offiziere der Seekriegsleitung den Plan, den Kaiser bei einem Angriff an Bord des Flaggschiffes der deutschen Flotte zu versenken[189] – eine Variante, die den zu Lande unsicher erscheinenden Soldatentod[190] mit größerer Sicherheit gewährleistet hätte.

Bereits in Spa scheint die in den späteren Debatten unübersehbare Trennlinie zwischen den Generationen von Bedeutung gewesen zu sein. Die „heroische Lösung [...] – *vor* Abschluß der Kampfhandlungen an die Front [zu] gehen und nicht wieder[zu]kommen" wurde insbesondere von jüngeren Offizieren befürwortet, während für einen „großen Teil der älteren Offiziere die Kritik beim Monarchen auf[hörte]"[191]– eine Differenz, die sich nach 1918 vertiefen sollte.

Die militärisch dominierte Entourage in Spa war jedoch nicht die einzige Gruppe, die der Vorstellung eines inszenierten Königstodes anhing. Nach Beratungen mit einem Kreis pommerscher Adliger hatte Reichskanzler Michaelis bereits im Oktober 1918 an die Palastdame der Kaiserin den Wunsch gerichtet, der Kaiser möge „zum letzten Kampf" aufrufen und „selbst den Degen ziehe[n]". Michaelis, der nach dem frühen Tod seines bürgerlichen Vaters in den Lebens- und Vorstellungswelten der adligen Familie seiner Mutter aufgewachsen war, scheiterte Ende Oktober mit seinem Versuch, diesen Plan dem Kaiser direkt vorzutragen, während seiner letzten Audienz. Die später geäußerte Vermutung, der ostasienerfahrene Reichskanzler habe sich durch die Harakiri-Tradition der Samurai inspirieren lassen, ist für Michaelis unwahrscheinlich und für die hier untersuchten Kreise abwegig. Die preußischen Landadligen, mit denen sich Michaelis zuvor beraten hatte, dürften ihren Ehrenkodex schwerlich während japanologischer Studien erworben haben.

Die Belege, die sich aus Quellen adliger Provenienz zur Forderung des königlichen „Opfertodes" zusammentragen lassen, gehen denn auch weit über

---

[187] GROENER an Westarp, 2.2.1919 in: BAP, 90 We 4, Nr. 190, Fol. 8f. Vgl. WESTARP, Ende, S. 146 und KOHLRAUSCH, Warlord, S. 14-17.
[188] GUTSCHE, Wilhelm II., S. 15; THAER, Generalstabsdienst, S. 251f., 260; HUBER, Verfassungsgeschichte, S. 705, sowie KOHLRAUSCH, Flucht, S. 80-89 (mit weiteren Belegen).
[189] KAEHLER, Problem, S. 291; KOHLRAUSCH, Warlord, S. 14.
[190] NIEMANN, Kaiser, S. 142; THAER, S. 260; WESTARP, Ende, S. 171f.; HUBER, Verfassungsgeschichte, S. 705f. Zusammenfassend: KOHLRAUSCH, Warlord, S. 41-47.
[191] Hanshenning v. HOLTZENDORFF, Biographische Aufzeichnungen, (Privatbesitz Henning v. Holtzendorff), S. 17f. (Hervorhebung im Original). Holtzendorff, Jahrgang 1892, wurde 1929 persönlicher Referent Kurt v. Schleichers. Der Satz über die „heroische Lösung" endet mit dem Nachsatz „wie Generaloberst Fritsch 1939 vor Warschau".

5.4.) Entfernung von der Truppe: Interpretation der Kaiserflucht

die durch Michaelis überlieferte Forderung hinaus.[192] Der in Berlin diskutierte und in Spa vorbereitete Heldentod des Kaisers, dessen maritime Variante als Untergang auf einem Schlachtschiff und der vorgeschlagene Marsch auf Berlin lassen sich auf eine gemeinsame Grundforderung zusammenziehen: ein über militärischen und religiösen Bedenken stehender, unabhängig von Erfolgsaussichten, eigenen und fremden Verlusten geführter *symbolischer* Akt, eine letzte, heroische Geste für die Nachwelt.

Friedrich v. Berg, letzter Chef des kaiserlichen Zivilkabinetts und später Vorsitzender der DAG, hatte die Entfernung des Kaisers aus Berlin mit Nachdruck betrieben, um die Einflüsse „eines linksgerichteten Ministeriums, eines schwächlichen Kanzlers und der Straße" auszuschalten. Bergs 1920 verfaßte, posthum veröffentlichte Memoiren enthalten eine scharfe Kritik an Hindenburg, dessen Pflicht als „erster Soldat des Kaisers" es gewesen wäre, sich vor den Kaiser zu stellen und dessen Gang über die Grenze „unter keinen Umständen" zuzulassen. Zumindest in seinen unveröffentlichten Memoiren sprach v. Berg deutlich aus, daß der Aufenthalt des Kaisers im Kreise seiner Armee nicht etwa seinem persönlichen Schutz dienen sollte: „[Ich] meinte immer, der Kaiser solle zur *Front* gehen, dort bleiben, nicht *hinter* die Front nach Spa. [...] Plessen und die anderen Herren der Umgebung dachten in erster Linie an den ‚Schutz' des Kaisers, auf den es jetzt gar nicht ankam. Das Leben galt nichts, nur die Ehre, die Monarchie, das Vaterland."[193]

Auch der feinsinnige Philipp Fürst zu Eulenburg, einst der engste Freund des Kaisers, sah im verpaßten Heldentod eine vertane Chance: „War die Sache des Königs verloren, so konnte der König *nur zu der Front – (nicht nach Holland!)* – fahren, um [...] den Ruhm seines Hauses *dauernd* – vielleicht durch seinen Soldatentod – zu festigen [... oder] in Berlin bleiben und mit den Truppen, die ihm hier und in Potsdam treu geblieben waren, die Niederwerfung des Aufstandes versuchen. Ein Drittes gab es trotz Hindenburg *nicht.*"[194] Eben diese Einschätzung referiert auch Ernst Frhr. v. Weizsäcker in seinen Memoiren: „Ich war damals der Ansicht, der Kaiser müsse sich entweder nach Berlin begeben, um sich dort persönlich durchzusetzen, oder aber an der Front die gegnerische Kugel suchen. Das, was er wählte, führte ihn schließlich in das traurige Exil."[195] Die Todesbereitschaft hatten adlige Offiziere von ihrem König jedoch nicht nur gefordert, sondern mehrfach auch selbst demonstriert. General Ludwig Freiherr v. Falkenhausen, Generalgou-

---

[192] Siehe die Debatte zwischen Wilhelm MICHAELIS, Paul SETHE und Siegfried A. KAEHLER, Zum Problem des Königstodes am Ende der Hohenzollernmonarchie, in: GWU 11/1962, S. 695-704. Zu Michaelis' Sozialisation s. ebd., S. 696. Vgl. WESTARP, Ende, S. 146.
[193] BERG, Erinnerungen (geschrieben 1920), S. 195-197 (Hervorhebungen i.O.).
[194] Phillip FÜRST VON EULENBURG, „Die Abdankung des Kaisers", (Typoskript 1919), in: BLHA, Rep. 37 Liebenberg, Nr. 656, Fol. 6-8 (Hervorhebungen i.O.).
[195] WEIZSÄCKER (1950), S. 47.

verneur von Belgien, beschwor den Kaiser angeblich mit den Worten: „Bleiben Euere Majestät fest, wir lassen uns alle für Sie totschlagen!"[196]

Im Milieu der Freikorps dürfte die von Hermann Ehrhardt formulierte Erwartung an den Kaiser v. a. unter den jüngeren der adligen Offiziere geteilt worden sein. Auch Ehrhardt benannte für Kaiser und Kronprinzen zwei Möglichkeiten: „mit ein paar Garderegimentern nach Berlin zu reiten und das rote Pack niederzuschlagen" oder aber „mit gezogenem Schwert auf den Stufen ihres Thrones zu fallen."[197] In den „vaterländischen" Verbänden führte die Flucht des Kaisers, des Kronprinzen und der Bundesfürsten später zu einem schwelenden Dauerkonflikt, der ständig auflodern konnte. Im November 1926 stellten sich adlige Mitglieder der ehemaligen Marine-Brigade Ehrhardt in einer Erklärung hinter ihren „Führer" und damit gegen den Kaiser. Hermann Ehrhardt, wenig später verheiratet mit Margarethe Prinzessin zu Hohenlohe-Oehringen,[198] Korvettenkapitän a. D. und einer der bekanntesten Freikorpsführer, hatte 1919 zu den Planern einer handstreichartigen „Befreiung" Wilhelms II. gehört, welche die geforderte Auslieferung des Kaisers an die Alliierten vereiteln sollte. Nun bezichtigte der charismatische Kriegs- und Bürgerkriegsheld Wilhelm II. öffentlich, Deutschland im Stich gelassen zu haben. In einem scharf formulierten Schreiben an das Präsidium der Vereinigten Vaterländischen Verbände meldete eine Gruppe jüngerer Offiziere ihren Anspruch an, fortan „zwischen der Monarchie und dem einzelnen Träger zu unterscheiden, nachdem dieser die Monarchie preisgegeben hat". Der hier aufbrechende Konflikt[199] zwischen den älteren, kaisertreuen Offizieren in der Verbandsleitung und den jüngeren Repräsentanten eines betont soldatischen Nationalismus der Frontgeneration trug eindeutig die Züge eines Generationskonfliktes.

Die innere Abwendung von der Person des Kaisers betraf jedoch nicht nur die enttäuschte Frontgeneration – auch für den sozialen Kern des preußischen Adels und selbst innerhalb der bis 1918 politisch führenden Generation der „Wilhelminer" zeugen viele private Schriftwechsel von einer inneren Ablehnung, die nach außen hin meist von der Fassade royalistischer Loyalität verdeckt blieb. In ihren privaten Schriftwechseln räsonierten auch Johanniter-Ritter über die „pathologischen Eigenschaften des Mannes, der die deutsche Kaiserkrone trägt".[200] Fabian v. Schlabrendorff berichtet in seinen Memoiren

---

[196] Ludwig FRHR. V. FALKENHAUSEN, Erinnerungen aus dem Weltkrieg 1914/18, zit. n. Funck, Schock, S. 145.
[197] Zit. n. Johannes ERGER, Der Kapp-Lüttwitz-Putsch. Ein Beitrag zur deutschen Innenpolitik 1919/20, Düsseldorf 1967, S. 20.
[198] Der Freikorpsführer heiratete 1927 in Neuruppin eine 1894 geborene Prinzessin aus einer lutherischen Linie des Hauses (GHdA, F, 1951, S. 236).
[199] Dietrich V. JAGOW und Manfred Frhr. V. KILLINGER, die den Aufruf unterzeichnet hatten, gehörten zu diesem Zeitpunkt bereits zur NS-Bewegung. Vgl. die Stellungnahme für Ehrhardt vom 15.11.1926 (an Graf v. d. Goltz), GOLTZ an Seldte 19.11.1926 und EULENBURG an Ehrhardt 27.10.1926, alle in: DAAM, Nl. Lüninck, Nr. 768. Ehrhardt verließ den Stahlhelm-Vorstand im November 1927.
[200] F. W. FRHR. V. BISSING, 10.12.1918, in: LHAM-AW, Rep H Karow, Nr. 220, Fol. 3.

5.4.) Entfernung von der Truppe: Interpretation der Kaiserflucht

von der Ansicht seines Vaters, nach der es die Pflicht aller Kaisersöhne bis auf den Kronprinzen gewesen wäre, den Tod an der Front zu suchen.[201] Alexander Stahlberg beschreibt die depressiv gestimmte Fassungslosigkeit in den zu „Trauerhäusern" gewordenen Herrensitzen Pommerns. Großmutter, Mutter und Tanten, die am Tisch in schwarzer Tauerkleidung erscheinen, stehen hier zwar für eine symbolische ausgedrückte Form monarchistischer Treue, Stahlberg benennt die Bewertung, die der kaiserlichen „Abreise" zuteil wurde, jedoch mit klaren Worten: Wilhelm II. hatte „Fahnenflucht" begangen und auch der Kronprinz „das Weite gesucht".[202] Wilhelm v. Oppen-Tornow, Gutsbesitzer und Rittmeister a. D., kam in seinem Tagebuch 1925 zu einem ähnlichen Urteil: „Daß alle deutschen Fürsten kampflos ihre Throne räumten, war eine Schmach ohnegleichen! ... Die schwerste Schuld aber trifft den Kaiser, der allen voran ging."[203] Der Adjutant des Kronprinzen diagnostizierte bereits 1919 eine „ungeheure Schädigung" des monarchischen Gedankens durch das „ruhmlose" Ende der „stolzen Königsherrlichkeit".[204] Auch Magnus v. Levetzow, politischer „Generalbevollmächtigter" Wilhelms II., galt die Tatsache, daß der Kaiser „ins Ausland ging" als „falsch" und „kaum je wieder gut zu machen".[205] Wie im Beraterstab des Kaisers wurde die vorauszusehende Schwäche der monarchistischen Bewegung auch von den Beratern des Kronprinzen frühzeitig, deutlich und nüchtern erkannt.[206]

Privat geäußerte Urteile dieser Art fügten sich an die zunehmend negativen Urteile über den Kaiser, die von der Flut adliger Autobiographien nach 1918 in die Öffentlichkeit gespült wurden[207] und eine im Adel weit verbreitete Haltung wiedergaben, die von Anhängern und Kritikern des Kaisers geteilt wurde. Der Grandseigneur Dietlof Graf von Arnim-Boitzenburg, letzter Präsident des preußischen Herrenhauses und einer der renommiertesten Vertreter des märkischen Adels, schrieb im Januar 1919 „Mir ist es noch immer so, als ob ich ohne unsern Kaiser und König nicht leben könnte". Den deutschen Traum vom „Herrenvolk" hielt der Graf „für immer ausgeträumt" und die

---

[201] SCHLABRENDORFF, S. 26.
[202] STAHLBERG, S. 90.
[203] OPPEN, S. 455 (Auslassung im Original). W. v. Oppen (1882-1938) hatte den Küstrin-Putsch unterstützt, kandidierte 1928 für die Deutsch-Völkischen und unterstützte später die NSDAP, vgl. die geschönten Angaben in ebd., S. 457.
[204] MÜLDNER an Schulenburg, 28.5.1919, in: BAP, 90 Mu 1, Bd.1, Fol. 149.
[205] Brief an seinen Vetter William v. Levetzow, 24.9.1927 in: GRANIER, Levetzow, S. 247.
[206] BAP, 90 Mu1, Bd. 1, Fol. 98f., 158-160. REIBNITZ (1932), S. 206-209, beschreibt 13 Jahre später eine in dieser Hinsicht unveränderte Lage.
[207] Bei allen Nuancen bildet das negative Gesamturteil eine Gemeinsamkeit in den autobiographischen Schilderungen zwischen den 1920er und den 1990er Jahren. Als Auswahl von z.T. scharf negativen Äußerungen über den Kaiser vgl. SCHULENBURG, S. 61f.; WINTERFELDT, S. 248; HOHENLOHE, S. 335-363, 382f.; TSCHIRSCHKY, S.121, 124; WILMOWSKY, S. 59, 85; Dissow, S. 107f., 183; PUTLITZ, S. 73f.; ARNIM, S.115f.; SCHLABRENDORFF, S. 20, 23, 26, 123; SCHAUMBURG, S. 35-37; GERLACH, S. 241f.; SCHÖNAICH, S. 204f.; PRITTWITZ, S. 100; Prinz von SACHSEN, S. 66; REIBNITZ, S. 161f., 170; STÜLPNAGEL, S. 148; RHEINBABEN (1926), S. 7; FINCKENSTEIN, S. 103f.; OETTINGEN, S. 83, WEIZSÄCKER 47; OPPEN, S. 455; ZEDLITZ-TRÜTZSCHLER, passim.

Hohenzollerndynastie als Machtfaktor langfristig ausgeschaltet. Auch Arnim ließ keinen Zweifel daran, daß der Kaiser die Pflicht gehabt hätte, „sich zu den Fronttruppen zu begeben."[208] Im Namen des Preußischen Herrenhauses hatte Graf Arnim den Kaiser am 1. November schriftlich beschworen, sein Volk „in dieser entscheidungsschweren Stunde nicht zu verlassen". Die Option, der Kaiser könne beim Versuch, seine „Untertanen" „durch kraftvolle Tat [...] durch die Stürme der gegenwärtigen Zeit [...] hindurch[zu]führen", sein Leben lassen, nahm der Graf explizit in Kauf. Die Worte, die Arnim in seinem Schreiben an den Kaiser richtete, sind in diesem Punkt eindeutig: „Eure Majestät wollen an der Stelle ausharren an die Höchstdieselbe Gott und nicht die Gnade des Volkes gestellt hat, an der seine Majestät stehen und fallen, aber nicht weichen dürfen. Noch nie in den 500 Jahren der ruhmreichen Geschichte unserer Hohenzollern sah die Welt einen Herrscher aus diesem Geschlecht von seinem Platze gehen."[209] Die Antwort, die Wilhelm II. vier Tage später telegraphisch an Arnim sandte, fixierte das Versprechen ‚auszuharren' schriftlich. „[D]er König u[nd] Kaiser kann u[nd] darf seinen von Gott ihm überwiesen[en] Platz und anvertrautes Volk niemals verlassen!"[210] Arnim hatte das kaiserliche Versprechen sofort diversen Vertrauten aus dem inner circle mitgeteilt: „Ich habe [...] ein sehr gnädiges Handschreiben Sr. Majestät erhalten, in dem Allerhöchstderselbe ganz bestimmt betont, daß er bleiben und nicht abdanken würde."[211]

Arnims Rückgriff auf ein halbes Jahrtausend Hohenzollerngeschichte scheint wie die vielfach geraunten Hinweise auf die angeblichen und faktischen Taten „seines großen Ahnen" nahezulegen, die Idee des Königstodes als einen Griff in die Truhe archaischer Adelstraditionen zu deuten. Durchaus plausibel läßt sich die Forderung nach dem Soldatentod des Führer-Kaisers jedoch als modernes, während des Weltkrieges entstandenes Motiv und somit als „invented tradition" interpretieren.[212] Zwar bezogen sich die von Adligen verwendeten Argumente und Symbole stets auf unscharf umrissene „Traditionen" des Hohenzollernhauses, die durch die Schlagworte „Zorndorf" und „Leuthen" beschworen wurden.[213] Stärker jedoch scheint sich die Todesforderung an den Monarchen aus völkischen Motiven alimentiert zu haben, welche die „Tradi-

---

[208] Briefe ARNIM-BOITZENBURGs vom 15.12.1918 und 26.1.1919, in: LHAM-AW, Rep. H Karow, Nr. 220, Fol. 72, 98.
[209] ARNIM an Wilhelm II., 1.11.1918, Schreiben abgedruckt bei ARNIM, Arnim-Boitzenburg, S. 361.
[210] Faksimile des Brieftelegramms vom 5.11.1918 bei ARNIM, Arnim-Boitzenburg, S. 363f.
[211] ARNIM 6.11.1918, vermutlich an Hindenburg, in: LAM-AW, Rep. H Karow, Nr. 220, Fol. 27f.
[212] Ich folge hier der Interpretation von KOHLRAUSCH, Flucht, S. 88-91. Vgl. dazu die Interpretation bei Paul SETHE, Problem, in: GWU 11/1962, S. 701, mit dem Verweis auf die modern-rationalen Komponenten eines kaiserlichen Heldentodes.
[213] WESTARP, S. 145-147; STÜLPNAGEL, S. 144; Zitat Groener („großer Ahn") nach NIEMANN, Kaiser und Revolution, S. 142.

5.4.) Entfernung von der Truppe: Interpretation der Kaiserflucht

tionen" des preußischen Königshauses zielsicher bis „in die ältesten Zeiten des Germanentums"[214] zurückverfolgten.

Zum Kernbestand der adlig-militärischen Ideale gehört eine sehr direkte Vorstellung vom „vorbildhaften" Leben und Sterben. Nach dieser Vorstellung verlangt weder der Adlige noch der Offizier von „seinen Leuten" Dinge, die er im Ernstfall nicht selbst zu tun in der Lage und bereit wäre. Schließlich behauptet die berühmte Formel *noblesse oblige* die Übernahme von Pflichten, Aufgaben und Gefahren, die man exklusiv übernimmt – nicht zuletzt auf dieser Leistung basiert der eigene Herrschafts- bzw. Befehlsanspruch. In dieser Vorstellungswelt wäre es zwar abwegig, wenn der König „seinem" Adel und „seiner" Armee den Soldatentod *vorlebt* – ihn nach einem verlorenen Weltkrieg und einer katastrophalen Niederlage den „eigenen" Leuten *nachzusterben*, ließe sich hingegen als schlüssige, gewissermaßen nachgereichte Erfüllung dieses Vertrages lesen. Der Stoßtruppführer Ernst Jünger fand für die Legitimität der Forderung nach dem Königstod eine einfach Formel: „Das können die Unzähligen verlangen, die vor ihm in den Tod gingen."[215]

Als Sehnsucht nach dem Führer, der Sorgen und Leid des Volkes kennt und teilt, gilt dieses Ideal jedoch für einen weitaus größeren Kreis als das adlig-militärische Milieu. Zumindest in diesem Sinne ist die Idee des Königstodes eher dem Führermythos des 20. Jahrhunderts als vermeintlichen historischen Vorbildern zuzuordnen. Der kaiserliche Anspruch, nicht länger der schillernde *Repräsentant* der Herrschaft, sondern die Inkarnation unterschiedlichster Führerträume, *der Führer* selbst zu sein, kehrt wie ein Bumerang zurück als Forderung an den Kaiser, das eigene Führertum nicht nur zu behaupten, sondern auch in extremis unter Beweis zu stellen.

Die soldatisch-militärischen Elemente des Hitler-Mythos zeigen, was dem Kaiser und seinem Ende fehlte: die (männliche) „Volksgemeinschaft" des Schützengrabens durch eine „große Geste" symbolisch herzustellen, gewissermaßen als Volksgemeinschaft des Todes; das Los von Millionen Kriegstoten zu teilen und die unerschütterliche Ehre und Haltung des Königtums über den Erhalt des eigenen Lebens zu stellen. Hitler, der tapfere Meldegänger, EK I-Träger und Gasversehrte,[216] hatte innerhalb einer Gesellschaft, für die der Weltkrieg das bedeutendste, von allen geteilte Grundtrauma blieb, eben jene Visitenkarte, die Wilhelm II. durch seinen Soldatentod dem deutschen Monarchismus als symbolisches Vermächtnis hinterlassen konnte, aber nicht hinterließ.

---

[214] Friedrich Wilhelm PRINZ ZUR LIPPE, Rundschreiben an die deutschen Prinzen („Prinzen heraus!") vom 16.7.1919. In seinem (auch im Hochadel belächelten) Aufruf forderte Lippe die deutschen Prinzen auf, ihr Leben im Kampf (gegen einen nicht näher bezeichneten Feind) für Wilhelm II. einzusetzen, in: MLHA, GHK III, Nr. 533.
[215] Ernst JÜNGER, Der Kampf als inneres Erlebnis, Berlin 1922, S. 52.
[216] Zu Realität und Stilisierung von Hitlers Zeit als Frontsoldat vgl. Kapitel 5-7 in HITLER, Mein Kampf, S. 172-225; FEST, Hitler, S. 101-125 und KERSHAW, Hitler 1889-1936, S. 125-147.

Um die Diskrepanz zwischen dem gegebenen Versprechen und der unheroischen Realität zu erklären, streuten die publizistischen Bataillone des geflohenen Monarchen später verschiedene Erklärungen auf den Meinungsmarkt. Eine der hier angebotenen Erklärungen lautete, lediglich die technisch schwierige Realisierung des Heldentodes, nicht etwa die Angst davor habe den Kaiser zurückgehalten: „Sterben dürfen, königlich sterben dürfen, von der Kugel dahingerafft an der Spitze stürmender Bataillone, die Preußenfahne in der Hand – unsagbar schönes Los!" Doch vom Erhabenen zum Lächerlichen, erklärte der unermüdliche Oberstleutnant a. D. Alfred Niemann seinen Lesern, war es nur ein kleiner Schritt und die Inszenierung des kaiserlichen Fronttodes unmöglich gewesen: „Soll der deutsche Kaiser sich in einer Erdhöhle bergen, harrend des mitleidigen Eisenstücks, das ihn zufällig zertrümmern mag? Soll er im Granattrichter sich ducken, um vielleicht als hilflos Verstümmelter in Feindeshand zu fallen?" Gegen alle Einwände des zynischen Groeners, des besorgten Feldmarschalls Hindenburg und der – schließlich erfolgreichen – Intriganten des Auswärtigen Amtes habe sich der Kaiser gegen jede „Abreise" gesträubt: „Beim Heere ausharren, das Leben einsetzen, ausharren bis zum äußersten, komme, was da kommen will!"[217] Zumindest gutwillige Leser mochten den verschiedenen Erklärungen für den nicht realisierten Heldentod Glauben schenken.

Von keiner der kaisertreuen Publikationen bestritten und von zentraler Bedeutung für die Debatte um den Königstod blieb allerdings, daß der wankelmütige Herrscher in seinem Umfeld nachweislich immer wieder angekündigt und versprochen hatte, bei den Truppen zu bleiben, notfalls unter Einsatz seines Lebens.[218] Vor seinem Flügeladjutanten Sigurd v. Ilsemann hatte der Monarch (angeblich) ausgerufen: „Und wenn mir auch nur einige [...] der Herren meiner Umgebung treu bleiben, mit ihnen kämpfe ich dann bis zum Äußersten, und wenn wir auch alle totgeschlagen werden – vor dem Tode habe ich keine Angst! [...] *Ich bleibe hier!*"[219] In den geschilderten Abschiedsszenen blicken auch die „härtesten" der Offiziere durch einen „Flor der aufsteigenden Tränen in die stählernen Hohenzollernaugen", aus denen neben „Güte" noch immer männlich-feste Entschlossenheit sprach. In seinen unpublizierten Memoiren schildert auch Generalstabschef v. d. Schulenburg das kaiserliche Versprechen. Der Graf hatte seinen „Herren" beschworen:

---

[217] Zu Ankündigung und Versprechen, an der Front zu bleiben vgl. Alfred NIEMANN, Kaiser und Revolution. Die entscheidenden Ereignisse im Großen Hauptquartier, Berlin 1922, S. 126-145, zit. S. 139, 143. Ähnlich in allen Publikationen, die sich dem kaiserlichen Propaganda-Apparat in Doorn zuordnen lassen.

[218] Selbst in den kaisertreuen Publikationen lassen sich mindestens 20 Personen zählen, die das kaiserliche Versprechen bezeugt haben: u. a. Berg, Ilsemann, Schulenburg, Gontard, Scheer, Levetzow, Arnim, Plessen, Groener, Marschall, Dohna, Hirschfeld, der Kronprinz, Prinz August Wilhelm, Platen, Restorff, Niemann, Graf Lerchenfeld, etc. Siehe dazu die Publikationen von NIEMANN, Kaiser; WESTARP, Ende, Das „Kronprinzenbuch" von 1922, jeweils passim, ferner REVENTLOW, Potsdam, S. 466-485.

[219] Darstellung ILSEMANNs vom 18.6.1919 in BAK, N 1101, Nr. 88, Fol. 84-87 (Hervorhebung i.O.).

5.4.) Entfernung von der Truppe: Interpretation der Kaiserflucht

„'Kommen E[ure] M[ajestät] zu den Truppen nach vorn zu uns, dort sind E.M. unbedingt sicher. Versprechen E.M. mir, auf alle Fälle beim Heer zu bleiben'. S.M. verabschiedete mich mit den Worten: ‚Ich bleibe beim Heer' Ich durfte ihm noch die liebe, starke Hand küssen und habe ihn nicht wiedergesehen."[220] Noch in den Berichten strikt loyalistischer Augenzeugen wird deutlich, daß der Kaiser sein Ausharren „bis zum Äußersten" nicht nur mehrfach angekündigt, sondern diversen Offizieren, darunter seinem ältesten Sohn versprochen hatte. „Ich werde hier bleiben und meine Getreuen um mich scharen!" zitiert Alfred Niemann den Kaiser und fügt – unfreiwillig sybillinisch – hinzu: „Ein Königswort."[221]

Eine bedeutsame Nuance innerhalb der monarchistischen Publikationsoffensive boten die 1922 erschienenen Erinnerungen des Kronprinzen, mit denen sich der Kaisersohn in die zeitgenössischen Führerdebatten einschaltete, bzw. einschalten ließ. Für das Werk, zu dem der Kronprinz offenbar keinen einzigen Satz beigesteuert hatte, waren mehrere Ghostwriter aus der PR-Abteilung des Kronprinzen verpflichtet worden, die sich bemühten, den vermeintlichen Autor zu einem klarsichtigen und entscheidungsstarken Führer zu stilisieren. Die Autoren gaben ihr Bestes, um die erhebliche Diskrepanz zwischen dem real existierenden Kronprinzen, „een stramme figuur in sporting-dress, [...] slanke, elegante type van een officier in de Berlijnsche Unionfilms"[222] und dem Propagandabild einer ebenso volksverbundenen wie entscheidungsstarken Führerfigur,[223] zu überbrücken. Durch sein eigenes Verhalten kurz vor und am 9. November hatte der Kaisersohn seinen Vater an Heroismus keineswegs übertroffen. Eine innerhalb seines Beraterkreises offenbar allgemein bekannte „Frauengeschichte",[224] durch Gerüchte zur Version aufgebläht, der

---

[220] SCHULENBURG, Erinnerungen (November 1920): BAMA, N 58/1, Fol. 56. Ähnlich bei Wilhelm KRONPRINZ V. PREUßEN, S. 292, dargestellt. Bei NIEMANN, dem Kitschier der kaiserlichen Propagandaabteilung, heißt es: „Ich gehe mit blutendem Herzen, lege zum letzten Male meine Hand in die Hand meines Kaisers, fühle noch einmal seine starke Rechte auf meiner Schulter, sehe durch den Flor der aufsteigenden Tränen in die stählernen Hohenzollernaugen, die mich in so unendlicher Güte anleuchten: ‚Leben Sie wohl, ich danke Ihnen, Sie waren mir ein lieber, treuer Begleiter!'" (NIEMANN, Kaiser und Revolution, S. 145).
[221] NIEMANN, Kaiser und Revolution, S. 139.
[222] Eine holländische Zeitung über den Kronprinzen in: BAP, 90 Mu1, Bd. 3, Fol. 135. REIBNITZ (1932) sprach von „der Person des Kronprinzen, der, ein vergnügter Welt- und Lebemann, nicht die geringste Fühlung mit der breiten Masse hat."
[223] Entsprechende Stilisierungen auch in der als Kronprinzenwerbung verfaßten Darstellung von Carl LANGE, Der Kronprinz und sein wahres Gesicht, Leipzig 1921, welche den unkomplizert-„frischen" Lebemann allerdings deutlich vor die Führerfigur rangiert, s. S. 23-50.
[224] Belege in: BAP 90 Mu 1, Bd. 3, u. a. Fol. 71, 249 und ebd., Bd. 2, Fol. 55. Der Prinzenberater Kurt ANKER riet dem Prinzen zu mehr Vorsicht, versprach diesem jedoch, auch weiterhin „dazwischen einmal verstohlen Blümchen pflücken und Beeren naschen" zu können (Anker an Kronprinz Wilhelm, 29.8.1920, in: ebd. Bd. 3, Fol. 140f.). Auch der Kaiserberater und DAG-„Adelsmarschall" Friedrich v. Berg vermerkte es als fatale Tatsache, daß sich der

Prinz habe sich, als das Vaterland in höchster Not war, mit „französischen Kokotten" vergnügt,[225] wurde pflichtbewußt geleugnet, die Affäre trug jedoch zur Furcht vor den „Wahrheiten" bei, mit denen man den (möglichen) Thronprätendenten nach seiner Rückkehr aus dem Exil konfrontieren würde. Graf Schulenburg, der durch seine guten Kontakte zu Louis Müldner v. Mülnheim, dem Adjutanten des Kronprinzen, weiter zum Beraterkreis gehörte und 1923 als Kandidat für die Leitung der Kaiserlichen Generalverwaltung in Doorn im Gespräch war, setzte zwar noch einige Jahre vage Hoffnungen auf den Kronprinzen, äußerte im vertrauten Kreis seine Zweifel an der Person des potentiellen Monarchen jedoch früh und deutlich: „Als ehrlicher Mann, der auf eigenen Füssen steht, geht es mir gegen den Strich, dass der Kronprinz in Volk und Welt für ein Buch gerühmt wird, von dem er kein Wort geschrieben hat". Für den Fall, daß die Diskrepanz zwischen dem tatsächlichen und dem in den Büchern erfundenen Kronprinzen jemals bekannt werden würde, sah der General das Scheitern seiner Bemühungen voraus: „Wenn die deutsche Intelligenz hinter diese Wahrheit kommt, wird der Rückschlag ungeheuer sein und die Rolle des Kronprinzen ausgespielt."[226] Die gleiche Sorge hatte auch Joachim v. Stülpnagel dem Adjutanten des Kronprinzen vorgetragen: „Die Frage Monarchie oder Republik hängt nur an der Persönlichkeit, versagt diese, so ist der Hohenzollerntraum ausgeträumt."[227]

Auf eben dieser Grundlage begab sich ein Großteil des preußischen Adels geistig und politisch auf den Weg vom König zum Führer. In einer Mischung aus Zorn, Enttäuschung und ermattender Hoffnung sprach Friedrich Graf v. d. Schulenburg im April 1928 von der Pflicht des Hohenzollernhauses, „uns den Prätendenten zu stellen und dann beschere uns der Himmel den Mann, der im gegebenen Augenblick den Machtfaktor in unserem Sinn einsetzt."[228] Nüchtern registrierte der Graf, daß weder der eine noch der andere in Sicht waren. Die sukzessive Verwandlung der monarchistischen Träume in Führerhoffnungen wird in der Korrespondenz des Grafen sehr deutlich: „Nur ein Titane", heißt es einige Monate später, „kann die Dinge noch meistern, ein Titane, den wir weder Rechts noch Links besitzen."[229] Der Kronprinz selbst war 1924 zur Überzeugung gelangt, „dass letzten Endes nur ein Diktator den Karren aus dem Dreck ziehen" könne.[230] Eben diese Rolle traute dem Kaisersohn auch innerhalb des preußischen Adels kaum jemand zu. Graf Schulenburg hatte sich einige Zeit lang voll Hoffnung über die Perspektiven seines „Herrn" geäußert, der durch die Härten der Zeit zu „einem ernsten Manne gereift" sei.

---

[225] Kronprinz „geschlechtlich gehen ließ" (BERG, 1971, S. 124f.). Öffentliche Eingeständnisse bei Carl LANGE, Der Kronprinz, S. 37f. Besorgte Anfrage eines Offiziers, die Nacht vom 8. zum 9. November betreffend: BAP 90 An 1, Bd. 12, Fol. 25.
[226] SCHULENBURG an Müldner 6.12.1921, in: BAP 90 Mu 1, Bd. 3, Fol. 54.
[227] STÜLPNAGEL an Müldner, August 1924, in: ebd., Fol. 169.
[228] SCHULENBURG an Arnim, 15.4.1928, in: Briefwechsel Arnim/Schulenburg.
[229] SCHULENBURG an Arnim, 25.11.1928, in: ebd.
[230] KRONPRINZ WILHELM an v. Dryander, 14.5.1924, in: GStAPK, Rep. 54, Nr. 21.

5.4.) Entfernung von der Truppe: Interpretation der Kaiserflucht

Mit dieser Auffassung stand der General jedoch bereits gegen die Einschätzung seines engen Freundes Arnim und „der konservativen Fraktion des Herrenhauses". In Übereinstimmung mit dem letzten Präsidenten des Preußischen Herrenhauses hatte Fürst Salm intern Wilhelm II. und den Kronprinzen als „unmöglich" bezeichnet, letzteren wegen seines Lebenswandels u. besonders deshalb, „weil er nach Holland ging u. die Armee quasi als Fahnenflüchtiger verlassen hat."[231] Intern bezeichnete Schulenburg den Kronprinzen bereits 1920 als „Waschlappen" und „Schwächling", auf den man in Zukunft nicht mehr zählen könne.[232]

Selbst für jene Teile des preußischen Adels, die als Träger der monarchistischen Idee prädestiniert gewesen wären, gab es durch die Kaiserflucht sehr früh die gedankliche Flucht in einen zunächst diffusen Führermythos. Bedingt durch die ungelöste Prätendentenfrage blieben alle monarchistischen Bekenntnisse im Ungefähren. „Ich bin Monarchist und werde es auch bleiben", formulierte Graf Arnim 1926. Als konkretes Nahziel sah Arnim die Überwindung des „Systems" durch einen „Diktator", der nicht parlamentarisch, sondern durch die „bewaffnete Macht" abzustützen war und mit „einzelnen hervorragenden Köpfen" zusammenarbeiten sollte.[233]

Zwar blieb der diffuse „monarchische Gedanke" in Arnims Rhetorik zentral; faktisch jedoch näherte sich Arnim in den 1920er Jahren immer stärker dem intransigenten Anti-Republikanismus an, der die Begriffe „konservativ" und „system-feindlich" synonym gebrauchte. Sein Wirken im „Hauptverein" der Konservativen, seine Annäherung an den völkischen Flügel der DNVP und seine Unterstützung für Hugenberg als Ausdruck einer konsequent „konservativen" Opposition zu deuten, würde den tiefen Wandel in Arnims Denken übersehen. Hinter der rhetorisch-symbolischen Fassade, der das Boitzenburger Schloß der Arnims einen eindrucksvollen Rahmen verlieh, vollzog der Graf eine innere Abwendung vom Monarchen, die für diesen Wandel konstitutiv und für einen Großteil des preußischen Adels charakteristisch war.[234] Hellsichtig hatten *konservative* Denker, auf die diese Bezeichnung noch zutraf, festgestellt, daß im *Hauptverein der Konservativen* mehr über die Juden als vom König gesprochen wurde.[235]

Während Name und Profil eines potentiellen Thronprätendenten vorsichtig oder gar nicht mehr debattiert wurden, erhielt die Vorstellung vom kommen-

---

231 SCHULENBURG an Arnim, 10.12.1919, in: Briefwechsel Arnim/Schulenburg.
232 SCHULENBURG an Müldner, November 1920, BAP, 90 Mu 1, Bd. 3, Fol. 75f.
233 ARNIM an Nikolas 1.5.1926, zit. n. Pomp, Arnim, S. 55.
234 Zu Arnims Deutung der DNVP-Führung durch Alfred Hugenberg als Stärkung eines „konservativen" Kurses vgl. sein Schreiben vom 7.3.1929, in: POMP, Arnim, S. 33. Weit treffender definierten andere Mitglieder des Hauptvereins Hugenberg als „Nationalliberalen aus Hannover": BRAUER an Arnim, 6.9.1930: ebd., S. 15. Die Deutung des *Hauptvereins* als Bastion des alten Konservativismus, die u. a. ARNIM, Arnim-Boitzenburg, S. 266f., 277-279, zu erneuern versucht, ist bereits von FLEMMING, Konservatismus, S. 314-331, überzeugend widerlegt worden.
235 QUABBE, Tar a Ri, S. 22f., 167f.

den „Führer", „Diktator" oder „Titanen", wie im folgenden Tagebucheintrag eines Grafen v. Bernstorff, zunehmend deutliche Umrisse: „Uns kann nur ein Diktator noch helfen, der mit eisernem Besen zwischen dieses ganze internationale Schmarotzer-Gesindel fährt. Hätten wir doch, wie die Italiener, einen Mussolini!"[236] Innerhalb der weit verbreiteten Vorstellung, zunächst das parlamentarische System auszuschalten, bevor in einem „zweiten Kampfabschnitt" eine Restauration möglich würde, gewann lediglich der erste Teil der Aufgabe klare Konturen.[237] Eine sofortige Einführung der Monarchie ernsthaft zu erwägen, galt aufgrund der strukturellen Schwächen der monarchistischen Bewegung selbst im politischen Stab Wilhelms II. als „ein Ding so vollkommener Hirnverbranntheit und ein Verbrechen gegen die Krone, wie es schlimmer nicht gedacht werden kann."[238] Dieser im Jahre 1927 formulierte Satz zeigt eine allgemeine Tendenz an: Während die konservativen Hoffnungen auf neue Königsherrlichkeiten in immer diffuseren Formeln gefaßt wurden, hatten die neurechten Führervorstellungen auch im Adel immer stärker Konjunktur. Der Adel hat dem König und dem Kronprinzen die „Abreise" niemals verziehen und der politische Monarchismus das durch diese entstandene Debakel niemals überwunden. Der Ablösung des preußischen Adels vom König als Person entsprach die Auflösung des Monarchismus als politischer Bewegung. Als Ideal wurde der König durch den „Führer", die Monarchie durch diffuse Ideen vom „Dritten Reich" ersetzt.

---

[236] Tagebucheintragungen Andreas v. Bernstorff-Wedendorfs, Juni 1926 und März 1928, zit. n. CONZE, Von deutschem Adel, S. 164, 166.
[237] Vortrag des politischen Generalbevollmächtigten Wilhelms II., Magnus v. LEVETZOW, auf einer Vorstandssitzung des Deutschen Herrenklubs. Sitzungsprotokoll vom 14.9.1928, in: LHAM-AW, Rep. Stolberg, O, E, Nr. 32.
[238] Magnus v. LEVETZOW an einen Vetter, 24.9.1927, zit. in: Granier, Levetzow, S. 248. Ein Beispiel für die bis 1933 unveränderte Argumentation aus westfälischer Perspektive bietet Ferdinand FRHR. V. LÜNINCK-OSTWIG, Deutschland und die Monarchie, in: DAB, 1.1.1933, S. 4: Die Krönung des neu gestalteten Staatswesens werde später als „zwangsläufige Selbstverständlichkeit" folgen.

5.5.) Die Auflösung des Monarchismus

„Der Monarchie trauerten nur noch die Walzertänzer nach, die mit einem Jazz nichts anzufangen wußten. Für uns hatte sie sich mit der Flucht des Kaisers selbst gerichtet. Der Prinzenkoller gewisser Potsdamer Kreise erschien uns ebenso verächtlich wie das Soldatenspielen windjackenbekleideter Schmerbäuche lächerlich."
– Ottfried Graf v. Finckenstein[239]

„Der Führer mag ruhig König heißen, das ist unwesentlich; wesentlich hingegen ist, daß er von Volkes Gnaden seine Stelle einnimmt."
– Rudolf Jung (1919)[240]

Die Hypertrophie der Hoffnungen und Erwartungen, die im späten Kaiserreich auf Wilhelm II. projiziert wurden, führte nach 1918 in eine Hypertrophie der Enttäuschungen. Beide Phänomene betrafen selbstverständlich nicht nur den Adel. Die Forderung eines kaiserlichen „Führers", für den man bereit war, „durchs Feuer zu gehen" (Friedrich Meinecke), ist vor 1918 v. a. vom Bildungsbürgertum formuliert worden.[241] Die besondere Nähe des Adels zum Monarchen und der v. a. im preußischen Kleinadel einflußreiche Kult um das soldatische Sterben, legen dennoch die Vermutung nahe, daß Enttäuschung und Verzweiflung über den „Verlust" des Königs hier besonders schwer wogen. Die in der Forschungsliteratur häufig anklingende Vorstellung, ein Großteil des alten Adels habe nach 1918 eine besondere Affinität zu monarchistischen Bewegungen besessen, stützt sich meist auf offizielle Verlautbarungen und die auffällige Adelspräsenz in den Vorständen einzelner Organisationen. Aber auch auf die strukturellen Schwächen der monarchistischen Bewegungen während der gesamten Weimarer Republik ist mehrfach hingewiesen worden.[242] Diese Schwäche erklärt sich aus adelsgeschichtlicher Perspektive jedoch weniger aus dem Unvermögen des Adels, dem natürlichen Träger des Monarchismus, die republikanisch gesinnten „Massen" zu gewinnen, als aus der Tatsache, daß große Teile des politisch handelnden Adels die Bindung an die Monarchie innerlich verloren hatten. Neben dem unmittelbaren Verlust der Monarchen und Monarchien gab es längerfristig auch im Adel den Verlust der Orientierung am „monarchischen" Denken. Um diese Ent-

---

[239] FINCKENSTEIN, S. 136.
[240] Rudolf JUNG, Der nationale Sozialismus, München ²1922, S. 173.
[241] Dazu grundlegend: Elisabeth FEHRENBACH, Wandlungen des deutschen Kaisergedankens (1871-1918), München/Wien 1969. Vgl. Bernd SOESEMANN, Der Verfall des Kaisergedankens im Ersten Weltkrieg, in: John C.G. Röhl (Hg.), Der Ort Kaiser Wilhelms II. in der deutschen Geschichte, München 1991, S. 145-172.
[242] Friedrich FRHR. HILLER FRHR. V. GAERTRINGEN, Zur Beurteilung des Monarchismus in der Weimarer Republik. In: Gotthard Jasper (Hg.): Tradition und Reform in der deutschen Politik. Gedenkschrift Waldemar Besson. Frankfurt a. M. 1976, S. 138-185; Hermann SCHREYER, Monarchismus und monarchistische Restaurationsbestrebungen in der Weimarer Republik, in: Jahrbuch für Geschichte 29 (1984) S. 291-320. Zuletzt bei KOHLRAUSCH, Flucht, S. 91-101.

wicklung skizzieren zu können, wird im folgenden Abschnitt über den zeitlichen Rahmen von Revolution und Gegenrevolution hinausgegriffen.

Das zwiespältige Verhalten gerade der älteren Adelsgeneration läßt sich nur angemessen beurteilen, wenn das Fortbestehen eines äußeren Hurra-Monarchismus nicht als ungebrochene innere Haltung gedeutet wird. Die auf den ersten Blick in den alten Formen erstarrte Haltung, die sich in „untertänigsten" Grüßen an die ehemaligen Landesherren,[243] Kaisertoasts bei Familienfeiern auf ostelbischen Schlössern und Landhäusern[244] ebenso zeigte wie in fortlaufenden Pilgerfahrten nach Doorn, ist von der inneren Haltung zu unterscheiden, die nur intern und im engsten Kreise gezeigt wurde. Die Verbitterung über das Verhalten des Kaisers, die Einsicht, daß des Kaisers „Reise ins Ausland" für den Monarchismus katastrophale Folgen haben mußte, wurde jenseits der Öffentlichkeit selbst von den renommiertesten der äußerlich Kaisertreuen geteilt: Dietlof Graf v. Arnim-Boitzenburg gab diese Verbitterung bereits im Dezember 1918 zu erkennen: „Er hat sein Leben retten wollen, das bei den Fronttruppen, besonders bei seinem I. Garde-Regiment, durchaus nicht gefährdet war und hat damit seine Dynastie und das Reich, wie ich fürchte für immer, als Machtfaktoren von Bedeutung ausgeschaltet. Die Truppen sind führerlos geworden [...]".[245] Noch größer scheint die Kluft zwischen prinzipiellem Bekenntnis zum Monarchismus und innerer Ablehnung des Kaisers bei einem ähnlich einflußreichen Vertreter des preußischen Adels gewesen zu sein. Ewald v. Kleist-Schmenzin, der 1927 Vorsitzender des monarchistisch auftrumpfenden *Hauptvereins der Konservativen* wurde, brachte bei feierlichen Gelegenheiten stets einen Toast auf „den Träger der Krone" aus. Zumindest wer damit nicht gemeint sein konnte, war im Kreise seiner Vertrauten klar: Wilhelm II. und der Kronprinz schieden wegen ihrer unwürdigen Flucht aus, und auch die Kinder des Kronprinzen galten Kleist als ungeeignet. V. a. aufgrund der Flucht soll Kleist, der in der Literatur meist als einer der wichtigsten Protagonisten eines unbeugsamen Konservativismus genannt wird, den Kaiser mit „Haß", den Kronprinzen mit „Widerwillen" und dessen Söhne mit „Verachtung" betrachtet haben.[246] Auf den internen Restau-

---

[243] Vgl. etwa die Sammlung ritueller Dankesschreiben mit „tiefempfundenem Dank für alle [...] unserem Geschlechte bezeigte Huld und Gnade", gerichtet an den Großherzog von Mecklenburg („Durchlauchtigster Großherzog, gnädigster Großherzog und Herr"), formuliert von verschiedenen norddeutschen Familienverbänden, in: MLHA, GHK III, Nr. 2656. Zitat: Schreiben des v. Bülow'schen Familienverbandes vom 8.9.1929 (ebd.).

[244] STAHLBERG 94f., über Familienfeiern in den ihm bekannten preußischen Adelsfamilien bis zur Zeit des Zweiten Weltkrieges. Auch hier der Zusatz: „Auf das Wohl des Monarchen, obwohl er Preußen und Deutschland im Stich gelassen hatte." Aus „westelbischer" Perspektive: SALM, S. 281f.

[245] Brief ARNIMs vom 15.12.1918: LHM-AW, Rep H Karow, Nr. 220, Fol. 72.

[246] SCHEURIG, Kleist-Schmenzin, S. 25-28, S. 102. Das hagiographische Porträt, das Scheurig zeichnet, ist in diesem Punkt glaubwürdig, auch wenn man sich fragt, was Scheurig mit der Behauptung meint, Kleist habe „loyal" zur Monarchie gestanden. Daß und wie Scheurigs Darstellung insgesamt gegen den Strich zu lesen ist, hat FLEMMING, Konservativismus, S. 323-331, überzeugend gezeigt.

5.5.) Die Auflösung des Monarchismus

rations-Debatten in den Adelsverbänden mahnten die Redner zur Zurückhaltung, da niemand einen konsensfähigen Prätendenten präsentieren könne. „Darüber, dass Kaiser Wilhelm II. dies nicht ist", hieß es 1926 in einer DAG-Versammlung, „sind wir uns wohl alle einig, ebenso, dass keiner der volljährigen Prinzen dafür in Frage kommt. Meine Hoffnung für die Zukunft liegt bei dem ältesten Sohne des Kronprinzen."[247]

Der Tonfall interner Schriftwechsel läßt vermuten, daß auch im Adel viele der bekennenden Monarchisten für ihren exilierten Herren, der in Doorn, wie es in einer zynischen Bemerkung hieß, nur noch „Wasserratten" jagen konnte, eher resignierendes „Mitleid" als royalistische Ehrfurcht empfanden.[248] Die doppelte Sprache zwischen innerer Abwendung einerseits und äußerer Treue andererseits kultivierte auch Friedrich Graf v. d. Schulenburg. Während die privaten Urteile über Wilhelm II. und den Kronprinzen äußerst scharf ausfielen, ließ der General 1919 den adligen Autor einer Broschüre, die Wilhelm II. als prunksüchtigen „Feigling" verhöhnte, von zwei Offizieren auf Pistolen fordern.[249]

Anders als in der oben skizzierten Kaiserkritik einzelner adliger Außenseiter stehen die hier angeführten Beispiele für eine Ablösungsbewegung vom Kaiser, die sich selbst für den innersten Kern des preußischen Adels nachweisen läßt und durch kein Mitglied der Hohenzollernfamilie kompensiert werden konnte. Mehr als die zynische Offenheit völkischer Frondeure aus dem Adel dürfte das soziale Format der oben zitierten Zeugen – ein preußischer Generalstabschef und Prinzenberater, der ehemals engste Kaiserfreund, der Präsident des Herrenhauses und der Vorsitzende der konservativen Reichstagsfraktion – genügen, um die tief- und weitgehende Distanzierung vom König selbst im Kern des ehemaligen *inner circle* um den Monarchen zu belegen.

Während für einige Adelsgruppen, etwa für den welfischen oder altbayerischen Adel, eine distanzierte Haltung gegenüber dem preußischen König ohnehin selbstverständlich war, markierte die Flucht des Königs die wohl wichtigste Bruchstelle der traditionell unvergleichlich engen Bindung des preußischen Kleinadels an den Monarchen.

---

[247] Sitzungsprotokoll einer Tagung am 8.11.1926, die DAG-Mitglieder mit adligen Nichtmitgliedern zusammenbringen sollte. Redebeitrag Exzellenz v. LOEBELL, in: WAAM, Nl. Lüninck, Nr. 815. Auf derselben Tagung veranlaßte die Äußerung eines Grafen Montgelas, Fürsten seien nicht mehr als Aristokraten, „die eine bessere Carriere" gemacht hätten, den DAG-Vorsitzenden Friedrich v. Berg zum Verlassen des Raumes.
[248] F. V. GRÜNBERG an Graf v. Arnim-Boitzenburg, ca. 1925, zit. n. POMP, Arnim, S. 50.
[249] Hoensbroech lehnte die Forderung mit dem Kommentar ab, auch noch so gute Pistolenschützen könnten die von ihm beim Namen genannten Wahrheiten nicht aus der Welt schaffen. Paul GRAF V. HOENSBROECH, Wilhelm II. Abdankung und Flucht. Ein Mahn- und Lehrwort, Berlin 1919. Hoensbroech entstammte einer alten katholischen Adelsfamilie, war in Feldkirch erzogen worden und hatte mehrere Jahre dem Jesuitenorden angehört. 1895 bürgerlich verheiratet und zum Protestantismus konvertiert, wurde er zum scharfen Gegner des Ultramontanismus. Rezension und Kommentare Westarps: BAP, 90 We 4, Bd. 230. Vgl. Richard V. DAMM, Autoren aus Fürsten- und Adelskreisen, in: ASB 1908, S. 67-69, 79f.

Hatten sich zuvor nur wenige Adlige an der bereits vor 1914 florierenden Kombination aus Führersehnsucht und Kaiserkritik beteiligt, kam es in den 1920er Jahren zu einem regelrechten Dammbruch der öffentlichen Kritik Adliger am exilierten Monarchen. Eine Kritik, die zunächst nur als verbittertes Murmeln in privater Herrenrunde, etwa im Offizierskasino oder im Raucherzimmer der Landhäuser nach Aufhebung der Tafel existierte, wurde zunehmend öffentlich und erreichte damit eine neue Qualität. Publizistische „Abrechnungen" adliger Privatmänner reihten sich nun an Veröffentlichungen adliger Insider, die den letzten Kaiser und seine Entourage jahrelang aus der Nähe beobachtet hatten. Die Memoiren renommierter Adliger, u. a. der dritte Band der Bismarck-Memoiren, die Erinnerungen der Grafen Waldersee und Zedlitz-Trützschler[250] sowie die äußerst kaiserkritischen Memoiren der Fürstin Pleß spielten hier eine erhebliche Rolle.[251] Herauszuheben ist der 1930 erschienene Band der „Denkwürdigkeiten" Fürst Bülows, die einen der größten Familienverbände des deutschen Adels in zwei Lager dividierte und aufgrund der kaiserkritischen Passagen in weiten Kreisen des Adels erregte Debatten hervorriefen. Die Kaiserliche Generalverwaltung in Doorn hatte eine durch den Adelsmarschall der DAG unterstützte Aufforderung an den Bülowschen Familienverband gerichtet, sich öffentlich von den Memoiren zu distanzieren. Die Loyalität zum geflohenen Exilkaiser stand hier direkt gegen die Loyalität zur eigenen Familie. Dieser Konflikt spiegelte sich noch in der widersprüchlichen Erklärung wider, die der Familienverband schließlich nach einer konträr und mit großem Organisationsaufwand geführten Debatte[252] im Adelsblatt veröffentlichte.[253] Immer deutlicher wurden adlige Versuche, derartige Publikationen zu verhindern, ihre Autoren öffentlich zu ächten und sie

---

[250] Vgl. dazu Robert GRAF VON ZEDLITZ UND TRÜTZSCHLER, Zwölf Jahre am deutschen Kaiserhof, Stuttgart/Berlin/Leipzig 1924 und die publizistische Gegenwehr: Hans GRAF V. PFEIL U. KLEIN-ELLGUTH, Mein Kaiser! Der Fall Zedlitz-Trützschler u. Wilhelms II. wahres Gesicht, Leipzig 1924.

[251] Vgl. dazu die Memoiren der englischen Ehefrau eines der reichsten deutschen Fürsten: FÜRSTIN VON PLESS, Tanz auf dem Vulkan. Erinnerungen an Deutschlands und Englands Schicksalswende, 2 Bde., Dresden 1929 und DIES., Was ich lieber verschwiegen hätte... Aus der europäischen Gesellschaft vor dem Kriege, 2 Bde., Dresden 1931. Kuno GRAF V. WESTARP bemühte sich, die scharfe Kritik der Fürstin an Wilhelm II. mit dem Hinweis auf ihr „Engländertum" zu entkräften; s. seine Rezension der Bände in: BAP, 90 We 4, Bd. 249, Fol. 1-7. Unter den ca. 50 kaiserkritischen Werken, die Graf Westarp rezensiert hatte, befanden sich Publikationen von 20 adligen Autoren, z.T. aus dem Hof- und Hochadel. Vgl. dazu WESTARPS Einteilung der Kaiserliteratur und seine gesammelten Rezensionen in: BAP, 90 We 4, Bd. 202.

[252] Vgl. die in einer Auflage von 600 Exemplaren gedruckte, an alle Mitglieder des Familienverbandes geschickte Broschüre: Die Denkwürdigkeiten des Fürsten Bülow und der v. Bülowsche Familienverband. Bericht über die Beschlußfassung vom 16.5.1931 in: LHAM-AW, Rep. E v. Bülow, Nr. 90, Fol. 28-40 sowie die Schriftwechsel in dieser Akte. Vgl. dazu: Front wider Bülow. Staatsmänner, Diplomaten und Forscher zu seinen Denkwürdigkeiten. Hg. v. Friedrich Thimme. München 1931

[253] Vgl. die Erklärungen des Bülowschen Familienverbandes im DAB vom 5.12.1931 und vom 24.9.1932.

5.5.) Die Auflösung des Monarchismus

inhaltlich zu widerlegen, zu Rückzugsgefechten. Schulenburg schrieb Ende 1930 an seinen Freund Arnim: „Nach Waldersee u. Zedlitz wirken die Bülowschen Nichtswürdigkeiten verheerend [...]. Ich sehe in Bülow den Totengräber des deutschen Kaiserreiches."[254] Der westfälische Gutsbesitzer und Verbandspolitiker Engelbert Frhr. v. Kerckerinck hatte sich bereits 1919 in einem Austausch mit katholischen Bischöfen über den immensen Schaden, den die Memoirenflut der monarchistischen Sache zufügen würde, verständigt: „Wenn nur nicht durch all die Enthüllungen und Memoiren unserer Tage, die doch größtenteils aus monarchischen Kreisen kommen, der monarchische Gedanke so grausig immer wieder aufs neue diskreditiert würde!".[255]

Selbst Kuno Graf v. Westarp, unermüdlicher Don Quichotte im Kampf gegen die Windmühlen der öffentlichen Kaiserkritik seiner Standesgenossen, hatte intern bereits 1919 eingestanden, daß es nicht mehr um die Person des Monarchen gehen konnte, sondern um den Versuch, „für den monarchischen Gedanken als solchen im Hinblick auf eine fernere Zukunft zu retten, was zu retten ist".[256] Auch Westarp, der bis 1939 das Bild des heroischen und guten Königs in unermüdlicher Kleinarbeit und in über 100 Rezensionen von Kaiser-Büchern verteidigte, galten die Denkwürdigkeiten Bülows als Höhepunkt adliger „Schmähliteratur".[257] Eine weit schärfere Version adliger Kaiserkritik lieferten allerdings die insgesamt fünf Kaiser-Bücher[258] Ernst Graf zu Reventlows, der seit 1927 zum Strasser-Flügel der NSDAP gehörte. Reventlows bereits zitierte publizistische Attacken auf den wilhelminischen „Byzantinismus" fanden im Jahre 1926 eine ebenso scharfe wie konsequente Fortführung in einem Buch, das der völkisch orientierte Hammerverlag unter dem Titel „Monarchie?" publizierte. Die „Byzantiner" um Kaiser Wilhelm II., hieß es hier, seien schon vor 1918 längst keine „Führer" mehr gewesen. Die deutschen Fürsten waren im November 1918 „wie dürre Blätter vom Baum" gefallen und konnten nicht „zu beliebiger Zeit wieder aufgerichtet werden wie ein umgefallener Stuhl". Loyalität gegenüber einem Kaiser, der sein Volk verlassen hatte, war für Reventlow eine widersinnige Vorstellung, alle publizistischen Versuche, das Verhalten des Kaisers, des Kronprinzen und der anderen Fürsten nachträglich aufzubessern, nicht mehr als „Geschichtsklitte-

---

[254] SCHULENBURG an Arnim, zit. n. Pomp, Arnim, S. 33.
[255] Karl Joseph SCHULTE (Bischof von Paderborn) an Baron Kerckerinck, 2.11.1919, in: WAAM, Nl. Kerckerinck, Nr. 139.
[256] Kuno GRAF V. WESTARP, Schreiben von 1919, in: BAP, 90 We 4, Bd. 190, Fol. 84. Auch die Verantwortung des Kaisers für seine Flucht im November 1918 gestand Westarp außerhalb der Öffentlichkeit ein: „bei öffentlicher Besprechung werde ich meinen Standpunkt natürlich in anderer Form als hier zu wahren suchen" (Brief an General v. Eisenhart-Rothe, in: BAP, 90 An 1, Bd.4, Fol. 35f.).
[257] BAP, 90 We 4, Bd. 200, Fol. 34 und 43.
[258] Von der herausragenden Bedeutung dieser Publikationen zeugt nicht zuletzt die Mühe, die sich Kuno GRAF V. WESTARP mit ihrer „Widerlegung" gab: BAP, 90 We 4, Bd. 256, Fol. 1-68.

rung".²⁵⁹ Die Wiedererrichtung der Monarchie werde von einer Mehrheit des Volkes nicht gewünscht und sei ohnehin nur mit Hilfe des „Judentums" denkbar. Reventlow forderte den alten Adel auf, sich an der Ablösung des „Kapitalistentums" durch persönliche Leistung innerhalb der „Volksgemeinschaft" zu beteiligen. Das Volk jedoch sollte nicht länger „beherrscht", sondern „geführt" werden. Der verhinderte Seeoffizier plädierte für eine neue „Führerschicht [...], möge sie herkommen, wo sie wolle". Der Adel allein kam dafür nicht mehr in Frage: „Eine Führerschicht, eine Führerklasse gibt es in Deutschland tatsächlich nicht. Es gibt auch keine Schicht und keine Klasse, die aus der Vergangenheit einen Anspruch darauf erheben könnte [...]. Ce qui n'est plus ne fut jamais."²⁶⁰

Obwohl die 1942 erneut zugespitzte, schonungslose Anklage des holsteinischen Grafen inhaltlich und stilistisch weit über die durchschnittliche Schärfe adliger Kaiserkritik hinausging, läßt sie sich als Indikator für die Anschlußfähigkeit der meist nur privat geäußerten Kritik im Adel an die schrillen Töne aus dem völkischen Lager lesen. Etwa zeitgleich mit Reventlow hatte Hitler die „jämmerliche Haltung" der Fürsten im November 1918 ähnlich gedeutet und keinen Zweifel daran gelassen, daß die deutschen Fürsten – und an ihrer Spitze der Kaiser – selbst die Verantwortung dafür trugen, sich mit „Hasenfüße[n umgeben zu haben], die im Jahre 1918 vor jeder roten Armbinde auseinander- und auf- und davonsausten, ihren König König sein ließen, die Hellebarde schleunigst mit einem Spazierstock vertauschten, neutrale Krawatten umbanden und als friedliche ‚Bürger' aber auch schon spurlos verschwanden! [...] Wären die Monarchen nicht selber schuld an diesen Dingen, könnte man sie nur auf das herzlichste bedauern ob ihrer Verteidiger von heute. Sie dürfen aber jedenfalls überzeugt sein, daß man mit solchen Rittern wohl Throne verliert, aber keine Kronen erficht. [...] Als das Gebäude dann endlich ins Wanken kam, waren sie wie weggeblasen: Natürlich: Kriecher und Speichellecker lassen sich für ihren Herrn nicht totschlagen."²⁶¹ Hitlers metaphorische Deutung blieb, um dies vorwegzunehmen, ein von der NS-Propaganda fortlaufend verwendetes Motiv zur Diskreditierung der alten Autoritäten. Richard Walther Darré, der sich hierbei besonders hervortat, unterstrich 1934 in einer Rede, es sei „mit dem besten Willen nicht ein[zu]sehen, warum wir uns Leute zurückholen sollten, die uns *im Augenblick unserer größten Gefahr verlassen haben!* [...] Wir Bauern wollen von unseren Führern nur das eine, daß sie ein Herz für uns haben und uns gut führen." Im Falle seiner Wiederkehr würde

---

[259] Ernst GRAF ZU REVENTLOW, Monarchie?, Leipzig 1926. Völkische Argumentationen schwächer akzentuierend, aber zum gleichen Schluß kommt Wilhelm STAPEL, Königstreue, in: Deutsches Volkstum 9 (September 1928), positiv rezensiert in: Der Ring, 38/1928, S. 727.
[260] REVENTLOW, Monarchie, Zitate S. 86, 100f., 104, 119. Ähnlich bei L. BARON V. VIETHINGHOFF-SCHEEL, Grundzüge des völkischen Staatsgedankens, Berlin o.J., S. 22, 28, 37.
[261] HITLER, Mein Kampf, zit. S. 260f.

5.5.) Die Auflösung des Monarchismus

Wilhelm II. vor ein Volksgericht gestellt.[262] Der kämpferische Vorwurf an die hochadlige „Feigheit" wurde in der NS-Propaganda immer wieder in neue Bilder gegossen. In der Wortwahl schärfer, inhaltlich jedoch in Übereinstimmung mit den adligen Deutungen interpretierte die NS-Propaganda die Flucht des Kaisers durchgängig als Führerversagen – eine Grundlinie, die bis in die Nachrufe auf Wilhelm II. erhalten blieb. Ein im *Reich* veröffentlichter Rückblick bündelte im Juni 1941 die NS-Kritik an Wilhelm II. erneut. Statt der „bis zum Tode gehenden Bereitschaft zur Führung" habe der zu jeder heroischen Entscheidung unfähige Monarch „laute Schwäche" und „scheinaristokratische Anpassung" gezeigt.[263]

Wie sehr sich die Deutsche Adelsgenossenschaft trotz formaler Treueschwüre an den Kaiser anderen Modellen des „Führertums" geöffnet hatte, ist noch näher darzustellen. Die monarchistische „Gesinnung" des Adels, die von adligen Memoirenschreibern nach 1945 behauptet und in der Forschungsliteratur häufig vorausgesetzt wurde, erweist sich in vielen Fällen als Kulisse ohne innere und organisatorische Entsprechung.
Die unzähligen adligen Grußadressen und Glückwunschpostkarten an Wilhelm II., verfaßt in der Sprache einer vergangenen Zeit, formuliert auf bestem Briefpapier, zeugen ebenso wie das notorische Kaiser-Hoch auf privaten Familienfeiern und das längst sinnentleerte Ritual der Pilgerfahrt nach Doorn nur auf den ersten Blick von einer ungebrochenen Solidarität weiter Adelskreise mit dem Exil-Kaiser. Die stetig schrumpfenden Doorner Tafelrunden[264] behielten als monarchistisches Symbol zwar Bedeutung, dieses verlor jedoch zunehmend an Überzeugungskraft.

---

262 Zeitungsbericht über eine Rede Darrés in Altenesch (Archivstempel: 28.5.1934), in: MLHA, GHK III, Nr. 1621 (Hervorhebung i.O.). Über ähnliche Reden von Darré und Baldur v. Schirach, gegen die Fürst Bentheim und Emissäre des Kaiser vergeblich protestierten, vgl. PREUßEN, Hohenzollern, S. 197-204, die Karikatur in: Das Schwarze Korps, 6.3.1935, S. 2. und KOHLRAUSCH, Warlord, S. 54.

263 Karl Richard GANZER, Zwischen Leistung und Traum. Zum Tode Wilhelm II., in: Das Reich, 15.6.1941. Vgl. den Nachruf auf der Titelseite des Adelsblattes, in dem Adolf FÜRST ZU BENTHEIM formulierte: „Ihm, dem Friedenskaiser, gelang es nicht, die Schlinge rechtzeitig zu durchschneiden, welche Deutschlands Neider der jungen Weltmacht allmählich um den Hals gelegt hatten.", Nachruf in: DAB 11.6.1941, S. 377.

264 Vgl. den Tischplan der Festtafel, an der Wilhelm II. anläßlich seines 70. Geburtstages im Jahre 1929 eine Auswahl des Deutschen Hochadels versammelt, nebst Tagesprogramm und Speiselisten (27.1.1929), in: FFAD, OB 19, Vol. 83, Fasc. V, mit den entsprechenden Plänen anläßlich der „Feier des Allerhöchsten Geburtstages am 27. Januar 1935" in: MLHA, GHK III, Nr. 743. Die „königliche Abendtafel" versammelte am ersten Tisch nur noch 20 Gäste, aus dem hohen Adel neben vier preußischen Prinzen den Großherzog von Mecklenburg, den „König von Sachsen", die Landgräfin und eine Prinzessin von Hessen, die Erbprinzessin zu Salm und die Herzogin von Braunschweig. Dazu die detaillierten Schilderungen in den beiden Bänden von ILSEMANN, Der Kaiser im Exil. Eine Kurzfassung bietet Hans WILDEROTTER, Haus Doorn. Die verkleinerte Kopie eines Hofstaates, in: Der letzte Kaiser, S. 113-121.

In den Schlössern des Hochadels, den großen Herrenhäusern des Landadels, auf den Bällen der DAG und in unzähligen Salons der großen Städte gab es reichsweit kleine Gegenwelten zur republikanischen Gegenwart, in denen „die gute alte Zeit" durch ältere Adlige in den Umgangsformen des Ancien Régime detailgetreu und liebevoll nachgestellt bzw. weitergeführt wurde. „Daß Sie hier Republik sind, das merkt man am heutigen Tage wirklich nicht", äußerte der dänische König 1929 anläßlich der Feierlichkeiten zur Silberhochzeit des mecklenburgischen Fürstenpaares auf Schloß Ludwigsburg, zu der sich die alte Schweriner Hofgesellschaft versammelt hatte.[265] Ähnlich wie im Fall der Doorner Miniatur kaiserlicher „Hofkultur" hielten sich überall in Deutschland meist vom Hochadel geführte Residuen, an denen Ersatz für den vergangenen Glanz des Hoflebens inszeniert wurde. Wie in Neustrelitz, wo die Großherzogin Elisabeth v. Mecklenburg-Strelitz ihre Schloßresidenz gegen ein kleineres Anwesen in einer Parkanlage eingetauscht hatte, glichen diese Orte adligen Kontakt- und Kulturbörsen, deren Funktion über den Austausch der neuesten „Ebert-Witze" zwar hinausging, mit nostalgischer Sehnsucht nach der verlorenen Zeit jedoch nicht verwechselt werden sollte.[266]

Zu den strukturellen Schwächen des Monarchismus gehörten die Konflikte zwischen lokal gebundenen Einzelmonarchismen. Wie sehr der politische Monarchismus als eine landesweite, handlungsfähige Bewegung ein Ding der Unmöglichkeit bleiben mußte, läßt sich innerhalb der DAG an den partikularen Ansprüchen einzelner Landesabteilungen ablesen. Neben dem bayerischen Monarchismus bietet der Versuch, welfische Thronansprüche wachzuhalten, der 1925 die DAG-Landesabteilung Hannover beschäftigte und in einen Konflikt mit der DAG-Leitung brachte, ein Beispiel dafür, daß der „monarchische Gedanke" innerhalb des deutschen Adels zunehmend eher trennend als einigend wirkte.[267] Nicht ohne Entsetzen registrierte der Beraterkreis um den preußischen Kronprinzen die in Bayern nach der Kaiserflucht offen geäußerte Parole „Wittelsbach soll die Sturmfahne des Reiches tragen!"[268] Nach Darstellung des bayerischen Kronprinzen hatte ihm Erich Ludendorff im Dezember 1921 ein von legitimistischen Relikten freies Angebot gemacht: „Es geht jetzt ums Ganze, ich habe eine sehr große Macht hinter mir. Wittelsbach oder Hohenzollern – wer zugreift, der hat's".[269]

---

[265] CONZE, Von deutschem Adel, S. 166f. Zu Funktion und Exklusivität der Adelsbälle vgl. ebd., S. 334f.
[266] ‚Neustrelitz/Ebert-Witze': STENBOCK-FERMOR, S. 124f.
[267] Vgl. den Konflikt um eine Petition der DAG-Landesabteilung Hannover an Berg und BERGS ausweichende, auf Einigung zielende Antwort ohne Zugeständnisse an welfische Thronansprüche (1925/1926) in: WAAM, Nl. Lüninck, Nr. 696. Vgl. FRHR. V. HAMMERSTEIN-LOXTEN an Westarp, 2.11.1930, in: AFHG, Nl. Westarp, VN 9, Nr. 1.
[268] General ROGGE an Kronprinz Wilhelm (1919), in: BAP, 61 Pr 1, Bd. 7, Fol. 15.
[269] Kronprinz Rupprecht an Carl Fürst zu Castell-Castell, 9.12.1923, zit. n. DOHNA, Adel, S. 37.

5.5.) Die Auflösung des Monarchismus

Wie im bayerischen spielten auch im welfischen Partikularmonarchismus Adlige eine maßgebliche Rolle.[270] Beide Strömungen enthielten ein antiborussisches Element, für dessen symbolische Akzentuierung welfisch orientierte Adelsfamilien ihre Söhne in Lederhosentracht und edelweißbestickten Hosenträgern einem Spießrutenlaufen unter ihren niedersächsischen Mitschülern aussetzten.[271]

Neben den einflußreichsten monarchistischen Strömungen in Bayern, Preußen, Sachsen und Hannover kam eine weitere, im katholischen Adel Südwest- und Westdeutschlands einflußreiche Linie hinzu, die sich am alten Reichsgedanken orientierte. In Übereinstimmung mit seinen westfälischen Standesgenossen[272] bezeichnete der Abt Augustinus von Galen, ein Bruder des später berühmten Bischofs, das Monarchieproblem 1926 als eine *Cura posterior* und hielt die Ansprüche des Hauses Habsburg im Gegensatz zu jenen der Hohenzollern für berechtigt: „Was die Hohenzollern betrifft, so hatte ihr Kaisertum mit dem des alten Reiches nicht das geringste zu tun [...]. Die Hohenzollern waren daher in gar keiner Weise Rechtsnachfolger der alten Kaiser und von *diesem* Gesichtspunkt aus könnten sie folglich als etwa bevorzugte Bewerber um die künftige Krone absolut nicht in Frage kommen."[273] Die Orientierung am Reichsgedanken, verbunden mit guten Beziehungen zum hohen Klerus und einer hohenzollernkritischen, habsburgfreundlichen Einstellung, die der westfälische Graf hier vertrat, war für einflußreiche Mitglieder des südwestdeutschen Adels, besonders für die dortigen Standesherren charakteristisch.[274] Gerade bei den Anhängern des realitätsfernen Reichsgedankens fand sich oftmals eine gelassene Einstellung gegenüber der Republik. Für den südwestdeutschen Adelsverein, der mit den bayerischen Verbänden freundschaftliche Beziehungen unterhielt, erklärte Attila Graf v. Neipperg einem bayerischen Standesgenossen, auch im Südwesten sei der Adel monarchistisch, aber „anders" als im wittelsbachertreuen Bayern. Nur teilweise gehörte die Loyalität der Standesgenossen den Häusern Württemberg und Zähringen, viele süd-

---

[270] Zum welfischen Adel in der Weimarer Zeit CONZE, Von deutschem Adel, S. 64-82. Zur DHP: Hans-Georg ASCHOFF, Die Deutschhannoversche Partei zwischen Revolution und Machtergreifung (1918-1933), in: Stader Jahrbuch 1988, S. 61-87.
[271] DISSOW, S. 60.
[272] Alfred FRHR. V. LANDSBERG-VELEN, Der katholische Adel und die monarchische Frage, in: DAB 1929, S. 103; FRHR. V. LÜNINCK-OSTWIG, Deutschland und die Monarchie, in: DAB 1933, S. 4.
[273] Augustinus GRAF V. GALEN an Ferdinand Frhr. v. Lüninck, 12.4.1926: WAAM, Nl. Lüninck, Nr. 696. Gegen Lünincks preußentreue Haltung verwies Galen hier nachdrücklich auf die preußische Verletzung des Legitimitätsprinzips in den Jahren 1815 und 1866, die er mit den revolutionären Enteignungsbestrebungen seit 1918 verglich: „Wenn Ihr [...] im Namen legitimer Herrscher gegen den Umsturz der Throne und neuerdings gegen den projektierten Raub ihrer Familiengüter, kurz gegen die Revolution protestiert, so wird diese *mit vollstem Recht* nur ein verächtliches Lachen für Euch haben: was der König von Preussen tun durfte, weil er die Macht dazu hatte [...] das tut dies Mal das souveräne Volk, potima fide, im Interesse des bonum commune!"
[274] Am Beispiel des oberschwäbischen Fürsten Erich v. Waldburg-Zeil: DORNHEIM, Adel, S. 332f.

westdeutsche Adlige jedoch hätten die „Sünden" der Fürsten aus der napoleonischen Zeit nicht vergessen. Auch der Monarchismus, den Graf Neipperg hier umriß, glich eher einer vagen Grundhaltung als einem praktikablen Programm: „Diese Leute sind ganz Heiliges Römisches Reich Deutscher Nation. Und bis zu einem gewissen Grad bin ich cum grano salis auch bei dieser Seite. Wir stehen auf dem Standpunkt, dass wir zeigen und beweisen wollen, dass der Adel in der Republik notwendig ist, noch notwendiger als in der Monarchie, wo alles seinen mehr oder minder geregelten Gang ging. Aber officiell sind wir nicht monarchisch eingestellt."[275]

Neben der mehrfachen regionalen Spaltung litten alle monarchistischen Bewegungen unter Nachwuchsproblemen, d. h. unter der Abwanderung der jungen Generation. In den organisatorischen Schaltstellen der Weimarer Rechten, deren erklärtes Ziel es war, ein zeitgemäßes „Führertum" in Theorie und Praxis zu begründen, wurde die stetig wachsende Distanz der jüngeren Generation nüchtern registriert. Im Vorstand des Deutschen Herrenklubs galt es 1928 als sicher, daß die junge Generation, darunter auch der rechte Flügel der bündischen Jugend, zwar entschieden gegen das „System" eingestellt sei, monarchistische Hoffnungen darauf jedoch nicht gebaut werden könnten. Zur Monarchie der Vorkriegszeit habe die Jugend kein „inneres Verhältnis" und über den „Führer- und Gefolgschaftsgedanken hinaus [dürfe] man ein aktives Bekenntnis zum monarchischen Gedanken nicht erwarten".[276] Sondierungen, die Ewald v. Kleist-Schmenzin 1932 in Ostelbien angestrengt hatte, führten zu ähnlichen Ergebnissen.[277]

Bayern als Land mit der dynamischsten monarchistischen Bewegung bildete in dieser Beziehung keine Ausnahme. Auch nach Einschätzungen der bayerischen DAG-Landesabteilung gab es in der jungen Generation „vielfach keine legitimistische und auch keine monarchische Einstellung". Zwar wurde in den Vorständen der bayerischen Adelsorganisationen intensiv versucht, die junge Generation auf monarchistischem Kurs zu halten, die Erfolgsaussichten jedoch skeptisch beurteilt. „Es ist bei der politischen Einstellung der Konservativen und Deutschnationalen, insbesondere natürlich in Norddeutschland, wo heute gar kein Interesse für die Monarchie, sondern nur für den Unitarismus und das Einstecken der Länder in Preussens alles verschlingenden Sack herrscht, sehr schwer, durchgreifend einzuwirken. Wir geben uns im [Münchener] Jungadel alle Mühe."[278] Mit einer Mischung aus Sorge und Hoffnung

---

275 GRAF NEIPPERG-SCHWAIGERN, 20.9.1928 an GRAF DRECHSEL, in: BayHStA, GKE, Nr. 6.
276 Bericht des Kapitän V. JANSON, DHK-Vorstandstagung vom 14.9.1928, in: LHAM-AW, Rep. Stolberg, O, E, Nr. 32.
277 Vgl. das Ergebnis einer von Kleist lancierten monarchistischen Umfrage, bei der sich die Führer der großen rechten Organisationen weitgehend in Schweigen hüllten, in: Mitteilungen des Hauptvereins der Konservativen, Jg. 1932, Nr. 3 (Mai 1932), S. 2 und die Hinweise bei SCHEURIG, Kleist, S. 102-104.
278 Interne Einschätzungen v. REITZENSTEINS 28.3.1928 und LEONRODs 30.3.1930 an Reitzenstein (Zitat), in: DAAM, LAB, Bd. 12, Hft. ‚Schwaben'.

5.5.) Die Auflösung des Monarchismus

registrierten auch im bayerischen Adel die Vertreter der älteren Generation die Orientierung ihrer Söhne jenseits der tradierten Auffassungen und Maximen. In den Köpfen der Jugend, so die Einschätzung eines in diversen Adelsverbänden einflußreichen Barons von 1927, „brodelt und gährt (sic) es, sie steht durchaus nicht abseits, aber sie lehnt es ab, sich willenlos den Anschauungen ‚der Alten' zu fügen."[279] Landesweit konstatierte die Generation der Väter besorgt das Ausscheren der Söhne aus dem Lager des Monarchismus. Bei einer Umfrage unter jungen bayerischen Adligen hatten sich 1926 nur noch 5% als überzeugte Monarchisten eingestuft.[280] Immer häufiger äußerten junge Adlige, so ein besorgter Bericht aus dem Jahre 1928, „Die Monarchie ist uns kein Erlebnis."[281]

Mit der bedeutsamen Ausnahme der bayerischen Sonderentwicklung[282] blieb der Monarchismus in der Weimarer Republik, wie sich zusammenfassend festhalten läßt, eine heterogene und politisch schwache Bewegung, die dem Adel kein stabiles Orientierungssystem zur Verfügung stellen konnte. Die These, der Adel habe „in der Monarchie nach wie vor das Heil gesehen", findet sich in der Literatur zwar häufig, ist jedoch kaum mehr als eine unbelegte Behauptung.[283] Neugegründete monarchistische Verbände wie der „Preußenbund" und der „Bund der Aufrechten" stießen von Anfang an gerade in Kreisen des alten preußischen Adels auf Ablehnung.[284] Der Monarchismus der DNVP glich bereits weitgehend einer „Traditionsformel ohne realen Gehalt" (Ernst Rudolf Huber), als 1928 im Lambach-Streit der antimonarchistische Flügel der Partei offen hervortrat.[285]

---

279 Brief Wilhelm FRHR. V. REITZENSTEINs vom 21.11.1927, in: DAAM, LAB, Bd. 13, Hft. ‚Mittelfranken 26/27'.
280 Vgl. dazu ARETIN, Adel, S. 524f., 540; DOHNA, Adel, S. 42.
281 Excellenz V. FABECK, Bericht über Adelskapitel v. 4./5.12.1928: DAAM, LAB, Bd. 2, Hft. ‚Protokolle'.
282 Vgl. ARETIN, Adel, S. 520-541; DERS., Die bayerische Regierung und die Politik der bayerischen Monarchisten in der Krise der Weimarer Republik 1930-1933, in: FS Hermann Heimpel, Göttingen 1971, S. 205-237; James DONOHOE, Hitler's Conservative Opponents in Bavaria 1930-1945. A study of catholic, monarchist and separatist anti-Nazi activities, Leiden 1961 sowie die Kapitel 5.4. und 8 dieser Arbeit.
283 So etwa bei ROGALLA V. BIEBERSTEIN, Adel, S. 259. Ähnlich bei NIEMANN, Grossgrundbesitz, S. 258, 283. Vgl. dagegen zur adlig-bürgerlichen Ablösung vom Kaiser die Analyse bei KOHLRAUSCH, Flucht, S. 89-99.
284 Zur äußerst kritischen Aufnahme des Verbandes im Adel vgl. DAB, 15.12.1921, S. 355: Ein Vertreter des Bundes klagte hier darüber, daß von 700 Werbeschreiben nur 10 beantwortet worden waren. Übereinstimmend mit dieser Einschätzung sind die Befunde von Arne HOFMANN, „Wir sind das alte Deutschland, Das Deutschland wie es war..." Der „Bund der Aufrechten" und der Monarchismus in der Weimarer Republik, Frankfurt a. M. u. a. 1998, S. 60 f.
285 HUBER zit. nach Breuer, Ordnungen, S. 122. Zur Einordnung des Artikels von Walther LAMBACH, Monarchismus, in: Politische Wochenschrift vom 14.6.1928, S. 495-497, der in der DNVP zu einer schweren Krise führte, vgl. Friedrich FRHR. HILLER V. GAERTRINGEN, Die Deutschnationale Volkspartei in: E. Matthias und Rudolf Morsey (Hg.), Das Ende der Parteien 1933, Düsseldorf 1960; Jens FLEMMING, Konservatismus als „nationalrevolutionäre

Zwar waren einzelne Adlige in den Führungsgremien der monarchistischen Bewegung von großer Bedeutung, umgekehrt gelang es den monarchistischen Bewegungen jedoch nicht, Denken und Handeln der adligen Mehrheit maßgeblich zu beeinflussen. Es trifft zu, daß „der Adel in seiner Außenwirkung [...] auf sein traditionelles Erscheinungsbild als rückwärtsgewandter Ideenverwalter des Kaiserreiches festgelegt" wurde.[286] Was hier beschrieben wird, erweist sich jedoch bei näherem Hinsehen als rhetorische Fassade.

Ohne auf die Frage der mangelnden Massenbasis einzugehen, lassen sich für den deutschen Monarchismus zusammenfassend vier strukturelle Schwächen beschreiben, die nie überwunden wurden: 1.) Der kampflose Abgang des Kaisers wurde in allen Gruppen und Generationen des Adels als irreparabler Schaden interpretiert. Die Flucht hatte der Monarchie, wie Graf v. d. Schulenburg 1932 waidmännisch formulierte, „den Genickfang gegeben."[287] 2.) Seit dem rechtskräftigen Thronverzicht von Kaiser und Kronprinz waren für einen wiedererrichteten Kaiserthron Anwärter aus drei Generationen der Hohenzollern-Dynastie im Gespräch. Im Hohenzollernhause selbst war das „Wüten gegen das eigene Fleisch und Blut [nicht] abzustellen", da der Kronprinz die Führerfähigkeiten seines Vaters immer wieder bestritten und sich gegen dessen Rückkehr ausgesprochen hatte. Der Begriff der Legitimität war damit innerhalb des Königshauses selbst außer Kraft gesetzt.[288] Die Einigung auf einen konsensfähigen Thronprätendenten war und blieb ad calendas graecas vertagt.[289] 3.) Ungeklärt blieb die Frage, wie im Falle einer Restauration die Ansprüche der 1918 gestürzten Fürstenhäuser zu behandeln waren. 4.) Im adligen Monarchismus gab es ein erhebliches Nachwuchsproblem. Die Klage

---

Bewegung". Konservative Kritik an der Deutschnationalen Volkspartei 1918-1933, in: Dirk Stegmann u. a. (Hg.), Deutscher Konservatismus im 19. und 20. Jahrhundert. FS Fritz Fischer, Bonn 1983, S. 295-331 sowie HOLZBACH, System, S. 167f. Lambach hatte seine demonstrative Abwendung vom König mit einer Orientierung am faschistischen Vorbild Italien verbunden; vgl. dazu: Falsche Auslese, in: Der Ring, 20.5.1928, S. 389f. Zum Lambach-Streit vgl. außerdem die Schriftwechsel in: AFHG, Nl. Westarp, VN 92, Nr. 1-9.

[286] ZOLLITSCH, Orientierungskrise, in: Reif (Hg.), Adel und Bürgertum, Bd. 2, S. 228.

[287] Friedrich GRAF V. D. SCHULENBURG an Dietlof Graf v. Arnim 18.3.1932, zit. n. Pomp, Arnim, S. 45.

[288] Vgl. die Äußerungen des Kronprinzen gegenüber Hermann Göring im April 1932 nach der Wiedergabe im Bericht Magnus v. Levetzows an die Baronin Tiele-Winckler, in: GRANIER, Levetzow, S. 339-341. Das Zitat („Wüten") nach einem Briefentwurf Levetzows in: ebd., S. 340.

[289] Hellsichtig beschrieb ein Sopade-Bericht vom Frühjahr 1934 die nationalsozialistische Instrumentalisierung des in mehrere Lager gespaltenen Monarchismus. Ohne regionale Partikularismen zu erwähnen, zählte der Bericht nicht weniger als fünf Richtungen. 1.) Die „Volksmonarchisten", die sich um den Aufbau einer Massenbasis bemühten, 2.) die Anhänger des Exilkaisers, 3.) die „Auwisten" (Anhänger Prinz August Wilhelms), 4.) eine von Göring unterstützte Richtung gegen die „Auwisten" und 5.) eine Strömung in der SA, die Hitler selbst zum Monarchen machen wollte: Bericht von April/Mai 1934 an den Exil-Vorstand der SPD, in: Deutschland-Berichte der Sozialdemokratischen Partei Deutschlands (Sopade) 1934-1940 (Prag 1934), ND Nördlingen 1980, Erster Jahrgang, S. 16f.

5.5.) Die Auflösung des Monarchismus

älterer Adliger über die indifferente bis oppositionelle Haltung der Jüngeren findet sich in allen – auch in den bayerischen – Adelsverbänden.

Zusammengenommen stellten diese Schwächen alle vagen und konkreten Restaurationspläne vor Probleme, die von der Flucht des Kaisers über die Planungen, die 1932/33 in den Präsidialkabinetten zirkulierten,[290] bis zu den Gedanken, die sich der nationalkonservative Widerstand über die „Familie Schmidt" machte,[291] nicht gelöst werden konnten.

In seiner von kühlem Zynismus getragenen Abrechnung mit der deutschen Monarchie hatte Graf zu Reventlow 1926 genüßlich ein Wort Bismarcks an die Kaiserin Friedrich zitiert: „Pour faire un civet, il faut un lièvre, pour faire une monarchie, il faut un roi."[292] Die schlichte Einsicht, die der nationalsozialistische Graf in Erinnerung rief, ist die wohl prägnanteste Beschreibung des unlösbaren Dilemmas des deutschen Monarchismus nach 1918. Neben dem König als symbolisch wichtigstem Verlust muß der kleinadlige Niedergang jedoch v. a. in seinen materiellen Aspekten beschrieben werden. Das folgende Kapitel wendet sich den Verlierergruppen des Kleinadels zu, die neben ihrem König auch die materiellen Ressourcen für einen „Hasenbraten" verloren hatten.

6.) Adel im Übergang?
Zur „sozialen Flugbahn"[293] einzelner Adelsgruppen

Im Jahre 1946 veröffentlichte Arnold Vieth v. Golßenau, ehemaliger Gardeoffizier aus einer Familie des sächsischen Uradels, einen literarischen Abgesang auf seine Standesgenossen. Bereits der Buchtitel brachte die Richtung, die der Adel im Kaiserreich angeblich eingeschlagen hatte, auf eine griffige Formel: „Adel im Untergang", so der Titel, den Golßenau unter seinem *nom de guerre* Ludwig Renn erscheinen ließ – der Name, unter dem er nach 1918 als kommunistischer Publizist eine abenteuerliche Karriere gemacht hatte.[294] Fünfzehn Jahre später wählte der Historiker Johann-Albrecht v. Rantzau für das wohl beste Porträt, das ein Adliger über die Um- und Zusammenbrüche der

---

[290] Dazu zuletzt: Horst MÜHLEISEN, Das Testament Hindenburgs vom 11. Mai 1934, in: VfZ 44 (1996), S. 355-371; Andreas RÖDDER, Reflexionen über das Ende der Weimarer Republik. Die Präsidialkabinette 1930-1932/33. Krisenmanagement oder Restaurationsstrategie?, in: VfZ 47 (1999), S. 87-101; Wolfram PYTA, Konstitutionelle Demokratie statt monarchischer Restauration. Die verfassungspolitische Konzeption Schleichers in der Weimarer Staatskrise, in: VfZ 47 (1999), S. 417-441.

[291] Vgl. Gerhard RITTER, Carl Goerdeler, München 1964, S. 308ff., und die Bemerkung bei Ulrich v. Hassell (21.12.1941) über die „Familie Schmidt" (Codename für die Hohenzollern), in: HASSELL, Tagebücher, S. 288-291, vgl. ebd., S. 134, 198.

[292] Zit. n. REVENTLOW, Monarchie?, S. 115.

[293] Der Begriff stammt von Pierre BOURDIEU, Zur Soziologie der symbolischen Formen, Frankfurt a. M. ⁴1991, S. 48.

[294] Ludwig RENN, Adel im Untergang, Berlin (DDR) 1946. Vgl. DERS., Meine Kindheit und Jugend, Berlin (DDR) 1956. Zur äußerst ungewöhnlichen Biographie Arnold Vieth v. Golßenaus (1889-1979) s. Kapitel 9.5. dieser Arbeit.

deutschen Adelsgesellschaft seit der Jahrhundertwende verfaßt hat, einen direkt gegen das Leitmotiv seines kommunistischen Vorgängers formulierten Titel: „Adel im Übergang".[295]

Beide Buchtitel sind zugleich zutreffend und irreführend. Das Bild vom kollektiven „Untergang" des Adels gibt eher eine politische Forderung als eine soziologische Beobachtung wider. Ein flexibler „Übergang" in die Republik war hingegen bei der Mehrheit des Adels weder als Möglichkeit noch als Wunsch vorhanden. Die Interpretation der Veränderungen als „Untergang" war vielfach auch dort anzutreffen, wo die Lebensumstände dieser subjektiven Einschätzung kaum entsprachen. Die plakative Formel vom kollektiven Über- bzw. Untergang „des" Adels verwischt einmal mehr die Verschiedenheit der Wege, die einzelne Adelsgruppen nach 1918 einschlugen. Im folgenden wird versucht, die unterschiedlichen Wege einzelner Adelsgruppen im Spektrum zwischen Beharrung, Anpassung, Nieder- und Untergang zumindest grob zu skizzieren.

6.1.) Untergänge: Der soziale Niedergang des Kleinadels

„Bei der immer mehr anwachsenden wirtschaftlichen Not unserer besitzlosen Standesgenossen, namentlich der älteren, alleinstehenden Damen, erwächst die Gefahr der Verproletarisierung des ohne eigene Schuld verarmten Adels immer mehr an. *Das Elend ist hier vielfach geradezu erschütternd!*"
– Spendenaufruf der DAG von 1926/1927[296]

„Wer schenkt uns wieder *Kartoffeln*, die eine so große Rolle bei unseren Schutzbedürftigen spielen, da sie oft ihre einzige Nahrung bedeuten?"
– Spendenaufruf der brandenburgischen DAG-Abteilung von 1931[297]

Die politischen und sozialen Realitäten, die hinter der adligen Untergangs-Furcht standen, sind oben bereits erwähnt worden. Je nachdem, welchen Aspekt man betrachtet, lassen sich die realen Einbußen, die der gesamte Adel seit Kriegsende erlitt, als Totalverluste (Höfe, Kadettenanstalten), tiefe Einschnitte (Offizierkorps, Beamtenschaft) oder mühsam beherrschte Zustände der permanenten Krise (so in der Landwirtschaft) beschreiben. Die Einschnitte und Verluste trafen jedoch nicht alle Adelsgruppen gleich schwer. Dramatisch wirkten sich diese v. a. im Kleinadel aus, in dem sich die oben

---

[295] Das bereits mehrfach zitierte Buch des Historikers Johann-Albrecht v. Rantzau erschien 1961 unter dem Pseudonym von DISSOW mit dem Titel: Adel im Übergang. Ein kritischer Standesgenosse berichtet aus Residenzen und Gutshäusern, Stuttgart 1961. Rantzau (1900-1993) hatte 1923 bei Friedrich Meinecke promoviert. Sein Bruder Josias hatte als Berufsdiplomat Karriere gemacht und den Krieg nicht überlebt. Einzelne Hinweise auf seine Vita finden sich in seinem Teilnachlaß im Bundesarchiv Koblenz: BAK, N 1424, Bd. 1.

[296] Spendenaufruf „Zu Weihnachten" der DAG-Berlin, 16.12.1927, in: BLHA, Rep. 37 Friedersdorf, Bd. 478, Fol. 93-137 (mit ähnlichen Aufrufen), s. Fol. 126, 139, Hervorhebung im Original.

[297] Märkischer Adel (=DAB-Ausgabe vom 26.9.1931), Titelseite (Hervorhebung im Original).

6.1.) Untergänge: Der soziale Niedergang des Kleinadels

beschriebene Verbindung aus wirtschaftlichem Niedergang und ideologischer Radikalisierung nun erheblich beschleunigte.

Am Beispiel des Lebensweges Andreas Graf v. Bernstorff-Wedendorfs (1868-1945) ist Eckart Conze die eindringliche Beschreibung einer adligen Negativkarriere gelungen, die sich als Idealtypus kleinadliger Niedergangserfahrungen lesen läßt.[298] Der hier nachgezeichnete Lebenslauf, in dem sich eine bereits 1902 aus gesundheitlichen Gründen unterbrochene Offizierkarriere, erfolglose Versuche landwirtschaftlicher Ersatzbetätigung, nach 1918 verschärfte finanzielle Einbrüche und am Ende die Begeisterung für die NS-Bewegung verbanden, war für den sozialen Abstieg des Kleinadels weit typischer, als Conze es selbst nahelegt.[299] Allerdings stellt dieser Fall durchaus keinen adligen Untergang, sondern lediglich einen Niedergang dar – sehr plastisch zeigt Conze, wie dem chronisch strauchelnden Grafen über seinen wohlhabenden Bruder und das leistungsfähige familiäre Netzwerk die Weiterführung eines kleinadligen Nischendaseins gelingt. So eindrucksvoll der hier geschilderte Niedergang ist – um sich eine Vorstellung vom Ausmaß der „Proletarisierung" im Adel zu machen, ist der stark abgefederte Niedergang dieses Grafen nur begrenzt geeignet. Nach den Gruppen, die in zeitgenössischen Texten als „Adelsproletariat" bezeichnet werden, muß man deutlich unterhalb des sozialen Status suchen, auf dem sich der hier porträtierte Graf halten konnte.

Entlassene Offiziere und Staatsbeamte, Hofadlige ohne Höfe, Gutsbesitzer ohne Ausbildung, die ihre verschuldeten Güter verloren, desorientierte Söhne, die aus dem verlorenen Krieg heimkehrten und ihre gebrochenen Väter neben leeren Familienkassen antrafen, bildeten nur den männlichen Teil dieser Gruppe. Hinzu kam die in ihrer Größe schwer einzuschätzende Gruppe adliger Witwen und Waisen der 4.500-4.800 im Weltkrieg gefallenen Adligen.

Wo Unterstützungszahlungen aus familieninternen Ressourcen nicht möglich waren, lebten viele Frauen aus dieser Gruppe von oftmals mageren Pensionen.[300] Alleinstehende adlige Frauen, die sich in keinen der sprichwörtlichen „Tantenflügel" eines Gutshauses zurückziehen konnten, lebten vielfach jenseits der traditionell als „standesgemäß" geltenden Kriterien und wurden zu

---

[298] CONZE, Von deutschem Adel, S. 148-189. Die eindrucksvolle biographische Skizze über den sozial strauchelnden Grafen ist in der ursprünglichen Fassung der Studie noch detailreicher: Eckart CONZE, Adel im Niedergang? Familienbiographische Studien über die Grafen v. Bernstorff im 20. Jahrhundert, Habil., Tübingen 1999, S. 211-278. Das Kapitel, das die ausführlichste Darstellung einer adligen Negativkarriere bietet, die von der Forschung bislang geliefert wurde, stützt sich v. a. auf die Auswertung der ca. 4.000 Seiten umfassenden Tagebücher des Grafen.

[299] CONZES vorsichtige Einschätzung auf S. 186 scheint sich aus der Perspektive zu ergeben, aus der die Arbeit geschrieben ist: Innerhalb der reichen und angesehenen Häuser einer reichen und angesehenen Familie, auf welche sich die Studie konzentriert, war diese Negativkarriere eher untypisch. In Tausenden von Kleinadelsfamilien, in denen die Bernstorffschen Standards an Reichtum und Kultur nie bestanden hatten, war sie eher der Normalfall.

[300] HOYNINGEN-HUENE, Adel, S. 20f. und S. 27. KLEINE, Nobility, S. 49.

einem der größten Probleme für den Zusammenhalt und das Selbstverständnis des Adels.

Anhand der überlieferten Unterstützungsakten der verschiedenen Adelsorganisationen läßt sich die Frage nach der genauen Größe des „verarmten" Adels nicht klären. Die überlieferten Quellen vermitteln jedoch sehr detaillierte Einblicke in zwei wichtige Aspekte der Sozialgeschichte des Adels nach 1918: Erstens lassen sich Art und Ausmaß der materiellen Not, die einen seit Kriegsende beschleunigt wachsenden Teil des Adels betraf, zumindest grob einschätzen; zweitens lassen sich hier Ausmaß, Dynamik und Grenzen adliger Solidarität bzw. der Zusammenhalt von armem und reichem Adel untersuchen.

Je tiefer man sich in die zeitgenössischen Selbstdarstellungen über adliges Leid und adlige Not begibt, desto angebrachter erscheint die Erinnerung, daß hier *relative* „Untergänge" beschrieben werden. Adlige, die 1918 aus ihrem materiell unbeschwerten, habituell verankerten „Herrentum" unvorbereitet in ein Leben stürzten, „das wesentlich anders ausschaut[e], als die Erwartungen der Kinderstube verheißen hatten",[301] verzweifelten vielfach an dramatischer „Not", die andernorts als komfortable Mittelschichtexistenz gegolten hätte. Die Ergebnisse des ersten Weltkrieges hatten für buchstäblich jede Adelsfamilie spürbare materielle Folgen, die zwar real durchaus nicht härter als für andere gesellschaftliche Gruppen waren, in vielen Fällen jedoch den brüsken Abbruch brillanter Karrieren, des „vorgezeichneten Weges durchs Leben"[302] und einen sozialen Fall „aus großer Höhe" bedeuteten. Zunächst aus dieser Perspektive der subjektiven Niedergangserfahrungen läßt sich festhalten, daß der von Krieg und Revolution verursachte Abstieg den Adel härter als alle anderen Gruppen traf.

Wichtiger als dieser Aspekt erscheint jedoch die Tatsache, daß die wirtschaftliche Lage am unteren Ende der inneradligen Sozialhierarchie tatsächlich dramatisch war. Dies bezeugen die Akten der mit immensem Aufwand, kläglichen Mitteln und mäßigem Erfolg betriebenen Armenunterstützung der Adelsverbände zweifelsfrei. Als Beleg für das Ausmaß der Knappheit im Kleinadel muß die Tatsache gelten, daß verarmte Standesgenossen nicht nur mit (spärlichen) Geldzuwendungen, sondern häufig mit Nahrungs-, Brennstoff- und Kleidungsspenden unterstützt wurden.

Der Vorstand der DAG-Landesabteilung Frankfurt/Oder, die 1926 Unterstützungsgelder in einer Gesamthöhe von 2.000 Mark auszahlen konnte, bat in Aufrufen um Kartoffel- und Brikettspenden als „Weihnachtsfreude" für bedürftige Standesgenossen. Der Gutsbesitzer Bodo v. d. Marwitz, der vier Jahre zuvor mit sechs anderen Gutsbesitzern eine Spende von 350 Zentnern Kartoffeln aufgebracht hatte, sah sich aufgrund von Ernteausfällen außerstande, der

---

[301] Erwein FRHR. V. ARETIN, Erster Rundbrief an den jungen Adel Bayerns (ca. 1923), in: AFLH.
[302] ROHAN (1954), S. 56.

6.1.) Untergänge: Der soziale Niedergang des Kleinadels 263

DAG erneut Mittel zur Verfügung zu stellen.[303] Diese Naturalien-Spenden verweisen auch auf das äußerst knappe Budget, das für Finanzhilfen zur Verfügung stand – die Größe der „Weihnachtsfreude", die der bayerische Landesverband 1926 mit „Geldmitteln in Höhe von 850 Mark" bereiten konnte, welche an 450 „in Not geratene" Standesgenossen verteilt wurden, läßt sich durch eine einfache Division berechnen.[304]

Selbst Adlige mit guten Kontakten zum hohen Adel kamen mit ihren Bittgesuchen oftmals nicht weit. So gelang es Louis Müldner von Mülnheim, dem Adjutanten des preußischen Kronprinzen, der sich 1924 für eine adlige Offizierswitwe an die DAG wandte, ganze 15 Mark und „etwas Kleidung" als Unterstützung für eine „Jugendfreundin" zu erhalten.[305]

Ins Bild ruinierter Kleinadliger, die von der DAG mit Kartoffelsäcken unterstützt wurden, paßt auch die Art der Vermögensverwaltung des DAG-Budgets: 1931 konnte die gesamte DAG-Zentralhilfe landesweit 22.000, zwei Jahre später nur noch ca. 17.500 Mark verteilen. Zeitgleich war die DAG in einer Höhe von 45.000 Mark verschuldet – die Summe war nur zu einem geringen Teil (900 Mark) als Kredit bei zwei Großbanken aufgenommen worden – Kredite in einer Gesamthöhe von 39.000 Mark kamen über Darlehen wohlhabender Mitglieder zustande.[306]

Sammlung und Verteilung von Spenden in Form von Geld oder Naturalien wurden dezentral von den einzelnen Landesabteilungen geleitet. Einzelne DAG-Landesabteilungen arbeiteten hier eng mit anderen Adelsorganisationen zusammen. So wurde z.B. die „Wirtschaftsstelle" der bayerischen DAG-Landesabteilung gemeinsam mit der *Genossenschaft katholischer Edelleute* in acht bayerischen Städten organisiert. 1925 versuchte die Wirtschaftsstelle 431 Standesgenossen, von denen 332 in München wohnten, finanziellen Beistand zu leisten. Diese Lage veränderte sich in den folgenden Jahren nicht wesentlich: 1930 wurden insgesamt „341 in Not geratene Standesgenossen, vor allem alte Damen" unterstützt – wegen der „traurigen Kassenlage" allerdings nicht finanziell, sondern durch Kleider- und Wäschespenden. Adlige Gutsbesitzer hatten zusätzlich Naturalien, „Wild, Geflügel, Gemüse, Obst, Kartoffeln, Eier, Mehl", und „1.277 Stück" Kleidung an bedürftige Standesgenossen verteilt. Die jährlichen Beihilfen, die von der bayerischen Landesabteilung gezahlt werden konnten, gingen zwischen 1928 und 1931 von über 10.000 auf ca. 6.400 Mark jährlich zurück.[307]

---

[303] Sitzung der DAG-Landesabteilung Frankfurt/Oder, 10.3.1927 und Schreiben Bodo V. D. MARWITZ', 17.10.1922 und Oktober 1926 in: BLHA, Rep. 37 Friedersdorf, Nr. 478, Fol. 65, 108 und 136f.
[304] Geschäftsbericht der Landesabteilung Bayern für 1926 in: AFLH.
[305] Briefwechsel von 1924 in: BAP, 90 Mu 1, Bd. 1, Fol 86f. und ebd., Bd. 3, Fol. 107f.
[306] Jahrbuch der DAG 1931, S. 3 und DAG-Vermögensnachweis vom 31.12.1932, in: DAAM, LAB, Bd. 2, Hft. ‚Rundschreiben 26/34'.
[307] Jahresberichte der bayerischen Landesabteilung 1925, 1930 und 1931: DAAM, LAB, Bd. 2, Hft. ‚1928-1942' und ebd., Hft. ‚21/29' sowie für 1925 in: AFLH. Die von der Landesab-

Auch die Zahlungen, die von den deutlich exklusiveren katholischen Adelsverbänden geleistet wurden, unterschieden sich in Umfang und Art nicht nennenswert von der DAG-Hilfe. Wie in der DAG wurden die entsprechenden „Wirtschaftsstellen" in der Regel von adligen Frauen geleitet. Die Berichte der Wirtschaftsstelle des *Vereins katholischer Edelleute Südwestdeutschlands* zeugen exemplarisch von Pro-Kopf-Unterstützungen, die jene der DAG keinesfalls übertrafen. 1929/30 konnte der Verein, dessen Jahresbudget 5.000 Mark nicht überstieg, über seine zwei „Hilfsstellen" (Baden und Württemberg-Hohenzollern) jährlich ca. 300 Mark Unterstützungsgelder zahlen. Der Bericht nennt „28 Personen und 12 Haushaltungen", denen u. a. durch die Verteilung von „25 Ztr. Kartoffeln, 1 Ztr. Obst, 3 Stück Damwild, [...] 4 Mäntel, 10 Paar Schuhe und eine gute Anzahl verschiedener Kleidungsstücke" geholfen wurde. Stolz wurde die Verteilung der „schönen Summe von 1029,- RM" verzeichnet und nach der Bilanzierung der Einnahmen und Ausgaben festgestellt: „Wir können mit einem Rest von 36,- RM das neue Geschäftsjahr beginnen."[308] Innerhalb der landesweit operierenden DAG gab es allerdings zwischen den einzelnen Landesabteilungen ein deutliches Süd-Nord-Gefälle, wovon u. a. zahllose bayerische Proteste gegen das Anzapfen bayerischer Geldquellen durch „angestrandete" preußische Adlige zeugen. Im Jahre 1928 waren unter den Adligen der bayerischen DAG-Landesabteilung 99 Mitglieder, die nicht in der Lage waren, einen Jahresbeitrag von 3 Mark zu bezahlen. Bezeichnenderweise bestand diese Gruppe aus 72 Frauen und 17 Männern. Ein Mitglied des Landesvorstandes wies zwar zynisch darauf hin, daß es sich hier oftmals nicht um bayerische, sondern um „zugereiste" (preußische) Adlige handelte. Dennoch war man auch in der bayerischen DAG-Führung bereit und willens, „diese verarmten Mitglieder weiterhin im Zusammenschluss des Adels zu erhalten." Die Berliner DAG-Leitung wurde jedoch aufgefordert, verarmte norddeutsche Standesgenossen von einer Übersiedlung nach Bayern künftig abzuhalten. Nicht ohne spöttischen Unterton nannte ein Protestschreiben vier Beispiele norddeutscher Adliger, darunter eine geborene v. Winterfeldt und eine Gräfin Schwerin, die ihre Heimat verlassen hatten, um sich in Bayern als Sekretärin bzw. Bienenzüchterin über Wasser zu halten. Nach dem Scheitern dieser Versuche waren sie an die bayerische Landesabteilung mit der Bitte um finanzielle Hilfe herangetreten. In scharfem Ton schrieb der zweite Vorsitzende der bayerischen Landesabteilung nach Berlin: „Ich glaube kaum, dass süddeutsche Adlige mit gleicher Unverfrorenheit sich in norddeutsche Landesabteilungen eindrängen und so hochgespannte Forderungen stellen."[309] Auch der Untergang des inkompetent

---

teilung gezahlten „Beihilfen" betrugen 1928: über 10.000; 1929: 8969; 1930: 7.500 und 1931: 6400 Mark.

[308] Bericht der Wirtschaftsstelle des *Vereins katholischer Edelleute Südwestdeutschlands* für 1929/1930 in: MGKEB, 31.5.1931, S. 2.

[309] DAAM, LAB, Bd. 2, Hft. ‚1928-1929' (BOGEN, 16.3.1928 und LEONROD, 23.3. und 19.4.1928). Unter den 99 aufgeführten Personen finden sich keine ‚großen' Namen des

6.1.) Untergänge: Der soziale Niedergang des Kleinadels

geführten Berliner „Kurmärkerklubs" in einem finanziellen Fiasko[310] führte zu Auseinandersetzungen mit der bayerischen Landesabteilung, nachdem der brandenburgische DAG-Landesverband „die Unverschämtheit [besaß] um einen Nachlass von 2.000 Reichsmark nachzusuchen, während die bayerische Landesabteilung bereits dazu verurteilt [war] einer großen Anzahl von aus dem Norden zuwandernden bedürftigen Adeligen Beihilfen zu zahlen."[311]

Adlige, die das Glück hatten, einem finanzkräftigen Familienverband anzugehören, konnten auf Unterstützung aus den hier vorhandenen Ressourcen hoffen. Die Unterstützungsgelder, die große Familienverbände aufbrachten, wurden v. a. bei Gutsbesitzern und wohlhabenden Familienmitgliedern im Ausland gesammelt.[312] Inneradlige Spendenaktionen, die über die Grenzen der eigenen Familien(verbände) hinausgingen, wurden von wohlhabenden, meist landsässigen Adligen getragen und von den Adelsorganisationen koordiniert. Die einzige Adelsorganisation, die solche Hilfsaktionen landesweit, wenn auch in Eigenregie der jeweiligen Landesabteilungen, organisierte, war und blieb die DAG.

Neben den institutionalisierten Formen inneradliger Karitas gab es größere Sammelaktionen durch Einzelpersonen – so organisierte etwa Alois Fürst zu Löwenstein im Jahre 1923 einen eigenständigen „Bettelzug", für den er 39 v. a. in Böhmen begüterte Fürsten, Prinzen und Grafen anschrieb. Löwensteins Aktion sollte „notleidenden Damen" helfen, die nach Darstellung des Fürsten oftmals nur mit Mühe vor dem „Verhungern" bewahrt werden konnten. Der Ertrag der Spende wurde wiederum durch die bayerische „Wirtschaftsstelle" verteilt.[313] Das Archiv der bayerischen DAG-Landesabteilung enthält unzählige ad personam sortierte Akten, welche die meist mehrjährigen Zyklen von Bittschreiben und Hilfszahlungen einzelner Standesgenossen dokumentieren. Gelang es einzelnen Antragstellern, Beträge von 100 Mark zu erhalten, enthielten die Dankesschreiben nicht selten Hinweise wie diesen: „Leider konnte die gütige Gabe Euer Excellenz die Verhältnisse der Gräfin [...] nicht erheblich sanieren, [...] weshalb ich mir nochmals sehr ergebenst erlaube, Euer Excellenz auf diese Situation hinzuweisen und nochmals ein gutes Wort für

---

bayerischen Adels, hingegen Vertreter der Familien Falkenhausen, Treskow, Massow, Kleist und Manteuffel.

[310] Zum „Adelshaus": BLHA, Rep. 37 Friedersdorf, Bd. 478, Fol. 118f. und 140 (Schriftwechsel MARWITZ-BERG, 1927/28).

[311] DAAM, LAB, Bd. 2, Hft. ‚Protokolle': Bericht BERGS über den Zusammenbruch des Klubs Kurmark im Adelskapitel, 22.5.1928 und, ebd.: Bayerische Vorstandsitzung v. 23.11.1929 (Zitate).

[312] LHAM-AW, Rep. E v. Bülow, Nr. 50, Fol. 175 (diverse Schreiben zum Bülowschen Familientag von 1923).

[313] Rundschreiben Löwensteins an wohlhabende Standesgenossen, 20.12.1923 in: STAWKB, Lit D 761e/18 und Schreiben vom 6.2.1924 in: ebd., Fol. 63. Ähnlich im Schreiben vom 20.1.1925 (ebd.).

die bedauernswerte Dame einzulegen."[314] Bei der Verteilung der dürftigen Mittel wurden auch die äußeren sozialen „Ränder" des Adels berücksichtigt. Selbst bei maximaler Entfernung von den traditionellen Lebenswelten des Adels konnten die Bittsteller auf die Unterstützung durch die DAG hoffen. So warb etwa der Vorsitzende der Landesabteilung Pommern –ein v. Thadden-Trieglaff – 1928 für die Unterstützung eines ehemaligen Offiziers aus der „verdienten Soldatenfamilie" v. François, dessen Großvater gegen Frankreich und dessen Vater als Mitglied der deutschen Afrikatruppen gefallen waren. Thadden gab über seinen Protegé zu Protokoll, er habe zwei Jahre als Bergmann unter Tage gearbeitet, um sein Chemiestudium zu finanzieren.[315]

Das inneradlige Bettelwesen und der immense Aufwand, mit dem es verwaltet wurde, verweist auf die Omnipräsenz des Adelsproletariats, das den Adel aller deutschen Regionen vor unlösbare Probleme stellte. Die klägliche Höhe der verteilten Gelder zeugt von einer eher theoretischen als praktischen Solidarität des reichen Adels. Darauf wird noch zurückzukommen sein. Zunächst aber soll ein weiterer Aspekt betrachtet werden, an dem sich die Frage nach sozialen Über- und Untergängen im Kleinadel untersuchen läßt: Ideologie und Praxis des Berufswandels im Adel.

Die zunehmende wirtschaftliche Enge schlug sich zwangsläufig in der Berufswahl junger Adliger nieder. Die ideologischen Debatten, die mit diesem langsamen aber realen Wandel einhergingen, lassen sich wiederum im Adelsblatt und den erhaltenen DAG-Akten nachzeichnen. Innerhalb und außerhalb der DAG wurde die Diskussion über die „standesgemäße" Berufswahl mit zunehmender Dringlichkeit geführt und auch auf den Seiten des Adelsblattes ausgetragen. Zur Debatte stand hier nicht zuletzt das Schicksal junger adliger Frauen, deren Heirats- und Lebenschancen sich nach 1918 drastisch verschlechtert hatten. Traditionell hatten die relativ niedrigen Offiziers- und Beamtenbezüge insbesondere das Heiratsalter der nachgeborenen Söhne hochgehalten. Die Chancen, durch eine Heirat der lebenslangen Bindung an den elterlichen Haushalt, dem Damenstift bzw. dem „Beruf der Tante"[316] zu entgehen, um ein nach traditionellen Kriterien „standesgemäßes" Leben als Ehefrau zu führen, wurden durch die Kriegsfolgen drastisch reduziert.[317] Bereits dieser Verlust zwang die adligen Familien und die Adelsverbände, die Frage nach den Verdienstmöglichkeiten ihrer Töchter zu überdenken.

---

[314] Schreiben aus der bayerischen DAG an „Seine Excellenz Izzit Pascha", 20.9.1929, in: DAAM, LAB, Bd. 16, Hft. ‚Gräfin Bossi-Fedrigotti'. Die Unterstützungs-Akten der bayerischen Landesabteilung enthalten vier umfangreiche Korrespondenzbände, drei davon nach Personen sortiert: DAAM, LAB, Bd. 15-18.

[315] THADDEN-TRIEGLAFF an DAG-Vorstand, 17.3.1928, in: DAAM, LAB, Bd. 11, Hft. ‚Korrespondenz mit anderen Landesabteilungen'.

[316] Dazu das gleichnamige Kapitel bei DULLINGER, Obenbleiben, S. 57-61.

[317] Vgl. als Illustration die Beispiele für Ausbildungs- und Lebenswege von Frauen aus dem nordostdeutschen Landadel bei CONZE, Von deutschem Adel, S. 297-302.

6.1.) Untergänge: Der soziale Niedergang des Kleinadels

Der Wandel läßt sich an der bereits erwähnten „Wirtschaftlichen Frauenschule" im sächsischen Schloß Löbichau ablesen, die 1907 als Schenkung an die DAG gekommen war und jährlich 36 „Maiden" eine hauswirtschaftliche Ausbildung bot. Die in einer einjährigen Ausbildung erlernten Fertigkeiten im „Kochen, Backen, Einmachen, Schlachten, Waschen, Plätten, Handarbeit, Wäschenähen, Anlage und Pflege eines Hausgartens, Geflügelzucht und Milchverwertung" waren noch im Jahre 1911 dazu gedacht, die „Maiden" zu befähigen, „dem eigenen Haushalt vorzustehen". Die hier erlernten „Kenntnisse erwerbend zu verwerten", war jedoch bereits hier eine offen debattierte Option.[318] Eben diese wurde für adlige Frauen nach 1918 „mehr denn je" zur Notwendigkeit, „da ja der Adel mit Glücksgütern nicht gesegnet ist", wie die Begründung 1919 im Adelsblatt lautete.[319]

Die erzwungene Anpassung der Ideologie an die reale wirtschaftliche Situation des Kleinadels läßt sich beispielhaft an einer Broschüre ablesen, in der die Zentralhilfe der DAG 1930 „die Ausbildung unserer Töchter" debattierte. Die Frage „Was willst Du werden?", war hier zu lesen, könne nicht länger mit dem Satz „Eines geliebten Mannes treue Frau" beantwortet werden: „Das Leben unserer Tage räumt mit vielen Jungmädchen-Träumen von Eheglück recht unbarmherzig auf." Ausführlich und zurückhaltend in der Bewertung wurden nicht nur Berufe wie Haushaltspflegerin, Ärztin, Lehrerin, Bibliothekarin, sondern auch Bienenzüchterin, Handelslehrerin, orthopädische Turnlehrerin, Wirtschaftsdolmetscherin und „Leiterin im Groß-Wäscherei-Betriebe", nebst den jeweiligen Ausbildungswegen und Verdienstmöglichkeiten vorgestellt.[320] Auch die bayerische *Genossenschaft* hatte bereits 1920 eine Berufsberatungsstelle für adlige Töchter eingerichtet, nachdem das „frühere abwartende Komtessenleben [...] in der Psyche unserer jungen Mädchenwelt keinen Widerhall mehr" fand und die Frage einer eigenen Erwerbstätigkeit für viele junge Frauen im bayerischen Adel akut geworden war.[321] Die von den Adelsverbänden publizierten Listen „erwerbstätiger Damen" aus den berühmtesten Familien belegen weibliche Negativkarrieren, die von den traditionellen Lebenswelten denkbar weit weg führten. Neben „Klavierunterricht", „Sprachunterricht" und „Schreibmaschine" fanden sich hier auch Angebote wie „Gymnastik, Massage", „Handarbeiten" und „Wäschenähen, Ausbessern".[322] Das Ideal der „zu beglückender Liebe geschaffene[n] Töchter unseres Standes"[323] hielt der anderslautenden sozialen Realität nicht länger stand und löste

---

[318] Anzeige der Wirtschaftsschule in: Vorträge auf dem DAG-Adelstag am 18.2.1911 (Broschüre), in: BayHStA, GKE, Nr. 3. Vgl. die Anzeige in DAB, 1912, S. 373 und DAB 1909, S. 83.
[319] A. v. RIEBEN, Der ganze Adel soll es sein, in: DAB 30.12.1919, S. 415.
[320] DAAM, LAB, Bd. 14, Hft. ‚Zentralhilfe' (Bericht der Zentral-Hilfe der DAG für 1930). Schirmherrin der Zentral-Hilfe war die preußische Kronprinzessin.
[321] Vgl. für Bayern: Mitteilungen der GKE, 13.6.1920 (Vortrag der Baronin Gebsattel).
[322] Liste: „Erwerbstätige Damen", in: Bericht der DAG-Zentral-Hilfe über das Jahr 1930, in: DAAM, LAB, Bd. 14, Hft. ‚Zentralhilfe 30/43'.
[323] Die deutsche Edelfrau und ihre Aufgabe in der Gegenwart. In: DAB 1884, S. 543.

sich zunehmend auf. Die beiden häufigsten Berufe für adlige Frauen scheinen Pflegerin und Lehrerin gewesen zu sein.[324] Der erzwungene Wandel, wohl weniger der „Gesinnung" als der erteilten Ratschläge und der vorgefundenen Realitäten, dürfte hier besonders drastisch gewesen sein – noch kurz vor dem Krieg hatte die DAG-Führung Haus und Kirche apodiktisch als den der adligen Dame gemäßen Ort bestimmt und adligen Töchtern vom Studium abgeraten.[325] Auch die Autobiographien weiblicher Autorinnen zeugen von sozialen Flugbahnen, in denen adlige Frauen mit den tradierten Mustern weiblich-adliger Lebenswelten z.T. auf dramatische Weise gebrochen und bis 1918 undenkbare, persönliche und berufliche Selbständigkeit einschließende Wege gefunden hatten.[326] Wie die internen Debatten in den Adelsorganisationen weist auch die autobiographische Literatur das Jahr 1918 als tiefe Zäsur in der Sozialgeschichte adliger Frauen aus. Es läßt sich vermuten, daß die hier schlagartig einsetzende Mischung aus erzwungener Selbständigkeit und sozialem Niedergang *ein* Grund für die offenbar massive Politisierung war, die auch adlige Frauen in erstaunlichem Ausmaß in das rechtsradikale Lager wandern ließ.[327]

Der eher erduldete als aktiv gestaltete Wandel der professionellen Realitäten betraf jedoch beide Geschlechter. Legt man die Schätzungen von Iris Freifrau v. Hoyningen-Huene als grobe Annäherung zugrunde, so steht die Zahl von 2.000 Adligen, die in Industrie, Handel und Finanzwesen tätig waren, klar für eine adlige Minderheit, die sich in diese professionellen Bereiche begeben hatte bzw. begeben mußte. Da Hoyningen-Huene zudem Personen wie C. F. v. Siemens als „adlige Wirtschaftsführer" gelten läßt und auf einen hohen Anteil Neunobilitierter innerhalb dieser 2.000 Adligen hinweist, liegt die Vermutung nahe, daß Mitglieder des alten Adels in den genannten Bereichen deutlich seltener zu finden waren, als es die Prozentzahlen suggerieren.[328] Hoyningens Angaben verlassen sich auf adelsinterne Erhebungen aus

---

[324] ISENBURG, Berufswandel im deutschen Uradel, in: DAB 1937, S. 887, zählt in einem Sample von 559 berufstätigen Frauen aus dem Uradel 231 Pflegerinnen, 116 Lehrerinnen, 47 Angestellte und 26 Gutsherrinnen.

[325] Vortrag Dietrich v. Oertzen, „Erziehung und Beruf der Töchter des Adels", gehalten auf dem 30. Adelstag der DAG am 18.2.1911 (WAAM, Nl. Lüninck, Nr. 815).

[326] Vgl. dazu die autobiographischen Schilderungen bei SCHULENBURG, Ich hab's gewagt; DIES., weibliche Kadetten, HADELN und STACKELBERG (jeweils passim).

[327] Vgl. die Angaben zum Frauenanteil adliger NSDAP-Mitglieder in Kapitel 12.4. dieser Arbeit.

[328] HOYNINGEN-HUENE, Adel, S. 378-405. Die hier vorgelegten (weder abgesicherten noch präzisen) Zahlen versuchen insgesamt 12.000 Adlige professionellen Bereichen zuzuordnen: Landwirtschaft: 5.000, Staat und Verwaltung 4.000, Militär 800, Kirchen 200, Industrie, Handel und Finanzen 2.000 Personen (S. 412). Aufgrund der von Hoyningen benutzten Quellen ist dies nicht mehr als eine grobe Schätzung, welche zudem die weitverbreiteten, z.T. mehrfachen und radikalen Wechsel im professionellen Lebenslauf einzelner Adliger in keiner Weise erhellt. Für die Zeit vor 1918 vgl. die präzisen, allerdings auf den Kreis brandenburgischer Großgrundbesitzerfamilien beschränkten Angaben bei SCHILLER, Elite, S. 406-429.

6.1.) Untergänge: Der soziale Niedergang des Kleinadels

den Jahren 1935/37, die auf zweifellos unvollständigen und geschönten Angaben beruhen.[329]

Was läßt sich diesen Statistiken entnehmen? Die Anzahl Adliger in „bürgerlichen" Berufen nahm nach 1918 deutlich zu, blieb jedoch weiterhin relativ gering. Die Erhebung gibt für das Jahr 1932 121 von insgesamt 3.633 Grafen und 384 von insgesamt 5.843 Freiherren an, die als Ingenieure, Kaufleute, Bankbeamte oder Generaldirektoren tätig gewesen sein sollen. Im titulierten Adel hätten somit zwischen 1 und 3,5% der männlichen Berufstätigen einen der genannten Berufe ausgeübt. Für den untitulierten Uradel kommt die Erhebung hingegen auf immerhin 967 Personen und somit 15% dieser Gruppe, die eine Tätigkeit in verschiedenen „bürgerlichen Berufen" angegeben hatten.[330] In den wenig verläßlichen Zahlenreihen, die Helene Prinzessin v. Isenburg zusammengestellt hat, zeigt ein über 6.000 Personen erfassendes Sample, daß die Anzahl der „Kaufleute" (554) aus dem Uradel die Anzahl der aktiven Offiziere aus dem Uradel (522) zumindest bis 1935 übertraf. Welche Realitäten sich hinter der 1.218 Mal gemachten Angabe „Offizier a. D." verbargen, bleibt allerdings unklar.[331]

Auch die Ergebnisse einer zeitgenössischen Zählung, die das Adelsblatt 1921 über die Präsenz des Adels in den akademischen Berufen veröffentlichte, fügen sich in dieses Bild. Nur 97 von ca. 24.500 Lehrern an höheren Schulen (0,39%) gehörten zum Adel. Für die protestantischen Pfarrer lag der Anteil mit 167 Personen (= 0,8%) nur unwesentlich höher. Zwar waren Adlige Namen in Form von 139 Professoren (=5,9%) und 32 Privatdozenten (=2,7%) an der Spitze der akademischen Hierarchie deutlich besser vertreten, diese Zahlen dürften sich allerdings zu einem hohen Anteil aus nobilitierten Bildungsbürgern zusammengesetzt haben.[332] Dort, wo Mitglieder dieser ohnehin kleinen Gruppe einst in engerem Kontakt mit den Verkehrskreisen des „Adelskernes" gestanden haben, verloren sich diese Bindungen zunehmend. Auf einer DAG-Tagung im Jahre 1926 war von 230 adligen Hochschullehrern die Rede, die fast alle „ohne Zusammenhang mit ihrem Stande leben und nur ausnahmsweise [...] der DAG angehören."[333]

---

[329] Helene Prinzessin v. Isenburg, Der Berufswandel im deutschen Adel (1912-1932), in: AfS 12/1935, S. 32ff., 70ff. und Dies., Berufswandel im deutschen Uradel während des letzten Vierteljahrhunderts, 1912-1937, in: DAB 55/1937, S. 887f. Grundlage von Isenburgs Untersuchung sind die unkontrollierten Angaben der adligen Familien im Gotha.

[330] Darunter: Kaufleute (554), Ingenieure (150), Bankbeamte (94), Handwerker (64), Industrielle (46), Angestellte (19). Hoyningen-Huene, Adel, S. 384f.

[331] Isenburg, Berufswandel im deutschen Uradel, in: DAB 1937, S. 887f. Die Effekte des seit 1935 expandierenden Offizierkorps sind in diesen Zahlen noch nicht berücksichtigt.

[332] Dr. v. Trotta-Treyden, Die Teilnahme des Adels an den akademischen Berufen, in: DAB 1921, S. 19f. In der Aufstellung wird nach Adelskategorien nicht unterschieden. Allerdings findet sich der Hinweis auf den hohen Prozentsatz bayerischer Professoren, was auf Neu- und/oder Personaladel hinweisen dürfte.

[333] Sitzungsprotokoll einer DAG-Tagung vom 8.11.1926, in: WAAM, Nl. Lüninck, Nr. 815. Hoyningen-Huene, Adel, S. 248, nennt für 1930 die (durch einen DAB-Artikel belegte) Zahl von 162 adligen Hochschulprofessoren.

Auch hier wird es Lokalstudien vorbehalten sein, über das Ausmaß adliger Arbeitslosigkeit exakte quantifizierende Angaben zu machen. Aus den zeitgenössischen Erhebungen zum Berufswandel im Adel lassen sich kaum mehr als grobe Tendenzen erkennen. Die hier erstellten Zahlenreihen dokumentieren adlige Übergänge, während v. a. die Untergänge hinter Berufsbezeichnungen wie „Kaufmann", „Major a. D." oder „Oberstenwitwe" dezent zum Verschwinden gebracht werden.

Die nicht überbrückte Distanz zu den bürgerlichen Berufswelten wird von zwei statistischen Erhebungen bestätigt, welche die bayerische Adelsgenossenschaft 1921[334] und 1953[335] publizierte. Die Angaben zu den männlichen bayerischen Adligen verzeichnen für das Jahr 1921 insgesamt 360 Personen (10% dieser Gruppe), die eine Erwerbstätigkeit außerhalb der traditionellen Adelsberufe ausübten, ein Anteil, der bis 1953 auf 18% angewachsen war.[336] Im Sektor Handel/Banken/Industrie waren nach dieser Erhebung 122 bayerische Adlige tätig, mit 4,9% die größte der nichtadligen Berufsgruppen unter bayerischen männlichen Adligen. In der Gruppe der adelstypischen Berufe verzeichnet die Statistik im Jahre 1921 337 Gutsbesitzer, 523 Beamte im höheren Staatsdienst und 881 Offiziere. Die Größe der Zahl bayerischer Adliger im „Heeresdienst" kommt zustande, weil hier auch a. D.-Stellungen mitgezählt wurden. Neben der Tatsache, daß für 255 Adlige die Berufsangabe ebenso wie für alle Frauen fehlt, unterstreicht dies den stark geschönten Charakter des Bildes, das bislang auf der Grundlage derartiger Zahlenreihen gezeichnet wurde. Erst ein Blick in die Schriftwechsel der Adelsorganisationen macht deutlich, daß mit der Berufsbezeichnung „Kaufmann" sowohl ein Vorstandsmitglied der AEG als auch ein adliger Zwiebelhändler gemeint sein konnte. Die vorhandenen Zahlenreihen sind deshalb anders zu lesen, als es der erste Blick nahelegt: Die Anzahl altadliger Übergänge in die Herrschaftsbereiche der modernen Wirtschaft blieb äußerst gering[337] und wurde von der Anzahl der Nieder- und Untergänge weit übertroffen.

1929 hatte eine Tagung des Adelskapitels dazu aufgerufen, handel- und gewerbetreibende Adlige und Standesgenossen, die sich „in dienenden Stellungen ihr Brot erwerben" mußten, zu unterstützen, wenn diese „Tüchtiges" leisteten. Am Ideal der drei traditionellen Kernbereiche der Adelsprofessionen

---

[334] MGKEB, Nr. 5-7 des Jg. 1921 sowie Nr. 1-3 des Jg. 1922, danach erschienen in: DAB, Nr. 14-15/1922.

[335] Karl August GRAF V. DRECHSEL, Der bayerische Adel 1921-1951. Sonderdruck aus: Genealogisches Handbuch des in Bayern immatrikulierten Adels, Bd. IV (1953), hier zit. nach: BayHStA, GKE, Bd. 3.

[336] Handel/Industrie/Banken (122 Personen), Ingenieure/Chemiker (79), Ärzte/Apotheker (76), Künstler/Schriftsteller (57), Gelehrte/Professoren (11), Architekten (11) und Handwerker (3).

[337] In ihren Angaben über adlige „Wirtschaftsführer" zählt HOYNINGEN-HUENE, Adel, S. 394-402, ganze 16 untitulierte und 14 titulierte Mitglieder des Uradels, die ein Amt im Vorstand einer Aktiengesellschaft hielten. Ähnliche Größenordnungen für Aufsichtsräte aus dem Uradel.

6.1.) Untergänge: Der soziale Niedergang des Kleinadels 271

– Landwirtschaft, Staatsdienst, Militär – wurde zwar festgehalten,[338] den veränderten Realitäten jedoch zunehmend Rechnung getragen. Als „für junge Adlige erstrebenswerte Berufe" wurden außer der Offiziers- und Beamtenlaufbahn nun auch die Ausbildung zum Arzt, Rechtsanwalt, Pfarrer, Universitätslehrer, Ingenieur und Journalisten erwogen.[339] Aufrufe und Debatten wie diese zeugen von der Geschwindigkeit, mit der sich im Kleinadel die traditionellen Kriterien einer „standesgemäßen" Lebensführung auflösten. Ältere Bestimmungen über den Verlust des Adels bei der Ausübung von „niederen" Handarbeiten, Lohnarbeit oder „Gewerbe bei offenem Kram und Laden" waren zwar seit der Reformzeit juristisch oder zumindest praktisch außer Kraft. Diese historisch tief und fest mit dem adligen Selbstbild verbundenen Regelungen wirkten jedoch weiterhin auf das Adelsideal ein. In seltenen Fällen wurden vor 1914 auch noch Adelssuspensionen ausgesprochen, so etwa im Fall eines Grafen, der zu einer der ältesten bayerischen Familien gehörte und in seiner Schankwirtschaft die Gäste eigenhändig bediente.[340] Die letzten Grenzen dieser Art lösten sich nun immer schneller auf.

Der Anzeigetext einer adligen Oberstenwitwe, der 1930 die Leser des Adelsblattes umwarb, illustriert die Auflösung solcher Grenzen. Die Werbung für das in Oberbayern gelegene, „absolut judenreine" „Arierhaus", das die Witwe in „staubfreier Lage" und mit einem Preisnachlaß für DAG-Mitglieder betrieb,[341] gehört nicht nur in die Rubrik Kuriosa; sie zeugt vom „Hinabsinken" breiter Teile des Adels in vormals als unstandesgemäß verpönte Berufe: Aus einer „Frau Oberst" war eine völkische Hotelfachfrau geworden. Die reale Unmöglichkeit standesgemäßer Lebensführung und die fortlaufende rhetorische Beschwörung alter Adelstugenden gehörten zueinander. Dort, wo sich die symbolüberladenen Reden direkt mit den Lebenswirklichkeiten der Redner vergleichen lassen, wirkt der völkisch-martialische Wortsalat wie eine Sichtblende vor Realitäten, die in nichts mehr an Adel erinnerten.

Diese Beobachtung gilt über den Kreis der DAG und die hier aktiven Adelsgruppen hinaus. Im *Staatslexikon* von 1926 betonte Fürst Löwenstein als einer der profiliertesten Vertreter des katholischen Adels zwar die bleibende Bedeutung der traditionellen Adels-Berufe, hielt jedoch „kein[en] Beruf zu niedrig [...] für einen Edelmann, wenn er nur nach den Grundsätzen christlicher Moral und ritterlicher Gesinnung geübt wird." Allerdings verzichtete auch der Fürst nicht auf das alte Adels-Ressentiment gegen alles Kaufmänni-

---

[338] Typisch für die widerstrebende Öffnung zu neuen Berufsfeldern: v. d. GOLTZ-GREIFSWALD, Lebenswege und Berufe für den Adel in der Gegenwart, in: Neue Preußische (Kreuz-) Zeitung, 28.2.1925 und 1.3.1925 (1. Beiblatt).
[339] Beratungen Adelskapitel, Juni 1929 in: DAAM, DAG, LAS, Bd. 26, Fol. 91.
[340] Karl Anton GRAF V. DRECHSEL, Aberkennung und Niederlegung des Adels in deutschen Staaten, Vortrag auf dem DAG-Adelstag in Berlin vom 18.2.1911 (Broschüre, hier S. 19), in: BayHStA, GKE, Nr. 3.
[341] DAAM, LAB, Bd. 14, Hft. ‚Anzeigen' (Schreiben und Annoncetext für das Adelsblatt, Juli 1930).

sche – „Das ist eine ernste Mahnung, sich von allen Unternehmungen fernzuhalten, die nur unter Vernichtung kleiner Existenzen gedeihen können. Lieber Steine klopfen als Wucher treiben in irgendeiner Form."[342] In deutlichem Widerspruch zur Tradition der DAG bemühte sich diese nunmehr um die Protektion adliger „Kaufleute", Weinhändler und „Lotterieeinnehmer", als hätte es adlige Ressentiments gegen bestimmte Berufsfelder nie gegeben.[343] Zu den aufwendig organisierten Spenden in Form von Geld, Naturalien, Kleidung oder Stipendien[344] an minderbemittelte Adelsgenossen fügten sich Plädoyers für eine größere Akzeptanz der „gewerbetreibenden" Adligen. Der Versuch, die verbliebenen Führungspositionen in den traditionellen Adels-Berufen zu erhalten, verband sich immer offener mit der Einsicht, daß viele Adlige gezwungen waren, ihren Lebensunterhalt in „bürgerlichen Berufen" zu verdienen. Adligen Abiturienten wurde 1931 geraten, auch in der „Industrie" nach einer „Unterbringung" zu suchen. Der „Kaufmannsberuf" hat zwar eine generelle Anerkennung auch in der DAG niemals erreicht, eine Veränderung in Ton und Richtung der DAG-Debatten ist in dieser Frage allerdings unübersehbar. Noch 1921 gab das Adelsblatt die Parole aus, es sei für den Adel gefährlich und unsinnig, sich in kaufmännische Karrieren „zu stürzen". Ersatz für die in Militär und Verwaltung verlorenen Führerstellen sollten nicht im Handel, sondern in den akademischen Berufen (Professoren, Lehrer, Ärzte, Pfarrer) gefunden werden. In polemischer Überspitzung der unterschiedlichen Wertschätzung für kaufmännische und bildungsbürgerliche Berufswege galt es dem Kommentator als „nicht ohne weiteres sicher, daß der Edelmann an sich die geeignete Persönlichkeit ist, Hirsch und Itzig auf kommerziellem Gebiete aus dem Felde zu schlagen."[345] Auf ungefähr dieser Linie lag auch die Forderung an wohlhabende Standesgenossen, mit ihren Reichtümern den Söhnen verarmter Adliger Ausbildungen zu ermöglichen, mit denen diese als „Parlamentarier, Versammlungsredner oder Schriftsteller" zu Einfluß und Führung gelangen konnten, anstatt in den „artfremden" Kaufmannsberuf abzuwandern[346] bzw. sich in Bankhäusern zu „verlieren". Ressentiments dieser Art wurden im Land- und Militäradel ebenso geschürt wie in den kultiviertesten Kreisen des Adels. „Die schiere Tüchtigkeit", so der Schriftsteller Otto Frhr. von Taube, „führt [...] über Betriebsamkeit und Geschäftstüchtigkeit zum Juden, sie führt [...] auch an der politischen Meisterschaft vorbei."[347]

---

342 Alois FÜRST LÖWENSTEIN, Aufgaben des Adels in der Gegenwart, in: Art. Adel, Staatslexikon (Görres-Gesellschaft), Freiburg 1926, Bd. 1, Sp. 45f.
343 „Standesgenossen heraus!", undatierter Aufruf der Wirtschaftsstelle (ca. 1931), in: DAAM, LAB, Bd. 11, Hft. ‚Korrespondenz'.
344 Antragsformulare und Leitsätze der „Jugendförderung" mit der Schilderung einzelner Fälle in: DAAM, LAB, Bd. 3, zwei Hefter (‚Jugendförderung 38/42'). 1938 konnte die bayerische Landesabteilung in einzelnen Fällen 30-40 Mark pro Vierteljahr zahlen.
345 Dr. V. TROTTA-TREYDEN, Die Teilnahme des Adels an den akademischen Berufen, in: DAB 1921, S. 19f.
346 Leopold GRAF GÖRTZ UND V. WRISBERG (sic), Fort mit der politischen Passivität des deutschen Adels!, in: DAB 1921, S. 242f.
347 Otto FRHR. V. TAUBE, Von deutschem Adel, in: Aretin, Erster Rundbrief, S. 9.

6.1.) Untergänge: Der soziale Niedergang des Kleinadels

Der Mitte der 1920er Jahre unternommene Versuch der DAG, das Ansehen der (adligen) Kaufmannschaft aufzuwerten, blieb inkonsequent. Er vollzog sich unter Bedingungen, die mit dem vormals zumindest denkbaren Projekt, in die Führungsebenen der modernen Wirtschaft hineinzuwachsen, sichtlich nichts mehr zu tun hatten. Der plötzliche Richtungswechsel, der den „Kaufmannsstand" nun als professionelles Feld darstellte, in dem der Adel reüssieren könne und solle, dafür sogar besondere Qualitäten mitbrachte,[348] mußte groteske Züge tragen.

Zwischen den Inseraten adliger Makler, Architekten, Ärzte, Kolonialwarenhändler, Imker, Vertreter für Antiquitäten, Sekt, KfZ-Teile, Seife, Waffen, Gartenartikel, Gummiwaren, Lebertran, Geflügel, Blumenzwiebeln, Schreibmaschinen und Nußbutter, den Anzeigen von „Lotterieeinnehmern" einerseits, dem Festhalten an ritterlich-militärischem Gestus in Sprache und Denken andererseits ergab sich eine nicht selten absurde Spannung: Hinter der Stilisierung vom adligen Lebertranhändler, „der im schwersten Kampfe um [seine] Existenz ringt", verbarg sich ein ernstes, den deutschen Adel fortlaufend beschäftigendes Problem: der lautstark vertretene Anspruch des verarmenden, in mittelständische Berufe bzw. die Arbeitslosigkeit „hinabsinkenden" Adelsproletariats, weiterhin zum Adel und darüber hinaus zur Gruppe der geborenen „Führer" zu gehören. Durchgängig wird in den Diskussionen deutlich, daß die Vorstellung von der Führer-Berufung des Adels vom faktischen, überall spürbaren Wandel und Niedergang nicht aufgelöst wurde. In diesem Sinne forderte 1931 Baron v. Seydlitz, Leiter der DAG-Wirtschaftsstelle: „Warum sollen unsere jungen Standesgenossen mit der guten, von ihren Vorfahren überkommenen Erbmasse an Pflichttreue, Pflichtgefühl, Ehrauffassung, Arbeitsvermögen und Bereitwilligkeit zum Dienen im besten Sinn des Wortes nicht befähigt sein, an jeder Stelle Bestes zu leisten? Wir müssen hinein in alle Berufe, klein anfangen und uns zu Führern emporarbeiten." Explizit schloß Seydlitz die Industrie in den Kreis jener professionellen Felder ein, die für junge Adlige geeignet seien, um sich als Führer zu profilieren.[349]

Die merkwürdige Weiterführung der Sprach- und Symbolhülsen aus vergangener Ritterzeit hatte neben ihrer Funktion als rhetorisches Trostpflaster für Adlige, bei denen das traditionelle *travailler pour le roi de Prusse* zum Verkauf von Versicherungspolicen mutiert war, eine weitere Aufgabe. Formuliert wurde hier ein Appell an jene Standesgenossen, die sich in den traditionellen sozialen Feldern des Adels halten konnten. Adlige Pelz- und Seifenhändler vertraten den Anspruch, weiter als Waffenbrüder ihrer Vettern in Landwirtschaft, Staatsdienst und Armee zu gelten. Selbst die Registrierkassen adliger Ladenbesitzer erschienen auf diese Weise als „Waffen", die in schwe-

---

[348] FRHR. V. SEIDLITZ, Leiter der DAG-Wirtschaftsabteilung, Rundschreiben v. 28.3.1931 und Bericht über die Wirtschaftsabteilung vom 23.4.1930 in: DAAM, LAB, Bd. 14, Hft. ‚Wirtschaftsabteilung'.
[349] Ebd.

rem Kampfe eingesetzt wurden: „Einst haben wir verbunden auf Leben und Tod mit dem Ritterschwert in der Ritterfaust Schulter an Schulter gekämpft, auch heute müssen wir kämpfen Schulter an Schulter, wenn auch mit anderen Waffen."[350] Prägnant wurden die Protektionsforderungen des Adelsproletariates an den wohlhabenden Adel 1931 von einer mitteldeutschen Landesabteilung der DAG formuliert: „Die Förderung gerade dieser Kreise ist eine Daseinsfrage des gesamten Adels. [...] Was uns not tut, ist daß dem gesamten Adel klar wird, daß er trotz aller Verschiedenheit der Berufe und der wirtschaftlichen Lage durch Blut und Tradition verbunden, unbedingt zusammengehört, daß er eine Notgemeinschaft bildet die zusammensteht oder gemeinsam untergeht."[351]

Sowohl die ungenauen statistischen Angaben über den adligen Berufswandel als auch die Richtung der Adelsdebatten inner- und außerhalb der großen Adelsverbände sind in der Tendenz eindeutig. Der in Jahrhunderten eingeübte Habitus des deutschen Adels enthielt so starke innere Barrieren gegen bestimmte bürgerliche Berufsfelder, daß systematische Versuche, junge Adlige auf Karrieren in diesen Feldern vorzubereiten, nicht unternommen wurden. Außerhalb des Adels trugen einige der klügsten Köpfe des Bildungsbürgertums dazu bei, die Vorstellung von der Unvereinbarkeit von adliger Lebensweise und kapitalistischer Erwerbswirtschaft festzuschreiben.[352]

Die im Leitsatz „Lieber erlöschen als hinabsinken" ausgedrückte Haltung blieb erstaunlich stabil. Die „kastenmäßige Abneigung des deutschen Adels gegen das Eintreten in ehrenhafte bürgerliche Erwerbsstände", die weitblickende Adlige lange vor dem Weltkrieg besonders im Blick auf die nachgeborenen Söhne kritisiert hatten,[353] wurde vom Adel auch nach 1918 – unter nunmehr drastisch verschlechterten Bedingungen – nicht überwunden.

Allerdings lassen sich neben den argumentativen Veränderungen in den Debatten auch faktische Änderungen nachzeichnen. Im Blick auf die von der DAG betriebenen Projekte markiert das Jahr 1928 eine wichtige Veränderung. Nach langen internen Debatten entschloß sich die DAG 1928 zur Einrichtung einer „Wirtschaftsabteilung", welche sich die Unterstützung der „kaufmän-

---

[350] „Standesgenossen heraus!", undatierter Aufruf der Wirtschaftsstelle (ca. 1931), in: DAAM, LAB, Bd. 11, Hft. ‚Korrespondenz'.
[351] Aufruf der DAG-Landesabteilung Hannover-Oldenburg-Braunschweig, Dezember 1931, versandt mit einer Liste gewerbetreibender DAG-Mitglieder in: NSSB, FMF, Dep. 3F, IV-12, Nr. 31b.
[352] Werner SOMBART, Der moderne Kapitalismus, 2. Auflage, München/Leipzig 1916, S. 850ff.
[353] Stephan KEKULE V. STRADONITZ, Armut und Reichtum im deutschen Adel, in: Deutsche Revue 36 (1911), S. 35-42, v. a. S. 41, zit. S. 42. Kekule v. Stradonitz (1863-1933), Dr. iur. und Dr. phil., war preußischer Artillerie-Offizier, Privatgelehrter, Genealoge und Jurist in Berlin. Seit 1904 gehörte er einer Freimaurerloge an. Angaben nach IDA, http://home.foni.net/ ~adelsforschung.lex67htm. Vgl. DERS., Gedanken über eine Um- und Ausgestaltung des Adelswesens in Deutschland, in: Deutsche Revue, März 1910, S. 295-305.

6.1.) Untergänge: Der soziale Niedergang des Kleinadels

nisch tätigen Standesgenossen" zur Aufgabe machte. Von dieser Unterorganisation der DAG wurden Listen gewerbetreibender Adliger erstellt und über das Adelsblatt verbreitet. Ziel war die Herstellung von Kontakten zwischen Käufern und (adligen) Verkäufern; die „Pflicht [...] in erster Linie bei den Standesgenossen zu beziehen", wurde neben den üblichen Invektiven gegen („jüdische") Warenhäuser auch mit der Ermahnung kombiniert, nicht in „jüdischen Geschäften" zu kaufen. Das Geheimnis des jüdischen Erfolges sah die DAG-Wirtschaftsabteilung im intensiven Zusammenhalt der jüdischen „Stammesgenossen", die nach diesem Rezept „fast die gesamte Weltproduktion" in ihre Hände gebracht hätten. Genau davon müsse der Adel lernen: wo immer möglich, sollten Adlige ihren Bedarf bei Adligen decken, offene Stellen nur an Standesgenossen vergeben – „Standesgenossen, unser Geld muss in der Familie bleiben!". In unbeholfenen Appellen wurden die landbesitzenden „freien Herren" ermahnt, keine „fremdstämmigen Sachwalter und Mitarbeiter" einzustellen. Zugespitzt läßt sich die hier vorgetragene doppelte Forderung als ‚Adlige kauft bei Adligen!' und ‚Adlige kauft nicht bei Juden!' wiedergeben.[354] Die von der Wirtschaftsstelle erstellten Listen „kaufmännisch tätiger Mitglieder", die im Adelsblatt und den Mitteilungsblättern der Ritterorden publiziert wurden,[355] verzeichneten vielfach die Namen berühmter Familien. Die Tiefe des sozialgeschichtlichen Einschnitts, den das Jahr 1918 markiert, läßt sich auch in der Art der Waren ablesen, die nun adelsintern feilgeboten wurden. Dort, wo das betriebene Gewerbe direkt auf adelstypische Konsumformen zielte, mag es bereits vor 1918 als bedingt „standesgemäß" geduldet worden sein. Adlige Vertreter für landwirtschaftliche Maschinen zählten zu diesem Typus ebenso wie jener Hauptmann v. Wedel, der bereits 1887 in Berlin ein Warenhaus für Armee- und Marinebedarf eröffnet hatte, das dreißig Jahre später der Konkurrenz der großen Warenhäuser unterlag und geschlossen wurde.[356] Nach 1918 brach der Versuch adliger Kaufleute, ihre Zugehörigkeit zum Adel zumindest durch ihr Warensortiment zu dokumentieren, weitgehend zusammen. Immer häufiger findet sich jetzt ein anderer Typus – soziale Abstiege vom Offizier im Garderegiment zum Versicherungsvertreter sind in den von der DAG erstellten Listen vielfach dokumentiert.[357]

---

[354] Zitate: Vorschläge des Herrn v. REICHMEISTER (Major a. D., Firmenvertreter) zur Organisation des kaufmännisch berufstätigen Adels in Deutschland (Dezember 1928 auf dem Adelskapitel) in: DAAM, LAB, Bd. 2, Hft. ‚Protokolle'; und: „Standesgenossen heraus!", undatierter Aufruf der Wirtschaftsstelle in: ebd., Bd. 11, Hft. ‚Korrespondenz'. Nach Branchen und Adressen geordnete Listen wurden im Adelsblatt und in der Zeitschrift des Johanniter-Ordens regelmäßig abgedruckt.

[355] Vgl. die Rubrik „Hinweis auf berufstätige Standesgenossen", in: Johanniter-Ordensblatt, 9/1932, S. 106 und den Bericht über das Adelskapitel v. 12.12.1929, in: DAAM, LAB, Bd. 2, Hft. ‚Protokolle'.

[356] Peter STÜRZEBECHER, Das Berliner Warenhaus, Berlin 1979, S. 12f.; STONEMAN, Krieger, in: Reif (Hg.), Adel und Bürgertum, Bd. 2, S. 48f.

[357] „Verzeichnis von kaufmännisch tätigen Mitgliedern" in: DAAM, LAB, Bd. 14, Hft. ‚29/32', vgl. DAB 1929, S. 1-8 u. S. 321. Unter den Inserenten u. a. Mitglieder folgender Familien, die auf der Liste in vielen Fällen mehrfach vertreten sind: Arnim (Versicherungen), Baudis-

In trockenem Ton hatte Helene Prinzessin v. Isenburg in ihrer Erhebung über den Berufswandel im Adel neben adligen Vertretungen für „Autos, Zeitschriften, Lebensmittel, Stoffe" auch „die vorübergehende Beschäftigung als Chauffeur, Tankwart, Eintänzer und dergleichen" zu Protokoll gegeben.[358] Daß eine adlige Dame ihre Dienste als „erfahrene Pensionsmutter" anbot, mochte noch als akzeptabel gelten – Rittmeister a. D., die ihren Lebensunterhalt als Tanzlehrer, ein Oberst a. D., der für die von ihm vertriebenen Produkte „Unkraut-Ex" und „Spritze Dieseltod" warb, hingegen kaum, ganz zu schweigen von der Annoncierung preisgünstiger „Scheuertücher" und „Badevorleger" durch adlige Handelsvertreter.[359] Aus Bayern kommende Proteste, die das Erscheinen von Anzeigen adliger „Heilmagnetiseure" und „Naturheilkundiger" zu verhindern gesucht hatten, wurden von der DAG-Leitung „zerstreut", d. h. übergangen.[360]

Der Erfolg der im Adelsblatt publizierten Listen „gewerbetreibender Standesgenossen" war gleich Null und ihre kostenintensive Zusammenstellung wurde nach kurzer Zeit wieder eingestellt.[361] Die äußerst uneffektiven Mittel, mit denen die DAG-Wirtschaftsabteilung versuchte, adlige Krämerläden und adlige Tradition zu verbinden, um den Kassenstand der kaufmännischen Mitglieder zu verbessern, trugen nicht selten rührende Züge. Auf einer DAG-Versammlung im Jahre 1930 machte der Veranstaltungsleiter darauf aufmerksam, „dass am Schlusse der heutigen Versammlung Gratisproben von Kaffee und Tee durch Standesgenossinnen, die sich dieser Mühe freundlichst zu unterziehen die Güte haben, verabreicht werden. Die liefernden Firmen sind angesehene Geschäfte, und Standesgenossen sind es, die bereits seit längerer Zeit für dieselben tätig sind. Im Vorraum liegen ferner Geschäftskarten verschiedener adliger Vertreter aus. Es wird herzlich gebeten, von denselben

---

sin (Öle und Fette), Bassewitz (Weine und Kognak), Behr (Eier und Geflügel), Block (Major a. D., Vitox-Vitaminextrakt), Blücher (Kaffee), Bonin (Makler), Bülow (Güter- und Finanzmakler), Crailsheim (Tee), Decken (Versandhaus), Finckh (Major a. D., Einfuhr- und Versandhaus), Haeseler (Damenkleidung), Jagow (Drahtgeflechte aller Art), Korff-Schmising (Chinesische Artikel/Wäsche), Hammerstein, Graf v. Hopffgarten (Fruchtkonserven), Schulenburg (Kraftwagen, Schreibmaschinen), Maltzahn (Versicherungen), Osten (Hypothekenvermittlung), Graf v. Schlieffen (Major a. D., Düngemittel), Selchow (Kapt.Ltn. a. D., Versicherungen), Soden (Oberstleutnant a. D., Weine), Seydlitz (Keksversand), Thüngen (Versicherungen), Trotha, Wangenheim (Honig, Sekt), Wedel (Seife), Yorck, Zedlitz (Seife), usw.

[358] Helene PRINZESSIN VON ISENBURG, Der Berufswandel im deutschen Adel (1912-1932), in: Archiv für Sippenforschung 12/1935, zit. S. 38.
[359] Annoncen im Anzeigenteil des Jahrbuch der DAG 1931, S. XXXIII ff. („Standesgenossen, welche ihre Firmen bzw. Vertretungen den Mitgliedern der DAG zur Berücksichtigung empfehlen"). Vgl. dazu die von der DAG Hauptstellenvermittlung publizierten Stellengesuche und -angebote in: DAB 1921, S. 5f., 24f., 40, 217.
[360] Bericht der Wirtschaftsabteilung, 23.4.1930, in: DAAM, LAB, Bd. 14, Hft. ‚Wirtschaftsabteilung'.
[361] Vertrauliche Ergänzungen zum Bericht über das Adelskapitel am 12.12.1929, in: DAAM, LAB, Bd. 2, Hft. ‚Korrespondenz 24/34'.

6.1.) Untergänge: Der soziale Niedergang des Kleinadels

gütigst Einsicht zu nehmen und im Bedarfsfall sich derselben freundlichst erinnern zu wollen."³⁶² Die regelmäßigen „Losbrief-Lotterien", der „Strumpf-Verkauf" und der Vertrieb einer Postkartenserie „Historische Stätten", die von der DAG-Zentralhilfe organisiert wurden, weisen in dieselbe Richtung.³⁶³

Auch der zweite Sektor, den der deutsche Adel weitgehend gemieden hatte, erfuhr nun eine theoretische und praktische Aufwertung: die Industrie. Generell läßt sich festhalten, daß der industrielle Sektor im Adel positiver gezeichnet wurde als die Sektoren Handel und Finanzen. Die programmatische Rede, in der Graf v. Dürckheim 1923 sein antimaterialistisches Pathos unterbrach, um seine Standesgenossen vor falschen Einschätzungen der Industriellen zu warnen, charakterisierte eine im Adel weit verbreitete Haltung: viele der Industriellen, so der Graf, lebten in „vorbildlicher Einfachheit" und zeichneten sich durch „aristokratische Gesinnung" aus.³⁶⁴ Unabhängig vom real engen Zusammenhang beider Sektoren wurden die „Industrieführer" tendenziell positiver bewertet als das „Händlertum" – auch hier lag eine Schnittstelle mit einer breiten Denkströmung im deutschen Bildungsbürgertum, der Werner Sombarts Kriegspamphlet „Händler und Helden" ein Denkmal gesetzt hat.³⁶⁵ Der DAG-Adelsmarschall Friedrich v. Berg, ehemaliger Chef des kaiserlichen Zivilkabinetts, griff 1931 in diese Debatte selbst ein und wies alle Einwände gegen die Forderung, adlige Söhne gezielt „in die Industrie" zu schicken, zurück. Jungen Adligen, so Berg, boten sich hier gute Chancen: „Auch in Zeiten schwerster Depression brauchen Industrie und Handel jungen Nachwuchs und nehmen sich aus dem zahlreichen Angebot das beste heraus nach allein sachlichen Grundsätzen."

Deutlich wird in den Debatten der Versuch, die alte adlige Herrschaftstechnik, berufliche Aufstiege über familiäre Netzwerke zu organisieren, auf die Welt der modernen Wirtschaft zu übertragen. Berg selbst setzte auf diesen Weg: „Ich bitte dringend, keine Mühe zu scheuen, unserem Nachwuchs durch Beziehungen und Aufnahme von solchen [...] den Weg [zu Karrieren in den Sektoren Handel und Industrie, S.M.] zu bahnen. Aufgabe der Wirtschaftsabteilungs-Leiter muss es sein, den Bedarf nach Beratung und Ausnutzung der Beziehung zu grösseren Firmen in geeigneter Weise zu wecken. Es sind viel mehr Standesgenossen in leitenden und einflussreichen Stellungen bei grossen Unternehmungen, als gemeinhin angenommen wird. Auch bürgerliche Kameraden aus dem alten Heere in derartigen Stellungen versagen ihre Mitwirkung

---

362 Unsignierter Bericht der DAG-Wirtschaftsabteilung, 23.4.1930, in: DAAM, LAB, Bd. 14, Hft. ‚Wirtschaftsabteilung 30/31'.
363 Bericht der DAG-Zentral-Hilfe über das Jahr 1930, S. 7, in: DAAM, LAB, Bd. 14, Hft. ‚Zentralhilfe 30/43'.
364 Vortrag des GRAFEN DÜRCKHEIM-JASSEN auf einer Tagung der DAG-Landesabteilung Mecklenburg, 23.1.1923, in: MLHA, GHK III, Nr. 2647.
365 Werner SOMBART, Händler und Helden. Patriotische Besinnungen, München 1915. Vgl. dazu LENGER, Sombart, S. 245-252.

fast nie."³⁶⁶ Wie gründlich der Versuch, in traditioneller Art auf personale Netzwerke zurückzugreifen, scheitern mußte, weil die personalen Verbindungen, die Berg hier pries, faktisch kaum vorhanden waren, läßt sich an den Vermittlungserfolgen ablesen, welche die DAG-Wirtschaftsstelle tatsächlich erzielte. Von den beschworenen Kontakten zu „Wirtschaftsführern" konnte zumindest innerhalb der DAG keine Rede sein. Die tatsächlich vorhandenen Netzwerke reichten lediglich aus, um etwa im Bremer Versandhaus Thorbekke & Puvogel eine bescheidene Anstellung in der Vertriebsorganisation zu bekommen. Die Firma, die von einem Herrn v. d. Decken geleitet wurde, inserierte neben den o. g. Verzeichnissen adliger Kleinhändler mit dem Zusatz: „Es werden weit über 100 adlige Vertreter beschäftigt".³⁶⁷ Die Importfirma, die sich als „größter Kaffeeversender innerhalb des deutschen Adels" präsentierte, hatte auch ihre Reklame dem kleinadligen Geschmack entsprechend martialisiert: „Thorvogel-Kaffee ist die Macht, die siegt in jeder Kaffee-Schlacht."³⁶⁸ Die hier spürbare Spannung zwischen vormodernen Idealen und der beschleunigten Osmose in die Untergeschosse der wirtschaftliche Moderne findet sich auch auf den Titelseiten des Adelsblattes, das unter dem mehrfach geänderten Ritter-Logo Werbeanzeigen für Krupp-Erntemaschinen abdruckte. Die Grenzen zur Groteske überschritt das Adelsblatt z.B. in Form der Reklame-Mädchen, die unter besagtem Ritter-Logo mit laszivem Blick für „Milch-Schokolade mit einer erfrischenden köstlichen Mandel-Füllung" warben, ebenso wie mit Zigarettenreklame, die das Produkt auf wundersame Weise mit den Schlachten Friedrichs II. in Verbindung zu bringen wußte.³⁶⁹

Die in Jahrhunderten gewachsene Distanz des Adels zu den bürgerlichen Berufen, insbesondere zum Handel, ließ sich allerdings nicht auf Zuruf abschaffen – die sächsische Landesabteilung der DAG, die bei der Werbekampagne für die adligen Kaufleute federführend gewesen war, stellte 1931 bedauernd fest: „Der kaufmännische Beruf ist leider vom Adel noch zu sehr vernachlässigt. Er gilt immer noch vielen als der letzte Notanker für Existenzen, die anderweitig nicht unterkommen. Es ist aber gerade hier wichtig, nur

---

³⁶⁶ Berg an alle Landesabteilungen, 28.6.1931, in: DAAM, LAB, Bd. 14, Hft. ‚Korrespondenz 29/32'.
³⁶⁷ Inserat V. D. DECKENs im „Verzeichnis von kaufmännisch tätigen Mitgliedern", S. 4, in: DAAM, LAB, Bd. 14, Hft. ‚Korrespondenz 29/32'. Auch für die Berliner Vertretung des Hauses waren verschiedene Mitglieder altadliger Familien tätig, u. a. ein Oberstleutnant a. D. v. Hagen.
³⁶⁸ Anzeige im Annoncenteil des Jahrbuch der DAG 1931, S. XXXIII ff.
³⁶⁹ Titelseiten des DAB 17.4.1930 (Schokolade), 26.4.1930 (Krupp) und 16.7.1932 (Zigaretten, Text unter dem DAB-Motto „Adel verpflichtet": „Wie einst bei Roßbach ein Trommler die Franzosen in Verwirrung gebracht hat, daß es Friedrich dem Großen nicht schwer wurde, den Sieg zu erringen, so schreitet heute die *Trommler*-Zigarette allen preisgleichen Zigaretten voran und ist ihnen auch geschmacklich überlegen." Darunter das Zeichen: „Gegen Trusts u. Konzerne"). Vgl. dazu das Motiv zweier sich mit Bleistiften aus dem Hause Faber-Castell duellierenden Ritter bei BERGHOFF, Adel und Industriekapitalismus, in: Reif (Hg.), Adel und Bürgertum, Bd. 1, S. 266f.

6.1.) Untergänge: Der soziale Niedergang des Kleinadels

das allerbeste Material auszusuchen. Nur solche werden zu Führerstellen aufrücken und dem Adel nützen. Es ist wichtig, dass weniger geeigneten Elementen entschieden von einer solchen Laufbahn abgeraten wird, da sie dem guten Ruf des Adels nur schädlich sind und ausserdem in niederen Stellen hängenbleiben."[370] Genau dies war aber vielfach der Fall, wie der Vorsitzende der DAG-Abteilung Hamburg bereits 1928 in einem vertraulichen Bericht beklagte – junge Adlige seien am Versuch, in Gewerbe und Industrie der Hansestadt Fuß zu fassen, fortlaufend gescheitert. In kaufmännischen Ausbildungen stünden sie aufgrund schwacher Leistungen den bürgerlichen Lehrlingen oftmals nach und versagten somit bei ihrer Aufgabe, in diesem Bereich zu „Führern" zu werden.[371] Hamburg war in den 1920er Jahren Anlaufstelle für junge Adlige, darunter viele Offiziere a. D., die sich meist vorübergehend in „mißlich" verlaufenden kaufmännischen Karrieren versuchten. Beruflicher Erfolg und professionelle Verbindungen zum Hamburger Patriziat gelangen den jungen Adligen nur äußerst selten – häufiger war die Einstellung von Adligen in z.T. windigen Firmengründungen der Nachkriegszeit, die versuchten, sich klingende Namen und Titel als Aushängeschilder nutzbar zu machen.[372] Wege in die wirklichen Führungsetagen der modernen Wirtschaft, wie sie etwa Tilo Frhr. v. Wilmowsky, Wichard v. Moellendorff, oder Arndt v. Holtzendorff gelangen, blieben im alten Adel seltene Ausnahmebiographien. Wilmowsky, Gutsbesitzer, Landrat und Offizier aus einer Familie des schlesischen Uradels, hatte 1907 die zweite Tochter Friedrich Krupps geheiratet, dadurch ein Vermögen von mehr als 20 Millionen Mark erlangt und war 1911 als Schwager des ebenfalls eingeheirateten Firmenchefs Gustav Krupp v. Bohlen und Halbach in den Aufsichtsrat des Stahlkonzerns vorgerückt.[373] Wilmowsky selbst verweist in seinen Memoiren auf die Selbstisolierung und Verachtung „des freien Unternehmers", die seine Standesgenossen charakterisiert habe.[374] Wichard v. Moellendorff aus dem Vorstand der AEG gehörte mit Walter Rathenau zu den „Wirtschaftsführern", die der Reichsleitung die Organisation des totalen Krieges erklärten,[375] bevor die Militärs den Begriff

---

[370] Landesabteilung Sachsen zit. n. Rundschreiben v. Juni 1931 in: DAAM, LAB, Bd. 14, Hft. ‚29/32'.
[371] Vortrag v. DASSEL (Hamburg) nach: Vertrauliche Ergänzung zum Bericht über die Sitzungen des Adelskapitels vom 22.-23.5.1928, in: AFLH.
[372] So die Bestätigung von Dassels Angaben bei PUTLITZ, S. 37. Wolfgang Edler Gans zu Putlitz, ein ehemaliger Potsdamer Garde-Ulan, war Anfang der 1920er Jahre vorübergehend für den Stinnes-Konzern in Hamburg.
[373] Wilmowskys Mutter war die Tochter des deutschen Generalkonsuls in London. Zu seiner Vita vgl. seine prätentiöse Autobiographie: WILMOWSKY, Rückblickend möchte ich sagen..., und die Angaben bei JACOB, Engagement, in: Reif (Hg.), Adel und Bürgertum, Bd. 1, S. 313f. Zwei autobiographische Beispiele von adligen Offizieren, die nach 1918 in das Bankfach wechselten, bei OERTZEN, S. 104f., 131 sowie FINCKENSTEIN, S. 130f.
[374] WILMOWSKY, S. 36.
[375] Wichard v. MOELLENDORFF, Deutsche Gemeinwirtschaft, Berlin 1916; dazu: Klaus BRAUN, Konservativismus und Gemeinwirtschaft. Eine Studie über Wichard v. Moellendorff, Duisburg 1978.

prägten. Arndt v. Holtzendorff, der seine Offizierskarriere nach einem Reitunfall beenden mußte, machte als studierter Jurist und persönlicher Freund Albert Ballins seit 1896 in der HAPAG eine beachtliche Karriere, die als Berliner Vertreter der weltgrößten Reederei begann und als Direktor und Vorstandsmitglied endete. Auch in diesem Fall war der Weg in die Wirtschaft nicht die erste Wahl. Als jüngster Bruder von insgesamt zwölf Geschwistern war für Holtzendorff der Weg zum Gutsherren schwer, die Offizierskarriere die logische Alternative. Sein professioneller Weg und Erfolg war für eine militärisch geprägte Familie des Uradels äußerst ungewöhnlich. Der professionellen Ausnahmestellung des ehemaligen Offiziers entsprach seine auch sozial und politisch offene Haltung, von der seine Freundschaft zu Albert Ballin, die freundschaftliche Bindung an die jüdische Bankiersfamilie Warburg und nach 1918 das vertraute Verhältnis zu Friedrich Ebert zeugen.[376] Karrieren dieser Art blieben im Adel nicht zuletzt deshalb selten, weil nachgeborenen Söhnen, die über einen Weg „in die Wirtschaft" nachdachten, von Vätern, Onkeln und Familienvorständen meist erheblicher Widerstand gegen die „unwürdige" Wahl entgegenschlug.[377]

Offizieren aus den Garderegimentern und den Generalstabsoffizieren dürfte der Weg in die Chefetagen von Banken und Handelskontors aufgrund von Vorbildung und familiären Beziehungen tendenziell leichter gefallen sein als der kleinadligen Mehrheit.[378] Leichter als altadligen Offizieren, die durch besonders „feudale" Regimentskulturen geprägt waren, scheinen Übergänge, die etwa in Leitungs- und Beschaffungsaufgaben in der Industrie führten, außerdem Offizieren aus den technikzentrierten Artillerie- und Pioniereinheiten gefallen sein[379] – in denen der alte Adel allerdings nur schwach vertreten war. Bei höheren Offizieren, die den Willen dazu mitbrachten, ließ die offizierstypische Kombination aus Autorität, organisatorischen Fähigkeiten, tech-

---

[376] Hanshenning v. HOLTZENDORFF, Biographische Aufzeichnungen (Privatbesitz Henning v. Holtzendorff, Hamburg), S. 2f., 24f., Eric M. WARBURG, Zeiten und Gezeiten, Hamburg 1982, S. 51 sowie persönliche Mitteilungen von Henning v. Holtzendorff, dem ich für seine freundliche Unterstützung danke.

[377] Idealtypisch beschreibt dieses Muster Hans FRHR. V. VERSCHUER (1866-1932), Erinnerungen aus der Zeit bis 1908 (Privatbesitz Jakob Vogel, Berlin), S. 15f. Dieser hatte als junger Mann eine (unbezahlte) Lehre in einem Bremer Versandhaus begonnen. Als ihm sein Vormund 1886 die Zulage strich, trat der Abiturient daraufhin „standesgemäß" als Fahnenjunker ins Heer ein.

[378] Dazu die Hinweise in den ungedruckten Memoiren von Reinhold FRHR. V. LÜDINGHAUSEN-WOLFF (BAK, Kleine Erwerbungen Nr. 732). Der 1900 in Ostpreußen geborene Autor hatte die Armee als 18-jähriger Leutnant des 1. Garderegimentes zu Fuß verlassen, wurde später Prokurist einer Amsterdamer Bank, Honorarkonsul in Paraguay und Direktor der Dresdener Bank in Nürnberg. Seine Mutter war die Tochter eines Fabrikbesitzers, seine Ehefrau die Tochter eines bürgerlichen Bankdirektors (GHdA, FH, 1979, S. 160).

[379] Zur Tradition dieser Nähe vgl. die Hinweise bei STONEMAN, Krieger, in: Reif (Hg.), Adel und Bürgertum, Bd. 2, S. 41-43 und JACOB, Engagement, in: Reif (Hg.), Adel und Bürgertum, Bd. 1, S. 308f.

6.1.) Untergänge: Der soziale Niedergang des Kleinadels

nischen Kenntnissen und „sozialem Kapital" tatsächlich Beratertätigkeiten und Quereinstiege in der Industrie zu.[380] Der Weg in Großunternehmen der Sektoren Finanz, Handel und Industrie, auf dem es beachtliche mentale Barrieren zu überwinden galt, wurde jedoch auch von Adligen versucht, die vom Kriegsausgang aus ihren Karrieren geschleudert wurden und denen alle Wege in die alten, „standesgemäßen" Versorgungen verbaut waren. Der perspektivlos entlassene Offizier, dessen Weg nach „misslicher kaufmännischer Tätigkeit" über den „Unterschlupf" in einem Bankhaus in die schwarze Reichswehr, die Wehrverbände und nach 1933 zurück ins Heer führte, war ein nach 1918 überall anzutreffender Typus.[381]

Joachim v. Stülpnagel, Ehemann und Vater von drei Kindern, beginnt seinen Rückblick mit der Behauptung, am Offiziersberuf sei ihm 1918 „jede Freude" verloren gegangen. Über einen „alten Autofreund" habe sich die Möglichkeit ergeben „im Notfall eine Arbeit in der Industrie" anzunehmen. Zunächst jedoch galt es abzuwarten: „Schlug alles fehl und war mein Bleiben in der Armee unmöglich, so dachte ich daran, Gärtner, Buchhändler oder Archivar zu werden. Meine Frau beschäftigte sich mit dem Gedanken, in unserer Wohnung eine Teestube aufzumachen."[382] Ähnlich wie die bekanntere Biographie Henning v. Trescкows, dem nach einem Intermezzo in diversen Bankhäusern der Wiedereintritt in die Reichswehr 1926 gelang,[383] präsentiert auch Stülpnagel, der ebenfalls in einer steilen Offizierskarriere reüssierte, den erfolgreichen Typus, dem es gelang, die alten privaten Verhältnisse in die neue Zeit hinüberzuretten. Für den militärischen Bereich liefert die Familiengeschichte der Familie v. Oppen einige anschauliche Beispiele für den weniger erfolgreichen Typus. Udo v. Oppen, Lichterfelder Kadett, Hofpage, Mitglied der „Schutztruppe" in Südwest-Afrika, wurde nach Gefangenschaft und Teilnahme an den deutsch-polnischen Grenzkämpfen aus dem Heer entlassen. In der „Wirtschaft" fand der zu diesem Zeitpunkt etwa 30-jährige Mann nur befristete Stellungen, u. a. als „Werbeberater" und in der „Marmorindustrie". Wie in diesem Fall wurde der nach 1933/35 erleichterte Wiedereintritt in die Armee überall dort als „Erlösung" betrachtet, wo er eine als soziale Deklassierung wahrgenommene Lebensphase beendete: Im hier zitierten Beispiel führte

---

[380] Vgl. dazu die Zwischen-„Karriere" die der ehemalige Chef des Stabs der Seekriegsleitung, Magnus v. Levetzow, 1925 bei den Junkers-Werken begann: GRANIER, Levetzow, S. 122-125.
[381] So das Muster, das z.B. Maria v. SCHENCK, Die Schencken-Chronik, Ein Sippenschicksal aus der Altmark, Berlin 1936 (Privatdruck), S. 615, über den Leutnant a. D. Wilhelm v. Schenck, der „das Los vieler seiner Kameraden" teilte, beschreibt: „missliche kaufmännische Tätigkeit", dann „Unterschlupf" bei der Diskonto Gesellschaft, 1924 in die Schwarze Reichswehr, 1932 SA, 1933 regulärer Offizier.
[382] Joachim v. STÜLPNAGEL, 75 Jahre meines Lebens (unveröffentlichte Erinnerungen), in: BAMA N 5/27, S. 154f.
[383] Bodo SCHEURIG, Henning von Tresckow, Oldenburg/Hamburg 1973; FUNCK, Kriegertum, Einleitung, 1.3.

die Karriere bis zum Oberstenrang.[384] Oppens Vetter Rudolf v. Oppen, Plöner Kadett, als Kind ein Spielfreund der Hohenzollernprinzen, verheiratet mit einer v. Arnim und Offizier im Ersten Potsdamer Garderegiment, wurde 1920, im Alter von 33 Jahren, technischer Praktikant der Berliner Siemens-Schuckert-Werke. Oppens radikaler Wechsel der Berufs- und Lebenswelt weist idealtypisch drei der Elemente auf, die diesen Typus charakterisieren: Die persönliche Vermittlung durch einen Standesgenossen, der den Übertritt arrangiert, der Weg zurück in die Armee, sobald dieser möglich wurde und die Selbstdarstellung als Führerfigur, welche die Radikalität des beruflich-sozialen Bruchs zumindest rhetorisch zum Verschwinden bringt: „Zwischen Soldatentum und Wirtschaftsführung waren nicht nur Gegensätze zu überwinden. Es gab auch bedeutende Gemeinsamkeiten, in denen besonders der Generalstäbler sich wiederfinden konnte."[385] Wichtiger als verbale Annäherungen dieser Art blieb die Tatsache, daß ein Beruf in Handel und Industrie weiterhin bestenfalls als Warte- und Notlösung begriffen wurde. Im deutschen Adel ist die Vorstellung, daß „es eben Berufe gibt, die adligen Wesens Kern zerstören"[386] vor 1945 nicht aufgelöst worden. Weit häufiger als die Führungsetagen der großen Handelskontore und Industrieunternehmen, wurden nach 1918 in jenen Berufsfeldern, die der Adel traditionell gemieden hatte, untere Stufen der Hierarchien erreicht. Dennoch blieb das wortreiche Schwadronieren über die adlige Berufung zur „Führung" auch dort erhalten, wo es faktisch nur noch um die kaufmännische „Führung" adliger Tante-Emma-Läden ging. Bei allen Differenzierungen, die Spezialstudien auch an diesem Bild anbringen werden, ist die Tendenz, deren Beginn für die Vorkriegszeit bereits skizziert wurde, für die Zeit nach 1918 eindeutig: Der vielfach radikale soziale Wandel führte nicht etwa zur freiwilligen Annäherung an „das Bürgertum", sondern zu einer ungewollten Annäherung an die Lebenswelten des Kleinbürgertums.

6.2.) Übergänge: Adlige Beharrungs- und Anpassungsleistungen

Die Skizzierung adliger Nieder- und Untergänge ist in diesem Kapitel relativ ausführlich gestaltet worden, weil hier die von der Forschung bislang am wenigsten beachteten Gruppen ins Bild gerückt werden, die es im Blick zu behalten gilt, wenn die politische Radikalisierung des Adels beschrieben werden soll. Für eine Beschreibung der materiellen Ausgangslage darf es freilich nicht bei einem Blick auf das Adelsproletariat bleiben. Da die Widerstands- und Beharrungsleistungen des Adels nach 1918 besser untersucht sind als die Mißerfolge, beschränkt sich der folgende Abschnitt darauf, die Anpassungs-

---

[384] OPPEN, S. 527f.
[385] OPPEN, S. 161 und S. 172f. Übereinstimmend mit diesem Muster auch die Ergebnisse von CONZE, Von deutschem Adel, S. 313-317.
[386] Warum ist der Zusammenschluß des reinblütigen deutschen Adels notwendig? (DAG-Rundschreiben vom 20.5.1938), in: MLHA, GHK III, Nr. 2647.

6.2.) Übergänge: Adlige Beharrungs und Anpassungsleistungen

leistungen und „Übergänge" in den drei wichtigsten Berufsfeldern des Adels kurz in Erinnerung zu rufen und auf die hauchdünne, weiterhin immens reiche Schicht adliger Grandseigneurs hinzuweisen. Mit dem Bild der „Übergänge" lassen sich zwei verschiedene Phänomene bezeichnen – erstens der strukturelle Erhalt traditioneller Machtbastionen, die im Adel bis 1918 bestanden: ein unverschuldetes Rittergut, das vor und nach 1918 über 1.000 Hektar Land umfaßte, wäre ein solcher Fall. Zweitens personell die Wege einzelner Adliger, denen Laufbahnwechsel gelangen, ohne in der sozialen Hierarchie an Macht und Einfluß zu verlieren: Der Oberst i.G., der nach 1920 eine führende Position in einem Rüstungsbetrieb bekleidet, würde für diesen Typus stehen.

1.) Wie bereits ausgeführt, war und blieb der Landbesitz das wirtschaftliche, soziale und kulturelle Rückgrat des Adels. Eben dieses Rückgrat ist von der deutschen Revolution weder gebrochen noch dauerhaft gebeugt worden. Die „Zwingburgen des Junkertums" durch Enteignung des Großgrundbesitzes zu schleifen, wurde zwar im Spartakusbund gefordert und in der Sozialdemokratie debattiert,[387] anders als in Rußland hatten die sozialdemokratischen Revolutionäre und Minister jedoch kein Agrarprogramm ausgearbeitet, das eine Enteignung des Großgrundbesitzes konkret denk- und praktisch durchführbar gemacht hätte. In der Agrarfrage, generell „nicht gerade die starke Seite der Sozialdemokratie" (Heinrich August Winkler), wurden selbst „staatskapitalistische" Lösungen innerhalb der SPD kaum ernsthaft erörtert, geschweige denn mit Nachdruck betrieben. Unabhängig von verbalen Attacken auf das „Junkertum" blieb es nach 1918 in Deutschland v. a. in Ostelbien faktisch bei einer Hinnahme der bestehenden Besitzverhältnisse.[388]

Das im politischen Kontext liberaler „Junker"-Kritik entstandene Bild eines faulen, unfähigen und schlecht wirtschaftenden Adels, der sich Ende des 19. Jahrhunderts „im ökonomischen Todeskampf" (Max Weber)[389] befand, ist von der neueren Forschung stark revidiert worden. Nicht „dem Adel" insgesamt, wohl aber der Mehrheit der adligen Großgrundbesitzer war es im Kaiserreich durchaus gelungen, ihren Besitz unter verschärften Marktbedingungen zu festigen und zu erweitern.[390] Dies war die von der Revolution nicht

---

[387] Martin SCHUMACHER, Land und Politik. Eine Untersuchung politischer Parteien und agrarischer Interessen 1914-1923, Düsseldorf 1978, zit. S. 190.

[388] WINKLER, Weimar, S. 13f., 47f.; ROGALLA V. BIEBERSTEIN, Adel und Revolution, S. 250-254; HOYNINGEN-HUENE, Adel, S. 136f.; Jens FLEMMING, Landwirtschaftliche Interessen und Demokratie. Ländliche Gesellschaft, Agrarverbände und Staat 1890-1925, Bonn 1978, S. 252-265.

[389] Max WEBER, Der Nationalstaat und die Volkswirtschaftspolitik (1895), in: MWG, Bd. I/4, Tübingen 1993, S. 545-574, zit. S. 567.

[390] Vgl. dazu Klaus HEß, Zur wirtschaftlichen Lage der Großagrarier im ostelbischen Preußen 1867/71 bis 1914, in: Reif (Hg.), Agrargesellschaft, S. 157-172, v. a. aber die neueste und präziseste Studie von SCHILLER, Eliten, v. a. S. 89-143, 204-233, 499-508. Schillers Ergebnisse am Beispiel der großen adligen Waldgüter bestätigend: Wolfram THEILEMANN, Adel im grünen Rock, 226-350. Als Zusammenfassung der neueren Forschung s. REIF, Adel im 19. und 20. Jahrhundert, S. 96-99.

erschütterte Grundposition des adligen Großgrundbesitzes, dessen „Todeskampf" frühestens mit den Agrarkrisen Mitte der 1920er einsetzte,[391] ohne daß der Tod vor 1945 wirklich eingetreten wäre.

Ca. 13% der landwirtschaftlichen Gesamtfläche der Republik befanden sich 1925 in adligem Besitz. Ein Anteil, der in einzelnen ostelbischen Regionen deutlich über 20% lag. Bezüglich der Besitzverteilung bestanden die im 19. Jahrhundert gefestigten Strukturen trotz der Gebiets- und Besitzverluste durch den Versailler Vertrag nach 1918 fort. Je größer der Besitz, desto höher der Adelsanteil, der im Osten bereits bei den Großbetrieben über 200 Hektar 50% betrug und sich bei den Latifundien über 5.000 Hektar einem adligen *entre-nous* annäherte. Der alte Adel blieb als Besitzer der größten und – damit oft nicht identisch – rentabelsten Gütern stark überrepräsentiert. 1925 zählte man in Deutschland 152 Adlige, die Güter über 5.000 Hektar besaßen, 49 davon über 10.000 Hektar, bis hin zum Herzog von Pleß, dessen Besitzungen um 1900 ca. 70.000 Hektar umfaßt hatten.

Die Gesamtzahl adliger Gutsbesitzer dürfte in den 1920er Jahren zwischen 5.000 und 6.000 Personen gelegen haben.[392] Unklar ist, wie viele dieser 5.000 adligen Gutsbesitzer in Verhältnissen wirtschafteten, die eher bäuerlichen Großbetrieben vergleichbar waren. Nimmt man die erzielten Einkünfte als Indikator, läßt sich angesichts der Agrarkrisen der 1920er Jahre vermuten, daß sich am Ende der Weimarer Republik auch bei großzügiger Auslegung des Begriffes kaum mehr als 2.000 adlige Gutsbesitzer zur landwirtschaftlichen „Funktionselite" zählen lassen.[393]

Trotz, vielleicht läßt sich sagen: gerade wegen der ständig steigenden Anzahl adliger Männer und Frauen in städtisch-mittelständischen Existenzen bildeten diese Güter weiterhin das wirtschaftliche, soziale und kulturelle Zentrum des gesamten Adels. Ihre Bedeutung als Rückfallposten für jüngere Söhne und Brüder, aus der Armee entlassene Vettern und oftmals über die Adelsorganisationen vermittelte Standesgenossen, die bescheidene Stellungen als schlecht bezahlte Gutsverwalter[394] oder anders abhängig Beschäftigte dem städtischen Leben vorzogen, ist nach 1918 kaum zu überschätzen.

---

[391] Heinrich BECKER, Handlungsspielräume der Agrarpolitik in der Weimarer Republik zwischen 1923 und 1929, Stuttgart 1990, v. a. S. 210-305; GESSNER, Agrarverbände, S. 83-96; NIEMANN, Großgrundbesitz, 54-69; MERKENICH, Front, S. 247-256. Zwei anschauliche Beispiele für die Bewältigung der Agrarkrise durch adlige Großgrundbesitzer bieten CONZE, Von deutschem Adel, S. 213-233 und ARNIM, Arnim-Boitzenburg, S. 249-264.

[392] Zu diesen Zahlen und ihrer Interpretation vgl. Theodor HÄBICH, Deutsche Latifundien, Stuttgart 1947, S. 42ff., 156ff.; HOYNIGEN-HUENE, Adel, S. 118-131; REIF, Adel im 19. und 20. Jahrhundert, S. 89-96.

[393] Diese Angabe ist als grobe Schätzung zu verstehen. In ganz Preußen gab es 1902 5.177 Großgrundbesitzer mit einem Einkommen über 9.500 Mark (nach Max Weber reichten 10.000 Mark für eine „seigneurale" Lebensführung 1917 nicht mehr aus). Vgl. dazu SCHILLER, Eliten, S. 181-216; WEBER; Kriegsgewinne, zit. n. KLEINE, Nobility, S. 43.

[394] Laut PYTA, Dorfgemeinschaft, S. 347, boten entlassene Offiziere, die durch ihre Pensionen eine gewisse Absicherung besaßen, ihre Dienste als Gutsverwalter z.T. für die Hälfte eines normalen Gutsbeamtengehaltes an.

6.2.) Übergänge: Adlige Beharrungs und Anpassungsleistungen

2.) Bezogen auf die Anzahl der betroffenen Personen fielen die Beharrungsleistungen des Adels im Bereich des Staatsdienstes bereits deutlich schlechter aus. Konnte der Adel noch 1910 bei den Spitzenfunktionen der preußischen Verwaltung (u. a. Landräte,[395] Polizeipräsidenten, Oberpräsidenten und Regierungspräsidenten) noch eindrucksvolle Anteile zwischen 25 und über 90 % behaupten, gehörten um 1930 nur noch einer von zwölf Oberpräsidenten, 14 der ca. 480 Landräte und keiner der 32 Regierungspräsidenten zum Adel.[396] Freiwillige, aus antirepublikanischer Haltung geborene Rückzüge aus dem Staatsdienst mögen wie auch in der Armee dort vorgekommen sein, wo sich die Amtsträger eine solche Haltung finanziell leisten konnten. Bekanntlich schlossen sich die Bekleidung eines hohen Staatsamtes und antidemokratische Haltung jedoch keineswegs aus, was selbstverständlich auch im Adel galt. Als „heimliche Führer" die „letzten Forts einer zerschossenen Festung" zu halten und den langen Marsch durch die republikanischen Institutionen zu organisieren, wurde adligen Beamten und Offizieren explizit als Programm empfohlen.[397]

Bedeutender als die freiwilligen Rückzüge war insbesondere in Preußen die Verdrängung adliger Beamter durch die sozialdemokratische Politik. Insbesondere nach dem Kapp-Lüttwitz-Putsch war es zu „Säuberungswellen" gekommen.[398] Bereits 1919 hatte sich der Adjutant des preußischen Kronprinzen vergeblich bemüht, über persönliche Kontakte „etwas passendes" für seinen arbeitslosen Bruder zu finden und diesen im höheren Staatsdienst zu plazieren: „Mir wurde von der Regierung rundweg jeder Adlige abgeschlagen".[399]

---

[395] Für präzise Angaben vgl. L. W. MUNCY, The Prussian Landräte in the Last Years of the Monarchy: A Case Study of Pomerania and the Rhineland in 1890-1918, in: Central European History 6, 1973, S. 299-338; Christiane EIFERT, Zum Wandel einer Funktionselite. Brandenburgische Landräte im 19. Jahrhundert, in: Adamy/Hübener (Hg.), Adel, S. 41-66; Ilona BUCHSTEINER, Kontinuität und Wandel in der Sozialstruktur der Landräte Pommerns zwischen Reichsgründung und Erstem Weltkrieg, in: Ebd., S. 367-387.

[396] Nikolaus v. PRERADOVICH, Die Führungsschichten in Österreich und Preußen (1804-1918). Mit einem Ausblick bis zum Jahre 1945, Wiesbaden 1955, S. 112-114; Wolfgang RUNGE, Politik und Beamtentum im Parteienstaat. Die Demokratisierug der politischen Beamten. Preußen zwischen 1918 und 1933, Stuttgart 1965, S. 121-162; zusammenfassend: HOYNINGEN-HUENE, Adel, S. 238f.

[397] So die Formulierung im Brief des Oberpräsidenten Friedrich v. BÜLOW, 15.11.1929, in: NSSAB, AFM, Depos. 3F, IX 1, Nr. 8, Fol. 60-71. Ähnlich die programmatischen Überlegungen in: DAB 1922, S. 208f.

[398] Horst MÖLLER, Die preußischen Oberpräsidenten der Weimarer Republik als Verwaltungselite, in: Klaus Schwabe (Hg.), Die preußischen Oberpräsidenten 1815-1945, Boppard am Rhein 1985, S. 183-217, zu Entlassungen nach Revolution und Kapp-Putsch v. a. S. 187 ff. Für die darunter liegenden Ebenen: Wolfgang RUNGE, Politik und Beamtentum im Parteienstaat. Die Demokratisierung der politischen Beamten zwischen 1918 und 1932, Stuttgart 1965, S. 130-156.

[399] Briefwechsel von 1919 in: BAP, 90 Mu 1, Bd. 1, Fol. 86f. und ebd., Bd. 3, Fol. 107f. Vgl. als Kontrast für die Verhältnisse bis zum Krieg GERLACH, S. 76.

Hoyningen-Huene zählt allerdings für die Zeit der Weimarer Republik ca. 4.000 Adlige, die Ämter in Staat und Verwaltung bekleidet haben sollen. Über die Hälfte dieser Amtsträger gehörte allerdings zum Briefadel. Ca. 2.700 Adlige sollen „leitende Positionen" in Staat und Verwaltung besetzt haben. Auch hier dürfte der Anteil des Briefadels deutlich über 50% gelegen haben, so daß eine angenommene Zahl von ca. 1.300 Personen zumindest als Anhaltspunkt zur Einschätzung der Größenordnung dienen mag, was die Besetzung höherer Verwaltungspositionen durch Mitglieder des alten Adels betrifft.[400] Einen Sonderfall, dessen Bedeutung eher im Symbolischen als für die Sozialgeschichte des Adels zu suchen ist, stellte der Diplomatische Dienst dar. In eindrucksvoller Weise blieb von der Dominanz, die der Adel bis 1918 im diplomatischen Dienst und insbesondere in der Abteilung IA des Auswärtigen Amtes ausgeübt hatte,[401] zumindest eine starke Adelspräsenz erhalten. 62 der 161 leitenden Beamten im Auswärtigen Amt waren 1921-1933 adlig, darunter 26 Beamte, die zum neueren Briefadel gehörten.[402]

3.) Die größten Verluste erlitt der Adel im dritten seiner traditionellen Berufsfelder, dem Militär. Zwar gelang es ihm während der gesamten Weimarer Republik, einen eindrucksvollen, geringfügig um die Marke von ca. 21% schwankenden Anteil im Offizierkorps der Reichswehr zu stellen. Bei einzelnen Institutionen, Waffengattungen und Regimentern lag dieser Anteil sogar noch deutlich höher. So stellte der Adel 31% der Offiziere des als „Truppenamt" firmierenden Generalstabs, 36 % der Offiziersanwärter im Jahre 1932, 47% der Offiziere in den Kavallerieregimentern, ca. 50% der Generalität und bis zu 69% der Offiziere in einigen exklusiven „Traditionsregimentern".[403] Diese Prozentzahlen sind eindrucksvoll, für eine Sozialgeschichte der Reichswehr jedoch weit bedeutsamer als für eine Sozialgeschichte des Adels. Erst ein Blick auf die absoluten Zahlen rückt das irreführende Bild ins rechte Licht. Nach der Zwangsschrumpfung der Reichswehr auf 100.000 Mann mit einem Korps von 4.000 Offizieren bedeuteten die genannten Anteile, daß es sich um nicht mehr als 800 bis 900 adlige Männer handelte, denen als Berufsoffiziere eine Karriere in der Reichswehr gelang. Von einer „sozialen Konsolidierung" des Adels durch den Weg in die Reichswehr[404] kann deshalb keine Rede sein. Auch die Metapher von der Reichswehr als „Fluchtburg" des Adels

---

[400] HOYNINGEN-HUENE, Adel, S. 199, 202f. Die vorgelegten Zahlenreihen sind hier wie im gesamten Buch ebenso ausführlich wie unpräzise.
[401] Kurt DOß, Vom Kaiserreich zur Weimarer Republik: Das deutsche diplomatische Korps in einer Epoche des Umbruchs, in: Klaus Schwabe (Hg.), Das Diplomatische Korps 1871-1945, Boppard am Rhein 1985, S. 81-100, hier S. 82-87.
[402] Peter KRÜGER, Struktur, Organisation und außenpolitische Wirkungsmöglichkeiten der leitenden Beamten des Auswärtigen Dienstes 1921-1933, in: Schwabe (Hg.), Korps, S. 101-169, hier S. 116f., 158-160 und die Tabellen auf S. 167.
[403] Zahlen nach: Detlev BALD, Der deutsche Offizier. Sozial- und Bildungsgeschichte des deutschen Offizierskorps im 20. Jahrhundert, München 1982, S. 89-91; FUNCK, Schock, S. 135f., 160f., HOYNINGEN-HUENE, Adel, S. 279-304.
[404] So unzutreffend bei ZOLLITSCH, Adel und adlige Machteliten, S. 242.

6.2.) Übergänge: Adlige Beharrungs und Anpassungsleistungen

ist im Hinblick auf die Zahlenverhältnisse irreführend.[405] Weit über 9.000 der bei Kriegsende in der Armee dienenden adligen Offiziere waren aus der Armee entlassen worden. Zieht man von den ca. 800 adligen Reichswehroffizieren noch die Nobilitierten und die Subalternoffiziere bis zum Major ab, um den adligen Anteil an der militärischen Funktionselite einzuschätzen, hat man von nicht mehr als 100 adligen Männer auszugehen.[406] Der traditionsreiche Ratschlag an die „geistig weniger begabten jungen Leute" im Adel, sich „Ruhm, Ehre und reichen Lohn von der Schärfe ihres Degens [zu] erhoffen",[407] ließ sich unter diesen Bedingungen nicht länger erteilen.

Addiert man diese groben Schätzungen und zählt die zumindest in ihrer Größenordnung bekannte Anzahl Adliger hinzu, die in landwirtschaftlichen Verbänden, Landwirtschaftskammern,[408] Universitäten, höheren Schulen,[409] den Kirchen,[410] der Justiz,[411] und schließlich in den weiterhin gemiedenen Sektoren Industrie, Handel und Finanz[412] Führungspositionen bekleideten, erscheint die synonyme Verwendung der Begriffe Adel und „Elite" als überaus fragwürdig. Selbst bei großzügiger Auslegung ergibt sich eine Größenordnung von 4.000 bis 5.000 Männern aus dem alten Adel, die sich nach ihrer Position, oder aber – im Fall der Grandseigneurs – durch die Kombination von ökonomischem und sozialem Kapital soziologisch sinnvoll als Mitglieder einer (Funktions-) „Elite" einordnen ließen. Ohne daß eine solche Einschätzung beim derzeitigen Stand der Forschung statistisch belegbar wäre, läßt sich begründet vermuten, daß der soziale Gegenpol innerhalb des Adels, das „Adelsproletariat", diese adlige Spitzengruppe an Größe deutlich übertraf.

Der Mehrheit der Grandseigneurs läßt sich ein Elitestatus zuschreiben, der von professionellen Positionen weitgehend unabhängig war und der in den zeitgenössischen Texten meist als „freies Herrentum" bezeichnet wird. „Frei" waren diese Adligen vor allem von der Notwendigkeit, einer Erwerbstätigkeit nachgehen zu müssen.

---

[405] ABELSHAUSER/FAUST/PETZINA (Hg.), Sozialgeschichte, S. 91.
[406] Diese Größenordnung ergibt sich, wenn man die militärische Funktionselite anhand der Dienstgrade einschätzt und die Adligen bis zu den Oberstleutnanten berücksichtigt.
[407] Oldwig VON UECHTRITZ, Streifzüge im Gebiet der adligen Stiftung, in: DAB 1884, S. 52.
[408] HOYNINGEN-HUENE, Adel, S. 165-181. Addiert man die adligen Vorstandsmitglieder in den Landwirtschaftskammern, den (katholischen) Bauernverbänden und dem Reichslandbund, so ergibt sich eine Größenordnung von 50-100 Personen.
[409] Ebd., S. 246-250: 97 Lehrer an höheren Schulen, 13 Gymnasialdirektoren, 162 Universitätsprofessoren. Der Anteil von Personal- und Briefadel betrug in dieser Gruppe vermutlich über 50%.
[410] Ebd., S. 330-345: 102 evangelische Pfarrer, ca. 55 katholische Priester, 2 altadlige Bischöfe.
[411] Ebd., S. 241-246: 106 Richter, 16 Staatsanwälte (in Preußen im Jahre 1922), 280 Rechtsanwälte und Notare (1932), auch hier wiederum mit einem hohen, wohl über 50% liegenden Anteil des Briefadels.
[412] Ebd., S. 359-406: ca. 500 adlige „Wirtschaftsführer", davon über die Hälfte untitulierter Briefadel (S. 391).

Trotz erworbener Universitätsdiplome und bekleideter Ämter im höheren Staatsdienst blieb ein Großteil der Grandseigneurs den Prägungen durch eine „Professionalisierung" relativ fern. Stärker als im Bürgertum und im Kleinadel war der Beruf, falls ein solcher ausgeübt wurde, im Selbstverständnis dieser Gruppe nicht Berufung, sondern lediglich eine Facette des „freien Herrentums". Anders als der Berufsoffizier, Gutsbesitzer oder Landrat aus dem niederen Adel vereinigte der ideale Fürst auch im 20. Jh. neben Reichtum, Titel und der Tradition seines Namens unterschiedliche geistige, körperliche und soziale Fähigkeiten als Großgrundbesitzer, Forstwirt, Schloßherr, Offizier, Diplomat, Jurist, Reiter, Jäger, Gastgeber, Tänzer, Redner, Causeur, Sportsmann, Kunst-Kenner, Mäzen und Wohltäter, die in ihrer Summe die Lebensform des „freien Herrentums" formten. In vielen Fällen entsprach auch dieses Selbstbild eher den Wunschvorstellungen als den Realitäten. Die soziale Kluft zwischen dem reichen hochadligen Schloßherren und der kargen Existenz der selbstwirtschaftenden Kleinadeligen Ostelbiens war jedoch real. Die faktische Distanz vom „Dienst"-Ideal und den Realitäten der besser gestellten Militär- und Beamten-„Dynastien" des niederen Adels ergab sich nicht zuletzt aus der jahrhundertealten Herrschaftstradition einer Adelsgruppe, in der man nicht Offizier oder Beamter „war", sondern Offiziere und Beamte „hatte" und über diese verfügte.

Zu dieser sozialen „Spitzengruppe" des Adels sind neben den bis 1918 regierenden Häusern die Standesherren und die reichsten Großgrundbesitzer aus dem niederen Adel zu zählen. Trotz der extremen Fallhöhe, aus der diese Gruppe 1918 ihren politischen Untergang erlebte, lassen sich soziale „Übergänge" hier am ehesten vermuten und belegen. Der von Heinz Gollwitzer meisterhaft porträtierte Sonderstatus, den die kleine, ca. 80 Familien umfassende Gruppe der deutschen Standesherren[413] im 19. Jahrhundert erhalten konnte, blieb tendenziell auch im 20. Jahrhundert bestehen und ist cum grano salis auf die bis 1918 regierenden Häuser übertragbar. Die Gruppe der Standesherren, die auch von vielen Vertretern des niederen Adels als „vornehmste Gruppe des deutschen Adels"[414] anerkannt wurde, behielt gegenüber dem größten Teil des niederen Adels einen erheblichen Vorsprung an ökonomischem, sozialem und kulturellem Kapital. Uradlige Ursprünge, jahrhundertealte, lokale Herrschaftstraditionen, hohe Titel, enge, oft verwandtschaftliche Verbindungen zum nationalen und internationalen Hochadel, oft immenser Reichtum, ausgedehnter Land-, Immobilien- und Aktienbesitz, Beteiligung an gewerblichen, ggf. auch industriellen Unternehmen, Auslandserfahrungen, Kontakte zu den Höfen Europas, hohe Bildungsstandards und ein weitgehend geschlossener Heiratskreis, lassen die Gruppe der Standesherren auch im hier untersuchten Zeitraum eindeutig als Sonderfall erscheinen.

---

413 GOLLWITZER, Standesherren, S. 10.
414 Karl August GRAF V. DRECHSEL, Entwürfe zur Reorganisation des deutschen Adels im 19. Jahrhundert, Ingolstadt 1912, S. 94.

6.2.) Übergänge: Adlige Beharrungs und Anpassungsleistungen

Die im Vergleich zu den Budgets der DAG-Landesabteilungen schwindelerregenden Summen, die Christian Ernst Fürst zu Stolberg-Wernigerode im Jahre 1921 für karitative Zwecke verteilte,[415] lassen die immense soziale Distanz erahnen, die zwischen den reichsten und ärmsten Gruppen des Adels bestand. Die Breite des Grabens zwischen ruinierten Kleinadligen, welche die Adelsverbände mit Wäschespenden unterstützten, und den Gipfelregionen adligen Reichtums verdeutlicht ein Blick in die innere Rechnungsführung der Fürsten von Thurn und Taxis. Der Erbprinz des Fürstenhauses erhielt vor dem Ersten Weltkrieg eine jährliche Apanage von ca. 42.000 Mark, die 1916 auf 60.000 Mark erhöht wurde. Zusammen mit weiteren Zulagen, u. a. für Automobile, Reitpferde, Kammerdiener und Leibjäger stand dem Erbprinzen für das Jahr 1930 eine Summe von ca. 136.000 Mark „zur freien Verfügung".[416] Kurz vor Beginn des Zweiten Weltkrieges konnte Fürst Albert die Apanage seines ältesten Sohnes erneut erhöhen. 1939 hatte „Seine Höchstfürstliche Durchlaucht anlässlich Höchstseines Geburtstages zu bestimmen geruht", die jährliche Zahlung auf 84.000 Mark pro Jahr zu erhöhen.[417] In den meisten Familien der Grandseigneurs konnten weiterhin Apanagen gezahlt werden, welche auch die nachgeborenen Söhne und Töchter zu wohlhabenden, im Vergleich zu den oben beschriebenen DAG-Standards unvorstellbar reichen Adligen machten.[418]

Nach bürgerlichem Verständnis profitierten vom Fortbestand der erheblichen, oftmals gewaltigen Vermögen innerhalb des hohen Adels v. a. die jeweiligen Chefs hochadliger/standesherrlicher Häuser. Repräsentation, Glanz und Erhalt des wirtschaftlichen und symbolischen Kapitals eines hochadligen Hauses wurden in erster Linie vom jeweiligen Chef gewährleistet. Die Vorstellung luxuriöser Lebensweisen in geräumigen Schlössern bei freier Verfügung über gewaltige Guthaben ist somit zunächst für die Familienvorstände – trotz erheblicher Einbußen[419] – auch für die Zeit nach 1918 angemessen.[420]

---

[415] Nach einem Zeitungsbericht hatte Fürst Stolberg über 900.000 Mark verteilt, darunter an den Magistrat zur Armenfürsorge, den Rentnerbund, einen Beamtenpensionsfonds, das städtische Gymnasium, einen Stipendienfonds, ein Alters- und ein Waisenheim (LHAM-AW, Rep. H Stolberg, O, L, Nr. 8). Anlaß war das 25-jährige „Regierungsjubiläum" des Fürsten. Die Summe wäre mit den 41.000 Mark zu vergleichen, die von der gesamten DAG im Jahre 1919 für Unterstützungen aufgebracht werden konnten (ebd., O, E, Nr. 23, Fol. 3, Aufruf der DAG-Landesabteilung Magdeburg-Anhalt von 1920).

[416] Albert FÜRST V. THURN UND TAXIS an die fürstliche Generalkasse, 28.4.1916 sowie die „Zusammenstellung der Leistungen der Fürstlichen Kasse für Seine Durchlaucht den Erbprinzen" (März 1930), in: FTTZA, HMA, Nr. 3596. 1921-1951 besaß der Erbprinz zehn verschiedene Kraftwagen, Unterlagen in ebd. Nr. 3650-3652.

[417] Text einer gedruckten Urkunde vom 16.5.1939 in: FTTZA, HMA, Nr. 3596, vgl. die damit übereinstimmenden Angaben des Erbprinzen zu seinem Einkommen im Rahmen seines Spruchkammerverfahrens (Fragebogen vom 10.9.1947, in: ebd. Nr. 3597).

[418] Die Kinder des fränkischen Fürsten Castell-Castell konnten 1921 mit Apanagen zwischen 15.000 und 30.000 Mark pro Kopf und Jahr rechnen: FCAC, I d VI, Nr. 25 (1.5.1921).

[419] So hatte etwa der Fürst von Lippe sein Schloß durch die Revolution, seine Barschaften in der Inflation verloren. Erst nach 1933 wurde die Familie mit einer Summe von fünf Millio-

Sie muß jedoch bereits für die nachgeborenen Söhne und v. a. für die Witwen und Töchter selbst der wohlhabenden Familien erheblich relativiert werden.[421] Auch im oben genannten Beispiel der Familie Stolberg-Wernigerode scheint der fürstliche Reichtum nur bedingt geeignet, um die soziale Lage der Agnaten, insbesondere der Töchter einzuschätzen. Um 1930, als das Haus in große finanzielle Schwierigkeiten geriet, hatten diese, trotz einer gut dotierten Familienstiftung keine finanziellen Ressourcen zur Verfügung, die eine „standesgemäße" Existenz ermöglicht hätten.[422] In Bayern konnte Karl Friedrich Fürst zu Öttingen-Wallerstein 1928 zwar seiner Frau noch die erhebliche Summe von 30.000 Mark jährlich zusichern, sah sich darüber hinaus jedoch nicht in der Lage, weitere „Gaben" zu verteilen. Der Besitz ging geschlossen in die Hand seines jüngeren Bruders über.[423]

Die wirtschaftliche Bedrängnis, die auch der hohe Adel, insbesondere die Agnaten zu spüren bekamen, wurde auch auf der Ebene der vom Hochadel dominierten Grundbesitzerverbände reflektiert. V. a. der Zusammenbruch der traditionellen Verzichtsdisziplin der Nachgeborenen wurde intern als Gefahr beschrieben: „Die Not, die über viele plötzlich ihrer Ämter und Stellen beraubten Standesgenossen und ihre Familien hereinbrach, macht es verständlich, dass eine Anzahl Agnaten, anstatt die Reihen zu schliessen, im Kampf für Familientradition und Stifter willen sich verblenden liessen, eigene Interessen dem gemeinsamen Standesinteresse voranzustellen."[424] Unterhalb der männlichen Familienchefs kam es selbst im Hochadel zu erheblichen sozialen Turbulenzen, die auch hier familien- und verbandsintern kontrovers debattiert wurden. Im Namen der standesherrlichen Familienhäupter hatte sich Fürst zu Castell-Castell bereits 1919 beklagt, „daß einige Nachgeborenen geglaubt hätten, gegen ihre Häupter Front machen zu müssen". Der fränkische Fürst erinnerte an das „patriarchalische Verhältnis" zwischen Familienchefs und Nachgeborenen, von denen er forderte, die Familienchefs weiterhin als „ihr Haupt" anzusehen.[425] Um die aus der traditionellen Disziplin ausscherenden

---

nen Mark abgefunden: Karl Ludwig FRHR. V. BIEDENWEG, Erinnerungen (ca. 1938), in: NRWSAD, D 72 von Biedenweg, Fol. 19f.

[420] Das *Privat*vermögen von Friedrich Franz Großherzog von Mecklenburg, der nach 1918 aus dem Schweriner Schloß in ein kleineres Schloß der Familie umziehen mußte, wurde von der Vermögensverwaltung zwischen 1918 und 1926 auf Summen zwischen 1,4 und 1,8 Millionen Mark taxiert. Vermögensaufstellungen für die großherzogliche Familie in: MLHA, GHK III, Nr. 352 und Nr. 644 (Privatvermögen der Großherzogin Alexandra).

[421] Zur Lage standesherrlicher Witwen s. Marie FÜRSTIN ERBACH-SCHÖNBERG, Aus stiller und bewegter Zeit, S. 35. Vgl. GOLLWITZER, Standesherren, S. 285-291.

[422] LHAM-AW, Rep. H Stolberg, Kam. Ilsenburg, X 1, Bd. II, Fol. 40-46 und Bd. I, u. a. Fol. 262ff.

[423] Testament des Fürsten von 1928 in: FÖWA, VIII, 19.1.b. Nr. 21a.

[424] Schreiben eines GRAFEN LA ROSÉE vom 2.10.1929 an Moritz Frhr. v. Franckenstein (Vorstand des Vereins für gebundenen Grundbesitz), in: FÖWA, VIII 19.1.c., Nr. 52.

[425] Sitzung des Vereins der deutschen Standesherren, 3.-4.9.1919, Protokoll in: HSAD, F 23 A 1219/1.

6.2.) Übergänge: Adlige Beharrungs und Anpassungsleistungen

Agnaten[426] zu zügeln, wurde die Schaffung zusätzlicher, von den wohlhabenden Familien alimentierter Fonds debattiert, aus denen die Agnaten „ausgezahlt" werden sollten. Würde der Zusammenhalt des gebundenen Besitzes in einer Hand scheitern, verlöre der Adel auf Dauer die wirtschaftliche Basis seiner kulturellen und politischen Bedeutung. Auch hier, inmitten der Besitzstandswahrung in den reichsten Schichten des Adels, erklangen vielfach die Töne jenes Verbal-Antikapitalismus, die zumindest sprachlich dem kleinadligen Kult der Kargheit nahestanden: „Unsere Ahnen haben die Macht des Adels nicht begründet, damit [der gebundene Besitz] jetzt zerstückelt und der Adel zum Lohnsklaven des Grosskapitalismus wird."[427]

Daß ein Fürst im Jahre 1921 fast 1 Million Mark für wohltätige Zwecke aufwenden konnte, verweist auf den immensen Reichtum, der einzelnen Familien(chefs) des Hochadels erhalten blieb und belegt den Fortbestand fürstlicher Sozialleistungen im Aktions- und Einflußradius der alten Herrschaften. Vom faktischen und erträumten Fortbestand solcher Sozialunterstützungen zeugen die prall gefüllten Mappen, in denen fürstliche Archive die Bittgesuche sozial Gestrauchelter aufbewahren, die sich auch nach 1918 vertrauensvoll an *ihre* Fürsten wandten.[428] Reiche Familien aus dem Hochadel und andere Grandseigneurs blieben auch nach 1918 wichtige lokale Wohltätigkeitsorganisationen, die in ihrem Umkreis sowohl bedürftige Einzelpersonen als auch Organisationen unterschiedlichster Art protegieren. Die Unterstützungsakten des Fürstenhauses Thurn und Taxis verzeichnen mehr als 600 einzelne Vereine, Verbände und Bünde, die sich – meist erfolgreich – um Zuwendungen aus dem fürstlichen Portefeuille bemüht hatten: Von karitativen Organisationen der katholischen Kirche über Gesangs-, Karnevals-, Turn-, Jäger-, Blinden-, Literatur-, Kegel-, Motorsport-, Offiziers-, Kunst-, Studenten-, Reiter- und Kaninchenzüchter- bis zum Kolonial- und Flottenverein.[429] Hinzu kamen

---

[426] Als die Ausführungs-Bestimmungen der Fideikommißauflösungen drohten, aus den ehemaligen Allein*verfügern* der Güter Allein*besitzer* zu machen, wehrte sich der Verein bayerischer Fideikommißagnaten mit diversen Eingaben an das Staatsministerium dagegen, zum „Sklaven" der Fideikommißbesitzer zu werden: Eingaben 1919/20 in: BayHStA, Nl. Held, Nr. 694 und 695. Zur Agnatenfrage in Bayern vgl. DOHNA, Adel, S. 25f.

[427] GRAF LA ROSÉE an Moritz Frhr. v. Franckenstein (Vorstand des Vereins für gebundenen Grundbesitz), 2.10.1929, in: FÖWA, VIII 19.1.c., Nr. 52.

[428] Vier Beispiele: LHAM-AW, Rep H Stolberg, O, F, Nr. 7, Bd. XII (einer von 12 Bänden mit „Gnadengesuchen" an den Fürsten Stolberg (1914-1927); FFAD, Abt. Hofverw. Fürstl. Hs., Vol. bb II/5 (Briefe an Fürst Fürstenberg 1922-1928) und FCAC I d VI 25 (Bittgesuche an Fürst Castell-Castell 1901-1922). Vgl. die eindrucksvollen Unterstützungen durch das Fürstenhaus Thurn und Taxis in: FTTZA, HMA, Nr. 2077-2313 und Nr. 2378-2409.

[429] Siehe die voluminöse Auflistung in FTTZA, HMA, Bde. 2920-3512 sowie Bde. 3530-3592. Größere Zahlungen an politische Parteien und an die Deutsche Adelsgenossenschaft sind in den (vermutlich vollständig überlieferten) Listen nicht verzeichnet.

mindestens 300 Einzelpersonen, die mit regelmäßigen oder temporären Zahlungen unterstützt wurden.[430]

Die gegen den reichen (Hoch-) Adel gerichtete Ideologie der „Volksverbundenheit", die von den ärmeren Familien des Landadels immer wieder bemüht wurde, findet ihr hochadliges Gegenstück im Selbstverständnis der Standesherren, dem niederen Adel nicht nur an Kapital, sondern auch auf dem Feld selbstherrlich organisierter Sozialpolitik weit überlegen zu sein. So warnte eine interne Denkschrift die Standesherren im Jahre 1922 davor, die Fehler des niederen Adels zu begehen und „wie Kaufleute zu kalkulieren" – die Sorge für den ‚kleinen Mann' müsse stets die vornehmste Aufgabe bleiben.[431]

Am Beispiel einzelner hochadliger Biographien, die über das soziale Abseits in die NS-Bewegung führten, wird der soziale und politische Niedergang, dem sich auch die Grandseigneurs nicht vollständig entziehen konnten, an anderer Stelle noch thematisiert werden. Bereits hier läßt sich vorwegnehmen, daß es eine mit dem Kurs der DAG-Führung vergleichbare Radikalisierung in der Gruppe der Grandseigneurs nicht gegeben hat. In steter Fühlungnahme – personell, institutionell und inhaltlich jedoch in deutlicher Distanz zu Ideologie und Organisationen der radikalen Rechten – wurde in den finanzstarken Organisationen, welche die Interessen der Grandseigneurs vertraten, weitgehend nüchterne, von kompetenten Fachleuten geleistete, „Realpolitik" organisiert. In noch näher zu betrachtenden Organisationen wie dem *Verein der deutschen Standesherren* und diversen Wald- und Großgrundbesitzerverbänden[432] wurde eine von erheblichen Finanzmitteln befeuerte Maschinerie der Interessenpolitik betrieben, die das Licht der Öffentlichkeit ebenso mied wie die schrillen völkischen Töne, die der Kleinadel in der DAG, dem Stahlhelm, dem Reichslandbund und ähnlichen Organisationen angestimmt hatte.

Unabhängig von der weiterhin fest etablierten Position, die ein Teil der kleinen, reichsten „Spitzengruppe" des Adels halten konnte, beteiligten sich auch Mitglieder aus den reichsten adligen Familien an den Debatten über die Zukunft der „Adelsfamilie". Das öffentliche Nachdenken über Definition, Aufgaben und Zukunft des Adels geriet durch die verfassungsrechtliche Abschaffung des Adels nicht etwa an ein Ende, sondern in eine Hochkonjunktur, die im folgenden Abschnitt beschrieben wird.

---

[430] FTTZA, HMA, Nr. 2077-2313 und für die Zahlungen durch die Erbprinzessin: Ebd., Nr. 2378-2409.

[431] Denkschrift des ERBGRAFEN ZU SOLMS-RÖDELHEIM für den Verein der Standesherren in: FFAD, Kab. Sekr., Verein der dt. Standesherren. Fürst Löwenstein schenkte 1940 zu seinem 70. Geburtstag jedem Bediensteten ein Monatsgehalt – eine Gabe, die vom „Reichstreuhänder für Arbeit" für unzulässig erklärt und halbiert wurde (STAWKB Lit D 662/1).

[432] Zu den Interessenverbänden der Grandseigneurs s. Kapitel 8.8. dieser Arbeit.

7.) Orientierungssuche: Debatten, Leitbegriffe, Konzepte

> „Es ist, als werde der bisher so vielbeschimpfte Adel auf einmal vermißt und neu gewertet."
> – Otto Frhr. v. Taube (1929)[433]

Der Ausgang des Krieges erschütterte im deutschen Adel alle traditionellen Gewißheiten ebenso stark wie deren soziale Grundlagen. Weltuntergang und Neubeginn, den Kriegsende und Revolution markierten, führten auch und gerade im Adel zu einer nervösen Orientierungssuche. Vor der Betrachtung der praktischen Ergebnisse dieser Neuorientierung werden in den folgenden zwei Abschnitten die rechtsintellektuelle Suche nach einem neuen Typus des „Führertums" und die Versuche des alten Adels beschrieben, sich als Kern einer neugebildeten „Führerschicht" in der Diskussion zu halten.

Ohne Zweifel gehörten die Begriffe „Führer", „Führertum", „Elite" und „Neuer Adel" zum Kernbestand der neu-rechten Denk- und Sprachwelten. Zwischen den Begriffen „Führertum" und „Neuer Adel" läßt sich eine enge konzeptionelle Verwandtschaft aufzeigen. „Die lebendigen Gegenkräfte gegenüber [der] Zerrüttung", resümierte das Adelsblatt im Januar 1933, „sammelten sich nach 1918 hauptsächlich um die politische Form des *Führertums*. Das Wort „Führer" ist eines der *entscheidenden* Worte in der politischen Sprache der deutschen Erneuerung."[434]

Doch bereits vor 1918 läßt sich die Forderung nach einem „neuen Adel" als thematische Achse identifizieren, um die sich viele der Debatten der rechten Vordenker drehten. Diese Beobachtung gilt weit über den rechten Rand des Bildungsbürgertums hinaus, wie Max Webers während des Krieges formulierte, unscharf definierte Sehnsucht nach einer „echten Aristokratie" zeigt.[435] Nach 1918 führte die publizistisch überquellende Suche nach potentiellen Überwindern der „Herrschaft der Minderwertigen" zwangsläufig an diese Begriffe und damit an den alten Adel heran. Einmal mehr wäre die Vorstellung einer „Feudalisierung" der intellektuellen Rechten jedoch irreführend. Wie bereits ausgeführt, waren der historische Adel und der Monarch von adligen und bürgerlichen Publizisten der Neuen Rechten bereits vor dem

---

[433] Otto Frhr. v. TAUBE, Adel und Geistesleben, in: Archiv für Sippenforschung, 2/1929, S. 57-59, zit. S. 59.

[434] Ernst DOMEIER, Führung oder Herrschaft?, in: DAB, 1.1.1933, S. 5, Hervorhebungen im Original. Vgl. Ernst NOLTE, Art. „Führer", in: Ritter, Joachim/Gründer, Karlfried (Hg.), Historisches Wörterbuch der Philosophie, Bd. 2, Darmstadt 1972, Sp. 1128f. und v. a. Klaus SCHREINER, „Wann kommt der Retter Deutschlands?" Formen und Funktionen des politischen Messianismus in der Weimarer Republik, in: Saeculum 49 (1998), S. 107-160.

[435] Max WEBER, Wahlrecht und Demokratie in Deutschland (Dezember 1917), in: Ders., Gesammelte Politische Schriften, neu herausgegeben von Johannes Winckelmann, Tübingen ²1958, S. 233-279, v. a. S. 258-266. Vgl. DERS., Die Nobilitierung der Kriegsgewinne (1917) und DERS., Aristokratie und Demokratisierung in Deutschland (1918), beide in: Max Weber Gesamtausgabe, Hg. von Wolfgang J. Mommsen in Zusammenarbeit mit Gangolf Hübinger, Bd. I/15, Tübingen 1984, S. 207, 735.

Krieg scharf kritisiert worden. Allerdings läßt bereits die zumeist positive Konnotation des Begriffes „Adel" die Fortführung des älteren bürgerlichen Traumes erkennen, den Adel nicht abzuschaffen, sondern ihn zu ergänzen; anders gesagt: über eine Neudefinition des Begriffes selbst „Adel" zu werden.

Die Frage, welche Rolle der historische Adel in einer neu geschaffenen „Führerschicht" spielen konnte, wurde in den Adelsverbänden, durch bildungsbürgerliche Mandarine an den Hochschulen, von publizistisch etablierten Intellektuellen und schließlich im rechtsintellektuellen Milieu der „barfüßigen Propheten"[436] kontrovers erörtert. Tendenziell lösten diese Debatten den traditionellen Adelsbegriff immer weiter auf. Vor dem ersten Weltkrieg hatte Ferdinand Tönnies den Tenor bildungsbürgerlicher Adelskritik und Elitentheorie prägnant zusammengefaßt. Bei prinzipieller Hochschätzung adliger Werte und Leistungen hatte der Soziologe den Adel davor gewarnt, durch Inzucht und Abschottung zu grotesken Gestalten zu verkommen, „die sich zuweilen durch nichts weiter auszeichnen, als durch abnorme Gehirne, ausschweifende Lebensweise und durch erbliche Belastung mit Fürsten- oder Grafentiteln". Durch die Beachtung „eugenischer" Regeln, das feste Ziel, „leiblich und seelisch tüchtige Menschen" hervorzubringen sowie durch die Zusammenarbeit mit der „Aristokratie des Geistes und der ethischen Gesinnung" werde sich „wie von selbst ein neuer Adel, das heißt eine Elite veredelten Stammes entwickeln, die zur Führung und Leitung der Nation berufen ist". Tönnies' Aufforderung, Luxus und „Mammonismus" zu überwinden, verweist einmal mehr auf den rhetorischen Antimaterialismus als eine der wichtigsten Brücken zwischen Adel und Bildungsbürgertum.[437]

Der Nachweis persönlicher Leistung – die alte Kernforderung der bürgerlichen Adelskritik – tauchte in den Diskussionen der Adels- und Elitetheoretiker der Weimarer Zeit in neuem Sprachgewand auf. *Teile* des alten Adels wurden weiterhin zu den „geborenen Führern" gezählt. Allerdings sollte nicht länger der Adelstitel, sondern „Führerfähigkeit" und „Herrentum" den neuen, „wahren Adel" legitimieren. Versucht man, aus den Textmassen, die im Dunstkreis der „Konservativen Revolution" zum Thema Neuadel und Führertum aus den Druckmaschinen geschleudert wurden, die Leitmotive zu isolieren, läßt sich folgendes Bild zeichnen. *Erstens*: Von Dekadenz geschwächt und durch sein Versagen im Krieg diskreditiert, war der historische Adel allein nicht mehr in der Lage, die „Überwindung" des „Systems" und den Aufbau des „Dritten Reiches" zu übernehmen. *Zweitens*: Zum Aufbau des „Dritten Reiches" würde eine „Führerschicht" bzw. ein „neuer Adel" notwendig sein, der sich nach umstrittenen Kriterien in einem längeren Prozeß zusammenfinden würde. „Die Erscheinung des Führertums", heißt es bei Edgar

---

[436] Zu Begriff und Typologisierung s. die Beschreibung von Ulrich LINSE, Barfüßige Propheten. Erlöser der zwanziger Jahre, Berlin 1983.

[437] Ferdinand TÖNNIES, Deutscher Adel im neunzehnten Jahrhundert, in: Die Neue Rundschau, August 1912, S. 1062f. Vgl. DERS., Über die Gesellschaft, in: Reichshandbuch der deutschen Gesellschaft. Das Handbuch der Persönlichkeiten in Wort und Bild, Magdeburg 1930, Bd. 1 (Vorwort).

7.) Orientierungssuche: Debatten, Leitbegriffe, Konzepte

Julius Jung, ist „ewig und unabänderlich."[438] Die Festschreibung und Auratisierung diverser Führer-Gefolgschafts-Modelle schuf dem Adel neue Chancen. Denn *drittens* wertete ein Großteil der neu-rechten Denker zumindest Teile des historischen Adels als unverzichtbare Komponente, die in die kommende Führerschicht einzubauen war. Bei allen Unterschieden und Nuancen in den einzelnen Bauplänen eines erneuerten „Führertums" gehörte zum kleinsten gemeinsamen Nenner der neuen Rechten das Negativziel, die Demokratie zu „überwinden". Im Beitrag eines katholischen Juristen und Hochschullehrers mit engen Verbindungen zum bayerischen Adel hieß es 1930 über diese Aufgabe: „dazu brauchen wir Führer. Hier kann gerade der Adel infolge seiner Tradition Wertvolles für das ganze Volk leisten."[439] Die rechtsintellektuelle Vorstellung, daß vom historischen Adel nur noch ein Restbestand übrig war, in dem sich jedoch personell und ideell wertvolle Bauteile für eine kommende Führerschicht fanden, wurde auch im Adel immer offener debattiert.[440] Unter dramatisch verschlechterten Bedingungen liefen somit zwei ältere, bislang weitgehend getrennt geführte, Debatten nunmehr ineinander und bildeten neue Mischungen. Erstens die von bürgerlichen und adligen Theoretikern entworfenen Adelsreform-Konzepte, die den Adel seit Beginn des 19. Jahrhunderts immer wieder beschäftigt hatten.[441] Zweitens die von bürgerlichen Denkern der neuen Rechten ausgearbeitete elitäre Demokratiekritik, die bereits im Kaiserreich erheblichen Druck entfaltet und sich nach 1918 in jener Publikationsflut Bahn gebrochen hatte, die seit Armin Mohler unter dem irreführenden Namen „Konservative Revolution" zusammengefaßt wird.

Widerspruch gegen die empathische Deutung der „Konservativen Revolution" hat der selbsternannte „Pionier und Opa" ihrer Erforschung in seinem durch jahrzehntelange Pflege angeschwollenen Kursbuch vorprogrammiert. Nicht zuletzt der erklärte Anspruch des verhinderten Freiwilligen der Waffen-

---

[438] JUNG, Herrschaft, S. 168.
[439] Ludwig D. PESL, Adel und neue Zeit, in: Gelbe Hefte, Juli 1930, S. 601-625. Pesl, Universitätsprofessor in Würzburg, bestand darauf, daß „Führer" als „Führer" geboren wurden.
[440] Heinrich v. GLEICHEN, Adel – eine politische Forderung, in: Preußische Jahrbücher 2/1924, S. 131-145.
[441] Als zeitgenössische Darstellung aus adliger Perspektive: Carl August GRAF V. DRECHSEL, Über Entwürfe zur Reorganisation des deutschen Adels im 19. Jh., Ingolstadt 1912. Vgl. Heinz REIF, Adelserneuerung und Adelsreform in Deutschland 1815-1874, in: Elisabeth Fehrenbach (Hg.), Adel und Bürgertum in Deutschland 1770-1848, München 1994, S. 203-230; DERS., Friedrich Wilhelm IV. und der Adel. Der Versuch einer Adelsreform nach englischem Vorbild in Preußen 1840-1847, in: Zeitschrift für Geschichtswissenschaft 43 (1995), S. 1097-1111. Zur praktischen Umsetzung vgl. Hartwin SPENKUCH, Herrenhaus, passim. Vgl. auch Werner CONZE/Christian MEIER, Art. Adel, Aristokratie, in: Otto Brunner u. a. (Hg.), Geschichtliche Grundbegriffe, Bd. 1, S. 1-48, v. a. S. 35-47. Zuletzt: Gunter HEINICKEL, Adelsidentität nach der Ständegesellschaft: Der preußische Adel in adelspolitischen Bildern und Vorschlägen um 1840, in: Reif (Hg.), Adel und Bürgertum, Bd. 1, S. 51-82.

SS, „eine Hilfe für die rechte Intelligenz in Deutschland" verfaßt zu haben,[442] hat einen Strom von Gegendeutungen herausgefordert, der nicht versiegen will. Erstaunlich ist dabei zunächst der Erfolg der von Mohler ausgegebenen Devise, die angeblich erfolglose, von den „Trotzkisten des Nationalsozialismus" getragene Konservative Revolution sei „ein bestimmtes politisches Denken" und jede Darstellung dieses Phänomens „notwendig eine Ideengeschichte".[443] Aus unerfindlichen Gründen ist die Forschung sowohl dem verwirrenden Begriff als auch seinem Diktum, die Geschichte der Konservativen Revolution sei als Ideengeschichte zu schreiben, im wesentlichen gefolgt;[444] – kaum ein Artikel Ernst Jüngers oder eine Bemerkung Oswald Spenglers, kaum ein publizistischer Hinterbänkler der „Konservativen Revolution", der nicht mehrere Exegeten gefunden hätte. Zwar zeugt bereits ein Blick auf die in jeder Hinsicht erschöpfende Bibliographie, die Mohler in vier Jahrzehnten mit Akribie und Bienenfleiß zusammengetragen hat, von der Abwegigkeit der Vorstellung, die hier erfaßten Strömungen könnten einzig in den Höhen der Ideengeschichte verhandelt werden. Dennoch ist die Anbindung der konservativ-revolutionären Wortkaskaden an die konkreten sozialen und politischen Strukturen der 20er und 30er Jahre nur selten systematisch versucht worden.[445] Ohne eine stärkere Rückbindung der analysierten Wortgewitter an die sozialen Gruppen, die sie politisch umsetzten, wird die Forschung über die „Konservative Revolution" weiterhin „ganz aufgeregt auf der

---

[442] MOHLER, Revolution (Ergänzungsband), S. 6f. Der Schweizer Armin Mohler (Jahrgang 1920) war als junger Mann nach Deutschland gegangen, um – vermutlich in der Waffen-SS – gegen die Sowjetunion zu kämpfen, ohne dieses Projekt realisieren zu können. 1949 bis 1953 war er Sekretär Ernst Jüngers. Als Publizist und Frankreichkenner war Mohler ein wichtiger Vermittler zwischen deutschen und französischen Rechtsintellektuellen, dem als Geschäftsführer der Carl Friedrich v. Siemens-Stiftung mehr als nur die Macht der Feder zur Verfügung stand. Die Urfassung seines Buches über die Konservative Revolution erschien 1949 in Basel als Dissertation bei Herman Schmalenbach und Karl Jaspers. Vgl. zu Mohlers Vita die prägnante Skizze von Thomas HAEMMERLI, Republikflüchtling, in: Nexus, Nr. 11 (1995), S. 12-15.

[443] MOHLER, Revolution, zit. S. 4, 12, 152. Die Auffassung, lediglich als Sensor fremdbestimmter Erschütterungen gewirkt zu haben, gehört zur rechtsintellektuellen Selbsterklärung nach 1945. Vgl. Dirk VAN LAAK, „Nach dem Sturm schlägt man auf die Barometer ein...". Rechtsintellektuelle Reaktionen auf das Ende des „Dritten Reiches", in: Werkstatt Geschichte 17/1997, S. 25-44.

[444] Vgl. dazu neben den einschlägigen Arbeiten von BREUER, HERF, KLEMPERER, KONDYLIS, SIEFERLE und SONTHEIMER: Bernhard JENSCHKE, Zur Kritik der konservativ-revolutionären Ideologie in der Weimarer Republik. Weltanschauung und Politik bei Edgar Julius Jung, München 1971; Roger WOODS, The Conservative Revolution of the Weimar Republic, Hamphire 1996; Christoph H. WERTH, Sozialismus und Nation. Die deutsche Ideologiediskussion zwischen 1918 und 1945. Mit einem Vorwort von Karl Dietrich Bracher, Wiesbaden 1996; Volker EICKHOFF/Ilse KOROTIN (Hg.), Sehnsucht nach Schicksal und Tiefe. Der Geist der Konservativen Revolution, Wien 1997; Raimund VON DEM BUSSCHE, Konservatismus in der Weimarer Republik. Die Politisierung des Unpolitischen, Heidelberg 1998.

[445] Dazu gehören u. a. PETZOLD, Wegbereiter; ISHIDA, Jungkonservative; PETZINNA, Erziehung sowie Gary D. STARK, Entrepreneurs of Ideology. Neoconservative Publishers in Germany, 1890-1933, Chapel Hill 1981. Vgl. dazu Kapitel 9 dieser Arbeit.

7.) Orientierungssuche: Debatten, Leitbegriffe, Konzepte

Stelle treten".[446] Für den Adel unternehmen die folgenden Kapitel den Versuch einer solchen Rückbindung: Nach einer Skizze der wichtigsten ideologischen Brücken zwischen altem Adel und neuer Rechter zeichnen die Kapitel 8 und 9 verschiedene Projekte zu ihrer politischen Umsetzung nach.

Den begrifflichen Unsinn des Syntagmas „Konservative Revolution" hat Panajotis Kondylis in seiner Analyse des europäischen Konservativismus in aller Schärfe freigelegt.[447] Auf die Bedeutung der von Kondylis betonten essentiellen Unterschiede zwischen den Denkfiguren und Politikmitteln des Konservativismus und jenen der Neuen Rechten ist bereits in Teil II hingewiesen worden. Kondylis' vorwiegend begriffs- und ideengeschichtliche Argumentation läßt sich durch eine Reihe von neueren organisationsgeschichtlichen Arbeiten untermauern.[448] Zudem lassen sich die politisch wichtigsten Strömungen der Neuen Rechten jenseits der rasselnden Attitüde von Antimaterialismus und Antibürgerlichkeit als eine bürgerliche, kapitalismus- und unternehmerfreundliche Strömung beschreiben, die „Teil der modernen bürgerlichen Ökumene war."[449]

In seiner auf Kondylis' Argumentation aufbauenden Studie zur „Anatomie der Konservativen Revolution" hat Stefan Breuer 1993 die bislang überzeugendste Dekonstruktion des Begriffes geliefert. Präziser als Mohlers im Ungefähren nietzschelnde Ausführungen über die „ewige Wiederkehr"[450] bestimmt Breuer den gemeinsamen Nenner der Neuen Rechten in der „Kombination von Apokalyptik, Gewaltbereitschaft und Männerbündlertum".[451] Für den Zusammenhalt der Neuen Rechten war die Bedeutung der omnipräsenten Suche nach neuen, gegen die Bürgerlichkeit des 19. Jahrhunderts gedachten Führer-Gefolgschaftsmodellen möglicherweise größer, als in den bisherigen Ordnungsversuchen herausgearbeitet,[452] größer jedenfalls, als etwa der von

---

[446] Vgl. dazu die pointierte Buchbesprechung von Tilman KRAUSE, Ganz aufgeregt auf der Stelle treten, in: Berliner Tagesspiegel vom 3.3.1997, S. 5.
[447] KONDYLIS, Konservativismus, v. a. S. 11-61, 447-507. Zur Bedeutung von Kondylis' Interpretation, die „eine ganze Bibliothek von Auseinandersetzungen über das, was ‚konservativ' sei in Frage" stellt (MOHLER, Revolution, Ergänzungsband, S. 67), s. die Kritik von Hans-Christof KRAUS, Konservativismus im Widerstreit. Zur neueren Literatur über seine Geschichte und Theorie, in: Der Staat 28/1989, S. 225-249.
[448] Hans-Christof KRAUS, Altkonservativismus, S. 115f.
[449] BREUER, Anatomie, S. 25 (Zitat), 59-70, 180f.; SIEFERLE, Revolution, S. 198-221. Kondylis und Breuer kommen in diesem Punkt zu Ergebnissen, die sich mit denen der wichtigsten marxistischen Arbeiten verbinden lassen (PETZOLD, Wegbereiter, passim). Zum ernster zu nehmenden Antikapitalismus des Nationalbolschewismus vgl. Louis DUPEUX, Révolution Conservatrice et Modernité, in: Revue d'Allemagne XIV (1982), S. 2-34, DERS., „Nationalbolschewismus" in Deutschland 1919-1933, München 1985.
[450] MOHLER, Revolution, S. 78-117. Zur Kritik an Mohler vgl. STERN, Kulturpessimismus, S. 341; SCHWIERSKOTT, Moeller, S. 98, BREUER, Anatomie, S. 1-7, 180f. und KONDYLIS, Konservativismus, S. 478f.
[451] BREUER, Anatomie, S. 47.
[452] SONTHEIMER, Denken, S. 214-222; BREUER, Anatomie, S. 96-104; SIEFERLE, Revolution, S. 7-44, am deutlichsten bei KONDYLIS, Konservativismus, S. 473f.

Stefan Breuer vorgeschlagene Ersatzbegriff „neuer Nationalismus" anklingen läßt.[453] In seinen jüngsten Arbeiten hat Breuer dieses Defizit selbst thematisiert und durch seine präzisen Skizzen zum „Neuen Adel" und zum „Neoaristokratismus" auf überzeugende Weise erweitert.[454]

Die bildungsbürgerlichen Ermahnungen an den Adel, die Kräfte der „geistigen Aristokratie" nicht zu mißachten und als Bündnispartner zu akzeptieren, stand erkennbar in der Tradition bürgerlicher Adelskritik des 19. Jahrhunderts, deren Protagonisten in Deutschland frühzeitig versucht hatten, sich als Junior-*Partner* des alten Herrschaftsstandes ins Gespräch zu bringen.[455] Diese Angebote, nunmehr als Forderungen vorgetragen, gewannen nach 1918 an Attraktivität. Was im Adel vor dem Krieg mehrheitlich als auratische Anmaßung von Schreibtischmenschen abgetan wurde, nahmen zumindest die intellektuell beweglichsten Köpfe des Adels zunehmend als Chance und Angebot wahr. In einer desorientierten Gesellschaft, in der das Fronterlebnis zum Orientierungsmythos wurde,[456] mußte eine nach neuer Führung suchende Bourgeoisie, die „das kapitalistische Räubertum am eigenen Leibe erfahren" hatte,[457] früher oder später auf den Adel stoßen, der mit Hochdruck an der Stilisierung seiner zeitlosen Führerqualitäten arbeitete. Im Gegenzug mußte sich ein Adel, der in Krieg und Revolution die wichtigsten Fixpunkte seiner ideologischen und politischen Orientierung verloren hatte, neuen Bündnispartnern öffnen. Aus der Perspektive der Adelsgeschichte ist die Beschreibung der „Begegnung von politisierenden Literaten und radikalisiertem Bürgertum", welche die Neue Rechte der Nachkriegszeit auszeichnete,[458] um die politisierenden Mitglieder aus dem radikalisierten Kleinadel zu ergänzen.

Unschärfe und Vagheit der im folgenden skizzierten Konzepte stammen nicht nur aus der hier notwendigen Verkürzung. Der „Verbleib im Wolkig-Ungefähren",[459] der einen erheblichen Teil der hier zu behandelnden Neuadelskonzepte auszeichnete, ist nicht als intellektueller Schwächeanfall der Autoren zu deuten. Eher müssen die zumeist metaphernüberladenen, unpräzisen Texte als ein bewußt gewählter Stil gedeutet werden – ein „Aufstand

---

[453] BREUER, Anatomie, S. 180-202. So überzeugend Breuer im ersten Teil die „Konservative Revolution" dekonstruiert, so wenig leuchtet der Neubau des soeben Dekonstruierten unter dem angeblichen Kernbegriff „Nationalismus" ein.

[454] BREUER, Grundpositionen, S. 11, 50-57, 75-80, 132-139; DERS., Ordnungen, S. 105-146, 172-180. Zusammengenommen bieten die Arbeiten Breuers die wohl beste systematische Analyse, die zur deutschen Rechten vorliegt.

[455] LANGEWIESCHE, Bürgerliche Adelskritik, in: Fehrenbach (Hg.), Adel und Bürgertum, S. 11-28; REIF, Adelserneuerung, in: Fehrenbach (Hg.), Adel und Bürgertum, S. 203-230; Elisabeth FEHRENBACH, Adel und Bürgertum im Vormärz. In: HZ 258 (1994), S. 1-28.

[456] Gerd KRUMEICH, La place de la guerre de 1914-1918 dans l'histoire culturelle de L'Allemagne, in: XXè siècle 41 (1994), S. 9-17; Richard BESSEL, Die Krise der Weimarer Republik als Erblast des verlorenen Krieges, in: Bajohr u. a. (Hg.), Zivilisation und Barbarei, S. 98-114; SCHUMANN, Einheitssehnsucht, in: Mommsen (Hg.), Weltkrieg, S. 83-105.

[457] KONDYLIS, Konservativismus, S. 472.

[458] Ebd., S. 470.

[459] So die treffende Charakterisierung bei PETZINNA, Erziehung, S. 218.

emotionsgeladener Bilder und mythisch-utopischer Zeichen gegen die dürre Sprache der Demokratie und des rationalen Diskurses".[460] Begriff und Vorstellung vom neuen Adel blieben ebenso vage wie andere Leitbegriffe der Neuen Rechten. Über die von ihm neu definierte Formel vom „Dritten Reich" hatte Moeller van den Bruck 1922 ausgeführt, die mit ihr verbundenen Vorstellungen blieben „nicht zufällig [...] seltsam wolkig, gefühlvoll und entschwebend und ganz und gar jenseitig."[461] Nicht zu Unrecht sah Moeller in dieser Unschärfe die Kraft, nicht etwa eine Schwäche seiner neu-rechten Begrifflichkeit.

Bevor einzelne Projekte genauer beschrieben werden, in denen rechte Intelligenz und alter Adel tatsächlich zueinanderfanden,[462] ist zunächst das gedankliche Grundgerüst zu skizzieren, mit dem bürgerliche und adlige Denker in ursprünglich getrennten Kreisen, deren Schnittmengen ständig wuchsen, über „Führertum" und „Neuen Adel" nachdachten. Die Überschneidung der einst getrennten Diskussionskreise läßt sich als das Ineinandergreifen von Angebot und Nachfrage beschreiben.

7.1.) Nachfrage: Führertum und Neuer Adel als Achsenthema der Neuen Rechten

> Neuen adel den ihr suchet / Führt nicht her von schild und krone! / Aller stufen halter tragen / Gleich den feilen blick der sinne / Gleich den rohen blick / der spähe ... / Stammlos wachsen im gewühle / Seltne sprossen eignen ranges / Und ihr kennt die mitgeburten / An der augen wahrer glut
> – Stefan George, 1913[463]

Der bildungsbürgerliche Traum, sich im Zentrum einer neugeschaffenen Elite zu etablieren, formierte sich in der Vorstellung, als „Tugend"-, Leistungs- oder „Geistesadel" den besseren, den eigentlichen Adel zu konstituieren. Als Leitmotiv bürgerlicher Adelskritik läßt sich diese Vorstellung bis zu den frühen Humanisten zurückverfolgen.[464] In abgewandelter Form behielt sie auch in den Denkfiguren der intellektuellen Rechten nach 1918 einen zentralen Platz. Die hier erdachten Ordnungsvorstellungen zielten freilich nicht länger auf eine „bürgerliche Gesellschaft", sondern auf ständestaatliche Modelle und eine „Volksgemeinschaft", in der die besitz- und bildungslose „Masse" von

---

[460] So die Formulierung über die NS-Propaganda bei Gerhard PAUL, Aufstand der Bilder. Die NS-Propaganda vor 1933, Bonn 1990, S. 13.
[461] Moeller van den Bruck im Vorwort der ersten Auflage von *Das Dritte Reich*, zit. n. KLEMPERER, LTI, S. 151.
[462] Vgl. dazu Kapitel 8 und 9 dieser Arbeit.
[463] Stefan GEORGE, Der Stern des Bundes, Drittes Buch, in: Ders., Werke, Ausgabe in vier Bänden, Bd. 2, München 1983, S. 163.
[464] Zum für den Adel „zweischneidigen" Versuch, sich über die Vorstellung eines „Tugendadels" zu legitimieren s. Otto Gerhard OEXLE, Aspekte der Geschichte des Adels, in: Wehler (Hg.), Adel, S. 52-55.

einer neuen Oberschicht in kontrollierbare Fragmente zergliedert und gebändigt sein würde.

Vorstellungen dieser Art finden sich sowohl in den Forderungen auftrumpfender Volks- und Hochschullehrer mit hypertrophem Selbstbewußtsein als auch in den einflußreichsten Manifesten der Neuen Rechten im Kaiserreich. In seinem bereits erwähnten Kaiserbuch hatte Justizrat Heinrich Claß die unbeschränkte Aufnahme gebildeter Aufsteiger aus dem Bürgertum in den Kreis einer neuformierten Oberschicht gefordert: „Die Einteilung des alten Gneist nach ‚Bildung und Besitz' und diejenigen ohne beides, hat noch immer ihren Wert [...]; denn sie setzt die Bildung dem Besitze gleich und rechnet zur Oberschicht auch den Nichtbesitzenden, der sich Bildung erarbeitet hat, und hält jedem den Eintritt in diesen Kreis frei, der sie sich erarbeitet." [465]

Das bildungsbürgerliche Konzept eines Neuen Adels, wie es etwa der Orientalist Paul de Lagarde 1853 reformuliert hatte, blieb bis in die Adelsdebatten der 1930er Jahre einflußreich.[466] Lagarde hatte in seiner Schrift einen „reorganisierten" Adel entworfen, in dem Teile des alten Adels ausgefiltert und durch „studierte Beamte, Priester, Prediger und Lehrer" ersetzt werden sollten. Letztere mußten seit mehreren Generationen christlich getauft sein, gebundenen Landbesitz erstehen und ihre Titel nach dem englischen Modell vererben.[467] Im Gefolge von Paul de Lagarde bedeutete die bildungsbürgerliche Forderung nach einer strengeren „Bildung" des Adels stets auch, das Bildungsbürgertum als Teil eines neuen Adels anzuerkennen. Sehr prägnant wurde diese Position vor dem Krieg in einer seit 1911 in Frankfurt erscheinenden Zeitschrift mit dem Titel *Adel und Demokratie. Eine Zeitschrift für die Interessen der gebildeten Stände* vertreten. Die Zeitschrift widmete sich explizit dem Projekt einer neugestalteten „Elite der Nation", an welcher der alte Adel nur soweit teilhaben sollte, wie es ihm gelang, „den Mittelpunkt des geistigen Lebens auf allen Gebieten zu bilden und dazu einerseits alle aus der Masse auftauchenden Elite-Elemente möglichst restlos in sich aufzunehmen, andererseits alle nicht mehr voll als Elite zu bewertenden Mitglieder reinlich und ohne Willkür auszuscheiden." Lokale „Elitenkollegien" sollten den Fürsten Vorschläge für Neunobilitierungen und Streichungen „unwürdiger" Personen unterbreiten, die den Fürsten als Entscheidungsgrundlage zu dienen hatten. „Leistung", insbesondere auf „geistigem" Gebiet galt als zentrales Kriterium der Zugehörigkeit zu dieser neuen adlig-bürgerlichen Elite. Die

---

[465] FRYMANN/CLAß, Kaiser, S. 4, 210.
[466] Vgl. Arthur HÜBSCHER, Lagarde über Neugestaltung des Adels, in: Süddeutsche Monatshefte 5/1926, S. 410-413 und Hans v. ARNIM: Paul de Lagarde, ein Wegbereiter deutscher Wiedergeburt, DAB 24/1933, S. 406f. Vgl. den Beitrag von Hans HAHNE, Lagarde als Politiker, der in einem wichtigen programmatischen Sammelband erschien, den Hans v. ARNIM und Georg v. BELOW herausgaben: Deutscher Aufstieg. Bilder aus der Vergangenheit und Gegenwart der rechtsstehenden Parteien, Berlin 1925.
[467] Paul DE LAGARDE, Die Reorganisation des Adels, in: Ders., Deutsche Schriften, Göttingen 1881, S. 64-66. Vgl. STERN, Kulturpessimismus, S. 87f. Zur Tradition der Ausstrahlung des englischen Modells vgl. FRIEDEBURG, Modell, S. 29-49.

7.1.) Nachfrage: Führertum und Neuer Adel

Zugehörigkeit zu dieser sollte generell erblich sein, jedoch in jeder Generation von einem „Elitenkollegium" neu überprüft werden – Familien des alten Adels, die über drei Generationen hinweg negativ beurteilt wurden, sollten ihren Adelstitel verlieren. Wie ein Großteil der Neuadelsdebatten wurde auch dieser Vorstoß im Adel wahr- und ernstgenommen. Als führendes Mitglied der bayerischen Adelsgenossenschaft räumte Karl August Graf v. Drechsel in seinem Rückblick auf die wichtigsten Adelsreformbestrebungen dem Projekt einen prominenten Platz ein.[468]

Zeitgleich mit diesen Plänen hatte Oswald Spengler zwischen 1911 und 1917 zwei offenbar nicht vollendete Denkschriften verfaßt, die an den Kaiser und an den deutschen Adel gerichtet waren. Die zeitgenössischen Hauptlinien neu-rechter Adelskritik aufnehmend, forderte Spengler hier einen volksnahen Kaiser und einen privilegienlosen Adel, der sich einer strengen Schulung zu unterziehen hatte und die Einbeziehung wertvoller Kräfte aus dem Bürgertum nicht blockieren dürfe.[469] Die hochfahrenden Eingaben des jungen Mathematiklehrers Spengler ähnelten im Kern den Vorschlägen, die Paul de Lagarde zwei Jahrzehnte zuvor selbstbewußt an Bismarck und den preußischen Kronprinzen gesandt hatte.[470]

An den Schnittstellen bildungsbürgerlicher Selbstverständigung bildete sich eine zunehmend selbstbewußte Kritik an der adligen Tradition heraus, intellektuelle Leistungen und die Kernberufe des Bildungsbürgertums tendenziell mit Indifferenz bis Verachtung zu betrachten. So lieferte etwa der Brockhaus von 1882 eine Bestandsaufnahme zur Gegenwart und Zukunft des Adels, die jenem nur noch ein einziges Feld unwidersprochen überließ: die Diplomatie, zu der Adlige aufgrund ihrer „Umgangsformen" besonders geeignet seien. Daß der gegenwärtige Adel seinen Führungsanspruch auch in den Bereichen Politik und Militär verwirkt hatte, wurde hier einmal mehr mit dem Verweis auf adlige Defizite im Bildungsbereich begründet: „In Deutschland waren Männer des Adels, die in solchem Geiste, oder auch in Förderung idealer Bestrebungen, der Kunst, der Wissenschaft, sich wirklich an die Spitze des Volks stellten, leider die längste Zeit eine große Seltenheit." Die hier konzentrierte Adelskritik gipfelte im expliziten Zweifel daran, ob der real existierende alte Adel auch weiterhin „notwendiger Bestandteil eines wohlcivilisierten Staats sei".[471] Auf den ostelbischen Kleinadel bezogen hatte Max Weber diese Frage im Jahre 1917 verneint. „Zehn Minuten im Kreise von ihresgleichen genügen um zu sehen", so sein Urteil, „daß sie *Plebejer* sind, gerade und

---

[468] Wiedergabe nach DRECHSEL, Entwürfe, S. 108-111.
[469] Detlef FELKEN, Oswald Spengler. Konservativer Denker zwischen Kaiserreich und Diktatur, München 1988, S. 36-39.
[470] STERN, Kulturpessimismus, S. 51-98.
[471] Art.: Adel, in: Brockhaus' Conversations-Lexikon, 13. Auflage, Leipzig 1882, Bd. 1, zit. S. 140f.

vor allem in ihren Tugenden, die durchaus massiv plebejischen Charakters sind."[472]

Was der Brockhaus, Max Weber und ein Großteil der deutschen Elitentheoretiker vor und nach 1918 in Frage stellten, war keineswegs die Notwendigkeit eines Adels, sondern lediglich seine historisch überlieferte Gestalt. Je nachdem, wie die Leistungen des Adels im katastrophal verlaufenden Krieg interpretiert wurden, ist es für die Weimarer Zeit mehr oder weniger erstaunlich, daß die Elitekonzeptionen der rechten Intelligenz als Ziel weiterhin nicht die Ausschaltung und Ersetzung, sondern eine Ergänzung des Adels aus den eigenen Reihen vorsahen. Die Grenzen der „Kritik als Beruf" (Mario Rainer Lepsius) immer weiter überschreitend, kombinierten die elitentheoretischen Elaborate der nicht-universitären Intellektuellen[473] die Kritik an den traditionellen Oberschichten mit dem Versuch, sich selbst in die neu zu konstituierende Oberschicht einzuschreiben. In nicht selten maßloser Selbstüberschätzung und merkwürdiger Militarisierung ihres eigenen Tuns entwarfen bürgerliche Elitetheoretiker Wunschbilder über neue Koalitionen zwischen den aristokratischen Helden der Schlachtfelder und den Helden der Schreibtische, die sich als „Kampfdenker" (Moeller van den Bruck) wünschten und stilisierten.[474] Der später als „Rassen-Günther" bekannte Philologe und „Rassenforscher" Hans F. K. Günther, der 1914 wegen Gelenkrheumatismus und Herzschwäche als Kriegsfreiwilliger abgelehnt wurde, verkörpert diesen Typus in Reinform. Zur Bewährung in offener Feldschlacht nicht zugelassen, schlug der Junglehrer diese Schlacht 1920 ersatzweise in seinem ersten, von penetranter Sehnsucht nach Männlichkeit, „Todesnähe" und Kampf „im Wald des Lindwurms" durchtränkten Buch. Sein Titel: „Ritter, Tod und Teufel. Der heldische Gedanke".[475]

Die Tatsache, daß Paul de Lagarde seine Neuadelskonzepte, die seine gebildeten Kollegen und nicht zuletzt ihn selbst nobilitierten, auf einem Arbeitsstuhl in Form eines Sattels entwarf,[476] liefert eine gleichermaßen skurrile wie bezeichnende Illustration der intellektuellen Aneignung adliger Stilelemente.

---

[472] Max WEBER, Wahlrecht und Demokratie in Deutschland (Dezember 1917), in: Ders., Gesammelte Politische Schriften, neu herausgegeben von Johannes Winckelmann, Tübingen ²1958, S. 233-279, zit. S. 265 (Hervorhebungen i.O.).

[473] Mario Rainer LEPSIUS, Kritik als Beruf. Zur Soziologie der Intellektuellen, in: Ders., Interessen, Ideen und Institutionen, Opladen 1990, S. 270-285.

[474] Ernst Jünger verschickte 1932 sein Buch über den Arbeiter mit folgender Widmung: „Für Oswald Spengler, der nach Deutschlands Entwaffnung die ersten neuen Waffen schmiedete"; zit. n. BREUER, Anatomie, S. 206.

[475] Hans F. K. GÜNTHER, Ritter, Tod und Teufel, München 1920. Vgl. dazu das aufschlußreiche Porträt von Elvira WEISENBURGER, Der „Rassepapst". Hans Friedrich Karl Günther, Professor für Rassenkunde, in: Michael Kißener/Joachim Scholtyseck (Hg.), Die Führer der Provinz. NS-Biographien aus Baden und Württemberg, Konstanz 1997, S. 161-199, hier S. 165-167.

[476] STERN, Kulturpessimismus, S. 48. Zu Lagardes Vorstellungen über eine Bildungsreform und der scharfen intellektuellen Schulung einer kleinen bildungsbürgerlichen Elite s. ebd., S. 99-110, hier insbesondere S. 106.

7.1.) Nachfrage: Führertum und Neuer Adel

Weit über den Kreis der Hochschullehrer hinaus war es für die Gelehrten nach 1918 charakteristisch, sich von Kathedern und muffigen Schreibstuben aus als „Geisteselite" und „Führer"-Schicht zu begreifen.[477] „Die Demokratie da, wo sie hingehört", hatte Max Weber 1917 formuliert und sogleich erklärt, wo sie nicht hingehöre: die Wissenschaft bestimmte er als „eine geistesaristokratische Angelegenheit".[478] Die imaginäre Nähe der Intellektuellen zur Aristokratie hat Theodor W. Adorno auf einen einfachen Nenner gebracht: „Was zu den Aristokraten zieht und manche von ihnen zu den Intellektuellen, ist fast tautologisch einfach: daß sie keine Bürger sind."[479] Tatsächlich findet sich eine mit martialischen Sprachformeln aufgeladene Antibürgerlichkeit überall dort, wo Adlige und Rechtsintellektuelle aufeinandertrafen. Fortlaufend bündelte die neuartige Verbindung intellektueller und kleinadliger Antibürgerlichkeit jene Invektiven, die sich zuvor in getrennten Diskursen entwickelt hatten. Im gedanklichen Fahrwasser neu-rechter Führertumstheoretiker wie Robert Michels, Oswald Spengler, Max Hildegard Boehm, Ernst Jünger, Arthur Moeller van den Bruck, Edgar Julius Jung stießen auch unzählige Professoren und Publizisten aus der zweiten Reihe[480] auf der Suche nach dem neuen Adel auf großes Interesse beim alten. 1930, auf dem Höhepunkt der Neuadelsdebatten, stellte die DAG ihre Zeitschrift einem bürgerlichen Akademiker für eine umfangreiche Artikelserie zur Verfügung, die in dramatisch formulierten Aufrufen für eine neue Front gegen das reiche Bürgertum und seine Lebensform gipfelte: Die Erneuerung des „geistigen Wertsystems" finde, so die bildungsbürgerliche Belehrung der adligen Leserschaft, „ihren Todfeind nicht in den proletarischen Massen, sondern in der regierenden Bourgeoisie. Jeder Gedanke einer Adelserneuerung [...] richtet daher seine Spitze notwendig gegen die bürgerliche Lebensform. [...] Den Kampf gegen die Herrschaft der Advokaten und Bankiers zu einem paneuropäischen zu gestalten, ist heute die Aufgabe Deutschlands in Europa geworden. Die Führung bei dieser Auf-

---

[477] Vgl. dazu Wolfgang SCHWENTKER, Die alte und die neue Aristokratie. Zum Problem von Adel und bürgerlicher Elite in den Sozialwissenschaften (1900-1930), in: Noblesses européennes, S. 659-684; Christian JANSEN, Professoren und Politik. Politisches Denken und Handeln der Heidelberger Hochschullehrer 1914-1935, Göttingen 1992, S. 69-72, 86-89; Gangolf HÜBINGER, Von Bildungsbürgern und Übermenschen. Ihr politisches Begreifen der modernen Kultur, in: NPL, 3/1995, S. 402-410.

[478] Max WEBER, Wissenschaft als Beruf (1917), in: MWG, Bd. I/17, Tübingen 1992, S. 71-111, zit. S. 79.

[479] Theodor W. ADORNO, Kulturkritik und Gesellschaft, in: Gesammelte Schriften, Frankfurt a. M. 1977, Bd. 10, S. 429. Zu den Schnittmengen zwischen Kritischer Theorie und Neuer Rechter vgl. die Hinweise von R. MEHRING, Kritische Theorie und Konservative Revolution. Zu Stefan Breuers Auseinandersetzung mit der Konservativen Revolution, in: PVS 34 (1993), S. 467-482.

[480] Zwei Beispiele: Heinrich ROGGE, Adels-Verschleierung, in: Der Ring 10/1928, S. 187 und die wirren Forderungen bei K. BOESCH, Vom Adel. Sprüche und Gedanken, Leipzig 1920.

gabe zu übernehmen, ist die erhabenste Zielsetzung, die dem deutschen Adel gestellt werden kann."[481]

Der betont soldatisch-kämpferische Tonfall, der Pamphlete und Werke der Neuen Rechten praktisch ohne Ausnahme kennzeichnet, findet sich auch in Schriften mit vergleichsweise abwägenden Formulierungen. So kultivierte auch der Rechtsanwalt, Publizist, Frontoffizier und Terrorist a. D. Edgar Julius Jung in seiner 1927 publizierten Kampfschrift gegen *die Herrschaft der Minderwertigen* eine unsentimentale, an Nietzsche geschulte Attitüde der Antibürgerlichkeit. Dem Bild eines dekadenten, geld-, bildungs- und aufstiegsbesessenen Bürgertums stellte der Bürgersohn Jung Stil, Verantwortungsbewußtsein und Herrschaftsqualitäten des alten Adels gegenüber.[482] Die *Herrschaft der Minderwertigen*, deren zweite Ausgabe von 1930 zu einer Enzyklopädie neu-rechten Denkens angeschwollen war, enthielt ein Kapitel über „die neue Führung", das sich mit dem alten Adel und der Komposition der neuzuschaffenden Oberschicht auseinandersetzte.[483] In deutlicher Distanzierung von biologischen Züchtungsphantasien berief sich auch Jung auf Lagardes Orientierung am englischen Adelsmodell. Trotz zahlreicher Passagen, die sich positiv auf den historischen Adel bezogen, sollte die neue „Oberschicht", die Jung auch als „Aristokratie" bzw. „neuen Adel" bezeichnete, mit der Gesamtheit des alten Adels nicht identisch sein. Angesichts eines Adels, der die Herrschaft unwiederbringlich verloren hatte, favorisierte Jung eine offene, „organisch" aufgebaute Elite. „Gute" Geburt, Bildung und ererbter Besitz sollten die Grundlagen des neuen Adels bilden. Jenen Teilen des alten Adels, die den gewandelten „Auswahlmaßstäben" weiterhin zu entsprechen wußten, stand der Weg in den neuen Adel ebenso offen wie „Führern" aus anderen Bevölkerungsschichten. Jungs Modell eines neuen Adels ließ sich sowohl von Teilen des alten Adels als auch von bürgerlichen Mitgliedern der Funktionseliten als attraktives Angebot verstehen.[484] Macht- und realitätsverbundener als ein Großteil der völkischen Denker hatte Jung, der seit 1930 zum „Führerring" der *Volkskonservativen Vereinigung* gehörte und Kontakte zu Paul Reusch, Albert Vögler und Karl Haniel aufgebaut hatte, explizit auch

---

[481] Werner HENNEKE, Adel und die Krisis des europäischen Bürgertums (5-teilige Serie), in: DAB 1930, zit. S. 591f.
[482] Besonders deutlich im Abschnitt *Der bürgerliche ‚Stil'* in: JUNG, Herrschaft, S. 173-178.
[483] JUNG, Herrschaft, S. 324-332, vgl. S. 101-105 und 168-173. Zu Jungs Adels-Konzept und seinem ständigen Bezug auf die britische Aristokratie vgl. Walter STRUVE, Elites Against Democracy. Leadership Ideals in Bourgeois Political Thought in Germany 1890-1933, Princeton 1973, S. 317-352, v. a. S. 330-344. Vgl. dazu die ausführlichen Arbeiten von Bernhard JENSCHKE, Kritik und Helmut JAHNKE, Edgar Julius Jung. Ein konservativer Revolutionär zwischen Tradition und Moderne, Pfaffenweiler 1998.
[484] JUNG, Herrschaft, S. 329, 336. Vermutlich war Jungs Formulierung über den „stillen Ring der vereinsamten Persönlichkeiten" (S. 329) im ganzen Reich eine Anspielung auf die Ring-Bewegung. Vgl. dazu Edgar Julius JUNG, Falsches und echtes Führertum, in: Der Arbeitgeber 22 (1927), S. 522-524.

"Wirtschaftsführer" in diesen Kreis einbezogen.[485] Als sich 1933 abzeichnete, daß sich der Nationalsozialismus mit seiner Rolle als aristokratisch kontrollierte Fußtruppe zur Zerstörung der Republik, die Jung ihm zugewiesen hatte,[486] nicht bescheiden würde, wertete Jung die Bedeutung des alten Adels erneut auf: Dem Nationalsozialismus sei es bislang nicht gelungen, sich von der demokratischen, bürgerlich-materialistischen Vorstellung zu lösen, es gäbe fortan „nur noch einen Adel, den der Arbeit". Jung bemängelte das Festhalten an der Vorstellung einer „demokratischen Elitenbildung", der er ein Modell eines Adels gegenüberstellte, der „seine Ehrgeizlosigkeit aus seinem Selbstwert" ziehen und einen inneren „Drang zur Gottesebenbildlichkeit" besitzen würde: „Der Adel [...] herrscht durch sein überlegenes Sein. Die Elite muß leisten, um anerkannt zu sein; der Adel steht außer Frage, so lange er adlig ist." Adel könne man nicht züchten, man müsse ihn jedoch „wo er sich zeigt, sammeln, um eine Spitze gruppieren und seine soziologischen Bedingungen begünstigen." Der Parteienstaat und seine „Wählerei", so der Vorwurf, hätten den „Quartalsäufer und den weltberühmten Gelehrten", den „Kriegsverdiener" und den „heldenhaften Frontkrieger" gleichgestellt.[487] Die Voraussetzungen zur Sammlung des Adels seien dann günstig, wenn eben dieses System außer Kraft gesetzt war. Noch kurz vor seiner Ermordung im Sommer 1934 setzte der Mitarbeiter und Redenschreiber Franz v. Papens seine Hoffnungen auf die „aristokratischen Strömungen" innerhalb der Rechten.[488]

Die von bürgerlichen Denkern entworfenen Konzepte zur Nobilitierung von Geist und Bildung fanden sich in ähnlicher Form bei einzelnen Adelsintellektuellen mit großem Einfluß. Neben der von Hermann Graf Keyserling geleiteten Darmstädter *Schule der Weisheit*[489] ist hier v. a. an die auf hohem intellektuellen Niveau kultivierten Formen eines europafähigen Edel-Faschismus zu erinnern, dessen eindrucksvollste Varianten Karl Anton Prinz v. Rohan[490] und Richard Graf v. Coudenhove-Kalergi[491] vertraten. Auch hier

---

[485] Zu Jungs widersprüchlicher Kapitalismus-Kritik vgl. JUNG, Herrschaft, S. 171f., 237f., 249-255, 469-472 und S. 477, wo „Wirtschaft und Finanzkapital" als Gegensätze konstruiert werden. Zu Jungs Konzept einer ständestaatlich eingerahmten „Werksgemeinschaft" und seinem positiven Bezug auf den „verantwortlichen" Privatbesitz vgl. S. 171f., 301-304, 321, 460f., 464.

[486] Hierzu STRUVE, Elites, S. 350-352 und zuletzt: Larry E. JONES, The Limits of Collaboration. Edgar Jung, Herbert v. Bose and the Origins of the Conservative Resistance to Hitler, 1933-34, in: Jones/Retallack, Reform, S. 465- 501, v. a. S. 473-475.

[487] JUNG, Herrschaft, S. 246.

[488] Edgar Julius JUNG, Adel oder Elite? In: Europäische Revue 9/1933, S. 533-535. Der Abschnitt erschien wenig später in seinem Buch „Sinndeutung der deutschen Revolution". Vgl. Max Hildebert BOEHM, Der Bürger im Kreuzfeuer, Göttingen 1933, S. 12, 23, 47, 102.

[489] STRUVE, Elites, S. 274-316.

[490] Karl Anton PRINZ ROHAN, Europa, Leipzig 1923. Vgl. dazu seine bereits mehrfach zitierte autobiographische Schrift Heimat Europa. Erinnerungen und Erfahrungen, Düsseldorf/Köln 1954.

[491] Richard COUDENHOVE-KALERGI, Adel, Leipzig 1923.

blieb der Begriff „Adel" eine der wichtigsten Denkachsen; was sich um diese drehte, hatte mit dem traditionellen Inhalt des Begriffes allerdings nicht mehr viel gemeinsam.[492] Coudenhoves Vision einer „internationalen und intersozialen Adelsrasse" räumte der „Geistesaristokratie" die Schlüsselstellung innerhalb der neuen „Führerschicht" ein, Rohan propagierte ein neues Führertum, das sich aus „kalt" handelnden „Geistesaristokraten" und Wirtschaftsführern zusammensetzen würde.[493] Die Konzepte der beiden kosmopolitischen Ausnahmeadligen Coudenhove und Rohan verdienen besondere Beachtung, weil v. a. über den *Europäischen Kulturbund* eine Anbindung an die universitären und intellektuellen Eliten der Zwischenkriegszeit ebenso wie an einflußreiche Vertreter der Großindustrie bestand; beides im europäischen Maßstab und unter Einbeziehung der geistigen „French Connection" innerhalb der Neuen Rechten.[494]

Ohne Glanz, Prestige und Einfluß der von Rohan und Coudenhove geleiteten Kreise zu erreichen, lieferte auch die *Gesellschaft Deutscher Staat* zahlreiche Beiträge zur Adels-, Eliten- und Führerdiskussion der Neuen Rechten, die im Adel breite Beachtung fanden.[495] In einer eigenen Schriftenreihe „zur politischen Bildung" variierten v. a. bürgerliche Hochschullehrer und Publizisten die zeitgenössischen Grundthemen elitären Denkens. Die explizite Berücksichtigung des alten Adels, dessen Leistungen zwar von allen Autoren kritisiert, dessen Traditionen und Mitglieder jedoch durchgängig als wichtige Komponente der neuzuschaffenden Führerschicht gewertet wurden, fand sich in allen Beiträgen des Kreises wieder.[496]

Charakteristisch für den hier versuchten Brückenschlag war der Beitrag „Vom Adel", in dem der Jurist und Geheime Hofrat Ernst Mayer die Frage nach dem Adel als den „Kernpunkt aller politischen Kämpfe" bezeichnete. Als wichtigstes Ziel definierte der Würzburger Hochschullehrer die „bewußte

---

[492] Vgl. dazu die vergleichende Analyse von Guido MÜLLER, Jenseits des Nationalismus ? – „Europa" als Konzept grenz-übergreifender adlig-bürgerlicher Elitendiskurse zwischen den beiden Weltkriegen, in: REIF, Adel und Bürgertum, Bd. 2, S. 235-268, v. a. S. 247f.

[493] COUDENHOVE-KALERGI, Adel, S. 43; vgl. MÜLLER, Nationalismus, in: REIF, Adel und Bürgertum, Bd. 2, S. 247-268. Müller spricht treffend von einem „ästhetisierenden Faschismus" (ebd. S. 266).

[494] BREUER, Anatomie, S. 196. Vgl. zum *Deutsch-Französischen Studienkomitee* und zur *Deutsch-Französischen Gesellschaft* MÜLLER, Nationalismus, in: Reif (Hg.), Adel und Bürgertum, Bd. 2, S. 251.

[495] Hinweis bei W. GÖRLITZ, Junker, S. 351. Die DAG organisierte politische Tagungen und Veranstaltungsreihen in enger Zusammenarbeit mit der Gesellschaft Deutscher Staat, vgl. dazu die vertraulichen Ergänzungen zum Bericht Walter v. BOGENS, Juli 1928, über eine Tagung mit 30-40 jungen Adligen, in: DAAM, DAG, LAB, Bd. 2, Hft. ‚Protokolle'.

[496] Vgl. in der Reihe „Schriften zur politischen Bildung" (Hg. v. der Gesellschaft Deutscher Staat, Langensalza) folgende zwischen 1928 und 1931 erschienenen Schriften: Prof. Dr. I. BINDER, Führerauslese in der Demokratie; Axel DE VRIES, Das Führerprinzip im Bolschewismus; M. v. BINZER, Die Führerauslese im Faschismus; Prof. Dr. LENT, Parlamentarismus und Führertum; Prof. Dr. A. WAHL, Vom Führertum in der Geschichte; Geheimrat Prof. Dr. Ernst MAYER, Vom Adel und der Oberschicht; Dr. C. V. EICKSTEDT, Der soziale Beruf wahren Adels.

7.1.) Nachfrage: Führertum und Neuer Adel

verbandsmäßige Zusammenfassung des Adels und der Gebildeten"; eine Verbindung, welche die Tagungen der Gesellschaft explizit zu befördern suchten. Aus den „politischen Stürmen" werde ein „umfassender neuer deutscher Adel entstehen, nach ältestem deutschen Sinn nichts anderes als der liebevoll führende Älteste all der jüngeren Brüder im ganzen deutschen Volk, bewußt und doch geschmeidig, tapfer und feinst gebildet, wirtschaftlich nicht gedrückt aber auch nicht üppig." Unabhängig von allen Bildungspatenten würde allerdings das deutsche Judentum in der künftigen „deutschen Oberschicht nichts zu suchen" haben.[497] Mit einem Verweis auf die zur Dekadenz führende Inzucht des französischen Adels und unter Verwendung der zeitüblichen Vampirsmetaphorik des völkischen Jargons empfahl der Jurist dem alten Adel, „frisches Blut aus anderen Schichten" zuzuführen, um die „Abgänge" zu ergänzen. Auch hier fand sich der positive Bezug auf die „Elastizität" der englischen gentry. In selbstbewußter Betonung der eigenen Fähigkeiten forderte der Bildungsbürger Mayer die „unerbittliche Schulung" der künftigen Oberschicht, aus der alle Mitglieder, die der „scharfen" Bildungsselektion nicht standhalten würden, „erbarmungslos" auszustoßen seien.[498]

Die Überlegungen zur „Erneuerung des Führertums in der Gegenwart", die Mayers Kollege Friedrich Lent, Jurist und Professor in Erlangen, Mitglied des Landtages und später Abgeordneter der NSDAP, ausbreitete, waren nicht weniger amorph, kamen bezüglich des alten Adels jedoch zu einem noch schärferen Urteil. Dieser habe versagt und könne die „Führerkrise" nicht aus eigenen Kräften lösen. Die weitschweifigen Ausführungen des Juristen über die Parameter, an denen eine künftige Führerschicht zu messen sei, ließen dem alten Adel jedoch genug Raum: Mit Leitbegriffen wie „Uneigennützigkeit", „Unabhängigkeit" und „spartanischer Geist", kombiniert mit allgemeinem Lob für Beamtenschaft und Offizierkorps sowie unscharfen Invektiven gegen „Kapitalisten", bereitete auch Lent den geistigen Raum vor, in dem sich die Aufwertung adliger Traditionen vollziehen konnte.[499] In erstaunlicher Indifferenz gegenüber dem Weltkrieg und seinem Ergebnis wurden hier Zuschreibungen wiederholt, wie sie vor dem Krieg z.B. Robert Michels über die Herrschafts-Eignung des alten Adels formuliert hatte: „Zumal in der Politik besitzt der Adel ein ihm durch generationenlange Zucht immanent gewordenes Verständnis und Feingefühl, das bis auf den heutigen Tag hin noch nicht versagt hat."[500]

In ähnlichem Geist wie Mayer und Lent beschäftigten sich die Chefdenker des Ring-Kreises fortlaufend mit der Frage, welche Bedeutung dem histori-

---

[497] Ernst MAYER, Vom Adel und der Oberschicht, Langensalza, 1922, 2. Auflage 1928 (=Schriften zur politischen Bildung. Herausgegeben von der Gesellschaft „Deutscher Staat", Heft 5), S. 6f., 16-19, 23.
[498] Ebd., S. 5, 14 f., 21-24.
[499] Prof. Dr. LENT, Parlamentarismus und Führertum. Die Erneuerung des Führertums in der Gegenwart (= Schriften zur politischen Bildung, I. Reihe, Heft 9), Langensalza 1929. Zu Mayer und Lent s. STRUVE, Elites, S. 220f.
[500] MICHELS, Probleme der Sozialphilosophie, 1914, S. 144 (zit. n. Gollwitzer, S. 441).

schen Adel für die Schaffung einer neuen Oberschicht beizumessen war: „Da die Bourgeoisie als eine ‚diskutierende Klasse' und das Proletariat, wie die Gegenwart erweist, aus sich eine neue Oberschicht nicht herausstellen können, so spitzt sich das begriffene Problem zu der Frage zu, wie nur noch im Adel vermutbare Kräfte in solcher Zielsetzung vergegenwärtigt werden können." Dennoch sprach Gustav Steinbömer, Major a. D. aus einer wohlhabenden Kaufmannsfamilie, der gemeinsam mit dem preußischen Kronprinzen erzogen worden war, dem Adel als Gesamtgruppe die Fähigkeit zur politischen Führung ab. Nach Steinbömers Lesart war der Adel im Begriff, „einem Gesinnungskapitalismus zu erliegen, der seine historische Bedeutung aufhebt und ihn, wie die marxistische Lehre prophezeit, embourgeoisiert."[501] In denkbar diffusen Wendungen forderte Steinbömer, der sich nach dem Krieg vom Berufsoffizier zum promovierten Kunsthistoriker gewandelt hatte,[502] den Adel auf, sich durch „Vergeistigung" dem „geistigen Führertum" anzunähern: „Denn dies ist der Sinn der Bewußtmachung, daß ein vergeistigter Adel seine echten und tiefen Lebensinstinkte dem Werden einer neuen Oberschicht zuführt." Unter Berufung auf Oswald Spengler und George Sorel sprach Steinbömer dem Adel die einzigartige Fähigkeit zu, als Träger emotional aufgeladener Mythen die zur Beherrschung der Massen unabdingbare Qualitäten zu besitzen. Drei Aspekte lassen sich aus Steinbömers Programm hervorheben: Die vollständige Absage an den traditionellen Adelsbegriff, die positive Bewertung von irrationalen, charismatischen Qualitäten, die bei einer Minderheit des Adels noch immer zu finden waren und das Aufgehen dieser Adelsgruppe in einer neugeformten Oberschicht, die den Aufstieg eines Führers zu befördern hatte: „Wir haben Gründe zu der Überzeugung, daß der Adel [...] im Erbe seines Blutes ein eingeborenes Wissen um den Mythos bewahrt. Und wir glauben in einer solchen Tiefenlage die Zusammengehörigkeit von Geistigkeit und Simplizität, und die Verbundenheit einer bewußten Oberschicht mit den irrationalen Energien einer anonymen Masse zu sehen. Aus ihrem Schoße entbindet die Dinge der geniale Täter und große Mensch, der aus unbekannten Tiefen aufsteigt."[503]

An vielen Stellen darf man sich die adlige Rezeption rechtsintellektueller Avancen dieser Art als direkte Kontaktaufnahmen vorstellen. Die praktisch-organisatorische Seite von Begegnungen dieser Art auf Tagungen, Vorträgen, in Klubs und politischen Kollegs ist in Teil IV noch näher zu behandeln. Die Annäherung zwischen Rechtsintellektuellen und Adligen bestand jedoch vielfach weniger als taktische Verständigung über konkrete politische Ziele, denn als Fluidum, als eine über Stil- und Sprachformen hergestellte atmosphärische Nähe, der ein gemeinsames Ressentiment gegen die verhaßten Formen der

---

[501] Gustav STEINBÖMER, Oberschicht und Adel, in: Gewissen, 22.3.1926. Der Begriff „diskutierende Klasse" stammt von Juan Donoso Cortés und wurde von Carl Schmitt importiert.
[502] Gustav Steinbömer (1881-1972) war vor dem Krieg Berufsoffizier und gemeinsam mit dem preußischen Kronprinzen erzogen worden, vgl. MOHLER, Revolution, S. 408.
[503] Gustav STEINBÖMER, Oberschicht und Adel, in: Gewissen, 22.3.1926.

7.1.) Nachfrage: Führertum und Neuer Adel

während des langen 19. Jahrhunderts entstandenen Bürgerlichkeit zugrunde lag. Ein trotz seiner politischen Abseitigkeit wichtiges Beispiel für dieses Fluidum liefert der Kreis um Stefan George. „Über" bzw. quer zu den politischen Grabenkämpfen seiner Zeit stehend, wurde das elitäre, rechtsintellektuelle Sendungsbewußtsein im hier gepflegten Kleinschreibungs-Ästhetizismus auf die Spitze getrieben. „Aus der sohnschaft der erlosten / Kür ich meine herrn der welt", wie das „Ausstrahlungsphänomen" George 1913 in der einflußreichen Lyriksammlung *Der Stern des Bundes* formulierte.[504] Für alle Sehenden war bereits der Ästhetizismus in Georges Frühwerk „Algabal" den Realitäten durchaus nicht enthoben, sondern als literarischer Gegenentwurf gegen die bestehende bürgerliche Welt konzipiert. Als solcher wurde er auch begriffen und rezipiert. Die 1913 im *Stern des Bundes* akzentuierte Erzieherrolle des „Meisters", der Ordenscharakter der um ihn geeinten Schar und die elitäre, antimaterialistische und antibürgerliche Attitüde[505] mußten magnetisch auf die intellektuell interessierten Teile des Adels wirken. Die jungen Stauffenberg-Brüder, die sich im handverlesenen Kreis ihres „Meisters" George als „der Ottonen blonde Erben" bewegten und hier nachhaltig geprägt wurden, lassen sich kaum als kurioser Sonderfall bewerten. Statt dessen zeugen sie von der auratischen Anziehung, welche der rechtsintellektuelle und der adlige Stil aufeinander ausübten.[506]

Mit einer für die Herrenklub-Linie erstaunlich starken Beimengung rassistischer Elemente wandte sich der zu den Chef-Denkern der Ringbewegung gehörende Heinrich v. Gleichen sowohl gegen Graf Coudenhoves „jüdischen Geistesadel" als auch gegen Mayers Vision eines aus dem Gelehrtenstand hervorgehenden „Adels". Gleichen gehörte zweifellos zu den intellektuell profiliertesten Köpfen im deutschen Adel, der Selbstnobilitierung der Gelehrten trat er jedoch entgegen. In ebenfalls äußerst vagen Wendungen empfahl der uradlige Publizist dagegen eine Rückbesinnung auf die Qualitäten des alten Adels „als kämpferische, politische Führerkaste". Den Kern der zu sammelnden politischen Oberschicht würde der alte „Adel nordischer und auch christlicher Gesinnung" stellen, der als Rekrutierungsbasis jedoch nicht ausreichen würde. „Man lese das Kapitel bei Günther über die Eigenschaften der nordischen Rasse. Der nordische Mensch ist geborener Herrenmensch, ob er in einer Bauernhütte oder auf einem Schlosse zur Welt kam". Die Chancen

---

[504] Stefan GEORGE, Dies ist reich des Geistes, in: Der Stern des Bundes, in: Ders., Sämtliche Werke in 18 Bänden, Bd. VIII, Stuttgart 1993, S. 83. In der Vorrede der Gedichtsammlung heißt es, das hier „ausgesprochene" sei ursprünglich als „geheimbuch" für „die freunde des engern bezirks" gedacht gewesen. Die Einordnung Georges als „Ausstrahlungsphänomen" stammt von Gottfried BENN, in: Sämtliche Werke, Hg. v. Gerhard Schuster, Stuttgart 1986 ff. Bd. 4, S. 102.

[505] Vgl. Walter HÖLLERER, Elite und Utopie. Zum 100. Geburtstag Stefan Georges, Oxford 1969, S. 149 und Klaus LANDFRIED, Stefan George – Politik des Unpolitischen, Heidelberg 1975, S. 155-165.

[506] Über den „Staatsgründer" George und seine „Jünger" s. BREUER, Fundamentalismus, S. 52-72 und PETZINNA, Erziehung, S. 25-29. Zur Stellung der jungen Grafen Claus und Berthold Stauffenberg im George-Kreis vgl. HOFFMANN, Stauffenberg, S. 61-78.

für die Sammlung und Durchsetzungsfähigkeit einer neuen Führerschicht schätzte Gleichen kurz vor der Gründung des *Deutschen Herrenklubs* sehr positiv ein: „Der Führergedanke ist überall lebendig geworden. Sehnsucht nach überlegener Führung erwacht in den Massen [...]. Vor dem Kriege war es anders. Da sprach man eigentlich wenig vom Adel, von seiner Führeraufgabe überhaupt nicht."[507]

Weitgehend im Einklang mit Gleichen formulierte Walter Schotte seine von vagen Ressentiments gegen die „spekulierende Finanz" durchzogenen Vorstellungen von der kommenden Oberschicht. In ganz Europa, so der Herausgeber der *Preußischen Jahrbücher*, habe sich der alte Adel als unfähig zur Führung der Massen erwiesen. Diese Aufgabe müsse eine neuzuschaffende Oberschicht übernehmen, deren Mitglieder in einem langwierigen Prozeß zueinanderfinden würden. In Abgrenzung von der italienischen Vorgabe stellte auch Schotte die Bedeutung einer kommenden Führerschicht vor jene eines einzelnen Führers: „Das deutsche Volk wartet auf *den* Führer! Wie kindlich und wie töricht! Es wird kein Führertum geben, das sich durchsetzt, es sei denn, daß es Grund findet in einer Oberschicht, die den Führer trägt."[508]

7.2.) Angebot: Führertum und Adelserneuerung als Achsenthema im alten Adel

> „Der Adel ist eine Institution, die meritiert conserviert zu werden."
> – Friedrich II.[509]

Die bis hier skizzierten außeradligen (Neu-) Adelsdebatten wurden innerhalb des alten Adels nachweislich wahr- und aufgenommen. Aufnahme und Weiterentwicklung dieser Diskussionen, die ihren Ursprung eindeutig im Milieu der rechten Intelligenz hatten, lassen sich bei einzelnen adligen Publizisten, in allen Adelsorganisationen und insbesondere in der DAG finden. Zur offenen Aufnahme der im rechtsintellektuellen Milieu produzierten Neuadelsdebatten

---

[507] Heinrich v. GLEICHEN, Adel – eine politische Forderung, in: Preußische Jahrbücher 2/1924, S. 131-145, zit. S. 132, 140, 143. Vgl. die zustimmende Besprechung im Adelsblatt, in der unter Berufung auf die nordizistische Rassenlehre die Bedeutung der „nordischen Führer" noch stärker akzentuiert wurde: DAB, 42/1924, S. 328f. Zu Gleichens Vita und zum Deutschen Herrenklub s. Kapitel 9.1. dieser Arbeit.

[508] Walter SCHOTTE, Zum Problem der Oberschicht, in: Preußische Jahrbücher, 2/1924, S. 117-130, zit. S. 125. Diese Haltung charakterisiert später auch die Linie des Deutschen Herrenklubs zur „Führerfrage". Vgl. dazu Erwin Guido KOLBENHEYER, Volk und Führer, in: Der Ring, 43/1930, S. 746. Im Umkreis des Juni- und Herrenklubs wurden der italienische Faschismus, v. a. aber der Nationalsozialismus u. a. deshalb kritisiert, weil hier keine echte Oberschicht zu erkennen sei und „die Massen" zu viel Einfluß hätten: Heinz BRAUWEILER, Um den Faschismus (Artikelserie) in: Das Gewissen 34/1928 ff.; Baron I. EVOLA, Faschismus und faschistischer Gedanke im heutigen Italien, in: Der Ring 49/1932, S.838. Vgl. Gustav STEINBÖMER, Über das Prinzip der Dauer, in: Der Ring 31/1931, S. 585.

[509] Zit. n. DAB 1936, S. 1.

7.2.) Angebot: Führertum und Adelserneuerung 311

gehörte ein zunehmend offener Umgang mit den dazugehörigen Autoren. Idealtypisch verkörpert Oswald Spengler den erfolgreich beim besitzenden Adel werbenden Rechtsintellektuellen, der schließlich vom Adel umworben wurde. Nach 1918 erfreute sich der „Kampfdenker" Spengler im Adel eines unvergleichlichen Ansehens.[510] Neben seiner breiten Rezeption in adligen Gesprächskreisen trat er auf Tagungen der DAG und anderer Adelsverbände als Redner auf, fungierte als politischer Berater süddeutscher Prinzen und ließ sich von westfälischen und bayerischen Adligen seine Propagandareisen bezahlen.[511] Engelbert Frhr. v. Kerckerinck-Borg, einer der einflußreichsten Vertreter des westfälischen Adels, lieferte 1924 einen sprachlichen Höhepunkt der adligen Spengler-Verehrung, indem er den ehemaligen Mathematiklehrer als den „bedeutendsten der zur Zeit lebenden Deutschen" identifizierte.[512] In den Unterstützungsakten und Privatkorrespondenzen adliger Familienarchive lassen sich zahlreiche Pendants finden, in denen die zunehmende Unterstützung größerer und kleiner Rechtsintellektueller dokumentiert ist.[513]

Adligen Autoren, vielfach ohne eigenen Landbesitz und mit engen Kontakten zu bürgerlichen Rechtsintellektuellen, wurde nicht nur in der DAG viel Raum gewährt, um diverse Reformvorschläge zu debattieren. An prominenter

---

[510] Autobiographische Hinweise bei DÖNHOFF (1989), S. 44; DÖNHOFF (1994), S. 79f., PUTLITZ, S. 39; SCHLABRENDORFF, S. 30; MOLTKE, S. 57; SACHSEN, S. 173; REIBNITZ (1929), S. 116f.; SCHAUMBURG, S. 74; FINCKENSTEIN, S. 224.

[511] Vgl. zu seiner Rede „Aufgaben des Adels" auf dem Adelstag der DAG in: DAB 42/1924, S. 209. Die Hauptgeschäftsstelle der DAG versandte 1929 Äußerungen über den Adel zur Verbreitung an die Landesabteilungen (DAAM, LAB, Bd. 2, Hft. ‚24/34', Rundschreiben der Hauptgeschäftsstelle Februar 1929). Vgl. Adolf v. ERNSTHAUSEN, Zeitfragen im Lichte Spenglerscher Philosophie, in: DAB 1922, S. 2f. und das Spengler-Zitat, („dem deutschen Adel zum Nachdenken") auf der DAB-Titelseite: DAB, 12.8.1933. Spengler war Mitglied der *Gäa* und hatte auch direkten Kontakt zum bayerischen Kronprinzen und dessen Berater Graf Soden. Der „Spengler-Fonds", der die Mobilität „Herrn Dr. Spenglers" garantieren sollte, wurde von katholischen Adligen finanziert (GEBSATTEL an Kerckerinck, 17.10.1923: DAAM, Nl. Kerckerinck, Nr. 143).

[512] Brief KERCKERINCKs vom 9.1.1924, in: WAAM, Kerckerinck, Nr. 144.

[513] Zu den Werbezügen rechtsintellektueller Publizisten vgl. die folgenden vier Beispiele aus unterschiedlichen Regionen: 1.) Heinz BRAUWEILER (Leiter der politischen Abteilung beim „Stahlhelm") an Engelbert Frhr. v. Kerckerinck, 4.1.1920, in: WAAM, Nl. Kerckerinck, Nr. 140. Vgl. dazu die Schreiben vom 10. und 19.10.1922: in: ebd., Nr. 142; 2.) Briefwechsel Eduard STADTLER – Dietlof GRAF v. ARNIM Mai/Juni 1931; Ulrich PRINZ ZU SCHÖNBURG-WALDENBURG an Dietlof Graf v. Arnim, 7.1.1930; 3.) Dankesschreiben des Alldeutschen Verbandes an Arnim, u. a. wegen Spenden an den Gobineau-Übersetzer Ludwig Schemann, 1.2.1920 sowie Arnims Unterstützung des Deutschen Hochschulrings, der Tagungen auf Schloß Boitzenburg organisierte. Alle in: POMP, Arnim, Dokumentenanhang. 4.) Für Westfalen bietet die Karriere des Archivars Dr. Heinrich Glasmeier ein prägnantes Beispiel für diesen Typus. Der Archivar, Front- und Freikorpsoffizier wurde 1922 Archivleiter des Grafen Max v. Landsberg-Velen. Seine politische Laufbahn führte über den DVSTB und Westfalenbund 1931 in die NSDAP. Neben diversen rechtsradikalen Netzwerken leitete der von westfälischen Grandseigneurs unterstützte Archivar, der mit seiner Familie einen Flügel des Schlosses Velen bewohnte, als Direktor der Vereinigten Westfälischen Adelsarchive auch das Westfälische Adelsblatt. Vgl. dazu Norbert FASSE, Katholiken und NS-Herrschaft im Münsterland. Das Amt Velen-Ramsdorf 1918-1945, Bielefeld 1996, S. 148-159.

Stelle resümierte etwa 1927 ein Dr. v. Stegmann diverse Kritiken am Adel, betonte die Notwendigkeit, die „geistig regen Kräfte des Adels" zu sammeln und schloß mit einem Aufruf, der den Abschied vom traditionellen Adelsbegriff und die Schaffung eines „neuen Adels" bildreich zur wichtigsten Forderung erhob: „Wir müssen aus dem Turm unserer teilweise veralteten Vorstellungen heraus auf das freie Feld, wo die geistige Bewegungsschlacht geliefert wird. Was wir dahin allein mitnehmen dürfen, sind unsere alten ritterlichen Waffen: deutsches Denken, deutsche Ehre, deutscher Charakter. Dagegen müssen wir die geistige Bagage von gestern im Turm zurücklassen. Wer sich von ihr nicht trennen kann, hemmt unsere Arbeit und unseren Lauf."[514] Selbst Wilhelm II., der sich im holländischen Exil immer tiefer in ein Gestrüpp aus Selbstgerechtigkeit und völkischen Hirngespinsten verirrte, bewegte sich zumindest in seinen berühmten Randnotizen auf dieser Linie. „Der Adel", notierte der stetig holzsägende Monarch 1929, „hat nicht mehr die führende Stellung von ehedem. Er hat sogar theilweise gründlich versagt. Nur im Verbund allgemeiner großer Bewegung nützt er noch."[515]

Unter der Überschrift „Adelsdämmerung – Adelserneuerung" löste der Beitrag eines Autors namens Walter v. Zeddelmann Anfang 1930 im Adelsblatt eine lebhafte Debatte über die Schaffung eines „neuen Adels" aus. Topoi traditionell-bürgerlicher und neu-rechter Adelskritik mischend, wies der Autor dem Adel die Verantwortung für den Zusammenbruch von 1918 zu und stellte offen in Frage, „ob das, was wir Adel nennen, wirklich noch Adel ist." Zur Erschaffung des hier erträumten „neuen Adels" sollten die noch brauchbaren Teile der alten Familien durch die Zuführung „neuen Blutes" aus angesehenen, leistungsfähigen Bürgerfamilien aufgefrischt werden. Der Vorschlag konzipierte die DAG als eine Zwangskörperschaft des Adels, der die Autorität zugekommen wäre, über Neuzugänge zu entscheiden, die aufgenommenen Mitglieder bürgerlicher „Geschlechter" dem alten Adel gleichzustellen und somit gewissermaßen zu nobilitieren. Das hier entworfene Neuadelskonzept sah nicht nur die – vom Adel selbst kontrollierte – Aufnahme neuer Mitglieder, sondern auch den Ausschluß von Angehörigen alter Familien vor, deren professionelle und soziale Stellung „eine gehobene Lebensführung" nicht mehr ermöglichte. Ein auch hier unscharf bleibendes Ideal erneuerten Führertums war das wichtigste Kriterium des neuen Adels: „Wer dem neuen Adel angehören soll, muß ein Führer sein, und sei es auch nur im kleinen Kreise, auf seinem Gute, in seinem Unternehmen. Das schließt allerdings alle diejenigen vom Adel aus, die in dienenden Stellungen ihr Leben zubringen müs-

---

[514] Dr. V. STEGMANN, Wir müssen aus dem Turm heraus, in: Jahrbuch (Kalender) der DAG, 1927, S. 7-12, zit. S. 12.
[515] Randnotiz WILHELMS II., März 1929, zit. n. Gutsche, Ein Kaiser im Exil, S. 120. Zur völkischen Wendung des Exil-Kaisers vgl. Hans WILDEROTTER, Zur politischen Mythologie des Exils. Wilhelm II., Leo Frobenius und die „Doorner Arbeits-Gemeinschaft", in: Der letzte Kaiser, S. 131-142.

sen."⁵¹⁶ Generellen Zuspruch erhielt der Beitrag von mehreren Autoren, welche die Heranziehung des „guten Bürgertums" zur Schaffung einer neustrukturierten „führenden Oberschicht" aussprachen, den Vorschlag, Adlige „in dienenden Stellungen" als unwürdig auszuschließen, jedoch ablehnten. Im künftigen „Dritten Reich" sollten Adel und Bürgertum vielmehr als getrennte Gruppen bestehen bleiben, deren jeweils leistungskräftigste Mitglieder eine neue Oberschicht bzw. einen „Führerstand adliger Prägung" zu bilden hätten.⁵¹⁷

Weitgehend konsensfähig war die Einsicht in die Notwendigkeit, sich anderen Gruppen stärker als bisher zu öffnen. Umstritten blieb jedoch, welchen. Adlige Kritiker, die an der anti-bürgerlichen Linie festhielten, die das Adelsblatt bereits im Kaiserreich kultiviert hatte, warnten weiterhin vor einer zu starken Annäherung des Adels an das höhere Bürgertum, die zu einer „Verbürgerlichung" des Adels, in den „Materialismus" und zur Aufgabe der traditionellen Volksnähe führen müsse. Nur durch die Distanz zur Bourgeoisie, kombiniert mit einem Brückenschlag „zum Volk" könne der Adel seine eigentliche Berufung, die „Führung" erfüllen.⁵¹⁸

Die in Zeddelmanns Beitrag geäußerte Linie griff ein letztes Mal die alte, spätestens seit dem Freiherrn vom Stein im Adel kursierende Forderung nach materiellen Mindeststandards für die Zugehörigkeit zum Adel auf, die vor Beginn des Weltkrieges in allen Adelsverbänden diskutiert worden war.

Die Soziologie zählt zu den Grundvoraussetzungen für die Entstehung und Erhaltung einer „Elite" das Wechselspiel zwischen Auswahl, Abschließung, Öffnung und Ausschluß. Eine Elite formt sich als Gruppe von Menschen, die einen „strengen Auswahlprozeß" durchlaufen haben, nach festgelegten Kriterien Neuzugänge ermöglichen und darüber hinaus „die moralische und geistige Kraft haben, ungeeignete oder kompromittierte Elemente aus sich auszustoßen".⁵¹⁹ Nicht zuletzt das Scheitern am letztgenannten Kriterium erklärt, warum sich die Mehrheit des Adels im 20. Jahrhundert nicht mehr als „Elite" bezeichnen läßt, wenn dieser Begriff einen soziologischen Sinn haben soll.

Die Verarmung immer größerer Teile des Adels ist auch in der DAG zumindest intern als ein Problem wahrgenommen worden, das Ansehen und Anspruch der Gesamtgruppe erheblichen Schaden zufügte. Die erneut aufflackernden Debatten über das englische Adelsmodell und ähnliche Reformvorschläge, die im Kern darauf zielten, materielle Mindeststandards als Bedingung der Zugehörigkeit zum Adel zu etablieren, waren nach dem ersten Weltkrieg keineswegs erloschen. Zum Kern von Max Webers „aristokratischem

---
516 Walter v. ZEDDELMANN, Adelsdämmerung – Adelserneuerung, in: DAB, 3/1930, S. 34-36.
517 Vgl. v. a. die Beiträge von Max v. BINZER, Carl Gustav v. PLATEN, Carl v. BEHR-PINNOW und Heribert FRHR. V. LÜTTWITZ, in: DAB, 1930, S. 66f., S. 82f., 139f., S. 166f.
518 Hans Georg v. STUDNITZ, Kann der Adel wieder führen?, in: Politik und Gesellschaft 11/1932, v. a. S. 14-16.
519 Arnold GEHLEN, Das Elitenproblem, in: Ders., Gesamtausgabe, Bd. 7, Frankfurt a. M. 1978, zit. S. 107.

Liberalismus"[520] gehörte die Forderung, eine „Aristokratie im *politischen Sinne*" müsse sich v. a. auf „eine ökonomisch sturmfreie Existenz" gründen, der Aristokrat „*für* den Staat [...], nicht *von* ihm leben".[521] Im Adel wurde diese Forderung von den wohlhabenden und weitblickenden Adelsgruppen geteilt, die auch nach 1918 existierten, deren Stimme jedoch inmitten des zunehmend lautstarken Auftrittes kleinadliger Agitatoren immer mehr an Kraft verlor, bis sie kaum mehr vernehmbar war. Graf Drechsel, selbst promovierter Jurist, Schloß- und Gutsbesitzer in der Oberpfalz, hatte als Vertreter Bayerns auf dem Berliner Adelstag der DAG im Jahre 1911 für eine Adelsreform plädiert, die der DAG einen erheblichen Teil ihrer Mitglieder „erspart" hätte. Sein auf historische Vorbilder zurückgreifender Vortrag endete zwar mit der Ablehnung des Modells, alle nachgeborenen Kinder aus dem Adel „zu entlassen", enthielt jedoch den bemerkenswerten Vorschlag, „zwei Klassen von Adeligen" künftig aus dem Adel auszuschließen: Kriminelle und Arme. Standesgenossen, die einer Strafhandlung oder unehrenhaften Verhaltens für schuldig befunden wurden, sollte der Adel aberkannt werden. Durch das Institut der Adelsniederlegung sollte sich ein zweiter Kreis von Adligen davor bewahren, zum „Spott- und Zerrbild ihres Standes" zu werden: „Die heute leider immer zahlreicher werdenden Existenzen, die durch Unglück oder eigenes Verschulden nicht mehr in der Lage sind, eine auch nur mehr einigermaßen ihrem Stand und Namen entsprechende Lebensführung aufrecht zu erhalten."[522] In den Diskussionen des englischen Adelsmodells wurde stets auf den „Hauptvorzug" einer Regelung verwiesen, welche die „Entartung" des Adels zu verhindern und die Ausfilterung Unwürdiger zu gewährleisten versprach; ein System, das „fortwährend Mitglieder aus dem Volke aufnimmt und fortwährend Mitglieder herabsendet, um sich mit dem Volke zu mischen."[523] Zumindest hinter verschlossener Tür debattierte man in den Adelsverbänden auch das Institut der Adoption als Möglichkeit, den sozialen und kulturellen Durchschnitt des Adels durch den formalen Einschluß neuer Mitglieder allmählich anzuheben. Frhr. v. Ehrenkrook, Mitglied des gemeinsamen Ehrenschutzbundes der deutschen Adelsverbände, stellte auf einer internen Besprechung 1927 „die Frage, ob das eiserne Festhalten am numerus

---

[520] Hans-Ulrich WEHLER, Kursbuch der Beliebigkeit, in: Die Zeit, 26.7.2001, S. 38.
[521] Max WEBER, Wahlrecht und Demokratie in Deutschland (Dezember 1917), in: Ders., Gesammelte Politische Schriften, neu herausgegeben von Johannes Winckelmann, Tübingen ²1958, S. 233-279, zit. S. 260, Hervorhebungen i.O.
[522] Karl August GRAF V. DRECHSEL, Aberkennung und Niederlegung des Adels in deutschen Staaten, Rede auf dem Adelstag der DAG in Berlin, 18.2.1911 (Broschüre), S. 8, in: BSHA, GKE, Nr. 3 und Rede Oertzens (ebd.). Drechsel (1874-1963) dürfte als ältester Sohn das väterliche Schloß in Karlstein spätestens mit dem Tod des Vaters im Jahre 1928 übernommen haben (Gotha, GH, Bd. VIII, 1976, S. 94), vgl. ARETIN, Adel, S. 552.
[523] So auch das Fazit bei: Dr. Stephan KEKULE V. STRADONITZ, Gedanken über eine Um- und Ausgestaltung des Adelswesens in Deutschland, in: Deutsche Revue 35 (1910), S. 295-305, zit. S. 299.

7.2.) Angebot: Führertum und Adelserneuerung

clausus in Anbetracht des Abgleitens eines grossen Teils des Adels ins Proletariat überhaupt sehr wünschenswert" sei.[524]

Doch der Zeitpunkt zur Umsetzung solcher Einsichten war nach Kriegsende endgültig verpaßt. Schien es kurz vor dem Krieg noch darum zu gehen, den sozialen Kern des Adels vor einer Aufweichung durch seine Ränder zu bewahren, waren es zehn bis zwanzig Jahre später die im Adel produzierten Vorschläge selbst, welche Tradition und Grundideen des historischen Adels auflösten. Etwa gleichzeitig mit der oben zitierten Debatte im Adelsblatt kritisierten in dessen Jugendbeilage der Leiter der *Herrengesellschaft Mecklenburg* und der Vorsitzende des *Ostpreußischen Jungadels* das Festhalten an adligen Namen als Kriterium zur Bewertung eines Menschen als „Rückfall in mittelalterliche Anschauungen." Mit dem Satz: „Der Mann ist soviel wert, wie er leistet, abzüglich seiner Eitelkeit", den der ostpreußische Jungadelsführer durch seinen Aufruf zur Solidarität mit den „Arbeiterkameraden auf der Straße" noch überbot, hatten sich auch Wilhelm v. Oertzen und Botho Ernst Graf zu Eulenburg vom traditionellen Adelsbegriff verabschiedet. In bereits unüberhörbaren Reminiszenzen an die NS-Bewegung hatte Graf Eulenburg dargelegt, daß der historische Adel ein numerisch kleiner Teil der künftigen Führerschicht sein würde. Standesgenossen, „die zwar auf dem Parkett stets zu sehen sind, nicht aber, wenn es gilt, mit Arbeiterkameraden auf der Straße Farbe zu bekennen und Zivilcourage zu beweisen", seien als Führer wertlos.[525]

Auch auf den „Jungadelstagungen" der DAG, die junge (männliche) Adlige aus allen Teilen Deutschlands versammelten, standen Vorträge über Adelsreformprojekte im Mittelpunkt. Das Protokoll einer solchen Tagung im Dezember 1932 verzeichnet die Redebeiträge von vier jungen Grafen aus den Familien Brockdorff, Eulenburg, Dohna und Merveldt, deren Plädoyers für eine vorbehaltlose Öffnung zum „Volk" mit Sympathiebekundungen für die NS-Bewegung verbunden waren.[526]

Rüdiger Graf v. d. Goltz, Vorsitzender der Vereinigung der Vaterländischen Verbände Deutschlands, hatte sich in einer programmatischen Schrift von 1928 ähnlich geäußert. Das hier erträumte „Dritte Reich", das der Generalmajor a. D. mit den Adjektiven „großdeutsch, völkisch und sozial" charakterisierte, würde durch eine neugeschaffene, am Ideal der Frontgemeinschaft orientierte „Führerschicht" gelenkt werden. In skeptischer Einschätzung aller Hoffnungen auf eine „nationale Arbeiterrevolution" wandte sich das „völkische" Konzept des Grafen explizit auch an „die Führer der Bauern". Goltz hoffte auf „neue, entschlossene, kampffreudige Führer aus den Reihen des Landvolkes". Daß auch diese Variante der Führersammlung eine klare Absage

---

[524] Sitzung des Ehrenschutzbundes am 19.10.1927, in: WAAM, Nl. Kerckerinck, Nr. 513.
[525] Wilhelm v. OERTZEN-ROGGOW, Nuradel, in: Adlige Jugend (DAB-Beilage), 1.1.1930, S. 4. und die Zustimmung des Grafen zu Eulenburg („Gesinnungsadel oder Namensadel") in: Adlige Jugend (DAB-Beilage), 1.2.1930, S. 6.
[526] Bericht über die Jungadelstagung in Berlin vom 10./11.12.1932, in: DAAM, LAB, Bd. 2, Hft. ‚Korrespondenz 24/34'.

an die traditionellen Ansprüche des alten Adels beinhaltete, sprach der Graf deutlich aus: „Im Herzen von uns Frontsoldaten [sitzt] als unausreißbares Erlebnis und innerste Überzeugung, daß wir Deutschen aller Klassen, Grenzen und Stämme ein einig Volk von Brüdern sind und auf Gedeih und Verderben zusammengehören. Wer heute noch Geburts-, Standes-, Bildungs-, oder sonstige Vorurteile hat, der gehört für uns zum alten Eisen. Den können wir für den Aufbau der deutschen Zukunft nicht brauchen. Das gilt für oben und unten [...]."527

Wie noch genauer zu zeigen ist, sollte sich das hier gehärtete Amalgam aus völkischer Ideologie und Schützengrabenmythos für die Reformulierung der adligen *raison d'être* als äußerst problematisch erweisen. Je mehr die alten Begründungen adelsspezifischer Herrschaftsqualitäten hinter das Kriterium der rassischen Reinheit zurücktraten, mußte sich die vormals mit viel Mühe aufrechterhaltene Grenze zum Volk verwischen. In der Jugendbeilage des Adelsblattes hieß es 1929: „Eine Schicht von bewußt konservativen Menschen wird eine neue Front zu bilden haben. [...] Sie durchzieht quer das ganze Volk. Ihre Vertreter sind ebenso in den sogenannten bürgerlichen wie in den sogenannten proletarischen Schichten zu finden."528 Je stärker die Führungs-Diskussionen im Adel auf biologische Rezepturen hinausliefen, die „angeborenes Herrenbewußtsein" durchaus auch auf „größeren Bauernhöfen von teilweise jahrhundertelanger Überlieferung"529 ausmachten, mußte sich die eigene Position schwächen. Denn „reines Blut" als wichtigstes Kriterium einer neuen Elite ließ sich auch außerhalb des Adels finden.

Wie ausgeführt, war die DAG die Adelsorganisation, deren Klientel faktisch am wenigsten berufen war, am Anspruch auf ein Führungsmonopol des alten Adels festzuhalten. Öffentlich hatte die DAG-Leitung die z.T. in erstaunlicher Offenheit geführten Neuadelsdebatten stets mit dem Hinweis auf das angeblich immense Führungspotential des alten Adels beendet. In Übereinstimmung mit anderen adligen Autoren530 hatte der neuadlige DAB-Schriftleiter Walter v. Bogen intern bereits 1928 die Ergänzungsbedürftigkeit des alten Adels konzediert, dabei allerdings an der Hoffnung festgehalten, daß der Adel das soziale Zentrum der künftigen Führerschicht bilden würde: „Ich glaube zwar nicht, dass der Adel allein die Oberschicht der Zukunft sein wird, aber es muss unser Bestreben sein, dafür zu sorgen, dass er ihren Kern bildet, und dass er dank seiner Tradition, dank seiner sittlichen Kräfte dieser Ober-

---

527 Rüdiger Ernst V. D. GOLTZ, Ernste Gedanken zum 10. Geburtstag der deutschen Republik, 9.11.1928, Berlin 1928, zit. S. 24, 27, und 31.
528 Heinz-Diether V. BRONSART, Die neue Front, in: DAB, Beilage Jung-Adel, 3.8.1929, S. 29f. Dem Nationalsozialismus wurde hier die „Trübung edlen Wollens durch den Gebrauch schlechter Waffen" zum Vorwurf gemacht.
529 Herrenschicht und Gegenwart, in: DAB, 32/1929, S. 419.
530 Cay FRHR. V. BROCKDORFF, Soziologie des deutschen Adels nach der Revolution von 1918, in: Kultur und Leben, 3/1926. S. 34-38.

7.2.) Angebot: Führertum und Adelserneuerung

schicht den Weg weist."[531] Öffentlich klang v. Bogens Position anders. Die oben genannte Neuadelsdebatte, die das Adelsblatt 1930 monatelang mit kontroversen Beiträgen alimentierte, wurde schließlich von der Schriftleitung abgebrochen. Im Resümee der Diskussion erteilte die Schriftleitung des Adelsblattes allen Konzepten, welche die Verbannung schwacher alter und die Aufnahme starker neuer Mitglieder vorsahen, eine klare Absage. Die Zusammenarbeit mit nicht-adligen „Führern" sollte die Zusammensetzung des Adels nicht verändern. Die Parolen, die Walter v. Bogen nach dieser erneuten Abwehr des englischen Modells zur Konsolidierung des alten Adels statt dessen verwandte, manifestierten einmal mehr plumpen Rassismus statt zukunftsträchtiger Elitekonzepte: „Absperrung gegen jüdisch versippte Familien", Kampf gegen alle „fremden Einflüsse, wie sie in Gestalt des Amerikanismus, des Westlertums und des Judentums die deutsche Seele überwuchert haben". Im Schlußwort zu der auf diese Weise unterbrochenen Diskussion hieß es: „Schaffung eines neuen Adels? Nein!"[532]

Der DAB-Schriftleiter Walter v. Bogen war es auch, der wenige Monate nach dieser Debatte in naiver Offenheit jenes Neuadelskonzept präsentierte, das sich für den gesamten alten Adel als unverdaulich und als die wohl wichtigste konzeptionelle Herausforderung adliger Führungsansprüche erweisen sollte: Richard Walther Darrés 1930 erschienenes Werk „Neuadel aus Blut und Boden".[533] In seiner erstaunlich positiven Besprechung des Buches pries v. Bogen Darrés Zuchtphantasien eines neuzuschaffenden, rassereinen und bodenverbundenen Adels als Unternehmen, das den Bestrebungen der Adelsgenossenschaft sehr nahe kam. Darrés äußerst scharfe Kritik am alten Adel hatte v. Bogen bei seiner Lektüre des Buches ebenso übergangen wie den Clou, auf den Darrés Konzept hinauslief; denn Darré behauptete nicht weniger als die Notwendigkeit, den alten Adel durch einen neuen abzulösen. Zwar lobte auch Darré den alten Adel als Lieferanten bestimmter Ideale und einzelner Führergestalten; was die notwendige Schaffung eines Führerstandes der Zukunft betraf, stufte Darré den alten Adel in seiner Gesamtheit jedoch als unbrauchbar, überflüssig und ersetzungsbedürftig ein. Die wenig später anlaufende Auseinandersetzung des Adels mit Darrés Konzept ist im Zusammenhang mit den Differenzen zwischen Adel und NS-Bewegung noch genauer zu besprechen.[534] Hier soll zunächst die Feststellung genügen, daß mit Darrés Buch seit 1930 ein politisch relevantes Neuadelskonzept vorlag, das die völkisch-rassistische Adelskritik, wie sie sich u. a. im Semi-Gotha niedergeschlagen hatte, erneut zugespitzt und in einen detailliert ausgearbeiteten Bauplan für einen Alternativ-Adel überführt hatte. Im Januar 1933 nahm das Adelsblatt die Neuadelsdebatte mit einem völkischen Beitrag des alldeutschen

---

531 Vertrauliche Ergänzungen zum Bericht über das Adelskapitel in Dresden (22./23.5.1928), Ansprache v. Bogens, in: DAAM, LAB, Bd. 2, Hft. ‚Korrespondenz 24/34'.
532 Abschließende Bemerkungen Walter v. BOGENs, DAB 1930, S. 168f.
533 Richard Walther DARRÉ, Neuadel aus Blut und Boden, München 1930. Vgl. BOGENs gleichnamige Präsentation in: DAB 8.11.1930, S. 613f.
534 Vgl. dazu Kapitel 11.3. dieser Arbeit.

Barons Leopold v. Vietinghoff-Scheel erneut auf. In den nachfolgenden Diskussionsbeiträgen wurden jedoch lediglich die bekannten Argumente wiederholt. Das Schlußwort der Schriftleitung schrieb die Linie der DAG erneut fest – mit Ausnahme der nicht „rassereinen" Mitglieder war an der Gesamtheit des alten Adels als Kristallisationspunkt der künftigen Führerschicht festzuhalten. Bildung, Fachkompetenzen und materielle Unabhängigkeit wurden damit als unabdingbare Kriterien für eine Zugehörigkeit zur „Führerschicht" erneut zurückgewiesen. Zehn Tage vor der Machtübergabe hatte die DAB-Schriftleitung eine Formel gefunden, die an Darrés und andere nationalsozialistische Elitenkonzepte zumindest anschlußfähig war: „Ein völkischer Staat braucht eine Führerschicht, die rassisch rein, bodenverbunden, im eigenen Volkstum wurzelt [... und] das Wohl ihres Volkes sucht."[535]

Der inhaltliche Kern der in diesem Kapitel beschriebenen Neuadelsdebatten enthielt drei verschiedene, vielfach variierte und unterschiedlich gewichtete Forderungen an den alten Adel: Bildung, Besitz und („reines") Blut. Die beiden ersten Begriffe verwiesen auf die tatsächlichen und entscheidenden Schwachstellen des Kleinadels, wurden jedoch (oder deshalb) aus der inneradligen Debatte sukzessive verdrängt. Immer stärker in den Vordergrund rückte hingegen die aus den Phantasiereichen völkischen Denkens übernommene Forderung nach rassischer Reinheit, die eine realistische Einschätzung adliger Machtchancen in der Moderne zusätzlich blockierte und sich schon bald als argumentativer Bumerang erweisen sollte. Ohne die Folgen dieser Entwicklung bereits an dieser Stelle vorzuführen, soll hier anhand eines Beispiels aus dem Jahre 1924 gezeigt werden, daß die Vorstellung einer „rassischen" Verbesserung des Adels als Ersatz für eine tatsächliche Adelsreform bereits vor dem politischen Durchbruch der NS-Bewegung offen debattiert wurde.

Sechs Jahre bevor der Pferdezuchtspezialist Walther Darré seine Adelszuchtphantasien veröffentlichte, schrumpfte der im Adel überaus prominente und mit zwei Doktortiteln geschmückte Schriftsteller und Schloßbesitzer Börries Frhr. v. Münchhausen die *raison d'être* des Adels auf eine schlichte Formel zusammen: „Wenn Adel einen Sinn und Wert haben soll, der über die äußerliche Namenverzierung hinausgeht, so kann es nur dies sein: *Menschenzüchtung.*" Ohne Umschweife verglich der Literat die züchterische Arbeit an der „glücklich gebauten Naturrasse" englischer Vollblutpferde mit der „züchterisch" motivierten Wahl adliger Ehefrauen. Mit der affirmativen Übernahme der „goldenen Worte" aus dem „köstlichen" Buch Hans F. K. Günthers und der Leitideen der nordizistischen Rassenlehre[536] verabschiedete sich der Baron in munter formulierten Sätzen von den jahrhundertealten Kriterien adliger

---
535 Vgl. die Zusammenfassung der Debatte durch die DAB-Schriftleitung, Die Frage vom „Neuadel", in: DAB, 21.1.1933, S. 49-54, zit. S. 54 (Schlußwort).
536 Gemeint war: Hans F. K. GÜNTHER, Rassenkunde des deutschen Volkes, München 1922. Der völkische Bestseller wurde bis Ende des zweiten Weltkrieges ca. 400.000 Mal verkauft.

7.2.) Angebot: Führertum und Adelserneuerung

Ebenbürtigkeitsprinzipien: „Es gibt überhaupt nur eine Ebenbürtigkeit, das ist die des reingebliebenen nordischen Blutes. Der mischrassige Adlige z.b. ist rassisch einer reinrassischen nordischen Bauerntochter nicht ebenbürtig. Wenn Adel wieder einen rassischen Sinn erhalten soll, so ist ihm die Erzielung nordischer Rassenreinheit als erste Aufgabe zugewiesen." Die Jugend müsse künftig „ohne weiteres erkennen: Dies ist eine mongolische Nase, jenes eine nordische Gestalt, das ein ostisch weichlicher Mund. Nur so können wir Nietzsches Befehl verstehen und ausführen: Nicht fort sollt ihr euch pflanzen, sondern hinauf!" Nicht „reinrassige" Adlige, so die Forderung, sollten ihre Adelstitel ablegen, da aus Ehen zwischen Juden und „Ariern" stets „Bastarde" hervorgingen. Im sprachlichen Höhepunkt des Beitrages, der zugleich einen intellektuellen Tiefpunkt der Adelsdebatten markierte, hieß es dazu: „Ich kann Möpse züchten, und ich kann Dackel züchten, aber wenn mir das Malör (sic) passiert, und ich den Korb voll junge Dackelmöpse kriege, so werden sie mit Fug und Recht ersäuft. Das ist weder antimopsisch noch antidackelig, sondern ein Ausfluß der jahrhundertealten Erfahrung, daß alle Bastarde minderwertig sind." Bezüglich der Kriterien, nach der eine Führerschicht aufzubauen war, traf der Baron eine klare Aussage: Die „*Reinrassigkeit* des Adels [ist] als die allerwichtigste Frage jedes einzelnen und des ganzen Standes, darüber hinaus aber: *unseres ganzen Volkes* anzusehen." [537]

Münchhausens bemerkenswerter Beitrag war durchaus charakteristisch für den intellektuellen Tiefflug durch die gedanklichen Niederungen des Rassenwahns, zu dem neben der DAG-Führung ein erstaunlich großer Teil des Adels ansetzte. Zwar wurde der hier erreichte Tiefstand auch von prominenten Denkern der rechten Intelligenz hellsichtig kritisiert,[538] die sich von den Völkischen wie von „etwas peinlichen entfernten Verwandten distanzierten".[539] So hatte etwa Ernst Jünger 1926 formuliert: „Wir wollen nichts hören von chemischen Reaktionen, von Bluteinspritzungen, von Schädelformen und arischen Profilen. Das alles muß ausarten in Unfug und Haarspalterei und öffnet dem Intellekt die Einfallspforten in das Reich der Werte, die er nur zerstören, aber niemals begreifen kann."[540]

Für den Kleinadel lag die Attraktivität dieser schlichtesten aller argumentativen Linien der Neuadelsdebatte jedoch auf der Hand. Unter vollständiger Umgehung weit komplexerer Modelle, die gewisse Mindeststandards an Besitz, Bildung und Fachqualifikation als Voraussetzung für die Zugehörigkeit

---

[537] Dr. iur. et Dr. phil. h.c. Börries FRHR. V. MÜNCHHAUSEN, Adel und Rasse, in: DAB 42/1924, S. 63-65 (Hervorhebungen im Original). Weitere unerfreuliche Einsichten in Münchausens Denken bietet ein kürzlich edierter Briefwechsel: Levin Ludwig SCHÜCKING, Börries v. MÜNCHHAUSEN: „Deine Augen über jedem Verse, den ich schrieb." Briefwechsel 1897-1945, Oldenburg 2001.
[538] Vgl. dazu die kritische Besprechung von Günthers „Adel und Rasse" in: Der Ring 15/1929, S. 278.
[539] MOHLER, Revolution, S. 135.
[540] Ernst JÜNGER, Blut, in: Stahlhelm-Jahrbuch (1927), zit. n. BREUER, Anatomie, S. 89. Zur Rassendiskussion in der Neuen Rechten vgl. ebd., S. 86-95 und DERS., Ordnungen, S. 47-76.

zum Adel etabliert hätten, schien hier eine Formel gefunden, mit der sich auch besitzlose, sozial gestrandete Kleinadlige in kläglichen Verhältnissen weiterhin als „Adel" fühlen durften. Als Münchhausen 1924 den soeben zitierten Beitrag im Deutschen Adelsblatt veröffentlichte, hatten die Neuadelsdebatten die Sphären der reinen Theorie längst verlassen und in den Adelsverbänden zu konkreten Veränderungen geführt, die nunmehr genauer zu beschreiben sind.

Teil IV.)
Sammlung, Transformation und Radikalisierung 1918-1933

Die folgenden Abschnitte beschreiben zwei unterschiedliche Organisationstypen, an denen sich unterschiedliche Adelsgruppen nach 1918 maßgeblich beteiligt haben. Kapitel 8 bietet mit dem Einblick in das Innenleben der wichtigsten Adelsverbände eine Darstellung der unter rein adliger Regie unternommenen Versuche, den Adel unter veränderten Bedingungen in der Republik bzw. gegen die Republik neu zu positionieren. Kapitel 9 untersucht die für den Adel wichtigsten „Laboratorien", in denen versucht wurde, das Konzept eines erneuerten, aus Adel und Bürgertum zusammengesetzten „Führertums" praktisch umzusetzen.

8.) Adlige Organisationen: Homogenisierung und inneradlige Konflikte

8.1.) Die DAG und die Schaffung eines „deutschen Adels"

Die Darstellung nimmt an dieser Stelle die Analyse der *Deutschen Adelsgenossenschaft*, des vor und nach 1918 größten deutschen Adelsverbandes, wieder auf. Keine andere Organisation der Zwischenkriegszeit vertrat den Versuch einer Homogenisierung des deutschen Adels konsequenter als die DAG. Kein anderer Verband zog mehr Adlige in seine Reihen und anhand keiner anderen Organisation lassen sich Akteure und Formen der politischen Radikalisierung im Adel besser analysieren. Die Untersuchung adliger Organisationsversuche nach 1918 beginnt deshalb mit der DAG, die weniger aufgrund ihrer (marginalen) politischen Bedeutung, denn als analytisches Instrument zur Untersuchung der adligen Binnenverhältnisse von Interesse ist.

Das erstaunliche Selbstbewußtsein, mit dem die DAG-Führung nach Kriegsende auftrat, speiste sich aus dem Organisationsvorsprung, den der Verband gegenüber anderen Adelsvereinigungen besaß. Selbst mit dem unter die Marke von 2.000 abgesunkenen Mitgliederstand lag die DAG quantitativ über allem, was die katholischen Adelsverbände zusammen später erreichen sollten. Die DAG verfügte über ein landesweites Organisationsnetz von Holstein bis Bayern, über ausbaufähige Verbindungen zum Hochadel und über eine eigene Zeitschrift, die seit 35 Jahren ein ideologisches Feld abgesteckt hatte. Anderen Adelsorganisationen auf diese Weise voraus, trat die DAG 1919 mit der Parole: „Los vom jüdischen Geist und seiner Kultur" und dem Programm an, „den deutschen Adel" zu einen: „Der ganze Adel muß es sein, der noch Tradition im Leibe und seinen Wappenschild rein erhalten hat. Ob hoher oder niederer, ob Ur- oder Briefadel, ob Groß- oder Kleingrundbesitzer, ob ohne Aar und Halm, ob arm oder reich, alle müssen ihr angehören."[1]

In der nach Kriegsende einsetzenden Konjunktur der Zusammenführung „des deutschen Adels"[2] konnte die DAG explosionsartig ansteigende Sammlungserfolge verzeichnen. Innerhalb von sechs Jahren wurde die Mitgliederzahl mehr als verachtfacht. Sie erreichte 1925 mit ca. 17.000 (männlichen und weiblichen) Mitgliedern einen Höchststand, der allerdings bis Ende 1930 auf ca. 14.000 Mitglieder absank. Geht man von insgesamt 80.000 Adligen aus, von denen etwa ein Viertel nicht volljährig war, ergibt sich für den volljährigen Adel in Deutschland ein Organisationsgrad von 25-30%. Zu Mitgliedereinbußen kam es im Jahre 1929, als Reichsminister Groener nach einer Serie republikfeindlicher Artikel im Adelsblatt die Unvereinbarkeit von DAG-Mitgliedschaft und einer Anstellung im Staatsdienst dekretierte. Mit ca. 500 Personen hielten sich diese Verluste allerdings in Grenzen.[3] Das (quantitative) Zuwachspotential der Organisation war somit bereits vor 1930 ausgeschöpft. Zusätzlich zur Werbung um Einzelmitglieder bemühte sich die DAG erfolgreich um korporative Mitgliedschaften der vor allem in Norddeutschland verbreiteten, im Süden weit seltener etablierten Familienverbände. Die DAG-Leitung, die sich bereits vor 1914 in dieser Richtung engagiert hatte,[4] bot rechtliche und organisatorische Unterstützung für die Gründung neuer und die Festigung bestehender Familienverbände an, von denen bis zum Mai 1930 144 korporative Mitglieder der DAG geworden waren.[5] Die spätere Steigerung auf 182 Familienverbände und über 19.600 Einzelmitglieder, die der DAG 1939 angehörten,[6] wurde nur erreicht, indem die Kinder der Mitglieder seit 1936 „als in die DAG hineingeboren betrachtet" wurden und zum Zeitpunkt ihrer Volljährigkeit automatisch einen Mitgliedsausweis ausgestellt bekamen.[7]

---

[1] Werberuf der DAG-Leitung in: DAB, 30.12.1919, S. 413f.

[2] Vorsichtiger, aber tendenziell ähnlich die bayerische Variante bei Alois FÜRST ZU LÖWENSTEIN (Vorsitzender der bayerischen GKEB), der zu „möglichst weitgehender Einmütigkeit im [...] deutschen Adel" aufrief: Mitteilungen der GKEB, 10.4.1918; vgl. Erwein FRHR. V. ARETIN, Erster Rundbrief, S. 3. Aus standesherrlicher Perspektive: Christian Ernst FÜRST ZU STOLBERG-WERNIGERODE, Schreiben zur ersten Wernigeroder Adelstagung, September 1924, in: LHAM-AW, Rep. H Stolberg-Wernigerode, O, L, Nr. 9, Bd. 1.

[3] Bis Jahresende traten infolge des Erlasses 283 aktive Offiziere, 57 Offiziere a. D., 27 Beamte und 11 (Ehe-) Frauen aus der DAG aus. Vgl. interne DAG-Berichte v. 12.12.1929, August 1930 und 5./6.1930: DAAM LAB, Bd. 2, Hft. ‚Protokolle' und ‚Rundschreiben 26/34'. Die Angaben bei HOYNINGEN-HUENE, Adel, S. 60, geben diesen erheblichen Mitgliederrückgang nicht wieder.

[4] 1911 beschloß die DAG, alle nicht organisierten Adelsfamilien zur Gründung von Familienverbänden aufzufordern: Bericht des DAB-Schriftführers in: DAB, 6/1912, S. 74.

[5] Dazu: BERGs Aufruf vom 26.5.1930 und die Tagung der DAG-Familienverbände, 2.2.1932, in: NWSAD, L 114, v. Donop, Nr. 508.

[6] KLEINE, Adelsgenossenschaft, S. 102.

[7] Wege und Ziele der DAG (DAG-Rundschreiben, Mai 1938), in: MLHA, GHK III, Nr. 2647. Vgl. die Schreiben von SCHLEINITZ (22.1.1941) in: DAAM, LAB, Bd. 1, Hft. ‚39/44' und

8.1.) Die DAG und die Schaffung eines „deutschen Adels"

Der Versuch einer ideologischen Homogenisierung, der Formierung eines „deutschen Adels" stand quer zur ständig anwachsenden sozialen Heterogenität. Die Kluft zwischen den reichsten Familien des grundbesitzenden Adels und Adligen, die an den Grenzen des Existenzminimums lebten, wurde ständig größer. Das DAG-Projekt der Schaffung eines „deutschen Adels" schloß diese beiden Pole im sozialen Spektrum des Adels explizit ein. Immer stärker wurden Traditionen, Leitbilder und kulturelle Codes ideologisch überhöht, die allen Standesgenossen in den unterschiedlichsten sozialen Realitäten das Gefühl der Zusammengehörigkeit vermitteln sollten. In diesem Sinne wurde der Adel immer stärker zu einer „imagined community", zu einer Gemeinschaft, die zunehmend willens und in der Lage war, ihre Binnengrenzen zu übersehen. Der Wunsch nach Schaffung eines „neuen adligen Menschen"[8] und das Zusammenrücken der einzelnen Adelsgruppen sind nach 1918 in allen überlieferten Quellen mit den Händen zu greifen.[9] Neben der „allpreußischen" DAG-Führung in Berlin konstatierten auch bayerische Monarchisten nach 1918 ein „starkes Bedürfnis des Zusammenschlusses" im Adel, das als „deutliche Bejahung der eigenen Existenz [... und] die natürliche Reaktion auf deren Negation durch das Gesetz" gedeutet wurde. Der Autor dieser Zeilen, Erwein Frhr. v. Aretin, dessen erster „Rundbrief" sich 1923 noch „an den jungen Adel Bayerns" richtete, wandte sich einige Jahre später mit dem Ziel „das gerade in Deutschland so notwendige Sichkennenlernen" zu befördern, „an den jungen deutschen Adel".[10] Wilhelm Frhr. v. Leonrod, als Vorstandsmitglied der bayerischen DAG-Landesabteilung vom unitaristischen Kurs der Berliner Zentrale weit entfernt, betonte 1930 die in Bayern relativ starke Unterstützung der DAG durch die Standesherren: „Es ist aber leider auch bei einem Teil der Standesherren die Einsicht noch nicht zum Durchbruch gekommen, dass es in der heutigen Zeit absolut notwendig ist, dass der ganze Adel, der hohe und der niedrige zusammenhalten."[11] Auch Christian Ernst

---

FÜRST BENTHEIM (29.4.1937), in: ebd., Bd. 9, Hft. ‚Guttenberg'. Das Adelsblatt erschien 1937 in einer Auflage von 25.000 Exemplaren.

[8] Geheimer Regierungsrat V. BAUMBACH, Der neue adlige Mensch, in: DAB 26.4.1930, S. 233f.

[9] Neben den bereits zitierten Aufrufen vgl. den Appell „Der ganze Adel soll es sein", in: DAB 30.9.1919, S. 415-417 und DAB 30.12.1919, S. 413f., ähnlich die bayerische Landesabteilung der DAG: Da sich der Adel nicht mehr um die Könige „scharen" könne, sei der enge Zusammenschluß nötig: AFLH, Sitzungsprotokoll der bayer. Landesabteilung der DAG v. 20.9.1924. Ähnlich: „Werberuf" der DAG-Landesabteilung Hannover-Oldenburg-Braunschweig, Dezember 1920: „Deutscher Adel, schließe Deine Reihen!" in: NSSAB, AFM, Depos. 3F, IV 12, Nr. 31b. Vgl. auch eine frühe Form der DAG-Satzung von 1894 in: NRWSAD, L 114 v. Donop, Nr. 508.

[10] Erwein FRHR. V. ARETIN, Erster Rundbrief an den jungen Adel Bayerns, S. 3, in: FÖWA, VIII, 19.1c, Nr. 117 und DERS., Zweiter Rundbrief an den jungen deutschen Adel, S. 3, in: DAAM, LAB, Bd. 3, Hft. ‚Jungadel'. Aretin äußerte allerdings Bedenken, eine so weitgefaßte Anrede könne als „Judenfrechheit" mißverstanden werden (ebd.).

[11] Wilhelm FRHR. V. LEONROD an Fürst v. d. Leyen, in: DAAM, LAB, Bd. 1, Hft. ‚Erster Vorsitzender 22/30'.

Fürst zu Stolberg-Wernigerode, der Mitte der 1920er Jahre in seinem Harzer Schloß einen politischen Zirkel von Standesgenossen aus unterschiedlichen Adelsgruppen versammelte, plädierte in diversen Rundschreiben für einen engen Zusammenschluß „aller Kreise des Adels", um „dem gesamten Adel zu der Einheitlichkeit der Auffassung über die gemeinsamen Pflichten und über die Wege zum gemeinsamen Ziele zu verhelfen und ihn dadurch in Stand zu setzen, seine Aufgabe an Volk und Vaterland zu erfüllen. Denn gerade die heutige Zeit ruft nach Führern."[12] Ähnliche Plädoyers für die Überwindung regionaler und konfessioneller Grenzen durch Sammlung und Zusammenschluß deutscher Adliger wurden auch von Vertretern des westfälischen Adels fortlaufend wiederholt.[13]

Die Förderung der überregionalen Verständigung über die Pflege landschaftlicher Eigenheiten zu stellen, wurde v. a. in der jüngeren Generation als Notwendigkeit betrachtet und akzeptiert. Der bayerische Baron Gumppenberg führte 1928 auf einer Jungadelstagung aus: „Hier liegt ein Ziel, das wir, gerade wir Jungen, zu erreichen suchen müssen; eine innere, stärkere Geschlossenheit als Stand, ein immer schärferes Herausarbeiten dessen, was uns als Adligen gemeinsam ist, was zu den Wesenszügen des gesamten Adels gehört. [...] Diesen deutschen Adel zu schaffen – denn bis jetzt war er seiner geschichtlichen Entwicklung gemäss fast ausschliesslich landschaftlich – ist wohl eine der Hauptaufgaben gerade auch des deutschen Jungadels."[14]

Für die nach 1918 überall florierenden Projekte einer „Wiedererfindung des Adels" wurde die DAG zu einem der wichtigsten Laboratorien. Die Einschmelzung der unterschiedlichen Adelskulturen in einen nationalen „Block" war eines der hier betriebenen Experimente. Fürst Bentheim, als Vorsitzender der DAG seit 1932 einer der wichtigsten Schrittmacher der Zusammenführung von Adel und NS-Bewegung, hielt im Herbst 1933 die „Geburtsstunde des Deutschen Adels" für gekommen. Im Widerspruch zur Führung der katholischen Adelsverbände sah der evangelische Standesherr aus Westfalen in der Schaffung eines „deutschen Adels" das große Ziel, das der Adel nach dem Ersten Weltkrieg verfolgt hatte.[15] Die Vorstellung eines ideologisch geeinten „deutschen Adels" läßt sich somit als ein v. a. von der DAG proklamiertes Projekt beschreiben, das in anderen Adelskreisen vielfach unterstützt wurde. Um Zusammensetzung, Dynamik und Bedeutung des äußerst heterogenen Verbandes einschätzen zu können, sind vor der Darstellung seiner politischen Ausrichtung einige Differenzierungen nötig. Zu beachten sind die quer durch

---

[12] Christian Ernst FÜRST ZU STOLBERG-WERNIGERODE, Vorbereitendes Schreiben zur ersten Wernigeroder Adelstagung, September 1924, in: LHAM-AW, Rep. H Stolberg-Wernigerode, O, L, Nr. 9, Bd. 1.

[13] FRHR. V. LÜNINCK, „Adel und Staat", Referat auf einer DAG-Jungadelstagung in Heidelberg am 16./17.5.1931, in: WAAM, Nl. Lüninck, Nr. 815.

[14] FRHR. V. GUMPPENBERG, 1.4.1928 in der Jungadelsbeilage des DAB, zit. nach der zustimmenden Erwähnung durch Bogen im Juli 1928: DAAM, LAB, Bd. 2, Hft. ‚Protokolle'.

[15] FÜRST BENTHEIM an Fürst Löwenstein 23.10.1933, in: DAAM LAB, Bd. 7, Hft. ‚GKE 1932-1937'.

8.1.) Die DAG und die Schaffung eines „deutschen Adels"

die DAG verlaufenden regionalen, sozialen und generationsspezifischen Grenzen zwischen unterschiedlichen Adelsgruppen.

a) Regionale Grenzen

Die große Vielfalt der verschiedenen landschaftlich-regionalen Traditionen und Identitäten des deutschen Adels spiegelte sich zunächst in über 24 Landesabteilungen wider, die sich wiederum in Bezirks- und Ortsgruppen aufgliederten. Einige kleinere Landesabteilungen verloren im Laufe der 20er Jahre ihre Selbständigkeit, im Jahre 1931 versammelte das „Adelskapitel" der DAG jedoch noch Vertreter von 21 Landesabteilungen. Im Jahre 1926 waren die vier mitgliederstärksten Landesabteilungen Brandenburg, Hannover-Oldenburg-Braunschweig, Schlesien und Bayern.[16] Die alljährlich im Januar organisierten Adelstage der DAG, die wichtigste Institution zur Entscheidung von Grundsatzfragen und das wichtigste Forum zur Selbstdarstellung der DAG nach innen und außen, wurden in größeren Städten veranstaltet. Die betreffende Landesabteilung übernahm stets die Rolle des Gastgebers und erhielt die Möglichkeit, lokale Traditionen und Besonderheiten zu betonen. Das Deutsche Adelsblatt bot den einzelnen Landesabteilungen die Möglichkeit zu eigenen Beiträgen und edierte in unregelmäßigen Abständen Hefte, die vom Vorstand einer ausgesuchten Landesabteilung gestaltet und der von ihr vertretenen Region gewidmet waren. Die jeweils federführenden Landesabteilungen erhielten somit Gelegenheit, landsmannschaftliche Eigenheiten vorzustellen, berühmte Schlösser, einzelne Familien, herausragende Einzelpersonen, sowie spezifische Traditionen mit Bildern, Photos, Statistiken und eigenen Textbeiträgen hervorzuheben.

Die in den 21 Landesabteilungen repräsentierte Vielfalt der deutschen Adelskulturen wurde auch innerhalb der DAG niemals zu einem homogenen Block – im Gegenteil zeugen die in den Schriftwechseln der einzelnen Landesvorstände dokumentierten Konflikte von deutlich unterscheidbaren Grundorientierungen, deren wichtigste Grenze zweifellos zwischen den altpreußischen und den süddeutschen Landesteilen verlief. Während einzelne norddeutsche Landesabteilungen, besonders auffällig die Landesabteilungen Hinterpommern, Pommern, Mecklenburg und Hamburg, einen äußerst aggressiven, antirepublikanischen Kampfkurs vertraten, läßt sich in den süddeutschen Landesabteilungen, insbesondere Bayern, daneben Württemberg und

---

[16] Mitglieder- und Vorstandslisten für 1930/31 in: DAAM, LAB, Bd. 2, Hft. ‚Protokolle' sowie im Jahrbuch der DAG 1931: Mark Brandenburg: 2472 (Arnim-Suckow), Schlesien: 1161 (Saurma-Ruppersdorf), Hannover-Oldenburg-Braunschweig: 1143 (Rössing), Bayern: 1013 (Öttingen-Öttingen), Magdeburg-Anhalt: 986 (Itzenplitz), Pommern: 880 (v. Hagen), Mecklenburg: 875 (Maltzan), Rheinland: 827 (Spee), Sachsen: 827 (Einsiedel), Thüringen-Ost: 553 (Breitenbuch), Thüringen-West: 514 (Etzel), Baden: 503 (Neubronn), Ostpreußen: 477 (Braun), Kassel: 465 (Baumbach) Hinterpommern: 445 (Kleist), Westfalen-Lippe: 370 (Prinz v. Ratibor u. Corvey), Hamburg: 352 (Dassel), Frankfurt/Oder: 328 (Wittich), Schleswig-Holstein/Lübeck: 249 (Waldemar Prinz v. Preußen), Württemberg: ca. 190 (Soden), Hessen-Darmstadt: 177 (Preuschen).

Baden, eine andere Haltung identifizieren. Im Einklang mit den bayerischen Adelsverbänden hatte sich die DAG-Landesabteilung Baden für eine „Zurückhaltung" gegenüber der modernen Rassenforschung ausgesprochen.[17] Die süddeutschen Widersprüche gegen die völkischen und „allpreußischen" Tendenzen im Berliner DAG-Vorstand führten fortlaufend zu ernsten Konflikten. Immer wieder wurden diese Appelle mit der Forderung verbunden, an einer überparteilichen Linie festzuhalten und den „Kampf bei aller Schärfe in ritterlichem Ton und unter Vermeidung persönlicher Beleidigungen" zu führen.[18]

In den süddeutschen Landesverbänden vertraten Adlige kontinuierlich die Auffassung, die Hauptaufgabe der DAG bestünde in der „Fürsorge" notleidender Standesgenossen. Für politische Betätigung stünden dem Adel andere Organisationen offen – eine Auffassung, die von der Berliner DAG-Leitung regelmäßig scharf zurückgewiesen wurde.[19]

b) Zur Sozialstruktur: Die Dominanz des Kleinadels

Will man den Kampfkurs, der sich in der DAG-Leitung durchsetzte, an einzelnen Personen festmachen, sind v. a. zwei in Berlin bzw. Potsdam lebende Mitglieder des preußischen Adels hervorzuheben. Insbesondere der DAG-Hauptgeschäftsführer Walter v. Bogen u. Schönstedt tat sich bei dem Versuch hervor, die DAG in einen völkischen Kampfbund umzufunktionieren und den Adel geschlossen an die Spitze einer parteiübergreifenden, völkisch orientierten Bewegung gegen „Internationalismus, Amerikanismus, Französelei und Judentum" zu stellen. Nicht ohne Berechtigung betonte Bogen 1928 gegen mäßigende Einwände, im Geiste der DAG-Gründer zu handeln, deren Kampf stets dem „Mammonismus" gegolten habe: „Jene Männer, die 1874 die DAG gründeten, wollten auch nicht einen Wohlfahrts- oder Geselligkeitsverein gründen."[20]

Bezeichnenderweise finden sich in der aktivsten Gruppe der Berliner DAG-Führung mehrere Angehörige des jüngeren „Briefadels", die zu den eifrigsten Verfechtern eines neustrukturierten, national-völkischen Adels gehörten – zu nennen sind hier v. a. Walter v. Bogen, Oberstleunant a. D. und Sohn eines Oberstleutnants aus einer Familie, die erst im Jahre 1867 in Preußen geadelt

---

17 Vgl. die Forderungen, die der Vorsitzende der badischen DAG-Landesabteilung (Konrad FRHR. V. STOTZINGEN) am 25.11.1925 auf dem Adelskapitel vortrug. Protokoll in: FFAD, XXVIII/i (Vereine).
18 Zu den Forderungen aus Pommern und Hamburg v. 25.10.1929 u. 12.1.1931, dagegen die Landesabteilung Württemberg vom 10.11.1929 und Bergs Versuche vom 4.2.1931, den Konflikt zu entschärfen, in: DAAM LAB, Bd. 11, Hft. ‚Korrespondenz'. Vgl. die bayerische Vorstandssitzung 23.11.1929 in: ebd., Bd. 2, Hft. ‚24/34', dort auch das Zitat.
19 Beschluß der Vorstandssitzung der DAG-Landesabteilung Frankfurt/Oder, März und Oktober 1927 und seine Zurückweisung durch Walter V. BOGEN: BLHA, Rep. 37 Friedersdorf, Nr. 478, Fol. 132-138. Ähnlich: Bogens Zurückweisung süddeutscher Proteste auf dem Adelstag in Königsberg vom 30.6.1929 und ihre Reformulierung durch die DAG-Landesabteilungen Bayern und Württemberg, Vorstandssitzung der Landesabteilung Bayern, 23.11.1929 in: AFLH.
20 DAAM, LAB, Bd. 2, Hft. ‚Protokolle': Bericht BOGENs (Ergänzungen), Juli 1928.

8.1.) Die DAG und die Schaffung eines „deutschen Adels"

wurde. Die Namensverbindung „v. Bogen u. Schönstedt" war dem Offizier erst 1918 im Großen Hauptquartier genehmigt worden.[21] Bogen war nach 1918 in der DAG-Leitung eindeutig der aktivste und energischste Vertreter eines völkischen Kurses, der an seinem Schreibtisch einen erheblichen Teil der organisatorischen Kärrnerarbeit erledigte. Auch Bogens wichtigster und aktivster Verbündeter im DAG-Vorstand war kein Mitglied des Uradels. Albrecht Frhr. v. Houwald, Oberjustizrat a. D. und ehemaliger Beamter des preußischen Heroldsamtes, stammte aus einer Familie des sächsischen Briefadels, die ihren Titel im 17. Jahrhundert erhalten hatte. Beruflicher Werdegang und Lebensführung des Juristen, der seit 1919 in Potsdam lebte, folgten den Mustern beamtenadliger Lebensläufe.[22]

Das verächtliche Urteil eines äußerst gut informierten uradligen DAG-Kritikers, der die DAG als eine „Vereinigung neuesten Briefadels, der gar kein oder nur sehr wenig blaues Blut hat" verhöhnte und bissig anmerkte, hier werde „mit desto hellerer Begeisterung Altpreußens Adel markiert",[23] war offenbar auf diese beiden Schlüsselfiguren im Berliner Vorstand gemünzt. Diese Einordnung muß jedoch im Blick auf die Gründer, die Mitgliederstruktur und die Vorstände in den einzelnen Landesabteilungen als polemischer Seitenhieb ohne jede Grundlage eingeordnet werden.

An der symbolischen Spitze des Verbandes stand Generalfeldmarschall Paul v. Hindenburg, der nach dem Krieg den Ehrenvorsitz der DAG übernommen hatte. Zum Vorsitzenden – in der DAG-Sprache „Adelsmarschall" genannt – wurde 1920 ein 54-jähriger Offizier, Rittergutsbesitzer und Beamter aus dem uckermärkischen Uradel gewählt, der als letzter Chef des Geheimen Kaiserlichen Zivilkabinetts und 1921-1926 als Generalbevollmächtigter des Preußischen Königshauses zum *inner circle* des preußischen Adels gehörte: Friedrich v. Berg-Markienen, ein Vertreter der wilhelminischen Generation, hatte im Kaiserreich die höchsten Stationen im cursus honorum des preußischen Adels durchlaufen.[24]

---

21 Walter v. Bogen u. Schönstedt, geb. 1880 in Küstrin, hatte 1911 Ida v. Schönstedt geheiratet.
22 Albrecht Frhr. v. Houwald (1866-1958), Sohn eines preußischen Regierungsrates, war seit 1909 mit Helene Gräfin v. Carmer, der Tochter eines Generalmajors, verheiratet. Houwalds Familie besaß die niederlausitzische Standesherrschaft Straupitz. 1903 Regierungsrat, 1910 Johanniter-Ehrenritter, 1911 stellvertretender Polizeipräsident in Posen, seit 1914 ordentlicher Beamter im Preußischen Heroldsamt. Wie Walter v. Bogen dürfte auch Houwald nach 1918 hauptamtlich im Vorstand der DAG gearbeitet haben. Biographische Angaben nach: IDA, http://home.foni.net/~adelsforschung/lex44.htm.
23 Kurt FRHR. V. REIBNITZ, Der Gotha, in: Querschnitt, 2/1928, S. 73.
24 Friedrich v. Berg-Markienen, (1866-1939), Sohn eines Rittergutsbesitzers und Offiziers in Ostpreußen, hatte nach dem Abitur zunächst eine mehrjährige Offizierskarriere im Ersten Garde-Regiment zu Fuß begonnen. Seit 1888 Besitzer des väterlichen Rittergutes, seit 1894 Studium der Rechte in Breslau und Bonn, dort Korpsbruder Wilhelms II., Gerichts-Referendar, Regierungs-Assessor, Landrat, 1906 vortragender Rat im Zivilkabinett, 1909 Landeshauptmann und 1916 Oberpräsident von Ostpreußen, im Januar 1918 als Protegé der 3. OHL Chef des Geheimen Zivilkabinetts. Ab 1919 Vorsitzender des ostpreußischen Pro-

Bereits eine Analyse der Erwerbsgruppen, die Mitte der 1920er Jahre in der DAG vertreten waren, weist auch die DAG der Nachkriegszeit als eine Vereinigung von Adligen aus den drei traditionellen professionellen Kernbereichen aus. Addiert man Gutsbesitzer, Gutspächter, aktive Offiziere und Beamte, kommt man auf einen Anteil von 38%. Der Anteil von DAG-Mitgliedern in „unadligen Berufen"[25] variierte regional zwischen 5,9% (Hinterpommern), 19,6% (Mark Brandenburg) und 41% (Hamburg). Insgesamt war der Anteil dieser „unadligen" Berufsgruppen mit ca. 13% etwa repräsentativ für die (offizielle) Berufsstruktur des Adels in den 1920er Jahren, in jedem Fall jedoch weit davon entfernt, die DAG zu dominieren. Wie andere Zahlenangaben über die Berufsstruktur des Adels sind auch diese von stark begrenztem Aussagewert, weil über die sozialen und beruflichen Realitäten von Offizieren und Beamten in a. D.-Stellungen, die nicht weniger als 41% der DAG-Mitglieder ausmachten, keine (verläßlichen) quantitativen Angaben vorliegen.[26]

In den DAG-Mitgliederlisten standen neuadlige neben uradligen und unbekannte neben den berühmtesten Namen des alten Adels. 1931 waren aus dem preußischen Adel unter anderem die Familien Dönhoff (3), Dohna (24), Finck v. Finckenstein (26), Bismarck (34), Arnim (62) und Bülow (103) vertreten. Ein Blick auf die Zusammensetzung der ostpreußischen Landesabteilung bestätigt die starke und in den Vorständen der Landesabteilungen dominante Präsenz von Mitgliedern alter und renommierter Familien.[27] In Mecklenburg war in den 1930er Jahren jeder zweite der adligen Großgrundbesitzer mit Gütern über 100 Hektar Mitglied der DAG.[28] Dies bedeutet für die adligen Großgrundbesitzer Mecklenburgs einen Organisationsgrad, der fast doppelt so hoch wie im gesamten Adel war und unterstützt die These, daß die DAG von den sozialen Rändern wie vom sozialen Kern des Adels gleichermaßen getragen wurde.

Betrachtet man als Kontrollgröße zur ostpreußischen Landesabteilung die Zusammensetzung der bayerischen DAG-Mitglieder, festigt sich dieses Ergebnis auch aus der süddeutschen Perspektive und widerlegt die oben zitierte Polemik des demokratischen Barons ebenso wie die Einschätzung des wohl besten Kenners der bayerischen Adelsgeschichte, der über die Verankerung

---

vinziallandtages und Präses der ostpreußischen Synode. Vgl. die Angaben in: IDA, http://home.foni.net/ ~adelsforschung/lex16.htm.

[25] Hier: Kaufleute, leitende kaufmännische Tätigkeiten und Subalternbeamte.

[26] Zahlenangaben nach den Tabellen bei KLEINE, Adelsgenossenschaft, S. 143f. Der Anteil aktiver Offiziere und Beamter lag bei ca. 17%.

[27] Im Vorstand der Landesabteilung Ostpreußen waren 1931 folgende Familien vertreten: Braun, Dönhoff, Dohna, Kanitz, Glasow, Goltz, Rönne, Schlieben. Angaben nach: Jahrbuch der DAG 1931 (S. 231-240 und nach der alphabetischen Liste. Zur Zusammensetzung des DAG-Vorstandes s. ebd., S. 29-31).

[28] So das Ergebnis der Auszählungen bei NIEMANN, Großgrundbesitz, S. 256, fußend auf einem Sample von 239 adligen Großgrundbesitzern in Mecklenburg.

8.1.) Die DAG und die Schaffung eines „deutschen Adels"

der DAG im bayerischen Adel zu einem ähnlichen Urteil kam.[29] Unter ihrem „Schutzherren" Kronprinz Rupprecht von Bayern waren der Vorstand der Landesabteilung, der Ehrenrat, das Ehrengericht, die Presseabteilung und alle wichtigen Ämter bis hinab in die Bezirksabteilungen von Mitgliedern der alten und renommierten Familien des bayerischen Adels besetzt.[30]

Zur Einschätzung der sozialen Realitäten der Mitglieder entlang der verzeichneten Berufsangaben sind die Mitgliederlisten nur sehr bedingt geeignet. Einerseits überwiegen v. a. bei den Mitgliedern aus alten Familien eindeutig Berufe aus den traditionellen Feldern des Adels. Angaben wie Apothekenbesitzer, Bankkassierer, Dipl.-Ingenieur, Chemiker, Kaufmann etc. finden sich v. a. bei den (in Bayern wenig geachteten) untitulierten Adligen, die meist nicht zum alten bayerischen Adel gehörten.[31] Andererseits werden überwiegend a. D.-Stellungen angegeben, so daß sich über den tatsächlichen sozialen Status der betreffenden Mitglieder auf Grundlage solcher Listen keine Aussage treffen läßt. Gleiches gilt für die Mehrzahl der verzeichneten Frauen, die z. T. als „Kgl. General-Majors-Witwe", als „Ober-Regierungs-Rats-Witwe", oder als „Generals-Tochter" firmieren.

Immerhin dokumentiert die Liste einen großen Anteil Adliger, die – oftmals ohne Einkünfte aus eigener Erwerbstätigkeit – nicht auf den Landgütern ihrer Familien, sondern in größeren bayerischen Städten (meist München) wohnten. Zweifellos konzentrierten sich die Anstrengungen der inneradligen Armenunterstützung auf den landlosen „Etagen-Adel"[32] in den Städten. Nimmt man die Angabe Karl Otmar Frhr. v. Aretins als Richtwert, nach der im Jahre 1921

---

[29] ARETIN, Adel, S. 523, korrigiert bereits durch seine Angaben auf S. 549 und von DOHNA, Adel, S. 51f. Der Hinweis auf den spärlichen Umfang der DAG-Aktenreste im Archiv des Fürsten v. d. Leyen, den Aretin als Indikator nennt, wird durch den umfangreichen Aktenbestand der bayerischen DAG-Landesabteilung entkräftet, die im Deutschen Adelsarchiv (Marburg) liegen.

[30] Neben dem Ehrenmitglied Karl Eduard Herzog v. Sachsen-Coburg und Gotha, den Fürsten v. d. Leyen und Öttingen-Wallerstein, Graf Drechsel und den Baronen Aretin und Leonrod im Vorstand sowie den Vorsitzenden aller sieben Bezirksabteilungen bestätigt auch die nähere Betrachtung der Mitgliederstruktur die Dominanz der Landesabteilung durch den sozialen Kern des alten bayerischen Adels. Angeführt wurde die Mitgliederliste von 29 Mitgliedern aus dem Hochadel (darunter 14 Fürsten/Prinzen und 15 Grafen). Die insgesamt 1048 Mitglieder der Landesabteilung, darunter 344 Frauen, setzten sich aus insgesamt 18 Fürsten/Fürstinnen bzw. Prinzen/Prinzessinnen, 108 Grafen/Gräfinnen, 460 Baronen/Baroninnen, 41 Mitgliedern mit dem Prädikat *Ritter* oder *Edler* und 451 untitulierten Adeligen zusammen. Sowohl aus dem alten wie aus dem neuen Adel waren einzelne Familien besonders stark vertreten: So etwa die freiherrlichen Familien v. Crailsheim fünfzehn, v. Reitzenstein und v. Waldenfels je zwölf, v. Thüngen acht, Kreß v. Kreßenstein neun, v. Seckendorff sieben, v. Aretin sechs und die mit rechtsradikalen Gruppierungen vielfach verwobene Familie v. Gebsattel fünf Mal repräsentiert. Angaben nach: Jahrbuch (Kalender) der DAG, 1927, S. 77-80.

[31] Untitulierter Uradel (1356 als Grenze) ist eine Gruppe, die in Bayern praktisch nicht vorkam. Vgl. Angaben und Statistiken in: Mitteilungen der GKEB, 16.4.1922, S. 2-5, hier S. 2.

[32] Begriff zitiert bei CONZE, Von deutschem Adel, S. 342.

weit über die Hälfte der „noch im Mannesstamm blühenden Familien" keinen eigenen Grundbesitz besaßen,[33] liest sich die hier skizzierte Struktur der bayerischen DAG-Landesabteilung als weiterer Beleg für den hohen Organisationsgrad der auch in Bayern zahlreichen Gruppe mitteloser Adliger. Die ohnehin große Gruppe erwerbsloser Adliger wuchs in Bayern nach 1918 durch den Zustrom materiell bedrängter Standesgenossen aus Österreich und Norddeutschland ständig an.[34] Auch in Bayern versuchten die ärmsten Teile des Adels, die DAG als wohlorganisierte Interessenvertretung zu nutzen. Wie jedoch das starke Engagement bayerischer Grandseigneurs in der Landesabteilung nahelegt, wäre es falsch, hierin die einzige Funktion der DAG zu sehen. Die äußerst starke Präsenz der alten, grundbesitzenden Familien Bayerns in der DAG fand ihre logische Fortführung in der aktiven Leitung der Landesabteilung, die zu keinem Zeitpunkt vom sozial destabilisierten Kleinadel kontrolliert wurde. Im Kontrast zur Berliner Hauptgeschäftsstelle und den meisten norddeutschen Landesabteilungen wurde der Vorsitz der bayerischen DAG-Sektion nacheinander von drei Standesherren geführt.

c) Zur Sozialstruktur: Die Beteiligung der Grandseigneurs
Schwieriger als die eindeutige Beteiligung aller Regionen am Sammlungsprojekt der DAG ist die Einbindung der Grandseigneurs zu beurteilen. Eine Reihe symbolischer Verbindungen war über die Ehrenmitgliedschaften diverser Mitglieder des Hochadels in den Vorständen mehrerer Landesabteilungen gegeben. Verbindungen dieser Art waren in einzelnen Fällen bereits vor dem Weltkrieg etabliert und konnten nach 1918 ausgebaut werden. Nachdem Eduard Prinz zu Salm-Horstmar den Vorstand des DAG-Zentral-Hilfsvereins übernommen hatte, ließ sich „Ihre Kaiserliche und Königliche Hoheit die Frau Kronprinzessin" Mitte der 1920er Jahre zur „Schirmherrin" der Zentralhilfe ernennen.[35] Ehemalige Landesfürsten folgten diesem Beispiel durch die Übernahme des Ehrenvorsitzes in den lokalen Gliederungen der DAG-Hilfsvereine.[36]
Direkter auf die Sammlungsarbeit der DAG bezogen waren Zeichen der Solidarität, wie sie etwa der bayerische Kronprinz Rupprecht im Jahre 1925 mit der Übernahme der „Schutzherrschaft" der bayerischen DAG-Landesabteilung setzte. Auf den repräsentativen Tagungen der Landesabteilung erschienen regelmäßig diverse Wittelsbacher Prinzen. Der Bericht über eine Mitgliederversammlung von 1929, der „auch der Allerhöchste Schutzherr anzuwohnen die Gnade hatte", zeugt von der zumindest symbolisch starken Unterstützung, die der bayerischen Landesabteilung aus dem hohen Adel

---

[33] ARETIN, Adel, S. 547 (475 von 715 Familien).
[34] So der explizite Hinweis im Jahrbuch (Kalender) der DAG, 1927, S. 75.
[35] 40. Bericht der DAG-Zentralhilfe über das Jahr 1927, Berlin 1927 (Broschüre) in: DAAM, LAB, Bd. 14, Hft. ‚Centralhilfe 26/29'.
[36] So etwa Friedrich Franz GROSSHERZOG VON MECKLENBURG im Jahre 1922 nach einer entsprechenden Bitte des Hilfsvereines: MLHA, GHK III, Nr. 2647.

8.1.) Die DAG und die Schaffung eines „deutschen Adels" 331

zuteil wurde.[37] Ähnliche Gesten der Solidarität mit „ihren" DAG-Landesabteilungen finden sich auch bei norddeutschen Fürsten – zum Adelstag in Heiligendamm, bei dem die mecklenburgische Landesabteilung 1926 die Gastgeberrolle übernahm, erschienen die preußische Kronprinzessin, der Großherzog von Mecklenburg, die Großherzogin von Oldenburg, sowie der Herzog Adolf Friedrich von Mecklenburg mit seiner Ehefrau.[38] Auch Veranstaltungen der sächsischen Landesabteilung wurden von Mitgliedern des Königshauses besucht.[39] Hervorzuheben ist neben dem Engagement der bayerischen Standesherren die Landesabteilung Schleswig-Holstein, deren Vorsitz im Jahre 1925 von Waldemar Prinz v. Preußen übernommen wurde. In Westfalen wurde die Landesabteilung durch den Prinzen v. Ratibor u. Corvey, später durch Fürst zu Bentheim-Tecklenburg-Rheda von Standesherren geführt.[40] Bereits 1920 verzeichneten die DAG-Kalender die Mitgliedschaft von 33 Mitgliedern des hohen Adels; ein Anteil, der bis 1931 auf 90 Prinzen, Fürsten und Herzöge angewachsen war, die der DAG direkt oder über eine Ehrenmitgliedschaft angehörten.[41]

Äußere Zeichen der Solidarität durch fürstliche Präsenz auf den bescheidenen Gesellschaftsabenden der DAG wurden von diversen Vertretern des Hochadels auch dann geleistet, wenn der Rahmen den Standards hochadliger Repräsentationsformen nicht entsprach. Der Großherzog von Mecklenburg folgte den Einladungen zu Tanzabenden der DAG-Landesabteilung, die bei ihren Schreiben an den Fürsten stets auf ihre begrenzten Mittel aufmerksam machten: Geboten wurden hier „ein ganz einfaches Büffet, an dem zu billigsten Preisen Butterbrot, Salat und Erfrischungen gekauft werden" konnten, sowie ein schlichtes Unterhaltungsprogramm in adliger Eigenregie: „Fräulein v. Dewitz spielt Klavier, dann singt Fräulein Schniewind und eine Tochter von Frau v. Malachowski aus erster Ehe, [...] spielt Geige. Frau v. Oertzen, geb. v. Hackwitz, begleitet am Klavier. Zum Schluss, als Überleitung zum Tanzabend, flötet Frau v. Bülow zu einem Strausssschen Walzer."[42]

So zutreffend die Einordnung der DAG als wichtigste Interessenvertretung des Kleinadels ist, so wichtig ist der Hinweis auf die symbolische Protektion der Organisation durch den Hochadel. Über symbolische Formen scheint das

---

[37] Zitat in einem Bericht vom 22.4.1929, gemeint ist Kronprinz Ruprecht, in: DAAM, LAB, Bd. 2, Hft. ‚Berichte 28/42'.
[38] Jahrbuch (Kalender) der DAG, 1927, S. 5. Teilnehmerliste in: MLHA, GKH III, Bd. 2647. In Schlesien hatte die DAG-Hilfskasse die Herzogin v. Sachsen-Meiningen, eine geborene Prinzessin von Preußen, zur „Schirmherrin", s. den Nachruf in DAB 1919, S. 333.
[39] Protokoll der Hauptversammlung vom 6.11.1926, in: DAAM, LAS, Bd. 25, Fol. 57.
[40] Bericht über die Sitzung des DAG-Adelsausschusses in München, 22.-23.4.1925, in: DAAM, LAB, Bd. 2, Hft. ‚Protokolle 24/34', sowie Angaben im Jahrbuch der DAG 1931.
[41] Diese Mitglieder, verzeichnet in der Abteilung I des Hofkalenders, führten die alphabetisch geordneten Mitgliederlisten an. Etwas über die Hälfte dieser 90 Mitglieder waren Frauen (Kalender der DAG 1920, S. 12f. und Jahrbuch der DAG 1931, S. 391f.).
[42] Aus den Einladungsschreiben der DAG-Landesabteilung Mecklenburg an den Großherzog, Schreiben von Juli 1931 und vom 17.11.1932, in: MLHA, GHK III, Bd. 2647.

Engagement der Grandseigneurs allerdings nur selten hinausgegangen zu sein. Zwar findet sich vereinzelt aktives Engagement in der Verbandsarbeit der DAG, nirgends jedoch läßt sich eine finanzielle Unterstützung auf der Höhe der hochadligen Möglichkeiten nachweisen. Das Beispiel des Kaiserfreundes Max Egon Fürst zu Fürstenbergs, der 1920 der DAG und 1925 dem Vorstand der Landesabteilung Baden beitrat, dürfte für die zumeist passiven Mitgliedschaften der Fürsten typisch sein. Fürstenberg trat in den Vorstand der Landesabteilung ein, nachdem ihn dieser geschlossen darum gebeten hatte. Die weiteren Schriftwechsel zeigen jedoch, daß sich der Fürst, Mitglied in nicht weniger als 81 Organisationen und Vereinen, im folgenden auf den Vorstandssitzungen stets entschuldigen bzw. vertreten ließ.[43] Die für die Grandseigneurs typische Akkumulation von Mitgliedschaften und Ehrenämtern erschwert die Einschätzung, welche der vielen Ämter tatsächlich mit einem aktiven Engagement der Fürsten verbunden waren. Wo sich Grandseigneurs wie der hessische Standesherr Graf Görtz, der in 28,[44] oder Eugen Fürst zu Öttingen-Wallerstein, der in 47 Organisationen Mitglied war,[45] tatsächlich aktiv einbrachten, müßte in biographischen Einzelstudien geklärt werden.

Die Besonderheiten der bayerischen Landesabteilung gründeten nicht zuletzt im aktiven Engagement diverser Grandseigneurs im Vorstand. Um das hohe Ansehen der Landesabteilung im Adelskapitel und die guten Kontakte zu den anderen katholischen Adelsorganisationen zu erhalten, bemühte man sich nach dem Tod des Fürsten Karl zu Öttingen-Öttingen u. Öttingen-Wallerstein erfolgreich, erneut einen Standesherren katholischer Konfession für den Vorsitz der Landesabteilung zu gewinnen.[46] Den Vorsitz übernahm der um acht Jahre jüngere Bruder des verstorbenen Fürsten, Eugen Prinz zu Öttingen-Wallerstein, der nach dem Tod seines kinderlosen Bruders den Fürstentitel angenommen hatte und zum Chef des Hauses geworden war. 1930 war der Fürst ein Mann von 45 Jahren, in dessen Ausbildung und Lebenslauf[47] sich die typischen Züge eines süddeutschen Grandseigneurs widerspiegelten und dessen gesellschaftliche Stellung ihn als ein herausragendes Mit-

---

[43] Schriftwechsel FÜRST FÜRSTENBERG – STOTZINGEN, Oktober-November 1925. Fürstenberg legte seine Vorstandsmitgliedschaft im Juni 1933 nieder (FFAD, XXVIII/i, Vereine, DAG).

[44] Darunter neben DVP, Verein für Deutschtum im Auslande und dem Johanniter-Orden v. a. unpolitische Vereine wie der Großherzogliche Golfklub, der Kaiserliche Yachtklub, die Süddeutsche Vogelwarte etc.: HSAD, F 23 A, 1230/1.

[45] Neben seinem z.T. aktiven Engagement in der DAG, der bayerischen *Genossenschaft*, dem Standesherrenverein, dem Stahlhelm und der *Gäa* hatte der Fürst eine Reihe eher symbolischer Vereins-Mitgliedschaften angenommen, u. a. im Caritasverband, der Görresgesellschaft, einem Singverein, einem Vogelschutzverein, der Vereinigung zur Erhaltung deutscher Burgen etc. (FÖWA, VIII, 19.1c, Nr. 161); vgl. für Fürst Bismarck AOBS, I, Bd. 25.

[46] WILHELM FRHR. V. LEONROD 18.7.1930 und FÜRST V. D. LEYEN 9.7.1930: DAAM, LAB, Bd. 1, Hft. ,1. Vors.'. An der Spitze der Landesabeilung standen nacheinander die Fürsten v. d. Leyen, Öttingen-Wallerstein und Öttingen-Spielberg. Mitgliederverzeichnis für Bayern: Jahrbuch der DAG 1927, S. 73-112.

[47] Angaben nach Lebensläufen von 1947 und 1959 in: FÖWA, VIII. 19.1.c, Nr. 42 und Nr. 144.

8.1.) Die DAG und die Schaffung eines „deutschen Adels"

glied dieser Gruppe auswies. Der 1885 in Prag geborene Prinz hatte nach der Schulzeit im renommierten Jesuiteninternat Feldkirch sowie in Bad Godesberg an bayerischen Universitäten das Jura-Studium abgeschlossen. Nach weiteren Sprachstudien und einem Vorbereitungsdienst in der Londoner Filiale der Deutschen Bank hatte er diplomatische Posten in Sankt Petersburg, Griechenland und Luxemburg besetzt. Nach dem Kriegsdienst in verschiedenen Verwaltungspositionen hatte sich der Fürst später der Verwaltung eines großen Besitzes sowie der Verbandsarbeit in bayerischen Grundbesitzerverbänden gewidmet und später in zwei wichtigen Vereinen der bayerischen Großgrund- und Waldbesitzer den Vorsitz geführt. Öttingen, der im Krieg eine Prinzessin Hohenlohe-Schillingfürst geheiratet hatte, wurde 1923 zum Chef der Hof- und Vermögensverwaltung des Kronprinzen Rupprecht, die er bis zur Übernahme der eigenen Stammgüter im Jahre 1930 führte. Aktiv im Bayerischen Heimat- und Königsbund, Mitglied des politischen Führungsstabes um den bayerischen Kronprinzen, blieb der Fürst, der noch im September 1932 Mitglied des Stahlhelms geworden war, der NS-Bewegung fern und spielte im Februar 1933 eine wichtige Rolle bei den Staatsstreichplanungen der bayerischen Monarchisten. Vereinzelte Belege eines „gemäßigten", den Rahmen katholisch-konservativer Judengegnerschaft nicht verlassenden Antisemitismus,[48] verblassen neben der eindeutigen Distanz, die der Fürst sowohl zum Rasse-Denken der Neuen Rechten als auch zur NS-Bewegung behielt.[49] Als reicher, wirtschaftlich unabhängiger und fest in den traditionellen Lebenswelten des Adels verankerter Grandseigneur repräsentierte Fürst Öttingen den Adelstypus, der in Süddeutschland das Erscheinungsbild des Adels weiterhin prägte und sich markant vom Typus des preußisch-protestantischen Kleinadligen unterschied. Auf diese Differenz und ihre Auswirkungen ist noch näher einzugehen. Festzuhalten ist an dieser Stelle, daß sich für das aktive Engagement des Fürsten im bayerischen DAG-Landesvorstand in den ostelbischen Landesabteilungen kein Pendant benennen läßt.

Weit schwerer als die „standesgemäße" Distanz des hohen Adels zu den Niederungen der Gremienarbeit traf die DAG die weitgehende finanzielle Zurückhaltung ihrer solventen Standesgenossen. Stellt man die o. g. 850 Mark, welche die bayerische Landesabteilung im Jahre 1926 für die Unterstützung von 450 notleidenden Standesgenossen aufbringen konnte, neben die 55.000 Mark, die deutsche Fürsten im gleichen Jahr für ein unzeitgemäß prunkvolles Geschenk an Wilhelm II. sammelten,[50] werden die Dimensionen deutlich, die eine engagierte Finanzhilfe des Hochadels hätte erreichen kön-

---

[48] Siehe dazu ÖTTINGENs Artikel: Der Adel im modernen Deutschland, in: Augsburger Postzeitung v. 14.2.1920.

[49] Der Fürst hatte sich erst im Jahre 1939 um einen ‚Ariernachweis' bemüht. Die deutliche Distanz zur NS-Bewegung belegen u. a. die Meldebögen und Spruchkammerbescheide im Rahmen der „Entnazifizierung" und seine Nachkriegskorrespondenz mit J.-M. GRAF V. SODEN und Erwein FRHR. V. ARETIN: FÖWA, VIII. 19.1.c, Bde. 16, 33h, 118, und 144.

[50] Schreiben des FREIHERRn ZU RHEIN, Vermögensverwaltung des Kronprinzen Rupprecht zu Bayern, vom 5.6.1926, in: MLHA, GHK III, Nr. 743.

nen. Noch deutlicher zeugen die 84 Millionen Mark, auf die das Gesamtvermögen der Hohenzollern im Jahre 1941 geschätzt wurde,[51] von vorhandenen, praktisch jedoch nicht umgesetzten Potentialen inneradliger Hilfsleistungen.

d) Generationen

Der erfolgreiche Versuch, die zuvor hohen Barrieren zwischen unterschiedlichen Regionen, Konfessionen und Einkommensgruppen in der DAG abzubauen, gelang auch in bezug auf die unterschiedlichen Generationen. Im Zorn behauptete der märkische Gutsbesitzer Bodo v. d. Marwitz 1933, die DAG sei kaum mehr als „ein Club strichweise recht dünkelhafter Standestrottel [...], die jährlich langweilige Bälle arrangieren und schlecht nur die Versorgung notleidender Standesgenossen bewerkstellig[en]".[52] Diese Einschätzung war aus verschiedenen Gründen unzutreffend.

Durch die völkischen Tendenzen wurde der traditionelle „Standesdünkel" in der DAG eher transformiert als konserviert. Die Berliner Leitung und die Vorstände der Landesverbände wurden weder von reaktionären „Standestrotteln", noch von radikalisierten Jungmännern dominiert. Ideologisch war der Verband durch Dynamik, nicht Statik geprägt, und diese Dynamik entstand in der DAG als Gemeinschaftsarbeit verschiedener Generationen. Während die Hauptgeschäftsstelle und die einzelnen Landesabteilungen von Männern zwischen 40 und 55 Jahren geführt wurden, gelangen der DAG auch in Kreisen des jungen Adels beachtliche Organisationserfolge. Die Jugendabteilung der DAG ging 1932 landesweit von 10.000 „Jungadligen" aus, von denen 7.000 in der DAG organisiert waren. Auf Schlössern, Landgütern und in den Großstädten organisierte die DAG landesweit „Jungadelstagungen", auf denen junge Mitglieder verschiedener Landesverbände zusammengeführt wurden. Diese Tagungen wurden stets als Mischung aus politischen Vorträgen und gemeinsamen Ausflügen in die Umgebung organisiert.[53] Ohne durchschlagenden Erfolg hatte sich die DAG-Leitung allerdings bemüht, „mit Süddeutschland, und besonders mit Altbayern in nähere Fühlung [zu] kommen". In Bayern gab es seit 1922 in Form des „Münchener Jungadels" einen eigenen Kreis, die DAG-Bayern hatte jedoch im Gegensatz zu den meisten anderen Landesabteilungen keine eigene Jugendorganisation.[54]

---

51 JUNG, Volksgesetzgebung, S. 545.
52 Bodo V. D. MARWITZ, vertrauliches Schreiben an den Schriftführer seines Familienverbandes, 11.11.1933, in: BLHA, Rep. 37 Friedersdorf, Nr. 259, Fol. 184. Vgl. die sinngleiche Einschätzung im Brief eines bayerischen Barons: Otto FRHR. V. BERCHEM an Karl Frhr. v. Aretin, 24.10.1934, in: DAAM, LAB, Bd. 9, Hft. ‚Ahnentafeln'.
53 Bericht über die erste nordwestdeutsche Jungadelstagung in Hamburg am 11./12.10.1930, in: Adlige Jugend, 1.11.1930, S. 44 (DAB-Jugendbeilage). Die Hamburger Tagung, die 65 „Jungadlige" besuchten, schloß mit einem Vortrag auf Schloß Friedrichsruh. Vgl. die Jugendbeilagen, in: DAB 1931, S. 39, 254, 336, 464a-464c, 668-670, 782a-782d.
54 Bericht über die Jungadelstagung in Berlin, 10./11.12.1932: DAAM, LAB, Bd. 2, Hft. ‚Protokolle'.

8.1.) Die DAG und die Schaffung eines „deutschen Adels"

Wie sehr Stil und Ton einer „neuen Zeit" sich insbesondere im jungen Adel ausbreiteten, läßt sich auch an der Jugendbeilage ablesen, die seit Ende der 1920er Jahre im Adelsblatt veröffentlicht wurde. Statt der christlich gefärbten Bildmotive der Zeitschrift wurde die Titelseite der Jugendbeilage vom kämpferisch blickenden Konterfei eines „nordischen Langschädlers" geschmückt. Die Jungadels-Beilagen versuchten symbolisch, sprachlich und inhaltlich den Stilvorstellungen der jungen DAG-Mitglieder zu entsprechen. Explizit räumten die Seiten dem jungen Adel das Recht ein, „auch einmal unbekümmert draufloszureden". Die Beilage gestand der jungen Leserschaft Anfang 1930 jovial zu, vorerst nur „gärender Most" und nicht gleich „firner Wein" sein zu müssen. Anders als die altväterliche Ermahnung, „eigenes Geschwätz [nicht] für Gedanken [zu] halten", die etwa zeitgleich von katholischer Seite an den Jungadel gerichtet wurde,[55] konnte das Adelsblatt dem Radikalismus seiner jungen Leser viel Gutes abgewinnen: „Sturm und Drang ist noch immer der Vorläufer von wertvollem Neuen geworden."[56] Wer Zweifel hatte, welche Richtung hier gemeint war, fand nur zwei Seiten weiter die Antwort: In dieser Form selbst für das Adelsblatt ungewöhnlich, druckte die Jugend-Beilage den Aufruf zur Unterstützung der NS-Bewegung ab, die ein junger katholischer Adliger – bezeichnenderweise aus West- nicht aus Süddeutschland – verfaßt hatte. Kuno Frhr. v. Eltz-Rübenbach, ein Gutsverwalter aus dem rheinländischen Adel, wandte sich an „die Revolutionäre des Blutes", die bereit waren, die „Kameraden" in der NS-Bewegung an allen „Kampfabschnitten" zu unterstützen: „Wer kämpft mit?".[57] Die kämpferische Attitüde der DAG-Führung war in den Jugendnummern des Adelsblattes besonders ausgeprägt und die Jungadelsveranstaltungen meist durch eine paramilitärische, betont körperliche Komponente gekennzeichnet. Eine Tagung von 30 jungen Adligen in Ostpreußen im Sommer 1930, die aus einer Reihe politischer Vorträge bestand, bot neben der Teilnahme des Adelsmarschalls und einem Vortrag Ewald v. Kleist-Schmenzins auch ein vom Hochadel geführtes Ertüchtigungsprogramm: „Am nächsten Morgen war ein Waldlauf mit Gymnastik angesetzt, den Prinz Wilhelm [v. Preußen] leitete, und der der allzu einseitigen Gehirnbelastung abhelfen sollte."[58]

---

[55] Prof. Dr. Dr. Ludwig PESL, Zur politischen Einstellung des Jungadels, in: Gelbe Hefte, 11/1930, S. 665-680, zit. S. 671. Pesls Formulierung zielte explizit auf junge adlige Nationalsozialisten.
[56] Dr. J. V. VOLKMANN, Geistiges und politisches Führertum, in: Adlige Jugend (DAB-Beilage), 1.1.1930, S. 1.
[57] Kuno FRHR. V. ELTZ-RÜBENBACH, Wer kämpft mit?, in: Adlige Jugend (DAB-Beilage), 1.1.1930, S. 3. Der Autor, im Krieg Flugzeugführer, lebte nach seinem Jura-Studium als Verwalter der väterlichen Güter und zog 1932 für die NSDAP in den preußischen Landtag.
[58] Bericht Botho Ernst GRAF ZU EULENBURGs über eine Jungadelstagung im Juli 1930 in: DAB, Adlige Jugend, Nr. 9, 6.9.1930, S. 35f.

8.2.) Arierparagraph und EDDA: Die völkische Zerstörung des Adelsbegriffes

Um die Mechanismen der politischen Radikalisierung im Adel zu beschreiben, sind für die DAG und andere Organisationen zwei Phänomene auseinanderzuhalten: erstens die Tendenz, adlige Gemeinsamkeiten um so stärker zu betonen, je weniger sie existierten. Diese Tendenz wurde von praktisch allen Adelsgruppen getragen und spiegelte sich in der DAG wider. Innerhalb dieser breiten Strömung läßt sich zweitens eine kleine, hochaktive Minderheit identifizieren, die den Umbau der größten deutschen Adelsorganisationen in einen rechtsradikalen Verband aktiv beförderte. In den folgenden Abschnitten werden Akteure, Methoden und Gegner dieser Verwandlung untersucht. Das in Teil II und III dargestellte Abdriften der Adelsdebatten in rassistische Bahnen führte nach Kriegsende in der DAG in erstaunlich kurzer Zeit zu konkreten Ergebnissen. Die praktische Umsetzung völkischer Rassentheorien innerhalb des Adels wird in diesem Kapitel anhand von zwei bedeutenden Beispielen dargestellt: Die Einführung von „Arierparagraphen" in diversen Adelsverbänden sowie das Projekt einer nach rassischen Kriterien geführten Adelsmatrikel.

Der 34. Adelstag der DAG, der am 22. Juni 1920 in Berlin stattfand, hatte über eine von völkisch orientierten Adligen beabsichtigte Statutenänderung zu entscheiden. Wie im Falle der zu diesem Zeitpunkt bereits lancierten völkischen Adelsmatrikel kam es auch hier zu einer kontroversen, von Austrittsdrohungen begleiteten Debatte. Der DAG-Vorsitzende Friedrich v. Berg ging in der Debatte davon aus, daß es lediglich um die *zukünftige* Vermeidung jüdischer Heiraten gehen könne, nicht jedoch darum, „völlig deutsch fühlende Standesgenossen, die jüdisches Blut in den Adern haben, zu kränken." Gegen die moderate Position, die Friedrich v. Berg und Anton Graf v. Spee vortrugen, traten diverse Redner aus dem völkisch-alldeutschen Lager sehr offensiv auf. Die Speerspitze der rassenantisemitischen Argumentation wurde von Gerzlaff v. Hertzberg, dem geschäftsführenden Vorsitzenden des *Deutsch-Völkischen Schutz- und Trutzbundes*, Leopold Frhr. v. Vietinghoff aus der Führung des Alldeutschen Verbandes und Jürgen v. Ramin gebildet, ein Rittmeister a. D., der ebenfalls einer völkischen Organisation vorstand.[59] Vietinghoff brachte zudem mit seinen Ansichten über die Minderwertigkeit von „schwarzem" und „gelbem" Blut, welche die Warnung vor „slawischem Blut"

---

[59] Jürgen v. RAMIN (1884-1962), Rittmeister a. D., völkischer Publizist und „Führer" des „Deutschen Volksbundes", der 1920 im Deutsch-Völkischen Schutz- und Trutz-Bund aufging. 1924 MdR für die Nationalsozialistische Freiheitspartei. Ramin blieb als Sohn Marta v. Bismarcks und Ehemann Katherina v. Arnims dem engeren Kreis des pommerschen und märkischen Uradels verbunden.

8.2.) Die völkische Zerstörung des Adelsbegriffes

einschloß,⁶⁰ eine Nuance in die Rassendebatte, die insbesondere den ostelbischen Familien unbequem sein mußte.

Die Vermeidung von „Härten" gegen „deutsch fühlende" und „verdiente" Standesgenossen, wie sie der während der entscheidenden Aussprache zunehmend isolierte DAG-Vorsitzende Friedrich v. Berg anmahnte, wurde von den völkischen Frondeuren in einem Tonfall zurückgewiesen, der eine neue Qualität hatte. So verwarf etwa ein Herr v. Bodelschwingh im Adelsblatt die im Adel üblichen Abgrenzungen gegen den „Radauantisemitismus" und forderte zur Rettung des von „orientalische[m] Gift" betäubten „germanische[n] Löwe[n]" einen von allen moralischen Skrupeln befreiten „Haß" auf die Juden.⁶¹ Es ist keine Stimme überliefert, die auf der Versammlung einen grundsätzlichen Einspruch gegen die Errichtung eines Arierparagraphen formuliert hätte.

Umstritten war lediglich die Schärfe, mit der dieser anzuwenden war. Die offizielle Darstellung der Debatte im Adelsblatt läßt das Feilschen um Begriffe wie „Volljuden" und „Volljüdinnen" sowie den Streit, wieviele Generationen die Ahnenprobe zurückreichen sollte, klar erkennen. Wie später in praktisch allen relevanten Fragen konnte sich die moderat konservative Position, die in der Debatte durch den „Wilhelminer" Friedrich v. Berg vertreten war, auch hier gegen die völkische Agitation nicht durchsetzen.

Der letztlich angenommene Antrag war als Kombination von Vorschlägen entstanden, die der Regierungsassessor Hans-Friedrich v. Ehrenkrook⁶² und ein westfälischer Vertreter, Frhr. v. Landsberg, eingebracht hatten. Die Formulierung der angenommenen Statutenänderung lautete: „Wer unter seinen Vorfahren im Mannesstamme einen nach dem Jahre 1800 geborenen Nichtarier hat oder zu mehr als einem Viertel anderer als arischer Rasse entstammt, oder mit jemand verheiratet ist, bei dem dies zutrifft, kann nicht Mitglied der DAG werden."⁶³ Die Satzung, in der die Ziele der DAG formuliert wurden, schloß als dritten Punkt nunmehr den „Kampf gegen Standesdünkel, Materialismus, Eigennutz und fremdrassigen Einfluß auf das deutsche Volkstum" ein.⁶⁴ Offenbar in Übernahme der durch Artur Dinters Schundroman *Sünde*

---

60 Leopold v. VIETINGHOFF-SCHEEL, Die rassischen Pflichten und Aufgaben des deutschen Adels, in: DAB 15.2.1921, S. 33-37.
61 DAB, 31.12.1920, S. 426f. Bei dem Autor handelte es sich vermutlich um Franz v. BODELSCHWINGH-SCHWARZENHASEL, Mitglied im BdL und den Führungsgremien des DVSTB, der zuvor zur Stoeckerbewegung gehört hatte.
62 Hans-Friedrich v. Ehrenkrook (1880-1968), Sohn eines Seeoffiziers, war 1910 als Jurist in den Staatsdienst gegangen. 1914 wegen seiner kleinen Statur als Kriegsfreiwilliger nicht angenommen, blieb Ehrenkrook auch nach 1918 im Staatsdienst. In verschiedenen Abteilungen der DAG einflußreich, war er nach 1945 führend an der Gründung des Deutschen Adelsarchives beteiligt, außerdem Hauptbearbeiter des Genealogischen Handbuchs des Adels. Vgl. dazu IDA, http://home.foni.net/~adelsforschung/lex28.htm.
63 Darstellung der Debatte auf dem Adelstag in DAB, 31.7.1920, S. 241-243. Vgl. die damit übereinstimmenden Formulierungen in §3, Abs. 8 der DAG-Satzung in: Jahrbuch der DAG 1927, S. 17 und die DAG-Satzung von Dezember 1920 in: WAAM, Nl. Lüninck, Nr. 815.
64 § 1 Abs. 3 der DAG-Satzung von Dezember 1920 (WAAM, Nl. Lüninck, Nr. 815).

wider das Blut popularisierten Vorstellung von der irreversiblen Schädigung nordischen Blutes durch einen einmaligen sexuellen Kontakt mit einem jüdischen Partner[65] fand diese Statutenänderung wenig später eine perfide Erweiterung auf jeden Adligen, der mit einer nicht „rassereinen" „Persönlichkeit verheiratet *ist oder war*".[66]

Nicht „vom Adel" gesteuert, aber unter adliger Beteiligung, etablierten weitere für den Adel relevante Organisationen wenig später Arierparagraphen in ihren Statuten. Neben dem Stahlhelm[67] und den meisten anderen Verbänden der nationalen Rechten schloß sich auf weiblicher Seite der *Königin Luise Bund* der völkischen „Säuberungswelle" an. Der Bund, der 1923 zur „Erziehung des weiblichen Geschlechtes zur Mithilfe an den Vorbereitungen des grossen Befreiungswerkes Deutschlands von seinen Feinden" gegründet wurde, unter der Schirmherrschaft der Kronprinzessin stand und diverse adlige Frauen als „Führerinnen" in seinen Reihen hatte, verfügte in § 2 seiner Satzung: „Jüdinnen und andere Fremdrassige sind von der Aufnahme ausgeschlossen."[68]

Blickt man auf den Adel, ist jedoch die Rolle der DAG als völkische Avantgarde hervorzuheben. Stolz verkündete die DAG-Führung im April 1926: „Ausgehend von der ursprünglichen Bedeutung des Adels, des Edelings, des edelem, d. h. reinem Blute Entsprossenen, hat sich die DAG die Pflege der Rassenfrage und die Verfolgung der Ergebnisse der Rassenforschung zur besonderen Aufgabe gemacht. Als erste von allen völkischen Organisationen knüpft sie an die Aufnahme den Nachweis gewisser Blutsreinheit und sucht durch Aufklärung und Belehrung ihrer Jugend den Blick für Rassenreinheit zu schärfen."[69] Unterhalb dieser Organisationsebene gab es auch in den Familienverbänden, darunter wiederum die bekanntesten Namen des preußischen Adels, meist von jüngeren Familienmitgliedern angeführte Vorstöße zur Einführung von Arierparagraphen, die z. T. bereits vor 1933 angenommen wurden.[70]

---

[65] Zu den paranoiden Vorstellungen Dinters vgl. Michel FABRÉGUET, Artur Dinter, théologien, biologiste et politique (1867-1948), in: Revue d'Allemagne 32 (2000), S. 233-244; ESSNER-CONTE, System, S. 15-24.

[66] Friedrich v. BERG an alle DAG-Landesabteilungen, 26.11.1926, DAAM, LAB, Bd. 2, Hft. ‚25/26' (meine Hervorhebung).

[67] Die Stahlhelmsatzungen schlossen jüdische Mitglieder im März 1924 aus. Vgl. BERGHAHN, Stahlhelm, S. 66.

[68] Ortsgruppensatzung des ‚Königin Luise-Bundes' (undatiert) in: DAAM LAB, Bd. 13, Hft. ‚Mittelfranken'. Vgl. die Autobiographie der Bundes-„Führerin" Charlotte FRFR. V. HADELN, v. a. S. 246-252, 284, 293, 311ff.

[69] „Werberuf" der DAG, April 1926, gezeichnet v. Berg (DAAM, LAB, Bd. 2, Hft. ‚24/34').

[70] Im Familienverband der Arnims wurde ein solcher Antrag auf dem Familientag vom 7.1.1933 durch Albrecht v. Arnim-Fürstenau eingebracht. Der Vorsitzende Dietlof Graf v. Arnim-Boitzenburg ließ die Entscheidung zunächst vertagen, später wurde der Antrag angenommen (Clara VON ARNIM, Der grüne Baum, S. 188-191). Ein ähnlicher Vorgang im Familienverband v. Bülow ist dokumentiert in: LHAM-AW, Rep. H v. Bülow, Nr. 52, Fol. 50-52.

8.2.) Die völkische Zerstörung des Adelsbegriffes

Da die Satzungsänderung ohne rückwirkende Kraft beschlossen wurde, gab es in der DAG weiterhin Adlige, die dem neuen Kriterium rassischer Reinheit durch Abstammung oder Heirat nicht entsprachen und nun von einigen Standesgenossen konsequent geschnitten wurden.[71] Die Satzungsänderung läßt sich keineswegs als völkischer Papiertiger abtun. Nicht nur im Denken, sondern nachweislich auch im Handeln deutscher Adliger machte sich der Paragraph bemerkbar. Abgesehen von den erheblichen atmosphärischen Spannungen, die daraus entstanden, daß der größte Adelsverband des Landes einen Teil der Standesgenossen als nicht mehr ebenbürtig betrachtete, wurden einzelne Adlige Opfer handfester Diskriminierung. Im Jahre 1929 entstand die der bayerischen Landesabteilung „äußerst peinliche" Lage, daß die Aufnahme einer Baronin aus fränkischem Uradel, für die sich Graf Soden als Vorstandsmitglied der bayerischen Landesabteilung verwandt hatte, in Berlin mit dem Argument abgelehnt wurde, sie sei „jüdisch versippt". Um die geforderte rassische Reinheit der Baronin zu klären, wurden in diesem wie in vielen anderen Fällen unter großem Zeit- und Organisationsaufwand deutsche Konsulate in Konstantinopel und den USA bemüht.[72]

Trotz erheblicher Unterschiede in Tonfall und Konsequenz gingen die praktisch wirksamen Formen des Antisemitismus auch im hohen und katholischen Adel über theoretische Debatten hinaus. Der *Verein der deutschen Standesherren* beschloß bereits im November 1921 die „Satzung des Goldenen Buches", eine standesherrliche Matrikel, in der §2 „Angehörige der semitischen und farbigen Rassen" zwecks „Reinheit des Blutes" ausschloß.[73] Auch die bayerische Organisation des „Münchner Jungadels", deren Satzungen von den Mitgliedern geistige und körperliche Wehrhaftmachung zum „Kampf für das Deutschtum" forderte, hatte einen Arierparagraphen in ihrer Satzung.[74] Die für den altbayerischen Adel charakteristische Gratwanderung zwischen der prinzipiellen Akzeptanz des antisemitischen Codes und der Ablehnung seiner rassenantisemitschen Exzesse fand sich auch im zweiten „Rundbrief an den jungen deutschen Adel", den Erwein Frhr. v. Aretin 1926 redigierte. Der Baron rief die Adelsjugend zu einem „wehrhaften Kreuzzug" gegen das „jüdisch-marxistisch" verzerrte Weltbild auf. Gleichzeitig warnte Aretin, der später innerhalb des Adels zu den unbeugsamsten Gegnern des Nationalsozia-

---

[71] BOGEN an Wilhelm Frhr. v. Leonrod 13.1.1926: DAAM, LAB, Bd. 2, Hft. ‚25/26'. Bogen vermutete „eine ganze Anzahl" solcher Standesgenossen in der DAG, nannte einen jüdisch verheirateten Herrn v. Schwerin, dessen Sohn vom bayerischen *Jungadel* abgelehnt worden war und bat Wilhelm Frhr. v. Leonrod um Informationen über eine von Wilhelm I. geadelte Familie, die „nach ihrem Aussehen" für jüdisch gehalten wurde.

[72] WILHELM FRHR. V. LEONROD an die Hauptgeschäftsstelle in Berlin, 6.3.1929, in: DAAM, LAB, Bd. 13, Hft. ‚Unterfranken 24-31'.

[73] FCAC, I d VI, Nr. 49 (Gedruckte Satzung von 1922). Zum finanzkräftigen *Verein der Standesherren* s. Kapitel 8.7. dieser Arbeit.

[74] FCAC, I d VI, Nr. 179 (S. 7f. einer undatierten Broschüre mit dem Titel „Satzungen des Deutschen Jungadels, Sitz München"). Ausgeschlossen waren auch jüdisch verheiratete Adlige.

lismus gehören sollte, explizit davor, antisemitisch motivierten „Haß" auf Menschen zu lenken.[75]

In den großen Verbänden des katholischen Adels wurde die Einführung von Arierparagraphen zwar überall ausführlich debattiert, letztlich jedoch mehrheitlich abgelehnt. Mit dem Münchener *Herrenklub*, einer Gründung von 1851, die mit der Berliner Vereinigung von 1925 nicht zu verwechseln ist, behielt der bayerische Adel eine fast exklusive Adels-Vereinigung als wichtiges gesellschaftliches Zentrum bei, dessen Mitgliederlisten neben dem jungen Eisner-Mörder Graf v. Arco-Valley auch einen Baron v. Rothschild verzeichneten.[76] Der exklusivste Verband des bayerischen Adels, die *Genossenschaft katholischer Edelleute,* verzichtete auf den Arierparagraphen ebenso wie der westfälische *Verein katholischer Edelleute Deutschlands*. In letzterem konnte sich ein eher kulturell-religiös als rassisch argumentierender Vorstoß, in dem Hermann Graf zu Stolberg-Stolberg 1919 dazu aufrief, jedes katholische Haus zu einer Festung gegen die „jüdische Hochflut" zu machen,[77] nicht durchsetzen. Die Einführung einer antisemitischen Statutenänderung wurde im März 1921 nach längerer Debatte abgelehnt.[78]

Mehr noch als die Aufnahme der Arierparagraphen zeugt das seit Kriegsende betriebene Projekt einer den gesamten Adel erfassenden Matrikel von der völkischen Umdeutung des Adelsbegriffes. Zu Beginn der Weimarer Republik drohten zwei juristische Maßnahmen dem Adel seine formale Definitionsgrundlage zu entziehen: Artikel 109 der Weimarer Reichsverfassung verfügte die rechtliche Aufhebung des Adels, dessen Titel zu Bestandteilen des Namens erklärt wurden. Nach der Auflösung des preußischen Heroldsamtes zum 31. März 1920 war zudem die wichtigste Barriere gegen die Entstehung eines Scheinadels über Namens- und Titelanmaßungen ersatzlos gefallen.[79] Von keiner staatlichen Institution gehindert, stieg die Zahl verarmter Adliger, die ihre Titel öffentlich zum Kauf anboten, deutlich an. „Hochadliges – fürstliches – Ehepaar sucht wohlhabenden jungen Mann zu adoptieren. Abfindungssumme 200.000 Mark" – „Blutarmer Teufel, Aristokrat, sucht steinreichen Engel zwecks Heirat"; Annoncen dieser Art wurden von den Adelsorganisationen besorgt registriert und im Adelsblatt bekannt gemacht, ihre Inserenten

---

[75] Erwein FRHR. V. ARETIN (Hg.): Zweiter Rundbrief an den jungen deutschen Adel (undatierte Broschüre, vermutlich 1926): FCAC, I d VI, Nr. 179.

[76] BayHStA, Slg. Varia 160: Mitgliederverzeichnis des Herrenklubs von 1925. Unter den ca. 450 Mitgliedern waren nur etwa 20 Bürgerliche. Neben Mitglieder des alten bayerischen Adels verzeichnet die Liste auch einige Mitglieder aus den bekanntesten preußischen Familien.

[77] Druck des am 22.8.1919 in Münster gehaltenen Vortrages „Judengeist und Judenziele": StAA, Waldbott-Bassenheim, [Karton 449]. Vgl. die antisemitische Rede gegen die „Hochfinanz", die Josef Graf von Stolberg am 1.9.1921 auf einer Generalversammlung des Vereins hielt (ebd.).

[78] StAA, Nl. Waldbott von Bassenheim [Karton 449] Broschüre vom 2.3.1921, S. 5. Der *Verein* wurde (1919) vom westfälischen Adel dominiert.

[79] KALM, Heroldsamt, S. 241-246.

8.2.) Die völkische Zerstörung des Adelsbegriffes

von der DAG und, soweit vorhanden, den entsprechenden Familienverbänden, geächtet und ausgeschlossen.[80]

Zu den organisatorischen Antworten auf Titelkauf und Namensschwindel gehörten diverse, sofort einsetzende Versuche im Adel, eine umfassende Adelsmatrikel zu schaffen, um sich vor der Gründung „unechte[r] Stämme" zu schützen, die „Glücksritter, Heiratsschwindler, Hochstapler und Dirnen" nunmehr ungehindert betreiben konnten. Ein entsprechender Aufruf, den Mitglieder der renommiertesten preußischen Adelsfamilien unterzeichnet hatten, erging bereits im November 1919.[81]

Gleichzeitig mit diesen Bestrebungen läßt sich die Entstehung einer zweiten, völkisch orientierten Initiative aufzeigen, die von Mitgliedern des pommerschen Adels ausging[82] und sich im ostelbischen Adel schnell und dauerhaft durchsetzen sollte. Im Januar 1920 forderte ein Aufruf von Mitgliedern des pommerschen Adels die „Reinigung des Adels vom jüdischen Blute bis zu einer scharfgezogenen Grenze, welche jetzt *noch möglich* ist". Da „der Adel, darunter viele hochangesehene, historisch berühmte Geschlechter, [...] bereits stark verjudet" sei, sollte in der neu zu schaffenden Adelsmatrikel auf „strenge Rassenreinheit" geachtet werden. Aufgenommen werden sollten nur Adlige, die nicht mehr als „1/8 jüdisches Blut" hatten. Der von 127 Adligen, darunter ein Fürst, 15 Grafen, 10 Freiherren und 102 Untitulierte gezeichnete Aufruf kündigte für den Fall seiner Ablehnung die Schaffung einer eigenen, „reinrassigen" Matrikel an.[83] Die praktische Organisationsarbeit dieser völkischen Initiative wurde maßgeblich durch den bereits erwähnten Ernst v. Hertzberg-Lottin und seine Söhne Gertzlaff und Rüdiger koordiniert.[84] Vater und Söhne, die in Pommern gleichermaßen zur alten agrarischen Führungselite wie zur Führungsspitze der alldeutschen Netzwerke gehörten, organisier-

---

[80] WAAM, NL Kerckerinck, Nr. 515 (von der DAG erstellte Liste Adliger, die ihre Titel zum Kauf angeboten hatten, Mai 1928). Vgl. für entsprechende Anprangerungen im Adelsblatt: DAB 10/1930, S. 142.

[81] Der Aufruf war von 30 Angehörigen v. a. uradliger Familien unterzeichnet: BLHA, Rep. 37 Friedersdorf, Bd. 478, Fol. 3-4 und NSSAB, AFM, Depos. 3 F, IV 12, Nr. 31b. Vgl. den Aufruf: Deutscher Edelmann, sei auf der Hut!, in: BAMA, N280/48.

[82] Die Häufung pommerscher Adliger unter den Vertretern der völkischen Richtung ist in allen Überlieferungen auffällig. Charakteristisch blieb hier eine Mischung aus völkischen und monarchischen Argumenten. Vgl. neben den im Text genannten Belegen die Lebensläufe von Konrad Tessen v. Heydebrand (1872-1926), Hans-Joachim v. Brockhusen (1869-1928), Joachim Friedrich v. Owstien (1881-1970) und Carl v. Behr-Pinnow (1864-1941), in: IDA, http://home.foni.net/lex41; -lex14; -lex27; -lex76.

[83] BLHA, Rep. 37 Friedersdorf, Nr. 478, Fol. 11 und LAM-AW, Rep. H Karow, Nr. 220, Fol. 201. 39 Unterzeichner gaben ihre Offiziersränge – meist a. D. oder z. D. – an, darunter 12 Generale. Es handelte sich fast ausschließlich um alte bzw. uradlige Familien, die oftmals mehrfach vertreten waren, neben Adligen aus Pommern u. a. Arnim (2), Blücher (2), Heydebreck (5), Hertzberg (7), Kleist (2), Puttkamer (5). Der unterzeichnende Fürst war Fürst Puttbus. Die Verbreitung des Aufrufes im Adel besorgte der pommersche Landschaftsdirektor und Gutsbesitzer Ernst v. Hertzberg-Lottin mit seinen beiden Söhnen, die wie ihr Vater diversen alldeutsch-antisemitischen Organisationen angehörten.

[84] Rundschreiben HERTZBERGS in: BLHA, Rep. 37 Friedersdorf, Nr. 478, Fol. 13.

ten den Versand der Spendenaufrufe mit beigelegtem Zeichnungsformular innerhalb des Adels. Sowohl der Plan als auch die Durchsetzung der völkischen Matrikel scheinen maßgeblich aus dem Kreis dieser Familie und beeinflußt worden zu sein.[85] Die Hertzbergs hatten die von Guido List kultivierte deutsch-völkische Rassenmystik, später auch diverse rassenbiologische Theorien im theoriefeindlichen Umkreis ihrer pommerschen Standesgenossen vermittelt.[86] Auch in diesem Fall lassen sich weder Vater noch Söhne in die Gruppe der in Krieg und Revolution radikalisierten zornigen jungen Männer einordnen. Ernst v. Hertzberg-Lottin, Gutsbesitzer, ehemaliges Mitglied des preußischen Herrenhauses und Landschaftsdirektor a. D., war bei Kriegsende 76, seine Söhne 38 und 41 Jahre alt. Als aktives Mitglied des BdL und des Alldeutschen Verbandes sowie als enger Vertrauter Heinrich Claß' war Ernst v. Hertzberg mit Ideologie und Methoden neu-rechter Politik lange vor 1914 bestens vertraut. Die Übernahme leitender Funktionen in diversen rechtsradikalen Organisationen der Nachkriegszeit durch die Söhne läßt sich auch in diesem Fall eher aus der ideologischen Vorprägung der Familie denn aus dem Umbruch von 1918 erklären. Familiäre Referenzen dürften eine Rolle gespielt haben, als Gerzlaff v. Hertzberg, Verwaltungsjurist und Landrat a. D., nach seinem Karriereknick von 1918 zum Gründer der *Deutschen Zeitung* und im Jahre 1920 zum geschäftsführenden Vorsitzenden des *Deutsch-Völkischen Schutz- und Trutzbundes* und neun Jahre später stellvertretender Vorsitzender des Alldeutschen Verbandes wurde.[87]

Ähnlich wie die pommerschen Adligen um die Hertzbergs hatte auch Albrecht Frhr. v. Houwald, der zu den wichtigsten Protagonisten der völkischen Umwandlung des Adelsbegriffes gehörte, das völkische Denken im organisatorischen Netzwerk der Alldeutschen kennengelernt, hier in Form des *Deutsch-Völkischen Schutz- und Trutzbundes*. Nach eigenem Bekunden hatte der Oberjustizrat, der 1918 angeblich freiwillig aus dem Staatsdienst ausgeschieden war, dem DVSTB und weiteren antisemitischen Vereinen angehört, bevor er im Herbst 1931 30 Männer des Horst-Wessel-Sturmes bei sich einquartierte und nach diesem Erlebnis Mitglied der NSDAP wurde.[88]

---

[85] Aufrufe und Kapitalsammlung für das EDDA-Projekt sowie die völkische Mehrheit auf der entscheidenden Abstimmung am 1.12.1920 in Berlin wurden von Hertzberg und seinen Söhnen persönlich organisiert. Vgl. die Aufrufe von 1920/21 in: BLHA, Rep. 37 Friedersdorf, Bd. 478, Fol. 12-14.

[86] So in einem Rückblick, der Hertzbergs besondere Verdienste hervorhob. Als Vermittler der völkischen Ideologie werden hier „die Freundeskreise" v. Zastrow-Kölpin, v. Schierstädt-Altbärbaum, v. Jordans genannt: Heinrich ROGGE, Zur Adelsfrage – Ein kritischer Rückblick, in: DAB 1935, S. 315.

[87] Zu den Hertzbergs vgl. neben dem o. g. Rückblick von H. ROGGE (DAB 1935, S. 315): Alldeutsche Blätter v. 6.12.1930; LOHALM, Radikalismus, S. 96, 364f. sowie GÖRLITZ, Junker, S. 370.

[88] Selbstdarstellung HOUWALDs in einem Schreiben vom 7.7.1938 in: BAB (BDC), PA: Albrecht Frhr. v. Houwald, 10.6.1866. Wahrscheinlicher ist, daß Houwald nach Auflösung des preußischen Heroldsamtes auf unfreiwillige Weise erwerbslos geworden war.

8.2.) Die völkische Zerstörung des Adelsbegriffes

Zu Beginn des Jahres 1921 hatten adlige Spender erstaunlich hohe Summen für die Finanzierung des „EDDA"-Projektes zusammengebracht.[89] Houwalds Kalkulation, das Projekt könne sich bei 1.000 Eintragungen pro Jahr durch eine Gebühr von 40 Mark pro Eintrag zukünftig selbst finanzieren, sollte sich angesichts der geringen Zahlungskraft seiner Klientel allerdings bald als unrealistisch herausstellen. Im Oktober 1920 waren die Mitglieder der „Geschäftsstelle" des Adelsbuches in Berlin mit Vorstandsvertretern der DAG zusammen gekommen und hatten zwei konträre Erklärungen über die Art der künftigen Adelsmatrikel formuliert. Die erste Position vertrat Albrecht Frhr. von Houwald. Nachdrücklich plädierte der 54-jährige Beamte a. D. für die völkische Variante der Matrikel: Mit dem Hinweis, daß auch ein „Zweiunddreißigstel-Jude" mit schweren „Rassefehlern" belastet sein könne, trat Houwald für ein „unbeschränktes Blutsbekenntnis" ein, da auch eine geringe „Blutsmischung mit den niederen Instinkten fremder minderwertiger Rassen" die Stellung des Adels als „geborener Führer der Masse seines Volkes" gefährden würde. Mit Bedauern sprach Houwald von den „Härten", die auch „Mischlinge" treffen mußten, deren Vorfahren „die Sünde wider das Blut begangen" hatten. Houwald empfahl diesen Standesgenossen, „Cölibatäre [zu] werden und den belasteten Stamm zum Absterben zu bringen". Nach Houwalds späteren Angaben wurde die völkische Variante der Matrikel insbesondere von pommerschen und baltischen Adligen unterstützt, während der Hochadel und „die reichen, dem Judentum durch Bluts- oder sonstige Beziehungen nahestehenden Neugeadelten sich fast gänzlich ablehnend" verhielten. Das Plädoyer, das als Druck an mehrere hundert Adlige versandt wurde, schloß mit dem Ruf: *„deutscher Adel im deutsch-völkischen Streben an die Front!"*[90]

Dem Rundschreiben mit Houwalds Brandrede lag als Gegenposition die nüchterne Erwiderung Anton Graf Spees bei, der das Ziel der Adelsmatrikel lediglich in einer Erfassung des durch die Revolution entstandenen „numerus clausus des Deutschen Adels" sah. Das Adelsbuch zu einer rassisch definierten Auswahl zu machen, so die Vorhersage des Grafen, werde „Zwiespalt in den deutschen Adel [tragen] und sollte doch zum Gegenteile wirken."[91] Die Entscheidung über die Art der in adliger Eigenregie geführten Adelsmatrikel fiel auf einer von „über 300 Edelleuten aus allen Teilen Deutschlands" be-

---

[89] Zur EDDA (= Eisernes Buch des deutschen Adels deutscher Art) s. u. Angabe von ca. 320.000 Mark in einem EDDA-Werberuf v. HOUWALDs in: Johanniter-Ordensblatt 1/1921, S. 15; bestätigt durch Houwalds Angaben im Protokoll der Gründungsversammlung vom 1.12.1920 in: WAAM, Nl. Lüninck, Nr. 815. Angabe von 800.000 Mark in: LHAM-AW, Rep. H Stolberg-Wernigerode, O, E, Nr. 23, Fol. 3f. (Aufruf des Werbeausschusses der DAG-Landesabteilung Magdeburg-Anhalt v. 8.11.1920). Die Höhe der hier genannten Beträge ist im Hinblick auf die DAG-Budgets kaum vorstellbar.

[90] Position Baron HOUWALDs in der Debatte FRHR. V. HOUWALD/GRAF SPEE, in: BLHA, Rep. 37 Friedersdorf, Nr. 478, Fol. 16-17 und in: NRWSAD, L 114 v. Donop, Nr. 508.

[91] Position GRAF SPEEs in der protokollierten Debatte, zit. n. ebd. Graf Spee gehörte zum DAG-Vorstand.

suchten Gründungsversammlung, die am 1. Dezember 1920 in Berlin stattfand. Nach einer scharf geführten Debatte setzte sich hier die völkische Variante, eingebracht durch den alldeutschen Baron Leopold v. Vietinghoff, mit einer Mehrheit von 130 gegen 68 Stimmen durch. Für die Matrikel wurde „die schöne Bezeichnung ‚Eisernes Buch deutschen Adels Deutscher Art', in zeitgemäßer Abkürzung ‚Edda', gefunden". Eine EDDA-Eintragung erforderte die „schriftliche Erklärung, daß der Bewerber, [...] nach bestem Wissen und Gewissen unter seinen oder seines Ehegatten 32 Vorfahren von Vaters und Mutters Seite in der obersten Reihe keinen oder höchstens einen Semiten oder Farbigen hat."[92] Betroffenen Mitgliedern „half" die DAG-Leitung mit dem zynisch klingenden, aber durchaus ernstgemeinten Hinweis, Beratungsstellen zur „Blutsentmischung" eingerichtet zu haben. Hier war in Erfahrung zu bringen, ob die Chance bestand, sich durch gute Gattenwahl empormendeln und spätere Generationen wieder in den „reinen" Adel einreihen zu können, oder ob es ratsam erschien, den „verunreinigten" Familienzweig durch Enthaltsamkeit zum „Absterben" zu bringen.[93]

In Form der EDDA–Matrikel lag eine handwerklich verbesserte, vom Kopf auf die Füße gestellte und nunmehr vom Adel selbst kontrollierte Version des Semi-Gotha von 1912 vor, mit der die Definition des Begriffes Adel erheblich modifiziert, zutreffender läßt sich wohl sagen: ruiniert wurde.[94] Legitimistische Einwände älterer Adliger, die in der Zurückweisung vom König nobilitierter Juden einen Affront gegen den königlichen Willen sahen, wurden durch Houwald und seine völkischen Mitstreiter mit der Bemerkung zurückgewiesen, Kaiser und Kronprinz hätten gegen die völkische Matrikel keinerlei Bedenken geäußert.[95]

Die Herstellung der drucktechnisch anspruchsvollen Tafeln nahm einige Zeit in Anspruch. Im Herbst 1925 erschien der erste EDDA-Band, beginnend mit der Ahnentafel von keinem geringeren als dem Exilkaiser Wilhelm II. Die Einreihung des Kaisers als Frontmann der rassistischen Matrikel läßt sich als direkte Antwort auf die in völkischen Kreisen kursierende Behauptung einer

---

[92] So der entscheidende § 8 der EDDA-Satzung, zit. n. DAB, 15.4.1921, S. 98. Zur Debatte und zur Gründungsversammlung, auf der neben DAG-Mitgliedern auch Vertreter des Johanniter- und des Malteserordens, einiger Familienverbände und bereits bestehender „Bucheinrichtungen" vertreten waren, s. v. a. folgende Berichte im DAB: 15.8.1920, S. 259f.; 39/1921, S. 82, 97-99, 115-117. Resümierend in der Broschüre „Überblick über die Entwicklung der Adelsschutzeinrichtung, Potsdam 1921" in: WAAM, Nl. Lüninck, Nr. 815.

[93] Zitate in: DAB, 38/1920, S. 402-404 (FRHR. V. HOUWALD). „Beratung" zu Fragen der „Blutsentmischung" bot die Buchungshauptstelle der DAG an: DAB, 18/1930, S. 246. Zum innerrassistischen Streit um die Möglichkeiten des „Ausmendelns" von „minderwertigem Blut" s. ESSNER, System, S. 70f.

[94] Walter v. HUECK, langjähriger Leiter des Deutschen Adelsarchives in Marburg, in dem die gesamte Überlieferung der EDDA-Stammtafeln lagert, erwähnt Entstehung und Ausrichtung der völkischen Matrikel mit keinem Wort. Die radikale Umdeutung des Adelsbegriffes wird in Huecks Beitrag systematisch übergangen (HUECK, Organisationen, S. 23).

[95] Vgl. die Formulierung der Bedenken durch V. ENGELBRECHTEN, in: DAB 1921, S. 84 und HOUWALDs Entgegnung in: ebd. S. 99.

8.2.) Die völkische Zerstörung des Adelsbegriffes

jüdischen „Versippung" des Hohenzollernhauses lesen. Das von den Völkischen im Kaiserreich immer wieder gestreute Gerücht erreichte 1919 einen publizistischen Höhepunkt, als der Münchener Eher-Verlag eine Schrift mit dem Titel „Semi-Imperator" auf den Markt brachte.[96] Neben dem Stammbaum Wilhelms II., welcher die völkische Gerüchteküche mit genealogischen Mitteln zu verschließen suchte, enthielt der erste Band die Stammtafeln von 340 Probanden.[97] Im Vorwort des Bandes wurde die Verformung des traditionellen Adels-Begriffes besonders deutlich: „Der mit wahrer völkischer Auffassung nicht vereinbare ‚Ahnenbegriff‘ früherer Zeiten ist für die EDDA-Eintragungen fallen gelassen worden. Deutsches Bürger- und Bauernblut ist dem adligen vollwertig gleichgestellt. Eine ständische Absonderung des Adels ist damit aufgegeben."[98] Die Richtlinien im 1929 erschienenen zweiten Band erlaubten noch Einträge von Probanden, in deren 32er Ahnenreihe ein „artfremder Ahn" zugelassen wurde, da dieser „nach dem Mendelschen Gesetze rassebiologisch (1:63) [als] unschädlich" zu betrachten sei.[99] Unter der leitenden Parole *„Ahnenforschung macht frei!"* warb Houwald unablässig für das Unternehmen, das nach dem Verlust des gesamten Matrikelfonds in der Inflation in erhebliche Schwierigkeiten geraten war.[100]

Als 1936 der dritte EDDA-Band erschien, konnte v. Houwald, unterdessen zum Mitarbeiter des Rassepolitischen Amtes der NSDAP avanciert, auf bislang 6.000 angemeldete Probanden und 725 bereits gedruckte Ahnentafeln verweisen.[101] Überschlägt man die Anzahl der als „erbgleich" ebenfalls „entlasteten" Geschwister und Kinder der Probanden, ist neben der passiven Duldung des Projektes auch die Zahl der 6.000 Anmeldungen als bemerkenswert hoch einzustufen. Die notwendigen Recherchen zur Erstellung der 32er Ahnenreihe waren aufwendig und kostspielig – nach Angaben v. Bogens waren „kaum 50% des Adels [in der Lage] ihre Ahnen bis in die 32er Reihe nachzu-

---

[96] Heinrich Kräger, nach dem Ersten Weltkrieg Mitbegründer der *Deutsch-Sozialistischen Partei*, veröffentlichte unter dem Pseudonym „E. EKKEHARD" in Anlehnung an den Semi-Gotha folgendes Werk: Semi-Imperator (d.i. Wilhelm II. Kaiser von Deutschland) 1888-1918. Eine genealogisch-rassengeschichtliche Aufklärung zur Warnung für die Zukunft (= Semi-Alliancen Folge. Judaisierte Hohenzollern), München 1919. Für diesen Hinweis danke ich Alexandra Gerstner (FU Berlin).

[97] Im ersten Band hatte sich eine große Anzahl Angehöriger alter und bekannter Familien eintragen lassen, darunter z.B. der DAG-Vorsitzende Berg, der Herrenklub-Präsident Alvensleben, Otto Fürst v. Bismarck und der Schriftsteller Börries Baron v. Münchhausen.

[98] Vorwort v. HOUWALDS in: Ausgewählte Ahnentafeln der EDDA. Hg. von der Buchungshauptstelle Deutschen Adels (Arbeitsabteilung VI der DAG), Bd. 1, Gotha 1925, (DAAM). Zu den Adligen, die sich in den ersten Band eintragen ließen, gehörten auch der Adelsmarschall Friedrich v. Berg, der spätere Herrenklub-Präsident Hans Bodo v. Alvensleben, der Schriftsteller Borries Frhr. v. Münchhausen und Otto Fürst v. Bismarck, Enkel des Reichskanzlers.

[99] HOUWALD, Vorwort, in: EDDA, Bd. 2, Gotha 1929, S. IV, in: DAAM.

[100] HOUWALD über den 1. Band in: Jahrbuch der DAG, 1927, S. 16f.

[101] EDDA, Bd. 3, Gotha 1936, Vorwort, S. III-IV, in: DAAM.

weisen".[102] Der „schwere Schicksalskampf, in dem Großdeutschland seit 1939 [stand]", reduzierte „Muße und Zeit" der Standesgenossen für „so rein ideelle Bestrebungen wie Ahnenkunde" zwar auf ein Minimum, dennoch gelang 1942 die Herausgabe des vierten Bandes, in dem Houwald das Projekt ankündigte, auch die Reinblütigkeit der Toten zu beweisen. Die arische Qualität des unterdessen im Krieg vergossenen Blutes sollte in einem Sonderband belegt werden, der als besondere Ehrung der „teueren Gefallenen" gedacht war: „In zahlreichen Fällen werden sie leider den letzten Mannessproß alter Geschlechter behandeln müssen, damit aber zugleich dessen Namen und Blut ein ehrendes Gedenken stiften. Wo aber Geschwister oder Kinder sind, sollen diese mit Stolz aus den Ahnentafeln der Gefallenen auch den Wert des eigenen Bluterbes (sic) erkennen."[103]

Die Ergebnisse der aufwendigen genealogischen Aufstellungen widerlegten im übrigen den völkischen Vorwurf einer weitgehenden „Verjudung" des deutschen Adels. Im Jahre 1938 ging v. Bogen u. Schönstedt, gestützt auf die langjährigen Erhebungen im Rahmen des EDDA-Projektes, davon aus, daß, „ungünstig gerechnet, [...] 3% des Adels verjudet sind."[104] Dies wohlgemerkt bei einer bis 1800 zurückverfolgten Ahnenreihe. Houwald und Bogen hatten zuvor referiert, die „beklagenswerten Verbindungen mit artfremdem Blute" seien „zumeist in den von der Scholle gelösten Geschlechtern" zu verzeichnen und hätten ihren Ursprung zumeist im Ende des 18. Jahrhunderts. In diesem Zeitraum machte Houwald auch „die Adelung aus dem Judentum hervorgegangener Bürgerlicher" aus. Tatsächlich hatten in einigen Reichsteilen die Fürsten vom Institut der Nobilitierungen insbesondere in der zweiten Hälfte des 18. Jahrhundert „einen überreichlichen Gebrauch" gemacht, was z.B. für den bayerischen Adel belegt ist.[105]

Auch im „Gotha", dem traditionsreichen genealogischen Nachschlagewerk, das im Adel von großer praktischer Bedeutung war,[106] hinterließ der Adelsrassismus deutliche Spuren. Das DAG-Adelskapitel hatte im Dezember 1927 beschlossen, auch in den Gothaischen Taschenbüchern die EDDA-Probanden durch eine Kennzeichnung mit dem Buchstaben „E" besonders hervorzuhe-

---

[102] BOGEN, undatierter Druck: Der neue Weg der DAG (vermutlich Ende 1933), in: DAAM, LAB, Bd. 6, Hft. ‚Adel und NS'.
[103] HOUWALD, Vorwort, in: Ausgewählte Ahnentafeln der EDDA (Eisernes Buch Deutschen Adels Deutscher Art), Hg. von der Buchungshauptstelle Deutschen Adels (Arbeitsabteilung VI der Deutschen Adelsgenossenschaft), Bd. IV, Gotha 1942, S. III.
[104] Laut Bogen mußten nach der Verschärfung des „Arier-Paragraphen" (1933) 1,5-2% der DAG-Mitglieder ausscheiden: Bericht BOGENs auf einer DAG-Vorstandssitzung in Nürnberg am 6.3.1938, DAAM Bd. 3, Hft. ‚Jugendfrage 1937/39'. Vgl. seinen Bericht, ca. Ende 1933, Der neue Weg der DAG, in: DAAM, LAB, Bd. 6, Hft. ‚Adel und NS'.
[105] Kommentare und Statistiken zur Struktur des bayerischen Adels in: Mitteilungen der GKEB, 16.4.1922, S. 2-5, hier S. 3. Zum Zeitpunkt der „Versippungen" s. das Schreiben FÜRST BENTHEIMS an Graf Stauffenberg v. 15.1.1934 sowie Walter v. BOGEN, Der neue Weg der DAG (ca. Ende 1933); beide in: DAAM, LAB, Bd. 6, Hft. ‚Adel und NS'.
[106] Vgl. dazu das instruktive Kapitel bei DISSOW, S. 115-135.

8.2.) Die völkische Zerstörung des Adelsbegriffes

ben. Auch gegen diese Regelung traten süddeutsche Adlige mit entschiedenem Protest hervor. Die Landesabteilungen Baden und Bayern forderten die Rücknahme der Regelung – niemand werde danach fragen, ob eine Familie das „E" nicht tragen könne oder nicht tragen wolle, „sondern es wird sich sehr bald innerhalb und ausserhalb des Adels die Anschauung herausbilden, dass das Fehlen des „E" mit einer Art Adel 2. Klasse gleichbedeutend ist." Es würde schließlich der Eindruck entstehen, alle Adligen ohne „E"-Kennung seien „reif für den Semi-Gotha". Zeitgleich mit diesem Antrag trumpfte die Landesabeilung Hannover mit der Forderung auf, den Arierparagraphen zu verschärfen und Standesgenossen, die „semitisch oder farbig" heirateten, im Adelsblatt öffentlich anzuprangern.[107]

Es ist schwer zu beurteilen, wie weit die Kreise waren, welche die hier skizzierte völkische Verformung des Adelsbegriffes aktiv oder zumindest passiv unterstützt haben. Dem sechsköpfigen *Buchungshauptausschuß Deutschen Adels Deutscher Art* gehörte neben den genannten alldeutsch geprägten Adligen auch ein Graf Finck v. Finckenstein an.[108] Sicher ist, daß der Umbau der DAG in einen „Kampfbund"[109] unter den DAG-Mitgliedern ebenso umstritten blieb wie die völkische Axt, mit der nunmehr in den Stammbaum des historischen Adels geschlagen wurde. Im September 1924 mußte das Büro der „Buchungshauptstelle" im Berliner Schloß Bellevue geschlossen und in der Potsdamer Privatwohnung Albrecht Frhr. v. Houwalds weitergeführt werden.[110] Handwerklich wurde die Redaktion der EDDA-Bände nach Erscheinen des zweiten Bandes von Houwald offenbar mehr oder minder als Ein-Mann-Unternehmen geleitet.[111] Ideologisch allerdings wurde durch die Bände eine Dynamik entfaltet, die weit über die DAG hinaus wirkte.

Ohne Zweifel blieb die Beteiligung des Adels an der Herstellung des EDDA weit hinter den Erwartungen seiner Initiatoren zurück. Die 3.158 Eintragungen aus 508 Familien, die bis 1931 verzeichnet waren, bezeichnete Houwald

---

[107] Anträge der Landesabteilungen Baden und Hannover (undatiert, 1928) in: DAAM, LAB, Bd. 2, Hft. ‚Rundschreiben 1926/34', vgl. ebd., Bd. 9, Hft. ‚Adelsorganisationen': Schreiben des Badischen Grundherrenverbandes vom 30.1.1928, und der Landesabteilung Baden, 25.10.1927, in: ebd., Bd. 11, Hft. ‚Korrespondenz'. Zur „E"-Regelung vgl. DAB, 21.1.1928, S. 45. Ähnlich im Schreiben von Karl FRHR. V. ARETIN, 29.3.1934, in: DAAM, LAB, Bd. 9, Hft. ‚Ahnentafeln 33/34', der sich beruhigt darüber äußerte, daß der DAG-Führung „nichts Dümmeres eingefallen" war.

[108] Mitglieder: Graf Finck v. Finckenstein, Baron v. Vietinghoff-Scheel, v. Hertzberg, v. Auerswald, Frhr. v. Freyberg-Eisenberg, Frhr. v. Houwald (DAAM, LAB, Bd. 2, Hft. ‚25/26', Angaben zur Buchungshauptstelle, 24.2.1926).

[109] AFLH, Vertrauliche Schreiben an die Landesverbände und Antworten, 22./23.5.1928 und Juli 1928: Ewald V. KLEIST-SCHMENZIN und der DAB-Schriftleiter V. BOGEN bestanden gegen mäßigende Einwände aus Süddeutschland darauf, daß die DAG kein Wohlfahrtsverein, sondern ein zum „Angriff" bestimmter „Kampfbund" war.

[110] BLHA, Rep. 37 Friedersdorf, Nr. 478, Fol. 96.

[111] Schreiben des Verlegers Justus PERTHES, Ende Januar 1932 und Brief HOUWALDs an Karl Frhr. v. Aretin, 5.9.1933 mit Houwalds Klage, in seiner „ländlichen Einsamkeit [...] alles allein tun" zu müssen, beide in: DAAM, LAB, Bd. 9, Hft. ‚EDDA 26/33'. Houwald war 1931 von Potsdam in ein Dorf im Spreewald umgezogen.

als einen „beschämend kleinen Teil" des Adels.[112] Die Gründe für die verbreitete Zurückhaltung, sich an der völkischen Matrikel zu beteiligen, reichten von dezidierter Ablehnung über Desinteresse bis zu den zeit- und kostenintensiven genealogischen Nachforschungen, die mit einem Eintrag verbunden waren. 1932 wurde die Werbung für den dritten Band zwischenzeitlich eingestellt, „da sich nicht genügend Interessenten für den Tafelabdruck gefunden" hatten.[113]

Um den Grad der generellen Zustimmung einzuschätzen, auf welche die nach „rassischen" Kriterien geführte Matrikel im Adel stieß, ist der Hinweis auf den äußerst kleinen Kreis ihrer Herausgeber kaum geeignet. Die tiefen Veränderungen adliger Begrifflichkeiten, die hinter dem Projekt standen, fanden in allen Kreisen des Adels Befürworter. Biologische und sozialdarwinistische Topoi mischend hatte Wilhelm Karl Prinz v. Isenburg den Adel 1929 aufgefordert, sich von der tradierten Definition „ebenbürtiger" Heiraten zu verabschieden: „Der Hexenkessel des Blutchaos droht überzuschäumen, alle Hemmungen sind gefallen, in wahnsinniger Verblendung eilen die einst führenden [...] Familien ihrer völligen Auflösung entgegen."[114]

Innerhalb der Adelsverbände hat sich der katholische Adel, v. a. in Bayern, dem völkischen Amoklauf tendenziell entzogen bzw. entgegengestellt. Religiöse Bindungen, anti-preußische Ressentiments und die starke Bindung an das bayerische Königshaus waren die drei Leitmotive der Opposition gegen die völkische Orientierung. Dies gilt sowohl für den Vorstand der bayerischen DAG-Landesabteilung als auch für die *Genossenschaft katholischer Edelleute Bayerns*. Da man auf der Suche nach Residuen konservativen Denkens, die adlige Traditionen gegen die Verformung durch völkisch-rechtsradikale Strömungen weitgehend abschirmten, am ehesten hier fündig wird, werden beide Organisationen noch genauer betrachtet. Prononcierter als im Vorstand des westfälischen *Vereins katholischer Edelleute* fiel die Ablehnung des völkischen Kampfkurses im südwestdeutschen und bayerischen Adel aus, ohne jedoch Ambivalenzen und taktische Kompromisse auszuschließen. Innerhalb der DAG trat der Vorstand der bayerischen Landesabteilung immer wieder „mit aller Energie" gegen das Projekt auf, die EDDA-Eintragung jedem Mitglied vorzuschreiben.[115] Allerdings wandte sich der Vorsitzende des bayerischen DAG-Landesverbandes, Fürst v. Öttingen-Spielberg, Anfang 1932 mit einem Aufruf an die Bezirksabteilungen, das „unersetzliche Quellenwerk"

---

[112] Bericht und Aufruf HOUWALDs, in: Jahrbuch der DAG 1931, S. 5.
[113] Vgl. HOUWALD, Das Fortbestehen der EDDA gefährdet!, in: DAB 1939, S. 244f., sowie die regelmäßigen Aufrufe mit dem Titel „Denkt an die EDDA!", u. a. in: DAB 1932, S. 509, DAB 1936, S. 51, DAB 1943, S. 26f.
[114] Dr. Wilhelm Karl PRINZ V. ISENBURG, Ebenburt (sic) und Inzucht, in: Archiv für Sippenforschung, Heft 2/1929, S. 50-53, zit. S. 52.
[115] AFLH, Protokoll der Vorstandssitzung der DAG-Landesabteilung Bayern vom 23.11.1929. Hier auch Auftreten der Landesabteilungen Bayern und Württemberg gegen den scharfen antirepublikanischen Kampfkurs der DAG.

8.2.) Die völkische Zerstörung des Adelsbegriffes

weiter zu unterstützen, das „auf die verschiedensten Fragen nach Rasse und den biologischen Bedingungen, [...] Lokalgeschichte, Landesgeschichte, Kulturgeschichte, ja häufig auch Weltgeschichte Antwort weiss." Ungeachtet der erheblichen Widerstände innerhalb der eigenen Landesabteilung bestätigte der Fürst mit seinem Aufruf das grundsätzliche Wohlwollen, das die bayerische Landesabteilung bereits 1926 beim Erscheinen des zweiten Bandes signalisiert hatte.[116] Karl August Graf v. Drechsel, Mitglied im bayerischen DAG-Vorstand, beantragte seinen Eintrag im Sommer 1932 und äußerte einem Freund gegenüber: „[Mich haben] ausschliesslich genealogische und nicht völkische Gesichtspunkte zu diesem Abdruck veranlasst".[117] Karl Frhr. v. Aretin, einer der schärfsten NS-Gegner im bayerischen Vorstand, überbrachte Albrecht Frhr. v. Houwald im September 1933 die den EDDA-Herausgeber „hoch erfreuende Botschaft", sich um einen Eintrag bemühen zu wollen. Die „freudige Genugtuung", die der Leiter des völkischen Projektes sogleich zu erkennen gab, zeugte von Houwalds Triumphgefühl, die seit über zehn Jahren verfochtene Haltung nun auch im katholischen Süden durchgesetzt zu haben: „Gerade dass der süddeutsche Adel sich im allgemeinen so ablehnend verhielt, hat mich immer geschmerzt und die Erklärung, die mir mal Fürst von der Leyen gab, dass ‚eben in Bayern überall der Eichthal drinstrecke', trifft erfreulicherweise doch nicht ausnahmslos zu."[118] Einem Standesgenossen sandte Aretin eine Auflistung von 40 fränkischen und bayerischen Familien zu, die in Frage kamen, sich „mit nichtarischem Blut infiziert [zu] haben."[119] Aretins Kollaboration ist deshalb erstaunlich, weil der politische Scharfblick des bayerischen Barons in den Quellen ebenso beeindruckt wie seine humorvollen Aperçus, in denen er seine Distanz zum völkischen Denken immer wieder zum Ausdruck brachte. Die im Herbst 1933 getroffene Entscheidung, sich in die EDDA eintragen zu lassen, sind ebenso wie seine freundlichen Briefe an Houwald charakteristisch für die Haltung des bayerischen Adels, die eine deutliche Distanz zum NS-Kurs problemlos mit freundschaftlichen Kontakten zu jenen Standesgenossen verband, die eben diesen Kurs innerhalb des Adels beförderten. In diesem konkreten Fall mag es sich um die gegenseitige Wertschätzung zweier Standesgenossen gehandelt haben, die für ihre großen genealogischen Interessen und Kompetenzen bekannt waren.[120] Hinter der Fassade der Freundlichkeit fand Aretin im Austausch mit

---

[116] WILHELM FRHR. V. LEONROD an die DAB-Schriftleitung, 17.7.1926 und Rundschreiben FÜRST ÖTTINGENS, Februar 1932, in: DAAM, LAB, Bd. 9, Hft. ‚EDDA 26/33'.

[117] DRECHSEL (vermutlich an Karl Aretin), 18.7.1932, in: DAAM, LAB, Bd. 6, Hft. Korrespondenz Öttingen/Aretin 1932'.

[118] Karl FRHR. V. ARETIN an Houwald 28.8.1933 und Houwalds Antwort vom 5.9.1933, in: DAAM, LAB, Bd. 9, Hft. ‚EDDA 26/33'. Aretins Anfrage zeugt von seiner Unkenntnis der EDDA-Satzungen.

[119] Karl FRHR. V. ARETIN an Frhr. v. Imhoff, 26.10.1934, in: DAAM, LAB, Bd. 9, Hft. ‚Ahnentafeln 33/34'.

[120] Karl FRHR. V. ARETIN an Houwald, 7.2.1934 und HOUWALDS betont freundliche Antwort vom 16.5.1934, in: DAAM, LAB, Bd. 9, Hft. ‚Ahnentafeln 33/34'.

Vertrauten für Houwald allerdings den passenden Begriff: „der Rassehanswurst".[121]

Um die Konsequenzen der völkischen Adelsverformung angemessen einzuschätzen, muß der Blick auf das Jahr 1933 ausgedeht werden. Als sich die DAG-Leitung im September 1933 in vorauseilendem Gehorsam bemühte, dem NS-Regime durch eine Verschärfung des Arierparagraphen entgegenzuarbeiten, erreichten die Konflikte innerhalb des Verbandes eine Schärfe, die zum Austritt einzelner Personen und ganzer Familienverbände führte. Die vom Adelskapitel der DAG beschlossene Verschärfung verlangte nunmehr einen an den Standards der SS orientierten Ahnennachweis bis ins Jahr 1750, bei dem „Verheiratete und Verheiratetgewesene" zu berücksichtigen waren.[122] Die Nähe zu den paranoiden Zügen in Theorie und Praxis der NS-Rassenpolitik war hier unübersehbar.[123]

Prominenter Protest gegen die Verschärfung des Arierparagraphen, insbesondere gegen den Ausschluß „verdienter Standesgenossen", wurde nun sogar durch den Vizekanzler Franz v. Papen und dessen ehemaligen Minister Magnus Frhr. v. Braun, dem DAG-„Landesführer" in Berlin, vorgetragen. Letzterem war es im März 1934 gelungen, Reichspräsident Hindenburg zu einem direkten Protest beim DAG-Vorsitzenden Fürst Bentheim zu bewegen.[124] Neben der Solidarität mit den betroffenen Vettern spielte hier die vage, auf ältere Traditionen anspielende Formel vom Bewahren der „wahrhaft adligen Gesinnung" eine zentrale Rolle. Auf dieser meist christliche und monarchistische Motive mischenden Linie hatte Reichspräsident Hindenburg, seit 1903 Mitglied und seit 1920 Ehrenvorsitzender der DAG, den Fürsten v. Bentheim aufgefordert, alle Adligen, die einst von ihren „Landesherren" für würdig befunden wurden, auch in der DAG weiterhin zu akzeptieren. Hindenburg hatte zwar mehrfach seine Mißbilligung „unreiner" Heiraten erklärt, war nun jedoch über den Ausschluß adliger Offiziere so empört, daß er seinen Rücktritt vom DAG-Ehrenvorsitz ankündigen ließ. Mäßigungsversuche dieser Art konnten sich jedoch innerhalb der DAG nicht durchsetzen. Der DAG-Vorsitzende Fürst Bentheim, der sich durch eine große Mehrheit der Landes-

---

[121] Karl FRHR. V. ARETIN an Otto Frhr. v. Berchem, 22.10.1934, in: DAAM, LAB, Bd. 9, Hft. ‚Ahnentafeln 33/34'. Die umfangreichen Briefwechsel weisen Aretins äußeres Entgegenkommen als den Versuch einer taktischen Anlehnung aus. An seiner Ablehnung des von Bogen und Houwald gesteuerten Kurses besteht kein Zweifel.

[122] Darstellung nach KLEINE, Adelsgenossenschaft, S. 118-121.

[123] Zu den entsprechenden Denkschriften Achim Gerckes zur Praxis der „Rassenscheidung" vgl. ESSNER, System, S. 73-75.

[124] Vgl. den vertraulichen Bericht der DAG-Hauptgeschäftsstelle, Juni 1934. „Jüdischversippte" und „ausgesprochen reaktionäre Kräfte", darunter auch der ehemalige Papen-Minister v. Braun, so der Bericht, leisteten gegen den Arierparagraphen noch Widerstand: DAAM, LAB, Bd.2, Hft. ‚Hauptgeschäftsstelle 1933-1934' und ein vertrauliches Schreiben Bentheims an die „Landesführer" v. 19.4.1934: ebd. Ähnliche Einschätzungen Hindenburgs und Papens in einem Brief KARL FRHR. V. ARETINS, 15.2.1934, in: ebd., Bd. 9, Hft. ‚Ahnentafeln 33/34'.

8.2.) Die völkische Zerstörung des Adelsbegriffes 351

abteilungen und durch Absprachen mit Reichswehrminister Werner v. Blomberg gestärkt wußte, wies diese Forderungen schroff zurück und drohte seinerseits, die DAG aufzulösen und gestützt auf Hitlers Plazet neuzugründen, um mit den Gegnern in den eigenen Reihen endgültig „fertigzuwerden". Eine Ausweitung der Krise, die vermutlich zur Spaltung oder Auflösung der DAG geführt hätte, wurde durch den Tod Hindenburgs vermieden.[125] Die Neuregelung führte in vielen Fällen zu einer Atmosphäre, in der Verdacht, Nachrede und Denunziation die Einheit des Adels gefährdeten. Die bislang mühsam kontrollierte atmosphärische Vergiftung breitete sich nun immer schneller aus. Der aufwendigen Recherche nach dem „Ariernachweis" für die Vorfahren unterzogen sich viele Adlige nur widerwillig und mit mäßigem Erfolg. Der zweite Vorsitzende der bayerischen Landesabteilung bezweifelte, daß er eine lückenlose 32er-Reihe erstellen könne und äußerte sich verärgert, daß die Vorstände der Pfarrämter durch die völkische Schnüffelei von Seelsorgern zu Archivbeamten degradiert würden.[126] Bezeichnenderweise war der adelsfeindliche Semi-Gotha von 1912 im Rahmen der völkischen Ermittlungen, die man im DAG-Vorstand über einzelne Familien anstellte, ein ständig benutztes Werkzeug. In aufwendigen, im Ausland recherchierten Gegengutachten bemühten sich auch bekannte Familien um Widerlegung der über den Semi-Gotha verbreiteten Herrschaft des Verdachts.[127] Mitglieder aus Familien, denen es nicht gelang, ihren Eintrag im Semi-Gotha als genealogischen Fehler zu widerlegen, sahen sich nach 1933 vor einem veritablen Karriere-Handicap.[128]

Zur gleichen Zeit wurde die vorsichtige Anfrage eines Grafen Schenk von Stauffenberg-Greifenstein, ob man nicht zwischen nahem und entferntem „jüdischen Blutstrom" unterscheiden könne, von Fürst Bentheim freundlichbestimmt zurückgewiesen – die Maßnahmen seien notwendig, um „eines Tages dem Führer den reinblütigen deutschen Adel als treue Gefolgschaft zur Verfügung stellen [zu können]".[129] Bogen verärgerte die bayerische Landesabteilung wenig später mit seinem Vorschlag, eine Adlige, die in Bayern als nicht kirchlich getraute Ehefrau von ihren Standesgenossen geschnitten wurde, heimlich in ihren Listen weiterzuführen.[130] Die hiermit praktizierte Aufgabe alter und die Verschärfung neuer Adelskriterien machte einmal mehr

---

[125] Dazu KLEINE, Adelsgenossenschaft, S. 122-124.
[126] WILHELM FRHR. V. LEONROD 23.10.1933 in: DAAM, LAB, Bd. 13, Hft. ‚Mittelfranken 29/33' und ebd., Hft. ‚Mittelfranken 33/36', der die Atmosphäre der inneradlig-völkischen Hexenjagd gut dokumentiert. Ebenso die Schriftwechsel in: MLHA, GHK III, Bd. 2647.
[127] Die Familie v. Bismarck ließ 1933 von einem Sachverständigen ein aufwendiges Gutachten erstellen, um das im Semi-Gotha verbreitete Gerücht jüdischer Vorfahren zu widerlegen: BAB (BDC), PA: Gottfried GRAF V. BISMARCK-SCHÖNHAUSEN, 29.3.1901 (genealogisches Gutachten vom 9.11.1933).
[128] BOGEN an LAB 16.12.1933: DAAM, LAB, Bd. 2, Hft. ‚33/34'. Über weitere Fälle von Denunziationen mit praktischen Folgen auf der Grundlage des Semi-Gotha berichtet ein Brief von Karl FRHR. V. ARETIN, 10.2.1934, in: DAAM, LAB, Bd. 9, Hft. ‚Ahnentafeln'.
[129] Schreiben v. 15.2.1935 in: DAAM, LAB, Bd. 13, Hft. ‚Mittelfranken 33/36'.
[130] BENTHEIM an Stauffenberg, Januar 1934: DAAM, LAB, Bd. 2, Hft. ‚33/34'.

deutlich, wie sehr sich die rechtsradikale DAG-Leitung vom konservativen Denken entfernt hatte. Mit seiner höflich gehaltenen Anfrage, ob die DAG nunmehr einen offiziellen Semi-Gotha einrichten wolle, stellte der bayerische Standesherr Fürst zu Löwenstein im November 1933 dem DAG-Adelsmarschall die Frage, die zu stellen bereits 1920 auf der Hand gelegen hätte.

Wie sehr der Oktroi dieser inneradligen Rassenpolitik in vielen Fällen auf Widerwillen stieß und den Zusammenhalt des Adels gefährdete, läßt sich anhand von Einzelfällen anschaulich belegen. Da der Arierparagraph durch die 1750-Regel nicht nur theoretisch verschärft wurde, sondern nunmehr tatsächlich Mitglieder, die den Kriterien nicht entsprachen, aus der Genossenschaft ausgeschlossen wurden, ging eine Welle des Protestes durch die DAG. Neben den süddeutschen Landesverbänden äußerte auch die katholisch dominierte Landesabteilung Schlesien[131] „sehr ernste Bedenken" gegen die Erniedrigung „wertvoller Mitglieder" zu „Adligen zweiter Klasse". Hauptgeschäftsführer v. Bogen hatte geschätzt, daß die notwendigen Ausschlüsse zwar unvermeidliche „Härten" mit sich bringen, letztlich jedoch nicht mehr als 1,5% der DAG-Mitglieder betreffen würden. Empört über die Verletzung „ritterlicher Grundsätze" und zusätzlich aufgebracht durch Berichte über enorme Bestechungsgelder und Sonderregelungen für NS-treue Adlige,[132] protestierten mehrere Landesabteilungen, verschiedene Familienverbände und einzelne Adlige auch dann, wenn sie von der Regelung selbst nicht betroffen waren. Fürst Bentheim und Walter v. Bogen erwiderten, die DAG-Führung werde sich durch Proteste und bedauerliche Einzelfälle „auf ihrem Wege nicht irre machen" lassen: „Wenn von dem Beamten 4 arische Grosseltern verlangt werden, wenn das Erbhofgesetz arische Ahnen bis 1800 verlangt, so kann und muss man an einen Adel wesentlich höhere Anforderungen stellen." Der Adel müsse sich gerade im völkischen Staat „über die Forderungen erheben, die man an einen Schaffner stellt." Die „Wissenschaft" müsse in Zukunft noch klären, „nach wieviel Generationen jüdisches Blut als ausgemendelt" und die Familien betroffener Standesgenossen wieder als „reinblütig" gelten könnten.[133]

---

[131] Der schlesische DAG-Landesführer, Alfred v. Goßler-Schätz, trat nach vergeblichen Protesten zurück, blieb aber DAG-Mitglied, vgl. KLEINE, Adelsgenossenschaft, S. 124.

[132] FÜRST LÖWENSTEIN übermittelte Bentheim ein *on dit*, nach dem ein betroffener Baron seinen EDDA-Eintrag mit 200.000 Mark erkauft haben sollte (Brief v. 7.12.1933 in: BayHStA, GKE, Nr. 6).

[133] BOGEN: Der neue Weg der Deutschen Adelsgenossenschaft (ca. 1934), v. a. S. 4-6, in: DAAM, LAB, Bd. 6, Hft. ‚Adel/NS 29/35'. Bogen hatte „teilweise sehr heftigen Widerstand" eingeräumt. Vgl. die Stellungnahme des Vorstandes der Landesabteilung Schlesien vom 2.9.1933, in: DAAM, LAB, Bd. 11, Hft. ‚Korrespondenz' („zweiter Klasse/Grundsätze"). BENTHEIM 12.10./2.12.1933 an Löwenstein in: BayHStA, GKE, Nr. 6 („Schaffner").

8.2.) Die völkische Zerstörung des Adelsbegriffes 353

Die von adligen und nicht-adligen Denunzianten betriebene „Rassenschnüffelei"[134] führte zu einem Konflikt, der entlang der etablierten regionalen Sollbruchstellen und zudem innerhalb der Familienverbände aufbrach. Im Familienverband der berühmten preußischen Familie v. d. Marwitz kam es im Herbst 1933 über die Frage der bis 1750 zurückgehenden Ahnenprobe zum Eklat. Nachdem der Vorsitzende und der Schatzmeister des Familienverbandes wegen Nichterfüllung der verschärften Rassekriterien von der DAG-Leitung ultimativ zum Austritt aus der DAG aufgefordert wurden, wandte sich ein Vetter gegen die damit verbundene Neudefinition des Adelsbegriffs. Unmöglich könne man einen verdienten, angesehenen Standesgenossen durch seinen DAG-Ausschluß symbolisch für adelsunwürdig erklären, nur „weil er das Unglück hat, dass einer seiner oder seiner Frau Vorfahren die Ehe mit einer Jüdin geschlossen hat. [...] Wo bleiben da die Grundsätze der Ritterlichkeit, Christlichkeit und Gerechtigkeit? Das können die Familienverbände unmöglich mitmachen."[135] Versuche, die Adelswürdigkeit der Vettern zu verteidigen, wurden von der DAG-Führung scharf zurückgewiesen – was SA und SS an arischer Reinheit forderten, müsse vom Adel übertroffen werden können. Einzelne Mitglieder des Verbandes, der als Kollektivmitglied in den DAG-Listen geführt wurde, erklärten daraufhin ihren Austritt aus der DAG, geschlossen trat der Verband allerdings erst im Jahre 1938 aus der DAG aus.[136]

Auch der märkische Gutsbesitzer Bodo v. d. Marwitz, der als junger Mann nach dem Krieg, in dem seine beiden Brüder gefallen waren, völkischen Werbern beachtliche Summen gespendet hatte, weigerte sich im Februar 1935, Belege seiner arischen Abstammung einzureichen. Von der DAG-Führung außerdem wegen des Nichtbezugs des Adelsblattes gerügt, wurde Marwitz durch den ostmärkischen DAG-Landesführer mitgeteilt, aufgrund der nichterstellten Ahnentafeln nehme man an, „daß E[euer] H[ochwohlgeboren] keinen Wert mehr auf die Zugehörigkeit zur Deutschen Adelsgenossenschaft und damit zum reinblütigen deutschen Adel legen, der in der Deutschen Adelsgenossenschaft zusammengeschlossen ist." In seinem Antwortschreiben betonte Marwitz, daß er die Nachweise seiner Reinblütigkeit „selbstverständlich lückenlos [und] erheblich weiter als die DAG fordert" dokumentieren könne. „*Die Art und Weise*" jedoch, in der die DAG gegen „hochangesehene Mitglieder [s]eines weiteren Familienverbandes" vorgegangen sei, halte er für „unziemlich". Hier wie an anderen Stellen hielt Marwitz an älteren Traditionen des Adelsbegriffes fest: „[Ich bin] überzeugt, dass in ganz anderer Weise ich

---

[134] Brief von Karl FRHR. V. ARETIN, 15.2.1934, in: DAAM, LAB, Bd. 9, Hft. ‚Ahnentafeln', über die Denunziationstätigkeit („kolossale Betriebsamkeit") einer Baronin Godin, welche die Mitglieder im bayerischen DAG-Landesvorstand erheblich verärgert hatte.

[135] BLHA, Rep. 37 Friedersdorf, Bd. 259, Fol. 177: Protestschreiben des Schriftführers Heinrich V. D. MARWITZ an den Familienrat vom 7.10.1933 („unmöglich mitmachen").

[136] BLHA, Rep. 37 Friedersdorf, Bd. 259, Fol. 197: Schreiben der DAG-Führung an den Marwitzschen Familienverband vom 22.2.1934 („SA/SS") und ebd., Fol. 203, 215 und 220: (Austritte aus der DAG 1935 und 1938).

dafür zu sorgen habe, dass mein alter Name seinen guten Klang behält."[137] Auf den ersten Blick läßt sich Marwitz' Antwort in eine konservative Abwehrhaltung einordnen. Anfang 1932 hatte Marwitz über die „teutschen" Gegner Hindenburgs gespottet und die „gesunde Peitsche" gegen den Marxismus nicht in die Hände Hitlers, sondern in die Hände des Duos Hindenburg/Brüning gewünscht. Marwitz bewahrte zur NS-Bewegung innere Distanz; der NSDAP blieben er und seine engere Familie auch in späteren Jahren fern.[138] Allerdings hatte auch Marwitz 1932 die Gemeinsamkeiten im „nationalen Block" über die Differenzen gestellt.[139] Die Ambivalenz dieser Haltung fand sich im November 1933 bei der Abwehr der völkischen Attacken auf seinen Familienverband wieder. Nach einer Besprechung mit Baron Houwald hatte er sich durch dessen Interpretation der Hitlerschen Forderungen an den Adel überzeugen lassen, dem bereits alarmierten Familienverband Zurückhaltung empfohlen und das EDDA-Projekt mit einem eigenen Vorschlag gleichermaßen zu entschärfen und zu befördern versucht: Adlige, die in der Lage waren, ihre „reine Abstammung (gleichviel ob adlig oder bürgerlich)" bis 1750 nachzuweisen, solle man künftig durch einen „besonderen Wappenschmuck" kennzeichnen.[140] In Mecklenburg bekundeten betroffene Familien ihre generelle Unterstützung des neuen Staates und seiner Rassenpolitik, verwahrten sich jedoch dagegen, „mit jüdischen und anderen Schädlingen in einen Topf geworfen" zu werden.[141]

Mit der eigentümlichen Mischung aus Führerideologie und adelsspezifischer Mittelstandspolitik, der inneren Abwendung vom Monarchen sowie der völkischen Zersetzung des Adelsbegriffes sind die zentralen Elemente der politischen Radikalisierung des Kleinadels in der DAG bereits benannt. Konsequent entfernte sich die DAG von allen Strömungen des gouvernementalen Konservatismus, die es bis 1928 in der DNVP gegeben hatte und die 1930 eine erfolglose Weiterführung in der KVP fanden. Mit großer Konsequenz führte die DAG-Leitung den Verband auf den Kurs eines schroffen Antirepublikanismus, der 1930/31 in die Harzburger Front und nah *an* die NS-Bewegung, im Sommer 1932 schließlich *in* die NS-Bewegung führte. Georg

---

[137] Schriftwechsel MARWITZ – DAG-Landesführer v. ZYCHLINSKI, Februar/März 1935 in: BLHA, Rep. 37 Friedersdorf, Bd. 478, zit. Fol. 146-149 (Hervorhebung im Original).
[138] Vgl. die Entnazifizierungs-Dokumente, die Marwitz und seine engere Familie als „nicht betroffen" entlasten, in: BLHA, Rep. 37 Friedersdorf, Nr. 641. Ob die Darstellungen GÖSE, Der preußische Adel, S. 67; ZOLLITSCH, Orientierungskrise, in: Reif (Hg.), Adel und Bürgertum, Bd. 2, S. 218 und POMP, Landadel, S. 216f., in ihrer Betonung von Marwitz' konservativer NS-Gegnerschaft in dieser Form zutreffen, wird sich vermutlich durch die vom Archiv geplante Edition seiner umfangreichen Tagebücher zeigen.
[139] Bodo v. D. MARWITZ an GRAF V. HARDENBERG, 27.2.1932, in: BLHA, Rep. 37 Friedersdorf, Nr. 366, Fol. 45f. („Peitsche/Block").
[140] MARWITZ an den Schriftführer des Familienverbandes, 2.11.1933: BLHA, Rep. 37 Friedersdorf, Nr. 259, Fol. 183f.
[141] Schreiben betreffs der Familien v. Viereck und v. Etzel an den Großherzog von Mecklenburg, 15.1.1934 und 18.1.1934, in: MLHA, GHK III, Bd. 2647.

8.2.) Die völkische Zerstörung des Adelsbegriffes

Kleines vorzüglicher Darstellung dieser Entwicklung ist wenig hinzuzufügen.[142] Sie soll hier lediglich an zwei Punkten nuanciert werden.

Erstens: Wie vollständig die DAG-Leitung den größten Adelsverband in rechtsradikales Fahrwasser gesteuert hatte, läßt sich am 1929 aufbrechenden Konflikt mit Reichswehrminister Groener und am putschartigen Sturz des langjährigen DAG-Adelsmarschalls Friedrich von Berg im Sommer 1932 ablesen. Seit 1926 erschienen auf den Titelseiten des Adelsblattes selbst für die Tradition des Blattes ungewöhnlich kämpferische Leitartikel.[143] Verfaßt waren diese von einem entlassenen Offizier aus dem niedersächsischen Uradel, der nach 1918 eine rechtsradikale Bilderbuchkarriere absolviert hatte: Walther-Eberhard Frhr. v. Medem, Sohn eines Generals und einer „Offizierstochter", verheiratet mit einer „Generalmajorstochter", im Krieg als Hauptmann an der Front, hatte sich nach Kriegsende zunächst als Führer eines nach ihm benannten Freikorps, später dann im Scherl-Verlag als leitender Redakteur der Zeitung *Der Tag* hervorgetan.[144] Die Leitartikel des späteren Nationalsozialisten Medem führten im November 1929 zu einem Erlaß des Reichswehrministers Groener, der Reichswehroffizieren und Reichsbeamten die Mitgliedschaft in der DAG verbot.[145]

Ähnlich wie die „Rassen"-Debatte führte auch der Groener-Erlaß zu einer inneren Krise in der DAG, in der einmal mehr die süddeutschen Landesverbände gegen den in Berlin gesteuerten Kurs protestierten. Unter Berufung auf die gereizte Stimmung in den süd- und westdeutschen Verbänden klagte Karl August Graf v. Drechsel beim Adelsmarschall gegen Ausrichtung und Stil des Adelsblattes, die nicht mehr „vornehm" und in parteipolitisches Gezänk abgesunken seien. Viele „hochangesehene" Mitglieder des Adels hätten ihren Austritt angekündigt.[146] Der Streit um den Groener-Erlaß führte v. a. in Süddeutschland tatsächlich zu Austritten von Adligen, die zuvor erneut die „absolute Entpolitisierung der DAG und des Adelsblattes" verlangt hatten.[147]

---

[142] KLEINE, Adelsgenossenschaft, hier v. a. S. 111-121. Zur endgültigen Gleichschaltung der DAG nach 1933 s. u., Kapitel 12.2.
[143] Vgl. die nachträgliche, vermutlich karrierefördeliche Publikation seiner Aufsätze aus der „Kampfzeit": Walther-Eberhard FRHR. V. MEDEM, Kampf gegen das System als Chronist 1926-1932, Berlin 1937.
[144] Walter Eberhard Frhr. v. Medem (1887-1945). Nach der Scheidung seiner Ehe mit Edith v. Budde heiratete Medem eine Gräfin v. Rothkirch u. Trach. Der NSDAP trat Medem erst am 1.5.1933 bei.
[145] Protokoll der Ministerbesprechung, die zum DAG-Verbot führte in: Akten der Reichskanzlei, Weimarer Republik, Das Kabinett Müller II, Bearbeitet von Martin Vogt, Boppard/Rhein 1970, Nr. 281, S. 903 f.
[146] GRAF V. DRECHSEL an Berg 1.11.1929 und Bergs (bedauerndes) Schreiben v. 24.10.1929: DAAM, LAB, Bd. 1, Hft. ‚1. Vorsitzender.'
[147] WILHELM FRHR. V. LEONROD an den bayerischen DAG-Vorstand, 15.6.1930, über die Austritte eines Barons Gumppenberg und des Hochschulprofessors Graf Leiningen, in: DAAM, LAB, Bd. 6, Hft. ‚Korrespondenz Öttingen/Aretin 1932'. Vgl. dazu Wilhelm Frhr. v. PECHMANN/Friedrich Wilhelm KANTZENBACH, Widerstand und Solidarität der Christen in Deutschland 1933-1945. Eine Dokumentation zum Kirchenkampf aus den Papieren des Wilhelm Frhrn. v. Pechmann, Neustadt/Aisch 1971, S. 60-62.

Zweitens: Die Diskrepanz zwischen süddeutsch-katholischem Beharren und der immer stärkeren Dynamik völkisch-nationalsozialistischer Agitation innerhalb des preußischen Adels führte schließlich 1932 zu einer merkwürdigen Konstellation, in der zwei „urpreußisch"-protestantische Vertreter des Adels, Friedrich v. Berg und Paul v. Hindenburg, vom katholischen Adel Altbayerns gegen eine im wesentlichen preußisch-norddeutsche Adelsfronde verteidigt wurden, die sich gegen den Adelsmarschall und den Reichspräsidenten richtete, der zugleich Ehrenvorsitzender der DAG war. Friedrich v. Berg-Markienen, der 66-jährige Kaiser-Vertraute, hatte seinen Freund und Standesgenossen Paul v. Hindenburg in diversen Aufrufen unterstützt und damit die Harzburger Front, v. a. jedoch jüngere NS-Anhänger in der DAG brüskiert. Im Juni 1932 trat der DAG-Vorsitzende Friedrich v. Berg-Markienen vom DAG-Vorsitz zurück, auf dem er sich seit zwölf Jahren bemüht hatte, zwischen reaktionären und völkisch-rechtsradikalen Strömungen einen Mittelkurs zu steuern.[148]

Die NS-freundliche Fronde, die sich gegen Berg gestellt hatte, brachte einen reichen, über zwanzig Jahre jüngeren Fürsten rechtsradikaler Orientierung an die Spitze der Organisation: den westfälischen Standesherren Adolf Fürst zu Bentheim-Tecklenburg-Rheda.[149] Nach einer Vorklärung der DAG-Landesvorsitzenden in Berlin wurde Fürst Bentheim, bis dahin Vorsitzender der Landesabteilung Westfalen, im Juni 1932 auf dem Adelstag in Münster einstimmig zum neuen „Adelsmarschall" gewählt.[150] Der 43jährige Fürst, Chef einer alten, standesherrlichen Familie und reformierter Konfession, war im Vorfeld dieser Wahl durch den DAG-Hauptgeschäftsführer Walther v. Bogen und der zunehmend rechtsradikal orientierten Hausmacht seiner westfälischen Standesgenossen um die Brüder Lüninck unterstützt worden. Bogen hatte in Bentheim einen Wunschkandidaten gefunden, auf den er eine doppelte Hoffnung setzen konnte: einerseits war die rechtsradikale, gegen süddeutsche Moderationen gerichtete Grundhaltung Bentheims bekannt, andererseits sollte er als Vertreter eines katholisch dominierten Landesverbandes dennoch als Brücke zum süddeutschen Adel fungieren. Da der bayerische

---

[148] Vgl. Friedrich v. BERGs umstrittenen Aufruf für Hindenburg, in: DAB, 6.2.1932, sein Rundschreiben an alle DAG-Landesabteilungen, 17.2.1932: DAAM, DAG, LAB, Bd. 1, Hft. ‚Berlin 31/32' und die Darstellung bei KLEINE, Adelsgenossenschaft, S. 116f. Vgl. zum politischen Hintergrund Erich MATTHIAS, Hindenburg zwischen den Fronten, in: VfZ 8 (1960), S. 75-84.

[149] Adolf Fürst zu Bentheim-Tecklenburg-Rheda (1889-1967), Schloß- und Großgrundbesitzer in Westfalen, trat nach dem Gymnasialbesuch in Gütersloh 1909 in das Potsdamer Leib-Garde-Husarenregiment ein. 1910 Leutnant, 1913 Attaché in London, 1914 Frontoffizier mit dreijähriger Kriegsgefangenschaft in Rußland, die 1918 durch einen abenteuerlichen Ausbruch beendet wird. Bei Kriegsende Rittmeister beim Stab des Generalstabschefs des Feldheeres. Vgl. die Angaben bei KLEINE, Adelsgenossenschaft, S. 116 und in: IDA, http://home.foni.net/~adelsforschung/lex15htm.

[150] Bericht, Anwesenheitsliste, Tischordnung des Adelstages v. 27./28.6.1932 in WAAM, Nl. Lüninck, Nr. 811. Am zentralen Tisch des Fürsten Bentheim saß auch die preußische Kronprinzessin.

8.2.) Die völkische Zerstörung des Adelsbegriffes

Fürst Öttingen als Vorsitzender des wichtigsten süddeutschen Landesverbandes in Bentheim einen Vorsitzenden zu sehen meinte, der die Interessen des katholischen Adels kennen und berücksichtigen würde, gelang die Einsetzung Bentheims ohne offene Konflikte. In einer Vorbesprechung der Landesvorsitzenden in Berlin hatten sich nur drei katholisch dominierte Landesabteilungen (Bayern, Württemberg, Rheinland) für den preußisch-protestantischen v. Berg ausgesprochen, der zuvor seine Wiederwahl von einem ungeteilten Zuspruch aller Landesverbände abhängig gemacht hatte und nun selbst Bentheim als seinen Nachfolger vorschlug. Nach einigem Zögern hatte sich Fürst Öttingen dem Vorschlag angeschlossen, womit der potentielle Hauptwiderstand gegen Bentheims Wahl ausgeräumt war.[151] Bentheim, der seine Briefe im April 1932 mit „Sieg Heil und Front Heil" zeichnete, hielt die Vorstände der süddeutschen DAG-Verbände, die sich gegen stärkere Kompetenzen der Berliner DAG-Leitung ausgesprochen hatten, für „Rindviecher" und die in Süddeutschland verbreitete Interpretation der DAG als einer unpolitischen Standesvertretung für „dämliches Gefasel". Über Hitler, den Bentheim unmittelbar nach seiner Wahl „zum Frühstück" zu treffen plante, schrieb der reiche[152] Fürst „überraschenderweise soll er ungeheuer viel Sinn für Adelsfragen haben, da hätte ich als Adelsmarschall dann auch einige Anliegen an ihn, denn er kann der DAG sehr viel helfen."

Die Versammlung in Münster stärkte zudem die Position v. Bogens, der zum stimmberechtigten Mitglied des Hauptvorstandes gewählt wurde. Die Kapitelmitglieder, unter denen sich nur wenige Nationalsozialisten befanden, waren „einmütig" der Auffassung, die DAG solle auf den Nationalsozialismus mehr Einfluß gewinnen.[153] Obwohl Friedrich v. Berg in vielen der zentralen Debatten bereits eine Mittelposition zwischen konservativen und faschistischen Positionen eingenommen hatte, markierte sein Rücktritt einen wichtigen Schritt in der Radikalisierung des größten Adelsverbandes, dessen Führung nunmehr offen auf ein Bündnis mit der NS-Bewegung hinarbeitete.

---

[151] Notiz über Besprechung der Landesvorsitzenden am 6./7.5.1932 und Korrespondenz der DAG-Landesabteilungen Rheinland und Bayern vom April 1932, in: DAAM, LAB, Bd. 6, Hft. ‚Adelsmarschall 32/39'.

[152] 1937 besaß Fürst Bentheim 3.097 Hektar Land und ein Vermögen von ca. 3,5 Mio. Mark: BAB (BDC), PA: Adolf Fürst zu Bentheim-Tecklenburg-Rheda, 29.6.1889.

[153] DAAM, LAB, Bd. 6, Hft. ‚Adel und NS 1929/35' (Anmerkungen der Landesabteilung Bayern zum Adelskapitel 1932). BENTHEIMS drastische Urteile in seinem Briefwechsel mit Ferdinand Frhr. v. Lüninck, vgl. die Schreiben v. 19.4., 24.4. und 12.6.1932, LÜNINCK an Bentheim (1.5.1932, 20.6.1932), an Bogen (17.4.1932) und BOGENs Antwort v. 15.4.1932: WAAM, Nl. Lüninck, Nr. 815. Vgl. KLEINE, Adelsgenossenschaft, S. 115f.

8.3.) Grundtendenzen im katholischen Adel

Wie bereits mehrfach betont, war die Haltung der DAG-Führung durchaus nicht repräsentativ für „den Adel". Um die perspektivische Verzerrung des bis hier gezeichneten Bildes zu verringern, soll nunmehr ein näherer Blick auf die im Adel vorhandenen Gegenströmungen zur völkischen Radikalisierung im norddeutschen Kleinadel geworfen werden. Auf der Suche nach Milieus, in denen der traditionelle Habitus weitgehend erhalten blieb und damit nicht zuletzt eine adelsspezifische Distanz zum Nationalsozialismus ermöglichte, wird man am ehesten im katholischen Adel Süddeutschlands, insbesondere im altbayerischen Adel fündig. Vor allem hier lassen sich ideologisch-politische Haltungen nachzeichnen, die von der Neuen Rechten deutlich unterscheidbar und mit dem Begriff *konservativ* tatsächlich noch sinnvoll bezeichnet sind. Es sind wenige, in den inneradligen Streitfragen immer wieder auftauchende Grundelemente, aus denen sich diese Haltungen zusammensetzten: In spürbarer Ablehnung der sozialen Annäherung an den Mittelstand und in spürbarer Distanz zu den Debatten über einen neuen Adel läßt sich im katholischen Adel eine stärkere Tendenz zum Rückzug auf sich selbst beobachten. Stark akzentuiert blieb die Betonung traditioneller Werte, die enge Verbindung mit dem Klerus, die fortbestehende emotionale und politische Bindung an das bayerische Königshaus, die Distanz zum Führerkult und insbesondere zur praktischen Umsetzung völkischer Rassentheoreme.

Ein religiös und kulturell definierter Antisemitismus findet sich auch im katholischen Adel überall, wo man nach ihm sucht. Die im Adel geführten Debatten legen es jedoch nahe, die Unterscheidung dieser Haltung von allen Spielarten des Rassen-Antisemitismus nicht als „Apologetik" katholischer Historiker zu verwerfen, sondern als handlungsrelevante Grenze zu begreifen. Aus der Perspektive der Adelsgeschichte läßt sich kaum ein Beleg für die scharf formulierten Thesen zum katholischen Antisemitismus finden, mit denen Olaf Blaschke in den letzten Jahren hervorgetreten ist.[154] Was im Hinblick auf den katholischen Adel erstaunt, sind weniger die überall greifbaren antijüdischen Invektiven als die erstaunlich feste Weigerung, den Rassen-Antisemitismus der protestantischen Standesgenossen mitzutragen. Im Adel gehörte diese Differenz zweifellos zu den wichtigen Gründen für die deutlich schwächere Affinität des katholischen Adels zum Nationalsozialismus.

---

[154] Zu Blaschkes umstrittenen und z.T. eher überzogen als überzeugend wirkenden Thesen zum „doppelten Antisemitismus" vgl. Olaf BLASCHKE, Katholizismus und Antisemitismus im Deutschen Kaiserreich, Göttingen 1997 und den Sammelband Olaf BLASCHKE/Aram MATTIOLI (Hg.): Katholischer Antisemitismus im 19. Jahrhundert. Ursachen und Traditionen im internationalen Vergleich, Zürich 2000. Zur Kritik vgl. Olaf BLASCHKE/Urs ALTERMATT, Katholizismus und Antisemitismus. Eine Kontroverse, in: Schweizerische Zeitschrift für Geschichte 50 (2000), S. 205-236 sowie die Rezension von Karsten KRETSCHMANN, in: http://hsozkult.geschichte.hu-berlin.de (Rezension vom 9.8.2001).

8.3.) Grundtendenzen im katholischen Adel

Neben einer Unterscheidung entlang politischer Fragen gab es schwerer zu belegende „atmosphärische" Differenzen zwischen den nord- und süddeutschen Adelskulturen, die innerhalb der DAG immer wieder aufbrachen. Oftmals waren es neben den großen politischen Fragen eher symbolische Kleinigkeiten, die zu inneradligen Konflikten führten. Ein sprechendes Beispiel für solche Auseinandersetzungen bietet der Streit um das Titelblatt der „Jugend-Nummer", die Ende 1926 dem Adelsblatt beilag: Der obere Teil der Titelseite zeigte das seit Erscheinen der Zeitschrift mehrfach veränderte Titelbild des Adelsblattes: Vor einem gewaltigen Eichenstamm und zwischen dem Schriftzug *Deutsches Adelsblatt* steht, in voller Rüstung, ein Ritter mit geöffnetem Visier, die eisenbewehrten Fäuste auf das hüfthohe Schwert gestützt. In starker Verdichtung versammelt die Hintergrundzeichnung die wichtigsten Embleme des Landlebens: einen Pflug, gebundene Ähren, ein Dorfidyll mit hohem Kirchturm vor hügeliger Flußlandschaft und eine Burg auf einer waldigen Anhöhe. Das für die Jugend-Nummer auf derselben Seite gedruckte Bild des völkischen Zeichners Fidus mit dem Titel „Hohe Wacht"[155] sprach eine andere Sprache: Acht nackte, sich an den Händen haltende Jünglinge stehen in einem Halbkreis. Zu ihren Füßen liegen zwei ebenfalls nackte junge Frauen, die Schlangenreifen und Swastika-Amulette tragen und Ranken aus Eichenlaub um sich winden. Die hier symbolisierte *neue Zeit* und der von ihr erhoffte, kämpferische Aufbruch[156] wirkten in einer „Zeitschrift für die Aufgaben des christlichen Adels" (so der DAB-Untertitel) ebenso deplaziert wie das im Jugendstil gewellte Haupt- und Schamhaar der nackten Jünglinge, die als einzige Bekleidung einen Gurt mit kurzem Schwert um die Hüften trugen. Sofort nach seinem Erscheinen führte das Titelbild, das die Abwendung von christlichen und die Hinwendung zu völkischen Leitbildern gleichermaßen symbolisierte, zu einer massiven Auseinandersetzung in der DAG. Baron Leonrod, zweiter Vorsitzender des bayerischen Landesverbandes, brachte telegraphisch noch am selben Tag einen von Fürst Öttingen gezeichneten scharfen Protest zustande.[157] Auch Ferdinand Frhr. v. Lüninck, einer der wichtigsten Vertreter der neu-rechten Orientierung im katholischen Adel Westfalens, formulierte seine „schärfste Missbilligung" des Titelbildes, das er allerdings für „künstlerisch wertvoll" hielt. Wohl nicht zuletzt im Hinblick auf die in „sittlichen" Fragen besonders sensible Haltung seiner bayerischen Standesgenossen warf Lüninck der Berliner Schriftleitung einen „katastrophalen Mangel an politischem Fingerspitzengefühl" vor. Ein Adelsblatt, das sich in

---

[155] Titelblatt des DAB v. 1.12.1926 (Jugend-Nummer).
[156] Neben das Jugendstil-Werk hatte die Schriftleitung ein von hohem Pathos getragenes Gedicht von Inge GRÄFIN V. D. SCHULENBURG („Und Du?") gesetzt: „[...] Was hat verdorben dein stolzes Blut, das einst so heiß gebrannt? / Wie kannst du froh des Tages Freuden kosten / da in der Ruhe deine Waffen rosten / und hast dich einst ein Kämpfer doch genannt? / Wach auf, mein Freund! Das Flammenzeichen loht / schon jetzt für dich! / O, sei auch du ein Mann / der allem setzt sein Vaterland voran / und dem Ruf der Stunde ist Gebot!"
[157] Telegramme WILHELM FRHR. V. LEONRODS an Öttingen und ÖTTINGENs an Bogen vom 1.12.1926 in: DAAM, LAB, Bd. 4.

keinem anständigen Haus auf den Familientisch legen ließ, widerspreche den Interessen des Adels.[158]

Alle Überlieferungen lassen im katholischen Adel Süddeutschlands zudem einen im Vergleich zum protestantischen Kleinadel deutlich geringer militärisch geprägten Habitus erkennen. Im Norden und Osten brachte die völkisch gefärbte Betonung des Härte-, Kargheits-, und Kriegerkultes v. a. unter den jungen Männern der preußischen Militärclans einen Typus hervor, der sich dem betont brutal-vitalistischen Stil der Freikorps- und SA-Männlichkeit stark annäherte. Im Süden sprach ein Großteil der adligen Selbstzeugnisse eine vernehmbar andere Sprache. Gleich, ob man auf die Verbandspresse, die zwischen den Adelsverbänden ausgetauschten Korrespondenzen oder die privaten Briefe sieht: Nach einer mit dem Kurs der DAG vergleichbaren Soldatisierung des Denkens, nach einer vergleichbaren Brutalisierung der Sprache sucht man bei den in Bayern und Südwestdeutschland dominierenden Adligen weitgehend vergeblich. Daß sich auch hier zahlreiche Ausnahmen finden lassen, muß nicht extra betont werden; als idealtypische Annäherung dürfte diese Unterscheidung jedoch kaum widerlegbar sein.

Auf den ersten Blick scheinen sich die politisch relevanten Differenzen innerhalb des Adels entlang der Konfessionsgrenze ordnen zu lassen. So wurden etwa die regelmäßigen Proteste der katholisch-süddeutschen Landesabteilungen gegen den völkischen Kurs der Berliner DAG-Leitung, welche die gesamte DAG-Geschichte der Zwischenkriegszeit durchzogen, bis 1928 meist vom westfälischen *Verein katholischer Edelleute* und der westfälischen DAG-Landesabteilung unterstützt.

So wichtig der Hinweis auf diese konfessionelle Grenze zweifellos ist: ein homogenes „katholisches Lager" hat es im deutschen Adel nicht gegeben. Relativ deutlich lassen die Konflikte innerhalb des katholischen Adels zwei verschiedene Lager erkennen, deren Grenzen nicht konfessionell, sondern regional fixiert waren. Von der bayerisch-südwestdeutschen Linie, welche im Adel die prononcierteste Gegenbewegung zum völkischen Kurs der DAG-Führung darstellte, ist eine rheinisch-westfälische Linie zu unterscheiden, deren Vertreter in vielen weltanschaulichen und in den meisten politischen Streitfragen eher mit der DAG-Führung als mit ihren katholischen Standesgenossen im Süden übereinstimmten.

Für eine Analyse der „Chemie" des katholischen Adels und seiner einzelnen Gruppen bieten die Adelsverbände wiederum den besten Zugang. Neben den süddeutschen Landesverbänden der DAG (Bayern, Württemberg, Baden) waren diverse konfessionell und regional organisierte Adelsverbände von Bedeutung, die Rückschlüsse auf die Orientierungen des Adels in diesen Regionen zulassen. Die beiden wichtigsten Verbände waren die *Genossenschaft katholischer Edelleute in Bayern* und der (rheinisch-westfälische) *Verein*

---

[158] Schreiben LÜNINCKS v. 4.12.1926: WAAM, Nl. Lüninck, Nr. 815.

8.3.) Grundtendenzen im katholischen Adel

katholischer Edelleute Deutschlands,[159] dann – im Kräfteverhältnis des gesamten katholischen Adels von geringerer Bedeutung – der *Verein katholischer Edelleute Südwestdeutschlands*, der *Verein katholischer Edelleute Schlesiens* sowie der ebenfalls westfälisch dominierte *Verein katholischer Edelfrauen*.[160] Um die Bedeutung dieser Vereine einzuschätzen, ist zunächst auf die Größenverhältnisse hinzuweisen: während die DAG zu diesem Zeitpunkt etwa 17.000 Mitglieder hatte, vereinten die vier größten katholischen Verbände (in Bayern, Westfalen, Schlesien und Südwestdeutschland) 1925 zusammen nicht mehr als 2.500 Adlige.[161] Die einzelnen katholischen Adelsverbände waren in einem Dachverband, dem *Hauptverein katholischer Edelleute Deutschlands* unter dem Vorsitz von Alois Fürst zu Löwenstein-Wertheim-Rosenberg zusammengeschlossen. Einen Einblick in die Denk- und Sprachwelten, über die sich die Mitglieder der verschiedenen katholischen Adelsverbände verständigten, bieten die politischen Versammlungen, auf denen katholische Adlige unterschiedlicher Regionen aufeinandertrafen.

Eine solche Versammlung fand im Juni 1925 auf Einladung des bayerischen Standesherren Alois Fürst zu Löwenstein-Wertheim-Rosenberg in seinem fränkischen Schloß in Kleinheubach statt. Die dreitägige Veranstaltung versammelte katholische Adlige aus allen Landesteilen, war als „sozialpolitischer Kurs" deklariert und bestand im Wesentlichen aus Vorträgen über adelige Pflichten und den Kampf des Adels gegen kulturelle „Zeitübel", die von katholischen Adligen und Geistlichen gehalten wurden. Die vier Hauptvorträge der Tagung behandelten die „Pflichten des katholischen Adels gegenüber der öffentlichen Unsittlichkeit", die „Beteiligung des Adels an den katholischen Organisationen", die „Pflichten des landsässigen Adels" und – so der Titel des von ständestaatlichen Motiven geprägten Vortrags Ferdinand Frhr. v. Lünincks – die „Stellung des Adels im modernen Staat".[162]

Die Diskrepanz zwischen den hier geführten Sittlichkeitsdebatten und dem Radikalismus der DAG verdeutlicht ein „Gutachten" über moderne Tänze, mit dem man einen Mediziner beauftragt hatte. „Zu unzulässigen sexuellen Erregungen", wie dieser herausgefunden hatte, „reizen verschiedene Umstände, besonders die dichte Annäherung, die fast zum Anschmiegen wird, [...] die Eigenart der wiegenden Bewegungen [...], dazu die freiere Bekleidung und die sinnlich wirkende Musik: alles das kommt zusammen. Eine fanatische Tanzwut verbunden mit der Verachtung alles Altmodischen ist eingerissen. Es ist

---

[159] Der VKE hatte 1919 ca. 160 Mitglieder, davon 90 aus Westfalen (Mitgliederverzeichnis von 1919 in : StAA, Nl. H. Waldbott v. Bassenheim, Karton ‚449').
[160] Vgl. dazu die Aufstellung in: Jahrbuch DAG 1927, S. 18.
[161] Schreiben LÖWENSTEINs v. 12.10.1925 und 30.12.1925 in: STAWKB, Lit D, 761e/18. Der Verein katholischer Edelleute in Schlesien hatte 1933 154 Mitglieder. Vgl. LOB, Schmitt, S. 97, 113, 116f.
[162] Einladungen, Redekonzepte, Teilnehmerlisten der Tagung, in: WAAM, Nl. Lüninck, Nr. 810, sowie die Berichte Ferdinand FRHR. V. LÜNINCKs an Franz Graf v. Galen, 18. und 29.6.1925, in: ebd. Der Text von Lünincks Rede in: WAAM, Nl. Kerckerinck, Nr. 482. Vgl. JONES, Catholic Conservatives, S. 69.

dringend zu wünschen, daß der Ruf nach Rückkehr zu den alten, ehrsamen Tanzarten früherer Zeit zur Ausführung gelange." Von solcher Expertise aufgeschreckt, wandte sich der Fürstbischof von Breslau an Fürst Löwenstein in der Hoffnung, es möge sich „eine Schar mutiger katholischer Adeliger finden, die endlich dem Unfug der sogenannten modernen Tänze auch in ihrer verfeinerten Form, mit aller Festigkeit öffentlich entgegenträte."[163] Mit der starken Prägung durch Appelle dieser Art war die Versammlung von Themen und Denkgewohnheiten der DAG weit entfernt.

Eine ähnlich ausgerichtete Versammlung prominenter katholischer Adliger wurde zwei Jahre später in Sachsen vom *Hauptverein der katholischen Adelsverbände* organisiert. Für ein dreitägiges Treffen kamen im Juni 1927 führende Vertreter von fünf katholischen Adelsverbänden sowie diverse Einzelpersonen aus dem katholischen Adel Sachsens im Wechselburger Schloß der Grafen v. Schönburg-Glauchau zusammen.[164] Die Debatten der Tagung wurden später in Form von 1.400 Protokollen gedruckt und an Adelsverbände, Bischöfe und renommierte Adlige in Deutschland und Österreich verschickt.[165] Anders als der im wesentlichen „unpolitische" Grundton, der die Sittlichkeits-Referate der Kleinheubacher Tagung zwei Jahre zuvor noch gekennzeichnet hatte, zeugen die Protokolle dieser Tagung bereits deutlich von der Formierung einer rechtsradikalen Gruppe innerhalb des katholischen Adels, die nicht länger bereit war, dem betont christlichen, inhaltlich und formal moderaten Kurs Fürst Löwensteins zu folgen. Neben den konservativen Vertretern, welche die katholischen Adelsverbände zwischen Baden und Schlesien zu diesem Zeitpunkt noch dominierten, war unter den neun weiblichen und 26 männlichen Adels-Diskutanden auch der erstarkende rechtsradikale Flügel im Lager des katholischen Adels massiv vertreten.[166] Der westfälische Gutsbesitzer Engelbert Frhr. v. Kerckerinck sprach für eine ständig wachsende Gruppe katholischer Adliger, als er bereits 1924 ablehnte, den

---

[163] Protokolle und Schriftwechsel zur Tagung in Kleinheubach (15.-17.6.1925) in: StAA, Nl. H. Waldbott v. Bassenheim, Karton ‚449', Zitate aus undatiertem „Gutachten" und Schreiben des Bischofs vom 17.12.1926 und 2.1.1927.

[164] Protokolle der Tagung vom 21.-23.6.1927, auf der neben Vertretern der katholischen Adelsverbände Bayerns, Schlesiens, Südwestdeutschlands und Rheinland-Westfalens auch der Verein katholischer Edelfrauen Westfalens vertreten war, in: WAAM, Nl. Lüninck, Nr. 811. Der Versuch der fünf regionalen Verbände, sich auf ein gemeinsames Publikationsorgan zu einigen, scheiterte noch während der Tagung: Franz GRAF V. GALEN an Ildefons Prinz v. Liechtenstein, 6.12.1928, in: WAAM, Nl. Galen, Nr. 41.

[165] Dazu diverse Schreiben in: BayHStA, GKE, Bd. 6.

[166] Teilnehmerliste der Tagung auf Schloß Wechselburg, Privatarchiv der Familie Schönburg-Glauchau in Glauchau. Für diesen Hinweis danke ich Herrn Matthias Frickert. Konservative Katholiken (u. a. Erwein und Heinrich Frhr. Aretin, Alfons Frhr. v. Redwitz, Attila Graf v. Neipperg, Alois Fürst zu Löwenstein, Konrad Graf v. Preysing, Franz und Clemens Graf v. Galen) standen, wie selbst im frisierten Protokoll noch erkenntlich ist, auch hier gegen die Anhänger der rechtsradikalen Ausrichtung (u. a. Alexander Frhr. v. Elberfeld, Ferdinand Frhr. v. Lüninck). Von der gastgebenden Familie standen später u. a. Carl Graf v. Schönburg-Glauchau sowie Alexander Fürst v. Schönburg-Hartenstein der NSDAP nahe.

8.3.) Grundtendenzen im katholischen Adel

zentrumsverbundenen Fürsten Löwenstein „bei seiner ganzen schwammigen Einstellung" als den Vertreter des katholischen Adels zu akzeptieren.[167] Die Adligen dieser Gruppe, die v. a. aus Westfalen und Schlesien kamen, hatten sich – z. T. bereits des während Krieges – vom Zentrum distanziert und tendenziell dem Konfrontationskurs der DAG angenähert.

Die Hauptreferate und Debatten der Wechselburger Adelstagung lassen einerseits die im Vergleich zur DAG weit stärker auf Fragen der Sitte, der „Ritterlichkeit" und der christlichen Lebensführung ausgerichtete Linie erkennen, die v. a. von der bayerischen *Genossenschaft*, dem südwestdeutschen Adelsverein und der konservativen Fraktion des rheinisch-westfälischen Vereines um die Brüder Galen vertreten wurde. Der altväterlich-sittenstrenge, nach Inhalt und Tonfall zeit- und weltfremd klingende Grundton, der hier angeschlagen wurde, nahm in allen katholischen Adelsverbänden großen Raum ein, wurde jedoch längst nicht von allen Mitgliedern ernstgenommen.[168] Als Vertreter der bayerischen *Genossenschaft* trat auf der Wechselburger Tagung bezeichnenderweise ein Geistlicher auf – Dr. Konrad Graf v. Preysing[169] bot in seinem Referat über „Normen guter Sitte im geselligen Verkehr des katholischen Adels" eine elegant vorgetragene Mischung aus konservativ-kulturkritischen Bemerkungen über Kino, Sport und Geselligkeit sowie sittlichen Ermahnungen, in denen vom Geist der Neuen Rechten nichts zu spüren war. Die Aufforderungen des 47-jährigen Grafen, auf Bällen auch unattraktive Damen zum Tanze zu bitten und seine Invektiven gegen moderne „Tänze, die als akrobatische Leistungen wilder Völkerstämme interessant sein mögen, eine edle Haltung und Bewegung des Körpers aber nicht zulassen", bewegten sich wie der ganze Vortrag in den traditionellen Bahnen katholischer Adeligkeit.

Ein Jahr vor seinem Sturz als Vorsitzender des westfälischen Adelsvereins schlug Franz Graf v. Galen als westfälischer Vertreter einen ähnlichen Ton an. Auch Galen sprach über die Bedeutung sittlicher Standards, die im Adel weiter gelten sollten: Den Primat der Seele über den Leib, die Heiligung des Sonntags, Gottesdienst und „fromme Lektüre", unbedingte Höflichkeit gegenüber Damen und Alten, edler und vornehmer Sport (Reiten, Jagen, Rudern

---

[167] KERCKERINCK 2.4.1924, in: WAAM, Nl. Kerckerinck, Nr. 144. Vgl. F. LÜNINCKS Schreiben vom 29.6.1925 gegen die Auffassung des Zentrums als „alleinseligmachende" Partei, in: ebd. Nl. Lüninck, Nr. 810.

[168] Attila Graf Neipperg äußerte sich über die Sittenstrenge der Grafen Galen mit freundschaftlichem Spott. Eine Sittenschrift des ehemaligen Offiziers Galen, die ihn an „württembergische Pfarrer" erinnerte, könne man nicht ernstnehmen. NEIPPERG an Drechsel, 27.2.1927, in: BayHStA, GKE, Bd. 6.

[169] Konrad Graf v. Preysing (1880-1950), zunächst als Jurist im bayerischen Staatsdienst, nach Theologiestudium, Priesterweihe und Promotion (1912/13) Geheimsekretär des Münchner Erzbischofs, seit 1917 als Prediger in München. 1932 Bischof von Eichstätt, 1935 Bischof von Berlin. Mitglied der Kommission, zur Vorbereitung des päpstlichen Sendschreibens *Mit brennender Sorge*, NS-Gegner mit Kontakten zum Kreisauer Kreis, im Dezember 1945 Kardinal.

und Rasenspiele) zur Stählung des Körpers und zur Erfrischung der Seele. Ideal und Tonfall blieben im Vortrag des katholischen Grafen, immerhin ein ehemaliger Berufsoffizier, betont religiös und somit vom Härte- und Männlichkeitskult unterscheidbar, der sich in den Texten des soldatischen Nationalismus preußischer Prägung findet. Die Übertreibung körperlicher Leistung, so Galen, führe zu Verdummung und Entchristlichung der Massen. Zu den Zeitphänomenen, die Galen verdammte, gehörten das „neuheidnische gemeinsame Baden der Geschlechter" und die „Verweiblichung des Mannes". Zu bekämpfen sei Kleidung, die „männlicher Würde und ritterlicher Selbstzucht" widerspreche, das Tragen von Schlafanzügen, die „erotisch-gemeine, künstlerisch tiefstehende Jazz-Musik" und zu häufige, ohne „berechtigte Veranlassung" stattfindende Tanzveranstaltungen. Gleiches galt für „Schminke und Lippenstift, Freilichtbad und Nacktkultur, [die keinen] Körper adeln, dessen Seele von unedler Sinnlichkeit unterjocht ist." Deutlich wird hier das Bemühen, den Adel durch die Bewahrung der traditionellen kulturellen Standards weiterhin als distinguierte Gruppe mit erkennbaren Außengrenzen zusammenzuhalten: Das „öffentliche Auftreten von Damen zu Pferde im Herrensitz lehnen wir ab und überlassen es neidlos den Kreisen, die einst unsere Sitten vergeblich nachzuäffen sich bemühten."[170] Ähnlich wie die Aufrufe Alois Fürst zu Löwensteins, die „tadellosen" Umgangsformen und den „Ritterdienst gegen Gott" zu erhalten,[171] war die Rede des westfälischen Grafen von demokratischen und nationalsozialistischen Denkwelten gleichermaßen entfernt.

Das dritte Hauptreferat brachte eine hörbar andere Note in die Tagung. Franz v. Papen, Vertreter der gleichen Generation wie die Grafen Preysing und Galen, setzte in seinem kämpferischen Vortrag andere Akzente. Sein Vortrag mit dem Titel „Der Staat von heute und der Einsatz der konservativen Kräfte des katholischen Volkes"[172] plädierte für eine weite Auslegung des Begriffes „Konservativismus". Diesen wollte Papen als eine „in allen rechts von der Demokratie stehenden Schichten und Parteien" latent vorhandene Idee verstanden wissen. Aufgabe des Adels sei es, „diese Kräfte aus der Latenz zu heben und sie für die praktische Wirksamkeit frei zu machen." Als langfristige Aufgabe definierte Papen, das katholische Volk zu „sammeln und zu rüsten [...] Hier liegt die wahrhafte Aufgabe des katholischen Adels. Wenn je er Führer sein kann, sein will, dann setze er sich an die Spitze dieser geistigen Bewegung." Die erstaunliche Tatsache, daß Papen mit seinem Vortrag Kritik aus dem rechtsradikalen Flügel seiner westfälischen Standesgenossen provozierte, erklärt sich aus der Rolle, die der Zentrums-Abgeordnete seiner Partei zugewiesen hatte. Mit dem ausführlichen Verweis auf die *Action Française*,

---

[170] Entwurf (Juni 1927) für GALENs Vortrag auf der ‚Wechselburger Tagung'. Titel: „Normen guter Sitte im geselligen Leben des katholischen Adels", in: WAAM, Nl. Lüninck, Nr. 815.
[171] Alois FÜRST LÖWENSTEIN, Aufgaben des Adels in der Gegenwart, in: Artikel „Adel", in: Staatslexikon (Görres-Gesellschaft), Freiburg 1926, Bd. 1, Sp. 46.
[172] Redetext in: WAAM, Nl. Lüninck, Nr. 811. Vgl. die detaillierte Analyse der Vorgänge bei JONES, Conservatives, S. 72f.

8.3.) Grundtendenzen im katholischen Adel

deren integraler Monarchismus den französischen Adel vom Volk isoliert habe, plädierte Papen für eine aktive, (taktische) Kompromisse ermöglichende Politik, die *in* der Zentrums-Partei zu gestalten sei.

Obwohl Papen mehr als deutlich gemacht hatte, daß diese Mitarbeit die „Überwindung" der Demokratie zum Ziel hatte, erregte der von ihm vorgeschlagene Weg den Unmut diverser Adliger, die sich bereits radikaleren Lösungen verschrieben hatten. Ferdinand und Hermann Frhr. v. Lüninck, Dietrich und Leopold Frhr. Nagel und andere westfälische Adlige wandten sich nach seiner Rede scharf gegen Papens Strategie, das Zentrum weiterhin als Vehikel katholischer Adelsinteressen einzusetzen. Die Tatsache, daß Papen auf der Tagung von seinen Standesgenossen als gouvernementaler Demokrat angegriffen wurde, zeigt, wie weit eine einflußreiche Fraktion im westfälischen Adel an den rechten Rand des politischen Spektrums gewandert war. Die Kritik an Papens positiver Haltung zum Zentrum wurde so scharf formuliert, daß es darüber zu einem langwierigen Ehrengerichtsverfahren kam.[173] Weit schärfer als Papen wurde Fürst Löwenstein und der von ihm vertretene zentrumsnahe Kurs vom rechten Flügel des katholischen Adels kritisiert,[174] dessen eigenständiger Weg durch eine Reihe von Adelstagungen illustriert wird, die etwa zeitgleich mit dem Wechselburger Treffen stattfanden.

Zusammensetzung und Vortragsprogramm einer Tagung des katholischen Adelsverbandes in Schlesien, zu der neben Graf Ballestrem auch Prinz Albrecht v. Hohenzollern und der Stahlhelm-Intellektuelle Heinz Brauweiler[175] im Mai 1927 eingeladen hatten, belegen die zunehmende Annäherung jüngerer katholischer Adliger an Themen und Sprache der Neuen Rechten. Die 24 Tagungsteilnehmer, darunter 15 Adlige aus Schlesien und Westfalen, lauschten drei Tage lang einem Vortragsprogramm, das Titel wie „Konkordat, Action Française, Faschismus", „Katholizismus und Germanentum" und „Weiße und farbige Welt" umfaßte. Franz v. Papen und Heinz Brauweiler hielten Vorträge zur Einigung des politischen Katholizismus. Anders als bei den oben genannten Tagungen in Kleinheubach und Wechselburg belegen die Protokolle Verbindungen und Nähe der hier Versammelten zur DAG, zum Deutschen Herrenklub und zum Stahlhelm.[176] Ähnliche Tagungen, auf denen adlige Vertreter des rechten Zentrumsflügels mit parteipolitisch ungebundenen Fürsten, darunter Kronprinz Wilhelm, Adligen aus dem Herrenklub und promi-

---

[173] Druck der Verhandlungen vor dem Ehrengericht der westfälischen Adelsvereinigung (4.10.1928) in: WAAM, Nl. Galen, Nr. 41.
[174] Schriftwechsel (Oktober 1927) mit scharfer Kritik an Papen und v. a. Löwenstein in: WAAM, Nl. Lüninck, Nr. 811.
[175] Der Redakteur Dr. iur. Heinz Brauweiler (Jg. 1885), Herausgeber der *Blätter für ständischen Aufbau* war Leiter der Politischen Abteilung beim Stahlhelm. Vgl. MOHLER, Revolution, S. 407.
[176] Papiere zur Adelstagung im oberschlesischen Plawniowitz, im Schloß des Grafen Nikolaus von Ballestrem, 14.-16.5.1927, in: WAAM, Nl. Lüninck, Nr. 810 und Nr. 820. Vgl. LOB, Schmitt, S. 113, 133f.

nenten Rechtsintellektuellen zusammentrafen, fanden in Schlesien, Westfalen und auf dem Schloß des Fürsten Stolberg-Roßla statt.[177]

Wie bereits erwähnt, lassen sich die altbayerischen und südwestdeutschen Gebiete als jene Regionen benennen, die sich dem rechtsradikalen Kurs der DAG-Leitung weitgehend verweigerten. Innerhalb der katholischen Verbände wurden moderate Haltungen am konsequentesten von der bayerischen *Genossenschaft*, dem bayerischen DAG-Vorstand, im südwestdeutschen und bis 1928 auch im westfälischen Adelsverein vertreten. Das explizit gegen die völkische Ausrichtung der DAG gerichtete Einvernehmen dieser drei regionalen Gruppen läßt sich aus den Korrespondenzen der Vorstände und diversen organisatorischen Verbindungen ersehen.[178]

Auf der Ebene der Adelsverbände ist die freundschaftliche und enge Kooperation zwischen dem altbayerischen und dem südwestdeutschen Adel u. a. durch die Einigung auf ein gemeinsames Mitteilungsblatt dokumentiert, nachdem in Wechselburg der Plan einer gemeinsamen Zeitung für alle katholischen Verbände aufgrund politischer Differenzen aufgegeben worden war. Franz Graf v. Galen blieb nach seinem Sturz als Vorsitzender der westfälischen Adelsvereinigung solidarisch mit der zentrumsnahen Linie Löwensteins und den südwestdeutschen Standesgenossen. Aus dem Vorstandskreis des Südwestdeutschen Adelsverbandes unterstützte Attila Graf v. Neipperg im Gegenzug den gestürzten Franz Graf v. Galen gegen die Durchsetzung einer „preussisch-protestantischen Politikeinstellung". Graf Neipperg schrieb im Herbst 1928 an seinen westfälischen Vertrauten Galen: „Mir ist die Mentalität Deiner Herren und die der Damen vollkommen unverständlich und ich begreife nicht, wie man auf den Gedanken kommen kann, unseren Organisationen einen politischen Anstrich zu geben. Das soll man getrost der DAG überlassen, die die Sache schon dumm genug anfängt."[179]

Ähnlich wie bei den Nord-Süd-Konflikten innerhalb der DAG ist auch hier das Bemühen katholischer Adliger erkennbar, die parteipolitisch orientierte Einreihung der Adelsverbände in eine geschlossene „Kampffront" gegen die Republik zu verhindern. Es ist zu betonen, daß keiner der hier agierenden Adligen als Republikaner oder Demokrat gegen die „katholischen Integristen

---

[177] Adelstagung in Roßla, 27.-29.8.1927, in: WAAM, Nl. Lüninck, Nr. 820. Inhaltlich ähnlich war das Programm einer westfälischen Adelstagung in Laer vom 12.-14.5.1924. Programm in: WAAM, Nl. Lüninck, Nr. 810.

[178] Dazu folgende Schreiben: Attila GRAF V. NEIPPERG an Franz Graf. v. Galen (24.10 und 1.12.1928), NEIPPERG an Fürst Löwenstein (1.12.1928), Franz GRAF V. GALEN an den Pater Ildefons Prinz Liechtenstein (6.12.1928), an Löwenstein (30.7.1929) und an Frhr. v. Twickel (28.11.1928), alle in: WAAM, Nl. Galen, Nr. 41. In der späteren Auseinandersetzung um die Haltung zum Nationalsozialismus hatte sich an dieser Konstellation nichts geändert: Neipperg an Galen 23.5.1932, in: ebd. Nr. 42.

[179] Attila GRAF V. NEIPPERG an Franz Graf v. Galen, 24.10. und 1.12.1928, in: WAAM, Nl. Galen, Nr. 41, als Beleg für die Haltbarkeit dieser Linie vgl. NEIPPERGS Schreiben vom 23.5.1932 an Franz Graf v. Galen, in: ebd., Nr. 42.

8.3.) Grundtendenzen im katholischen Adel 367

deutschnationaler Tendenz"[180] auftrat. Auch für die hier genannten Vertreter der moderaten, betont katholischen Line, die sich in Bayern und Südwestdeutschland erfolgreicher als in Westfalen hielt, gehörten antisemitische und antidemokratische Denkmuster zur ideologischen Grundausstattung. Wenn sich diese Adligen dennoch und um den Preis der Spaltung der katholischen Verbände dem rechtsradikalen Kampfkurs ihrer Standesgenossen entgegenstellten, so dürfte der Grund im Fortbestehen regionaler Traditionen eines katholischen Konservativismus zu suchen sein, deren Wirkung nach 1918 nicht erloschen war. Die naheliegende Deutung, diesen Konflikt mit der Differenz zwischen wohlhabenden Adligen als Vertretern einer gemäßigten, und verarmten Standesgenossen als Vertretern der radikalen Linie zu erklären, trifft zumindest für den hier geschilderten innerkatholischen Konflikt nicht durchgängig zu.[181]

8.4.) Gegen den Strom: Adelskonservativismus in Süddeutschland

Im folgenden wird die Analyse der unterschiedlichen Tendenzen im katholischen Adel anhand von fünf organisatorischen Beispielen aus Süddeutschland erweitert, bevor sich das nächste Kapitel dem westfälischen Adel zuwendet.

a) Die *Genossenschaft katholischer Edelleute in Bayern*
Nicht an Größe, wohl aber nach dem sozialen Profil blieb die bereits erwähnte *Genossenschaft katholischer Edelleute* der bedeutendste Adelsverband in Bayern.[182] Rein quantitativ blieben die Sammlungserfolge der Genossenschaft im Vergleich zu jenen, die der DAG nach 1918 auch in Bayern gelangen, bescheiden. Der im Jahre 1908 erreichte Stand von 112 Mitgliedern erhöhte sich bis Ende des Ersten Weltkrieges nicht nennenswert. Die Aufnahme adliger Frauen und die erheblich gesteigerten Sammlungsbemühungen führten dann zwischen 1919 und 1930 zu einer Vervierfachung der Mitgliederzahlen innerhalb von zehn Jahren: Im Jahre 1930 hatte der Verband 205 männliche

---

180 Franz GRAF V. GALEN an Graf Schönburg 10.10.1928, in: WAAM, Nl. Galen, Nr. 41.
181 So gehörten etwa Franz Graf v. Galen und Erwein Frhr. v. Aretin zwar angesehenen Familien an, waren jedoch materiell deutlich schlechter gestellt, als die genannten Vertreter der rechtsradikalen Orientierung in Westfalen. Zu Galens beengten Finanzverhältnissen s. o. Kapitel 2.4. Aretin, der als Monatsgehalt 200 Mark angab, bemühte sich im Jahre 1939 um ein DAG-Stipendium zur Finanzierung der Ausbildung seiner Söhne und war nach Gestapo-Haft und Berufsverbot im NS-Staat auch selbst auf die finanzielle Solidarität seiner Standesgenossen angewiesen. (DAAM, LAB, Bd. 3, Hft. „Jugendfürsorge 38/42').
182 Vgl. dazu ARETIN, Adel, S. 523f. und DOHNA, Adel, S. 45-50. Neben Genossenschaft und bayerischer DAG-Landesabteilung waren in Bayern die St. Georgsorden, der Johanniterorden, der Max Josefsorden, der Verein St. Michael, der finanzstarke Verein für gebundenen Besitz, das Nürnberger Patriciat und die Münchener Adelsgesellschaft organisatorisch locker miteinander verbunden (Geschäftsbericht der bayerischen DAG-Landesabteilung 1924/27, in: DAAM, LAB, Bd. 2).

und 191 weibliche Mitglieder[183] und damit ca. ein Drittel der Mitgliederstärke erreicht, welche die bayerische DAG-Landesabteilung zu dieser Zeit aufwies. Doppelmitgliedschaften in DAG und der bayerischen Genossenschaft waren der Normalfall. Konflikte zwischen der Genossenschaft und der Leitung der bayerischen DAG-Landesabteilung sind nicht belegbar, vielfach hingegen die Zusammenarbeit beider Organisationen, v. a. in der Unterstützung verarmter Standesgenossen.[184]

Die deutlich geringere Größe der *Genossenschaft* ist weniger durch ihre Beschränkung auf den katholischen Adel, als durch ihren Charakter als Vereinigung der bessergestellten Familien des alten Adels in Bayern zu erklären. Die Präsidenten der Genossenschaft,[185] ein Vergleich der Mitgliederverzeichnisse von 1908 und 1930, v. a. aber ein Vergleich der Mitgliederstruktur der *Genossenschaft* und der bayerischen DAG-Abteilung im Jahre 1930 belegen den weit „exklusiveren" Charakter der *Genossenschaft*. Die 112 Mitglieder im Jahre 1908 waren v. a. Adlige aus grundbesitzenden, altbayerischen Familien, darunter fünf Fürsten, zwei Prinzen und 75 Träger des Grafentitels. Die *Genossenschaft* hatte kein einziges untituliertes Mitglied und die Berufsangaben lassen nur zwei Fälle erkennen, die außerhalb der traditionellen Adelsberufe lagen.[186] Die Vervierfachung der Mitgliederzahlen veränderte diese Sozialstruktur nicht wesentlich: Die nunmehr rund 400 Mitglieder, darunter zwanzig Fürsten/Prinzen und nur fünf Untitulierte, repräsentierten weiterhin einen exklusiven Kreis alter, in Bayern begüterter Familien. Zu diesem Bild paßt auch die Beobachtung, daß sich unter den ca. 200 weiblichen Mitgliedern nur drei bürgerlich geborene Frauen befanden.

Ein weiterer wichtiger Unterschied zum Stil der norddeutschen Adelsverbände bestand im betont unmilitärischen Charakter der Genossenschaft: Wegen der Stellung des Vereines zur Duell-Frage waren aktive Offiziere dem Verein erst nach 1903 und auch dann nur zögerlich beigetreten.[187] Der betont soldatische, von Offizieren a. D. geprägte Stil der DAG-Leitung fand in die bayerische Genossenschaft auch deshalb niemals Einzug.

Bereits durch die Person ihres Vorsitzenden war die Genossenschaft stark durch einen betont katholischen Adels-Konservativismus geprägt, der den

---

[183] Mitgliederverzeichnisse der Vor- und Nachkriegszeit in: BayHStA, GKE, v. a. Nr. 1 und 2/2, für 1930. Außerdem in: StAA, Nl. H. Waldbott v. Bassenheim, Karton ‚449' und in: DAAM, LAB, Bd. 7, Hft. ‚Adelsorganisationen in Bayern 1925'.

[184] Mitgliederliste der *Genossenschaft*: DAAM, LAB, Bd. 7, Hft. ‚Organisationen'. Mitglieder waren u. a. Erwein und Karl Aretin, Franz und Konstantin Gebsattel, Moritz Franckenstein und Karl August Drechsel. Angaben zur DAG 1925: Geschäftsbericht der LAB 1.4.1925: ebd., Bd. 2, Hft. ‚24/26'. Vgl. ebd., Bd. 2, Hft. ‚28/29' (Schreiben der bayerischen Landesabteilung vom 30.4.1928).

[185] Konrad Graf v. Preysing, Ludwig Graf v. Lerchenfeld-Köfering, später Friedrich Karl Graf v. Schönborn-Wiesentheid und seit 1913 Alois Fürst zu Löwenstein-Wertheim-Rosenberg.

[186] Erwein Frhr. v. Aretin als cand. rer. tech. und ein Baron v. Habermann, kgl. Kämmerer und Professor an der Akademie der bildenden Künste.

[187] Unsigniertes Typskript zur GKE-Geschichte von 1926 (vermutlich von Drechsel) in: BayHStA, GKE, Nr. 1. Bestätigt durch die Berufsangaben in den Mitgliederlisten.

8.4.) Gegen den Strom: Adelskonservativismus in Süddeutschland

Verband gegen völkische, später nationalsozialistische Einflüsse relativ stark immunisierte. Alois Fürst zu Löwenstein-Wertheim-Rosenberg[188] (1871-1952) läßt sich als typischer Vertreter der süddeutschen Grandseigneurs beschreiben. Löwenstein war Besitzer eines eindrucksvollen Schlosses am Mainufer, in dem der europäische Hochadel ein und aus ging. Die Verwaltung der umfangreichen Besitzungen des Fürstenhauses war Löwenstein bereits 1902 von seinem Vater übertragen worden. Erzogen auf dem berühmten Jesuitenkolleg in Feldkirch hatte der Erbprinz das Abitur in Prag bestanden und anschließend ein breit angelegtes Studium in Prag und an der katholischen Universität im schweizerischen Fribourg absolviert, das er 1895 mit einer juristischen Promotion abschloß. Bald darauf wurde er Mitglied der württembergischen Kammer der Standesherren, der ersten Kammern in Hessen und Baden, seit 1909 Reichsrat der Krone Bayerns, Mitglied des Zentrums und Abgeordneter im deutschen Reichstag.

Zwar geriet der Fürst, der den Krieg als Rittmeister à la suite eher unkriegerisch in der Etappe verlebte, nach 1914 in zunehmend scharfe Konflikte mit dem linken Flügel des Zentrums. Annäherungen an die Neue Rechte, etwa durch seine Präsidentschaft in der Deutschen Kolonialgesellschaft, kamen jedoch über symbolische Gesten während des Krieges nicht hinaus. Nach Kriegsende war und blieb Löwenstein im katholischen Adel eindeutig einer der wichtigsten Vertreter des moderaten Flügels, der seine Bindung an die Zentrums-Partei nie aufgab und trotz deutlicher Ressentiments auch den Koalitionskurs des linken Parteiflügels akzeptierte.[189]

Der vor und nach 1918 reiche Fürst[190] wurde Präsident der *Genossenschaft katholischer Edelleute in Bayern* (1914-1948) sowie Vorsitzender des *Hauptausschusses katholischer Adelsvereine in Deutschland* (1921-1933), ein Dachverband, der die Zusammenarbeit aller katholischen Adelsverbände koordinieren sollte. Im Zentrum Mitglied des rechten Flügels, scheint er am Ende der Republik Papen und seine Zerschlagung des Parlamentarismus mit Wohlwollen betrachtet zu haben. Auch wenn die Abgrenzung des Fürsten und seines ältesten Sohnes nach rechtsaußen durchaus nicht hermetisch war,[191]

---

[188] Alfred FRIESE, Alois Fürst zu Löwenstein-Wertheim-Rosenberg. Standesherr und Präsident des Zentralkomitees der Deutschen Katholikentage in Kleinheubach (1871-1952). In: Lebensläufe aus Franken, Hg. v. Sigmund Freiherr von Pölnitz, Bd. 6, München 1960, S. 365-381.

[189] Die Richtigkeit der Zentrumspolitik verteidigte Löwenstein 1921 mit der Frage, wann man je eine Revolution gesehen habe, die religiöse Orden, Konfessionsschulen und volle Religionsfreiheit erhalten habe: LÖWENSTEIN an Alfred Graf Strachwitz, 4.12.1921, in: STAWKB, Lit D 761e/50. 1925 unterstützte LÖWENSTEIN die Kandidatur von Wilhelm Marx gegen Hindenburg, auch, nachdem sich die SPD hinter Marx gestellt hatte. Siehe dazu seine Briefe an den Reichskanzler und an seine Söhne, 27.4.1925, 7.5.1925, in: STAWKB, Lit D 762.

[190] Ein Vermögensnachweis im Nachlaß des Fürsten nennt für das Jahr 1944 ca. 12 Millionen Mark Gesamtvermögen (STAWKB, Lit D 662/3).

[191] Vgl. die Briefe LÖWENSTEINS an seinen Sohn Felix vom 18.9.1932 und vom 26.9.1938 in: STAWKB, Lit D 761n. In einem Brief vom 12.2.1933 formulierte der Fürst religiös motivierte Ablehnung gegen Angriffs- und Eroberungskriege (ebd.). Der älteste Sohn des Für-

läßt sich an seiner Distanz zum rechtsradikalen Flügel des katholischen Adels und seiner Ablehnung des Nationalsozialismus insgesamt nicht zweifeln.[192] Beide hatten ihre wichtigste Wurzel in der tiefen Religiosität des Fürsten, die er ebenso wie das Engagement im Zentrum, in der katholischen Laienbewegung und die Präsidentschaft des Deutschen Katholikentages von seinem Vater übernommen hatte. Dieser war 1907 im Alter von 73 Jahren als Frater Raymundus in den Dominikanerorden eingetreten und ein Jahr später zum Priester geweiht worden.[193]

Die sehr enge Bindung an den katholischen Glauben ließ Fürst Löwenstein, selbst nicht Mitglied der DAG, mehrfach gegen den „völkischen Wodanskult" protestieren, dem sich das Deutsche Adelsblatt nach seiner Ansicht in einer Reihe von Artikeln verschrieben hatte.[194] Hier wie in anderen Fragen stand die *Genossenschaft* mit dem Vorstand der bayerischen DAG in einer Linie. Die Ablehnung, auf die der Arierparagraph in der bayerischen DAG-Landesabteilung gestoßen war, wurde durch Fürst v. d. Leyen auf dem Adelstag von 1921 öffentlich wiederholt.[195] Als Vorsitzender der DAG-Landesabteilung Bayern trug Fürst v. d. Leyen 1925 dem Schriftleiter des Adelsblattes die „absolute, scharfe Ablehnung" vor, auf welche die genannte Artikelserie in Bayern gestoßen sei. Im Namen des bayerischen DAG-Vorstandes bezeichnete Fürst v. d. Leyen die „politischen Tendenzen des Adelsblattes mit seinem antichristlichen, völkischen Einschlag [als] durchaus unsympathisch."[196] Die bayerischen Fürsten hatten sich in dieser Frage dem Protest ihres westfälischen Standesgenossen Franz Graf v. Galen angeschlossen, der

---

sten, Karl Erbprinz zu Löwenstein trat 1967 vom 1948 übernommenen Vorsitz des Deutschen Katholikentages zurück, als in der Öffentlichkeit Dokumente über diverse NS-freundliche Gesten des Erbprinzen bekannt wurden. Ein Gestapobericht vom 6.12.1940, spricht von der SA-Mitgliedschaft des Prinzen, in: BAB (BDC), Alois Fürst zu Löwenstein, 15.9.1871. Zwei Söhne des Fürsten waren Ordensgeistliche, zwei Töchter im Kloster.

[192] Neben seinem kontinuierlichen Auftreten gegen „Knopflochpatrioten", radikalen Nationalismus und v. a. die völkische Bewegung weisen ihn auch die Nachlaßfragmente und seine Gestapoakte (StAWü, Nr. 6431) als einen tief religiösen Mann aus, der dem Nationalsozialismus trotz kleinerer taktischer Zugeständnisse ebenso fremd wie fern blieb. Seine „makellose" Entnazifizierungsakte bestätigt diesen Eindruck (Fragebogen Löwensteins von 1947 in: BayHStA, GKE, Vol. 20, sowie in: STAWKB, Lit D 662/3).

[193] Alfred FRIESE, Karl Fürst zu Löwenstein-Wertheim-Rosenberg. Führer der deutschen Katholiken 1834-1921, in: Lebensläufe aus Franken, Hg. v. Sigmund Freiherr von Pölnitz, Bd. 6, München 1960, S. 382-394.

[194] StAWB, Nachl. Löwenstein, Lit D 761e, Nr. 18, Schreiben an Fürst v. d. Leyen vom 29.5.1924. Graf v. Galen hatte wegen der Artikel gedroht, den Westfälischen Adel zum Austritt aus der DAG aufzurufen. Löwensteins Widerstand war, wie alle seine Äußerungen, christlich motiviert.

[195] Bericht über den 35. Adelstag der DAG, in: DAB 1921, S. 147.

[196] Ausführungen des FÜRSTEN V. D. LEYEN auf einer Sitzung der bayerischen Landesabteilung am 13.10.1924, in: DAAM, LAB, Bd. 13, Hft. ‚Unterfranken 24/31'. Vgl. die Protokolle einer Aussprache des „engeren Ausschusses" für den Adelstag 1925 vom 15.1.1925 und der Vorstandssitzung der DAG-Landesabteilung Bayern vom 29.9.1925. Leyen hatte kurz zuvor für eine umfassende politische Zurückhaltung der DAG plädiert (ebd., Rundschreiben vom 9.11.1924), in: AFLH.

8.4.) Gegen den Strom: Adelskonservativismus in Süddeutschland

die Artikelserie als „direkt antichristlich im Sinne des völkischen Wodanskultus" bezeichnet, seinen Austritt aus der DAG und eine westfälische Kampagne gegen Adelsblatt und DAG-Führung angedroht hatte.[197]

Ähnlich verlief ein Konflikt im Herbst 1925, der sich an einer Artikelserie im Adelsblatt entzündete, die in Plädoyers für eine „Aufnordung" des deutschen Volkes dem nordizistischen Zweig unter den zeitgenössischen Rassentheoretikern gehuldigt hatte. Auch hier gewannen mit Graf Neipperg und Baron Stotzingen zwei nicht-bayerische, südwestdeutsche Katholiken den bayerischen Standesherren Fürst Löwenstein für einen direkt an den DAG- „Adelsmarschall" Friedrich v. Berg adressierten Protest.[198] Strukturell entwickelte sich der inneradlige Nord-Süd-Konflikt zu einer Konstante, inhaltlich wurden die hier verhandelten Fragen jedoch in zunehmender Schärfe ausgetragen. Im Dezember 1930 protestierte der bayerische DAG-Vorstand gegen einen Vortrag, den Hans F. K. Günther als Haupt der nordizistischen Rassentheorie auf einer Jungadelstagung der DAG gehalten hatte.[199] In einem Brief an einen befreundeten Standesgenossen wunderte sich Karl Frhr. v. Aretin im Sommer 1931 über die Germanisierungswelle im norddeutschen Adel, „da in Preußen, Pommern, Lausitz, Schlesien noch starke slavische Bestandteile in der Erbmasse des Volkes vorhanden sind, was man aber aufnordenden Salongermanen nicht sagen darf."[200]

Bis zu ihrer kraftlosen Selbstgleichschaltung im Jahre 1933 blieb die deutlich erkennbare Distanz der *Genossenschaft* zur Neuen Rechten ungebrochen. Zwar läßt sich der Versuch jüngerer Mitglieder, die Genossenschaft zu einem betont politischen Verband umzugestalten, bereits gegen Ende des ersten Weltkrieges belegen. Schon Ende 1917 debattierte die Generalversammlung die Notwendigkeit, „Herrn Omnes" nunmehr „auf allen Wegen" privat und öffentlich entgegenzutreten.[201] Der Verein behielt jedoch seine zurückhaltende, an die Wittelsbacher angelehnte Linie ebenso wie seine Statuten bei, die nach 1918 nicht geändert wurden. Die von der Genossenschaft organisierten Tagungen in den 1920er Jahren zeugen zwar ebenso wie die von der Genossenschaft herausgegebene Zeitschrift[202] von einer deutlich gesteigerten Akti-

---

[197] Schriftwechsel (u. a. LÖWENSTEIN, GALEN, DRECHSEL, vom 17.5.1924, 29.5.1924 und 10.5.1924), in: STAWKB, Lit D 761e/18.
[198] Protestschreiben LÖWENSTEINS an Berg 4.9.1925, in: STAWKB, Lit D 761e/18.
[199] ÖTTINGEN / WILHELM FRHR. V. LEONROD / DRECHSEL an Berg, Februar 1931, in: DAAM, LAB, Bd. 1, Hft. ‚30/31'.
[200] Karl FRHR. V. ARETIN, 14.7.1931, in: DAAM, LAB, Bd. 1, Hft. ‚1930/31'. Ein typisches Beispiel für die späteren Versuche ostelbischer Adliger, die slawischen Anteile aus ihren Ahnenreihen zu entfernen, findet sich in einem Brief des SS-Führers Erich v. BACH-ZELEWSKI an Heinrich Himmler, 4.12.1940, in: Tuviah Friedmann, Dokumentensammlung Bach-Zelewski, Haifa 1996 (Zentrum für Antisemitismusforschung, TU Berlin).
[201] Rede Max GRAF V. SODEN-FRAUENHOFENS und Artikel „Politischer oder nichtpolitischer Verein" in: Mitteilungen der GKE, 10.4.1918.
[202] Die *Mitteilungen der Genossenschaft katholischer Edelleute in Bayern* erschienen seit Ende der 1920er Jahre als gemeinsames Organ der *Genossenschaft* und des *Südwestdeutschen Adelsvereines*. Die immense Entfernung des nüchternen Mitteilungsblattes vom DAB läßt

vität, v. a. auf dem Gebiet der Kulturpolitik, lassen aber keine mit der DAG-Linie vergleichbare Radikalisierung erkennen.

b) Besonderheiten der bayerischen DAG-Landesabteilung
Stärker als in anderen Adelsregionen blieb in Bayern der Widerstand gegen den unitaristischen Zug ausgeprägt, der die DAG seit ihrer Gründung gekennzeichnet hatte. Historisch tief verwurzelte antipreußische Reflexe verbanden sich hier mit einem zunehmend offensiven Insistieren auf einer eigenen, vom „Norden" klar unterscheidbaren Adelskultur. Bayerische DAG-Mitglieder wiesen die Berliner Zentrale immer wieder darauf hin, daß man die DAG hier als eine föderalistische Organisation ansah und sich der Umwandlung der DAG in eine „großpreussische Organisation" entgegenstellen würde.[203] In einem Rundschreiben an alle Landesabteilungen formulierte Fürst Öttingen im Sommer 1932: „Wahnsinn ist es, da Einheitlichkeit zu verlangen, als wäre Deutschland ein neu in Besitz genommenes Stück Afrika und nicht der heilige Boden der 1.000-jährigen Geschichte unseres Volkes. [...] Eine Normierung der politischen Ansichten des Adels von Berlin aus – der Gedanke könnte von Henry Ford kommen."[204] In einem privaten Brief brachte Karl Frhr. v. Aretin seine Verachtung für den Kurs des DAG-Hauptgeschäftsleiters Walter v. Bogen noch schärfer zum Ausdruck. Bogen und der Berliner DAG-Leitung warf der bayerische Baron vor, den Adel so gedankenlos „unitarisieren" zu wollen, „wie andere Leute Nase bohren."[205]

Als Berg 1926 versucht hatte, die bayerische DAG-Abteilung in das rechte Propagandabündnis während des Volksbegehrens zur Fürstenenteignung zu zwingen, war im bayerischen Vorstand bereits die Auflösung des Verbandes erwogen worden. Obersthofmarschall Wilhelm Frhr. v. Leonrod, zweiter Vorsitzender der bayerischen Landesabteilung, hatte sich verbeten, die bayerische Landesabteilung einfach mit der pommerschen gleichzusetzen – sie werde sich „ihre Selbständigkeit *unter allen Umständen* bewahren."[206] Eine Mischung aus politischen Differenzen und persönlichen Abneigungen spiegelt sich in der Verlegenheit wider, in die der bayerische DAG-Landesverband geriet, als es 1928 galt, einen neuen bayerischen Vertreter in Berlin zu finden. Standesgenossen mit guten Verbindungen nach Berlin waren schwer zu finden bzw. für ein Amt zu gewinnen, das regelmäßige Reisen nach Berlin und gute

---

sich bereits am nach 1918 nicht veränderten Bildmotiv der Zeitschrift ersehen, das statt martialischer Ritter und langschädliger Krieger eine Madonnenfigur zeigte.

[203] ARETIN, 14.4.1931 und Wilhelm Frhr. v. LEONROD, 18.3.1931 an Bogen, in: DAAM, LAB, Bd. 1, Hft. ‚Berlin 31/32'.

[204] Rundschreiben ÖTTINGEN-SPIELBERGS an alle Landesabteilungen und den Hauptvorstand der DAG, 20.6.1932, in: DAAM, LAB, Bd. 6, Hft. ‚Adel und Nationalsozialismus 1929/35'.

[205] Briefe ARETINs vom 6.7. und 31.8.1931 in: DAAM, LAB, Bd. 1, Hft. ‚30/31'.

[206] WILHELM FRHR. V. LEONROD 14.6.1926, in: DAAM, LAB, Bd. 1, Hft. ‚Korrespondenz 25/29' (Hervorhebung im Original). Die Ablehnung wurde mit dem Argument begründet, die Propaganda im Interesse des Adels könne der (solvente) Verein für gebundenen Grundbesitz weit besser organisieren.

8.4.) Gegen den Strom: Adelskonservativismus in Süddeutschland

Kontakte zum preußischen Adel voraussetzte. In den Schriftwechseln zu diesem Vorgang erscheint Berlin als ein Ort, den kein bayerischer Adliger freiwillig betrat.[207] Ebenso blieben die direkten Verbindungen, die Walter v. Bogen aus der Berliner Zentrale zu einzelnen Adligen der süddeutschen Landesabteilungen knüpfen konnte, selten und schwach. In Bayern wuchs der frühzeitig zur NS-Bewegung gestoßene Johannes Frhr. v. Gumppenberg schnell in die Rolle des Vorzeige-Bayern hinein, wenn die Berliner DAG-Leitung Kronzeugen für eine vermeintliche bayerische Unterstützung ihrer alladligen Projekte benötigte. Der Baron gehörte jedoch zweifellos nicht zum *inner circle* der politisch einflußreichen Familien in Bayern. Gumppenberg war mit einer rheinländischen Adligen verheiratet, die als „glühende Nationalsozialistin" galt. Nach der Machtübergabe zum Referenten für Schafzucht in Darrés Ministerium avanciert und mit dem Titel des „Reichsschafmeisters" geschmückt, wurde der fränkische Gutsbesitzer von seinen bayerischen Standesgenossen als „das Reichsschaf" verspottet.[208]

Der bayerische Widerstand gegen jeden von Norddeutschland ausgehenden „Unitarismus" führte vor 1933 zu einer spürbaren Distanz des altbayerischen Adels zu den Einigungsbestrebungen der radikalen Rechten.[209] Nicht nur in den bayerischen Adelsverbänden, sondern auch im *Bayerischen Heimat- und Königsbund* und in den bayerischen Wehrverbänden führte das Festhalten an weiss-blauen Partikularismen zu ständigen Konflikten mit norddeutschen Einigungsbewegungen, so etwa mit dem Stahlhelm, der DNVP, diversen völkischen Bünden und in der *Vereinigung Vaterländischer Verbände* (VVVD).[210] Vertreter des rechtsradikalen Flügels im bayerischen Adel konnten sich mit ihren Forderungen nach einer geschlossenen „Rechtsfront"[211] gegen eine Mehrheit, die an katholischen und bayerischen Besonderheiten festhielt, nie durchsetzen. In Abstimmung mit Kronprinz Ruprecht

---

[207] Vgl. dazu die Briefwechsel vom November 1928, in: DAAM, LAB, Bd. 2, Hft. ‚28/29'. Ähnlich: Erwein FRHR. V. ARETIN 20.2.1931: ebd., Bd. 1, Hft. ‚31/32'.
[208] FÜRST ÖTTINGEN-SPIELBERG an Enoch Frhr. v. Guttenberg, 21.10.1937, in: DAAM, LAB, Bd. 9, Hft. ‚Enoch Guttenberg' und Brief v. Bogens in: ebd., Bd. 2, Hft. ‚28/29'. Vgl. ARETIN, Adel, S. 552 („Reichsschaf").
[209] Vgl. James DONOHOE, Hitlers Conservative Opponents in Bavaria 1930-1945. A Study of Catholic, Monarchist and Separatist Anti-Nazi Activities, Leiden 1961; Rudolf ENDRES, Der Bayerische Heimat- und Königsbund, in: Kraus, Andreas (Hg.), Land und Reich, Stamm und Nation. Probleme und Perspektiven bayerischer Geschichte. FS Max Spindler, München 1984, Bd. 3, S. 415-436. Robert S. GARNETT, Lion, Eagle, and Swastika. Bavarian Monarchism in Weimar Germany, 1918-1933, New York/London 1991; Karl Otmar FRHR. V. ARETIN, Die bayerische Regierung und die Politik der bayerischen Monarchisten in der Krise der Weimarer Republik 1930-1933, in: FS Hermann Heimpel, Göttingen 1971, S. 205-237.
[210] „Alluntertänigster Bericht über den gegenwärtigen Stand in der vaterländischen Bewegung Bayerns" (Erwein FRHR. V. ARETIN an Kronprinz Ruprecht, 16.5.1929), in: AFA.
[211] Vortrag Hermann FRHR. V. GEBSATTELS auf einer Mitgliederversammlung der bayerischen DAG-Landesabteilung, 24.4.1926, über die Notwendigkeit einer geschlossenen „Rechtsfront", in: DAAM, LAB, Bd. 2, Hft. ‚24-34'. Hermann Gebsattel (1855-1939), Generalmajor a. D., war der jüngere Bruder des o. g. Alldeutschen Konstantin Gebsattel.

war dessen Berater Erwein Frhr. v. Aretin zwei Jahre zuvor dem Stahlhelmführer Franz Seldte entgegengetreten, den Aretin „für einen politisch gänzlich unfähigen Menschen" hielt. Nach einer Rede im von Edgar Julius Jung geleiteten Jungakademischen Klub in München verwies Aretin auf den großen Schaden, den „die Torheit der Nichtbayern" seit dem Hitler-Putsch der monarchistischen Bewegung gebracht hatte: „Ich konnte ihm daher nur sagen, dass schon wiederholt norddeutsche Herren in der vaterländischen Bewegung in Bayern gearbeitet hätten, die alle an der Unkenntnis des Bodens gescheitert seien: Ludendorff, Rossbach, Erhardt usw. Es gäbe in Bayern keine vaterländische Bewegung ohne ausgesprochen monarchisches Ziel. Wer dies versuche, fände auf die Dauer keine Resonanz. Im Norden möge dies anders sein, aber hier sei es so, und ein vaterländischer Verband, der nicht in irgendeiner Form in seinen Führern Ew. Majestät genehm sei, werde eben nicht als vaterländisch betrachtet. Ich wies auf den Hitlerputsch hin, der vor allem an seiner Verachtung Bayerns gescheitert sei [...]."[212] Zwar kann der bei Aretin ungewöhnlich deutlich ausgeprägte antimilitaristische Zug nicht als repräsentativ für den bayerischen Adel gelten. Die von Aretin sprachlich zugespitzte Ablehnung des soldatisch-preußischen Stahlhelm-Stils, der zur traditionellen Symbolsprache des katholischen Adels in Süddeutschland aus vielen Gründen nicht paßte, gab hingegen ein im altbayerischen Adel gleichwohl verbreitetes Ressentiment wieder:[213] Die politische und propagandistische „Phantasie" des Stahlhelms, so der Baron, ginge nicht viel weiter „als bis zu einer in Permanenz erklärten Armee- und Marine-Gedächtnisfeier mit Schwertgeklirr und Wogenprall, die Deutschland um keinen Schritt weiterbringt, auch wohl zum ewigen Phantasiebild verurteilt ist. Warum bei solchem Eindruck die Ablehnung des Stahlhelm weniger national sein soll als die Zustimmung, entzieht sich meiner Kenntnis."[214]

Die großen politischen Differenzen spiegelten sich auch hier in kleinen symbolischen Vorfällen wider. Auf einer Feier „zu Ew. Majestät Allerhöchstem Geburtstagsfest", für das sich „die Gemeinde der aktivsten Münchner Getreuen" 1928 im Münchener Löwenbräukeller versammelt hatte, war unter den Vertretern des Stahlhelms auch Wilhelm Prinz v. Preußen, der älteste Sohn des preußischen Kronprinzen erschienen. Befriedigt konnte Aretin seinem „Allergnädigsten König und Herr[n]" vom betont zurückhaltenden Empfang berichten, den die bayerischen Monarchisten dem ältesten Enkel des Kaisers bereitet hatten. Die Tatsache, daß der Prinz zuvor, u. a. auf einer Lettow-Vorbeck-Versammlung, „als einfacher Stahlhelmmann [den] Saalschutz

---

212 Erwein FRHR. V. ARETIN an Kronprinz Rupprecht, 23.12.1927, in: AFA.
213 Über die nur mäßige Freude „an allem Parademässigen" in den Kreisen der bayerischen Monarchisten: Erwein FRHR. V. ARETIN an Kronprinz Rupprecht, 1.8.1926, in: AFA. Ähnlich äußerte Karl August Graf v. Drechsel Ende 1930 seine Ablehnung des Stahlhelms, hier bereits verbunden mit seiner Enttäuschung über die NS-Begeisterung im norddeutschen Adel, die er auf einer Sitzung des Adelskapitels erlebt hatte: DRECHSEL an Berg 17.12.1930, in: DAAM, LAB, Bd. 1, Hft. ‚30/31'.
214 Erwein FRHR. V. ARETIN an Kronprinz Rupprecht, 27.12.1929, in: AFA.

übernahm", wertete Aretin als „Pose, die ich weder vom Prinzen, noch von der Partei verstand, und die sicher für Münchner Mentalität grundfalsch berechnet war."[215] Der antimilitaristische Spott des als Bonvivant bekannten Barons fand zumindest in dieser Frage die Zustimmung Kronprinz Rupprechts, der bis 1918 als General eine nach ihm benannte Heeresgruppe kommandiert hatte. Über den Berliner Stahlhelmtag von 1927 urteilte der Thronprätendent: „Der Führergedanke [im Stahlhelm] erinnert mich lebhaft an den Messiasglauben der späteren Juden, die nun schon seit 1.900 Jahren vergeblich ihren neuen Messias erwarten."[216] Aretins Ablehnung von Stil und politischer Ausrichtung der Stahlhelmführung scheint seine spätere Resistenz gegen den Nationalsozialismus vorgeprägt zu haben. Im zitierten Bericht von 1927 hatte Aretin Seldtes Programm bereits als direkte, allerdings „äußerst schlapp[e]" Wiederholung der „Sprüche" Hitlers bewertet. Neben monarchistischen Loyalitäten, christlichem Glauben und anti-preußischen Ressentiments wird man einige Jahre später als Einwand gegen den Nationalsozialismus wiederfinden, was Aretin 1927 im Bericht an seinen „König" gegen den Stahlhelm formuliert: „Es ist sehr viel Potemkin in dieser Bewegung".[217] Form und Inhalt der Ablehnung des soldatischen Nationalismus finden sich im Dezember 1930 in Aretins scharfer Distanzierung vom Nationalsozialismus wieder, die er seinem schwankenden und milder urteilenden „König" unermüdlich unterbreitete. Das folgende Zitat aus einem Brief an den bayerischen Thronprätendenten vereinigt die wichtigsten Vorbehalte des bayerischen Barons gegen die NS-Bewegung, die Aretin mit einem Großteil der politischen Führungsriege im katholischen Adel Bayerns teilte: „Wenn ich die Begeisterung preussischer Prinzen für den Nationalsozialismus sehe, fällt mir immer der älteste Sohn des Herzogs von Orléans, der Herzog von Chartres ein, der bei den Jakobinern – den Nationalsozialisten von 1790 – Saalschutz versah, aber kaum waren die Jakobiner an der Macht, seinen Vater geköpft und sich auf ein paar Jahre im Chateau d'If sah. König wurde er als Louis Philippe mehr durch die Warenhäuser. Was haben die Jakobiner Ludwig XVI. zugejubelt, als er die phrygische Mütze – das Hakenkreuz von 1790 – anzog. Ich vertraue durchaus auf die Gesinnung von Hitler, Epp usw. Aber die werden im Falle eines wirklichen Umsturzes, den ich für nicht wahrscheinlich halte, da wir kein Talent zu einer Grossen Revolution haben, verschwinden wie Spreu im Wind und bleiben wird ein fanatisiertes Proletariat, das Generäle erschiesst, wenn sie Niederlagen erleiden und jeden Besitzenden unter dem Motto, er sei ‚Judengenosse' terrorisiert."[218] Das der hier zitierten Stelle fehlende „katholische" Argument hatte Aretin zuvor, einige Monate vor dem NSDAP-Wahlsieg von 1930, betont: „Wir haben als Deutsche von einer nationalen Revolution keine Erneuerung des Staates im konservativen Sinn zu

---

215 Erwein FRHR. V. ARETIN an Kronprinz Rupprecht, 17.5.1928, in: ebd.
216 KRONPRINZ RUPPRECHT an Erwein Aretin, 18.5.1927, in: ebd.
217 Erwein FRHR. V. ARETIN an Kronprinz Rupprecht, 23.12.1927, in: ebd.
218 Erwein FRHR. V. ARETIN an Kronprinz Rupprecht, 23.12.1930, in: ebd.

erwarten, sondern eine nationale Intoleranz – die sich sehr rasch gegen Rom und damit in der Mentalität der Masse gegen alles Katholische richten wird – die bei der Waffenlosigkeit zu keinem Napoleon und keinem Aufstieg führen wird, sondern nach spätestens zwei Monaten zum plattesten Bolschewismus. Daran könnte kein Hitler, selbst wenn er Führer und nicht ängstlich Geführter wäre, etwas ändern. Jede Revolution verschlingt ihre Väter."[219]

c) Der *Bayerische Heimat- und Königsbund*
Vom preußischen Monarchismus und seinen nie überwundenen Strukturschwächen unterschied sich die monarchistische Bewegung in Bayern v. a. durch zweierlei: mit Kronprinz Rupprecht gab es einen im bayerischen Adel überall anerkannten Thronprätendenten, der sich im Krieg als Kommandeur einer Heeresgruppe militärisch zumindest soweit bewährt hatte, daß er sich nach 1918 glaubwürdig als moderne Führergestalt stilisieren ließ.[220] In Form des *Bayerischen Heimat- und Königsbundes* (BHKB)[221] existierte eine von bayerischen Adligen geführte Organisation, die relativ fest in der Bevölkerung verwurzelt und mit guten Kontakten zur bayerischen Landespolitik ausgestattet war.

Ende 1926 hatte der BHKB bereits 1.330 Ortsvereine, in denen insgesamt 65.000 Mitglieder organisiert waren.[222] Bis Ende 1927 wurde der Bund von Erwein Frhr. v. Aretin geleitet und dominiert, der die Leitung des Bundes im Einverständnis mit dem bayerischen Thronprätendenten zu diesem Zeitpunkt verließ, um mit seinem Eintritt in die Redaktion der *Münchener Neuesten Nachrichten* fortan eine führende Rolle in der wichtigsten Tageszeitung Bayerns zu übernehmen.[223]

Der bereits mehrfach erwähnte Erwein Frhr. v. Aretin (1887-1952) gehörte ohne Zweifel zu den weitsichtigsten und zudem einflußreichsten Köpfen im bayerischen Adel, obschon er eine in mancher Hinsicht untypische Karriere gemacht hatte. Nach finanziellen Standards gerechnet wäre der zweite Sohn eines schloßbesitzenden Regierungspräsidenten und einer Prinzessin v. d. Leyen eher zum Kleinadel als zu den Grandseigneurs zu zählen. Aretin, Vater von vier Söhnen, lebte in München und verdiente seinen Lebensunterhalt im wesentlichen mit seiner journalistischen Arbeit. Der Baron hatte in Leipzig, München und Göttingen Astronomie und Mathematik studiert, war dem Mi-

---

[219] Erwein FRHR. V. ARETIN an Kronprinz Rupprecht, 27.12.1929, in: ebd.
[220] Vgl. dazu: KRONPRINZ RUPPRECHT VON BAYERN, Mein Kriegstagebuch, Hg. von Eugen von Frauenholz, Bd. 2, Berlin 1929. Selbst der durchgängig in militärischen Kategorien denkende preußische General Friedrich Graf v. d. Schulenburg lobte den bayerischen Kronprinzen als „hervorragenden Führer": SCHULENBURG, Erlebnisse (unveröffentlicht, 1920), in: BAMA, N 58 /1.
[221] Zum BHKB vgl. ARETIN, Adel, S. 520-523; DOHNA, Adel, S. 35-45, SWEETMAN, Crowns, S. 170 und v. a. ENDRES, Heimat- und Königsbund.
[222] 1.100 Ortsvereine mit 65.000 Mitgliedern im August 1926, bis Dezember 1926 Zunahme auf 1.330 Ortsvereine (Berichte Erwein Aretins vom 1.8. und vom 27.12.1926), in: AFA.
[223] Dankesschreiben KRONPRINZ RUPPRECHTS an Erwein Aretin, 25.12.1927 und 31.12.1927, in: AFA.

8.4.) Gegen den Strom: Adelskonservativismus in Süddeutschland 377

litär wegen eines Herzleidens ferngeblieben und erzeugte mit seiner oftmals betont spöttisch-antimilitaristischen Haltung immer wieder Verärgerung selbst unter seinen befreundeten Standesgenossen. Aretin, der nach dem Studium eine Zeit lang Assistent an der Wiener Sternwarte geworden war, hatte jedoch durch seine engen verwandtschaftlichen und freundschaftlichen Kontakte zu buchstäblich allen politisch relevanten Adligen in Bayern, seine außergewöhnliche Bildung, seine breiten kulturellen Interessen, als aktives Mitglied verschiedener bayerischer Adelsverbände, als einflußreicher Journalist und schließlich als enger Berater des bayerischen Kronprinzen eine Sonderrolle, die sich gegen sozialgeschichtliche Einordnungen weitgehend sperrt.[224]

Anders als im preußischen Adel war Aretins Monarchismus von größter Konsequenz und Unbeugsamkeit. Sein fester, oftmals skurril übersteigerter Glaube an die Bedeutung der Monarchie fand im BHKB ein geeignetes Mittel der Umsetzung. Nach einem Bericht aus der Bundesführung lag im Jahre 1926 „die Bearbeitung der städtischen Bevölkerung [...] noch überall sehr im argen", während die systematische Gewinnung der Landbevölkerung große Fortschritte machte. Organisation und Erfolg der „Agitation" hielt Baron Aretin vorwiegend für ein „finanzielles Problem". Dieses wurde mit der Unterstützung des Bundes durch den solventen *Verein für gebundenen Grundbesitz*, der „eine grössere Geldsumme und die Schlösser seiner Mitglieder für Agitationsreisen zur Verfügung gestellt" hatte, zumindest gemindert. Der Einschätzung Aretins, die er im Mai 1929 „alluntertänigst" seinem König referierte, ist im Hinblick auf die desolate, personal und organisatorisch verfahrene Situation des preußischen Monarchismus zuzustimmen: „Wie die Dinge heute liegen, ist der Heimat- und Königbund auf lange hinaus die trotz aller Mängel gefestigtste Organisation, die Ew. Majestät in Bayern zur Verfügung steht. Sie bedarf der Auffrischung. Gewiss. Aber sie ist da und ist aufbaufähig. [...] Kein anderes deutsches Land hat auch nur annähernd Ebenbürtiges."[225]

Von adligen Vorsitzenden aus alten und angesehenen bayerischen Familien geleitet, versuchte der BHKB sich auch auf dem Terrain der modernen politischen Massenagitation. Neben einer eigenen Zeitung bezeugen Flugblätter,

---

[224] Angaben nach: Otto GRAF ZU STOLBERG-WERNIGERODE, Art. Aretin, in: NDB, Bd. 1, S. 346f. Zu den finanziellen Schwierigkeiten, in die Aretin geriet, nachdem er im Juli 1935 aus einer über zweijährigen Gestapo-„Schutzhaft" entlassen und mit einem Berufsverbot belegt wurde s. ARETIN, Adel, S. 556-560 und seine eigenen Angaben an die Reichsschrifttumskammer in: BAB (BDC), PA: Erwein Frhr. v. Aretin, 19.9.1887. Aretin hatte sich nach dem Krieg zunächst auf ein Landgut zurückgezogen und war durch die Folgen der Inflation genötigt, seinen Lebensunterhalt als Journalist zu verdienen. Vgl. außerdem seine 1933/35 verfaßten Erinnerungen: Erwein FRHR. V. ARETIN, Krone und Ketten. Erinnerungen eines bayerischen Edelmannes, Hg. v. Karl Buchheim und Karl Otmar Frhr. v. Aretin, München 1955; sein unter dem Pseudonym Arkas erschienenes Buch: Die Kunst, anständig zu sein, Zürich 1936; sowie seine Darstellung über Therese Neumann, die Stigmatisierte von Konnersreuth: DERS., Die Erscheinungen von Konnersreuth, München 1927.

[225] Erwein FRHR. V. ARETIN an Kronprinz Rupprecht, Alluntertänigster Bericht über den gegenwärtigen Stand in der vaterländischen Bewegung Bayerns, 16.5.1929, in: AFA.

„Lichtbildervorträge", „Schlepperdienste", „Agitationsfahrten" und der systematische Einsatz von Automobilen zur politischen Agitation den Versuch, sich aus dem Zeughaus moderner Massenpropaganda zu bedienen.[226] Das offenbar vom bayerischen Kronprinzen Rupprecht angestoßene Projekt eines Kino-Filmes, für den der Prätendent persönlich ein „Filmlibretto" verfaßt hatte,[227] zeigt einerseits eine erstaunliche Hinwendung zur politischen Massenagitation, andererseits deren Scheitern auf halbem Wege. Die in Bayern besonders starke Verhaftung in den traditionellen Denk-, Sprach- und Symbolwelten des Adels war wenig geeignet, die modernen Werkzeuge zur Beeinflussung der „ungebildeten Gefühlsmenschen"[228] zu bedienen.

Der vom Kronprinzen entworfene Propaganda-Film *Post nubila Phoebus!* sollte Ludwig I. zu einer nationalen Heldenfigur der Befreiungskriege stilisieren und somit den erfolgreichen Friedrich- und Bismarck-Filmen ein bayerisches Pendant entgegensetzen. Aretin erhoffte sich einen Film, der „norddeutsche Vorurteile" gegen die vermeintliche nationale Unzuverlässigkeit Bayerns überwinden und das Ansehen des bayerischen Monarchismus landesweit stärken würde.[229] Vergleicht man diesen eher unbeholfenen Versuch mit den zeitgleichen Propagandaleistungen der Nationalsozialisten oder den Filmen, die Leni Riefenstahl wenige Jahre später für die NSDAP realisierte, wird deutlich, wie altbacken und unattraktiv Identifikationsangebote der hier verhandelten Art v. a. auf die jüngere Generation wirken mußten.

d) Jenseits von Maria und Rupprecht: Der *Münchener Jungadel*
So eindrucksvoll der „Sonderweg" ist, den die bayerischen Adelsorganisationen und ein Großteil der in Bayern einflußreichsten Mitglieder des alten, v. a. katholischen Adels im Vergleich zur Entwicklung in Ostelbien beibehielten – die Radikalisierungstendenzen im Adel gingen auch an dieser Adelskultur nicht spurlos vorüber. Jesko Graf zu Dohnas Arbeit über den fränkischen Adel deutet v. a. für die protestantischen Familien auf Orientierungen hin, die den preußischen in manchem näher als den altbayerischen standen. Neben dieser Differenzierung ist auch in Bayern auf eine Trennlinie zu verweisen, entlang derer sich das Verhalten der verschiedenen Generationen unterscheiden läßt. Einen Indikator für ein Ausscheren des bayerischen Jungadels aus dem geistig-politischen Orbital, dessen Grenzen Kronprinz Rupprecht und die Jungfrau Maria absteckten, bietet die Organisation des Münchener Jungadels. Die Verbindung *Deutscher Jungadel in München* wurde 1922 als gemeinschaftli-

---

[226] Angaben zum BHKB nach einem Bericht Erwein Aretins an Kronprinz Rupprecht über die Arbeit des Bundes nach seiner Fusion mit der Bayerischen Königspartei. Schreiben vom 1.8.1926 und 16.5.1927, in: AFA.

[227] „Post Nubila Phöbus. Skizze eines Filmlibrettos". Verfaßt von Kronprinz Rupprecht, vermutlich Anfang 1925, in: AFA.

[228] Erwein FRHR. V. ARETIN an Kronprinz Rupprecht, 26.4.1925, (über die seiner Auffassung nach durch Filme erreichbare Klientel), in: AFA.

[229] Darstellung nach dem o. g. Libretto und zwei längeren Schreiben Erwein FRHR. V. ARETIN an Kronprinz Rupprecht vom 26.4.1925 und 17.1.1926, in: AFA.

8.4.) Gegen den Strom: Adelskonservativismus in Süddeutschland

che Gründung der bayerischen DAG-Landesabteilung und adliger Studenten und Gymnasiasten aus Bayern ins Leben gerufen.[230] Mit einigem Erfolg hatten renommierte ältere Adlige versucht, die akademische Intelligenz der in München studierenden Standesgenossen in einer Organisation zu sammeln, die jungen adligen Männern exklusive Formen der Geselligkeit, körperlich-sportliche Aktivitäten und politische Vortragsreihen anbot. Das Programm war auf Interessen und Selbstverständnis junger Adliger zugeschnitten. Die Organisation wurde von politisch einflußreichen bayerischen Adligen unterstützt und finanziert.[231] Die Satzung definierte als Vereinszweck, in den „Kampf für das Deutschtum einzugreifen, auf Grund der traditionellen Sendung des Adels". Neben bayerischen Adligen gehörten der Vereinigung auch junge Studenten aus preußischen Familien an.[232] Als Tagungsstätte standen der Organisation die Räume des Münchener Herrenklubs im Preysing-Palais zur Verfügung, ein eindrucksvoller Bau in bester Stadtlage, in dem sich die Mitglieder des Jungadels zweimal monatlich zu politischen Vorträgen und Debatten versammelten. Statt altbackenem Monarchismus und weiß-blauem Lokalkolorit fanden die jungen Männer hier geistige Anregungen durch prominente Rechtsintellektuelle sowie Vertreter der dominierenden und der kommenden Rechten: Zu den ersten Rednern gehörten General Rüdiger Graf v. d. Goltz, Oswald Spengler und Adolf Hitler. Neben der geistigen wurde auch die „charakterliche" und körperliche „Ertüchtigung" befördert, „um die körperliche Gewandtheit zu mehren und zu erhalten." Gleichberechtigt neben den gesellschaftlichen und politischen Abendveranstaltungen standen gemeinsames Reiten, Wandern, Ausflüge, Wintersport sowie Schießen und paramilitärische Übungen.[233] Das „zur Ertüchtigung des Körpers so wertvolle Turnen" wurde im Sommer 1925 obligatorischer Teil der Jungadels-Veranstaltungen.[234] Die Organisatoren hofften durch den Jungadel außerdem ein geistiges und gesellschaftliches Zentrum für junge Adlige aus allen Teilen des Reiches zu schaffen. Die „Verschiedenheit der Konfessionen und Stämme", argumentierte Erwein Frhr v. Aretin als einer der Protektoren der Vereinigung, habe in den „vier Jahre[n] gemeinsamen Ruhms, mehr Jahre schon gemeinsamen Leids" ohnehin an Bedeutung verloren. Landschaftliche und

---

230 DOHNA, Adel, S. 55f.
231 Die Liste der ca. 50 „Freunde und Gönner des Jungadels" verzeichnet die politisch dominierenden Adligen in Bayern fast vollständig. Als „Protektor" wurde „S.M. König Rupprecht v. Bayern" genannt. Fürst v. der Leyen war „Schirmherr", Wilhelm Frhr. v. Leonrod der Leiter des Jungadels: DAAM, LAB, Bd. 3, Hft. ‚Jungadel'.
232 Satzung und Mitgliederliste vom 26.6.1926 (Mitgliederstand: 65 Personen) in: DAAM, LAB, Bd. 3, Hft. ‚Jungadel'. Die Liste verzeichnet u. a. Mitglieder aus den Familien Henckel v. Donnersmarck, Plessen, Puttkamer, Schlabrendorff, Richthofen, Westfalen.
233 Ein handgemaltes Plakat lud 1926 „alle jungen Standesgenossen" zum „vaterländischen Schießausflug" ein. Plakattext: „Jungadel Achtung! Schiessen!", in: DAAM, LAB, Bd. 3, Hft. ‚Jungadel'.
234 Geschäftsbericht der LAB, 1.4.1925: DAAM, LAB, Bd. 2, Hft. ‚24/26' und: Erwein FRHR. v. ARETIN, Der Münchener Jungadel, Typoskript, Oktober 1923, in: FÖWA, VIII, 19.1.c., Nr. 117.

konfessionelle Unterschiede sollten die jungen Adligen nicht verleugnen, sondern kennen und im Bewußtsein ihrer jeweiligen Eigenheiten überwinden. In diesem Geist versuchten die älteren Gönner des Jungadels, die Einigung des Adels praktisch zu befördern: „Ausflüge in die Umgebung, besonders die Befolgung gastfreundlicher Einladungen auf die benachbarten Schlösser sorgen für die Kenntnis des Landes und, was vor allem wichtig erscheint, für Anknüpfung gesellschaftlicher Beziehungen mit seinen Familien."[235]

Zwar bot die Vereinigung somit einen weiteren Ort adliger Exklusivität, Programm, Praxis und Tonlage deuten jedoch auf eine wichtige Differenz zwischen den Generationen hin. Ebenso wie der in den Statuten des Jungadels aufgenommene Arierparagraph und das Vortragsprogramm wurden hier aggressiv getönte Veränderungen am traditionellen Adelshabitus deutlich, die auch in Bayern die jüngere von der älteren Generation zunehmend trennten.

Im Unterschied zu anderen Verbänden des bayerischen Adels standen hier weniger die Pflege zeitlos christlich-konservativer Werte, als vielmehr eine auffällige Betonung kämpferischer Körperlichkeit und des polititischen Zeitgeistes im Vordergrund. Davon zeugte auch das von Ernst Rüdiger Erbgraf v. Starhemberg formulierte „Ideelle Programm des deutschen Jungadels", das Aretin in seinen Rundbrief an den jungen deutschen Adel aufgenommen hatte. In seiner Schrift stellte der junge Graf, ehemaliger Kavallerieoffizier, Freikorpskämpfer in Oberschlesien und Teilnehmer am Hitler-Putsch,[236] einen nicht rassisch, sondern „ideell" gefaßten Antisemitismus in seinen Mittelpunkt: Im „Kampf" zweier großer Weltideen stehe „der arische Weltgedanke" mit seiner „Minderbewertung der Materie" gegen den „internationalen Weltkapitalismus und [...] Marxismus". Als Aufgabe des jungen Adels, „von der Vorsehung durch Zuchtwahl zu Führern gestempelt", definierte Starhemberg, sich an die Spitze des antimaterialistischen, „arischen Weltgedankens" zu stellen.[237]

Franz Frhr. Schenk v. Stauffenberg schließlich mahnte an, den „Rentnergeist" im grundbesitzenden Adel zu überwinden. Auch Stauffenberg sah die Notwendigkeit einer Neuorientierung. Um im Chaos der Begriffe eine „*neue Ehre, ein neues Standesbewußtsein*" mit dem Ziel erneuerter „Führerschaft" zu formen, sollte der junge Adel hart an sich arbeiten: „[Ihr müßt] Arbeiter werden, die im wörtlichen Sinne des Wortes den Pflug führen können." Nach

---

[235] Erwein FRHR. V. ARETIN, Der Münchener Jungadel, Typoskript, Oktober 1923, in: FÖWA, VIII, 19.1.c., Nr. 117.

[236] Ernst Rüdiger ERBPRINZ V. STARHEMBERG (1899-1956, Fürst seit 1927) wurde nach seiner militärischen und paramilitärischen Karriere 1930 Bundesführer der österreichischen Heimwehrbewegung, 1934 Vizekanzler im Kabinett Dollfuß, später unter Schuschnigg. Durch seine guten Kontakte zu Mussolini diskreditiert, wurde er 1936 kaltgestellt und ging ins Ausland.

[237] STARHEMBERG, in: Zweiter Rundbrief an den jungen deutschen Adel, hg. v. E. FRHR. V. ARETIN, in: DAAM, LAB, Bd. 3, Hft. ‚Jungadel'.

8.4.) Gegen den Strom: Adelskonservativismus in Süddeutschland

getanem Tagwerk waren militärische Übungen zu verrichten, um als „wahre Kämpfer" im Heer der Zukunft dem Vaterland dienen zu können.[238]

In seinem programmatischen Aufruf „an den jungen Adel Bayerns" bestand Erwein Frhr. v. Aretin auf der Restauration als dem zentralen und wichtigsten Ziel für die Zukunft des Adels. „Mit tausend Zungen möchte ich Euch beschwören, dieses Alpha und Omega unserer Existenz für das zu erkennen, was es ist, das Allerwichtigste. Die Monarchie ist nicht die Gewißheit des Sieges, auch nicht die Gewißheit der Zufriedenheit der Massen, aber die *einzige Möglichkeit dazu*." Aretin, später einer der aufrechtesten NS-Gegner im deutschen Adel, schloß dieser Behauptung folgenden Satz an: „Und wenn Hitler sie uns brächte, so soll er trotz aller Verstiegenheit seines Programms uns der willkommene, gesegnete Retter sein."[239]

Intern hatte sich Aretin allerdings kurz vor dem Hitler-Putsch abfällig über den „Hitlerschen hohlen Bombast" geäußert. Die ambivalente Bereitschaft von 1923, Hitler im Notfall als Retter der Monarchie zu akzeptieren, muß wohl auch als eine Konzession an die betont kämpferische Haltung der jungen Adelsgeneration gelesen werden. Aretin war sich bewußt, daß sein legitimistisches *ceterum censeo* und sein Aufruf an den jungen Adel Bayerns den „Stil" der jüngeren Generation vermutlich verfehlen würden. „Ich bin neugierig", heißt es in einem Brief an den Fürsten Öttingen-Wallerstein, „wie die Leute im Jungadel die stark christliche Pille schlucken werden."[240]

Auch Karl Ludwig Frhr. v. Guttenberg, später Herausgeber deutschnational-monarchistischer Zeitschriften,[241] zu diesem Zeitpunkt ein 21-jähriger Student im Milieu der Vaterländischen Verbände, äußerte sich über seine emotionale Nähe zu den gescheiterten Putschisten. Auf „das Feuer der völkischen Bewegung", so der junge Baron ahnungsvoll, würde man auch in Zukunft nicht verzichten können.[242]

e) „Dein Platz bleibt stets beim Kreuz!": *Die Katholische Tatgemeinschaft*
Ein Vergleich mit einer anderen Gründung, die ebenfalls von süddeutschen, jungen katholischen Adligen getragen wurde, macht deutlich, wie weit der im Münchener Jungadel entwickelte Stil außerhalb des traditionellen Koordinatensystem des Adels-Katholizismus lag.

---

[238] STAUFFENBERG: Unsere politische Lage – Adel und Grundbesitz, in: ebd. Stauffenberg-Ristissen, Jahrgang 1878, Gutsbesitzer, MdR der DNVP, wurde später (1933-1945) MdR für die NSDAP und 1937 Parteimitglied.
[239] Erwein FRHR. V. ARETIN, Adel und Krone, in: Ders. (Hg.): Erster Rundbrief an den jungen Adel Bayerns (undatiert, vermutlich 1923), S. 5, in: FÖWA, VIII, 19. 1c, Nr. 117.
[240] FÖWA, VIII, 19. 1c, Nr. 117 (Briefe vom 8.11.1923 und 3.12.1923).
[241] Guttenberg war ab 1932 Herausgeber der Zeitschrift *Monarchie*, 1934-1942 der *Weißen Blätter*. Vgl. dazu Maria T. FREIFRAU VON DEM BOTTLENBERG-LANDSBERG, Die „Weißen Blätter" des Karl-Ludwig Freiherrn von und zu Guttenberg. Zur Geschichte einer Zeitschrift monarchistisch-religiöser Opposition gegen den Nationalsozialismus 1934-1943, hg. v. der Gedenkstätte deutscher Widerstand, Berlin 1990. Vgl. ARETIN, Adel, S. 560 und DOHNA, Adel, S. 68f.
[242] Brief Guttenbergs vom 16.11.1923, zit. n. SCHWERIN, Köpfe, S. 39.

Im Sommer des Jahres 1930 bildeten zwei Tagungen, die von Hans Georg v. Mallinckrodt und Erich Fürst v. Waldburg-Zeil auf Schloß Zeil im württembergischen Allgäu organisiert wurden,[243] den Anstoß für einen neuartigen Zusammenschluß im katholischen Adel. Eine Gruppe aus jüngeren Adligen, Theologieprofessoren und Ordensgeistlichen einigte sich auf die Gründung einer privaten „Akademie", die später *Katholische Tatgemeinschaft* (KTG) genannt wurde.

Neben dem Fürsten v. Waldburg-Zeil war ein Benediktiner-Abt aus einer Familie des fränkischen Uradels die dominierende Gestalt dieses Projektes: Adalbert Graf v. Neipperg, der nach Abitur und begonnenem Studium der Kunstgeschichte im Jahre 1911 das elterliche Schloß gegen ein Leben als Klosternovize eingetauscht hatte.[244] Bereits die Person des Abtes markierte einen deutlichen Kontrapunkt zum militärischen Denken und Stil, der die preußisch-protestantischen Adelszirkel fast ausnahmslos und auch den Münchener Jungadel nicht unwesentlich prägte. Bezeichnenderweise fanden die ersten Tagungen der Vereinigung in der Benediktiner-Abtei Neuburg bei Heidelberg statt. Die internen Papiere der *Katholischen Tatgemeinschaft* dokumentieren den Versuch junger Mitglieder angesehener katholischer Familien des südwest- und westdeutschen Adels,[245] zu neuen Formen eines betont katholischen Konservativismus mit adelsspezifischen Zügen zu finden. Die Idee eines erneuerten adligen „Führertums" findet sich auch hier, allerdings in der moderaten Variante des Versuches, zeitgemäße, eng an katholische Leitsätze gebundene Formen adligen „Führertums" zu entwickeln. An die Spitze der Vereinigung wurden ein „geistlicher Führer" (Abt Adalbert Graf v. Neipperg), ein „weltlicher Führer" (Erich Fürst v. Waldburg-Zeil) und zwei „Adlati" (Anton Ernst Graf v. Neipperg und Hans Georg v. Mallinckrodt) gewählt. „Führertum", argumentierten die Gründer des Kreises, müsse „vor allem auf der Qualität der Gedanken beruhen". Diese seien v. a. in den Lehren der katholischen Kirche zu finden. Die Schulungsarbeit des Kreises sollte sich generell an den gesamten katholischen Jungadel wenden, in fünf- bis sechstägigen Kursen auf verschiedenen Schlössern abgehalten und um sechs ver-

---

[243] DAAM, LAB, Bd. 7, Hft. ‚Genossenschaft' (Mitteilungen der KTG, Heft 1, 1932). Die erste Tagung fand im Schloß des Barons v. Hoenning-O'Carroll statt und wurde von der *Genossenschaft katholischer Edelleute* finanziell unterstützt. Mallinckrodt kam aus einer rheinisch-westfälischen Familie; Fürst Waldburg-Zeil, Jahrgang 1899, gehörte zu einer der ältesten Familien in Oberschwaben. Zu ihm s. DORNHEIM, Adel, S. 251-256, 307-315.

[244] Ausführlich zu Kindheit, Jugend und Ausbildung des Grafen: Benedikt PAHL, Abt Adalbert Graf von Neipperg (1890-1948) und die Gründungs- und Entwicklungsgeschichte der Benediktinerabtei Neuburg bei Heidelberg bis 1949, Münster 1997, S. 1-45.

[245] Die Protokolle verzeichnen u. a. die Namen Neipperg, Waldburg-Zeil, Mallinckrodt, Elverfeldt, Solms, Fürstenberg, Degenfeld, Soden, Quadt, Löwenstein, Böselager, Korff-Schmising und Galen. Vgl. die „Regeln für den Inneren Kreis der KTG", diverse Mitteilungen, Protokolle und Programme der *Katholischen Tatgemeinschaft* von 1932 in: DAAM, LAB, Bd.7, Hft. ‚Genossenschaft'.

schiedene Themengruppen[246] organisiert werden. Die Landschaften Südwest, Schlesien, Bayern, Rheinland und Westfalen entsandten Vertrauensmänner in die geplante Akademie. Da nicht alle Mitglieder dieses Kreises in der Lage waren, die nötigen „persönlichen Opfer körperlicher und finanzieller Art" zu erbringen, wollte man versuchen, „die getroffene Auslese bis auf den letzten Mann wirklich zu einer ‚Elite' zu bilden."[247]

Die aufgezeichneten Debatten zeugen von einer antisozialistischen, antiparlamentarischen und in sehr allgemeinen Formulierungen gegen das „Parteienwesen" gerichteten Grundhaltung, die sich dennoch am ehesten von Zentrum und BVP vertreten fühlte. Deutlich setzte sich die Vereinigung im Mai 1932 von der NS-Bewegung, ihrem „offensichtlichen Sozialismus" und ihrer „Kirchenfeindlichkeit" ab. „Lieber Freund!", hieß es mahnend in einer Grundsatzerklärung, „Dein Platz bleibt stets beim Kreuz, nicht bei jenen, [...] die die Balken dieses heiligen Kreuzes verbogen haben." Graf v. Neipperg, der „geistliche Führer" des Kreises, hielt es für geboten, Katholiken explizit vor der NSDAP zu „warnen".

In wenig präzisen Wendungen wurde das Programm des Kreises als überpolitisch definiert, die sechswöchigen Schulungskurse, die u. a. in der Abtei Neuburg stattfanden, legten den Schwerpunkt auf philosophische und theologische Vorträge. Ziel der *Tatgemeinschaft*, so der „weltliche Führer" Mallinckrodt, sei die „ständige katholische Handlung", das „ständige Gut-sein und Gut-handeln" und ein Leben „aus dem corpus Christi mysticum". Ohne expliziten Bezug auf Othmar Spann definierte Mallinckrodt die politischen Zielvorstellungen etwas konkreter, indem er ausführte, „daß die Zukunft unseres Volkes innenpolitisch auf dem Ständestaat beruht, so wie ihn der h[eilige] Vater in der Encyclica ‚Quadragesimo anno' dargelegt hat." Die Encyclica wurde als das politische, kulturelle und soziale Programm des Kreises bezeichnet.[248]

Die *Tatgemeinschaft* wurde maßgeblich vom *Verein katholischer Edelleute Südwestdeutschlands* unterstützt, dessen Vorsitzender ein Bruder des geistlichen Führers Adalbert Graf v. Neipperg war und dessen Publikationsorgan der Gründungstagung einen ungewöhnlich ausführlichen Artikel widmete. Der Widerstand des südwestdeutschen Adelsvereines gegen das EDDA-Projekt und die Zusammensetzung der *Tatgemeinschaft* belegen einmal mehr die im katholischen Adel Südwestdeutschlands relativ weit verbreitete Ablehnung

---

[246] 1.) Religion, 2.) Philosophie, 3.) Verhältnis Mann-Frau, 4.) Familie, 5.) Staatsauffassungen, 6.) Wirtschaft und soziale Fragen.
[247] FRHR. V. GEMMINGEN, Bericht über die Jungadelstagung auf Schloß Zeil (9.-12.8.1930) in: Mitteilungen der GKEB und des VKES, 16.11.1930, S. 5-7. Gemmingen wandte sich sehr deutlich gegen die „maßlose Überheblichkeit" der modernen Wissenschaft und ihrer Träger, den Professoren, denen er die „Katholizität" als weit wertvoller im „geistigen Kampf" entgegenstellte.
[248] DAAM, LAB, Bd. 7, Hft. ‚Genossenschaft' (Zitate aus Vorträgen MALLINCKRODTs und NEIPPERGs, Mitte 1932).

des Nationalsozialismus, mit welcher der Verein öffentlich hervortrat.[249] Die deutliche Distanzierung vom Nationalsozialismus stand auch in diesem Fall neben einer gewissen Nähe zu Terminologie und Symbolwelt der Neuen Rechten. Eindeutig verband sich auch hier die von jungen, männlichen Katholiken getragene Distanzierung von den tradierten Formen der Zentrums-Politik mit einer Hinwendung zu einem christliche und soldatische Formen mischenden Führerkult, der von der NS-Presse allerdings als blasse Karikatur des Originals verspottet wurde. Die Aufforderung „Landgraf, werde hart!", die das Organ der katholischen Jugendverbände, die *Junge Front*, 1932 an den neuen Parteivorsitzenden Brüning richtete, illustriert den katholischen, auch von der *Tatgemeinschaft* unternommenen Versuch, die Kraft der nationalsozialistischen Bildersprache durch eigene Angebote abzufangen. Wie hilflos diese Versuche blieben, läßt sich aus der Zentrumspresse ersehen, die seit 1932 von Brüning als dem „Führer" sprach, Leitartikel mit „Heil unserem Führer" zeichnete und das katholische Milieu schließlich zur „Gefolgschaft" stilisierte, die sich den Entscheidungen des Führers Brüning „unterwerfen" werde.[250]

Gemessen am ideologisch-politischen Horizont der deutschen Adelskulturen ist jedoch v. a. die Konsequenz der NS-Gegnerschaft hervorzuheben, die das Umfeld der *Katholischen Tatgemeinschaft* bestimmte. Dazu paßt auch die ungewöhnliche Biographie eines Publizisten, mit dem die Vereinigung eng zusammenhing: Das Hauptreferat der Gründungsveranstaltung auf Schloß Zeil hatte Fritz Gerlich gehalten – ein ehemaliger Alldeutscher, bis 1928 Chefredakteur der Münchener Neuesten Nachrichten, der nach einem spirituellen Erlebnis zum Katholizismus konvertierte und im Herbst 1930 Redaktionsleiter der von dem jungen Fürsten v. Waldburg-Zeil aufgekauften Wochenzeitung *Illustrierter Sonntag* wurde. Anfang 1932 in *Der gerade Weg* umbenannt, vertrat diese Zeitung, die Auflagen bis zu 110.000 Exemplaren erreichte, eine strikt antimarxistische Linie, zu der seit 1931 eine konsequente Frontstellung gegen die NSDAP hinzukam. Gerlichs mit scharfer Feder redigierte Opposition gegen Hindenburg, Papen und Hitler endete im März 1933 in der Verwüstung der Redaktion durch die SA. Gerlich wurde bei dieser Aktion zusammengeschlagen, verhaftet und im Zusammenhang mit den Morden des 30.6.1934 in Dachau umgebracht.[251]

---

[249] Katholische Weltanschauung und politischer Radikalismus (Vortrag des Ministers BEYERLE auf der Frühjahrstagung 1931 des südwestdeutschen Adelsvereins), in: Mitteilungen der GKE/VKE, 26.7.1931. Der Referent hatte Kommunismus und Nationalsozialismus als zwei für den gläubigen Katholiken gleichermaßen inakzeptable Radikalismen verurteilt.

[250] Rudolf MORSEY, Der Untergang des politischen Katholizismus, Stuttgart/Zürich 1977, S. 52, 179.

[251] Rudolf BECK, Widerstand aus dem Glauben. Zum Verbot der katholischen Wochenzeitung *Der gerade Weg* am 13. März 1933, in: Allgäuer Geschichtsfreund, 93/1993, S. 135-157. Zu Gerlich, der nach seiner Begegnung mit der Stigmatisierten von Konnersreuth zum Katholizismus konvertiert war, s. Erwein FRHR. V. ARETIN, Fritz Michael Gerlich. Ein Märtyrer unserer Tage, München 1949; DORNHEIM, Adel, S. 295-322.

8.4.) Gegen den Strom: Adelskonservativismus in Süddeutschland

Die engen Kontakte zwischen Gerlich, einflußreichen bayerischen Adligen und dem Adelskreis der *Katholischen Tatgemeinschaft* stehen für eine Verbindung, die sich im Norden nur schwer finden läßt. Anders als im ostelbischen Kleinadel gelang katholischen Adelsgruppen in Süddeutschland die Gründung neuartiger Gesprächskreise mit Rechtsintellektuellen, ohne in die Nähe der NS-Bewegung zu geraten. Die *Katholische Tatgemeinschaft* stand in der jungen Generation für den moderat-konservativen Flügel im katholischen Adel. Von hier aus ist ein Blick auf den politischen Gegenpol innerhalb des katholischen Adels zu werfen. Dieser lag in Westfalen.

8.5.) Katholizismus von rechts: Der westfälische Adel

Anders als der süddeutsche Adel hatten die Familien des westfälischen Adels am Ende des Ersten Weltkrieges eine hundertjährige Geschichte des „Muß-Preußentums" hinter sich. Die tiefen Unterschiede zwischen ostelbischem und westfälischem Adel hatten sich während des 19. Jahrhunderts allerdings keineswegs abgeschliffen. Auf der Grundlage erheblicher sozialer Unterschiede hatte der westfälische Adel seine Abgrenzung vom altpreußischen Adel seit der Mitte des 19. Jahrhunderts auch politisch neu formuliert. Diese Spannungen hatten sich im Kulturkampf und durch die prominente Rolle des westfälischen Adels im Zentrum weiter verschärft.[252]

Nach 1918 war der westfälische Adel parallel zu seiner starken Stellung in der DAG in dem 1869 begründeten *Verein katholischer Edelleute in Deutschland* organisiert.[253] Im Unterschied zur DAG wurde der Verein – darin den anderen katholischen Adelsverbänden ähnlich – von wohlhabenden Großgrundbesitzern aus den bekanntesten Familien dominiert. Das die DAG dominierende kleinadlige Element war zwar auch hier in der Vereinsleitung vorhanden, ohne den Verein jedoch ideologisch zu prägen. Von völkischen Einsprengseln frei, wiesen auch die Statuten des *Vereins* deutliche Ähnlichkeiten mit der bayerischen *Genossenschaft* auf. Als Zweck des Vereins nannte die Satzung die „Förderung des kirchlichen und standesmäßigen Lebens der Migrieder", die Förderung der „Barmherzigkeit", die Bewahrung des Grundbesitzes und die Teilnahme am katholischen Vereinsleben. Der Beitritt zum Verein, der sich in §1 „unter den Schutz der unbefleckt empfangenen, allerseligsten Jung-

---

[252] Heinz REIF, Mediator between Throne and People. The Split in Aristocratic Conservatism in 19th Century Germany, in: Bo Stråth (Hg.), Language and the Construction of Class Identities, Göteborg 1989, S. 133-155. NIPPERDEY, Deutsche Geschichte 1866-1918, Bd. 2, S. 337-351.

[253] Zur Vorgeschichte des Vereins und zur Frühphase des westfälischen Adelsengagements in der Vereinsbewegung vgl. REIF, Westfälischer Adel, S. 418-431 und DERS., Der katholische Adel Westfalens und die Spaltung des Adelskonservativismus in Preußen während des 19. Jahrhunderts, in: Karl Teppe/Michael Epkenhans (Hg.), Westfalen und Preussen. Integration und Regionalismus, Paderborn 1991, S. 107-124, hier S. 124.

frau Maria" stellte, stand „jedem katholischen Edelmann offen, der als treuer Sohn der katholischen Kirche nach deren Glauben und Geboten" lebte und die Vereinssatzung anerkannte.[254]

1924 wählte der traditionsreiche Verein einen Grafen zum Vorsitzenden, dessen tiefe Verbundenheit mit dem katholischen Glauben und dem Konservativismus des 19. Jahrhunderts der Wortwahl in den Statuten entsprach: Franz Graf v. Galen, den jüngeren Bruder Clemens August Graf v. Galens, des durch sein mutiges Auftreten gegen die Euthanasie weit bekannteren Bischofs von Münster.[255] Trotz seiner militärischen Vorprägung als ehemaliger Berufsoffizier blieb Galen dem soldatischen Nationalismus und dem völkischen Denken fern. Ungeachtet seiner konsequent antidemokratischen Auffassungen ist Franz Graf v. Galen ebenso wie sein Bruder zum „linken" Flügel des katholischen Adels zu zählen, der sich durch die Bindung ans Zentrum, die Distanz zur NS-Bewegung und insgesamt durch eine moderate, mit der Republik bedingt kompatible Grundhaltung auszeichnete. Der von den Galen-Brüdern repräsentierte gemäßigte Flügel des westfälischen Adels, der in praktisch allen politisch relevanten Fragen mit den in Bayern dominierenden Adligen übereinstimmte, geriet zunächst wegen seines Festhaltens am Zentrum unter Druck.

Das während des Weltkriegs von westfälischen und schlesischen Adligen forcierte Bemühen um eine Stärkung des rechten Parteiflügels im Zentrum wurde nach 1918 als Versuch fortgesetzt, das Zentrum aus der Weimarer Koalition herauszubrechen. Der maßgebliche Einfluß, den der katholische Adel vor dem Krieg im Zentrum hatte, ließ sich nach 1918 gegen die republikanische Parteiführung und den Arbeiterflügel nicht länger aufrechterhalten. Frühzeitig entstand im rheinisch-westfälischen Adel ein Konflikt über die Haltung zum Zentrum, in dem der rechte Flügel des westfälischen Adels immer stärkeren Druck ausübte. Im Kern ging es um die taktische Frage, ob der katholische Adel seine Ziele weiterhin im Zentrum oder demonstrativ außerhalb der republikanisch gewendeten Partei verfolgen sollte. Neben der zentrumstreuen Haltung, die u. a. Franz Graf v. Galen auszeichnete, versuchten auch deutlich rechts von ihm stehende Standesgenossen – so etwa Engelbert Frhr. v. Kerckerinck, später auch Franz v. Papen – auf Tagungen der katholischen Adelsverbände und durch Eingaben bei hohen Klerikern, ihre Standesgenossen für eine aktive Mitarbeit auf dem rechten Flügel *im Zentrum* zu

---

[254] Satzung des VKE, Mai 1919 (§§ 1, 4 und 6) in: WAAM, Nl. Galen, Nr. 41.
[255] Zu Clemens August Graf v. Galen (1878-1946), nach seinen berühmten Euthanasie-Predigten im Sommer 1941 als „Löwe von Münster" bekannt, vgl. die umfangreiche Quellenedition: Bischof Clemens August GRAF V. GALEN, Akten, Briefe und Predigten 1933-1946, Bearbeitet von Peter Löffler, 2 Bde., Mainz 1988, sowie den kritischen Essay von Hansjakob STEHLE, Widerstand mit Widersprüchen. Des Bischofs von Münster treudeutscher Löwenmut. Zum 50. Todestag des Grafen von Galen, in: Die ZEIT vom 22.3.1996, S. 86.

8.5.) Katholizismus von rechts: Der westfälische Adel

gewinnen.[256] Energisch betrieb Baron Kerckerinck über diverse Kanäle eine Kampagne gegen den linken Zentrums-Flügel, als dessen Zentrale er die „Mönchen-Gladbacher Halbsozialisten", d. h. den *Volksverein für das katholische Deutschland* ansah. Die Klage des Barons, die katholischen Massen verlören unter dem Einfluß junger Kleriker zunehmend Respekt vor dem siebten Gebot, dem Adel und dem Privatbesitz, verband er mit der Forderung, das „anti-katholisch-sozialistische" Lager innerhalb des Zentrums durch Maßregelungen hoher Kleriker in die Schranken zu weisen.[257] Die in Westfalen vom rechten Flügel des katholischen Adels hergestellte Verbindung zu rechtsstehenden Klerikern und Ordensgeistlichen, gleicht bis ins Detail den Mustern, die eine neue Studie am Beispiel des katholischen Adels in Schlesien untersucht hat.[258]

Kerckerinck, Vorsitzender des westfälischen Bauernvereins, sah in den Freiherrn v. Lüninck, Franz v. Papen, Martin Spahn, Heinz Brauweiler und Eduard Stadtler die „jungen Kräfte", die eine Rechtswendung der Partei bewirken könnten. Kerckerinck selbst hatte zum Zentrum im übrigen ein eher zynisches Verhältnis. Wie alle anderen Parteien galt dem Baron auch das Zentrum als ein „politisches Organ niederster Ordnung", als „Mittel, Herden zu sammeln und in einer bestimmten Richtung vor sich herzutreiben", kurz: als nützliches Werkzeug für den „Volksbetrug".[259] Als parteipolitische Interessenvertretung des Adels schien ihm das Zentrum unter der Voraussetzung hilfreich, daß es gelingen würde, den rechten Parteiflügel maßgeblich zu stärken, – was Kerckerinck u. a. über seine Eingaben an diverse Bischöfe,[260] Kontakte zur Kurie und die Vorbereitung der Reichstagskandidatur Franz v. Papens versuchte. In einem Schreiben an den Apostolischen Nuntius Pacelli hatte Kerckerinck bereits im Januar 1919 gefordert, die Bischöfe sollten „die sozialistischen Lehren über Eigentum, Besitz, Ehe, Familie und menschliches Zusammenleben als unvereinbar mit dem katholischen Glauben brandmarken, jedem Katholiken die Unterstützung der Sozialdemokratie *verbieten* und die Zuwiderhandelnden *vom Empfang der Sakramente ausschließen*. Das ist die

---

[256] KERCKERINCK referierte in seinem Vortrag „Unsere Stellung zur Zentrumspartei" bereits am 4.2.1919 vor dem VKE in Münster über historische und gegenwärtige Versuche, das Zentrum nach rechts zu führen (WAAM, Nl. Kerckerinck, Nr. 175). Vgl. die Denkschrift des schlesischen GRAFEN Hans PRASCHMA („Zentrumspolitik", September 1919): ebd., Nr. 139. Zusammenfassend, mit diversen weiteren Belegen: KEINEMANN, Geschichte, v. a. S. 210-234 und die dokumentarischen Anlagen Nr. 18-27.

[257] KERCKERINCK 29.12.1918 (an den Kölner Erzbischof v. Hartmann) und 1.6.1919 (an Hans Graf v. Praschma), in: WAAM, Nl. Kerckerinck, Nr. 139.

[258] Brigitte LOB, Albert Schmitt O.S.B. Abt in Grüssau und Wimpfen. Sein kirchengeschichtliches Handeln in der Weimarer Republik und im Dritten Reich, Köln/Weimar/Wien 2000, S. 132-200.

[259] KERCKERINCK, 24.6.1921 an Löwenstein (WAAM, Nl. Kerckerinck, Nr. 141). Im selben Brief an den zentrumstreuen Fürsten bezeichnete Kerckerinck unter Berufung auf Spengler eine „Diktatur" als wünschenswerte und einzige Lösung für Deutschland.

[260] KERCKERINCK an den Bischof von Paderborn (24.10.1919), den Erzbischof von Köln (29.12.1918) und an Nuntius Pacelli (2.1.1919): WAAM, Nl. Kerckerinck, Nr. 139.

Sprache, die das Volk versteht und nach der es sich richten wird." Ein wenig später erlassenes Hirtenschreiben der Bischöfe der niederrheinischen Kirchenprovinz übernahm zwar die von Kerckerinck geforderte Drohung nicht, hatte sich jedoch ebenso wie der Papst in einem Rundschreiben an die deutschen Bischöfe „unzweideutig" im Sinne des Barons geäußert.[261]

Am rechten Rand des Zentrums bemühten sich adlige Grundbesitzer 1924, Franz v. Papen, den Kerckerinck aufgrund seiner umfassenden Kompetenzen und Erfahrungen als ideale Lösung des „Nachwuchsproblems" im Zentrum ansah, über den landwirtschaftlichen Beirat des Zentrums als Reichstagskandidaten im Wahlkreis Westfalen-Süd aufzubauen. Zwar scheiterte Kerckerincks Protégé Papen in der Abstimmung kläglich,[262] konnte dem Versuch seiner Standesgenossen, das Zentrum auf Rechtskurs zu bringen, jedoch auf einer anderen Schiene dienen. Von Kerckerinck gebeten, sich während seiner Romreise um eine Stellungnahme katholischer Würdenträger gegen den SPD-freundlichen Kurs des Zentrums zu bemühen, konnte Papen bei seiner Rückkehr mit entsprechenden Erfolgen aufwarten.[263]

Die dynamischste Gruppe des westfälischen Adels formierte sich jedoch noch deutlich rechts von dieser Gruppierung, jenseits vom rechten Rand des Zentrums, für den die Namen Kerckerinck und Papen stehen. Eine zweite Gruppe, zu deren prominentesten Vertretern die Brüder Hermann und Ferdinand Frhr. v. Lüninck gehörten,[264] distanzierte sich früh von der Zentrumspartei, deren republikanischer Kurs mit dem übergroßen Einfluß jüdischer und sozialistischer Gewerkschaftsfunktionäre innerhalb der Partei erklärt wurde. Mit einem aufsehenerregenden Artikel war es Hermann Frhr. v. Lüninck bereits 1920 gelungen, den *Verein katholischer Edelleute* zu einer scharfen Stellungnahme gegen den Kurs des Zentrums zu veranlassen.[265]

---

[261] KERCKERINCK an Pacelli 2.1.1919 (Hervorhebung i.O.), PACELLIS Antwort vom 2.2.1919 und Bericht über den am 8.1.1919 in Münster ‚gegebenen' und von sechs Bischöfen unterzeichneten Hirtenbrief, in: WAAM, Nl. Kerckerinck, Nr. 139.

[262] Im April 1924 mit 8 gegen 237 Stimmen. Vgl. BRAND an Kerckerinck 5.4.1924, KERCKERINCK an C. Graf Westfalen 21.3.1924 und KERCKERINCK an Hennecke 30.3.1924, in: WAAM, Nl. Kerckerinck, Nr. 144.

[263] KERCKERINCK an Papen 1.1.1924 und Papen an Brand 8.4.1924, in: WAAM, Nl. Kerckerinck, Nr. 144.

[264] Biographische Angaben bei Ekkehard KLAUSA, Vom Bündnispartner zum „Hochverräter". Der Weg des konservativen Widerstandskämpfers Ferdinand von Lüninck, in: Westfälische Forschungen 43 (1993), S. 530-571, hier S. 538-544. Neben Hermann und Ferdinand Frhr. v. Lüninck wären hier u. a. Meinulf v. Mallinckrodt, Alexander Frhr. v. Elverfeldt, Alfred Frhr. v. Landsberg, Friedrich Graf Solms, Wilderich Frhr. v. Fürstenberg und die Barone Leopold und Dietrich v. Nagel zu nennen. Zu den frühen Verbindungen dieser Gruppe mit dem rechtsradikalen Freikorpsmilieu s. KRÜGER, Treudeutsch, S. 100f.

[265] Hermann FRHR. V. LÜNINCK, Das Zentrum am Scheidewege, in: Historisch-politische Blätter für das katholische Deutschland vom 5.1.1920, S. 53-68, vgl. in: WAAM, Nl. Kerckerinck, Nr. 140. Die Schrift war Grundlage einer Zentrums-kritischen Resolution, die der Verein wenig später auf seiner Generalversammlung beschloß. Dazu: KEINEMANN, Geschichte, S. 212 und JONES, Conservatives, S. 64f.

8.5.) Katholizismus von rechts: Der westfälische Adel 389

Der Einfluß dieser zentrumsfeindlichen Gruppe nahm in den folgenden Jahren ständig zu – nach Lünincks Einschätzung konnten im Jahre 1925 kaum mehr als 5% des katholischen Adels dem Zentrum zugerechnet werden; insbesondere der junge Adel stünde der Partei zunehmend in „mehr oder minder unverhüllter Gegnerschaft gegenüber".[266]

Die Differenz zu der o. g. Gruppe um Kerckerinck war weniger inhaltlicher als taktischer Art. Über die grundsätzliche Ablehnung der Republik und ihrer Stützung durch die Zentrumsführung gab es keinerlei Dissens. Kerckerinck protestierte allerdings gegen den Versuch, den westfälischen Adelsverein „vor [den] Kampfwagen gegen das Zentrum zu spannen" und beharrte auf der adligen Tradition, den rechten Flügel des politischen Katholizismus innerhalb des Zentrums zu stärken und die Partei nicht aufzugeben.[267]

Nachdem das im westfälischen Adel immer wieder debattierte Projekt, aus dem rechten Parteiflügel eine neue „christlich-konservative" Partei zu schaffen, in Form der Christlichen Volkspartei im Frühjahr 1920 gescheitert war,[268] fand eine Minderheit des westfälischen Adels den Weg in die norddeutsch-protestantisch dominierte DNVP.[269] Wichtiger als diese Randerscheinung war jedoch die zunehmende Distanz der politisch aktiven Adligen Westfalens vom Zentrum. Auch ohne DNVP-Mitgliedschaft näherte sich der rechte Flügel des westfälischen Adels zunehmend DNVP-freundlichen Positionen und dem Kurs der „nationalen" Opposition an, der diese Gruppe über Alfred Hugenberg zum Bündnis mit der NS-Bewegung führen sollte.

Eine passende Metapher für den Versuch, die disparaten Rechtsgruppierungen in das Korsett eines „nationalen Blocks" zu zwängen, hatte Hugenberg im August 1928 in seinem bald sprichwörtlichen Artikel „Block oder Brei" gefunden: „Was wir brauchen, ist nicht ein *Brei*, sondern ein *Block*. [...] Wir werden ein Block sein, wenn die eiserne Klammer der Weltanschauung uns zusammenschließt und in ihrer Umarmung alles, was weich und flüssig ist, zum Felsen gerinnen und zusammenwachsen läßt. Wer uns auf dem Wege dazu hindern könnte, muß beiseite treten oder sich einschmelzen lassen."[270] Genau hier lief eine Konfliktlinie zum stark partikularistisch orientierten Adel in Bayern, die bis zur „Gleichschaltung" nicht durchbrochen wurde. Der baye-

---

[266] Undatierte Denkschrift, vermutlich von LÜNINCK: „Katholischer Adel und Zentrumspartei" und Lüninck an den Leiter des Gau Kurmark vom 15.4.1925 (WAAM, Nl. Lüninck, Nr. 815). Ähnlich die nachträgliche Beurteilung durch Hermann Frhr. v. Lüninck: Keinemann, Geschichte, S. 313. Die starke Ablösung des Adels vom Zentrum ist insgesamt unbestreitbar, Lünincks 5%-Angabe dürfte jedoch überzogen sein. Für die Stellung des schlesischen Adels zum Zentrum s. LOB, Schmitt, S. 145-155.

[267] KERCKERINCK an Lüninck, 8.3.1920, in: WAAM, Nl. Kerckerinck, Nr. 140.

[268] Horst GRÜNDER, Rechtskatholizismus im Kaiserreich und in der Weimarer Republik unter besonderer Berücksichtigung der Rheinlande und Westfalens, in: Westfälische Zeitschrift, 134 (1984), S. 107-155, vgl. dazu JONES, Conservatives, S. 64f.

[269] Zum Hintergrund dieser Entwicklung siehe Gabriele CLEMENS, Martin Spahn und der Rechtskatholizismus in der Weimarer Republik, Mainz 1983.

[270] Alfred HUGENBERG, Block oder Brei, in: Berliner Lokalanzeiger 26./28.8.1928 (Hervorhebungen i.O.).

rische Adel ließ sich in den nationalen Block nicht einschmelzen. Ein Blick auf Westfalen zeigt, daß es sich hier jedoch eher um eine bayerische, als um eine katholische Besonderheit im Adel handelte. Unvergleichlich stärker als die süddeutschen Standesgenossen war der rechte Flügel des westfälischen Adels auf einen Kurs eingeschwenkt, der über die Hugenbergsche „Block"-Ideologie, in die Harzburger Front und schließlich nah an die NS-Bewegung führte. In scharfem Kontrast zu Bayern wurde die Block-Ideologie in Westfalen auch auf die Adelsorganisationen übertragen. Alfred Frhr. v. Landsberg, der zum Kern der Gruppe gehörte, die im westfälischen Adelsverein gegen den moderaten Kurs Franz Graf v. Galens angetreten war, forderte 1929 in der Kreuzzeitung nicht weniger als die Auflösung aller katholischen Adelsverbände, die in die DAG integriert werden sollten.[271] In einem Brief an den bayerischen Fürsten Löwenstein hatte Franz Graf v. Galen den Stahlhelmführer Landsberg wie folgt charakterisiert: „Der Typ des braven Katholiken, der in der Zusammenarbeit mit den evangelischen ‚Brüdern' und in der deutschnationalen Politik das Heil des Vaterlandes sieht und den ganzen Adel in dem Brei der DAG zusammenkochen möchte. Er merkt es sicher selbst nicht, daß er ungewollt protestantische Ideen in sich aufgenommen und den ‚sensus catholicus' bereits zum größten Teil verloren hat [...]".[272] Diese Entfernung vom *sensus catholicus* läßt sich v. a. für die Adligen beobachten, die als Offiziere frühzeitig im Milieu der nationalen Freikorpsbewegung engagiert und hier in direkter Verbindung zum Milieu der rechtsradikalen Bünde standen. Der bürgerliche Akademiker, der im Jahre 1923 als Direktor der Westfälischen Adelsarchive eingesetzt wurde, ist charakteristisch für solche Verbindungen: Mit Dr. Heinrich Glasmeier, dessen Aufstieg vom Leutnant d. R. über Freikorps, Orgesch, *Deutsch-Völkischen Schutz- und Trutzbund* in die NSDAP und nach 1933 bis zur Reichsrundfunkintendanz führte, wurde das schriftliche Gedächtnis des westfälischen Adels und die Redaktion des *Westfälischen Adelsblattes* einem Mann anvertraut, der eine rechtsradikale Bilderbuchkarriere gemacht hatte.[273]

Im Verein katholischer Edelleute konnte sich die soldatisch-kämpferische, preußenorientierte und zentrumsfeindliche Linie bereits im Herbst 1928 durchsetzen: Der „Firma Lüninck-Mallinckrodt" – d. h. den Brüdern Lüninck und ihrem Onkel Meinulf von Mallinckrodt – gelang es zu diesem Zeitpunkt, ihre „preussisch-protestantische Politikeinstellung" im Verein durchzusetzen.

---

[271] Franz GRAF V. GALEN an Raitz v. Frentz, 12.3.1929 in: WAAM, Nl. Galen, Nr. 34. Landsberg war führend im *Westfalenbund*, der aus der Orgesch hervorgegangen war, aktiv und früh vom Zentrum zur DNVP übergewechselt. Spätestens seit 1932 bekannte er sich zur NSDAP.

[272] Franz GRAF V. GALEN an Fürst Löwenstein, 28.2.1929, in: WAAM, Nl. Galen, Nr. 41.

[273] Norbert FASSE, Katholiken und NS-Herrschaft, S. 148-159. Glasmeier hatte zunächst im Gräflich Merveldtschen Archiv gearbeitet, bevor er 1922 Archivar im Dienste der gräflichen Familie Landsberg-Velen wurde, in deren Schloß er auch wohnte. Das *Westfälische Adelsblatt* (alle Jahrgänge im WAAM) bestand vorwiegend aus genealogisch-familiengeschichtlichen Beiträgen.

8.5.) Katholizismus von rechts: Der westfälische Adel

Franz Graf v. Galen legte nach langwierigen Konflikten im Oktober 1928 nicht nur den Vorsitz, sondern auch die Mitgliedschaft im Verein nieder.[274] Die Vereinsleitung übernahm der ehemalige Landrat Meinulf v. Mallinckrodt, nach Galens späterer Darstellung ein „willenloses Werkzeug" der Lünincks.[275] Die Lüninck-Brüder, die hinter Galens Sturz standen, hatten neben ihren Leitungsfunktionen in diversen landwirtschaftlichen und paramilitärischen Bünden sowohl in der westfälischen DAG-Landesabteilung als auch im Verein katholischer Edelleute erheblichen Einfluß in Westfalen. Bezeichnenderweise machten beide Brüder eine ebenso steile wie kurze Karriere im NS-Staat, als Göring sie noch 1933 mit den Ämtern der Oberpräsidenten von Rheinland und Westfalen betraute.[276] Hermann Frhr. v. Lüninck trat von seinem Amt bereits Ende 1934 zurück. Sein älterer Bruder Ferdinand übte das Amt in Westfalen bis Anfang 1938 aus und wurde nach einer militärischen Verwendung als Bataillonskommandeur im November 1944 als Mitglied der Gruppe um Carl Goerdeler hingerichtet.[277]

Mit dem Sturz Galens im westfälischen Adelsverein hatte sich der rechtsradikale Flügel etwa zeitgleich mit Hugenbergs Übernahme des DNVP-Vorsitzes durchgesetzt und diese Position nicht mehr verloren. Der *Verein* und die hier koordinierten politischen Aktivitäten behielten fortan eine deutschnational geprägte, die Zusammenarbeit mit der NSDAP einschließende Schlagseite. Allerdings brach der Konflikt zwischen dem gemäßigten und dem rechtsradikalen Lager an unterschiedlichen Stellen erneut auf. Eindringlich findet sich dieser Konflikt im Sommer 1931 wieder, als der rechte, unterdessen NS-freundliche Flügel interessanterweise nochmals gegen einen Grafen v. Galen auftrat, dieses Mal gegen den Priester Clemens August Graf v. Galen, der 1929 von Berlin nach Münster versetzt worden war. Der hier aufbrechende Dissens zwischen katholischen Geistlichen, die auf Moderation, und katholischen Adligen, die zur radikalen Rechten drängten, wiederholte exakt die Muster des Konfliktes über die Wehrverbände, in dem sich 1924 v. a. schlesische Adlige gegen die Fuldaer Bischofskonferenz gestellt hatten.[278]

Im März 1931 hatten die Bischöfe der Kölner Kirchenprovinz in ihrem Hirtenbrief Bedenken gegen die NS-Bewegung formuliert und sich besorgt über die Haltung des katholischen Adels geäußert. Der Hirtenbrief veranlaßte eine NS-freundliche Gruppe innerhalb des westfälischen Adels, in Eingaben bei hohen katholischen Würdenträgern für ein Bündnis mit dem Nationalsozialismus zu plädieren. Im Juni 1931 richteten sechs westfälische Adlige eine

---

[274] Franz GRAF V. GALEN an Meinulf v. Mallinckrodt, 2.10.1928 (über seinen Rücktritt), Attila GRAF V. NEIPPERG an Galen 24.10.1928 und 1.12.1928 (Zitate) in: WAAM, Nl. Galen, Nr. 41. Vgl. die spätere Wiedergabe der Ereignisse durch Franz GRAF V. GALENS vom 1.3.1954 in: ebd., Nr. 43, v. a. aber die Darstellung bei JONES, Conservatives, S. 73f.
[275] Franz Graf v. GALEN, Erklärung vom 1.3.1954 in: WAAM, Nl. Galen, Nr. 43.
[276] Karl TEPPE, Die preußischen Oberpräsidenten 1933-1945, in: Schwabe (Hg.), Oberpräsidenten, hier S. 220-226.
[277] Vgl. dazu die detaillierte Darstellung bei KLAUSA, Bündnispartner, S. 544-566.
[278] LOB, Schmitt, S. 140-145; BERGHAHN, Stahlhelm, S. 65.

Denkschrift „Zur Lage des katholischen Volksteils und der katholischen Kirche in Deutschland" an den Erzbischof von Paderborn, die gleichzeitig an alle Bischöfe Norddeutschlands und andere hohe katholische Geistliche versandt wurde.[279]

In der 20-seitigen Eingabe entwickelten die Autoren die Auffassung, das Zentrum habe sein großes „moralisches Sparkapital", das es zwischen Kulturkampf und Weltkrieg angesammelt hatte, weitgehend verwirtschaftet. Erzberger und die vom Zentrum mitgetragene Weimarer Verfassung galten als untrügliche Zeichen, „auf die abschüssige Bahn der Kompromisse" geraten zu sein. Die 1919 falsch gestellte „Weiche" habe das Zentrum in eine „fast ununterbrochene Verbindung mit dem Todfeind christlicher Kultur mit dem von Judentum und Freimaurerei beherrschten Marxismus [ge]führt"; Gottlosigkeit, Sittenlosigkeit, verwaltungs- und wirtschaftspolitische Inkompetenz seien somit zu vom Zentrum mitgetragenen Zeitübeln geworden. Von diesem Zentrum müsse sich das Episkopat distanzieren. Eine „unbefangene Würdigung" des NSDAP-Programmes und Hitlers Darlegungen in *Mein Kampf* müsse hingegen zum Schluß kommen, daß sich der Nationalsozialismus „zur bewussten Pflege der christlichen Kultur in ihren historisch gewordenen Formen" bekannte. Mehr noch: daß „manches in der Bewegung für den Katholiken nicht bloss akzeptabel ist, sondern sogar katholischem Lebensideal entspricht." In vorsichtigen Wendungen wurde den katholischen Würdenträgern nahegelegt, zum Wohl von Volk und Kirche anzuerkennen, daß der Bund aus Stahlhelm und Nationalsozialismus Hauptträger des antiliberalen Kampfes sei. Gegen diesen, tief im Christentum verwurzelten Bund stand „in grundsätzlich unversöhnlicher Todfeindschaft zur katholischen Kirche und zu jedem Christentum, von Judentum und Loge geführt, der innerlich gott- und sittenlose Marxismus, hinter dem Bolschewismus und Satanismus zum Sprunge bereit liegen."[280]

Form und Inhalt des Schreibens riefen innerhalb des Episkopats erneuten Einspruch hervor. Als katholische Bischöfe mehrfach „Warnungen" und „Besorgnisse" über das Erstarken einer NS-freundlichen Tendenz im katholischen Adel formulierten,[281] kam es im *Rheinisch-Westfälischen Verein katholischer Edelleute* zu einer lebhaften Debatte über die Autorität des Episkopats in

---

[279] FRHR. V. ELVERFELDT, Wilhelm GRAF DROSTE ZU VISCHERING, FRHR. V. SCHORLEMER-OVERHAGEN, Reinhard FRHR. V. BRENKEN, FRHR. V. FÜRSTENBERG-KÖRTLINGHAUSEN, FRHR. V. LÜNINCK-OSTWIG (Unterzeichner), Denkschrift an Erzbischof Caspar Klein, 1.6.1931, in: WAAM, Nl. Galen, Nr. 43. Ausdrücklich baten die Unterzeichner um die Verbreitung der Eingabe in „interessierten Kreisen". Ähnliche NS-freundliche Eingaben wurden von schlesischen und westfälischen Adligen an weitere Kleriker, u. a. den Erzbischof von Köln, gerichtet (ebd., Fol. 52). Vgl. dazu das Schreiben von Attila GRAF V. NEIPPERG an Galen, 23.5.1932, in: ebd., Nr. 42.

[280] Zitate aus der o. g. Denkschrift an Erzbischof Klein, in: WAAM, Nl. Galen, Nr. 43.

[281] Dies u. a. auf einer liturgischen Tagung in Maria-Laach im September 1931, durch Äußerungen des Erzbischofs von Münster und des Bischofs von Trier, erneut und explizit im Februar 1932 in einer Note an den VKE (WAAM, Nl. Galen, Nr. 43, Fol. 46ff.).

8.5.) Katholizismus von rechts: Der westfälische Adel

weltanschaulichen Fragen und die Haltung des katholischen Adels zur NS-Bewegung.[282] Pfarrer Clemens August Graf v. Galen begründete eine von ihm und dreizehn weiteren Adligen ausgearbeitete Erklärung, in der die Mitglieder des Vereins geloben sollten, dem „hochwürdig[en] Episkopat [...] zu jeder Zeit [...] freudigen Gehorsam zu leisten."

Gegen die ultramontane Haltung Galens brachte eine Gruppe um Leopold Frhr. v. Nagel, Alexander Frhr. v. Elverfeldt, Felix Graf Loë und die Brüder Lüninck eine nationalistische, antisemitische und v. a. Zentrums-kritische Argumentation in Stellung, die erstens darauf abzielte, die politische Entscheidungsfreiheit des katholischen Adels gegenüber „Warnungen" des Episkopats zu bewahren, zweitens die Möglichkeit einer positiven Zusammenarbeit mit dem Stahlhelm und der NSDAP offenzuhalten. Deutlich sprach sich diese Gruppe gegen den von Galen geforderten Gehorsam gegenüber dem Episkopat aus – v. a. dort, wo die Bischöfe dem Zentrum nahestanden.

Ferdinand Frhr. v. Lüninck verglich das Verhältnis des katholischen Adels zum Episkopat mit dem eines erwachsenen Sohnes zu seinem Vater und widersprach damit Galens Vorstellungen einer klerikalen Leitfunktion in politischen Fragen.[283] Einzelne Redner traten mit parteipolitisch gefärbten Beiträgen hervor, die den Kurs des rechten Flügels sehr deutlich machten. So „begrüßte" etwa Alexander Frhr. v. Elverfeldt-Canstein die NS-Bewegung mit der Feststellung, Hitler sei es anders als allen vom Adel koordinierten Projekten gelungen, eine antirepublikanische Volksbewegung ins Leben zu rufen.[284]

Empört über den ungewöhnlich agitatorischen Ton der Gruppe um die Lüninck-Brüder, der die Gepflogenheiten im VKE verletzte, äußerte Baron v. Schell, er „stelle mit Erstaunen fest, daß diese Herren für den Nationalsozialismus Propaganda gemacht haben."[285] Die Debatte macht deutlich, wie sehr die jeweilige Haltung zur Neuen Rechten, hier: zum Nationalsozialismus, als tiefe Bruchlinie durch die dominierenden Familien des rheinisch-westfälischen Adels verlief. Anhand der Quellen läßt sich die Stärke der beiden Lager nur schwer abschätzen; in der Debatte und Abstimmung um die Formulierung der von Galen gewünschten Erklärung, über die Galen geäußert hatte, der Verein habe „wohl noch nie [...] vor einer wichtigeren Entscheidung gestanden", unterlag die ultramontane Gruppe um Galen erneut. Die 1928 erlittene Niederlage des moderaten Flügels hatte sich hiermit wiederholt. In

---

[282] Durch 74 Vereinsmitglieder und drei Gäste waren hier die wichtigsten Familien (und Tendenzen) des rheinisch-westfälischen Adels vertreten: Vertrauliches Protokoll der außerordentlichen Generalversammlung des *Vereins* am 8.8.1932 in: WAAM, Nl. Galen, Nr. 43, Fol. 45-59.
[283] Redebeiträge Ferdinand FRHR. V. LÜNINCKS, in: ebd., hier v. a. S. 13, 24 (Erwiderung auf Wilhelm Graf v. Droste).
[284] Alexander FRHR. V. ELVERFELDT-CANSTEIN, Redebeitrag auf der Generalversammlung vom 8.8.1932, in: WAAM, Nl. Galen, Nr. 43, S. 11 (der gedruckten Paginierung).
[285] Redebeitrag Max FRHR. V. SCHELL-CALBECK, in: ebd., S. 16.

der Petition, die der Vereinsvorstand letztlich dem Bischof von Münster übergab, war der streng katholische Tonfall, den Galen in seinem Entwurf angeschlagen hatte, einer selbstbewußten Grußadresse gewichen, in der die katholische Variante eines deutschnational bis völkisch gefärbten Zungenschlags nicht zu überhören war. Statt der von Galen gewünschten Zusage, dem Episkopat zu „gehorchen", votierte die Versammlung mehrheitlich für ein Schreiben, das dem Erzbischof von Münster versprach, die bischöflichen Warnungen zu „beherzigen". Anzustreben sei eine „vertrauensvolle Zusammenarbeit" mit der „nationalen Bewegung", die den „Feinden des Katholizismus" kraftvoll entgegentrat. Wer damit konkret gemeint war, geht aus der protokollierten Debatte deutlich hervor.[286]

Die hier im VKE als wichtigster Clearing-Stelle des westfälischen Adels hergestellten Kräfteverhältnisse erleichterten die Selbstgleichschaltung des Vereins nach 1933. Nach der Machtübertragung setzte sich der 14-köpfige Vorstand des Vereins v. a. aus den Mitgliedern zusammen, die in den Jahren zuvor die Zusammenarbeit mit der NS-Bewegung befördert hatten. Meinulf v. Mallinckrodt behielt den Vorsitz zunächst bei und forderte die Mitglieder, gemäß dem von Fürst Bentheim formulierten Führungsanspruch, zum Eintritt in die DAG auf.[287]

Resümierend läßt sich festhalten, daß sich ein einflußreicher Teil des westfälischen Adels frühzeitig aus dem politisch moderaten „katholischen Milieu" ebenso wie von den Bindungen an das Zentrum löste. Innerhalb des katholischen Adels bildeten westfälische Adlige den rechtsradikalen Flügel, der die betont konservativen Standesgenossen zunehmend verdrängen konnte. Ein Vergleich mit dem katholischen Adel Bayerns macht deutlich, daß die Mutationen des im 19. Jahrhundert entwickelten Erneuerungskonzeptes vom „katholischen Edelmann" den westfälischen Adel keineswegs an eine gemäßigte, mit der katholischen Laienbewegung verbundene Haltung angenähert oder gar die Akzeptanz der Weimarer Republik befördert hatten.[288] Wie Larry E. Jones unlängst gezeigt hat, gehörte gerade der politisch aktivste Teil des rheinisch-westfälischen Adels in den entscheidenden Jahren von 1930-1933 durchaus nicht in das Lager der Schlimmeresverhüter. Jones' Charakterisierung der von ihm untersuchten Adelsgruppen als „integral components of the alliance that Hitler and the Nazi regime forged with Germany's conservative Elites in the first years of the Third Reich"[289] beschreibt diese Gruppe des katholischen Adels zutreffend.

---

[286] Die Erklärung im Namen des Vereinsvorstandes wurde dem Erzbischof von Münster, am 11.8.1932 durch den Vorsitzenden Meinulf v. Mallinckrodt persönlich übergeben, vgl. den Text in: ebd. S. 26-29.

[287] Zu dieser inneren *Gleichschaltung* vgl. das Schreiben MALLINCKRODTs vom 9.12.1933, das Protokoll der Generalversammlung vom 24.1.1934 und die Zusammensetzung des Vorstandes, in: WAAM, Nl. Galen, Nr. 809.

[288] Dies entgegen der Interpretation bei REIF, Der katholische Adel Westfalens und die Spaltung des Adelskonservativismus, hier v. a. S. 108, 124 und DERS., Mediator, S. 152f.

[289] JONES, Conservatives, S. 85.

8.6.) Führer-Fürsten: Der Wernigeroder Kreis

Neben den Versuchen der DAG und der katholischen Adelsverbände entstand nach 1918 eine Vielzahl von privaten Initiativen zur Neudefinition, Sammlung und Reorganisation des Adels. Ein prominentes Beispiel für eine private Initiative zur Reorganisation adligen „Führertums" findet sich in einem Kreis, der sich 1924 im Harz bildete. Konfessionelle und regionale Grenzen überwindend und weitgehend unabhängig von den großen Adelsverbänden versammelte das Ende 1924 als *Wernigeroder Kreis* konstituierte Diskussionsforum einen kleinen und exklusiven Kreis politisch aktiver, wohlhabender und einflußreicher Adliger.[290] Nach längerer Vorbereitung versammelte der Kreis insgesamt 53 „Herren", darunter 3 Fürsten, 5 Prinzen, 9 Grafen und 14 Freiherren zu einer einwöchigen Tagung. Als Versammlungsort hatte Christian Ernst Fürst zu Stolberg-Wernigerode sein Schloß zur Verfügung gestellt, einen imposanten, im 19. Jh. aufwendig neugestalteten Bau, gelegen auf einem kleinen Berg oberhalb der Harzer Kleinstadt Wernigerode. Im Zentrum dieser Veranstaltung standen ca. 20 Vorträge zu unterschiedlichen politischen Themen, für die man neben prominenten adligen Referenten auch bürgerliche Intellektuelle gewonnen hatte. Mit zwei Hohenzollernprinzen, dem völkisch orientierten Friedrich Wilhelm Prinz zur Lippe, Georg Prinz v. Sachsen-Meiningen, Carl Fürst zu Castell-Castell und Hermann Otto Erbprinz zu Solms-Hohensolms-Lich hatte die Veranstaltung eine hochadlige Spitze, welcher der Hausherr Fürst Stolberg-Wernigerode als Vorsitzender des Standesherren-Vereins zusätzliche Bedeutung verlieh. Über die eingeladenen Personen waren Verbindungen zum Deutschen Herrenklub, zur Deutschen Adelsgenossenschaft, dem Verein deutscher Standesherren, diversen Großgrundbesitzervereinen, prominenten ostelbischen Großgrundbesitzern,[291] der süddeutschen Vereinigung *Gäa*, der DNVP, dem Münchener Jungadel und über den Krupp-Direktor Tilo Frhr. v. Wilmowsky zur Industrie vorhanden.

Neben den schwer einzuordnenden Vertretern des Hochadels mischte der Teilnehmerkreis Vertreter der moderaten Rechten mit prominenten Vertretern des rechtsradikalen Lagers. Das Ziel, prominente adlige „Führer" aus allen Teilen Deutschlands zu gewinnen, hatte Fürst Stolberg weitgehend erreicht, auch wenn die Verbindungen zum süddeutschen Adel wiederum als unzurei-

---

290 Anwesenheitslisten, Schriftwechsel und Drucke zu Vorbereitung und Durchführung der Tagung in: LHAM-AW, Rep H Stolberg-Wernigerode, o, L. Nr. 9, Bd. 1-2 und in: BAK, R 118, Nr. 35, Fol. 72f. Vorträge u. a.: „Was ist deutsch?", „Wirtschaftsprobleme", „Die geistige Krisis der Gegenwart", „Adel und Großgrundbesitz" und „Adel und Arbeiterfragen", „Adel und Rasse". Die geplante Protokollierung und Versendung der Vorträge scheint nicht realisiert worden zu sein.
291 Darunter: Ulrich Graf v. Schwerin, Graf v. Dönhoff-Friedrichstein, Ewald v. Kleist-Schmenzin, Friedrich Carl v. Heydebreck, Frhr. v. Gayl, Herbert v. Bismarck.

chend eingeschätzt wurden.[292] Mit Erwein Frhr. v. Aretin, dem DNVP-Abgeordneten Franz Frhr. v. Stauffenberg, dem Münchener Historiker Karl Alexander v. Müller und drei fränkischen Standesherren aus dem Hause Castell war jedoch eine Brücke zu den süddeutschen Standesgenossen etabliert, die der in München wohnende Historiker Otto Graf zu Stolberg als Mitglied des *Gäa*-Kreises später zu festigen versuchte. Neben der „Besinnung" auf gemeinsame Werte und „Erziehungsaufgaben", die man dem Adel zusprach, hatte Graf v. Stolberg als Ziel der Tagung die Schaffung eines exklusiven, überregionalen adligen Führungsgremiums definiert. Dieses sollte aus wenigen angesehenen Adligen bestehen, die in ständigem Austausch miteinander zu stehen und über ihre regionalen Netzwerke auf den gesamten Adel, insbesondere die Adelsjugend, einzuwirken hätten. „Ich darf dabei nochmals zum Ausdruck bringen, dass der Zweck der allgemeinen Tagung weniger der der Erziehung, als der einer Kernbildung sein soll, und dass der so entstehende Kreis aus sich heraus dann weiter wirken soll. Mir erscheint es besonders wichtig, dass im Laufe der Jahre erreicht wird, alle diejenigen Personen zueinander in persönliche Beziehung zu bringen, die nach ihrer inneren Richtung einen gemeinsamen Boden haben."[293] Geplant waren regelmäßige Treffen des Kreises an wechselnden Orten, als Forum der zweiten Tagung einigte man sich auf das pommersche Gut eines Grafen v. Bassewitz-Levetzow.

Mit dem Herrenklub-Präsidenten Hans Bodo v. Alvensleben, Erwein Frhr. v. Aretin und Tilo Frhr. v. Wilmowsky waren zwar drei unterschiedliche Varianten eines moderaten Adels-Konservativismus vertreten, bemerkenswert sind die Ergebnisse der Tagung jedoch durch eine andere Tendenz. Trotz der im Wernigeroder Schloß gelungenen „Kernbildung" aus adligem Reichtum und rechter Intelligenz wurden auch hier keine nüchtern-strategischen Debatten über die Zukunft des Adels geführt. Statt dessen scheint auch dieser exklusive Kreis über eine Neuauflage inhaltlich unscharfer und verbal pompöser Grundlagenvorträge nicht hinausgekommen zu sein. Im Hinblick auf das soziale Kaliber der Anwesenden ist der stark völkische Einschlag bemerkenswert, der sich aus einem Teil der Vorträge, der Einladung des Hamburger Publizisten Wilhelm Stapel sowie einer anschließenden Briefdebatte zwischen Friedrich Wilhelm Prinz zur Lippe und Gottfried v. Bismarck-Kniephof ersehen läßt. Die Diskussion der Frage, ob die „Vermehrung der rassisch Wertvollen" sowie die „Reinhaltung des Blutes" allein durch „züchterische Maßnahmen" zu erreichen waren, oder diese hinter den „Kampf um die rassische Seele" zurücktreten müßten, hatte die Mitglieder des Wernigeroder Kreises monatelang beschäftigt. Der Briefwechsel belegt erneut die Hochkonjunktur,

---

[292] Otto GRAF ZU STOLBERG-WERNIGERODE an Rudolf Graf v. Marogna-Redwitz, 15.11.1924, in: LHAM-AW, Rep. H Stolberg-Wernigerode, I, L, Nr. 9, Bd. 2.
[293] Otto GRAF ZU STOLBERG-WERNIGERODE an Rudolf Graf v. Marogna-Redwitz, 15.11.1924, in: LHAM-AW, Rep. H Stolberg-Wernigerode, O, L, Nr. 9, Bd. 2.

die das Denken in rassischen Kategorien im Adel auch außerhalb der DAG-Führung hatte.[294]

Die bis hier vorgestellten Beispiele (DAG, katholische Adelsverbände, *Münchner Jungadel, Katholische Tatgemeinschaft, Wernigeroder Kreis*) wiesen trotz aller Unterschiede eine Reihe von Gemeinsamkeiten auf: Die Tendenz zum Rückzug des Adels auf sich selbst, die hohe Bedeutung, die man ideologischen Grundsatzdebatten zumaß und v. a. das Fehlen jedes ernsthaften Versuches, den Weg der jungen Adelsgeneration in die Schaltstellen des modernen Industriekapitalismus systematisch zu befördern bzw. vorzubereiten. Versuche, die äußerst schwache Stellung zu verbessern, die der alte Adel in den bildungsbürgerlichen Berufen, insbesondere aber in den Bereichen Finanz, Handel und Industrie hatte, wurden nicht unternommen. Dort, wo eine Annäherung an „die Wirtschaft" – insbesondere von der DAG – versucht wurde, bestand diese v. a. in der moralischen und materiellen Unterstützung havarierter Adliger in oftmals armseligen Krämerexistenzen. Das Resultat *dieser* „Reform" bestand, da die materielle Hilfe über einen symbolischen Wert nie wirklich hinaus kam, in einer weiteren Auflösung des traditionellen Adelsbegriffes und dem Import marktfeindlicher Mittelstandsideologien in das Zentrum des größten Adelsverbandes. Statt dessen findet sich weit über die Grenzen der kleinadig dominierten DAG hinaus eine Flut von amorphen, in ihrer konkreten Bedeutung selten faßbaren Aufforderungen, Denkschriften und Debatten über adliges „Führertum", in der eine sprachlich modernisierte Apotheose des Landes und ein antisemitisch aufgeladener Anti-Materialismus die wichtigsten Elemente sind. Als wichtigstes Ergebnis dieser Debatten sind die zumindest begonnene Einebnung regionaler, konfessioneller und sozialer Unterschiede verschiedener Adelsgruppen sowie insgesamt eine ideologische und organisatorische Annäherung an völkisch-rechtsradikale Gruppen festzuhalten, die in weiten Adelskreisen fest etabliert waren, bevor die NS-Bewegung um 1930 zum wichtigsten Sammelbecken dieser Gruppen wurde.

Diese Beobachtungen lassen sich als Zwischenergebnis festhalten, das über regionale Grenzen hinweg für unterschiedliche Adelsgruppen gilt. Zu den gesamtadligen Gemeinsamkeiten gehört nach 1918 die Verbindung von rhetorischem Bombast und praktischer Konzeptlosigkeit. Wie gezeigt, lassen sich in der politischen Orientierung einzelner Gruppen allerdings erhebliche Unterschiede erkennen. Bevor jene Organisationsversuche in den Blick genommen werden, die der praktischen Umsetzung des überall besungenen Konzepts eines neuen, adlig-bürgerlichen „Führertums" am nächsten kamen, wird die Analyse der inneradligen Konfliktlinien an einem ungewöhnlich dicht dokumentierten Beispiel präzisiert.

---

294 Korrespondenz v. F. W. PRINZ ZUR LIPPE und G. V. BISMARCK-KNIEPHOF (März-Juni 1926), in: FACC, I d VIII/29, Fol. 1-26.

8.7.) Nord gegen Süd:
Der Konflikt um die Jungadelsschule „Ellena"

Die Geschichte einer mit großem Aufwand organisierten „Führerschule" für junge Adlige bietet eine Schnittstelle, an der die bis hier beschriebenen unterschiedlichen Adelskulturen konfliktreich aufeinandertrafen. Anhand der Geschichte der 1927 gegründeten *Schulgemeinde Ellena* läßt sich ein Großteil der bislang beschriebenen Entwicklungs- und Konfliktlinien wie unter einem Brennglas betrachten. Das Projekt war ein Versuch, die im Adel überall geführten theoretischen Erörterungen praktisch umzusetzen: Die Überwindung konfessioneller und regionaler Grenzen, die systematische Förderung eines zeitgemäßen „Führertums" und die Verankerung der neu-rechten Denkgebäude in den jüngeren Köpfen des alten Adels.

Die auf einem Thüringischen Landgut in der Nähe von Eisenach gegründete Schulgemeinde ging auf das Engagement eines exzentrischen bürgerlichen Einzelgängers zurück, über den sich nur wenige biographische Details ermitteln ließen. Im Januar 1927 empfing eine Gruppe von achtzehn Adligen den Initiator und späteren Leiter der Adelsschule, einen jungen, zu diesem Zeitpunkt 26-jährigen Mann[295] namens Gustav Huhn, der sich zuvor in mehreren Aufrufen an den Adel gewandt hatte. Die Gründungstagung im Hause der Exzellenz v. Obernitz versammelte neben DAG-Hauptgeschäftsführer Walter v. Bogen und Albrecht Prinz v. Hohenzollern-Namedy, dem Vorsitzenden des rheinischen *Herrenklubs*, v. a. Mitglieder alter, bekannter Familien des Landadels.[296] Nachdem Huhn die Briefe prominenter Adliger verlesen hatte, die das Projekt befürworteten, zum Gründungstreffen jedoch nicht erscheinen konnten,[297] hielt Huhn einen Vortrag über Idee und Umsetzung des Projektes. Den anwesenden Adligen präsentierte er eine verworrene Gedankenkette, in der äußerst diffuse Aussagen über „Chaos", „Kosmos", „Germanen" und den „Endkampf zwischen Liberalismus und Konservatismus" aneinandergereiht wurden. Der Pädagoge forderte den christlichen Adel Deutschlands auf, seine Führung im Kampf gegen den herrschenden Liberalismus – einer Inkarnation „des Satans" – zu übernehmen und auf ein neues Fundament zu stellen.

---

[295] Diese Angabe gestützt auf: BAB (BDC), NSDAP-Ortskartei. Mit großer Wahrscheinlichkeit handelt es sich bei dem hier verzeichneten „Schulleiter" Gustav Huhn, geb. am 25.5.1900 in Weimar, um den Initiator und Leiter der Adelsschule.

[296] DAAM, LAB, Bd. 3, Hft. ‚Ellena': Bericht über die (Gründungs-) Tagung vom 28.-30.1.1927. Unter den Anwesenden finden sich u. a. die Namen Obernitz, Reichenau, Kleist, Schulenburg, Trotha, Bogen u. Schönstedt, Tschammer u. Osten, Riedesel zu Eisenbach, Schack, Minnigerode-Wollershausen, Manteuffel und ein General v. Kauffberg. Das Gut Ober-Ellen war im Besitz eines Freiherrn v. Hanstein. Für den Umbau der Anlage, die seit 1923 als „Bauernschule" gedient hatte, wurden 10.000 Mark veranschlagt.

[297] A. Frhr. v. Landsberg-Velen, Franz Frhr. v. Stauffenberg, Fürst Isenburg-Birstein, Kammerherr v. Carlowitz, v. Rohr-Demmin, Vizeadmiral a. D. v. Trotha, sowie Graf Arnim-Boitzenburg waren ‚durch dringende Abhaltungen verhindert'.

8.7.) Nord gegen Süd: Der Konflikt um die Jungadelsschule „Ellena"

Huhn, offenbar ein Autodidakt ohne universitäre Ausbildung,[298] hatte das hier präsentierte Konzept einige Monate zuvor entworfen: ein überkonfessionelles Schulungsinstitut, in dem sich junge Adlige „aller christlichen Konfessionen" zu mehrmonatigen Schulungskursen versammeln sollten.[299] In seiner als Rundschreiben verschickten „Denkschrift" mit dem pompösen Titel „An den christlichen Adel deutscher Nation" hatte er ein Programm skizziert, das inhaltlich zwar ähnlich wirr wie seine Reden war, aufgrund des angeschlagenen Tones und der hier entwickelten Adels-Apotheose in der DAG-Leitung jedoch wohlwollende Beachtung gefunden hatte. Offenbar traf der Tonfall pathetisch-pastoraler Anbiederung, der das Programm des Pädagogen durchzog, den Geschmack der angesprochenen Adligen: „Demütig vor Gott und hochgemut vor den Menschen lege ich alles in die Hände des deutschen christlichen Adels, vertrauend auf seine eingeborenen Kräfte, die durch das Werk der ‚Schulgemeinde' nur aus Urtiefen wiedergeboren werden sollen in Christi Namen. Dass ein Nicht-Adliger den Schritt tut, ist nicht Verdienst, sondern Schicksal; wie kein Blatt vom Baum des Lebens fällt ohne den Willen Gottes."[300]

Auf einem Vortrag vor dem Adelskapitel der DAG hatte der Schulmeister im Sommer 1927 den Anwesenden die hohe Bedeutung der geistigen Schulung des jungen Adels auseinandergesetzt. „Standesgemäß" sei für den Adel weiterhin in erster Linie jede Form politischen Handelns, die traditionellen Wege politischen Handelns dem Adel jedoch vorerst verbaut. Die „Wegbereitung der geistigen konservativen Revolution" sei deshalb Gebot der Stunde, das Konzept der Adelsschule der Weg, um den Adel auf diese Revolution vorzubereiten. Ausführungen über die entscheidende Bedeutung kultureller Deutungsmacht, die sich wie ein verflachtes, rechtes Pendant zu Antonio Gramsci lesen, mischte Huhn mit dem zeittypischen Habitus bildungsbürgerlicher Selbstüberhöhung – adlige Hörer und Leser lockte der Schulmeister mit dem programmatischen Satz: „Wer die geistige Bewegung von heute hat, der hat die praktische Weltgestaltung von morgen."[301] Die von Huhn verfaßten Denkschriften glichen einer eigenwilligen Mischung aus völkischen Versatzstücken, anti-kapitalistischen Formeln und religiösen Sprechblasen, in der die Grenzen des Absurden oftmals erreicht, bisweilen auch überschritten wurden. „In höchstem Kampfe tobt der alte Drache – da sprengt auf weißem Pferd Michael der Streiter Christi durch das deutsche Land, und sammelt Fürst und Volk zum letzten Kampfe; auf seinem Schilde flammt es sonnengleich ‚Hie

---

[298] Franz FRHR. V. SODEN über Huhn, DAG-Aussprache über Ellena v. 22.10.1931: DAAM, LAB, Bd. 3, Hft. ‚Ellena'.
[299] Siehe die zahlreichen, im September 1926 von Huhn verfaßten Denkschriften, u. a. „Richtlinien zur Arbeit der Schulgemeinde X" und „Ziele und Aufgaben", in: DAAM, LAB, Bd. 3, Hft. ‚Ellena' und in MHSA, HGM, Bd. 2.
[300] Gustav HUHN, Denkschrift an den christlichen Adel deutscher Nation („Im Hochsommer des Jahres 1926"), in: DAAM, LAB, Bd. 3, Hft. ‚Ellena'.
[301] Ellena-Broschüre und Vortrag HUHNs auf dem Adelskapitel am 28.6.1927, in: MHSA, HGM, Bd. 2, Fol. 194-199.

Christus und das Dritte Reich!'"302 In der ausschweifenden Gedankenführung, dem Pathos und dem inhaltlichen Eklektizismus erinnern Huhns Schriften freilich weniger an Gramsci denn an Hitlers Ideenmischung in „Mein Kampf".

Mit Nachdruck betonte das Programm die Bedeutung der jungen Adelsgeneration: Zur „Wiedergeburt des Adels als Führerstand" mußte der junge Adel umfassend in das „nationale Weistum" eingeführt werden und sich dabei Selektionsmechanismen unterwerfen, die innerhalb des Adels lange Zeit abgelehnt wurden. Die Forderung nach „schärfster Auslese und Neuordnung durch Blut und Leistung" verband den Rassegedanken mit bildungsbürgerlichen Leistungskriterien. Das Programm sah vor, junge adlige Abiturienten aus dem „reinerhaltenen christlichen Adel" vor der Aufnahme ihres Studiums bzw. Berufslebens in ganzjährigen Schulungskursen durch „christlich-nationalwissenschaftliche Studien [in das] gesammelte Weistum der Nation" einzuführen. Da sich der Anspruch, die adligen Kursteilnehmer neun bis zwölf Monate an die Schule zu binden, schon aus finanziellen Gründen nicht realisieren ließ,303 ging man zu mehrwöchigen Kursen über, die adlige Studenten auch während der Semesterferien besuchen konnten. Das Kursprogramm umfaßte geschichtliche, politische, volkswirtschaftliche, kunstgeschichtliche Themen ebenso wie metaphysische Belehrungen über die „kosmische Lebensgemeinschaft von Mensch und Umwelt".

Auf dem Schulgelände, das zuvor als ländliches Volksschulheim gedient hatte, befanden sich außerdem zwei weitere Ausbildungsinstitutionen, denen im Konzept der Adelsschule große Bedeutung zukam. Erstens die „innere Schule", an der ein mehrjähriges „Studium" künftiger Lehrer organisiert wurde, zweitens ein angeschlossener landwirtschaftlich-handwerklicher Lehrbetrieb. Auf den zum Gelände gehörenden Landflächen und Werkstätten wurden landwirtschaftliche und handwerkliche Lehrkurse für „Jungbauern" und „Jungstädter" organisiert, die mit eigenständigen Kursprogrammen an die Schule gebunden waren. Als Teilnehmer dieser Kurse wurden auch gezielt junge Arbeitslose aufgenommen. Die Ausbildung der adligen Mitglieder in der „äußeren Schule" beschränkte sich somit nicht auf die intellektuelle Erfassung des nationalen „Weistums": Im täglichen, persönlichen und direkten Umgang mit dem „Nährstand" war es dem heranwachsenden „Führerstand" möglich, seine Führerkompetenzen zu testen und zu festigen. Als Mitglieder des „Führerstandes" blieben die jungen Adligen auf diese Weise zwar von den anderen Schulmitgliedern getrennt, die heim- bzw. internatsartige Unterbringung der Schüler schuf jedoch jene physische Nähe, die für praktische Führungsübungen notwendig war.304 Deutlicher als in der Arbeitsdienstbewegung

---

302 So der letzte Satz in HUHNs Denkschrift über die „Schulgemeinde X": DAAM, LAB, Bd. 3, Hft. ‚Ellena'.
303 Gustav HUHN, „Nachbemerkung" v. 8.10.1926, nach einer Besprechungen mit Adligen „in verschiedenen Landschaften", in: DAAM, LAB, Bd. 3, Hft. ‚Ellena'.
304 Zitate aus den von HUHN verfaßten Broschüren „Denkschrift an den christlichen Adel deutscher Nationen" (1926), „Notwendigkeit einer politischen Schulung des Jungadels in

8.7.) Nord gegen Süd: Der Konflikt um die Jungadelsschule „Ellena"

blieben „Führer" und „Geführte" hier auch äußerlich unterscheidbar. Parallelen zur egalitären Dynamik, die sich etwa im seit 1931 systematisch aufgebauten Freiwilligen Arbeitsdienst und im seit 1935 obligatorischen Reichsarbeitsdienst entwickelten,[305] lassen sich allerdings nicht übersehen. Der hinter diesem Aufbau stehende Grundgedanke, die Autorität junger adliger Männer – fern vom elterlichen Gut, auf dem die patriarchalen Verhältnisse gewissermaßen vererbt wurden – im direkten Umgang mit Angehörigen jener sozialen Schichten zu schärfen, die es zu „führen" galt, scheint durchaus einleuchtend. Die jungen adligen Männer wurden auf dem Schulgelände sozusagen in einen Führungssimulator gesetzt. Die ländliche Abgeschlossenheit und Großstadtferne, der handverlesene Schülerkreis, der durch den internatsähnlichen Lehrbetrieb in stetiger physischer und geistiger Nähe lebte, entsprach zumindest äußerlich den Idealen, nach denen auch die im Adel so populären Internatsschulen und Landerziehungsheime organisiert waren. Auch der Ring-Kreis, dessen intellektuelle und finanzielle Möglichkeiten erheblich weiter reichten, hatte in Form des nach Spandau ausgelagerten Politischen Kollegs und der *Deutschen Burse* in Marburg äußere Formen angestrebt, die „Lebensgemeinschaften" gleichen sollten, in denen geistige „Erziehung" mit kulturellen Praktiken verbunden wurde, die an Jugendbewegung und Bündische Jugend erinnern.[306] In beiden Fällen sah das Konzept dieser Lehrstätten vor, die „prachtvollen jungen Menschen, die singend durch Wald und Busch ziehen"[307] in nahezu „klösterlicher" Isolation von äußeren Einflüssen abzuriegeln – ein Ideal, das in der thüringischen Abgeschiedenheit offenbar besser gelang als im Politischen Kolleg des Ring-Kreises, von dem aus viele Kursteilnehmer „nach Berlin hineingondelten", um in Form von „Theater oder sonst was" eben jene Zerstreuungen zu suchen,[308] unter denen ihre Führerdisziplin zu leiden drohte.

Bedient wurde hier zudem das von jungen Adligen immer wieder geäußerte Bedürfnis, die politikfernen Formen rein adliger Geselligkeit der Vorkriegstradition durch praktische Anleitungen zur eigenen Teilnahme am „politischen Kampf" abzulösen. Mit seinem Urteil über „Jungadels-Abteilungen, die sich im Geselligen erschöpfen" und deshalb „unzeitgemäß, reaktionär [und] schädlich" seien, hatte der 27-jährige Botho Ernst Graf zu Eulenburg,

---

der Schulgemeinde X" (1926) und „Schulgemeinde Ellena bei Eisenach" (undatiert, ca. 1927), in: WAAM, Nl. Lüninck, Nr. 729 und DAAM, LAB, Bd. 3, Hft. ‚Ellena'. Vgl. MHSA, HGM, Bd. 2, Fol. 194-199.

[305] Kiran Klaus PATEL, Lager und Camp. Lagerordnung und Erziehung im nationalsozialistischen Arbeitsdienst und im „Civilian Conservation Corps" des New Deal 1933-1939/42, in: Jahrbuch für Bildungsforschung, Bd. 6 (2000), S. 93-116, v. a. S. 102f.

[306] Dazu PETZINNA, Erziehung, S. 143-177 und 215-219, hier v. a. S.158f. und 173f.

[307] So die Formulierung bei Max Hildebert BOEHM, Der Sinn der humanistischen Bildung, Berlin 1916, S. 48.

[308] Brief eines Grafen v. Brockdorff, Kursteilnehmer am Politischen Kolleg in Spandau, 30.10.1922, zit. n. PETZINNA, Erziehung, S. 219.

Vorsitzender des *Ostpreußischen Jungadels*, 1930 eine im jungen Adel weit verbreitete Stimmung auf den Punkt gebracht.[309]

Einrichtung und Ambiente des Institutes waren betont männlich, militärisch-karg und im Kasernenstil gehalten: „Das Leben in der Schulgemeinde ist feldmässig einfach; Strohsack, Stubendienst, einfache Kost, Turnen und Arbeit in Hof und Garten in der Freizeit gehören ebenso zum Lebensstil der Kurse wie straffe geistige Arbeit tagsüber und gute und frohe Geselligkeit an den Abenden." Für die nicht unerhebliche Summe von 75 bis 125 Mark pro Monat, die Kursprogramm, Unterbringung und Verpflegung abdeckte, wurde den jungen Adligen ein Ambiente „soldatischer Strafftheit und kameradschaftlicher Geselligkeit" geboten.[310]

Ähnlich wie in vergleichbaren Institutionen, die in diesen Jahren von Adligen geschaffen wurden, räumte auch die Schulgemeinde politischen Vorträgen und Debatten breiten Raum ein. Die überlieferten Schriftwechsel belegen Huhns stetes Bemühen, sowohl prominente Theoretiker der Neuen Rechten als auch politisch exponierte Adlige beider Konfessionen als Referenten zu gewinnen. Auch hier wurden die Bemühungen des Schulmeisters von einigem Erfolg gekrönt. 1930 etwa mußten die westfälischen Barone v. Lüninck ihre bereits zugesagten Referate aus Termingründen absagen, mit Ewald v. Kleist-Schmenzin als Vorsitzendem des *Hauptvereins der Konservativen* und einem Grafen zu Solms-Dambrau gelang es Huhn jedoch schließlich, zwei vergleichbar prominente adlige Vertreter der „nationalen" Rechten als Ersatz zu gewinnen.[311]

Die Beteiligung adliger Söhne an dem Projekt war regional stark unterschiedlich und scheint von der Intensität abgehangen zu haben, mit denen die jeweiligen DAG-Landesabteilungen die Schule unterstützten. Organisation und Finanzierung des Projektes blieben in den Händen der adligen Gründer, die 1927 das Startkapital für das Projekt gestellt hatten. Bei den Werbekampagnen für die Schule griff man jedoch weitgehend auf den Apparat der DAG zurück. Im Adelsblatt wurde für die Schule geworben und 16 Landesabteilungen, insbesondere Sachsen, Brandenburg, Pommern, Hessen, Hannover und Westfalen garantierten die Finanzierung von „Freistellen" für junge Kursteilnehmer, die der jeweiligen Landesabteilung angehörten.[312] Die Führung der bayerischen DAG-Landesabteilung war zu dem Projekt schon zu Beginn auf Distanz gegangen.[313] Auf Einladung des *Münchener Jungadels*,[314] in dem

---

[309] Botho Ernst Graf zu EULENBURG, Gesinnungsadel oder Namensadel, in: Adlige Jugend (DAB-Beilage) 1.2.1930, S. 6.

[310] Vgl. WAAM, Nl. Lüninck, Nr. 729 und MHSA, HGM, Bd. 2, Fol. 198 (undatierte Ellena-Broschüren).

[311] Schreiben vom 26.2.1930 und 4.4.1930 in: WAAM, Nl. Lüninck, Nr. 729.

[312] DAB 1.10.1927, S. 625 und DAAM, LAB, Bd. 2, Hft. ‚Protokolle' (Bericht über das Adelskapitel v. 4./5.12.1928).

[313] WILHELM FRHR. V. LEONROD, an den Huhn sich gewandt hatte, gab schon in der Gründungsphase der Schule eine Mischung aus Skepsis (gegen den Lehrplan) und Desinteresse (aufgrund der Kosten) zu erkennen. Die bayerische DAB-Landesabteilung entsandte keinen

8.7.) Nord gegen Süd: Der Konflikt um die Jungadelsschule „Ellena"

sich ein Teil des rechten Flügels im bayerichen Adel konzentrierte, trat Huhn allerdings im Münchener Preysing-Palais als Redner neben Baron Guttenberg auf. Diese Verbindung läßt sich als Beleg für die oben erwähnte Rechtsabweichung von Teilen der bayerischen Jungadels-Organisation werten.[315] Von katholischer Seite erhielt die Schule jedoch v. a. aus Kreisen des westfälischen Adels finanziell und praktisch Unterstützung, wie die Teilnahme von Söhnen angesehener westfälischer Familien an den Ellena-Kursen zeigt. Gustav Huhn hatte 1929 vor dem Kürassierklub zu Münster für die Schule geworben, die westfälische DAG-Landesabteilung hatte Freistellen übernommen, und auf dem Spendenaufruf, den eine Gruppe von 25 Adligen unterzeichnete, fanden sich die Namen der bekanntesten Familien Westfalens ebenso wie auf den Listen der Kursteilnehmer.[316] Auch im Deutschen Herrenklub war man auf Huhn zumindest aufmerksam geworden, der dort 1928/29 einen kulturpolitischen Vortrag hielt.[317]

Was als hoffnungsvoller Versuch einer praktischen Zusammenführung des „deutschen Jungadels" begann, führte im Jahre 1931 zu einem Eklat, bei dem die unterschiedlichen Denkwelten der nord- und süddeutschen Adelskultur aufeinanderprallten. Die Konfliktlinien im Streit über das Schulungsinstituts verliefen exakt entlang der bislang beschriebenen konfessionellen, regionalen und generationsspezifischen Grenzen im Adel. Aus der Perspektive des süddeutschen Adels werden in den erhaltenen Schriftwechseln vier Grundkonstellationen deutlich: das hervorragende Verhältnis der bayerischen DAG-Landesabteilung zur katholischen Genossenschaft, die sehr guten Beziehungen dieser beiden bayerischen Institutionen zum südwestdeutschen Adel, die erstaunlich scharfen Konflikte zwischen dieser süddeutschen Linie und den nach rechts-außen gewanderten katholischen Adelsorganisationen in Westfalen[318] und schließlich die massive Verschlechterung des bereits schlechten Verhältnisses zur DAG-Leitung in Berlin.[319]

Vertreter zur Gründungs-Tagung. (WILHELM FRHR. V. LEONROD an Huhn 13.12.1926, 28.2.1927, in: DAAM, LAB, Bd. 3, Hft. ‚Ellena').
[314] Zur Organisation des ‚Münchener Jungadels' s. Kapitel 8.4.
[315] Vgl. HUHNS Münchener Vortrag „Die neue Front in der kommenden Gestaltung Deutschlands" am 21.11.1928: ebd., Bd. 2, Hft. ‚28/29'.
[316] WAAM, Nl. Galen, Nr. 34 (Kürassierklub/Spendenaufruf, 7.2.1929) und Nl. Lüninck, Nr. 729 (undatierter Aufruf westfälischer Adliger zur Unterstützung der Schulgemeinde mit einer Liste von Kursteilnehmern verzeichnet sind u. a. die Familien Droste zu Vischering, Elverfeldt, Fürstenberg, Kerckerinck-Borg, Landsberg, Mallinckrodt, Merveldt, Ratibor u. Corvey, Salm-Salm und Spee). Vgl. ebd., Korrespondenz zwischen Lüninck und Huhn vom 26.2.1930 und 18.3.1930 und WAAM, Nl. Kerckerinck, Nr. 174 (Politische Beurteilungen KERCKERINCKS von 1928 mit Anmerkung, sein Sohn habe sich „mit Herrn Huhn und der Schule Niederellen befreundet").
[317] Liste der Referenten im Herrenklub im Anhang bei SCHOEPS, Herrenklub, S. 235.
[318] GEMMINGENs Behauptung, der rheinisch-westfälische Adel stünde zumeist positiv zum Ellena-Projekt (GEMMINGEN an Öttingen, 3.7.1931, in: DAAM, Bd. 3, Hft. ‚Ellena'), wird in den Akten eindeutig bestätigt.
[319] Die bis hier gebrachten Belege zusammenfassend: v. BOGEN an Frhr. v. Lüninck, 15.6.1931, in: WAAM, Nl. Lüninck, Nr. 815.

Auslöser des Konfliktes waren die Proteste eines jungen katholischen Barons, welcher der württembergischen Landesabteilung der DAG angehörte. Hans Frhr. v. Gemmingen[320] hatte im April 1931 an einem Ellena-Kurs teilgenommen und sich unter Berufung auf seine ausführlichen Kurs-Mitschriften empört an Franz Frhr. v. Soden, den Vorsitzenden der württembergischen DAG-Landesabteilung, gewandt. Gemmingens Proteste waren von einflußreichen Standesgenossen zunächst in Württemberg, dann in ganz Süddeutschland ernstgenommen und an die Leitungsgremien der katholischen Verbände in ganz Süddeutschland geleitet worden.[321]

Die politische Botschaft, die Huhn während seiner Vorträge dem jungen Adel überbrachte, hatte Gemmingen wie folgt referiert: Ziel sei die politische Schulung „verantwortungsbewußter junger Männer aus allen deutschen Landschaften und aus beiden Konfessionen [...]. Sie sollen *die* führende Schicht für die notwendige Umgestaltung und Neugestaltung des Deutschen Reiches werden." Der Adel müsse sich „einreihen in die revolutionären Strömungen und Bewegungen unserer Zeit." Selbstbewußt hatte Huhn die Lehren prominentester rechter Theoretiker (u. a. Arthur Mahraun, Edgar Julius Jung, Othmar Spann) verworfen und einen Großteil der existierenden Verbände und Parteien als unbrauchbar kritisiert. Unter den Parteien wurde die NSDAP am günstigsten bewertet, an der Huhn seit dem Ausschluß Otto Strassers allerdings die Tendenz zur „Verbonzung" kritisierte. Trotz der damit inkompatiblen christlich-konservativen Rhetorik zeugen die Vortragsprotokolle von Sympathie und Nähe zum nationalrevolutionären Lager inner- und außerhalb der NSDAP, der Huhn zu diesem Zeitpunkt noch nicht angehört zu haben scheint.[322] Als wertvoll für den Aufbau einer neuen geistigen Führerschicht, der Jahrzehnte in Anspruch nehmen würde, fand zudem der Deutsche Hochschulring um Hans Schwarz, des „Erben" Moeller van den Brucks, das Lob des Schulmeisters. Neben der Forderung an den Adel, sich an die Spitze des bislang von der KPD repräsentierten Potentials gegen den westlichen Kapitalismus zu stellen, die Huhn außenpolitisch mit einer Ostorientierung verband, ist v. a. der Adels-Begriff interessant, den Huhn vor seinem adligen Auditorium ausgebreitet hatte. Gefordert wurde hier eine „neue Führerschicht", in welcher der historische Adel nur noch ein – nicht näher bestimmter – Teil sein

---

[320] Hans Weiprecht Frhr. v. Gemmingen (1905-1945), Grundherr zu Bürg (usw.). Gemmingen heiratete 1933 Wilhelmine Gräfin v. Drechsel, deren Vater zum Vorstand der bayerischen DAG-Landesabteilung gehörte und deren jüngerer Bruder Max Ulrich 1944 als Mitglied des Widerstandes umgebracht wurde (GHdA, FH 1975, S.162).

[321] Der südwestdeutsche Adelsverein veröffentlichte die Debatte bereits einen Monat später in seinem Organ: Bericht über die Mitgliederversammlung vom 12./13.5.1931 in: Mitteilungen der Genossenschaft katholischer Edelleute in Bayern und des Vereins katholischer Edelleute Südwestdeutschlands, 31.5.1931.

[322] BAB (BDC), NSDAP-Ortskartei. Der hier verzeichnete „Schulleiter" Gustav Huhn wurde am 1.4.1933 Mitglied der NSDAP. Im hier als Wohnort verzeichneten Dambrau in Oberschlesien hatte Huhn 1932/33 versucht, die Schule neu aufzubauen, was Zweifel an der Identität beider Personen ausschließen dürfte.

würde.[323] Neu-rechte Phrasen aneinanderreihend sprach Huhn von den „revolutionär wiedergeborenen Kräften des Blutes, des Bodens und der Landschaft", denen eine „neue Standbildung" gelingen würde. Die „Führerschicht" der Zukunft sollte zwar mit dem Boden „verwachsen" sein, auf ihr privates Eigentum an Grundbesitz jedoch „zugunsten des Volkes" verzichten und diesen lediglich als „Lehen" erhalten, das in Fällen körperlicher oder geistiger „Minderwertigkeit" vom Staat einzuziehen war. Kaum zufällig waren die Debatten um Privateigentum, Großgrundbesitz, „Standbildung", „Adelsdämmerung" und „Adelserneuerung" – nunmehr um die von Walther Darré vorgetragene Herausforderung durch einen „rassereinen" Bauernadel konzentriert – zeitgleich auch im Adelsblatt neu aufgenommen worden.[324] Auch in der Frage der Aufsiedlungspläne waren Huhns Invektiven gegen den „schrankenlosen Privatbesitz", den es in der kommenden „sozialpolitisch gebundenen Wirtschaft" nicht mehr geben würde, zumindest zweideutig und hörbar in Nähe nationalsozialistischer Agrar-Rhetorik.[325]

Gemmingens Wiedergabe der neu-rechten Worthülsen, in denen das Adjektiv „revolutionär" eine prominente Rolle spielte, wußten die älteren Herren in der bayerischen DAG-Führung ganz offensichtlich nicht einzuordnen. So mutmaßte etwa der für gewöhnlich hervorragend unterrichtete Erwein Frhr. v. Aretin, Huhn wolle eine Linie zwischen den Nationalsozialisten und den Kommunisten finden,[326] was der eindeutig rechtsradikalen Ausrichtung Huhns nicht gerecht wurde und Aretins Tendenz entsprach, den Nationalsozialismus als eine Spielart des Kommunismus zu interpretieren.

Gemmingens Bericht enthielt bereits alle Punkte, die von einer schnell wachsenden Gruppe prominenter katholischer Adliger aus Süddeutschland lediglich aufgenommen und inhaltlich ergänzt werden mußten: „Huhns blödsinnige Lehren"[327] waren nicht christlich, sie waren nicht konservativ, sie waren nicht königstreu und stellten das Verständnis von Adel als einer Qualität sui generis in Abrede. Gemmingens Darstellung ist auch deshalb glaubwürdig, weil Huhn mit seinen Vorträgen zuvor auch bei preußischen Monarchisten Empörung und den Eindruck nationalsozialistischer Propaganda her-

---

[323] Notizen GEMMINGENS über die Ellena-Tagung vom 6.-15.4.1931 (24-seitiger Bericht), in: DAAM, LAB, Bd. 3, Hft. ‚Ellena'.

[324] Vgl. dazu DAB 12/1930 und DAB 27/1931. Zur Eigentumsfrage: DAB v. 6.12.1930, dagegen der bayerische Protest von GRAF DRECHSEL: Brief v. 17.12.1930 an Berg in: DAAM, LAB, Bd. 1, Hft. ‚30/31'.

[325] Druckschrift von Gustav HUHN: „Entwirrung der Geister! Neue Frontbildung!" (27.8.1930), in: WAAM, Nl. Lüninck, Nr. 815.

[326] ARETIN 14.7.1931, in: DAAM, LAB, Bd. 1, Hft. ‚30/31'. Franz FRHR. V. SODEN und ARETIN rätselten u. a. über die Ausrichtung Moeller van den Brucks, den Aretin zwar als geistreichen Publizisten erinnerte, von dem er jedoch, sechs Jahre nach Moellers Suizid, annahm, er sei unterdessen „bei Hitler gelandet". Auch über die Ringbewegung gab es hier nur vage Vorstellungen (Briefe v. 23.9.1931, 4.11.1931 in: ebd.).

[327] So das Urteil von Wilhelm FRHR. V. LEONROD, dem 2. Vorsitzenden der bayerischen DAG-Landesabteilung. Brief an Fürst Öttingen-Spielberg, 18.7.1931, in: DAAM, LAB, Bd. 1, Hft. ‚30/31'.

vorgerufen hatte. Entsprechende Proteste wurden im Januar 1930 durch Dietlof Graf v. Arnim-Boitzenburg, unangefochtene Autorität innerhalb des preußischen Adels, zurückgewiesen – Graf Arnim, der Huhn persönlich kannte, berief sich auf seinen jüngsten Sohn als Zeugen, der sich in diversen Ellena-Kursen „eifrigst" engagiert hatte.[328]

Die Argumentation des 26-jährigen württembergische Barons läßt zwar eine naiv wirkende Unkenntnis des rechtsintellektuellen Jargons erkennen, zeugt jedoch v. a. von genau jener politischen Hell- und Weitsicht, nach der man bei Gemmingens erheblich älteren, politisch erfahrenen Standesgenossen in der Berliner DAG-Führung vergeblich sucht. Zum Konzept einer neuen Führungsschicht bzw. „Standbildung" führte er aus: „Entweder der alte Adel bringt noch einmal die Kraft auf, die Führung in ideal konservativem Sinn an sich zu reissen, so wird er vor allem eine neue Standbildung bekämpfen müssen [...]. Gelingt es dem Adel nicht, die Führung zu bekommen, kommt es tatsächlich zu einer neuen Standbildung, so ist es erst recht widersinnig, wenn diese Linie von der DAG unterstützt wird, weil sie damit dem Alten Adel den Todesstoss gibt. Ein ‚revolutionärer' Adel spricht sich selbst das Urteil!"[329]

Die Empörung des jungen Barons verband sich zwar mit dem Festhalten an Kernbereichen der katholischen Soziallehre, so etwa der Hierarchie von Kirche, Familie und Staat, zeugte jedoch keineswegs von einer passiven Übernahme der Lehren der Väter. Die Tatsache, daß sich Baron Gemmingen wenig später aktiv am südwestdeutschen Projekt der *Katholischen Tatgemeinschaft* beteiligte, belegt die Möglichkeit und Existenz anderer, in der Kultur des katholischen Adels verwurzelter Versuche einer Neuorientierung, deren Distanz zur NS-Bewegung eindeutig und stabil blieb.

Gegen das Institut bzw. die völkische Färbung der Huhnschen Lehrveranstaltungen kam schließlich eine konzertierte Aktion des katholischen Adels in ganz Süddeutschland zustande, an der sich neben den bayerischen und württembergischen DAG-Vorständen auch der unterdessen alarmierte Alois Fürst zu Löwenstein-Wertheim-Rosenberg als Vorsitzender der bayerischen *Genossenschaft* sowie der *Verein katholischer Edelleute Südwestdeutschlands* unter der Führung von Attila Graf v. Neipperg beteiligten. Das süddeutsche Einvernehmen von Baden über Württemberg bis Bayern hatte eine deutlich antipreußische Note. Auf Neippergs verwandtschaftliche Beziehungen nach Österreich verweisend, hatte Karl Frhr. v. Aretin über den Vorsitzenden des südwestdeutschen Vereins erfreut geäußert, dieser sei „noch antipreußischer als wir."[330] Gemmingens Proteste erhielten vor allem aus Bayern prominenten Zuspruch. Für den bayerischen DAG-Vorstand analysierte der spätere

---

[328] ARNIM an Brauer, 15.1.1930: BLHA, Rep. 37 Friedersdorf, Nr. 4429, Fol. 156. Vgl. WAAM, NL Lüninck, Nr. 729 (Rundschreiben v. 22.7.1930, in dem Huhn bestreitet, „auf dem Wege zum Nationalsozialismus" zu sein).
[329] Kommentar GEMMINGENS, ca. Juli 1931: DAAM, Bd. 3, Hft. ‚Ellena'.
[330] Briefe v. DRECHSELS v. 25.7.1931, 1.9. 1931 und Bergs v. 9.9.1931: DAAM, LAB, Bd. 3, Hft. ‚Ellena'. Vgl. Franz FRHR. V. SODEN am 3.9.1931 und ARETIN am 31.8.1931 (über Neipperg), in: ebd., Bd. 1, Hft. ‚30/31'.

8.7.) Nord gegen Süd: Der Konflikt um die Jungadelsschule „Ellena"

Schwiegervater Gemmingens, Karl August Graf v. Drechsel, die Tendenz der Lehrkurse als „eindeutig rein völkisch unter absoluter Ausschaltung des positiv christlichen Moments [...] Es mischt sich hier alter Kulturkampfgeist mit völkischen und nationalsozialistischen Idealen. [...] Jede adlige Tradition wird auf diesem Weg schnell verloren gehen; und der Glaube, dass ein blutarmes demoralisiertes Deutschland die Führung über die russischen Horden an sich reissen wird, ist eine verhängnisvolle Utopie, die Herrn Hitler noch weit übertrifft."[331]

Inhaltlich in einer Linie mit seinen südwestdeutschen Standesgenossen, sprachlich jedoch außergewöhnlich scharf, wurde die Kritik an der Adelsschule und der DAG-Führung von Karl Frhr. v. Aretin, dem älteren Bruder Erwein Aretins, zusammengefaßt. Seine Verachtung für die beiden Hauptakteure des Ellena-Projektes kleidete Aretin in griffige Formeln, hinter denen eine gefestigte katholisch-konservative Grundhaltung, seine große Begabung für pointierte Formulierungen sowie ein beträchtliches Maß an Intelligenz, politischer Weitsicht und weiß-blauem Lokalkolorit durchschimmern.

Huhns Lehren galten dem bayerischen Baron als „hoffnungslos töricht". Daß der Weg der DAG-Führung direkt in die NS-Bewegung münden mußte, galt Aretin als ausgemacht, wofür er die Haltung Walther v. Bogens als Beleg heranzog: „Der getretene Wurm krümmt sich beträchtlich, was mir beweist, dass Bogen langsam zu Hitler abgleitet."[332] Auch der moderatere Karl August Graf v. Drechsel hoffte zwischenzeitlich, man könne den Streit nutzen, um den einflußreichen Hauptgeschäftsführer Bogen „zur Strecke [zu] bringen". Der Graf schätzte die relative Schwäche der bayerisch-südwestdeutschen Position innerhalb der DAG jedoch realistisch ein und plädierte für eine Deeskalation, um die „nützlichen Seiten der DAG" nicht zu gefährden.[333] Aretin regte hingegen an, die Differenzen über die Schulgemeinde zum offenen Eklat werden zu lassen, um eine Rückbesinnung auf die regionalen Adelstraditionen und eine grundsätzliche Distanzierung des bayerischen Adels von der DAG zu ermöglichen. Aretin, der die (nordwestdeutsche) NS-Fronde gegen den Adelsmarschall voraussahnte, sah in der NS-kritischen Haltung des DAG-Adelsmarschalls Friedrich v. Berg den Grund, warum ihn viele norddeutsche Landesabteilungen zunehmend ablehnten. Der Berliner DAG-Leitung solle man deshalb offen sagen, „dass wir den ganzen jungen norddeutschen Adel für bolschewistisch halten (was er ja wohl im Grunde ist) und Huhn für einen Propheten Lenins und dass wir unseren süddeutschen Adel nicht infizieren lassen wollen und daher abriegeln, dann tun wir uns in Berlin wesentlich leichter."[334] Der verwirrende Satz erklärt sich aus der bereits er-

---

[331] DRECHSEL am 15.7.1931, in: DAAM, LAB, Bd. 3, Hft. ‚Ellena'.
[332] Briefe ARETINS vom 6.7. und vom 31.8.1931, in: DAAM, LAB, Bd. 1, Hft. ‚30/31'.
[333] DRECHSEL an Öttingen, 16./17.12.1931, mit dem Vorschlag, das von Aretin verfaßte Protestschreiben, einer „Kriegserklärung an Bogen in aller Form", inhaltlich zu entschärfen. Öttingen entschied sich offenbar für die Streichung einiger besonders polemischer Passagen: DAAM, LAB, Bd. 3, Hft. ‚Ellena'.
[334] Brief KARL ARETINS vom 6.7.1931, in: DAAM, LAB, Bd. 1, Hft. ‚30/31'.

wähnten Weltsicht der Aretin-Brüder, NS-Bewegung und Bolschewismus als die Vorder- und Rückseite ein und desselben Übels zu betrachten. Auch Gustav Frhr. v. Gemmingen, ein Vetter des genannten Barons, hatte Huhn und die Adelsschule in eine falsche Rubrik eingeordnet. Das beschwichtigende Ausweichen des Adelsmarschalls vorhersehend, schlug Gemmingen seinen bayerischen Standesgenossen drastische Schritte vor: „Wir Süddeutschen sperren unsere Beiträge solange diese zur Unterstützung dieses Kommunisten verwendet werden."[335] Zutreffend betonte Aretin, die bayerische Kritik würde in Berlin als „Zentrums-Politik" mißverstanden, obwohl die Differenzen grundsätzlicher und „weltanschaulicher" Natur waren. „Die Landesabteilung Bayern wird weiter, wie bisher, vor Ellena warnen, [bis zum] Tag seines endgültigen Verkrachens auch im Interesse des norddeutschen Adels, dem anscheinend das Rüstzeug fehlt, Ellenas Torheit zu erkennen"[336] Nach Ansicht Aretins mußte es Aufgabe der süddeutschen Verbände sein, den alten Adel und mit ihm seine wertvollsten Traditionen vor dem Kurs der DAG-Zentrale und ihrem „Huhn" zu schützen: „Ich bin fest überzeugt, derartige Hühner laufen in Deutschland viele herum, störend ist, wenn solche Rindviecher wie Huhn den Adel in Schlepptau nehmen und dieser ihm von anderen Rindviechern im Hauptvorstand der DAG zugetrieben wird, wenngleich meiner Ansicht nach der Schaden nicht so groß ist. Aber das Prestige des Adels geht darüber zum Teufel und das ist das gefährlichere Übel."[337] Die *konservative* Opposition der bayerischen DAG gegen den Berliner Kurs wurde während der Auseinandersetzung und durch parallel aufbrechende Konflikte gefestigt. Als der Adelsmarschall Friedrich v. Berg in der Kreuzzeitung dazu aufrief, sich am Volksentscheid zur Reichstagsauflösung zu beteiligen, schrieb Graf Drechsel, jedem christlich-konservativen Adligen müsse der Vorschlag, „Arm in Arm mit Kommunismus und Nationalsozialismus zu marschieren", die „Schamesröte" ins Gesicht treiben.[338]

Im September 1931, fünf Monate nach Beginn des Konfliktes, wurde schließlich in Berlin eine DAG-interne Verhandlung über die Zukunft der Schulgemeinde organisiert. Diese sollte eine Annäherung der Standpunkte bringen, endete jedoch in der Vergrößerung des nunmehr irreparablen Schadens, den die Beziehungen zwischen DAG-Leitung, den nördlichen und westlichen Landesverbänden einerseits, den bayerischen und südwestdeutschen Verbänden andererseits erlitten hatten. Offenbar von Berg beauftragt die Wogen zu glätten, versuchte der DAG-Hauptgeschäftsführer v. Bogen die Adelsschule seinen süddeutschen Standesgenossen durch kirchliche Segnungen näherzubringen. Zu diesem Zweck hatte er zwei rechtsstehende katholische Geistliche

---

335 Gustav FRHR. V. GEMMINGEN an Drechsel, 26.5.1931, in: BayHStA, GKE, Nr. 6.
336 ARETIN an Drechsel vom 11.9.1931 („Zentrums-Politik") und vom 28.12.1931 („Torheit"), in: WAAM, LAB, Bd. 1, Hft. ‚30/31'.
337 Brief Karl FRHR. V. ARETINS vom 14.7.1931, in: DAAM, LAB, Bd. 1, Hft. ‚30/31'.
338 GRAF V. DRECHSEL an Wilhelm Frhr. v. Leonrod, 25.10.1931, in: DAAM, LAB, Bd. 1, Bd. ‚30/31'.

– bezeichnenderweise aus dem Rheinland – mit Gutachten über die Huhnschen Lehrgebäude beauftragt, um zu belegen, daß letztere für Katholiken nicht nur akzeptabel, sondern selbst vom Standpunkt des katholischen Klerus lobenswert waren. Das Gutachten, das die Kleriker erstellten, konnte in Bayern freilich nicht überzeugen – Karl Aretin stufte die Schrift kurzerhand als „Bockmist" ein.[339]

Adelsmarschall v. Berg, der Huhn u. a. auf seinem Gut in Markienen empfangen hatte, bemühte sich, den Konflikt mit dem Verweis auf den Übermut eines jungen Barons, der das Kursprogramm „mißverstanden" habe, herunterzuspielen. Zwei Vertreter des westfälischen Adels, darunter auch ein Katholik, stellten sich entschieden hinter die „Schule des deutschen Jungadels" und die dort vertretene Linie. Adolf Fürst zu Bentheim, Protestant und zu dieser Zeit noch Vorsitzender der westfälischen DAG-Landesabteilung, vertrat die Auffassung, auch der katholische Adel müsse an der Schule festhalten, „gerade [...] weil der Adel führen muß. Wo sollen die jungen Leute heute sonst führen lernen? Wo sich mit praktischen Dingen beschäftigen?". Auch Ferdinand Frhr. v. Lüninck verkündete, in Westfalen werde man die bisherige Ellena-Unterstützung, die auch Prinz v. Ratibor-Corvey als ehemaliger Vorsitzender der Landesabteilung geleistet hatte, in jedem Fall fortführen. Konträre Debatten seien nützlich und der Begriff „konservativ-revolutionär" müsse im Sinne Ewald v. Kleist-Schmenzins verstanden werden. Ähnlich argumentierte auch Adelsmarschall Friedrich v. Berg: Die „preussische Haltung", die Huhn vom gesamten Adel gefordert hatte, beziehe sich nicht auf eine Landschaft, sondern sei als „geistig-politisches Lebensprinzip" im Sinne des von Spengler skizzierten „Preußischen Sozialismus" aufzufassen. Der junge Baron v. Gemmingen habe offenbar keinerlei Kenntnis über die Strömungen in der nationalen, nicht-parteigebundenen Jugend – im Sinne Moeller van den Brucks sei eine „konservativ-revolutionäre Kampffront" aufzubauen, um den „Kampf um die Seele des Arbeiters" zu gewinnen.[340]

Der schlesische Vertreter v. Gossler hielt Huhns Haltung zwar für „verworren", plädierte jedoch für den Erhalt der Schule in der bestehenden Form. Das Protokoll verzeichnet keine Antwort auf die Frage, die v. Gossler an die Versammelten richtete und die man sich – allerdings um ein „k" ergänzt – bei einer Durchsicht der überlieferten Akten zwangsläufig stellt: „Haben wir denn einen anderen?". Deutlich wird lediglich, daß Berg, Bogen, die westfälischen und der schlesische Vertreter Gustav Huhn nach wie vor für den richtigen Mann am richtigen Ort hielten. Berg, ausgestattet mit diplomatisch-konzilianten Gaben, die v. a. in Westfalen,[341] mit Abstrichen jedoch auch in Bayern anerkannt wurden, bemühte sich um eine Beschwichtigung seiner

---

[339] WILHELM FRHR. V. LEONROD 18.7.1931 an Öttingen, in: DAAM, LAB, Bd. 1, Hft. ‚30/31'. Der klerikale Gutachter war laut Karl ARETIN „natürlich Nazisozi, wie so viele vor allem im Rheinland", das Gutachten „Bockmist": ARETIN am 31.8.1931, in: ebd.

[340] BERG an Franz Frhr. v. Soden, 26.9.1931, in: DAAM, LAB, Bd. 3, Hft. ‚Schule Ellena 1926/1931'.

[341] LÜNINCK an v. Rauch, 5.8.1927, in: WAAM, Nl. Lüninck, Nr. 815.

süddeutschen Standesgenossen. Der „Adelsmarschall" warb um Verständnis für seine schwierige Aufgabe, innerhalb der DAG süd- und norddeutsche Interessen, katholische und protestantische Vorstellungen zu koordinieren. Ähnlich wie 1929, als er sich in Süddeutschland für die unter seiner Verantwortung erschienene Artikelserie des Nationalsozialisten Walther Frhr. v. Medems entschuldigte, die zum Groener-Erlaß gegen die DAG geführt hatten, mahnte Berg mehr Engagement für die Organisation an – zwei Jahre zuvor hatte der Adelsmarschall Karl August Graf v. Drechsel gemahnt, „doch auch etwas *Liebe* zur Adelsgenossenschaft zu haben."[342] Wie von den bayerischen Ellena-Gegnern zuvor befürchtet,[343] trug der in Bayern als vergleichsweise preußenfreundlich eingeschätzte Offizier Franz Frhr. v. Soden,[344] der als Vorsitzender der württembergischen DAG-Abteilung die erste Kontaktperson bei Gemmingens Beschwerde im April gewesen war, die Kritik seiner Standesgenossen in betont moderater Form vor. Im Namen der bayerischen Abteilung wurden die Vorwürfe daraufhin von Baron Aretin in polemischscharfer Form erneut zugespitzt. Soden und Berg faßten die Aussprache dahingehend zusammen, daß die Führerschule und die DAG die Aufgabe hätten, den Adel, der in Nord und Süd, zwei Konfessionen und in diverse „landsmännische Stämme" geteilt war, enger als bisher zusammenzuführen. Schulleiter Huhn sollte künftig, so Soden, stärker den einigenden Charakter der Schule betonen: „[Die Adelsschule] soll die jungen Leute aus allen Stämmen und Konfessionen zusammenbringen, nicht dazu führen, dass sie sich ärgern, sondern dafür wirken, dass sie sich kennen und schätzen lernen." Berg ließ sich von seinen katholischen Standesgenossen das vage Versprechen abhandeln, den Schulleiter persönlich zu ermahnen.[345] Im Adelsblatt erschien wenig später eine vollkommen entstellte Wiedergabe der Aussprache, in der die massive süddeutsche Opposition bis zur Unkenntlichkeit zusammengeschrumpft wurde. Der Bericht sprach vom „allgemeinen Wunsch, zu den Kursen junge Adelige zu senden, da die dort empfangenen Anregungen für die politische Schulung unserer Jugend als ausserordentlich wertvoll angesehen wurden"[346]

Karl Frhr. v. Aretin entwarf daraufhin ein sehr scharf formuliertes Schreiben an den Adelsmarschall, in dem er die Kritik der bayerischen Landesabteilung an den Ellena-Kursen und der „vollkommen unerträglich[en]"

---

[342] BERG an Drechsel, 24.10.1929, in: BayHStA, GKE, Nr. 6 (Hervorhebung im Original).
[343] WILHELM FRHR. V. LEONROD 24.7.1931 und Karl ARETIN 14.7.1931, in: DAAM, LAB, Bd. 1, Hft. ‚30/31'.
[344] Franz Frhr. v. Soden (1856-1945) dürfte als ehemaliger Berufsoffizier und kgl.-württ. General der Infanterie über gute Kontakte zum preußischen Adel verfügt haben.
[345] Vertrauliches Protokoll der Aussprache am 22.10.1931 in: DAAM, LAB, Bd. 3, Hft. ‚Ellena'. Es ist nicht zu erkennen, ob die pointierte Kritik von Erwein Aretin oder seinem Bruder Karl vorgetragen wurde, wahrscheinlich letzteres. Bentheim war Protestant, trat hier jedoch als Sprecher der westfälischen Katholiken auf.
[346] Es ist unklar, auf welche Darstellung sich der Protest genau bezog; vgl. Adlige Jugend (DAB-Beilage) vom 3.10. und vom 5.10.1931.

8.7.) Nord gegen Süd: Der Konflikt um die Jungadelsschule „Ellena"

Schriftleitung des Adelsblattes wiederholte. Zwischen den „*christlichen, konservativen Auffassungen*", nach denen v. Berg die DAG führe, und dem „verwaschenen, zu Gunsten einer so seichten, phrasenhaften Allerweltspolitik verdünnten Abguss" dieser Haltung im Adelsblatt sei „eine tiefe Kluft" entstanden. Aretins Schreiben, das von Fürst Öttingen und Graf Drechsel unterschrieben im Namen des bayerischen DAG-Vorstandes an Berg geschickt wurde, enthielt erneut eine deutliche Absage an die Allianz mit dem Nationalsozialismus: Das Adelsblatt habe die Aufgabe, „das große erzieherische Organ in jenem konservativen Sinne zu sein, von dem keine Brücken zu den Auffassungen etwa des Nationalsozialismus hinüberführen."[347]

Was auf dem Wege der Aussprache nicht zu lösen war, löste sich nur einige Monate später durch die allgemeine Geldknappheit. Aufgrund finanzieller Schwierigkeiten wurde die Schulgemeinde Ellena im Januar 1932 geschlossen. Auf dem oberschlesischen Besitz des Grafen Hermann zu Solms-Baruth, der dem „Freundeskreis Ellena" angehörte, sowie in Sachsenburg versuchte eine Gruppe von Adligen später mehrfach, das Institut in ähnlicher Form wieder aufzubauen; so sollte in Sachsenburg ein „Führerlager" mit Kursen für Adlige unter 35 Jahren eingerichtet werden, an deren Ende Zeugnisse über die „Geeignetheit als Führer" auszustellen waren. Für das oberschlesische Unternehmen, in dem an „bevölkerungspolitischen Wegen für die notwendige Westostkolonisation" gearbeitet werden sollte, wurde erneut auf Ellena-Leiter Gustav Huhn zurückgegriffen.[348]

Vor dem Hintergrund bürgerlicher und inneradliger Elitediskussionen seit der Jahrhundertwende, v. a. aber aus der Perspektive adliger Bemühungen seit 1918, den wortgewaltigen Erörterungen über Adel, Elite und Führertum praktische Taten folgen zu lassen, wirkt der Plan einer Führerschule für junge Adlige mehr als plausibel. Die Organisation eines ländlichen Begegnungsortes „für den gesamten deutschen Jungadel ohne Unterschied der Konfession",[349] an dem junge Adlige aus allen Regionen Deutschlands einander kennenlernen, Kontakte festigen, ihren geistigen Horizont erweitern und gleichzeitig direkte, auf die Ausformung ihrer Selbstsicherheit und somit auf praktische „Führungs"- Qualitäten ausgerichtete Begegnungen mit Bauern, Arbeitern und Intellektuellen einüben konnten, wirkt auf den ersten Blick wie die folgerichtige Umsetzung der langjährigen, zumeist nebulösen Debatten über zeitgemäßes „Führertum". Die Vorstellung, daß nicht der „Asphalt", sondern das Land

---

[347] Entwurf: Landesabteilung Bayern (gez. von FÜRST ÖTTINGEN, KARL FRHR. V. ARETIN und GRAF DRECHSEL) an Berg, Dezember 1931. In der am Ende abgesandten Fassung wurden auf Vorschlag Graf Drechsels einige Passagen gestrichen, um die Beziehungen mit der Berliner Zentrale nicht vollkommen zu ruinieren: DAAM, Bd. 3, Hft. ‚Schulgemeinde Ellena' (Hervorhebung im Original).

[348] DAAM, LAB, Bd. 6, Hft. ‚Adel und NS 1929/35' (Rundschreiben an alle Landesabteilungen v. 26.2.1932) und DAAM, LAS, Bd. 27, Fol. 20f. (Schreiben von 1932).

[349] SODEN am 3.9. 1931 über das ursprüngliche Ziel der Schule: DAAM, LAB, Bd. 3, Hft. ‚Ellena'.

den idealen Ausgangspunkt der notwendigen Sammlungsarbeit darstellte,[350] war im Adel überall verbreitet. Eine Durchführung des Projektes auf höherem Niveau hätte den Vorstellungen adliger Mitglieder der Bildungselite[351] entsprochen und sich als adlige Variante in die Konjunktur neu-rechter Projekte zur Schaffung einer geistigen Elite eingefügt, wie etwa die konzeptionellen Parallelen zum Politischen Kolleg des Ring-Kreises[352] zeigen. Erstaunlich – und für das politische Handeln des deutschen Adels bezeichnend – ist allerdings, daß man für dieses Projekt, zu dessen Förderkreis Mitglieder aus alten, angesehenen und wohlhabenden Adelsfamilien gehörten, dessen Organisation erhebliche Mengen an Zeit und Geld kostete und das von Adligen aus ganz Deutschland besucht wurde, einen Mann engagierte, dem Berufung und intellektuelles Format zur Leitung einer solchen Institution zweifellos fehlten. Ganz offensichtlich hatten die Leiter des Projektes mit der Fortbildung ihrer Söhne eine Figur beauftragt, die genau das war, als was der scharfzüngige Baron v. Aretin sie bezeichnet hatte: „ein verschwommener Wandervogelhanswurst",[353] dem es aus nur schwer nachvollziehbaren Gründen gelungen war, sich mit schwülstigen Reden bei der Leitung des größten deutschen Adelsverbandes anzubiedern.

Die Figur Huhns ist jedoch ebensowenig zufällig wie die inhaltliche Ausrichtung seines Lehrprogramms. Auf Verbindungen von Adligen mit bürgerlichen Rechtsintellektuellen zweiter oder dritter Wahl stößt man in den Quellen immer wieder. Die Konstellation des „barfüßigen Propheten",[354] der sich im adligen Milieu erfolgreich um die Verbreitung seiner frohen Botschaft bemüht, ist nach 1918 eher charakteristisch als zufällig. Daß ein erstaunlich großer Teil des Adels als Herbergsvater, Zuhörer, Financier, Claqueur und Bewunderer nachgerade „hemmungslos radikal-nationalistischen Quacksalbern [...] verfiel", räumt selbst Walter Görlitz in seiner kundigen Junker-Apologie ein.[355]

---

[350] Vgl. dazu die bereits zitierte Rede von Ewald V. KLEIST-SCHMENZIN, Grundsätze und Aufgaben konservativer Arbeit (Rede auf der Mitglieder-Versammlung des Hauptvereins der Konservativen am 10.12.1929, in: SCHEURIG, Kleist-Schmenzin, S. 245-264, hier S. 252f.

[351] WILAMOWITZ-MOELLENDORFF, S. 63; Werner V. D. SCHULENBURG, Deutscher Adel und deutsche Kultur, in: Süddeutsche Monatshefte 5/1926, zit. S. 24f. Vgl. über ähnliche Vorstellungen bei Paul de Lagarde bei STERN, Kulturpessimismus, S. 105-107 und schließlich die NS-Variante in Form von Darrés „Richtlinien für die Erziehung des Jungadels", in: DARRÉ, Neuadel, S. 201-227. Vgl. auch die Beispiele bei GÖRLITZ, Junker, S. 351f.

[352] Zum Politischen Kolleg in der Abgeschiedenheit des Spandauer Johannes-Stiftes s. PETZINNA, Erziehung, S. 143-168.

[353] Karl FRHR. V. ARETIN über Huhn, 6.7.1931: DAAM, LAB, Bd. 3, Hft. ‚Ellena'.

[354] Die überaus treffende Formel für den Typus (rechts-) intellektueller Wanderprediger der Nachkriegszeit stammt von Ulrich LINSE, Barfüßige Propheten.

[355] GÖRLITZ, Junker, S. 331, hier auf die ‚scheußlichen' Romane Artur Dinters bezogen. Dinter habe in den 1920ern pommersche Adlige mit überzogenen Ansprüchen „tyrannisiert". Gerne wüßte man, wie der scheußliche ‚Tyrann' in die Gutshäuser pommerscher Adliger geraten war – eine Frage, die Görlitz weder beantwortet noch stellt. Ähnlich verzerrende Urteile bei HEINRICH, Staatsdienst, S. 222-233.

8.7.) Nord gegen Süd: Der Konflikt um die Jungadelsschule „Ellena"

Mit der Nachzeichnung der Konflikte über das Projekt einer überregionalen und überkonfessionellen Schulungsinstitution für junge Adlige wird die Übersicht über die wichtigsten Organisationsversuche des Adels nach 1918 beendet. Bevor die wichtigsten Sammlungsbewegungen unter adlig-bürgerlicher Regie betrachtet werden, ist noch ein Blick auf die Organisationen der reichsten Teile des Adels zu werfen, die sich von den bislang behandelten Organisationsformen erheblich unterschieden.

8.8.) Interessenverbände der Grandseigneurs

Neben den bis hier genannten Verbänden sind am oberen Ende des sozialen Spektrums der Adelsorganisationen eine Reihe von Interessenverbänden der reichsten Adelsgruppen zu nennen, in denen auch die Leitung allein in den Händen reicher Grandseigneurs lag. Zu den wichtigen Organisationen dieses Typus gehörten der *Verein deutscher Standesherren*, der *Reichsgrundbesitzerverband*, der (bayerische) *Verein für den gebundenen Grundbesitz*[356] und die lokalen Waldbesitzerverbände, die im *Reichsverband deutscher Waldbesitzerverbände* zusammengeschlossen waren. Von Bedeutung waren diese Verbände v. a. durch den erheblichen, in den Händen einer hauchdünnen adligen „Oberschicht" konzentrierten Reichtum, der hier vertreten und verteidigt wurde.

Die deutschen Standesherren hatten eine eigene Interessenvertretung, deren Gründung auf das Jahr 1863 zurückging. 1903 gab es 88 Chefs standesherrlicher Häuser (55 Fürsten und 33 Grafen), die sich bereits vor dem Ersten Weltkrieg fast geschlossen im *Verein der deutschen Standesherren*[357] organisierten. Der Verein hatte Mitte der 1920er Jahre etwa 200 Mitglieder, davon 77 Familienchefs und etwa 123 Agnaten.

Die Satzungen bestimmten als Ziel der Vereinigung 1921 die „Belebung und Erhaltung des Standesbewußtseins, die Wahrung der gemeinsamen Ideale und Interessen der standesherrlichen Häuser auf der Grundlage der geschichtlichen Vergangenheit". Neben den Häuptern standesherrlicher Familien konnten auch alle volljährigen Agnaten Mitglied werden, solange sie die Bedingungen des *Goldenen Buches der deutschen Standesherren* erfüllten. Auf diese Weise wurde im Jahre 1921 ein im Vergleich zur DAG Satzung „moderater" Arierparagraph (in Form einer rassisch definierten 16-Ahnen-Probe) festgeschrieben,[358] der später offenbar außer Kraft gesetzt und erst nach 1933 wieder scharfgemacht wurde.[359]

---

[356] Seit 1931 unter dem Namen *Verband des größeren Grundbesitzes*. Erster Vorsitzender des Verbandes war der fränkische Gutsbesitzer Moritz Frhr. von und zu Franckenstein, die wohl einflußreichste Einzelperson des bayerischen Adels. Zu den Akteuren und Handlungsfeldern des Verbandes vgl. DOHNA, Adel, S. 23-31; ARETIN, Adel, S. 519f.
[357] Zur Gründung des Vereins im Jahre 1863 s. GOLLWITZER, Standesherren, S. 332-335.
[358] §§1-2 der Vereins-Satzung von 1921: LHAM-AW, Rep. Stolberg, O, E, Nr. 11 und FFAD, Kab. Sekr., Verein der dt. Standesherren (dort auch Mitgliederzahlen). Der Arierparagraph

Dies ist jedoch eine der wenigen Spuren einer Annäherung an die Radikalisierungstendenzen im Kleinadel, die sich in den Interessenvertretungen des großgrundbesitzenden Adels finden läßt. Charakteristisch für diese Verbände war eine andere Linie.

Weit eindeutiger als etwa der Reichslandbund und die lokal organisierten Landbünde blieben die Großgrund- und Waldbesitzervereine, die hinter den Kulissen einen erheblichen Teil der Agitation gegen die Auflösungsbestimmungen über den gebundenen Besitz organisierten und finanzierten, von den reichsten Familien des alten Adels dominiert.[360] Da es sich bei diesen Verbänden um die Vertretung der reichen, großgrundbesitzenden Grandseigneurs – häufig aus Familien des Hochadels – handelte, überrascht es nicht, daß sich die hier organisierte Sacharbeit fast vollständig auf die Besitzverteidigung konzentrierte. In scharfem Kontrast zur DAG stand im Mittelpunkt dieser Vereine nicht der Angriff auf die Republik, sondern die Verteidigung der eigenen Besitzstände. Der Tonfall der hier geführten Debatten war eher defensiv als aggressiv. Es war v. a. eine Frage, auf die sich die Bemühungen konzentrierten: die politische und propagandistische Abwehr der mit dem Zwangsauflösungsgesetz Ende 1920 beschlossenen Auflösung der Fideikommisse.[361] Vertreter des Hochadels aus allen Teilen Deutschlands hatten sich unmittelbar nach Kriegsende auf die Bildung effektiv arbeitender Sachausschüsse verständigt,[362] in denen diverse Abwehrstrategien bis weit in die

---

des *Goldenen Buches* verlangte in § 4 Abs. 2 „die Reinheit des Blutes, die durch 16 arische oder magyarische Urururgroßeltern nachzuweisen ist." ‚Unreine' Ehen, die vor Annahme der Satzung geschlossen wurden, waren ausdrücklich nicht betroffen. Vgl. FFAD, ebd. und FCAC, I d VI, 49 (Broschüre: Verein der deutschen Standesherren. Satzung des Goldenen Buches, Wernigerode 1922).

[359] Die Generalversammlung des *Vereins* hob die Ausführungsbestimmungen des *Goldenen Buches* am 21.5.1927 auf (LHAM-AW, Rep. H Stolberg, O, E, Nr. 11, Fol. 1-21).

[360] Im gemeinsamen *Hauptausschuß des Reichsverbandes deutscher Waldbesitzerverbände und des Landesverbandes preußischer Waldbesitzer*, der im Jahre 1926 Güter mit einer Gesamtgröße von 42.000 Hektar Waldfläche repräsentierte, gehörten von 30 benannten Vertretern der Privatwaldbesitzer-Verbände 28 dem alten Adel an. Namensliste in: LAG, Rep. 38d Karlsburg, Nr. 1149, Fol. 13-15. Im *Verband Pommerscher Waldbesitzer* standen 148 bürgerliche Besitzer (v. a. kleinerer Güter) 394 Adligen gegenüber, denen die meisten der Güter über 1000 Hektar gehörten: Mitgliederverzeichnis (undatiert, 1920er Jahre) in: ebd., Nr. 1153, Fol. 1-5. Zur Stabilität des adligen Großwaldbesitzes über 1918 hinaus s. THEILEMANN, Adel im grünen Rock, S. 226-248.

[361] Jörn ECKERT, Der Kampf um die Fideikommisse in Deutschland. Studien zum Absterben eines Rechtsinstituts, Frankfurt a. M. 1992. Außerdem CONZE, Von deutschem Adel, S. 238-252; HOYNINGEN-HUENE, Adel, S. 139-148.

[362] Als frühes Beispiel: Sitzungsprotokoll des Fideikommiß- und Steuerausschusses der Vereinigung der Hofkammern und Standesherrn in Berlin am 17.1.1922, in: MLHA, GHK III, Nr. 2648. Die Tagung unter Vorsitz des Fürsten Isenburg-Birstein versammelte Vertreter aller ehemals regierenden Häuser. Zu den Aktivitäten der *Vereinigung deutscher Hofkammern* s. JUNG, Volksgesetzgebung, S. 575-585.

8.8.) Interessenverbände der Grandseigneurs

1930er Jahre hinein debattiert und koordiniert wurden.[363] Eine kaum zu überschätzende Bedeutung für die Absicherung adliger Landgüter kam dieser Rechtsform, trotz erheblicher regionaler Unterschiede, im ganzen Reich zu. Wenige Zahlen sollen hier genügen, um die Verbindung dieses Rechtsinstitutes mit dem Adel anzudeuten: In den alten preußischen Provinzen besaß der Adel mit seinen Fideikommissen ca. 2,5 Mio. Hektar, was über 7,3% der landwirtschaftlichen Gesamtfläche entsprach.[364] Unter den 1.160 preußischen Fideikommißinhabern waren 1912 ganze 136 bürgerliche Gutsbesitzer vertreten, die wenig mehr als 2% der gesamten Fideikommißfläche besaßen und in der Größenordnung über 10.000 Hektar nicht mehr vorkamen.[365] In Württemberg waren bei Kriegsende 6,6% der landwirtschaftlichen Gesamtfläche fideikommissarisch gebunden. 90,4% dieser Flächen gehörten adligen Familien, nur 0,33% der gebundenen Flächen waren in bürgerlicher Hand.[366]

Die vom Adel koordinierten Versuche, die Regelung der Auflösungs-Verordnungen von 1920 in den Rechtsausschüssen und Parlamenten immer wieder zu verzögern,[367] blieben nicht ohne Erfolg – in Preußen waren 1934 erst ca. 50% des gebundenen Grundbesitzes „frei" geworden.[368]

Die Tatsache, daß später auch Teile des großgrundbesitzenden Adels die NS-Landwirtschaftspolitik – trotz ihrer völkisch-agrarsozialistischen, v. a. seit Darrés Aufstieg explizit adelsfeindlichen Propaganda – als Chance verstanden, läßt sich nur im Hinblick auf die zähe Abwehrschlacht begreifen, die von den adlig dominierten Grundbesitzerverbänden seit 1919 gegen die Auflösung der Fideikommisse geführt worden war. Lange Zeit war die Hoffnung auf ein nach adligen Vorstellungen modelliertes „Reichserbhofgesetz", das dem grundbesitzenden Adel einen akzeptablen Ersatz für das Fideikommiß-Recht geschaffen hätte, eine wichtige Brücke zum Nationalsozialismus, deren Tragfähigkeit selbst von reichen bayerischen Fürsten getestet wurde.[369] Bei den

---

[363] F. C. GRAF V. WESTFALEN, Die neue Fideikommißauflösungs-Gesetzgebung in Preußen. Vortrag auf der Tagung des rheinischen Grundbesitzerverbandes in Köln am 26.3.1930, in: Westfälisches Adelsblatt 1930, S. 23-38.
[364] HOYNINGEN-HUENE, Adel, S. 143.
[365] Klaus HEß, Junker und bürgerliche Großgrundbesitzer im Kaiserreich. Landwirtschaftlicher Großbetrieb, Großgrundbesitz und Familienfideikommiß in Preußen 187/71-1914, Stuttgart 1990, S. 143-155. Für Brandenburg vgl. SCHILLER, Eliten, S. 297-324.
[366] Die 21 standesherrlichen Fideikommisse vereinigten mehr als die doppelte Fläche der 89 Fideikommisse, die der ritterschaftliche Adel Württembergs besaß: Die Fideikommisse, insbesondere in Württemberg. Sonderdruck aus den Württembergischen Jahrbüchern für Statistik und Landeskunde, Jg. 1919, in: AVBG, Hefter ‚Fideikommisse'. Hinweise auf ähnliche Verhältnisse in Schlesien und Bayern: HOYNINGEN-HUENE, Adel, S. 43-46.
[367] Streng vertrauliches Rundschreiben des Reichsgrundbesitzerverbandes vom 19.12.1932 über Absprachen mit den Fraktionen von DNVP, Zentrum, DVP und NSDAP, den Zeitpunkt der endgültigen Fideikommißauflösungen weiter hinauszuschieben mit dem Hinweis auf eine entsprechende Strömung in der NS-Landpresse. In: AVBG, Hft. ‚Fideikommisse'.
[368] Vertrauliches Rundschreiben des Reichsgrundbesitzerverbandes vom 1.2.1934, in: AVBG, Hefter ‚Fideikommisse'.
[369] FÜRST ÖTTINGEN-WALLERSTEIN, ein dezidierter NS-Gegner, hoffte 1932 auf die Möglichkeit, durch Absprachen „mit befreundeten Nationalsozialisten" eine parlamentarische Blok-

dokumentierten Sondierungen der NSDAP-Leitung scheint es v. a. um den Versuch gegangen zu sein, führende Parteifunktionäre für die Akzeptanz adliger Besitzinteressen zu gewinnen.

Die überlieferten Protokolle und Schriftwechsel[370] des Standesherrenvereins, des Reichsgrundbesitzerverbandes und der diversen regionalen Fideikommiß-, Wald- und Grundbesitzerverbände sprechen die Sprache rationaler Interessenpolitik, die sich institutioneller Schalthebel bedienen und auf demagogische Propaganda weitgehend verzichten konnte. Statt hochideologischer Debatten organisierten die Stäbe dieser Verbände Rechtsgutachten, Handbuch- und Lexikonartikel, bischöfliche Gutachten zur Eigentumsfrage, Expertisen zu Grund- und Einkommenssteuerfragen, Denkschriften gegen den *Bund Deutscher Bodenreformer*, agrarwissenschaftliche Gutachten gegen sozialdemokratische Fachleute und griffen über renommierte Professoren in die wirtschaftswissenschaftlichen und politischen Debatten um Nutzen und Leistungsfähigkeit des (gebundenen) Großgrundbesitzes ein.

Die organisatorische und finanzielle Leistungsfähigkeit der Verbände wurde zudem für taktische politische Ziele eingesetzt, so etwa in der erfolgreichen Propagandaschlacht gegen den 1926 initiierten Volksentscheid zur Fürstenenteignung. Mit einigem Erfolg bemühte sich die rechte Gegenpropaganda, die geplante Enteignung als bolschewistisch-gottlose „Straßenräuberei" darzustellen.[371] Insbesondere katholische Adlige hatten sich vielfach an Kle-

---

[370] kierung der Auflösungs-Bestimmungen erreichen zu können (Schreiben vom 25.12.1932 an Redwitz, in: AVBG, Hft. ‚Fideikommisse').
Der hier beschriebene Eindruck einer weitgehend ideologiefreien, nach rationalen Kriterien und (juristischem) Sachverstand geleistete Sacharbeit in den adlig dominierten Großgrundbesitzerverbänden stützt sich auf die Durchsicht einer großen Anzahl z.T. umfangreicher Archivbestände in verschiedenen Regionen Deutschlands. Die Beobachtungen in diesem Abschnitt stützen sich v. a. auf die Tagungsprotokolle, Korrespondenzen, Denkschriften und Rechtsgutachten in folgenden Archiven: FÖWA, VIII 19.1.c., Nr. 52 und Nr. 53 (Bayerischer Waldbesitzerverband, Fürstenenteignung, Eingaben an das Staatsministerium u. a.): Zum Verein der Standesherren: FFAD, Kab.Sekr., Verein der dt. Standesherren und FCAC, I d VI, Nr. 42-49 (v. a. Standesherren 1900-1929); AVBG, Hefter ‚Fideikommisse' und ‚Protokolle' (Broschüren, Rechtsgutachten u.ä. für Bayern, Baden, Württemberg, Sachsen, Thüringen, Hessen; HSAD, F 23 A, Nr. 1219/1-2 (Protokolle, Korrespondenzen, Hofkammern, v. a. aus Hessen); LHAM-AW, Rep. H Stolberg, Kam. Ilsenburg, Y1, Bd. 1 (Standesherrenverein 1934-1939), ebd., O, E, Nr. 11 (Standesherrenverein 1927-1929), ebd., O, E, Nr. 25 (Reichsgrundbesitzerverband), ebd., O, E, Nr. 26 (Hessischer Waldbesitzerverband). LAG, Rep. 38d Karlsburg, Nr. 1153, Fol. 1-54 (Verband pommerscher Waldbesitzer, Landesverband Preußischer Waldbesitzer, ebd., Nr. 1149 (Reichsverband deutscher Waldbesitzerverbände); MLHA, GHK III, Nr. 2648 (Fideikommiß- und Steuerausschuß der Vereinigung der Hofkammern und Standesherren).

[371] Zur Fürstenenteignung vgl. die enzyklopädische Darstellung bei JUNG, Volksgesetzgebung, v. a. S. 513-545, 792-1006. „Straßenräuberei": Alois Fürst zu Löwenstein, 15.6.1926, in: STAWKB, Lit D 762. Die bayerische DAG-Landesabteilung verzichtete auf einer Beteiligung an der Kampagne gegen den Volksentscheid mit der Begründung, der Verein der Standesherren könne diese weit effektiver organisieren (Schreiben WILHELM FRHR. V. LEONROD 14.5.1926, in: DAAM, LAB, Bd. 1, Hft. ‚Korrespondenz').

8.8.) Interessenverbände der Grandseigneurs

riker gewandt, um die Beteiligung am Volksbegehren in Hirtenbriefen und Predigten zum Sündenfall erklären zu lassen.[372]

Diese Arbeit scheint v. a. jenseits der Öffentlichkeit geleistet und in Form von Eingaben an staatliche Stellen bzw. die Verbindungsmänner in den Rechtsausschüssen der Parlamente weitergeleitet worden zu sein. Anders als in den kleinadligen Debatten findet sich hier durchgängig die sachlich-kühle Sprache juristischer Fachleute. Auch die Öffentlichkeitsarbeit dieser Interessenverbände verpackte ihre Botschaften nicht in Theoreme über die Rechte der nordischen Rasse, sondern in endlose Zahlenreihen, die von Reichsforstwirtschaftsräten oder promovierten Ministerialdirektoren a. D. präsentiert wurden. So reagierte etwa, um zwei illustrative Beispiele zu nennen, der Reichsgrundbesitzerverband auf die agrarpolitischen Schriften Professor Friedrich Aereboes, der als agrarwissenschaftlicher Fachmann der Linksparteien zu einigem Einfluß gelangt war, mit der Organisation von Gegengutachten, deren Autoren stets gehalten waren, ihre Verbindungen zum Verband nicht öffentlich zu machen.[373] Einem Antrag der DDP-Fraktion im preußischen Landtag mit dem Ziel, die Auflösung der Fideikommisse zu beschleunigen, trat 1921 der adlige Vertreter eines Grundbesitzerverbandes entgegen, der sich auf die im Verband geleistete statistische Vorarbeit stützen konnte: Auf nur 500 der ca. 1.300 gebundenen Güter Preußens waren 167 Kunstsammlungen, 154 Bibliotheken, 42 Kleinkinder- und Krüppelschulen, 2 Waisenhäuser, 84 Armen- und Altersheime, 46 Hospitäler, 66 Schwesternstationen, 8 Warenhäuser für Angestellte und Arbeiter und 79 Stiftungen für Kirchen- und Schulzwecke vorhanden. „Es wäre interessant festzustellen", heißt es in diesem Gutachten, „wie viele solcher [...] Einrichtungen sich wohl auf 500 nicht fideikommissarisch gebundenen Gütern finden möchten. Mutmaßlich nicht eine einzige!"[374] Im Januar 1933 finanzierte der Standesherrenverein einen Doktoranden, der versprach, in seiner Dissertation über „das Recht des hohen Adels" die Interessen des Hochadels durch „wissenschaftliche" Argumente zu befördern.[375] In Württemberg hatten Standesherren einen promovierten Archivar mit der Abfassung historisch-juristischer Schriften beauftragt, die Titel wie „Dem Adel sein Recht" oder „Recht vor Gewalt" trugen und vor der „gewalttätigen" Auflösung der Fideikommisse warnten. Neben dem eklatanten „Rechtsbruch" sprachen die Broschüren von den unzähligen Wohltaten der Fideikommisse für die Landbevölkerung und von ihrem Cha-

---

[372] Engelbert FRHR. V. KERCKERINCK, Denkschrift an den Kölner Erzbischof Carl Joseph Schulte, 16.3.1926, in: WAAM, Nl. Kerckerinck, Nr. 177.

[373] Besprechung des Reichsgrundbesitzerverbandes mit den Führern der Fideikommißvereine und Fideikommiß-Juristen am 17.11.1928 in: LHAM-AW, Rep. H Stolberg, O, E, Nr. 25, Fol. 70-86.

[374] Reichsforstwirtschaftsrat H. V. D. WENSE (1921), in: LHAW-AW, Rep. H Stolberg, O, E, Nr. 26.

[375] Geschäftsstelle des Standesherren-Vereins am 26.1.1933, in: HSAD, F 23 A, Nr. 1219/2.

rakter als materielle Grundlage des christlichen Abendlandes, welche kultur- und ruchlose Sozialisten durch die Fideikommißauflösung angriffen.[376]

Diese von reichen Grandseigneurs finanzierte Form professioneller und effektiver Verbandsarbeit trägt durchgängig Züge nüchtern-technokratischer Fachdebatten, in denen Adlige von Sachverständigen jenseits ideologischer Höhenflüge beraten werden.

Inhalt und Ton einer Tagung der preußischen Waldbesitzerverbände in Berlin, für die sich 1929 18 adlige Waldgutbesitzer und 17 bürgerliche Juristen und Forstwirte versammelt hatten,[377] um die Abwehr der geplanten Fideikommiß-Auflösungen zu konzertieren, sind charakteristisch für diese Form adliger Verbandsarbeit. Nach den nüchternen Referaten eines bürgerlichen Ministerialrats a. D. und eines promovierten Landesforstmeisters bestand Einigkeit über die Unbrauchbarkeit staatspolitischer und ideologischer Argumente. Ziel der hier vereinbarten Strategie war es, die Zentrums-Fraktion „vor den Wagen zu spannen". Um den Gesetzentwurf in Staatsrat und Parlament zu Fall zu bringen, sollte die Debatte ausschließlich mit „volkswirtschaftlichen Argumenten" geführt werden: „Das ist selbstverständlich vorbereitet."[378]

Die Versuche, den gebundenen Großgrundbesitz der reichen Adelsfamilien vor der Aufsiedelung zu bewahren, finden sich als Hauptanliegen dieser Verbände auch noch lange nach 1933 – angesichts der vom Reichserbhofgesetz verwehrten Möglichkeit, Grundbesitz über 125 Hektar als „Erbhof" in einer Hand zusammenzuhalten, waren die Juristen standesherrlicher und sonstiger Großgüter auch noch zu Beginn des zweiten Weltkrieges mit der Ausarbeitung rechtlicher Hilfskonstruktionen beschäftigt, mit denen sich die Bestimmungen der Erbhof-Gesetzgebung umgehen ließ.[379]

Ungeachtet der deutlichen Unterschiede in Methoden und Stil pflegten alle diese Verbände personelle und organisatorische Verbindungen zur DAG sowie den Parteien und Verbänden der Rechten. Mit dem Forstrat Georg Esche-

---

[376] Dr. Eugen MACK, Dem Adel sein Recht, Wolfegg 1921; DERS., Recht vor Gewalt. Beiträge zum Rechtszustand der deutschen Standesherrschaften, Wolfegg 1921; DERS., Der Treue übergeben. Fidei commissum. Zweiunddreißig Beiträge zur Wahrung der Güter des christlichen Adels und christlicher Kulturgüter überhaupt, Wolfegg 1920; DERS., Familienfideikommißrecht. Zur Rechtsverwahrung des standesherrlichen Hochadels an den württembergischen Landtag, Wolfegg 1929; Im Kampf um altes Recht. Klage gegen den Freien Volksstaat Württemberg an den Staatsgerichtshof für das Deutsche Reich zu Leipzig, Hg. v. Fürst Maximilian von Waldburg zu Wolfegg und Waldsee, Wolfegg 1933.

[377] Protokoll der Sitzung des Gruppenausschuß für den größeren Privatwald des Landesverbandes Preußischer Waldbesitzer am 11.9.1929 in Berlin, in: LAG, Rep. 38d Karlsburg, Nr. 1153, Fol. 14-54, Anwesenheitsliste Fol. 14.

[378] Redebeiträge der Exzellenzen v. BODEN und v. TSCHAMMER, in: ebd. Fol. 34f. und 37.

[379] Juristisches Gutachten (Sonderdruck im DAB 39/1938); Sitzungsprotokoll der Standesherrlichen Verwaltungen in Baden, Hessen und Preußen vom 29.11.1938 und die Schreiben (u. a.) vom 29.11.1934 und 31.7.1936, in denen die standesherrliche Sorge illustriert wird, es könne entgegen Darrés Zusicherungen zu Enteignungen kommen, in: LHAM-AW, Rep H Stolberg, Kam. Ilsenburg, Y 1, Bd. 1. Ähnlich das Schreiben v. ZASTROWS an die standesherrlichen Verwaltungen, Juli 1936: FCAC, Id, VIII, Nr. 25.

8.8.) Interessenverbände der Grandseigneurs

rich, um nur ein Beispiel zu nennen, setzte der Standesherrenverein auf Vorschlag seines Vorsitzenden Fürsten zu Stolberg-Wernigerode bereits im Frühjahr 1919 einen der kommenden Männer der radikalen Rechten als „Sonderbeauftragten" ein.[380] Radikalisierung und aggressive Agitation solcher Verbündeten scheinen auf die nüchtern-unauffällige Sacharbeit der adligen Großgrundbesitzer-Verbände jedoch nicht sichtbar abgefärbt zu haben. Größere Geldsummen zahlten die adlig dominierten und überaus finanzstarken Großgrundbesitzervereine an diverse „überparteiliche" Organisationen, so etwa der *Verein für gebundenen Grundbesitz in Bayern* seit 1926 an den Bayerischen Heimat- und Königsbund.[381]

Diese Beobachtung ließe sich verschwörungstheoretisch als Arbeitsteilung innerhalb des Adels deuten. Doch mit der Annahme, der bettelarme und der immens reiche Adel hätten mit unterschiedlichen Methoden arbeitsteilig die selben Ziele verfolgt, würde man die enormen lebensweltlichen Unterschiede übersehen, die zwischen der Klientel der DAG und den Mitgliedern der standesherrlich dominierten Interessenverbände bestanden. Ausbildung, soziale Stellung und v. a. der Reichtum der Grandseigneurs ermöglichten die Durchsetzung der eigenen Interessen auf Wegen, die dem völkisch-aggressiven Amoklauf der DAG an politischem Überblick, v. a. aber an Wirksamkeit klar überlegen waren. Eine ungefähre Vorstellung von den pekuniären Welten, die zwischen einem durchschnittlichen DAG-Mitglied und einem Standesherren lagen, vermittelt der Mitgliedsbeitrag, der für den Standesherrenverein zu entrichten war. Mit 1.500 Mark überstieg dieser den DAG-Jahresbeitrag etwa um das 200-fache.[382] Diese Relation findet sich auch bei in wirtschaftliche Bedrängnis geratenen Standesherren wieder, die sich um eine Unterstützung des Vereins bemühten. 1940 bat eine standesherrliche Gräfin nicht etwa um einen Sack Kartoffeln oder ein paar Schuhe, sondern um die Übernahme der Schulden ihres Sohnes in Höhe von 1.500 Mark[383] – eine Dimension, die jenseits des DAG-Budgets lag.

Die weitgehend unerschütterte Festigung in Wohlstand und Tradition, die für die dominierenden Adligen der Großgrundbesitzerverbände weitgehend gelten dürfte, scheint die frühe Distanz insbesondere zur völkischen Bewegung erleichtert zu haben, die den reichsten Segmenten des Adels auch tatsächlich nichts zu bieten hatte. Alfons Frhr. v. Redwitz aus dem Vorstand eines bayerischen Verbandes verwarf nach einer Kontaktnahme im Sommer

---

[380] STOLBERG im März 1919 und FÜRST FUGGER-GLÖTT 11.6.1919, in: FCAC, Id VI, Nr. 47. Tagungsprotokolle von September 1919, in: HSAD, F 23 A, 1219/1.
[381] Erwein ARETIN an Kronprinz Rupprecht, 1.8.1926, in: AFA.
[382] FCAC, I d VI, Nr. 49, Druck vom 30.9.1922. Die Beitragshöhe richtete sich hier und in anderen Großgrundbesitzervereinen meist nach der Besitzgröße. Die 23 Pfennig pro Hektar, die z. B. 1931 im bayerischen Verband für gebundenen Grundbesitz zu zahlen waren, hätten bei den ca. 20.000 Hektar der Fürsten Thurn und Taxis 4.600 Mark Beitrag ergeben. Vgl. AVBG, Hefter ‚Protokolle' und ‚Mitteilungen 1918-1930'.
[383] GRÄFIN WALDBOTT V. BASSENHEIM an Fürst Bentheim, 30.8.1940, in: DAAM, LAB, Bd. 16, Hft. ‚Graf v. Bassenheim'sche Kinder'.

1924 das Programm der Völkischen, das er als verworren, besitzerfeindlich und in der Monarchiefrage „unerfreulich" ansah.[384]

Zwar läßt sich die finanzielle Unterstützung demagogischer Agitation – wie etwa im Falle der Dolchstoß-Propaganda und der Abwehrschlacht gegen die Fürstenenteignung – nicht übersehen. Einfluß und Wirkung dieser Verbände resultierten jedoch eindeutig aus der geschilderten Sacharbeit, die über persönlich hergestellte Kontakte jenseits von Boulevardpresse, Flugzetteln und Bauernagitation verlief. Anders als der vielfach sozial ruinierte „Etagenadel" in der DAG befanden sich die hier aktiven Grandseigneurs in ihren Schlössern zumeist noch auf eben jener sozialen Basis, auf der adlige Herrschaft jahrhundertelang organisiert worden war. Von dieser gesicherten Basis aus wurden die Hebel moderner Verbandspolitik bewegt. Für den süddeutschen Raum und insbesondere für Bayern sei dieser Typus an einem prominenten Beispiel illustriert. Aus dem Kreis der einflußreichsten Vertreter des katholischen Adels in Bayern ist ein fränkischer Gutsbesitzer hervorzuheben, dessen Einfluß sich v. a. aus einer auch für grandseigneuriale Verhältnisse ungewöhnlichen Akkumulation von Ämtern in neugegründeten Interessenverbänden speiste. Moritz Frhr. v. Franckenstein (1869-1931)[385] war nach Abitur, Studium und juristischen Prädikatsexamina in den bayerischen Staatsdienst eingetreten. 1908 Regierungsrat und 1914 Mitglied der Kammer der Reichsräte, gehörte er als Landtags-, später als Reichstagsabgeordneter auf dem rechten Flügel des Zentrums zu den einflußreichen Gegnern Erzbergers und der Friedensresolution. Bei Kriegsende wurde der Gutsbesitzer einer der maßgebenden Begründer der BVP. Gemeinsam mit Erwein Fürst v. d. Leyen gründete Franckenstein den *Verein für gebundenen Besitz*, dessen erster Vorsitzender er wurde; eine Schlüsselposition, zu der seine Vorstandsämter im *Bayerischen Waldbesitzerverband*, im *Reichsgrundbesitzerverband*, im *Christlichen Bauernverein* und in der Landesbauernkammer Bayern hinzukamen. Neben dieser Anhäufung von Ämtern, die neben grandseigneurialer Interessenvertretung von der Suche nach einer adlig-bäuerlichen Ausgleichspolitik zeugt, gehörte Franckenstein zu den Wortführern im Wirtschaftsbeirat der BVP, einem wichtigen Scharnier zur Durchsetzung adliger Interessen.[386] Dies steht im Einklang mit dem von ihm maßgeblich inszenierten Brückenschlag zwischen adligen Großgrundbesitzern und bürgerlichen Schwerindustriellen: Auch an

---

384 REDWITZ an Franckenstein, 4.7.1924, in: FÖWA, VIII, 19.1.c., Nr. 52.
385 Angaben über Franckenstein im folgenden nach Leonhard LENK, Moritz Frhr. v. Franckenstein, Politiker und Gutsbesitzer, 1869-1931, in: Lebensläufe aus Franken, Hg. v. Sigmund Frhr. v. Pölnitz, Bd. 6, Würzburg 1960, S. 197-203, sowie nach ARETIN, Adel, S. 520, 523 und DOHNA, Adel, S. 29. Franckenstein war in erster Ehe mit einer Gräfin zu Stolberg-Stolberg, in zweiter Ehe mit Maria Gräfin v. Preysing verheiratet. Seine Mutter war eine Prinzessin zu Öttingen-Wallerstein.
386 In der Abteilung Land- und Forstwirtschaft des BVP-Wirtschaftsbeirates waren 1922 drei, 1930 vierzehn von insgesamt siebenunddreißig Mitgliedern Adlige. Den großen Einfluß des Gremiums auf die bayerische Politik betont ARETIN, Adel, S. 520.

8.8.) Interessenverbände der Grandseigneurs

der Gründung des *Gäa*-Kreises war Franckenstein federführend beteiligt.[387] Die herausragende Stellung des katholischen Monarchisten fand ihre Repräsentation auch in den bayerischen Adelsverbänden: Der Baron war zweiter Vorsitzender der *Genossenschaft katholischer Edelleute in Bayern* und saß im Vorstand der bayerischen DAG-Landesabteilung. Seine aktive Arbeit konzentrierte sich jedoch eindeutig auf die landwirtschaftlichen Interessenverbände, die mit einigem Erfolg agierten. Die Tatsache, daß trotz des Fideikommißauflösungsgesetzes noch ein Erbgang nach den alten Fideikommißbestimmungen abgewickelt werden konnte, verdankten die adligen Gutsbesitzer der von Franckenstein hinter den Kulissen konzertierten Verbandspolitik. Bei seinem Tod nach einem Autounfall im Jahre 1931 war der Baron der weithin „anerkannte Führer des bayerischen Adels".[388]

Zwar verfügte Franckenstein über exzellente Kontakte zur alten und neuen Rechten, die mit Sicherheit über Bayern hinausreichten. Es fällt jedoch auf, daß bei den Adligen, von denen die Arbeit der Interessenverbände koordiniert wurde, völkische Symbolik ebenso wie die Selbststilisierung zu „Führern" weitgehend fehlen. Vermutlich war der Bedarf nach solchen Selbstdarstellungen deshalb gering, weil die alten Muster adligen „Herrentums" in diesen Kreisen tatsächlich noch ungebrochen fortgeführt werden konnten. Die weitgehend intakte materielle Basis dieses „Herrentums" diente den politisch aktiven Grandseigneurs als fester Untergrund, auf dem die komplette Klaviatur moderner und effizienter Verbandspolitik gespielt werden konnte.

Eben diese Fähigkeit findet sich auch bei den adlig-bürgerlichen Organisationen, die in den nächsten drei Abschnitten behandelt werden. Die bislang betrachteten rein adligen Organisationsversuche waren durch ideologische Abschottung und unfreiwillige Annäherung an den Mittelstand (DAG), das Festhalten an einem katholisch gefärbten Adels-Konservatismus (in den süddeutschen Adelsverbänden), oder eine adelsinterne Interessenpolitik (in den Verbänden der Grandseigneurs) geprägt. Bei allen Differenzen läßt sich das Festhalten an adliger Exklusivität als Gemeinsamkeit dieser Organisationsversuche beschreiben. Bürgerliche tauchten als Vortragende, als bezahlte Fachleute und im Fall der DAG als „Kampfgenossen" auf, spielten im Inneren dieser Organisationen jedoch keine Rolle. Die „Wiedererfindung des Adels" wurde in allen diesen Organisationen dem Adel selbst zugetraut und überlassen.

Im Gegensatz dazu wählten die Adligen im nun zu betrachtenden Organisationstypus bewußt eine andere Strategie. Betrieben wurde hier die systematische Annäherung an die bürgerlichen Funktionseliten mit dem Ziel einer langfristig aufzubauenden neuen „Herrenschicht". Dieser Weg konnte jedoch nicht

---

[387] Zur *Gäa* s. u., Kapitel 9.4.
[388] Die Einschätzung Franckensteins stammt von Karl-Otmar FRHR. v. ARETIN (Brief an den Autor vom 10.12.1996). Anders als der Autor dieser Arbeit konnte Aretin das Franckensteinsche Familienarchiv in Ullstadt einsehen.

mehr „vom Adel", sondern nur noch von ausgewählten, über größere Ressourcen ökonomischen, sozialen und kulturellen Kapitals verfügenden Einzelpersonen des alten Adels beschritten werden. Es war, um dies vorwegzunehmen, eine kleine, aber mächtige Minderheit im alten Adel, die das Ziel einer erneuerten „Herrenschicht" aus Adel und Bürgertum systematisch verfolgt hat. Der in Berlin begründete *Deutsche Herrenklub* bildete das Zentrum dieses Versuches, die *Herrengesellschaften* der *Ring-Bewegung* das dazugehörige Netzwerk und eine als *Gäa* bezeichnete Organisation die süddeutsche Entsprechung.

9.) Adlig-bürgerliche Organisationen: Die „Führersammlung"
9.1.) Führer über den „Massen": Der Deutsche Herrenklub

Der Deutsche Herrenklub (DHK) und sein in der „*Ring-Bewegung*" organisiertes Netzwerk sind mehrfach untersucht und überaus kontrovers interpretiert worden,[389] ohne daß man sich ernstlich für die Frage interessiert hätte, welche Gruppen des Adels sich in dieser wohl einflußreichsten Variante adlig-bürgerlicher Sammlungsbewegungen engagierten. Der beeindruckende Adelsanteil von 30-60% in den einzelnen Klubs der *Ring-Bewegung* ist in seiner Größe, nicht jedoch in seiner Komposition bekannt. Diese genauer zu bestimmen, ist zur Beurteilung adliger Neuorientierungen nach 1918 jedoch unabdingbar – so wenig die DAG der Interessenverband „des" Adels war, so wenig war es „der" Adel, der im Herrenklub ein neuartiges soziales und politisches Forum fand.
Zwei zentrale Unterschiede zwischen dem größten deutschen Adelsverband und dem Herrenklub bedürfen keiner längeren Erläuterung:
1.) Während die Wurzeln der DAG bis in das frühe Kaiserreich reichten, lagen die organisatorischen Ursprünge des DHK in der Zeit des Ersten Weltkrieges, genauer gesagt in einer der wichtigsten Organisationen der intellektuellen Rechten der unmittelbaren Nachkriegszeit. Gemeint ist der sogenannte *Juni-Klub*, aus dessen Zerfall Ende 1924 der *Deutsche Herrenklub* hervorging.[390] Der spiritus rector des Juni-Klubs, Arthur Moeller van den Bruck,

---

[389] Neben der ersten Untersuchung von Manfred SCHOEPS, Der deutsche Herrenklub. Ein Beitrag zur Geschichte des Jungkonservatismus in der Weimarer Republik, Phil. Diss., Erlangen-Nürnberg 1974, vgl. die marxistische Deutung durch Joachim PETZOLD, Wegbereiter des deutschen Faschismus. Die Jungkonservativen in der Weimarer Republik, Köln 1978 und die vermittelnde Position bei Yuji ISHIDA, Jungkonservative in der Weimarer Republik. Der Ring-Kreis 1928-1933, Frankfurt a. M. u. a. 1988. Zuletzt in der bislang präzisesten Untersuchung von Berthold PETZINNA, Erziehung zum deutschen Lebensstil. Ursprung und Entwicklung des jungkonservativen Ring-Kreises 1918-1933, Berlin 2000.

[390] Die *Vereinigung für parteifreie Politik* wurde am 28. Juni 1919, dem Tag der Unterzeichnung des Versailler Vertrages, in *Juni-Klub* umbenannt. Vgl. ISHIDA, Jungkonservative, S. 29-43; Petzold, Wegbereiter, S. 89-110; STERN, Kulturpessimismus, S. 267-292; SCHWIERSKOTT v. a. S. 20-71 und PETZINNA, Erziehung, S. 118-230.

9.1.) Führer über den Massen: Der deutsche Herrenklub

gehörte bereits vor Erscheinen seines Hauptwerks „Das dritte Reich"[391] zu den wichtigsten Ideengebern der Neuen Rechten, die mit Inhalten und Formen des Vorkriegs-Konservatismus explizit gebrochen hatten. Heinrich Frhr. v. Gleichen und Walter Schotte, zwei Mitglieder des Juni-Klubs, gründeten den DHK, nachdem mit Moeller van den Bruck, der sich wenig später das Leben nahm, das geistige Zentrum des Clubs zusammengebrochen war. Die Gründung der neuen Organisation verlief nicht ohne Abspaltungen aus dem heterogenen Kreis in der Berliner Motzstraße, konnte jedoch einen bedeutenden Teil der Köpfe, Ideen und Organisationsstrukturen des Juni-Klubs in Anspruch nehmen. Bereits zum Zeitpunkt der Klubgründung wurde der Gegensatz zwischen den Initiatoren des Herrenklubs und dem Alfred Hugenberg zuneigenden, auf Massenagitation ausgerichteten Flügel um Eduard Stadtler und Martin Spahn als offener Konflikt ausgetragen.[392]

2.) Anders als die DAG war der Herrenklub weder ein exklusiv adliger Kreis, noch ein frei zugänglicher Verband der adligen „Massen". In Anspruch und Praxis konstituierte sich der DHK als kontrollierte Zusammenführung ausgesuchter Teilgruppen aus Adel und Bürgertum. Der DHK glich einer Konzentration ökonomischen, sozialen und kulturellen Kapitals, einem per Kooptationsverfahren behutsam erweiterten Kreis handverlesener „Herren" aus Adel und Bürgertum, die politische Macht in fast allen strategischen Bereichen der Gesellschaft repräsentierten.

Vom Führertypus des von der DAG erträumten „reinblütigen" Adels, der, mit Volk und Boden gleichermaßen verbunden, *in den Massen* „die Führerfahne ergreifen" sollte, ist das im Ring-Kreis propagierte Führerbild bereits konzeptionell deutlich zu unterscheiden. Explizites Ziel dieser Sammlungsbewegung war und blieb eine aus adligen und bürgerlichen Teilgruppen neu komponierte Führerschicht einander persönlich bekannter „Herren": unabhängig vom Parlament, „über" partikularen Interessen, Gewerkschaften, Verbänden und Parteien, v. a. aber: *über den Massen* stehend.[393] Satzung, Programmschriften und interne Debatten definierten als raison d'être des Klubs durchgängig eine Vereinigung „zwischen führenden Persönlichkeiten der verschiedenen Berufsstände",[394] oder, wie ein Klubmitglied 1926 Oswald Spengler darlegte, die

---

[391] Arthur MOELLER VAN DEN BRUCK, Das dritte Reich, Hamburg ⁴1931 (zuerst 1923). Zu Moeller, seinem Umfeld und dem Juni-Klub vgl. Hans-Joachim SCHWIERSKOTT, Arthur Moeller van den Bruck und der revolutionäre Nationalismus in der Weimarer Republik, Göttingen u. a. 1962 und PETZINNA, Erziehung, S. 11-64.

[392] SCHWIERSKOTT, Moeller, S. 71-74; ISHIDA, Jungkonservative, S. 39-44.

[393] Heinrich v. GLEICHEN, Adel, eine politische Forderung, in: Preußische Jahrbücher 197 (1924), S. 131-145.

[394] *Richtlinien* und *Satzung* des DHK, undatiert (1924/25), in: LHAM-AW, Rep. H Ostrau, II, 158, Fol. 2-5. Protokoll der DHK-Mitgliederversammlung, 17.11.1927 und DHK-Jahresbericht 1926/27, beide in: WAAM, Nl. Lüninck, Nr. 820. Vgl. die Programmschrift „Ring, Gemeinschaft der Führenden" (Dezember 1929), im Anhang bei SCHOEPS, Herrenklub, S. 237-241. Vgl. die Darstellungen von ISHIDA, Jungkonservative, S. 51-55. PETZOLD, Wegbereiter, S. 175-182 und PETZINNA, Erziehung, S. 220-230.

„Führersammlung".[395] Tatsächlich läßt sich der Klub als der wohl erfolgreichste Versuch zur Schaffung einer neuen sozialen „Führerschicht" ansehen, von der das Klubmitglied Franz v. Papen noch im Dezember 1932 gesprochen hatte.[396] Nach den 1924 formulierten „Richtlinien" sollte der Klub „christlichnationale Männer [versammeln], die persönlich unabhängig sind und einen führenden oder bestimmenden Einfluß in der deutschen Oberschicht besitzen." Noch deutlicher nannte der ostpreußische Oberpräsident a. D. Adolf v. Batocki, Mitglied im Ehrenpräsidium des DHK, eine der Hauptaufgaben des Herrenklubs, „Persönlichkeiten zu Führern heranzubilden", auch später hielt sich im Jargon der Eingeweihten der Begriff „Führerauslese".[397] Auch Kurt Frhr. v. Reibnitz, der als sozialdemokratischer Minister a. D. dem Klub distanziert gegenüber stand, ordnete die Gründung sehr ähnlich ein. Im Herrenklub habe der „jüngere und der klügere Teil des Adels" eine „Pflanzstätte für ein neues Führertum" geschaffen.[398] Das Projekt einer überparteilichen und überkonfessionellen „Führersammlung" wurde in den Statuten verankert. Auf der Grundlage von „nationaler Zuverlässigkeit" und „konservativer Staatsauffassung", verbürgt durch die jeweiligen Vertrauensmänner, die zum Klubbeitritt nötig waren, galt die parteipolitische Zugehörigkeit eines Mitgliedes als „nebensächlich". Der Kreis der in Frage kommenden Parteien war allerdings eng gezogen: Ausgeschlossen blieben Mitglieder von Parteien, die sich nicht „zu entschieden christlicher und nationaler Weltanschauung" bekannten. Anders als im Juni-Klub, der v. a. in seinen Anfangsjahren Züge eines politischen Salons aufwies, in dem so unterschiedliche Köpfe wie Rudolf Pechel, Heinrich Brüning, Adam Stegerwald, Thomas Mann, Oswald Spengler, Ernst Troeltsch, Arthur Moeller van den Bruck, Adolf Hitler, die Brüder Strasser, liberale und sozialdemokratische Journalisten verkehrten,[399] wurde im Herrenklub der Vorschlag, „Redner aus linksstehenden Kreisen heranzuziehen", bereits in der Gründungsphase abgelehnt.[400] Zur Mitgliedschaft vorgeschlagene Kandidaten konnten von einem Aufnahme-Ausschuß abgewiesen werden, ein Schicksal, das z.B. Hans Blüher erlitt. Der Chefpro-

---

[395] Wilhelm V. OERTZEN-ROGGOW an Oswald Spengler, Juni 1926, in: MLHA, HGM, Bd. 1, Fol. 124-126.

[396] Rede PAPENs am 16.12.1932 in: Der Ring, 5/52 vom 23.12.1932, S. 894ff.

[397] Zitat V. BATOCKI in: Protokoll der DHK-Mitgliederversammlung vom 17.11.1927, in: WAAM, Nl. Lüninck, Nr. 820.

[398] REIBNITZ (1932), S. 217, vgl. S. 67-73.

[399] SCHWIERSKOTT, Moeller, S. 60; SCHOEPS, Herrenklub, S. 23; PETZINNA, Erziehung, S. 121f.; FELKEN, Spengler, S. 135f.

[400] LHM-AW, Rep. H Ostrau, II, 158, Fol. 2-5: *Richtlinien* und *Satzung* des DHK, undatiert, mit Veltheims Stempel vom 25.2.1925, vermutlich Ende 1924 formuliert. Siehe ebd., Fol. 6: Protokoll der Mitgliederversammlung vom 17.12.1925; VELTHEIMs Randbemerkung „bedauerlich!" neben dem Beschluß, linksstehende Redner auszuschließen, ist zwar ein Minderheitsvotum, dürfte jedoch von einigen Mitgliedern aus dem Motzstrassen-Kreis geteilt worden sein.

9.1.) Führer über den Massen: Der Deutsche Herrenklub

pagandist der homoerotischen Wandervogelmännlichkeit hatte zuvor dem Juni-Klub angehört.[401]

Anders als in der Deutschen Adelsgenossenschaft wurde der Kreis der hier versammelten „Herren" auch finanziell eng begrenzt: Mit einem Jahresbeitrag von zunächst 200 Mark waren für das hier angesprochene „Herrentum" Vorbedingungen gesetzt, die sich auf der Höhe des Düsseldorfer Industrieclubs bewegten[402] und für einen Großteil des Kleinadels unerreichbar blieben. Der Vergleich mit dem DAG-Jahresbeitrag von 6 Mark, dessen Unterschreitung die DAG-Leitung vielen Mitgliedern gestatten mußte, verdeutlicht die sozialen Gräben, die zwischen den „Führer"-Kreisen beider Organisationen lagen.[403] Zur Koordination der Klubarbeit bemühte sich der DHK-Präsident Graf v. Alvensleben im Jahre 1927 um 20 Anteile à 5.000 Mark, von denen er einen selbst übernahm.[404] Einige Monate zuvor hatte der Vorstand einen Etat von 15.000 Mark für die Verwaltung und 36.000 Mark für die „politische Arbeit" bewilligt.[405] Dies waren Summen, von deren freier Verfügbarkeit die Standesgenossen in den DAG-Hilfsabteilungen nur träumen konnten. Auch die Finanzierung der Klubarbeit wurde als adlig-bürgerliche Kooperation organisiert. Heinrich Frhr. v. Gleichen, der zur Deckung der Defizite sein eigenes Vermögen eingesetzt hatte, gründete 1929 einen „Förderkreis" unter Vorsitz des schlesischen Burggrafen Heinrich zu Dohna, dem u. a. Prinz Oskar v. Preußen, Arno v. Kriegsheim (Direktor des Reichslandbundes) und Arnold Rechberg angehörten. Der Klub wurde außerdem durch regelmäßige Zahlungen aus den Kassen der „Ruhrlade" unterstützt.[406]

Zur Größenordnung des Klubs sollen hier wenige Zahlen genügen: Koordiniert von der Berliner „Mittelstelle des Ringes" vereinte die *Ring-Bewegung* 1932 auf dem Höhepunkt ihres Einflusses mindestens dreizehn selbständig arbeitende „Herrengesellschaften". Addiert man die Mitglieder der nach Mittel-, Nord- und Westdeutschland guten, in Süddeutschland schwachen Verbindungen, kommt man für das Jahr 1932 landesweit auf maximal 5.000 Mit-

---

[401] Hans BLÜHER, Werke und Tage, München 1953, S. 328f.
[402] TURNER, Großindustrielle, S. 265.
[403] Zum direkten Vergleich des sozialen und politischen Profils beider Organisationen: Stephan MALINOWSKI, „Führertum" und „Neuer Adel". Die Deutsche Adelsgenossenschaft und der Deutsche Herrenklub in der Weimarer Republik, in: Reif (Hg.), Adel und Bürgertum, Bd. 2, S. 173-211.
[404] Sitzungsprotokoll der DHK-Arbeitsgemeinschaft vom 8.12.1927, in: WAAM, Nl. Lüninck, Nr. 820. Graf Pückler, Baron v. d. Heydt, Graf Bassewitz, v. Kriegsheim, Graf Dohna-Mallmitz und Fürst Stolberg-Roßla übernahmen weitere Anteile gleicher Höhe.
[405] Sitzungsprotokoll DHK-Arbeitsgemeinschaft am 31.7.1927 in der Berliner Motzstraße, in: WAAM, Nl. Lüninck, Nr. 820.
[406] ISHIDA, Jungkonservative, S. 65-68. Vgl. den Vortrag DOHNAS v. 25.7.1926: „Von meiner sozialen Arbeit als Grundbesitzer und von der ‚Ring'-Bewegung", in: Waldenburger Schriften 6/1926, S. 100-102 (Privatbesitz Jesko Graf zu Dohna).

glieder.[407] Der innere Kreis war jedoch erheblich kleiner. Für den DHK in Berlin, dem 1928 bei einem Adelsanteil von über 50% 326 Mitglieder angehörten,[408] hatte bereits die Satzung 500 Mitglieder als Obergrenze festgelegt.

Verbindungen zur DAG bestanden über unzählige organisatorische und personelle Kanäle. Wie Walter Schotte und Heinrich v. Gleichen schrieben mehrere renommierte Rechtsintellektuelle sowohl für das Adelsblatt als auch für den Ring. Viele der adligen Herrenklub-Mitglieder waren zugleich Mitglieder der DAG, was auch für die Klubvorsitzenden Hans Bodo v. Alvensleben und Heinrich v. Gleichen zutraf.[409] Einzelne Mitglieder, so z.B. der westfälische Gutsbesitzer Ferdinand Frhr. v. Lüninck, waren in beiden Organisationen aktiv im Vorstand tätig. Die DAG-Jugendabteilung empfahl 1928 ausdrücklich die Zusammenarbeit mit dem DHK, im Herbst 1927 hatte man gemeinsame Jugendtagungen, 1928 eine Veranstaltung mit der Herrengesellschaft Mecklenburg veranstaltet.[410] Die Kontakte sollten über die tiefen Gräben zwischen beiden Organisationen jedoch nicht hinwegtäuschen. Der Anspruch des Herrenklubs, handverlesene Mitglieder einer zukünftigen „Führungsschicht" versammelt zu haben, entbehrte nicht einer gewissen Grundlage, wogegen der ähnlich klingende Anspruch der DAG kaum mehr als das Wunschdenken einer adligen „Massenorganisation" widerspiegelte. Der rechtsradikale, völkische und NS-freundliche Kurs der DAG-Führung setzte sich zwar, wie noch zu zeigen sein wird, in mehreren Filialen des Herrenklubs durch, die Berliner Leitung des Herrenklubs blieb diesem jedoch fern und war 1932, als sich die DAG-Führung immer deutlicher hinter Hitler stellte, scharfen Angriffen der NS-Presse ausgesetzt. Ungeachtet der taktischen Zusammenarbeit von DAG und DHK in diversen Bereichen galten in letzterem finanzielle und soziale Standards, die außerhalb der Reichweite der meisten DAG-Mitglieder lagen. Auch die Biographien der beiden Adligen, die zu den wichtigsten Gründern und Protagonisten des DHK gehörten, verweisen auf einen sozialen und intellektuellen Horizont, der fern vom Aktionsradius der sprichwörtlichen DAG-Majore a. D. lag und über die sozial wie gedanklich enge Welt des ostelbischen Landadels weit hinausreichte: Heinrich Frhr. v. Gleichen-Rußwurm und Hans Bodo Graf v. Alvensleben, Mitglieder uradliger Familien, beide Jahrgang 1882.

Heinrich Frhr. v. Gleichen-Rußwurm[411] gehörte dem thüringischen Uradel an und war der älteste Sohn eines Kammerherrn und einer bürgerlichen Mut-

---

[407] ISHIDA, Jungkonservative, S. 62; SCHOEPS, Herrenklub, S. 43f.; PETZINNA, Erziehung, S. 225f.
[408] Mitgliederverzeichnisse von 1926 (ca. 250 Mitglieder) und 1928 in: WAAM, Nl. Lüninck, Nr. 820. Vgl. die Liste von 1932 im Anhang bei SCHOEPS, Herrenklub, S. 244-257.
[409] Jahrbuch der DAG 1931 (alphabetisches Verzeichnis).
[410] DAAM, LAB, Bd. 2, Hft. ‚Protokolle': Bericht der Hauptgeschäftsstelle, Juli 1928, Januar 1929 und Bericht über Jungadelstagung in Berlin, Dezember 1932.
[411] Heinrich Frhr. v. Gleichen (1882-1959), Angaben nach: GHdA, FH 1980, S. 107; NSDAP-Personalakte in: BAB (BDC), PA. Vgl. seine Selbstdarstellung von 1947 in: BAK, Kl. Erw. 402, Fol. 4f. und die Angaben bei SCHWIERSKOTT, Moeller, S. 43-46.

9.1.) Führer über den Massen: Der Deutsche Herrenklub

ter aus einer Gutsbesitzerfamilie. Im Jahre 1920 hatte er das Gut Tannroda bei Weimar von seinem Vater geerbt. Gleichen hatte im Jahre 1900 am humanistischen Gymnasium das Abitur bestanden, in Lausanne, Leipzig, Kiel und Berlin Jura, Philosophie und Volkswirtschaft studiert und im Rahmen einer „Studienfahrt" mehrere Monate in England verbracht. Als Referendar trat er 1905 als Einjähriger in ein Ulanenregiment ein. Nach über einem Jahr als landwirtschaftlicher Eleve war er für verschiedene Wirtschaftsbetriebe u. a. als Buchprüfer tätig, bevor er 1908 Gutspächter wurde. Nach einem kurzen Aufenthalt an der Front wurde Gleichen als Leutnant d. R. bereits 1915 wegen einer Herzschwäche als kriegsdienstuntauglich eingestuft und fand in verschiedenen Wirtschafts- und Propagandastellen der Obersten Heeresleitung Verwendung. Vier Jahre nach seiner ersten politischen Publikation wurde Gleichen 1916 auf Vorschlag Walther Rathenaus Vorsitzender des *Bundes deutscher Gelehrter und Künstler*. In diese Zeit fallen auch Kontakte zu Arthur Moeller van den Bruck, der seine Schrift „Das Recht der jungen Völker" im Auftrag der OHL-Auslandsabteilung verfaßte, zu Max Hildegard Boehm, der im Auftrag der Obersten Heeresleitung in der Schweiz lettische Propaganda „abwehrte", und zu Eduard Stadtler, dem späteren Gründer der *Antibolschewistischen Liga*, mit denen Gleichen kurz vor Kriegsende die *Vereinigung für nationale und soziale Solidarität* gründete. Zum katholischen Adel hatte der evangelische Baron über seine Großmutter und die Familie seiner Frau persönliche Verbindungen. Bei Kriegsende verfügte der ca. 35-jährige Baron, der 1913 eine bürgerliche Frau geheiratet hatte, über einen ungewöhnlich weiten Horizont, wichtige Kontakte zu einigen kommenden Männern der Rechten und über eine gewisse Organisationserfahrung.

Ein ebenso weiter Horizont läßt sich auch für den zweiten Adligen ausmachen, der im Herrenklub eine zentrale Rolle spielte. 1882, im selben Jahr wie Gleichen geboren, stammte auch Hans Bodo Graf v. Alvensleben[412] aus einer uradligen Familie. Sein Vater war als Gastgeber diverser Kaiserjagden im Jahre 1901 in den erblichen Grafenstand erhoben worden, die Mutter, eine geb. v. Veltheim, stammte aus dem niedersächsischen Uradel. Bereits Alvenslebens Vater hatte als Besitzer eines Bergwerkes und einer modernen Zuckerfabrik industrielle Aktivitäten einer Dimension entfaltet, die über den traditionellen Rahmen adliger Agrarindustrialisierung weit hinausging. Alvensleben père, der 1929 verstorbene Fideikommißbesitzer und Kaiserfreund, hatte vor dem Weltkrieg die Fähigkeit bewiesen, innerhalb der bürgerlich dominierten Produktions- und Marktgesetze bestehen zu können. Sein Sohn, ein zwei Meter großer „Herr", der Gut und Grafentitel von seinem Vater erbte, hatte nach dem Abitur in Bonn und Halle einige Semester Jura studiert und sich dort im Corps Borussia neben diversen Schmissen einen legendären Ruf

---

[412] Hans Bodo Graf v. Alvensleben (1882-1961), Angaben nach: BAB (BDC), PA: Hans Bodo Graf v. Alvensleben. Nach dem Tod seiner ersten Ehefrau heiratete Alvensleben 1926 Maria v. Blücher. Angaben zu seinem Vater: LIEVEN, Abschied, S. 173f. und JACOB, Das Engagement, in: Reif (Hg.), Adel und Bürgertum, Bd. 1, S. 312f.

als Fechter erworben. Ähnlich wie Gleichen wurde er 1904 Einjähriger in einem münsterländischen Kürassier-Regiment und auch er absolvierte eine zweijährige landwirtschaftliche Lehre auf einem Klostergut. Anschließend verbrachte Alvensleben, verheiratet mit einer Gräfin v. Korff, fast vier Jahre als „Kaufmann" in Kanada. Nach Deutschland zurückgekehrt zeichnete sich Alvensleben an der Front als Schwadronführer (Rittmeister d. R.) durch besonderen Mut aus und wurde 1918 mit dem Schutz der Königlichen Familie im Neuen Palais betraut. Nach dem Krieg war Alvensleben seit 1922 Mitglied der DNVP, außerdem Stahlhelmlandesführer in Magdeburg. Den betont eleganten Stil bewahrend, den sein Vater als „eine der glänzendsten Erscheinungen" des Berliner Hofes kultiviert hatte, bediente sich Alvensleben als Gutsbesitzer eher populistischer Methoden. So stand der Präsident des Deutschen Herrenklubs bei lokalen Feierlichkeiten höchstpersönlich hinter der Dorftheke, um Freibier zu zapfen. Das Bild des Grafen als hilfsbereiter „Ansprechpartner seiner Leute" scheint auch vom kollektiven Gedächtnis der örtlichen Landbevölkerung tradiert worden zu sein, was noch lange nach Kriegsende marxistische Junker-Historiker irritierte.[413] Alvenslebens älterer Bruder Werner v. Alvensleben,[414] der in den frühen 1930er Jahren über gute Kontakte zur Führungsspitze der NSDAP verfügte und 1932/33 als ebenso zentraler wie undurchsichtiger Mittelsmann zwischen Kurt v. Schleicher, der Schwerindustrie[415] und der NS-Bewegung agierte, bevor er in Ungnade fiel und nach dem 30.6.1934 verhaftet wurde, trat dem Klub nicht bei, scheint mit seinem Bruder jedoch zumindest lose Kontakte aufrechterhalten zu haben.[416] Der Vorstandsvorsitz im *Deutschen Bund zum Schutz der abendländischen Kultur*, den Werner v. Alvensleben bekleidete,[417] erleichterte seinem Bruder den Aufbau

---

[413] Herbert SEIFFERT, Die Junker von Alvensleben im 20. Jahrhundert, Phil. Diss., Berlin (DDR) 1960, S. 312f., 319-325. Die marxistisch-leninistische Denk- und Sprachmaschine des Autors preßt Alvensleben und den Herrenklub umstandslos in die „Faschismus"-Form.

[414] Werner Ulrich v. Alvensleben (1875-1947), verheiratet mit einer Gräfin v. Einsiedel, wurde nach Jurastudium und Kriegsakademie 1909 „Kaufmann" (lt. Gotha). PAPEN, S. 195, gibt an, Hitler erstmals in Alvenslebens Haus getroffen zu haben. Vgl. die z.T. widersprüchlichen Angaben bei PAPEN, S. 195; LIEBERMANN, S. 260; ARETIN, S. 101; DISSOW, S. 220f. Laut Dissow stand Alvensleben vorher Kräften um Treviranus und Stresemann nahe. Seine guten Kontakte zu Hitler, Heß, Himmler, Helldorf, Daluege und seine dubiose Vermittlungstätigkeit zwischen Schleicher, Hitler, Silverberg, Papen u. a. sind durch Archivquellen belegbar: BAMA, N 42, Nr. 23, Fol. 40ff., Nr. 27, Fol. 20-23 und Fol. 66, Nr. 22, Fol. 122f. und Fol. 158-160 (Briefe Werner v. ALVENSLEBENs 1930-1932 u. a. an Schleicher). Über Kontakte zu seinem Bruder Bodo: Werner V. ALVENSLEBEN 8.9.1931 an Hitler: LHAM-AW, Rep. H Neugattersleben, Nr. 225, Fol. 278. Diese Akte enthält eine umfangreiche Korrespondenz Werner Alvenslebens mit prominenten NS-Führern.

[415] Reinhard NEEBE, Großindustrie, Staat und NSDAP 1930-1933, Göttingen 1981, S. 54f., 161-163.

[416] Im Januar 1934 lud Werner v. Alvensleben Heinrich Himmler zu einer Jagd ein, an der sonst nur sein Bruder Hans Bodo und Adolf-Friedrich Herzog von Mecklenburg teilnahmen (LHAM-AW, Rep. H Neugattersleben, Nr. 225, Fol. 177).

[417] Als Vorsitzender des *Deutschen Bundes zum Schutz der abendländischen Kultur* hatte Werner v. Alvensleben direkte Verbindungen zu prominenten Bundes-Mitgliedern aus dem

9.1.) Führer über den Massen: Der Deutsche Herrenklub

persönlicher Kontakte zum katholischen Adel, zu dem dieser ohnehin direkte Verbindungen besaß: Die erste Ehe Hans-Bodo Graf v. Alvenslebens mit einer katholischen Gräfin und seine katholisch erzogene Tochter dürften sein Gespür für katholische Empfindlichkeiten geschärft haben.[418] Nicht zufällig war es Alvensleben, dem es 1925 gelang, mit Erwein Frhr. v. Aretin einen einflußreichen Vertreter des katholischen bayerischen Adels zum Eintritt in den Aufsichtsrat der „orthodox evangelischen" Kreuzzeitung zu gewinnen, dem auch die beiden Alvensleben-Brüder angehörten.[419]

Prominente Vertreter des südwestdeutschen und bayerischen Adels gab es im Klub nur wenige. Auch der politisch moderate Flügel des westfälischen Adels um die Brüder Galen hielt sich vom Herrenklub bewußt fern.[420] Der norddeutsch-protestantische Schwerpunkt findet sich auch in der Verteilung der lokalen „Herrengesellschaften" wieder; ein das ganze Reich umfassender Kreisschluß war der Ringbewegung nicht gelungen. Zwar sind diverse Versuche des DHK dokumentiert, die Kontakte mit dem bayerischen Adel auszubauen – die hergestellten Verbindungen nach Süddeutschland scheinen sich jedoch nicht sehr weit entwickelt zu haben.[421] Innerhalb des katholischen Adels waren die Verbindungen lediglich zu den Vertretern des rechten Flügels in Westfalen und Schlesien gut. Eine vom DHK organisierte Tagung mit dem Ziel, die Zusammenarbeit mit Kräften des rechten Katholizismus zu stärken, fand bezeichnenderweise nicht in Süddeutschland, sondern auf dem oberschlesischen Gut von Nikolaus Graf v. Ballestrem, dem Vorsitzenden des Schlesischen Adelsvereins, statt. Auch eine Tagung zur Zusammenführung junger Gutsbesitzer im Reich mußte auf süddeutsche Beteiligung verzichten.[422]

---

katholischen Adel, u. a. Franz v. Papen und Alois Fürst zu Löwenstein, sowie den Grafen v. Praschma und Quadt-Isny: BAMA, N 42 (Nl. Schleicher), Nr. 27, Fol. 20-23, 66-69.
[418] Alvensleben war in erster Ehe mit einer Gräfin v. Korff verheiratet. Alvenslebens katholisch getaufte und erzogene Tochter hielt 1937 auch dann an der katholischen Erziehung ihrer Söhne fest, als damit der Erbverzicht ihres (protestantischen) Ehemannes Jürgen v. Oertzen verbunden war (ELSNER, Die Herrengesellschaft, S. 137-140; GGT, G 1942, S. 10f.). Alvensleben und seine zweite Frau Maria v. Blücher konvertierten nach Ende des 2. Weltkrieges zum Katholizismus.
[419] Erwein FRHR. V. ARETIN an Kronprinz Rupprecht, 26.4.1925 („orthodox") und 3.6.1925 in: AFA. Vgl. den Schriftwechsel ARETIN–WESTARP (April-Juni 1926) über eine Zusammenarbeit von DNVP und bayerischen Konservativen, in: AFHG, Nl. Westarp, VN 96, Nr. 7.
[420] Franz Graf v. Galen, Vorsitzender des Vereins rheinisch-westfälischer Edelleute, begründete seine Skepsis gegen den Herrenklub mit Zweifeln an der Möglichkeit katholisch-evangelischer Zusammenarbeit im konservativen Lager: Franz GRAF V. GALEN an J. Schönberg, 22.6.1925: WAAM, Nl. Galen, Nr. 32.
[421] Siehe die Korrespondenz H. V. GLEICHEN – Carl FÜRST ZU CASTELL-CASTELL von 1923: FCAC, I d VIII, Nr. 29.
[422] WAAM, Nl. Lüninck, Nr. 820 (DHK-Jahresbericht 1926/27): Tagung in Plawniowitz bei Nikolaus Graf v. Ballestrem, 14.-16.5.1927 mit 24 Teilnehmern, darunter mehrere Geistliche und 15 Adlige, u. a. aus Schlesien und Westfalen und mit Karl Egon Frhr. v. Reitzenstein ein Vertreter des süddeutschen Adels. Franz v. Papen und Heinz Brauweiler hielten Vorträge

In den Reihen des eindrucksvoll besetzten Ehrenpräsidiums,[423] auf das sich die DHK-Führung und die Herrengesellschaften 1927 einigten, waren durch einen Fürsten v. Hohenzollern-Sigmaringen, einen Prinzen zu Öttingen-Wallerstein und einen südwestdeutschen Grafen jedoch immerhin drei prominente Mitglieder des süddeutschen Adels vertreten, neben denen Georg Escherich als vierter Vertreter Süddeutschlands stand. Mit Robert Graf Douglas, Präsident der Badischen Landwirtschaftskammer und Vizepräsident der Deutschen Landwirtschaftsgesellschaft, hatte der DHK einen herausragenden adligen Vertreter der südwestdeutschen Landwirtschaftsverbände gewonnen.[424] Mit Eugen Graf v. Quadt-Wykradt-Isny wurde spätestens 1932 ein weiterer prominenter Vertreter des bayerischen Adels Klubmitglied. Diese Mitgliedschaften dürften jedoch v. a. repräsentativer Natur gewesen sein. Prominente Vertreter des süddeutschen Adels, die sich an der organisatorischen Arbeit des DHK kontinuierlich und aktiv beteiligt hätten, scheint es im Klub nicht gegeben zu haben.

Der in dieser Form wohl einzigartig erfolgreiche Versuch einer Zusammenführung adliger und bürgerlicher Mitglieder unterschiedlicher Funktionseliten lohnt eine genauere Beschreibung: Anders als die bildungsbürgerlich dominierten Verbände der Neuen Rechten im Kaiserreich, in denen der geringe Adelsanteil überproportional von Neunobilitierten gestellt wurde, bezeugen die Mitgliederlisten[425] die massive Präsenz von Angehörigen alter, angesehener Adelsfamilien mit einer auffälligen Häufung titulierter Adliger, insbeson-

---

zum Thema ‚Die politischen Gegensätze im deutschen Katholizismus – Bedingtheit und Wege zur Überwindung' ein Pfarrer über ‚Kirche, Staatsgewalt, Konkordat, Action Française und Faschismus'. Die oben bereits erwähnte Gutsbesitzer-Tagung fand im August 1928 bei Fürst Stolberg-Roßla statt, der 39 Teilnehmer (33 Adlige, darunter Prinz Wilhelm v. Preußen, jedoch kein Vertreter Süddeutschlands) auf seinem Schloß empfangen hatte.

[423] Aus dem Adel u. a.: Graf v. Arnim-Muskau, der DAG-„Adelsmarschall" Friedrich v. Berg-Markienen, Oskar Prinz v. Preußen, Fürst Hohenzollern-Sigmaringen, Fürst Isenburg-Birstein, Fürst Stolberg-Wernigerode, Prinz zu Öttingen, Burggraf zu Dohna-Mallmitz, Graf Douglas, Oberpräsident a. D. v. Batocki, Admiral v. Levetzow, v. Seeckt, v. Dirksen. An bürgerlichen Vertretern u. a.: Edmund Stinnes, Paul Reusch, Karl Haniel, Geheimrat v. Borsig, Geheimrat Cuno, Reichskanzler a. D. Luther. (WAAM, Lüninck, Nr. 820: Sitzung des DHK-Gesamtvorstandes mit Vertretern der Herrengesellschaften am 9.4.1927 sowie die undatierte Broschüre in LHAM-AW, Rep. H Stolberg, O, E, Nr. 32. Vgl. SCHOEPS, Herrenklub, S. 229).

[424] Douglas (1880-1955), in Konstanz als Sohn eines schwedischen Reichsmarschalls und Außenministers geboren, hatte 20 Jahre in Schweden verbracht und sich nach einem landwirtschaftlichen Studium 1905 auf Schloß Langenstein niedergelassen. 1933 verlor er, nachdem er das von Hitler angebotene Landwirtschaftsministerium abgelehnt hatte, seine wichtigsten Ämter. Angaben nach: Franz GÖTZ, Douglas, Robert Graf, in: Badische Biographien, Neue Folge, Bd. 1, Hg. v. B. Ottnad, Stuttgart 1982, S. 100-102.

[425] DHK-Mitgliederverzeichnis, abgeschlossen am 31.1.1928: WAAM, Nl. Lüninck, Nr. 820. Vgl. ebd.: Mitgliederverzeichnis vom 30.6.1926 (mit ca. 250 Mitgliedern). Die „Herrengesellschaften" im Reich hatten zu dieser Zeit insgesamt ca. 600 Mitglieder. Vgl. die Mitgliederliste von 1932 im Anhang bei SCHOEPS, Der Deutsche Herrenklub, S. 244-257.

9.1.) Führer über den Massen: Der Deutsche Herrenklub

dere aus dem Grafenstand.[426] Unter den insgesamt 187 adligen Klubmitgliedern befanden sich drei Fürsten, zwei Prinzen, ein Erbgroßherzog,[427] 36 Grafen, 29 Freiherren und 116 Untitulierte. Auch der DAG-Adelsmarschall Friedrich v. Berg-Markienen gehörte dem Klub als Mitglied an.

Zu den 36 Personen, die 1932 das „Direktorium" des DHK bildeten, gehörten 23 Adlige, darunter der Fürst zu Stolberg-Roßla und Albrecht Prinz v. Hohenzollern-Namedy.[428] Dieses Konzentrat aus Mitgliedern angesehener Adelsfamilien mischte sich im Klub mit einflußreichen bürgerlichen Vertretern staatlicher und nicht-staatlicher Funktionseliten. Neben zahlreichen hohen Offizieren, Beamten und Diplomaten aus dem Bürgertum verzeichnet die Liste v. a. mittelständische Unternehmer, Fabrikanten und einzelne prominente Vertreter der Industrie- und Finanzwelt sowie diverser Verbindungsorganisationen zwischen Staat und Wirtschaft.[429] Mit 26 Mitgliedern, darunter nur drei Adlige, die als Fabrikbesitzer, Direktoren, Bankiers, Bergassessoren, Kommerzienräte oder Syndizi verzeichnet sind, war diese Gruppe numerisch relativ schwach vertreten. Vertreter der Großindustrie und der entsprechenden Verbände werden in den Listen nur vereinzelt verzeichnet, stützten den Klub jedoch finanziell und saßen zum Teil in den Leitungsgremien. Die Gruppe prominenter ‚Agrarier', z. T. noch aus den Reihen der alten Konservativen, v. a. aber aus den landwirtschaftlichen Interessenverbänden, war zumindest numerisch stärker: Neben 58 Mitgliedern, darunter 49 Adlige, die auf der Liste als „Rittergutsbesitzer", „Fideikommiß"- oder „Majoratsherr" verzeichnet sind,[430] versammelte der Herrenklub eine Reihe prominenter Vertreter der landwirtschaftlichen Interessenverbände und diesen nahestehender Organisa-

---

[426] Allein durch die Träger des Grafentitels waren hier folgende Familien – oft mehrfach – vertreten: Arnim, Ballestrem, Bassewitz, Behr, Bismarck, Cartlow, Dohna, Dönhoff, Douglas, Dürckheim, Eulenburg, Finck v. Finckenstein, Granier, Hagen, Hardenberg, Helldorff, Kalckreuth, Keyserlingk, Landsberg, Loë, Magnis, Pückler, Schlieffen, Schmettow, Schulenburg, Solms, Strachwitz und Wuthenau.

[427] Albrecht Prinz v. Hohenzollern-Namedy, Nikolaus Erbgroßherzog v. Oldenburg, Fürst zu Salm-Salm, Christoph Martin Fürst zu Stolberg-Roßla, Christian Ernst Fürst zu Stolberg-Wernigerode, Heinrich Prinz XXXIV. Reuß jüngere Linie.

[428] BAMA, Nl. Schleicher, Nr. 7, Fol. 6.

[429] U. a.: Edmund Stinnes; Tilo Frhr. v. Wilmowsky; Karl Euling, Generaldirektor der Borsigwerke AG; Friedrich Schwartz, Präsident der Preußischen Central-Bodencredit A.G.; Reichsminister a. D. v. Schlieben, Präsident des Landesfinanzamtes; die Lufthansadirektoren Otto Merkel und E. Milch; Ministerialrat Brandenburg, Dirigent der Abteilung Luft- und Kraftfahrwesen im Reichsverkehrsministerium.

[430] Zu den 49 (zumeist alt-) adligen Gutsbesitzern sind eine Reihe von (z. T. hoch-) adligen Grundbesitzern hinzuzuzählen, die ohne Berufsangabe verzeichnet sind, so etwa Heinrich Burggraf zu Dohna-Mallmitz, Albrecht Prinz zu Hohenzollern, Nikolaus Erbgroßherzog v. Oldenburg, Heinrich XXXIV. Prinz zu Reuß j. L.; Sylvius Graf v. Pückler; Fürst zu Solms-Solms, Georg-Friedrich Graf zu Solms-Laubach, die Fürsten Christoph Martin zu Stolberg-Roßla und Christian Ernst zu Stolberg-Wernigerode, Nikolaus Graf v. Ballestrem-Plawniowitz, Hans Ulrich Graf Schaffgotsch, Nikolaus Leopold Fürst zu Salm-Salm und Hans-Hasso v. Veltheim-Ostrau.

tionen.[431] Der Anspruch des Klubs, „Führersammlung" und politische Sacharbeit zu verbinden, spiegelte sich im hohen Anteil der Staatsbeamten und Diplomaten wider – 63 Assessoren, Landräte, Regierungsräte, Ministerialdirektoren, Staatssekretäre, Gesandte und Botschafter, davon ca. die Hälfte in a. D.-Stellungen, verzeichnet die Liste: 46 Adlige und 17 Bürgerliche, darunter der Essener Oberbürgermeister Franz Bracht und Reichsminister v. Keudell. Mit insgesamt 51 Offizieren war das Militär relativ schwach vertreten: 34 adlige und 17 bürgerliche Offiziere, ausschließlich in a. D.-Stellungen und nur 13 Mal über dem Majorsrang.

Für die Herstellung intellektueller Verbindungen zwischen den Denkwelten des Landadels und der neuen Rechten dürften die prominenten Hochschulprofessoren, die „Schriftleiter" rechtsstehender Zeitschriften, Publizisten und sonstige Vordenker der Neuen Rechten, die dem Klub angehörten, von erheblicher Bedeutung gewesen sein.[432] Mit dem *Ring*, der klubeigenen, durch Heinrich v. Gleichen auf hohem Niveau redigierten Wochenschrift, sowie durch das Netzwerk der politischen Schulungsinstitutionen führte der DHK Traditionen des Juni-Klubs fort. Dieser hatte mit dem *Gewissen* ein Diskussionsforum von Rang und in Form des bis 1924 von Martin Spahn geleiteten Politischen Kollegs in Berlin Spandau ein Schulungszentrum aufgebaut, das in Struktur und Niveau einer leistungsfähigen Privathochschule glich, an der die Ideen der Neuen Rechten an den „Führernachwuchs" der verschiedenen „Berufs-Stände" verteilt wurden. Anders als viele der in den Berliner Klubräumen vorgetragenen Referate zur Großen Politik zielten die „nationalpolitischen Lehrgänge" des Spandauer Kollegs auf die mittlere Führungsebene verschiedener Berufsgruppen – Studenten, Lehrer, „Jugendführer", Sportlehrer, Schriftleiter, Landwirte und andere Gruppen wurden in mehrwöchigen Kursen zur „Führungsarbeit" nach den Vorstellungen des Herrenklubs herangezogen.[433] Die Zuhörerschaft der Kurse am Spandauer Kolleg brachte selte-

---

[431] Darunter u. a. folgende Personen: Adolf v. Batocki, Oberpräsident a. D.; Friedrich v. Berg-Markienen, Vorsitzender der DAG; Erich Burchhard, Hauptgeschäftsführer des Landbundes in der Provinz Sachsen; Klaus v. Eickstedt, Direktor im Pommerschen Landbund; vier Mitglieder der Familie Heydebrand und der Lasa; Hans v. Knoblauch, Leiter der RLB-Parlamentsabteilung; die RLB-Direktoren Arno Kriegsheim und Heinrich v. Sybel; der westfälische Landbundführer Ferdinand Frhr. v. Lüninck; Joachim v. Oppen, Präsident der Landwirtschaftskammer Brandenburg.

[432] U. a.: Walther Schotte (seit 1920 Hg. der *Preußischen Jahrbücher*), Heinz Brauweiler, Hauptschriftleiter des *Stahlhelm*, Georg Foertsch, Chefredakteur der *Kreuzzeitung*, Max Hildebert Boehm, (*Die Grenzboten*), Karl C. v. Loesch, Theoretiker des „Auslandsdeutschtums", Walter-Eberhard Frhr. v. Medem, DAG-Leitartikler und Chefredakteur des *Tag*; Hellmuth Rauschenbusch, Direktor der *Deutschen Tageszeitung*; Harald v. Rautenfeld, Generalsekretär der Baltischen Arbeitsgemeinschaft; Edgar v. Schmidt-Pauli (Politik und Gesellschaft), Gustav Steinbömer und der mondäne Indologe und Gutsbesitzer Hans-Hasso v. Veltheim-Ostrau.

[433] Dokumentation der Professoren, Dozenten und Kurse des Politischen Kollegs in: Geheimes Staatsarchiv Berlin, Rep. 303, Nr. 173-175; Bundesarchiv Koblenz, R 118, Nr. 53 u. 54. Vgl. dazu SCHWIERSKOTT, Moeller, S. 61-66, S. 179f. sowie PETZINNA, Erziehung, S. 143-168, 215-220.

9.1.) Führer über den Massen: Der Deutsche Herrenklub

ne adlig-bürgerliche Kombinationen aus Hochschulprofessoren, Gutsbesitzern, Landräten, Ministerialdirektoren, Rechtsintellektuellen, Offizieren, Studenten, Fabrikanten und Kaufleuten zustande.[434]

Zur beachtlichen Konzentration von ökonomischem, sozialem und symbolischem Kapital, die dem Herrenklub gelang, gehörte eine starke intellektuell-kulturelle Komponente. Enge Kontakte zum *Deutschen Hochschulring* und zu renommierten Universitätsprofessoren, deren Bedeutung man anläßlich der repräsentativen „Jahresessen" des Klubs durch die Plazierung an den „besten" Tischen hervorhob,[435] die Pflege guter Kontakte zu Universitäten und Rechtsintellektuellen und die Nähe zum „Geistigen" waren fester Bestandteil der theoretischen und praktischen „Führersammlung". Die haltlose Überbetonung esoterischer Geistigkeit, die etwa Hermann Graf Keyserling in seiner Darmstädter *Schule der Weisheit* kultivierte, blieb dem Klub fremd, auch wenn die Sammlungsversuche beider Kreise auf den ersten Blick einige Gemeinsamkeiten aufweisen. Diese umfassen die auch von Keyserling frühzeitig vertretene Auffassung, „die heute fehlenden Führer" seien nicht durch staatliche Institutionen, sondern in neugeschaffenen „Privatanstalten" auf ihre Aufgaben vorzubereiten.[436] Der Vergleich mit Keyserlings esoterischem Konzept eines neugeschaffenen Gelehrten-Adels[437] weist die Ziele und Methoden der *Ring-Bewegung* einmal mehr als effektive Realpolitik aus.

Die stets im Dezember organisierten „Jahresessen" des DHK versammelten z. T. weit über 500 Gäste von inner- und außerhalb des Klubs. Die eindrucksvollen Teilnehmerlisten, die sich wie ein *Who is Who* der wichtigen Funktionseliten lesen, verweisen noch deutlicher als der Mitgliederkreis auf die Art der hier angestrebten Elitenfusion. Die ausgefeilten Tisch- und Sitzordnungen glichen Hofrangordnungen eigener Art, nach denen die geladenen Gäste unterschiedlicher Milieus mit kulinarischer Hilfe gekreuzt wurden. Beim Jahresessen im Dezember 1932 saß Klub-Präsident Hans-Bodo v. Alvensleben in der Mitte des 24 Personen versammelnden „besten" Tisches zwischen Franz v. Papen und Reichsminister Bracht, denen Generalleutnant Frhr. v. Fritsch, der Großherzog von Mecklenburg, Staatssekretär Solms und der Vizepräsident der Deutschen Reichsbahn gegenüber saßen.[438] Das soziale Kaliber der

---

[434] Vgl. dazu die Auflistung der 53 Hörer von Martin Spahns Kurs „Der Krieg und die äußere Politik" (November 1920), in: SCHOEPS, Herrenklub, S. 219-222.
[435] Pläne der Tischordnung des DHK-Jahresessens von 1930 in: MHSA, HGM, Bd. 10, Fol. 160-179: Prof. Deißmann, Rektor der Berliner Universität, speiste am (nach Plazierung und Besetzung) „zweitbesten" Tisch mit dem DHK-Vizepräsidenten Gleichen, einem Vorstandsmitglied des Hamburger Nationalklubs, Generalmajor v. Schleicher, Staatssekretär Meißner, Reichsernährungsminister Schiele, Botschafter Nadolny und dem Gutsbesitzer Heinrich Burggraf zu Dohna-Mallmitz.
[436] Hermann GRAF KEYSERLING, Was uns Not tut. Was ich will, Darmstadt 1920 (= Reichls Schriften, Heft 15), S. 54f.
[437] Zu Keyserling und seiner *Schule der Weisheit* in Darmstadt vgl. STRUVE, Elites, S. 274-316.
[438] Vgl. dazu den separaten Plan der Tischordnung am nach Plazierung und Besetzung „besten" Tisch des Abends (Nr. 54), an dem insgesamt 24 Herren saßen, in: MLHA, Großherzogli-

Gäste, der vorgeschriebene Frack und die Preise auf den Speisekarten[439] verweisen erneut auf Standards, die weit außerhalb der Reichweite der meisten DAG-Mitglieder lagen. DAG-Hauptgeschäftsführer v. Bogen brachte diese soziale und politische Differenz Ende 1931 in seiner Absage an den westfälischen Gutsbesitzer Baron Lüninck auf eine einfache Formel: „Zum [Jahresessen] des Herrenklubs komme ich nicht, es ist mir, offen gesagt, zu teuer und außerdem sind sicher sehr viele hochgestellte Persönlichkeiten da, mit denen ich nicht besonders gern zusammen bin."[440]

Die Institution der „Jahresessen" symbolisiert die spezifische Leistung des Klubs, die in der Zusammenführung adlig-bürgerlicher Vertreter unterschiedlicher professioneller Bereiche lag, zwischen denen es gewöhnlich nur wenig Berührungspunkte gab. Wichtig für diese Funktion des Klubs war eine Reihe von Personen, die sich keinem der oben genannten professionellen Felder eindeutig zuordnen lassen, sondern mehrere dieser Bereiche von innen kannten, „führend" vertraten und innerhalb der *Ring-Bewegung* zusammenführten. Neben Alvensleben und Gleichen gehörten eine Reihe der aktiven Klubmitglieder zu diesen eher seltenen Amphibien, die sich zwischen städtischem Großbürgertum, den „besten" Familien des landsässigen Adels sowie dem Milieu der rechten Intelligenz souverän bewegten, diese miteinander verbinden und somit den Neubau eines modernetauglichen Elitenreservoirs befördern konnten.

Fünf Beispiele sollen hier genügen, um den im DHK häufig vertretenen Typus des flexiblen „Mehrzweckführers" zu skizzieren. Das prominenteste Beispiel liefert das Klubmitglied Franz v. Papen, der als Sohn eines preußischen Rittmeisters, Mitglied einer alten westfälischen Adelsfamilie, Pagenschüler, Ehemann einer saarländischen Industriellentochter, Diplomat, Generalstabsoffizier, Gutspächter, Kandidat des vom westfälischen Adel dominierten rechten Flügels im Zentrum, aktives Mitglied katholischer Adelsverbände, Hauptaktionär einer bedeutenden Zeitung, Mitglied des preußischen Landtages, Herrenreiter, Katholik mit guten Kontakten zur Kurie und Treuhänder des „Langnamvereins" mit exzellenten Kontakten zur Schwerindustrie diesen Typus bereits in Reinform repräsentierte, bevor er als Wunschkanzler Hindenburgs das „Ohr" des greisen Reichspräsidenten gewann und behielt.[441] Analog zu

---

ches Kabinett III, Nr. 2653. Die Akte enthält zudem detaillierte Teilnehmerlisten und Tischordnungen für die Jahresessen von 1930 und 1932 (im großen Festsaal von Kroll gegenüber dem Reichstag). Die Plazierung der Tische im Raum und die Sitzordnung der „Herren" an den einzelnen Tischen dokumentieren das feinsinnige Gespür für soziale Hierarchien und den Versuch, unterschiedliche Machtfelder „am weißen Tisch" miteinander in Verbindung zu bringen. 1932 gab es 675 Teilnehmer, die an 72 Tischen à 8-24 Personen plaziert wurden.

[439] Serviert wurde ein viergängiges Menü und deutscher Schaumwein zum Flaschenpreis von 16 Mark. Einladungskarten, Speisenfolge und Preisliste in: MLHA, Großherzogliches Kabinett III, Nr. 2653.

[440] BOGEN an Lüninck, 1.12.1931, in: WAAM, Nl. Lüninck, Nr. 815.

[441] Franz v. PAPEN, Der Wahrheit eine Gasse, München 1952. Vgl. Joachim PETZOLD, Franz von Papen. Ein deutsches Verhängnis, München/Berlin 1995, S. 15-47. Papens feste und dauerhafte Bindungen an die Denkwelten des Adels werden hier jedoch kaum thematisiert.

9.1.) Führer über den Massen: Der Deutsche Herrenklub

Papen verkörperte Tilo Freiherr v. Wilmowsky[442] auf mehreren Ebenen die Verbindung von (adligem) Landbesitz und (bürgerlicher) Großindustrie. Wilmowsky, Gutsbesitzer aus einer Familie des schlesischen Uradels, Jurist und Landrat, hatte 1907 Barbara Krupp, die zweite Tochter Friedrich Alfred Krupps geheiratet und war dadurch um 20 Millionen Mark reicher, vier Jahre später zudem Mitglied des Krupp-Aufsichtsrates geworden. Als einer der einflußreichsten Gutsbesitzer der Provinz Sachsen hatte er sich nach 1918 bei der Aufstellung eines Stoßtrupps der Organisation Escherich hervorgetan. Später wurde er Vorsitzender des sächsischen Landbundes, Vizevorsitzender der Landwirtschaftskammer und Vorsitzender der DNVP-Fraktion im Provinziallandtag. Auch im Reichsausschuß für Technik in der Landwirtschaft, im „Luther-Bund" sowie als Präsident des Wirtschaftsverbandes Mitteldeutschland war Wilmowsky in „führenden" Positionen. Der Baron war zudem Mitglied im sogenannten „Smoking-Clubs", einem fest institutionalisierten, vierteljährlichen Treffen von sechs hochkarätigen Industrievertretern mit sechs adligen Vertretern der Landwirtschaft im Berliner Hotel Esplanade. Von dieser Plattform aus war 1929 die Vermittlung eines zinslosen Industriedarlehens an den Reichslandbund gelungen.[443] Im gleichen Jahr spielte Wilmowsky für den Herrenklub die Rolle des Geldbeschaffers mit Zugang zu üppigen Quellen. Mit der Feststellung, der Herrenklub habe „sich in letzter Zeit in anerkennenswerter Weise auf die von der Industrie vertretenen Interessen eingestellt",[444] gelang es Wilmowsky, seinen finanzkräftigen Schwager in Essen für eine finanzielle Unterstützung des Klubs zu gewinnen.

Ein Kölner Bankier aus einer neuadligen Familie, Kurt Frhr. v. Schröder, war einer der wichtigsten Verbindungsmänner des DHK zur Finanzwelt. Als einer der aktiven Organisatoren des Klubs warb der Baron, in dessen Kölner Haus im Januar 1933 die berüchtigte Unterredung zwischen Hitler und Papen stattfinden sollte, am Rhein um „Führer", die der Politik noch fernstanden. Als ehemals Aktiver im exklusivsten Korps des deutschen Adels, der es bis zum Vorstandsmitglied und „Rechnungsführer" im *Verein alter Herren der Borussia zu Bonn* gebracht hatte,[445] besaß auch Schröder amphibische Qualitäten.

Die spöttischen Urteile über Papens angeblich „beschränkten" Horizont, in denen Zeitgenossen und Forschung übereinstimmen, sind zwar erheiternd, jedoch kaum geeignet, die Mehrfachkarriere des Herrenreiters in verschiedenen Lebenswelten angemessen zu deuten.

[442] Angaben nach seiner Autobiographie: Tilo FRHR. V. WILMOWSKY, Rückblickend möchte ich sagen, Oldenburg/Hamburg 1961 und nach JACOB, Engagement, in: Reif (Hg.), Adel und Bürgertum in Deutschland, Bd. 1, S. 313f. Vgl. Wolfgang ZOLLITSCH, Das Scheitern der „gouvernementalen" Rechten. Tilo von Wilmowsky und die organisierten Interessen in der Staatskrise von Weimar, in: Walther von KIESERITZKY/Klaus-Peter SICK (Hg.), Demokratie in Deutschland. Chancen und Gefährdungen im 19. und 20. Jahrhundert, München 1999, S. 254-273; PYTA, Dorfgemeinschaft, S. 366f.

[443] Protokoll der DHK-Tagung vom 9.4.1927 in: LHAM-AW, Rep. Stolberg, O, E, Nr. 32.

[444] Wilmowsky an Krupp v. Bohlen, 28.2.1929, zit. n. PETZINNA, Erziehung, S. 229.

[445] Akten des Corps Borussia, darin u. a. Mitgliederlisten der „Alten Herren" sowie diverse Schreiben Kurt FRHR. V. SCHRÖDERs, in: FFAD, Fürstl. Hs., Erziehung, Corps Borussia 1901ff.

Die guten Kontakte zum preußischen Adel dürfte der mit der Tochter eines Kommerzienrates verheiratete Finanzmann aus Köln weniger seinem Freiherren-Titel als seiner Position verdanken, die er als „alter Herr" der Borussen bekleidete. Schröder war im November 1932 einer der aktivsten Mitglieder des NS-freundlichen Keppler-Kreises, als es galt, der für Hitler werbenden Petition an Hindenburg durch die Namen prominenter Mitglieder der „Ruhrlade" größeres Gewicht zu verleihen.

Als Mittelsmann einer anderen, jedoch innerhalb der Rechten nicht minder wichtigen Art ist der bayerische Forstrat Georg Escherich zu nennen, 1919/20 Organisator der nach ihm benannten *Orgesch*, dem Dachverband der „Einwohnerwehren". Escherich, der seit dieser Zeit über gute Kontakte zur radikalen Rechten, insbesondere in Bayern verfügte, war zudem seit 1919 „Sonderbeauftragter" des *Vereins der Standesherren* und Mitglied des süddeutschen, von solventen Hochadligen gestützten *Gäa*-Kreises.[446] Durch die Freundschaft mit Oswald Spengler, die einst engen Kontakte zu Alfred Hugenberg sowie die guten Verbindungen zu den verschiedensten paramilitärischen Verbänden in Preußen und Bayern[447] vereinte auch Escherich in seiner Person verschiedene, im Regelfall voneinander getrennte Milieus.

Als fünftes Beispiel sei Hans-Hasso v. Veltheim-Ostrau genannt, in dem sowohl die Verbindung adliger und bürgerlicher Eliten als auch eine besonders kultivierte (und etwas entlegene) Spielart elitär-männerbündischer Modelle zusammenlaufen. Veltheim, 1885 geborener Sohn eines Rittergutsbesitzers und einer bürgerlichen Mutter, hatte 1913 sein Studium der Archäologie, Kunstgeschichte und Philosophie mit der Promotion zum Dr. phil. beendet. Wie sein Bruder, ein Cecil-Rhodes-Stipendiat, hatte auch Veltheim im Ausland studiert. Im Krieg Oberleutnant und Ballonflieger, wurde er nach dem Tode seines Vaters im Jahre 1927 Besitzers des Schlosses Ostrau bei Halle, mit dessen aufwendigem und geschmackvollem Ausbau Veltheim weithin beachtete Standards setzte. Zu den modernsten Zweigen der deutschen Wirtschaft hatte Veltheim durch seine Ehefrau einen direkten Kontakt: Hildegard Duisberg war die Tochter des Bayer- und IG-Farben Direktors Carl Duisberg, der seinen Schwiegersohn fortan in Finanzfragen beriet. Veltheim erweiterte seine außergewöhnliche Bildung auf langen Ostasien-Aufenthalten, galt als anerkannter Indologe, war Mitglied diverser ostasiatischer und europäischer Kulturvereine, unterhielt Kontakte zu Rainer Maria Rilke, Oswald Spengler, Rudolf Steiner, Stefan George, dem Grafen Keyserlingk und organisierte auf seinem Schloß einen internationalen Gesprächskreis zu spirituellen, kulturellen und politischen Themen.[448]

---

[446] KRÜGER, Treudeutsch, S. 70ff.; Tagungsprotokoll des Vereins der deutschen Standesherren vom September 1919: StAD, Herrschaft Schlitz, F 23 A, 1219/1 und ebd. 1219/2.
[447] HOLZBACH, System Hugenberg, S. 147-155.
[448] Zu Veltheim: LAM-AW, Rep. H Ostrau, u. a. II, 194; II, 159; II, 163; II, 24; II, 258, sowie die Darstellung bei Udo v. ALVENSLEBEN, Besuche vor dem Untergang, Adelssitze zwischen Altmark und Masuren, hg. von Harald v. KÖNIGSWALD, Frankfurt a. M./Berlin 1978, S. 134-149; Udo v. ALVENSLEBEN, Eine Stätte west-östlicher Begegnungen, in: Hans-Hasso

Für die Verschränkung sonst weitgehend getrennter adlig-bürgerlicher Milieus waren die amphibischen Fähigkeiten der hier genannten „Herren" unabdingbar. Neben dieser Syntheseleistung durch persönliche Beziehungen gelang dem DHK weiterhin der Aufbau eines organisatorischen Netzwerkes.

9.2.) Das Netzwerk der *Ring-Bewegung*

Die Klubleiter bemühten sich landesweit um persönliche und organisatorische Stützpunkte. Neben den direkt an die Kluborganisation angebundenen *Herrengesellschaften* wurden Juniorentagungen, Vortragsabende und der Austausch von Rednern mit einzelnen Landesabteilungen der DAG und mit den alldeutsch kontrollierten *Nationalklubs*[449] organisiert. Wie bereits erwähnt, blieben die Verbindungen nach Süddeutschland schwach.[450] Die Verbindung mit den lokal organisierten, im Reich verteilten „Herrengesellschaften" wurde von der *Mittelstelle des Ringes* koordiniert, die seit Oktober 1928 am Pariser Platz in den Räumen der elitären *Casino-Gesellschaft* residierte. Den Modus einer gleichzeitigen Mitgliedschaft in DHK und dem Casino, einem aus der Kaiserzeit stammenden Gesellschafts-Klub, hatte die DHK-Leitung vertraglich geregelt.[451] Die Mittelstelle koordinierte den „Gastverkehr" und den Austausch von Rednern mit insgesamt mindestens dreizehn *Herrengesellschaften*[452] und *Juniorenkreisen* sowie mit den *Nationalklubs* in Berlin, Dres-

---

[449] von Veltheim-Ostrau. Privatgelehrter und Weltbürger, Hg. v. Rolf Italiaander, Düsseldorf 1987, S. 56-65; Rolf ITALIAANDER, Eine kreative Freundschaft, in: ebd., S. 16-39 und SOMBART, Jugend, S. 159f.

Gerhard SCHULZ, Der ‚Nationale Klub von 1919' zu Berlin. Zum politischen Zerfall einer Gesellschaft, in: Ders., Das Zeitalter der Gesellschaft. Aufsätze zur politischen Sozialgeschichte der Neuzeit, München 1969, S. 299-322. HOLZBACH, System Hugenberg, S. 138-145.

[450] Die Jahres- und Tätigkeitsberichte von 1926/27 (WAAM, Nl. Lüninck, Nr. 820) belegen die guten Kontakte des Klubs in Halle, Magdeburg, Dresden, Bonn, Leipzig, Mecklenburg, Breslau, Königsberg, Elberfeld und Mainz. Aus Bayern wird lediglich der Münchener *Jungakademische Klub* genannt, in dem Edgar Julius Jung eine prominente Rolle spielte; dazu: JAHNKE, Jung, S. 197-200. Bereits zum Zeitpunkt der DHK-Gründung hatte man Eugen Prinz v. Öttingen und Franz Frhr. von Stauffenberg als Vertreter Süddeutschlands zu gewinnen versucht (Einladungsliste v. 11.11.1924 in: ebd.). Zumindest Öttingen wurde später auch Mitglied des Klubs.

[451] LAM-AW, Rep. H Ostrau, II 158. Die *Casino-Gesellschaft* bot reine Klubabende ohne ein dem DHK vergleichbares politisches Programm. Zum Casino s. VELTHEIMS Schreiben an Heinrich v. Gleichen v. 1928 u. 1930: ebd., II, 523, Vol. I, Nr. 10, Fol. 11, ebd. II, 158, Fol. 17 und ebd., Rep. H St. Ulrich, Nr. 463 (Mitgliederlisten). Die insgesamt ca. 300 Casino-Mitglieder wurden nach „1. und 2. Klasse" unterschieden. Mitglieder der 1. Klasse, darunter viele Hochadlige, zahlten vor 1918 für Aufnahme und Jahresbeitrag den sehr hohen Betrag von je 200 Mark. Statuten in: FFAD, Kab.Sekr., Casino-Gesellschaft.

[452] Die Mitgliederlisten bei SCHOEPS, Herrenklub, S. 230-232 und SCHWIERSKOTT S. 170-175 dokumentieren 13 verschiedene Herrengesellschaften: Magdeburg, Mecklenburg, Godesberg, Leipzig, Schlesien, Stuttgart, Elberfeld, Grenzmark, Halle, Wernigerode, Mönchengladbach, Ruhr-Revier, Thüringen, mit regional sehr unterschiedlicher Adels-Beteiligung.

den, Hamburg und Mainz, die in der Nachkriegszeit unabhängig vom Herrenklub entstanden waren und den rechtsradikalen Flügel innerhalb der „*Ring-Bewegung*" repräsentierten.[453]

Bestimmt man die Adligen im Herrenklub als sozialen Gegenpol zur Klientel der DAG, ist danach zu fragen, ob sich der Klub bezüglich des politischen Kurses ebenso deutlich von der DAG unterscheiden läßt. Das Verhältnis der *Ring-Bewegung* zum Nationalsozialismus wird in der Literatur kontrovers beurteilt.[454] Zweifellos jedoch hielt die Leitung des DHK zur NS-Bewegung eine weit größere Distanz als die DAG. Antisemitische Züge innerhalb der *Ring-Bewegung* aufzuzeigen, ist zwar wie überall innerhalb der Weimarer Rechten eine leichte Übung, niemals jedoch wurde der Antisemitismus innerhalb des Klubs, der auch einige jüdische Mitglieder hatte, zum konstitutiven Bestandteil der hier gepflegten Ideals des „freien Herrentums". Jenseits der gemeinsamen antidemokratischen Ausrichtung unterschied sich der Herrenklub nach sozialer Zusammensetzung und politischer Zielsetzung deutlich von der NS-Bewegung. Diese Differenzen spiegelten sich v. a. zur Zeit des Papen-Kabinetts in massiven Angriffen der NS-Publizistik auf den Herrenklub wider. Bei aller Anerkennung der Leistungen und Potentiale des Nationalsozialismus mußten Ziel und Praxis des Herrenklubs, unabhängig „über" den Massen zu stehen, konsequenterweise heißen, die eigene Position nicht in, sondern „über" der NS-Bewegung zu suchen. Ziele und Methoden des Berliner DHK lassen sich als eigenständiges, wohlorganisiertes Konzept für einen autoritären Staatsumbau beschreiben, das sich von der Hugenbergschen Destruktions-Linie und vom Nationalsozialismus eindeutig unterscheiden läßt. Auf der Grundlage einer klar prokapitalistischen Grundhaltung konzentrierte der DHK seine politischen Bemühungen auf vier Punkte: Einfluß auf den Reichspräsidenten und Ausweitung seiner Gewalten, die Einrichtung eines Oberhauses, eine Revision des allgemeinen gleichen Wahlrechts und eine „Reichsreform" zur Ausschaltung des Parlamentarismus und zur Ausschaltung der SPD in Preußen.[455] Das Konzept des autoritären Staatsumbaus unter Führung einer von „den Massen" unabhängigen Herrenschicht führte zum Dauerkonflikt mit der NS-Bewegung, die sich 1932 während der Reichspräsidentenwahl verschärfte, in der sich der DHK hinter Hindenburg stellte.[456] Alle zentralen Projekte des DHK wurden von Papens „Kabinett der

---

[453] Ein organisierter Gastverkehr bestand mit 13 Gesellschaften in Godesberg, Halle, Magdeburg, Rostock, Breslau, Elberfeld, Leipzig, Dresden, Hamburg, Königsberg, Mainz, dem Jungkonservativen Klub in der Berliner Motzstraße und dem Jung-Akademischen Klub in München: BAMA, N 42, Nr. 7, Fol. 7f. ISHIDA, Jungkonservative, S. 62, spricht von insgesamt „18 Filialen des DHK im ganzen Reich". Vgl. SCHOEPS, Herrenklub, S. 43f. und PETZINNA, Erziehung, S. 225f.

[454] Vgl. PETZOLD, Wegbereiter, S. 320-336; 350-364; ISHIDA, Jungkonservative, S. 238-263 und PETZINNA, Erziehung, S. 274-286.

[455] Zum DHK-Konzept des autoritären Staatsumbaues s. ISHIDA, Jungkonservative, S. 92-107.

[456] Vgl. dazu Walther SCHOTTE, Die parteifreie Regierung, in: Reich und Staat 11/1932, Beilage in: Der Ring 34/1932; die DHK-Rundschreiben zur Bedeutung des Reichspräsidentenamtes und zur Reichspräsidentenwahl, in: MLHA, HGM, Bd. 10, Fol.129-136, den Aufsatz

9.2.) Das Netzwerk der Führer: Die Ring-Bewegung

Barone" aufgenommen, für ihre praktische Vollendung blieb der Papen-Regierung bekanntermaßen nicht genug Zeit.[457]

Der Konflikt zwischen DHK und NSDAP spitzte sich seit der Reichspräsidentenwahl von 1932 erheblich zu. Auf dem Höhepunkt der Konfrontation zwischen NS-Bewegung und dem Kabinett der Barone im Herbst 1932 verkündete Goebbels den „rücksichtslosen Kampf" gegen jene „Sorte von Adel", die – zurückgelehnt in „Herrenklubsesseln" – das Volk als „stinkende Masse" bewertete. Hitler polemisierte in Reden gegen die „hochwohlgeborenen Herrschaften, die schon in einer ganz anderen Menschheit stehen infolge ihrer Geburt".[458] In den großen NS-Zeitungen trat Goebbels eine Kampagne los, für die auch die prominenten Partei-Adligen, u. a. Prinz August Wilhelm v. Preußen, Friedrich Christian Prinz v. Schaumburg-Lippe und Ernst Graf zu Reventlow von der Kette gelassen wurden.[459] Zeitgleich brachte *Der SA-Mann* Karikaturen des Zylinderträgers Papen, der mit anderen Zylinderträgern Champagner trinkt und die Arbeiterschaft in eine Schraubzwinge spannt. Bildunterschrift: „Auch ein *Führer* und auch ein *Volk*".[460]

Die tiefe Differenz zwischen dem Konzept einer parteiunabhängigen „Führersammlung" über den Massen und der nationalsozialistischen Massenbewegung ist mehrfach analysiert worden und soll hier nicht bestritten werden. Nimmt man jedoch neben dem kleinen Kreis, der die Berliner Klubarbeit und die Redaktion des *Rings* koordinierte, das beinahe landesweit organisierte Netzwerk der *Ring-Bewegung* in den Blick, verändert sich dieses Bild. Im Blick auf die dem Berliner Herrenklub assoziierten Herrengesellschaften und die zum alldeutschen Netzwerk zählenden *Nationalklubs* scheint die bisherige Beurteilung der Distanz der *Ring-Bewegung* zum Nationalsozialismus[461] zumindest ergänzungsbedürftig. Die Betonung dieser Distanz hat ihre Gültig-

---

„Für das Reich!", in: Der Ring, 17/1931, S. 295, v. a. aber die Darstellungen bei PETZINNA, Erziehung, S. 257-273 und SCHOEPS, Herrenklub, S. 84-90.

[457] Karl Dietrich BRACHER, Die Auflösung der Weimarer Republik, Düsseldorf ⁵1984, S. 472ff.; Hans MOMMSEN, Regierung ohne Parteien. Konservative Pläne zum Verfassungsumbau am Ende der Weimarer Republik, in: Winkler (Hg.), Staatskrise, S. 1-18 und DERS., Freiheit, S. 437-494, sowie ISHIDA, Jungkonservative, S. 192-225.

[458] Rede Adolf Hitlers am 7.9.1932, zit. n. NOLTE, Konservativismus, in: Schumann (Hg.), Konservativismus, S. 256.

[459] Zitat: Angriff, 23.9.1932. Vgl. Völkischer Beobachter 15.10.1932; Preußische Zeitung 24./25.9.1932: „Die Pflicht des wahren Adels. Mit Hitler für das deutsche Volk. Ein Aufruf der nationalsozialistischen Adligen" und ein Pamphlet von Goebbels späterem Adjutanten: F. C. PRINZ ZU SCHAUMBURG-LIPPE, Der Berliner Herrenklub und das deutsche Volk, Köln 1932. Vgl. ISHIDA, Jungkonservative, S. 251, mit der Auflistung weiterer Beispiele, sowie auf der Gegenseite: Hans PRINZHORN, Zur Problematik des nationalen Radikalismus. Über den Nationalsozialismus, in: Der Ring, 31.7.1931 (31/1931), S. 573-577 und: Zehn Fragen an Hitler – sozialistische Antworten, in: Der Ring 9/1932, S. 139.

[460] Der SA-Mann, 8.10.1932, 22.10.1932, 3.12.1932.

[461] Die Analysen von SCHOEPS, Herrenklub, S. 138-159; ISHIDA, Jungkonservative, S. 238-263 und PETZINNA, Erziehung, S. 274-286, betonen v. a. die Distanz zwischen Ring- und NS-Bewegung. Anders in der marxistischen Deutung von PETZOLD, Wegbereiter, S. 320-336; 350-364.

keit für einen Teil der Berliner Klubleitung und v. a. für den Zeitraum der nationalsozialistischen Angriffe auf das Papen-Kabinett, dem der Herrenklub als gesellschaftliches Forum, *think tank* und Reservebank diente. Die Selbstgleichschaltung des Klubs, der Parteieintritt und die opportunistische Haltung Alvenslebens und Gleichens nach der Machtübertragung lassen sich jedoch in eine Entwicklung einordnen, die spätestens 1928 begonnen hatte und mit der Entwicklung der regionalen „Herrengesellschaften" in Verbindung zu bringen ist. Die Position einer parteiübergreifenden Koalition von adlig-bürgerlichen Funktionseliten wurde nicht erst 1933 überrannt, sondern bereits zuvor innerhalb der *Ring-Bewegung* selbst aufgelöst.[462]

Einzelne Hinweise auf die Komposition eines eher ländlichen Ablegers des Berliner Herrenklubs bietet der apologetische Bericht des ehemaligen Kadettenschülers und Gutsbesitzers Fritz Günther v. Tschirschky, der Ende 1927 in Schlesien eine dem DHK assoziierte Herrengesellschaft gegründet hatte. Erfolgreich hatte sich Tschirschky, der später zum engeren Mitarbeiterkreis um Franz v. Papen gehörte, in Schlesien bemüht, „eine Gruppe junger Menschen zu sammeln, die aus den verschiedensten Berufen [und] Gesellschaftsschichten [... stammten], in erster Linie Akademiker, junge Offiziere, Studenten, Söhne der Kaufmannschaft und des Adels". Tschirschkys Behauptung, die Vereinigung sei zur Vorbereitung des „Abwehrkampfes" gegen die NSDAP gegründet worden, ist bereits angesichts des Gründungsdatums (1927/28) als barer Unsinn erkennbar.[463] Ein weit besser dokumentiertes[464] und im inneren Kräfteverhältnis der *Ring-Bewegung* bedeutsames Beispiel für die rechtsradikale Abweichung vom Kurs der Berliner DHK-Leitung liefert die *Herrengesellschaft Mecklenburg*.[465] Im Sommer 1926 auf einem Rittergut gegründet,

---

[462] Alvensleben avancierte in der SA bis zum Brigadeführer (GGT, G 1942, S. 10f.).

[463] Fritz-Günther v. TSCHIRSCHKY, Erinnerungen eines Hochverräters, Stuttgart 1972, S. 57. Vorstand und Ehrenausschuß der Schlesischen Herrengesellschaft gehörten neben Tschirschky folgende Adlige an: Graf Keyserlingk-Cammerau, Graf Dohna-Mallmitz, Generallandschaftsdirektor v. Grolman, Sylvius Graf Pückler, Prätorius Frhr. v. Richthofen und der Landeshauptmann v. Thaer. Vgl. die Mitgliederliste bei SCHOEPS, Herrenklub, S. 231 und LOB, Schmitt, S. 119-125.

[464] Die Akten der Herrengesellschaft Mecklenburg im Mecklenburgischen Hauptstaatsarchiv (Schwerin) umfassen zehn inhaltlich sehr dichte Bände.

[465] Im hölzernen Jargon marxistischer „Junker"- und „Faschisten"-Hatz, jedoch empirisch sehr gründlich aus den Archivquellen gearbeitet: Klaus KARTOWITSCH, Die Herrengesellschaft Mecklenburg 1926-1939, Diplom-Arbeit, HU Berlin 1984 (auch in MHSA). Vgl. dazu die neue Darstellung von Lothar ELSNER, Die Herrengesellschaft. Leben und Wandlungen des Wilhelm von Oertzen, Rostock 1998. Die (posthum edierte) Darstellung Elsners übertrifft Kartowitschs Arbeit weder in der Darstellung noch in der Analyse, obwohl Elsner zusätzlich auf das umfangreiche Tagebuch Wilhelm v. Oertzens zurückgreifen konnte. Das ehemals scharfe Urteil des DDR-Historikers ist in dieser Darstellung einer eigenartigen Form der Gutsherren-Verehrung gewichen. In befremdlichen Passagen informiert Elsner seine Leser über „tragische Ereignisse" und am Grab des Gutsherren niedergelegte Blumen (S. 5-7, 203f.). Die vollständige Revision der Ergebnisse, zu denen der Autor dreißig Jahre zuvor gelangt war (DERS., Zur Funktion und Politik der „Herrengesellschaft Mecklenburg", in: Wissenschaftliche Zeitschrift der Universität Rostock, G.-Reihe, Heft 2/3, Rostock 1968, S.

9.2.) Das Netzwerk der Führer: Die Ring-Bewegung

wurde die Vereinigung, die am Gründungstag 23, seit 1932 ca. 300 Mitglieder hatte, zu einer der mitgliederstärksten Filialen des Berliner Herrenklubs. Sie gehörte außerdem zu den Filialen, in denen der alte Adel ausgesprochen stark vertreten war. Die große Bedeutung, die landbesitzende Mitglieder alter Adelsfamilien in dieser Organisation hatten, spiegelt sich in den Mitgliederlisten[466] und in der Person ihres Gründers und Vorsitzenden wider: Wilhelm v. Oertzen-Roggow, zum Zeitpunkt der Klubgründung ein Gutsbesitzer von 43 Jahren, hatte als Sohn eines mecklenburgischen Gesandten am Berliner Hof zwanzig Jahre in Berlin gelebt. Seine Gründung der mecklenburgischen Herrengesellschaft vollzog sich in enger Abstimmung mit der Berliner Klubleitung, zu der Oertzen als DHK-Mitglied und durch die persönliche Bekanntschaft mit Hans-Bodo Graf v. Alvensleben seit längerem gute Kontakte hatte.[467] Zweiter Vorsitzender wurde der Gutsbesitzer Reimar v. Plessen-Langen-Trechow. Hochadliger Zuspruch wurde der Herrengesellschaft in Form des ehemaligen Gouverneurs von Togo, Adolf Friedrich Herzog v. Mecklenburg, zuteil, der ihr bereits 1926 beitrat. Im Vergleich zur Berliner Zentrale behielt die Herrengesellschaft einen im doppelten Wortsinn provinziellen Charakter. Dieser läßt sich an den hier klar dominierenden Vertretern der Landwirtschaft ablesen,[468] daneben auch am Jahresbeitrag, der sich mit 10 Mark nur auf ein Zehntel des Berliner Niveaus belief. Dem Konzept der Berliner Zentrale folgend, bemühte sich Oertzen intensiv, Vertreter der Wirtschaft und Industrie als Mitglieder bzw. Referenten zu gewinnen. Neben den Kontakten zur DAG, die mehrere Jugendtagungen in Mecklenburg förderte, pflegte Oertzen seine Verbindungen zur organisierten Ritterschaft[469] und zu einzelnen Mitgliedern des Hochadels in Mecklenburg,[470] investierte jedoch von Anfang an viel Energie, um die Gesellschaft nicht zu einer reinen Interessenvertretung adliger Gutsbesitzer werden zu lassen. Um den Blick „durch unsere agrarische Brille" zu erweitern, bemühte sich Oertzen erfolgreich um „städtische Kreise, also Industrie und Kaufleute". Mit dem explizit formulier-

---

181-185), schüttet das Kind mit dem Bade aus. Ähnlich unangemessene Deutungen bei NIEMANN, Großgrundbesitz, S. 236-249.

[466] BAK R 18, Nr. 5330: Mitgliederliste der Herrengesellschaft Mecklenburg, Stand: 1.7.1932. Etwa 85 der 290 Mitglieder waren Adlige, darunter Vertreter traditionsreicher Familien wie Bassewitz (5 Mitglieder), Bernstorff (2), Blücher (1), Brandenstein (3), Oertzen (10) und Schulenburg (1). An der Spitze der Mitgliederliste stand Adolf Friedrich Herzog zu Mecklenburg.

[467] Oertzens ältester Sohn Jürgen heiratete im Jahre 1937 Elisabeth v. Alvensleben, eine Tochter des Klubpräsidenten.

[468] KARTOWITSCH, Herrengesellschaft, S. 43, nennt 40 Gutsbesitzer, 40 Beamte, 16 höhere Offiziere, 15 Rechtsanwälte, 20 Ärzte, 5 Geistliche, 8 Professoren/Dozenten, 12 Pädagogen, neben einigen mittelständischen Fabrikbesitzern und nicht näher beschreibbaren Vertretern des ‚Kleinbürgertums'.

[469] Ein Vetter OERTZENS war Vorsitzender des Vereins der mecklenburgischen Ritterschaft und des mecklenburgischen Landbundes (MHSA, HGM, Bd. 3, Fol. 85).

[470] OERTZEN an GAYL und an Erbgroßherzog v. Oldenburg (Februar/Mai 1927), in: MHSA, HGM, Bd. 1, Fol. 34 und 62.

ten Ziel, eine den deutschen Verhältnissen angepaßte „gentry" zu schaffen, wurden nicht nur Wirtschaftsvertreter, Professoren, Bankiers und Redakteure der mecklenburgischen Umgebung, sondern auch bürgerliche Finanz- und Industriekreise des Ruhrgebietes gewonnen.[471] Für das Deutsche Adelsblatt verfaßte Oertzen scharfe Kritiken an Standesgenossen, die „wertvolle Führer" aus dem Bürgertum nicht als gleichwertig betrachteten.[472] Oertzen skizzierte die Arbeitsweise seines Kreises wie folgt: „Wir sind eine durchaus aristokratische Bewegung insofern, als wir Führerpersönlichkeiten aus allen Kreisen heranziehen und durch unsere Veranstaltungen schulen und informieren und vor allem dann auch von ihnen erwarten, daß sie das Gelernte auch anwenden auf sich und auf den Kreis, auf den sie Einfluß haben. Das ist eben Führertum!" Der „große Führer" werde zwar nicht erzogen, sondern geboren, die Schulung von Denken und Fühlen der „kleinen Führer" zu einer neuartigen Oberschicht sei jedoch unabdingbar, „damit eine Atmosphäre vorhanden ist, in der der Führer überhaupt leben, in der er sich durchsetzen kann."[473]

Über einzelne Kontaktleute gelang es Oertzen tatsächlich, neue Verbindungen zwischen mecklenburgischer Landjugend und rheinisch-westfälischer Bourgeoisie herzustellen. Der Düsseldorfer Fabrikbesitzer Carl vom Bruck, der Oertzen durch die Berliner Klubleitung empfohlen und später zu einem der wichtigsten Berater Oertzens wurde, vermittelte dem mecklenburgischen Landwirt Kontakte zu Franz Bracht und Albert Vögler. Oertzen und Bruck organisierten mehrere Exkursionen ins Ruhrgebiet, auf denen junge (v. a. adlige) Gutsbesitzer Stahl- und Rüstungsbetriebe besichtigen und Kontakte zu den dortigen „Führern" aufbauen konnten.[474] Auch die jährlich organisierten „wirtschaftspolitischen Kurse" der Herrengesellschaft profitierten von diesem Netzwerk. Eine erste Tagung zu wirtschaftspolitischen Fragen, die 53 adlige und 36 bürgerliche Teilnehmer versammelte, fand bereits acht Monate nach der Klubgründung statt. Die Kontakte zu Hochschulprofessoren und prominenten Rechtsintellektuellen einerseits, zu industriellen Praktikern andererseits wurden auf den wirtschaftspolitischen Kursen erfolgreich ausgebaut. Im Februar 1931 wurde eine solche Tagung in enger Zusammenarbeit mit Martin Spahn und dem Berliner *Politischen Kolleg* organisiert. Drei Tage lang debattierten die ca. 150 Teilnehmer, darunter auch 18 Frauen, Vorträge, die sich mit dem „Kampf der Deutschen im polnischen Korridor", der Sowjetunion, Norddeutschland und dem „Südostdeutschtum" befaßten und mit dem Referat eines Düsseldorfer Oberingenieurs beendet wurden: „Menschenführung als

---

[471] Schriftwechsel OERTZEN, GLEICHEN, BRUCK und Tagungsplanung (1927), MHSA, HGM, u. a. Bd. 1, Fol. 19-21, 32, 44, 52-58.

[472] Wilhelm v. OERTZEN-ROGGOW, Nuradel, in: Adlige Jugend (DAB-Beilage), 1.1.1930, S. 4.

[473] Schreiben Oertzens v. 8.11.1930, zit. nach ELSNER, Herrengesellschaft, S. 35f. (Zitat) und S. 48 (Teilnehmerzahl). Zum Ablauf der Vortrags-Veranstaltungen vgl. TSCHIRSCHKY, Erinnerungen, S. 58f. und PAPEN, S. 138f.

[474] Schriftwechsel OERTZENS mit dem DHK-Mitglied und Essener Oberbürgermeister Franz Bracht, u. a. über die Besichtigung von Kohlegruben (März 1928), in: HSAM, HGM, Bd. 3, Fol. 224f. Zu den Industriekontakten des Ring-Kreises vgl. PETZINNA, Erziehung, S. 235f.

9.2.) Das Netzwerk der Führer: Die Ring-Bewegung

Mittel neuzeitlicher Wirtschaftsführung". Neben 71 bürgerlichen Offizieren, Beamten, Professoren und Geistlichen waren hier 69 Adlige, v. a. aus alten und bekannten Familien versammelt.[475] Kern der organisatorischen Arbeit waren monatliche Vortrags- und Diskussionsveranstaltungen. Bis 1942 lassen sich 134 solcher ein- bis dreitägigen Treffen nachweisen, die in der Regel aus 50 bis 100 Teilnehmern bestanden und auf diese Weise über 11.000 Personen erreichten.[476] Auch hier folgte man dem Berliner Muster und empfing neben Rechtsintellektuellen und Hochschulprofessoren v. a. rechtsstehende Exponenten von Industrie- und Landwirtschaftsverbänden, Minister und Parteivertreter als Referenten.[477] Oertzen scheiterte allerdings mehrfach bei Versuchen, herausragende „Führer" der Rechten als Referenten zu gewinnen und mußte sich in diesen Fällen mit Lokalmatadoren oder „Führern" zweiter Wahl begnügen, was die Provinzialität der Herrengesellschaft im Vergleich zum DHK erneut unterstreicht. Trotz intensiver Bemühungen scheiterten z.B. alle Versuche Franz v. Papen, Hjalmar Schacht, Albert Vögler, Wilhelm Cuno, Othmar Spann, Oswald Spengler und Franz Ritter v. Epp als Redner zu gewinnen.[478] Um einen Vortrag Hitlers hatte sich Oertzen seit 1927/28 bemüht, bereits getroffene Terminvereinbarungen hatte Hitler jedoch immer wieder absagen lassen. Auch die Intervention des NS-freundlichen Herzogs Adolf Friedrich v. Mecklenburg, der für Oertzen bei Hitler antichambrierte und Hitlers Bereitschaft zu einem Vortrag übermittelt hatte, blieb schließlich erfolglos.[479]

Oertzen hatte die überparteiliche „Führersammlung" als Arbeit und Ziel der Herrengesellschaft definiert. Die hier organisierte politische und wirtschaftliche Schulung sollte explizit über den lokalen Horizont hinausführen und eine Grundlage für die Auslese einer künftigen Oberschicht schaffen. Mit Blick auf das faschistische Italien, über das er auf mehreren Tagungen Vorträge halten ließ, hoffte Oertzen, aus der Sammlungsarbeit könne eines Tages „wirklich ein Führer" hervorgehen, dem wie Mussolini die Zusammenfassung der noch

---

[475] Tagungsplan und Teilnehmerliste der Tagung in Güstrow (28.2.-1.3.1931), in: HSAM, HGM, Bd. 7, Fol. 71-75 und 91. Die Listen verzeichnen die „großen" Namen des mecklenburgischen Adels; u. a.: Brandenstein, Buch, Schlieffen, Schwerin, Flotow, Malzahn, Dallwitz, Brockdorff, Bassewitz, Klinggräff, Lützow, Stillfried, Lancken, Bernstorff, Hagenow, Bülow, Vietinghoff-Scheel, Pfeil, Hoyningen-Huene, Oertzen, Gadow, Kardorff.

[476] KARTOWITSCH, Herrengesellschaft, S. 49f.

[477] Beispiele für die Zeit vor 1933: Eduard Stadtler, Heinrich v. Gleichen, August Winnig, Heinz Brauweiler, Karl Haushofer, Paul Rohrbach (vier Mal, über „Untermenschentum"), Max Hildegard Böhm, Martin Spahn (13 Vorträge), Hans Luther, Gottfried Feder, Frhr. v. Gayl, Paul v. Lettow-Vorbeck sowie der bayerische Bankier und RdI-Vorsitzende Ludwig Kastl.

[478] BAK, R 118, Nr. 9, v. a. Fol. 3-11 (Bemühungen um Epp, Feder und Strasser im Jahre 1929).

[479] Wilhelm v. OERTZEN 26.2.1931, in: MLHA, HGM, Bd. 7, Fol. 106. Vgl. dazu ELSNER, Herrengesellschaft, S. 65-72. Adolf Friedrich Herzog von Mecklenburg, ein Onkel des Großherzogs Friedrich Franz IV., bekannte sich seit einiger Zeit offen zur NS-Bewegung und wurde im Jahre 1931 Parteimitglied.

ungeordneten „nationalen" Persönlichkeiten und Verbände gelänge.[480] Parallel zu dieser vagen Hoffnung wurde das Konzept der „Führerauslese" und „Führerschulung" insbesondere in der Jugendarbeit des Klubs pragmatisch umgesetzt. Oertzen bemühte sich, „eine möglichst bunte Gesellschaft aus allen Kreisen Mecklenburgs [...] zusammenzubringen, wie z.b. Bauernsöhne, Studenten, Gutsbesitzersöhne, Pastoren, Junglehrer, land- und forstwirtschaftliche Beamte." Bei Gymnasialdirektoren der Umgebung hatte er sich nach den Namen geeigneter Kandidaten für die Schulungskurse erkundigt. Ziel der jährlichen Juniorentagungen war es, „die Jugend in Bewegung zu setzten, ihr nationales Pflichtbewußtsein einzuimpfen und ihr zu zeigen, was Führertum ist und daß man auch als junger Mensch ein gewisses Führertum betätigen kann." Der Jugend müsse deutlich gemacht werden, daß es noch kein „Führertum" sei, auf einer Stahlhelmversammlung „Hurra zu schreien".[481]

Die Rechtsabweichung der mecklenburgischen Herrengesellschaft vom DHK nahm bereits im Jahr nach ihrer Gründung Gestalt an. Sie formierte sich zunächst als Auflehnung gegen Inhalt und Form der Jugendarbeit, die der Berliner DHK organisierte. Mittelpunkt der Kritik waren bereits hier die Person des DHK-Vorsitzenden Heinrich Frhr. v. Gleichen und der betont intellektuelle Stil des Barons, der auch als Schriftleiter der klubeigenen Zeitschrift *Der Ring* fungierte. Oertzen, sein schwerindustrieller Berater Bruck und Ferdinand Frhr. v. Lüninck, Exponent des rechten Lagers im westfälischen Adel, äußerten sich besorgt über die rechte Sammlungsarbeit, die durch Gleichen immer mehr in ein „weichliches intellektuelles Fahrwasser hineingesteuert" werde, aus dem statt Führern dereinst „hyperintellektuelle Embryonen" auftauchen würden. Scharf sprach sich Oertzen gegen die von der Klubleitung systematisch geförderten theoretisch-ideologischen Debatten aus und forderte „Lösungen" statt Anregungen, „straffe Führung" statt eigenständiger Orientierung. Oertzen hielt den Berliner Klubleiter für einen „Salondiplomaten", der zu jeder pragmatischen Jugendarbeit untauglich sei. Bereits kurz nach der Gründung der von ihm geleiteten Gesellschaft forderte Oertzen einen „konzentrischen Angriff auf die Motzstrassenluft", womit die zumeist auf hohem Niveau geführten Debatten des ehemaligen Berliner Juni-Klubs und des Deutschen Hochschulringes gemeint waren. Wie sehr Oertzen trotz aller Bemühungen um die Erweiterung seines „Gesichtskreises" dem geistigen Gutsbesitzer-Horizont verhaftet blieb,[482] illustriert ein Brief, in dem Oertzen den

---

[480] Vgl. die Programmschrift „Aufgaben der Herrengesellschaft Mecklenburg" (undatiert), die Briefe von Wilhelm v. OERTZEN an Oswald Spengler und dessen Antwort (Juni 1926), in: MHSA, HGM, Bd. 1, Fol. 59-61 und 124-126.

[481] OERTZEN an einen Rostocker Universitätsprofessor, 23.7.1928, in: MHSA, HGM, Bd. 3, Fol. 102.

[482] Der Eindruck, daß Oertzens intellektuelles Format an die Köpfe der Berliner Klubleitung nicht heranreichte und Oertzen jedes „Übermaß" an intellektueller Anstrengung als potentielle „Gehirnerweichung" ablehnte, zwingt sich bei der Lektüre der Akten auf. Ein drittklassiges Gedicht Oertzens, das sein wohlwollender Biograph als Beleg für Oertzens angeblich hochstehende Geistigkeit anführt, belegt doch eher das Gegenteil. Nach einer Italienreise

9.2.) Das Netzwerk der Führer: Die Ring-Bewegung

Erhalt des „gesunden Menschenverstandes" einklagte. Explizit verteidigte er hier einen „draufgängerischen" Stil, den Oertzen wie viele seiner Standesgenossen für „Realpolitik" hielt. Auf einer Jugendtagung des DHK, klagte er, „wurde mit Fremdworten und nationalökonomischen Fachausdrücken jongliert, bei denen ich nicht mitkonnte."[483] Über Anlage und das anspruchsvolle Niveau der Schulungskurse am *Politischen Kolleg* sind ähnliche Klagen adliger Kursteilnehmer überliefert. 1922 hatte ein Graf Brockdorff, der in Spandau den Vorlesungen Martin Spahns gefolgt war, dessen Ausführungen über Platon, Rousseau und andere Meisterdenker als zu abstrakt kritisiert: „Wie setzen wir unsere Gedanken durch? Das ist die Kernfrage für Politiker, denn Politik ist Wirken auf die lebendige Gegenwart."[484]

Die bereits 1926/27 im Namen des Draufgängertums geführte Opposition gegen die Betonung intellektueller Schulung und geistiger Unabhängigkeit fand später ihre Fortsetzung in einer grundsätzlich positiven Beurteilung der NS-Bewegung. Auf einer Linie mit dem Berliner Herrenklub galt Hitler 1927 auch unter den mecklenburgischen „Herren" noch als „Trommler", dem man die Wandlung zum „Führer" nicht zutraute. Oertzens Berater Bruck schätzte den Nationalsozialismus als unzuverlässiges, demagogisches Konglomerat ohne eigene Ideen ein.[485] Oertzens Verhältnis zur NS-Bewegung war von drei Hauptzügen gezeichnet: erstens das Interesse eines herrschaftsgewöhnten Adligen an den beginnenden Sammlungserfolgen einer antidemokratischen Massenbewegung, zweitens die dünkelbeladene Arroganz gegenüber seiner „plebejischen" Bewegung und drittens die Skepsis gegenüber der unklaren, ambivalenten Haltung des nationalsozialistischen Programms in der Eigentumsfrage. In allen drei Zügen vertrat Oertzen eine Haltung, die bis zum Ende der 1920er Jahre für den Adel generell, für die Adligen innerhalb der *Ring-Bewegung* insbesondere charakteristisch war.

Ähnlich den Klärungsversuchen, die adlige Grundbesitzer in Bayern und Brandenburg wenig später organisierten, versuchte Oertzen bereits im Sommer 1928, Hitler auf eine klare und öffentliche Stellungnahme zum Privateigentum festzulegen. Statt des Vortrages über „Nationalsozialismus und Landwirtschaft", den Hitler unverbindlich zugesagt hatte, wünschte sich Oertzen einen Vortrag zum Thema „Nationalsozialismus und Eigentum". In einem Brief an Hitler hatte Oertzen das große Interesse der „Intelligenz" an der NS-

---

hatte Oertzen im hier zitierten Vierzeiler bekannt, für einen Sturm, der durch die „kahlen Felder" seiner Heimat fegte, „Florenzens ganzen Zauber" hergeben zu wollen (vgl. ELSNER, Die Herrengesellschaft, S. 20).

[483] Zit. nach dem Schriftwechsel OERTZEN/GLEICHEN/BRUCK (Herbst 1927), in: MHSA, HGM, Bd. 2, u. a. Fol. 76f., 97f., 108, 115, 123-126, 138, 160f. und ebd., Bd. 3, Fol. 195 (OERTZEN an Lüninck, 15.4.1928).

[484] A. GRAF BROCKDORFF an Wilhelm Rosenberger, 30.10.1922, zit. n. PETZINNA, Erziehung, S. 219. Brockdorff war Referent im Reichswehrministerium, s. SCHOEPS, Herrenklub, S. 219.

[485] BRUCK an Gleichen und Oertzen, Juni 1927, in: MHSA, HGM, Bd. 1, Fol. 19-21.

Bewegung erwähnt, den Parteiführer jedoch auf das erhebliche Mißtrauen hingewiesen, das unter seinen landbesitzenden Standesgenossen aufgrund der Enteignungsparolen der NS-Propaganda herrschte.[486] In Briefen an Hitler und Franz Ritter von Epp hatte Oertzen mehrfach die „berechtigte Reserve" betont, mit der er selbst und seine Standesgenossen die NSDAP wegen ihrer Stellung zur Eigentumsfrage beobachteten: „Sie ist die Partei, die den Marxismus am schärfsten von allen Parteien bekämpft und zugleich diejenige, die am meisten von der Gedankenwelt des Marxismus enthält."[487]

Hitler entzog sich schließlich einer Klärung, die Oertzen zu diesem Zeitpunkt noch forderte, statt sie zu erbitten, indem er sich wegen Terminschwierigkeiten, seiner zu schonenden Stimme und anderer Vorwände entschuldigen und die vereinbarten Vorträge mehrfach absagen ließ. Wie sehr Oertzen die Absagen zu diesem Zeitpunkt noch als Anmaßung eines Parvenus betrachtete, geht aus seinem Schreiben an den Gauleiter der mecklenburgischen NSDAP hervor. In hochfahrendem Kasinoton heißt es hier: „Ich will ihn [Hitler] durchaus nicht bedrängen, glaube aber, dass es auch in seinem Interesse liegen würde, hier in Mecklenburg einmal vor Gebildeten und Führern zu sprechen."[488] Oertzen hatte damit denselben „Herrenton" angeschlagen, in dem der DHK-Vorsitzende Heinrich v. Gleichen Ende 1931 einen „offenen Brief an Adolf Hitler" abgefaßt und im Ring veröffentlicht hatte: „Ich stelle jedenfalls fest, daß Männer, die sich zur führenden Schicht Deutschlands nicht erst von der gegenwärtigen Generation her rechnen, Ihr Ruf darum nicht erreicht und auch nicht erreichen wird, weil Sie auf diese Männer, auch wenn sie so leidenschaftliche Patrioten sind, wie Sie selbst, keinen Wert legen. Denn Sie fordern und wünschen: bedingungslose Gefolgschaft! Dazu werden Sie aber Männer, die ihr Handeln aus eigener Verantwortung bestimmen, nicht bekommen."[489] Adelsinterne Schriftwechsel zeugen von einem zu dieser Zeit noch unbeschädigten Selbstbewußtsein, als Adel über ein leistungsfähiges Reservoir an „Führern" zu verfügen, die weit über der NS-Bewegung standen. Als im brandenburgischen Adel eine ähnliche Debatte über die Einladung und ggf. Unterstützung Hitlers geführt wurde, schrieb Detlev v. Arnim-Kröchlendorf: „Ich kann vollkommen verstehen, wenn Hitler nach Führern sucht, glaube aber nicht, daß wir irgendwelche Veranlassung haben, Hitler dabei zu unterstützen."[490]

---

[486] Wilhelm v. OERTZEN an Hitler 4.6.1928 und an die Kanzlei der NSDAP 26.9.1928, in: MLHA, MGH, Bd. 3, Fol. 148 und Fol. 7, vgl. Fol. 105-107.

[487] Vgl. dazu die Schriftwechsel in MLHA, MGH, Bd. 3 und Bd. 7. Zitat: Brief Oertzens an General Franz Ritter von Epp (März 1929), zit. n. NIEMANN, S. 242f., vgl. dazu ELSNER, Herrengesellschaft, S. 65-73 und den Schriftwechsel in: BAK, R 118, Nr. 9, Fol. 3-11, hier auch Bemühungen um Gregor Strasser.

[488] Wilhelm v. OERTZEN an Gauleiter Friedrich Hildebrandt, 29.7.1928, in: MLHA, HGM, Bd. 3, Fol. 96.

[489] Heinrich FRHR. V. GLEICHEN, Offener Brief an Hitler, in: Der Ring, 6.11.1931, S. 835. Vgl. den Brief GLEICHENs an Eduard Stadtler vom 7.10.1925, in: BAK, R 118, Bd. 35, Fol. 6f.

[490] Detlev v. Arnim-Kröchlendorf an General a. D. v. Dommes, 2.12.1930, zit. n.: ARNIM, Arnim-Boitzenburg, S. 274.

9.2.) Das Netzwerk der Führer: Die Ring-Bewegung

Oertzens umfangreiche und hartnäckige Bemühungen waren 1928 zwar noch in selbstsicherem „Herrenton" gehalten, glichen jedoch bereits hier Bittgängen, die von der NSDAP-Leitung zur Verärgerung des Bittstellers ignoriert wurden. Der in den Schriftwechseln überall präsente Herren-Dünkel sollte jedoch nicht mit einer konsequenten Distanz zum Nationalsozialismus verwechselt werden.

Die mecklenburgischen „Herren" mußten sich schließlich mit der zweiten Wahl begnügen. Mit Gottfried Feder, dem parteieigenen Vorkämpfer für die „Brechung der Zinsknechtschaft", sprach 1929 ein Vertreter des antikapitalistischen NSDAP-Flügels, dessen Karriere ihren Zenith bereits überschritten hatte. Auch mit dem späteren Vortrag des österreichischen Hauptmanns a. D. v. Oberwurzer, der für die NSDAP „in der Industrie" tätig war, hatte man keinen der maßgeblichen Nationalsozialisten gewonnen.[491]

Zum Zeitpunkt der Kontaktaufnahme mit Hitler im Jahre 1928 ergab sich aus Oertzens Herren-Habitus noch eine unüberhörbare Distanz zu Hitler. An der ideologischen Standfestigkeit seiner Klubmitglieder hatte der Gutsbesitzer allerdings bereits hier Zweifel geäußert, die General a. D. Wilhelm v. Dommes zwei Jahre später in einer ähnlichen Situation in bezug auf seine brandenburgischen Standesgenossen zu erkennen gab.[492] Oertzen bat seinen Industriellen-Freund Bruck um präzise Informationen, wann und wo sich führende Nationalsozialisten für die Enteignung des Grundbesitzes ausgesprochen hatten. Oertzen, der die berufsständischen Modelle Othmar Spanns unterstützte, bat Bruck um die Zusammenstellung von „Material", das sich gegen Hitler verwenden ließe. „Ich fürchte nämlich, dass er durch seine suggestive Kraft die Versammlung völlig in seinen Bann ziehen wird und möchte aus diesem Grunde eine kleine Nasenbremse zur Hand haben."[493]

Nur drei Jahre später ließ sich allerdings Oertzen bei seiner eigenen Einreihung in die NS-Bewegung von keiner „Nasenbremse" mehr aufhalten. Im November 1931 bemühte er sich um eine Parteiaufnahme, die von der Gauleitung bis 1934 aus taktischen Gründen blockiert wurde – offenbar galt der Parteieintritt prominenter adliger „Herren" zu diesem Zeitpunkt noch als Gefährdung des national-„revolutionären" bzw. national-„sozialistischen" Profils der NS-Bewegung. Unterstützt durch die aufsehenerregende Kampagne des Fürsten Friedrich-Wend zu Eulenburg-Hertefeldt[494] sowie durch Briefe des Herzogs Adolf Friedrich v. Mecklenburg, die nach persönlichen Gesprächen

---

[491] Briefwechsel: MLHA, HGM, Bd. 9, Fol. 100.
[492] Im Rahmen einer geplanten Vortragsreise Hitlers in märkischen Gutshäusern adliger Familien beschäftigte den General a. D. Wilhelm v. Dommes die „Gefahr", Hitler könne „glänzend sprechen" und die anwesenden „Herren" in seinen Bann ziehen. Dommes an Detlev v. Arnim-Kröchlendorff, 28.11.1930, zit. in: ARNIM, Dietlof Graf v. Arnim-Boitzenburg, S. 274. Vgl. das gleichlautende Schreiben von Elhard v. Morozowicz, zit. bei Pomp, Landadel, S. 208f.
[493] Wilhelm v. OERTZEN an Friedrich Carl vom Bruck, 25.6.1928, in: MLHA, HGM, Bd. 3, Fol. 130. Vgl. KARTOWITSCH, Herrengesellschaft, S. 75-81.
[494] Vgl. dazu Kapitel 10.1 und 11.2.

mit Hitler für die NS-Bewegung warben, ließ sich Oertzen jedoch nicht mehr von der Überzeugung abbringen, in der NS-Bewegung den passenden Partner gefunden zu haben. Die Zumutung, als „Herr" vergeblich an die Pforten der ehemals verachteten „Massenpartei" zu klopfen, brach diese Überzeugung offensichtlich nicht. Äußerlich verschärfte sich die Abgrenzung der NSDAP erheblich, als der mecklenburgische Gauleiter Friedrich Hildebrandt den NSDAP-Mitgliedern im Herbst 1932 die Mitgliedschaft im Herrenklub verbot. Einige Mitglieder folgten dem Beispiel des zweiten Vorsitzenden v. Plessen und verließen die Herrengesellschaft zugunsten der NSDAP. Hinter den propagandistischen Kulissen und taktischen Differenzen blieb das Verhältnis zwischen Herrengesellschaft und NS-Bewegung jedoch intakt und ausbaufähig.[495] Über die Hälfte der mecklenburgischen „Herren" gehörte im Februar 1934 bereits NS-Gliederungen an, v. a. der SA-Führerreserve.[496]

An der Entwicklung der mecklenburgischen Herrengesellschaft ist zu erkennen, daß auch die einflußreichen Adligen in der *Ring-Bewegung* keineswegs auf den Pfaden konservativer Beharrung verblieben. Dabei ist der rechte Rand der *Ring-Bewegung* mit dem Blick auf ihre mecklenburgische Variante noch nicht erreicht. Eben diesen und seine adligen Protagonisten zu skizzieren, unternimmt der nächste Abschnitt, der die Beschreibung der adlig-bürgerlichen Organisationsversuche zum Aufbau einer neuen „Führerschicht" abschließt.

9.3.) Der rechte Rand der *Ring-Bewegung*: Die Nationalklubs

Einen aufschlußreichen Vergleich zu den betont elitären Sammlungsversuchen des DHK bietet die Geschichte der bürgerlich dominierten „Nationalen Klubs", die in der unmittelbaren Nachkriegszeit gegründet wurden. Eine direkte organisatorische Anbindung an den DHK, wie sie für die regionalen Herrengesellschaften charakteristisch war, gab es bei den reichsweit gegründeten Nationalklubs nicht. Die Nationalen Klubs entstanden nicht als integraler Teil der *Ring-Bewegung*, verfügten erst später über einen geregelten Gastverkehr mit dem DHK und lassen sich als äußerer, organisatorisch vom DHK unabhängiger Rand der *Ring-Bewegung* einordnen.[497] Der Hamburger „Nationalklub von 1919" und der „Nationale Klub 1919" in Berlin entstanden als Teil des rechtsradikalen Klub-Netzwerkes, das 1919 vom *Alldeutschen Ver-*

---

[495] Belegt durch Oertzens Korrespondenz von 1932 in: HSAM, HGM, Bd. 10, u. a. seine Aufzeichnung über ein klärendes Gespräch mit Gauleiter Hildebrandt im Oktober 1932 (ebd., Fol. 20). Vgl. die Schriftwechsel in ebd., Bd. 7, Fol. 155-158, 205-210.

[496] Zur Annäherung der HGM an den Nationalsozialismus s. KARTOWITSCH, Herrengesellschaft, S. 74-105. Zahlenangabe für 1934 auf S. 99.

[497] Die Nationalklubs wehrten sich 1933 erfolgreich gegen eine Verwechslung mit dem „reaktionären" DHK, als es galt, die NS-Karrieren der Klub-Mitglieder abzusichern (PFUNDTNER an Hamburger Bürgermeister v. Krogmann, 13.4.1933, Georg v. Holten an Pfundtner, 20.4.1933, Lammers an Heß 13.7.1933, in: BAP, R 18, Nr. 5332.

9.3.) Der rechte Rand der Ring-Bewegung: Die Nationalklubs

band aufgebaut wurde. Anders als der Herrenklub gehörten sie direkt zum „System Hugenberg". Neben diversen Adligen mit Organisationserfahrungen im Alldeutschen Verband gehörten zu den Förderern des Klubs neben Hugenberg prominente Großindustrielle wie Vögler, Stinnes und Kirdorf.[498]

Aus adelsgeschichtlicher Perspektive sind zwischen dem DHK und den Nationalen Klubs zwei grundsätzliche Unterschiede festzuhalten: erstens die eindeutig rechtsradikale, sehr früh an die NS-Bewegung gekoppelte Ausrichtung, zweitens der deutlich geringere Adelsanteil in den Klubs, die sich eher als bürgerliche Honoratiorenvereine mit adliger Beteiligung beschreiben lassen. Finanzmittel und gesellschaftliche Stellung der Mitglieder des Klubs, der in der Berliner Friedrich-Ebert-Straße „in einer bescheidenen dritten Etage" residierte,[499] lagen deutlich unter dem Niveau des Herrenklubs. Für die politische Geschichte des deutschen Adels ist der Berliner Nationalklub jedoch nicht nur durch seine späteren Kontakte mit dem DHK, sondern schon durch die Reihe seiner Vorsitzenden von Interesse: Als Präsidenten des Klubs fungierten nacheinander Otto Fürst zu Salm-Horstmar, General Oskar von Hutier, Karl Prinz zu Löwenstein-Wertheim-Freudenberg, Carl Eduard Herzog von Sachsen-Coburg-Gotha und, seit 1936, der SS-Brigadeführer v. Massow. Die Feldmarschälle v. Hindenburg und v. Mackensen gehörten dem Klub als Ehrenmitglieder an.

Carl Eduard Herzog v. Sachsen-Coburg-Gotha hatte den Klub seit längerem unterstützt und die Präsidentschaft Anfang 1932 zu einem Zeitpunkt übernommen, zu dem die praktische Klubarbeit bereits von zwei aktiven Nationalsozialisten geleistet wurde: dem Ministerialrat Hans Heinrich Lammers, 1933-1945 Hitlers Chef der Reichskanzlei, und dem Geheimen Regierungsrat Hans Pfundtner, der im März 1932 nach einer Goebbels-Rede im Klub von der DNVP zur NSDAP übertrat und der NS-Führung seine „Kenntnisse" über die höhere Beamtenschaft zur Verfügung stellte.[500]

Carl Eduard Herzog v. Sachsen-Coburg-Gotha, verheiratet mit einer Prinzessin v. Schleswig-Holstein-Sonderburg-Glücksburg und seit 1905 regierender Fürst, hatte seine Ausbildung in Oxford und als Lichterfelder Kadett erhalten und war im Weltkrieg, im Alter von 35 Jahren, preußischer Infanterie- und sächsischer Kavallerie-General geworden. Nach dem Krieg hatte er diversen Freikorps, u. a. der Brigade Erhard, seit 1926 dem Stahlhelm angehört. Die erste Begegnung zwischen dem Herzog und Hitler hatte bereits im Oktober 1922 auf dem „Deutschen Tag", einem gewalttätigen Aufmarsch der radi-

---

[498] HOLZBACH, Das „System Hugenberg", S. 138-145. Gerhard SCHULZ, Der ‚Nationale Klub von 1919' zu Berlin. Zum politischen Zerfall einer Gesellschaft, in: Ders., Das Zeitalter der Gesellschaft. Aufsätze zur politischen Sozialgeschichte der Neuzeit, München 1969, S. 299-322.
[499] REIBNITZ (1929), S. 132, vermerkt dazu: „Ein etwas krasser Gegensatz zu dem schönen Palais der Londoner Konservativen, dem Carltonclub".
[500] PFUNDTNER an Goebbels 4.3.1932, in: BAK, Rep 18, Nr. 5330. Pfundtner wurde 1933 Staatssekretär im Reichsinnenministerium.

kalen Rechten in Coburg,[501] stattgefunden. 1931 hatte er an einem SA-Aufmarsch in Braunschweig teilgenommen und spätestens seit dieser Zeit die NS-Bewegung aktiv unterstützt. Der NSDAP trat der Herzog erst im Mai 1933 bei – drei Monate später auch der SA.[502] Carl Eduard Herzog von Sachsen-Coburg-Gotha, zugleich Leiter der „Gesellschaft zum Studium des Faschismus" und des „Nationalen Automobilkorps", übernahm im Winter 1931/32 die Präsidentschaft des Klubs mit dem Programm, „den nationalsozialistischen Gedanken mit allen Mitteln zu fördern".[503] In einem persönlichen – „Herzlichst – Ihr Carl Eduard" gezeichneten – Telegramm an Hitler hatte sich der Herzog der NSDAP kurz vor den Novemberwahlen von 1932 „uneingeschränkt zur Verfügung" gestellt.[504]

Ähnlich wie der Herrenklub deklarierte auch der Nationale Klub seinen Zweck im „geistigen Zusammenschluß von deutschen Männern und Frauen" zur „Stärkung des nationalen Gedankens". Die Selbstdarstellung des Klubs im Jahre 1934 als ein „geistiger Sammelpunkt der aktivistischen Kämpfer gegen das Weimarer System" war zwar vom Versuch der Anbiederung an den NS-Staat geprägt, gab den Charakter des Klubs, in dem Hitler bereits 1922 zweimal gesprochen hatte, jedoch treffend wieder.[505]

Mit der organisatorischen Leitung des Klubs wurde im Januar 1932 ein Offizier beauftragt, der sich bislang weniger durch Meisterleistungen im Milieu der rechten Intelligenz, denn als Mann für handfeste Aktionen und als prominente Figur innerhalb des militärisch-rechtsradikalen Milieus hervorgetan hatte.[506] Major Waldemar Pabst war 1919 als erster Generalstabsoffizier der Gardekavellerie-Schützendivision eine Schlüsselfigur unter den Verantwortli-

---

[501] Zum „Deutschen Tag" s. KERSHAW, Hitler 1889-1936, S. 227-230.
[502] Angaben des Herzogs in seiner NSDAP-Personalakte in: BAB (BDC), PA: Karl Eduard Herzog v. Sachsen-Coburg-Gotha (1884-1954). Vgl. GHdA, Fü 1991, S. 182. Der in England geborene Herzog war ein Enkel Königin Victorias und Cousin König Georgs VI., sein Vater der Duke of Albany, seine Mutter eine Prinzessin zu Waldeck-Pyrmont. Von Hindenburg im Dezember 1933 zum Präsidenten des Deutschen Roten Kreuzes ernannt, diente er Hitler in dieser Funktion u. a. bei Auslandsmissionen in den USA und Japan. Weitere Angaben bei Joachim OLTERMANN, Seine Königliche Hoheit der Obergruppenführer, in: Die ZEIT, 18.1.2001, S. 74 und in der apologetischen Biographie von Rudolf PRIESNER, Herzog Carl Eduard zwischen Deutschland und England. Eine tragische Auseinandersetzung, Gerabronn/Crailsheim 1977.
[503] BAK, Rep. 18, Nr. 5334, Entwurf eines Schreibens an Ernst Röhm, vermutlich Anfang 1934 von Pfundtner.
[504] Telegramm des Herzogs an Adolf Hitler, 1.11.1932, in: BAK, Rep. 18, Nr. 5330.
[505] BAK, Rep. 18, Nr. 5334: Satzung des Klubs (1922/1924) und ebd.: Entwurf eines Schreibens der Klubleitung an Ernst Röhm, undatiert (vermutlich Jan. 1934). Ende 1932 sei der Klub „zu gut 70% nationalsozialistisch" gewesen. Vgl. die Selbstdarstellung des Klubs im Jahre 1937, BAK, Rep. 18, Nr. 5337 und das Schreiben des Staatssekretärs im Reichskanzleramt Lammers (Mitgl. des Klubvorstandes) an Rudolf Heß vom 13.7.1933 in ebd.; Nr. 5332. Röhm trat im Februar 1934 in den Klubvorstand ein: ebd., Nr. 5334 (Mitteilung vom 18.4.1934).
[506] BAK, Rep. 18, Nr. 5330: PFUNDTNER an Kreth 6.8.1932. Pabst gehörte im Winter 1931/32 mit einem Vortrag über seine Revolutionserlebnisse zum Kreis der Vortragenden aus dem rechtsradikalen Spektrum, die in den Klub eingeladen wurden; s. ebd., Fol. 185.

9.3.) Der rechte Rand der Ring-Bewegung: Die Nationalklubs

chen für die Ermordung Rosa Luxemburgs und Karl Liebknechts. Vor, im und nach dem Kapp-Putsch hatte sich Pabst aktiv an diversen Staatsstreichplänen beteiligt. Der Offizier entwarf im Winter 1932/33 äußerst verworrene Pläne für die Neuformung „der geistigen Elite *aller* nationalistischen Gruppen", deren Organisation „nach soldatischen Grundsätzen des unbedingten Gehorsams" einen „ordensmäßigen Aufbau" erhalten und vom Nationalen Klub geleitet werden sollte.[507]

Neben dem Engagement Pabsts zeigt die gut untersuchte Biographie eines jungen Juristen aus Darmstadt, der bereits im Alter von 22 Jahren in den rechtsradikalen Kreisen Rheinhessens als einer der kommenden Männer etabliert war, wie weit das Spektrum der *Ring-Bewegung* nach rechts reichte: Vorsitzender des Nationalen Klubs in Mainz war Werner Best, der 1927 von der DNVP zur NSDAP wechselte und nach 1933 zum SS-Obergruppenführer und Leiter des Amtes II des Reichssicherheitshauptamtes aufstieg. 1925 hatte Best gemeinsam mit dem Grafen Georg Friedrich zu Solms-Laubach eine Sammelorganisation rechter Verbände gegründet.[508]

Es gibt keine Veranlassung, der 1934 stolz verkündeten Angabe zu mißtrauen, nach welcher der Nationale Klub bereits Ende 1932 „zu gut 70% nationalsozialistisch" gewesen sei. Einer Gleichschaltung habe der Klub nicht bedurft, wie Pfundtner mit einem Seitenhieb auf den Herrenklub ausführte: „Der Klub brauchte weder seinen Namen zu ändern noch erhebliche Teile seiner Mitglieder hinauszuwerfen, wie dies alle andern Klubs schleunigst taten [...]."[509]

Tatsächlich teilte der Nationale Klub mit der Deutschen Adelsgenossenschaft 1933/34 das Privileg, als selbst-gleichgeschaltete Organisation im Dritten Reich fortzubestehen. 1936 hatte der Klub 583 Mitglieder und wurde weiterhin durch den zum SS-Brigadeführer avancierten General a. D. Ewald v. Massow[510] präsidiert.

Während bereits in den ersten Monaten nach der Machtübertragung führende Mitglieder des Berliner und Hamburger Klubs erhebliche Karrieresprünge machten, hielt der Herzog v. Sachsen Ende 1933 die Mission des Nationalen Klubs für erfüllt. Künftig könne es sich „nur noch darum handeln, die Gedanken und Ziele der Regierung Adolf Hitlers verstehen und vertiefen zu lernen." Als der Klub im Februar 1934 unangenehm auffiel, weil am Geburtstag Wilhelms II. ein Konterfei des geflohenen Kaisers prozessionsartig durch die

---

[507] BAK, Rep. 18, Nr. 5330, Fol. 402-414, undatierte Denkschrift, vermutlich von Pabst im November 1932 entworfen.
[508] Zur ideologischen Prägung Werner Bests (geb. 1903) im intellektuellen und organisatorischen Umfeld des *Deutschen Hochschulringes* und der *Ring-Bewegung* s. die Darstellung von Ulrich HERBERT, Best. Biographische Studien über Radikalismus, Weltanschauung und Vernunft 1903-1989, Bonn 1986, S. 42-109, v. a. 89f.
[509] Bericht über die Beiratssitzung vom 11.5.1936 in: BAK, Rep 18, Nr. 5336.
[510] Ewald v. Massow, Generalmajor a. D. und ehemals kaiserlicher Flügeladjutant (geb. 17.4.1869), NSDAP-Beitritt am 1.8.1930 (BAB, NSDAP-Kartei; GGT, A 1941, S. 310; BERGHAHN, Stahlhelm, S. 56f., 114; GÖRLITZ, Junker, S. 396.)

Klubräume getragen wurde, lieferte der Herzog einen Beweis seiner unbedingten Führertreue. In scharfen Wendungen forderte er eine Entschuldigung der Verantwortlichen und die endgültige Abdankung des Adels von althergebrachten Herrschaftsrechten: „Das ist eine Angelegenheit des Führers, dem ich als selbst ehemals regierender Fürst gewillt bin, blindlings zu folgen."[511]

Ideologisch und organisatorisch eng verbunden mit dem Nationalen Klub war die *Gesellschaft zum Studium des Faschismus*, die in Carl Eduard Herzog von Sachsen-Coburg-Gotha und Major Waldemar Pabst denselben Vorstand wie der Klub hatte. Addiert man den engeren und den weiteren Kreis, hatte die Studiengemeinschaft 1933 ca. 290 Mitglieder, von denen über ein Viertel zum Adel gehörte.[512] Der Name des preußischen Kronprinzen Wilhelm, der die Liste der „ordentlichen Mitglieder" anführte, läßt sich bereits als Indikator für die massive Beteiligung des alten Adels lesen. Tatsächlich überwiegen unter den 78 adligen Mitgliedern Angehörige alter (ostelbischer) Familien, Grundbesitzer und Offiziere a. D., letztere fast ausschließlich mit Wohnsitz in Berlin, mit einigen Verbindungsleuten aus Westfalen und Süddeutschland.[513] Die Studiengesellschaft, der neben dem ehemaligen Reichsbankpräsidenten Hjalmar Schacht auch DHK-Präsident Hans Bodo Graf v. Alvensleben angehörte, fungierte als Schaltstelle zur kritischen Rezeption und Adaptation des italienischen Faschismus. Über adlige Verbindungsleute wurde von hier aus auch die ältere Diskussion in der DAG, was der deutsche Adel vom italienischen Faschismus lernen könne,[514] mit neuen Argumenten versorgt. Mit Aufsätzen, Vorträgen und politischen Debatten leistete die Gesellschaft theoretische Vorarbeit für die regelmäßigen „Studienfahrten" ins faschistische Italien. Ähnliche Reisen wurden zeitgleich auch in anderen Organisationen der deutschen Rechten veranstaltet – von deutschnationalen Frauenbünden bis zu SA-Führerschulen.[515]

---

[511] Denkschrift des Herzogs, Dez. 1933 und sein Schreiben an Pfundtner 17.2.1934, in: (BAK, Rep. 18, Nr. 5332 und 5333.

[512] „Mitgliederverzeichnis der Gesellschaft zum Studium des Faschismus e.V." (undatiert, vermutlich 1932/33), in: BAMA, N 324/32, Fol. 45-50. Neben ca. 100 Personen, die als „ordentliche Mitglieder" verzeichnet sind, bestand ein weiterer Kreis aus ca. 190 „Studienmitgliedern". Vgl. dazu den Artikel: Una „Società per lo studio del Fascismo" fondata in Germania, in: Antieuropa 4/1932, No. 6, S. 382 und Klaus Peter HOEPKE, Die deutsche Rechte und der italienische Faschismus, Düsseldorf 1968, S. 295-303.

[513] Hervorzuheben wären u. a. der fränkische Gutsbesitzer Karl Ludwig Frhr. v. Guttenberg, der westfälische Gutsbesitzer Ferdinand Frhr. v. Lüninck, der Münchener Nationalsozialist Generalleutnant a. D. Franz Xaver Ritter v. Epp, der Führer der Vereinigten Vaterländischen Verbände Rüdiger Graf v. d. Goltz, General a. D. Joachim v. Stülpnagel, der pommersche Landbundführer Hans-Joachim v. Rohr-Demmin und der Publizist Walter Eberhard Frhr. v. Medem.

[514] Manfred v. BINZER, Faszismus, in: DAB, 21.7./ 21.9./1.10.1927; DERS., Deutscher Faschismus?, in: DAB, 21.6.1930. Vgl. RÖBLING, Faschismus, S. 165-183.

[515] COPIUS, Rolle, S. 113-116. Vgl. BARANOWSKI, Sanctity, S. 154 und die Schilderungen einer Italienfahrt im Mai 1930 durch die „Führerin" des Königin Luise Bundes, Charlotte FREIFRAU V. HADELN, S. 311-321. Zur SA s. REICHARDT, Kampfbünde, S. 52-60. Zum

9.3.) Der rechte Rand der Ring-Bewegung: Die Nationalklubs

Die Beispiele der Mecklenburgischen *Herrengesellschaft*, der *Nationalen Klubs* und der *Studiengesellschaft* verdeutlichen, daß die Interpretation des Herrenklubs als eine „elitäre" Spielart des Konservativismus, die gegen bzw. über der NS-Bewegung stand, kaum haltbar ist. Sie wird spätestens dann unzutreffend, wenn die Betrachtung über die Berliner DHK-Leitung und ihre Zeitschrift hinaus greift und das landesweite Netzwerk der Organisationen berücksichtigt, die an den äußeren Rändern des „Ringes" massiv auf dessen Zentrum einwirkten.

Die Verzahnung des DHK, der Herrengesellschaften und der Nationalen Klubs zu einem landesweit funktionstüchtigen Räderwerk hatte 1928/29 auf fünf verschiedenen Koordinationstagungen begonnen.[516] Die überlieferten Besprechungsprotokolle dokumentieren den Ende 1929 erstaunlich weit gediehenen Versuch, über den Zugriff auf das Reichspräsidentenamt eine Machtübernahme unter Umgehung aller parlamentarischen Verfahren zu arrangieren. Der Versuch einer Einigung auf Wilhelm Cuno als rechten Konsenskandidaten für das Reichspräsidentenamt sollte die Zustimmung der NSDAP einschließen. Kontakte zum süddeutschen Adel kamen auf diesen Tagungen zwar zustande, jenseits der „lebhaften" Zustimmung des alldeutschen Franken Konstantin Frhr. v. Gebsattel waren die Konstrukteure des „nationalen Blocks" bei den politisch relevanten Vertretern des bayerischen Adels jedoch auf Ablehnung gestoßen.[517]

Der 1929 in großem Maßstab unternommene Versuch, sich mit der NSDAP auf ein gemeinsames Vorgehen zu einigen, findet sich drei Jahre später als Forderung an die DHK-Leitung wieder, die politische Schlüsselrolle der NS-Bewegung anzuerkennen. Der Blick auf ein gut dokumentiertes Treffen, bei dem 1932 die Berliner Leitung des DHK mit Vertretern diverser regionaler

---

Hintergrund vgl. Wolfgang SCHIEDER, Das italienische Experiment. Der Faschismus als Vorbild in der Krise der Weimarer Republik, in: HZ 262 (1996), S. 73-125 und Klaus Peter HOEPKE, Die deutsche Rechte, S. 318-324. Zur Rolle des italienischen Adels im Faschismus vgl. Renzo DE FELLICE, Mussolini il fascista. La conquista del potere 1921-1925, Turin 1966 und v. a. Anthony L. CARDOZA, Agrarian Elites and Italian Fascism. The Province of Bologna 1901-1926, Princeton 1982.

[516] Auf den fünf Tagungen, die an Bord des HAPAG-Dampfers *New York*, dann in Hamburg, München und Berlin stattfanden, gelangen zumindest Kontaktnahme und Absprachen jenseits parteipolitischer Grenzen unter zentraler Beteiligung des DHK. Neben Gleichen und anderen Mitgliedern der DHK-Führung waren mindestens fünf Herrengesellschaften beteiligt. Die Nationalen Klubs hatten Vertreter aus Hamburg, Sachsen, Augsburg und Berlin gesandt. Teilnehmer und Ergebnisse der Treffen, die zwischen Oktober 1928 und Januar 1929 stattfanden, im Dokumentenanhang bei GRANIER, Levetzow, S. 269-276.

[517] Vgl. dazu v. a. die aufschlußreiche Protokolle (November 1929 bis Mai 1930) bei GRANIER, Levetzow, S. 263-276 und ebd., S. 145-149. Bei der Besprechung im Münchener Preysing-Palais am 9.12.1928 waren Prinz Öttingen, Fürst v. d. Leyen, Graf Soden, Frhr. Hermann-Wain und Erwein Frhr. v. Aretin anwesend. Für die Vorbereitungen der Treffen im bayerischen Adel siehe das Schreiben von REDWITZ am 8.11.1928, in: FÖWA, VIII 19.1.c., Nr. 52. Aretins Interpretation von Cunos Fühlungnahme mit dem bayerischen Adel als Versuch, „eine gemäßigt konservative Gruppierung aufzubauen", erscheint im Licht der bei Granier abgedruckten Dokumente als Fehlurteil (ARETIN, Adel, S. 527; ARETIN, Regierung, S. 211).

Herrengesellschaften und Nationalen Klubs aufeinandertraf, belegt den konzentrischen Druck, den die NS-freundlichen Ränder des „Ringes" auf sein NS-kritisches Zentrum ausübten. Im Juni 1932 trafen 32 Vertreter des Berliner *Herrenklubs*, der meisten *Herrengesellschaften* und der *Nationalen Klubs* Hamburg und Berlin auf einem Dampfer der von Wilhelm Cuno geleiteten HAPAG zu einer Debatte über die politischen Differenzen und die künftige Zusammenarbeit zwischen den verschiedenen Klubs zusammen. Während dieser Dampferfahrt sah sich Graf v. Alvensleben als Präsident des Berliner Herrenklubs einer scharfen Kritik ausgesetzt, die von Mitgliedern des Hamburger Nationalklubs vorgetragen und von der Mehrheit der adligen und bürgerlichen „Herren" geteilt wurden. In deutlicher Absetzung von der Berliner Klublinie wurden ein Bekenntnis zur Harzburger Front, der Ausschluß von Mitgliedern demokratischer Parteien, die Absetzung Heinrich v. Gleichens und explizit die „Anbahnung eines freundschaftlichen Verhältnisses zu den Nationalsozialisten" gefordert. Alvensleben antwortete ausweichend, im Kern jedoch ablehnend und verteidigte das DHK-Konzept der überparteilichen Sammlungspolitik. Der Hinweis des Grafen auf eine wachsende NS-freundliche Tendenz innerhalb der *Ring-Bewegung* und seine Zusicherung, auch im Berliner Herrenklub befänden sich diverse Nationalsozialisten, konnten die wenig später verschärften Differenzen nicht ausräumen. Das Berliner Zentrum der heterogenen *Ring-Bewegung* stand immer stärker unter dem Druck der assoziierten Klubs, die sich zunehmend in die Reihen der NS-Bewegung eingegliedert hatten. Die rechtsradikale, nunmehr offen gegen die elitäre Strategie des DHK drängende Bewegung scheint sich auch in der Magdeburger *Herrengesellschaft*, im *Nationalen Klub* von Sachsen[518] sowie der *rheinischen Herrengesellschaft* durchgesetzt zu haben, die durch ihren Vorsitzenden ein besonderes Gewicht hatte: Albrecht Prinz zu Hohenzollern-Namedy hatte bereits im April 1932 einen Wahlaufruf für Hitler unterzeichnet und sich dem Werben des Berliner DHK für eine Unterstützung Hindenburgs „bedauernd" verschlossen.[519]

Die Vertreter dieses rechtsradikalen Flügels hatten den DHK-Präsidenten Alvensleben eindeutig in die Defensive gedrängt. Trotz scharfer Differenzen beschloß die Dampfer-Gesellschaft eine engere Zusammenarbeit und die Bildung eines gemeinsamen Ausschusses, in dem der DHK nur einen von vier Vertretern stellte.[520] Zehn Monate später, im April 1933, leiteten die Be-

---

[518] Nach der Darstellung von ALVENSLEBEN und ROSENBERGER auf der Hamburger Tagung vom 27.6.1932, Protokoll in: BAP, Rep 18, Nr. 5330, Fol. 131.
[519] Rundschreiben des DHK vom 9.4.1932, in: BLHA, Rep. 37 Lübbenau, Bd. 6443.
[520] Das Treffen auf dem HAPAG-Dampfer *Albert Ballin* fand am 22.6.1932 statt. 15 der 32 Herren, darunter auch Wilhelm Cuno, vertraten den Hamburger Klub. Repräsentanten lokaler Herrengesellschaften bzw. Klubs kamen aus Hamburg, Berlin, Kiel, Dresden, Augsburg, Wuppertal, Leipzig, Mecklenburg, Schlesien, Augsburg und Halle. Neben 13 Adligen, darunter sechs Vertreter alter Familien, verzeichnet die Liste Direktoren, Industrielle, Bankiers, Diplomaten, Offiziere und einen sächsischen Landbund-Funktionär. Vgl. MLHA, HGM, Bd. 10, Fol. 82-91 und BAP, R 18, Nr. 5330, Fol. 124-131 (Tagungsbericht aus Hamburg), das

9.3.) Der rechte Rand der Ring-Bewegung: Die Nationalklubs

schlüsse dieses Ausschusses die Selbstgleichschaltung der gesamten *Ring-Bewegung* ein.[521] Von einer mehr oder minder prononcierten Ablehnung des Nationalsozialismus durch die *Ring-Bewegung* kann also nur im Hinblick auf den engeren Führungskreis des zentralen Berliner Herrenklubs, nicht in bezug auf die zahlreichen Klubs im Reich gesprochen werden.[522] Schließlich zerbrach auch im Berliner DHK die NS-ferne Haltung im Mühlwerk der Selbstgleichschaltung. Bereits im August 1933 gab der Klub das „Herrentum" in seinem Namen ebenso auf wie als politisches Konzept. Protegiert durch Hitlers langjährige Förderin Viktoria v. Dirksen gelang nach der Namensänderung in „Deutscher Klub" zwar der formale Erhalt des Klubs, der mit Kronprinz Wilhelm, Vizekanzler Papen und Heinrich Himmler weiterhin Prominenz der alten und der neuen Welt empfangen durfte. Der Vorstand blieb bestehen und unter dem neuen Namen residierte der Klub fortan in einem Haus der Dirksens in der Nähe des Pariser Platzes. Faktisch hatte er sich jedoch in einen Versammlungsort für den nationalsozialistischen „Führernachwuchs" verwandelt.[523] Ohne die guten Kontakte zur Spitze der NSDAP, die viele Klubs der *Ring-Bewegung* seit Jahren ausgebaut hatten, wäre das (formale) Weiterbestehen der Klubs nach 1933 nicht zu erklären.

Die „Haltung" der Berliner Klubleitung ging ebenso schnell wie der ehemalige Einfluß verloren. In den Vorstand traten (weitere) Nationalsozialisten ein, Klubpräsident Graf Alvensleben hatte Röhm persönliche Zusagen und Hitler seine „Huldigung" überbracht sowie die Klubmitglieder aufgefordert, „unsere ganze Kraft wie bisher ein[zusetzen] für das nationalsozialistische deutsche Reich. Ich erwarte und weiss, dass unsere Mitglieder mit mir diesen Weg gemeinsam gehen."[524] Von einer „konservativen" Alternative zur NS-Bewegung konnte nicht mehr die Rede sein. In einem Brief an Ferdinand Frhr. v. Lüninck, der Ende 1932 für eine Kanzlerschaft Hitlers plädierte, hatte einer der NS-Gegner im DHK die begriffliche Verwirrung im September 1932 beim Namen genannt. „Weder mir noch meinen Freunden noch der Öffentlichkeit ist bis dato ein einziger Nationalsozialist bekannt geworden, dem staatsmännische Fähigkeiten zuzutrauen irgendein Grund vorläge. [...] Aber wo Du, [bei dem jedes dritte] Wort ‚konservativ' ist, in dieser hemmungslos und skrupellos Staat, Autorität, Tradition, Adel, usw. bekämpfenden Massen-

---

Berliner Protokoll und das Schreiben Pfundtners an die Hamburger Klubleitung (12.7.1932), in: BAP, R 18, Nr. 5330, Fol. 151-161. Teilnehmerliste: ebd., Fol. 12.

[521] Bericht des DHK-Geschäftsführers Wilhelm ROSENBERGER über die Beratungen des „Arbeitsausschusses" am 23.4.1933 (5.5.1933), in: HSAM, HGM, Bd. 12.

[522] Diese Differenzierung ist, soweit ich sehe, in der einschlägigen Literatur zur *Ring-Bewegung* (SCHWIERSKOTT, SCHOEPS, ISHIDA, PETZINNA) kaum beschrieben worden. Auch PETZOLD, der das gesamte Herrenklub-Projekt als spezifische Form des Faschismus interpretiert, übergeht dadurch die erheblichen Differenzen innerhalb der *Ring-Bewegung*.

[523] KARTOWITSCH, Herrengesellschaft, S. 91-94. Vgl. dagegen HASSELL, Tagebücher, S. 147.

[524] Rundschreiben Hans Bodo GRAF V. ALVENSLEBEN, Rundschreiben an alle DHK-Mitglieder vom 2.1.1934, in: BLHA, Rep. 37 Lübbenau, Nr. 6443. Vgl. dazu die Protokolle, Einladungen und Briefe ALVENSLEBENS vom: 21.8.1933, 21.11.1933, 11.1.1934, 14.2.1934 und 16.3.1934, in: ebd.

bewegung [...] auch nur den Schatten eines konservativen Zuges findest, dass würde uns besonders interessieren." Carl Werner v. Jordans hatte hier auf eben jener konservativen Haltung bestanden, die den DHK einst geprägt, sich innerhalb der *Ring-Bewegung* jedoch weitgehend aufgelöst hatte.[525]
Die Radikalisierung der *Ring-Bewegung*, in der Adlige eine prominente Rolle spielten, verlief auch hier weitgehend außerhalb des süddeutschen Adels. Ein organisatorisches Pendant läßt sich für Bayern nicht benennen. Allerdings bietet eine 1922 in München gegründete Organisation Einblicke in die süddeutsche Variante adlig-bürgerlicher Sammlungsbewegungen.

9.4.) Führer im Hintergrund: Die „Gäa"

Die politisch wichtige Diskrepanz zwischen der nord- und der süddeutschen Adelskultur wird vom nicht geschlossenen Kreis der *Ring-Bewegung* bestätigt. Wie ausgeführt, konnte der Deutsche Herrenklub nur schwache Verbindungen zum süddeutschen Adel etablieren. Insbesondere die politisch relevanten Kreise des bayerischen Adels ließen sich nicht in das Netzwerk der *Ring-Bewegung* einbauen. In Form der sogenannten „Gäa" hatte sich allerdings bereits 1922 in München ein adlig-bürgerlicher Zusammenschluß gebildet,[526] der mit der Grundidee der *Ring-Bewegung* – einer „über den Massen" organisierten „Führersammlung" aus Adel und Bürgertum – einige Ähnlichkeiten aufwies. Die Vereinigung läßt sich zwar nicht als süddeutsches Äquivalent zum Deutschen Herrenklub beschreiben, ähnelte diesem jedoch in der adlig-bürgerlichen Zusammenführung verschiedener Funktionseliten und stand mit den in Berlin vom DHK gesammelten „Führern" zumindest lose in Kontakt.[527] Das merkwürdige Kürzel „Gäa" war aus den Anfangsbuchstaben im Namen „Gemeinsamer Ausschuß" (von Industrie und Landwirtschaft) hervorgegangen, den ein kleiner Kreis reicher adliger, v. a. süddeutscher Großgrundbesitzer, zahlungskräftige Ruhr-Industrielle, sowie einige höhere Offiziere und Rechtsintellektuelle Ende 1922 in München gegründet hatten. Der Kreis der „Gäa"-Gründer umfaßte 61 Personen, die nach Renommee, Reichtum und Einfluß dem Gründerkreis des Berliner Herrenklubs mindestens ebenbürtig waren.[528] Zum ersten Vorsitzenden wurde Eugen Prinz zu Öttingen-Öttingen, zum zweiten Vorsitzenden Karl Haniel ernannt. Vorstandsmitglieder waren außerdem Dr. Clairmont (Vorsitzender des Bayerischen Industriellenverbandes), Albert Vögler und Geheimrat Heim (Vorsitzender der Oberbayerischen Bauernvereine). Der Publizist Paul Nikolaus Cossmann hatte

---

[525] Carl Werner v. JORDANS an Hermann Frhr. v. Lüninck, 14.9.1932, in: WAAM, Nl. Lüninck, Nr. 819. Der Jurist Jordans (1881-1951) gehörte zu den prominenten Mitgliedern der rheinländischen DHK-Abteilung.
[526] Vgl. dazu ARETIN, Adel, S. 520-523 und DOHNA, Adel, S. 31-35.
[527] FCAC, I d VIII, Nr. 29 (Briefwechsel zwischen Heinrich FRHR. v. GLEICHEN und Carl FÜRST ZU CASTELL-CASTELL im Jahre 1923).
[528] Teilnehmerliste der Gründungstagung vom 3.-5.11.1922, in: FCAC, I d VIII, Nr. 3.

9.4.) Führer im Hintergrund: Die „Gäa"

neben Oswald Spengler diverse Industrielle und über seinen Kontakt zu Otto Graf v. Stolberg-Wernigerode auch Mitglieder standesherrlicher Häuser zur Mitarbeit gewonnen.[529] Zum Geschäftsführer und somit Hauptorganisator des Ausschusses wurde der 33-jährige Franz Frhr. v. Gebsattel ernannt. Über diverse Kanäle, nicht zuletzt jedoch als Neffe des o. g. Kavalleriegenerals Konstantin Frhr. v. Gebsattel, der als zweiter Vorsitzender des Alldeutschen Verbandes und als Großmeister des antisemitischen Germanenordens eine Zweitkarriere begonnen hatte, verfügte dieser junge fronterfahrene Offizier über hervorragende Kontakte zur rechtsradikalen Szene in Bayern, insbesondere zur SA um Ernst Röhm.[530] Auch im weiteren Mitgliederkreis des *Gemeinsamen Ausschusses* nahm das soziale Kaliber der hier versammelten Personen nicht ab – als Industrievertreter gehörten dem Ausschuß u. a. Ernst v. Borsig, Alfred Hugenberg, Krupp-Schwager Frhr. v. Wilmowsky, Geheimrat Dietrich, Vorsitzender des Generalverbandes der deutschen Raiffeisengenossenschaften, Frhr. v. Gienanth, Vorsitzender des Verbandes Pfälzischer Industrieller, und mit Kurt Sorge der Vorsitzende des Reichsverbands der deutschen Industrie an. Ebenso prominent waren die (insgesamt 31) Vertreter des Adels. Durch Fürst zu Isenburg-Birstein (Reichsgrundbesitzerverband), Fürst zu Stolberg-Wernigerode (Vorsitzender des Standesherrenvereins), Fürst zu Hohenlohe-Langenburg, Fürst v. d. Leyen (u. a. Vorsitzender der bayerischen DAG-Abteilung), Erbprinz zu Waldeck, Prinz Schönaich-Carolath, die Grafen Friedrich und Otto zu Stolberg-Wernigerode, Graf zu Solms-Laubach, den Domprediger Konrad Graf zu Preysing, den westfälischen Gutsbesitzer und „Bauernführer" Frhr. zu Kerckerinck, Graf v. Kielmannsegg, Frhr. v. Herman (dem Präsidenten des Reichsforstwirtschaftsrates), Franz Frhr. v. Stauffenberg, die Brüder Enoch und Karl Frhr. v. Guttenberg sowie Moritz Frhr. v. Franckenstein als dem „Allround-Führer" im katholischen Adel Bayerns waren hier prominente, politisch aktive Adlige aus verschiedenen Teilen Deutschlands vertreten, die zudem die wichtigsten Großgrundbesitzerverbände repräsentierten. Neben Großadmiral Alfred v. Tirpitz, wenig später DNVP-Kandidat für das Reichskanzleramt, und dem bayerischen Regierungspräsidenten Gustav Ritter v. Kahr hatte der Ausschuß nur wenige Vertreter aus den Bereichen Militär[531] und hohe Bürokratie. Etwas zahlreicher waren rechte Intellektuelle, Hochschullehrer und Publizisten vertreten: Neben Oswald Spengler, Martin Spahn, Paul Nikolaus Cossmann und dem Münchener Historiker Karl Alexander v. Müller gehörten zwei Berliner Vertreter des Deut-

---

529 Otto GRAF ZU STOLBERG-WERNIGERODE an Paul N. Cossmann, 22.8.1922 und 14.9.1922 in: BayHStA, Nachlaß Cossmann, Nr. 9. Mitglieder waren außerdem Baron Wangenheim (Vorsitzender des Reichslandbundes) und mit Graf Yorck zu Wartenburg ein weiterer Vertreter der ostelbischen Großgrundbesitzer.
530 Franz Frhr. v. Gebsattel (1889-1945) war der Sohn Hermann Frhr. v. Gebsattels (1855-1939), eines Generalmajor a. D., der wiederum der jüngere Bruder des o. g. Alldeutschen Konstantin Frhr. v. Gebsattel war (DOHNA, Adel, S. 33f.).
531 Neben einigen Offizieren, die zum bayerischen Grundbesitzerverband gehörten, Admiral Vollerthun (Schriftleitung der Münchener Neuesten Nachrichten) und Otto v. Stülpnagel.

schen Hochschulringes, darunter Hans Schwarz, ein enger Vertrauter Arthur Moeller van den Brucks, zum Gäa-Kreis.

Bereits auf der Gründungsversammlung, auf der Oswald Spengler den anwesenden Hochadligen u. a. nahelegte, den „deutschen Geist" vermittels Schaufensterreklame in Milch- und Wurstläden vor dem „Materialismus" zu schützen, wurde die Koordination massenwirksamer Propaganda debattiert, die vom Gäa-Kreis finanziert, organisiert und über die nationalen und regionalen Landwirtschaftsverbände verteilt werden sollte. Gustav Ritter v. Kahr und Alfred v. Tirpitz plädierten hier bereits dafür, sich bei der Wiederaufrichtung des deutschen „Heldengeistes" gegen den materialistischen „Schachergeist" am Modell des italienischen Faschismus zu orientieren.[532]

Anders als der Berliner Herrenklub scheint der Gäa-Kreis nie versucht zu haben, feste Organisationsstrukturen, einen Klubbetrieb oder eine eigene Zeitung aufzubauen. Die spärlichen Aktenreste[533] deuten auf einen losen Zusammenschluß adlig-bürgerlicher, äußerst zahlungskräftiger Verbandsvertreter hin, die sich v. a. als Financiers demagogischer Massenpropaganda betätigten, deren Themen zum Kanon der Weimarer Rechten gehörten. Propagandamaterial sollte nach den Vorstellungen der Gründungsversammlung zentral gesammelt, von Schriftstellern „aufbereitet" und dann „mundgerecht" an breite Leserschichten verteilt werden. Thematisch hatte sich die Arbeit zumindest in der ersten Zeit auf die „Kriegsschuldlüge", den „Dolchstoß" und den Versailler Vertrag konzentriert.[534] In Zusammensetzung aus adligen und bürgerlichen „Führern" von Landwirtschafts- und Industrieverbänden und in der vertraulichen, hinter allen politischen Kulissen organisierten Einflußnahme wies der Gäa-Kreis einige Gemeinsamkeiten mit der *Ring-Bewegung* auf. Von deren weitgespanntem Anspruch, Personal, Ideologie und institutionellen Rahmen einer politischen „Führerschicht" zu schaffen, war hier allerdings nichts zu finden. Nach Arbeitsweise und Funktion trug die Vereinigung eher die Züge eines hinter den Kulissen operierenden Interessenverbandes, der am ehesten den einflußreichen süddeutschen Großgrundbesitzerverbänden glich, mit denen er personell und funktional eng verbunden war.

---

[532] Redeprotokolle (u. a. Kahr, Spengler, Kerckerinck), der o. g. Gründungsveranstaltung in: FCAC, I d VIII, Nr. 3.

[533] Das Gäa-Archiv wurde 1933 von der Gestapo beschlagnahmt. Vgl. zum Gäa-Kreis die Angaben bei ARETIN, Adel, S. 520-527 und DOHNA, Adel, S. 31-35.

[534] „Mundgerecht" waren z. B. die Gäa-Broschüren, die sich an die Bauernschaft wendeten: „Bauer, weißt Du was der Versailler Vertrag für die Landwirtschaft bedeutet?" [...] Also weg mit dem Vertrag! Jetzt weißt Du es –präg es Dir ein– sag es Deinen Kindern! Deinen Nachbarn! Deinen Freunden!" und K. A. V. MÜLLERS Vortrag „Des deutschen Volkes Not und der Vertrag von Versailles", in: FCAC, I d VIII, Nr. 3. Vgl. das Schreiben der Gäa-Geschäftsstelle an den Historiker Martin Spahn, dem das zweite „Dolchstoßheft" mit der Bitte um eine Besprechung übersandt wurde: Otto GRAF V. STOLBERG-WERNIGERODE an Martin Spahn, 26.4.1924, in: BAK, R 118, Bd. 35, Fol. 141. Vgl. die in München koordinierten „Dolchstoß"-Themenhefte in: Süddeutsche Monatshefte, Hft. 7/8 (April/Mai) 1924.

9.4.) Führer im Hintergrund: Die „Gäa"

Die *Gäa* wurde in den 1920ern zu einer der wichtigsten Propaganda-Schaltstellen der politischen Rechten in Süddeutschland, verlor jedoch schon vor 1933 an Bedeutung. Der Gäa-Kreis organisierte 1925 die Zeugenaussagen für den sorgfältig geplanten „Dolchstoßprozeß" und unterstützte den rechtsradikalen Verband *Reichsflagge*, der sich am Hitler-Putsch beteiligt hatte und den man zu „mäßigen" versuchte, indem Moritz Frhr. v. Franckenstein seinen ältesten Sohn in die Leitung des Verbandes schickte.[535]

Bedeutender waren Vermittlung und Koordination politischer Kontakte innerhalb Süddeutschlands – so wurde etwa der Versuch der *Nationalen Klubs*, Wilhelm Cuno als rechten, von den Nationalsozialisten unterstützten Konsenskandidaten für das Amt des Reichspräsidenten aufzubauen, in Bayern von der *Gäa* koordiniert.[536] Einzelne Mitglieder im Vorstand der *Gäa*, so etwa Enoch Frhr. v. Guttenberg, unterstützten 1929 die Zusammenarbeit mit Hitler, Hugenberg und dem Stahlhelm sowie den populistischen Feldzug gegen den Young-Plan und stießen dabei auf den Widerstand der gemäßigten, tendenziell an der BVP orientierten Kräfte im bayerischen Adel.[537] Gebsattel und Cossmann hielten über Paul Reusch engen Kontakt zu den schwerindustriellen Geldgebern, deren Zuwendungen in Bayern über die *Gäa* verteilt wurden. Gleichzeitig erhielt die *Gäa* finanzielle Zuwendungen vom Verein der deutschen Standesherren.[538]

Mit den *Münchener Neuesten Nachrichten* und den *Süddeutschen Monatsheften*, in deren Münchener Verlagshaus sich Gebsattels Büro befand, behielt der Gäa-Kreis bis 1933 die Kontrolle über zwei der wichtigsten rechten Zeitungen Süddeutschlands. Für die bayerischen Binnenverhältnisse war das wichtigste Einflußfeld vermutlich der Wirtschaftsrat der Bayerischen Volkspartei, in dem der Adel 1930 vierzehn von siebenunddreißig Mitgliedern stellen konnte, die als halbparlamentarischer Arm der bayerischen Großgrundbesitzerverbände und der *Gäa* fungierten. Unter den süddeutschen Organisationen, die vom Adel dominiert wurden, ist die *Gäa* am rechten Rand einzuordnen. Eine in Form und Inhalt mit der Radikalisierung des ostelbischen Kleinadels vergleichbare Entwicklung läßt sich allerdings auch hier nicht belegen.

Die Beschreibung der adlig-bürgerlichen Sammlungsbewegungen im Umfeld der politischen Rechten ist damit beendet. Bevor im letzten Teil dieser Arbeit das Verhältnis von Adel und Nationalsozialismus genauer analysiert wird, widmet sich der nächste Abschnitt in Form eines Exkurses einer Min-

---

[535] ARETIN, Adel, S. 522, gibt als Ziel dieser Entsendung an, auf den Verband „mäßigend einzuwirken". Daran soll nicht gezweifelt werden, allerdings ließe sich auch mit Franz v. Papen vom Versuch sprechen, sich den rechtsradikalen Verband zu „engagieren".

[536] Dies gegen die Deutung bei ARETIN, Adel, S. 527. Bei Cunos Vertrautem „Holter", den Aretin hier als Korrespondenzpartner Franz Gebsattels nennt, dürfte es sich um Georg v. Holten, den Leiter des rechtsradikalen Hamburger Nationalklubs handeln.

[537] ARETIN, Regierung, S. 208-212.

[538] Internes Rundschreiben des Vorsitzenden FÜRST STOLBERG-WERNIGERODE vom 12.6.1922 in: FFAD, Kab.Sekr., Verein der dt. Standesherren.

derheit, die im deutschen Adel und in der Gliederung dieser Arbeit keinen „passenden" Platz gefunden hat: die adligen „Renegaten" im Lager der deutschen Republik.

9.5.) Exkurs: Renegaten – Adlige Republikaner

Trotz der erheblichen Unterschiede zwischen den bislang vorgestellten Organisationen läßt sich für alle diese Versuche adliger und adlig-bürgerlicher Sammlungsbewegungen ein kleinster gemeinsamer Nenner beschreiben: die scharfe Ablehnung der bestehenden Verhältnisse, der Republik, des Parlamentarismus und der Demokratie.

Wenn die inneradlige Alternative zu diesem kleinsten gemeinsamen Nenner hier nur in Form eines kurzen Exkurses behandelt wird, der sich zudem auf einzeln agierende Außenseiter stützt, ist dies von der Quellenlage und der historischen Realität vorgegeben. Die erstaunlich gründliche Isolation der im folgenden skizzierten Adligen macht deutlich, was es im deutschen Adel nach 1918 nicht gegeben hat: die konstruktive Mitarbeit in der Demokratie. Nach einem von politisch relevanten Adelsgruppen kollektiv getragenen Versuch, unter Akzeptanz der Verfassungsprinzipien konstruktiv am Aufbau der Republik mitzuwirken, sucht man ohne Erfolg. Überall findet sich hingegen die Vorstellung vom Marsch durch die Institutionen. Mit den Rechtsintellektuellen teilte der alte Adel die Wahrnehmung der Republik als „öden Wartesaal" in dem die Pforten zum „Dritten Reich" gefunden und aufgestoßen werden mußten.[539]

Auf der Suche nach Adligen, die auf den obersten Ebenen der Republik Politik gestalteten, stößt man zunächst auf allseits bekannte Namen. Die Tatsache, daß die Besetzung hoher und höchster Ämter der Republik mit republikanischen Haltungen nichts zu tun haben mußte, ist gerade durch die politikgeschichtlich relevantesten Vertreter des Adels – genannt seien hier Paul (und Oskar) v. Hindenburg, Franz v. Papen, Kurt v. Schleicher, Magnus Frhr. v. Braun, Wilhelm Frhr. v. Gayl, Lutz Graf Schwerin v. Krosigk, Hans v. Seeckt, Werner v. Blomberg, Kurt Frhr. v. Hammerstein und Kuno Graf v. Westarp – hinreichend bekannt und bedarf hier keiner näheren Ausführung. Auch die Schlüsselrolle, die Adlige dieses Typus nicht zuletzt durch ihre hohen Ämter bei der Zerstörung der Republik und der Übertragung der Macht auf die NS-Bewegung spielten, ist unumstritten und muß hier nicht verhandelt werden.

Als ein zweiter Typus ließe sich eine Gruppe loyaler adliger Mitglieder in den Funktionseliten der Republik beschreiben, die mit ebenso eigensinnigen Vorstellungen vom deutschen „Wiederaufstieg" auf einflußreichen Positionen

---

[539] Zur rechtsintellektuellen Vorstellung der Republik als „Interregnum" s. MOHLER, Revolution, S. 97-129; SONTHEIMER, Denken, S. 141-191.

9.5.) Exkurs: Renegaten – Adlige Republikaner

agierten, ohne unmittelbar gegen die Republik zu handeln. Hierzu ließen sich u. a. eine Reihe hoher Diplomaten zählen: Ago Frhr. v. Maltzahn, Leiter der Ostabteilung im Auswärtigen Amt und später bis zu seinem Unfalltod im Jahre 1927 Botschafter in Washington sowie Bernhard Wilhelm v. Bülow, ein Neffe des ehemaligen Reichskanzlers, der 1930 zum Staatssekretär des Auswärtigen Amtes aufstieg. Auf der Ebene der großen Politik ist unter den Adligen dieses Typus die Biographie Ulrich Graf v. Brockdorff-Rantzaus, des 1928 verstorbenen deutschen Botschafters in Moskau, relativ gut untersucht.[540]

Einen dritten Typus bilden hohe Beamte und Diplomaten, deren politisches Engagement über solche Formen des professionellen Vernunftrepublikanismus deutlich hinausging. Zu erinnern wäre hier etwa an den holsteinischen Grandseigneur Albrecht Graf v. Bernstorff-Stintenburg (1890-1945). Als Rhodes-Stipendiat und Absolvent eines einjährigen Bankpraktikums wies der Fideikommißbesitzer und studierte Jurist biographische Besonderheiten auf, die ihn aus dem Kreis seiner berühmten Familie, v. a. aber aus dem Kreis des ostelbischen Landadels hervorhoben. In das Bild dieser eher ungewöhnlichen Biographie fügen sich der 1919 vollzogene Eintritt in die DDP, die konsequente Gegnerschaft zum Nationalsozialismus und die Hilfsaktionen für jüdische Flüchtlinge und Emigranten, die Bernstorff organisierte, nachdem er 1933 seinen Posten als Botschaftsrat in London verloren hatte. Erstmals im Jahre 1940 verhaftet, wurde der Graf wenige Wochen vor Kriegsende von einem SS-Kommando ermordet.[541]

Auch Bernstorffs Vetter Johann Heinrich Graf v. Bernstorff (1862-1939), ein in London geborener Diplomat, bis 1917 deutscher Botschafter in Washington, wurde nach dem Weltkrieg Mitglied der DDP, für die er bis 1928 im Reichstag saß.[542] Auf den mittleren und hohen Positionen des diplomatischen Dienstes finden sich vermutlich die meisten adligen Vertreter dieses Typus. Zu diesem wäre auch Friedrich von Prittwitz und Gaffron zu zählen, als Nachfolger Ago Frhr. v. Maltzahns seit 1927 deutscher Botschafter in Washington, Mitglied der DDP und im Jahre 1933 der einzige Spitzendiplomat, der aus Protest gegen den Nationalsozialismus von seinem Posten zurücktrat. Auch die Vita dieses Diplomaten aus einer ursprünglich schlesischen Familie wies untypische Charakteristika auf. Prittwitz war zwar der Sohn eines preußischen Generalstabsoffiziers, beim Tod des Vaters jedoch erst sieben Jahre alt. Die entscheidenden Prägungen – die Erziehung durch eine bürgerliche, in den USA geborene Mutter, Schulzeit und Abitur in Baden-Baden sowie ausgedehnte, kulturlastige Aufenthalte in Südfrankreich und Italien – zeugen von

---

[540] Christiane SCHEIDEMANN, Ulrich Graf Brockdorff-Rantzau (1869-1928). Eine politische Biographie, Frankfurt a. M. u. a. 1998.
[541] Vgl. dazu HANSEN, Bernstorff; CONZE, Von deutschem Adel, S. 199-206, sowie das empathische Porträt bei DÖNHOFF (1994), S. 56-66.
[542] Johann Heinrich GRAF VON BERNSTORFF, Erinnerungen und Briefe, Zürich 1936.

einer mondänen Sozialisation jenseits der sprichwörtlichen Roggenfelder Ostelbiens.[543]

Sucht man jenseits dieser adligen Spielarten des Vernunftrepublikanismus nach einem vierten Typus: nach Adligen, die sich dezidiert als Republikaner bekannten und verhielten, wird die Luft dünn. Es sind nicht viele Hände erforderlich, um die aktenkundig gewordenen Biographien adliger „Renegaten" im Lager der Republik zu zählen. Dort wo man sie findet, dokumentieren die Lebenswege v. a. radikale Abwendungen vom adligen Kulturmodell. Für Adlige war der Weg „von rechts nach links", wie Helmuth v. Gerlach, der vielleicht bekannteste Adels-Renegat in der Weimarer Republik, seine Autobiographie betitelte, weit und dornig. Die eindrucksvolle Verwandlung des hochaktiven jungen Antisemiten v. Gerlach zum pazifistischen Demokraten ist weithin bekannt.[544] Doch nicht nur deshalb soll die ungewöhnliche Biographie des Journalisten hier nicht ausgebreitet werden. Als „Wasser-Gerlach", d. h. als Mitglied einer neunobilitierten Familie mit bürgerlich gebliebenen Heiratsmustern, eignet sich Gerlach ebensowenig zur Beschreibung altadliger Renegaten wie der ähnlich bekannte Harry Graf v. Keßler.[545]

Weit ergiebiger in dieser Hinsicht erscheint die relativ gut dokumentierte Biographie eines der äußerst seltenen altadligen Republikaner, die über rein taktische Kompromisse mit der neuen Welt eindeutig hinausgingen: Der Verwaltungsjurist Kurt Frhr. v. Reibnitz, ein Baron aus dem schlesischen Uradel, der nach 1918 der SPD beitrat und 1920-23 sowie 1928-1931 Staatsminister von Mecklenburg-Strelitz wurde.[546] Der in Kiel geborene Sohn eines kaiserlichen Vizeadmirals dürfte sich aufgrund seiner bürgerlichen Mutter, einer Enkelin David Hansemanns, seit seinen Kindertagen wie selbstverständlich im Milieu des höheren Bürgertums bewegt haben. Durch diese familiäre Verbindungen, längere USA-Aufenthalte, darunter 1912/13 als Botschaftsattaché in

---

[543] Zur Biographie vgl. Friedrich VON PRITTWITZ UND GAFFRON, Zwischen Petersburg und Washington. Ein Diplomatenleben, München 1952 und Michael WALA, Weimar und Amerika. Botschafter Friedrich von Prittwitz und Gaffron und die deutsch-amerikanischen Beziehungen von 1927 bis 1933, Stuttgart 2001.

[544] Vgl. dazu Gerlachs überaus lesenswerte autobiographischen Werke: Helmut V. GERLACH, Von rechts nach links, Zürich 1937 und DERS., Erinnerungen eines Junkers, Berlin 1924.

[545] Harry GRAF VON KEßLER, Gesichter und Zeiten. Erinnerungen, Berlin 1925. Der in Paris geborene, als Dandy, Schriftsteller, Diplomat und Pazifist bekannte Graf (1868-1937), stammte aus einer erst im Kaiserreich nobilitierten Kaufmannsfamilie, die im Fürstentum Reuß einen Grafentitel erhalten hatte. Vgl. dazu Bülow, Denkwürdigkeiten (1931), S. 497f.

[546] Kurt FRHR. V. REIBNITZ (1877-1937), Dr. iur. et Dr. phil., Jurist, Landrat in Schlesien, war der Sohn eines Vizeadmirals der kaiserlichen Marine und dessen Ehefrau Fanny v. Hansemann. Die 1910 geschlossene Ehe mit einer adligen Generalstochter wurde 1915 geschieden. 1920 zweite Ehe mit der Landratstochter Luise v. Maltzan. Auch Reibnitz' Schwestern und drei seiner vier Onkel waren adlig verheiratet. Sein Nachlaß lagerte in der Freiburger Universitätsbibliothek, gilt jedoch seit längerer Zeit als verloren. Biographische Angaben aus dem Gotha und den Handakten aus seiner Zeit als Staatsminister: MLHA, Handakten Reibnitz, v. a. Nr. 554, 559 und 562 (Korrespondenzen, u. a. mit adligen Familienmitgliedern und Bekannten).

9.5.) Exkurs: Renegaten – Adlige Republikaner

Washington, einen zweifachen Doktortitel und die praktischen Erfahrungen im Bankwesen und höheren Staatsdienst reichte Reibnitz über den Horizont des preußischen Landadels weit hinaus. Daß er im Kaiserreich weder Korpsstudent noch Reserveoffizier geworden war, signalisiert eine ältere Distanz zu den Lebenswelten seiner Standesgenossen. Diese vergrößerte sich im September 1918 mit seinem öffentlich erläuterten Rückzug aus dem Staatsdienst[547] und fand ihre konsequente Vollendung im Beitritt des Barons zur SPD. Was sich aus den Quellen rekonstruieren läßt, scheint mit der Selbstsicht des Barons zu korrespondieren; Reibnitz' ungewöhnliche Entwicklung ist weniger als plötzlicher Bruch, denn als eine konsequent jenseits des adligen Kulturmodells verlaufende Lebensbahn zu beschreiben: „[Ich] habe mein Leben in einer den Traditionen des Adels ganz entgegengesetzten Weise aufgebaut".[548]

1929 und 1933 publizierte der Minister a. D. zwei anonym erschienene Gesellschaftsporträts, die sich noch heute als sozialgeschichtlich wertvolle, im Stil polemischer Causerien gehaltene Beschreibungen eines wohlinformierten Insiders lesen lassen.[549] Ton und Stil von Reibnitz' Skizzen über Politik, Kultur und das Aufeinandertreffen von alter und neuer „Gesellschaft" weisen ihn als Republikaner und Demokraten *malgré lui* aus, der die elitäre, massen- und demokratieskeptische Grundhaltung seiner Standesgenossen trotz seines republikanischen Engagements durchaus nicht hinter sich gelassen hatte – ein Eindruck, den seine Schriftwechsel mit adligen Verwandten und Bekannten um die Verteidigung seiner „Ehre" untermauern.

Reibnitz illustriert trotz seiner politischen Haltung die Stabilität adliger Mentalitäten auf eindrucksvolle Weise – die scharfe und offenbar schmerzlich empfundene Ächtung durch seine Standesgenossen zeigt zudem die enorme Höhe der sozialen und emotionalen Hürden auf, die ein Adliger zu überwinden hatte, um sich rückhaltlos ins Lager der Republikaner zu stellen. Um im Adel als „pflaumenweich", vom „Asphaltklima rötlich angekränkelt" oder gar als „roter Graf" zu gelten, waren vor und nach 1918 minimale Abweichungen von den festgefügten Vorstellungswelten des Adels ausreichend.[550] In den

---

[547] Kurt FRHR. V. REIBNITZ, Mein Ausscheiden aus dem preußischen Staatsdienst im September 1918. Einige Dokumente und kurze Bemerkungen, Neustrelitz 1921.
[548] REIBNITZ an Graf Schwerin-Mildenitz 30.3.1922: MLHA, Handakten Reibnitz, Nr. 554.
[549] Vgl. dazu die bereits mehrfach zitierten, anonym erschienenen Schriften: Kurt FRHR. V. REIBNITZ, Gestalten rings um Hindenburg. Führende Köpfe der Republik und der Berliner Gesellschaft von heute, Dresden 1929; DERS., Im Dreieck Schleicher, Hitler, Hindenburg. Männer des deutschen Schicksals, Dresden 1933. Ferner: DERS., Wilhelm II. und Hermine. Geschichte und Kritik von Doorn, Dresden 1929.
[550] DOHNA-SCHLOBITTEN, S. 163; KROCKOW, S. 208; DÖNHOFF (1994), S. 79f.; DISSOW, S. 229f.; PUTLITZ, S. 16f.; ARNIM, Der grüne Baum, S. 73; MERKENICH, Front, S. 137. Im Herrenhaus waren bereits die wenigen Grandseigneurs, die politisch ins Lager der Nationalliberalen gehörten, als „rote Prinzen" verpönt: SPENKUCH, Herrenhaus, S. 274. Um als „rot" zu gelten, genügte in einigen Familien die DVP-Mitgliedschaft. Vgl. HOLTZENDORFF, Biographische Aufzeichnungen (Privatbesitz Henning v. Holtzendorff), S. 22.

äußerst seltenen Fällen, in denen die Bezeichnung zutraf, wurde sie nach 1945 wie ein Ehrentitel präsentiert.[551] Vor 1945 war dies freilich nicht der Fall. Der Preis, den Adlige für ein offen positives Verhältnis zur Republik zu zahlen hatten, war hoch. Er scheint in praktisch allen Fällen in der Entscheidung zur Aufgabe familiärer und freundschaftlicher Bindungen bestanden zu haben. Als Arndt v. Holtzendorff, ein jüngerer Bruder des Großadmirals der kaiserlichen Marine, seine militärische Karriere nach einem Reitunfall 1896 nicht nur gegen die ebenso ungewöhnliche wie erfolgreiche Karriere bei der HAPAG eintauschte, sondern zudem freundschaftliche Kontakte zur jüdischen Bourgeoisie zu pflegen begann, wurde er jahrelang selbst vom engeren Kreis seiner Familie geschnitten.[552] Helmut v. Gerlach beschreibt bereits für das Jahr 1903 ein Familientribunal in Form eines alten, mit einem Höhrrohr gewappneten Onkels, der den Neffen auffordert, entweder seinen unstandesgemäßen Ideen abzuschwören, oder auf den Adelstitel zu verzichten.[553] Der soziale und psychische Druck, den Familienmitglieder, Regimentskameraden aus Offizierszeiten und Familienverbände auf Abweichler ausüben konnten, läßt sich kaum überschätzen.

Innerhalb der eigenen Verkehrskreise und von Mitgliedern der eigenen Familie als Unperson „geschnitten" zu werden, war gleichbedeutend mit dem Verzicht auf die enggewobenen Netzwerke innerhalb des Adels, die eine Person finanziell, professionell, gesellschaftlich und emotional sichern und voranbringen konnten. Neben dem geräuschlosen gesellschaftlichen Boykott einer Person gehörte auch die öffentliche Ächtung politischer Renegaten, etwa durch eine Erklärung des Familienverbandes im *Adelsblatt*, zum Ausschluß demokratischer Abweichler aus den Reihen des Adels.[554]

Mit dem Ausschluß aus der DAG und einem „grausamen Familienboykott", strafte die engere und weitere Familie den Grafen v. Zedlitz-Trützschler, den ehemaligen kaiserlichen Hofmarschall, der 1923 in seinen kaiserkritischen Erinnerungen zumindest Teile seines beachtlichen Insiderwissens veröffentlicht hatte.[555] Diese Sanktionen wirken moderat im Vergleich zur bereits erwähnten Duellforderung auf Pistolen, die Friedrich Graf v. d. Schulenburg 1919 an einen Standesgenossen senden ließ, der den Kaiser öffentlich als „Feigling" bezeichnet hatte.[556] Immerhin kam der Boykott Zedlitz-Trützschlers einer gesellschaftlichen Exekution gleich – der Graf wurde von

---

551 Alexander GRAF V. STENBOCK-FERMOR, Der rote Graf. Autobiographie, Berlin 1973.
552 Hanshenning V. HOLTZENDORFF, Biographische Aufzeichnungen (Privatbesitz Henning v. Holtzendorff), S. 24f.
553 GERLACH (1926), S. 32ff.
554 Der Verband der Familie v. d. Marwitz veröffentlichte im Adelsblatt eine Erklärung gegen ein Familienmitglied, das sich als „Pazifist" in Paris niedergelassen hatte: BLHA, Rep. 37 Friedersdorf, Nr. 259, Fol. 155f.
555 Robert GRAF VON ZEDLITZ UND TRÜTZSCHLER, Zwölf Jahre am deutschen Kaiserhof, Stuttgart/Berlin/Leipzig 1924.
556 Zur Duellforderung Schulenburgs an den Grafen v. Hoensbroech s. o., Kapitel 5.4.

9.5.) Exkurs: Renegaten – Adlige Republikaner

Jagden, auf die er bereits eingeladen war, explizit wieder ausgeladen und von seinen Nachbarn als „Verräter" behandelt und geschnitten. Bis 1945 erhielt er aus dem Kreis der alten „Gesellschaft" keine Einladungen mehr. Familienmitglieder, Nachbarn und ehemalige Freunde mieden sein Haus demonstrativ und konsequent.[557]
Gesellschaftlicher Ausschluß und öffentliche Ächtung trafen adlige Republikaner auf unterschiedlichen Ebenen, die von der engeren Familie über den Familienverband, die Adels- und Offiziersverbände bis zum Ausschluß von gesellschaftlichen Treffen reichten. Prinz Max v. Baden wurde aus dem Regimentsverband der Gardekürassiere ausgeschlossen.[558] Paul Frhr. v. Schoenaich,[559] ein Generalmajor a. D., der bereits im Dezember 1918 Mitglied der DDP wurde und sich später – ähnlich wie Fritz v. Unruh[560] – zum engagierten Pazifisten entwickelte, beschreibt eindringlich den Schmerz, den er 1920 beim Ausschluß aus seinem Regimentsverein empfand. Der Grund war seine Weigerung, an einer Loyalitätskundgebung anläßlich des Kaisergeburtstages teilzunehmen: „Ich war zunächst ganz fassungslos, denn unter der Aufforderung standen die Namen von Offizieren, die mir bis dahin persönlich besonders nahegestanden hatten. Dem Kreise hatte ich 33 Jahre mit allen Fasern meines Herzens angehört. Zwei meiner Söhne hatten in dem Regiment gekämpft, einer war in der Uniform gefallen." Von der rechtsstehenden Presse mit beleidigenden Schmähartikeln überzogen, die z. T. von Standesgenossen redigiert waren, bemühte sich Schoenaich, der noch während der Kämpfe im Berliner Zeitungsviertel ein Kommando geführt hatte, vergeblich um die Einberufung eines Ehrengerichtes. Dieses kam formal deshalb nicht zustande, weil ihn auch der *Bund deutscher Offiziere* unterdessen ungefragt aus seinen Mitgliederlisten gestrichen hatte – eine für jeden Adligen besonders erniedrigende Form, die eigene „Satisfaktionsfähigkeit" zerstört zu sehen. In seinen pathetisch „*Mein Damaskus*" betitelten Memoiren[561] nennt der ehemalige Garde-

---

[557] STAHLBERG, S. 131f. (Stahlberg war ein Neffe Zedlitz-Trützschlers). Zu Zedlitz' DAG-Ausschluß s. Erwein FRHR. V. ARETIN, Adel, Nation und Krone, in: *In Treue fest* v. 21.7.1924, außerdem, aus der Perspektive eines Gutsnachbarn: Gerhard V. JORDAN (1987), S. 204-206 (,Verräter/Jagd'), sowie SCHLABRENDORFF, S. 43-45.
[558] PRITTWITZ, S. 100.
[559] Zu Schoenaich s. das Porträt von Friederike GRÄPER, Die Deutsche Friedensgesellschaft und ihr General – Paul Freiherr v. Schoenaich (1866-1954), in: Wolfram WETTE (Hg.), Pazifistische Offiziere in Deutschland 1917-1933, Bremen 1999, S. 201-217.
[560] Fritz v. Unruh (1885-1970), Sohn eines preußischen Generals, Plöner Kadett, Ulanenoffizier in einem Berliner Garderegiment. 1911 Abschied, nachdem Max Reinhardt sein erstes Stück aufgeführt hatte. 1914 Kriegsfreiwilliger, nach Verdun Wandlung zum Pazifisten, 1932 nach Italien, 1935 in Frankreich, dann Exil in den USA. Auch sein jüngerer Bruder Friedrich Franz v. Unruh (1893-1986) durchlief einen Wandel vom Kadetten und Frontoffizier zum Schriftsteller. Vgl. Friedrich Franz v. UNRUH, Ehe die Stunde schlug. Eine Jugend im Kaiserreich, Bodensee 1967 und Hans Joachim SCHRÖDER, Fritz von Unruh (1885-1970) – Kavallerieoffizier, Dichter und Pazifist, in: Wette (Hg.), Offiziere, S. 319-337.
[561] Paul Frhr. v. Schoenaich, Jg. 1866, aufgewachsen als sechstes Kind auf dem westpreußischen Fideikommiß des Vaters, war im Kaiserreich Marineoffizier und Gardedragoner. Vgl. für seine Biographie und seine scharfe Kritik am preußischen Adel und Militär seine Auto-

dragoner und Gutsbesitzer Schoenaich den gesellschaftlichen Boykott „das Hauptkampfmittel der alten Offiziere", weist jedoch auf weitergehende Konsequenzen hin: „Eigenartige Formen nahm der Kampf gegen mich in meinem Wohnorte an. Er läßt sich in zwei Gruppen teilen: 1. gesellschaftliche und moralische Ächtung und 2. wirtschaftliche Schädigung." Auch hierin den Erfahrungen des sozialdemokratischen Ministers Reibnitz ähnlich, berichtet Schoenaich, unter seinen Standesgenossen hätten ihm einzig die weitgereisten, weltoffenen Familien in seinem Bekanntenkreis persönliche Treue gehalten.[562] Die Höhe des Preises, die ins Lager der Republikaner ausscherende Adlige durch den oftmals radikalen Bruch mit ihrer Sozialisation und Lebenswelt äußerlich und innerlich zu zahlen hatten, ist heute schwer vorstellbar. Der Ton der Verzweiflung, der die Darstellung von Reibnitz und Schoenaich trägt, zeigt jedenfalls an, daß er subjektiv für die Betroffenen sehr hoch war.

Reibnitz, der sich ausdrücklich *nicht* als „abtrünnigen Edelmann" sah, konnten seine Appelle an die „Ritterlichkeit" seiner Standesgenossen vor persönlichen Angriffen auf sich und seine adlig geborene Ehefrau nicht schützen. Bei adligen Bekannten beklagte sich Reibnitz, er habe seine guten Kenntnisse über Skandale im norddeutschen Hochadel, die Hintergründe über Suizide, Ehescheidungen und diverse sittliche Verfehlungen von Angehörigen regierender Häuser in nobler Diskretion nicht im politischen Tageskampf eingesetzt. Dennoch würde er von den Standesgenossen behandelt, wie es in diesen Kreisen selbst gegenüber Dienstboten nicht üblich sei. Gegen seine Verhöhnung als „zuckersüßer Reibnitz" und die Angriffe auf seine Ehefrau kämpfte der finanziell unabhängige Minister, der sich als „Soldat in der vordersten Linie" stilisierte, „der aus- und durchhalten muß", einen ebenso ausweglosen Abwehrkampf wie Jahre später gegen die (unrichtige) Unterstellung jüdischer Vorfahren.[563]

Reibnitz' Verbitterung bezog sich v. a. auf den „Kleinadel", explizit auch auf die mecklenburgische Ritterschaft, die nie über ihre „Scholle" hinausgekommen sei und ihn besonders unfair behandelt habe. Anders hatten sich „in der Welt herumgekommene" Adlige verhalten, mit denen der Sozialdemokrat weiterhin verkehren konnte.[564] Während Reibnitz seine Hochachtung vor Kultur, Haltung und Bedeutung der Grandseigneurs weiterhin öffentlich betonte, verschärften sich die privaten und öffentlichen Auseinandersetzungen insbesondere mit Angehörigen des niederen Landadels. Die publizistischen

---

biographie: Paul FRHR. V. SCHOENAICH, Mein Damaskus. Erlebnisse und Bekenntnisse, Berlin 1926.

[562] SCHOENAICH, Mein Damaskus, S. 208-221, zit. S. 208 und S. 220.

[563] MLHA, Handakten Reibnitz, s. Nr. 554, Briefe REIBNITZ' v. 4.5.1922 (an v. Blücher), v. 19.1.1921 (an v. Bülow), v. 9.12.1921 (an v. Maltzan), v. 9.3.1921 (an v. Oertzen), v. 30.3.1922 (an Graf Schwerin) und ebd., Nr. 562, Brief v. 27.7.1928 an Frhr. v. Schleinitz.

[564] REIBNITZ an Graf Schwerin-Mildenitz, 30.3.1922: MLHA, Handakten Reibnitz, Nr. 554, hier auch nähere Angaben zu seinem Lebenslauf.

9.5.) Exkurs: Renegaten – Adlige Republikaner

Angriffe, die der schlesische Baron gegen diese Gruppe führte, standen in Inhalt und Schärfe der Kritik sehr nahe, die Erwein Frhr. v. Aretin und Otto Frhr. v. Traube etwa zeitgleich formuliert hatten.[565] Auch Reibnitz charakterisierte den „kleinen ostelbischen Landadel" als rückständig, borniert, unkultiviert und warnte vor dem ungebrochenen Einfluß, der auf wirtschaftlicher Macht, v. a. jedoch auf gesellschaftlichen Verbindungen beruhte.[566]

Bei den hier genannten Namen handelt es sich um eine Aufzählung, die keinerlei Anspruch auf Vollständigkeit erhebt, deren bescheidener Umfang jedoch alles andere als zufällig ist. Adlige Vernunftrepublikaner blieben eine seltene Spezies, adlige Herzensrepublikaner eine absolute Rarität. Dezidiert *adlige* Versuche zur konstruktiven Mitarbeit am republikanischen Projekt, die sich den überall greifbaren, aufwendig organisierten Versuchen adliger Obstruktionspolitik gegenüberstellen ließen, lassen sich lediglich in Form von wenigen, halbherzigen und bedeutungslosen Versuchen rekonstruieren, in denen die Anlehnung an kaiserzeitliche Vorbilder unübersehbar ist. Neben einzelnen Lebensläufen, die eindeutig neben den traditionellen Lebenswelten des Adels verliefen,[567] ragen im Ozean adliger Republikfeindschaft vereinzelte und fast unbewohnte Inseln einer anderen Ausrichtung hervor. Ein solches Landstück findet sich für das Jahr 1926, als eine Gruppe von sechzehn Angehörigen bekannter Adelsfamilien, darunter Fürst v. Fürstenberg, ein Bismarck-Enkel und ein Fürst v. Hohenlohe, mit einem öffentlichen Aufruf hervortraten, die Stresemannsche Außenpolitik und die republikanische Reichsregierung zu unterstützen. Der DVP-Abgeordnete Rochus v. Rheinbaben hatte die Erklärung mit einem „Aufruf an den deutschen Adel" verbunden, in dem er den „Adel in seiner Gesamtheit" aufrief, „den Beweis [zu] erbringen, ob er allein und aus eigener innerer Kraft heraus noch fähig ist, die geistige Führung auf neuen Wegen zu übernehmen, oder ob zwei Jahrhunderte des Fürstendienstes ihn der Führereigenschaften, die jeder wahre Edelmann in sich sucht und suchen muß, beraubt haben." Statt auf das Kommen eines „Diktators" zu warten, solle der Adel „unter den neuen Machthabern selbst mit Hand [anlegen] an die Führung des Staates" und die „Regierung bei ihrem schweren Werke [...] unterstützen".[568] In ähnlichem Tonfall hatte sich ein

---

[565] Vgl. oben, Kapitel 1.3.

[566] Eine besonders scharfe Kritik in: Kurt FRHR. V. REIBNITZ, Der Gotha, in: Querschnitt, 2/1928, S. 73-76, ausführlicher in Reibnitz (1932), S. 67-73.

[567] So etwa der Universitätsprofessor Alexander GRAF ZU DOHNA in seinem Vortrag: Die Revolution als Rechtsbruch und Rechtsschöpfung, Heidelberg 1923, vgl. DOHNA-SCHLOBITTEN, S. 163.

[568] Rochus FRHR. V. RHEINBABEN, An den deutschen Adel. Politische Betrachtungen zur Zeitgeschichte, Berlin 1926, zit. S. 7, 8, 17, 26f. Unterzeichnet hatten den Aufruf folgende Personen: Werner von Alvensleben-Berlin, Klaus Graf v. Bismarck-Varzin, Frhr. v. Cramm-Brüggen-Hannover, Ernst Graf v. Eickstedt-Hohenholz, Fürst zu Fürstenberg-Donaueschingen, Graf Geßler-Schoffschütz, Graf Wilhelm Geßler, Christian Kraft Fürst zu Hohenlohe, Graf M. Lehndorff-Preyl, S. v. Radowitz-Klein-Ingersheim, Rat Hugo Frhr. v. Reischach-Berlin, Rudolf Graf Spreti-Berlin, Raban v. Tiele-Winkler-Lettin, v. Valetin-

unter anderem von Adligen unterzeichneter Aufruf bereits im November 1918 „an die deutsche Jugend" gewandt.[569] Mit diesen Aufrufen, appellierend an den „Führerberuf" des Adels, das Andenken Bismarcks und zentriert um die Außenpolitik des ehemaligen Annexionisten Stresemann, ist der äußerste Punkt organisierter adliger Linksabweichungen bereits erreicht. Die gouvernementale Abspaltung von der DNVP Hugenbergscher Prägung, deren prominentester adliger Vertreter der kaisertreue Kuno Graf v. Westarp war und die später in die Gründung der *Konservativen Volkspartei* führte,[570] ließe sich als Erbe und Endpunkt dieser konstruktiven, wenn auch demokratiefeindlichen Tendenz innerhalb des Adels ansehen.

Links von diesem Punkt lassen sich nur noch adlige Einzelgänger ausmachen. Bezeichnenderweise wurde der „Mut" der Unterzeichner vom Initiator des Aufrufes besonders hervorgehoben. Johann-Albrecht v. Rantzau berichtet aus eigener Anschauung und mit Bezug auf den genannten Aufruf, „bei einer Minderheit des Adels" habe sich in den späten Zwanziger Jahren eine „realistische Denkweise" durchgesetzt. Diese Minderheit muß jedoch sehr klein und kann nicht sehr stimmgewaltig gewesen sein; sollte es sie je als handelnde Gruppe gegeben haben – woran zu zweifeln ist – so hat sie keine schriftlichen Spuren hinterlassen.[571] Die konstruktive Mitarbeit einzelner Adliger am Bau der Republik konnte die intellektuelle Lufthoheit adliger Republikgegner, die Johann-Albrecht v. Rantzau als „gefühlsgeborene Republikfeindschaft"[572] bezeichnet, nicht im geringsten verändern.

Aufschlußreich ist weiterhin ein Blick auf die von republikanischen Adelsrenegaten verwendeten Sprachbilder und die damit umschriebenen Zukunftsvorstellungen. Soweit es sich bei den wenigen Renegaten um Adlige aus alten Familien handelt, die innerhalb der traditionellen Lebens- und Vorstellungswelten des Adels sozialisiert wurden, kann die auch in dieser Gruppe weitverbreitete Verwendung von Leitbildern, die sich unschwer als Elemente des Adels-Habitus erkennen lassen, kaum verwundern. Insbesondere die Überzeugung von der Notwendigkeit eines erneuerten „Führertums" findet sich durchgängig auch bei jenen Adligen, die der Republik als loyale Beamte

---

Hameln, Graf Lubbert v. Westphalen-Berlin, v. Zitzewitz-Weedern. Zu diesem Aufruf und den Reaktionen im Adel vgl. DISSOW, S. 229f. Ähnliche Positionen schildert im Rückblick ein älterer Vetter Rheinbabens, ein Marineoffizier a. D., der nach 1918 u. a. als Eberts Staatssekretär im Reichskanzleramt wirkte, 1920-1930 MdR für die DVP und unter Stresemann Staatssekretär im Auswärtigen Amt war: Werner FRHR. V. RHEINBABEN, Kaiser, Kanzler, Präsidenten „wie ich sie erlebte" 1895/1934, Mainz ²1968.

569 Berliner Tageblatt, 17.11.1918, vgl. dazu PRITTWITZ, S. 238.
570 Erasmus JONAS, Die Volkskonservativen 1928-1933. Entwicklung, Struktur, Standort und staatspolitische Zielsetzung, Düsseldorf 1965; PETZINNA, Erziehung, S. 241-252.
571 DISSOW, S. 229f. Die Tatsache, daß die nach 1945 einsetzende, apologetisch gestimmte zweite Welle adliger Autobiographien von *kollektiven* und *organisierten* Versuchen des deutschen Adels, die Republik konstruktiv zu stützen, so gut wie nichts zu berichten weiß, deckt sich mit dem Fehlen anderer Spuren.
572 DISSOW, S. 229.

9.5.) Exkurs: Renegaten – Adlige Republikaner

dienten, die z. T. sogar Mitglieder der demokratischen Parteien geworden waren.

Reibnitz, Sozialdemokrat *malgré lui*, der seiner Verachtung für „die Massen", seinem Hohn über jede Form von Unbildung und seinem Spott über die Allüren gesellschaftlicher Emporkömmlinge in seinen Publikationen freien Lauf ließ, bezeichnete 1932 „das Problem der Führung" als „das wichtigste im großen Kreis der Politik. Nicht in Programmen, in Persönlichkeiten liegt Deutschlands Existenz und Zukunft." Da „die alten Führer", insbesondere im preußischen Adel, kläglich versagt hatten, begrüßte er die „ersten tastenden Versuche, Führer auszulesen", die er u. a. im *Jungdeutschen Orden* und im Berliner Herrenklub ausmachte. Im Herrenklub habe der „jüngere und der klügere Teil des Adels" eine „Pflanzstätte für ein neues Führertum" geschaffen.[573]

Sehr ähnlich sah auch der zum aktiven Pazifisten gewandelte Generalmajor a. D. Paul Frhr. v. Schoenaich „die politische Kernaufgabe" in der „Schaffung von Führern auf dem demokratischen Wege, statt wie bisher auf dem Wege der Überlieferung." Schoenaich hoffte auf eine „Lösung der Führerfrage auf demokratischem Wege, also die Zusammenfassung wahrer Führer-Aristokratie", die sich gegen „die Diktatur der Wirtschaftsfürsten [und] die Diktatur des alles nivellierenden Proletariates" gleichermaßen durchsetzen würde.

Wie Reibnitz erklärte der Generalmajor sowohl den Zusammenbruch von 1918 als auch die politische Schwäche der demokratischen Kräfte v. a. als ein Versagen der Führer – die „Arbeiterführer" beschränkten sich auf höhere Lohnforderungen, die traditionellen Führerschichten des Kaiserreiches hatten sich lange vor 1918 als unfähig zur Verständigung mit dem eigenen Volk erwiesen. Als positives Gegenbild wurde – auch hierin Reibnitz und anderen Adels-Renegaten ähnlich – England angeführt, hier u. a. durch den Hinweis auf Eton, wo „man vor den jungen Lordsöhnen bekannte Arbeiterführer Vorträge [...] über die sozialen Nöte des Volkes" halten ließ. In wenig präzisen Wendungen plädierte Schoenaich für eine zukünftige Verbindung von Demokratie und Aristokratie. Mit dem Hinweis, „kein vernünftiger Arbeiterführer" wolle die „natürliche Stufenordnung der Arbeitsteilung beseitigen, denn eine solche ist ohne Führer unmöglich", erläuterte Schoenaich sein Verständnis von Demokratie in einer Weise, die von der kleinen Gruppe seiner republikanischen Standesgenossen nachweislich geteilt wurde und nicht ohne Ähnlichkeiten zu den Vorstellungen Max Webers war: „Wahre Demokratie ist einfach eine neue Art der Führerauslese."[574] Ähnliche Denkmuster finden sich in den 1920er und 1930er Jahren bei den Adligen, die später im Kreisauer Kreis zum

---

[573] REIBNITZ (1932), s. u. a. S. 217 und S. 67-73.
[574] Paul FRHR. V. SCHOENAICH, Vom Chaos zum Aufbau, in: Junge Republik, Heft 8 (1924), S. 1-45, Zitate S. 21-45.

linken Flügel des konservativen Widerstandes gehören sollten, insbesondere bei Helmuth James Graf v. Moltke.[575]

Der tiefe Bruch mit der eigenen Familie und den angestammten Kreisen, von denen die Renegaten geschnitten wurden, findet sich auch im Lebensweg Karl Graf v. Bothmers, der sich in den 20er Jahren publizistisch ins Lager der Republikaner schlug und dort eine Privat-Fehde gegen die „Mafia" der „Ostelbier", ihre „Herrenmoral" und ihre „Räuberhöhlen" führte. Auch Bothmer war keineswegs geborener Republikaner und bis zu seinem Engagement für die Republik einen weiten Weg gegangen. „Erzogen in der dynastischen Legende und in der Romantik des Königstraums, hat[te] er die Republik zunächst bekämpft", bevor er Mitglied des *Jungdeutschen Ordens* wurde.[576] Einem bürgerlichen Rittergutsbesitzer, der sich nach 1918 zum engagierten Sozialdemokraten gewandelt hatte, bot der Graf „ein Schutz- und Trutz-Bündnis [...] in unserem gemeinsamen Kampfe persönlicher und sachlicher Art gegen die Ostelbier" an.[577] „Persönlich" blieb das Engagement des Grafen, weil sein Kampf gegen die ostelbische „Mafia" und ihre Fideikommisse weniger republikanische als eigennützige Motive hatte. Bothmer, dem es nach eigenen Angaben „so herzlich schlecht" ging, daß er „das trockene Brot nicht kaufen [konnte]", flocht in seine Junker-Polemiken fortlaufend den Fall seines eigenen kinderlosen Onkels ein, der ein ungeteiltes Fideikommiß von 26.000 Morgen im Werte von 8 Millionen Goldmark besaß und an „notleidende Familienmitglieder und Erben nie einen Pfennig gab". Bothmer verband seine öffentliche Empörung über die „faule Gärung", welche die „Ostelbier" in „Bildungsschicht und Staatsidee" hineingebracht hatten, mit der privaten Hoffnung auf „ein Haberfeldtreiben gegen den gegenwärtigen Majoratsherrn".[578] Ähnlich wie bei seinen adligen Mitstreitern blieben auch Bothmers politische Schriften, die er unter dem Pseudonym Wilfried von Ivanhoe gedruckt wissen wollte, in Ton und Inhalt stärker von adelstypischen Invektiven gegen Parteiwesen, Plutokratie und Kapital als von dezidiertem Republikanismus geprägt.[579]

---

575 Vgl. Freya von MOLTKE/Michael BALFOUR/Julian FRISBY, Helmuth James von Moltke 1907-1945. Anwalt der Zukunft, Stuttgart 1975, seine Stilisierung bei DÖNHOFF, Um der Ehre willen, S. 96-112 und die Analyse seiner im Widerstand konzipierten „kleinen Gemeinschaften" bei Hans MOMMSEN, Der Kreisauer Kreis und die künftige Neuordnung Deutschlands und Europas, in: DERS., Alternative, S. 207-229.
576 Angaben und Zitate nach: Wilfried von Ivanhoe [d.i. Karl GRAF V. BOTHMER], Ostelbische Herrenmoral, (nicht publizierter) Artikel für das Berliner Tageblatt, ca. 1928, in: LAG, Rep. 42 Becker, Nr. 57, Fol. 69-73.
577 Karl GRAF VON BOTHMER an Arthur Becker, 10.7.1928, in: LAG, Rep. 42 Becker, Nr. 57, Fol. 69.
578 Angaben und Zitate ebd. und in einem Brief BOTHMERs an Arthur Becker, 13.9.1927, in: LAG, Rep. 42 Becker, Nr. 57, Fol. 84 („das trockene Brot').
579 Karl GRAF VON BOTHMER, Der Staat und die Schule des Lebens. Eine Denkschrift zur Organisierung der Reichsbürgerschaft als Machtmittel, um von der Parteidemokratie zum Volksstaat zu kommen (1927), in: LAG, Rep. 42 Becker, Nr. 57, Fol. 86-106.

9.5.) Exkurs: Renegaten – Adlige Republikaner

Politisch von ungleich größerer Bedeutung war die Ausnahmebiographie eines katholischen Prinzen aus dem bayerischen Fürstenhaus Löwenstein, die besondere Beachtung verdient, da es sich hier um einen der äußerst seltenen engagierten Republikaner aus dem Hochadel handelt.[580] Hubertus Prinz zu Löwenstein-Wertheim-Freudenberg (1906-1984),[581] geboren auf Schloß Schönwörth bei Kufstein als Sohn eines bayerischen Rittmeisters und einer englischen Mutter, hatte 1928 sein Studium der Rechts- und Staatswissenschaften abgeschlossen, längere Zeit in Italien verbracht und in Hamburg bei Albrecht Mendelssohn Bartholdy eine Dissertation über den italienischen Faschismus eingereicht. Im Alter von 24 Jahren war Löwenstein 1930 dem Zentrum und dem Reichsbanner beigetreten und führend im republikanischen Jugendbund *Vortrupp Schwarz-Rot-Gold* aktiv, der eine starke Orientierung an der Formensprache der bündischen Jugend mit einem eindeutigen Bekenntnis zur Republik verband. Neben dem Engagement im Zentrum und als republikanischer Bundesführer war Löwenstein als Leitartikler in den großen demokratischen Zeitungen hervorgetreten.[582] Nennenswerten Reichtum besaß der Prinz als nachgeborener Sohn nicht, einen Teil seines Lebensunterhaltes verdiente er als Journalist und Publizist. Wichtige Anstöße für sein eigenes republikanisches Engagement scheint der von Stefan George faszinierte Prinz durch eine Rede des Sozialdemokraten und Langemarck-Überlebenden Theodor Haubach erhalten zu haben.[583]

Während aus den Lebensbeschreibungen ein „Damaskus-Erlebnis" als Beginn der republikanischen Wandlung nicht erkennbar ist, lassen sich einige Elemente benennen, die Löwensteins ungewöhnliche Biographie erklärbar machen. Auffällig ist zunächst ein stark intellektueller Zug, den Löwensteins Vater gefördert haben mag. Dieser hatte sich aus dem Offiziersberuf frühzeitig auf sein Schloß zurückgezogen und war u. a. durch eine Cäsar-Übersetzung hervorgetreten. Über die englische Mutter hatte Löwenstein jüdische Vorfahren, was nicht nur die Angriffe der NS-Presse auf den „Juden-Prinzen", sondern auch eine generelle Offenheit zu kulturellen Milieus jenseits des Adels befördert haben dürfte.[584] Der elitär-intellektuelle Zug fand ein Pendant in seiner Ehefrau aus einer holländischen, ungewöhnlich gebil-

---

580 Möglicherweise wäre Alexander Prinz v. Hohenlohe-Schillingfürst (1862-1924), ein Sohn des Reichskanzlers, in diese Gruppe zu zählen, wie seine 1925 edierten Erinnerungen nahelegen. An Ähnlichkeiten mit Löwenstein fallen die pronencierte Bildung, die jüdischen Vorfahren der Mutter, die internationalen Bezüge und ein elitär-hierarchisches Weltbild bei deutlich positivem Bezug zur Republik auf: Alexander PRINZ V. HOHENLOHE, Aus meinem Leben, Frankfurt a. M. 1925.
581 Zur Biographie des Prinzen vgl. v. a. seine autobiographischen Schriften: Hubertus PRINZ ZU LÖWENSTEIN, Botschafter ohne Auftrag. Lebensbericht, Düsseldorf 1972; DERS., Abenteurer der Freiheit, Frankfurt a. M./Berlin/Wien 1983.
582 Vgl. seinen (v. a. wegen des Verfassernamens) aufsehenerregenden Artikel *Das Dritte Reich ante portas*, in: Vossische Zeitung 12.7.1930.
583 LÖWENSTEIN, Abenteurer, S. 42, 69.
584 Zu den Eltern vgl. LÖWENSTEIN, Botschafter, S. 9-21.

deten Familie, die das antifaschistische Engagement ihres Mannes aktiv unterstützte. Im April 1933 nach Österreich, später in die USA emigriert, betätigte sich der Prinz auf diversen Europareisen, u. a. nach Spanien, als Propagandist der Republikaner.[585] Einige Bedeutung erlangte die 1935 in den USA begründete *American Guild for German Cultural Freedom*, die zu einer wichtigen Unterstützungskasse exilierter Intellektueller aus Deutschland wurde. Löwenstein war ihr Begründer und Generalsekretär.[586]

Um den Blick auf die Gruppe der adligen „Renegaten" abzuschließen, sei ein Blick auf zwei Biographien am äußersten linken Rand dieser Gruppe geworfen. Zunächst auf die bekanntere: Arnold Vieth v. Golßenau (1889-1979), Mitglied einer alten sächsischen Familie, bietet einen der ungewöhnlichsten Lebensläufe, die sich im deutschen Adel des 20. Jahrhunderts finden lassen. Die Lebensphase als Abiturient, Berufsoffizier im sächsischen Leibgrenadierregiment 100 und mehrfach dekorierter Frontoffizier verlief in adelstypischen Bahnen. Anhaltspunkte oder gar Gründe für den Ausbruch aus diesen Bahnen sind nicht klar erkennbar, auffällig ist allenfalls die Prägung durch das Elternhaus, in dem vermutlich andere Ideale als die des preußischen Kleinadels vermittelt wurden: Golßenaus Vater war Prinzenerzieher und Mathematiklehrer an einem Gymnasium, die Mutter stammte aus einer in Moskau lebenden Fabrikantenfamilie. Was immer hinter dem Bruch mit der Adelswelt gestanden haben mag – dieser Bruch verlief jedenfalls ungewöhnlich radikal.

Als Wahlkommandeur eines republikanischen Polizeibataillons verweigert er im Kapp-Putsch den Schießbefehl gegen eine Gruppe von Arbeitern und wird aus der Reichswehr entlassen. Der zehnjährigen Karriere als Berufsoffizier folgt ein breit angelegtes Studium (Russisch, Jura, Nationalökonomie, Geschichte und Kunstgeschichte), nach dem er unter dem fortan beibehaltenen Pseudonym Ludwig Renn als „freischaffender" Journalist und Schriftsteller in Dresden, Wien und Berlin arbeitet. Im Januar 1928 wird er Mitglied in KPD und Rotfrontkämpferbund, wenig später Mitherausgeber der Zeitschriften *Linkskurve* und *Aufbruch*. Nach Verhaftung und längerer „Schutzhaft" zwischen 1933 und 1936 wählt Renn den Weg der Emigration, um nach verschiedenen Zwischenstationen Stabschef der 11. Internationalen Brigade im spanischen Bürgerkrieg und Mitglied der Katalanischen Einheitspartei zu werden. Nach diversen politischen Missionen in den USA, Cuba, Canada, Frankreich und weiteren Verhaftungen folgt 1939 das Exil in Mexiko, wo er

---

[585] Hubertus PRINZ ZU LÖWENSTEIN, Als Katholik im republikanischen Spanien, Zürich 1938 und DERS., Botschafter, S. 146-153.
[586] Die *Guild* war die Basis der *Deutschen Akademie der Künste und Wissenschaften im Exil*, die als Präsidenten Thomas Mann in der literarischen, Sigmund Freud in der wissenschaftlichen Sektion gewinnen konnte. Vgl. dazu Volkmar [von] ZÜHLSDORFF, Deutsche Akademie im Exil. Der vergessene Widerstand, Berlin 1999, v. a. S. 25-43, 69-105 und den Ausstellungskatalog: Deutsche Intellektuelle im Exil: ihre Akademie und die „American Guild for German Cultural Freedom". Eine Wanderausstellung des Deutschen Exilarchivs 1933 - 1945 der Deutschen Bibliothek, Leipzig/Frankfurt a. M./Berlin 2000.

9.5.) Exkurs: Renegaten – Adlige Republikaner 473

nach weiteren Studien an der Universität lehrt. 1947 kehrt der ehemalige Offizier der sächsischen Armee nach Dresden zurück und wird Professor für Anthropologie, später für Kulturgeschichte, Ehrenpräsident des PEN-Zentrums der DDR, Held der Arbeit und Träger diverser hoher DDR-Auszeichnungen.[587] Der ebenso ungewöhnliche wie verwegene Lebenslauf scheint nach der Beendigung der Offizierskarriere keine Berührungspunkte mit der Welt des Adels aufzuweisen. Die hier in gröbsten Strichen nachgezeichnete Lebensbahn verlief nicht nur jenseits, sondern auch dezidiert gegen alle adligen Grundauffassungen und läßt sich nur durch Verbiegungen als Teil einer Adelsgeschichte fassen.

Ein weiteres Beispiel für diesen extrem seltenen Typus liefert die Biographie eines baltischen Grafen, Alexander Graf v. Stenbock-Fermor (1902-1972). Stenbock hatte als ältester Sohn eines im Petersburger Pagenkorps erzogenen Husarenoffiziers und Großgrundbesitzers und einer Fürstin Kropotkin eine mehrsprachige Kindheit zwischen livländischem Schloß und deutschem Internat verbracht. Nach seiner Teilnahme als jugendlicher Kriegsfreiwilliger im Kampf baltischer Freikorps gegen die Rote Armee 1920 ausgemustert, zog der Achtzehnjährige nach Neustrelitz in eine von den Eltern gepachtete Villenhälfte. Anfangs von der kargen Unterstützung des Vaters lebend, brach der junge Graf nach einem vorzeitig beendeten Ingenieursstudium, einer Buchhändlerlehre, journalistischen Arbeiten und Anstellungen beim Eugen Diederich Verlag endgültig mit seinem Elternhaus. Den vollständigen Bruch mit den alten Adelswelten krönte die Mitgliedschaft in der KPD, in der Stenbock zur *Aufbruch*-Gruppe um Beppo Römer gehörte. Ähnlich wie Vieth v. Golßenau machte auch Stenbock nach Haft und Widerstand in der DDR als Schriftsteller, Filmautor und Kulturfunktionär eine Karriere, die 1946 mit seiner Einsetzung als Bürgermeister von Neustrelitz begonnen hatte.[588]

Auf der Suche nach solchen gegen den Strom schwimmenden Mitgliedern des Adels stößt man schließlich auf eine Reihe von adligen Frauen, die sich aus eigener Kraft aus den Zwängen der Adelswelt befreit hatten. Neben eindrucksvollen Biographien, bei denen die politische Haltung jedoch unklar

---

[587] Aus der umfangreichen Eigenliteratur vgl. v. a. Ludwig RENN, Adel im Untergang, Berlin 1946; DERS., Meine Kindheit und Jugend, Berlin (DDR) 1956 sowie DERS., Im spanischen Krieg, o. O. 1955. Eine biographische Skizze findet sich in: Wer war Wer in der DDR. Ein biographisches Handbuch, Hg. von Bernd-Rainer Barth u. a., Frankfurt a. M. 1995, S. 694f. Detaillierter bei Annemarie AUER, Ludwig Renn – ein ungewöhnliches Leben, Berlin (DDR) 1964 und Pavel M. TOPER, Ludwig Renn: Leben und Werk, Berlin (DDR) 1965, S. 9-85.

[588] Angaben nach der umfangreichen Eigenliteratur des Grafen: Alexander GRAF V. STENBOCK-FERMOR, Der rote Graf. Autobiographie, Berlin (DDR) 1973, DERS., Meine Erlebnisse als Bergarbeiter, Hg. v. Frank Thiess, Stuttgart 1929; DERS., Freiwilliger Stenbock. Bericht aus dem baltischen Freiheitskampf, Stuttgart 1929; DERS., Deutschland von unten. Reisen durch die proletarische Provinz 1930. Mit einer Einführung von Friedhelm Farthmann, o. O. 1931.

bleibt,[589] fallen am äußersten Rand dieses Spektrums die faszinierenden Lebensgeschichten der Schwestern Marie Louise und Marie Therese v. Hammerstein ins Auge, Töchter des 1930-1933 als Chef der Heeresleitung agierenden Kurt Frhr. v. Hammerstein-Equords, die während der Weimarer Republik vom Nachrichtendienst der KPD angeworben wurden, die Nähe von jüdischen Linksintellektuellen suchten und fanden. Während die ältere Tochter in die KPD eintrat, emigrierte ihre jüngere Schwester 1934 mit ihrem Mann, einem zionistischen Pionier, nach Palästina.[590]

Die hier versammelten Beispiele sollen verdeutlichen, daß die im Adel vertretene Bandbreite politischer Haltungen auf der linken Seite nur dann über DVP und Zentrum hinausreichte, wenn man vom Adel weitgehend isolierte *mavericks* in die Betrachtung einbezieht. Diese Biographien verweisen nicht etwa auf ein vermeintlich breites Spektrum adliger Reaktionsweisen nach 1918, sondern auf die enorme Festigkeit des Adels-Habitus. Keineswegs erheben die hier aufgeführten Namen Anspruch auf Vollständigkeit. Gruppenbiographische Einzelstudien würden vermutlich eine ganze Reihe von äußerst interessanten adligen Ausnahmebiographien dieser Art zu Tage fördern. Doch auch die größte Schwäche für ungewöhnliche Biographien kann nicht verdecken, was für die bekennenden Demokraten ebenso wie für die adligen Kommunisten gilt: Bei den Adelsbiographien dieses Typus handelt es sich um äußerst seltene Lebenswege, die nur über den radikalen und unumkehrbaren Bruch mit ihren Familien und der Welt ihrer Kindheit möglich waren. Ihre Isolation innerhalb des Adels unterstreicht erneut, was es im deutschen Adel vor 1945 eben nicht gegeben hat: die kollektiv gestaltete, konstruktive Annahme der parlamentarisch-demokratischen Staatsform und ihrer politischen Kultur.

Mit dem „Beharren" auf den traditionellen Vorstellungen des Konservativismus läßt sich dieses Verhalten nicht erklären. Wie gezeigt, hatte sich ein Großteil des Adels von traditionellen Denkmustern in verschiedenen Spielarten verabschiedet und bei der Öffnung zur Neuen Rechten einige Flexibilität bewiesen. Unverändert blieb allein der innere Kern des Adels-Habitus: die

---

[589] Dies gilt für Tisa GRÄFIN V. D. SCHULENBURG, Ich habe's gewagt. Bildhauerin und Ordensfrau – ein unkonventionelles Leben, Freiburg/Basel/Wien ³1983 und Maria GRÄFIN V. MALTZAN, Schlage die Trommel und fürchte Dich nicht. Erinnerungen, Frankfurt a. M./Berlin 1986. Die Autorin, Tochter eines freien Standesherrn und Offiziers, studierte Veterinärmedizin, heiratete in erster Ehe einen bürgerlichen Kabarettisten, in zweiter Ehe einen jüdischen Schriftsteller, den sie während des Krieges versteckte. Maltzan gehörte zur Widerstandsgruppe um den Jesuitenpater Friedrich Muckermann. Die weit bekanntere Biographie Marion GRÄFIN V. DÖNHOFFs weist bis zu ihrer Flucht zwar einige ungewöhnliche Züge, jedoch keine radikalen Brüche mit dem sozialen Kern des ostpreußischen Adels auf. Vgl. als eindrucksvollen Vorläufer dieses Typus die Sozialistin BRAUN (1909), passim.

[590] Vgl. zu der Spionage-Affäre Reinhard MÜLLER, Hitlers Rede vor der Reichswehrführung 1933. Eine neue Moskauer Überlieferung, in: Mittelweg 36, Heft 1/2001, S. 73-90. Über die Töchter Hammersteins vgl. die Artikel in: Die Welt 15.6.2001, S. 10; FAZ vom 2.5.2001; FAZ vom 30.5.2001. Ich danke Frau Ellinor Gall, geb. Freiin v. Hammerstein, für diese Hinweise.

9.5.) Exkurs: Renegaten – Adlige Republikaner

Vorstellung von der Berufung zur Herrschaft, die nach 1918 in diversen Varianten als Berufung zum Führertum auftaucht. Bei allen Nuancen gehört sie zu den Gemeinsamkeiten, die sich für alle Adelsgruppen aufzeigen lassen. Sucht man nach einem Bild, um das komplizierte Verhältnis von Beharrung und Veränderung im Adel zu beschreiben, bietet sich die eingangs zitierte Metapher Theodor Geigers an, in der Mentalität als Haut, Ideologie als Gewand bezeichnet wird. Fatal wirkte der Adel nicht dort, wo er seine alten ideologischen Kleider auftrug, sondern dort, wo auf die „Haut" des Herrschafts-Habitus die „Gewänder" der Neuen Rechten gestreift wurden. Mit der systematischen Darstellung der Affinitäten und Differenzen zwischen Adel und Nationalsozialismus wendet sich der letzte Teil dieser Arbeit den verhängnisvollen Konsequenzen dieses Kleiderwechsels zu.

Teil V.)
Der deutsche Adel und die NS-Bewegung

Trotz aller Sammlungsversuche hat es einen sozial, kulturell und politisch homogenen „deutschen Adel" niemals gegeben. Generelle Aussagen über „die" Haltung „des" Adels zum Nationalsozialismus lassen sich somit nicht treffen. Möglich ist es hingegen, typische Grundkonstellationen zu beschreiben, die das Verhalten unterschiedlicher Adelsgruppen zur NS-Bewegung landesweit prägten. Im folgenden werden die vier wichtigsten kommunikativen Brücken und die vier wichtigsten Barrieren im Verhältnis von Adel und NS-Bewegung beschrieben. Das Bild der „Brücke" hat zwar die Schwäche, ältere Überschneidungen metaphorisch auszublenden; es erscheint jedoch unbestreitbar, daß die NS-Bewegung im wesentlichen unabhängig vom Adel entstanden ist – trotz der frühen Beteiligung kleiner adliger Minderheiten. Gerade im Hinblick auf den sozialen Kern des Adels ist zu betonen, daß Adel und NS-Bewegung bis zum Ende der 1920er Jahre zwei weitgehend voneinander getrennte Welten blieben. Im übrigen haben Adlige, die sich erfolgreich bemühten, zwischen den „Ewigkeitswerten" und dem „ungestüm vorwärts drängenden Geist der Jugend" eine „Brücke zu schlagen",[1] eben dieses Bild selbst immer wieder benutzt. Für die Einreihung des Adels in die NS-Bewegung mußten Widerstände beseitigt und adlige Traditionen verbogen werden – letzteres wurde vom Adel weitgehend selbst besorgt.

Anhand charakteristischer Beispiele skizzieren die folgenden Abschnitte die wichtigsten Affinitäten und Differenzen zwischen Adel und NS-Bewegung. Ziel dieses Abschnittes ist nicht eine empirisch erschöpfende Analyse, sondern eine idealtypische Annäherung an die Muster, nach denen Anziehung und Abstoßung zwischen Adel und Nationalsozialismus zwischen 1930 und 1934 an unterschiedlichen Orten verliefen.

10.) Affinitäten und Ambivalenzen
10.1.) Die gemeinsame Feindbestimmung

Das banalste und zugleich wichtigste Strukturelement in der Annäherung zwischen Adel und Nationalsozialismus lag in der gemeinsamen Feindbestimmung. Zur politischen Radikalisierung des Adels gehörte wie in anderen Gruppen auch eine zunehmende Dichotomisierung der Wahrnehmung. Überall stößt man in den Quellen adliger Provenienz auf Weltdeutungen, die an Carl Schmitts Unterscheidung von Freund und Feind als Essenz des Politischen erinnern.[2] Folgt man Schmitts berüchtigter Schrift zumindest soweit, daß die Abgrenzung vom „Anderen" für die Definition des „Eigenen" konsti-

---
[1] Magnus v. LEVETZOW an Wilhelm II., 22.12.1932, zit. n. Granier, Levetzow, S. 352.
[2] Carl SCHMITT, Der Begriff des Politischen, München/Leipzig 1932.

10.1.) Die gemeinsame Feindbestimmung

tutiv ist, wird die spätestens seit dem NSDAP-Wahlsieg im September 1930 wichtigste Ebene adlig-nationalsozialistischer Annäherungen erklärbar.

Johann-Albrecht v. Rantzaus Aussage, nach dem Abbruch der monarchischen Tradition habe im Adel fast niemand mehr „einen festen Standpunkt" besessen und fast niemand sei „von den Einflüssen der nationalsozialistischen Bewegung unberührt geblieben",[3] trifft insbesondere auf dieser Ebene zu: Über allen adligen Einwänden gegen den Nationalsozialismus stand ein äußerst breiter und fester Konsens in der Feinddefinition. Ungeachtet der tiefen Differenzen bildete diese ex negativo definierte Gemeinsamkeit eine Basis, die beim fortschreitenden „Verschleiß der Alternativen"[4] ein Bündnis mit der NS-Bewegung als logische Konsequenz erscheinen ließ.

In den ebenso diffusen wie aggressiven Weltdeutungen des Nationalsozialismus verschmolzen Republik, Demokratie, Parlamentarismus, Parteienstaat, Liberalismus, Judentum, Sozialismus und Bolschewismus zu einem homogenen Block, der in seinen wichtigsten Komponenten dem Feindbild entsprach, das im Adel bereits vor Hitlers erstem Auftreten fest etabliert war. Diese Beobachtung gilt praktisch für alle Gruppen des Adels. Dieses Feindbild fand sich im katholischen wie evangelischen, im großgrundbesitzenden wie im verarmten, städtischen „Etagen-Adel".

Die z.T. frappierende Nähe, die sich aus der Umdeutung adliger Traditionen nach 1918 zu den Idealen der Neuen Rechten ergab, ist bereits dargestellt worden.[5] Mit dem Lob der Scholle und des Kriegertums, der Verachtung bürgerlicher Lebensformen und bürgerlicher Bildung, der Kritik am „Asphaltnomadentum", der antikapitalistischen Rhetorik und dem Antisemitismus enthielt das heterogene Ideengemisch des Nationalsozialismus genügend Elemente, die dem Adel einen neuen Verbündeten an die Seite zu stellen schienen.

In einer der aufschlußreichsten Quellen, die über das Verhältnis des preußischen Adels zum Nationalsozialismus überliefert sind, läßt sich äußerst anschaulich verfolgen, wie sehr die gemeinsame Feinderkennung dafür sorgte, die erheblichen Vorbehalte gegen die NS-Bewegung zurückzustellen. Gemeint ist die Überlieferung der Werbekampagne, mit der Friedrich Wend Fürst zu Eulenburg-Hertefeld im Februar 1931 unter seinen Standesgenossen für die NS-Bewegung warb. Der im Rahmen des fürstlichen Werbezuges entstandene Schriftwechsel ist bereits 1967 in der DDR veröffentlicht und seither in der Forschungsliteratur unterschiedlich interpretiert worden.[6] Do-

---

3 DISSOW, S. 219, 179.
4 Kapitelüberschrift bei PEUKERT, Weimarer Republik, S. 252-265.
5 Vgl. dazu Teil I dieser Arbeit.
6 Die Originale des Briefwechsels befinden sich in: BLHA, Rep. 37 Boitzenburg, Nr. 4434; das Rundschreiben des Fürsten auch in: MLHA, HGM, Bd. 7, Fol. 50ff. Die Dokumentation des Vorganges ließ sich als Quellenjoker für die marxistische „Junker"-Analyse verwenden. Die ZfG-Edition der Quellen von 1967 ist handwerklich tadellos und der Kommentar tut dem Text weniger interpretatorische Gewalt an als die neueste Analyse aus dem Hause Ar-

kumentiert ist folgender Vorgang: Der märkische Großgrundbesitzer Friedrich Wend Fürst zu Eulenburg-Hertefeld, der älteste, zu diesem Zeitpunkt etwa 50-jährige Sohn des berühmten Kaiserfreundes, war Anfang 1931 von der DNVP zur NSDAP gewechselt und hatte Hitler am 24. Januar 1931 in München zu einer persönlichen Aussprache getroffen. Eine von Hitler autorisierte Fassung seiner Gesprächsnotizen, in denen Hitler auf die wichtigsten Einwände gegen die NS-Bewegung antwortete, versandte Eulenburg als Rundschreiben an adlige Großgrundbesitzer und an Wilhelm II. nach Doorn. Dem Gesprächsprotokoll lag ein Aufruf des Fürsten an seine Standesgenossen bei, sich der NS-Bewegung aktiv anzuschließen. Man könne nicht länger darauf warten, „bis es Hugenbergs kleiner Schar gelingt, [die] Massen zu begeistern". Der Fürst, der in seinem Schloß seit einiger Zeit einen SA-Sturm untergebracht und mit seinem Schwiegersohn, einem weißgardistischen Baron, militärisch ausgebildet hatte,[7] räumte zwar „merkwürdige Blüten" innerhalb der Bewegung ein, hatte jedoch ein dichotomes Weltbild ausgeformt, das ihn in die NS-Bewegung drängen ließ: „Der Endkampf zwischen Rechts und Links, zwischen Nationalismus und Bolschewismus, die endgültige Auseinandersetzung hat begonnen." Es könne keinen Zweifel geben, welchem dieser Lager sich der Adel anzuschließen habe. Verbunden mit einer Warnung, den richtigen Zeitpunkt nicht zu verpassen, forderte Eulenburg die aktive Mitarbeit adliger „Führer" in der NS-Bewegung: „Es müssen sich Männer mit Führereigenschaften dazu entschließen, in die NSDAP einzutreten und in ihr zu arbeiten."[8]

Als reicher Fürst, der bereits Anfang 1931 den Weg *in* die NS-Bewegung fand, gehörte Eulenburg auch im preußischen Adel zu einer Minderheit. Die Antwort eines seiner renommiertesten Standesgenossen zeigt jedoch, wie die gemeinsame Feinderkennung eine Annäherung *an* die NS-Bewegung auch in der adligen Mehrheit erleichterte, die den Schritt in die Partei nicht tat.

Dietlof Graf v. Arnim-Boitzenburg, einer der einflußreichsten Großgrundbesitzer Brandenburgs, hatte Hitler kurz vor der Werbeaktion des Fürsten im Berliner Haus der Pianofabrikanten Bechstein persönlich kennengelernt, wo Hitler vor etwa fünfzehn adligen Grundbesitzern sprach.[9] Einen Empfang Hitlers in Schloß Boitzenburg hatte Arnim im Vorfeld dieses Treffens abgelehnt und zu diesem Zeitpunkt eine selbstbewußte Herrschaftsattitüde demonstriert, die ihren äußeren Ausdruck darin fand, daß der Graf Hitlers Namen

---

nim: Kurt GOSSWEILER/Alfred SCHLICHT, Junker und NSDAP 1931/32, in: ZfG 4/1967, S. 644-662. Zur Interpretation der Quellen vgl. ebd. 644-651; POMP, Landadel, S. 208-210; PYTA, Dorfgemeinschaft, S. 340f.; MERKENICH, Front, S. 323-325; FLEMMING, Konservatismus, S. 329f. und ARNIM, Arnim-Boitzenburg, S. 275-279.

[7] GOSSWEILER/SCHLICHT, Junker, S. 647.
[8] FÜRST EULENBURG-HERTEFELD, Rundschreiben vom Februar 1931 und Brief an Dietlof Graf v. Arnim, 27.2.1931, in: Gossweiler/Schlicht, Junker, S. 652f., 657f.
[9] Das Treffen fand am 21.1.1931 in Berlin statt. Vgl. Klaus GERBET, Carl-Hans Graf von Hardenberg (1891-1958). Ein preußischer Konservativer in Deutschland, Berlin 1993, S. 61; POMP, Landadel, S. 209

10.1.) Die gemeinsame Feindbestimmung

fortlaufend mit zwei „t" schrieb. Anfang Dezember 1930 sahen die Planungen für ein Treffen brandenburgischer Großgrundbesitzer mit Hitler vor, diesen mit einem ausgewählten Kreis gesinnungsfester Adliger zu konfrontieren, um ihn wegen der „Überspanntheit vieler seiner Ideen auf Granit beißen" zu lassen und ihm „Respekt" beizubringen.[10]

Die Antwort, die Arnim im Februar 1931 – kurz nach seiner ersten Begegnung mit Hitler – an Fürst Eulenburg sandte, klang bereits deutlich konzilianter. „Auf Granit" dürfte Hitler in der von Arnim besuchten Veranstaltung jedenfalls nicht gebissen haben. In seinem Schreiben formulierte der ca. 65-jährige Graf gravierende Bedenken gegen die NS-Bewegung, die sich v. a. auf das fehlende „christliche Element" und das Auftreten einzelner Parteiagitatoren bezogen. Gegen Hitler selbst hatte Arnim allerdings keinerlei Einwände – seinen Berliner Vortrag bezeichnete er als „ganz ausgezeichnet" und fügte hinzu: „Wenn der Nationalsozialismus sich in dieser Richtung bewegte, die Hitler als seine Richtlinien angibt, würde man ohne weiteres mit ihm einverstanden sein können." Arnim machte zwar deutlich, daß er seine Linie nicht durch die NSDAP, sondern den Hugenbergflügel der DNVP vertreten sah, formulierte die gemeinsame Geschäftsgrundlage jedoch in klaren Worten. Hitler hatte im Gespräch mit Fürst Eulenburg verkündet, den Kampf gegen die „Pest" des Marxismus *„rücksichtslos"*, mit den *„alleräußersten Mitteln"* und bis zur *„Ausrottung"* zu führen. Arnim schloß sein Antwortschreiben in freundlichem Ton mit der Hoffnung, der Einfluß von Sozialdemokratie und Zentrum könne bald durch eine „nationale Majorität" gebrochen werden. Auf der Grundlage einer gemeinsamen Freund-Feind-Erkennung lautete Arnims Angebot, man solle „trotz mancher abweichenden Ansicht in Einzelheiten im großen und ganzen Schulter an Schulter kämpfen".[11]

Die Äußerung des preußischen Grandseigneurs Arnim fiel im Februar 1931 noch bevor die NS-Bewegung ihre volle Dynamik entfaltet hatte. Sie war die Konsequenz einer längeren Entwicklung. Im April 1930 hatte Arnim als prominenter Protagonist des antigouvernementalen Flügels der DNVP zwar die Führungsmängel in der NSDAP beklagt, zugleich jedoch ihren „rücksichtslosen" Willen zur „Zertrümmerung" des Systems als Haltung gepriesen, an der sich auch die „Konservativen" zu orientieren hatten. Bereits fünf Monate vor dem NSDAP-Wahlerfolg von 1930 warb Arnim bei Hugenberg für die Formierung einer „wirklichen Opposition gegen das heutige System", die aus

---

[10] Schreiben von Quast-Langen an General v. Dommes, 4.12.1930, zit. n. PYTA, Dorfgemeinschaft, S. 341.
[11] Dietlof GRAF V. ARNIM an Fürst Eulenburg, 26.2.1931 und Gesprächsprotokoll Fürst Eulenburgs, zit. n. GOSSWEILER/SCHLICHT, Junker, S. 655f. (Hervorhebungen im Original). ARNIM, Arnim-Boitzenburg, S. 275-279 zitiert diese Passage bezeichnenderweise nicht. Einen „hervorragenden Eindruck" hatte Hitler auch auf Otto Fürst v. Bismarck gemacht, vgl. BISMARCKs Brief an seine Mutter vom 28.1.1933, in: AOBS, I, Bd. 9. Vgl. Ernst FRHR. V. WOLZOGEN an Westarp, 3.4.1932, in: AFHG, Nl. Westarp, VN 8, Nr. 29.

Konservativen, Hugenberg-Anhängern und Nationalsozialisten gebildet werden sollte.[12]

Spätestens mit dem NSDAP-Wahlsieg im Juli 1932 wurde deutlich, daß sich das stärkste Potential zur Zerschlagung der Linken nicht um Hugenberg, sondern in der NS-Bewegung formiert hatte. In der großen Mehrheit des Adels lösten sich Einwände und Ressentiments gegen die Bewegung nie vollständig auf. Diese schwanden jedoch in dem Maße, in dem das von Arnim Anfang 1931 skizzierte taktische Bündnis nicht nur nützlich, sondern zur Erhaltung der eigenen Machtchancen unabdingbar erschien.

Arnims enger Freund Friedrich Graf v. d. Schulenburg, der anders als Arnim auch die formale Distanz zur NSDAP aufgab, vertrat diesen Wandel in charakteristischer Weise. Bereits 1929 hatte Schulenburg gehofft, mit den Nationalsozialisten würde ein „frischer, scharfer Wind durch den ganzen Parteikram fahren, sie werden vor drakonischen Maßnahmen nicht zurückschrecken u. mit eisernem Besen namentlich in der Futterkrippen-Wirtschaft ausfegen."[13] Zwei Jahre später wurde Schulenburg Parteimitglied. „Ohne die Nationalsozialisten", stellte der General a. D. im November 1932 anerkennend fest, „würden wir heute schon eine rote Mehrheit haben". Etwa einen Monat nach dem Reichstagsbrand traten Schulenburgs Bedenken gegen die Judenverfolgung und die mangelhafte „Führerauslese" zunehmend hinter eine verhaltene Begeisterung über den Umgang der Nationalsozialisten mit dem gemeinsamen Feind zurück: „Hitlers Erfolg im Reichstag war erstaunlich und es war eine Freude, wie er aus dem Stegreif die Socialdemokraten zusammenschlug. Auf jeden Fall hat sich der ein geschichtliches Verdienst erworben, der dem alten Hindenburg Hitler als Kanzler abgerungen hat."[14]

Für die ökonomisch noch abgesicherten Teile und die ältere Generation im preußischen Adel repräsentieren die Grafen Arnim und Schulenburg zwei prominente und charakteristische Varianten der ambivalenten, faktisch jedoch in ein Bündnis mit der NS-Bewegung mündenden Haltung. Die hier verwandten Argumentationsmuster finden sich auch in allen nach 1918 sozial stärker erschütterten Teilen des Adels. Die von Eckart Conze eindringlich porträtierte Entwicklung des Grafen Andreas v. Bernstorff-Wendendorf zu einem außerhalb der Partei bleibenden Anhänger der NS-Bewegung, läßt die mit dem Nationalsozialismus geteilte Feindbestimmung ebenfalls als zentrales

---

[12] Dietlof GRAF V. ARNIM an Hugenberg, 16.4.1930, zit. n. Pomp, Arnim, S. 35. Ausführlicher zu Arnims Haltung FLEMMING, Konservativismus, S. 314-331 und POMP, Landadel, S. 190-211. MERKENICH, Front, S. 324f., stellt Arnims Wunsch nach einem ‚Schulterschluß' mit Hitler und die Aussage, Arnim habe sich der NSDAP ‚beharrlich verweigert' mit nur einer Seite Distanz nebeneinander. Ersteres war entscheidend, zweiteres bezieht sich allein auf die Parteimitgliedschaft. Die Darstellung bei ARNIM, Arnim-Boitzenburg, S. 271-286 zeugt von großer biographischer Detailkenntnis, vor allem jedoch vom Versuch des Autors, die Ehre seines Großvaters zu retten.

[13] Friedrich GRAF V. D. SCHULENBURG an Arnim 19.11.1929, in: Briefwechsel Arnim/Schulenburg. Vgl. ARNIM, Arnim-Boitzenburg, S. 274.

[14] Friedrich GRAF V. D. SCHULENBURG an Dietlof Graf v. Arnim, 23.11.1932 und 8.4.1933, in: Briefwechsel Arnim/Schulenburg.

10.1.) Die gemeinsame Feindbestimmung

Argument erkennen. Im Tagebuch des Grafen wechselten die wie Ikonen eingeklebten Bilder vom geliebten Kaiser zum „Retter" Hindenburg und, nach dessen Versagen, schließlich zum „Führer". Den inneren Wandel Bernstorffs geben die umfangreichen Tagebücher in Tonlagen zwischen Erleichterung und Begeisterung wider. Unter den Gründen für diese Begeisterung nimmt das harte Vorgehen gegen den politischen Feind einen prominenten Platz ein. Eine dynamische Regierung, die entschieden mit kommunistischen „Mordbuben" aufräumte, die Landwirtschaft durch Schutzzölle zu protegieren versprach und die nationale Rechte geeint hatte, übertraf die kühnsten Erwartungen: „Es ist herrlich!".[15] Bernstorffs Begeisterung ist für große Teile des norddeutschen Kleinadels charakteristisch, in den Teilen, die sich auf die Überwindung des „Systems" beziehen, jedoch für den gesamten Adel gültig. Es dürfte sich keine Adelsgruppe benennen lassen, in der sich die Anerkennung für die nationalsozialistischen Erfolge im Kampf gegen den gemeinsamen Feind nicht findet. Selbst in Kreisen katholischer Standesherren wurden die erheblichen Bedenken gegen die NS-Bewegung nach diesem Argumentationsmuster abgebaut. Elisabeth Herzogin v. Ratibor, die sich im Juli 1932 bei einem rechtsstehenden Abt nach der Vereinbarkeit von katholischem Glauben und NSDAP-Mitgliedschaft erkundigt hatte, freute sich zehn Monate später über „die herrliche nationale Evolution, die nun Gott sei Dank auch die Katholiken ganz erfassen kann, ohne sie in Gewissenskonflikte zu bringen." Auch die Herzogin begründete ihre Zustimmung zum Nationalsozialismus damit, daß er „die einzige Rettung vor dem Bolschewismus" sei.[16]

Wie im Beispiel Arnims trat auch bei Adligen in sozial gefestigten Positionen das Naserümpfen über die Methoden der Nationalsozialisten hinter den Respekt vor ihren Erfolgen zurück. In einem Brief an Reichskanzler v. Schleicher äußerte Friedrich Franz Großherzog v. Mecklenburg-Schwerin im November 1932 seine Variante dieses Respekts: „Man kann über Hitler und sein Werk denken wie man will, man muss natürlich äusserst betrübt sein über die Kampfesart der Bewegung in den letzten Monaten, eins ist sicher: Hitler hat das unwiderlegliche Verdienst, breite Schichten der Bevölkerung die sonst dem marxistischen oder kommunistischen Lager verfallen wären, in ein nationales Denken getrieben zu haben." Gegen eine Kanzlerschaft Hitlers hatte der Großherzog keine Einwände, da diese schließlich nur auf einer Koalition mit anderen Kräften beruhen könnte.[17]

In Bayern hatte der fränkische Baron Guttenberg, der zur Führung des *Bayerischen Heimat- und Königbundes* gehörte, 1930/31 eine gleichklingende Version geliefert: „Die Feinde des Nationalsozialismus sind auch unsere Feinde!

---

[15] Vgl. die längere Passage aus dem Tagebuch Bernstorff (5.3.1933), zit. bei CONZE, Vom deutschen Adel, S. 170f. und das folgende Kapitel ebd., S. 171-176.
[16] Briefe von Elisabeth Herzogin v. Ratibor (1886-1976), 5.7.1932, 20.7.1932 und 5.5.1933, zit. n. LOB, Schmitt, S. 179, 171, 175.
[17] Friedrich Franz GROßHERZOG V. MECKLENBURG-SCHWERIN an Kurt v. Schleicher, 18.11.1932, in: BAMA, N 42, Nr. 31.

Ihr Freiheitsdrang ist der unsere. Wir werden die letzten sein, die sein Überschäumen tadeln!" Ende 1931 hieß es dann: „Seine Gegner sind auch unsere Feinde. Seine Wege aber in vielem und wichtigem nicht die unseren." Auch in seiner offiziellen Erklärung zur Aufgabe der eigenen Ziele kam Baron Guttenberg im Juli 1933 auf die gemeinsame Feindbestimmung zurück: „Der Bayerische Heimat- und Königsbund hat zwölf Jahre gegen Parteienstaat und Parlamentswirtschaft, gegen Pazifismus und undeutsche Gesinnung angekämpft. Wir sehen heute diese Gegner geschlagen."[18]

In der oben skizzierten Auseinandersetzung um die Haltung des westfälischen Adels zur NS-Bewegung hatte Baron Elverfeldt im August 1932 seine Sympathie für die Bewegung in ähnliche Worte gefaßt: „Der Kernpunkt der nationalsozialistischen Bewegung ist Kampf gegen [die freimaurerisch-jüdischen] Mächte. Darum begrüße ich diese Bewegung, denn der Feind meines Feindes ist mein Freund."[19] Auch Hermann Frhr. v. Lüninck, einer der einflußreichsten Köpfe in der rechten Fraktion des westfälischen Adels, ließ sich über die Feindererkennung zu jener Art von „Freundschaft" führen, die Baron Elverfeldt skizziert hatte. Lüninck führte aus, eine Spaltung der politischen Rechten läge allein im Interesse von „Moskau" und der „Logenzentrale". Eben deshalb müsse der Adel in gemeinsamer Frontstellung mit allen nationalen Kräften eine gemeinsame Front bilden. Pathetisch erklärte Lüninck die Zusammenführung der „nationalen" und „christlichen" Kräfte – unter Einschluß der NS-Bewegung – zur „letzte[n] Mission, die in deutschen Landen der katholische Adel auszuführen hat."[20]

10.2.) Antisemitismus

Die zentrale Bedeutung des Antisemitismus als kommunikativer Brücke zwischen Adel und Neuer Rechter ist in den Teilen II und IV dieser Arbeit so ausführlich behandelt worden, daß der folgende Abschnitt auf die Reformulierung der wichtigsten Thesen beschränkt werden kann.

Auf seine politische Funktion überprüft, läßt sich der adlige Antisemitismus v. a. als Teil einer aggressiven Mittelstandsideologie interpretieren, die in der hilflosen Abwehr gegen die wirtschaftliche Moderne entstand. Auch dem Adel lieferte der Antisemitismus eine schlichte Weltdeutung, in der den Juden

---

[18] Enoch FRHR. V. GUTTENBERG, Vorsitzender des Bayerischen Heimat- und Königsbundes, in Reden am 7.12.1930 und 13.12.1931, zit. n. ARETIN, Der bayerische Adel, S. 529f. und DOHNA, Adel, S. 43-45.

[19] Alexander FRHR. V. ELVERFELDT-CANSTEIN, Redebeitrag auf der Generalversammlung des Rheinisch-Westfälischen Vereins katholischer Edelleute am 8.8.1932, in: WAAM, Nl. Galen, Nr. 43, S. 11 (der gedruckten Paginierung).

[20] Hermann FRHR. V. LÜNINCK, Redebeitrag auf der Generalversammlung des Rheinisch-Westfälischen Vereins katholischer Edelleute am 8.8.1932, in: WAAM, Nl. Galen, Nr. 43, S. 21 (der gedruckten Paginierung). Das Protokoll verzeichnet an dieser Stelle „außergewöhnlich stürmischen Beifall".

10.2.) Antisemitismus

„das ökonomische Unrecht einer ganzen Klasse aufgebürdet" werden konnte.[21] Die Formel vom Antisemitismus als dem „Sozialismus des dummen Kerls"[22] verweist auf einen Reflex, der im Adel so stark wie im alten Mittelstand vorhanden war: die emotional geprägte Auflehnung gegen die unverstandene Dynamik des Kapitalismus, von der alles Heilige entweiht, alles Stehende verdampft wurde.

Neben dieser politischen Funktion war der Antisemitismus hier v. a. in seiner Funktion als „kultureller Code" (Volkov)[23] von Bedeutung, als Lieferant von Feindbildern und Leitbegriffen, über die sich Adel und NS-Bewegung verständigten. Für die Annäherung von Adel und Nationalsozialismus bot die gemeinsame Feindwahrnehmung den Boden, der antisemitische Code einen Großteil der gemeinsamen „Sprache". Antisemitische Motive waren „für die Binnenintegration der nationalsozialistischen Bewegung" offenbar wichtiger als für die nach außen gerichtete NS-Propaganda.[24] Dennoch kam ihnen für die Verbindung einander fremder Lebenswelten eine zentrale Rolle zu. Für die Zeit der Dreyfusaffäre hat Marcel Proust dargestellt, wie der Antisemitismus ‚den Herzog seinem Kutscher näherbrachte'.[25] Ähnlich hat Hannah Arendt in ihrer berühmten Analyse der Affäre vom „Mob" gesprochen, der sich aus den Deklassierten aller Klassen zusammensetzte und im Antisemitismus sein wichtigstes Ferment fand.[26] Eben dies läßt sich aus adelsgeschichtlicher Perspektive als wichtigste Funktion des antisemitischen Codes beschreiben.

Im Hinblick auf die jeweiligen Lebenswelten läßt sich sagen, daß der Adel in keiner der jüdischen „Bastionen", jedoch in allen Bastionen des Antisemitismus präsent war. In scharf antisemitischen Milieus zwischen Gutshaus, studentischen Korps,[27] Beamtenschaft und Offizierkorps lebte ein Großteil des Adels in extremer Entfernung von den Lebenswelten der deutschen Juden.[28] Gerade diese reale Distanz prädestinierte den Adel zur Wahrnehmung der Juden mit dem mentalen Werkzeug des antisemitischen Codes. Durch die

---

21 Max HORKHEIMER/Theodor W. ADORNO, Dialektik der Aufklärung. Philosophische Fragmente, Frankfurt a. M. 1969, S. 183.
22 Zu Bedeutung, Funktion und Wandel des Begriffs Antisemitismus s. RÜRUP, Antisemitismus, in: Ders., Emanzipation, S. 130-143.
23 VOLKOV, Antisemitismus als kultureller Code, in: Dies., Antisemitismus, S. 13-36.
24 Heinrich August WINKLER, Die deutsche Gesellschaft der Weimarer Republik und der Antisemitismus, in: Bernd Martin/Ernst Schulin (Hg.), Die Juden als Minderheit in der Geschichte, München 1981, S. 271-289, zit. S. 286. Zur Rolle des Antisemitismus in der NS-Propaganda vgl. PAUL, Aufstand, S. 113, 236-239.
25 SARTRE, Réflexions, S. 34.
26 ARENDT, Elemente, S. 187-206, zit. S. 188. Vgl. zu diesem Mechanismus William D. IRVINE, The Boulanger Affair Reconsidered. Royalism, Boulangism, and the Origins of the Radical Right in France, New York/Oxford 1989, S. 48-73, 157-177.
27 HERBERT, „Generation der Sachlichkeit", S. 129-138.
28 Zur Konzentration der deutschen Juden in exakt jenen professionellen Bereichen, in denen der Adel äußerst schwach vertreten war, s. Shulamit VOLKOV, Jüdische Assimilation und Eigenart im Kaiserreich, in: Dies., Antisemitismus, S. 131-145.

extreme Vereinfachung komplexer Realitäten schuf dieser Code schlichte, dichotome Weltbilder, die im Adel überall angenommen und verwendet wurden. Im antisemitischen Code wurden einzelne Namen, Orte und Objekte zu Erkennungsmarken mit großen Wiedererkennungseffekten. Die Wahrnehmung der Hauptstadt als „Neu-Jerusalem", in dem „Schieber-Itzig" und „Börsen-Raffke" in „Klubsesseln" praßten und „einen schönen Schmu" machten, lieferte dafür ein prominentes Beispiel. Verkürzungen dieser Art finden sich im Adelsblatt, in allen Adelsverbänden, auf adligen Familienfesten und in der Presse der Agrarverbände an unzähligen Stellen. Herstellung und Anwendung solcher Codes erreichten in der Weimarer Republik ihren Höhepunkt,[29] in der Ausschlachtung politischer Skandale eine erneute Zuspitzung[30] und durch die Symbol- und Sprachmaschine des von Goebbels geleiteten Propagandaapparates ihre bis heute unübertroffene Perfektionierung. Lange bevor sie mit dem Agrarpolitischen Apparat Darrés um die Gunst der Landbevölkerung konkurrieren mußten, hatten die vom Adel dominierten Agrarverbände antisemitische Erklärungsmuster als zentralen Bestandteil ihrer Integrations- und Mobilisierungsideologie verankert. Diese bereits im Bund der Landwirte fest etablierte Tendenz verstärkte sich nach dem ersten Weltkrieg im Reichslandbund und den regional organisierten Landbünden.[31] Dem Landadel bot der antisemitische Code die letzte Chance, den Haß der radikalisierten Bauernschaft in gemeinsamer Frontstellung auf „Juden und Judengenossen" zu lenken, die für niedrige Agrarpreise, hohe Kredite und alles andere Unheil verantwortlich gemacht wurden.

Jean-Paul Sartres Diktum, der Antisemitismus sei eher eine Leidenschaft als eine Art des Denkens, findet man im Adel überall bestätigt. Der nationalsozialistischen Propaganda sehr ähnlich, stützten sich adlige Tiraden gegen das Judentum auf emotionale Bilder weit stärker denn auf rationale Argumentation. Nur so waren die abstrusen Widersprüche zwischen den verschiedenen Negativwelten auszuhalten, die allesamt und gleichzeitig „vom Juden" gesteuert sein sollten. Lange vor dem Erstarken der NS-Bewegung hatten sich adlige Antisemiten „une certaine idée du juif, de sa nature et de son rôle social" gemacht.[32] Am Ende dieses Prozesses wurden die Juden nicht nur als verhaßte „Minorität, sondern die Gegenrasse, das negative Prinzip als solches"[33] betrachtet. Im adligen Antisemitismus wurde die Figur „des Juden" zur Chiffre, die für alles stand, was im Adel verhaßt war: Demokratie, Libera-

---

[29] Dietz BERING, Der Name als Stigma. Antisemitismus im deutschen Alltag 1812-1933, Stuttgart 1987; REIF, Antisemitismus, in: Ders. (Hg.), Agrargesellschaft, S. 402f.
[30] Stephan MALINOWSKI, Politische Skandale als Zerrspiegel der Demokratie. Die Fälle Barmat und Sklarek im Kalkül der Weimarer Rechten, in: Jahrbuch für Antisemitismusforschung 5 (1996), S. 46-65.
[31] PUHLE, Interessenpolitik, S. 111-140 und v. a. REIF, Antisemitismus, in: Ders. (Hg.), Agrargesellschaft, S. 379-411.
[32] SARTRE, Réflexions, S. 10, 14.
[33] HORKHEIMER/ADORNO, Dialektik, S. 177.

lismus, Großstädte, „Entwurzelung", „Asphaltkultur", Intellektualismus, moderne Kunst, Revolution, Sozialdemokratie und Bolschewismus, gleichzeitig jedoch auch Freihandel, Finanzkapitalismus, Börse, opulenter Reichtum, überfeinerte Bildung und nicht zuletzt eine spezifische Form der kultivierten, betont unmilitärischen Bürgerlichkeit. Der „projektive Charakter des Antisemitismus"[34] wird v. a. nach 1918 in der adligen Wahrnehmung überdeutlich. Dies galt auch für die oberen sozialen Strata des Adels. So identifizierte etwa Kronprinz Wilhelm im März 1919 zielsicher „Großstadtpöbel und Teile des Judentums" als die Verantwortlichen für Niedergang und Revolution.[35] Graf v. Arnim-Boitzenburg mischte seinen Reden im *Hauptverein* der Konservativen und auf privaten Familienfesten größere Mengen völkisch-antisemitischer Zugaben bei. Den Adel sah Arnim nicht zuletzt als „Führer" gegen den „jüdischen Geist" gefragt, „der nur ausbeuten und zersetzen kann und will".[36] In der DAG gehörten kämpferische Aufrufe „gegen Juden und Judengenossen" auch für den Adelsmarschall Friedrich v. Berg, der den Rassenantisemitismus der von ihm geführten Organisation persönlich nicht teilte, zum täglichen rhetorischen Geschäft.[37] Berg hatte den antisemitischen Kampfkurs der DAG jahrelang protegiert und in unzähligen Aufrufen mit der Autorität seines Namens dazu beigetragen, den Adelsbegriff immer tiefer im Sumpf der Rassenideologien zu versenken. Die Konzentration auf die angeblich „ursprüngliche Bedeutung des Adels, des Edelings, des edelem, d. h. reinem Blute Entsprossenen" und das stolze Bekenntnis, „daß gerade im Adel der Rassengedanke festen Fuß gefaßt hat", wurden nicht nur in Bergs Namen, sondern unter seiner aktiven Mitarbeit durchgesetzt.[38] Von hier aus war es nur noch ein kurzer Schritt bis zur selbstzerstörerischen Aussage: „Rasse und Adel sind ja verwandte Begriffe oder sollten es wenigstens sein."[39] Die von DAG-Hauptgeschäftsführer Walter v. Bogen 1934 geforderten „Sippenwarte", welche die Fortpflanzung des gesamten Adels überwachen sollten, lassen sich durch ihre frappierende Nähe zur SS als Institutionalisierung und letzte Stufe des gemeinsamen antisemitischen Codes verstehen. Auch wenn der Plan, wie Bogen einräumte, der „älteren Generation" noch „ganz ungeheuerlich erscheinen" mochte, müsse er nach dem Vorbild der SS durchgeführt werden.[40] Bogens Plan bot eine adlige Variante der seit 1931 regulierten Heiratspraxis

---

[34] Theodor W. ADORNO, Studien zum autoritären Charakter, Frankfurt a. M. 1973, S. 110.
[35] Wilhelm PRINZ V. PREUßEN, Denkschrift an Fürst Solms, März 1919, in: GPSTA, Rep. 45, Nr. 17a.
[36] BLHA, Rep. 37 Boitzenburg, Nr. 4369, Fol. 71: Rede Arnims 1924 auf dem Arnimschen Familientag, ähnlich bei seiner Rede zur Hochzeit seines Sohnes am 27.4.1920 (ebd., Fol. 30) und am 5.8.1923 zur Einweihung eines Kriegerdenkmales (ebd., Fol. 55-68).
[37] Friedrich v. Berg, Rede vor dem Adelskapitel, in: DAB 1.7.1928.
[38] Zitate aus dem weitverbreiteten, von BERG gezeichneten „DAG-Werberuf!" (April 1926), in: NWSAD, L 114, v. Donop, Nr. 508.
[39] Legationsrat Erhard GRAF V. WEDEL, Rasse und Adel, in: Schaumburg-Lippe (Hg.), Wo war der Adel?, S. 10.
[40] Walter V. BOGEN, Der neue Weg der DAG (undatierter Druck, ca. 1934, in: DAM, LAB, Bd. 6, Hft. ‚Adel und NS'.

der SS-Offiziere und lehnte sich eng an das im gleichen Jahr eingerichtete „Sippenamt der NSDAP" an. Auch zwischen dem EDDA und dem SS-„Sippenbuch" gab es unübersehbare Analogien.[41] Über den rassenantisemitischen Code miteinander kommunizierend, wirkten hier Adelsphantasien der SS-Führung und adlige Anbiederungen bei der SS fortlaufend aufeinander ein.

Wenn sich auch die Bedeutung antisemitischer Codes für die Annäherung des Adels an die NS-Bewegung kaum überschätzen läßt, war selbst dieser Aspekt nicht frei von Ambivalenzen. Zu erinnern ist hier an eine zweite Ebene, auf der sich antisemitische Deutungen direkt gegen den Adel wendeten. Das seit dem späten Kaiserreich bekannte Wechselspiel von adligem Antisemitismus und antisemitischer Adelskritik ging nach 1918 unter verschärften Bedingungen weiter. Entsetzt darüber, „bis zu welcher Roheit sich jene Kreise versteigen" konnten, reagierte der Adjutant des preußischen Kronprinzen, als ihn völkische Agitatoren als „Halbjuden" verunglimpft hatten.[42] Als Wahlredner für die DNVP sah sich Friedrich Graf v. Schulenburg zeitgleich dem überall geäußerten Vorwurf ausgesetzt, das Hohenzollernhaus stünde nach wie vor unter jüdischem Einfluß.[43] In völkischen Kreisen wurde der Kronprinz als Protektor der „Ostjudeninvasion" dargestellt und das Gerücht ausgestreut, seine Rückkehr nach Deutschland sei „mit jüdischem Geld" erkauft worden.[44] Insbesondere im ländlichen Milieu sahen sich adlige Wahlredner auf Veranstaltungen immer wieder mit der populären Vorstellung konfrontiert, der Adel selbst sei „stark verjudet".[45] Denunziatorische Anklagen gegen Adlige die in ihren Schlössern mit Juden und „Judengenossen" auf Kosten des Volkes praßten, dürften nach 1933 noch zugenommen haben.[46] Ulrich v. Hassell notierte im November 1938 das Eindringen eines SA-Kommandos im Schloß des Grafen Görtz, „dessen Frau jüdisches Blut hat[te]". Hassells Notiz zum Überfall der SA-Männer, die im Schloß „wie die Räuber gehaust" hatten,[47] gab keinen Einzelfall, sondern ein Muster zu Protokoll.

Schließlich wurden einzelne Adlige nicht nur Opfer völkischer Denunziationen, sondern auch des inneradligen Antisemitismus. Als die DAG 1933

---

[41] Zum „Sippenamt": ESSNER, System, S. 68f. Zur Heiratspraxis in der SS siehe Gudrun SCHWARZ, „Herrinnen der Zukunft". SS-Offiziere und ihre Frauen, in: Ursula Breymayer, Bernd Ulrich, Karin Wieland (Hg.), Willensmenschen. Über deutsche Offiziere, Frankfurt a. M. 1999, S. 123-133, v. a. S. 128.

[42] Vgl. die Schreiben MÜLDNER V. MÜLNHEIMS (Juni 1924), in: BAP 90 Mu1, Bd.3, Fol. 119-124, zit. Fol. 122.

[43] Friedrich GRAF V. D. SCHULENBURG an den preußischen Kronprinzen, 18.4.1924, in: BAP, 90 Mu 1, Nr. 3, Fol. 223.

[44] MÜLDNER V. MÜLNHEIM an einen adligen Oberst, 23.3.1924, in: GStAPK, BPH, Rep. 54, Nr. 9.

[45] So der Bericht eines Herrn V. LANGEN auf dem 34. Adelstag, DAB 31.7.1920, S. 243.

[46] Idealtypisch in der 10-seitigen Denunziation des Fürstenhauses Lippe-Biesterfeld, die ein Wehrmachtsangestellter im Mai 1940 an Joseph Goebbels schickte, in: BAB (BDC), PA: Ernst Erbprinz zur Lippe, 12.6.1902.

[47] Eintrag vom 27.11.1938, in: HASSELL, Tagebücher, S. 63.

10.2.) Antisemitismus

nach der oben beschriebenen Statutenänderung begann, über 200 Mitglieder aus ihren Reihen auszuschließen, wurden Fälle von „ungeheurer Tragik" eingeräumt. Pardon wurde auch in diesen Fällen nicht gegeben und auch das Schreiben, das ein sächsischer Baron aus alter Familie, Oberst a. D., an Hitler persönlich gerichtet hatte, wird erfolglos geblieben sein: „Lassen Sie mich eingereiht bleiben in der deutschen Volksgemeinschaft, nehmen Sie diese unverschuldete Erniedrigung von mir, geben Sie mir auf Grund meiner Gesinnung, meiner Tradition und meines Frontsoldatentums das Recht, mich vor Staat und Kirche ‚arisch' nennen zu dürfen."[48] Die Verzweiflung des alten Offiziers dürfte charakteristischer sein als die betont gelassene Reaktion eines bayerischen Barons auf seinen drohenden Ausschluß. Der nunmehr entdeckte jüdische Ahn habe „immerhin einen nicht ganz zu unterschätzenden Teil Verstand in die Familie [...] hineingebracht." Zum drohenden Ausschluß äußerte der Baron: „Abgesehen davon, daß ich natürlich lebhaft bedauere, daß es mir nun nicht mehr möglich sein wird, den immer so ganz besonders hübschen Thées der Deutschen Adelsgenossenschaft anzuwohnen, ist mir die ganze Sache höchst gleichgültig." Der Aufwand, den der Baron zur Widerlegung der Vorwürfe betrieb, belegt freilich das Gegenteil.[49]

Die Vorstellung, im Adel seien v. a. „moderate" Formen des Antisemitismus gepflegt und dessen brutalste Formen auf Distanz gehalten worden, findet in den Quellen keinen Halt. Wenn es sie je gegeben haben sollte, hatte sich die adlige Zurückhaltung gegenüber dem „Radauantisemitismus" längst aufgelöst, als der Berliner SA-Führer Wolf Heinrich Graf v. Helldorf im August 1931 im offenen Wagen am Berliner Kurfürstendamm auf und abfuhr, um seine Männer zu koordinieren, die im Begriff waren, „jüdisch" aussehende Passanten anzupöbeln und zusammenzuschlagen.[50] Wie gezeigt, hatte der Rassenantisemitismus vulgärster Ausprägung bereits im Kaiserreich auch aus den Reihen des Adels aktiven Zuspruch erhalten. Von der Frühphase der DAG über das EDDA-Projekt bis zum versuchten Schulterschluß mit der SS läßt sich die breite Rezeption selbst noch des „paranoiden Antisemitismus" (Breuer) im Adel nachweisen.[51] Dort wo die Quellen Blicke auf die soziale Praxis unterhalb der Ebene öffentlicher Verlautbarungen freigeben, finden sich freilich auch im Adel und selbst unter adligen Nationalsozialisten andere Stimmen. Friedrich Graf v. d. Schulenburg, der Hitlers Judenpolitik aus machtpolitischen Gründen für generell falsch hielt, wollte sich 1933 nicht von dem Hausarzt trennen, der seine Frau seit Jahren behandelt hatte. Der Natio-

---

[48] Kurd FRHR. V. GLEICHEN-USLAR an Adolf Hitler, 18.1.1934, zit. n. Kleine, Adelsgenossenschaft, S. 124.
[49] Otto FRHR. V. BERCHEM an Karl Frhr. v. Aretin, 24.10.1934, in: DAAM, LAB, Bd. 9, Hft. ‚Ahnentafeln'.
[50] Ted HARRISON, „Alter Kämpfer" im Widerstand. Graf Helldorff, die NS-Bewegung und die Opposition gegen Hitler, in: VfZ 45 (1997), S. 391 f.; REICHARDT, Kampfbünde, S. 539.
[51] Vgl. Kapitel 3, 4 und 8 dieser Arbeit sowie RETALLACK, Conservatives, passim. Zu den unterschiedlichen Radikalisierungsstufen im deutschen Antisemitismus vgl. die Typologie bei BREUER, Ordnungen, S. 327-369; zum „paranoiden Antisemitismus" ebd., S. 348-355.

nalsozialist schrieb an Graf Arnim, er wisse seine Frau in den Händen „eines vorzüglichen Arztes, an dessen Judenschaft wir uns nicht stören lassen können."[52] Ähnlich liest sich der Konflikt mit der SS-Führung, in den das SS-Mitglied Alexander Fürst zu Dohna-Schlobitten 1938 geriet, als er versuchte, an einem hochkompetenten jüdischen Rechtsanwalt festzuhalten, der seit 25 Jahren für seine Gutsverwaltung gearbeitet hatte.[53] Eine grundsätzliche Abwehr der antisemitischen Weltdeutung war mit solchen Haltungen nicht verbunden. Im Hinblick auf die Exzesse des eliminatorischen Antisemitismus sind Unterschiede der hier skizzierten Art jedoch mehr als nur Nuancen innerhalb desselben Systems.

Was seine Verbreitung betrifft, wurde der antisemitische Code zweifellos in allen Teilen des Adels verwendet. Allerdings markierte die Konfessionsgrenze im adligen Antisemitismus eine Trennlinie von praktischer Bedeutung. Je nachdem, aus welcher Perspektive man auf den adligen Antisemitismus blickt, lassen sich zwei unterschiedliche Ergebnisse betonen: der breite Konsens adliger Judenfeindschaft, der vom gesamten Adel, oder aber die aktive Beförderung der radikalsten Formen des Rassenantisemitismus, die v. a. vom protestantischen Kleinadel getragen wurde.

10.3.) „Führertum" und Antibürgerlichkeit

> „Die Herren ‚Bürger'; wenn ich das Wort schon höre, wird mir schlecht. Mir schwebt da immer ein dicker Mann vor mit einem Uhrkettenbauch, [...] in der linken Hand zwischen den Wurstfingern eine Skatkarte, in der rechten Hand einen Pott Bier [...]."
> – Manfred Frhr. v. Killinger (1927)[54]

Dem Nationalsozialismus war innerhalb weniger Jahre gelungen, woran alle adligen Bemühungen konstant gescheitert waren – der Aufbau einer antidemokratischen Massenbewegung. Alle adligen Organisationsversuche übertraf die NS-Bewegung an Umfang, Dynamik und Radikalität. Seit 1928/29 war erkennbar, seit Juli 1930 unübersehbar, daß die NS-Bewegung den Adel rechts überholen und ihm die „Führerschaft" auf seinem ureigenen Terrain streitig machen würde: auf dem Land. Mit der organisatorischen Meisterleistung, die Aufbau und Effizienz des *Agrarpolitischen Apparates* unter Richard Walther Darré darstellten, hatte die NS-Bewegung zwischen 1930 und 1932 den adligen Führungsanspruch auf dem Land herausgefordert und gebrochen[55] – von den Städten ganz zu schweigen.

---

52 SCHULENBURG an Arnim, 8.4.1933, in: Briefwechsel Arnim/Schulenburg.
53 Diverse Schreiben eines SS-Gerichts, u. a. vom 26.2.1938, in: BAB (BDC), PA: Alexander Fürst zu Dohna-Schlobitten 1.12.1899.
54 KILLINGER, S. 101.
55 Zur „politischen Eroberung des evangelischen Landes durch die NSDAP" vgl. die empirisch dichte Darstellung bei PYTA, Dorfgemeinschaft, S. 324-383, die verbandsgeschichtliche Per-

10.3.) „Führertum" und Antibürgerlichkeit 489

Der nationalsozialistischen Propagandamaschine gelang die Darstellung eines zeitgemäßen und populären Führertums glaubwürdiger als dem Adel. Mit der erfolgreichen Neudefinition der Führer-Idee hatte der Nationalsozialismus den innersten Kern des adligen Habitus nachhaltig erschüttert. Ungeachtet dieser realpolitischen Führungskonkurrenz lieferten Begriff und Idee des „Führertums" jedoch eine der wichtigsten Chiffren zur Verbindung adliger und nationalsozialistischer Ideale. Die Bedeutung der Führer-Gefolgschafts-Ideologie innerhalb der gesamten Rechten der Nachkriegszeit ist kaum zu überschätzen.[56] Zweifellos gehört der Mythos des Führertums zu den wichtigsten kommunikativen Brücken, über die Adel und Nationalsozialismus zueinanderfanden.

Hitler selbst hatte sich in seiner politischen Frühphase als „Trommler" eines kommenden Führers verstanden; als einer unter vielen rhetorischen Baumeistern, die sich um die Mechanik einer noch unfertigen Führer-Gefolgschafts-Maschinerie bemühten.[57] Messianische Führerträume der Völkischen aufgreifend, hatte Hitler im Mai 1923 erklärt, wie die Unterführer dem noch unbekannten Führer bereits in der Gegenwart dienen konnten: „Da entsteht die Frage: Ist die geeignete Persönlichkeit da? Unsere Aufgabe ist es nicht, nach der Person zu suchen. Die ist entweder vom Himmel gegeben oder ist nicht gegeben. Unsere Aufgabe ist, das Schwert zu schaffen, das die Person brauchen würde, wenn sie da ist. Unsere Aufgabe ist, dem Diktator, wenn er kommt, ein Volk zu geben, das reif für ihn ist."[58]

Lange bevor Hitler erfolgreich begann, die hier umrissene Rolle selbst zu übernehmen,[59] war das Denken in Führer-Gefolgschafts-Mustern im Adel fest etabliert. In einer Rede vor dem Industrieverband in Dortmund räsonierte der westfälische Gutsbesitzer und „Bauernführer" Engelbert Frhr. v. Kerckerinck im Dezember 1927 über die Natur des großen Führers. Dieser könne nach seiner Herkunft sowohl Fürst, Bürger, Kleinadliger, oder – wie Mussolini – Teil des „Arbeiterstandes" sein. Er könne weder ernannt noch erfunden werden und sei als „fleischgewordenes Naturereignis" zu denken. Die Heilserwartung, die der katholische Gutsbesitzer hier vor seiner industriellen Zuhörerschaft ausbreitete, läßt die Kompatibilität dieses Denkens mit dem wenig später geformten „Hitler-Mythos" erkennen: „Möge die Vorsehung auch in der Not dieser Zeit den überragenden Mann uns schenken, der die zersplitter-

---

spektive bei GESSNER, Agrarverbände, S. 242-258 und MERKENICH, Front, S. 287-352, sowie die Angaben bei FALTER, Hitlers Wähler, S. 256-266.
[56] Vgl. dazu BREUER, Ordnungen, S. 105-146 und Kapitel 7-9 dieser Arbeit.
[57] „Sie erarbeiten das geistige Rüstzeug zu einer Erneuerung Deutschlands. In bin nichts als ein Trommler und Sammler. Lassen Sie uns zusammenarbeiten", soll Hitler 1922 in Berlin zu Arthur Moeller van den Bruck gesagt haben (STERN, Kulturpessimismus, S. 284).
[58] Adolf HITLER, Rede auf einer NSDAP-Versammlung in München am 4.5.1923, in: Hitler. Sämtliche Aufzeichnungen 1905-1924, Hg. v. Eberhard Jäckel und Axel Kuhn, Stuttgart 1980, zit. S. 924.
[59] KERSHAW, Hitler 1889-1936, S. 215-397 und DERS., Der Hitler-Mythos, v. a. S. 29-31.

ten Kräfte der Nation wie in einem Brennpunkt sammelt, [...] der den Weg uns zeigt aus der Nacht zum Licht."⁶⁰

Trotz erheblicher Unterschiede im Detail gehörte das scharf gegen demokratische und egalitäre Gesellschaftsmodelle gerichtete Führer-Gefolgschafts-Ideal zu den wichtigsten Schlüsselbegriffen, über die unterschiedliche Gruppen der Neuen Rechten zueinander fanden. Wie für das gesamte Sprach- und Symbolset der Neuen Rechten typisch, verschmolzen auch hier betont irrationale, messianische und pseudo-religiöse Elemente zu diffusen aber leuchtstarken Bildern.⁶¹ Das Modell der charismatischen Herrschaft, das Ian Kershaw in den Mittelpunkt seiner Hitler-Biographie gestellt hat, läßt sich nicht nur auf Hitler als Person, sondern auf Ideal und Praxis des nationalsozialistischen „Führertums" insgesamt übertragen. In Theorie und Praxis bedeutete „Führertum" die charismatische Aufladung direkter, personengebundener Herrschaftsbeziehungen, die sich denkbar scharf von anonymen Wahlverfahren und der „kalten" Mechanik bürokratischer Herrschaft abhob. Der im Ursprung religiös-irrationale Charakter charismatischer Herrschaft bot dem Adel neue Machtchancen in der Anknüpfung an alte Traditionen. Mit einem Hinweis auf Marc Blochs berühmte Studie zu den *Rois Thaumaturges* hat bereits Franz Neumann auf ursprünglich adlige Traditionen im charismatischen Führertum hingewiesen. Die faschistische Wiedererfindung des ursprünglich religiös begründeten Charismas beschreibt Neumann als „Trick zur Erlangung, Bewahrung oder Vergrößerung der Macht."⁶² Eben dies versuchte der Adel, der anders als Hitler und mehr als jede andere soziale Gruppe tatsächlich über eine jahrhundertealte Erfahrung im Einsatz von Charisma verfügte.

Die Vorstellung, der Adel könne sich in selbstbewußtem Rückgriff auf seine tausendjährige Herrschaftserfahrung erfolgreich in die allgemeine Führersehnsucht einspeisen, trifft man überall dort, wo Adlige über die von der NS-Bewegung eröffneten Chancen debattierten. In *Mein Kampf* hatte Hitler über die Schwierigkeiten der Rekrutierung geeigneter Führer gesprochen, die Bedeutung der einzelnen Persönlichkeit und das „aristokratischen Prinzip" betont, nach dem die Führung seiner Bewegung aufgebaut sei.⁶³ Im Adel legte es die habituell verankerte Überzeugung von der eigenen Höherwertigkeit nahe, die NS-Bewegung als eine kleinbürgerlich-proletarisch geprägte Kraft zu sehen, die den „Massen" beigebracht hatte, in Führer-Gefolgschafts-

---

60 Engelbert FRHR. V. KERCKERINCK, Rede auf der Jahresversammlung des Industrieverbandes in Dortmund, Dezember 1927, in: WAAM, Nl. Kerckerinck, Nr. 178.
61 Vgl. dazu die exzellente Analyse von Klaus SCHREINER, „Wann kommt der Retter Deutschlands?" Formen und Funktionen des politischen Messianismus in der Weimarer Republik, in: Saeculum 49 (1998), S. 107-160 und DERS., Es wird kommen der Tag. Politischer Messianismus in der Weimarer Republik und die Sehnsucht nach „Führerschaft" und „Reich", in: FAZ vom 14.11.1998, Beilage S. I-II.
62 NEUMANN, Behemoth, S. 125-130, zit. S. 130.
63 HITLER, Mein Kampf, S. 492-497, 383f.

10.3.) „Führertum" und Antibürgerlichkeit

Kategorien zu denken, selbst jedoch unter chronischem Führermangel litt. Der ersten Phase des selbstsicheren Spotts über diesen Mangel folgte seit etwa 1930 eine zweite Phase der skeptischen Erwägung, wie der Adel diese Lücke selbst füllen könnte. Eine groteske Variante adliger Versuche, die überall greifbare Führersehnsucht auf sich selbst zu lenken, liefert eine Rede von 1930, in der Wilhelm II. in Doorn die Inflation des Führerbegriffes beklagte: „Führer sein! Das will heutzutage jeder. Führer bieten sich allerorten an. Als Führer spielen sich viele auf [...]. Und dennoch, überall der Schrei nach Führern!" In einer sonderbaren Mischung aus christlichen und neu-rechten Motiven erneuerte Wilhelm II. seinen Führungsanspruch. Der Führergedanke sei von Gott zuerst den Sumerern „*geoffenbart*" worden. König Hammurabi habe den „Führerberuf" vor 5000, seine eigenen Vorfahren vor 500 Jahren von Gott übertragen bekommen. „Allein, diesen Führern ist wiederum der *Führer* Jesus Christus!" Räumlich und gedanklich fern von allen politischen Realitäten ernannte der Exilkaiser Jesus zum jenseitigen, sich selbst zum irdischen „Führer". Die vorangestellte Passage aus dem Johannes-Evangelium, die der Ansprache den Titel gegeben hatte, bezog der Kaiser-Führer auf sich selbst: „Ich bin der Weinstock und ihr seid die Reben. Wer in mir bleibt, und ich in ihm, der bringt viele Frucht, denn *ohne mich könnt ihr nichts tun.*"[64]

Auf dem Boden der politischen Realitäten stehend, hatte ein Großteil des Adels zu diesem Zeitpunkt allerdings längst begriffen, daß die Wiedergewinnung der Führerschaft mehr als sprachliche Neufassungen traditioneller Herrschaftsvorstellungen erforderte. In diesem Sinne hatte der DAG-Vorsitzende Friedrich v. Berg 1926 konzediert, „daß nur ein Adel zur Führung berufen ist, der die geistigen Fähigkeiten wie auch die moralische Eignung besitzt". Adlige Geburt galt hier nicht länger als hinreichende Voraussetzung zum Führertum – Berg sprach von der Notwendigkeit der „Erziehung zum Führer".[65] Dennoch drang der Führerbegriff bis ins innerste der Familienverbände vor. Im Bülowschen Familienverband waren es junge männliche Nationalsozialisten, die dafür plädierten, das „Führerprinzip" auch im Familienverband durchzusetzen. Ältere Familienmitglieder erklärten, das Führerprinzip sei in der Familie „unausgesprochen" schon immer praktiziert worden und ließen sich eine sprachliche Modernisierung abringen: Der „Vorsitzende des Familienrates" wurde im Juni 1934 zum „Familienführer".[66]

Das oben skizzierte Verhältnis von Angebot und Nachfrage, in dem neurechte Führerideologien und adlige Führungserfahrungen theoretisch zueinander standen,[67] findet sich im praktischen Umgang Adliger mit der NS-

---

[64] „Ohne mich könnt ihr nichts tun!", Ansprache WILHELMS II. in Doorn, 18.5.1930, in: BA-MA, N 239/49, Fol. 70-76. Hervorhebungen im Original. Die Ansprache wurde durch den „Hofmarschall" nach Deutschland versandt.
[65] „Werberuf" der DAG vom April 1926, in: DAAM, LAB, Bd. 2, Hft. ‚Protokolle'.
[66] Debatten in der Familienzeitung des Bülowschen Familienverbandes im Jahre 1934: LHAM-AW, Rep. E v. Bülow, Nr. 52, Fol. 52-60.
[67] Vgl. oben, Kapitel 7.

Bewegung wieder. Tatsächlich verfügte der Adel über ein Reservoir an Personen mit eben jenen Führungserfahrungen, die in der NS-Bewegung honoriert wurden. Als Beamte mit juristischer Fachkompetenz, als Gutsbesitzer mit generationentiefen Erfahrungen mit der „Herrschaft als soziale Praxis"[68] und schließlich als Offiziere, die neben militärischem Können die Aura des Frontkämpfers besaßen. Die Gründe, aus denen sich die adlige „Führererfahrung" dennoch nicht anstandslos in die NS-Bewegung einfügen ließ, sind noch näher zu behandeln. Zunächst jedoch ist der eindeutig positive Bezug auf das Führer-Gefolgschafts-Modell festzuhalten, der sich in Adel und NS-Bewegung gleichermaßen findet. Die imaginäre Nähe zu einzelnen Traditionselementen adliger Herrschaft ist hier unübersehbar. Selbst auf dem linken Flügel der NSDAP ertönten Stichworte, die in adligen Ohren wie Musik klingen mußten. „Herzog – und Gefolgsmann!", erklärte Gregor Strasser 1927 – „In diesem urdeutschen [...] Verhältnis von Führer zu Geführten liegt die Wesenheit des Aufbaues der NSDAP beschlossen."[69] Der oberste SA-Führer Franz Pfeffer von Salomon erklärte 1929, in der SA habe sich „die Blüte des jungen Deutschland als adliges Kreuzrittertum einer neuen Menschheitsepoche" formiert. Der Hauptmann a. D. aus einer westfälischen Familie sah dieses moderne „Kreuzrittertum" im Kampf gegen die „giftige Kreatur entarteten Untermenschentums", die „beutelauernd durch die Asphaltwüsten der Großstadt" kroch.[70]

Die gemeinsame Rede von einem neuartigen „Führertum" läßt sich als Teil einer aggressiv getönten Attitüde der Antibürgerlichkeit einordnen. Der Begriff Attitüde erscheint angemessen, weil hier nicht die ökonomische Basis des Bürgertums angegriffen, sondern eine habituelle und stilistische Abgrenzung von den etablierten Formen der Bürgerlichkeit kultiviert wurde. Diese Form der Antibürgerlichkeit gehört zu den zentralen Gemeinsamkeiten der Neuen Rechten, der NS-Bewegung und des Adels. Wie gezeigt, hatte der Kleinadel bereits vor der Jahrhundertwende begonnen, aus der langen Tradition adliger „Nichtbürgerlichkeit" eine neuartige Ideologie der Antibürgerlichkeit zu destillieren. Das bürgerliche Pendant zu dieser Haltung ist vom Nationalsozialismus nicht erfunden, sondern lediglich beerbt und radikalisiert worden.

Zwischen den Bündischen, dem *geheimen deutschland* des „Meisters" Stefan George, dem Jungdeutschen Orden des „Hochmeisters" Arthur Mahraun[71] und den brutalen Formen männerbündischer Kameradschaft in den Freikorps

---

68 Vgl. dazu die Überlegungen bei Alf LÜDTKE, Einleitung: Herrschaft als soziale Praxis, in: Ders. (Hg.), Herrschaft, S. 9-51.
69 KERSHAW, Hitler 1889-1936, S. 331.
70 Franz PFEFFER VON SALOMON in einem SA-internen Schreiben an den Standartenführer I in Köln, 20.2.1929, zit. n. REICHARDT, Kampfbünde, S. 523.
71 Arthur MAHRAUN, Das Jungdeutsche Manifest. Volk gegen Kaste und Geld. Sicherung des Friedens durch Neubau der Staaten. Berlin 1927. Zu Mahraun (1890-1950): Mohler, Revolution, S. 453f.

10.3.) „Führertum" und Antibürgerlichkeit

und den SA-Sturmlokalen lagen sozial, ideologisch und politisch Welten. Dennoch überschneiden sich diese Gruppen in der Suche nach Lebensformen, die sich am Führer-Gefolgschafts-Modell orientierten und explizit gegen den bürgerlichen Habitus konzipiert waren. Alle diese Bewegungen waren betont männlich und betont jugendlich. Im Adel wurde die Antibürgerlichkeit ideologisch von allen Generationen getragen, praktisch umgesetzt hingegen wurde sie v. a. durch Adlige der Frontgeneration und ihre jüngeren Geschwister.

Für die männliche Adelsjugend muß die atmosphärische Affinität zu Idealen, Symbolen, Duktus und Tonfall der bündischen Jugendbewegung[72] enorm gewesen sein. Titel, Inhalt und Sprache der bündischen „Führer" lassen den „Aufstand der Jugend"[73] als eine von Bürgersöhnen getragene Knabenrevolte gegen die spröden Formen der Bürgerlichkeit und ihre gediegene Langeweile erscheinen. Der maliziöse Abgesang auf die bürgerliche Welt, den Ernst Jünger stellvertretend für unzählige soldatisch-bündisch geprägte Männer der Frontgeneration vorgetragen hat, beschreibt den Haß des Bürgersohnes auf die ihm vertrauten bürgerlichen Formen: „Der Tod tritt in die Bürgerstuben ein und betastet mit seinen Fingern den Plunder der Fransen und Stoffe [...]. Er blickt in die verstaubten Salons mit den Augen eines Kellners, der während einer sinnlosen Orgie gleichgültig seine Rechnung addiert."[74] Der Kriegsheld und selbsternannte „Anarch" Jünger[75] liefert die stilistische Vollendung einer zum Ekel gesteigerten Abwehrhaltung gegen den Lebensstil des „modernen Bürgers", gegen ein „Übermaß" an Reichtum, Bequemlichkeit und Bildung.[76]

Die Flucht des 17-jährigen Apothekersohnes Ernst Jünger in die Bataillone der Fremdenlegion verkörpert die martialische Variante jugendlicher Sehnsucht nach dem Ausbruch aus dem Korsett bürgerlicher Lebensformen in Reinform. Für die Vertreter der bürgerlichen Antibürgerlichkeit führte die Flucht aus der bürgerlichen Welt nicht zwangsläufig an den real existierenden Adel heran, wohl aber in unterschiedliche Varianten des elitären Männerbundes, in denen die Vorstellung, selbst „Adel" zu sein von Bedeutung war.[77]

---

[72] Jürgen REULECKE, Das Jahr 1902 und die Ursprünge der Männerbund-Ideologie in Deutschland, in: Gisela Völger/Karin v. Welck (Hg.): Männerbünde–Mannerbande. Zur Rolle des Mannes im Kulturvergleich, 2 Bde. Köln 1990, hier Bd. 1, S. 3-10; DERS., Männerbund versus Familie, in: Thomas Koebner/Rolf Peter Janz/Frank Trommler (Hg.), Mit uns zieht die neue Zeit. Der Mythos Jugend, Frankfurt a. M. 1985, S. 199-223; Michael H. KATER, Bürgerliche Jugendbewegung und Hitler-Jugend in Deutschland von 1926 bis 1939, in: Archiv für Sozialgeschichte XVII (1977), S. 127-174; Matthias VON HELLFELD, Bündische Jugend und Hitlerjugend, Köln 1987.

[73] Fred SCHMID, Aufstand der Jugend, Berlin 1932. Über Schmid (geb. 1899), den charismatischen Gründer und ‚Führer' des elitären *Grauen Korps*, vgl. MOHLER, Revolution, S. 477f. und SOMBART, Jugend, S. 161-165.

[74] Ernst Jünger, Die Staub-Dämonen. Eine Studie zum Untergang der bürgerlichen Welt, (1934), zit. n. HETTLING/HOFFMANN, Wertehimmel, S. 358.

[75] Hans-Peter SCHWARZ, Der konservative Anarchist. Politik und Zeitkritik Ernst Jüngers, Freiburg i.Br. 1962.

[76] JUNG, Herrschaft, S. 177, im Abschnitt *Der bürgerliche ‚Stil'*.

[77] Vgl. die prägnante Skizze bei Sombart (Jg. 1923), der das entsprechende Milieu aus der Sicht des Insiders beschreibt – SOMBART, Jugend, S. 160-169. Überzogen in der Darstellung

Vom George-Kreis über die Bündischen bis zur SS häufen sich die Adelsphantasien in diesen Männerbünden ebenso auffällig wie in der völkischen Bewegung der Vorkriegszeit.

Die Symbolik und Sprache der Bündischen, die auratisch aufgeladene Suche nach „einem neuen Volk und Reich"[78] mußten nicht nur auf die Denkwelten der Neuen Rechten, sondern auf die Lebenswelten und Symbolsets der Adelsjugend stoßen: Fern von bürgerlicher Behaglichkeit oder auf der Flucht aus kleinbürgerlicher Enge, fern der Großstadtkultur und nah an kriegerischen Posen, war die Wahrscheinlichkeit, sich auf der Suche nach anti-bürgerlichen Gegenbildern dem Adel anzunähern, sehr hoch.

Die Bild, das Nicolaus Sombart vom *Grauen Korps*, einem der elitärsten Jugendbünde der Nachkriegszeit, zeichnet, weist auf eine wichtige Schnittstelle hin, in der sich die Vorstellungswelten junger Adliger und Bürgerlicher trafen. Sombart beschreibt den Bund als einen „durch strenge Auslese gebildete[n], um eine Ausnahmepersönlichkeit gescharte[n] Kreis geheimen Adels [...], persönliche Gefolgschaft ihres Führers, ein Elite-Korps jenseits von Gut und Böse, eigenen Rechts."[79] Der in der Bündischen Jugend von Bürgersöhnen formulierte Anspruch, der zerfallenden Welt des Bürgertums durch Führungsmodelle eine neue Gestalt zu verleihen, stand in einem Konkurrenzverhältnis zum Adel, der nicht müde wurde, seinen Führungsanspruch neu zu formulieren. Da sich beide Gruppen jedoch der gleichen Sprache, ähnlicher Symbole, Ideale und Feindbilder bedienten, wurde die Schnittmenge dieser Lager ständig größer. Nicht als Gegner, sondern als Konkurrenten um die Führerstellen innerhalb noch unscharf definierter Gemeinschaftsmodelle trafen beide Gruppen aufeinander. Das elitäre Selbstbild, die Betonung militärischer Werte und Formen, die naturtrunkene, antiurbane Stoßrichtung der bündischen Kultur paßten dazu ebenso wie die Verwendung ritterlicher Motive und der im bündischen Liedgut transportierte Ausbruch aus dem „Alltagsmenschentum": „Wir reiten die Sehnsucht tot".[80] Neben der bekannteren Variante des 1901 in Berlin-Steglitz begründeten *Wandervogel* bot der kleinere, betont „nordisch" und „straff" geführte Bund des *Jungsturm* eine Spielart der bündischen Bewegung, deren Mitglieder einen dezidiert militärischen Stil

---

der ‚Abwehr des Weiblichen', die Sombart um Carl Schmitt aufbaut, zu dem er als junger Mann in einem Meister-Schüler-Verhältnis stand: DERS., Die deutschen Männer und ihre Feinde, München 1991. Außerdem die ebenso apokryphe wie anregende Deutung in: DERS. Wilhelm II., S. 70-75, 161-193 und RADKAU, Zeitalter, S. 295-309, 389-394. Den Zusammenhang von Männlichkeit, Männerbündelei und den Gedankengebäuden der Neuen Rechten thematisiert das Kapitel „Gruppenbild ohne Dame" bei BREUER, Revolution, S. 25-48; vgl. DERS., Fundamentalismus, S. 21-95 und DERS., Ordnungen, S. 251-255.

78 Vorläufige Bundesverfassung der Deutschen Freischar, in: Deutsche Freischar 1 (1928), zit. n. Felix RAABE, Die bündische Jugend, Stuttgart 1961, S. 203.

79 SOMBART, Jugend, S. 164, vgl. KATER, Jugendbewegung, S. 136-155.

80 Jürgen REULECKE, „Wir reiten die Sehnsucht tot". Oder: Melancholie als Droge. Anmerkungen zum bündischen Liedgut, in: Thomas Kühne (Hg.), Männergeschichte – Geschlechtergeschichte. Männlichkeit im Wandel der Moderne, Frankfurt a. M. 1996, S. 156-173, zit. S. 157, 164.

10.3.) „Führertum" und Antibürgerlichkeit

pflegten, der für die junge Adelsgeneration attraktiv war. In der freiwilligen „Eingliederung in ein Ganzes", so ein adliger Bundesführer 1930, unterschied sich der „Jungsturmgeist" vom „Wandervogelgeist, der jeden Zwang ablehnt". Der bereits 1897 begründete *Jungsturm* habe „den Kampf zu seiner Haupttätigkeit" gemacht und gelernt, seine Feinde „mit der Faust" zu besiegen.[81]

Für die Kriegsjugendgeneration präsentierte Eberhard Köbel, – unter dem Namen *tusk* der charismatische Führer des Jugend-Bundes *dj. 1.11*[82] – die antibürgerlichen Anleihen beim Adel. Der Sohn eines Oberlandesgerichtsrates, der seine jugendliche Begeisterung für die NS-Bewegung gegen eine Mitgliedschaft in der KPD getauscht hatte, bezeichnete den von ihm „geführten" Bund als „Burg", welche „die Talbewohner" in der Sonne leuchten sehen. Sein Lob des elitären Führertums formulierte er 1932 unter dem Titel: „Seid junge Ritter".[83]

Bis in die Äußerlichkeiten hinein erhöhte die Suche nach Gegenbildern zum „Bourgeois" und „Philister"[84] die Wahrscheinlichkeit, auf die Angebote des Adels zu stoßen. Zur Entzauberung der Welt gehörte die zunehmend farblose Ästhetik des Bürgertums, das im 19. Jahrhundert die Verwendung von Form und Farbe zurückgedrängt, das Feld der Mode dem weiblichen Geschlecht zugeschrieben und das bis heute gültige Leitbild des grauen Herren durchgesetzt hatte.[85] Wo die Sehnsucht nach Wiederverzauberung der Welt nicht auf die Angebote der radikalen Linken zurückgreifen konnte, lag es nahe, sich von der eindrucksvollen Symbolsprache des Adels faszinieren zu lassen. Die Burgen und Schlösser, der Glanz des Berliner Hofes unter Wilhelm II., die Paraden der Gardekavallerie und der formenprächtige Aufmarsch des Kaisers mit seinen Söhnen zur „Parolenausgabe"[86] lassen sich als „militaristische" und unzeitgemäß „feudale" Formen adliger Prachtentfaltung beschreiben. Dies waren sie auch. Um ihre bleibende Attraktivität erklären zu können,

---

[81] Wehrjugend und bündische Jugend, in: DAB 11.10.1930, S. 564f. Zur Stilisierung der Jugendbünde vgl. die Artikelserie „Wehrjugend und bündische Jugend", in: Junior, 6./13./20.9.1930. Ernst H. POSSE, Die politischen Kampfbünde Deutschlands, Berlin 1930 und DERS., Die neueste Phase in der Entwicklung der Bünde. Antikapitalistische Massenstimmungen in Deutschland, Berlin, 1931, hier v. a. S. 84-97.

[82] Zu *tusk* (1907-1955) und dem *dj.1.11*. MOHLER, Revolution, S. 476; Silvia KLEIN/Bernhard STELMASZYK, Eberhard Köbel, ‚tusk'. Ein biographisches Porträt über die Jahre 1907 bis 1945, in: Piraten, Swings und Junge Garde. Jugendwiderstand im Nationalsozialismus, Hg. v. Wilfried Breyvogel, Bonn 1991, S. 102-137.

[83] Der Aufsatz erschien 1932 in der Zeitschrift *Das Lagerfeuer*. Beide Zitate nach KLEIN/STELMASZYK, Köbel, S. 109 und 118. Zur Burgen- und Ritterromantik der Jugendbewegung vgl. Ulrich LINSE, Der Wandervogel, in: Erinnerungsorte, Bd. 3, S. 531-548.

[84] Zur Karriere des Begriffes Philister s. Joachim RADKAU, Nationalismus und Nervosität, in: Kulturgeschichte Heute, S. 284-315, hier S. 292f.

[85] S. BRÄNDELI, „...die Männer sollten schöner geputzt sein als die Weiber". Zur Konstruktion bürgerlicher Männlichkeit im 19. Jahrhundert, in: Thomas Kühne (Hg.), Männergeschichte, S. 101-118.

[86] Vgl. dazu die Uniformen- und Helmpracht auf dem berühmten Photo, das Wilhelm II. und seine Söhne am 1.1.1913 vor dem Stadtschloß auf dem Weg zur „Parolenausgabe" zeigt: SOMBART, Wilhelm II., S. 118.

müssen sie jedoch auch als Angebote an die menschliche Bildersucht gelesen werden, der die republikanische Bildersprache nichts Vergleichbares anzubieten hatte.[87]

Antibürgerliche Attitüden waren im Kaiserreich in unzähligen Varianten von den an Nietzsche geschulten Neo-Aristokraten über die Jugendbewegung bis zu den Völkischen eingeübt, im Mythos der Ideen von 1914 gebündelt und durch die Kriegserfahrung radikalisiert worden.[88] Unabhängig von seiner schwieriger zu beurteilenden politischen Funktion war der „faschistische Stil" eindeutig die konsequenteste Fortführung dieser Tradition. An keiner Stelle wird die faschistische Zuspitzung des antibürgerlichen Habitus deutlicher als in der SA. In seiner beeindruckenden Untersuchung der Gewalt in faschistischen Kampfbünden hat Sven Reichardt den sprachlich und faktisch rohen Haß auf die Lebensformen des höheren Bürgertums als konstituierendes Moment im faschistischen Selbstbild dargestellt. Der ostentative Haß auf „die grenzenlose Jämmerlichkeit, das feige Versagen der bürgerlichen Welt"[89] bezog sich auf die den Bürger als Träger des „Systems". Vor allem in der SA wurden Bürger durchgängig als „unmännliche, mutlose und entscheidungsschwache ‚Spießer' imaginiert"[90] und fortlaufend mit vulgären Beleidigungen überzogen. In der SA, dem bis 1933 wichtigsten und dynamischsten Träger der NS-Bewegung, formte sich die „kriegerische Kameradschaftlichkeit" des paramilitärischen Männerbundes zum Gegenbild der verhaßten bürgerlichen Lebensform. Ernst Röhm brachte das Credo der SA 1932 wie folgt auf den Punkt: „Wir lehnen sie alle ab: Die ‚Klugen', die ‚Besonnenen', die ‚Reifen', die ‚Erfahrenen', alle, die soviel wissen wollen und doch eines nicht können: entschlossen das Schicksal meistern."[91] Der vitalistische, von „fanatischem" Willen angetriebene, in männlich-militärischer Straffheit und nach dem Führer-Gefolgschaftsmodell hierarchisierte Kampfbund der SA trat in Theorie und Praxis gegen Theorie und Praxis der traditionellen Bürgerlichkeit an.[92] Diese Kampfhaltung richtete sich auf breiter Front gegen das „Establishment" und war allein dadurch von adelsfeindlichen Zügen nicht frei. Dennoch schuf der martialische Haß auf die bürgerliche Lebensform eine wichtige Brücke zu adelsspezifischen Formen der Antibürgerlichkeit, die v. a. im Kleinadel längst

---

[87] PAUL, Aufstand, S. 117-252. Zum scheiternden Versuch der *Eisernen Front*, Hitler „auf dem Gebiete der Propaganda [zu] übertreffen" (Carlo Mierendorff), s. ebd., S. 177-179.

[88] Vgl. dazu den Literaturbericht von HÜBINGER, Von Bildungsbürgern und Übermenschen, S. 402-410; Jeffrey VERHEY, Der „Geist von 1914" und die Erfindung der Volksgemeinschaft, Hamburg 2000 sowie Modris EKSTEINS, Rites of spring. The Great War and the birth of Modern Age, Boston 1989, jeweils passim.

[89] Erich BERGER, Wir Jungen, in: SA-Mann 27.7.1929, zit. n. REICHARDT, Kampfbünde, S. 545.

[90] REICHARDT, Kampfbünde, S. 551.

[91] Ernst Röhm im Völkischen Beobachter, 19.8.1932, zit. n. REICHARDT, Kampfbünde, S. 556.

[92] Eine empirisch dichte Darstellung dieses Gegensatzes bietet REICHARDT, Kampfbünde, S. 544-569. Zur Inszenierung dieses Bildes vgl. PAUL, Aufstand, S. 239-242.

10.3.) „Führertum" und Antibürgerlichkeit

ausgestaltet war, als die NS-Bewegung als relevanter Faktor auf dem politischen Tableau erschien.

Innerhalb der kriegerischen Symbolik der politischen Rechten setzte sich die NS-Bewegung durch ihre größere Brutalität und die scharfe Akzentuierung der Antibürgerlichkeit erkennbar ab. Im Vergleich zum Stil der „Bewegung" wirkten die Stahlhelm- und DNVP-Führer plötzlich wie kraft- und konsequenzlose „Philister". Magnus von Levetzow, Chefberater des geflohenen Kaisers, äußerte 1931 über Alfred Hugenberg, dieser sei „kein Führer", sondern „ein preußischer Geheimrat, der um 8 Uhr schwarzen, quergebundenen Schlips und Gehrock trägt. Von diesem ungewandten Bonzen, von diesem schweinsledernen trockenen Kerl, von diesem stachelhaarigen Isegrim, von diesem Pütcher und Pedanten hat Deutschland nichts zu erwarten."[93]

In Worten und Taten ungleich brutaler als Levetzow formulierte der sächsische Freikorps- und SA-Führer Manfred v. Killinger die radikale Abgrenzung vom Habitus des reichen Bürgertums. Wie im Adelsblatt der Vorkriegszeit verschmolzen hier Bourgeoisie und Judentum zu einem Block. Killinger kontrastierte den „vollgefressenen Schieber-Itzig mit Brillanten an den Fingern", den „Schnösel mit Taillenjacket und in Schimmyschuhen, womöglich noch mit einem schwarz weiß roten Bändchen im Knopfloch", den man auf der Tanzdiele mit einer „geschminkten Hure" eine „Sohle drehen" sah, mit dem militärisch-kargen, körperbetonten Leben der SA-Kameraden. Der gemeinsame Nachtmarsch, bei dem „vor Anstrengung die Lungen voll Waldluft" gesaugt wurden, bildet hier den positiven Gegenpol. Der von Killinger verbreitete Bürgerhaß liest sich wie eine Vulgata der antimaterialistischen Bürgerkritik, die im Kleinadel typisch war: „Geld ist euer Gott. Es gibt euch das, was ihr zu eurem Leben braucht, Jazzband, Bälle, jüdische Theater, Sektsaufen, eure Weiber mit Schmuck und Pelzen behängen. Uns trennen Welten von Euch."[94] Im Sinne von Oswald Spenglers „Preußischem Sozialismus" glaubten adlige Familienverbände nunmehr zu entdecken, daß der „praktische Sozialismus im Rahmen der Familie" eine schon immer gelebte Praxis gewesen war: „Es ist in unserer Familie [nie] üblich gewesen, auf wirtschaftlich Schwächere herabzusehen".[95] Wie in dieser Erklärung des Bülowschen Familienverbandes von 1934 verbanden adlige Anbiederungen an den Nationalsozialismus stets antimaterialistische und antibürgerliche Töne.

Zu den Schnittmengen adliger und nationalsozialistischer Antibürgerlichkeit gehörte schließlich eine Reihe von Gemeinsamkeiten in der jeweils gesprochenen Sprache. In beiden Sprachwelten fällt die emotionale Färbung, die

---

[93] Magnus v. LEVETZOW an Fürst Donnersmarck, Oktober 1931, zit. n. Granier, Levetzow, S. 309. Für wortgleiche Urteile Ewald v. Kleist-Schmenzins s. SCHEURIG, Kleist, S. 68.
[94] Manfred v. KILLINGER, in: Der SA-Mann 2.2.1932. Zur Verbindung antisemitischer und antibürgerlicher Haltungen in der SA vgl. REICHARDT, Kampfbünde, S. 531-544.
[95] Erklärung in der Bülowschen Familienzeitung (Nr. 13, Juli 1934), in: LHAM-AW, Rep. E Bülow, Nr. 52, Fol. 56.

starke Aufladung mit Metaphern und die Orientierung an militärischen Bildern auf. In charakteristischen Wendungen führte der westfälische Baron v. Kerckerinck 1932 über den politischen „Führergedanken" aus: „Alle diese aus der Wissenschaft ‚Vom Kriege' durchaus bekannten Operationen: Erkunden, Abtasten der gegnerischen Front, Verschleierung, Umgehung, Frontalangriff, Eindrücken des Flügels, Einkesselung, Rückzug, Flucht kehren doch [...] in den täglichen Kämpfen innerhalb der menschlichen Gemeinschaft immer wieder." Es sei somit „logisch, auch die Frage des Führerproblems am militärischen Vorbild zu orientieren."[96] Unsicher, ob es bereits an der Zeit war, Hermann Göring in Holland bei Wilhelm II. einzuführen, suchte Magnus v. Levetzow Ende 1930 bei einem Wort Nelsons Zuflucht: „Something must be left to risk, especially in a seafight".[97] In seinem öffentlichen Aufruf zur Unterstützung der NSDAP morste der Admiral a. D. 1932 im Völkischen Beobachter das „Signal ‚Ran an den Feind', folgt mir getrost und wählt Adolf Hitler!"[98]

Die Tendenz, Politik als Fortführung des Krieges mit anderen Mitteln zu betrachten, teilten die militärisch geprägten Teile des Adels mit der NS-Bewegung. Überall trifft man auf metaphorische Vergleiche, die den „Kampf" gegen die Republik in der Sprache der Schlacht faßten. Bei Ewald v. Kleist-Schmenzin war 1930 zu lesen: „Wir sind in der derselben Lage wie Friedrich der Große vor Leuthen. Wir müssen den Feind schlagen oder uns von seinen Batterien begraben lassen."[99]

Neben dem militärischen Symbolset ist die Häufung von Gleichnissen aus der Jäger- und Reitersprache auffällig. In einem Brief Baron Kerckerincks an den von ihm bewunderten Oswald Spengler erklärte er seine Taktik als „Bauernführer" wie folgt: „Die Pferde, mit denen ich fahre, sind gesund und gut, aber sie wollen vorsichtig kutschiert sein, [da sie in] Rasse und Temperament sehr verschieden sind. Die Gespanne der preussischen Landbund-Junker gehen leichter am Zügel, womit allerdings nicht gesagt zu sein braucht, dass sie auch den längsten Atem haben werden."[100] Die Pferdemetapher findet sich auch in der Beschreibung der Revolution von 1918 wieder, deren moderaten Verlauf Magnus Frhr. v. Braun mit dem Verhalten von „Führern" erklärte, „denen die Pferde zwar scheu und wild geworden, aber doch nicht ganz aus den Zügeln gerissen waren".[101] Hindenburg schließlich – um ein letztes Bei-

---

[96] Redemanuskript LÜNINCKs, ca. 1932, zum ‚Führergedanken': WAAM, Nl. Lüninck, Nr. 811.
[97] Magnus v. LEVETZOW an Ulrich Frhr. v. Sell, 15.12.1930, in: Granier, Levetzow, S. 287.
[98] Aufruf LEVETZOWs im Völkischen Beobachter, 3.4.1932, abgedruckt bei Granier, S. 335
[99] Ewald v. KLEIST-SCHMENZIN, Grundsätze und Aufgaben konservativer Arbeit. Rede vor dem Hauptverein der Konservativen am 10.12.1930, zit. n. Scheurig, Kleist-Schmenzin, S. 254.
[100] KERCKERINCK an Oswald Spengler, 24.9.1923, über die Bauernvereine, in: WAAM, Nl. Kerckerinck, Nr. 143.
[101] BRAUN, 171. Vgl. die maritime Variante dieser Metapher bei dem Seeoffizier Selchow, S. 75.

10.3.) „Führertum" und Antibürgerlichkeit

spiel aus dem unerschöpflichen Vorrat zu nennen – soll Kurt v. Schleicher mit folgenden Worten vom Reichskanzleramt entbunden haben: „Ich danke Ihnen, Herr General, für alles, was Sie für das Vaterland getan haben. Nun wollen wir mal sehen, wie mit Gottes Hilfe der Hase weiterläuft."[102] Zwei Tage vor der Machtübergabe setzte dieser Wortwechsel zwischen zwei adligen Generalen der Unfähigkeit, den Kurs des nicht nur mit Gottes Hilfe laufenden „Hasen" angemessen zu erfassen, ein sprachliches Denkmal.

Dennoch läßt sich kaum behaupten, daß die plastische, metaphernreiche Jäger- und Kriegersprache des Adels die Zeit, in der sie gesprochen wurde, verfehlte. Der adlige Jargon und die in ihr aufbewahrten Denkwelten gingen durchaus nicht an der Moderne vorbei, wie der erste und zweite Blick nahelegen. Die hier umrissenen Sprachmuster wurden nicht nur im Adel verwendet. Allerdings läßt sich vermuten, daß der Adel die Inhalte dieser Muster glaubwürdiger als die Bataillone der Schreibtischkrieger präsentieren konnte. Schon ein oberflächliches Einlesen in den zeitgenössischen Adelsjargon läßt seine Anschlußfähigkeit an den heroisch-vitalistischen Stil der Neuen Rechten erkennen. Nicht zuletzt war dieser Jargon kompatibel mit den Sprachverkümmerungen, die Victor Klemperer als Lingua Tertii Imperii beschrieben hat.[103] „Die Sprache des 3. Reiches", notierte der seismographisch wahrnehmende Philologe im August 1934, „begann lyrisch-ekstatisch, dann wurde sie Kriegssprache, dann glitt sie ins Mechanistische-Materialistische."[104] In ihren ersten beiden Stadien muß die LTI v. a. im Kleinadel unzählige Wiedererkennungseffekte und eine Art Verwandtheitsgefühl vermittelt haben. Dies gilt einmal mehr ganz besonders für die jüngere Generation im Kleinadel. Die kraftvollkriegerische Dynamik, welche die LTI ausstrahlte, die Rede von „Kämpfern", „Sturm" und einer „Bewegung", die „eiskalt" und „blitzschnell" zu „Angriff" und „Aktion" schritt, hatte die NS-Bewegung wie die meisten ihrer Bestandteile aus anderen Welten übernommen. Die „Formen der Willensbetonung und des stürmischen Vorwärtsdrängens erbt die LTI von den Expressionisten oder teilt sie mit ihnen."[105] Trotz ihrer betont obrigkeitsfeindlichen Spitzen bot ihr Grundton jedoch auch unzählige Ähnlichkeiten mit adligen Sprachgewohnheiten. Klemperers Kapitel mit dem Titel „Gefolgschaft" ruft solche Ähnlichkeiten in Erinnerung. Im „Kampf um Berlin" war die NSDAP in den verhaßten „Asphalt" „eingerammt" worden. Die Klage über das „Asphaltungeheuer" und das Fehlen jeder „patriarchalischen Bindung", die Joseph Goebbels mit dem Lob „urwüchsiger Bodenverwurzeltheit" im „bodenständigen

---

[102] Hindenburg, nach Brünings Zeugnis, am 28.1.1933 zu Schleicher, zit. n. WINKLER, Weimar, S. 586.
[103] Victor KLEMPERER, LTI. Notizbuch eines Philologen, Leipzig 1975 (zuerst 1946), s. vor allem den einleitenden Abschnitt zum „Heroismus", S. 9-18.
[104] Victor KLEMPERER, Tagebücher 1933-1934, Hg. v. Walter Nowojski unter Mitarbeit von Hedwig Klemperer, Berlin 1995, S. 132.
[105] KLEMPERER, LTI, S. 90.

Westfalen" kontrastierte,[106] wurde nicht nur von Goebbels' hochadligem Adjutanten, sondern in jedem adligen Gutshaus verstanden.

10.4.) Gen Ostland reiten – Karrierechancen im NS-Staat

Mit der ideologischen Überhöhung von Blut und Boden hatte der Nationalsozialismus die Landwirtschaft und den Grundbesitz erheblich aufgewertet. An diese programmatische Aufwertung ließen sich Hoffnungen auf die Arrondierung des eigenen Besitzes und auf einen Ersatz für die verlorenen Besitzbindungen knüpfen. In diesem Sinne gehörte auch der imperialistische Griff nach „Lebensraum" im Osten zu den wichtigsten ideologischen und interessenpolitischen Affinitäten zwischen Nationalsozialismus und Adel. Die aufgeblähte Kriegsmaschine der Wehrmacht öffnete einem Teil der Adelssöhne einen der traditionellen Karrierewege, der nach 1918 zu einer engen Gasse geschrumpft war. Gleiches gilt für die vom Nationalsozialismus geforderte „Säuberung" des Beamtenapparates und die nach diesen „Säuberungen" vakanten Stellen. In einem Brief an seine Mutter pries Otto Fürst von Bismarck drei Tage vor der Machtübergabe die Karrierechancen, die das von ihm erwartete Kabinett Hitler-Papen für seinen Bruder Gottfried und ihn selbst bringen würde – er sollte sich nicht irren.[107]

Die ordensritterliche Formel „Gen Ostland wollen wir reiten" ließ sich in die propagandistische Darstellung der nationalsozialistischen Eroberungs- und Siedlungspläne einpassen und konnte im Adel auf breite Zustimmung rechnen. Ewald v. Kleist-Schmenzin hatte den möglichen Gewinn für den ostelbischen Landadel 1926 an prominenter Stelle hervorgehoben: „Welch ein Jungbrunnen östlich unserer Grenze erworbenes Kolonialland bei unbeschränkten Siedlungsmöglichkeiten wäre, bedarf keiner Ausführung."[108] Was Kleist hier als vage Hoffnung formulierte, wurde spätestens seit Kriegsbeginn in sehr pragmatische Versuche einer Gewinnbeteiligung umgesetzt. Die im Osten entstehenden Karriereoptionen gingen über Kuriosa wie das Amt des „Geschäftsführers des Schafzuchtverbandes Ukraine"[109] bekanntlich weit hinaus.

---

[106] KLEMPERER, LTI, S. 308f. Vgl. Joseph GOEBBELS, Kampf um Berlin, München ²1932, S. 15-33.

[107] Der Gardeoffizier, Jurist und Gutsbesitzer Otto FÜRST V. BISMARCK avancierte noch 1933 zum Botschaftsrat in London, 1937 zum Dirigenten der Politischen Abteilung im Auswärtigen Amt und setzte seine Karriere nach dem Krieg unter anderem als MdB der CDU fort. Sein jüngerer Bruder Gottfried Graf v. Bismarck, ebenfalls Gardeoffizier und Jurist, Parteimitglied seit 1932, wurde bereits im März 1933 Landrat auf Rügen, keine zwei Jahre später Regierungspräsident in Stettin und Brigadeführer der SS, aus der er nach dem 20. Juli 1944 unehrenhaft entlassen wurde. Zu Otto Bismarck s. den Lebenslauf vom 28.6.1938 in: AOBS, I, Bd. 25a sowie seinen Brief vom 28.1.1933, in: AOBS, I, Bd. 9, zum jüngeren Bruder s. BAB (BDC), Gottfried Graf v. Bismarck-Schönhausen, 29.3.1901.

[108] Ewald V. KLEIST, Adel und Preußentum, in: Süddeutsche Monatshefte 23 (1926), S. 383.

[109] Jenes besetzte 1941 der SS-Obersturmführer Heinrich Graf zu Dohna, der dafür als „Fachführer" der SS „uk" gestellt war. BAB (BDC), PA: Heinrich Graf zu Dohna, 9.2.1902.

Mitglieder des hohen und niederen, des reichen und des armen Adels bemühten sich nach 1939 in Anfragen an die SS-Führung um die Option auf Landgüter in den Beutegebieten. Adlige erkannten hier die einzigartige Chance, die Bodenversorgung der Familie auf Generationen hinaus abzusichern. Entsprechende Schreiben an Heinrich Himmler bzw. hohe SS-Stellen dokumentieren überaus handfeste Interessen, die in den verschiedenen Adelsgruppen am Erwerb von Großgrundbesitz im „Ostland" bestanden. Auch in Anträgen aus hochadliger Feder wurden sehr konkrete Beutewünsche formuliert: „Sehr geehrter Herr Himmler! Ich habe für meinen ererbten holsteinischen Familienbesitz drei Erbhofzulassungsanträge gestellt; zwei Anträge sind bereits genehmigt worden, während die Entscheidung über den dritten Antrag noch aussteht. Da ich insgesamt 6 Söhne habe, würde ich gern noch weiteren Grundbesitz für die jüngeren Söhne erwerben. Ich wäre Ihnen sehr dankbar, wenn sie mich kurz wissen lassen würden, ob grundsätzlich die Möglichkeit des Ankaufs grösserer Güter im Osten nach Kriegsende für mich gegeben sein wird. [...] Mit herzlichem Gruß und Heil Hitler [...]".[110]

Mit der viel besungenen Schollenverbundenheit hatte diese Form modernen Raubrittertums wenig zu tun, viel hingegen mit den um die Ostkolonisation rankenden Mythen.[111] Ein baltischer Autor lobte 1940 das Projekt des „Führers", den baltischen Adel von seiner „siebenhundertfünfzigjährigen, bis zum äußersten treuen Wacht auf vorgeschobenem Posten" abzuberufen, um diesem im „wiedergewonnenen deutschen Ostraum an der Weichsel zu verpflanzen und [ihm] damit eine neue, gewaltige und herrliche Aufgabe zu weisen."[112] Der Schriftsteller Ottfried Graf v. Finckenstein wurde nach dem Angriff auf die Sowjetunion Vorsitzender eines Künstlerverbandes mit dem Namen *Kulturwerk Deutsches Ordensland*, der in Marienburg tagen und daran erinnern sollte, daß „vor rund 700 Jahren das Licht deutschen Geistes und deutscher Gesittung in den slawischen Raum getragen [wurde], um nie wieder zu verlöschen". Nunmehr sei der Deutsche wiederum „wichtigster Kulturträger in der vordersten Front des Deutschtums".[113] Etwa zeitgleich sprach Fritz-Dietlof Graf v. d. Schulenburg von der bevorstehenden Entscheidung, „ob das Volk endgültig der städtischen Zivilisation verfällt oder hier im Osten noch einmal Wurzel schlägt und sich von seiner Kraft her erneuert".[114] Mit anderen Moti-

---

[110] Nikolaus ERBGROßHERZOG V. OLDENBURG an Himmler 2.6.1941 und die (positive) Antwort in: BAB (BDC), Nikolaus Erbgroßherzog v. Oldenburg, 10.8.1897. Weitere Beispiele für Anfragen zur Möglichkeit von Landerwerb in den eroberten Gebieten Erasmus FRHR. V. MALSEN-PONICKAU, 16.6.1941 an Reichstatthalter in Posen, Adolf FÜRST ZU BENTHEIM-TECKLENBURG-RHEDA, Schreiben von 1939, in: BAB (BDC), Schreiben in den jeweiligen Personalakten der genannten Personen.
[111] Der Legendenschatz des Deutschen Ordens, in: WJOBB 52/1890, S. 309-312.
[112] Walther FRHR. V. UNGERN-STERNBERG, Kampf und Heimkehr der Balten, Königsberg 1940, S. 34.
[113] Broschüre und Schreiben von Juli 1942 in: BAB (BDC), PA: Ottfried Graf v. Finckenstein, 27.1.1898.
[114] Tagebuchnotiz Schulenburgs, 9.7.1941, zit. n. MOMMSEN, Schulenburg, in: Ders., Alternative, S. 237.

ven als der persönlich unbestechliche und energisch gegen die grassierende Korruption auftretende Schulenburg wurde der Raubkrieg im Osten v. a. von Adligen, die ihre Güter nach 1918 im Rahmen der deutschen Gebietsabtretungen verloren hatten, mit besonderer Verve begrüßt. Unter Hinweis auf die verlorenen Güter ihrer baltendeutschen Mutter wandte sich die Ehefrau Heinrich v. Bismarcks schon wenige Wochen nach dem Überfall auf Polen an die *Volksdeutsche Mittelstelle* mit der Anfrage, „ob es für uns auch eine Möglichkeit gäbe, in den eroberten [...] Gebieten, am liebsten zwischen unseren Landleuten, einen Erbhof oder dergleichen zu erwerben."[115] Schon lange habe man vom Siedeln – „am liebsten im Osten" – geträumt, bislang sei das Land innerhalb des Reiches jedoch zu teuer gewesen. Ein ähnlicher Versuch des SS-Führers Ludolf v. Alvensleben, der im September 1940 seine Hände nach der Beutemasse ausstreckte und sich dafür direkt an Himmler wandte,[116] wurde von letzterem schroff zurückgewiesen. Er könne nicht „für alle geschäftlichen Mißerfolge von Nationalsozialisten mit Grund und Boden der Siedlung" einspringen, hieß es in Himmlers Antwort an den enteigneten und ruinierten Gutsbesitzer. „Insgesamt hat mir Ihre Absicht, ohne einen Pfennig Geld sich wieder in den Besitz dieses Gutes zu versetzen, nicht gefallen. [...] Um eine Siedlung können Sie sich, wie alle übrigen Reichsdeutschen, nach dem Kriege bewerben."[117]

Bei unzähligen Kleinadligen, die nach 1918 steil verlaufende Negativkarrieren gemacht hatten, keimte 1933 die berechtigte Hoffnung auf, das frühe Engagement in der Bewegung könne sich nunmehr bezahlt machen. In einem typischen Bittschreiben für ein 1920 als Oberleutnant entlassenes Mitglied der Familie v. Bülow hieß es im März 1933: „Der arme Mensch sitzt in ganz trostlosen Verhältnissen, trotz seiner früher so reichen [...] Verwandten. Er ist Parteigenosse und stark für die Bewegung eingetreten. Vielleicht, Herr Präsident, ist es Ihnen möglich, einem armen Pg. Arbeit und Verdienst zu verschaffen."[118] Im Kleinadel wie in anderen Bevölkerungsschichten konnte der Status des alten Kämpfers nach 1933 Gold wert sein, genauer gesagt, den sozialen (Wieder-)Aufstieg massiv befördern.[119]

---

[115] Schreiben der Ehefrau Heinrich v. Bismarcks für ihren „im Felde" stehenden Ehemann vom 18.11.1939, in: BAB (BDC), PA: Heinrich v. Bismarck, 22.10.1905. Vgl. die spätere Bitten des Gutsbesitzers und Ritterkreuzträgers v. Bismarck-Kniephof um Güter für seinen ebenfalls frontbewährten Bruder; Schreiben vom 10.2.1943, in: ebd.

[116] ALVENSLEBEN an Himmler, 11.9.1940, in: BAB (BDC), PA: Ludolf v. Alvensleben, 9.8.1899. Alvensleben hatte das von seinem Vater übernommene Gut 1923 verloren.

[117] HIMMLER an Alvensleben, 23.9.1940, in: BAB (BDC), PA: Ludolf v. Alvensleben, 9.8.1899.

[118] Bittschreiben des Vorsitzenden der niederschlesischen Landwirtschaftskammer für Paul v. Bülow, der seit 1923 in völkischen Verbänden aktiv gewesen war, in: BAB (BDC), PA: Paul v. Bülow, 23.2.1892.

[119] Zwei Beispiele von Adligen, die sich aus diesem Grund um die Verleihung des Goldenen Parteiabzeichens bewarben, in: BAB (BDC), PA: Adalbert v. Bülow, 26.4.1901 und BAB (BDC), PA: Kurt Graf v. Schwerin, 17.8.1906.

10.4.) Gen Ostland reiten – Karrierechancen im NS-Staat

Doch Karrierechancen in den traditionellen Adelsberufen eröffnete das Dritte Reich auch unabhängig vom nachweisbaren Engagement für die „Bewegung". Mit der Wiedereinführung der Wehrpflicht im März 1935 wurden die Karrierechancen im Militär, die der Versailler Vertrag extrem reduziert hatte, schlagartig gesteigert. In Aufrufen mahnten adlige Offiziere die Adelsjugend, es gebe nunmehr keinen Grund, einen ‚bürgerlichen' Beruf auszuüben, „statt – zum Teufel noch mal! – der inneren Stimme zu folgen, [...] die nun aber bei jedem, der einen alten Namen trägt, wie eine Fanfare schmetternd zu den Waffen rufen muß." Wenn das Vaterland rufe, gehöre der junge Adel wie immer „in die erste Angriffswelle."[120] Aufrufe dieser Art verhallten nicht ungehört. Innerhalb von zwei Jahren hatte sich die Anzahl aktiver adliger Offiziere mehr als verdoppelt, was die Absicherung von ca. 1.300 zusätzlichen Militärkarrieren für adlige Männer bedeutete.[121] Hinzu kamen die bereits vor 1933 vom Adel massiv genutzten Karrieremöglichkeiten, die zunächst die SA, dann die SS boten. Früh und konsequent wurde die „Expansion als Zukunftschance"[122] im Adel erkannt, was sich nicht zuletzt im starken Engagement in der SS widerspiegelte. In der SS gehörten im Jahre 1938 8,4% der Standartenführer, 14,3% der Brigadeführer, 9,8% der Gruppenführer und 18,7% der Obergruppenführer zum Adel.[123] Prozentual nahmen diese Anteile in den unteren Dienstgraden und nach der Expansion des SS-Apparates stark ab; in absoluten Zahlen ausgedrückt entstand in der SS jedoch ein erhebliches Potential an Karrierechancen, das Adlige parallel zu den verbesserten Möglichkeiten in der Wehrmacht nutzten.[124]

---

[120] Hauptmann und Kompanie-Chef I. FRHR. V. WECHMAR, Deutscher Jungadel – wo bist Du?, in: DAB 11.1.1936, S. 67f.
[121] In der Weimarer Reichswehr konnte der Adel nicht mehr als 900 Offiziersstellen dauerhaft besetzen. Zum Vergleich: Das Reichsheer hatte im September 1937 2.280 adlige Offiziere (= ca. 15% von insgesamt ca. 14.800 Offizieren, inklusive Ergänzungsoffiziere. Im Mai 1943 waren es 3.000 adlige Offiziere (= ca. 7% von insgesamt ca. 42.700 Offizieren, inklusive Ergänzungsoffiziere). Quelle: Bundesarchiv, Zentralnachweisstelle Kornelienmünster, Sammlung wehrrechtlicher Gutachten und Vorschriften, Heft 12 (1974).
[122] WEGNER, Hitlers politische Soldaten, S. 295-317.
[123] Heinz HÖHNE, Der Orden unter dem Totenkopf. Die Geschichte der SS, Hamburg 1966, S. 127. Vgl. die Dienstaltersliste der Schutzstaffel der NSDAP. SS-Oberst-Gruppenführer – SS-Standartenführer. Stand vom 20.4.1942, Hg. v. SS-Personalhauptamt, Berlin 1942. Zur adligen Beteiligung in der SA s. Kapitel 11.4. dieser Arbeit.
[124] WEGNER, Hitlers politische Soldaten, S. 224f., nennt für 1944 Adelsanteile zwischen 2,2% bei den SS-Sturmbannführern und 12,5% bei den SS-Gruppenführern. Bis 1939 lag der Adelsanteil am Gesamtführerkorps der SS nach diesen Angaben bei gut 2%. Vgl. die Liste mit ca. 95 adligen Offizieren der Waffen-SS, in: IDA, http://home.foni.net/~adelsforschung/schutzstaff.htm.

11.) Differenzen und Ambivalenzen
11.1.) Monarchismus und christliche Tradition

> „Wer hitlerisch war, konnte bei gesundem Menschenverstand nicht mehr glauben,
> eigentlich kaiserlich zu sein."
> – Erwein Frhr. v. Aretin, 1933/34 während seiner Gestapo-Haft[125]

Zu den häufig wiederholten und nirgends bewiesenen Behauptungen über den Adel gehört die Aussage, der Adel habe mehrheitlich auch nach 1918 „in der Monarchie das Heil gesucht".[126] Träfe diese Aussage zu, hätten monarchistische Haltungen eine wichtige Barriere zwischen Adel und NS-Bewegung schaffen können. Dort, wo die Aussage auf kollektiv handelnde Adelsgruppen zutrifft, war dies auch der Fall. Der bayerische Adel, der über eine starke Position in der stärksten monarchistischen Bewegung des Landes verfügte, liefert das prominenteste Beispiel dafür.

Die Möglichkeiten taktischer Bündnisse mit dem Nationalsozialismus sind auch im bayerischen Adel ausgelotet worden. Noch während der Planung des monarchistischen Staatsstreiches im Februar 1933 waren die Hoffnungen auf die königstreuen Mitglieder in NSDAP und SA nicht ganz erloschen. „Kurz gesagt, eine Monarchie in Bayern würde die jetzige Regierung lahm legen in allem, was Einführung des Faschismus in Deutschland bedeuten würde. Dagegen würde vom Nationalsozialismus das übrig bleiben, was wirklich gut und für jeden bejahenswert an ihm ist."[127] Insgesamt behielten im Beraterstab um Kronprinz Rupprecht die NS-Gegner jedoch eindeutig die Oberhand. Bayerische Prinzen in der NSDAP hat es nicht gegeben, was im Vergleich zum protestantischen Norden besonders hervorzuheben ist.[128] Vom Konflikt, der den bayerischen Kronprinzen nach dem Putschversuch von 1923 gegen Erich Ludendorff stellte, über die Staatsstreichpläne der bayerischen Monarchisten im Februar 1933 bis zu den Mitgliedern des Hauses Wittelsbach in KZ-Haft blieb der bayerische Monarchismus als relevantes Hindernis zwischen altbayerischem Adel und Nationalsozialismus stehen.[129] 1939 notierte Goebbels am Tag nach dem Attentat Georg Elsers in sein Tagebuch, der

---

[125] Erwein FRHR. V. ARETIN, Krone, S. 349.
[126] ROGALLA VON BIEBERSTEIN, Adel, S. 259.
[127] Otto v. HEYDEBRECK (Vertreter der *Münchener Neuesten Nachrichten* in Berlin), 9.2.1933 an Erwein Frhr. v. Aretin, in: AFA.
[128] ARETIN, Adel, S. 526-530, 542.
[129] Zum Ehrengerichtsprozeß des bayerischen Kronprinzen gegen Erich Ludendorff s. Kurt SENDTNER, Rupprecht von Wittelsbach, Kronprinz in Bayern, München 1954, S. 537-539. Zu den Staatsstreichplanungen ARETIN, Regierung, S. 224-235. Zur KZ-Haft von insgesamt zwölf Mitgliedern der Wittelsbacher Familie nach dem 20. Juli 1944 s. SENDTNER, Rupprecht, S. 665-672. Zum Kreis um die monarchistische Zeitschrift *Weiße Blätter* s. die unkritische Darstellung von Guttenbergs Tochter Maria Theodora FREIFRAU V. D. BOTTLENBERG-LANDSBERG, Die ‚Weißen Blätter' des Karl-Ludwig Freiherrn von und zu Guttenberg. Zur Geschichte einer Zeitschrift monarchischtisch-religiöser Opposition gegen den Nationalsozialismus 1934-1943, Berlin 1990.

11.1.) Monarchismus und christliche Tradition

Bombenanschlag sei „wahrscheinlich von bayerischen Legitimisten durchgeführt" worden.[130]

Auf Preußen läßt sich dieses Bild nicht übertragen. Tatsächlich lag die Besonderheit der bayerischen Restaurationspläne Anfang 1933 darin, daß „sie als Abwehr der nationalsozialistischen Diktatur gedacht waren, während die Monarchisten im übrigen Deutschland von den Nationalsozialisten eine Restauration erhofften".[131] Vergleicht man mit Erwein Frhr. v. Aretin und Ewald v. Kleist-Schmenzin die bayerische und die preußische Variante konservativen Widerstandes gegen den Nationalsozialismus, lassen sich in beiden Fällen monarchistische Motive als wichtiger Leitfaden erkennen. Auffälliger jedoch sind die Unterschiede. Die kompromißlose Gegnerschaft Aretins, der das Dritte Reich nach mehrfacher Gestapohaft „mondfern von jeder Politik" im Exil eines württemberger Schlosses überlebte,[132] war für die Mehrheit des bayerischen Adels nicht in dieser Konsequenz, wohl aber tendenziell charakteristisch. Von dieser Einordnung weicht der etwa gleichaltrige Kleist, dessen eindrucksvolles Martyrium im April 1945 mit seiner Hinrichtung endete,[133] auf drei Ebenen ab. Anders als der eindeutige Royalismus des bayerischen Barons bezog sich die diffuse monarchistische Haltung Kleists auf keine konkrete Person. Zweitens hatte er in den 1920er Jahren zwischen konservativen und rechtsradikalen Positionen in der Mitte gestanden.[134] Drittens ist seine vielzitierte Schrift von 1932 (Der Nationalsozialismus – Eine Gefahr) nicht als charakteristische Position des pommerschen Adels, sondern als beeindruckende Einzelleistung zu lesen.[135]

Die strukturellen Schwächen des preußischen Monarchismus und die innere Distanzierung preußischer Adliger von den realen Angeboten des Hohenzollernhauses sind bereits dargestellt worden. Hinzu kam die Fehldeutung des Nationalsozialismus als monarchistischer Bewegung, die unter einflußreichen adligen Monarchisten weit verbreitet war. In *Mein Kampf* hatte Hitler die Frage nach der Staatsform des „germanischen Staates" offengelassen. Sie sei „nicht von grundsätzlicher Bedeutung" und von „praktischer Zweckmäßigkeit" bestimmt.[136] Die monarchische Staatsform blieb damit als theoretische Möglichkeit ebenso erhalten wie im unscharf formulierten Punkt 25 des Parteiprogramms.

---

130 Elke FRÖHLICH (Hg.), Die Tagebücher von Joseph Goebbels. Sämtliche Fragmente, Teil 1, Bd. 3, München 1987, Eintrag vom 9.11.1939, S. 636.
131 ARETIN, Adel, S. 539; ARETIN, Regierung, S. 236. Dem zweiten Teil in Aretins Urteil läßt sich allerdings leichter als dem ersten zustimmen.
132 Erwein FRHR. V. ARETIN, 9.12.1940 an Reichsjustizminister Gürtner, vgl. dazu seinen Lebenslauf und diverse Schreiben an die Reichsschrifttumskammer (1939-1942), in: BAB (BDC), PA: Erwein Frhr. v. Aretin, 19.9.1887.
133 SCHEURIG, Kleist, S. 138-150, 189-200.
134 FLEMMING, Konservativismus, S. 323-331.
135 Die beste Einordnung Kleists in sein Pommersches Umfeld bietet BARANOWSKI, Sanctity, S. 145-186.
136 HITLER, Mein Kampf, S. 380.

Eindeutige Absagen an legitimistische Vorstellungen, so etwa Gottfried Feders Aussage, die starke Zentralgewalt des künftigen Staates könne allenfalls durch „einen vom Volk zu wählenden Monarchen" gebildet werden, wurden im Adel zwar überall registriert.[137] Dennoch blieb „das von der Parteileitung absichtlich beibehaltene republikanisch-monarchistische Halbdunkel"[138] bis 1934 schummrig genug, um einen Teil der Monarchisten im preußischen Adel – v. a. Vertreter der wilhelminischen Generation – auf die NSDAP setzen zu lassen. „Ich sehe in der national-sozialistischen Bewegung zur Zeit den einzigen möglichen Weg zur Monarchie, denn in ihrem Programm steht, daß das Volk durch Abstimmung sich für Monarchie oder Republik entscheiden soll",[139] äußerte Friedrich Graf v. d. Schulenburg Ende 1929. Unterdessen längst Parteimitglied, war der General a. D. selbst im April 1933 noch in diesem Irrtum befangen: „Dass Hitler als Schlussstein die Monarchie will, ist ohne jeden Zweifel".[140] Verbreiteter als diese Vorstellung war der Glaube, man könne die NS-Bewegung gegen ihre eigentlichen Intentionen als trojanisches Pferd der Restauration nutzen. Noch häufiger als bei den „Wilhelminern" schlossen in der jüngeren Generation des preußischen Adels die würdigende Erinnerung an den Kaiser und die aktive Unterstützung der NS-Bewegung einander nicht aus. In dieser Generation galt es nicht mehr als Widerspruch, die Briefe nach Doorn als „Euer Majestät alleruntertänigster und treugehorsamster ...", Briefe an Parteigenossen und SS-Kameraden hingegen mit „Heil Hitler!" zu zeichnen.[141] Die Erklärung, warum der preußische Monarchismus keine wirkungsvolle Barriere gegen die NS-Bewegung schuf, ist allerdings nicht zuletzt in den politischen Orientierungen innerhalb der kaiserlichen Familie zu suchen.

Die ausführlichste Behandlung der Frage, wie sich die politisch relevanten Hohenzollern zur NS-Bewegung stellten, stammt kurioserweise aus dem Hause Hohenzollern selbst. Sie wurde 1984 von einem Sohn des damaligen Chefs des Hauses als Dissertation bei Gerhard A. Ritter und Thomas Nipperdey vorgelegt.[142] Man darf erstaunt sein, daß mit der Behandlung des brisanten Themas ein Urenkel des Kaisers betraut wurde. Weniger erstaunlich ist hingegen, daß der quellentechnisch privilegierte Autor, nachdem ihm sein Vater

---

[137] Gottfried FEDER im ersten Heft der „Nationalsozialistischen Bibliothek", zit. bei Binzer, Politische Bewegungen, in: DAAM, LAB, Bd. 6, S. 14.
[138] So die Formulierung in der bekannten Sezessions-Erklärung der Strasser-Gruppe: Die Sozialisten verlassen die NSDAP, in: Der Nationale Sozialist, 4.7.1930.
[139] SCHULENBURG an Arnim 19.11.1929, in: Briefwechsel Arnim/Schulenburg.
[140] Friedrich GRAF V. D. SCHULENBURG an Dietlof Graf v. Arnim, 8.4.1933, in: Briefwechsel Arnim/Schulenburg.
[141] Alexander FÜRST ZU DOHNA (Jg. 1899) an Wilhelm II., 10.1.1938 und diverse Schreiben an Himmlers Stabschef Karl Wolff, mit dem der fürstliche SS-Oberscharführer in freundschaftlichem Kontakt stand, in: BAB (BDC), PA: Alexander Fürst zu Dohna-Schlobitten, 1.12.1899.
[142] Friedrich Wilhelm PRINZ V. PREUßEN, Die Hohenzollern und der Nationalsozialismus, Phil. Diss. München 1984. Der Autor ist ein Urenkel Kaiser Wilhelm II.

11.1.) Monarchismus und christliche Tradition

„die Erlaubnis erteilte, [s]ich dem Thema dieser Arbeit zu widmen",[143] eine empathische Studie verfaßt hat, welche die kaiserliche Familie in ein unangemessen mildes Licht taucht. Den Grundmustern adliger Erinnerungskunst folgend, „opfert" die Studie zwei Familienmitglieder, die durch ihre frühe, eindeutige und intensive Unterstützung des Nationalsozialismus unrettbar kompromittiert waren, mit dem Ziel, den Glanz der Gesamtfamilie zu bewahren. Selbst bei der langmütigsten Interpretation „unrettbar" waren erstens die „Kaiserin" Hermine, geb. Prinzessin Reuß ä.L., die Wilhelm II. im November 1922 eineinhalb Jahre nach dem Tod der Kaiserin Auguste Viktoria geheiratet hatte, und die hier als umtriebig-intrigante Witwe erscheint.[144] Tatsächlich hatte sich die Prinzessin bereits Ende der 1920er Jahre in Doorn, München und Berlin als Brückenbauerin zwischen Wilhelm II. und dem Nationalsozialismus versucht. Die Söhne aus der ersten Ehe der Prinzessin hatten sich lange vor 1933 der SA angeschlossen.[145] Aus der ehrenden Erinnerung weitgehend ausgeschlossen wird zweitens August Wilhelm Prinz von Preußen, der vierte Sohn des Kaisers, der im April 1930 NSDAP-Mitglied geworden war, als Parteiredner auftrat und es in der SA bis zum Gruppenführer à la suite bringen sollte. Auf ihn ist an anderer Stelle zurückzukommen.

Insgesamt läuft die Arbeit, die mit einem Abschnitt über die „Kontakte zur Widerstandsbewegung" endet, auf den Versuch einer Ehrenrettung für Wilhelm II., den Kronprinzen und seine Söhne heraus.[146] Der 1933 erfolgte Beitritt des Kronprinzen zu Motor-SA und NS-Kraftfahrerkorps sowie die Auftritte mit Braunhemd und Hakenkreuzbinde lassen sich bei massiver Dehnung der Quellen als Formen der „Zuflucht" interpretieren, zu denen man den Kronprinzen „gedrängt" hatte.

Für den 1932 an Wilhelm Groener gerichteten Vorwurf, der Reichswehrminister habe geholfen, „das wunderbare Menschenmaterial [zu zerschlagen], das in der SA und SS vereinigt ist und das dort eine wertvolle Erziehung genießt",[147] trägt diese Interpretation jedoch nicht. Die öffentliche Unterstützung Hitlers gegen Hindenburg im zweiten Wahlgang der Reichspräsidenten-

---

[143] So PREUßEN, Hohenzollern, S. XIV in der Danksagung an ‚Seine Kaiserliche und Königliche Hoheit, Dr. Louis Ferdinand Prinz von Preußen, Chef des Hauses Hohenzollern'.
[144] Hermine Prinzessin Reuß ä.L. (1887-1947), in erster Ehe mit Johann Georg Prinz v. Schönaich-Carolath (1873-1920) verheiratet.
[145] Vgl. die Schilderung des FÜRSTEN V. FÜRSTENBERG v. 27.11.1933 über den Empfang vom 24./25.11.1933 in Berlin (FFAD, Hof.verw., Fü.Hs., Vol. bb II/5). Die „Kaiserin" hatte hier voll Stolz geäußert, ihr ältester Sohn sei schon seit 1923 „dabei". Dieser, Hans Georg Prinz v. Carolath-Beuthen, Dr. iur., Leutnant d. Res., Majoratsherr auf Mellendorf, war Jahrgang 1907 und somit 1923 erst 16 Jahre alt (GGT, Fü 1942, S. 379).
[146] Die Arbeit endet ohne Resümee im „Widerstand", zu dem der Vater des Autors lockere Verbindungen unterhielt (S. 418-455). Zu Kronprinz Wilhelm s. S. 304-394, ähnliche Wertungen bei Klaus W. JONAS, Der Kronprinz Wilhelm, Frankfurt a. M. 1962, S. 211-280, wo der Kronprinz als ein von Rechtsradikalen „geschobener" Mann erscheint.
[147] Kronprinz Wilhelm an Reichswehrminister Groener, 14.4.1932, zit. n. PREUßEN, Hohenzollern, S. 318f.

wahl[148] läßt sich ebensowenig wie die Gesamthaltung des Thronfolgers mit den Erklärungsmustern fassen, die sein Enkel hier anbietet. Der Brief, in dem der Kronprinz den ‚lieben Herrn Hitler' im September 1932 beschwor, seine „so wundervolle Bewegung aus der unfruchtbaren Oppositionshaltung wieder herauszubringen",[149] resümiert die Essenz dieser Haltung sehr deutlich – von historischer Bedeutung war die Öffnung des Kronprinzen zum rechtsradikalen Lager, nicht die banale Einsicht, daß dem ältesten Sohn des letzten deutschen Kaisers kein Parteisoldatentum nachzuweisen ist.

Auch die schwankende Haltung Wilhelms II.[150] ist durch die detaillierte Wiedergabe der kaiserlichen Antipathie gegen die Pumphosen und Tischmanieren Hermann Görings nicht angemessen charakterisiert. Die Aufzählung kaiserlicher Kraftworte, die von lupenreiner Herrenattitüde und ambivalenter Ablehnung zeugen, können nicht widerrufen, was aus den hier ausgebreiteten Dokumenten eindeutig hervorgeht: die Bereitschaft zum Bündnis mit der NS-Bewegung. Trotz der scharfen Konflikte zwischen Vater und Sohn um den Anspruch auf den Thron trifft diese Aussage für Kaiser und Kronprinz gleichermaßen zu; in unterschiedlichem Maße auch für die anderen Söhne des Kaisers, die seit 1929 im Stahlhelm aktiv waren. Diese Bereitschaft wurde v. a. zwischen 1930 und Oktober 1932 in planvolle Sondierungen der NS-Bewegung umgesetzt, die ihren symbolischen Höhepunkt in den Doorn-Besuchen Hermann Görings im Januar 1931 und Mai 1932 fanden.[151] Erst als sich das von der kaiserlichen Familie imaginierte Verhältnis von Roß und Reiter umkehrte und der Plan, die NS-Bewegung als Vehikel auf dem Weg zur Restauration zu nutzen, offensichtlich gescheitert war, brachen die auf den Nationalsozialismus gesetzten Hoffnungen zusammen.[152]

---

[148] Vgl. den Aufruf des Kronprinzen in: Schlesische Zeitung, 3.4.1932 und seine Absage an den Gegenaufruf für Hindenburg, in: BLHA, Rep. 37 Lübbenau, Nr. 6643. Dazu JONAS, Kronprinz, S. 230f.; POMP, Landadel, S. 213-216 und BERGHAHN, Stahlhelm, S. 195-219. Unmittelbar zuvor war der Plan, sich im Bündnis mit der NSDAP zum Reichspräsidenten wählen zu lassen, am Einspruch Wilhelms II. gescheitert, dem sich sein Sohn beugte.

[149] KRONPRINZ WILHELM an Hitler, 25.9.1932 und Hitlers hochfahrende Antwort vom 28.9.1932, in: GStAPK, BPH, Rep. 54, Nr. 137, z.T. abgedruckt bei PREUßEN, Hohenzollern, zit. S. 148.

[150] Die wichtigste Quelle über die politische Haltung Wilhelms II. zum Nationalsozialismus bleiben die Tagebücher seines Adjutanten Sigurd V. ILSEMANN, Der Kaiser in Holland. Aufzeichnungen des letzten Flügeladjutanten Kaiser Wilhelms II., Hg. v. Harald v. Königswald, 2 Bde., München 1968. Die Tagebücher waren 1940 in Doorn eingemauert, nach Ilsemanns Tod im Jahre 1952 von seiner Witwe freigegeben und durch den monarchistischen Publizisten Harald v. Königswald publiziert worden. Königswald hatte die Aufzeichnungen allerdings um einige Passagen erleichtert, die ein besonders negatives Bild auf den Kaiser warfen. Vgl. dazu Wilhelm Karl PRINZ V. PREUßEN, in: FAZ 8.12.1967 und die Briefe KÖNIGSWALDs vom 16. und 30.11.1967, in: BLHA, Rep. 37 Friedersdorf, Nr. 729.

[151] ILSEMANN, Bd. 2, S. 152-159, 193-195; Preußen, Hohenzollern, S. 78-85 und Granier, Levetzow, S. 160, 287-289.

[152] Vgl. die allein wegen der zitierten Dokumente wertvolle Darstellung bei PREUßEN, Hohenzollern, v. a. S. 124-163, 252-354. Die notwendige Korrektur zur hier vorgetragenen Deu-

11.1.) Monarchismus und christliche Tradition

Durch eine vom Autor nicht zur Kenntnis genommene Studie war die Untersuchung des Hauses Hohenzollern aus dem Hause Hohenzollern bereits bei ihrem Erscheinen überholt. Aus der mustergültigen Edition aus dem politischen Nachlaß Magnus v. Levetzows, die bereits 1982 in den Schriften des Bundesarchivs erschienen war,[153] läßt sich klar ersehen, warum die Vorstellung vom Doorner „Hof" als konservativer Bastion gegen den Nationalsozialismus jeder Grundlage entbehrt.

Im Sommer 1928 hatte Wilhelm II. Magnus v. Levetzow, einen Admiral a. D. aus dem mecklenburgischen Uradel, zu seinem politischen Beauftragten ernannt. Levetzow erhielt den Auftrag, eine Koordination der antirepublikanischen Kräfte mit dem Ziel einer Restauration zu versuchen. Nach längerem Wirken in den Netzwerken der nationalen Rechten und einer persönlichen Begegnung mit Hitler wurde Levetzow im Herbst 1930 zum überzeugten Nationalsozialisten. Im Juli 1932 ließ er sich in Absprache mit seinem kaiserlichen Dienstherren als NSDAP-Abgeordneter in den Reichstag wählen und trat in die NSDAP ein. Bis zur Entlassung Levetzows und des kaiserlichen „Hausministers" Leopold v. Kleist im Dezember 1932 war das Bündnis mit der NS-Bewegung somit die von Wilhelm II., seiner Ehefrau und seinen maßgeblichen Beratern explizit befolgte Strategie.[154]

Die noch vor der Machtübergabe gescheiterte Mesalliance zwischen dem Hohenzollernhaus und der NS-Bewegung hatte ein mehrmonatiges Nachspiel, in dem die kaiserlichen Getreuen ein letztes Mal versuchten, ihre Restaurationspläne zu artikulieren. Nach dem pseudomonarchistischen Mummenschanz, den die NS-Führung am Tag von Potsdam inszeniert hatte,[155] wurde die „Königsfrage" zwischen Mai 1933 und April 1934 mehrfach von den offiziellen Vertretern Wilhelms II. bei Hitler vorgetragen. Vier Mal traten führende Monarchisten in dieser Zeit als Bittsteller auf, um die Möglichkeiten einer Restauration zu sondieren, einmal berührte auch der DAG-Vorsitzende Fürst Bentheim im persönlichen Gespräch mit Hitler die monarchische Frage. Anders als den Fürsten Bentheim, dessen vorauseilender Gehorsam die DAG immerhin gegen das Verbot der monarchistischen Verbände vom Februar 1934 immunisieren und ein Reichsgesetz gegen den Mißbrauch adliger Namen erwirken konnte, ließ Hitler die Boten des Monarchismus auf Granit beißen. Etwa sechs Wochen nach dem Tag von Potsdam empfing Hitler den kaisertreuen Friedrich v. Berg, den gestürzten DAG-Adelsmarschall. Nach den Informationen, die der anwesende Reichswehrminister Werner v. Blomberg an den „Hausminister" des Exilkaisers weitergab, hatte Hitler vage, je-

---

tung liefern GRANIER, Levetzow, S. 126-189; JUNG, Volksgesetzgebung, S. 540-545 und CECIL, Wilhelm II., Bd. 2. S. 317-356.
[153] GRANIER, Levetzow, passim.
[154] Ebd., S. 151-189.
[155] Klaus SCHEEL, Der Tag von Potsdam, Berlin 1996.

doch weitgehende Versprechungen gemacht: „Als Abschluß seiner Arbeit sehe [Hitler] die Monarchie", hieß es im Gesprächsprotokoll. In Frage käme allerdings allein die Hohenzollernmonarchie, eine Restauration der Throne in den Bundesstaaten sei abzulehnen. Der Zeitpunkt der Restauration sei allerdings noch nicht gekommen und die Monarchie nur als Ergebnis eines siegreichen Krieges denkbar. Bei einer zweiten Unterredung im Oktober 1933, die der Generalbevollmächtigte des Exilkaisers, General a. D. Wilhelm v. Dommes, mit Hitler führte, war die Tonlage bereits deutlich aggressiver. Das monarchistische Drängen seines Gesprächspartners wies Hitler „leidenschaftlich" zurück: Die Aufgabe bestünde in der Niederwerfung von Kommunismus und Judentum. Der Kronprinz als Person und die Monarchie als Institution seien nicht „hart genug" für diese Aufgabe. Im Februar 1934 schließlich wies Hitler die Emissäre in äußerst scharfer Form zurück. Das Gesprächsklima hatte sich im Vorfeld durch scharf antimonarchistische Reden aufgeladen, in denen u. a. Baldur v. Schirach und Richard Walther Darré Wilhelm II. als Feigling verhöhnt hatten.[156] Dommes' Vorhaben, für die Ehre seines „angegriffenen Herrn mit der Waffe einzutreten", scheiterte ebenso wie sein Versuch, mit seinen Klagen bei Hitler durchzudringen. In hochfahrendem Ton verbat sich Hitler nunmehr, in seiner „Aufbauarbeit" fortlaufend von den deutschen Fürsten gestört zu werden. Zur Erreichung dieser Ziele – „Ausrottung der Verbrecher der November-Revolution" und Aufbau der Reichswehr – benötige er 12-15 Jahre Zeit.[157]

Ließen die Anfragen von Berg und Dommes bereits ein erstaunliches Ausmaß politischer Naivität erkennen, so wurde dieses von prominenten Standesgenossen noch weit übertroffen. Die vollständige Verkennung der politischen Lage durch adlige Monarchisten aus dem ehemaligen inner circle um den Kaiser illustriert eine im Herbst 1933 verfaßte Petition an Hindenburg – auch wenn sich diese Form der offensichtlich altersbedingten Realitätsblindheit nicht auf eine ganze Generation übertragen läßt. Generalleutnant a. D. August v. Cramon hatte im Oktober 1933 eine an den Reichspräsidenten gerichtete Denkschrift verfaßt, in der die Wiedereinsetzung Wilhelms II. in seine königlichen Rechte, gewissermaßen als Geschenk zu seinem 75. Geburtstag im Januar 1934 vorgeschlagen wurde. Zur „Erbweisheit des Geschlechts" kämen nunmehr Weisheit und Würde des Alters hinzu. Der „Führergedanke" müsse zwangsläufig „im unsterblichen Führertum, der Erbmonarchie" enden und Hitler werde dabei behilflich sein: „Adolf Hitler selbst ist, soweit bekannt, Monarchist." Von Beratern umgeben, die von der neuen Zeit mehr verstanden, hatte Hindenburg geantwortet, der Moment für die Rückkehr des Kaisers sei

---

[156] Vgl. dazu DARRÉS Rede „Unser Reichsbauerntag!", in: Potsdamer Tageszeitung, 19.1.1934.
[157] Protokolle zu den drei Begegnungen mit Hitler (9.5.1933/24.10.1933/2.2.1934) und zu einer Begegnung mit Hitlers Staatssekretär Hans Heinrich Lammers (26.9.1933), in: GStAPK, BPH, Rep. 53, Nr. 167, Fol. 1-6. Teilabdruck in: GUTSCHE/PETZOLD, Verhältnis, S. 934-939, vgl. den Kommentar ebd., S. 920-928; GUTSCHE, Kaiser, S. 169-179 und PREUßEN, Hohenzollern, S. 182-222.

11.1.) Monarchismus und christliche Tradition

noch nicht gekommen.[158] Von den absurden Bittschriften militärisch-monarchistischer Fossile abgesehen, wurde innerhalb der Adelsverbände und in privaten Korrespondenzen überall dort, wo überhaupt noch über eine Restauration raisoniert wurde, die Parole „abwarten" ausgegeben. Für die DAG-Leitung wies Fürst Bentheim 1937 die „unerfüllbaren Forderungen" in der „monarchischen Frage" und der „Kirchenfrage" zurück: Die monarchische Frage, so der Fürst, „steht unbeschadet der persönlichen Einstellung des Einzelnen für die DAG als solche nicht zur Debatte."[159]

Einige Monate nach Cramons Denkschrift prallten in Berlin die alte und die neue Rechte aus Anlaß der monarchistischen Feierlichkeiten zum 75. Geburtstag Wilhelms II. am 27.1.1934 scharf aufeinander. Während im fernen Doorn noch einmal die versammelten „Fürstlichkeiten in ihren alten, bunten Uniformen und de[r] fabelhaft[e] Schmuck der Damen [zu] bewundern" waren,[160] wurde die zentrale Festveranstaltung im Berliner Zoo von marodierenden SA-Schlägertrupps gestürmt. Hitler nahm die öffentlichen Demonstrationen monarchistischen „Eigen-Sinns" zum Anlaß, die monarchistischen Verbände verbieten zu lassen.

Der Bericht, den Rüdiger Graf v. d. Goltz, Vorsitzender des Reichsverbandes deutscher Offiziere und seit Mai 1933 Parteimitglied,[161] über die Vorgänge verfaßte, zeugt vom Entsetzen über Äußerlichkeiten, das für die ältere Generation typisch war. Empört schilderte der 70-jährige Generalmajor a. D. die Vorgänge nach seiner Geburtstagsrede auf „unseren ehemaligen Obersten Kriegsherren": „Zwei Stunden nach der Rede brach eine Horde teils in Zivil, teils unter Missbrauch des braunen Hemdes ein und hauste wie die Bolschewiken, misshandelte Offiziere und ihre Frauen, zerstörte Mobiliar und schoss Scheintotpistolen und Feuerwerkskörper mit lautem Knall ab, die die Damenkleider verdarben. [...] Ich sagte dann noch an die Versammelten: Das eben Erlebte wird Adolf Hitler niemals billigen. Lassen Sie sich in der Treue zu ihm nicht irre machen."[162] Das überlieferte Entsetzen der anwesenden Adligen belegt weniger politische Differenzen als das drastische Fehlurteil der gealterten Monarchisten, die neben den nationalsozialistischen Zielen auch die Brutalität der dazugehörigen Methoden falsch eingeschätzt hatten.

Bezeichnenderweise fand die Sprengung der monarchistischen Kaisergeburtstagsfeiern mit Magnus v. Levetzow unter einem adligen Polizeipräsi-

---

[158] Denkschrift CRAMONs an Hindenburg: „Argumente für eine Rückkehr Seiner Majestät des Kaisers und Königs in Seine Rechte anlässlich des 75. Geburtstages", in: BAMA, N 266, Nr. 46, Fol. 1-4 und HINDENBURGs Antwort, ebd., Nr. 83, Fol. 17f.
[159] Vertrauliche Ergänzungen zum Bericht über das Adelskapitel (DAB, 10.7.1937), in: DAAM, LAB, Bd. 6, Hft. ‚Vertrauliche Mitteilungen 37/38'.
[160] Schilderung bei ILSEMANN, Bd. 2, S. 247-250, zit. S. 248.
[161] BAB (BDC), NSDAP-Ortskartei, Rüdiger Graf v. d. Goltz, 8.12.1865.
[162] Vertrauliches Schreiben des Generalmajors a. D. Rüdiger GRAF V. D. GOLTZ an Johann v. Leers, 27.1.1934, in: BAMA, N 266, Nr. 42, Fol. 1-12 (Vgl. hier auch die Briefe Cramons und v. Leers).

denten statt, der vier Jahre lang der politische Chefkoordinator des Exilkaisers war und im Nationalsozialismus das Vehikel gesehen hatte, mit dem Wilhelm II. dereinst zum Thron rollen würde. Der kaiserliche Admiral a. D. hielt bereits zu diesem Zeitpunkt keine Mittel mehr in der Hand, um gegen die Ausschreitungen vorzugehen. Bereits 1935 wurde Levetzow, bezeichnend auch dies, mit dem SA- und SS- Führer Wolf Heinrich Graf v. Helldorf durch einen Standesgenossen abgelöst, der seit längerem „zur Bewegung" gehört hatte.[163]

Auf einem Berliner Ball der Adelsgenossenschaft im Januar 1934 drang nach dem Bericht der Kolumnistin Bella Fromm eine braun uniformierte „Horde" ein, die mehrere der anwesenden älteren Herren zu Fall brachte, mit den Helmen der adligen Offiziere Fußball spielte und die anwesenden Damen mit dem Revolver bedrohte. Das Parteiabzeichen, das viele der adligen Ballgäste nunmehr offen und nicht länger „verschämt unter dem Rockaufschlag" trugen, wie Fromm zynisch vermerkte, erwies sich hier als unzureichende Versicherung gegen die entfesselten kleinbürgerlich-proletarischen Ressentiments.[164]

Der oben bereits zitierte Generalleutnant a. D. August v. Cramon, Präsident des Garde-Kavallerie-Klubs, wandte sich nunmehr hilfesuchend an den Kronprinzen und protestierend an eine NSDAP-Parteistelle: „Ich muss Ihnen leider bekennen, dass die Empörung über diese Vorkommnisse in unseren und nicht den schlechtesten Kreisen, die absolute Anhänger des Herrn Reichskanzlers Hitler sind, eine sehr große ist [...]".[165] Die Antwort, die Cramon von einem adligen Parteimitglied erhielt, bringt zum Ausdruck, wie wenig die alte Garde[166] der kaisertreuen Monarchisten vom „faschistischen Stil" (Mohler) verstanden hatte. In betont respektlosem Ton wurde Cramon mitgeteilt, daß „der grösste Teil von uns [...] durchaus nicht monarchisch gesonnen, sondern auf Hitler und das nationalsozialistische Programm eingeschworen [ist]. Zudem verrate ich Ew. Excellenz kein Geheimnis, wenn ich die Tatsache ausspreche, dass die Kampfrichtung der nationalsozialistischen Bewegung sich stets gegen Marxismus und Reaktion richtete und richtet. [...] Mit bitterem Schmerze sehen unsere Kameraden schon heute, dass an allen Ecken und Enden die Gegner aus dem bürgerlichen-nationalen Lager sich mit grossem Geschick nach vorne zu schieben verstehen. Für diese aber sind wir nicht in den Strassenkampf gezogen, nicht verwundet, nicht verhaftet worden. Wir haben das Recht, auch hier das Recht der Revolution, die eine nationalsozialistische Revolution ist, durchzusetzen. Das sind wir gerade den vielen Tausenden von

---

[163] GRANIER, Levetzow, S. 189-195.
[164] FROMM, Hitler, S. 175f.
[165] Briefe CRAMONS vom 27. und 29.1.1934 an Johann v. Leers und Kronprinz Wilhelm, in: BAMA, N 266, Nr. 42, Fol. 1-12. Cramon bestritt jede Infragestellung von Hitlers „Führungsanspruch" und betonte, „dass wir dem Herrn Reichskanzler persönlich die *vollste* Gefolgschaft leisten" (ebd., Hervorhebung i.O.).
[166] Von den hier erwähnten adligen Militärs, die sich hinter ihren „ihren" 75-jährigen Kaiser stellten, waren Schulenburg und Berg 68, v. d. Goltz 70, Cramon 73, Mackensen 85 und Hindenburg 86 Jahre alt.

11.1.) Monarchismus und christliche Tradition

Kameraden aus der Jungarbeiterschaft, die neben uns standen, als wir für die gute Gesellschaft noch indiskutierbare Rowdies und Hakenkreuzbanditen waren, vor unserem Gewissen schuldig."[167]

Generalfeldmarschall August v. Mackensen, zu diesem Zeitpunkt 85 Jahre alt, formulierte eine relativ weitgehende Kritik am neuen Staat, als er sich Anfang Februar 1934 an seinen etwas älteren „Kameraden" Hindenburg wandte: „Ich werde überschüttet mit Bitten, Ihre Hilfe anzurufen. Die im kirchlichen Leben angerichtete Verwirrung und die Sorgen um die Leitung der Jugend bildeten bisher die Anlässe dieser Bitten. Neuerdings sind es gröbste Ausschreitungen von Aufsehern in Arbeitslagern sowie die Beseitigung des Stahlhelms und seines grauen Ehrenkleides, welche die Bittsteller geradezu erschütternde Worte finden lassen. [...] [In Stettin wurden] schwarzweissrote Fahnen unter den Augen der Polizei heruntergerissen und zertrampelt [...]. Mich selbst und unsere alten Kameraden, lieber Hindenburg, berührt tiefgehend die mit Bezug auf den 27. Januar eingesetzte Hetze gewisser Redner gegen [...] Vertreter des monarchischen Gedankens." Ähnlich wie bei Berg, Dommes, Cramon und Goltz ist auch diese Eingabe nicht etwa als generelle NS-Gegnerschaft zu verstehen – Mackensen erwähnte die auch in Doorn geschätzte „Grösse der Persönlichkeit Hitlers und seiner vaterländischen Tat". Der neuadlige Feldmarschall lobte die „fortreissende Bewegung" und Hitlers „taktvolles Auftreten" am Tag von Potsdam, mit dem dieser sein „Herz gewonnen" hatte. Es gelte, sich den „überheblichen Parteifunktionären" entgegenzustellen, nicht dem Nationalsozialismus: „Es gilt für den Reichskanzler, diese Spreu in seinem Anhang von dem Weizen zu sondern. Der Soldaten der alten Armee kann Adolf Hitler sicher sein."[168]

Was die auf den Kaiser gesetzten Hoffnungen angeht, verlief ein tiefer Graben zwischen den unterschiedlichen Generationen im preußischen Adel. Die Frontgeneration und die jüngeren Jahrgänge standen dem Pathos der kaisertreuen Rhetorik entweder fern oder verbanden diese mit einem Engagement, das zu dieser Rhetorik nicht mehr paßte. Obwohl sich bleibende Differenzen auch innerhalb einzelner Familien finden lassen, war die Tendenz eindeutig: Die Zeit des monarchistischen Pathos lief nach 1933 schnell ab. In schimmernden Bildern hatte etwa Detlev v. Arnim, Rittmeister a. D., noch im November 1930 den Tag ausgemalt, „an dem wir über den Rhein reiten und aus Blut und Flammen die Kaiserkrone der Hohenzollern zurückholen."[169] Achim v. Arnim-Cunersdorf, mehrfach verwundeter Frontoffizier aus dem 1. Garderegiment zu Fuß, nunmehr Parteimitglied und SA-Gruppenführer, hatte den Ritterkitsch seines Vetters bereits im August 1933 verworfen und die Restaurationsforderungen seiner (älteren) Standesgenossen in schroffer Form auf die

---

[167] Johann v. LEERS an Cramon, 31.1.1934, in: BAMA, N 266, Nr. 42, Fol. 14-16.
[168] MACKENSEN an Hindenburg, 4.2.1934, in: BAMA, N 266, Nr. 15, Fol. 10-13
[169] Schreiben Detlev v. Arnims, 30.11.1930 an Wilhelm II., zit. n. GUTSCHE, Kaiser, S. 129.

Wartebank verwiesen: „Vor der Erinnerung an das Kaiserreich neigen sich alle Deutschen in Ehrfurcht, solange aber unser Führer das neue Deutschland zimmert, ruht die monarchische Frage."[170]

Die enge Bindung an die Monarchie und die enge Bindung an die Kirche gehörten zu den Grundelementen der älteren Adelstraditionen. Da beide Elemente die Eingliederung des Adels in die Neue Rechte tendenziell behinderten, ist an dieser Stelle auch die Verankerung in christlichen Traditionen als Grund adlig-nationalsozialistischer Differenzen zumindest zu erwähnen. Die traditionelle Symbiose bzw. äußerst enge Verbindung von Kirche und Adel beförderte auch im 20. Jahrhundert eine starke, in manchen Zügen adelsspezifische Religiosität.[171] Die kirchenfeindlichen Züge der NS-Bewegung, die ihren bekanntesten Ausdruck in Alfred Rosenbergs „Mythus des 20. Jahrhunderts" fanden, bildeten eine nie versiegende Quelle adliger Bedenken gegen den Nationalsozialismus.

Das Ausmaß, in dem die Kirchen selbst Konfliktlinien zum Nationalsozialismus aufrecht erhielten, war für das Verhalten Adliger von großer Bedeutung. Die vor und nach 1933 tendenziell größere Distanz der katholischen Kirche und des katholischen Milieus, die trotz gewichtiger Einwände[172] insgesamt unbestreitbar sein dürfte,[173] findet sich in der tendenziell größeren Distanz des katholischen Adels eindeutig wieder. Wie oben für den katholischen Adel gezeigt, boten christlich motivierte Bedenken und klerikale Einwände eine wichtige Haltelinie, die sich jedoch – wie sich v. a. am westfälischen Beispiel demonstrieren läßt – durchaus überwinden ließ. Doch auch unabhängig von der offiziellen Haltung der Kirchen ist die Bedeutung christlicher Motive gerade in den eindrucksvollsten Biographien adliger NS-Gegner als sehr hoch einzuschätzen.[174] Auch wenn die religiös definierten Barrieren

---

170 So ein zentraler Beitrag im Adelsblatt, der die in den jüngeren Adels-Generationen verbreitete Haltung formulierte: Achim v. ARNIM, Der Adel am Scheidewege!, in: Deutsches Adelsblatt, 12.8.1933. Der Autor, Prof. Dr. Achim v. Arnim-Cunersdorf (1881-1940), war bis 1920 Hauptmann im 1. Potsdamer Garderegiment zu Fuß, Professor für Wehrwissenschaft in Berlin, 1932 vom Stahlhelm zur SA gewechselt, 1933 SA-Gruppenführer. Er fiel 1940 im Rang eines Oberst.

171 Für den protestantischen Adel s. CONZE, Von deutschem Adel, S. 109-129, BARANOWSKI, Sanctity, S. 83-114, 171-177. Für ältere katholische Traditionen s. REIF, Westfälischer Adel, S. 435-449 und über den schlesischen Adel in der Weimarer Republik LOB, Schmitt, S. 132-200.

172 Diese werden überzeugend referiert von Gerhard PAUL, „...gut deutsch, aber auch gut katholisch". Das katholische Milieu zwischen Selbstaufgabe und Selbstbehauptung, in: Ders./Klaus-Michael Mallmann, Milieus und Widerstand. Eine Verhaltensgeschichte der Gesellschaft im Nationalsozialismus, Bonn 1995, S. 25-152.

173 Dazu grundlegend: Heinz HÜRTEN, Deutsche Katholiken 1918-1945, Paderborn u. a. 1992; Kurt MEIER, Kreuz und Hakenkreuz. Die evangelische Kirche im Dritten Reich, München 1992, sowie Joachim MEHLHAUSEN, Nationalsozialismus und Kirchen, in: Theologische Realenzyklopädie 24 (1994), S. 43-78.

174 Dies wird aus den Briefen Moltkes an seine Frau deutlich, die zu den eindrucksvollsten Zeugnissen des konservativen Widerstandes gehören dürften: Helmuth James von MOLTKE,

11.1.) Monarchismus und christliche Tradition

zwischen Adel und NS-Bewegung im katholischen Adel eindeutig höher als im evangelischen waren, gilt diese Beobachtung für beide Konfessionen.[175] Verbindungen zur Bekennenden Kirche waren für viele der altpreußischen Adligen im konservativen Widerstand handlungsleitend, wie die Biographie des im September 1944 hingerichteten Gutsbesitzers und Generalmajors Heinrich Graf zu Dohna exemplarisch zeigt.[176] Bei einem jüngeren, gleichnamigen Vetter aus der Finckensteiner Linie – Heinrich Graf zu Dohna – findet sich dasselbe Muster in einer weniger konsequenten Form. Dohna, Obersturmbannführer der SA, hatte 1938 um einen ehrenhaften Abschied aus der SA gebeten und die ihm zugesandten Beitrittsformulare zur NSDAP unausgefüllt zurückgesendet. Explizit hatte er seine Zugehörigkeit zur Bekennenden Kirche über die Parteimitgliedschaft gestellt und erklärt, im Zweifelsfalle würde er sich für seinen Glauben entscheiden.[177]

Die ungleich häufigeren und intensiveren Konflikte, in die katholische Adlige durch christlich motivierte Haltungen gerieten, sind oben behandelt worden. Sie sollen hier durch zwei Beispiele aus der Spätphase des Dritten Reichs illustriert werden, in denen der Katholizismus als Barriere zwischen der Volksgemeinschaft und dem Adel lag. Ein Schreiben an die Politische Abteilung der NSDAP-Gauleitung Oberbayern kam 1940 über den fränkischen Baron v. Franckenstein zu einer politisch negativen Beurteilung: „Der Angefragte ist streng katholisch. Interessiert sich nicht für Politik (!!) und nicht für Adolf Hitler. Auch sozial bei WHW-Sammlungen gibt er sehr wenig, wahrscheinlich mehr der Kirche."[178] Ähnlich klang der Bericht eines örtlichen NSDAP-Kreisleiters, der im Januar 1945 Karl Adam Frhr. v. Aretin, den Besitzer von Schloß Haidenburg, denunzierte. Anklagend wies der Partei-

---

[175] Briefe an Freya 1939-1945, Hg. v. Beate Ruhm von Oppen, München 1988; vgl. Kurt FINKER, Graf Moltke und der Kreisauer Kreis, Berlin ²1993.
Klemens V. KLEMPERER, Glaube, Religion, Kirche und der deutsche Widerstand gegen den Nationalsozialismus, in: VfZ 28 (1980), S. 293-309. Zum Verhältnis von Konfession und NSDAP-Wählerschaft s. FALTER, Hitlers Wähler, S. 169-193. Zur Kompatibilität von Protestantismus und NS-Bewegung zuletzt Manfred GAILUS, Protestantismus und Nationalsozialismus. Studien zur nationalsozialistischen Durchdringung des Sozialmilieus in Berlin, Köln/Weimar/Wien 2001, S. 52-56, 89-138, 637-666.

[176] Lothar GRAF ZU DOHNA, Vom Kirchenkampf zum Widerstand. Probleme der Widerstandsforschung im Brennspiegel einer Fallstudie, in: Deutschland und Europa in der Neuzeit. FS Karl Otmar Freiherr v. Aretin, Hg. von R. Melville u. a., 2. Halbband, Stuttgart 1988, S. 857-879 (über den Vater des Autors, Heinrich Graf zu Dohna, 1882-1944). Ähnliche Muster finden sich bei fast allen Mitgliedern der berühmten ostpreußischen Familien, die dem konservativen Widerstand angehörten. Vgl. dazu die Schilderungen des Arztes Hans GRAF VON LEHNDORFF, Die Insterburger Jahre. Mein Weg zur Bekennenden Kirche, München 1969.

[177] Vgl. die Schriftwechsel, v. a. das Schreiben der NSDAP-Kreisleitung vom 14.3.1938, in: BAB (BDC), PA: Heinrich Graf zu Dohna, 9.2.1902. Der ehrenvolle Abschied wurde dem Grafen nach monatelangen Verhandlungen gewährt. Der Graf war der jüngste von drei Söhnen und ist im Gotha als „Landwirt" und „Versicherungskaufmann" verzeichnet (GHdA, G, 1981, S. 97).

[178] Bericht des Ortsgruppenleiters an die Politische Abteilung der NSDAP-Gauleitung, 2.1.1940, in: BAB (BDC), PA: Heinrich Frhr. v.u.z. Franckenstein, 8.11.1902.

mann darauf hin, daß „die ganze Familie Aretin stark konfessionell gebunden" sei und „in der eigenen Schloßkapelle Gottesdienste" abhielt.[179]

Der Name Franz v. Papen soll an dieser Stelle ausreichen, um daran zu erinnern, daß die feste Verankerung im katholischen Glauben auch im Adel keinerlei Resistenz garantierte. Dennoch läßt sich das christliche Moment von den völkischen Tiraden im Adelsblatt der Vorkriegszeit bis in die eben zitierte Denunziation eines bayerischen Barons in den letzten Monaten des Dritten Reiches als ebenso brüchige wie wichtige Trennlinie benennen, die v. a. zwischen dem katholischem Adel und der NS-Bewegung erhalten blieb.

11.2.) Großgrundbesitz und National*sozialismus*

Die Sorge, der zweite Teil im Namen der national*sozialistischen* Bewegung könne ernst gemeint sein, blieb landesweit in allen Gruppen des Adels eine Quelle erheblicher Skepsis gegenüber der NSDAP. Die Irritationen über die undurchsichtige Position der NS-Bewegung zur Eigentumsfrage blieb trotz der Opposition der NSDAP gegen das Volksbegehren zur Fürstenenteignung, trotz offizieller Erklärungen Hitlers und ungeachtet der Abspaltung des Strasser-Flügels im Sommer 1930[180] die vermutlich wichtigste Barriere zwischen dem landbesitzenden Adel und der NS-Bewegung. Bei aller Sympathie für die Grundrichtung der Bewegung läßt sich diese Skepsis sowohl für die NS-freundliche Adelsgenossenschaft als auch für die bayerischen Adelsverbände[181] belegen. Vor dem Adelskapitel und später im Adelsblatt bezeichnete ein philofaschistischer Analytiker das NSDAP-Programm 1930 als „unreif, unlogisch, widerspruchsvoll und unmöglich". Insbesondere die Eigentumsfragen berührenden Programmpunkte 11, 13 und 17 sowie das 1930 publizierte Agrarprogramm galten hier als „direkt bolschewistische Experimente".[182] Bekanntlich hatte sich Hitler frühzeitig bemüht, die Skepsis der Besitzenden gegen das unklar formulierte Parteiprogramm und die scharf antikapitalistische Rhetorik des linken Parteiflügels zu entkräften. Hitlers parteiamtliche Erklärung im April 1928, welche die Bewegung „auf den Boden des Privateigentums" stellte und die Enteignungsklausel in Punkt 17 des Parteiprogramms

---

[179] Bericht des Kreisleiters an die Politische Abteilung der NSDAP-Gauleitung, 6.1.1945, in: BAB (BDC), PA: Karl Adam Frhr. v. Aretin, 22.8.1907. Sinngleich im Gestapo-Bericht über Alois Fürst zu Löwenstein, in: STAWÜ, Nr. 6431.

[180] Die Sozialisten verlassen die NSDAP (Aufruf der Gruppe um Otto Strasser), in: Der Nationale Sozialist, 4.7.1930, vgl. dazu Reinhard KÜHNL, Die Nationalsozialistische Linke 1925-1930, S. 64-67, 79-81, 248-261.

[181] Ludwig PESL, Zur politischen Einstellung des Jungadels, in: Gelbe Hefte 6/1930, S. 665-680, v. a. S. 671ff. Pesl, Universitätsprofessor in Würzburg, war unter anderem als Berater für bayerische Großgrundbesitzerverbände tätig. Vgl. seine Schriftwechsel zu NSDAP und Eigentumsfrage mit GRAF DRECHSEL, FRHR. V. REDWITZ und FÜRST ÖTTINGEN (1929 und 1931) in: AVBG, Hft. ‚Bodenreform 1923-1932' und in: BayHStA, GKEB, Nr. 6.

[182] Manfred V. BINZER, Politische Bewegungen in Deutschland (Vortrag auf dem DAG Adelskapitel, 6.12.1930 in Berlin), in: DAAM, LAB, Bd. 6, Hft. ‚Adel und NS', v. a. auf S. 17-19.

11.2.) Großgrundbesitz und Nationalsozialismus

als Waffe „gegen die jüdischen Grundstücksspekulationsgesellschaften" präsentierte,[183] ließen sich Adlige zu diversen Gelegenheiten persönlich bestätigen.

Für den Kreis der Großindustriellen ist aus den empirisch ertragreichen Forschungsdebatten zur Widerlegung der marxistischen Agententheorie ein Verhaltensmuster bekannt, das sich als interessiertes Mißtrauen bezeichnen ließe. Zumindest im besitzenden Adel folgte die Skepsis gegen die „wirtschaftspolitische Doppelzüngigkeit der NSDAP"[184] ähnlichen Mustern wie in der Großindustrie. Hitlers Fühlungnahmen mit der Großindustrie und seine aufsehenerregende Rede, die er im Januar 1932 im Düsseldorfer Industrieklub hielt,[185] fanden durch diverse Hitlerreden in Schlössern und Gutshäusern ihr Pendant in der Welt des Landadels. Im Kern waren es zwei Themen, die adlige Großgrundbesitzer bei ihren Sondierungen immer wieder anschnitten: erstens der Wunsch nach einer Zusicherung, die als „Agrarbolschewismus" gefürchteten Siedlungsprogramme der Kabinette Brüning und Schleicher nicht wieder aufzunehmen. Zweitens die Frage nach einem juristischen Ersatz für die aufgelösten bzw. aufzulösenden Fideikommisse. Von Hitler selbst wurden beide Nachfragen regelmäßig positiv bedient. Im Herbst 1930 hatte Hitler in vertraulichen Gesprächen gegenüber Wilhelm Cuno, Rüdiger Graf v. d. Goltz und Magnus v. Levetzow die „Hebung des Grundbesitzes [und die] Wiedereinführung der Fideikommisse" in Aussicht gestellt.[186]

Auch in der oben erwähnten Kampagne, mit der Fürst Eulenburg Anfang 1931 im Adel für die NSDAP warb, spielten adlige Vorbehalte gegen die Haltung der NS-Bewegung zur Eigentumsfrage eine zentrale Rolle. Das Gesprächsprotokoll des Fürsten eröffnete unmittelbar mit der kritischen Frage nach dem Agrarprogramm der NSDAP. Hitler unterstrich in seiner Antwort erneut, daß seine Absichten „nie und nimmer auf eine Zerschlagung oder Enteignung größerer Güter" abzielten. Weiter hieß es im Protokoll: „Ich denke nicht daran, den ererbten oder sonstwie rechtmäßig erworbenen Grundbesitz [...] zu stören". Hitlers Zusatz, daß „große Güter mehr produzieren als parzellierte", legte es nahe, diese Aussage auch auf den Großgrundbesitz zu beziehen. Zur Frage der Siedlungsprogramme hatte Hitler ausgeführt, diese seien zweckmäßig erst dann möglich, wenn der „entsprechende Raum" zur Verfügung stünde. In seinem Buch – dessen vollständige Lektüre Fürst Eulenburg in seinem Begleitschreiben dringend empfahl – sei ausführlich dargestellt, wo dieser „Raum" zu finden sei.[187] Nicht zuletzt deshalb hatte Graf v. Arnim-Boitzenburg Hitlers Aussagen in seiner oben bereits zitierten Beurtei-

---

[183] Werner MASER, Die Frühgeschichte der NSDAP. Hitlers Weg bis 1924, Frankfurt a. M. 1965, S. 470; KÜHNL, Linke, S. 65.
[184] Vgl. das gleichnamige Kapitel bei TURNER, Großindustrielle, S. 232-243.
[185] TURNER, Großindustrielle, S. 259-273.
[186] Protokoll über eine Besprechung in Berlin am 29.9.1930, in: GRANIER, Levetzow, S. 278.
[187] Hitlers Antworten im Gesprächsprotokoll des Fürsten, abgedruckt in: GOSSWEILER/SCHLICHT, Junker, zit. S. 653f.

lung als „ganz ausgezeichnet" eingestuft.[188] Die erheblichen Einwände, die Arnim dennoch hatte, richteten sich gegen theoretische Angriffe auf das Privateigentum in Darrés Programm, auf die ein der NSDAP angehörender Vetter den Grafen hingewiesen hatte.

Bei unzähligen ähnlichen Gelegenheiten versuchten adlige Großgrundbesitzer immer wieder von der NS-Führung eindeutige und positive Aussagen zur Eigentumsfrage zu erhalten. Bereits 1928 hatte sich Wilhelm v. Oertzen als Präsident der mecklenburgischen Herrengesellschaft vergeblich bemüht, Hitler für einen Vortrag über die Eigentumsfrage zu gewinnen[189] und im Oktober 1931 rüsteten sich bayerische Adlige, um auf dem Gut eines nationalsozialistischen Standesgenossen dem Agrarprogramm des anwesenden Richard Walther Darré entgegenzutreten.[190]

In Pommern war 1932 Ewald v. Kleist-Schmenzin, ein zu diesem Zeitpunkt etwa 40-jähriger Gutsbesitzer mit hervorragenden Kontakten zur Neuen Rechten, mit einer in seinem Milieu ungewöhnlich konsequenten Ablehnung des Nationalsozialismus hervorgetreten. Die bereits erwähnte Schrift mit dem Titel „Der Nationalsozialismus – eine Gefahr", drehte sich um drei inhaltliche Achsen: Eigentumsfrage, Religion und Monarchie. Kleist begann seine Schrift mit Hinweisen auf den nationalsozialistischen „Haß gegen die besitzenden Klassen" und bemühte sich über weite Strecken des Textes um die Darstellung des Nationalsozialismus als einer im Kern „sozialistischen Bewegung", die von „marxistischem Denken" geprägt sei.[191] In Franken hielt Karl Ludwig Frhr. v. Guttenberg, der seine Sympathien für die NSDAP mehrfach bekundet hatte, die Partei 1924 nicht zuletzt wegen ihres „kommunistischen Wirtschaftsprogrammes" für unwählbar.[192]

Die zu dieser Zeit noch DNVP- und adelsnahe Führung des Reichslandbundes bezeichnete das NS-Agrarprogramm im August 1930 als „Bolschewismus". Der „gefährliche sozialistische Kern, der durch das Nationale nur maskiert wird", machte die Agrarpolitik des Nationalsozialismus inakzeptabel.[193] Am Versuch, Deutungen dieser Art zu widerlegen, waren adlige NS-Anhänger maßgeblich beteiligt. In Pommern stellte sich der Gauleiter und Gutsbesitzer Walter v. Corswant-Cuntzow im August 1930 Behauptungen entgegen, das Agrarprogramm der NSDAP sei gegen den Großgrundbesitz

---

[188] Dietlof Graf v. Arnim an Fürst Eulenburg, 26.2.1931, abgedruckt in: GOSSWEILER/SCHLICHT, Junker, S. 655.

[189] Wilhelm v. OERTZEN an Hitler 4.6.1928 und an die Kanzlei der NSDAP 26.9.1928, in: MLHA, MGH, Bd. 3, Fol. 148 und Fol. 7, vgl. Fol. 105-107. Vgl. dazu oben, Kapitel 9.2.

[190] Vgl. dazu die Rede Wilhelm FRHR. V. REITZENSTEINS, Vorsitzender der DAG-Bezirksgruppe Schwaben in Aystetten, 25.10.1931: DAAM, LAB, Bd. 2, Hft. ‚Protokolle' und das Schreiben Reitzensteins an Fürst Öttingen-Spielberg in: ebd., Bd. 1, Hft. ‚1930-1931'. Das Treffen fand auf dem Gut Aystetten bei Augsburg statt.

[191] Ewald v. KLEIST-SCHMENZIN, Der Nationalsozialismus – Eine Gefahr, Berlin 1932, Abdruck in: Scheurig, Kleist-Schmenzin, S. 255-264.

[192] SCHWERIN, Köpfe, S. 40f.

[193] Landwirtschaft und Nationalsozialismus, in: Reichslandbund, 6.8.1930 (BLHA, Rep. 37 Boitzenburg, Nr. 4434, Fol. 103-104).

11.2.) Großgrundbesitz und Nationalsozialismus

gerichtet. In Übereinstimmung mit Hitlers allerorts wiederholten Erklärungen verkündete Corswant, einer der „alten Kämpfer" im pommerschen Adel, lediglich Bank- und Börsenspekulanten würden dereinst zur Rechenschaft gezogen.[194]

Eine konsequente NS-Gegnerschaft wurde aus dem Bolschewismusverdacht gegen das Agrarprogramm deshalb nicht gewonnen, weil dieser in jeder Sondierung weiter aufgeweicht wurde. Dieser Prozeß läßt sich auch im bayerischen Adel nachweisen. Auch die adlige Führung des *bayerischen Vereines für gebundenen Grundbesitz* nahm 1931 über den Würzburger Universitätsprofessor Ludwig Pesl Kontakt zur Parteileitung der NSDAP und zu Walther Darré auf – einerseits, um sich Klarheit über die unscharfe Haltung der Nationalsozialisten zum Boden-, Pacht- und Erbrecht zu verschaffen, darüber hinaus in der Hoffnung, das landwirtschaftliche Programm der NSDAP in ihrem Sinne beeinflussen zu können. Pesl, der sich bereits zuvor mehrfach an den jungen Adel gewandt und diesen vor den sozialistischen Tendenzen der NS-Bewegung „gewarnt" hatte,[195] glaubte nach einem Treffen mit Darré seinen adligen Auftraggebern wichtige Erfolge melden zu können. Die NSDAP-Führung habe das „Kriegsbeil" vorerst begraben, Damaschkes Bodenreform-Bewegung als marxistisch erkannt und in wichtigen Eigentumsfragen Nähe zu den Auffassungen des Verbandes gezeigt. Hoffnungsvoll schrieb Baron Redwitz an Fürst Öttingen: „Sollte die NSDAP tatsächlich auf [Pesl] hören, so hätten wir dadurch eine sehr angenehme Einflußmöglichkeit auf die Einstellung dieser Richtung zur Eigentums-, Bodenrechts- und Bodenschutz-, gegebenenfalls Bindungsfrage."[196]

Seit 1933 wurden die Sondierungen aus naheliegenden Gründen von allen Interessenvertretungen des besitzenden Adels erheblich verstärkt. Für die DAG trug Fürst Bentheim im Juni 1933 den Wunsch nach einer Wiedereinführung fideikommissarischer Besitzbindungen persönlich bei Hitler vor. Der Vorstoß zeigt, was sich die DAG-Führung von ihrem Kotau für die Zukunft des Adels erhoffte. Einen konkreten Erfolg erzielte der Fürst freilich nicht. Karl Frhr. v. Aretin äußerte später, in dieser Frage habe Bentheim auch die Ansichten des bayerischen Adels vertreten, vermutete jedoch, daß Bentheims Bemühung „in der Hitlerschen Suada weggeschwemmt wurde. Bentheim ist

---

[194] Erklärung Walter v. Corswants (1886-1942) im August 1930, zit. n. BARANOWSKI, Sanctity, S. 153.
[195] PESL, Zur politischen Einstellung des Jungadels, in: Gelbe Hefte 6/1930, S. 665-680, v. a. S. 671ff.
[196] Pesl war seit 1926 für den Verband tätig und hielt auch für die DAG Vorträge. Vgl. PESL an Redwitz 15.6. und 29.11.1931, REDWITZ an Pesl 19.6.1931, REDWITZ an Öttingen 16.6.1931, in: AVBG, Hefter ‚Bodenreform 1923-1932' und PESL an Drechsel 29.11./5.12.1929 in: BayHStA, GKE, Nr. 6.

mir etwas zu sehr Kork auf stürmischen Wellen und nicht eingerammter Pfahl."[197]

Anders als im Fall der abwegigen Hoffnungen, den Adel im neuen Staat als geschlossenen „Führerstand" institutionalisieren zu können, war das adlige Hoffen auf Arrondierung und Protektion des Landbesitzes durchaus nicht vergebens. Die verständliche Skepsis gegen Darrés Programme lösten sich unter den Bedingungen von Vierjahresplan und totaler Kriegsführung auf, die Darrés Agrarromantik zum Papiertiger werden ließen und Darré selbst aus dem Machtzentrum verdrängten.[198]

11.3.) Neuadel aus Blut und Boden

Die massive Verwendung völkischer Argumentationen führte den Adel einerseits in ideologische Nähe zur NS-Bewegung. Andererseits lieferte sie einen wichtigen Beitrag zur Selbstzerstörung des Adels. Der Grund, aus dem das völkische Geschütz für den adligen Gebrauch ungeeignet war, ist leicht zu erkennen, und man staunt über die geringe Zahl adliger Stimmen, die ihn klar benannten. Je mehr die traditionelle Fundierung adliger Herrschaft hinter das Kriterium der rassischen Reinheit zurücktrat, mußte sich die vormals mit viel Mühe aufrechterhaltene Grenze zum „Volk" verwischen. Innerhalb einer vorwiegend „rassisch" definierten Elite mußte die Bedeutung des Adels auf den homöopathischen Anteil absinken, den er quantitativ in der Gesamtbevölkerung ausmachte. Denn „reines Blut" hatten andere Bevölkerungsteile auch zu bieten. Damit nicht genug – die völkische Behauptung, daß die breitesten Ströme reinen Blutes außerhalb des Adels flossen, stellte jede spezifische „Höherwertigkeit" des historischen Adels in Abrede. Der Nationalsozialismus, der die wirren Reden der Völkischen bündelte und funktionstüchtig machte, stellte mit eben dieser Vorstellung die Existenzberechtigung des historischen Adels radikal in Frage.

Der entlang dieser Linie aufbrechende Konflikt, der die Sphären der Theorie schnell hinter sich ließ, soll hier an den Elaboraten der beiden wichtigsten NS-Theoretiker zu dieser Fragestellung dargestellt werden: Hans Friedrich Karl Günther und Richard Walther Darré.

Im letzten Abschnitt seiner populären „Rassenkunde Europas" hatte Hans F. K. Günther bereits 1924 zur Schaffung eines „Neuen Adels" aufgerufen und damit im alten Adel Aufmerksamkeit und Beunruhigung ausgelöst.[199] 1926 legte der promovierte Philologe ein weiteres Werk mit dem Titel „Adel und

---

[197] Karl FRHR. V. ARETIN, 10.2.1934, in: DAAM, LAB, Bd. 9, Hft. ‚Korrespondenzen, Ahnentafeln 33/34'.
[198] Vgl. zu diesem Komplex die Darstellung von CONZE, Von deutschem Adel, S. 130-147.
[199] Vgl. dazu die letzten Passagen in Hans F. K. GÜNTHER, Rassenkunde Europas. Mit besonderer Berücksichtigung der Rassengeschichte der Hauptvölker indogermanischer Sprache, München 1924; DERS., Rassenkunde des deutschen Volkes, München 1922.

11.3.) Neuadel aus Blut und Boden

Rasse" vor. Den inhaltlichen Kern der Schrift bildete der Versuch, die Identität zwischen „Adel" und nordischer Rasse zu belegen. Biologisch von vorwiegend „nordischer" Ausstattung würde die Mehrheit des alten Adels zwar weiterhin ein Teil des neuen Adels sein, der traditionelle Begriff der Ebenbürtigkeit war allerdings aufzugeben: „Für den nordischen Gedanken sind einander ebenbürtig alle erblich-gesunden, erblich-tüchtigen, erblich-klugen Menschen gleich reinen nordischen Blutes [...]." Nicht-nordische Adlige waren nach dieser Vorstellung nicht mehr zum Adel zu zählen, rassisch „minderwertige" Fürstengeschlechter nie wieder in ihre einstigen Rechte einzusetzen und jede „nordische" Bauerntochter stand in ihrer Wertigkeit weit über einer nicht-nordischen Königstochter.[200] Die DAG und das EDDA-Projekt wurden von Günther explizit mit Lob bedacht, jedoch nur als Beginn eines von der Adelsjugend bereits eingeschlagenen Weges zu „Auslese und Gattenwahl" betrachtet.[201] Günther hielt später Vorträge vor dem DAG-Adelskapitel und die DAG-Führung gab sich Mühe, die Lehren des „Anthropologen" als Angebot zu interpretieren. Schließlich hatte Günther vor adligem Publikum ausgeführt, jeder „germanische" Staat benötige „eine sicher gelagerte, tragende Schicht führungsbegabter Familien", aus denen der Staat „nach den Gesetzen von Vererbung und Auslese immer wieder führungsbegabte Menschen" erwarten dürfe.[202] Die Theorien des „Rassenpapstes" wurden von den dynamischsten Teilen der naturwissenschaftlich argumentierenden Eugeniker gestützt. Die Ebenbürtigkeitsgesetze, hieß es 1927 in der Schrift eines Mediziners über Wilhelm II., hätten zu einer „Häufung minderwertiger Erbanlagen und geradezu zur Entartung geführt." Der historische Adel sei deshalb als kommende Führungsschicht weitgehend unbrauchbar. Ausgestattet mit „blondem Haar, schmalem Kopf, blauen Augen, mit gutem Intellekt, [...], selbstbewußtem und zurückhaltendem Wesen und schönem Gang", war der „deutsche Adel", dem die Zukunft gehören würde, nach den Regeln der modernen Eugenik erst zu schaffen.[203]

Erheblich schärfer als bei Günther wurde das Konzept des nordischen Neuadels wenig später von Richard Walther Darré formuliert, der dem alten Adel 1930 mit seinem Buch „Neuadel aus Blut und Boden" in die Parade fuhr.[204] Die Versuche des Kleinadels, sich dem Nationalsozialismus als natürliche Avantgarde des völkischen Gedankens sowie als geborene Führerschaft zu empfehlen, sind wohl von keiner anderen Einzelperson so nachhaltig gestört

---

200 GÜNTHER, Adel und Rasse, S. 82-86. Hier auch der Hinweis auf ähnliche Forderungen, die Friedrich Wilhelm Prinz zur Lippe formuliert hatte.
201 GÜNTHER, Adel und Rasse, S. 93.
202 Wiedergabe von Günthers Rede nach dem Bericht über den 47. Adelstag in Magdeburg (Juni 1937), auf dem auch Heinrich Himmler eine Ansprache hielt, in: DAB 10.7.1937, S. 882.
203 Ernst MÜLLER, Wilhelm II. Eine historische und psychiatrische Studie, o. O., 1927, S. 12 und S. 77-80.
204 Richard Walther DARRÉ, Neuadel aus Blut und Boden, München 1930.

worden wie von Darré. Das Neuadelskonzept, das der in Argentinien geborene Kaufmannssohn, Frontoffizier und diplomierte Landwirt Darré seit 1930 im *Agrarpolitischen Apparat* der NSDAP propagierte,[205] gehörte zweifellos zu den schärfsten Herausforderungen des alten Adels durch die NS-Bewegung. Auf der Ebene faktischer Politik hatte sich Darré hartnäckig bemüht, „die monarchische Tradition fördernden Großgrundbesitzer dem Reichsnährstand fernzuhalten".[206] Tatsächlich läßt sich Darrés Wirken vom Agrarpolitischen Apparat bis zum Reichsnährstand als Versuch lesen, das ökonomische und kulturelle Rückgrat des alten Adels zu brechen. Zumindest auf den ersten Blick folgte diese Politik den theoretischen Vorgaben, die Darré in seinen Manifesten zur nationalsozialistischen Agrarpolitik verkündet hatte. Mit der Behauptung, der Adel habe kaum noch genug „gutes Blut" in den Adern, um einem „nordrassischen Bauernjungen das Wasser reichen zu können", hatte Darré den Adel als weitgehend ungeeignet zur Führung des kommenden Reiches bezeichnet.[207] Nachdem die DAG seit fast 50 Jahren die von Darré nunmehr umgedrehten Denkmuster befördert hatte, glich die im Adelsblatt versuchte Abwehr[208] in ihrer Hilflosigkeit den Debatten, die 1912 über den Semi-Gotha geführt wurden.

In die Defensive gedrängt, brachten nun auch Adlige, die dem völkischen Denken durchaus nahestanden, Hellsichtiges gegen die Darrésche Vision einer von „Zuchtwarten" gehüteten brave new world hervor. Es sei unwürdig und töricht, „den homo sapiens gleichsam als erstes der Säugetiere im Sprunggarten zu züchten. [...] Der Hegehof führt in die Sphäre des Bordells; denn das Geschlechtliche [...] erfährt hier eine einseitig übersteigerte Bedeutung, die jeden Mann von persönlichem Eigenwert anwidern muß. [...] In der unheiligen Sachlichkeit des Zuchtwartes kann man Gesindel mehren, nicht aber wertvolles Menschentum. Dazu bedarf es eines höheren Einsatzes. Ist doch der Mensch nach seinem Werte Geist und Seele."[209]

Vor dem Hintergrund der fulminanten Organisationserfolge, die Darrés „Apparat" in der Bauernschaft erzielte, nahmen Adlige Darré in allen Teilen des Landes als ernstzunehmenden Gegner wahr. Als „Augsburger Gutsbesitzerkreise" im September 1931 politische Vortragsabende veranstalteten, auf

---

[205] Grundlegend dazu: Gustavo CORNI/Horst GIES, Blut und Boden. Rassenideologie und Agrarpolitik im Staat Hitlers, Idstein 1994.
[206] Schreiben DARRÉS vom Oktober 1934 an Staatssekretär Lammers, zit. n. Gustavo Corni/Horst Gies, Brot – Butter – Kanonen. Die Ernährungswirtschaft in Deutschland unter der Diktatur Hitlers, Berlin 1996, S. 137.
[207] DARRÉ, Neuadel, S. 163.
[208] DAB 48/1930, u. a. S. 662f., 679f., 712-714, 734.
[209] Wolfgang FRHR. V. GERSDORFF, „Neuadel"?, in: Nordische Stimmen. Zeitschrift für deutsche Rassen- und Seelenkunde 1/1931, zit. S.4f. Gersdorff, Jg. 1876, Dr. phil., Leutnant a. D. und DAG-Mitglied, lebte nach 1918 in bescheidenen Verhältnissen, unterstützt durch Zahlungen des bürgerlichen Schwiegervaters. Der Herausgeber der *Nordischen Stimmen*, ein promovierter Germanist namens Bernhard Kummer, war 1930 aus der NSDAP ausgetreten (MOHLER, Revolution, S. 382).

11.3.) Neuadel aus Blut und Boden

denen prominente NS-Führer bayerischen Adligen ihr Programm erläuterten, entsandte der bayerische Großgrundbesitzerverband in Absprache mit der bayerischen DAG-Landesabteilung einen Redner, der Darré entgegentreten sollte. Wilhelm Frhr. v. Reitzenstein, Eugen Fürst zu Öttingen-Wallerstein und Alfons Frhr. v. Redwitz erschienen gemeinsam zu einem Vortragsabend auf dem Gut Aystetten bei Augsburg. Der Besitzer dieses Gutes war Dietrich v. Stetten, der sowohl der NSDAP[210] als auch dem Vorstand des bayerischen Großgrundbesitzerverbandes angehörte. Ohne auf Darrés Agrarprogramm einzugehen, dessen Diskussion er einem Landwirt überlassen wollte, ging es Reitzenstein um eine Widerlegung der Darréschen These, der Adel sei zur Führung des Volkes unbrauchbar. Unter Berufung auf Zahlen über (gefallene) Offiziere seiner eigenen Familie und eine Statistik der pommerschen DAG-Landesabteilung, die bewiesen haben wollte, daß 100 pommersche Adlige in der Lage waren, 311 „Führer"-Stellen in „vaterländischen", wirtschaftlichen, kirchlichen und kulturellen Verbänden zu besetzen, bezeichnete der Baron den historischen Adel als „kerngesund". Die Parameter nationalsozialistischer Adelskritik wurden von Reitzenstein jedoch nicht grundsätzlich verworfen: Die „Sünde wider das Blut" und die „schamlose Preisgabe alter, guter Namen an den schnöden Mammon" könne man nicht generell in Abrede stellen. Da es sich bei diesen „entarteten" Standesgenossen jedoch um seltene Ausnahmen handele, bedeute die Forderung eines neuen Adels „das Kind mit dem Bade auszuschütten." Diesen Ausführungen folgten eine scharfe Erwiderung Darrés und ein Moderationsversuch des ebenfalls anwesenden Heinrich Himmler, der dafür plädierte, die Ausführungen des Barons im Agrarprogramm der NSDAP zu berücksichtigen.[211]

Darré, der im Adel zusätzlich durch besonders scharfe Angriffe auf den geflohenen Kaiser von sich reden machte, wurde nicht zuletzt als „Adelsfeind" verstanden. Die Literatur folgt hier weitgehend dem zeitgenössischen Urteil. Wenn auch insgesamt an der von Darré repräsentierten Konfliktlinie nicht zu zweifeln ist, erscheint diese Lesart aus mehreren Gründen revisionsbedürftig.

Zunächst führt das analytische Eintauchen in die Darrésche Rhetorik dazu, die normative Kraft des Faktischen zu übersehen, die sich im Reichsnährstand schließlich gegen die Theorie durchsetzte. Tatsächlich verschwanden die adelsfeindlichen Züge des Neuadelskonzepts im Bauch des nationalsozialistischen „Behemoth", als deutlich wurde, daß für die Vorbereitung und Führung

---

[210] Für die Verhältnisse im bayerischen Adel ungewöhnlich, waren aus der Familie v. Stetten bis 1933 mindestens neun Mitglieder der NSDAP beigetreten, darunter im September 1930 offensichtlich auch der Besitzer des Stammgutes Stetten: BAB (BDC) NSDAP-Ortskartei. Vgl. die Angaben bei ARETIN, Adel, S. 530.

[211] Rede REITZENSTEINS in Aystetten, 25.10.1931: DAAM, LAB, Bd. 2, Hft. ‚Protokolle'. Vgl. das Schreiben Reitzensteins an Öttingen-Spielberg: ebd., Bd. 1, Hft. ‚1930-1931'. Eine auf Aystetten lebende Frfr. v. Zandt, eine „verarmte" Vertraute der Kaiserin Hermine und ehemalige Oberhofmeisterin in Reuß, hatte die nationalsozialistischen Redner dort offenbar antichambriert: Schreiben Wilhelm FRHR. V. LEONRODS vom 27.7.1931, in: ebd.

des Weltkrieges kein unmittelbar herstellbarer Ersatz für die Leistungsfähigkeit der Großbetriebe zur Verfügung stand. Folgerichtig vollzog sich der Niedergang Darrés innerhalb der nationalsozialistischen Polykratie in den Jahren nach 1938.[212] Die im Reichserbhofgesetz vom Oktober 1933 festgeschriebene Höchstgrenze von 125 Hektar, die für die „Erbhöfe" gelten sollte, das Verbot zur Bindung von Waldgütern und die Auflage der eigenständigen Bewirtschaftung hielten als agrarromantische Vorstellungen den Erfordernissen totaler Kriegsführung nicht stand. In seiner meisterhaften Vivisektion des NS-Staates notierte Franz Neumann 1942 über Darrés Ideal der mittelgroßen Bauernhöfe, man könne „vom Nationalsozialismus kaum erwarten, daß er Effizienz einem Anachronismus opfert. Nur die Ideologie bleibt romantisch und steht damit wie üblich im Gegensatz zur Wirklichkeit."[213] Auf anderen Wegen als Neumann im fernen New York war auch der großgrundbesitzende Adel unterdessen zu dieser aus seiner Sicht beruhigenden Einsicht gelangt. Einen Eindruck von der Entwarnung, die sich selbst im Kreis der adligen Latifundienbesitzer verbreitet haben muß, vermittelt das Protokoll einer Unterredung, die Alexander Fürst v. Dohna-Schlobitten im Sommer 1938 mit Darré führte. Der Fürst hatte sich beim Reichsbauernführer nach der Möglichkeit erkundigt, seine ostpreußischen Großgrundbesitzungen als Erbhof eintragen zu lassen. Das Protokoll des Gespräches versandte Dohna in etwas voreiliger Freude an die zuständigen Behörden: Darré hatte die im Reichserbhofgesetz eingebauten Ausnahmeregelungen und Übergangslösungen[214] erwähnt, sich die Entscheidung über einzelne Anträge selbst vorbehalten und ausdrücklich formuliert, der NS-Staat sei daran interessiert, „den Grundbesitz alteingesessener Familien aus deutschem oder artverwandtem Blut in jeder Größe zu binden."[215] Noch glücklicher verlief der Antrag für Josias Erbprinz zu Waldeck-Pyrmont, SS-Führer und Parteigenosse seit 1929, der als Duzfreund Himmlers 1936 zum SS-Obergruppenführer aufstieg. Der Antrag des Erbprinzen, seinen Landbesitz von über 5.000 Hektar als Erbhof anerkennen zu lassen, wurde 1938 vom kurhessischen Landesbauernführer protegiert. Dieser hatte in seinem Gutachten die außerordentlichen Verdienste des Antragstellers um die „Bewegung" betont, den Prinzen als „bauernfähig und ehrbar" eingestuft und darauf verwiesen, daß seine Vorfahren ihren Besitz nie durch Bauernlegen vergrößert hatten. Allerdings verlangte man vom Prinzen ein gewisses Entgegenkommen: Einen kleineren Teil seiner verpachteten

---

212 CORNI/GIES, Brot, S. 228-248, 397-421.
213 Vgl. das Kapitel zur „Agrarführung" bei Franz NEUMANN, Behemoth. Struktur und Praxis des Nationalsozialismus 1933-1944, Frankfurt a. M. 1984 (zuerst 1942), zit. S. 457.
214 Vgl. v. a. §§ 3 und 5 im Reichserbhofgesetz vom 29.3.1933, abgedruckt in: CORNI/GIES, Blut und Boden, S. 104-109.
215 Gesprächsnotizen FÜRST DOHNAS vom 11.7.1938, in: BAB (BDC), PA: Alexander Fürst zu Dohna-Schlobitten, 1.12.1899. Darré, der betont hatte, etwaige Einsprüche niederer Parteistellen seien zu ignorieren, wies den Fürsten allerdings wegen der Veröffentlichung des Gesprächsprotokolls in schroffer Form zurecht (DARRÉ an Dohna und Himmler, 18.8.1938 und DOHNAS Entschuldigungsschreiben vom 21.8.1938, in: ebd.), vgl. DOHNA, S. 173-180.

11.3.) Neuadel aus Blut und Boden

Güter sollte er als „Landabgabe" zur „Neusiedlung" abtreten. Nachdem der SS-General darauf eingegangen war, wurden seine Güter, welche die gesetzlich fixierte Höchstgröße von 125 Hektar um das Vierzigfache übertrafen und v. a. aus Waldbesitz bestanden, noch im Dezember 1938 als Erbhof zugelassen.[216] Den NSDAP-Mitgliedern Otto Fürst v. Bismarck und Hermann Graf zu Dohna-Finckenstein war die Anerkennung ihrer Güter als Erbhof bereits Ende 1933 gelungen. Bismarck, ein Enkel des Reichskanzlers, hatte öffentlich verkündet, er werde „den Ehrennamen Bauer" mit Stolz tragen.[217] Vergleicht man diese Erfolge mit dem Mißerfolg des mehrfach erwähnten katholischen Fürsten Alois zu Löwenstein, wird deutlich, wie profitabel das Engagement in „Bewegung" und NS-Staat auch in dieser Beziehung für den landbesitzenden Adel sein konnte. Der Antrag des Fürsten, seine über 7.000 Hektar großen Besitzungen als Erbhof zuzulassen, wurde 1940 mit dem Hinweis auf seine starke „konfessionelle Bindung", seine Distanz zum „Deutschtum" und seine nicht gegebene „Bauernfähigkeit" abgelehnt. Zwar seien die Güter von kundigen Verwaltern mustergültig bewirtschaftet, dies jedoch nur, um die „standesgemäße" Lebensweise des Fürsten abzusichern.[218]

Selbst für die Zeit vor dem Vierjahresplan sind aus adelsgeschichtlicher Perspektive drei Aspekte bemerkenswert, welche die gängige Einstufung der Darréschen Politik als „adelsfeindlich" überdenken lassen. Erstens fallen die frappierenden Ähnlichkeiten auf, die Darrés „BLUBO"-Metaphorik[219] mit dem traditionellen Selbstverständnis des Adels zumindest äußerlich hatte. Tatsächlich gehörten die Begriffe „Blut" und „Boden" zum unverzichtbaren und innersten Kern der adligen Selbsterklärung. Welcher gesellschaftlichen Gruppe hätten Darrés Grundkategorien vertrauter vorkommen sollen als dem Adel, der seit über tausend Jahren behauptet hatte, der Träger spezifischer Eigenschaften zu sein, die über sein besonders hochwertiges „Blut" von Generation zu Generation weitergereicht wurden? Wer hätte sich für die hierarchisierte, großstadtfeindliche, schollengebundene und an militärische Ideale gekoppelte Lebensweise der Darréschen Vision stärker erwärmen sollen, als der Adel? Und schließlich: wer war prädestinierter als der Adel, um den semantischen Unterschied zwischen dem „blauem" Blut der traditionellen Adelsvorstellung und dem „reinen" Blut der Nordizisten zu übersehen, nach-

---

[216] Waldeck besaß eine hypothekenfreie Gesamtfläche von ca. 5044 Hektar, von denen er bei diesem Junktim zwischen 300 und 800 Hektar abgetreten zu haben scheint. Landesbauernführer Kurhessen 21.7.1938 an Darré; Verwaltungsrat der Landesbauernschaft Hessen-Nassau an Darré 10.9.1938, DARRÉ an Himmler 11.2.1939, in: BAB (BDC), PA: Josias Erbprinz zu Waldeck-Pyrmont, 13.5.1896.
[217] Völkischer Beobachter vom 25.11.1933 und 2.12.1933, in: AOBS, I, Bd. 26.
[218] Gestapoberichte vom 6.12.1940 und 7.1.1941, Urteil des Anerbengerichts vom 27.5.1940 und Einspruch Löwensteins vom 27.6.1940, in: BAB (BDC), PA: Alois Fürst zu Löwenstein, 15.9.1871.
[219] Verweis auf die Abkürzung der „Blut und Boden"-Metapher bei KLEMPERER, LTI, S. 306.

dem man die traditionellen Vorstellungen über das eigene „Blut" seit Jahrzehnten nah an die modernen Rassentheorien heranmanövriert hatte?

Zurecht ist in den neueren Analysen der Darréschen Metaphorik auf die Radikalisierung hingewiesen worden, die Darrés Auslegung der gängigen „Blut"-, „Rasse"- und „Zucht"-Metaphern darstellten. Was Rechtsintellektuelle wie Langbehn, Chamberlain, Spengler und der zum „Anthropologen" hochgelobte Philologe Günther[220] als diffuse Chiffren gebrauchten, wendete der diplomierte Pferdezüchter in konsequenten Biologismus.[221] Dies traf für die Betrachtung des historischen und die Vision des neuen Adels gleichermaßen zu. Der germanische Adel wurde als Ergebnis einer Leistungshochzucht nach Art der Pferdezucht präsentiert. Adel war bei Darré ein rassisches Destillat, das durch „Hochzüchtung" aus dem Bauerntum hervorgegangen und deshalb mit diesem direkt verbunden war. Adel erschien in dieser Sicht als „veredeltes Bauerntum", dessen im 13. Jahrhundert begonnene „Entnordung" im 19. Jahrhundert eine starke Beschleunigung erfahren hatte.[222]

Wie in den oben zitierten Erwägungen des Barons Münchhausen über das notwendige „Ersäufen" von „Dackelmöpsen" erkennbar, fand sich die biologistische Zuspitzung der Zuchtmetaphern nicht nur in den Pamphleten wildgewordener Pferdezüchter, sondern auch im alten Adel. Doch nicht nur der Schriftsteller Münchhausen und der ähnlich argumentierende Friedrich Wilhelm Prinz zur Lippe, zwei Vertreter der seltenen Adels-Intellektuellen, nahmen die Darréschen Phantasien mit offenen Armen auf. Denn Darrés Zukunftsvision stand der Lebenswelt selbstwirtschaftender Gutsbesitzer näher als den Schreibtischen der Rechtsintellektuellen. Schließlich war das Darrésche Konzept nicht in der Sprache akademischer Colloquien, sondern in der Sprache des Schweinestalls verfaßt. Gutsbesitzern, die mit Darré vergleichbare züchterische Kenntnisse besaßen, dürften die Darréschen Kategorien generell plausibler als großstädtischen Büromenschen erschienen sein. Ob dies auch auf die logischen Kurzschlüsse zutraf, in denen die Regeln der Pferdezucht auf „geradezu verblüffende" Weise die Regeln zur Züchtung einer „edlen Menschenrasse" ergaben, kann hier nicht entschieden werden.[223] Darrés Ratschläge über „Zuchtwahl", „Aufzucht", „Ernährung" sowie „Haltung und Pflege" wurden mitsamt den Erläuterungen, warum die Sorge des Züchters den „Stuten" stärker als den „Hengsten" galt, im Maßstab eins zu eins ins Politische übertragen.[224] Die Metapher der rechtsintellektuellen Schreibtisch-

---

[220] Zu Günther, der neuere Sprachen studiert hatte und als Dilettant über politische Hebel zum Professor für „Sozialanthropologie" gemacht wurde, s. die biographische Skizze von WEISENBURGER, „Rassepapst", hier v. a. S. 163-181.
[221] Vgl. hierzu die einleuchtende Differenzierung bei EIDENBENZ, „Blut und Boden", S. 206, mit aufschlußreichen Zitaten aus einem Briefwechsel zwischen Darré und Günther.
[222] DARRÉ, Das Bauerntum als Lebensquell der Nordischen Rasse, München 1929, S. 343, 371, 397, 466-472.
[223] DARRÉ, Neuadel, v. a. den Abschnitt: „Tierzüchterische Tatsachen als Erkenntnisquelle und Anleitung", S. 144ff., 175-180. Vgl. EIDENBENZ, „Blut und Boden", S. 67.
[224] DARRÉ, Bauerntum, S. 375-377.

11.3.) Neuadel aus Blut und Boden

Theoretiker wurde hier zur konkreten Handlungsanweisung des Pferdezüchters an den „Zuchtwart" – „Die Phrase [hat] Blut getrunken und lebt", wie es in einer Formulierung Ernst Blochs heißt.[225]

Ein zweiter Aspekt, der es nahelegt, Darrés Adelsfeindschaft neu zu deuten, findet sich in seiner Biographie. Ein Jahr nach dem Erscheinen seines Neuadel-Buches hatte sich Darré von seiner ersten Frau getrennt, um im August 1931 eine Adlige zu heiraten: Charlotte Freiin v. Vietinghoff-Scheel, seine Sekretärin im „Braunen Haus". Zur Welt des alten Adels hatte Darré somit eine denkbar persönliche und enge Verbindung.[226] Erst auf den zweiten Blick läßt sich erkennen, daß zwischen den Zuchtplänen des Neuadels-Architekten, der Frauen in vier unterschiedlich bewertete Zuchtklassen einteilte,[227] und seiner Ehe mit einer Frau aus dem Uradel durchaus kein unauflöslicher Widerspruch bestand. Hier lag der dritte und wichtigste Aspekt, der Darrés Konzept und den alten Adel zumindest teilkompatibel machte. Liest man Darrés Schriften aus der kleinadligen Perspektive, werden die Chancen deutlich, die sich dem depossedierten Kleinadel hier wie ein Wunderland darboten. Zwar richtete sich das Motto der im Adel wohlwollend betrachteten Artamanenbewegung[228] – „Wir brauchen einen neuen Adel!" –, das Darré 1930 in sein Buch übernahm, zweifellos gegen den real existierenden Adel. Eindeutig hatte Darré die eingangs gestellte Frage, ob Deutschland überhaupt noch einen Adel besitze, „mit einem schonungslosen Nein" beantwortet. Nach seinem völligen Versagen von 1918 sei vom deutschen Adel „weniger als nichts" übrig.[229]

Da diese Aussage jedoch den Ist-, nicht den Sollzustand beschrieb, bleibt festzuhalten, daß Darré – in alter völkischer Tradition – nicht etwa die generelle Abschaffung des Adels forderte, sondern „das Thema der Elite laut ausspr[ach]"[230] und in den Begriff „Adel" kleidete. Keine Frage: der traditionelle Adelsbegriff wurde von diesem Konzept vollständig außer Kraft gesetzt. Bei Befolgung der von Darré aufgestellten Zuchtkriterien bot das Neuadelskonzept einzelnen Adligen und ganzen Familienzweigen jedoch die Perspektive, aus den Positionen des unteren Mittelstandes wieder aufzusteigen und sich als fester Bestandteil des Neuen Adels zu etablieren. Sich dieses Ziel zueigen zu machen, setzte zwar einen radikalen Bruch mit zentralen Adelstraditionen voraus. Allerdings mußte dieser Bruch kaum tiefer sein als die tiefen

---

[225] Ernst BLOCH, Erbschaft dieser Zeit (1935), Frankfurt a. M. 1985, S. 64.
[226] Charlotte Freiin v. Vietinghoff-Scheel (*1900), Tochter eines Gutsbesitzers, hatte fünf adlig verheiratete Geschwister. Die Ehe wurde im August 1931 in Neustrelitz geschlossen (GHdA, FA, Bd. VIII, 1971, S. 366). Vgl. EIDENBENZ, Blut und Boden, S. 29.
[227] DARRÉ, Neuadel, S. 171.
[228] Dr. J. V. VOLKMANN, Artamanenbewegung, in: DAB, 18/1930, S. 250. Vgl. dazu die Korrespondenz zwischen Ludwig Pesl, Alfons Frhr. v. Redwitz, Karl Ludwig Guttenberg von 1929 in: AVBG, Ordner: „Bodenreform 1923-1932". Vgl. Michael H. KATER, Die Artamanen – Völkische Jugend in der Weimarer Republik, in: HZ 213 (1971), S. 577-638.
[229] DARRÉ, Neuadel, S. 11.
[230] Dazu insgesamt die Analyse von EIDENBENZ, „Blut und Boden", S. 69-84, zit. S. 80.

Scharten, die von der DAG seit Jahrzehnten in den adligen Traditionsbestand geschlagen worden waren. Darrés explizites Lob für die DAG[231] fügt sich logisch in diese Beobachtung. So ließ sich Darrés Kampfansage v. a. im Kleinadel als Angebot lesen: Denn den „rassisch reinen", militärisch geprägten Mischtypus aus Landwirt und Krieger, fähig und willens zur Kolonisation von neu erobertem Land „im Osten", hatte man hier tausendfach anzubieten. Im übrigen stellte die von Darré und Günther erträumte „Aufnordung" des deutschen Volkes[232] ein Konzept der generativen „Hochzüchtung" bereit, das generell auch für den alten Adel gelten mußte. Darrés Konzept enthielt eindeutige Spitzen gegen die adlige Minderheit der Latifundienbesitzer, war jedoch extrem „agnatenfreundlich" und eröffnete der kleinadligen Mehrheit ohne eigenen Grundbesitz neue Chancen. Für die Latifundien hatte Darré nicht Enteignung, sondern ihre „Neuordnung" gefordert, die als Zerlegung der Großgüter in verschiedene „Hegehöfe" gedacht war, die an verschiedene Mitglieder eines Geschlechts gehen sollten.[233] Aus der Perspektive der Fürsten und Grandseigneurs war Darré eine Bedrohung. Aus der Perspektive sozial havarierter Offiziere a. D. in Vertreterstellungen hingegen unterbreitete Darré ein überaus attraktives Angebot: die Perspektive, einen gebundenen, nach dem Minoratsprinzip vererbten „Hegehof" zu erwerben, Namen und Titel weiterführen zu können und durch die Ehe mit einer „rassisch hochwertigen" Frau zu jenen „Führer-Geschlechtern" zu gehören, die „dem Volk" auf Generationen hinaus bodenverbundene „Führer" liefern würde.

Im Adel leisteten v. a. Mitglieder der Frontkämpfergeneration, die bereits zur NSDAP gestoßen waren, wichtige Beiträge zur Anpassung an das Darrésche Programm. Hartwig v. Rheden-Rheden, Rittergutsbesitzer in Südhannover, formulierte kurz vor seinem Eintritt in die NSDAP: „Ich bin lieber zehnmal mit Bauern verwandt, als einmal verjudet!" Der adlige Gutsbesitzer würde durch die „Arbeit an der Scholle" geadelt und sei „Bauer".[234] Generell stieß der Darrésche Gedanke eines „rassereinen", bodengebundenen Leistungsadels v. a. in der jüngeren Generation in Nord und Süd auf Zustimmung. In einer „Jungadelstagung" in Heidelberg, auf der Franz Frhr. v. Stauffenberg 1931 den Bauernstand als den wichtigsten Damm gegen den Sozialismus stilisierte, trieben einige der jungen Debatter ihre Bauernliebe über die für den Adelsbegriff kritische Grenze hinaus: „Führertum ist kein Stand, Führertum ist Sache der Persönlichkeit, der Adelsbegriff ist nicht notwendig mit

---

[231] DARRÉ, Neuadel, S. 12, 14.
[232] Hans F. K. GÜNTHER, Der Nordische Gedanke unter den Deutschen, München ²1927 (zuerst 1925). Zur zentralen Vorstellung der „Aufnordung" im nordizistischen Teil der völkischen Rassentheorien vgl. Hans-Jürgen LUTZHÖFT, Der Nordische Gedanke in Deutschland 1920-1940, Stuttgart 1971 und ESSNER-CONTE, System, S. 25-42 und zum „kontagionistischen Theorem" als innerrassistischen Gegenpol ebd., S. 14-24.
[233] Vgl. die Ausführungen zur Größe der Hegehöfe in: DARRÉ, Neuadel, S. 92-99, v. a. 96.
[234] Hartwig v. RHEDEN-RHEDEN im Februar 1929, zit. n. Pyta, Dorfgemeinschaft, S. 342f. Rheden, Jahrgang 1885, kam als Alldeutscher und Stahlhelmer im April 1930 zur NSDAP.

11.3.) Neuadel aus Blut und Boden

Adel verbunden, adlig kann auch der einfache Bauer sein."[235] Vermutlich nicht ohne Entsetzen traten die beiden älteren Referenten dieser Auffassung entgegen und bestanden auf dem Führungsprivileg, das der historische Adel nach „jahrhundertelanger Blutsauslese" weiterhin fordern dürfe.[236]

Die SS und ihre Zukunftsplanungen für die Beutegebiete bildeten schließlich die Institution, in der die Vorstellungen des entmachteten Darré und der adlige Beitrag zum Dritten Reich in neuer Mischung zueinanderfanden. Die Vorstellung von „Zuchtwarten", die „rassebewußte, deutschblütige junge Adlige" bei ihrer Brautschau beraten und die „Reinblütigkeit" der zukünftigen Ehefrauen überprüfen sollten, wurde in der DAG-Führung nachweislich vor den Darréschen Schriften diskutiert. Im Zusammenhang mit dem EDDA-Projekt hatte Baron Houwald die Einrichtung einer Institution erwogen, die Verlobungsanzeigen kontrollieren und obligatorisch „rassische Prüfungen" anstellen sollte. Da dieses Verfahren Mitte der 1920er Jahre selbst Houwald noch unschicklich zu sein schien, plädierte der Baron unermüdlich an den „Jungadel", sich an die Buchungshauptstelle zu wenden, „bevor er sich in ernstgemeinte Beziehungen zu jungen Damen einläßt". Qualifiziert durch „besondere Fachkenntnisse" könne diese „vertrauliche Erkundigungen" einholen, die Betroffenen „rechtzeitig warnen" und somit den Verlobten und „spätere Generationen vor versteckter jüdischer Blutzufuhr schützen."[237] In der Auseinandersetzung mit Darré stellte das Adelsblatt wenig später einem alldeutschen Baron mehrere Seiten zur Verfügung, der von „Zuchtwarten" ausgesprochene Heiratsverbote als zeitgemäßes Adelsreformkonzept präsentierte. Die nach rassischen Kriterien urteilenden „Zuchtwarte" sollten im Auftrag neuformierter „Geschlechtsverbände" walten.[238] Von hier war der Weg bis zur direkten und expliziten Anlehnung an die SS nicht mehr weit. 1934 plante der DAG-Vorstand die Einsetzung von „Sippenwarten" in jeder DAG-Landesabteilung, die geplante Eheverbindungen ihrer Mitglieder nach rassischen Gesichtspunkten zu überprüfen und ggf. zu untersagen hatten.[239] Die EDDA und die SS-Ahnentafeln glichen einander, und ein EDDA-Eintrag erleichterte Adligen Eintritt, Aufstieg und Heiratserlaubnis in der SS.[240] Himmler hatte die SS

---

[235] Diskussionsbeitrag zu STAUFFENBERGs Vortrag „Adel und Scholle" auf der Jungadelstagung zu Heidelberg am 16./17.5.1931, die von den DAG-Landesabteilungen Baden und Württemberg organisiert wurde. In: WAAM, Nl. Lüninck, Nr. 815.
[236] LÜNINCK in seinem Referat „Adel und Staat", ähnlich auch der württembergische Stahlhelmführer Major v. Neufville, in: WAAM, Nl. Lüninck, Nr. 815.
[237] HOUWALD, Eisernes Buch Deutschen Adels Deutscher Art, in: Jahrbuch (Kalender), 1928, S. 13f.
[238] Leopold BARON V. VIETINGHOFF-SCHEEL, Neuadel, in: DAB 1930, S. 662.
[239] V. BOGEN: Der neue Weg der Deutschen Adelsgenossenschaft, undatierte Denkschrift, vermutlich Anfang 1934, DAAM, LAB, Bd. 6, Hft. ‚Adel u. NS'.
[240] Vgl. dazu die SS-Ahnentafeln des SS-Offiziers Hermann Graf zu Dohna-Finckenstein, für die Verheiratung seiner Tochter mit dem SS-Offizier Reinhold Graf v. Krockow, in: BAB (BDC), PA: Hermann Graf zu Dohna, 10.10.1894.

immer wieder explizit als „neuen Adel" bzw. „Ritterschaft" bezeichnet[241] und sich aus dem Arsenal der adligen Leitbegriffe und Herrschaftssymbole freimütig bedient. Der explizite Bezug auf die SS als Konkurrenz-Elite zum Adel, an deren Maßstäben man sich künftig zu messen hatte, taucht nach 1933 immer häufiger auf.[242]

Die Eliten-Kriterien der SS wurden als vorbildlich für den Adel bezeichnet. In Bayern forderte Kuno Graf v. Dürckheim den Adel 1935 auf, den „edlen Fehdehandschuh" der SS aufzunehmen und mit dieser in einen Wettstreit um die Zusammenstellung der künftigen Elite zu treten. „Wie bei einer Tierzucht" sollten die Ehefrauen „geprüft" werden, die „blutreinen" Männer hatten sich in „harten" Berufen zu bewähren.[243] Stolz ließ die DAG-Leitung anerkennende Worte zitieren, die Himmler auf dem Adelstag in Magdeburg gesprochen hatte. Seiner Begehrlichkeit auf das gute „Blut" des alten Adels hatte der SS-Führer immer wieder Ausdruck verliehen.[244] Mit dem Hinweis auf die SS, die zwar eine Führungsschicht bilden konnte, als reiner Männerbund fortpflanzungstechnisch jedoch an gewisse Grenzen stieß, sah die DAG 1938 die Aufgabe des Adels darin, „in Gemeinschaft mit den erbgesunden wertvollen nicht adligen Familien den Born zu bilden, aus dem Staat und Partei ihre besten Kräfte schöpfen."[245] Der Anschluß an das adelsfeindlichste Konzept, das der Nationalsozialismus hervorgebracht hatte, war vollendet.

---

[241] WEGNER, Hitlers politische Soldaten, S. 38-56, zit. S. 55.
[242] Kuno GRAF V. DÜRCKHEIM, Nationalsozialismus und Adel (Denkschrift, Herbst 1935): DAAM, LAB, Bd. 2, Hft. ‚35/36'. Dürckheim (1875-1956), verheiratet mit einer Gräfin v. Hohenthal, war Landwirt, Major a.D und Ehrenritter der Johanniter (GHdA, G, 1981, S. 133). Vgl. den Artikel „Zweierlei Adel", in: Das Schwarze Korps, 13.5.1935.
[243] DÜRCKHEIM, Nationalsozialismus und Adel (Herbst 1935), in: DAAM, LAB, Bd. 2, Hft. ‚35/36'.
[244] Vgl. HIMMLERs Rede vor SS-Gruppenführern am 18.2.1937, in: Bradley F. Smith/A.E.Peterson (Hg.), Heinrich Himmler. Geheimreden 1933 bis 1945, Frankfurt a. M. 1974, S. 61. Zu Himmlers Kontakten zum Adel vgl. Klaus DROBISCH, Der Freundeskreis Himmlers, in: ZfG 7 (1969), S. 304-328.
[245] Warum ist der Zusammenschluss des reinblütigen deutschen Adels notwendig? (DAG-Rundschreiben vom 20.5.1938) in: MLHA, GHK III, Nr. 2647.

11.4.) „Herrentum" versus „Volksgemeinschaft"

> „Wir wollen gern mitarbeiten im Dritten Reich, ich wenigstens bin dazu rückhaltlos bereit, aber meinen Glauben, meinen Stand und die geschichtliche Wahrheit lasse ich mir nicht anpöbeln. Wer soll das den maßgebenden Persönlichkeiten vortragen, wenn wir Edelleute es nicht tun?"
> – Franz Graf v. Galen, März 1934[246]

Auf den ersten Blick paßte das Führer-Gefolgschafts-Ideal der NS-Bewegung wie angegossen in die Denkwelten des Adels. Wie ausgeführt, bildete die gemeinsame Affinität zu diesem Ideal eine kommunikative Brücke, über die mehr als nur gedankliche Annäherungen hergestellt wurden. Für die Aura, die vom charismatischen Führertum der NS-Bewegung ausging, war der Adel mehr als empfänglich: das äußere Erscheinungsbild der nationalsozialistischen Führer-Gefolgschafts-Maschinerie war wie geschaffen, um auf Adlige der Frontgeneration anziehend zu wirken. Zur Integration der für die „Bewegung" gewonnenen „Führer" aus dem Adel war die innere Mechanik dieser Maschine hingegen denkbar ungeeignet. Die Integration dieser Adligen war nur dann möglich, wenn die in der NS-Bewegung formierte „Gefolgschaft" die Bereitschaft mitbrachte, das adlige Credo der geborenen bzw. „natürlichen" Führerschaft zu akzeptieren. Eben dies war jedoch keineswegs der Fall.

Das Mosaik, das sich aus den dokumentierten Kleinkonflikten zwischen Nationalsozialisten aus den sozialen Unterschichten und bessergestellten Adligen zusammensetzen läßt, scheint die umstrittene Betonung der „revolutionären" Züge des Nationalsozialismus[247] tendenziell zu stützen. „Der Volksgenosse verbietet die Wiederkehr des Untertanen" – in den Veränderungen, die sich im Umgang zwischen mittelständischen Parteigenossen und adligen „Herren" beobachten lassen, findet man Ralf Dahrendorfs Satz[248] überall bestätigt. An zahllosen Stellen traten nationalsozialistische Volksgenossen den „Herren" von gestern mit erheblich gesteigertem Selbstbewußtsein entgegen. Im Horst-Wessel-Lied der mittelständisch-proletarischen SA marschierten die „von Rotfront und Reaktion" erschossenen Kameraden „im Geiste mit". Die Kameraden, die nicht im Geiste, sondern auf den Straßen marschierten, prügelten und schossen, richteten ihre Gewaltorgien gegen das, was sie als „Rotfront"

---

[246] Franz GRAF V. GALEN an Ferdinand Frhr. v. Lüninck, 103.1934, in: WAAM, Nachlaß Galen, Nr. 39.
[247] Vgl. dazu Ralf DAHRENDORF, Gesellschaft und Demokratie in Deutschland, München 1965, S. 431-448; David SCHOENBAUM, Die braune Revolution. Eine Sozialgeschichte des Dritten Reiches, München 1980, S. 289-351; Rainer ZITELMANN, Hitler. Selbstverständnis eines Revolutionärs, Stuttgart ²1989; Michael PRINZ, Die soziale Funktion moderner Elemente in der Gesellschaftspolitik des Nationalsozialismus, in: DERS./Rainer ZITELMANN (Hg.), Nationalsozialismus und Modernisierung, Darmstadt ²1994, S. 297-327. Zur Kritik an diesem Konzept vgl. Hans MOMMSEN, Nationalsozialismus als vorgetäuschte Modernisierung, in: Ders. (Hg.), Nationalsozialismus, S. 405-427 und Norbert FREI, Wie modern war der Nationalsozialismus?, in: GG 19 (1993), S. 367-387.
[248] DAHRENDORF, Gesellschaft, S. 448.

wahrnahmen,[249] ihr Ressentiment jedoch auch gegen die „Reaktion", die in der Wahrnehmung der SA-Männer nicht zuletzt vom Adel repräsentiert wurde. Mit Blick auf den adligen Herrschaftshabitus, der sich entlang der Führer-Idee modernisiert, nicht aber aufgelöst hatte, kann diese Wahrnehmung nicht erstaunen. Ressentiment und Mißtrauen gegen den Adel sind jedoch nur eine Seite des hier zu beschreibenden Konfliktes. Die komplementäre Gegenseite lieferte der adlige Herrschaftshabitus. In der alten Adelsgeneration hatte Hindenburg mit seinem berühmten Wort über den „böhmischen Gefreiten" der Attitüde des „Herrentums" ein sprachliches Denkmal gesetzt.[250] Das prominenteste Pendant in der jungen Generation findet sich in Claus Graf v. Stauffenbergs kurz vor dem Attentat redigierten „Schwur", in dem der Graf die „Gleichheitslüge" verwarf und sich vor den „naturgegebenen Rängen" verneigte.[251] Beide Seiten dieses Konfliktes sind im folgenden näher zu betrachten.

Einmal mehr fördert der Blick in die nach 1945 erschienenen Adels-Autobiographien ein erstaunlich homogenes Muster adliger Selbstdarstellung zutage; und einmal mehr sind es v. a. anekdotisch tradierte Momentaufnahmen, mit denen adlige Autoren die (angebliche) Geschichte des Adels im NS-Staat erzählen. Diese Geschichte liest sich so: Auf einem breiten Sessel thronend bläst Ewald v. Kleist-Schmenzin dem ungelenk deklamierenden Nichtraucher Hitler Zigarrenrauch ins Gesicht, ohne sich von den ausgebreiteten Eroberungsplänen beeindrucken zu lassen. Hitler sitzt dabei auf einem niedrigen Holzschemel. Im Reichstag packt Elard v. Oldenburg-Januschau Joseph Goebbels am Genick und drückt ihn wie einen vorlauten Schulbuben auf seine Bank zurück. Ein preußischer Gutsbesitzer verweigert die zeitgemäße Beflaggung seines Besitzes unter Androhung von Waffengewalt, ein Standesgenosse läßt die Hakenkreuzfahne nach mehrfacher Aufforderung an der Spitze einer hohen Tanne befestigen, die in der Mitte des Schweinestalls aufgestellt wird. Oldenburgs Ehefrau, eine geborene Gräfin v. Kanitz, begrüßt den sammelnden SA-Mann im Gutshaus mit dem Satz „Jungchen, ziehen Sie sich erst mal die Stiefel aus". Seines martialischen Schuhwerkes beraubt, muß der folgsame junge Mann hinnehmen, wie der Herr des Oikos das pathetische Flugblatt verhöhnt, das ihm soeben übergeben wurde. Die Passage „Wir sind für das neue Reich gestorben!" kommentiert Oldenburg mit der Bemerkung: „Noch aber lebst Du!" und steckt dem auf Socken stehenden SA-Mann 10 Mark zu.

---

[249] Zu Ausmaß, Angriffszielen und Ausdrucksformen der faschistischen Kampfbünde s. REICHARDT, Kampfbünde, S. 61-137, 431-450 und LONGERICH, Bataillone, S. 93-109.

[250] Hindenburgs vielzitierte Bemerkung fiel am 10.8.1932 in einer Besprechung mit Franz v. Papen. Es sei „starkes Stück" von ihm zu erwarten, den „böhmischen Gefreiten" zum Reichskanzler zu machen. Zit. n. WINKLER, Weimar, S. 509.

[251] Die „Führenden", die der „Schwur" erhoffte, sollten allerdings aus allen Schichten des Volkes hervorgehen. Faksimile des Textes, der Anfang Juli 1944 von Claus Schenk Graf von Stauffenberg, seinem Bruder Berthold und Rudolf Fahrner redigiert wurde, in: HOFFMANN, Stauffenberg, S. 396f. Zum Hintergrund s. ebd, S. 463-472.

11.4.) „Herrentum" versus „Volksgemeinschaft"

Hitler selbst erscheint in den Erinnerungen durchgängig als Kleinbürger von jämmerlicher Gestalt. Zu lesen ist hier von Hitlers „Verbrechergesicht", seiner aufdringlichen Frisur und der „kellnerhaften" Erscheinung eines Mannes, der auch in seinen schlechtsitzenden Anzügen stets wie ein „Kerl" und nie wie ein „Herr" wirkt – in auffälliger Häufung sind es Stilfragen und Äußerlichkeiten, an denen die natürliche Resistenz adligen Herrentums gegen den indiskutablen Stil des „widerlichen" und „aufgeschwemmten Proleten" deutlich werden soll. Die Distanz des Adels zum gemüsesuppeschlürfenden Parteiführer und seinen „Satrapen", so die Botschaft, war unüberwindbar. Schilderungen von kleinen symbolischen Siegen, in denen adlige Herrenmenschen nationalsozialistische Kleinbürger zurechtweisen, drängen sich auf den Seiten der nach 1945 publizierten Adelsautobiographien. Die Geschichte vom kollektiven Pistolenschießen auf Hitlers Konterfei war nach 1945 in der sich fortlaufend selbst zitierenden „Erzählgemeinschaft" des Adels so beliebt, daß man sich auf Ort und Schützen nicht mehr einigen konnte.[252]

Nun sind auch die bescheidensten hermeneutischen Fähigkeiten ausreichend, um das nach 1945 von Adligen und willfährigen Historikern produzierte Anekdotenset anders zu lesen, als vom Hersteller vorgesehen. Es ist durchaus möglich, daß viele der hier tradierten Kraftworte tatsächlich so gefallen sind. Zwar wurde Hitler – in scharfem Gegensatz zu den autobiographischen Wunschbildern nach 1945 – im Adel zumeist positiv bewertet; die Einschätzung jedoch, er sei kaum mehr als „ein sehr guter Trommler", dem „das Zeug zum großen Führer" fehle, findet sich auch in den zeitgenössischen Einschätzungen überall. Magnus v. Levetzows 1923 an Ludendorff gesandte Formulierung hielt sich im Adel hartnäckig: „ihm fehlt der Kommandant".[253]

Was in den autobiographischen Schilderungen sichtbar wird, ist nicht die kollektive Resistenz des Adels gegen den „rechten Pöbel", sondern die gleiche

---

[252] Der Begriff „Erzählgemeinschaft" über die stark selbstreferentiellen Adelsautoren stammt von LEHMANN, Grafenerzählungen, S. 65. Als kleine Auswahl aus der verblüffend homogenen Selbstdeutung vgl. GÖRLITZ, Junker, S. 383 („Sessel/Zigarrenrauch"), die gleiche Anekdote bei SCHEURIG, Kleist, S. 95 und LEHNDORFF, S. 177, 252, hier auch: „Goebbels/Oldenburg/Stiefel"; GUTTENBERG, S. 79, 134, 207; PAPEN, 195 („kleinbürgerlich"); PUTLITZ, S. 102, 106, 114, 116, 196f.; REIBNITZ (1933), 21, 26, 32 („Kleinbürger/Kellner/Anstreicher"); SACHSEN, S. 162, 208, 213f., 235 („braune Masse"); SCHLABRENDORFF, S. 124, 169f. („Herrentum"); TSCHIRSCHKY, S. 72f. („Verbrechersicht"), 112f., 142, 227; GERSDORFF, S. 51, 66 („aufgeschwemmt/Gemüsesuppe/Kerl"); WILMOWSKY, S. 149; ARNIM, S. 193; SCHULENBURG, S. 134; MALTZAN, S. 81 („spießig"); DÖNHOFF (1994), S. 48, BRAUN, S. 213 („geborene Herrscherpersönlichkeiten"); RHEINBABEN, S. 210 (über Göring); LÖWENSTEIN, S. 115; DISSOW, S. 199. Zur Verweigerung der Hakenkreuzfahne s. CARSTEN, Geschichte, S. 9 (als Beleg dienen hier – wie bei auffällig vielen solcher Schilderungen – die Memoiren Fabian v. Schlabrendorffs). Zur Anekdote mit dem Zielschießen auf ein Hitlerporträt vgl. die unterschiedlichen Schützen, Orte und Zeitpunkte bei MALTZAN, S. 108; GERSDORFF, S. 62 und DÖNHOFF (1994), S. 72.

[253] Kommandant/Zeug zum Führer: Levetzow an Ludendorff (29.7.1923) und Guidotto Fürst v. Donnersmarck (11.5.1930), in: GRANIER, Levetzow, S. 242, 269; „Trommler": Dietlof Graf v. Arnim an Wilhelm II. (11.10.1931) und Hindenburg (2.3.1932), in: GOSSWEILER/SCHLICHT, Junker, S. 659-661.

Herrenattitüde, mit der adlige Adelsautobiographen zwischen 1918 und 1945 über den „linken Pöbel" schreiben. Doch genau aus diesem Grund wäre es falsch, die hier skizzierte Selbstdarstellung geschlossen als ein post festum produziertes Lügengebäude verwerfen zu wollen. Auch hier beziehen sich die grotesk verzerrten Darstellungen auf einen realen Kern: tatsächlich waren die mentalen Barrieren vor der Einschmelzung in die Volksgemeinschaft im Adel, der auf eine Tradition von 1000 Jahren Herrschaft zurückblickte, höher als anderenorts. Ähnliches galt für die freiwillige Unterwerfung unter kleinbürgerliche Parteiführer. Die Stabilität des adligen Herrschaftshabitus und das spürbar gesteigerte Selbstbewußtsein der Beherrschten beim Auftritt gegen die „Reaktionäre" lassen sich als zwei aufeinander bezogene Elemente beschreiben, die den Adel zum permanenten Störfall im Gehäuse der Volksgemeinschaft machten.

Strukturell war der Konflikt zwischen adligem Herrentum und der Ideologie der Volksgemeinschaft nicht mehr als die Zuspitzung eines Musters, das bereits voll entwickelt war, als sich die NS-Bewegung nach 1928 anschickte, „das Land" zu erobern. In meist milderen Formen hatte sich dieser Konflikt seit 1919 überall in den Landbünden und Wehrverbänden entwickelt. 1926 hatte der Vorsitzende des brandenburgischen Landbundes lakonisch bemerkt, „daß der Mittlere und Kleine nun einmal durch den langen Krieg und auch durch die Erscheinungen der Revolution wachgerüttelt ist. Er verlangt heute eine andere Art der Behandlung, als er es vor dem Kriege vielfach gewohnt war."[254] Die sukzessive Auflösung der patriarchalen Herrschaftsformen hatte auch auf dem Land zur Veränderung der Regeln geführt, nach denen die „Geführten" ihre „Führer" anerkannten. Wie sich dieser Konflikt im Adel auswirkte, zeigt ein aufschlußreicher Fall, in dem brandenburgische Adlige Anfang 1927 um den adäquaten Führungsstil im Stahlhelm stritten.[255] Der Konflikt, in dem der Gutsbesitzer Bodo v. d. Marwitz vorübergehend aus dem Stahlhelm ausgeschlossen wurde, nachdem er seinen „Dienst" in Form eines Übungsmarsches versäumt hatte, läßt das Dilemma erkennen, in das wenig später ein Großteil der Adligen in der NS-Bewegung geriet. Die uralte Gewohnheit, als geborener „Herr" im engeren Umkreis des eigenen Gutes die Spielregeln zu bestimmen, ließ sich nicht in die neue Zeit hinüberretten und der traditionelle „Herr" sich nicht automatisch in den zeitgemäßen „Führer" verwandeln. Unter Berufung auf ältere Herrschaftstraditionen hatte sich Marwitz geweigert, sich den Kameradschaftsregeln des soldatisch geprägten Männerbundes zu unterwerfen. Im Schreiben seines ehemaligen Regimentskameraden Harald v. Brünneck hieß es: „Sie haben durch Ihr Fernbleiben in

---

[254] Stellungnahme Jean Nicolas' vom 19.5.1926, zit. n. MERKENICH, Front, S. 148.
[255] Der nachfolgend skizzierte Konflikt ist in der Literatur mehrfach analysiert worden. Am ausführlichsten in der präzisen Rekonstruktion von POMP, Landadel, S. 199-204, vorher und mit großer analytischer Schärfe bei PYTA, Dorfgemeinschaft, S. 344-347, danach bei MERKENICH, Front, S. 146f.

11.4.) „Herrentum" versus „Volksgemeinschaft"

den Stahlhelmkameraden den Gedanken aufkommen lassen, dass sie Ihnen nicht gut genug seien. Sie haben in Dogelin am Himmelfahrtstage – wie ich selbst gesehen habe – im schwarzen Rock und Zylinder für sich gestanden, anstatt in Reih und Glied mit Ihren Kameraden zu stehen und dort den Marsch nach Rathenow mitzumachen."[256] Ein bürgerlicher Ortsgruppenführer des Stahlhelms, Stabsarzt a. D., hatte an Marwitz geschrieben: „Die Stahlhelmkameraden folgern [aus Ihrer Abwesenheit], dass Sie sich für zu gut halten, in Reih und Glied mit ihnen zu stehen." Marwitz' Hinweis auf höhere Geldbeträge, die er dem Stahlhelm zur Verfügung gestellt hatte, erwies sich als Bumerang. Der Ortsgruppenführer konnte „die Bemerkung nicht unterdrücken, dass falsches kameradschaftliches Verhalten durch Geld nicht aufgewogen wird."[257] Marwitz verweigerte sich dem populistischen Führerbild, das einige seiner Gutsnachbarn nunmehr kultivierten. Der Populismus eines Stahlhelmführers wie Elhard v. Morozowicz, der „von jedem seiner Stahlhelmer nur ‚unser Moro' genannt" wurde,[258] blieb ihm fremd und erst recht wäre es ihm undenkbar gewesen, die Anrede „Kamerad" zu akzeptieren, mit der die SA-Männer außer Dienst ihre Führer ansprachen.[259] Die Zurechtweisung per Rundschreiben eines bürgerlichen Mediziners wertete Marwitz als unerhörte Formverletzung, die „selbst für den Fall, dass ich nicht Herr von der Marwitz wäre" unverzeihlich sei. Die halböffentliche Kritik an seiner Person schien ihm ebenso inakzeptabel wie der Zwangscharakter der Übungsmärsche. „Bitte bedenken Sie die praktische Wirkung, dass in einem kleinen Nest wie Seelow mir in alle Öffentlichkeit quasi die Ehre abgesprochen wird. Es sind in den Reihen der Stahlhelmleute Beamte von mir, mein Lehrer, womöglich Arbeiter. Zu was führt das?" Unter mehrfacher Betonung seines berühmten Namens machte Marwitz deutlich, daß es in der verhandelten Stilfrage um die politische Zukunft des Adels ging. Sein Appell zur Aufrechterhaltung adliger Distinktion gegenüber den „Radikalinskis" war nicht ohne politische Weitsicht. Marwitz bestand darauf, daß „der einfache Mann [...] dem militärischen Führer von einst und [...] führenden Mann von heute, der wir als grösste Besitzer sind und bleiben wollen [...] immer eine besondere Achtung" erweisen müsse. „Töten Sie nicht die letzten Vorbedingungen für die Führerschaft unseres Standes."[260] Marwitz hatte hier richtig gesehen: In den rechten Massenver-

---

[256] Harald V. BRÜNNECK an Bodo v. d. Marwitz, 4.1.1927, in: BLHA, Rep. 37 Friedersdorf, Bd. 339, Fol. 66.
[257] Stahlhelm-Ortsgruppenführer Dr. med. FELDHAHN an Bodo v. d. Marwitz, 29.12.1926, in: BLHA, Rep. 37 Friedersdorf, Bd. 339, Fol. 64.
[258] HADELN, S. 291f. Morozowicz, Jahrgang 1893, starb im Februar 1934 bei einem Autounfall. Zu diesem Zeitpunkt war er Staatsrat und SA-Gruppenführer: BLHA, Rep. 37 Friedersdorf, Nr. 433, Fol. 200.
[259] REICHARDT, Kampfbünde, S. 416. „Im Dienst" hingegen wurden die SA-Führer gesiezt und mit dem Dienstgrad angesprochen. Diese Zweigleisigkeit verlieh ihrer Mittelposition zwischen Autorität und Parität Ausdruck. Vgl. dazu ebd., S. 407-431.
[260] Bodo V. D. MARWITZ, „Notizen für meine Ausführungen vor dem Siebener-Ausschuss des Grossgrundbesitzes am 6. Januar 1927" (Redemanuskript), in: BLHA, Rep. 37 Friedersdorf, Bd. 339, Fol. 53-59.

bänden mußte das Ideal des „kameradschaftlichen", soziale Unterschiede negierenden Männerbundes auf die Ansprüche des „geborenen Herrentums" langfristig wie Säure wirken. Im hier geschilderten Fall waren Solidarität und Einfluß der adligen Großgrundbesitzer noch groß genug, um die beiden adligen Frondeure, die sich scharf gegen den Erhalt adliger Sonderpositionen ausgesprochen hatten, durch Ausschluß und gesellschaftlichen Boykott in die Schranken zu weisen. Konsequenterweise suchten und fanden Harald v. Brünneck-Trebnitz und sein Gesinnungsgenosse Udo v. Alvensleben-Arensdorf ihre Führungsaufgaben bereits 1929/30 in SA und NSDAP.[261] In diesem Fall wurde der Konflikt noch in verschlossenen Herrenzimmern adliger Gutshäuser geregelt. Wenig später ließen sich die nunmehr von außen kommenden Angriffe auf die Herrenattitüde des Adels nicht mehr nach dem Reglement der *omertà* unter Ehrenmännern abwehren.

Die Zuspitzung des Streits um den angemessenen Platz des Adels in der Volksgemeinschaft war unvermeidlich, obwohl es auf beiden Seiten Annäherungsversuche gab. An Aufforderungen an den Adel, sich der Bewegung anzuschließen und – „die Fahnen hoch, die Reihen fest geschlossen" – als Kamerad unter Kameraden „mit ruhig festem Schritt" voranzumarschieren, hat es nicht gefehlt. Der Mythos der Schützengrabengemeinschaft lieferte die Form, in der dieses Angebot vom adelsfreundlichen Teil der NS-Bewegung formuliert wurde. An der Front, schrieb eine NS-Zeitung 1932, war allein wichtig, ob jemand ein „Kerl" oder ein „Blindgänger" war, nicht aber, „wie er hieß, ob Mayer oder Hintertupfer oder Graf Sowieso. [...] Der Baron, der *Edelmann* war, achtete den Metallarbeiter und hatte es nicht nötig, sich ‚über ihn' zu erheben und der Metallarbeiter, der *Edelmann* war, respektierte den Baron und hatte es nicht nötig, ihn anzuhassen."[262] Hitler selbst hatte 1926 auf der Bamberger Führertagung, die den antikapitalistischen Parteiflügel in die Schranken wies, für seine Ablehnung der Fürstenenteignung ein berühmtes Kaiserwort variiert und die Fürsten zu Volksgenossen gemacht: „Für uns gibt es heute keine Fürsten, sondern nur Deutsche."[263]

Seit etwa 1930 verstärkten sich im Adel die Versuche, diesem Angebot entgegenzukommen. Adlige Anbiederungen an die NS-Bewegung bemühten sich stets um ostentative Distanzierung von älteren Privilegien. Die völkische Publizistin Edith Gräfin v. Salburg, eine mehrfach geschiedene Adlige ohne finanzielles Polster, kritisierte 1931 eine phlegmatisch in ihrem „Riesenschloß" sitzende Prinzessin als den zu überwindenden Typus: „Sie hat kein Einkommen, keinerlei Rechte, viele Wünsche an das Leben, aber gar keine Ziele. [...] Man fühlt, sie verläßt sich fest darauf, daß schließlich doch immer

---

[261] Zu Brünneck (Jg. 1880) und Alvensleben (Jg. 1895) s. POMP, Landadel, S. 191, 205; PYTA, Dorfgemeinschaft, S. 344f. Alvensleben wurde SA-Oberführer und Landrat in Pommern (GGT, A 1941, S. 22).
[262] Fränkischer Kurier, 10.9.1932. Hervorhebungen im Original.
[263] Rede in Bamberg am 14.2.1926, zit. n. KERSHAW, Hitler 1889-1936, S. 354.

11.4.) „Herrentum" versus „Volksgemeinschaft"

das Nötigste für sie da sein wird. Ach kleine Prinzessin, das Nötigste ist für niemanden mehr unbedingt da. Man muß es gebieterisch anfordern durch Leistungen."²⁶⁴
Die symbolische Spitzenleistung unter den adligen Versuchen, die nationalsozialistischen Offerten innerhalb der Volksgemeinschaft aufzugreifen, erbrachte der vierte Sohn des Kaisers, August Wilhelm v. Preußen, der im April 1930 – also deutlich vor dem Wahlerfolg der NSDAP im September – Parteigenosse wurde und fortan unter dem populistischen Kürzel „Prinz Auwi" als Massenredner in Zirkuszelten und Bierhallen wirkte. Einen spektakulären Zwischenfall in Königsberg, bei dem der Kaisersohn in SA-Uniform in ein Handgemenge geriet und diverse Stockschläge der republikanischen Polizei einstecken mußte, flocht der Prinz sechs Tage später in eine seiner Reden ein. Er beschrieb, wie ihn „unsere verwundeten S.A.-Jungens aus unserem Lazarett" anriefen. Als er eintrat, hätten diese auf ein leeres Bett gezeigt und gerufen „Das haben wir für Sie reserviert, es wäre so fein, wenn Sie mang uns liegen würden." Voll Stolz stampfte der Prinz, der freilich nicht im SA-Wohnheim, sondern in der Potsdamer Villa Liegnitz wohnte, alle sozialen Barrieren zumindest rhetorisch ein: „Sehen Sie, diese Jungens [...] fühlen ganz deutlich, was uns unlöslich verbindet, ob Arbeiter oder Prinz, danach fragen sie nicht. Wir sind ja eine große Opfer-Gemeinschaft und Jeder hilft dem Anderen, so gut es geht."²⁶⁵ Etwas später hieß es in einer vor ca. 10.000 Zuhörern gehaltenen Rede in München: „Mein Oberstentitel ist eine schöne Erinnerung, aber kein Lebensberuf. Arbeiter der Stirne dieser Bewegung zu sein, das ist mein Beruf."²⁶⁶

Die zeitgenössischen Überlieferungen zeigen jedoch eindeutig, daß die Rede des Prinzen ein Propagandabild wiedergab, das mit den realen Erfahrungen des Adels in der NS-Bewegung wenig gemein hatte. Für die Rekonstruktion der praktischen Auswirkungen der explizit adelsfeindlichen Tendenzen des Nationalsozialismus werden im folgenden drei verschiedene Kategorien unterschieden: Kritik an adligen „Reaktionären", die den NS-Organisationen fernblieben (I.), Kritik an Adligen, denen man vorwarf, ihre formale Mitgliedschaft habe keine innere Entsprechung (II.) und schließlich die Kritik, die selbst an Adligen geübt wurde, die sich lange vor 1933 in Partei, SA und SS aktiv als Führer betätigt hatten (III.). Die Konfliktmuster waren vor und nach 1933 die gleichen, allerdings läßt sich nach 1933 eine Verschärfung feststellen, die sich aus dem Stellengerangel zwischen kleinbürgerlichen „alten Kämpfern" und adligen „Märzgefallenen" erklären läßt.

---

264 SALBURG, S. 222f.
265 Rede am 26.3.1931 in Gotha, zit. n. PREUßEN, Hohenzollern, S. 265. Die Prügelszene hatte sich am 20.3.1931 in Königsberg abgespielt. Sie hatte neben der Presse auch den Preußischen Landtag beschäftigt.
266 Rede am 1.3.1931 im Zirkus Krone in München, zit. n. PREUßEN, Hohenzollern, S. 274.

I.) Mißtrauen und Ressentiment traf zunächst Adlige, die weder der Partei, noch einer sonstigen NS-Formation angehörten. Über einen Grafen Finck v. Finckenstein hieß es 1941 in einem SD-Bericht, sein Vater sei „einer der aktivsten Reaktionäre im Kreise" gewesen. Finckenstein war als Forstassessor aus dem Staatsdienst entlassen worden, nachdem er einen SA-Mann beleidigt hatte. Wenn er und seine Brüder überall „anecken", so der SD-Bericht, sei dies „nicht zuletzt auf ihre [...] arrogante Erziehung im Elternhaus zurückzuführen."[267] Einem Mitglied der oberbayerischen Familie Aretin, die sich dem Nationalsozialismus offenbar en bloc verschlossen hatte, warf ein denunziatorischer Bericht noch im Januar 1945 „sein arrogantes Wesen" vor. Der Baron kenne den Gruß „Heil Hitler" offenbar nicht und grüße „ostentativ nur durch Hutabnehmen mit ‚Grüß Gott'".[268]

Züge solchen Eigensinns führten im katholischen Adel zwar nur in seltenen Ausnahmefällen zu aktivem Widerstand, häufig jedoch zu Reibereien mit dem Totalitätsanspruch der neuen Machthaber. Eine Gräfin aus der katholischen Familie v. Schönburg-Glauchau wurde 1944 im Schwarzen Korps angeprangert, aufgrund der „internationalen Versippung" ihrer Familie „noch keinen Funken der neuen Zeit verspürt" zu haben. Anlaß war die schriftliche Aufforderung der Gräfin an einen Forstwart, Schreiben an den „regierenden Grafen" nicht mit „Heil Hitler", sondern weiterhin mit der althergebrachten Schlußformel – „In tiefster Verehrung und Ehrerbietung Euer Erlaucht gehorsamster" – zu beenden.[269] Ähnlich lesen sich die Invektiven, die 1938 im *SA-Mann* gegen einen Baron v. Waldenfels vorgebracht wurden. Diesem warf man vor, er gehöre zu den „Unentwegten", die „es auch heute noch für ein Vorrecht des Adels halten, Seitensprünge jeglicher Art zu tun [...] es justament anders zu machen, als die Volksgemeinschaft es will". Es sei an der Zeit, ihm die „besondere Arroganz und Frechheit, die sich sagt: mir kann doch keener!" auszutreiben und „diesen edlen Herrn einmal grundsätzlich [...] zur nationalsozialistischen Weltanschauung" zu erziehen.[270] Die Gegendarstellung des Barons wurde von der bayerischen DAG-Abteilung protegiert. „Wieder zeigt sich", schrieb Karl Frhr. Aretin nach Berlin, „dass nicht die großen, tragenden Ideen einer Revolution, sondern die erbärmlichen Menschlichkeiten der Zeitgenossen blutgierig die Zähne fletschen".[271]

Aus dem Darréschen „Apparat" und von einzelnen Gauleitern sind scharfe Ausfälle gegen den Großgrundbesitz im allgemeinen und adlige Großgrund-

---

[267] SD Bericht aus Stettin an Reichsschrifttumskammer, undatierter Lebenslauf und Fragebogen, 1940/1941, in: BAB (BDC), PA: Konrad Graf Finck v. Finckenstein, 23.2.1910.
[268] Bericht des NSDAP-Kreisleiters vom 6.1.1945 über Karl Adam Frhr. v. Aretin, den Besitzer von Schloß Haidenburg. Der Kreisleiter warf dem Baron vor, sich unter Vorschützung einer Krankheit vor dem Kriegsdienst zu drücken und forderte seine Frontversetzung. BAB (BDC), PA: Karl Adam Frhr. v. Aretin, 22.8.1907.
[269] Das Schwarze Korps, 18.10.1944.
[270] „Des Herrn Barons Seitensprünge", in: Der SA-Mann, Nr. 45, vom 4.11.1938.
[271] Karl FRHR. V. ARETIN an die DAG-Leitung, 22.11.1938, in: DAAM, LAB, Bd. 6, Hft. ‚Presse/SA-Mann'.

11.4.) „Herrentum" versus „Volksgemeinschaft"

besitzer im besonderen überliefert. Eine Äußerung des ostmärkischen Gauleiters Wilhelm Kube, der adlige Gutsbesitzer 1931 als „eine vielfach von Judenblut durchsetzte Saubande" bezeichnete, gab diese Haltung ebenso prägnant wieder wie die öffentlichen Invektiven des schlesischen Gauleiters Helmuth Brückner gegen die „Herren Rotz von Rotzenstein".[272] Auf Empfängen in altadligen Häusern kolportierte Baron v. Brandenstein, Kammerherr des Großherzoges von Mecklenburg, unterdessen das Gerücht, Hitler wolle „alle Adligen, die mit Nichtariern verheiratet sind oder jüdisches Blut in ihren Adern haben [...] ins Gefängnis bringen."[273] Wertungen der Schärfe der eben zitierten Gauleiter fanden sich v. a. in den Rudimenten des entmachteten „linken" Parteiflügels und in der SA. In verdünnter Form wurde der Vorwurf einer „scharfen Einstellung des Adels gegen den Nationalsozialismus"[274] jedoch auch in der SS kolportiert. Auch *Das Schwarze Korps*, die 1935 begründete Zeitschrift der SS,[275] nutzte bereits in den ersten Ausgaben die kleinsten Anlässe, um den alten Adel in die Schranken zu weisen. Die Tatsache, daß sich die DAG noch immer als Vertretung eines „Standes" verstand, wertete das Blatt als inakzeptablen Affront gegen das Ideal der Volksgemeinschaft und den „neuen Menschentypus".[276]

II.) Die SD-Berichte von 1938/39 dokumentieren das erhebliche Mißtrauen der neuen Machtelite gegenüber den alten Adelsorganisationen. Neben dem Hochadel und den konfessionellen Adelsverbänden galt die Skepsis des SD explizit auch dem wichtigsten Träger der adligen Anpassung an den Nationalsozialismus. Die SD-Beobachter unterstellten der DAG eine nur „äußere Anpassung an nationalsozialistische Begriffe".[277] Die Berliner DAG-Leitung hatte sich noch im Sommer 1934 – erfolgreich – darum bemühen müssen, der bayerischen Landesabteilung die Minimalformen der äußeren Anpassung abzunötigen: Erst nach expliziter Aufforderung ging diese dazu über, ihre Rundschreiben nicht länger mit der nun „reaktionären" Formel „Hochachtungsvoll" sondern mit „Heil Hitler" zu zeichnen.[278]

---

[272] Wilhelm Kube an Strasser, 9.10.1931 und Äußerungen Helmuth Brückners im März 1932, beide zit. n. PYTA, Dorfgemeinschaft, S. 342, 353.
[273] FROMM, Hitler, S. 57 (Eintrag vom 15.3.1932).
[274] (Denunziatorischer) Bericht des SS-Mannes Alfred FRANKE über „konspirative" Aktivitäten (hoch-)adliger Kreise vom 1.3.1937, in: BAK, Nl. 34/15, zit. S. 2.
[275] William L. COMBS, The Voice of the SS. A History of the SS Journal ‚Das Schwarze Korps', New York u. a. 1986.
[276] Das Schwarze Korps, 29.5.1935, S. 7 und „Der neue Menschentypus", in: Das Schwarze Korps, 6.3.1935 und über einen „halbjüdischen" adligen Offizier, ebd., 5.9.1935, S. 12.
[277] SD-Berichte von 1938/39, in: Heinz BOBERACH (Hg.), Meldungen aus dem Reich. Die geheimen Lageberichte des Sicherheitsdienstes der SS 1938-1945, Bd. 2, Herrsching 1984, S. 76, 244.
[278] DAAM, LAB, Bd. 2, Hft. ‚Hauptgeschäftsstelle 1933-1934' (BOGEN an Öttingen, 25.7.1934). „Mit deutschem Gruß" forderte FÜRST ÖTTINGEN die Bezirksabeilungen auf, zukünftig „Heil Hitler" oder „Mit deutschem Gruß" zu unterzeichnen (15.8.1934, in: ebd., Bd. 11, Hft. ‚34-40').

Nationalsozialistisches Mißtrauen traf einzelne Adlige unter anderem in Form der Verzögerung bzw. Blockierung des gewünschten Parteibeitritts.[279] Hans-Arno v. Arnim, seit 1933 Mitglied im NSKK, wurde im Juli 1938 die Aufnahme in die NSDAP verweigert. Der Hintergrund war folgender: Der Gutsbesitzer hatte einen Gutsbeamten zur Rede gestellt, der offenbar Geld veruntreut hatte. Dieser – selbst Parteimitglied – denunzierte den Gutsherren daraufhin bei der Gauleitung mit der Behauptung, Arnim stehe dem nationalsozialistischen Geist fern und habe sich abwertend über den Führer geäußert. Die Vernehmungen ergaben kaum mehr als die Erkenntnis, daß Arnim seine Arbeiter nicht mit „Heil Hitler!", sondern mit „Guten Tag!" bzw. „Mahlzeit" begrüßte. Dennoch urteilte das Parteigericht „Wer Mitglied der Partei werden will, muß selbst Kämpfer für die Bewegung sein." Wie viele Adlige hatte sich Arnim, der bis zum Obersten Parteigericht ging und seine Aufnahme schließlich erwirken konnte,[280] gegen den Vorwurf des „Standesdünkels" zu wehren. „Gerade in dieser Hinsicht", so die Aussage seines bürgerlichen NSKK-Sturmführers, „habe ich Arnim im Dienst Aufgaben gestellt, bei denen er beweisen sollte, ob er durchaus Volksgenosse im nationalsozialistischen Geiste ist. Im Verkehr mit den Kameraden zeigt er sich stets als Gleicher unter Gleichen." Arnim habe nicht nur „ein Schwein von 2,5 Zentnern" gespendet, sondern beim Bau eines Truppenheimes vor aller Augen den Beweis erbracht, „dass er mit Besen, Schaufel, Scheuerbürste und Pinsel zu arbeiten vermag."[281] Auch das Braunhemd, in dem am 1. Mai 1934 öffentlich auftreten zu dürfen Fürst Bismarck den zuständigen NSDAP-Kreisleiter mehrfach gebeten hatte, läßt sich als ein Auswuchs des im Adel besonders notwendigen Versuches lesen, die Annäherung an die neue Zeit zu signalisieren.[282]

Scharfe adelsfeindliche Rhetorik innerhalb der NS-Bewegung war durchaus kein Einzelfall, sondern läßt sich vor und nach 1933 sehr häufig finden. In ihr mischten sich proletarische, bäuerliche und kleinbürgerliche Ressentiments gegen eine „alte Herrenschicht", deren Eingliederungswillen in die Volksgemeinschaft man mißtraute. Neben dieser v. a. kulturell codierten Ablehnung lassen sich handfeste soziale Interessenkonflikte aufzeigen. Insbesondere nach 1933 liefen „alte Kämpfer", deren Qualifikation zur führenden Mitwirkung im neuen Staat v. a. in ihrer niedrigen NSDAP-Mitgliedsnummer, der frühen Teilnahme an Aufmärschen und Gewaltaktionen der SA, kurz: in „Verdiensten um die Bewegung" bestand, gegen adlige Mitglieder der alten Funktionseliten Sturm, die erst 1933 auf den fahrenden Zug aufgesprungen und aus dem Stand in den Hierarchien des NS-Staates auf die oberen Ränge gelangt

---

[279] Als prominentes Beispiel vgl. dazu die Schreiben Otto FÜRST V. BISMARCKs vom 16.4.1934, in: AOBS, I, Bd. 31.
[280] Aussagen ARNIMs 25.10.1938 und Beschluß des Parteigerichts vom 16.1.1939, in: BAB (BDC), PA: Hans-Arno v. Arnim, 20.5.1903. Arnim erwirkte seine Parteiaufnahme im November 1939 nach 18-monatigem Prozessieren.
[281] Aussagen des NSKK-Sturmführers VOLLHARDT in Verfahren gegen Arnim, 7.8.1937 und 25.10.1938, in: BAB (BDC), PA: Hans-Arno v. Arnim, 20.5.1903.
[282] Fürst BISMARCK am 16.4.1934, in: AOBS, I, Bd. 31.

11.4.) „Herrentum" versus „Volksgemeinschaft"

waren. Idealtypisch spiegelt sich dieser Konflikt in der SA-Karriere des Waffenhändlers Gotthard v. Arnim. Dieser war erst im März 1933 in die Berliner SA eingetreten und dort als ehemaliger Offizier sogleich Truppführer geworden. Bei seinem Wechsel nach Pommern, den der mit Arnim befreundete SA-Führer Hans Peter v. Heydebreck arrangiert hatte, übersprang Arnim mit der Beförderung zum Sturmbannführer gleich drei Dienstgrade. Als aufflog, daß er zudem die monatliche Besoldung von 400 Mark jeweils doppelt kassiert hatte, schloß ihn ein (mit vier Nicht-Adligen besetztes) SA-Gericht aus.[283] Goebbels' Adjutant – Prinz v. Schaumburg-Lippe – erschien 1933 zum Entsetzen seines militärisch ausgebildeten, in der SS aufgestiegenen Vetters in der Uniform eines SS-Obersturmbannführers und der triumphierenden Mitteilung, er sei auf Goebbels' Geheiß hin sofort in diesen Dienstgrad zu erheben.[284] Prinz August Wilhelm v. Preußen wurde in Anerkennung seines vorherigen „Kampfeinsatzes" mit dem Dienstgrad eines Standartenführers in die SA aufgenommen.[285]

III.) Bezeichnenderweise richteten sich die adelsfeindlichen Angriffe „nationaler Revolutionäre" selbst gegen Adlige, die den Nationalsozialismus frühzeitig aktiv unterstützt hatten. Das Beispiel des bayerischen Barons Erasmus v. Malsen-Ponickau, eines ehemaligen Kadetten, Front- und Freikorpsoffiziers, der 1922 das Gut seiner Mutter übernommen und kurz darauf begonnen hatte, die Partei zu unterstützen, ist für dieses Konfliktmuster charakteristisch. Malsen, der ähnlich wie sein Bruder seit 1930 im Umkreis seines Gutes die örtliche SS organisiert hatte und später zum stellvertretenden Polizeipräsidenten von Nürnberg und zum SS-Brigadeführer avancierte, geriet im Sommer 1933 in einen scharfen Konflikt mit Julius Streicher und einem Kreisleiter. Als Adliger, so der Vorwurf, gehörte er der Bewegung zwar formal, nicht aber „mit dem Herzen" an. Statt altgediente Parteigenossen „anzupöbeln" solle er sich auf sein Gut zurückziehen. Der Straßenkampf gegen die Linke sei schließlich seit vierzehn Jahre ohne Adlige wie ihn geführt worden.[286] Reichsbauernführer Darré äußerte sein Mißtrauen selbst gegen solche adligen Parteigenossen, die schon vor 1933 zur Bewegung gestoßen waren. Als adligen Bewerbern um Führungspositionen im Reichsnährstand zur Auflage gemacht wurde, einen Parteibeitritt nachzuweisen, der vor dem September 1930

---

[283] Beschluß des SA-Sondergerichtes vom 9.10.1934 und andere Schriftstücke in: BAB (BDC), PA: Gotthard v. Arnim, 8.5.1884. Arnims Freund Heydebreck gehörte zu den am 30.6.1934 ermordeten SA-Führern.

[284] Josias ERBPRINZ ZU WALDECK-PYRMONT an Heinrich Himmler, 30.3.1933, in: BAB (BDC), PA: Waldeck-Pyrmont, 13.5.1896. Von seiner frühen NSDAP-Mitgliedschaft abgesehen ist in Schaumburg-Lippes Biographie nichts zu erkennen, das ihn für diesen Dienstgrad qualifiziert hätte.

[285] Lebenslauf vom 1.2.1942, in: BAB (BDC), PA: August Wilhelm Prinz v. Preußen, 29.1.1887.

[286] BAB (BDC), PA: Erasmus Frhr. v. Malsen-Ponickau, 5.6.1895, u. a. die Schreiben Schleichers vom 24.11.1933 und des NSDAP-Kreisleiters Georg Sperber, 13.8.1933. Über ihn und seinen ebenfalls in der SS aktiven Bruder Lambert vgl. ARETIN, Adel, S. 525, 536, 554.

lag, hielt Darré selbst diese Hürde für einen unzureichenden Beleg einer gefestigten nationalsozialistischen Weltanschauung: „Beim grundbesitzenden Adel [können] auch niedrige Mitgliedsnummern noch keine Sicherheit [bieten]."[287]

Fünf Jahre später griff der Schriftleiter des *Stürmer* in einem Artikel das Deutsche Adelsblatt und Albrecht Frhr. v. Houwald an, der es gewagt hatte, einem Artikel zu widersprechen, in dem der alte Vorwurf vom durchweg „verjudeten" Adel aufgewärmt wurde. Houwalds Hinweis auf seine Fachkenntnisse als völkisch orientierter „Sippenforscher" blieben ebenso wertlos wie sein Verweis auf die lange antisemitische Tradition der DAG. Streicher hatte kurz zuvor den oben genannten Baron Malsen öffentlich und in Anwesenheit Hitlers als „degenerierten Schweinehund" bezeichnet. Nun ergriff er die Gelegenheit, dem Adel eine weitere Lektion über den Stil der neuen Zeit zu erteilen: Streicher ließ dem Baron schriftlich ausrichten, im Wiederholungsfalle habe er mit „ein paar Maulschellen" zu rechnen.[288]

Die Durchsicht von ca. 300 Personalakten im ehemaligen Document Center läßt erkennen, daß es sich hier nicht um Einzelfälle, sondern um ein weit verbreitetes Muster handelte. Der bayerische Baron Kurt v. Löffelholz-Colberg, ein spätestens seit 1931 finanziell ruinierter Major a. D., der die NSDAP bereits vor dem Hitlerputsch unterstützt hatte, gab in seinen Parteiakten zu Protokoll, er habe seine Ortsgruppe Unterhaching im September 1932 verlassen müssen, weil die internen Animositäten „gegen Barone und alte Offiziere" zu stark wurden.[289] Immer wieder wurde Adligen in NS-Organisationen ein negativer Sonderstatus zuteil. Otto Prinz zu Sayn-Wittgenstein, Parteimitglied seit April 1932 und Schwager des reichen NSDAP-Förderers Guidotto Fürst v. Henkel-Donnersmarck, stufte ein SD-Bericht von 1943 als „distinguiert, überzüchtet und degeneriert" ein.[290] Selbst die positiven Wertungen lassen dieses Muster noch erkennen. Die SA-interne Beurteilung des fränkischen Barons Lutz v. Thüngen, Parteimitglied und SA-Sturmbannführer seit Mai 1933, bewertete das Verhalten des Barons gegenüber „seinen Kameraden" mit einem aufschlußreichen Nachsatz: „Kameradschaftlich (trotz seiner Abstammung)."[291] Auch das in einzelnen Familien

---

[287] Zit. n. KEINEMANN, Krummstab, S. 408, weitere Belege bei KLEINE, Adelsgenossenschaft, S. 32f.

[288] HOUWALD an Karl Holz, 7.7.1938, Protokoll der Aussprache vom 8.7.1938, Holz an Houwald, 21.7.1938 („Maulschellen"), in: BAB (BDC), PA: Albrecht Frhr. v. Houwald, 10.6.1866. Vgl. die Artikel im *Stürmer* in Nr. 16/1938 und Nr. 27/1938.

[289] BAB (BDC), PA: Kurt Frhr. v. Löffelholz-Colberg, 27.9.1874 (hier auch Angaben über seine finanziellen Verhältnisse). In Personalakte und Ortskartei variieren Vorname und Geburtsdatum. Sicher ist hingegen, daß neben dem Baron zwei weitere Familienmitglieder, ein oberbayerischer Gutsbesitzer und ein Oberst a. D., 1930/31 in die Partei eintraten.

[290] BAB (BDC), PA: Otto Prinz zu Sayn-Wittgenstein, 11.7.1878, SD-Bericht vom 16.6.1943.

[291] BAB (BDC), PA: Lutz Frhr. v. Thüngen, 1.6.1894. Thüngen, das zehnte von zehn Kindern, war zwischen den Kriegen Versicherungs-Vertreter in Berlin und avancierte später in der SA

11.4.) „Herrentum" versus „Volksgemeinschaft"

besonders massive Engagement in der NS-Bewegung hob die generelle Skepsis nicht auf.[292]

Ein Beispiel aus Mecklenburg demonstriert, wie adlige Herrenattitüde und nationalsozialistische Adelsablehnung in vielen Fällen zusammenspielten. Der Gutsbesitzer Hans Balduin v. Plessen, war 1939 zu einer fünfzehnmonatigen Haftstrafe verurteilt worden: unter Hinweis auf die „großen Männer" in seiner eigenen Ahnenreihe hatte Plessen geäußert, im Dritten Reich „würde man ja von Tagelöhnern regiert. In den Hotels wimmelte es jetzt von kleinen Amtswaltern, man fühlt sich nirgends mehr wohl." Auch hier müßte die mit Hinweis auf diese Haltung belegte These von einer besonderen „Widerständigkeit" des Adels jedoch argumentativ an den Haaren herbeigezogen werden. Im vorliegenden Fall hatte der Gutsbesitzer 1931 einen Aufnahmeantrag in die NSDAP gestellt, der mit dem Hinweis auf angeblich „jüdisches Blut" in den Adern des Antragstellers abgelehnt worden war.[293]

Insgesamt zeigt das hier skizzierte Konfliktmuster die realen Grenzen der Annäherung an. Innerhalb der unheilvollen Mésalliance,[294] die der Machtübergabe zugrunde lag, waren die sozio-kulturellen Spannungen zu groß, um nicht nach kurzer Zeit aufzubrechen. Die Realität des Adels und die Idee der Volksgemeinschaft blieben letztlich unvereinbar. Die Parteiführung stand vor der Schwierigkeit, die große propagandistische Wirkung, die sich mit der Präsentation adliger Parteigenossen in den Oberschichten erzielen ließ, gegen ihre Negativeffekte unter Bauern und Arbeitern[295] ständig situativ austarieren zu müssen. Gerade die Träger berühmter Namen und klingender Titel wurden während der „Kampfzeit" nur sehr vorsichtig für die Außendarstellung der Bewegung herangezogen. Dies erklärt sich erstens aus der Sorge um das Image der NSDAP als volksnaher „Arbeiterpartei", zweitens durch die Sorge um den Parteifrieden. Dieser wurde durch die Ablehnung, die Adligen in der Bewegung vielfach entgegenschlug, massiv gestört. Hitler hatte den Kaisersohn August Wilhelm aufgefordert, nicht der SS, sondern zunächst der SA beizutreten. Prinz Schaumburg-Lippe wurde 1928 gebeten, mit dem Partei-

---

zum Sturmhauptführer (vgl. die Annoncen, in: Jahrbuch der DAG 1931, u. a. S. 195 sowie GGT, FH, 1942, S. 522.).

[292] So waren, um bei diesem Beispiel zu bleiben, aus der Familie Thüngen vor 1933 drei (ledige) Frauen in die NSDAP eingetreten. Mit Hildolf Frhr. v. Thüngen, der bereits Ende 1929 Parteimitglied wurde und zum SS-Oberführer aufstieg, konnte die Familie, aus der bis 1937 mindestens dreizehn Mitglieder in die NSDAP eintraten, zudem auf einen „alten Kämpfer" verweisen: BAB (BDC), NSDAP-OK, Thüngen sowie GGT, FH 1942, S. 521.

[293] Zit. n. NIEMANN, Großgrundbesitz, S. 267, der zu seinem milden Gesamturteil nur unter z.T. kurioser Außerkraftsetzung quellenkritischer Grundregeln gelangt.

[294] Den treffenden Begriff benutzt u. a. DAHRENDORF, Gesellschaft, S. 254.

[295] Zur Ausnutzung des entstehenden Imageschadens auf der Linken s. Rote Fahne, 24.12.1931, mit folgendem Aufmacher: „Hitlerführer=14 Freiherrn und Grafen, 12 Unternehmer und Bankiers, 2 Offiziere, 6 Akademiker, kein Arbeiter! Nazi-Geheimkonferenz auf Schloß Rotenberg."

beitritt zu warten.²⁹⁶ Der holsteinische Graf Klaus v. Baudissin, NS-Anhänger seit 1930, entschuldigte seine spät einsetzende Aktivität in seinem Personalfragebogen mit dem Zusatz „Rednertätigkeit vor 1933 nicht zugelassen, weil ‚Graf‘".²⁹⁷

Mit wachsendem Adelsanteil wurden in der NS-Bewegung – v. a. in der SA – seit 1930 die Stimmen lauter, die betonten, daß der alte Adel nicht mehr nötig sei, da er durch einen neuen ersetzt würde. Die rhetorische Frage „Haben wir Führer?" bejahte ein SA-Gruppenführer Anfang 1932 im *SA-Mann* mit einem Seitenhieb auf den „Kasten-, Geburts- oder Geldadel".²⁹⁸ Die Beiträge zur Führerdiskussion in der SA-eigenen Zeitschrift trugen durchgängig Spitzen gegen den alten Adel und seine Ansprüche, die in zunehmend aggressiver Form zurückgewiesen wurden. Im Straßenkampf sei „von unten" längst eine „neue Führerschicht" entstanden: „Diese im Nationalsozialismus zusammengefaßte neue Führerschicht lehnt es ab, angestammte Führer anzuerkennen, die nicht den Beweis erbringen, daß sie sich die Berechtigung dazu aufs neue erworben haben. Die Ehre führen zu dürfen muß erdient und verdient werden." Der Adel im Stahlhelm sei „die Führerschicht von gestern. Die von morgen aber wird neu geschmiedet in unseren Reihen. Aus Blut und Boden schaffen wir einen neuen Adel, die Auslese der Besten."²⁹⁹ Immer wieder unterstützten adlige „Kameraden" in den Reihen der SA diese Auffassung durch eigene Beiträge.³⁰⁰ Mit der Warnung an seine passiven Standesgenossen, auch im Adel würden nun Spreu und Weizen getrennt, warf ein adliger SA-Führer 1932 im Völkischen Beobachter die „verkalkte Tradition" mitsamt der traditionellen Adelsdefinition über Bord: „Der Prinz August Wilhelm von Preußen, [...] der Graf Helldorf, der SA-Mann Lehmann oder Schulze, der Gutsbesitzer von Kalben und der Maurer Meier – sie alle sind ja eben, was typische Reaktion nicht kapieren kann, eines Geistes, einer Auffassung, eines Blutes und somit auch eines Adels nämlich des schönsten Adels, den man haben kann, das ist [...] die Verpflichtung für [...] Volk und Vaterland."³⁰¹

Die Deutlichkeit solcher Absagen an den traditionellen Adelsbegriff nahm nach der Konsolidierung der NS-Herrschaft zu. Offiziöse Selbstdarstellungen des einfachen SA-Mannes stilisierten einen derben Menschenschlag, der sich betrank, „Dummheiten" machte, seine „Bräute" in „buntem Wechsel" austauschte und sich in der Kneipe prügelte, „daß die Fetzen fliegen." Die ge-

---

²⁹⁶ SCHAUMBURGs autobiographische Darstellung (1952), S. 87f., ist durch sein erfolgreiches Bemühen nach 1933 dokumentiert, seinen Eintritt auf 1928 zurückzudatieren. BAB (BDC), PA: Friedrich Christian Prinz zu Schaumburg-Lippe, 5.1.1906 und die Selbstdarstellung in der Personalakte August Wilhelm Prinz v. Preußens.
²⁹⁷ BAB (BDC), PA: Klaus Graf v. Baudissin, 4.11.1891 (u. a. Selbstdarstellung des Grafen).
²⁹⁸ SA-Gruppenführer-Ost KRÜGER, Haben wir Führer?, in: Der SA-Mann, 19.1.1932.
²⁹⁹ Helmut FLÖRKE (SA-Sturmführer in Stettin), Neues Führertum, in: Der SA-Mann, 9.2.1932.
³⁰⁰ SA-Oberführer v. DETTEN, Nationalsozialistisches Führertum. Grundlagen und Aufgaben des SA-Führers, in: Der SA-Mann, 8.3.1932, 17.3.1932, vgl. SA-Gruppenführer Franz RITTER VON HÖRAUF, Das Führertum in der SA, in: Der SA-Mann, 23.2.1932.
³⁰¹ Artikel eines anonymen Autors, der sich als SA-Führer aus einer alten Adelsfamilie vorstellte, September 1932 im Völkischen Beobachter, in: StAA, Nl. Waldbott, Karton ‚449'.

11.4.) „Herrentum" versus „Volksgemeinschaft"

dankliche Volte, mit der die bierselige Gewaltkultur der SA eingestanden und heroisiert wurde, um sie schließlich mit dem Begriff „Adel" zu verbinden, ist erstaunlich. „Trotzdem mußt Du [den SA-Mann] lieben, wenn du ihn kennst [...]. Über seinen Handlungen und Taten, seien sie gut, gleichgültig oder auch schlecht, über seinem ganzen einfachen, derben und handfesten Leben liegt ein Glanz, ja, ein Adel, den nur der erfassen kann, der ebenso bereit ist, sein Leben einzusetzen [...]."[302] Der nationalsozialistische „Adel" sollte „reinrassig" sein und den Duft von Schmieröl, Schweiß, Bier und Blut tragen. In einem mit „Kastengeist oder Dienst am deutschen Volke?" überschriebenen Artikel bündelte der „Der SA-Mann" im Herbst 1937 die nationalsozialistischen Einwände gegen konservative und monarchistische Restbestände des Adels inner- und außerhalb der DAG: „Als Nationalsozialisten kennen wir nur einen Adel. Das ist der Adel der Leistung. Er ist weder erblich, noch wird er verliehen. Er wird erworben. So erscheinen uns jene Männer weit eher adelig, die auf der Straße für ihre Idee kämpften, bluteten und starben, als die anderen die in exklusiven Klubs hinter verschlossenen Türen sich gegenseitig ihre Treue und Anhänglichkeit zum Kaiser versicherten. Im und mit dem Volke hat der Adel seine Berechtigung. In der Abgeschlossenheit von der Gemeinschaft der Schaffenden verliert er sie."[303]

Es ist festzuhalten, daß diese Konzessionen nicht nur im unteren sozialen Rand des Adels gemacht wurden. Die bereits zitierte Polemik gegen Standesgenossen, „die zwar auf dem Parkett stets zu sehen sind, nicht aber, wenn es gilt, mit Arbeiterkameraden auf der Straße Farbe zu bekennen und Zivilcourage zu beweisen", war durch den 27-jährigen Botho Ernst Graf zu Eulenburg vom Sproß einer berühmten preußischen Familie bereits im Februar 1930 vorgetragen worden.[304] Immer häufiger lobten junge Adlige mit berühmten Namen die adlig-bürgerliche „Kampfgemeinschaft" von Stahlhelm und SA in deutlicher Distanzierung von den Vorstellungen ihrer Väter.[305]

Im Rahmen des von allen Fesseln befreiten SA-Terrors zwischen Januar 1933 und Juni 1934 häuften sich auch die handfesten Zusammenstöße zwischen Schlägertrupps der SA und Mitgliedern der alten Gesellschaft. Eindringlich schildert eine Tagebucheintragung Bella Fromms das ungläubige Entsetzen der alten „Gesellschaft", als die Kampfstiefel eines marodierenden SA-Trupps den Vorgarten einer Villa zertrampeln, in der eine Cocktailparty für ausländische Diplomaten stattfand. Im März 1933 kann die Gastgeberin Fromm ihre

---

[302] Karl W. H. KOCH, Männer im Braunhemd. Vom Kampf und Sieg der SA, Düsseldorf 1936, S. 220f.
[303] Der SA-Mann, 11.9.1937.
[304] Botho Ernst GRAF ZU EULENBURG, Gesinnungsadel oder Namensadel, in: Adlige Jugend (DAB-Beilage), 1.2.1930, S. 6. Eulenburg (1903-1944), Sohn des letzten Kommandeurs des Ersten Potsdamer Garderegimentes zu Fuß, war 1930 u. a. im Stahlhelm und in der ostpreußischen DAG aktiv.
[305] Redebeiträge der GRAFEN DOHNA, EULENBURG und MERVELDT auf einer Jungadelstagung am 10.12.1932, Tagungsbericht in: DAAM, LAB, Bd. 2, Hft. ‚Protokolle'.

mondänen Gäste durch Anrufe im Vizekanzleramt vor Übergriffen bewahren.[306] Die hier noch gelingende Form der „Einrahmung" war bereits wenige Monate später nicht mehr möglich. Glaubwürdig schildert Johann-Albrecht v. Rantzau für Mecklenburg, wie die Pächter und Inspektoren adlige Gutsherren mit Hilfe der örtlichen SA-Stürme unter Druck setzten und unter Berufung auf Darré erklärten, der Boden gehöre denen, die ihn bearbeiteten. „Diese Horden nahmen oft eine richtig revolutionäre Haltung ein, fuchtelten mit ihren Pistolen unter den Fenstern der Schlösser und Herrenhäuser und warfen wohl auch Feldsteine in die gutsherrlichen Räume." Dem Vater des Autors, der sich als ehemaliger Hofmarschall in Schwerin bemüht hatte, Hitler „das beste abzugewinnen", warf eine solche „Horde" die Fensterscheiben ein, nachdem er das Gutshaus unzeitgemäß beflaggt hatte.[307]

An dieser Stelle ist eine begriffliche Anmerkung zum ambivalenten Verhältnis von Nähe und Distanz zwischen Adel und Nationalsozialismus nötig. Die Tatsache, daß Fürsten sich weiterhin als „Durchlaucht" anreden ließen, Adlige den Hitlergruß verweigerten, an Festtafeln Toasts auf den Kaiser ausbrachten und auf den Dächern ihrer Schlösser und Gutshäuser die falschen Flaggen wehen ließen, verweist auf Residuen, in denen der Adelshabitus der Zerstörung durch die Werkzeuge des totalen Staates erfolgreich entzogen wurde. Erkennbar wird eine erhebliche Distanz in einzelnen sozio-kulturellen Bereichen, die man ernstnehmen, mit einem jedoch nicht verwechseln sollte: mit einer vermeintlichen Prädisposition des Adels zum Widerstand. Diese ist ebensowenig erkennbar wie sich aus den hier beschriebenen Konflikten eine „Herrschaftsbegrenzung" (Broszat), für den NS-Staat ergeben hätte. Die abschätzige Teildistanzierung vom „braunen Pöbel" zeugt von der Stabilität des Herrschaftshabitus, nur bei einer kleinen Minderheit hingegen von politisch relevanter „Resistenz."[308] Die oft monierten Schwächen dieses Begriffes treten sehr deutlich zutage, sobald man versucht, die Flut adliger Kleinkonflikte mit dem NS-Staat in ihrer Wirkung angemessen einzuordnen. Mit wenigen Ausnahmen sind die bis hier beschriebenen Haltungen mit dem Begriff „loyale Widerwilligkeit" weit treffender als mit dem Begriff „Resistenz" beschrieben.[309] Die Ergebnisse der Debatten um den Arbeiterwiderstand und die „Resistenz" des katholischen Milieus sind hier übertragbar.[310] Angemes-

---

[306] FROMM, Hitler, S. 97-103 (Eintrag vom 10.3.1933).

[307] DISSOW, S. 180-183, vgl. zu diesem Konfliktmuster die Beispiele bei GÖRLITZ, Junker, S. 395-398.

[308] Martin BROSZAT, Resistenz und Widerstand. Eine Zwischenbilanz des Forschungsprojektes, in: Ders. u. a. (Hg.), Bayern in der NS-Zeit, Bd. 4, München 1981, S. 691-709.

[309] Ich folge hier der Kritik von Klaus-Michael MALLMANN/Gerhard PAUL, Resistenz oder loyale Widerwilligkeit? Anmerkungen zu einem umstrittenen Begriff, in: ZfG 41 (1993), S. 99-116.

[310] Dazu die späte Selbstkorrektur von Tim Mason, dem wichtigsten Vertreter der These eines herrschaftshemmenden Arbeiterwiderstandes: Tim MASON, Die Bändigung der Arbeiterklasse im nationalsozialistischen Deutschland, in: Carola Sachse (Hg.), Angst, Belohnung,

11.4.) „Herrentum" versus „Volksgemeinschaft"

sener als der problematische Resistenzbegriff scheint der von Alf Lüdtke entwickelte Begriff des Eigen-Sinns zu sein.[311] Lüdtkes Modell der Aneignung von Herrschaft bietet ein Konzept, mit dem sich die verwirrenden Gemengelagen aus Zurückhaltung, Rückzug, Anpassung, Aneignung und Widerstehen auch im Adel beschreiben lassen. Der Begriff läßt sich zweiseitig verwenden. Erstens ist aus dem unübersehbaren Eigen-Sinn, der im adligen Habitus erhalten blieb, ein Teil der eindrucksvollen „Haltung" ableitbar, die aus den seltenen Widerstandsbiographien bekannt ist. Wichtiger jedoch ist die Rückseite des Eigen-Sinns: Gerade, weil in adligen Lebenswelten Residuen erhalten blieben, die nicht „durchherrscht" waren, Schutzräume, in denen die eigenen kulturellen Codes weitergelebt wurden, war das Einverständnis groß genug, um sich der Herrschaft nicht entgegenzustellen. In diesem Sinne führte auch der adlige Eigen-Sinn – dies ist der analytische Clou in Lüdtkes Konzept – nolens volens zur Stabilisierung der Herrschaft.[312]

Eine Erklärung für die Schärfe der verwendeten Angriffe findet sich weniger in politischen als in sozio-kulturellen Differenzen. Wichtig ist, sich die enorme soziale und kulturelle Distanz zu vergegenwärtigen, die zwischen Schloß, Gutshaus und Casino einerseits, SA-Heim und „Sturmlokal" andererseits lagen. Wie nicht anders zu erwarten, tat sich der bayerische Adel mit der nach 1933 notwendigen Mimikry besonders schwer. Auch dazu ein sprechendes Beispiel: 1936 sorgte die Ankündigung des *Angriff*, eine Artikelserie mit dem Titel „Menschen, die in Schlössern wohnen" publizieren zu wollen, im bayerischen Adel für nervöse Unruhe. Das Blatt hatte die Entsendung einer „fliegenden Redaktion" angekündigt, die sich vor Ort bei einer alten Adelsfamilie umsehen wollte, die „in generationenlangem Besitz von Schlössern" war. Besorgt hatte der DAG-Hauptgeschäftsführer v. Bogen in einem Rundschreiben gewarnt, die Redaktion würde „wohl auch etwaige tatsächlich vorhandene Missstände nicht unerwähnt lassen."[313] In der bayerischen DAG-Leitung kam man schnell überein, nicht gerade „den Schnurrbartfugger [...] in den Vordergrund" zu stellen. Die Suche nach einem NS-treuen Vetter, der bereit war, sein Schloß und seine NS-Treue inspizieren zu lassen, nahm einige Zeit in Anspruch: „Also lasse Deinen bewährten Blick gleiten über die Mannen und treffe Deine Wahl nur sicher gut und sorgsam. Jedenfalls dürfte es sich emp-

---

Zucht und Ordnung, Opladen 1982, S. 11-53. Zum katholischen Milieu s. PAUL, „...gut deutsch".

311 Lüdtkes anregende Ausführungen entlang der Begriffe *Hinnehmen* und *Mitmachen* lassen sich mit einigem Gewinn auf die Adelsgeschichte übertragen. Alf LÜDTKE, Eigen-Sinn. Fabrikalltag, Arbeitserfahrungen und Politik vom Kaiserreich bis in den Faschismus. Hamburg 1993, S. 9-22.

312 Vgl. dazu neben der o. g. Einleitung die beiden Aufsätze von Alf LÜDTKE, Wo blieb die „rote Glut"? Arbeitererfahrungen und deutscher Faschismus; „Ehre der Arbeit": Industriearbeiter und Macht der Symbole. Zur Reichweite symbolischer Orientierungen im Nationalsozialismus, beide in: DERS., Eigen-Sinn, S. 221-350, v. a. S. 265-269, 331-335.

313 BOGEN an alle Landesabteilungen, 25.2.1936, in: DAAM, LAB, Bd. 6, Hft. ‚Presse/Angriff'.

fehlen, die ‚Gekürten' vorher an einem Ort zwecks genauer Instruktion zu versammeln [...]." Fürst Öttingen bat die Berliner DAG-Leitung um mehr Zeit, um „besonders geeignet erscheinende Schlossbesitzer" ausfindig zu machen, wies den von Berlin gewünschten Termin zurück und schlug vor, „die ‚fliegende Redaktion' zuerst auf Reisen in andere, vor allem norddeutsche [Regionen] zu schicken, damit wir in Bayern inzwischen die Sache besonders sorgfältig vorbereiten können."[314] In Kenntnis gesetzt, daß der *Angriff* „nicht gerade zu den sentimentalen Publikationsorganen" zählte, suchte man nach Standesgenossen, deren Auftreten auch vor dem strengen Blick alter Kämpfer bestehen würden. Mit spöttischem Unterton wurde eine Entsendung der NS-Redakteure „nach Pöttmes, Thüngen oder Aystetten" geplant, drei Güter, deren Besitzer zu den im bayerischen Adel relativ seltenen Parteigenossen gehörten. Tatsächlich scheint man der „fliegende Redaktion" letztlich einen Besuch im Schloß des fränkischen Barons Aufseß vorgeschlagen zu haben.[315]

Die lebensweltlichen Barrieren blieben v. a. zwischen den katholischen Grandseigneurs und dem Gros der Parteigenossen auch nach 1933 unvermindert hoch. Ein skurriles Beispiel für den Erhalt solcher Barrieren bot im Herbst 1938 ein Anlauf der Regensburger NSDAP, sich der stählernen Abzäunungen um die eindrucksvollen Schloßanlagen der Fürsten v. Thurn und Taxis zu bemächtigen. In einem Schreiben an das fürstliche Hofmarschallamt ermannte sich der „Schrott-Einsatzstab" der örtlichen NSDAP-Kreisleitung, dem Fürsten den vollständigen Abbruch der Umzäunungen vorzuschlagen: „Die Zäune und Gitter, [...], sind vielfach völlig überflüssige unschöne Überbleibsel einer vergangenen Zeit und Geschmacksrichtung und sollen möglichst verschwinden." Faktisch war die hier propagierte „Entrümpelung" Teil eines Programms zur Stahlzufuhr an die deutsche Rüstungsindustrie.[316] Symbolisch läßt sich die Initiative jedoch auch als Aufforderung zum Abbruch hochadliger Distinktionen lesen: Der „Schrott-Einsatzstab" rüttelt am Schloßzaun eines der reichsten deutschen Fürsten. Die geplante „Entrümpelung" der eisernen Unterschiede mahnte die Fürstenfamilie, endlich zum Teil der Volksgemeinschaft zu werden. Der als Angebot, nicht als Drohung formulierte Hinweis auf „ein Abräumkommando der SA", das den „kostenlosen Abbruch des Vorgartenzaunes" bewerkstelligen würde, brachte die fürstliche

---

[314] ÖTTINGEN an die Berliner DAG-Presseabteilung, Ende Februar 1936 und Schriftwechsel zwischen Karl ARETIN und (vermutlich) Eugen GRAF V. QUADT, der als MdR über gute Kontakte zur NSDAP verfügte und in diversen Reden vor bayerischen Adligen für die NS-Bewegungen geworben hatte. Mit dem „Schnurrbartfugger" war offenbar Fürst Fugger in Kirchheim gemeint. Schriftwechsel in: DAAM, LAB, Bd. 6, ‚Hft. Presse/Angriff'.

[315] Schreiben an Eugen GRAF V. QUADT-WYKRADT-ISNY, 27.2.1936 und Schreiben vom 15.4.1936, in: DAAM, LAB, Bd. 6, ‚Hft. Presse/Angriff'. Der Schloßbesitzer und Amtsgerichtsdirektor Eckart Frhr. v. Aufseß (Jg. 1866), gehörte der NSDAP seit dem 1.3.1931 an. Bis 1933 traten aus der Familie drei, bis 1937 insgesamt zehn Mitglieder der Familie der NSDAP bei. Vgl. BAB (BDC), NSDAP-OK, Aufseß und ARETIN, Adel, S. 554.

[316] NSDAP-Kreisleitung Regensburg („Schrott-Einsatzstab") an das fürstliche Hofmarschallamt, 24.10.1938, in: FTTZA, HMA, Nr. 3068.

11.4.) „Herrentum" versus „Volksgemeinschaft"

Verwaltung in Verlegenheit. Nach einigen Debatten über die angemessene Formulierung teilte das Hofmarschallamt dem „Schrott-Einsatzstab" mit, „daß es uns aus künstlerischen Gesichtspunkten, wie auch aus Sicherheitsgründen nicht möglich erscheint, unsere eisernen Umfriedungen um die Anwesen [...] zu entfernen."[317] Das SA-Kommando blieb dem Schloß und sein Besitzer der NS-Bewegung fern. Über das Erscheinen des Fürsten auf örtlichen „Sonnenwendfeiern",[318] auf das die Kreisleitung gedrängt hatte, und ein Arrangement mit dem örtlichen SS-Reitersturm, der die Reitbahn im Schloß kostenlos nutzen durfte,[319] scheinen die fürstlichen Anpassungsleistungen nicht hinausgegangen zu sein. Anders als fünf Mitglieder der fürstlichen Gesamtfamilie, die ab 1938 der Partei beitraten,[320] näherten sich weder der Fürst noch der Erbprinz der Partei an. „Bei der Partei war ich nie, da ich mich als gläubiger Katholik nicht kompromittieren wollte". Die Erklärung des Erbprinzen im Rahmen seines Entnazifizierungsverfahrens[321] ist, ergänzt um die Distanz aus der Position des hochadligen Multimillionärs, durchaus plausibel.

Mit der Diskrepanz zwischen schloßbesitzenden Grandseigneurs und einem SA-Schrottkommando sind zwei soziale Pole bezeichnet, die in der Praxis nur selten aufeinandertrafen. Zumindest was die SA, den neben der Partei bis 1934 wichtigsten Träger der NS-Bewegung angeht, findet sich das Grundmuster des beschriebenen Konfliktes jedoch auch zwischen diesen Polen. Selbst für die Mehrheit des deklassierten Adels galt, daß zumindest die Prägungen der Kindheit noch in Bahnen verlaufen waren, die von der brutalen Bier-, Sauf- und Prügelkultur der SA um Welten entfernt war. Die in der SA kultivierte „Praxis der Kameradschaft" (Reichardt) machte den SA-Sturm zur Familie und Heimat der SA-Männer. Sie bot eine hermetisch geschlossene Ersatz- und Gegenwelt zur bürgerlichen Lebensform mit eigenen kulturellen Codes. Sven Reichardt hat diese Form der männerbündischen, auf Kameradschaft, Bier und Gewalt gebauten Einheiten mit einem Begriff Hannah

---

[317] Hofmarschallamt an den Schrott-Einsatzstab der NSDAP-Kreisleitung Regensburg, 17.11.1938, in: FTTZA, HMA, Nr. 3068.
[318] Einladungen und Antworten des Hofmarschallamts an die NSDAP-Kreisleitung, 19.4.1934 mit der Mitteilung, die „Auerhahnjagd" werde den Fürsten nicht daran hindern, auf der Festveranstaltung zu Ehren von Hitlers Geburtstag zu erscheinen. Vgl. die Einladungen zum Weihnachtsfest und zur „Sommersonnwendfeier", durch einen SA-Obersturmführer und den Kreiskulturwart (1.12.1934 und 20.6.1936, in: FTTZA, HMA, Nr. 3068).
[319] Mietvertrag mit dem örtlichen SS-Reitersturm vom 15.9.1933, SS-Chefreiterführer an den Fürsten (5.3.1934) und Antwort des Hofmarschallamts (15.3.1934), in: FTTZA, HMA, Nr. 3068.
[320] Vier Prinzen und eine Prinzessin v. Thurn und Taxis traten zwischen 1938 und 1940 der NSDAP bei. Der jüngste Prinz war zu diesem Zeitpunkt 22, der älteste 68 Jahre alt: BAK, Slg. Schumacher und BAB (BDC), NSDAP-Ortskartei.
[321] Erklärung des Erbprinzen vom 26.11.1947 sowie der Fragebogen und diverse Gutachten im Rahmen des Entnazifizierungsverfahrens. Die Einstufung des Erbprinzen als „Mitläufer" und die Auferlegung einer „Sühne" von 500 Mark bezogen sich auf die Mitgliedschaft im SA-Reitersturm, dem er jedoch nie beigetreten war. Als Stahlhelm-Mitglied war er im Jahre 1934 korporativ zur SA „überführt" worden: FTTZA, HMA, Nr. 3597.

Arendts als „totale Organisationen" beschrieben.[322] Für die symbolische Darstellung von Adeligkeit war in diesen totalen Organisationen kein Raum. Jeder Blick auf die traditionellen Lebenswelten des Adels läßt die immense Entfernung erkennen, die zurückzulegen war, um in den Kult der Kameradschaft mit proletarischen Männern einzutauchen, deren Kampfnamen „Klöten-Karl", „Mollenkönig", „Gummibein" und „Schießmüller" lauteten.[323]

Die Tradition der in Jahrhunderten eingeübten Praxis des direkten herrschaftlichen Umgangs mit den ländlichen Unterschichten, denen adlige Gutsbesitzer stets in physischer Nähe und „in der Sprache des Volkes" begegnet waren, liefert hingegen den Schlüssel zur Frage, wie sich das alles andere als selbstverständliche Engagement Adliger in der SA überhaupt erklären läßt.[324] Adlige gingen nicht als Kameraden von „Schießmüller" und „Gummibein" in die SA, sondern als ihre Führer. „Die Mittelposition, die die Sturmführer zwischen Autoritätsperson und Kamerad einzunehmen hatten",[325] dürfte sich mit steigendem Dienstgrad in Richtung des ersteren Aspektes verschoben haben, blieb jedoch für Adlige besonders problematisch. Nur in bemerkenswerten Ausnahmefällen traten einzelne Mitglieder berühmter Familien dem faschistischen Kampfbund als einfache SA-Männer bei, obwohl sie auf ein Offizierspatent und Fronterfahrung verweisen konnten.[326] Häufiger und noch problematischer als diese Ausnahmen war jedoch die Selbstverständlichkeit, mit der Adlige, die als Offiziere a. D. über „Führungserfahrungen" verfügten, bei ihrem Wechsel vom Stahlhelm zur SA einen Direkteinstieg in die höheren Dienstgrade forderten. Steile Karrieren in der SA-Hierarchie waren adligen Männern möglich, wenn sie bereit und in der Lage waren, den Herrschaftshabitus glaubhaft hinter den Stil des „integrierten Führers" (Reichardt) zurücktreten zu lassen.

Daß der Kern des traditionellen Adelsbegriffes damit aufgegeben wurde, ist von adligen Nationalsozialisten nicht nur bemerkt, sondern auch offensiv propagiert worden. In großer publizistischer Aufmachung forderten die adli-

---

[322] Zur Funktion der Männer-Kameradschaft in der SA sowie den Realitäten und Ritualen in SA-Heimen und SA-Sturmlokalen s. REICHARDT, Kampfbünde, S. 358-371, 385-407 und LONGERICH, Bataillone, S. 127-136.

[323] REICHARDT, Kampfbünde, S. 362. Die Namenskumpanei der SA-Männer hatte die Funktion, ihren kämpferischen Abschluß von der Außenwelt zu unterstreichen.

[324] Stephan MALINOWSKI/Sven REICHARDT, Die Reihen fest geschlossen? Adlige im Führerkorps der SA bis 1934, in: Eckart Conze/Monika Wienfort (Hg.), Adel und Moderne. Elitengeschichte im 19. und 20. Jahrhundert im europäischen Vergleich, München 2003 (im Druck).

[325] Zur Stellung des „integrierten Führers" in der SA s. REICHARDT, Kampfbünde, S. 416-431, zit. S. 416. Zur sozialen Herkunft der SA-Führer vgl. JAMIN, Klassen, S. 77-159.

[326] Ausweislich seiner Personalakte (BAB, BDC, SA-Akte) war der Oberleutnant a. D. Heinrich Georg Graf Finck v. Finckenstein, geb. am 22.11.1894, acht Monate lang „SA-Mann", bevor er im März 1930 zum Sturmführer befördert wurde. Vgl. den Antrag des Offiziers Bernd Frhr. v. Kannes, in SA oder SS im Mannschaftsgrad aufgenommen zu werden. Auch hier kam es anders: Kanne avancierte zum SS-Brigadeführer – BAB (BDC), SA-Akte Bernd Frhr. v. Kanne, 10.3.1884, Schreiben vom 21.10.1933.

11.4.) „Herrentum" versus „Volksgemeinschaft"

gen Mitglieder der NSDAP-Reichstagsfraktion[327] im September 1932 den Adel auf, „gegen Weltfremdheit und Kastengeistigkeit sich zum deutschen Sozialismus und dem neuen Reich unter der Führung Adolf Hitlers" zu bekennen. Der „wahre Adel" sei „nicht an Namen gebunden", sondern erwachse „aus dem Kampf für Volk und Staat."[328] Nach 1933 wurde der Ton noch einmal verschärft: „Wir Nationalsozialisten brauchen den Adel aber wir brauchen ihn nicht mehr in seiner Gesamtheit [...]. Unsere politische Organisation steht jedem offen, der sich in ihr von unten her heraufdienen will."[329] Achim v. Arnim, SA-Oberführer in Berlin-Brandenburg und in Berlin zum Professor für Wehrwissenschaften avanciert, erhob im September 1933 auf der Titelseite des Adelsblattes den Vorwurf, „ein ganz erheblicher Teil" des Adels sei dem Nationalsozialismus noch immer nicht „freundlich" gesonnen. Scharfen Vorwürfen gegen die rückständige Haltung des Adels ließ das Mitglied der berühmten Familie eine deutliche Warnung folgen: „Der Nationalsozialismus denkt nicht daran, abzutreten, er ist heilig entschlossen, sein Werk fortzuführen [...]. Wer ihn reizt, den schlägt er nieder. Er hat den Willen und er hat die Kraft."[330] Bereits zwei Monate zuvor hatte ein Beitrag im Adelsblatt verkündet: „Adel ist, als solcher, eine überwundene Angelegenheit in demselben Maße, in dem Aristokratie eine Frage der Zukunft ist."[331]

Noch deutlicher wurden wenig später jene zehn adligen Nationalsozialisten, deren Stimmen Goebbels Adjutant Friedrich Christian Prinz zu Schaumburg-Lippe 1934 in einem Sammelband vereint hatte, um adligen Konjunkturrittern entgegenzutreten. Bernhard Graf zu Solms-Laubach dankte „unserem Führer, daß er, als der alte versagte, dem deutschen Volke seinen neuen Adel gegeben hat".[332] Schaumburg-Lippe schrieb in seinem Schlußwort: „Was wir mit ‚Adel' bezeichnen – das habt Ihr von nun an darunter zu verstehen. Selbst dann, wenn ihr Euch danach selbst nicht mehr dazuzählen könnt."[333]

---

[327] Im 6. und 7. Reichstag stellte die NSDAP-Fraktion mit 15 bzw. 12 Abgeordneten das größte Adelskontingent. Im preußischen Landtag waren 1932 unter den 162 NSDAP-Abgeordneten 10 Adlige vertreten, darunter Prinz August Wilhelm v. Preußen. Vgl. dazu Handbuch des Deutschen Reichstages, Handbuch des Preußischen Landtages (1932) sowie M. SCHWARZ, MdR. Biographisches Handbuch der Reichstage, Hannover 1995, S. 607-795.

[328] Völkischer Beobachter, 25./26.9.1932. Der Aufruf war von Kuno Frhr. v. Eltz-Rübenach, Wolf-Heinrich Graf v. Helldorf, Heinrich-Detloff v. Kalben, Bernd Frhr. v. Kanne, Erich v. Neindorff, Johannes Frhr. v. Reibnitz, Karl v. Wedel-Parlow und Udo v. Woyrsch unterschrieben. Der zehnte NSDAP-Parlamentarier, Kaisersohn Prinz August Wilhelm fehlt auf dieser Liste.

[329] DAB, 24.6.1933, S. 445f.

[330] Achim v. ARNIM, Adel am Scheidewege, in: DAB, 12.8.1933, S. 573f. und seine Antwort auf die ihm zugesandten Kommentare, in: ebd. S. 621-623.

[331] Vgl. Otto WEBER-KROHSE, Adel und Nationalsozialismus, in: DAB 24.6.1933, S. 445f. und die Erwiderungen in: DAB 1933, S. 286, 807.

[332] Standartenführer Bernhard GRAF ZU SOLMS-LAUBACH, Der Adel ist tot – es lebe der Adel, in: Wo war der Adel? Hg. v. Friedrich Christian Prinz zu Schaumburg-Lippe, Berlin 1934, S. 8.

[333] Friedrich Christian PRINZ ZU SCHAUMBURG-LIPPE, (Schlußwort), in: Wo war der Adel?, S. 50.

Die DAG-Führung und adlige Nationalsozialisten außerhalb der DAG verbogen die adligen Traditionsbestände so lange, bis ein Ideal geschaffen war, das als „Adel im Dritten Reich" zukunftsfähig erschien. In der bereits erwähnten Denkschrift Kuno Graf v. Dürckheims wurde 1936 der von der SS geworfene „edle Fehdehandschuh" aufgenommen, um den Adelsbegriff endgültig umzudeuten. Zu den Kriterien eines auf diese Weise neugestalteten Adels, der sich die Achtung des Führers erst noch zu erwerben hatte, gehörten „nordisches Aussehen", Kampfgeist, unbedingter Gehorsam zur Führung, „reines" Blut, Ehekontrollen nach „rassischen" Kriterien, „harte Erziehung" für Geist und Körper und die Auswahl der Tüchtigsten aus allen Schichten, die den Adel ständig ergänzen sollten.[334] Ähnlich hatte General a. D. Rüdiger Graf v. d. Goltz 1935 ausgeführt, der neue Adel würde ein „rassischer Schwertadel" sein, in dem adlige und bürgerliche Offiziere eine feste Einheit gleicher Ehre formen würden.[335] Die ideelle Nähe zum Bauerntum, zum Offizierkorps und zur SS sollte die Aussicht schaffen, größere Teile des historischen Adels als unverzichtbaren Teil der neuen „Führerschicht" zu etablieren. „Im Adel ist wertvolles Erbgut deutschen Menschentums bereits angesammelt. Es ist aber seine Pflicht [...] dieses mit allen Mitteln nicht nur vor einem Verfall zu schützen, sondern es im Sinne einer volklichen Auslese aufzuarten."[336] Die zitierten Programmschriften lassen sich als Summe der seit 1930 gesammelten Erfahrungen lesen: nur, wenn der historische Adel bereit war, Teil eines so definierten „Adels" zu werden, ließen sich die gewünschte Führerfunktion und die geforderte Integration in die Volksgemeinschaft verbinden.

Bevor anhand einzelner Biographien ein Blick auf unterschiedliche Ausgangslagen für adlige Wege „in die Bewegung" geworfen und eine quantitative Einschätzung des adligen Engagements in der NSDAP versucht wird, sollen an dieser Stelle noch zwei strukturgeschichtliche Aspekte nachgetragen werden: die Funktion einzelner Salons und die Selbstgleichschaltung der Adelsverbände im Jahre 1933. An beiden Aspekten läßt sich erkennen, wie die beschriebenen Inhalte adlig-nationalsozialistischer Annäherungen praktisch umgesetzt wurden.

---

[334] Denkschrift DÜRCKHEIMS: „Nationalsozialismus und Adel" (Herbst 1935): DAAM, LAB, Bd. 2, Hft. '35/36'.
[335] Rüdiger GRAF V. D. GOLTZ, Offizier und Adel, in: DAB 20/1935, S. 504f.
[336] ‚Adel und 3. Reich'. Die in Frage-Antwort-Form gehaltene Schrift wurde im Oktober 1936 verfaßt und von Berlin aus an die Landesabteilungen versandt (DAAM, LAB, Bd. 6, Hft. ‚Adelsmarschall 33/36').

12.) Formen und Ausmaße der Annäherung
12.1.) Katalysatoren der Annäherung – NS-Salons

Die Verzahnung von Adel und NS-Bewegung auf dem Land hatte in den Großstädten ein wichtiges Pendant in Form von einigen Salons. Die „bunte Mischung aus Cuts und SS-Uniformen" und die aus spöttischen Beschreibungen bekannten Szenen, in denen sich Hitler ungelenk händeküssend und aufgeregt hackenschlagend NS-nahen Mitgliedern des deutschen Hochadels empfiehlt,[337] waren lange vor 1933 an diesen Schaltstellen einstudiert worden.

Hitlers eigene Kontakte zu adligen und bürgerlichen Mitgliedern der Oberschicht wurden bereits zu Beginn seiner politischen Laufbahn in den Häusern einzelner Gönner hergestellt. Neben der Familie des Pianofabrikanten Bechstein wurden Hitler solche Verbindungen, darunter etwa das folgenreiche Treffen mit Emil Kirdorf, im Salon Elsa Bruckmanns vermittelt. Die Frau des Münchener Verlegers Hugo Bruckmann war eine geborene Prinzessin Cantacuzène und stammte aus einer Familie des rumänischen Hochadels.[338] Als man im Salon der Bruckmanns in „Sorge über die psychologische Auswirkung des Erfolges bei Hitler" geriet,[339] hatte sich dieser der erträumten Steuerung längst entzogen. Als Mittelsmann für den Kontakt zwischen Hitler und Kirdorf hatte Karl Prinz zu Löwenstein, der Vorsitzende des rechtsradikalen *Nationalklubs*, eine Rolle gespielt.[340] Das Berliner Haus der Bechsteins blieb bis zur Machtübertragung von Bedeutung – Helene Bechstein, die Hitler in seinen Jahren als „Trommler" auch finanziell unterstützt hatte, war im Januar 1931 Gastgeberin des erwähnten Treffens, bei dem Hitler in einem Kreis von fünfzehn Personen mit Großgrundbesitzern aus renommierten preußischen Familien zusammentraf.[341]

Prominente Nationalsozialisten, darunter Hermann Göring, der als ehemaliger Kommandeur des berühmten Jagdgeschwaders Richthofen über Adelskontakte bis zum preußischen Kronprinzen verfügte, die durch seine erste Ehefrau erheblich vermehrt wurden,[342] schufen weitere Verbindungen zum

---

[337] FROMM, Hitler, S. 110-116 (über einen Empfang bei Vizekanzler Papen im März 1933) und 147 (Zitat).
[338] Zur Einführung Hitlers in „die Gesellschaft" vgl. KERSHAW, Hitler 1889-1936, S. 236-243; WEIDMÜLLER, Berliner Gesellschaft, S. 190f. und die verstreuten Hinweise bei FEST, Hitler, S. 199, 240, 323, 332, 353, 417 und TURNER, Großunternehmer, S. 76-80.
[339] Eintrag Ulrich v. Hassell vom 10.10.1938, in: HASSELL, Tagebücher, S. 58.
[340] MÜLLER (1966), S. 299-301 und Henry A. TURNER, Emil Kirdorf und die NSDAP, in: Ders., Faschismus und Kapitalismus, S. 60-86, hier S. 67; FEST, Hitler 1889-1936, S. 373f.
[341] ARNIM, Arnim-Boitzenburg, S. 275f. Anwesend waren hier u. a. Dietlof Graf v. Arnim-Boitzenburg, Wilhelm v. Oppen-Tornow und Carl-Hans Graf v. Hardenberg-Neuhardenberg.
[342] JONAS, Kronprinz, S. 211f. Die Schwester von Görings erster Frau Carin v. Kantzow war mit Wichard Graf v. Wilamowitz-Moellendorf verheiratet, was Göring für weitere direkte Zugänge zum Adel prädestinierte. Vgl. dazu die Memoiren seiner Schwägerin Fanny GRÄFIN V. WILAMOWITZ-MOELLENDORFF (1936), S. 217-232.

Adel. Im August 1931 faszinierte ein zweistündiger Vortrag Hitlers im Hause Göring die Zuhörer Rüdiger Graf v. d. Goltz, Leopold v. Kleist, Hjalmar Schacht und Magnus v. Levetzow derartig, daß „der Kreis ergriffen und beeindruckt noch eine Weile im Schweigen verharrte."[343] Göring und die Strasser-Brüder verkehrten wiederum im Salon, den Oskar v. Arnim-Burow mit seiner bürgerlichen Frau aus einer reichen Frankfurter Familie in der Berliner Dahlmannstraße unterhielt.[344]

Spätestens 1930 wurde der Salon einer Neuadligen die wohl wichtigste „gesellschaftliche" Schaltstelle zwischen altem Adel und Nationalsozialismus: das Haus v. Dirksen in Berlin-Tiergarten. Viktoria Auguste v. Dirksen, Tochter aus einer nobilitierten Danziger Familie, war die zweite Frau des 1928 gestorbenen Gesandten Willibald v. Dirksen und Schwiegermutter des antisemitischen Diplomaten Herbert v. Dirksen, der zwischen 1928 und 1939 die Botschafterposten in Moskau, Tokio und London bekleidete. Der Salon im pompösen Palais, den die Familie in der Berliner Margaretenstrasse besaß, war bereits vor 1918 ein Schnittpunkt der Potsdamer und Berliner Hofgesellschaft. Nach dem Krieg versammelte sich in diesem Salon, der stets eine politische, scharf antirepublikanische Ausrichtung behielt, ein erheblicher Teil der „alten Gesellschaft". In den späten 1920er Jahren öffnete die Witwe, die Hitler bereits 1923 unterstützt hatte, ihr Haus den Spitzen der NSDAP, die hier erfolgreich um prominente Vertreter aus dem niederen und hohen Adel warben. „Die alte Dame hat einen Narren an mir gefressen und will gleich durch mich alle Welt bekehren lassen", notierte Joseph Goebbels im Februar 1930.[345] Der Erfolg dieser Bemühungen blieb nicht aus. Einen Eindruck von der hier geleisteten Zusammenführung vermittelt das Protokoll über ein Treffen im November 1931. Anwesend waren u. a. Hermann Göring, Joseph Goebbels, Marie Adelheid Prinzessin zur Lippe (NSDAP-Mitglied seit dem 1.5.1930), Viktor Prinz zu Wied mit Ehefrau (Parteimitglieder seit dem 1.1.1932), der DAB-Leitartikler Walther Eberhard Frhr. v. Medem, die Parteigenossen August Wilhelm Prinz v. Preußen, der Bankier August Frhr. v. d. Heydt und Oberst a. D. Leopold v. Kleist als Vertreter Wilhelms II.[346] Mitglieder des alten Adels trafen in diesem Salon, den Insider der Berliner Gesellschaft als „gesellschaftlichen Mittelpunkt der nationalsozialistischen Bewegung" einschätzten, mit den prominentesten NS-Führern zusammen. Hitler, Göring und Goebbels sprachen hier mit dem Berliner SA-Chef Wolf Heinrich Graf v. Helldorf und Angehörigen des Hohenzollernhauses. Prinz „Auwi" präsentierte sich im Hause Dirksen in brauner Uniform, er und sein Sohn Alexander – Parteigenosse auch er – wurden hier „in Hitlers Lehre einge-

---

[343] Magnus v. LEVETZOW an Fürst v. Donnersmarck 28.8.1931, in: Granier, Levetzow, S. 300.
[344] Clara VON ARNIM, Der grüne Baum, S. 192-198. Als Kontaktleute der *Schwarzen Front* wurde das Ehepaar Arnim 1938 verhaftet.
[345] Joseph GOEBBELS, Eintrag vom 20.2.1930 (= Hg. v. Ralf Georg Reuth, Bd. 2, S. 460).
[346] Protokoll des Treffens am 21.11.1931 bei GRANIER, Levetzow, S. 293. Angaben zu den Parteibeitritten nach BAB (BDC), Slg. Schumacher.

12.1.) Katalysatoren der Annäherung –NS-Salons

führt".³⁴⁷ Jahrelang vermittelte die Witwe, deren Bruder Karl August v. Laffert der SS angehörte, „zwischen den Nationalsozialisten und der alten Hofpartei".³⁴⁸ Bereits Ende 1933 hatte der Salon der „alten Hexe", wie sie nun genannt wurde, offenbar seine einstige Bedeutung verloren, die in den entscheidenden Monaten der Machtübertragung zwischen August 1932 und Januar 1933 erneut gewachsen war. Salons dieser Art boten den Schachzügen einzelner Personen der sprichwörtlichen „Kamarilla" um Hindenburg das geeignete Forum. Das Haus der Dirksens spielte für die Verknüpfung von Einzelpersonen, so etwa beim Arrangement der folgenreichen Begegnung zwischen Hitler und dem „in der Verfassung nicht vorgesehenen Sohn des Reichspräsidenten" am 22. Januar 1933 noch immer eine Rolle.³⁴⁹

Neben ihrer Leistung, zwei sozial weitgehend voneinander getrennte Welten zu verbinden, erfüllten die NS-Salons eine weitere Funktion. Als „Salonspionage" bezeichnet Bella Fromm den Versuch, über meist weibliche NS-Anhänger in den Salongesprächen Stimmungslagen und Herrschaftswissen der Funktionseliten auszuloten und weiterzugeben. Daß für diese Aufgabe vielfach adlige Vertrauensleute ausersehen wurden, ist überaus einleuchtend.³⁵⁰

Eine „mobile" Schnittstelle entstand durch die Aktivitäten der zweiten Ehefrau Wilhelms II., Hermine Prinzessin v. Reuß, die bei ihren Deutschlandaufenthalten in den wichtigsten Zirkeln der politischen Rechten verkehrte. Offenbar nahm sie 1929, am Rande des Nürnberger Parteitages, Kontakt mit der NSDAP-Führung auf.³⁵¹ Der Zeitpunkt ihrer ersten Begegnung mit Hitler ist unklar, gut dokumentiert ist hingegen ein Treffen mit Hitler im Salon der Baronin Tiele-Winckler im November 1931. In Anwesenheit der „Kaiserin", Görings und der adligen Chefberater Wilhelms II. hielt Hitler einen mehrstündigen Monolog, in dem er seine Absicht darlegte, „alle Novemberverbrecher […] öffentlich strangulieren" zu lassen. Der Vortrag begeisterte Gastgeberin und Gäste gleichermaßen, die Ehefrau des Kaisers äußerte sich positiv über den „sympathisch[en]" Hitler, „auch über seinen guten und geraden Gesichtsausdruck und seine guten Augen und ihren Ausdruck ohne Falsch". Erfreut über das Ergebnis des Treffens faßte Magnus v. Levetzow seine Eindrücke

---

347 WEIDMÜLLER, Berliner Gesellschaft, S. 188f., PREUßEN, Hohenzollern, S. 316f. Vgl. die Angaben bei REIBNITZ (1929), S. 63ff. („Mittelpunkt") 181-184, 202ff.; REIBNITZ (1933), S. 201 („eingeführt"); die Nationalsozialistin HADELN, S. 74f.; den Diplomaten PULITZ, S. 218 und Papens Mitarbeiter TSCHIRSCHKY, S. 130f.
348 FROMM, Hitler, S. 72f., 80f., 164.
349 Viktoria v. DIRKSEN an Kurt v. Schleicher, 28.9.1932: BAMA, N 42, Nr. 22, Fol. 190f. Zu Hitlers Gespräch unter vier Augen mit Oskar v. Hindenburg im Hause Ribbentrops s. WINKLER, Weimar, S. 580 und TURNER, Hitlers Weg, S. 100-116.
350 FROMM, Hitler, v. a. S. 137, 148, 194. Fromm nennt u. a. Edit v. Coler, Walli v. Richthofen, Baronin v. Heyden-Rynsch, Josias Erbprinz zu Waldeck und Pyrmont sowie Fürst Bentheim und seine Frau.
351 Zu ihren frühen Aktivitäten s. die Artikelserie der Welt am Abend (Berlin), 29.6., 30.6, 1.7., 2.7., 4.7. und 15.7.1927. Vgl. dazu GUTSCHE, Kaiser, S. 106-108; PREUßEN, Hohenzollern, S. 163-166.

von Hitler in einem Brief an Fürst v. Donnersmarck zusammen: „Er war gut im Tellerchen, Donnerwetter nochmal."[352]

Die Stellen, an denen sich das entre-nous Milieu der Gesellschaft politisch und stilistisch nach rechts außen öffnete, wurden zahlreicher und größer. Im Dezember 1932 beschrieb Bella Fromm eine eher „bunte als vornehme Gesellschaft", die auf dem Wohltätigkeitsball des „Cecilenwerks" zusammenkam und den Hochadel mit Magdalena Goebbels zusammenführte.[353] Fromm, die sich als Gesellschafts-Kolumnistin mit großbürgerlichem Hintergrund in der Berliner Gesellschaft vorzüglich auskannte, nach rechts über persönliche Kontakte bis zu Schleicher und Papen verfügte und als Jüdin die Veränderungen im gesellschaftlichen Fluidum mit besonderer Schärfe beobachtete, hat in ihrem Tagebuch die großen Umwälzungen in Form von anschaulichen Miniaturen und Momentaufnahmen gebannt. Durch die Gesprächsgruppen ausländischer Diplomaten und der alten Potsdamer Gesellschaft schritten neben Graf Helldorf und Prinz „Auwi" in SA-Uniform immer häufiger Mitglieder des alten Adels in immer offensiverer Zurschaustellung ihrer nationalsozialistischen Sympathien. In ihrer Skizze über eine Ansammlung „kleiner Widerwärtigkeiten" gab Fromm im Dezember 1932 zu Protokoll: „Es war entmutigend zu sehen, wie viele neue Freunde dem Nationalsozialismus aus den Reihen des alten Adels erwachsen sind."[354] Fromms Schilderungen erinnern an die Darstellung Hannah Arendts über die Empfänge in den Pariser Salons zur Zeit der Dreyfus-Affäre. Für die französische Hauptstadt des fin-de-siècle beschreibt Arendt ein Muster, das „nach dem Weltkrieg zur Regel wurde: Die Heldenverehrung der Gangster von Seiten der Elite, die Bewunderung jeglicher Grausamkeit, das Bündnis schließlich aller Deklassierten auf der Grundlage des Ressentiments oder der Verzweiflung."[355] Zu den äußeren Merkmalen dieses Bündnisses zählte der Kotau, der noch 1933 in allen Adelsverbänden vollzogen wurde.

12.2.) Die Selbstgleichschaltung der Adelsverbände

Parallel zur Eintrittswelle in die NSDAP, die noch näher zu betrachten ist, schwappte 1933 eine Flut adliger Ergebenheitsadressen an die neuen Machthaber über das Land.[356] Den symbolischen Gipfel adliger Anbiederungen

---

[352] Schilderung des Treffens vom 18.11.1931, abgedruckt bei GRANIER, Levetzow, S. 312-317.
[353] FROMM, Hitler, S. 81f.
[354] FROMM, Hitler, S. 77f., über einen Ball des „Auslandsbundes deutscher Frauen" in Berlin (Eintrag vom 16.12.1932).
[355] ARENDT, Elemente, S. 195. Vgl. dazu Claude-Isabelle BRELOT, Entre nationalisme et cosmopolitisme: les engagements multiples de la noblesse, in: La France de l'Affaire Dreyfus. Sous la direction de Pierre Birnbaum, Paris 1994, S. 339-361.
[356] Aus Mecklenburg vgl. die Erklärung des Vorsitzenden des Verbandes der mecklenburgischen Ritterschaft, Emil v. Buch-Wendorf-Zapkendorf, 21.10.1933 an Gauleiter und Reichsstatthalter Hildebrand, zit. bei NIEMANN, Grossgrundbesitz, S. 276.

12.2.) Die Selbstgleichschaltung der Adelsverbände

lieferte auch hier die DAG. Der Kotau, den Fürst Bentheim im Namen der DAG-Führung inszenierte, erfolgte frühzeitig und bedingungslos. Die Hoffnung der DAG-Führung, die DAG als staatlich anerkannte ‚Elite'-Formation in die Führungsgremien des neuen Staates integrieren zu können, wurde durch Fürst Bentheim im Juni 1933 Hitler persönlich vorgetragen. Bentheim wünschte sich für die DAG den Status einer Körperschaft öffentlichen Rechts. Staatliche Organe sollten Druck auf adlige Nichtmitglieder ausüben und die DAG-Mitgliedschaft als unabdingbare Voraussetzung der Zugehörigkeit zum Adel rechtlich fixiert werden. Hitler hatte Bentheim durch äußerst vage Zusagen, die Bentheim wenig später in geschönter Form den „Landesführern" und Fürst Löwenstein referierte, Hoffnungen gemacht, die später durch seine Staatssekretäre wiederholt wurden. Bentheim glaubte sich „[dem großen] Ziel, das uns seit hundert Jahren verloren ist", zum Greifen nahe: „daß der Adel wieder politischer Stand wird." Bentheim versprach Hitler feierlich, nach einer großen „Säuberungsaktion" werde er den „gereinigten deutschen Adel" dem NS-Staat uneingeschränkt „zur Verfügung zu stellen"[357]

Die bereits beschriebene Verschärfung des Arierparagraphen trat mit einer Satzungsänderung am 12.9.1933 in Kraft und führte nun zur „Ausscheidung" von weit über 100 Mitgliedern aus den Reihen der DAG. Gleichzeitig wurde der DAG-Hauptvorstand um fünf prominente Nationalsozialisten ergänzt, die hohe und höchste SA-Ränge bekleideten.[358] Die DAG bildete damit die symbolische Spitze einer breiten Bewegung im Adel, die sich wiederum eingliederte in den nunmehr überall in Fahrt kommenden Versuch, „dem Führer entgegenzuarbeiten".[359] Für die DAG-Führung können Geschwindigkeit und Radikalität dieser Selbstgleichschaltung ebensowenig erstaunen wie die kriecherischen Noten, die Bentheim u. a. nach den Röhm-Morden und dem Attentat des 20. Juli 1944 an Hitler sandte.[360] Die Naivität, mit der die Männer der DAG-Führung „Hitlers Stiefel leckten", wie Erwein Frhr. v. Aretin formulierte,[361] war die konsequente Fortführung des seit Jahren gesteuerten Kurses – erstaunen kann hier allenfalls, daß diese Haltung bis 1945 keine erkennbare Korrektur erfahren hat.

Erstaunlicher ist die Geschwindigkeit, mit der die zuvor hartnäckig aufrechterhaltene Gegenlinie im bayerischen DAG-Landesverband zusammen-

---

[357] Vgl. BENTHEIM an Löwenstein 12.10. und 2.12.1933 in: BayHStA, GKE, Nr. 6 und den offenen Brief BENTHEIMs an Hitler 12.9.1933, in: DAAM, LAB, Bd. 6, Hft. ‚Adel und NS'.
[358] Es handelte sich hierbei um Achim v. Arnim-Cunersdorf, Georg v. Detten, Dietrich v. Jagow, v. Rochow und den Reichssportführer Hans v. Tschammer und Osten. Alle fünf waren SA-Führer, Detten und Tschammer als Gruppenführer, Rochow im Rang eines Obergruppenführers. Vgl. Walter v. Bogen, Der neue Weg der DAG (undatierter Druck, ca. 1934, in: DAAM, LAB, Bd. 6, Hft. ‚Adel und NS'. Bogen hatte damit gerechnet, daß die „Ausscheidung" von ca. 1,5% der DAG-Mitglieder nötig sein würde.
[359] Titel des letzten Kapitels bei KERSHAW, Hitler 1889-1936, v. a. S. 665-667.
[360] KLEINE, Adelsgenossenschaft, S. 117-139. Über die Mordaktionen des 30.6.1934 äußerte BENTHEIM „restlose Bewunderung", am 27.7.1944 distanzierte er sich öffentlich von dem „verruchten Verbrechen". Vgl. DAB 7.7.1934, S. 505 und DAB Juli 1944, S. 50.
[361] ARETIN, Krone, S. 350.

brach. Eine weitgehende Gleichschaltung wurde mit dem Rücktritt der Vorsitzenden Leonrod und Drechsel bereits im Mai 1933 vollzogen.[362] Erwein Frhr. v. Aretin und Franz Frhr. v. Gebsattel waren zu diesem Zeitpunkt bereits von der Gestapo verhaftet und mit der *Gäa* eine der wichtigen Schaltstellen des süddeutschen Adels zerschlagen worden.[363] In der Mischung aus kraftlosem Rückzug und Gesten der Anpassung scheint der Landesverband schnell in der Bedeutungslosigkeit versunken zu sein. Fürst Öttingen, der mit Fürst Bentheim in betont freundschaftlichem Ton verkehrte, erklärte immer wieder, in den „grundsätzlichen Fragen [...] ganz auf dem gleichen Boden" wie sein westfälischer Standesgenosse zu stehen.[364]

Ähnliches gilt für die katholischen Adelsverbände. Auf der Ebene der Verbandsführung fehlte hier bereits Ende 1933 die Kraft – möglicherweise auch der Wille – sich dem NS-freundlichen Kurs Fürst Bentheims offen entgegenzustellen. Bentheim, der in einem aufsehenerregenden Aufruf „An den reinblütigen deutschen Adel" seine Standesgenossen ultimativ zur Einreichung ihrer Ahnennachweise aufgefordert und die „Blutsreinheit" endgültig zum Kriterium der Adelsfähigkeit erklärt hatte,[365] erhielt drei Monate später das Plazet der katholischen Adelsverbände. Alois Fürst zu Löwenstein, Vorsitzender der bayerischen *Genossenschaft katholischer Edelleute* und des *Hauptausschusses der katholischen Adelsverbände*, gab seinen Standesgenossen an prominenter Stelle „den Rat, der Aufforderung des Adelsmarschalls zu entsprechen." Nach allem, was sich über die Haltung der führenden Adelsgruppen des katholischen Adels in Süddeutschland rekonstruieren läßt, muß Bentheims schroffe Forderung, den „reinblütigen" Adel „als wertvolles Glied der Volksgemeinschaft unserem Führer Adolf Hitler für die Volk und Reich aufbauende Arbeit zuzuführen", bei ihrer Debatte im Hauptausschuß der katholischen Verbände auf erheblichen Widerspruch gestoßen sein. An die Öffentlichkeit gelangten diese Widersprüche nicht. Löwensteins o. g. „Rat", der im Organ der katholischen Adelsverbände in Süddeutschland abgedruckt wurde, stützte sich explizit auf einen im *Hauptausschuß* einstimmig gefaßten Beschluß.[366]

---

[362] ÖTTINGEN 11.5.1934. Neue „Landesführer" wurden Ludwig v. Holnstein und Marcel v. Schack, letzerer war „Hofmarschall" des nationalsozialistischen Herzogs v. Sachsen-Coburg-Gotha und NSDAP-Mitglied: DAAM, LAB, Bd. 2, Hft. ‚33/34'.

[363] ARETIN, Adel, S. 556-560.

[364] Vgl. dazu Themen und Tonlage der Sitzung der Bezirksgruppen Niederbayern und Oberpfalz, 11.6.1939, in: DAG, LAB, Bd. 1, Hft. ‚Hauptgeschäftsstelle 39/44', die „der machtvollen Persönlichkeit des Führers" huldigte und Fürst Öttingen an Fürst Bentheim, 16.11.1936, in: DAAM, LAB, Bd. 6, Hft. ‚Aufrufe des Adelsmarschalls'.

[365] BENTHEIM, An den reinblütigen deutschen Adel, in: DAB, 14.9.1932.

[366] Aufruf („Bekanntgabe") Löwensteins vom 20.11.1933 in: Mitteilungen der Genossenschaft katholischer Edelleute in Bayern und des Vereins katholischer Edelleute Südwestdeutschlands, 3.12.1933, S. 1.

12.2.) Die Selbstgleichschaltung der Adelsverbände

Bereits einige Monate zuvor hatte der *Verein der deutschen Standesherren*, der seine Selbstgleichschaltung im Sommer 1933 organisierte, eine Kursänderung vollzogen. Das äußere Zeichen dafür war der Rücktritt des bayerischen Fürsten v. d. Leyen, der „wegen seines Alters" als Präsident des Vereins zurücktrat. Sein Nachfolger wurde Fürst Bentheim, der seinen autoritären Führungsanspruch bereits in der Antrittsrede anmeldete und per Akklamation zum neuen Vorsitzenden bestimmt wurde. Die Versammlung, bei der 37 Chefs standesherrlicher Häuser anwesend waren, verabschiedete ein Telegramm an Hindenburg und Hitler, das „dem Herrn Reichskanzler ehrfurchtsvolle Grüsse" entbot und gelobte, die standesherrlichen „Kräfte im Dienste des wiedererwachten Vaterlandes nutzbar zu machen."[367] Die Politik des Standesherren Bentheim war darauf ausgerichtet, den Verein als bloße Zweigstelle der DAG handlungsunfähig zu machen. Als Schaltstelle, in der weiterhin versucht wurde, die Leistungsfähigkeit des Großgrundbesitzes zu belegen, bestand der Verein nach 1933 fort, verlor jedoch durch den Rückzug der katholischen Standesherren, die sich Bentheims Diktatur in den Adelsverbänden nicht unterwarfen, die Grundlagen zur Fortführung einer politischen Gegenlinie.[368]

Die nationalsozialistische Minderheit im katholischen Adel erlebte nun ihre Sternstunde und trat mit programmatischen Aufrufen und Reden hervor. Charakteristisch für die im katholischen Adel inszenierte Welle waren die Reden der Grafen Eugen v. Quadt und Kuno v. Dürckheim. Offen sprachen die Grafen über ihre einstigen Ressentiments gegen die NS-Bewegung und riefen dazu auf, den neuen Staat nunmehr rückhaltlos zu unterstützen.[369] Graf Dürckheims Plädoyer für eine Kooperation mit der SS steht für den Rückhalt, den das 1938 tatsächlich zwischen DAG und SS abgeschlossene Abkommen über gemeinsame Ehrenbestimmungen auch im katholischen Adel fand.[370]

Parallel zu den Aufrufen einzelner Adliger wurde noch 1933 eine Organisation geschaffen, die den Anpassungsprozeß des katholischen Adels katalysieren sollte: die „Arbeitsgemeinschaft katholischer Deutscher" (AKD). In Übereinstimmung mit den vor 1933 etablierten Mustern waren in der Führung

---

[367] Protokoll der Generalversammlung in Frankfurt a. M., 17.6.1933, in: LHAW-AW, Rep. H Stolberg, Kam. Ilsenburg, Y1, Bd. 1, Fol. 278-285 und in: FFAD, Kab. Sekr., Verein d. dt. Standesherren.

[368] Vgl. die beiden Berichte an den Erbprinzen zu Stolberg-Wernigerode über Tagungen der Standesherren, 10.9.1935 und Juni 1937, in: LHAM-AW, Rep H Stolberg, Kam. Ilsenburg, Y 28a und ebd., Y1, Bd.1.

[369] Eugen GRAF V. QUADT-ISNY, Der Adel im 3. Reich. Vortrag am 12.4.1934 in München vor ca. 130 Adligen. Text in: DAAM, LAB, Bd. 6, Hft. ‚Adel und NS'. Vgl. die zustimmende Zusammenfassung von Fürst ÖTTINGEN in: DAAM, LAB, Bd. 2, Hft. ‚33/34'. Der zu dieser Veranstaltung eingeladene Heinrich Himmler hatte sich kurzfristig entschuldigen lassen. Graf v. Quadt (1887-1940), führendes BVP-Mitglied und bayerischer Wirtschaftsminister, wurde 1933 Mitglied und MdR der NSDAP und war 1935 SS-Hauptsturmführer. Dürckheim (Jg. 1875) war bereits seit dem 1.9.1932 NSDAP-Mitglied.

[370] DÜRCKHEIM, Nationalsozialismus und Adel (Herbst 1935), in: DAAM, LAB, Bd. 2, Hft. ‚35/36'.

dieser Organisation neben Franz v. Papen v. a. westfälische und schlesische Adlige vertreten.[371] In seinem Vortrag über „die Aufgaben des katholischen deutschen Adels im Dritten Reich", rief der junge Geschäftsführer der AKD, Dr. Roderich Graf v. Thun und Hohenstein,[372] seine ca. 60 adligen Zuhörer auf, im „katholischen Volksteil" die „rückhaltlose Mitarbeit am Nationalsozialismus zu vertiefen". Thun, der sein „blindes Vertrauen in den Führer" betonte, bemühte sich in seinem Referat um den schwierigen Nachweis, daß es zwischen Gottfried Feders Parteiprogramm und dem katholischen Glauben keinerlei Differenzen gab. Wo diese auftraten, seien sie von „reaktionären" Kräften inszeniert. Für den katholischen Adel habe Hitlers „Abwehrschlacht gegen Osten" eine vergleichbare Bedeutung wie die Siege gegen die Hunnen und die Türkenabwehr vor Wien. Die Zögerlichen verwarnend, sprach der junge Graf von einer „nie mehr wiederkehrenden Gelegenheit zur Bewährung für den katholisch-deutschen Adel." Das Protokoll verzeichnet das zustimmende Plädoyer von sieben westfälischen Adligen mit der Forderung, der katholische Adel solle sich geschlossen hinter den Führer stellen.[373]

Wenige Monate nach der Machtübertragung war somit auf der Ebene der Adelsverbände keine Institution mehr vorhanden, der die Koordination einer adligen Opposition gegen das NS-Regime zuzutrauen gewesen wäre. Eine solche konnte sich fortan nur noch auf die unzerstörten Netzwerke adliger Familien und Bekanntschaften stützen.

12.3.) Wege in die Bewegung – Biographische Skizzen

Die vorherigen Kapitel haben gezeigt, daß die stärksten Impulse zur Radikalisierung von den wirtschaftlich bedrängten sozialen „Rändern" des Adels ausgingen. In Übereinstimmung mit diesem Prozeß ist der ruinierte Kleinadlige, der in der NS-Bewegung neben ideologischem Halt auch neue soziale Perspektiven suchte und fand, der zweifellos häufigste Typus unter den Adligen, die vor 1933 in die NSDAP eintraten. Anhand von Beispielen aus dem niederen und hohen Adel werden im folgenden für diesen Typus charakteristische Lebensbahnen skizziert, bevor ein vergleichender Blick auf die Grandseigneurs zu werfen ist.

---

[371] Führend beteiligt waren u. a. Franz v. Papen, Roderich Graf v. Thun, Ferdinand Frhr. v. Lüninck, Hermann v. Detten, Carl Wolfgang Graf v. Ballestrem, Hans v. Savigny (Schriftstücke zur AKD in: BayHStA, GKE, Bd. 6). Zur AKD vgl. den Artikel in der Kreuzzeitung vom 5.4.1933 und JONES, Conservatives, S. 83 und LOB, Schmitt, S. 190-194.

[372] Zu Graf v. Thun, geb. 1908, s. LOB, Schmitt, S. 341. Thun wurde am 2.7.1934 kurzzeitig verhaftet und trat 1937 in die NSDAP ein: BAB (BDC), Roderich Graf v. Thun, 30.1.1908.

[373] Vortrag GRAF THUNs auf der Generalversammlung des Rheinisch-Westfälischen Vereins katholischer Edelleute am 24.1.1934, in: BayHStA, GKE, Bd. 6 und in WAAM, Nl. Lüninck, Nr. 809. Ihre Zustimmung gaben Friedrich Prinz zu Solms-Braunfels, Dietrich Frhr. v. Nagel, der Vereinsvorsitzende Meinulf v. Mallinckrodt, Stephan Graf v. Spee, Josef Graf v. Plettenberg und ein Frhr. v. Wrede zu Protokoll.

12.3.) Wege in die Bewegung – Biographische Skizzen

Der Typus des kleinadligen Verlierers von 1918, dem über die NS-Bewegung der soziale Wiederaufstieg gelingt, findet sich idealtypisch im Lebenslauf des fränkischen Barons Kurt Frhr. v. Löffelholz-Colberg. Der Major a. D. hatte sein bescheidenes Vermögen 1931 bei einem Immobiliengeschäft verloren. Seit 1922 in der „Bewegung" aktiv, bewarb er sich vergeblich innerhalb der NS-Organisationen um eine bezahlte Stellung und studierte im Alter von fast 60 Jahren Medizin in der Hoffnung, später als Landarzt arbeiten und seine vierköpfige Familie ernähren zu können. Der rasante Aufstieg des mittellosen Familienvaters, der bereits im Dezember 1933 zum Oberregierungsrat im Reichsarbeitsministerium avancierte, ließe sich ohne den Bonus des alten Kämpfers nicht erklären.[374]

Ludolf v. Alvensleben kehrte aus dem Weltkrieg als neunzehnjähriger Leutnant zurück. Nach dem Engagement in einem Freikorps übernahm er 1919 das westpreußische Gut seines Vaters. Vier tiefe Einschnitte zerbrachen die „standesgemäße" Lebensbahn: Der Verlust des Gutes an den polnischen Staat, der Verlust der gezahlten Entschädigung in der Inflation, ein schwerer Verkehrsunfall mit jahrelanger Rekonvaleszenzphase und schließlich der Konkurs eines Automobilgeschäftes, das der entlassene Offizier in Danzig aufgebaut hatte. Der soziale Wiederaufstieg gelang schließlich durch den im Juni 1932 erfolgten Eintritt in die SS, der Alvensleben eine Karriere als Adjutant des sächsischen SA-Gruppenführers und späteren „Reichssportführers" Hans v. Tschammer-Osten ermöglichte.[375]

Ähnlich verlief die politisch-soziale Karriere Alexander v. Woedtkes, ein in der Kadettenanstalt erzogener Offizier, der sich nach dem Krieg auf einem hochverschuldeten Gut seiner Familie in Pommern niedergelassen und mit seinen Schwestern den Aufbau einer Geflügelzucht versucht hatte, bis das Familiengut 1929 durch Zwangsversteigerung verloren wurde. Einige Monate später trat v. Woedtke in die NSDAP ein und fand seit 1931 eine offenbar hauptberufliche Verwendung als SS-Führer. Auch in diesem Fall gelang der Aufstieg vom ruinierten Geflügelzüchter zum SS-Oberführer und Polizeipräsidenten über das ‚rechtzeitige' Engagement für die Bewegung.[376]

Unter den bekannteren SS-Führern aus dem alten Adel[377] nahm die Karriere Erich von dem Bach-Zelewskis, der es im NS-Staat zum SS-Obergruppenführer und zum Chef der SS-Bandenkampfverbände bringen sollte, einen ähnlichen Verlauf. Bach hatte sich im Alter von 15 Jahren als Freiwilliger an die Front beworben, den Krieg als Leutnant beendet, in ober-

---

[374] BAB (BDC), PA: Kurt Frhr. v. Löffelholz-Colberg.
[375] Selbstdarstellung im Schriftwechsel mit Heinrich Himmler von 1940, in: BAB (BDC), PA: Ludolf v. Alvensleben, 9.8.1899.
[376] Personalakte, u. a. mit Lebenslauf Woedtkes, in: BAB (BDC), PA: Alexander v. Woedtke (2.9.1889), Parteieintritt am 1.9.1930.
[377] Vgl. dazu die Angaben zu den sieben höheren SS-Führern aus dem alten Adel in einem Sample von 47 Personen: Ruth Bettina BIRN, Die Höheren SS- und Polizeiführer. Himmlers Vertreter im Reich und in den besetzten Gebieten, Düsseldorf 1986, S. 330-362.

schlesischen Freikorps gekämpft und die Reichswehr 1924 wegen „nationalsozialistischer Umtriebe" verlassen müssen. Nach verschiedenen Gelegenheitsarbeiten hatte er in Berlin ein Taxiunternehmen aufgebaut und sich schließlich als Landwirt versucht, bevor er über den DVSTB und den Stahlhelm 1930 in die NSDAP und zur SS fand. In der SS machte der ehemalige Offizier eine steile Karriere, die bereits Ende 1933 die Stufe des Brigadeführers erreichte.[378] In den von Ruth Bettina Birn untersuchten Biographien der hohen SS-Führer findet sich dieses Muster mehrfach. Die Entlassung aus der Reichswehr, das Engagement in Freikorps und die scheiternden Versuche in wechselnden Berufen stehen hier für Negativkarrieren, die mit der hauptamtlichen Beschäftigung in SA und SS einen Wendepunkt finden und nach 1933 in steil nach oben verlaufende Karrieren führen. So hatte etwa Friedrich Karl Frhr. v. Eberstein nach seiner Entlassung als Leutnant u. a. ein Reisebüro betrieben, bevor er – Parteimitglied seit 1925 – 1931 in hauptamtlicher Stellung zur SS kam, bereits 1932 Gruppenführer, 1936 Obergruppenführer, 1942 Polizeipräsident in München und 1944 General der Waffen-SS wurde.[379]

Marie Adelheid Prinzessin Reuß zur Lippe, eine Tochter des Prinzen Rudolf zur Lippe ohne eigene Berufsausbildung, wurde im Mai 1930 „Parteigenossin". Zu diesem Zeitpunkt hatte die 35-jährige Prinzessin bereits zwei Scheidungen von zwei Prinzen aus dem Hause Reuß, einen Umzug nach Berlin, „schriftstellerische" Versuche und eine Anstellung als Aufseherin in einer Gelddruckerei hinter sich. Mit ihrem dritten Ehemann, einem bürgerlichen Staatsfinanzrat, hatte sie seit 1926 dem *Nordischen Ring* um Richard Walther Darré und Hans F. K. Günther angehört und sich als Autorin in den Publikationen dieses Kreises betätigt.[380] Aus dem auffallend häufig und auffallend früh in der NSDAP vertretenen Fürstenhaus Lippe gehörte auch der Erbprinz zu den frühen Nationalsozialisten. Das Haus stellte damit das erste Mitglied einer hochadligen Familie, das den Weg in die NSDAP fand: Ernst Erbprinz zur Lippe war noch keine 26 Jahre alt, als er im Mai 1928 der Partei beitrat. Der Prinz, der später persönlicher Referent Darrés wurde, war nach dem Krieg u. a. als Praktikant bei der AEG und in einem großen Berliner Hotel angestellt, was auf eine eher bescheidene Finanzlage und einen Lebenslauf jenseits hochadliger Standards zu verweisen scheint.[381]

---

378 Andrej ANGRICK, Erich von dem Bach-Zelewski. Himmlers Mann für alle Fälle, in: Ronald Smelser/Enrico Syring (Hg.), Die SS: Elite unter dem Totenkopf. 30 Lebensläufe, Paderborn u. a. 2000, S. 28-44. Zu seiner späteren Karriere vgl. GERLACH, Morde, S. 586-589, 917-933, 948-955 und die Dokumentensammlung von Tuviah FRIEDMANN, Haifa 1996 (Institut für Antisemitismusforschung, TU Berlin).
379 Vgl. die Kurzbiographien und die Analyse des Sozialprofils bei BIRN, Polizeiführer, S. 330-362, Angaben zu Eberstein ebd., S. 332.
380 BAB (BDC), PA: Marie Adelheid Prinzessin Reuss zur Lippe, 30.8.1895 (u. a. undatierter Lebenslauf).
381 BAB (BDC), PA: Ernst Erbprinz zur Lippe, geb. 12.6.1902 (handschriftlicher Lebenslauf von 1939).

12.3.) Wege in die Bewegung – Biographische Skizzen

Auch im Lebenslauf des Prinzen Christoph v. Hessen, der Ende 1931, im Alter von 30 Jahren, einen Aufnahmeantrag stellte, scheint lediglich seine Ehefrau – Sophie Prinzessin von Griechenland – auf Elemente einer für den Hochadel typischen Lebensführung zu verweisen. Das Realgymnasium hatte der Prinz ohne Abitur verlassen, eine landwirtschaftliche Hochschule ohne Abschluß. Nachdem es in den 20er Jahren auch in der Familie des Prinzen wirtschaftlich enger wurde und sich die Möglichkeit, eines der väterlichen Güter zu übernehmen, nicht bot, begann der Prinz eine berufliche Irrfahrt, die ihn u. a. als Praktikanten in die Autoschlosserei der Kruck-Werke, eine KfZ-Ausbildung bei den Maybach-Werken und schließlich in eine Versicherungsgesellschaft führte, in der er als „selbständiger Aussenbeamter" in Lohn und Brot stand. Seine Entlassung bei den Maybach-Werken und sein Eintritt in die NSDAP vollzogen sich etwa zeitgleich. Davor hatte sich der Prinz nach eigenen Angaben durch Auftritte als Turnierreiter und Motorradrennfahrer „vor allem sportlich betätigt". Der frühe Eintritt in die Partei sollte sich nach 1933 schnell bezahlt machen: 1936 war der nunmehr 35-jährige Prinz, der nie eine Universität besucht hatte, Ministerialrat, einige Jahre später SS-Oberführer, Ministerialdirektor und Leiter des Forschungsamtes im Reichsluftfahrtministerium.[382]

Adlige, die nach 1918 abrupte Abstürze aus ihrer sozialen Flugbahn erlebten, sich dem Nationalsozialismus zuwandten, um nach 1933 auf steilen Karrierewegen voranzukommen, lassen sich in der Tat als Typus beschreiben, der im hohen und niederen Adel gleichermaßen verbreitet war. Adlige Parteikarrieren zeigen, wie oft die alte Trennlinie zwischen „hohen" und „niederem" Adel, die nicht zuletzt auch eine Reichtumsgrenze markiert hatte, durchbrochen wurde. In der Gruppe der adligen Verlierer, die sich frühzeitig dem Nationalsozialismus anschlossen finden sich Mitglieder des hohen und niederen Adels gleichermaßen. Die sozialen Verhältnisse beider Gruppen ähnelten sich in vielen Fällen, die soziale „Fallhöhe" einzelner Mitglieder aus den Fürstenhäusern war allerdings besonders hoch.

Neben die Lebensläufe dieser Art ist ein zweiter Typus adliger Nationalsozialisten zu stellen, bei denen die Motivation zum Parteibeitritt nicht in wirtschaftlichen Gründen gesucht werden kann. Auch dieser Typus soll mit einigen Beispielen illustriert werden.

Das prominenteste und in seiner Symbolik wichtigste Beispiel bot zweifellos die bereits behandelte SA-Karriere des Kaisersohnes August Wilhelm Prinz v. Preußen. Charakteristisch für diesen Typus wiesen die Lebensverhältnisse des Prinzen, der nach der Auflösung seiner Ehe mit einer holsteinischen Prinzessin (im Jahre 1920) in einer zum Familienbesitz gehörenden Villa lebte, Züge eines rapiden Niederganges auf, ohne daß sich auch von

---

[382] BAB (BDC), PA: Christoph Prinz v. Hessen, 14.5.1901 (u. a. Lebenslauf von 1933).

wirtschaftlicher Bedrängnis sprechen ließe.[383] Die erhebliche Wirkung, welche die hochadlige Dekoration der Bewegung bei Beobachtern aus der Oberschicht entfaltete, illustriert eine Bemerkung des Hugenberg-Beraters Paul Bang im April 1930: „Eine Bewegung, an deren Spitze Prinz August Wilhelm von Preußen marschiert, kann man nicht als national unzuverlässig abtun."[384] Wie die folgenden Beispiele zeigen, handelte es sich bei dieser Karriere nicht um einen spektakulären Einzelfall, sondern um einen Typus.

Philipp Landgraf und Prinz von Hessen, 1896 als Sohn des Landgrafen Friedrich Karl von Hessen und einer Schwester Kaiser Wilhelms II. geboren, war auf einer deutschen Schule in England und auf einem Potsdamer Realgymnasium erzogen worden. Nach Kriegsteilnahme, Abitur und Studium an der Technischen Hochschule in Darmstadt war der Prinz in den 1920er Jahren, nach seiner Selbstdarstellung für die NSDAP-Dienststellen als „Architekt" nach Italien übergesiedelt. Sein Wirkungskreis dürfte dem Zeichenbrett jedoch recht fern gelegen haben: Als Ehemann der Prinzessin Mafalda v. Savoyen war er seit 1925 Schwiegersohn des italienischen Königs. Der Prinz trat der NSDAP bereits am 1.10.1930 bei und wurde im selben Jahr auch Mitglied der SA. Er wurde 1933 zum Oberpräsidenten von Hessen-Nassau, später zum SA-Obergruppenführer ernannt, dürfte dem NS-Staat jedoch v. a. in diplomatischen Missionen nach Italien, so etwa 1938 für Mussolinis Zustimmung zum Anschluß Österreichs nützlich gewesen sein.[385] Nach dem Staatsstreich gegen Mussolini wurde der Prinz noch im Jahre 1943 mit seiner Frau verhaftet und nach Deutschland verschleppt, wo letztere 1944 im KZ Buchenwald bei einem Bombenangriff ums Leben kam.[386] Der Prinz läßt sich durchaus nicht als „schwarzes Schaf" seiner Familie einordnen: Sechs Prinzen von Hessen waren bereits vor 1933 in der NSDAP, bis 1941 lassen sich dreizehn Angehörige des Hauses in der Partei finden, zwei Brüder des hier erwähnten Prinzen Philipp als SA-Obersturmführer und SS-Oberführer.[387] Ein weiteres Mitglied der Familie, Wilhelm Prinz v. Hessen, verheiratet mit Marianne Prinzessin von Preußen und ehemaliger Offizier der Bamberger Reiter, wurde im Mai 1932 Parteimitglied. Der Prinz war zu diesem Zeitpunkt 27

---

[383] BAB (BDC), PA: August Wilhelm v. Preußen, 29.1.1887 (u. a. Lebenslauf und Angaben zu seiner Laufbahn in SA und NSDAP v. 12.4.1942). Ohne Belege datiert GUTSCHE, Kaiser, S. 108, die erste Teilnahme des Kaisersohnes an einem NSDAP-Parteitag auf 1926, den SA-Eintritt auf 1928. Tatsächlich scheint der Kontakt im Frühjahr 1929 hergestellt worden zu sein. Vgl. auch REIBNITZ (1929), S. 155f. und STÜLPNAGEL, S. 326f. Zum Reichtum der Hohenzollernfamilie nach 1918 s. JUNG, Volksgesetzgebung, S. 431-545. Das Gesamtvermögen der Hohenzollern soll sich 1941 auf ca. 84 Mio. Mark belaufen haben (ebd., S. 545).

[384] Paul Bang im April 1930, zit. n. GUTSCHE, Kaiser, S. 126.

[385] Vgl. dazu: Telephongespräch Philipp PRINZ VON HESSENS mit Adolf Hitler am 11.3.1938, in: Ursachen und Folgen, Bd. 11, S. 654f.

[386] BAB (BDC), PA: Philipp Prinz von Hessen, 6.11.1896. Vgl. die Erinnerungen seines Sohnes: Heinrich PRINZ VON HESSEN, Der kristallene Lüster. Meine deutsch-italienische Jugend 1927 bis 1947, München/Zürich 1994, in der die frühe Parteikarriere des Vaters überaus unvollständig geschildert, Reichtum und ‚Kultur' der Familie jedoch sehr deutlich werden.

[387] BAB (BDC), Slg. Schumacher, Nr. 400. GGT, Fü 1942, S. 47ff.

12.3.) Wege in die Bewegung – Biographische Skizzen

Jahre alt und hatte nach dem Krieg ein Studium der Forst- und Landwirtschaft absolviert. Auch er machte als SS-Führer Karriere.[388]

Ähnlich liest sich die bekanntere Biographie Friedrich Christian Prinz zu Schaumburg-Lippes, der im August 1928 als 22-jähriger bei Hitler um die Aufnahme in die Partei gebeten hatte. Der sechste Sohn des regierenden Fürsten war nach dem Abitur einige Semester als Korpsstudent (Jura) in Bonn und hatte in Köln engen Kontakt zu einer geadelten Millionärswitwe, Laura von Oelbermann, die ihn angeblich zum Erben ihres Vermögens machen wollte. Statt dessen heiratete der Prinz 1927 eine Gräfin zu Castell-Rüdenhausen und prozessierte erfolgreich gegen seinen ältesten Bruder um die Verdoppelung seiner Apanage. Ohne eigentlichen Beruf betätigte er sich als „Außenorganisator" eines nationalsozialistischen Verlages, bis ihn Goebbels 1933 zu seinem persönlichen Adjutanten machte. Der umfangreiche Gutsbesitz des ältesten Bruders war nach dem Krieg hoch belastet. Gemessen an den Vorkriegsverhältnissen der einst für ihren Reichtum bekannten Familie[389] mochte die Lebensführung der jüngeren Prinzen stark an Glanz und Luxus eingebüßt haben, die subjektiv nur als massiver sozialer Niedergang erlebt worden sein kann. Als „verarmtes" Strandgut aus dem Hochadel können die Prinzen allerdings nicht gelten. Prinz Friedrich Christian bewohnte 1931 eine Villa am Rhein, konnte sich einen PKW, zwei Hausangestellte und v. a. die Unterstützung des Westmark-Verlages leisten, in dem die regionale NS-Presse erschien.[390] Auch Schaumburg-Lippes älterer Bruder, Prinz Stefan, der seinem Bruder 1930 in die NSDAP gefolgt war und später im diplomatischen Dienst Karriere machte, hatte im Rahmen familiärer Vermögensregulierungen als Agnat bereits vor 1914 Beträge von rund eineinhalb Millionen Mark erhalten. Auch seine früh „bewegte" Ehefrau, eine Tochter des Großherzogs Friedrich August v. Oldenburg, die später zur SS-Heimleiterin avancierte, dürfte als Indikator für erhebliche finanzielle Reserven gelten. Wie sein

---

[388] BAB (BDC), PA: Wilhelm Prinz v. Hessen, geb. 1.3.1905, erster Sohn aus dem Philippsthaler Ast der Familie, seit 1933 mit Marianne Prinzessin v. Preußen verheiratet, Avancement bis zum SS-Hauptsturmführer: GGT, Fü 1942, S. 47ff.

[389] Zu den Vermögensverhältnissen der Familie s. JUNG, Volksgesetzgebung, S. 320-347.

[390] BAB (BDC), PA: Friedrich Christian Prinz zu Schaumburg-Lippe, geb. 5.1.1906. (u. a. Lebenslauf von 1937 und Berichte an den Kölner Polizeipräsidenten von 1931). Da Hitler den Prinzen 1928 gebeten hatte, seinen Beitritt zu verschieben, erreichte er später die Genehmigung, das Datum seiner offiziellen Aufnahme (September 1929) auf den 1.8.1928 zurückzudatieren. Vgl. die in mehrfacher Hinsicht „unverschämte" Autobiographie SCHAUMBURGs: Zwischen Krone und Kerker, Wiesbaden 1952, dort Beschreibung der reichen Fabrikanten-Witwe in Köln, v. a. S. 51f. und 65f. Schaumburg verweist hier mehrfach auf den national*sozialistischen* „Idealismus", der am 30.6.1934 zerschlagen worden sei (S. 179). Bis 1933 traten auch Schaumburgs Ehefrau und drei weitere Mitglieder des Hauses Schaumburg-Lippe der NSDAP bei (BAB (BDC), Slg. Schumacher, Nr. 400).

jüngerer Bruder hatte auch Prinz Stefan die Partei vor 1933 mit hohen Geldbeträgen unterstützt, um deren Rückzahlung er später bat.[391]

Ähnliche Muster finden sich im Lebenslauf eines hessischen Vetters der Prinzen zu Schaumburg-Lippe. Josias Erbprinz zu Waldeck-Pyrmont war nach Gymnasialbesuch und Fähnrichexamen an die Front gekommen. Das Kriegsende erlebte er als Oberleutnant im Alter von 22 Jahren. Nach einer Zeit als Freikorpsoffizier in Berlin und Oberschlesien absolvierte der Prinz eine landwirtschaftliche Ausbildung und einige Semester in diversen Fächern, ohne das Studium abzuschließen. Der Weg nach rechts führte 1923-1927 über eine Mitgliedschaft im Jungdeutschen Orden und weitere Zwischenstufen, die sich nicht rekonstruieren ließen, in die NS-Bewegung. Etwa zeitgleich mit dem Parteibeitritt seiner Frau, einer geborenen Herzogin v. Oldenburg, trat der evangelische Prinz im November 1929 in NSDAP und SS ein, wo ihm als Adjutant und Duzfreund von Sepp Dietrich und Heinrich Himmler ein rasanter Aufstieg gelang. Bereits vor 1933 hatte er den Rang eines SS-Oberführers erreicht. Nach wirtschaftlichen Motiven sucht man hier vergebens und auf die ca. 2.200 Mark Monatsgehalt, die der SS-General während des Zweiten Weltkrieges verdiente, war der vierfache Familienvater durchaus nicht angewiesen. Waldeck bewohnte mit seiner Familie das eindrucksvolle Residenzschloß in Arolsen. Als Erbe von über 5.000 Hektar unverschuldetem Großgrundbesitz, dessen Anerkennung als Erbhof noch 1938 gelang, ist Waldeck bereits erwähnt worden.[392]

Auch im Fall des Erbgroßherzogs Friedrich Franz v. Mecklenburg dürfte sich der Beitritt zu Partei und SS, den der junge Prinz im Mai 1931 als Einundzwanzigjähriger vollzog, kaum mit dem Hinweis auf zerstörte Lebenschancen und soziale Havarien erklären lassen. Der Sohn einer Prinzessin v. Hannover und Enkel der Großfürstin von Rußland hatte das Realgymnasium mit dem Abitur verlassen und in München einige Semester Jura studiert. Karriere machte der „Träger des Winkels für alte Kämpfer" wenig später als SS-Führer, Legationssekretär in Dänemark und persönlicher Referent von Werner Best.[393] Offensichtlich durch entsprechende Signale aus dem Fürstenhaus ermutigt, hatten örtliche NSDAP-Funktionäre die Großherzogin bereits 1931 um ihren Beitritt zur NS-Frauenschaft und das hochadlige Paar um finanzielle und organisatorische Unterstützung der Bewegung gebeten. Zwar ließ der Großherzog die nationalsozialistischen Bittsteller durch sein Hofmarschallamt auf Distanz halten, spendete jedoch zum Weihnachtsfest 1931 „prachtvolle

---

[391] BAB (BDC), PA: Stefan Prinz zu Schaumburg-Lippe (hier u. a. Schreiben des Schaumburgschen Besitzverwalters v. Plettenberg vom 9.6.1944 über die Vermögensverhältnisse in der Familie).

[392] Der Einheitswert des Gutsbesitzes wurde 1938 auf 1,7 Millionen Reichsmark geschätzt. Vgl. den SS-Personalnachweis, den Lebenslauf vom 12.3.1937, sowie die umfangreiche Korrespondenz, u. a. mit Darré und Himmler, in: BAB (BDC), PA: Josias Erbprinz zu Waldeck-Pyrmont, 13.5.1896. Auch die Schwägerinnen Waldecks waren mit hohen SA- und SS-Offizieren aus dem Adel verheiratet.

[393] BAB (BDC), PA: Friedrich Franz Erbgroßherzog v. Mecklenburg, 22.4.1910.

12.3.) Wege in die Bewegung – Biographische Skizzen

Pullover" für „bedürftige" SA- und SS-Männer, um wenig später die Reitbahn im Marstall seines Schlosses dem örtlichen SA-Sturm zur Verfügung zu stellen.[394]

In fast allen der hier rekonstruierten Fälle ging der NSDAP-Mitgliedschaft ein Engagement in anderen Verbänden der Rechten voraus. Die Ablösung von diesen älteren Bindungen und Loyalitäten zum Zeitpunkt des Parteibeitrittes wurde auch im Hochadel oftmals bewußt akzentuiert. Von seinem Wohnsitz in Kärnten, dem Schloß Pitzelstetten, bat der Stahlhelmer Bernhard Prinz v. Sachsen-Meiningen im Herbst 1931 gemeinsam mit seiner Ehefrau die NSDAP-Führung, in der „kerndeutschen nationalen Bewegung" mitwirken zu dürfen. Über die Unmöglichkeit einer parallelen Mitgliedschaft in Stahlhelm und NSDAP belehrt, entschied sich das hochadlige Paar einige Monate später für die NSDAP. Der Prinz, dem es offensichtlich gelungen war, in seiner Lebensführung hochadlige Standards zu erhalten, hatte seinen Beitrittswunsch schriftlich begründet: „Wir sind gewonnen durch das Buch Ihres Chefs: ‚Mein Kampf' und durch die mustergültige Disziplin, welche von Ihrem Führer, Herrn Adolf Hitler, ausstrahlt. [...] Im Herzen gehörten wir Ihnen schon lange, jetzt wollen wir Ihnen auch ganz gehören."[395]

Die Einblicke in einzelne Familien des Hochadels lassen es angezeigt erscheinen, die hier referierte Gesamtinterpretation zu ergänzen, ohne daß diese revidiert werden müßte: Unter den Adligen, die den Nationalsozialismus bereits vor 1933 aktiv unterstützten, gab es neben der Mehrheit der sozialen Verlierer von 1918 eine Minderheit adliger Männer und Frauen aus berühmten Familien des hohen und niederen[396] Adels, die sich weiterhin innerhalb der traditionellen Verkehrs- und Heiratskreise bewegte und sich keineswegs in wirtschaftlich aussichtsloser Lage befand. Wirtschaftlich bedrängte oder ruinierte Adlige stellten somit keineswegs den einzigen Adelstypus in der NSDAP. Selbst wenn man mit dem Parameter der Parteimitgliedschaft auf die im Adel unwahrscheinlichste Form nationalsozialistischen Engagements blickt, ist als Ergebnis festzuhalten, daß diese Unterstützung seit etwa 1930 mitten aus dem sozialen Kern des Adels kam. Diese Beobachtung setzt allerdings nicht die These außer Kraft, daß die Dynamik des hier als Radikalisierung beschriebenen Prozesses von den sozialen Rändern, d. h. den sozial schwächsten Teilen des Adels ausging.

Die hier genannten Beispiele beziehen sich durchgängig auf *Parteieintritte* vor 1933. Diese sind jedoch nur als *eine* Form der Annäherung an den Natio-

---

[394] Schriftwechsel der NSDAP-Ortsstelle Ludwigslust mit dem Hofmarschallamt, Schreiben vom 27.10.1931, 3.1.1932, 22.1.1932 und 15.4.1932, in: MLHA, GHK III, Nr. 1621.
[395] B. Prinz v. Sachsen-Meiningen, 7.11.1931 „an die NSDAP", neben weiteren Unterlagen in: BAB (BDC), PA: Bernhard Prinz v. Sachsen-Meiningen, 30.6.1901.
[396] Zwei charakteristische Beispiele: BAB (BDC), PA: Gottfried Graf v. Bismarck-Schönhausen, 29.3.1901 und ebd., Carl Friedrich Graf v. Pückler-Burghauss, 7.10.1886. Weitere Beispiele im Sample Malinowski/Reichardt.

nalsozialismus zu werten; als Form, die dem adligen Habitus tendenziell entgegenstand und zu der eine Vielzahl von weiteren, quantitativ nicht zu fassenden Formen hinzuzuzählen ist. Nicht wenige der Hochadligen, die erst nach 1933 so „bewegt waren",[397] daß sie der Partei beitraten, dürften diese vorher auch ohne Parteibuch unterstützt haben. Die außerhalb der Partei verlaufende Unterstützung der NS-Bewegung durch reiche Grandseigneurs war in vielen Fällen bedeutender als der Parteibeitritt, ist jedoch nur selten rekonstruierbar.[398] Unter den bereits dargestellten Fällen liefern der DAG-Vorsitzende Fürst Bentheim (Parteibeitritt 1937) und der Präsident des Nationalen Klubs Carl-Eduard Herzog von Sachsen-Coburg-Gotha (Parteibeitritt 1.5.1933), die prominentesten Beispiele.

Der Publizist Dr. Hans v. Arnim, der nicht Parteimitglied geworden war, klassifizierte 1938 in seiner Erklärung vor der Reichsschrifttumskammer die von ihm nach 1918 veröffentlichten Schriften. Vollkommen zutreffend hieß es hier: „Alle diese Beiträge haben das damalige System bekämpft und den Zweck verfolgt, dem nationalen Staat den Weg bereiten zu helfen."[399] Eben dies läßt sich für auch für die „Beiträge" all jener adligen Freikorpsführer, Stahlhelmer, DAG-Mitglieder, DNVP-Redner und Mitglieder in den weitgespannten Netzwerken der „nationalen" Rechten sagen, die den Weg in die Partei aus unterschiedlichen Gründen nicht gingen. Jeder Versuch, die Größe der adligen Minderheit innerhalb der NSDAP zu bestimmen, steht somit auf dem breiten Boden der adligen Mehrheit, die „das System" außerhalb der NSDAP bekämpft hat. Die Anzahl der Adligen, die „dem Dritten Reich und [der] Bewegung durchaus bejahend gegenüber" standen und auch ohne Parteimitgliedschaft als „politisch vollständig zuverlässig" gelten konnten,[400] läßt sich nicht quantifizieren. Es läßt sich allerdings begründet vermuten, daß die große Mehrheit des Adels zu diesem politischen Typus zu zählen ist. Vielfach ist man dort, wo die meist kargen Überlieferungen der NSDAP-Personalakten keine Informationen liefern können und die gutgefüllten Privatarchive des Hochadels der historischen Forschung keine Informationen liefern wollen, auf die Zusammensetzung einzelner Momentaufnahmen angewiesen: Hitler, der im März 1933 den Töchtern des ungewöhnlich reichen NSDAP-Spenders Fürst Ratibor-Corvey die Hände küßt. Der Schwiegersohn Kaiser Wilhelms II., der Herzog von Braunschweig, der einige Monate später

---

[397] So eine spöttische Floskel, die angeblich innerhalb des Adels gebraucht wurde, vgl. C. v. STACKELBERG, Verwehte Blätter. Erinnerungen aus dem Baltikum, Berlin 1992, S. 324.

[398] Ein Beispiel für diesen Typus ist Guidotto Graf v. Henckel Fürst von Donnersmarck (1888-1959), in dessen Haus am Tegernsee sich prominente NS-Führer trafen und der in engem Kontakt zu Magnus v. Levetzow stand. Der Fürst war mit einer Prinzessin zu Sayn-Wittgenstein verheiratet (GGT, Fü 1942, S. 388 und GRANIER, Levetzow, passim).

[399] Angabe im Lebenslauf Hans v. Arnims vom 16.6.1938, in: BAB (BDC), PA: Hans v. Arnim, 12.10.1889.

[400] Gutachten einer lokalen NSDAP-Stelle in Oberbayern an die Gauleitung, Abteilung Politische Beurteilungen, Mai 1939, über den als „Kriegsheld" renommierten Korvettenkapitän a. D. Nikolaus Graf zu Dohna, welcher der NSV als einziger NS-Gliederung angehörte und kein Parteimitglied war. BAB (BDC), PA: Nikolaus Graf zu Dohna-Schlodien, 5.4.1879.

auf einem Empfang des englischen Militärattachés in SA-Uniform erscheint, begleitet von seinem Sohn, dem Prinzen v. Hannover, seinerseits mit einer SS-Uniform bekleidet, lassen zwar kaum Rückschlüsse darauf zu, wieviel innere Überzeugung hinter diesen symbolischen Gesten[401] stand. Zweifellos jedoch waren es Gesten, die erhebliches Aufsehen erregten und im Adel vielfach als Leitsignale verstanden und befolgt wurden.

12.4.) Namen, die keiner mehr nennt – Adlige in der NSDAP

Die bis hier genannten Beispiele sollen nicht den Eindruck erwecken, als sei die Wandlung vom Fürsten zum „Parteigenossen" bereits vor 1933 der Normalfall im Hochadel gewesen. Die aus Herrschaftstradition und Selbstverständnis stammenden inneren Widerstände gegen den Schritt, sich als Prinz oder Prinzessin in die Gefolgschaft des „Massenführers Hitler"[402] einzureihen, dürften besonders hoch gewesen sein. Die große soziale Distanz des Hochadels zum sozialen Rückgrat der NS-Bewegung und ein genereller Reflex gegen das „Parteiwesen" lassen vermuten, daß sich Sympathien für die „Volkspartei mit Mittelstandsbauch" (Jürgen Falter)[403] im Hochadel nur selten in Parteibeitritte umgesetzt wurden. Gerade vor diesem Hintergrund ist jedoch das quantitative Ergebnis beachtenswert, das über die skizzierten Beispielfälle weit hinausgeht.

Nikolaus v. Preradovich hat 1981 anhand einer kurzen Aufzählung etwa 20 Angehöriger des Hochadels darauf hingewiesen, daß „die Nationalsozialisten keinerlei Mangel an Prinzen" gehabt hätten.[404] Die hier dem Vergessen entrissenen Namen, Titel und Karrieren sind erstaunlich, verlieren jedoch dadurch an Aussagekraft, daß die erwähnten Positionen größtenteils deutlich nach 1933 erreicht wurden und sich auch als opportunistische Anpassung deuten ließen. Tatsächlich übertraf die hochadlige Annäherung an den Nationalsozialismus das von Preradovich aufgezeigte Ausmaß allerdings um ein Vielfaches. Eine Zusammenstellung in den Beständen des ehemaligen *Berlin Document-Center* liefert verblüffende Angaben über Ausmaß und Zeitpunkt

---

[401] FROMM, Hitler, S. 115, 145. Vgl. WILAMOWITZ-MOELLENDORFF (1936), S. 229. Vgl. dazu die Porträtphotos von Mitgliedern des Hochadels in NS-Uniformen (Ernst August Prinz v. Braunschweig, August Wilhelm Prinz v. Preußen, Prinz Oskar v. Preußen und sein Sohn Prinz Wilhelm Karl, in: Der KAISER im Bild, S. 68, 150f.

[402] Prinz ROHAN, S. 182. Für die von offener Selbstkritik weitgehend freie Lesart hochadliger und gefürsteter Familien siehe u. a. die oben mehrfach zitierten Autobiographien von SCHAUMBURG-LIPPE, HESSEN, SACHSEN, COUDENHOVE. Die aufrichtigste Darstellung findet sich in dieser Autorengruppe bei DOHNA-SCHLOBITTEN.

[403] FALTER, Hitlers Wähler, S. 13; Michael KATER, The Nazi Party. A Social Profile of Members and Leaders, 1919-1945, Cambridge/Mass. 1983.

[404] Nikolaus v. PRERADOVICH, Regierende Fürsten im Dritten Reich. Die Herrschaftsgeschlechter des Deutschen Reiches und die NSDAP. In: Deutschland in Geschichte und Gegenwart, Heft 2, 1981, S. 28-30, zit. S.30.

der NSDAP-Mitgliedschaft bei den „Angehörigen fürstlicher Häuser".[405] Bis zum Jahre 1941 waren mehr als 270 Mitglieder fürstlicher Häuser in die NSDAP eingetreten – ungefähr 80 davon vor dem 30. Januar 1933. Wie im niederen Adel läßt sich die massive Häufung von Parteibeitritten in einzelnen Familien auch im Hochadel finden. Bei den Eintritten vor 1933 fallen die Häuser Lippe mit 10, Sachsen-Coburg/Sachsen-Meiningen mit 9, Hessen mit 6 und Schaumburg-Lippe mit 5 Familienmitgliedern auf. Auffällig ist zudem der Frauenanteil. Dieser lag bei den ca. 150 Mitgliedern fürstlicher Häuser, die bis Ende 1934 in die NSDAP eintraten, mit ca. 30% ganz erheblich über dem generellen Frauenanteil in der NSDAP, der bis 1933 zwischen 5 und 7,5% schwankte.[406] Bei den Beitritten vor 1933 bewegt sich das auffällig niedrige Eintrittsalter im Rahmen des Parteidurchschnitts. Nur wenige Adlige aus dieser Gruppe fanden im hohen Alter zur Partei,[407] lediglich 10 Personen hatten bei ihrem Parteibeitritt das Alter von 50 Jahren überschritten, 32 Personen hingegen waren zum Zeitpunkt ihres Beitritts 30 Jahre oder jünger.[408] Der auffällige Zustrom aus einzelnen Familien setzte sich nach 1933 fort: Berücksichtigt man alle bis 1941 verzeichneten Eintritte, so waren etwa die verschiedenen Linien der Fürstenhäuser Hessen durch vierzehn, Schaumburg-Lippe durch zehn, Lippe durch achtzehn, Sachsen-Coburg-Gotha durch neun und Hohenlohe durch nicht weniger als zwanzig Mitglieder in der NSDAP vertreten.

Für den niederen Adel existierte bislang keine vergleichbare Zusammenstellung. Eine quantifizierende Einordnung der bislang vorgestellten Einzelbeispiele fällt somit schwer, soll an dieser Stelle jedoch versucht werden. Zeitgenössische Urteile scheinen aus zwei Perspektiven darauf hinzuweisen, daß die aktive Beteiligung des Adels in der NS-Bewegung gering blieb. Nationalsozialistische Vorwürfe an den „reaktionären" Adel fanden sich auch im Adel selbst. Unter dem Titel „Der Adel ist tot – es lebe der Adel" hatte Bernhard Graf zu Solms-Laubach seinen Standesgenossen 1934 Passivität und Versagen vorgeworfen: „Der deutsche Adel hat sich zu Tode blamiert. Er hat die

---

[405] BAB (BDC), Slg. Schumacher, Nr. 400: „Aufstellung derjenigen Parteigenossen, die Angehörige fürstlicher Häuser sind". Erstellt vermutlich 1941. Bei einzelnen Familien ist das Kriterium für ihre Verzeichnung auf dieser Liste unklar, NSDAP-Mitglieder gefürsteter Linien aus Familien des niederen Adels fehlen hingegen.

[406] Unter den 147 Mitgliedern dieser Gruppe, die bis 1934 NSDAP-Mitglieder wurden, waren 47 Frauen. Zum Frauenanteil in der NSDAP vgl. FALTER, Die „Märzgefallenen", S. 606f. und FALTER, Hitlers Wähler, S. 136-146.

[407] Nur vier Personen dieser Gruppe waren bei ihrem Beitritt über 65 Jahre alt: Kurt Prinz zur Lippe, geb. 1855 (Parteibeitritt 1930), Sophie Prinzessin zur Lippe, geb. 1857 (Beitritt 1931), Gottfried von Pappenheim-Rothenstein, geb. 1858 (Beitritt 1932) und Marianne von Rosenberg, geb. 1862, (Beitritt ca. 1931).

[408] So waren etwa zum Zeitpunkt ihres Parteibeitrittes Albrecht Graf zu Münster ca. 19, Clementine Gräfin zu Castell-Rüdenhausen 20, Friedrich Christian Prinz zu Schaumburg-Lippe 22, Hans Georg Prinz von Schönaich-Carolath sowie Ernst Prinz von Sachsen Coburg-Gotha 23 und Karl Ferdinand Prinz von Isenburg 25 Jahre alt (alle Beitritte vor 1932).

12.4.) Namen, die keiner mehr nennt – Adlige in der NSDAP

letzte Chance, seine Daseinsberechtigung zu erweisen, jämmerlich verpaßt. [...] Die Frage ist hart und klar, die das Volk heute an euch richtet: Wo wart ihr adeligen Herren, als es zu Ende ging mit Deutschland? [...] Wo habt ihr gekämpft, und was habt ihr geopfert?"[409] In Brandenburg hatte der SA-Gruppenführer Achim v. Arnim ähnliches behauptet und in Bayern Eugen Graf v. Quadt 1934 geäußert, man müsse offen eingestehen, „dass es auch nicht allzuviele Adelige waren, die in früheren Jahren den Weg zur NSDAP gefunden oder sich dort gar zu führenden Stellungen empor gearbeitet" hätten.[410] Diese Aussagen scheinen das Urteil der äußerst detailkundigen Arbeit von Walter Görlitz zu stützen, in der es heißt, aus dem Adel hätten sich „nur ausgesprochene Außenseiter" und „etliche Querköpfe von Natur" der NSDAP vor 1933 und dauerhaft angenähert.[411] Die Definition der Angabe „etliche" ist in diesem Urteil freilich ebenso unklar wie die Gestalt des „Querkopfes von Natur". Zusammengenommen fügen sich diese Aussagen jedenfalls zum Eindruck, der von der enormen Leuchtkraft der adligen Namen des 20. Juli 1944 ausgeht. Wer auch nur die gröbsten Umrisse der Geschichte des konservativen Widerstandes kennt, erinnert neben dem Namen Stauffenbergs auch Namen wie Henning v. Tresckow, Carl-Hans Graf v. Hardenberg, Ewald v. Kleist-Schmenzin, Ulrich Wilhelm Graf Schwerin von Schwanenfeld und Fritz-Dietlof v. d. Schulenburg. Das Erinnern an die eindrucksvolle Adelspräsenz im Verschwörerkreis des 20. Juli ist von unzähligen Stilisierungen und von der Fachliteratur gleichermaßen befördert worden. Die Aura, die von dieser Adelspräsenz ausgeht, scheint allerdings den Blick für die Relationen getrübt und die Einsicht behindert zu haben, daß es sich hier um in mancher Hinsicht „herausragende" Einzelpersonen handelte, deren Handeln weder für ihre Familien, noch für die „Familie des Adels" repräsentativ war. Wie in allen Bereichen der Adelsgeschichte wird die angemessene Gewichtung biographischer Beispiele erst dann möglich, wenn die vom Glanz der herausragenden Einzelperson überstrahlten Familienmitglieder sichtbar gemacht werden. Im Falle des mehrfach erwähnten Fritz Dietlof Graf v. d. Schulenburg, der als Schlüsselfigur des 20. Juli bekannt ist, führt der Versuch einer solchen Einordnung zu erstaunlichen Ergebnissen. Als der Graf am 1.2.1932 im Alter von 31 Jahren der NSDAP beitrat, reihte er sich mit diesem Schritt in eine von seinen drei älteren Brüdern begründete Familientradition ein. Der zweitälteste der Brüder, Wolf Werner Graf v. d. Schulenburg, der sich nach dem Krieg „kaufmännisch" betätigt hatte, später Oberregierungsrat wurde und 1944 als Kommandeur eines Fallschirmregiments fallen sollte, war am 1.11.1930 in die Partei eingetreten. Ihm waren im Abstand von vier bzw. 11 Monaten der drit-

---

[409] Bernhard GRAF ZU SOLMS-LAUBACH, Der Adel ist tot – es lebe der Adel, in: Wo war der Adel? Hg. von Friedrich Christian Prinz zu Schaumburg-Lippe. Berlin 1934, S. 7.
[410] Eugen GRAF V. QUADT-ISNY, Der Adel im 3. Reich, Text eines Vortrages v. 12.4.1934 in München, in: DAAM, LAB, Bd. 6, Hft. ‚Adel und NS'.
[411] GÖRLITZ, Junker, S. 373f.

tälteste[412] und der älteste[413] Bruder gefolgt, bevor der bereits vielfach erwähnte Vater der vier Brüder, General a. D. Friedrich Graf v. d. Schulenburg, seinen drei ältesten Söhnen im Dezember 1931 folgte. Der ehemalige Generalstabschef der Heeresgruppe Kronprinz hatte jedoch offenbar bereits im September 1928 mit dem Gedanken eines Parteibeitrittes gespielt, der Zeitpunkt, zu dem er gegenüber Prinz Oskar v. Preußen seinen Austritt aus dem Johanniter-Orden erklärte, da er sein Engagement in der NS-Bewegung mit einer Mitgliedschaft im Orden für unvereinbar hielt.[414] Dieser Eintritt wurde dann durch den jüngsten Sohn Fritz-Dietlof ergänzt, dem schließlich im August 1932 die ca. 60-jährige Mutter, eine geborene Gräfin v. Arnim,[415] später zumindest ein Teil der Ehefrauen der Söhne folgten.[416] Stichproben in der engeren Verwandtschaft[417] bestätigen den Eindruck eines fast geschlossen zum Nationalsozialismus übertretenden „Clans", in dem sich die einzelnen Familienmitglieder massiv gegenseitig beeinflußten. „Übrig" blieb im engeren Familienkreis lediglich die einzige Tochter, die ebenfalls mehrfach erwähnte Tisa Gräfin v. d. Schulenburg, die sich nach einer gescheiterten Ehe mit einem jüdischen Kaufmann in Berlin als Künstlerin versuchte.[418]

Erweitert man den Kreis auf alle „Namensträger" der Familie, so findet sich, daß die Schulenburgs am 30.1.1933 mit nicht weniger als 17 Familienmitglieder in der NSDAP vertreten waren – eine Zahl, die bis Kriegsende auf 41 anwuchs, 26 Männer und 15 Frauen. Die verzeichneten Berufe weisen v. a. Juristen, Beamten und Landwirte bzw. Fideikommißbesitzer aus, darunter auch den 1944 hingerichteten Botschafter in der Sowjetunion, Friedrich Werner Graf v. d. Schulenburg. Anders als man vermuten könnte, stellt das hier beschriebene Muster für die alten Familien des ostelbischen Adels durchaus keine seltene Ausnahme, sondern eher den typischen Fall dar. Ein ähnlicher Grad der aktiven Mitarbeit in der NS-Bewegung findet sich in anderen Familien, deren Name nicht zuletzt durch jeweils ein bis zwei Mitglieder des 20. Juli 1944 vertraut ist. So waren die Familien Bernstorff mit 20/5, Hardenberg

---

[412] Adolf Heinrich Graf v. d. Schulenburg, Jg. 1901, „Kaufmann", verheiratet mit einer geborenen Freiin v. Barnekow. Parteibeitritt am 1.3.1931.

[413] Johann Albrecht Graf v. d. Schulenburg, Jg. 1898, Offizier, Gutsbesitzer, Mitglied des mecklenburgischen Landtages und Erbe des Tressower Gutes, Parteibeitritt am 1.10.1931.

[414] Brief Schulenburgs an Prinz Oskar von Preußen, den Herrenmeister des Johanniter-Ordens v. 20.9.1928, vgl. ARNIM, Arnim-Boitzenburg, S. 293.

[415] Freda-Marie Gräfin v. d. Schulenburg, geb. Gräfin v. Arnim (Jg. 1873).

[416] So z.B. Angela Gräfin v. d. Schulenburg, geb. Freiin v. Schönberg, Jg. 1906, Dr. phil., Oberstudienrätin und Bibliothekarin, Ehefrau des ältesten Bruders, Parteibeitritt am 1.5.1933.

[417] So trat etwa die jüngere Schwester des Generals a. D. Schulenburg im Mai 1932 in die Partei ein. Diese war mit einem Grafen zu Dohna verheiratet; die beiden Söhne aus dieser Ehe, den Weltkrieg überlebt hatten, traten bis 1934 in die NSDAP ein. BAB (BDC), Else Gräfin zu Dohna, 14.10.1867 (Lebenslauf vom 23.8.1934).

[418] Elisabeth Gräfin v. d. Schulenburg (Jg. 1903). Zu ihr vgl. die eindrucksvollen autobiographischen Darstellungen der Gräfin (SCHULENBURG, Ich hab's gewagt und DIES., Des Kaiser weibliche Kadetten).

12.4.) Namen, die keiner mehr nennt – Adlige in der NSDAP

mit 27/5, Schwerin mit 52/22, Stülpnagel mit 14/4, Tresckow/Treskow mit 30/10 und Kleist mit 43/5 Mitgliedern in der NSDAP vertreten (NSDAP-Beitritte bis Kriegsende/davon vor dem 30.1.1933). „Die besten Namen des ostelbischen Adels waren hier noch einmal vereint", heißt es in einer für die ältere Literatur typischen Formulierung von Walter Görlitz über die adligen Mitglieder des 20. Juli.[419] Der Satz ist zutreffend. Doch die „besten Namen" des preußischen Adels, auf die sich Görlitz hier bezieht, waren vor und nach dem gescheiterten Staatsstreich unvergleichlich zahlreicher in der NSDAP „vereint".

Die besonders großen Familien des ostelbischen Adels lieferten naturgemäß besonders viele Parteigenossen. So sind – um einige Beispiele aus besonders prominenten Familien zu nennen – die Familien Alvensleben mit (34/8), Arnim (53/25), Bassewitz (23/9), Bismarck (34/4), Bothmer (22/12), Borries (43/14), Bredow (43/8), Bülow (40/13), Dohna (23/7), Einem (25/10), Eulenburg (10/3), Goltz (37/10), Hoyningen-Huene (22/2), Maltzahn (36/8), Massow (26/8), Oertzen (44/16), Osten (70/20), Puttkamer (38/10), Roon (11/6), Schack (24/9), Schlieffen (14/7), Schweinitz (15/10), Vietinghoff (44/9), Wangenheim (33/15), Winterfeld (48/18), Wrangel (15/6), Zedlitz (23/12), Zitzewitz (34/6) und, als quantitative Spitze, Wedel (78/35) Mitgliedern in den NSDAP-Karteien verzeichnet. Diese Aufzählung ließe sich lange fortsetzen. Ein aus den einzelnen NSDAP-Mitgliedskarten der NSDAP-Ortskartei zusammengestelltes Sample aus 312 Familien des alten Adels ergibt eine Zahl von insgesamt 3.592 adligen Parteimitgliedern.[420] Von diesen 3.592 Personen traten 962 (26,9%) der NSDAP vor dem 30.1.1933 bei. Es ist kaum anzunehmen, daß es sich hier um 3.592 Außenseiter bzw. „Querköpfe" (Görlitz) handelte. Statt dessen legt ein Blick auf die Zahlenverhältnisse zwischen den adligen Angehörigen des Widerstandes und adligen Nationalsozialisten für die Einschätzung der Funktion des Adels im Dritten Reich einen Perspektivwechsel nahe. Nicht bei den überall erinnerten und allerorts geehrten adligen Angehörigen des 20. Juli, sondern bei dieser weitgehend unbekannten „Masse" des Adels in der NS-Bewegung, handelt es sich – um einen erfolgreichen Buchtitel Marion Gräfin Dönhoffs aufzunehmen – um die „Namen, die keiner mehr nennt".[421]

---

[419] GÖRLITZ, Junker, S. 407.
[420] Für die Zusammenstellung dieses Samples wurden ca. 350 Adelsfamilien in der NSDAP-Ortskartei überprüft. Die tatsächliche Zahl der NSDAP-Mitglieder aus den überprüften Familien dürfte um 10-15% über den genannten Zahlen gelegen haben: Erstens wurde der zeitintensive Abgleich mit der parallel geführten Zentralkartei nur in ca. 50 Fällen unternommen, zweitens ist auch bei der Kombination beider Karteien von 5-15% fehlenden Karteikarten auszugehen. Im folgenden beziehen sich alle Prozentangaben auf das kleinere, aus 55 Adelsfamilien zusammengestellte Sample.
[421] Marion GRÄFIN DÖNHOFF, Namen, die keiner mehr nennt. Ostpreußen – Menschen und Geschichte, Köln 1980 (erstmals 1962), v. a. S. 71-84. Der Buchtitel bezieht sich zunächst auf Orte im heutigen Polen/Rußland, weiterhin aber auch auf die adligen Freunde im Widerstand. Im Lebens- und Spätwerk Dönhoffs bildet die immer wieder reaktivierte „Erinnerung an Freunde des 20. Juli" das zentrale ceterum censeo. Es ist am Rande bemerkenswert, wie

Ein aus arbeitsökonomischen Gründen auf 53 Familien verkleinertes Sample[422] liefert einige feste Anhaltspunkte zur Beschreibung der adligen Nationalsozialisten. Auf die Mitglieder dieser 53 Familien, die in der NSDAP besonders zahlreich vertreten waren, soll nun ein näherer Blick geworfen werden. Allein aus diesen 53 Familien waren in der NSDAP bis Kriegsende insgesamt 1.595 Mitglieder vertreten. 528 (33,1%) davon gehörten der Partei bereits vor der Machtübergabe an. Insbesondere die Adligen, die der NSDAP vor dem 30.1.1933 beigetreten waren – im Parteijargon „alte Kämpfer" bzw. „alte Parteigenossen" genannt[423] – sind hier von Interesse. Das zusammengestellte Sample entspricht keineswegs den Standards moderner quantifizierender Analysen, dürfte jedoch groß genug sein, um einige Verhaltensmuster im ostelbischen Adel zumindest tendenziell richtig zu beschreiben. Die hier festgestellten Tendenzen haben Thesencharakter und müßten in prosopographischen Arbeiten bzw. Lokalstudien überprüft werden. Anhand der erhobenen Daten lassen sich sieben strukturelle Beobachtungen machen.

1.) Die in der Addition eindrucksvoll großen Zahlen adliger NSDAP-Mitglieder sind mit der ebenfalls eindrucksvollen Größe einzelner Adelsfamilien abzugleichen. Korreliert man die Anzahl der Parteimitglieder mit den Gesamtgrößen der einzelnen Familien, läßt sich festhalten, daß die adligen NSDAP-Mitglieder eine Minderheit blieben. Dieses Ergebnis ist wenig erstaunlich, sei hier jedoch zur Vermeidung von Mißverständnissen betont: Es

---

distanzlos der sonst kritische Blick ihrer Biographin für die Zeit bis 1944 den Schilderungen Dönhoffs folgt. Die Erzählungen der Gräfin erscheinen in naivem Indikativ und ohne jeden Ansatz kritischer Überprüfung: Alice SCHWARZER, Marion Dönhoff. Ein widerständiges Leben, Köln 1996, S. 81-116, 131-152

[422] Das Sample besteht aus folgenden Familien (NSDAP-Beitritte bis Kriegsende/davon vor dem 30.1.1933): Alvensleben (34/8), Arnim (53/25), Bassewitz (23/9), Bentheim (15/5), Bernstorff (20/5), Bismarck (34/4), Blücher (13/5), Bonin (19/5), Borcke (24/8), Borries (43/14), Bothmer (22/12), Bredow (43/8), Bülow (40/13), Dewitz (29/8), Dohna (23/7), Einem (25/10), Friesen (16/6), Goltz (37/10), Hardenberg (27/5), Helldorf (19/7), Hertzberg (24/13), Heydebreck (20/8), Kalckreuth (20/5), Keyserlingk (21/6), Kleist (43/5), Klitzing (33/10), Krosigk (27/8), Lettow (16/11), Lippe (18/10), Maltzahn (36/8), Massow (26/8), Nostitz (18/6), Oertzen (44/16), Oppen (26/7), Osten (70/20), Puttkamer (38 /10), Reitzenstein (23/7), Richthofen (36/7), Rochow (14/7), Schack (24/9), Schaumburg (12/5), Schorlemer (14/6), Schulenburg (41/17), Schwerin (52/22), Tresckow/Treskow (30/10), Vietinghoff (44/9), Wangenheim (33/15), Wedel (78/35), Winterfeldt (48/18), Witzleben (30/7), Wrangel (15/6), Zedlitz (23/12), Zitzewitz (34/6).

[423] Als „alte Kämpfer" wurden in der LTI ursprünglich Parteigenossen mit einer Mitgliedsnummer unter 100.000 bezeichnet, die auf einen Parteibeitritt bis zum Jahr 1928 hinwies. Sie hatten Anrecht auf das Goldene Parteiabzeichen. Mitglieder mit höheren Nummern, die aber bis zum 30.1.1933 eingetreten waren, wurden parteiamtlich als „alte Parteigenossen" bezeichnet. Der spöttische Begriff „Märzgefallene" bezeichnete Parteimitglieder der großen opportunistischen Eintrittswelle des Jahres 1933, gegen die der zum 1.5.1933 wirksame Aufnahmestop einen bis 1937 aufrechterhaltenen Damm errichtete. Vgl. dazu BROSZAT, Staat Hitlers, S. 252-254; FALTER, Die „Märzgefallenen", S. 596f.; Enzyklopädie des Nationalsozialismus, Hg. v. Wolfgang BENZ/Hermann GRAML/Hermann WEIß, Stuttgart 1997, S. 358.

12.4.) Namen, die keiner mehr nennt – Adlige in der NSDAP

gab mehr adlige Namensträger außerhalb als innerhalb der NSDAP. Familienbiographische Studien könnten die jeweiligen Anteile exakt bestimmen, festzuhalten ist an dieser Stelle, daß diese zumindest in einzelnen der bekanntesten Familien erstaunlich hoch lagen. So entsprachen ewa die o. g. 41 bzw. 23 NSDAP-Mitglieder aus den Familien Schulenburg und Dohna etwa 30-40% aller nach dem Lebensalter in Frage kommenden Mitglieder der jeweiligen Gesamtfamilie.[424]

2.) Wichtiger scheint folgende Feststellung: Unter den bekanntesten Namen des ostelbischen Adels läßt sich kaum eine Familie benennen, in der es keine aktive Unterstützung der NSDAP gegeben hat. Ab 1930/31 erhält die NSDAP massive und stetig zunehmende Unterstützung aus dem sozialen Kern des ostelbischen Familien. Dies gilt auch für viele Familien aus dem Hochadel. Zwischen den einzelnen Familien gab es erhebliche Verhaltensunterschiede. Einzelne Familien fallen durch besonders frühes und starkes Engagement auf, andere bereicherten den Strom in die NSDAP erst nach 1933,[425] wenige der bekannten ostelbischen Familien waren in der NSDAP schwach oder überhaupt nicht vertreten.[426] Insgesamt dürfte der Adel in der NSDAP bereits 1933 eindeutig überproportional vertreten gewesen sein, was sich auf der Grundlage des hier zusammengestellten Samples nicht beweisen, aber begründet vermuten läßt.[427]

3.) Der in dieser Arbeit betonte Nord-Süd-Unterschied findet in den Mitgliederkarteien eine eindrucksvolle und eindeutige Bestätigung. Die in Bayern und Südwestdeutschland dominierenden Familien des alten katholischen Adels sind in der NSDAP entweder gar nicht oder nur selten vertreten.[428]

---

[424] Schätzung auf der Grundlage von: GHdA, GA IV (1962), S. 410-444 (Schulenburg), ebd., S. 166-185 (Dohna). Gezählt wurden alle Familienmitglieder bis zum Geburtsjahr 1915, die im Januar 1933 noch lebten. Für die Schulenburgs ergibt sich nach diesen Kriterien eine Größenordnung von ca. 90, für die Dohnas von ca. 60 Personen, wenn man die eingeheirateten Ehefrauen per Schätzung mitberücksichtigt.

[425] Einige Beispiele: Einem (25/0), Hammerstein (14/0), Hatzfeld (4/0), Minnigerode (10/0), Leiningen (7/0), Schönborn (5/0), Thun-Hohenstein (6/0), Thurn und Taxis (5/0), Gersdorff (10/1), Fürstenberg (21/3), Gagern (10/1), Putlitz (13/2).

[426] So waren etwa die (teilweise allerdings sehr kleinen) ostpreußischen Familien Dönhoff (4/2), und Lehndorff (1/1) nur schwach vertreten. Zu den Fehlanzeigen in den NSDAP-Karteien gehören unter anderem die Familien Arenberg, Barnekow, Batocki, Behrenberg, Burghaus, Caprivi, Heyden, Kageneck, Kardorff, Putbus und Seeckt.

[427] Grundlage dieser Schätzung: Die ca. 2,5 Mio. Mitglieder, die bis Mai 1933 in der NSDAP waren, entsprachen ca. 5% der erwachsenen Reichsbevölkerung. Geht man von 50.000 volljährigen Adligen aus, wären diese 5% bei 2.500 adligen NSDAP-Mitgliedern erreicht. Allein die hier vorgenommene Überprüfung von 312 (teilweise allerdings sehr großen) Adelsfamilien fördert bis Mai 1933 ca. 1.500 adlige NSDAP-Mitglieder zutage. Setzt man diese Stichprobe aus 312 Familien in Relation zu den ca. 6.000 Adelsgeschlechtern, die es allein in den preußischen Ostprovinzen gab, darf als sicher gelten, daß der adlige Organisationsgrad in der NSDAP 1933 deutlich über den ca. 5% des Bevölkerungsdurchschnitts lag. Vgl. FALTER, Die „Märzgefallenen", S. 595; SCHILLER; Eliten, S. 238; HOYNINGEN-HUENE, Adel, S. 17-23.

[428] So fehlen etwa Angehörige der Familien Aretin, Franckenstein, Leonrod und Neipperg in den NSDAP-Karteien. Mit der oben erwähnten, äußerst auffälligen Ausnahme des Fürsten-

Selbst unter den weniger einflußreichen Familien des altbayerischen Adels gab es nur wenige Ausnahmen von dieser Regel. Abweichungen von diesem regionalen Muster stellte v. a. der fränkische Adel.[429] Im westfälischen Adel war die NSDAP-Mitgliedschaft tendenziell seltener als in den protestantischen Familien Ostelbiens, jedoch eindeutig höher als im katholischen Süden. Im westfälischen Adel scheint der Typus der Märzgefallenen besonders häufig gewesen zu sein. In Westfalen war der erste Adlige am 1.11.1930 in die NSDAP eingetreten.[430]

4.) Der Typus des „alten Kämpfers" bzw. „alten Parteigenossen" war im Adel vorhanden, aber selten. Im Sample finden sich 101 (6,3%) Adlige, die der Partei vor dem NSDAP-Wahlerfolg im September 1930 beitraten. Zumindest auf der Grundlage des erstellten Samples läßt sich für diese Gruppe kein einheitliches Muster beschreiben. Pensionierte Offiziere von über 70 Jahren finden sich hier ebenso wie junge Studenten, Gutspächter und ledige Krankenschwestern. Festhalten läßt sich allerdings bereits hier der äußerst geringe Anteil von Besitzern großer Güter. Dem generellen Muster folgend, verbreitete sich der adlige Strom in die NSDAP dann seit 1930. Im Vergleich zur Gesamtbevölkerung scheinen die Zahlen auf ein im Adel tendenziell früheres Engagement in der NSDAP zu verweisen. Jürgen Falter belegt in der Gruppe aller Parteibeitritte zwischen 1925 und Mai 1933, daß nur ca. 38% dieser Gruppe vor der Machtergreifung eingetreten waren. Nicht weniger als 61% der NSDAP-Beitritte fanden erst im Jahr 1933 statt. Im Adel war diese Relation genau umgekehrt: In der Gruppe adliger Parteibeitritte bis zum Mai 1933 stehen 61% „alte Parteigenossen", d. h. Beitritte vor dem 30.1.1933 einem Anteil von 38% „Märzgefallenen" gegenüber. Die opportunistische Eintrittswelle, die im Mai 1933 durch eine Aufnahmesperre vier Jahre lang aufgehalten wurde, erfaßte somit auch den Adel, scheint hier jedoch schwächer gewesen zu sein.[431]

---

hauses Hohenlohe waren auch die prominenten Fürstenhäuser Süddeutschlands nicht oder nur äußerst schwach vertreten. Der Name Stauffenberg war in der NSDAP nur einmal vertreten (Franz Frhr. v. Stauffenberg-Ristissen, geb. 1878, Beitritt am 1.5.1937).

[429] Darunter: Seckendorff (25/5), Thüngen (13/4), Truchseß (5/4), Aufseß (10/3), Lerchenfeld (4/0). Im Südwesten fällt u. a. die Familie Reitzenstein (23/7) auf.

[430] Beispiele: Droste (13/4), Bentheim (15/5), Elverfeldt (3/0), Fürstenberg (21/3), Mallinckrodt (10/1) Merveldt (12/2), Papen (23/7), Schorlemer (14/6), Korff (34/8), Lüninck (2/1). In den Familien Galen, Kerckerinck und Twickel gab es offenbar keine NSDAP-Mitglieder. Den Ehrentitel „ältester Nationalsozialist des westfälischen Adels" führte der Offizier, Gutsbesitzer und Verbandsfunktionär Bernd Frhr. v. Kanne (1884-1967), der bis zum Leiter des Sippenamts im RSHA und bis zum SS-Brigadeführer aufstieg, bevor er 1937 von seinen Ämtern zurücktrat. KEINEMANN, Krummstab, S. 408, GGT, FH 1940, S. 292. BAB (BDC), SA-Akte, Bernd Frhr. v. Kanne, 10.3.1884.

[431] In absoluten Zahlen: 528 Parteibeitritte von adligen 854 Beitritten bis zum 1.5.1933 (61,8%). 326 adlige „Märzgefallene" unter insgesamt 854 adligen Parteibeitritten bis zum 1.5.1933 (38,1%). Berechnet auf alle 1.595 adligen Parteibeitritte bis Kriegsende beträgt der Anteil der Märzgefallenen 20,4%. Vergleichszahlen bei Falter, „Die Märzgefallenen", S. 601.

12.4.) Namen, die keiner mehr nennt – Adlige in der NSDAP

5.) Für genaue Aussagen zu den Berufen und sozialen Positionen der adligen NSDAP-Mitglieder liefern die Karteikarten kaum ausreichende Angaben. Tendenziell scheint sich eine Zurückhaltung der ältesten, die Stammgüter der Familien besitzenden Söhne zu bestätigen. Angaben wie Offizier a. D., Student, Kaufmann, Ehefrau, Witwe und Mitglieder ohne jede Berufsangabe finden sich vor und nach 1933 in den Karteien weit häufiger als die Angaben Landwirt oder Rittergutsbesitzer.[432] Die Besitzer der großen Stammgüter, die in die NSDAP eintraten, taten dies mehrheitlich nach 1933. Insgesamt läßt sich die Dimension, die Mario Niemann für Mecklenburg aufgezeigt hat, vermutlich auf große Teile Ostelbiens erweitern. In Mecklenburg traten ca. 24% der adligen Großgrundbesitzer bis Ende der 1930er Jahre der NSDAP bei, etwa ein Drittel davon vor 1933.[433] Eindeutig erscheint die weit stärkere Beteiligung der nachgeborenen Söhne und Töchter in sozial instabilen Positionen städtischer Berufe. Eine exakte Überprüfung dieser Tendenzen wäre auch hier nur in prosopographischen Fallstudien möglich. Die Sozialstruktur der adligen NSDAP-Mitglieder in Relation zum gesamten Adel zu setzen, würde allerdings auch hier nur so vage gelingen, wie der Kenntnisstand über die Sozialstruktur des gesamten Adels noch immer ist.

6.) Zwei Überraschungen liefern hingegen die eindeutigen Angaben zur Altersstruktur und zum Frauenanteil. Das durchschnittliche Eintrittsalter der vor 1933 eingetretenen Adligen lag mit 36,8 Jahren signifikant über dem bei 29 Jahren liegenden Parteidurchschnitt.[434] Die besondere Affinität der Adelsjugend zur NS-Bewegung, die oben beschrieben wurde, wird durch diesen Befund keineswegs widerlegt. Vielmehr sind die mehrheitlich nicht in die NSDAP führende Affinität der Adelsjugend und die Parteimitgliedschaften der Älteren – auffällig ist hier der Typus des älteren Offiziers a. D. – als komplementäre Formen des Zuspruchs zu lesen, auf den die NS-Bewegung im Adel zählen konnte.

7.) Mit einem Frauenanteil von 35% aller adligen Mitglieder liegt der Anteil der adligen Frauen etwa um das Sechsfache über dem zwischen 5 und 7,5% liegenden durchschnittlichen Frauenanteil in der NSDAP. Die Vorstellung, es könne sich hier um von ihren Ehemännern in die Partei „geführte" Frauen gehandelt haben,[435] ist für mindestens die Hälfte der Fälle unzutreffend. Unter den adligen Frauen in der NSDAP finden sich ledige Frauen mit eigenem Beruf ebenso wie Ehefrauen, Haustöchter, junge Studentinnen und 70-jährige Witwen. In der Teilgruppe der vor 1933 Beigetretenen liegt der Frauenanteil sogar bei 39,9%, was die Tendenz des ungewöhnlich frühen und starken En-

---

[432] Unter den 126 Mitgliedern der Familien Arnim, Bismarck, Bernstorff, Bülow, Goltz, Oertzen, Wedel und Winterfeld, die vor 1933 in die NSDAP eintraten, findet sich 22 Mal die Angabe „Landwirt" bzw. „Gutsbesitzer".
[433] NIEMANN, Grossgrundbesitz, S. 270-274.
[434] FALTER, Die „Märzgefallenen", S. 606.
[435] Dieser Typus ist auf den Mitgliedskarten meist als „Ehefrau" verzeichnet. Das Eintrittsdatum dieser Frauen ist mit jenem des Ehemannes in diesen Fällen oftmals identisch.

gagements adliger Frauen in der NSDAP unterstreicht.[436] Mit den für diese Arbeit ausgewerteten Quellen läßt sich dieser Befund nicht erklären. Eine überdurchschnittliche intellektuelle Selbständigkeit, v. a. aber eine in den Familien beförderte überdurchschnittliche Politisierung adliger Frauen kann hier nur vermutet, nicht aber belegt werden.[437]

12.5.) Kalkül und Mißverständnis: Zur Deutung des adligen Engagements in der NSDAP

Wie für die NSDAP-Mitglieder generell läßt sich auch für die adligen NSDAP-Mitglieder kein einheitliches Muster beschreiben. Erkennbar sind statt dessen unterschiedliche Typen, die aus unterschiedlichen sozialen Ausgangslagen zur NSDAP kamen. Statistisch stammte der typische Adlige in der NSDAP aus dem ostelbischen Kleinadel, war männlich, jung, protestantisch, mit militärischer Vorprägung und ohne eigenen Gutsbesitz. Im Hinblick auf die disparaten Muster der adligen NSDAP-Mitglieder bringen solche Typisierungen jedoch für die Statistik wenig und für eine von Zahlenkolonnen gelöste Sozialgeschichte des Adels überhaupt nichts. Die Heterogenität der Ausgangslagen, aus denen Adlige „zur Bewegung" fanden, unterstreicht die Bedeutung der oben beschriebenen kulturellen und ideologischen Aspekte, die Adel und Nationalsozialismus zueinanderführten. Das konkrete Handeln der adligen Minderheit in der NSDAP und jenes der adligen Mehrheit, die den Nationalsozialismus auf anderen Wegen förderte, scheint insgesamt stärker von emotionalen als von rationalen Motiven geleitet worden zu sein.

Selbst das Arrangement der Grandseigneurs mit der NS-Bewegung läßt sich mit Hinweisen auf rationales Interessenkalkül nicht ausreichend erklären. Auch hier erleichterten die Ähnlichkeiten kultureller und ideologischer Codes, daß sich selbst reiche Fürsten und ehemalige Geflügelzüchter auf die Herstellung einer gemeinsamen Geschäftsgrundlage einigen konnten. Alexander Fürst zu Dohna-Schlobitten, der nach eigener Angabe im November 1932 seine Stimme der NSDAP gegeben hatte, gibt in seiner aufrichtigen Autobiographie einige solcher gemeinsamen Codes zu erkennen: Hermann Göring, den er zur Jagd einlädt, umgibt die Aura des hochdekorierten Kampfpiloten. Heinrich Himmler gewinnt den Fürsten durch bescheidenes Auftreten, seine Belesenheit, v. a. aber durch die Tatsache, wie auch Dohna Landwirtschaft

---

[436] In absoluten Zahlen: Im Sample von 1.595 adligen Parteimitgliedern finden sich 559 Frauen (35%). Unter den 528 Parteibeitritten vor dem 30.1.1933 waren 211 (39,9%) Frauen. Zum generellen Frauenanteil in der NSDAP vgl. FALTER, Die „Märzgefallenen", S. 606f.

[437] Vgl. neben den Autobiographien von HADELN, DÖNHOFF, MALTZAN, OERTZEN (1935), SALBURG und SCHULENBURG vereinzelte Hinweise bei Raffael SCHECK, German Conservatism and Female Political Activism in the Early Weimar Republic, in: German History 1/1997, S. 34-55 sowie Renate BRIDENTHAL, Organized Rural Women and the Conservative Mobilization of the German Countryside in the Weimar Republic, in: Jones/Retallack (Hg.), Reform, S. 375-405.

12.5.) Kalkül und Mißverständnis – Versuch der Deutung

studiert und einer schlagenden Verbindung angehört zu haben. Von Marienburg aus fährt der Fürst Himmler in seinem Horch-Kabriolet spazieren, und gemeinsam mit Christian Prinz zur Lippe und seiner Ehefrau – „begeisterte Hitler-Anhänger wie zu dieser Zeit so viele unter unseren Bekannten" – unternimmt er Autofahrten durch Ostpreußen. Aus dem fahrenden Auto heraus grüßen Fürst und Prinz die auf den Feldern arbeitenden Menschen mit erhobenem Arm und blicken begeistert in begeisterte Gesichter.[438] In Ostpreußen hatten die Großgrundbesitzer Hermann Graf zu Dohna auf Schloß Finckenstein[439] und sein Vetter Graf v. Finckenstein-Schönberg auf der gleichnamigen berühmten Ordensburg Empfänge für Göring, Hitler und die Gauleitungsprominenz veranstaltet und damit weithin sichtbare Zeichen gesetzt. Ottfried Graf v. Finckenstein schildert neben den Empfängen seines Vetters, der führende Nationalsozialisten auf seinem Schloß bewirtet, auch dessen 1931 mit Hitler in Ostpreußen unternommene Autofahrten. „Von dort aus fuhr ihn mein Vetter in einem seiner großen Wagen [...] zu den einzelnen Orten, in denen er seine Wahlreden hielt. Natürlich erregte der Besuch einiges Aufsehen, und man fragte sich in der Gegend: Wie kommt der junge, reiche und bekannt intelligente Graf dazu, als Chauffeur für den ‚Böhmischen Gefreiten' zu dienen [...]?"[440] In einigen Fällen waren die adligen Chauffeure sogar die Werbenden, nicht die Umworbenen. Über seinen Schwager, einen Grafen v. Einsiedel, schrieb Werner v. Alvensleben 1933 an Ernst Röhm, dieser hoffe, „dass Du ihn und sein Automobil für die Bewegung gebrauchen kannst".[441] In den berühmten preußischen Familien nahmen Sichtbarkeit und Bedeutung der Familienmitglieder, die sich der NS-Bewegung schon seit langem angeschlossen hatten, rapide zu. Familienmitglieder, denen zuvor eher der Status von Außenseitern zugekommen war, entfalteten nun Leit- und Vorbildfunktionen. Im Fall der berühmten Familie Finckenstein fiel diese Rolle deutlich vor dem o. g. Schloßbesitzer einem Vetter in Schlesien zu, der bereits im September 1925 der Partei und im Juli 1929 als einfacher SA-Mann in die SA eingetreten war. Heinrich-Georg Graf Finck v. Finckenstein, vormals Oberleutnant in einem Dragonerregiment, hatte nach einer Odyssee durch diverse Freikorps und Kampfverbände zur Bewegung gefunden und in der SA Karriere gemacht.[442] In Oberschlesien gab es seit 1931 immer häufiger Adlige, die

---

[438] DOHNA-SCHLOBITTEN, S. 170-175.
[439] Hermann Graf zu Dohna, geb. 10.10.1894, Besitzer des Fideikommisses, später: Erbhofes um Schloß Finckenstein (GGT, G 1942, S. 175; GÖRLITZ, Junker, S. 374).
[440] FINCKENSTEIN, S. 134, vgl. S. 225-234 und die knappen Angaben über die Empfänge von NS-Führern auf ostpreußischen Ordensburgen bei Görlitz, Junker, S. 374. Gemeint ist vermutlich nicht ein „Vetter", sondern der älteste Bruder Ottfried Finckensteins, Konrad Graf v. Finckenstein (1899-1932), Fideikommißherr auf Schloß Schönberg, dessen Ehefrau Luisa, geb. Forcade de Biaix ebenfalls Nationalsozialistin war (GGT, G 1942, S. 216).
[441] Gemeint war Aldokar Graf v. Einsiedel, geb. 28.4.1889 (GGT, G 1942, S. 10f., 195). Der „Fahrdienst" sollte unentgeltlich sein: Werner v. ALVENSLEBEN an Ernst Röhm, Februar 1933, in: LHAM-AW, Rep. H Neugattersleben, Nr. 225, Fol. 350.
[442] BAB (BDC), SA-Akte: Heinrich-Georg Graf Finck v. Finckenstein, 22.11.1894; GGT, G 1942, S. 213; Sample Malinowski/Reichardt.

sich auf den unterschiedlichsten Leitungsebenen der NS-Bewegung betätigten: Als Vorsitzende einer 19 Personen umfassenden NSDAP-Ortsgruppe (Oberleutnant a. D. v. Garnier), als Führer der SA-Untergruppe Oberschlesien (v. Flotow), oder als Abteilungsleiter im Stab der NSDAP-Gauleitung Breslau, ein Amt, das der schlesische Rittergutsbesitzer und SA-Offizier Wolfgang Graf Yorck v. Wartenburg im September 1931 übernommen hatte.[443] Für den Aufbau der ländlichen SA-Stürme und das Führerkorps der SA leisteten adlige Gutsbesitzer und Offiziere a. D. in einigen Regionen – insbesondere in Schlesien, außerdem in Mecklenburg und Brandenburg – einen erheblichen Beitrag.[444]

Für einen großen Teil der Adligen, die später zum Umfeld des 20. Juli gehörten, sind vor und nach 1933 ähnliche Annäherungen bekannt. Der Biograph der „jungen Generation im deutschen Widerstand" formuliert zu Beginn seiner Arbeit den Anspruch, die These von der zögerlichen Auflösung ursprünglicher Affinitäten zum Nationalsozialismus zu widerlegen.[445] Die biographischen Fragmente, die dann präsentiert werden, stehen freilich in merkwürdigem Widerspruch zu dieser Absicht. Detlef Graf v. Schwerins Angaben über die Sympathien für den Hitlerputsch, das Engagement in soldatischen und studentischen (Frei-) Korps, im Stahlhelm, den Eintritt der Schulenburg-Brüder in die NSDAP und Klein-Oels, den über 3.000 Hektar großen Landsitz der Yorcks, den Peter v. Yorcks ältester Bruder Paul zu einem wichtigen Treffpunkt der schlesischen NSDAP-Prominenz gemacht hatte,[446] lassen zwar an keiner Stelle 100%iges Parteisoldatentum erkennen. Wohl aber verweisen sie auf die adelstypische Mischung aus eindeutigem Antirepublikanismus und ambivalenten Sympathien für die NS-Bewegung, die zumindest bis 1934 erhalten blieben. Für Claus Graf Stauffenberg, der 1930 bis 1932 als junger Offizier in nächtlichen Felddienstübungen SA-Männer ausgebildet und sich am 30.1.1933 an die Spitze einer begeisterten Menschenmenge gesetzt hatte, war dieses Verhaltensmuster ebenso typisch wie für den Großteil seiner späteren Mitverschworenen.[447]

---

[443] Anforderung des Oberpräsidenten an die Landräte (9.8.1929), Schriftwechsel und Berichte lokaler Polizeipräsidenten und Amtsvorsteher vom 30.9.1931, 14.1.1932 und 31.1.1932, in: Archiwum Pánstwowego w Opulu, Landratsamt Oppeln, Bd. 79, Fol. 19, 554, 724, 738; BAB (BDC), SA-PA Wolfgang Graf Yorck v. Wartenburg (1899-1944), Besitzer des Fideikommisses Schleibitz; GHdA, G 1965, S.392 ff.

[444] Dazu ausführlich: MALINOWSKI/REICHARDT, Reihen. Detaillierte Angaben zu ca. 120 adligen SA-Führern in: Sample Malinowski/Reichardt, Sample Jamin.

[445] SCHWERIN, Köpfe, S. 14-16, mit einer Kritik an der entsprechenden Deutung bei Klaus-Jürgen Müller.

[446] Vgl. die Hinweise bei SCHWERIN, Köpfe, S. 19-44; 62-78. Angaben zu Yorck auf S. 73f. Paul („Bia") Graf Yorck v. Wartenburg (1902-2002), Fideikommißherr von Klein-Oels, war als einziger von zehn Geschwistern der NSDAP beigetreten. Austritt nach dem 30.6.1934, 1944 in KZ-Haft, nach 1945 Karriere im diplomatischen Dienst der Bundesrepublik (GHdA, G 1965, S. 392ff.).

[447] HOFFMANN, Stauffenberg, S. 101, 111-125.

12.5.) Kalkül und Mißverständnis – Versuch der Deutung

Ältere und gleichaltrige Standesgenossen, Vettern, Onkel und Brüder waren zur „Bewegung" öffentlich übergetreten, was sich in einem Milieu, in dem jeder jeden kannte, schnell herumsprach und innerhalb einer Kultur, die sich noch immer stark an ihren mühevoll herauspräparierten „Leittieren" orientierte, von großer Bedeutung sein mußte. Bei aller Skepsis gegenüber einzelnen Aspekten der „Bewegung" gab es eine positive bis enthusiastische Aufnahme des neuen Regimes auch unter den größten Namen des alten Adels: „Überall Einigkeit. Nachher noch Fürst [Otto] und Fürstin Bismarck. Sie sind ganz begeistert", notierte Joseph Goebbels am 1. Februar 1933 in sein Tagebuch. Unter der Überschrift „Fürst Otto von Bismarck klärt England auf" konnte die Berliner Börsenzeitung einige Monate später über eine Lobrede berichten, die der Enkel des Reichskanzlers vor dem *National Council of Woman* auf das neue Deutschland gehalten hatte.[448] Auch die spontane Reaktion Wilhelms II, seiner zweiten Ehefrau und des Kronprinzen war am 1. Februar nicht anders verlaufen.[449]

Selbst die Barrieren gegen die NS-Bewegung, die aus der Kombination von ungebrochenem Reichtum und Katholizismus entstanden, gaben 1933 nach. Ein prominentes Beispiel für einen solchen Wandel findet sich in der Haltung eines süddeutschen Fürsten, der zwar dem Nationalsozialismus *sans phrase* fern blieb, nach der Machtübergabe sein Arrangement mit dem NS-Staat jedoch öffentlich zelebrierte. Max Egon Fürst zu Fürstenberg, geboren 1863, vereinigte seit 1896 als Chef des Hauses Fürstenberg die böhmische, schwäbische und die landgräflich-Weitra'sche Linie in einer Hand. Als Mitglied des preußischen Herrenhauses, Vizepräsident des österreichischen Herrenhauses, studierter Jurist und Major à la suite mit engen Kontakten zum preußischen und österreichischen Hochadel, galt der Multimillionär als *sujet mixte*, in dem sich unterschiedliche Adelskulturen vereinten. Der immense Reichtum des Fürsten, verteilt u. a. auf einen ausgedehnten Land- und Waldbesitz in Deutschland und Österreich, Schlösser in Donaueschingen, Prag, Karlsruhe und Wien, Zink- und Kohleminen, Hotels, Warenhäuser, Theater, Restaurants, Omnibuslinien, Sanatorien etc., zeugt ebenso wie die engen Beziehungen zu seinem Freund und Jagdgast Wilhelm II.,[450] von der Kluft, die einen süddeutschen Fürsten dieses Zuschnitts von den sozialen Standards im Kleinadel trennten. Ähnlich wie viele der süddeutschen Standesherren konzentrierte sich Fürstenberg nach 1918 auf pragmatische Strategien[451] der Schadensbegren-

---

[448] GOEBBELS, Eintrag vom 1.2.1933 (=Bd. 2, S. 759, Hg. v. Ralf Georg Reuth); Berliner Börsenzeitung vom 2.11.1933, in: AOBS, I, Bd. 26.
[449] ILSEMANN, Bd. 2, S. 212f.; vgl. GUTSCHE, Kaiser, S. 160f.
[450] Fürstenberg war seit 1908 der einzige engere Freund Wilhelms II. aus dem Hochadel: Vgl. dazu BÜLOW, Bd. 2, S. 351, 477f., vor allem aber HULL, Entourage, S. 146-157.
[451] Im November 1918 rief der zurückgekehrte Fürst zu „Ruhe und Ordnung" auf und stellte einen Teil des Schlosses dem Soldatenrat zur Verfügung, was den Sehnsüchten norddeutscher Adelskrieger, „schießen zu lassen", gegenüberzustellen wäre (FFAD, Ob. 19, Vol. 83, Fasc. VI. b: Aufruf FÜRSTENBERGs v. 12.11.1918). 1920 unterstützte er ein DDP-Mitglied

zung bzw. Besitzerhaltung, u. a. über den Standesherren- und diverse Großgrundbesitzervereine. Fürstenberg hatte jedes (partei-) politische Engagement konsequent vermieden, war soldatischen und völkischen Verbänden ferngeblieben und hatte auch die Mitgliedschaft in der ihm „sympathischen" DNVP abgelehnt.[452] Der durch Korrespondenzen und Doorn-Besuche aufrechterhaltene Kontakt zum exilierten Kaiser und die vollkommene Abwendung von Österreich[453] dürften deutschnationale Tendenzen zwar verstärkt haben, die Korrespondenzen des Fürsten liefern jedoch keine Hinweise auf eine Annäherung an rechtsradikale Verbände vor 1933. Um so gespenstischer wirkt deshalb die begeisterte Beschreibung seines ersten Empfanges bei Hitler und Röhm im November 1933. Das Treffen, auf dem der Fürst in Begleitung seines Sohnes zunächst von Hindenburg, dann vom „Führer", von Ernst Röhm und von der zweiten Ehefrau Wilhelms II. empfangen wurde, schilderte Fürstenberg als „wunderbares Erlebnis". Angetan von Stil und Geschmack des Reichskanzlerpalais, beeindruckt von den „junge[n] nette[n] SS und SA-Leute[n]", überwältigt schließlich vom Antlitz „diese[s] einzig grossen Mann[es]", der ihm „mit einem unbeschreiblich lieben, freundlichen, lächelnden Gesicht" entgegenkam, hatte sich der 70-jährige Fürst bei Hitler als SA-Mann eingeführt: „Ich meldete mich mit erhobener Hand als: zur SA überführt und zum Stab der Standarte 470 Freiburg kommandiert, was der dankend in wirklich bezaubernd netter Weise entgegennahm und mir gleich sagte, aber nehmen Sie doch Platz, Durchlaucht." Überschwenglich berichtete der Fürst: „Es war herrlich, diesem einzig grossen Mann gegenüberstehen zu dürfen." Nachdem Hitler ihn u. a. darauf hingewiesen hatte, seine guten Kontakte zum Erzbischof von Freiburg und Kardinal Pacelli in Rom könnten dem Nationalsozialismus sehr nützlich sein, „schwätzte" der Fürst „sehr gemütlich und heiter" mit Ernst Röhm.[454] Fürstenberg, dessen Sympathien für die NS-Bewegung sich seit Januar 1933 belegen lassen,[455] war Mitte 1933 Mitglied von NSDAP, SA und Stahlhelm geworden. Auch bei den Feierlichkeiten zu seinem 70. Geburtstag hatte der Fürst 1933 durch SA/SS-Aufmärsche und das Absingen des Horst-Wessel-Liedes seinen berühmten Namen in den Dienst des neuen Regimes gestellt. Neben opportunistischer Anpassung auf der Grundlage rationaler Kosten-Nutzen-Kalkulationen[456] hatte den alternden

---

finanziell, das für die Interessen des Großgrundbesitzes eintrat (Schreiben v. 26.9.1920 in: ebd., Hofverw., Fü. Hs., Vol. bb II/4).

[452] Brief FÜRSTENBERGs v. 19.11.1920 in: FFAD, Hofverw. Fü.Hs., Vol. bb II/4 (mit weiteren Belegen).

[453] Briefe an Wilhelm II. vom 20.4.1926, 11.8.1927, 23.1.1939 („In unwandelbarer ehrfurchtsvoller liebender Verehrung" mit der Anrede „Mein allergnädigster Kaiser, König und Herr"); und sein Urteil über Wien und Österreich v. 28.5.1924, alle in: FFAD, Hofverw., Fü.Hs., Vol. bb II/5).

[454] Brief mit ca. zehnseitiger Beschreibung FÜRSTENBERGs vom 27.11.1933, in: FFAD, Hofverw., Fürstl.Hs., Vol. bb II/5. Vgl. ILSEMANN, Bd. 2, S. 274f.

[455] Briefe v. 17.1.1933 und vom 20.4.1933 (an den Privatlehrer seines Sohnes): FFAD, Hofverw., Fü. Hs., Vol. bb II/5.

12.5.) Kalkül und Mißverständnis – Versuch der Deutung

Fürsten offenbar auch die irrationale Seite des allgemeinen Aufbruchs erfaßt. Im Aufnahmeantrag, den sein ältester Sohn, Karl Egon Erbprinz und Landgraf zu Fürstenberg, 1938 an NSDAP und SS stellte,[457] spiegelten sich vermutlich beide Seiten wider.

Versucht man auf einen Begriff zu bringen, warum im ambivalenten Verhältnis zwischen Adel und Nationalsozialismus die Affinitäten letztlich stärker als die Differenzen wirkten, bietet sich das Wort „Mißverständnis" an. Die Rekonstruktion beider Perspektiven legt es nahe, von einem doppelten Mißverständnis zu sprechen. Als wichtigster Erbe der völkischen Traditionen und als politische Kraft, die dem neo-aristokratischen Denken in manchen Zügen nahestand, hatte auch der Nationalsozialismus den Adel weder als Idee noch als Begriff aufgegeben. Was blieb, waren der Begriff und einzelne Elemente adliger Tradition, die sich verbiegen und mißbrauchen ließen. „Adel" blieb eine vom Nationalsozialismus geschätzte und benötigte Institution – allerdings nur in Gestalt der Mutationen, die Hitler, Günther, Darré, die SA- und schließlich v. a. die SS-Führung als „Adel" wünschten und hervorbrachten.

Umgekehrt glaubte ein Großteil des Adels, in den Leitbegriffen und Zielen der NS-Bewegung eine moderne Fassung seiner eigenen Traditionen wiederzuerkennen. Wie gezeigt, erwies sich etwa die vermeintliche Nähe über die gemeinsame Rede von „Blut" und „Rasse" als fatale Fehlinterpretation. 1921 sah ein alldeutscher Baron das EDDA-Projekt als „die bewußte Fortsetzung der von jeher schon vom Adel durch Pflege der Stamm- und Ahnenkunde geübten [...] Auswahlzüchtung [...]. Die Einstellung des Adels auf den Auslesegedanken und die Rassezüchtung ist daher für den Adel gar kein neues, sondern eigentlich ein selbstverständliches Ziel."[458] Die absurde Wahrnehmung der NS-Bewegung als zeitgemäßer Fortführung der „besten" adligen Traditionen fand sich im Adel überall. Ihre Basis war die gemeinsame Benutzung von Leitbegriffen, die phonetisch, nicht aber semantisch identisch waren. „Adolf Hitler allein danken wir es", hieß es 1932 in einem Aufruf, „wenn heute in breitesten Volkskreisen die unseren besten Ueberlieferungen entsprechenden Anschauungen wiedererweckt sind: Persönlichkeit und Rasse, Raum und Bodenständigkeit, Kriegertum und Wehrwille, Kampfbereitschaft für die Ehre und Freiheit der Nation."[459] Im Adelsblatt entdeckte ein adliger Gene-

---

[456] Vgl. für diese Seite das freudige Telegramm, das Fürstenberg, der 1918 seine böhmischen Besitzungen verloren hatte, im März 1939 an Außenminister Neurath sandte. FÜRSTENBERG an Neurath 22.3.1939, vgl. die späteren Telegramme anläßlich deutscher Siege im Westen: FFAD, Abt. Hofverw., Fü. Hs., Vol. bb II/5.

[457] Der 1891 geborene Erbprinz wurde 1939 zum SS-Obersturmführer ernannt, die Parteiaufnahme erfolgte im Januar 1941. In der Wehrmacht bekleidete der ehemalige Leutnant der Potsdamer Garde du Corps seit 1943 den Majorsrang (DORNHEIM, Adel, S. 270f.).

[458] Leopold BARON V. VIETINGHOFF-SCHEEL, in: DAB, 15.2.1921, S. 37.

[459] Die Pflicht des wahren Adels: Mit Hitler für das deutsche Volk. Ein Aufruf der nationalsozialistischen Adligen, in: Preußische Zeitung, 24./25.9.1932, in: BayHStA, PrASlg., Nr. 1158.

ralleutnant a. D. 1936 den Adel als Avantgarde des Nationalsozialismus. Adel sei nichts anderes als „geadeltes Volk". Selbst böse Zungen, so der Offizier, könnten nicht bestreiten, „daß der Adel als Ganzes im Laufe der Jahrhunderte mehr Nationalismus gepflegt und mehr Sozialismus gelebt hat als irgendeine andere Schicht."[460] Zeitgleich hieß es in der von Prinz Schaumburg-Lippe herausgegebenen Schrift: „Der Nationalsozialismus war von Anbeginn der einzig legitime Erbe aller vergangenen Adelstradition, in ihm wirkten jene Ahnen fort, zu denen wir uns zeitlebens bekennen."[461]

Bevor das Dritte Reich, sein Raubkrieg und dessen Folgen die Lebensgrundlagen des deutschen Adels weitgehend zerstörten, gehörte er in seiner Mehrheit zu jenen Gruppen, die den Nationalsozialismus „mit ihren eigenen unartikulierten Vorstellungen und Sehnsüchten verwechselten", wie es in einer auch hier treffenden Formulierung Martin Broszats heißt.[462] Adligen Versuchen, den radikalen Bruch verschwinden zu lassen, der zwischen adligen Traditionen und ihren nationalsozialistischen Zerrbildern bestand, begegnet man in den Quellen meist in der Gestalt rhetorischer Taschenspielertricks. Dies mögen sie an vielen Stellen auch tatsächlich gewesen sein. Häufiger jedoch zeugen diese Versuche von einem Adel, der seine jahrhundertealten Traditionen ebenso vergessen wie verraten hatte.

Wie sich adlige und nationalsozialistische Ideale bei einiger Anstrengung als wesensgleich darstellen ließen, demonstrierte Friedrich v. Bülow in seiner Tischrede auf dem Bülowschen Familientag im Sommer 1935. Bülow, Oberpräsident in Posen a. D., stand einem der größten deutschen Familienverbände vor, auf dessen Familientagen eine wachsende Gruppe junger NS-Anhänger bereits vor 1933 auf sich aufmerksam gemacht hatte.[463] Die metaphorisch aufgeladene Präsentation angeblicher Gemeinsamkeiten, die der 66-jährige Redner seinem Familienkreis hier bot, liefert einen der eindringlichsten Belege für die These, daß die Annäherung des Adels an den Nationalsozialismus nicht zuletzt als Geschichte eines Mißverständnisses zu schreiben ist: „Auf Blut und Boden baut der Führer sein Drittes Reich. Wir haben seit 7 Jahrhunderten um die Blutauslese gewußt und haben auf altbewährter Rasse und Kultur mit weiser Wahl unseren Blutsstrom aufgebaut und fortgeführt. [...] Alle die großen Ideale, die der Führer dem deutschen Volke gesetzt hat, sie stammen aus alt-germanischem Erbgut und nicht zuletzt aus den tiefsten Schatzkammern des deutschen Adels. So ist der deutsche Adel dem Nationalsozialismus von Grund auf wesens- und stammverwandt. Zur Zeit der roten Regierungen hieß es: herunter mit der Aristokratie, wir wollen alle Proletarier sein. Jetzt heißt es umgekehrt: Der einfache Mann aus dem Volke soll empor-

---

[460] Generalleutnant a. D. V. METZSCH, Adel und Nationalsozialismus, in: DAB 1.1.1936, S. 1-3.
[461] FRHR. V. ELTZ-RÜBENACH (Landesbauernführer Rheinland), Adel muß politisch sein – oder er wird nicht sein!, in: Wo war der Adel?, S. 29.
[462] BROSZAT, Nationalsozialismus, S. 12.
[463] Zu diesen Vorgängen vgl. LHAM-AW, Rep. E v. Bülow, Nr. 52, v. a. Fol. 52-60.

steigen, und auf der Ebene einer wahren Aristokratie wollen wir alle uns wieder treffen. [...] Was die Zukunft uns bringen wird, überlassen wir Gottes Hand und der Erleuchtung des Führers. Eines aber wissen wir. Unser altes Geschlecht ist kein Fremdkörper im Dritten Reich, der morsch und zerfällt, es ist ein tragender Quader im Bau, gehärtet in Jahrhunderten. [...] Sieg Heil! Sieg Heil! Sieg Heil!"[464]

12.6.) Lange und kurze Messer: Juni 1934 und Juli 1944

Zwei Momente, in denen das konfliktreiche Arrangement zwischen Adel und Nationalsozialismus brüchig wurde, müssen aufgrund ihrer Bedeutung hier zumindest erwähnt werden, obwohl sie jenseits des in dieser Arbeit gesetzten Zeitrahmens liegen. Im Juni 1934 spielten einzelne Adlige eine prominente Rolle beim letzten Aufflackern des Zähmungskonzeptes, das der Machtübergabe im Januar 1933 zugrundegelegen hatte. Der erfolgreiche Versuch, die verbliebenen adligen Bastionen in Reichswehr, Beamtenschaft und Grundbesitz gegen die befürchtete „zweite Revolution" zu verteidigen, wurde durch ein Arrangement mit den „langen Messern" erkauft, die neben der SA-Führung auch „reaktionäre Miesmacher" aus dem Adel tödlich trafen. Im Juli 1944 war das maßgeblich von Adligen geführte „Messer" für den Staatsstreich zu kurz, was v. a. mit der weitgehenden Isolation der Verschwörer erklärt werden muß.

Franz v. Papens berühmte Marburger Rede vom 17. Juni 1934 läßt sich als das vorletzte Aufleuchten der Verbindung von Adel und „Konservativer Revolution" interpretieren. Mit Edgar Julius Jung war der Redetext von einem der wichtigsten Köpfe der intellektuellen Rechten verfaßt worden. Der Text, der dem Vizekanzler erst kurz vor seiner Abreise nach Marburg übergeben wurde, bewegte sich im wesentlichen auf der politischen Linie, die in der Ring-Bewegung verfolgt worden war. In den von Jung gesetzten Worten formulierte Papen die Besorgnisse der adlig-bürgerlichen Oberschichten. In einer Formulierung, die v. a. auf die zunehmend unkontrollierten Gewaltorgien der SA und den bedrohlichen Ruf nach einer zweiten Revolution[465] gezielt war, mahnte Papen, kein Volk könne sich „den ewigen Aufstand von unten leisten".[466] Papens adlige Mitarbeiter im Vizekanzleramt, darunter Fritz Günther

---

[464] Tischrede des „Familienführers" Friedrich v. BÜLOW-OMECHAU auf dem Bülowschen Familientag am 8.7.1935. Zit. n. dem „Bülowschen Familienblatt" (Januar 1936) in: LHAM-AW, Rep. E v. Bülow, Nr. 52, Fol. 66.

[465] Ernst RÖHM, S.A. und deutsche Revolution, in: Nationalsozialistische Monatshefte, Nr. 39 (Juni 1933), S. 251-254 und den Abdruck einer Röhm-Rede in: Der S.A.-Mann, 7.4.1934.

[466] Franz v. PAPEN, Rede vor dem Universitätsbund in Marburg am 17.6.1934, in: Ursachen und Folgen. Vom deutschen Zusammenbruch 1918 und 1945 bis zur staatlichen Neuordnung Deutschlands in der Gegenwart, hg. v. Herbert Michaelis und Ernst Schraepler, Bd. 10, Berlin o. J., S. 157-164.

v. Tschirschky, Friedrich-Carl von Savigny, Wilhelm Frhr. v. Ketteler, Hans Graf v. Kageneck und Herbert v. Bose hatten sich im Vorfeld um direkte Verbindungen zu Hindenburg bemüht und die Position der Reichswehrführung sondiert. Tatsächlich spielten einzelne Adlige eine wichtige Rolle im hier unternommenen Versuch, die „Grenzen der Kollaboration"[467] zwischen den Funktionseliten und dem Nationalsozialismus deutlich zu markieren. Mit den Mordaktionen des 30. Juni 1934 trat der nationalsozialistische Behemoth in bis dahin ungekannter Brutalität dem von Papen beklagten „Aufstand von unten" entgegen, der die Oberschichten weit über die Reichswehrführung hinaus beunruhigt hatte. Mit der Mordwelle des 30. Juni wurde die „zweite Revolution" zum Stehen und die „Konservative Revolution" zum Schweigen gebracht.[468] Die in Reichswehrführung und Vizekanzleramt koordinierten Versuche, den revolutionären Drang der SA zu brechen, zeugen von der hier noch vorhandenen Fähigkeit adlig-bürgerlicher Funktionseliten, der NS-Bewegung gewisse Grenzen zu setzen. Errungen wurde jedoch bestenfalls ein „Pyrrhussieg",[469] und bedeutsamer für die Haltung des Adels zum NS-Staat erscheint hier ein anderer Aspekt. Spätestens zu diesem Zeitpunkt wurde der Machtelite die zuvor unterschätzte Urgewalt entfesselter Gemeinheit und Brutalität in ihrem Potential und in ihrer Unkontrollierbarkeit vor Augen geführt. Doch zu einer Kurskorrektur führten die hier gemachten Lernprozesse mit tödlichem Ausgang nicht. Im Gegenteil. Durch die schweigende Hinnahme der Mordwelle hatten auch die adligen Mitglieder der Funktionseliten ihr Einverständnis mit den Zielen des NS-Regimes um ihr Einverständnis mit seinen Methoden erweitert.[470] Ein Arrangement, das um so schwerer wog, als es die Ermordung der adligen Reichswehrgenerale Kurt v. Schleicher und Ferdinand v. Bredow einschloß.

Das Arrangement mit dem „die eigenen Leute" mordenden Regime und die endgültige Zerschlagung der Herrenklub-Linie, deren letzte Bastion von Papens adligen Mitarbeitern im Vizekanzleramt repräsentiert wurde,[471] markiert in mancher Hinsicht eine Zäsur, jenseits derer sich eine organisierte Gegenlinie mit bedeutender Adelsbeteiligung nicht mehr erkennen läßt. Es erscheint

---

[467] Larry E. JONES, Limits, in: Jones/Retallack (Hg.), Reform, S. 465-501; ferner Jeremy NOAKES, German Conservatives and the Third Reich: an ambiguous relationship, in: Martin Blinkhorn (Hg.), Fascists and Conservatives. The Radical Right and the Establishment in Twentieth-Century Europe, London, 1990, S. 71-92.

[468] Karl Martin GRASS, Edgar Jung, Papenkreis und Röhmkrise 1933/34, Phil. Diss. Heidelberg 1966; Heinz HÖHNE, Mordsache Röhm. Hitlers Durchbruch zur Alleinherrschaft 1933-1934, Reinbek bei Hamburg 1984. Hinweise auf ermordete Mitglieder des Adels bei GÖRLITZ, Junker S. 397f.

[469] BROSZAT, Staat Hitlers, S. 271.

[470] Klaus-Jürgen MÜLLER, Das Heer und Hitler. Armee und nationalsozialistisches Regime 1933-1940, Stuttgart 1969, S. 122-141. Zu den Reaktionen auf die Mordaktionen vgl. Ian KERSHAW, The Hitler Myth: Image and Reality in the Third Reich, Oxford 1987, S. 83-95.

[471] Vgl. dazu neben den o. g. Darstellungen von JONES und GRASS die Darstellung von Papens Mitarbeiter TSCHIRSCHKY, S. 99-105, dem ehemaligen Vorsitzenden der schlesischen Herrengesellschaft.

12.6.) Lange und kurze Messer – Juni 1934 und Juli 1944

deshalb fraglich, ob sich die noch ungeschriebene Geschichte des Adels im Dritten Reich jenseits dieser Zäsur überhaupt schreiben läßt, ob sie mehr sein könnte als die Geschichte einzelner Adliger im Dritten Reich. Ein Versuch erbrächte wohl eine Geschichte zahlloser Kleinkonflikte, eine Geschichte adliger Eigenheiten, die dort, wo die materielle Grundlage vorhanden war, in Schlössern und Gutshäusern konserviert wurden,[472] v. a. jedoch die Geschichte der Integration eines eigen-sinnigen Adels in das Herrschaftssystem des NS-Staates.

Der These vom Ende der politisch relevanten Besonderheiten des Adels bis zum Sommer 1934 ließe sich allerdings mit dem Hinweis auf den 20. Juli 1944 widersprechen. Weit mehr als die Geschichtswissenschaft, die den Zusammenhang von Adel und 20. Juli zwar häufig erwähnt, bis zu einer kürzlich erschienenen Arbeit Eckart Conzes[473] jedoch nie explizit untersucht hat, ist in Gedenkreden, Publizistik und adligen Memoiren immer wieder behauptet worden, am 20. Juli habe sich „der Adel" ein letztes Mal erhoben.

In seiner einflußreichen Rede zum zehnten Jahrestag des Attentates identifizierte Bundespräsident Theodor Heuss den „christlichen Adel deutscher Nation" als einen Träger der Verschwörung. Noch expliziter rückte Carl Zuckmayer 1969 den Adel als Kollektiv in die Nähe des Widerstands. Unter Nennung der Namen von neun Adelsfamilien äußerte Zuckmayer als Redner auf der zentralen Gedenkveranstaltung, es seien „fast alle Namen des deutschen Geschlechter-Adels in den Reihen der Widerstandskämpfer und Widerstandsopfer zu finden."[474] Tatsächlich war der Adelsanteil im engen und weiteren Umkreis der Verschwörer des 20. Juli ebenso eindrucksvoll wie unter den Opfern der Vergeltungsaktionen: etwa 50 von 150 Todesopfern,[475] die eine an Legenden reiche Überlieferung seit den 1950er Jahren zum „Edelsten und Größten" gerechnet hat, „was in der Geschichte aller Völker je hervorgebracht wurde".[476] Der pathologische Haß, mit dem die NS-Führung nach dem Attentat insbesondere die adligen Verschwörer verfolgte, ist in Wort und Tat

---

[472] ARETIN, Adel, S. 556-565; DOHNA, Adel, S. 65-70. Vgl. zu diesem Muster den tödlich verlaufenden Fall von Franz Graf v. Montgelas (1882-1945), der im November 1944 mit seinen regimekritischen Bemerkungen in eine von der Gestapo gestellte Falle ging und wenig später wegen „Wehrkraftzersetzung" hingerichtet wurde: FRÖHLICH, Falle, S. 209-227.

[473] Eckart CONZE, Adel und Adeligkeit im Widerstand des 20. Juli 1944, in: Reif (Hg.), Adel und Bürgertum, Bd. 2, S. 267-295. Allerdings legt auch diese Studie keine neuen empirischen Ergebnisse vor, womit das Thema weiterhin zu den wenigen noch nicht systematisch untersuchten Aspekten des konservativen Widerstandes gehören dürfte.

[474] Carl ZUCKMAYER, Die Opposition in Deutschland, Rede am 20. Juli 1969, in: Der 20. Juli 1944, Reden zu einem Tag der deutschen Geschichte, Hg. von der Gedenkstätte Deutscher Widerstand, Berlin 1984, S. 107-119, zit. S. 112.

[475] So die (unter den tatsächlichen Opferzahlen liegenden) Angaben auf einer offenbar von deutschen Adelsverbänden zusammengestellten „Liste der führenden Personen der Bewegung des 20. Juli 1944, soweit sie hingerichtet oder sonst zu Tode gekommen sind", in: WAAM, Nl. Lüninck, Nr. 915.

[476] Bundeskanzler Helmut KOHL unter Berufung auf Winston Churchill: *Justitia fundamentum regnorum*, Rede am 20.7.1994 in Berlin, in: Der 20. Juli 1944, zit. S. 215.

dokumentiert. Robert Ley sprach von „blaublütigen Schweinen", von einem „Geschmeiß", das man „ausrotten, mit Stumpf und Stil vernichten" müsse.[477] Haßtiraden dieser Art scheinen eine tiefe Diskrepanz zwischen Adel und Nationalsozialismus zu belegen, und ein Großteil der Forschung ist dieser Deutung gefolgt. Die wohl einflußreichste Deutung des konservativen Widerstandes berichtet vom „langen Weg zum 20. Juli". Behauptet wird hier die frühe und konsequente NS-Gegnerschaft der späteren Attentäter, die v. a. durch klemmende Zeitzünder, Hitlers dämonische Augen, nicht detonierende Schnapsflaschen und unzählige Zufälle daran gehindert werden, den entscheidenden „Wurf" bedeutend früher zu unternehmen.[478]

Anders als adlige Memoiren und ein erheblicher Teil der älteren Literatur nahelegen, ist jedoch die konsequente NS-Gegnerschaft, die in direkter Linie von der Weimarer Republik bis zum Martyrium des 20. Juli 1944 verläuft, ein im Adel äußerst seltener Fall. Ein Großteil der Verschwörer des 20. Juli 1944 gehörte 1933 zu den Befürwortern der „nationalen Revolution" und hatte vor 1933 mehr oder minder aktiv gegen die Republik agiert.[479] Von wenigen eindrucksvollen Ausnahmen abgesehen, gehörte ein Großteil der adligen Verschwörer zu den „Saulussen" im Widerstand, wie die zynische Formulierung Ulrich v. Hassells über Fritz Dietlof Graf v. d. Schulenburg lautete.[480]

Diese Tatsache wäre von vielen der Verschwörer des 20. Juli vermutlich nie bestritten worden. Edgar Julius Jungs Bemerkung, man habe Hitler ermöglicht und sei nun dazu verpflichtet, den „Kerl" wieder zu „beseitigen",[481] läßt sich auch als Bemerkung Schulenburgs oder Tresckows denken. In Abwandlung einer pathetischen und vielzitierten Formel ist in diesem Sinne durchaus ein „Aufstand des schlechten Gewissens" denkbar. Bei vielen der Verschwörer darf man das Einstehen für persönliche Irrtümer und Fehler als eine der Quellen der eindrucksvollen Kraft vermuten, die zum selbstlosen Einsatz des eigenen Lebens notwendig ist. Die bis heute aushängenden, makellos glänzenden Porträts der Verschwörer spiegeln in den meisten Fällen wohl weniger die Selbstsicht der Porträtierten als die politischen Interessen ihrer selbsternannten Erben wider. Für die Produktion der „Widerstandslegende" im Kontext der Wiederaufrichtung bürgerlicher Herrschaft in der frühen Bundesrepu-

---

[477] Robert LEY, Gott schütze den Führer, in: Der Angriff, 23.7.1944, vgl. dazu Conze, Adel und Adeligkeit, S. 269.

[478] Zu den herausragenden Darstellungen dieser Richtung gehören Peter HOFFMANN, Widerstand, Staatsstreich, Attentat. Der Kampf der Opposition gegen Hitler, München ⁴1985 und Joachim FEST, Staatsstreich. Der lange Weg zum 20. Juli, Berlin 1994. Vgl. ferner SCHWERIN, Köpfe, S. 14-16.

[479] Vgl. dazu die Porträts bei Klemens V. KLEMPERER u. a. (Hg.), Die Männer des 20. Juli, Frankfurt a. M. 1994 und Theodore S. HAMEROW, Die Attentäter. Der 20. Juli – von der Kollaboration zum Widerstand, München 1999, S. 29-178.

[480] Tagebucheintrag vom 22.1.1943, in: HASSELL, Tagebücher, S. 347. Zum „Saulus" als Typus im konservativen Widerstand s. Theodore S. HAMEROW, The Conservative Resistance to Hitler and the Fall of the Weimar Republic, 1932-34, in: Jones/Retallack (Hg.), Reform, S. 433-463.

[481] HÖHNE, Mordsache, S. 232.

blik[482] wurden nicht abwägende historische Analysen, sondern glänzende Leitbilder benötigt, die sich im geteilten Deutschland als Trümpfe im Spiel um politische Deutungsmacht ausspielen ließen. Der Adel hat diese Legendenproduktion verständlicherweise nach Kräften unterstützt, da ihm die Gleichung Adel = 20. Juli 1944 in der Bundesrepublik einen immensen Prestigegewinn einbrachte, der bis in die Gegenwart nachwirkt und seit 1990 erneut an Bedeutung gewonnen hat.[483] Nach den in Jahrhunderten erprobten Mustern adliger Selbstdarstellung wurde auch hier erfolgreich versucht, die herausragende Haltung einzelner als Beleg für die Hochwertigkeit des gesamten Adels darzustellen.

Dennoch ist der hohe Adelsanteil im Widerstand erklärungsbedürftig. Ob während des 20. Jahrhunderts im Adel tatsächlich besonders hohe Standards von „Ehrenhaftigkeit", „Pflichtgefühl", „Anstand" und „austerity" galten, soll hier nicht beurteilt werden. Diese Vorstellung ist so unscharf wie die Begriffe, mit der sie beschrieben wird, sie findet sich jedoch in buchstäblich allen Deutungen des hohen Adelsanteils im konservativen Widerstand.[484] Vor dem Hintergrund der Arrangements, die der Adel mit dem Nationalsozialismus und seinem nach innen und außen geführten Krieg getroffen hatte, wirkt diese Deutung allerdings wenig überzeugend. Im Rahmen dieser Arrangements hatten Adlige, darunter auch einige des späteren Widerstand, Anstand und Ehrenhaftigkeit tausendfach fahren lassen. Plausibler erscheint der Hinweis auf den unzerstörten adligen Herrschaftshabitus, der trotz aller Arrangements eine Restdistanz zum Nationalsozialismus erhalten hatte. Diese „herrschaftliche" Restdistanz zur nationalsozialistischen Massenbewegung und ihrem kleinbürgerlichen Führer ist aus unzähligen der nachweislichen und angeblichen Äußerungen von Adligen im Widerstand bekannt. In der Kombination mit dem militärischen Ideal adliger Todesverachtung und einem aus der Frondeurstradition stammenden „anarchischen" Impuls dürfte es insbesondere diese nie vollständig aufgelöste Restdistanz gewesen sein, die den geistigen Raum zur Entwicklung von Haltungen schuf, wie sie von Stauffenberg, Schulenburg, Tresckow und anderen bekannt sind. Andere, leichter belegbare Aspekte lassen sich neben diese These über die Bedeutung des adligen Herrschaftshabitus stellen. Neben der Prägung durch bestimmte Institutionen mit

---

[482] Hans-Peter ROUETTE, Die Widerstandslegende. Produktion und Funktion der Legende vom Widerstand im Kontext der gesellschaftlichen Auseinandersetzungen in Deutschland nach dem zweiten Weltkrieg, Phil. Diss., Berlin 1983. Rouettes Analyse ist später an Länge, nicht jedoch an Schärfe übertroffen worden. Unter den neueren Arbeiten vgl. HAMEROW, Attentäter, S. 409-421.

[483] CONZE, Adel und Adeligkeit, in: Reif (Hg.), Adel und Bürgertum, Bd. 2, S. 289-295. In der Berichterstattung über adlige Rückkäufe von Schlössern und Gutshäusern in der ehemaligen DDR ließ sich in den letzten zehn Jahren kaum eine Meldung finden, in der nicht auf irgendein adliges Mitglied des Widerstandes verwiesen wurde.

[484] Typische Beispiele liefern GÖRLITZ, Junker, S. 407-410, SCHEURIG, Kleist-Schmenzin und SCHEURIG, Tresckow (jeweils passim), DÖNHOFF (1994), S. 168 („austerity"). Vgl. die Ausführungen von Götz ALY, in: Die Tageszeitung, 20.7.1994, S. 10.

hohem Adelsanteil[485] ist v. a. auf den Erhalt sozio-kultureller Besonderheiten des Adels zu verweisen, die oben als Adeligkeit beschrieben wurden. Anders als die längst zerschlagenen Institutionen der NS-Gegner bot die „Familie des Adels" mit ihren spezifischen Fähigkeiten ein unzerstörtes Netzwerk, dessen Mitglieder einander auf der Grundlage gemeinsamer kultureller Codes und gegenseitigen Vertrauens begegneten. Die verwandtschaftliche Vernetzung einzelner Herrschaftsträger im NS-Staat, insbesondere in der Wehrmacht, dürfte im Adel dichter als in jeder anderen Gruppe gewesen sein. Ihre Bedeutung für den Aufbau konspirativer Netze läßt sich kaum überschätzen. Mehr als durch besonders hohe „Ehrbegriffe", die es auch anderenorts gab, wird der eindrucksvolle Adelsanteil im Umfeld des 20. Juli v. a. durch diese Besonderheiten erklärbar.

Allerdings ist nur diese „Vorderseite" der Adeligkeit geeignet, die Verbindung von Adel und Widerstand zu erklären.[486] Sie ist mit dem Hinweis auf die dazugehörige „Rückseite" zu verbinden, die den Weg in den Widerstand erschwerte. Schließlich waren Offizierskasinos, Gutshäuser, Adelsbälle, adlige Jagdgesellschaften und Familientage nicht gerade die traditionellen Orte zur Planung eines Staatsstreiches. Hinzuweisen ist im Gegenteil auf die enormen Widerstände, die Adlige zu überwinden hatten, um sich aus den Auffassungen ihres Umfeldes zu lösen. Als These ließe sich formulieren, daß die äußeren Aspekte der Adeligkeit (auf Verwandtschaft und gemeinsamen Habitus gegründete Vertrauensverhältnisse, kulturelle Codes, unzerstörte Residuen adliger Geselligkeit) im Adel die Voraussetzung zu konspirativer Tätigkeit boten, deren Pendants in allen anderen Gruppen längst zerstört waren. Die inneren Aspekte der Adeligkeit, zu denen die oben ausführlich beschriebenen ideologischen Haltungen gehörten, prädestinierten hingegen zu Arrangements mit dem Nationalsozialismus weit mehr als zum Widerstand. Gerade aus dieser Perspektive nötigt der widersprüchliche Weg einzelner Adliger in den Widerstand jedem unbefangenen Betrachter höchsten Respekt ab, während die längst etablierte Einsicht, daß die Verschwörer keine Demokraten waren, kaum erstaunen kann.

Was die schiefe Darstellung des 20. Juli als Avantgarde der bundesrepublikanischen Demokratie betrifft, lag eine fest fundierte Korrektur dieser Instrumentalisierung spätestens 1966 mit Hans Mommsens Aufsatz über die Verfassungspläne des deutschen Widerstandes vor.[487] Der Weg dieser Einsichten in das öffentliche Bewußtsein war jedoch lang. Der Versuch der Forschung, die

---

[485] So etwa die Konzentration in besonders renommierten Regimentern. Siehe dazu Ekkehard KLAUSA, Preußische Soldatentradition und Widerstand – Das Potsdamer Infanterieregiment 9 zwischen dem „Tag von Potsdam" und dem 20. Juli 1944, in: Schmädeke/Steinbach (Hg.), Widerstand, S. 533-545.

[486] Vgl. dazu die Ausführungen bei CONZE, Adel und Adeligkeit, S. 284-289.

[487] Hans MOMMSEN, Gesellschaftsbild und Verfassungspläne des deutschen Widerstandes, in: DERS., Alternative, S. 53-158 (zuerst 1966); DERS., Neuordnungspläne der Widerstandbewegung des 20. Juli 1944, in: Ders., Alternative, S. 159-206.

12.6.) Lange und kurze Messer – Juni 1934 und Juli 1944

politisch motivierten Verzerrungen zu vermindern, hat unterdessen große Fortschritte gemacht.[488] Solange die endgültige Festschreibung des 20. Juli 1944 als konsensfähiger deutscher „Erinnerungsort" nicht gelungen ist, wird die traditionsreiche „Arbeit am Mythos" fortgeführt werden.[489] Diese hat ihr Werk allerdings weitgehend vollbracht und sich somit überflüssig gemacht. Die Aufgabe der in den Nürnberger Prozessen entwickelten „Widerstandslegende" war es, die „Kontinuität der ökonomischen Grundstruktur und die an ihr hängenden herrschenden Eliten zu sichern."[490] Nachdem diese Aufgabe erfüllt ist, lassen sich auch die Irrtümer und Brüche in den Biographien der Träger des konservativen Widerstandes angemessener als zuvor darstellen. Selbst die dunkelsten Linien im konservativen Widerstand, deren empirische Erforschung erst in jüngerer Zeit begonnen hat, werden in das künftige Bild des 20. Juli integriert werden müssen.[491]

Aus adelsgeschichtlicher Perspektive sind somit zwei Aspekte zu betonen, die mit den Ergebnissen der kritischen, nicht moralisch-politisch, sondern empirisch orientierten Widerstandsforschung kompatibel sind. Erstens hatte auch die große Mehrheit der adligen Verschwörer des 20. Juli 1944 zu den aktiven Gegnern der Republik und zu den Sympathisanten des Kompromisses vom

---

[488] Vgl. FREI, Erinnerungskampf. Zur Legitimationsproblematik des 20. Juli 1944 im Nachkriegsdeutschland, in: Christian Jansen/Lutz Niethammer/Bernd Weisbrod (Hg.), Von der Aufgabe der Freiheit. Politische Verantwortung und bürgerliche Gesellschaft im 19. und 20. Jahrhundert, FS Hans Mommsen, Berlin 1995, S. 493-504; Gerhard R. UEBERSCHÄR (Hg.), Der 20. Juli 1944. Bewertung und Rezeption des deutschen Widerstandes gegen das NS-Regime, Köln 1994 und zuletzt Peter STEINBACH, Widerstand im Widerstreit. Der Widerstand gegen den Nationalsozialismus in der Erinnerung der Deutschen, Paderborn ²2001.

[489] Vgl. dazu den pointierten Literaturbericht von Ulrich HEINEMANN, Arbeit am Mythos. Neuere Literatur zum bürgerlich-aristokratischen Widerstand gegen Hitler und zum 20. Juli 1944 (Teil I), in: GG 21 (1995), S. 111-139 und DERS./Michael KRÜGER-CHARLÉ, Der 20. Juli 1944 in Publizistik und wissenschaftlicher Literatur des Jubiläumsjahres 1994 (Teil II), in: GG 23 (1997), S. 475-501 sowie Jürgen DANYEL, Der 20. Juli, in: Schulze/François (Hg.), Erinnerungsorte, Bd. 2, München 2001, S. 220-237.

[490] ROUETTE, Widerstandslegende, S. 163. Vgl. zum Erfolg dieses Versuches zuletzt WEHLER, Deutsches Bürgertum nach 1945, S. 617-634.

[491] Zu beginnen ist hier mit dem Aufsatz von Christof DIPPER, Der deutsche Widerstand und die Juden, in: GG 9 (1983), S. 343-380; DERS., Der „Aufstand des Gewissens" und die „Judenfrage" – Ein Rückblick, in: NS-Verbrechen und der militärische Widerstand gegen Hitler, Hg. von Gerd R. Ueberschär, Darmstadt 2000, S. 14-28; Hans MOMMSEN, Der Widerstand gegen Hitler und die nationalsozialistische Judenverfolgung, in: Ders., Alternative, S. 384-416. In seinem 2000 publizierten Aufsatz schreibt Mommsen, er habe diesen Komplex 1966 bewußt ausgeklammert, „da die Zeit für eine Erörterung dieses Problems noch nicht reif war." (ebd., S. 408). Vgl. dazu Christian GERLACH, Die Männer des 20. Juli und der Krieg gegen die Sowjetunion, in: Hannes Herr/Klaus Naumann (Hg.), Vernichtungskrieg. Verbrechen der Wehrmacht 1941-1944, Hamburg 1995, S. 427-446; DERS., Kalkulierte Morde. Die deutsche Wirtschafts- und Vernichtungspolitik in Weißrußland 1941-1944, Hamburg 1999, v. a. S. 1104-1126. Zu Otto und Carl Heinrich v. Stülpnagel vgl. Christian STREIT, Ostkrieg, Antibolschewismus und „Endlösung", in: GG 17 (1991), S. 242-255, hier S. 251ff.; Ahlrich MEYER, Die deutsche Besatzung in Frankreich 1940-1944. Widerstandsbekämpfung und Judenverfolgung, Darmstadt 2000, S. 54-98.

30.1.1933 gehört. Zweitens stellen die adligen Mitglieder des Widerstandes im Adel eine winzige Minderheit dar, die in ihrem professionellen Umfeld ebenso wie innerhalb des Adels gegen erdrückende Mehrheiten agierten, in denen die Arrangements mit dem NS-Staat unerschüttert blieben.

Die Achtung vor den Mitgliedern des konservativen Widerstandes müßte durch diese Einordnung im übrigen nicht kleiner, sondern größer werden. Anders als im früheren und konsequenteren Widerstand der Kommunisten und Sozialisten kamen Adlige nirgendwo aus der Position existentieller Bedrohung zum Widerstand. Für die adligen Träger des Widerstandes gilt im Gegenteil, daß sie in sozial abgesicherten Verhältnissen, meist aus mittleren bis hohen Führungspositionen innerhalb des NS-Staates agierten. Diese Position verweist auf die ambivalente Rolle, die ein Großteil der Adligen des 20. Juli im Dritten Reich spielte. Sie verweist jedoch auch auf die moralische „Haltung", die nötig war, um diese Positionen ohne äußeren Zwang unter Einsatz des eigenen Lebens zu verlassen. Die Vorbildfunktion, in die man die Verschwörer des 20. Juli seit den 1950er Jahren gerückt hat, dürfte aus dieser Perspektive eher eine Bestätigung als eine Infragestellung erfahren. Zurückzuweisen sind hingegen alle Versuche, den 20. Juli 1944 als einen letzten historischen Aufstand „des" Adels zu deuten. Es gilt auch hier, der adligen Selbstdarstellung nicht vorschnell zu folgen und die Relationen im Blick zu behalten. Die über 8.000 im Zweiten Weltkrieg gefallenen adligen Offiziere gehören zweifellos zu den Opfern des Krieges, die Zahl verweist jedoch zugleich auf den erheblichen Beitrag, den adlige Männer zur „Führung" dieses Krieges geleistet hatten.[492] Bevor eine winzige Minderheit des Adels eine Schlüsselrolle im Umsturzversuch des 20. Juli 1944 übernahm, hatte ein deutlich größerer Teil des Adels Schlüsselrollen in der nationalsozialistischen Herrschafts- und Mordmaschine übernommen – *coûte que coûte*, wie es in der

---

[492] Matthias GRAF V. SCHMETTOW, Gedenkbuch des deutschen Adels, Limburg/Lahn 1967. Zum Adel in der Wehrmacht vgl. FUNCK, Kriegertum, IV.3.

12.6.) Lange und kurze Messer – Juni 1934 und Juli 1944

berühmten Formulierung Henning v. Tresckows, des Generalstabschefs der in Rußland wütenden 2. Armee, heißt.[493]

---

[493] Die in der Widerstandsliteratur immer wieder zitierte Formel stammt aus der Antwort, die Henning v. Tresckow Heinrich Graf v. Lehndorff-Steinort auf die Frage gegeben haben soll, ob ein Attentat nach der Landung der Alliierten noch einen Sinn habe. Überliefert ist sie allein aus der Darstellung Fabian v. Schlabrendorffs. Vgl. HOFFMANN, Stauffenberg, S. 388.

13.) Zusammenfassung

Der Untergang des Dritten Reiches fiel mit dem Untergang des ostelbischen Adels zusammen. Mit großer Brutalität wurde am Ende des Zweiten Weltkrieges jene Adelsgruppe zerstört, die unter Kontrolle zu bringen sich sowohl der Adel selbst als auch die deutsche Gesellschaft vergeblich bemüht hatten. Die Grausamkeit, mit der die Rote Armee 1944/45 gegen den ostelbischen Adel vorging, die Besessenheit, mit der adlige Schlösser später bis auf den letzten Stein abgetragen wurden, führte den Kampf über die politische Vernichtung des Gegners hinaus bis in den Versuch, alle Spuren der Erinnerung an die Herrschaft und Kultur dieser Gruppe auszulöschen. Wer jedoch die Geschichte der hier begangenen Verbrechen schreibt, ohne die Dimensionen sowie die Abfolge von Ursache und Wirkung klar zu benennen, übertritt die Grenze zur Geschichtsfälschung.[1] Der blindwütige Haß, mit dem die kommunistischen Sieger die „Junker" als eine der Hauptstützen des NS-Staates verfolgten, stammte aus einer ideologisch verzerrten Wahrnehmung. Ohne einen rationalen Kern war diese Wahrnehmung jedoch nicht, wie die hier präsentierten Ergebnisse zeigen. Dem Aufbau der Arbeit folgend, werden die Teilergebnisse der einzelnen Kapitel in fünf Abschnitten zusammengefaßt. In der abschließenden Gesamteinschätzung ist die übergeordnete Frage nach der Rolle aufzunehmen, die der Adel auf dem Weg in die „deutsche Katastrophe" (Friedrich Meinecke) gespielt hat.

I.)
Die Untersuchung des Habitus, der Denken und Handeln im sozialen Kern des Adels determinierte, läßt ein auffällig homogenes Set an „Weltbildern" bzw. Leitideen erkennen. Trotz beachtlicher Nuancierungen, die entlang regionaler und sozialer Grenzen verliefen, waren diese Leitbilder im ganzen Adel von Bedeutung. Wenn die ostelbisch-kleinadligen Elemente die Darstellung dominieren, spiegelt sich hier nicht nur die politische und autobiographische Hyperaktivität, sondern auch die Bedeutung dieser Gruppe im inneradligen Kräfteverhältnis wider.

Nur auf den ersten Blick waren die Vergrößerung der sozialen Gräben zwischen einzelnen Adelsgruppen und die überall greifbare Tendenz der ideologischen Homogenisierung widersprüchlich. Gerade in den Adelsgruppen, die sich real am weitesten von den traditionellen adligen Lebensweisen entfernt hatten, war das Insistieren auf eine eher imaginäre Zugehörigkeit zum Adel

---

[1] Vgl. dazu „das heroische Sterben" des preußischen Adels, das Walter Görlitz mit einer ausführlichen und detailreichen Schilderung von Gewaltverbrechen kontrastiert, die „der große Würger aus den Steppen Asiens" beging: GÖRLITZ, Junker, S. 404-431, zit. S. 405, 410. In der Ausrichtung ähnlich die Darstellungen von HEINRICH, Staatsdienst und Rittergut, S. 247-259. Auch die neueste Untersuchung von NIEMANN, Grossgrundbesitz, S. 363-373, schildert ein an Görlitz angelehntes Armageddon des ostelbischen Adels, bei dem „mongolische Horden" mordbrennend über das Land ziehen, ohne daß die Frage von Ursache und Wirkung angemessen behandelt würde.

13.) Zusammenfassung

besonders stark. Charakteristisch war für die adligen Verlierergruppen der Bezug auf Traditionen, die rhetorisch beschworen, faktisch jedoch verändert bzw. zerstört wurden.

Der Versuch, unterschiedliche Adelsgruppen als Mitglieder einer einzigen „Familie" darzustellen, benötigte ein Gegenbild, das vor allem im höheren Wirtschafts- und Bildungsbürgertum gefunden wurde. Die faktische, vor allem aber die imaginäre Bindung an „das Land", ein adelsspezifischer Umgang mit der Natur und die fortlaufend akzentuierte Distanzierung von der Hauptstadt, hatten einen eindeutig antibürgerlichen Grundton. Den Lebenswelten der Bourgeoisie blieb die Mehrheit des Adels ebenso fern wie jenen des Bildungsbürgertums. Im Ressentiment gegen das Bürgertum als der „diskutierenden Klasse" (Juan Donoso Cortés/Carl Schmitt) betonte der Kleinadel einen vitalistischen Habitus, der die Zugänge zu den vom Bürgertum kontrollierten Aufstiegswegen über die Gymnasien und Universitäten erheblich erschwerte. Die Betonung des adligen Kultes um die Begriffe Haltung, Härte und Charakter, die in direkter Abgrenzung zur bürgerlichen Leitidee der Bildung vorangetrieben wurde, verstärkte die antibürgerliche Ausrichtung des adligen Habitus ebenso wie der im Kleinadel zelebrierte Kult der Kargheit. Letzerer bot dem Kleinadel eine Ideologie, die den faktisch unüberwindlichen Graben zwischen materieller Knappheit und dem Anspruch auf gesellschaftliche „Führung" zumindest rhetorisch überbrückte. Bescheidene bis karge Lebensverhältnisse erschienen hier als Zeichen einer freiwillig gewählten, tugendhaften Haltung, die sich gegen den „Materialismus" der Bourgeoisie richtete. Politische Bedeutung erlangte diese Ideologie durch ihre Anschlußfähigkeit an die „antikapitalistische Sehnsucht" (Gregor Strasser), zu deren Instrumentalisierung der Faschismus neue und machtvolle Politikformen entwickelt hatte.

Die Kombination von mäßigen Mitteln und maßlosen Ansprüchen findet sich auch in der Verwandlung des adligen Herrschaftsideals. Die traditionelle Vorstellung von Herrschaft weicht nach 1918 dem Konzept der Wiedererfindung des Adels als Träger eines zeitgemäßen „Führertums". In Ideologie und Praxis wurde eine „Volksnähe" kultiviert, die der Adel insbesondere auf dem Land politisch umzusetzen versuchte. Der Erfolg dieser Versuche blieb bescheiden, was sich nicht zuletzt aus einer unzerstörten Grundhaltung erklären läßt, die dem Konzept des populistischen Führertums zuwiderlief: Hartnäckig hielt sich in allen Adelsgruppen die Überzeugung von der eigenen Höherwertigkeit. Als letzte Verwandlung dieser Überzeugung entwickelte sich nach 1918 die Vorstellung, durch Tradition, Geburt und Erziehung zum „Führer" des Volkes berufen zu sein.

Zusammengenommen ergaben diese einzelnen Elemente einen Habitus, dessen anti-bürgerliche Ausrichtung nach 1918 nicht schwächer, sondern noch stärker wurde. Anti-bürgerlich bedeutete zunächst: gerichtet gegen die Inhalte und Formen der „Bürgerlichkeit", wie sie vom höheren Wirtschafts- und Bildungsbürgertum repräsentiert wurden. Die auf diese Weise vorangetriebene Polarisierung zwischen dem Selbst- und dem Feindbild schränkte den Kreis der möglichen Bündnispartner stark ein. Da die Arbeiterschaft aus naheliegenden Gründen für ein solches Bündnis nicht in Frage kam, blieben das Kleinbürgertum, die rechte Intelligenz und die Bauernschaft.

Tatsächlich trat der Adel „seinen Weg in die Moderne mit dem unhandlichen Marschgepäck einer [...] unzeitgemäßen soziokulturellen Selbstdefinition an." (Hartmut Berghoff). Die massiven Barrieren, die den konstruktiven Umgang mit der ökonomischen, politischen und kulturellen Moderne im Adel behinderten, bestanden weniger in materiellen Zwängen als in der Verengung des Denkbaren, die vom adligen Habitus ausging.

II.)
Die Ergebnisse des zweiten Teils widersprechen den drei Modellen, mit denen in der älteren Literatur über das Verhältnis von Adel und Bürgertum im Kaiserreich debattiert worden ist. Weder eine Feudalisierung des Bürgertums, noch eine Verbürgerlichung des Adels, noch eine Verschmelzung beider Gruppen lassen sich aus der Perspektive dieser Arbeit bestätigen.

Angemessener erscheint die Unterscheidung von zwei verschiedenen Grundtendenzen innerhalb des Adels. Zweifellos läßt sich für das späte Kaiserreich eine Entwicklung beschreiben, in der sich reiche und mächtige Teilgruppen aus dem Adel und der Bourgeoisie einander annäherten. Diese schwach bleibende, von den Zeitgenossen jedoch nicht übersehene Tendenz läßt sich über quantifizierbare Parameter (Nobilitierungen, Heiraten), vor allem aber anhand der soziokulturellen Praxis dieser Gruppen beschreiben. Protegiert von Wilhelm II., der im Kraftfeld dieser beiden Gruppen als „Herr der Mitte" (Nicolaus Sombart) wirkte, entwickelte sich am Berliner Hof, im Rahmen repräsentativer Sport- und Gesellschaftsereignisse (z. B. Kieler Woche, Deutsches Derby) in den Villenvierteln Berlins sowie in privaten Salons, Vereinen und Klubs eine eigenständige Kulturform, die sich weder dem Bürgertum noch dem Adel eindeutig zuordnen läßt. Zumindest in Ansätzen entstand hier eine „composite elite", in der sich Tradition, Reichtum, personelle Netzwerke, Fachkompetenz und Bildung – in Bourdieus Kategorien: ökonomisches, soziales, kulturelles und symbolisches Kapital – überschnitten.

Die Scharnierfunktion, die Mitglieder der jüdischen Bourgeoisie für diese Annäherung übernahmen, zeugt tendenziell von einer Offenheit, die in deutlichem Kontrast zum zeitgleich im Adel aufblühenden Rassenantisemitismus stand – ganz zu schweigen vom Absturz in die Barbarei, für den wenig später auch die Funktionseliten verantwortlich waren.

Das Scheitern der hier begonnenen „Elitensynthese" hatte viele Gründe und nur die, die im Adel selbst lagen, sind hier untersucht worden. Ein Blick auf die zweite, antagonistisch zur Annäherung von Großbürgern und Grandseigneurs verlaufende Tendenz macht deutlich, wo diese Gründe lagen: in der faktischen Entfernung des Kleinadels von den bürgerlichen Eliten. Durch die fortlaufend radikalisierte ideologische Abgrenzung vom bürgerlichen Kulturmodell wurde diese Entfernung zusätzlich vergrößert. Komplementär zu diesem Prozeß war die aggressive Abgrenzung des Kleinadels von den Grandseigneurs und dem Kaiser. Erstere Gruppe wurde als „Judenschutztruppe", letzterer zunehmend als „Liberaler" kritisiert.

13.) Zusammenfassung

Den Anschluß an Macht, Reichtum, Bildung und Soziabilität der adlig-bürgerlichen Machtelite konnte die kleinadlige Mehrheit nicht halten. Die Mischung aus Ressentiment und Verzweiflung, mit der im Kleinadel die ohnehin große Diskrepanz zur Lebensform des Großbürgertums ideologisch akzentuiert wurde, führte den Kleinadel zunehmend in die Isolation. Trotz der ständigen Rede vom „Führertum" ging der Anschluß an die tatsächlichen Führungsgruppen des Kaiserreiches auf diese Weise faktisch und sogar ideologisch verloren.

Von großer Bedeutung war der enge Zusammenhang von Antibürgerlichkeit und Antisemitismus. Wie im (klein-) bürgerlichen Antisemitismus war „der Jude" auch im Kleinadel die Figur, in der die antibürgerlichen Klischees gebündelt und der antisemitische „Code" (Shulamit Volkov) die Sprache, in der die Fehldeutungen des modernen Kapitalismus verbreitet wurden. Reichtum, wirtschaftlicher Erfolg, die Betonung allgemeiner Bildung und ziviler Werte und generell die Lebensformen des höheren Bürgertums wurden immer offener als „jüdisch" bzw. „verjudet" angegriffen. Abzulesen ist diese Tendenz an der Ausrichtung der Deutschen Adelsgenossenschaft, der Mitarbeit Adliger in den Agitationsverbänden der Neuen Rechten und in der völkischen Bewegung.

Auffällig sind Vielfalt und Intensität der Adelsphantasien, die sich im Denken der Völkischen nachweisen lassen. Nicht in seiner realen historischen Gestalt, wohl aber in Form von diffusen Idealen blieb der Adel eine von der Neuen Rechten und insbesondere von den Völkischen fortlaufend bemühte Kategorie. Die völkischen Adelsphantasien waren gleichzeitig Apotheose und Kritik des historischen Adels. Die völkische Verherrlichung von Tradition, Land, Helden- und Führertum mußte in die Nähe des Adels führen. Durch die gleichzeitig kultivierte Überhöhung der Kategorien „Volk", „Blut" und „Rasse" entstand allerdings bereits im Kaiserreich jene Ambivalenz von Anziehung und Abstoßung, die später auch das Verhältnis von Adel und der NS-Bewegung kennzeichnete.

Auch wenn eine exakte Gewichtung beim derzeitigen Kenntnisstand nicht möglich ist, so waren die Adligen, die vor 1914 aktiv zur völkischen Bewegung stießen, eindeutig eine Minderheit im Adel. Von deren Relevanz zeugt allerdings die erstaunliche Geschwindigkeit, mit der diese Minderheit nach 1918 zur völkischen „Avantgarde" im Adel wurde. Innerhalb weniger Jahre verbreiteten sich die ideologischen Vorgaben dieser Gruppen auch in der Mehrheit des politisch aktiven Adels.

III.)
Die im Adel als Weltuntergang erlebte Revolution von 1918/19 hat diesen Transformations- und Radikalisierungsprozeß erheblich beschleunigt. Auch wenn die Revolution lediglich als Katalysator deutlich älterer Niedergangstendenzen wirkte, ist die Bedeutung der Zäsur von 1918/19 für die Sozialgeschichte des Adels kaum zu überschätzen.

Bei den Reaktionsmustern ist der Unterschied zwischen den Generationen unübersehbar. Typisch waren der resignierte Rückzug bei der älteren, der kämpferische Aufbruch bei der jüngeren Generation. Eine Tendenz zur Radikalisierung des Denkens und zur Brutalisierung des Handelns läßt sich jedoch in praktisch allen Altersgruppen nachzeichnen. Die Ausbreitung des „Schützengrabenstils" (Tisa v. d. Schulenburg), d. h. Veränderungen auf der Ebene der Sprache und der Umgangsformen, waren die symbolische, das massive Engagement in den Freikorps und Wehrverbänden die politische Form dieser Veränderungen.

Mit dem Zusammenbruch der Monarchien verlor der Adel die traditionell wichtigsten Institutionen der Orientierung und der Protektion. Die kleinadligen Familien im ostelbischen Preußen, die seit Generationen auf die Protektion durch die Krone angewiesen waren, wurden von diesem Verlust schwerer getroffen als der Adel in Süd- und in Westdeutschland. So verwundert es nicht, daß die Flucht des Kaisers selbst im Kreis seiner engsten Vertrauten als schwerer Fehler, wenn nicht sogar als feiger Verrat an den Idealen des Adels bewertet wurde. Die im Kaiserreich begonnene Abwendung des Kleinadels von Wilhelm II. fand hier ihren Kulminationspunkt. Nach der ruhmlosen „Abreise" von Kaiser und Kronprinz entstand ein Vakuum, das auch im Adel in erstaunlich kurzer Zeit mit diffusen Führersehnsüchten aufgefüllt wurde. Die allgegenwärtige Rede vom „Führer" wurde spätestens mit dem Auftauchen Mussolinis zur durchaus konkreten Suche nach einem „Diktator" bzw. „Führer", zur „Überwindung" der bestehenden Verhältnisse. Die unerfüllte Forderung der Selbstopferung des Königs auf dem Schlachtfeld, die nie gelöste Prätendentenfrage, der Fortbestand regionaler Loyalitäten und die Abwendung der jungen Generation führten zu einer massiven Strukturschwäche des Monarchismus. Nur in Bayern lassen sich Anzeichen für die Steuerungs- und Ausgleichsfunktionen nachweisen, die ein einflußreicher Monarchismus im Adel möglicherweise übernommen hätte. Vom preußischen Monarchismus hingegen gingen keine Angebote mehr aus, die dem Adel als Alternative zu den rechtsradikalen, im Nationalsozialismus mündenden Bewegungen zur Verfügung gestanden hätte.

Weit stärker als die mit dem Zusammenbruch der Monarchie zusammenhängenden Einbußen trafen den Adel die Verluste in seinen professionellen Kernbereichen. Die damit in buchstäblich allen Adelsfamilien verbundene Erfahrung eines rapiden sozialen Abstiegs traf eine auf diese Entwicklung vollkommen unvorbereitete Gruppe. Die Mehrheit adliger Frauen und Männer war für eine Welt erzogen und ausgebildet worden, die es nicht mehr gab. Die auf dieser Grundlage äußerst schwierige Neuorientierung wurde durch habituelle Blockaden – wie etwa der weiterhin starken Vorstellungen von „unstandesgemäßen" Ausbildungs- und Berufswegen – zusätzlich erschwert.

Die Werbeannoncen adliger Handelsvertreter und Kleinladenbesitzer, die im Deutschen Adelsblatt direkt neben Leitartikeln standen, in denen adlige Autoren die Unvergänglichkeit des adligen Führertums verkündeten, zeugen von einer starken Gruppe im Adel, die zu einer realistischen Wahrnehmung der veränderten Welt weitgehend unfähig war.

13.) Zusammenfassung

Einer adligen Minderheit gelang der Machterhalt als Teil der Funktionseliten in der Republik. Diese Leistung gelang jedoch nur in den drei traditionellen Berufsfeldern des Adels: in der Landwirtschaft, im Staatsdienst und im Militär. Es gilt jedoch auch hier, die Größenverhältnisse im Auge zu behalten. In absoluten Zahlen war die Gruppe Adliger, die als Großgrundbesitzer bzw. durch Leitungsfunktionen in Beamtenschaft und Offizierkorps Machtchancen beibehielt, sehr gering. Selbst zusammengenommen konnten diese Beharrungsleistungen das soziale Gewicht adliger Untergänge nicht ausgleichen. Bedeutender als die Minderheit Adliger in den Funktionseliten waren das sich am anderen sozialen Pol des Adels rapide ausbreitende Adelsproletariat und dessen unfreiwillige Annäherung an die Lebenswelten des Kleinbürgertums. In dieser Gruppe, deren Größe die Formation des „elitefähigen" Adels deutlich übertroffen haben dürfte, war die Erwerbsarbeit in bescheidenen Verhältnissen typisch. Noch eine soziale Stufe tiefer waren die Angehörigen der untersten Schicht dieses Adelsproletariats zum Überleben buchstäblich auf die Kartoffel- und Wäschespenden der Adelsverbände angewiesen.
Die Bescheidenheit der Mittel führte jedoch nicht zur Bescheidenheit in den Ansprüchen. Eine innere Neuorientierung, die der realen Annäherung an kleinbürgerliche Lebensverhältnisse entsprochen hätte, fand in den betroffenen Adelsgruppen nicht statt. Im Gegenteil. Die Berufung des Adels zum „Führertum" wurde gerade von den Adelsgruppen behauptet und debattiert, denen jede benennbare Basis dafür abhanden gekommen war. Je mehr die sozialen Grundlagen adliger Macht verloren gingen, desto lebhafter wurde die überall präsente Führerdebatte. An ihr läßt sich erstens ersehen, daß der Adel eine langfristige, rationalen Einsichten folgende Strategie der Neuorientierung nicht entwickelt hat. Sie zeigt zweitens, wie stark der Adel auf die charismatische Ausstrahlung der Adelsidee als seiner letzten unzerstörten Machtressource setzte. Dieses Kalkül war dennoch nicht ganz ohne Grundlage. In einer desorientierten Gesellschaft, in der die stets diffus bleibenden Vorstellungen eines neu zu schaffenden „Führertums" zu einem politischen Schlüsselbegriff wurde, standen die Chancen für einen adligen Bedeutungszuwachs gut. Rechtsintellektuellen Autoren mußten bei ihrer Suche nach den Überwindern der „Herrschaft der Minderwertigen" (Edgar Julius Jung), bei ihrer Suche nach „Führern", die sich vom bürgerlichen „Philister" unterscheiden und neue Formen des „aristokratischen Radikalismus" (Georg Brandes)[1] politisch verkörpern würden, früher oder später auf den Adel stoßen. Dies war auch nachweislich der Fall. Zweifellos haben sich das Führungsangebot des alten Adels und die Führernachfrage der Neuen Rechten gegenseitig beeinflußt. Die Bedeutung dieser Verbindung lag nicht in den pathetischen Pamphleten, Leitartikeln und Diskussionen um ein zeitgemäßes „Führertum", sondern in ihrem Einfluß auf die Organisationen der politischen Rechten, in denen das Gerede vom Führertum zu funktionstüchtigen Politikkonzepten gemacht wurde.

---

[1] Zu der auf Nietzsche gemünzten Formel vgl. die pointierte Lesart bei Domenico LOSURDO, „Nietzsche, il ribelle aristocratico". Biografia intellettuale e bilancio critico, Turin 2002.

Jede Analyse, die sich auf die Rekonstruktion des Führer-Diskurses adliger und bildungsbürgerlicher Autoren konzentriert, läuft allerdings Gefahr, die Realitätsferne desselben zu übersehen. Denn erheblich stärker als seinen realen Wiederaufstieg hat das allgegenwärtige Reden und Schreiben vom adligen „Führertum" dramatische Fehlwahrnehmungen befördert.

Der jahrzehntelangen Diskussion, in der sich Adlige und Rechtsintellektuelle in einer gemeinsamen Sprache über ein neues Führertum verständigten, kam allerdings in dem Moment große Bedeutung zu, als mit der NS-Bewegung eine Kraft erkennbar wurde, die eine Variante dieser Diskussionen ins Reich der Realität geholt hatte. Die kommunikativen Brücken zwischen dem altem Adel und der Neuen Rechten waren in den 1920er Jahren so lange ausgebaut worden, bis im ostelbischen Adel ein Bündnis mit der NS-Bewegung fast selbstverständlich erschien, als dieser 1930 der politische Durchbruch gelang.

IV.)
Eine genauere Untersuchung der verschiedenen Adelsorganisationen sowie der adlig-bürgerlichen Zirkel- und Klubbildungen nach 1918 läßt die erheblichen Unterschiede erkennen, die sich unterhalb des antidemokratischen Grundkonsenses im Adel beschreiben lassen.

Die wichtigsten Unterscheidungen werden hier entlang zweier Grenzlinien sichtbar: erstens in den Differenzen zwischen den reichsten und den ärmsten Adelsgruppen, zweitens an den regional/konfessionellen Grenzen. Die erstaunlich scharfen Konflikte zwischen den süddeutschen und den ostelbischen Landesabteilungen der DAG belegen eine eigene, von der zunehmend rechtsradikalen Ausrichtung des ostelbischen Adels deutlich unterscheidbare Orientierungslinie. Mit der Einführung des Arierparagraphen und einer nach „rassischen" Kriterien geführten Adelsmatrikel hatte die DAG-Führung den traditionellen Adelsbegriff weitgehend zerstört. Stärker als im ostelbischen Kleinadel hielten sich im süddeutschen, insbesondere im altbayerischen Adel überkommene, an König und Kirche orientierte Muster des traditionellen Adelskonservativismus. Beschreiben läßt sich diese Abweichung am Umgang mit der „Rassenfrage", den rechtsradikalen Verbänden, der Harzburger Front und schließlich mit dem Nationalsozialismus.

Drei Grundlinien lassen sich als Gründe für diese Sonderentwicklung identifizieren: erstens eine deutlich bessere und stabilere materielle Basis, auf der die traditionellen Formen adliger Lebensweisen – häufiger als im ostelbischen Adel – noch gelebt werden konnten. Das inneradlige Nord-Süd-Gefälle in der ideologischen Grundhaltung ist vom materiellen Nord-Süd-Gefälle innerhalb des Adels nicht zu trennen. Zu betonen ist zweitens die emotional und politisch starke Bindung an einen allgemein anerkannten Thronprätendenten, drittens die starke Bindung an den Katholizismus, die neben der Rezeption des „Rassegedankens" auch die Annäherung an den Habitus einer betont militärischen Männlichkeit behindert zu haben scheint.

Noch deutlicher werden diese Differenzen beim Blick auf die katholischen Regionalverbände des Adels. Während die scharf antisemitische Mittel-

13.) Zusammenfassung

standsideologie der DAG-Leitung unweigerlich „zum Volk" führte, bemühten sich die katholischen Verbände in Süddeutschland tendenziell stärker um einen Rückzug des Adels auf sich selbst.

Die Erklärungskraft des konfessionellen Arguments stößt allerdings im Fall des westfälischen Adels an seine Grenzen. Anders als der bayerische Adel hatten sich die in Westfalen dominierenden Adelsgruppen frühzeitig vom Zentrum gelöst und sich der Obstruktionspolitik der Hugenbergschen DNVP angenähert. Im westfälischen *Verein katholischer Edelleute* kam es 1928 zu einem Führungswechsel, der die politische Dominanz des rechtsradikalen Flügels erkennen ließ. Deutlich stärker als im bayerischen Adel führte dieser Kurs zur Unterstützung der Harzburger Front und schließlich zum offenen Bündnis mit der NS-Bewegung.

Der von reichen Grandseigneurs kontrollierte *Verein der Standesherren* und eine Reihe von regional organisierten Großgrundbesitzervereinen lassen sich als hinter den Kulissen operierende Interessenverbände beschreiben. Ohne Zweifel war die hier koordinierte Sacharbeit ebenfalls gegen die Republik gerichtet. Anders als die DAG-Führung behielten diese Verbände jedoch die Fähigkeit zu politischen Kompromissen sowie eine gewisse Distanz zu den substanzlosen Führerdiskursen und dem paranoiden Antisemitismus.

Eine kleine, jedoch außergewöhnlich einflußreiche Minderheit des Adels schloß sich im *Deutschen Herrenklub* und seinen regionalen Ablegern mit einem Teil der bürgerlichen Funktionseliten zu einer der einflußreichsten antidemokratischen Sammlungsbewegungen der Weimarer Republik zusammen. Der *Ring-Bewegung* gelang hier die Organisation der wichtigsten adligen Mitglieder der Funktionseliten sowie – was nicht in allen Fällen deckungsgleich war – der über Besitz und Reichtum einflußreichen Adligen.

Die *Ring-Bewegung* läßt sich als die letzte Wiederbelebung der im Kaiserreich begonnenen adlig-bürgerlichen „Elitensynthese" interpretieren. In klarer Distanz zum geburtsständischen Prinzip waren die hier versammelten Mitglieder durch Leistung, Reichtum, Einfluß und soziale Netzwerke qualifiziert. Stärker als im Kaiserreich vollzog sich dieser Sammlungsversuch nun jedoch unter den Vorzeichen des Antisemitismus sowie als elitäre Spielart eines scharf anti-parlamentarischen „Führertums."

Der Versuch, ein solches, von allen parlamentarischen Verfahren unabhängiges, herrschaftsfähiges „Führertum" zu schaffen, gelang in diesem Kreis stärker als an allen anderen Stellen, an denen sich Adlige politisch engagierten. Das hier entwickelte Projekt läßt sich deutlich vom Nationalsozialismus unterscheiden. Nach seinem Scheitern, zu dem die maßlose Selbstüberschätzung und die fatale Unterschätzung der NS-Bewegung gleichermaßen beitrugen, fand die Mehrzahl der in diesem Umfeld organisierten Adligen jedoch sehr schnell zu einem Arrangement mit dem NS-Staat. Das Konzept ‚den Führer zu führen'[2] scheiterte auch im Adel ebenso früh wie eindeutig.

Auf der Suche nach markanten inneradligen Gegenpositionen stößt man auf eine Reihe einzelner adliger Republikaner und Demokraten. Eine nähere Betrachtung dieser Lebensläufe verweist jedoch nicht etwa auf ein republikanisches Lager innerhalb des Adels, sondern auf Individuen, deren Isolation innerhalb des Adels die große Geschlossenheit des adligen Habitus erneut unterstreicht. Einen kollektiv organisierten Versuch, sich dem demokratischen Staat konstruktiv zur Verfügung zu stellen, hat es im Adel nicht gegeben. Was sich nachzeichnen läßt, sind eindrucksvolle Biographien einzelner Außenseiter, die jedoch im Adel keinerlei Prägekraft entfalten konnten.

V.)
Das Verhältnis von Adel und NS-Bewegung läßt sich anhand immer wieder auftauchender Affinitäten und Differenzen beschreiben. Auf der Grundlage einer gemeinsamen politischen Feindbestimmung, für die der antisemitische Code eine zentrale Rolle spielte, kam es seit den späten 1920er Jahren zur Annäherung zweier vormals deutlich voneinander getrennten Lebens- und Denkwelten. Der rhetorische Antikapitalismus und die soziale Praxis der Antibürgerlichkeit waren zwei weitere Ebenen, auf denen der alte Adel und die mittelständisch geprägte NS-Bewegung zueinander fanden.

Neben den ideologischen bzw. imaginierten Gemeinsamkeiten ist schließlich auf eine beachtliche Interessenkongruenz zu verweisen. Die vom Nationalsozialismus geplante und realisierte Wiederaufrüstung, der im Osten beanspruchte „Lebensraum" sowie die „Säuberung" der Bürokratie erweiterten die Karrierechancen in den drei traditionellen Kernprofessionen des Adels gleichzeitig – in genau jenen Bereichen, in denen der Adel seit 1918/19 schwere Verluste erlitten hatte. Aus der Perspektive des verarmten Kleinadels bot selbst das vermeintlich adelsfeindliche Konzept eines „Neuadels aus Blut und Boden" Chancen, die seit Kriegsende keine andere politische Bewegung in Aussicht gestellt hatte. Die Karrierechancen, die der NS-Staat insbesondere dem Kleinadel zu bieten hatte, wurden in dieser Gruppe bereits vor 1933 erkannt und ergriffen. Diese Entwicklung beschleunigte sich nach der Machtübergabe, ohne den Adel als Gesamtgruppe mit neuer Macht auszustatten. Blut, Boden und Führertum gehörten zu den Leitbegriffen, die eine vermeintlich gemeinsame Sprache schufen. Nicht immer entsprach die Identität der Begriffe einer Identität der Ziele. In diesem Sinne läßt sich die adlige Annäherung an den Nationalsozialismus zumindest teilweise als Geschichte eines fatalen Mißverständnisses schreiben. Dies auch deshalb, weil die Mesalliance zwischen Adel und NS-Bewegung auf einer falschen Einschätzung der realen Kräfteverhältnisse durch den Adel beruhte. Die dramatische, nur aus dem adligen Herrschaftshabitus zu erklärende Selbstüberschätzung des Adels fin-

---

2 Die Formulierung stammt aus einem Spottwort Karl Jaspers über Martin Heidegger. Zit. n. NIETHAMMER, Posthistoire, S. 98.

13.) Zusammenfassung

det sich in Franz v. Papens berühmter Bemerkung, man habe sich Hitler *engagiert* ebenso wieder, wie in der Unfähigkeit, die Anarchie der nach innen und außen freigesetzten Gewalt einzudämmen. Unabhängig von den neu eröffneten Karrierechancen einzelner war der Nationalsozialismus für den Adel bereits mittelfristig die falsche Wahl. Der Adel blieb ein permanenter Störfall im Gehäuse der Volksgemeinschaft. Als Kollektiv war „Adel" im NS-Staat nicht mehr im traditionellen Sinne, sondern nur noch in Form jener Mutationen denkbar, die von völkisch-nationalsozialistischen Theoretikern erdacht und von einem Teil des Adels willig bedient wurden.

Mit dem Kollektiv des alten Adels kam es hingegen auf verschiedenen Feldern zu niemals aufgelösten Konflikten. Während der Pseudo-Monarchismus des preußischen Adels die Annäherung auf Dauer ebensowenig behindern konnte wie der Pseudo-Sozialismus der NS-Bewegung, waren andere Differenzen schwerer auszuräumen. Die größte praktische Bedeutung kam den Konflikten zu, die zwischen adligem „Herrentum" und nationalsozialistischer „Volksgemeinschaft" in Theorie und Praxis entstanden. Der niemals aufgegebene Anspruch des Adels, von Geburt an eine Berufung zum Führertum zu besitzen, prallte an unzähligen Stellen auf gegenteilige Ansichten der „alten Kämpfer". Die Einreihung in die „Volksgemeinschaft" war für eine Gruppe, die auf eine jahrhundertelange Herrschaftserfahrung zurückblickte, besonders schwierig. Innerhalb der NS-Bewegung gab es eine starke Strömung, die mit einer betont anti-adligen Haltung hervortrat. Die Forderung, jeder Führungsanspruch müsse durch Verdienste um die „Bewegung" erworben werden, wurde von dieser Gruppe hartnäckig gegen den alten Adel gerichtet.

Für die Mehrheit des Adels überwogen am Ende dennoch eindeutig die Affinitäten. Im Jahre 1930 setzte im Adel ein massiver Strom in die NSDAP, die SA und die SS ein. Selbst orientiert am Parameter der Parteimitgliedschaft – eine dem Adel traditionell eher fremde Form politischen Engagements – läßt sich festhalten, daß die NS-Bewegung aus dem ostelbischen Adel massive Unterstützung erfuhr. Nur wenige der berühmten Familien wichen von diesem Muster ab. In der NSDAP war der Adel bereits im Januar 1933 überrepräsentiert. In Abweichung von der allgemeinen Beitrittsentwicklung handelte es sich bei der Mehrheit der adligen „Parteigenossen" nicht um „Märzgefallene".

Hinzu kamen die Arrangements der Machtapparate in Militär, Landwirtschaft und Bürokratie, in denen die adligen Mitglieder der Funktionseliten den NS-Staat auch ohne Parteimitgliedschaft stützten. Den langfristigen Entwicklungen folgend, findet sich die deutlichste Abweichung von diesem Befund auch hier im süddeutschen, insbesondere im altbayerischen Adel. NSDAP-Mitgliedschaft und aktive Beteiligung in der NS-Bewegung waren hier deutlich seltener als im ostelbischen Adel und für einige der im Süden dominierenden Familien läßt sich eine bleibende Distanz zum Nationalsozialismus aufzeigen. Zu politischem Widerstand führten diese Haltungen allerdings nur in äußerst seltenen Ausnahmefällen. Die aus unterschiedlichen Quellen gespeiste Resistenz, die in den einflußreichen Familien des altbayerischen Adels relativ stark blieb, wich nach 1933 einem Eigen-Sinn (Alf Lüdtke), der den

Erhalt von Besonderheiten der adligen Lebensweise ebenso wie das faktische Arrangement mit dem NS-Staat ermöglichte.

Die Adligen im konservativen Widerstand zeugen von der schwierigen und widersprüchlichen Herauslösung einzelner Personen aus dem Bündnis mit der NS-Herrschaft. Zweifellos hat der adlige Herrschaftshabitus, der ebenso wie die ungewöhnlich engen Netzwerke aus Verwandt- und Bekanntschaften unzerstört geblieben war, zum hohen Adelsanteil im Widerstand des 20. Juli 1944 beigetragen. Die Mehrheit der adligen Verschwörer fand jedoch nicht durch, sondern meist gegen ihre eigene Sozialisation, vor allem jedoch gegen die Haltung einer erdrückenden Mehrheit ihrer Standesgenossen zum Widerstand. Diese Tatsache unterstreicht einerseits die große individuelle Leistung und „Haltung" der Verschwörer. Sie weist andererseits alle Versuche zurück, den 20. Juli 1944 als einen Aufstand „des Adels" zu interpretieren.

Summe)
Die Einzelergebnisse aus den fünf Teilen der Arbeit sind abschließend zu einer Gesamteinschätzung zusammenzuziehen. Das Bild, das sich aus der Addition der Teilergebnisse ergibt, macht es schwer, sich den negativsten Beurteilungen, die in der Forschung über die politische Rolle des preußischen Adels formuliert wurden, zu entziehen.
Revolution und Republik hatten den Adel als Kollektiv nie direkt angegriffen, ihm die Köpfe, die Güter und die Titel gelassen. Keine der nach parlamentarischen und meritokratischen Prinzipien verteilten Machtpositionen der Republik war dem Adel prinzipiell versperrt. Doch der im Vergleich zu den historischen Vorgaben beispiellos konziliante Umgang der Revolution mit ihren Gegnern hat den Adel mit der ersten deutschen Demokratie nicht versöhnen können – die Friedensangebote der Republik wurden vom Adel nicht angenommen. Weit über die „innere Verweigerung des Friedens" (Hans Mommsen) hinaus ging ein Großteil des Adels zwischen 1918 und 1933 auf einen harten Konfrontationskurs gegen die Republik. Das hohe Maß an Aggressivität, das hier freigesetzt wurde, läßt sich keineswegs als Antwort auf einen anti-adligen Republikanismus interpretieren. Eine jakobinische oder gar „bolschewistische" Politik gegen den Adel hat es weder in der Revolution noch in der Republik gegeben. Nach 1918 war der Adel in seiner Mehrheit für einen „Rückzug" in die Residuen adliger Privatheit sozial zu schwach, politisch hingegen noch stark genug, um im Bündnis mit anderen Gruppen einen gewichtigen Beitrag zur Zerstörung der Republik zu leisten.
In einer Zuspitzung älterer Urteile hat Hans-Ulrich Wehler 1995 formuliert, „was historische Ursache und historische Schuld angeht, [habe] keine soziale Klasse mit derart strategischen Positionen im politischen Entscheidungsprozeß siebzig Jahre lang so versagt wie der deutsche Adel".[3] Wehler hat in dieser Aussage nicht präzisiert, wessen Erwartungen der Adel enttäuscht, bei welcher historischen Aufgabe er versagt und wer diese Aufgabe gestellt haben

---
3 Hans-Ulrich WEHLER, Rezension zu Lieven, Abschied, in: Die Zeit, 3.11.1995, S. 15.

13.) Zusammenfassung

soll. Eben dies müßte jedoch geleistet werden, um die Aussage debattieren zu können.

Doch auch ohne die teleologisch belastete Kategorie vom „Versagen" des Adels läßt sich die Frage nach der historischen Leistung aufwerfen, die der Adel unter den real existierenden Bedingungen hätte erbringen können. Da diese Leistung im freiwilligen Verzicht auf die Herrschaft ebensowenig wie in einer engagierten Unterstützung der Sozialdemokratie gesucht werden kann, liegt es nahe, den Blick auf das Fehlen eines reformfähigen Konservativismus zu richten. Über Jahrhunderte war der Adel der wichtigste Träger des politischen Konservativismus. Die Radikalisierung des Adels hatte bereits im Kaiserreich erheblich dazu beigetragen, den Konservativismus auszuhöhlen und dessen ideologische Reste mit dem Gedankengut der Neuen Rechten zu verzahnen. Nach 1918 fielen Adel und Konservativismus als potentiell moderierende Kräfte weitgehend aus. Dies gilt für den Herrschaftskompromiß vom Januar 1933 ebenso wie für die Planung und Durchführung des Angriffskrieges und des Völkermordes.

Einen kompromißfähigen „Tory-Konservativismus", der eine von relevanten Adelsgruppen kollektiv getragene Gegenlinie zum Faschismus repräsentiert hätte, hat der Adel jedoch weder entwickelt noch unterstützt. Ansätze für ein solches Gegenmodell waren am ehesten im katholischen Adel Süddeutschlands vorhanden. Im inneradligen Kräfteverhältnis ohnehin chancenlos, brach jedoch auch diese Linie 1933 kraft- und konsequenzlos zusammen. Zu betonen ist deshalb die „Unfähigkeit des Adels, seine selbstzerstörerischen Ehrbegriffe zur rechten Zeit fallenzulassen"[4] sowie die daraus resultierende Unfähig- und Unwilligkeit, sich an der Herstellung einer konservativen Alternative zum Nationalsozialismus zu beteiligen.

Der Faschismus hat sich nur dort durchsetzen können, wo die Dynamik faschistischer Bewegungen auf Inkonsequenz und Schwäche der konservativen Eliten stieß. Auf eben dieser Linie verlaufen – wie zuletzt Stanley Payne gezeigt hat[5] – bedeutende Unterschiede zwischen dem italienischen und deutschen Faschismus einerseits, autoritären Regimes wie in Spanien und Vichy-Frankreich andererseits. Der Weg in die deutsche Katastrophe dürfte gerade durch das Fehlen einer sozial gefestigten, kulturell geeinten „Elite" befördert worden sein.

Bei den sozialen und politischen Kräfteverhältnissen, welche die „Urkatastrophe des 20. Jahrhunderts" (George Kennan) in Deutschland geschaffen hatte, hätte eine wirkungsvolle konservative Alternative zur NS-Bewegung die Prägekraft eines konservativen Adels benötigt. Am bayerischen Fall läßt sich ablesen, wie dies in der Realität aussehen konnte. Ein Adel jedoch, in dem die sozial schwächsten und politisch radikalsten Gruppen die Orientie-

---

[4] KLEINE, Nobility, S. 45.
[5] Stanley PAYNE, Geschichte des Faschismus. Aufstieg und Fall einer europäischen Bewegung, München/Berlin 2001, S. 111-401.

rung vorgaben – wie es in Preußen der Fall war – konnte zu einer solchen Alternative nichts beitragen.

Jenseits der Kategorien „Schuld" und „Versagen" läßt sich festhalten, daß sich in der Tat keine zweite soziale Formation benennen läßt, die sich in solcher Geschlossenheit, in solcher Schroffheit und in solcher Aggressivität gegen Republik und Demokratie gestellt hätte wie der Adel. Doch das Bild, das eine empirisch arbeitende Adelsforschung zukünftig schärfer konturieren dürfte, wird weniger einer manipulationsmächtigen, „konservativen Elite" als einer fraktionierten, desorientierten und radikalisierten Sozialformation gleichen. In jenem Radikalisierungsprozeß, der in dieser Arbeit analysiert wurde, war der Adel eher eine getriebene als eine treibende Kraft.

Plausibler als mit der Vorstellung einer ungebrochen starken „Rittergutsbesitzerklasse" (Hans Rosenberg) sind die Besonderheiten der deutschen Adelsgeschichte nach 1918 deshalb aus der Kombination widersprüchlicher Elemente erklärbar. In der Begrifflichkeit Pierre Bourdieus ausgedrückt, lag diese Kombination im Verlust ökonomischen und kulturellen Kapitals, den davon unbeeindruckt maßlosen Führungsansprüchen und der erstaunlichen Zunahme des symbolischen Kapitals, über das der deutsche Adel nach 1918 verfügen konnte. Da insbesondere der preußische Adel trotz seiner realen Schwächen tatsächlich die fatale Rolle spielte, die ihm immer wieder zugeschrieben wurde, stellt sich mehr als die Frage nach seinem „Versagen" die Frage nach den Bedingungen, unter denen sich seine destruktiven Potentiale entfalten konnten. Dafür muß über den Adel hinausgeblickt werden.

In ihrer Beobachtung über „jene unausrottbare neidvolle Bewunderung des Bürgerlichen für den Aristokraten, die oft die Maske des Hochmuts trägt", hat die adlig geborene Sozialistin Lily Braun noch im Kaiserreich eine Formulierung geprägt, die auch für die Zwischenkriegszeit von großer Erklärungskraft ist.[6] Die moderne Humanität, der bürgerliche Traum, schreibt Ernst Jünger 1929 im *Abenteuerlichen Herz*, sei „ein Traum ohne Farben und Bilder, einer der langweiligsten Träume, auf die man je verfallen ist." Jüngers Urteil, das nicht ganz ohne Berechtigung sein mag,[7] verweist auf eine mythisch aufgeladene Vorstellung von „Adel", in die sich diverse Sehnsüchte nach einer Welt jenseits der liberalen, utilitaristischen Markt- und Gesellschaftsordnung einspeisen ließen. Im deutschen Bürgertum verbanden sich diese Projektionen vor und nach 1918 mit der Suche nach einer neuen, autoritär strukturierten Staatsordnung, in der eine neu komponierte „Elite" jenseits demokratisch-parlamentarischer Fesseln den „Aufstand der Masse" kontrollieren würde. Die destruktive Energie resultierte aus einer Konstellation, in der ein desintegriertes Bürgertum und ein sozial zerbrochener, gleichzeitig jedoch in einer

---

[6] BRAUN (1909), S. 198.
[7] Ernst JÜNGER, Das Abenteuerliche Herz (1929), Stuttgart 1987, S. 131. Der hier angesprochene Zusammenhang von Bürgerlichkeit, rational gebändigter Lebensführung und „Langeweile" läßt sich auch jenseits der Jüngerschen Denkwelten nachzeichnen: Martina KESSEL, Langeweile. Zum Umgang mit Zeit und Gefühlen in Deutschland vom späten 18. bis zum frühen 20. Jahrhundert, Göttingen 2001.

13.) Zusammenfassung

ideologisch erzeugten Scheinblüte aufkeimender Adel nach einer gemeinsamen Geschäftsgrundlage zur „Überwindung" bzw. Zerstörung der Demokratie suchten.

Diese Konstellation erbrachte nicht etwa die letzte Chance des Adels, sondern die endgültige Verhinderung einer solchen. Das vom Nationalsozialismus bald mühelos übertönte Geraune vom neuen adlig-bürgerlichen „Führertum" hat dazu beigetragen, den Adel in seiner selbstzerstörerischen Verweigerungshaltung zu bestärken. Für die Zwischenkriegszeit gilt im Hinblick auf die bürgerlichen Zuschreibungen an den Adel in potenzierter Form, was Georg Kleine für das Kaiserreich konstatiert hat: „Man ermutigte den Adel, auf einem Podest zu bleiben, auf dem er verhungern mußte."[8]

Nur in Verbindung mit den Neuadelskonzepten, die im Bildungsbürgertum erdacht wurden, konnte sich der Adel trotz der starken Beschleunigung seines sozialen Niedergangs zu einem letzten „Satyrspiel des Adelsmodells" (Hans Mommsen) aufschwingen. An diesem zentralen Element der Sonderwegsthese ist auch aus adelsgeschichtlicher Perspektive festzuhalten. Allerdings erscheint es notwendig, diese adlig-bürgerliche Koalition anders zu deuten, als in der Sonderwegsthese vorgesehen.

Auch wenn man den Adel im langen 19. Jahrhundert – wie hier geschehen – tendenziell als eine „getriebene" Kraft begreift, ist die Vorstellung, ein am Konservativismus festhaltendes „Herrentum" sei vom „Aufstand der Massen" schließlich überrannt worden, eindeutig unzutreffend. In einem über sieben Jahrzehnte andauernden Prozeß waren die einst tiefen Gräben zwischen konservativem und rechtsradikalem Denken im Adel selbst so lange zugeschüttet worden, bis sie jede praktische Bedeutung verloren hatten. Die Vorstellung, der Adel sei letztlich vom Faschismus entmachtet und verdrängt worden,[9] ist zwar nicht grundsätzlich falsch, übergeht jedoch die zentrale Tatsache, daß sich zumindest der preußische Adel in seiner Mehrheit der NS-Bewegung angeschlossen und sich dem NS-Staat durch die Übernahme von Herrschaftsfunktionen angedient hatte.

Die Untersuchung der politisch aktiven Adelsgruppen rückt weniger eine alte, konservative und mächtige „Elite" als eine überaus fraktionierte Verlierergruppe ins Bild, welcher der Anschluß an die moderne Industriegesellschaft vor 1945 nicht gelang. Eindeutig wurden die Triebkräfte des beschriebenen Radikalisierungsprozesses von den verarmten, sozial destabilisierten Teilen des Kleinadels weit stärker als von den reichsten Großgrundbesitzern und der adligen Minderheit in den Funktionseliten freigesetzt. Die im Kleina-

---

[8] KLEINE, Nobility, S. 28.
[9] Dies legt auch die zuletzt bei REIF (Hg.), Adel und Bürgertum, Bd. 2, S. 7, eingangs zitierte Äußerung Elard v. Oldenburg-Januschaus aus dem Jahre 1936 nahe: „Die preußischen Junker können, wenn sie von der Bildfläche abtreten sollten, ruhig abwarten, ob Elemente, die jetzt zur Regierung berufen werden, es besser können als sie." Das von Oldenburg suggerierte „Abtreten" eines Adels, der die Herrschaft „Elementen" überläßt, zu denen er selbst nicht gehört, traf jedoch weder für den Sprecher selbst noch für den Adel insgesamt zu.

del entwickelte philofaschistische Antibürgerlichkeit war für den adligen Beitrag zum Nationalsozialismus weit wichtiger als die instabilen Bündnisse mit den Führungsgruppen des Bürgertums. Die Zerstörungspotentiale gingen weniger von einer geschlossenen „Rittergutsbesitzerklasse" als vom militärisch geprägten, durch sozialen Niedergang, Weltkrieg und Revolution radikalisierten Kleinadel aus, der in seiner sozialen Realität kleinbürgerlichen Existenzen sehr viel näher stand als dem traditionellen „Herrentum" auf den Rittergütern. Auf den Ausschluß dieser vor allem in Preußen problematischen Gruppen hatten im 19. Jahrhundert diverse Versuche zu einer Adelsreform gezielt. Alle diese Versuche scheiterten am Widerstand des Kleinadels, dessen Clanstrukturen nicht gebrochen werden konnten. Die Geschichte dieses Scheiterns erreichte im Kaiserreich und in der Weimarer Republik ihren Endpunkt, indem die Adelsreformmodelle des 19. Jahrhundert in ihr Gegenteil verkehrt wurden. Nicht die sozial stabilen, sondern die mittellosesten Adelsgruppen aus den ostelbischen „Militärclans" (Marcus Funck) diktierten zunehmend den Ton im Adel. Die Hypertrophie und die Mutationen des militärischen Denkens in diesen Adelsgruppen sind es, mit denen sich die Adelsgeschichte zukünftig näher auseinanderzusetzen hat. Die im 19. Jahrhundert mehrfach verpaßte Chance einer Konsolidierung der sozial stabilen und anpassungsfähigen Gruppen war mit dem verlorenen Krieg endgültig verstrichen. Innerhalb der „Familie des Adels" wirkte die Radikalisierung der großen mittellosen Verlierergruppen nunmehr ebenso verheerend wie auf die gesamte politische Kultur der Weimarer Republik. Die „Wiedererfindung" des Adels als „reinrassiger", militärisch geschulter „Führerstand" wurde von Adligen betrieben, deren Lebenswelten mit den traditionellen Vorstellungen von Adel nicht mehr viel gemeinsam hatten.

Aus diesem Grund führt die Vorstellung des Adels als einer rückwärtsgewandten Gruppe, die sich *en bloc* gegen die Moderne sperrte und starr an ihren Traditionen hing, in die Irre. Verhängnisvoll wirkte der Adel durch die Selbstzerstörung seiner Traditionen weit mehr als durch die Bewahrung derselben. Die Thesen über eine adlig-bürgerliche Interessenkongruenz sowie die Kontinuität der Machtstrukturen unter konservativen Auspizien – das „Bündnis der Eliten" – genossen in der marxistischen und bielefeldistischen Deutung des Januar 1933 mehr oder minder paradigmatischen Status. Paradigmatisch war diese Vorstellung bereits, als 1978 Fritz Fischers gleichnamiger Vortrag erschien, deutlich erkennbar bleibt sie noch im dritten Band von Hans-Ulrich Wehlers Gesellschaftsgeschichte. Dort, wo sie den Adel einbezieht, wird die Adelsforschung dieser These nur wenig Rückhalt bieten können. Die im Kaiserreich beginnende Radikalisierung im Adel sowie die zwischen 1930 und 1933 vollzogene Annäherung zwischen Adel und Nationalsozialismus glichen weniger einem adlig-bürgerlichen „Bündnis der Eliten" als einem Bündnis der „Deklassierten aller Klassen" (Hannah Arendt). Daß diese soziale Konstellation funktions- und herrschaftsfähig wurde, ist allerdings ohne die Arrangements mit den Funktionseliten nicht zu erklären. Dies gilt im Adel ebenso wie für die Funktionsweise des Faschismus insgesamt.

13.) Zusammenfassung

Mehr noch als der Vergleich mit dem englischen, französischen, italienischen oder skandinavischen Adel zeigt die deutsche Entwicklung nach 1945, daß die Integration in einen demokratisch regierten Industriestaat auch für den Adel durchaus nicht unmöglich war. Eine politisch relevante Bedrohung der zweiten deutschen Demokratie ist vom Adel niemals ausgegangen. Nach 1945 hat ein Großteil des nunmehr tatsächlich entmachteten Adels eben jene mentalen und sozialen Anpassungsleistungen erbracht, die nach 1918 hartnäckig verweigert wurden. Auf den Leitungsebenen der modernen Wirtschaft dürfte der Adel nach den Neurorientierungen seit 1945 deutlich überrepräsentiert sein. Die Startvorteile, die adlige Herrschaftstraditionen und nichtadlige Zuschreibungen dem Adel bis heute erbringen, werden von diesem mit Erfolg genutzt. Auch die zum Kern des adligen Habitus gehörende Auffassung von der eigenen Höherwertigkeit besteht fort, ohne nennenswerte Schäden zu verursachen.

Möglich wurde diese flexible und nach der Vorgeschichte überaus erstaunliche Anpassungsleistung erst nach der endgültigen Zerstörung der Machtgrundlagen des ostelbischen Adels. Die konstruktive Anpassung an eine demokratisch verfaßte Gesellschaft nach 1945 zeugt im Vergleich mit ihrer aggressiven Verweigerung nach 1918 von den bereits früher denkbaren, aber nicht gewählten Optionen. „Denkbar" erscheinen diese Optionen dem Historiker, denkbar für den Adel wurden sie offenbar erst, nachdem die Grundlagen des anti-bürgerlichen Habitus zerstört waren.

Diese Arbeit hat die Zusammenhänge von sozialem Niedergang und politischer Radikalisierung im deutschen Adel untersucht. Nur am Rande sind in dieser Untersuchung jene Adelsgruppen ins Bild geraten, die sich den hier nachgezeichneten Radikalisierungsprozessen entzogen und – wo die materiellen Mittel dafür vorhanden waren – „Rückzüge" in weitgehend unpolitische Sphären adliger Privatheit gewählt haben. Es sind diese inneradligen Enklaven, die hier konservierten Lebensformen, Bilder, Erinnerungen und Werte, die eine umfangreiche Fremd- und Eigenliteratur auch in Zukunft besingen wird. Die Tatsache, daß es sich hier um nicht „demokratisierbare" Lebensformen handelt (Max Weber), wird und sollte nicht verhindern, daß sich auch weiterhin Sympathie, Nostalgie und Sehnsucht in die bürgerlichen Blicke auf eine stark vom Adel geprägte „world we have lost" (Peter Laslett) mischen werden. Diese Gruppen entsprachen am ehesten den beiden literarischen Bildern, auf die man auch in der Forschungsliteratur immer wieder stößt: Fontanes Stechlin und Lampedusas Leopard. Trotz der Welten, die zwischen beiden Romanfiguren liegen, erscheinen beide gleichermaßen als liebenswerte Vertreter einer untergehenden Welt, deren Beherrscher sich weise und stilvoll zurückziehen. Zweifellos hat es diesen Typus auch im deutschen Adel gegeben. Seine historische Relevanz entsprach jedoch in keiner Weise dem Raum, den er in adligen Erinnerungen und einem Teil der Forschungsliteratur einnimmt. Um in Lampedusas häufig bemühtem Bild zu bleiben: Im deutschen Adel haben sich die „Leoparden" von den „Hyänen" nicht stilvoll distanziert, sondern sich um die Führerstellen in den Hyänen-Rudeln bemüht.

14.) Quellen

14.1.) Ungedruckte Quellen

Brandenburgisches Landeshauptarchiv, Potsdam
- Pr. Br. Rep. 37 Boitzenburg
- Pr. Br. Rep. 37 Friedersdorf
- Pr. Br. Rep. 37 Liebenberg
- Pr. Br. Rep. 37 Lübbenau
- Pr.Br. Rep. 37 Neuhardenberg

Briefwechsel Dietlof Graf v. Arnim-Boitzenburg – Friedrich Graf v. d. Schulenburg (Hefter mit Abschriften von ca. 120 Briefen, Materialsammlung des DFG-Projekts *Elitenwandel*, TU Berlin. Die Originale befinden sich im Brandenburgischen Landeshauptarchiv, zitiert als „Briefwechsel Arnim/Schulenburg").

Bundesarchiv, Abteilung Potsdam
(Die noch in Potsdam eingesehenen Bestände lagern unterdessen v. a. im Bundesarchiv Berlin)
- 90 Mu 1 (Nachlaß Louis Müldner von Mülnheim, 1858-1934)
- 90 We 4 (Nachlaß Kuno Graf v. Westarp, 1864-1945)
- 90 Ge 4 (Nachlaß Konstantin Frhr. v. Gebsattel)
- 90 An 1 (Nachlaß Kurt Anker, 1881-1935)
- 90 Wa 1 (Nachlaß Konrad Frhr. v. Wangenheim, 1849-1926)
- Rep 16 (Nachlaß Harald v. Königswald)
- R 18: Reichsministerium des Innern, Büro des Staatssekretärs (Pfundtner):
Nr. 5330-5337 (Nationaler Klub, Carl Eduard Herzog v. Sachsen-Coburg-Gotha)
Nr. 5650 (Pfundtner)
- RKÜO (Reichskommissar für Überwachung der öffentlichen Ordnung):
- 67 170/301: Bayerische Königspartei 1920-1926
- 67 179/339: Organisation Consul
- 67 192/400: Orgesch
- 67 197/417: Juniklub
- 32/59; 90/16: Deutsche Adelsgenossenschaft

Deutsches Adelsarchiv Marburg
- Akten der Bayerischen Landesabteilung der DAG (Umfangreicher, in 20 Bündeln mit einzelnen Heftern vorgeordneter Bestand. Zitiert wird jeweils unter Angabe des Bündels (Bd.) und eines Kurztitels, der die Aufschrift auf dem jeweiligen Hefter (Hft.) wiedergibt. Die einzelnen Seiten sind nicht foliert.
- Akten der Sächsischen Landesabteilung der DAG (drei Bände)
- Ausgewählte Stammtafeln der „EDDA" (vier Bände: 1925 / 1929 / 1936 / 1942)

14.) Quellen

Westfälisches Archivamt, Münster
(Vereinigte Westfälische Adelsarchive e.V.):
- Nachlaß Franz Graf von Galen (1879-1961)
- Nachlaß Engelbert Frhr. v. Kerckerinck zur Borg (1872-1933)
- Nachlaß Ferdinand Frhr. v. Lüninck (1888-1944)
- Nachlaß Alexander Frhr. v. Elverfeldt (1869-1946)
- Westfälisches Adelsblatt

Landeshauptarchiv Magdeburg – Außenstelle Wernigerode
- Rep H Neugattersleben (Familie v. Alvensleben)
- Rep E v. Bülow (Familienverband)
- Rep H Karow (u. a. Korrespondenz Paul v. Hindenburg)
- Rep H Ostrau (Hans Hasso v. Veltheim-Ostrau, 1885-1956)
- Rep H St. Ulrich (u. a. zur Casino-Gesellschaft)
- Rep H Stolberg-Wernigerode (Archiv der Fürsten zu Stolberg-Wernigerode)

Geheimes Staatsarchiv Preußischer Kulturbesitz Berlin
Brandenburg-Preußisches Hauptarchiv (BPH):
- Rep. 53: Kaiser Wilhelm II.
- Rep. 54: Kronprinz Wilhelm v. Preußen
- Rep. 333: Politisches Kolleg, Berlin

Bundesarchiv Koblenz
- R 118 (Politisches Kolleg / Hochschule für nationale Politik)
- N 1101 (Nachlaß Franz Ritter v. Epp)
- Kleine Erwerbungen, Nr. 240 (Hermine v. Reuß)
- Kleine Erwerbungen, Nr. 402 (Deutscher Herrenklub)
- Kleine Erwerbungen, Nr. 732 (Reinhold Frhr. v. Lüdinghausen-Wolff)
- Kleine Erwerbungen, Nr. 708 (Antonie Gräfin zu Eulenburg)
- N 1324 (Nachlaß Martin Spahn)
- N 1424 (Nachlaß Johann-Albrecht v. Rantzau)

Bundesarchiv, Abteilung Berlin-Lichterfelde
- Sammlung Schumacher: Auflistung aller hochadligen NSDAP-Mitglieder
- Aus den Beständen des ehemaligen Berlin Document Center (BDC):
- Ortskartei der NSDAP
- Zentralkartei der NSDAP
- Personalakten von ca. 300 adligen NSDAP- bzw. SA-Mitgliedern

Bundesarchiv - Militärarchiv Freiburg
- N 42 (Nachlaß Kurt v. Schleicher)
- N 58/1 (Nachlaß Friedrich Graf v. d. Schulenburg)
- N 266 (Nachlaß August v. Cramon)
- N 280 (v. Huelsen)
- N 324 (v. Einem)

Bayerisches Hauptstaatsarchiv München
- Archiv der Genossenschaft katholischer Edelleute in Bayern (38 Bände)
- Nachlaß Paul Nikolaus Cossmann
- Nachlaß Heinrich Held
- Nachlaß Friedrich Karl Frhr. v. Eberstein
- Nachlaß Gustav Adolf Leinhaas
- Sammlung Varia Nr. 160 (Münchner Herrenklub)
- Presseausschnittssammlung, Nr. 1158

Staatsarchiv Augsburg
- Sammlung Ludwig Maria Graf Waldbott v. Bassenheim (1876-1926), unsortierter Bestand
- Sammlung Heinrich Graf Waldbott v. Bassenheim (1882-1940), unsortierter Bestand

Staatsarchiv Würzburg
Gestapoakten:
- Nr. 10492 (Graf Peter Revertera)
- Nr. 6431 (Alois Fürst zu Löwenstein-Wertheim-Rosenberg)

Staatsarchiv Wertheim, Kloster Bronnbach
- Nachlaß Alois Fürst zu Löwenstein-Wertheim-Rosenberg (1871-1952):
Lit D 662
Lit D 761 e
Lit D 762

Hessisches Staatsarchiv Darmstadt
- F 21 Grafschaft Erbach-Schönberg
- F 23 Herrschaft Schlitz (Archiv der Grafen von Schlitz gen. v. Görtz)
- F 23 A, Nr. 1219/2 (Verein deutscher Standesherren)

Zentrum für Antisemitismusforschung (Berlin)
- Dienstaltersliste der Schutzstaffel der NSDAP. SS-Oberst-Gruppenführer – SS-Standartenführer. Stand vom 20.4.1942, Hg. v. SS-Personalhauptamt, Berlin 1942.
- Dokumentensammlung zu Erich v. d. Bach-Zelewski, zusammengestellt von Tuviah Friedmann, Haifa 1996.

14.) Quellen

Niedersächsisches Staatsarchiv in Bückeburg
- Familienarchiv der Freiherrn v. Münchhausen

Nordrhein-Westfälisches Staatsarchiv Detmold
- D 72 Nachlaß Karl Ludwig Freiherr von Biedenweg
- D 72 Nachlaß Gerhard v. Donop
- L 114 v. Donop (Familienverband)

Archiv der Otto v. Bismarck Stiftung (Friedrichsruh)
- Korrespondenzen von Otto II. Fürst v. Bismarck 1918/19, 1932/33

Archiv der Freiherren v. Aretin (Haidenburg)
- Politische und private Korrespondenz Erwein Frhr. v. Aretins, u. a. mit Fürst Öttingen und dem bayerischen Kronprinzen (eine Mappe unverzeichnete Korrespondenz)

Archiv der Freiherrn Hiller v. Gaertringen (Gaertringen)
- Nachlaß Kuno Graf v. Westarp

Fürstlich Castell'sches Archiv, Castell (Franken)
HA.I.d.VI. – Fürst Friedrich Carl zu Castell-Castell (1864-1923)
HA.I.d.VIII. – Fürst Carl zu Castell-Castell (1897-1945)

Fürst Thurn und Taxis Zentralarchiv, Regensburg
- Hofmarschallamt u. a. folgende Aktennummern: 2924, 2970-2972, 3004, 3220, 3031, 3051, 3068, 3088, 3174, 3216, 3220, 3244, 3245, 3596, 3597, 3625, 3650-3652.

Archiv der Freiherren v. Lerchenfeld, Heinersreuth (Franken):
- verschiedene, ungeordnete Materialien, v. a. zur bayerischen Landesabteilung der DAG

Archiv der Grafen Schönburg-Glauchau, Glauchau (Sachsen)
- Teilnehmerliste der Wechselburger Tagung katholischer Adelsverbände im Juni 1926

Vorpommersches Landesarchiv Greifswald
- Rep. 38d Karlburg (Bismarck-Bohlen)
- Rep. 38d Bahrenbusch (v. Bonin)
- Rep. 42 Becker-Bartmannshagen (Rittergutsbesitzer Arthur Becker)

Fürstlich Öttingen-Wallerstein'sches Archiv der Fürsten zu Öttingen-Wallerstein (Harburg)
- VIII, 19. 1b : Karl Friedrich Wolfgang Fürst zu Öttingen-Wallerstein (1877-1930)
- VIII, 19. 1c: Eugen Prinz/Fürst zu Öttingen-Wallerstein (1885-1969)
- VIII, 19. 1d: Karl Friedrich Fürst zu Öttingen-Wallerstein (1917-1991)

Fürstlich Fürstenbergisches Archiv, Donaueschingen
- Bestände zu Maximilian Egon Fürst Fürstenberg (1863-1941)
Fürstliches Haus / Hofverwaltung / Kabinett-Sekretariat u. a.

Archiv der Freiherrn von Würtzburg, Kronach
- Bestand F II: Teilnachlaß Ludwig Frhr. v. Würtzburgs († 1922)

Archiv des Verbandes der Bayerischen Grundbesitzer, München
Diverse Akten mit Korrespondenz der Verbandsführung:
- Ordner: „Fideikommisse"
- Ordner: „Fideikommißauflösungsgesetzgebung 1917-1934"
- Ordner: „Protokolle"
- Ordner: „Mitteilungen 1918-1930"
- Ordner: „Bodenreform 1923-1932"

Mecklenburgisches Landeshauptarchiv, Schwerin
- Bestand: Herrengesellschaft Mecklenburg (HGM), 10 Bände
- Teilnachlaß Kurt Frhr. v. Reibnitz
- Bestand: Großherzogliches Kabinett III/Großherzogliches Sekretariat (GHK III)

Privatbesitz Henning v. Holtzendorff, Hamburg
Aufzeichnungen von Hanshenning v. Holtzendorff
- Biographische Aufzeichnungen (ohne Titel, verfaßt 1968)
- General v. Schleicher, wie er in Wirklichkeit war (verfaßt 1973)
- Die Politik des Generals von Schleicher gegenüber der NSDAP 1930-1933 (verfaßt 1946)

Privatbesitz Dr. med. Jürgen Lübker, Berlin
- Maria v. Schenck, Die Schencken-Chronik. Ein Sippenschicksal aus der Altmark, Berlin 1936.

Archiwum Pánstwow we Wroclawiu (Staatsarchiv Breslau)
Deutsche Adelsgenossenschaft, Landesabteilung Schlesien, Bde. 10-741 (genealogisches Material, Ahnentafeln)

Archiwum Pánstwowego w Opulu
Landratsamt/Oberpräsidium Oppeln, Bde. 79, 999, 1009, 1039.

14.) Quellen

Institut für deutsche Adelsforschung, Owschlag
Es handelt sich um ein privates „Forschungsinstitut", das seine Recherchen teilweise im Internet zugänglich macht. Über die Startseite http://home.foni.net/~adelsforschung gelangt man zu diversen Seiten mit Informationen über einzelne Personen, Institutionen und Verbände. Die hier gemachten Angaben sind, was Namen, Daten, Ämter und Zahlenangaben betrifft, meist präzise und dadurch für die Adelsforschung wertvoll. Die Kommentare und Einordnungen sind hingegen fast durchgängig gegen den Strich zu lesen. Verwendet wurden biographische Angaben zu einzelnen Personen, zitiert wird die jeweilige Internetadresse.

Sample Jamin
Detaillierte biographische Datensammlung zu 72 adligen SA-Führern, Privatbesitz Mathilde Jamin, Essen.

Sample Malinowski/Reichardt
Detaillierte biographische Datensammlung zu ca. 120 adligen SA- und SS-Führern, Privatbesitz Stephan Malinowski (Berlin) / Sven Reichardt (Berlin).

14.2.) Periodika

- Adels- und Salonblatt (1892/93-1914/15)
- Archiv für Sippenforschung
- Das Gewissen
- Das Schwarze Korps
- Der Ring
- Der SA-Mann
- Deutsche Revue
- Deutsches Adelsblatt (1883-1944)
- Europäische Revue
- Gelbe Hefte
- Jahrbuch der Deutschen Adelsgenossenschaft (1926-1931)
- Johanniter-Ordensblatt (1908-1940)
- Kalender der Deutschen Adelsgenossenschaft
- Mitteilungen der Genossenschaft katholischer Edelleute Bayerns
- Neue Preußische (Kreuz-) Zeitung
- Politik und Gesellschaft
- Preußische Jahrbücher
- Querschnitt
- Völkischer Beobachter
- Weiße Blätter. Monatsschrift für Geschichte, Tradition und Staat
- Westfälisches Adelsblatt
- Wochenblatt der Johanniter-Ordens-Balley Brandenburg (1860-1907)

14.3.) Autobiographien und Memoiren adliger Autoren

(In Abweichung von der gängigen Zitierweise werden alle Autobiographien in den Fußnoten ohne Kurztitel – nur mit Autorennamen und Seitenzahl – zitiert.)

Abercron, Hugo v., Offizier und Luftfahrtpionier. Tatberichte und Erinnerungen 1869-1938, Stuttgart 1938.

Alvensleben, Udo von, Besuche vor dem Untergang. Adelssitze zwischen Altmark u. Masuren. Aus Tagebuchaufzeichnungen von Udo von Alvensleben. Zusammengestellt und herausgegeben von Harald von Königswald, Wiesbaden 1968.

Alvensleben, Udo von, Lauter Abschiede. Tagebuch im Kriege, Frankfurt a. M. u. a. 1972.

Aretin, Erwein Frhr. v., Krone und Ketten. Erinnerungen eines bayerischen Edelmannes, Hg. v. K. Buchheim und Karl-Otmar Frhr. v. Aretin, München 1955.

Arnim, Clara v., Der grüne Baum des Lebens. Lebensstationen einer märkischen Gutsfrau in unserem Jahrhundert, Bern/München/Wien 1989.

Arnim, Dankwart Graf v., Als Brandenburg noch die Mark hieß, Berlin 1991.

Below, Nicolaus von, Als Hitlers Adjutant 1937-1945, Mainz 1980.

Berg, Friedrich v., Erinnerungen. (= Friedrich von Berg als Chef des Geheimen Zivilkabinetts 1918. Erinnerungen aus seinem Nachlaß, Hg. v. Heinrich Potthoff, Düsseldorf 1971).

Bernhardi, F. v., Denkwürdigkeiten aus meinem Leben nach gleichzeitigen Aufzeichnungen und im Lichte der Erinnerung, Berlin 1927.

Bernstorff, Johann Heinrich Graf v., Erinnerungen und Briefe, Zürich 1936.

Bismarck, Hedwig v., Erinnerungen einer 95jährigen, Halle 1910.

Bismarck, Herbert v., Gedanken und Erinnerungen. Vollständige Ausgabe in einem Band. Mit einem Nachwort von Ernst Friedländer, Stuttgart 1959.

Bismarck, Klaus v., Aufbruch aus Pommern. Erinnerungen und Perspektiven, München/Zürich 1992.

Bock und Polach, Karl v., Westfälische Freikorps-Batterie v. Bock, Hamm 1934.

Borcke, K. v., Das sind wir. Biographie einer Jugend, Zürich 1939.

Brackel, Ferdinande Freifrau v., Mein Leben, Köln 1905.

Brandis, Kordt v., Baltikumer. Das Schicksal eines Freikorps. Mit einem Geleitwort von Rüdiger Graf v. d. Goltz, Berlin 1939.

Braun, Lily, Memoiren einer Sozialistin, Band 1, München 1909.

Braun, Magnus Frhr. v., Von Ostpreußen bis Texas, Oldenburg 1955.

Bülow, Alexander v., Jägerleben aus dem Vollen. Fünfzig Jahre Waidwerk, Hamburg/Berlin 1954.

Bülow, Bernhard Fürst v., Denkwürdigkeiten, 4 Bde., Berlin 1929-1931.

Bülow, Paula v., Aus verklungenen Zeiten. Lebenserinnerungen 1833-1920, Hg. v. J. Werner, Leipzig 1924.

Bunsen, Maria v., Die Welt in der ich lebte. Erinnerungen aus den glücklichen Jahren 1860-1912, Leipzig 1929.

Bunsen, Marie von, Zeitgenossen die ich erlebte 1900-1930, Leipzig 1932.

Coudenhove-Kalergi, Richard Graf v., Eine Idee erobert Europa, Wien/München/Basel 1958.

14.) Quellen

Deimling, Berthold von, Aus der alten in die neue Zeit. Lebenserinnerungen, Berlin 1930.

Diest, Gustav von, Aus dem Leben eines Glücklichen, Berlin 1904.

Dirksen, Herbert von, Moskau-Tokio-London, Stuttgart 1949.

Dissow, Joachim [d. i. Johann-Albrecht v. Rantzau], Adel im Übergang. Ein kritischer Standesgenosse berichtet aus Residenzen und Gutshäusern, Stuttgart 1961.

Dohna-Schlobitten, Alexander Fürst zu, Erinnerungen eines alten Ostpreußen, Berlin 1989.

Dönhoff, Marion Gräfin v., Namen die keiner mehr nennt, Berlin 1989 (zuerst 1977).

Dönhoff, Marion Gräfin v., Kindheit in Ostpreußen, Berlin 1988/89.

Dönhoff, Marion Gräfin v., ‚Um der Ehre willen'. Erinnerungen an die Freunde vom 20. Juli, Berlin 1994.

Eberhardt, Magnus v., Kriegserinnerungen, Neudamm 1938.

Eckardstein, H. Frhr. v., Lebenserinnerungen und politische Denkwürdigkeit, Bd. 1., Leipzig 1919.

Einem, Karl v., Erinnerungen eines Soldaten 1853-1933, Leipzig ^{6}1933.

Erdödy, Helene Gräfin, Fast hundert Jahre Lebenserinnerungen (1831-1925), Hg. v. Carl von Oberndorff, Zürich/Leipzig/Wien 1929.

Eulenburg-Hertefeld, Philipp Fürst zu, Aus 50 Jahren, Erinnerungen, Tagebücher und Briefe aus dem Nachlaß des Fürsten Philipp zu Eulenburg-Hertefeld, Hg. von Johannes Haller, Berlin 1923.

Finckenstein, Ottfried Graf v., Nur die Störche sind geblieben. Erinnerungen eines Ostpreußen, München 1994.

Freytag-Loringhoven, Hugo Frhr. v., Menschen und Dinge wie ich sie in meinem Leben sah, Berlin 1923.

Gerlach, Hellmuth v., Erinnerungen eines Junkers, Berlin 1924.

Gerlach, Hellmuth v., Von rechts nach links, Berlin 1937.

Gersdorff, Rudolf v., Soldat im Untergang, Frankfurt a. M./Berlin/Wien 1977.

Goltz, Rüdiger Graf v. d., Meine Sendung in Finnland und im Baltikum, Leipzig 1920.

Goltz, Rüdiger Graf v. d., Als politischer General im Osten, Leipzig 1936.

Guttenberg, Elisabeth Frfr. v., Beim Namen gerufen. Erinnerungen, Berlin/Frankfurt a. M. 1990.

Hadeln, Charlotte Frfr. v., In Sonne und Sturm, Rudolfstadt 1935.

Hammerstein, Kunrat von, Spähtrupp, Olten/Freiburg i.Br. 1963.

Hassell, Ulrich von, Die Hassell-Tagebücher: 1938-1944. Aufzeichnungen vom Anderen Deutschland, Unter Mitarbeit von Klaus Peter Reiß hg. von Friedrich Hiller von Gaertringen, Berlin 1988.

Hentig, Werner Otto v., Mein Leben. Eine Dienstreise, Göttingen 1962.

Hessen, Heinrich Prinz zu, Der kristallene Lüster. Meine deutsch-italienische Jugend 1927-1947, München 1994.

Heydebreck, Peter v., Wir Wehr-Wölfe. Erinnerungen eines Freikorpsführers, Leipzig 1931.

Hindenburg, Herbert, v., Am Rande zweier Jahrhunderte. Momentbilder aus einem Diplomatenleben, Berlin 1938.

Hindenburg, Paul v., Aus meinem Leben, Leipzig ^{6}1934.

Hohenlohe, Alexander [Prinz] von, Aus meinem Leben, Frankfurt a. M. 1925.

Hohenlohe-Ingelfingen, Kraft Prinz v., Aus meinem Leben, Berlin 1897.

Hohenlohe-Schillingsfürst, Chlodwig Prinz zu, Denkwürdigkeiten der Reichskanzlerzeit. Stuttgart 1931.

Hülsen, Bernhard v., Der Kampf um Oberschlesien, Berlin 1922.

Hutten, Katrine v., Im Luftschloß meines Vaters. Erzählung, München 1987.

Hutten-Czapski, Bogdan Graf v., 60 Jahre Politik und Gesellschaft, Berlin 1935.

Ilsemann, Sigurd von, Der Kaiser in Holland, 2 Bände, München 1967-68.

Jagemann, Eugen von, 75 Jahre des Erlebens und Erfahrens, Heidelberg 1925.

Jordan, C. v., Unser Dorf in Schlesien, Berlin 1987.

Keller, Mathilde Gräfin von, Vierzig Jahre im Dienst der Kaiserin. Ein Kulturbild aus den Jahren 1881-1921. Leipzig 1935.

Kessel, Hans von, Handgranaten und rote Fahne, Berlin 1933.

Kessler, Harry Graf v., Gesichter und Zeiten. Erinnerungen, Berlin 1925.

Keyserling, Hermann Graf von, Reise durch die Zeit, 3 Bde., Vaduz/Darmstadt/Baden-Baden/Insbruck 1948-1963.

Keyserling, Hermann Graf von, Reisetagebuch eines Philosophen, Darmstadt ^{5}1921 (zuerst 1918).

Killinger, Manfred v., Ernstes und Heiteres aus dem Putschleben, München ^{9}1942 (zuerst 1927).

Killinger, Manfred v., Kampf um Oberschlesien, Leipzig 1934 (zuerst 1921).

Koeller, Hugo von, Von Pasewalk zum Bosporus. Ein abenteuerliches Junkerleben, Berlin/Leipzig 1927.

Königswald, Harald von, Revolution 1918, Breslau 1933.

Krockow, Christian Graf v., Die Reise nach Pommern. Bericht aus einem verschwiegenen Land, Stuttgart 1985.

Kühlmann, Richard von, Erinnerungen, Heidelberg 1948.

L'Estocq, Christoph v., Soldat in drei Epochen. Eine Hommage an Henning von Tresckow, Berlin 1990.

Lancken-Wakenitz, Oskar Frhr. v., Meine dreissig Dienstjahre 1888-1918, Potsdam/Paris/Brüssel/Berlin 1931.

Lehndorff, Hans Graf v., Menschen, Pferde, weites Land. Kindheits- und Jugenderinnerungen, München 1980.

Lehndorff, Hans Graf von, Die Insterburger Jahre. Mein Weg zur Bekennenden Kirche, München 1991.

Lehndorff, Hans Graf von, Ostpreußisches Tagebuch. Aufzeichnungen eines Arztes 1945-47, München ^{16}1970 (zuerst 1961).

Lerchenfeld-Koefering, Hugo Graf, Erinnerungen und Denkwürdigkeiten, eingel. und hg. von seinem Neffen Hugo Graf Lerchenfeld-Koefering, Berlin ^{2}1935.

Lettow-Vorbeck, Paul v., Heia Safari! Deutschlands Kampf in Ostafrika, Leipzig 1923.

Lettow-Vorbeck, Paul v., Mein Leben. Hg. v. Ursula v. Lettow-Vorbeck, Biberach 1957.

Liebermann von Wahlendorf, Willy Ritter, Erinnerungen eines deutschen Juden 1863-1936, Hg. und mit einem Nachwort von E. R. Piper, München/Zürich 1988.

Liliencron, Adda Frfr. v., Krieg und Frieden. Erinnerungen aus dem Leben einer Offiziersfrau, Berlin 1912.

14.) Quellen

Linden, Maria Gräfin, Erinnerungen der ersten Tübinger Studentin, Hg. v. Gabriele Junginger, Tübingen 1991.

Lölhöffel, Hedwig v., Landleben in Ostpreußen, Hamburg 1973.

Löwenstein, Hubertus Prinz zu, Abenteurer der Freiheit. Ein Lebensbericht..., Frankfurt a. M./Berlin/Wien 1983.

Löwenstein-Wertheim-Freudenberg, Hubertus F. Prinz zu, Botschafter ohne Auftrag. Lebensbericht, Düsseldorf 1972.

Lüttwitz, Walter Frhr. v., Im Kampf gegen die November-Revolution, Berlin 1934.

Luxburg, Karl Graf von, Nachdenkliche Erinnerung, Schloß Aschach/Saale 1953.

Maltzan, Julius Freiherr von, Alte Landtagserinnerungen, Ludwigslust 1896.

Maltzan, Julius Freiherr von, Erinnerungen eines alten Doberaner Badegastes, Rostock 1893.

Maltzan, Maria Gräfin v., Schlage die Trommel und fürchte Dich nicht, Berlin/Frankfurt a. M. 1986.

Manstein, Erich von, Aus einem Soldatenleben 1887-1939, Bonn 1958.

Marwitz, H.-G. v. der, Kindheitserinnerungen, Potsdam 1938.

Mecklenburg, Carl-Gregor Herzog zu, Erlebnis der Landschaft und adliges Landleben, Frankfurt a. M. 1979.

Medem, Walter Eberhard Frhr. v. Medem, Stürmer von Riga. Die Geschichte eines Freikorps, Berlin/Leipzig 1937.

Müller, Karl Alexander von, Im Wandel einer Welt. Erinnerungen, 3 Bde., Hg. v. O. A. von Müller, München 1954-1966.

Niemoeller-von Sell, Sibylle. Zu neuen Ufern lockt ein neuer Tag. Erinnerungen II, Berlin 1994.

Nostitz, Helene v., Aus dem alten Europa. Menschen und Städte, Berlin 1933.

Nostitz, Oswalt v., Muse und Weltkind: Das Leben der Helene von Nostitz, München 1991.

Oertzen, D. v., Erinnerungen aus meinem Leben, Berlin 1914.

Oertzen, Friedrich Wilhelm v. Oertzen, Die deutschen Freikorps 1918-1923, München ³1938.

Oertzen, Maria v., Mein Leben. Eine Selbstbiographie von M. von Oertzen, Lahr-Dinglingen 1935.

Oettingen, Hans v., Abenteuer meines Lebens. Irrwege und Einsichten eines Unbedachten, Berlin (DDR) 1981.

Oldenburg-Januschau, Elard v., Erinnerungen, Berlin 1936.

Oppen, Dietrich v. (Hg.), Lebensskizzen aus der Familie von Oppen vornehmlich im 20. Jahrhundert. Ein zeitgeschichtliches Lesebuch, Marburg/Lahn 1985.

Oven, Wilfred v., Finale Furioso. Mit Goebbels bis zum Ende, Tübingen 1974.

Papen, Franz v., Der Wahrheit eine Gasse, München 1952.

Pleß, Daisy Fürstin, Tanz auf dem Vulkan, 2 Bde., Dresden 1930.

Pleß, Daisy Fürstin, Was ich lieber verschwiegen hätte ..., Dresden 1931.

Plessen Elisabeth, Mitteilungen an den Adel. Roman, Luzern ⁶1976.

Preußen, Cecilie Kronprinzessin v., Erinnerungen an den deutschen Kronprinzen, Bieberach 1952.

Preußen, Wilhelm Kronprinz v., Erinnerungen, Hg. v. K. Rosner, Stuttgart/Berlin 1922.

Preußen, Wilhelm Kronprinz von, Ich suche die Wahrheit, Berlin 1925.

Preußen, Louis Ferdinand Prinz v., Im Strom der Geschichte, München/Wien 1983.

Prittwitz und Gaffron, Friedrich v., Zwischen Petersburg und Washington. Ein Diplomatenleben, München 1952.

Putlitz, G. v., Mein Heim. Erinnerungen an Kindheit und Jugend, Berlin ²1885.

Putlitz, Lita zu, Aus dem Bildersaal meines Lebens 1862-1931, Leipzig 1931.

Putlitz, Wolfgang Edler Gans zu, Unterwegs nach Deutschland: Erinnerungen eines ehemaligen Diplomaten, Berlin (DDR) 1956.

Puttkamer, A. v., Mehr Wahrheit als Dichtung. Memoiren, Berlin 1919.

Puttkamer, Heinrich Baron v., Patriotische Nörgeleien, Leipzig/Berlin/Paris 1907.

Reibnitz, Kurt Freiherr von, Gestalten rings um Hindenburg. Führende Köpfe der Republik und der Berliner Gesellschaft von heute, Dresden ²1929 (zuerst 1928).

Reibnitz, Kurt Freiherr von, Im Dreieck Schleicher, Hitler, Hindenburg. Männer des deutschen Schicksals, Dresden 1933.

Reischach, Hugo Frhr. v., Unter drei Kaisern, Berlin 1925.

Renn, Ludwig [d.i. Arnold Friedrich Vieth von Golßenau], Adel im Untergang, Berlin (DDR) 1946.

Renn, Ludwig [d.i. Arnold Friedrich Vieth von Golßenau], Meine Kindheit und Jugend, Berlin (DDR) 1956.

Reventlow, Ernst Graf v., Von Potsdam nach Doorn, Berlin 1940.

Rheinbaben, Werner Freiherr von, Kaiser, Kanzler, Präsidenten ‚wie ich sie erlebte', Mainz 1968.

Rohan, Karl Anton Prinz, Heimat Europa. Erinnerungen und Erfahrungen, Düsseldorf/Köln 1954.

Rohr, Hans Olaf von, Aus der Geschichte derer von Rohr, Görlitz 1932.

Rohr, Hans Olaf von, Bodentreuer Adel, Berlin 1932.

Sachsen, Ernst Heinrich Prinz v., Mein Lebensweg vom Königsschloß zum Bauernhof, München 1968.

Salburg, Edith Gräfin von [d.i. Edith Freifrau von Krieg-Hochfelden, geb. Gräfin Salburg-Falkenstein], Erinnerungen einer Respektlosen. Ein Lebensbuch, 3 Bde., Leipzig 1927-1928.

Salburg, Edith Gräfin von, Deutsches Bilderbuch der Zeit 1926-1930, Leipzig 1931.

Salm-Horstmar, Philipp Franz Fürst zu, Ein fürstliches Leben. Mein Leben, meine Arbeit, meine Erkenntnisse, Dülmen 1994.

Schaumburg-Lippe, Friedrich Christian Prinz zu, Zwischen Krone und Kerker, Wiesbaden 1952.

Schlabrendorff, Fabian v., Offiziere gegen Hitler, Frankfurt a. M./Hamburg 1959.

Schlabrendorff, Fabian v., Begegnungen in fünf Jahrzehnten, Tübingen 1979.

Schoenaich, Paul Freiherr von, Mein Damaskus. Erlebnisse und Bekenntnisse, Berlin 1926.

Schönburg-Waldenburg, Heinrich Prinz von, Erinnerungen aus kaiserlicher Zeit, Leipzig ²1929.

Schulenburg, Tisa v. d., Ich hab's gewagt. Bildhauerin und Ordensfrau – ein unkonventionelles Leben, Freiburg/Basel/Wien ³1983.

Schulenburg, Tisa von der, Des Kaisers weibliche Kadetten. Schulzeit in Heiligengrabe – zwischen Kaiserreich und Revolution, Freiburg 1983.

14.) Quellen

Schweinitz, H.-L. v., Denkwürdigkeiten, Hg. v. W. v. Schweinitz, Berlin 1927.

Schwerin, Esther Gräfin von, Kormorane, Brombeer-Ranken. Erinnerungen an Ostpreußen, Berlin 1989.

Seckendorff-Aberdar, Marie Gräfin, ... gelebt und gewebt im blauen Schloß, Neustadt an der Aisch 1979.

Selchow, Bogislaw v., Hundert Tage aus meinem Leben, Leipzig 1936.

Solms-Laubach, G.F. Graf zu, Asienflug und Heimkehr. Ein Bericht, Laubach 1928.

Stackelberg, Camilla v., Verwehte Blätter. Erinnerungen aus dem Baltikum, Berlin ²1992.

Stahlberg, Alexander, Als Preußen noch Preußen war. Erinnerungen, Berlin 1992.

Stenbock-Fermor, Alexander Graf v., Der rote Graf. Autobiographie, Berlin (DDR) 1973.

Stolberg-Wernigerode, Christian-Henrich Fürst zu, Rußland – Lehrjahre im Lager, Königstein 1991.

Strachwitz, Hubertus Kraft Graf, Eines Priesters Weg durch die Zeitenwende. Erlebnisse aus 50 Jahren, o.O. 1935.

Studnitz, Hans Georg von, Seitensprünge. Erlebnisse und Begegnungen 1907-1970, Stuttgart 1975.

Thaer, Albrecht v., Generalstabsdienst an der Front und in der Obersten Heeresleitung, Göttingen 1958.

Tirpitz, Alfred v., Erinnerungen, Leipzig 1919.

Tresckow, Hans v., Von Fürsten und anderen Sterblichen. Erinnerungen eines Kriminalkommissars, Berlin 1922.

Tschirschky, Fritz Günther von, Erinnerungen eines Hochverräters, Stuttgart 1972.

Unruh, Friedrich Franz v., Ehe die Stunde schlug. Eine Jugend im Kaiserreich, Bodensee 1967.

Vierhaus, Rudolf (Hg.), Das Tagebuch der Baronin Spitzemberg geb. Freiin v. Varnbüler. Aufzeichnungen aus der Hofgesellschaft des Hohenzollernreiches, Göttingen 1960.

Vietinghoff-Riesch, Arnold Freiherr von, Letzter Herr auf Neschwitz. Ein Junker ohne Reue, Limburg 1958.

Weizsäcker, Ernst Frhr. v., Erinnerungen, München/Leipzig/Freiburg 1950.

Wied, Pauline Fürstin zu, Vom Leben gelernt, o.O. ²1947.

Wilamowitz-Moellendorff, Fanny Gräfin v., Erinnerungen und Begegnungen, Berlin 1936.

Wilamowitz-Moellendorff, Ulrich v., Erinnerungen 1848-1914, Berlin 1927.

Wilhelm II. v. Preußen, Aus meinem Leben 1859-1888, Leipzig 1928.

Wilke, Ad. von, Alt-Berliner Erinnerungen, Berlin 1930.

Wilmowsky, Tilo Frhr. v., Rückblickend möchte ich sagen... – An der Schwelle des 150jährigen Krupp-Jubiläums, Oldenburg/Hamburg 1961.

Windisch-Graetz, Lajos Prinz, Vom Roten zum Schwarzen Prinzen, Berlin/Wien 1920.

Windisch-Graetz, Ludwig Fürst zu, Helden und Halunken. Selbsterlebte Weltgeschichte 1899-1964, Wien 1967.

Winterfeldt-Menkin, Joachim v., Jahreszeiten des Lebens. Das Buch meiner Erinnerungen, Berlin 1942.

Winterstein, Eduard von, Mein Leben und meine Zeit, Berlin 1947.

Wolzogen, Ernst Frhr. v., Wie ich mich ums Leben brachte. Erinnerungen und Erfahrungen, Braunschweig 1922.

Zobeltitz, Fedor v., Ich habe so gern gelebt. Die Lebenserinnerungen, Berlin 1934.

Zobeltitz, Fedor v., Chronik der Gesellschaft unter dem letzten Kaiserreich, Bd. 1, Hamburg ²1922.

Zobeltitz, Hans v., Im Knödelländlchen und anderswo. Lebenserinnerungen, Bielefeld/Leipzig 1916.

14.4.) Gedruckte Quellen vor 1945, Quellensammlungen

„**Adel**". Sonderheft der Süddeutschen Monatshefte 1926.

Ahlwardt, Hermann, Der Verzweiflungskampf der arischen Völker mit dem Judentum, Berlin 1890.

Aretin, Erwein Frhr. v., Erster Rundbrief an den jungen Adel Bayerns (1923), in: FÖWA, VIII, 19.1c, Nr. 117.

Aretin, Erwein Frhr. v., Zweiter Rundbrief an den jungen deutschen Adel (1926), in: DAAM, LAB, Bd. 3, Hft. ‚Jungadel' sowie in: AFCC, I d VI, Nr. 179.

Boehm, Max Hildebert Der Bürger im Kreuzfeuer, Göttingen 1933.

Brockdorff, Cay Frhr. v., Soziologie des deutschen Adels nach der Revolution von 1918, in: Kultur und Leben. Monatsschrift für Kulturgeschichte und biologische Familienkunde 3/1926, S. 34-38.

Claß, Heinrich, [unter dem Pseudonym Daniel Frymann], Wenn ich der Kaiser wär'. Politische Wahrheiten und Notwendigkeiten, Leipzig 1912.

Claß, Heinrich, Wider den Strom. Vom Werden und Wachen der nationalen Opposition im alten Reich, Leipzig 1932.

Coudenhove-Kalergi, Richard Graf v., Adel, Leipzig 1923.

Damm, Richard v., Autoren aus Fürsten- und Adelskreisen, in: Adels- und Salonblatt 1908, S. 67-151 (Artikelserie).

Darré, Richard Walther, Neuadel aus Blut und Boden, München 1930.

Darré, Richard Walther, Adelserneuerung oder Neuadel?, in: Nationalsozialistische Monatshefte 17/1931, S. 337-347.

Deutschland-Berichte der Sozialdemokratischen Partei Deutschlands (Sopade) 1934-1940 (Prag/Paris 1934-1940), ND Nördlingen 1980.

Drechsel, Karl August Graf v., Über Entwürfe zur Reorganisation des deutschen Adels im 19. Jahrhundert, Ingolstadt 1912.

EDDA = Ausgewählte Stammtafeln der „EDDA" (Eisernes Buch des Deutschen Adels deutscher Art), Herausgegeben von der Buchungshauptstelle Deutschen Adels (Arbeitsabteilung VI der Deutschen Adelsgenossenschaft), 4 Bde., Gotha 1925, 1929, 1936, 1942.

Friesen-Rötha, Heinrich Frhr. v., Die Konservativen im Kampfe gegen die Übermacht des Judentums und für die Erhaltung des Mittelstandes, Hg. vom Konservativen Landesverein im Königreich Sachsen, Leipzig 1892.

Front wider Bülow. Staatsmänner, Diplomaten und Forscher zu seinen Denkwürdigkeiten, Hg. v. Friedrich Thimme, München 1931.

Fromm, Bella, Als Hitler mir die Hand küßte, Hamburg 1994.

Glagau, Otto, Der Börsen- und Gründungsschwindel in Berlin, in: Die Gartenlaube 49 (1874), S. 788-790.

Glagau, Otto, Der Börsen- und Gründungsschwindel in Berlin, Leipzig 1876.

Gleichen, Heinrich von, Adel, eine politische Forderung, in: Preußische Jahrbücher 197 (1924), S.131-145.

Goebbels, Joseph, Kampf um Berlin, München ²1932.

Goetz, Bruno, Neuer Adel, Darmstadt 1930.

Goltz, Rüdiger Graf v. d., Ernste Gedanken zum 10. Geburtstage der deutschen Republik, 9.11.1928, Berlin 1928.

Günther, Hans F. K., Adel und Rasse, München 1926.

Günther, Hans F. K., Rassenkunde des deutschen Volkes, München ³1923 (zuerst 1922).

Günther, Hans F. K., Ritter, Tod und Teufel, München 1920.

Hitler, Adolf, Mein Kampf, München ⁴⁹1933.

Hitler. Sämtliche Aufzeichnungen 1905-1924, Hg. v. Eberhard Jäckel und Axel Kuhn, Stuttgart 1980.

Hoensbroech, Paul Graf v., Wilhelms II. Abdankung und Flucht. Ein Mahn- und Lehrwort, Berlin 1919.

Isenburg, Helene Prinzessin v., Der Berufswandel im deutschen Adel (1912-1932), in: Archiv für Sippenforschung 12/1935, S. 32ff., 70ff.

Isenburg, Helene Prinzessin von, Der Berufswandel im deutschen Adel 1912-1932, in: DAB 1936, S. 43-45, 74-75.

Isenburg, Helene Prinzessin von, Berufswandel im deutschen Uradel während des letzten Vierteljahrhunderts, 1912-1937, in: DAB 55/1937, S. 887f.

Jung, Edgar Julius, Falsches und echtes Führertum, in: Der Arbeitgeber 22 (1927), S. 522-524.

Jung, Edgar Julius, Adel oder Elite?, in: Europäische Revue 9/1933, S. 533-535.

Jung, Edgar Julius, Die Herrschaft der Minderwertigen, Berlin ³1933 (zuerst 1927).

Jung, Edgar Julius, Sinndeutung der deutschen Revolution, Oldenburg 1933.

Jünger, Ernst, Das abenteuerliche Herz, Stuttgart 1987.

Kekule v. Stradonitz, Stephan, Armut und Reichtum im deutschen Adel, in: Deutsche Revue 35 (1911), S. 35-42.

Kekule v. Stradonitz, Stephan, Gedanken über eine Um- und Ausgestaltung des Adelswesens in Deutschland, in: Deutsche Revue 35 (1910), S. 295-305.

Königswald, Harald v. (Hg.), Stirb und Werde! Aus den Briefen und Tagebuchblättern des Leutnants Bernhard von der Marwitz, Breslau 1931.

Lagarde, Paul de, Deutsche Schriften, Göttingen 1881.

Lambach, Walther, Monarchie, in: Politische Wochenschrift, Nr. 24, 14.6.1928.

Lanz von Liebenfels, Joerg, Theozoologie oder: Die Kunde von den Sodoms-Äfflingen und dem Götter-Elektron; Eine Einführung in die älteste u. neueste Weltanschauung und eine Rechtfertigung des Fürstentums und des Adels, Wien/Leipzig 1905.

Löwenstein-Wertheim-Freudenberg, Hubertus Prinz zu, Die Krise des deutschen Adels, in: Querschnitt 12 (1932), S. 86.

Longerich, Peter (Hg.), Die Erste Republik. Dokumente zur Geschichte des Weimarer Staates, München 1992.

Mayer, Ernst, Vom Adel und der Oberschicht, Langensalza, 1922, 2. Auflage 1928. (=Schriften zur politischen Bildung. Herausgegeben von der Gesellschaft „Deutscher Staat", Heft 5).

Medem, Walther-Eberhard Freiherr von, Kampf gegen das System als Chronist 1926-1932, Berlin 1937.

Meinecke, Friedrich, Das Ende der monarchischen Welt, in: Politische Schriften und Reden, Werke Bd. 2, Darmstadt 1968 (zuerst 1922).

Moeller van den Bruck, Arthur, Der preußische Stil (1916), Neuausgabe Breslau 1931.

Moeller van den Bruck, Arthur, Das dritte Reich, Berlin 1923.

Moeller van den Bruck, Arthur, Wir wollen die Revolution gewinnen, in: Gewissen, 31.3.1920.

Münchhausen, Börries Frhr. v., Adel und Rasse, in: DAB 42/1924, S. 63-65.

Die **Neue Front**. Hg. v. Arthur Moeller van den Bruck/Heinrich v. Gleichen/Max Hildegard Boehm, Berlin 1922.

Niemann, Alfred, Kaiser und Revolution. Die entscheidenden Ereignisse im Großen Hauptquartier, Berlin 1922.

Niemann, Alfred, Revolution von oben – Umsturz von unten. Entwicklung und Verlauf der Staatsumwälzung in Deutschland 1914-1918, Berlin 1927.

Oer, Clemens Freiherr von, Der Verein katholischer Edelleute Deutschlands 1869-1919, Münster 1919.

Oer, Max Freiherr von/**Löwenstein** Alois Fürst zu, Artikel „Adel", in: Staatslexikon. Hg. v. Hermann Sacher, Freiburg 1926. Bd. 1, S. 38-46.

Perrot Franz, Die Ära Bleichröder-Delbrück-Camphausen und die neudeutsche Wirtschaftspolitik (5-teilige Serie), in: Neue Preußische („Kreuz"-) Zeitung, 29.6.1875-3.7.1875.

Pesl, Ludwig, Adel und neue Zeit, in: Gelbe Hefte 6/1930, S. 601-625.

Pesl, Ludwig, Zur politischen Einstellung des Jungadels, in: Gelbe Hefte 6/1930, S. 665-680.

Quabbe Georg, Tar a Ri. Variationen über ein konservatives Thema, Berlin 1927.

Quellen zur deutschen Aussenpolitik im Zeitalter des Imperialismus 1890-1911, Hg. v. Michael Behnen (=Ausgewählte Quellen zur Deutschen Geschichte der Neuzeit. Freiherr vom Stein-Gedächtnisausgabe, Bd. XXVI), Darmstadt 1977.

Rathenau, Walther, Der Kaiser. Eine Betrachtung, Berlin 1919.

Der 20. Juli 1944. **Reden** zu einem Tag der deutschen Geschichte, Hg. von der Gedenkstätte Deutscher Widerstand, Berlin 1984.

Reibnitz, Kurt Freiherr von, Mein Ausscheiden aus dem preußischen Staatsdienst im September 1918. Einige Dokumente und kurze Bemerkungen, Neustrelitz 1921.

Reibnitz, Kurt Freiherr von, Wilhelm II. und Hermine. Geschichte und Kritik von Doorn, Dresden 1925.

Reventlow, Ernst Graf zu, Kaiser Wilhelm und die Byzantiner, München ⁶1906.

Reventlow, Ernst Graf zu, Monarchie?, Leipzig 1926.

Reventlow, Ernst Graf zu, Von Potsdam nach Doorn, Berlin 1940.

Röder, Adam, Konservative Zukunftspolitik. Ein Mahnwort an die Konservativen Deutschlands. Karlsruhe 1918.

Röder, Adam, Reaktion und Antisemitismus. Zugleich ein Mahnwort an die akademische Jugend, Berlin 1921.

Röhl, John C. G. (Hg.), Philipp Eulenburgs politische Korrespondenz. 3 Bde. Boppard am Rhein 1983.

Rohan, Karl Anton Prinz, Europa, Leipzig 1923.

Salomon, Ernst v., Das Buch vom deutschen Freikorpskämpfer, Herausgegeben im Auftrage der Freikorpszeitschrift Der Reiter den Osten, Berlin 1938.

Schaumburg-Lippe, Prinz Friedrich Christian zu (Hg.), Wo war der Adel?, Berlin 1934.

Schmettow, Matthias Graf v., Gedenkbuch des deutschen Adels, Limburg/Lahn 1967.

Schmidt-Pauli, Edgar, Der Kaiser. Das wahre Gesicht Wilhelms II, Berlin 1928.

Schoenermarck, Alexis v. (Hg.), Helden-Gedenkmappe des deutschen Adels, Stuttgart 1921.

Schotte, Walter/**Gleichen-Rußwurm**, Heinrich v., Zur Frage der Oberschicht. Sonderabdruck aus den Preußischen Jahrbüchern, Bd. 197, Heft 2. (o.J.).

Schulenburg, Werner v. d., Deutscher Adel und deutsche Kultur, in: Süddeutsche Monatshefte 5/1926, S. 365-369.

Sebottendorff, Rudolf v., Bevor Hitler kam. Urkundliches aus der Frühzeit der nationalsozialistischen Bewegung, München 1933 (ND Bremen 1982).

Semi-Gotha. (=Weimarer historisch-genealoges [sic] Taschenbuch des gesamten Adels jüdischen Ursprungs („Semi-Gotha"), Weimar 1912. Fortführung als: Semi-gothaisches Genealogisches Taschenbuch ari(st)okratisch-jüdischer Heiraten [...]. Aufsammlung aller adeligen Ehen mit vollblutjüdischen und gemischtblütigen Frauen [...], 3. Jahrgang, München 1914).

Sombart, Werner, Händler und Helden. Patriotische Besinnungen, München 1915.

Spengler, Oswald, Aufgaben des Adels. (Rede auf dem deutschen Adelstag), in: Deutsches Adelsblatt, 42/1924, S. 209.

Spengler, Oswald, Der Untergang des Abendlandes. Umrisse einer Morphologie der Weltgeschichte, München 1972.

Steinbömer, Gustav, Oberschicht und Adel, in: Gewissen, 22.3.1926,

Stern-Rubarth, Edgar, Graf Brockdorff-Rantzau. Wanderer zwischen zwei Welten, Berlin 1929.

Studnitz, Hans Georg von, Deutscher Adel um 1930, in: Politik und Gesellschaft. 8,9/1931, (28.2.1931), S. 49-57.

Studnitz, Hans Georg von, Kann der Adel wieder führen?, in: Politik und Gesellschaft, Heft 11, August 1932.

Tönnies, Ferdinand, Deutscher Adel im neunzehnten Jahrhundert, in: Die Neue Rundschau 23/2 (1912), S. 1041-1063.

Uechtritz, Oldwig v., Der Adel in der christlich-sozialen Bewegung der Gegenwart, in: Zeitfragen des christlichen Volkslebens, Bd. 9, Heft 7 (1884), S. 3-48.

Ungern-Sternberg, Eduard Frhr. v., Zur Judenfrage, in: Zeitfragen des christlichen Volkslebens, Bd. 17, Heft 7 (1892).

Ursachen und Folgen. Vom deutschen Zusammenbruch 1918 und 1945 bis zur staatlichen Neuordnung Deutschlands in der Gegenwart. Eine Urkunden- und Dokumentensammlung zur Zeitgeschichte, Hg. v. Herbert Michaelis und Ernst Schraepler, Berlin 1958, 26 Bde. nebst Registerband, Berlin 1958-1980.

Westarp, Kuno Graf von, Das Ende der Monarchie am 9. November 1918. Abschließender Bericht nach den Aussagen der Beteiligten. Mit einem Nachwort herausgegeben von Werner Conze, Berlin 1952.

Wolzogen, Ernst Frhr. v., Links um kehrt schwenkt – Trab! Ein ernstes Mahnwort an die herrschenden Klassen und den deutschen Adel insbesondere, Berlin 1895.

Wolzogen, Ernst Frhr. v., Augurenbriefe. Band 1, Berlin 1908.

Wolzogen, Ernst Frhr. v., Harte Worte, die gesagt werden müssen, Leipzig/Hannover 2. Auflage 1919.

Wolzogen, Ernst Frhr. v., Offenes Sendschreiben an den christlichen Adel deutscher Nation, o.O. 1920.

15.) Forschungsliteratur

Abelshauser, Werner/**Faust**, Anselm/**Petzina**, Dietmar (Hg.), Deutsche Sozialgeschichte 1914-1945. Ein historisches Lesebuch, München 1985.

Adamy, Kurt/**Hübener**, Kristina (Hg.), Adel und Staatsverwaltung in Brandenburg im 19. und 20. Jahrhundert. Ein historischer Vergleich, Berlin 1996.

Adorno, Theodor W., Studien zum autoritären Charakter, Frankfurt a. M. 1973.

Alexander, Matthias, Die Freikonservative Partei 1890-1918. Gemäßigter Konservativismus in der konstitutionellen Monarchie, Düsseldorf 2000.

Arbogast, Christine, Herrschaftsinstanzen der württembergischen NSDAP. Funktion, Sozialprofil und Lebenswege einer regionalen NS-Elite 1920-1960, München 1998.

Arendt, Hannah, Elemente und Ursprünge totalitärer Herrschaft (1951), München/Zürich 1986.

Aretin, Karl Otmar Freiherr von, Der bayerische Adel. Von der Monarchie zum Dritten Reich, in: Broszat, Martin/Fröhlich, Elke/Grossmann, Anton (Hg.), Bayern in der NS-Zeit, Bd. 3, München 1981, S. 513-567.

Aretin, Karl Otmar Freiherr von, Die bayerische Regierung und die Politik der bayerischen Monarchisten in der Krise der Weimarer Republik 1930-1933, in: Festschrift für Hermann Heimpel (= Veröffentlichungen des Max Planck Instituts für Geschichte, Band 36/1), Göttingen 1971, S. 205-237.

Arnim, Sieghart Graf von, Dietlof Graf von Arnim-Boitzenburg 1867-1933. Ein preußischer Landedelmann und seine Welt im Umbruch von Staat und Kirche, Limburg an der Lahn 1998.

Aron, Raymond, Classe sociale, classe politique, classe dirigeante, in: European Journal of Sociology I (2), 1960, S. 260-281.

Augustine, Dolores L., Die soziale Stellung der jüdischen Wirtschaftselite im wilhelminischen Berlin, in: Mosse, Werner E./Pohl, Hans (Hg.), Jüdische Unternehmer in Deutschland im 19. und 20. Jahrhundert, Stuttgart 1992, S. 225-246.

Augustine, Dolores L., Die wilhelminische Wirtschaftselite: Sozialverhalten, soziales Selbstbewußtsein und Familie, Phil. Diss., FU Berlin 1991.

Augustine, Dolores L., Patricians and Parvenus. Wealth and High Society In Wilhelmine Germany, Oxford/Providence 1994.

Augustine, Dolores L., Die jüdische Wirtschaftselite im wilhelminischen Berlin: Ein jüdisches Patriziat?, in: Jüdische Geschichte in Berlin. Essays und Studien. Herausgegeben von Reinhard Rürup, Berlin 1995, S. 101-116.

Bald, Detlev, Der deutsche Offizier. Sozial- und Bildungsgeschichte des deutschen Offizierskorps im 20. Jahrhundert, München 1982.

Banti, Alberto Mario, Note sulle nobiltà nell' Italia dell'Ottocento, in: Meridiana. Rivista di storia e scienze sociali 19/1994, S. 13-27.

15.) Forschungsliteratur

Baranowski, Shelley, East Elbian Landed Elites and Germany's Turn To Fascism: The Sonderweg Controversy Revisited, in: European History Quarterly 2/1996, S. 209-240.

Baranowski, Shelley, The Sanctity of Rural Life: Nobility, Protestantism and Nazism in Weimar Prussia, New York/Oxford 1995.

Barkin, Kenneth D., Autobiography and History, in: Societas. A Review of Social History (6) 1976, S. 83-108.

Barth, Boris, Weder Bürgertum noch Adel – Zwischen Nationalstaat und kosmopolitischem Geschäft. Zur Gesellschaftsgeschichte der deutsch-jüdischen Hochfinanz vor dem Ersten Weltkrieg, in: GG 25 (1999), S. 94-122.

Becker, Heinrich, Handlungsspielräume der Agrarpolitik in der Weimarer Republik zwischen 1923 und 1929, Stuttgart 1990.

Berdahl, Robert, Preußischer Adel: Paternalismus als Herrschaftssystem, in: Preußen im Rückblick, Hg. v. Hans-Jürgen Puhle und Hans-Ulrich Wehler, Göttingen 1980, S. 123-145.

Berghahn, Volker R., Der Stahlhelm – Bund der Frontsoldaten 1918-1935, Düsseldorf 1966.

Berghahn, Volker R., Die Harzburger Front und die Kandidatur Hindenburgs für die Präsidentschaftswahlen 1932, in: VfZ 13/1965, S. 64-82.

Berghoff, Hartmut, Aristokratisierung des Bürgertums? Zur Sozialgeschichte der Nobilitierung von Unternehmern in Preußen und Großbritannien 1870-1918, in: VSWG 81/2 (1994), S. 178-204.

Bessel, Richard, Die Krise der Weimarer Republik als Erblast des verlorenen Krieges, in: Frank Bajohr u. a. (Hg.), Zivilisation und Barbarei. Die widersprüchlichen Potentiale der Moderne. Detlev Peukert zum Gedenken, Hamburg 1991, S. 98-114.

Birn, Ruth Bettina, Die Höheren SS-und Polizeiführer. Himmlers Vertreter im Reich und in den besetzten Gebieten, Düsseldorf 1986.

Blackbourn, David/**Evans**, Richard J. (Hg.), The German Bourgeoisie. Essays on the Social History of the German Middle Class from the Late Eighteenth to the Early Twentieth Century, London/New York 1991.

Blaschke, Olaf, Katholizismus und Antisemitismus im Deutschen Kaiserreich, Göttingen 1997.

Blaschke, Olaf/**Mattioli**, Aram (Hg.): Katholischer Antisemitismus im 19. Jahrhundert. Ursachen und Traditionen im internationalen Vergleich, Zürich 2000.

Blaschke, Olaf/**Altermatt**, Urs, Katholizismus und Antisemitismus. Eine Kontroverse, in: Schweizerische Zeitschrift für Geschichte 50 (2000), S. 205-236.

Blinkhorn, Martin (Hg.), Fascists and Conservatives. The Radical Right and the Establishment in Twentieth Century Europe, London 1990.

Boog, Horst, Graf Ernst zu Reventlow (1869-1943). Eine Studie zur Krise der deutschen Geschichte seit dem Ende des 19. Jahrhunderts, Phil. Diss., Heidelberg 1965.

Bottlenberg-Landsberg, Maria Theodora Freifrau v. d., Die „Weißen Blätter" des Karl-Ludwig Freiherrn von und zu Guttenberg: zur Geschichte einer Zeitschrift monarchistisch-religiöser Opposition gegen den Nationalsozialismus 1934-1943, Berlin 1990.

Borchart, Joachim, Der europäische Eisenbahnkönig Bethel Henry Strousberg, München 1991.

Bottomore, T. B., Elite und Gesellschaft. Eine Übersicht über die Entwicklung des Eliteproblems, München 1969.

Bourdieu, Pierre, Die feinen Unterschiede. Kritik der gesellschaftlichen Urteilskraft, Frankfurt a. M. ⁵1995.

Bourdieu, Pierre, Ökonomisches, kulturelles, soziales Kapital, in: Soziale Welt 34/1983, S. 183-198.

Bracher, Karl Dietrich/**Funke**, Manfred/**Jacobsen**, Hans-Adolf (Hg.), Deutschland 1933-1945. Neue Studien zur nationalsozialistischen Herrschaft, Bonn ²1993.

Breitling, Rupert, Die nationalsozialistische Rassenlehre. Entstehung, Ausbreitung, Nutzung und Schaden einer politischen Ideologie, Meisenheim am Glan 1971.

Brelot, Claude-Isabelle, La noblesse réinventée. Nobles de Franche-Comté de 1814 à 1870. 2 Bde., Paris 1992.

Brelot, Claude-Isabelle, Entre nationalisme et cosmopolitisme: les engagements multiples de la noblesse, in: La France de l'Affaire Dreyfus. Sous la direction de Pierre Birnbaum, Paris 1994, S. 339-361.

Breuer, Stefan, Anatomie der konservativen Revolution, Darmstadt 1993.

Breuer, Stefan, Ästhetischer Fundamentalismus. Stefan George und der deutsche Antimodernismus, Darmstadt 1995.

Breuer, Stefan, Grundpositionen der deutschen Rechten 1871-1945, Tübingen 1999.

Breuer, Stefan, Ordnungen der Ungleichheit. Die deutsche Rechte im Widerstreit ihrer Ideen 1871-1945, Darmstadt 2001.

Broszat, Martin, Der Staat Hitlers. Grundlegung und Entwicklung seiner inneren Verfassung, München ¹²1989 (zuerst 1969).

Broszat, Martin, Plädoyer für Alltagsgeschichte. Eine Replik auf Jürgen Kocka, in: Merkur 36 (1982), S. 1244-1248.

Broszat, Martin, Resistenz und Widerstand. Eine Zwischenbilanz des Forschungsprojekts, in: Bayern in der NS-Zeit, Bd. 4: Herrschaft und Gesellschaft im Konflikt. Hg. v. Martin Broszat, Elke Fröhlich und Anton Großmann, München/Wien 1981, S. 691-709.

Broszat, Martin/**Fröhlich**, Elke/**Grossmann**, Anton (Hg.), Bayern in der NS-Zeit, 6 Bde., München/Wien 1977-1983.

Brunner, Reinhold, Die Junker – eine Untersuchung zu ihrer klassenmäßigen Einordnung im letzten Drittel des 19. Jahrhunderts am Beispiel der Provinz Brandenburg, Phil. Diss., Halle 1990.

Brunner, Reinhold, Landadliger Alltag und primäre Sozialisation in Ostelbien am Ende des 19. Jahrhunderts, in: ZfG, 39 (1991), S. 995-1011.

Buchsteiner, Ilona, Großgrundbesitz in Pommern 1871-1914. Ökonomische, soziale und politische Transformation der Großgrundbesitzer, Berlin 1992.

Buchsteiner, Ilona, Pommerscher Adel im Wandel des 19. Jahrhunderts, in: GG 25 (1999), S. 343-374.

Budde, Gunilla-Friederike, Auf dem Weg ins Bürgerleben. Kindheit und Erziehung in deutschen und englischen Bürgerfamilien, Göttingen 1994.

Burke, Peter, Strengths and Weaknesses of the History of Mentalities, in: History of European Ideas 7 (1986), S. 439-451.

Busino, Giovanni, Elites et élitisme, Paris 1992.

Cannadine, David, Lords and Landlords. The Aristocracy and the Towns 1774-1967, Leicester 1980.

Cannadine, David, The Decline and Fall of the British Aristocracy, London 1990.

Cardoza, Anthony L., Agrarian Elites and Italian Fascism. The Province of Bologna 1901-1926, Princeton 1982.

15.) Forschungsliteratur

Cardoza, Anthony L., The Long Good-Bye. The Landed Aristocracy in North-Western Italy 1880-1930, in: European History Quarterly 3/1993, S. 323-358.

Carsten, Francis L., Geschichte der preußischen Junker, Frankfurt a. M. 1988.

Cecil, Lamar, Jew and Junker, in Imperial Berlin, in: Leo Baeck Year-Book 20/1975, S. 47-58.

Cecil, Lamar, The Creation of Nobles in Prussia, 1871-1918, in: American Historical Review, 3/1970, S. 757-795.

Cecil, Lamar, Wilhelm II., 2 Bde., Chapel Hill 1996.

Charle, Christophe, Les élites de la République. 1880-1900, Paris 1987.

Chickering, Roger, Patriotic Societies and German Foreign Policy 1890-1914, in: International History Review 1/1979, S. 470-489.

Chickering, Roger, We Men Who Feel Most German. A Cultural Study of the Pan-German League 1886-1914, Boston 1984.

Clemens, Gabriele, Martin Spahn und der Rechtskatholizismus in der Weimarer Republik, Mainz 1983.

Combs, William L., The Voice of the SS. A History of the SS Journal ‚Das Schwarze Korps', New York u. a. 1986.

Conze, Eckart, Adel im Niedergang? Familienbiographische Studien über die Grafen v. Bernstorff im 20. Jahrhundert, Habil., Tübingen 1999.

Conze, Eckart, Von deutschem Adel. Die Grafen von Bernstorff im zwanzigsten Jahrhundert, Stuttgart/München 2000.

Conze, Eckart, Adel und Adeligkeit im Widerstand des 20. Juli 1944, in: Reif, Heinz (Hg.), Adel und Bürgertum in Deutschland, Bd. 2, Berlin 2001, S. 267-295.

Copius, Joachim, Zur Rolle pommerscher Junker und Großgrundbesitzer bei der Vorbereitung der faschistischen Diktatur und der imperialistischen Aggressionspolitik (Ein Beitrag zur Auseinandersetzung mit der Junkerapologetik des westdeutschen Publizisten Walter Görlitz), in: Wissenschaftliche Zeitschrift der Ernst-Moritz-Arndt-Universität Greifswald 20 (1971), S. 113-116.

Corni, Gustavo/**Gies**, Horst, Blut und Boden. Rassenideologie und Agrarpolitik im Staat Hitlers, Idstein 1994.

Dahrendorf, Ralf, Gesellschaft und Demokratie in Deutschland, München 1965.

Daniel, Ute, Kompendium Kulturgeschichte. Theorien, Praxis, Schlüsselwörter, Frankfurt a. M. 2001.

Diemel, Adelige Frauen im bürgerlichen Jahrhundert. Hofdamen, Stiftsdamen, Salondamen 1800-1870, Frankfurt a. M. 1998.

Dipper, Christof, Der deutsche Widerstand und die Juden, in: GG 9 (1983), S. 343-380.

Doerry Martin, Übergangsmenschen. Die Mentalität der Wilhelminer und die Krise des Kaiserreichs, Weinheim/Münster 1986.

Dohna, Jesko Graf zu, Adel und Politik. Studien zur Orientierung des fränkischen Adels 1918-1945, Magisterarbeit, Ludwig-Maximilians-Universität, München 1988.

Dohna, Jesko Graf zu, Carl Fürst zu Castell-Castell 1897-1945, in: Casteller Hefte, Hft. 26, Castell 1998.

Donohoe, James, Hitler's Conservative Opponents in Bavaria 1930-1945. A Study of Catholic, Monarchist and Separatist Anti-Nazi Activities, Leiden 1961.

Dornheim, Andreas, Adel in der Bürgerlich-Industrialisierten Gesellschaft: eine sozialwissenschaftlich-historische Fallstudie über die Familie Waldburg-Zeil, Frankfurt a. M. 1993.

Dornheim, Andreas, Kriegsfreiwilliger, aber Annexionsgegner, Alois Fürst zu Löwenstein-Wertheim-Rosenberg und seine „Kriegsbriefe", in: Hirschfeld, Gerhard u. a. (Hg.), Kriegserfahrungen. Studien zur Sozial- und Mentalitätsgeschichte des Ersten Weltkriegs, Tübingen 1997, S. 170-188.

Dullinger, Stephanie, Kämpfen ums Obenbleiben. Ausbildung, Berufswege und Berufserfolg des Adels in Deutschland 1871-1914, Staatsexamensarbeit, TU Berlin 1996.

Dupeux, Louis, Révolution Conservatrice et Modernité, in: Revue d'Allemagne XIV (1982), S. 2-34.

Dupeux, Louis, ‚Nationalbolschewismus' in Deutschland 1919-1933. Kommunistische Strategie und Konservative Dynamik, München 1985.

Eckert, Jörn, Der Kampf um die Fideikommisse in Deutschland, Frankfurt a. M. 1992.

Eickhoff, Volker/**Korotin**, Ilse (Hg.), Sehnsucht nach Schicksal und Tiefe. Der Geist der Konservativen Revolution, Wien 1997.

Eidenbenz, Mathias, „Blut und Boden". Zu Funktion und Genese der Metaphern des Agrarismus und Biologismus in der nationalsozialistischen Bauernpropaganda R.W. Darrés, Bern 1993.

Eley, Geoff, Reshaping the German Right. Radical Nationalism and Political change after Bismarck, London 1980.

Eley, Geoff, Wilhelminismus – Nationalismus – Faschismus. Zur historischen Kontinuität in Deutschland, Münster 1991.

Eliten in Deutschland und Frankreich im 19. und 20. Jahrhundert. Strukturen und Beziehungen, Hg. von Rainer Hudemann und Georges-Henri Soutou, Bd. 1, München 1994.

Elsner, Lothar, Die Herrengesellschaft. Leben und Wandlungen des Wilhelm von Oertzen. Bearbeitet von Eva-Maria Elsner und Heinz Koch, o. O. 1998.

Elsner, Lothar, Zur Funktion und Politik der „Herrengesellschaft Mecklenburg" („Deutscher Klub Mecklenburg"), in: Wissenschaftliche Zeitschrift der Universität Rostock, 17. Jg. (1968), Gesellschafts- und sprachwissenschaftliche Reihe, Heft 2/3.

Endres, Rudolf, Der Bayerische Heimat- und Königsbund, in: Kraus, Andreas (Hg.), Land und Reich, Stamm und Nation. Probleme und Perspektiven bayerischer Geschichte. FS Max Spindler, Bd. 3, München 1984, S. 415-436.

Enzyklopädie des Nationalsozialismus, Hg. v. Wolfgang Benz/Hermann Graml/Hermann Weiß, Stuttgart 1997.

Erger, Johannes, Der Kapp-Lüttwitz-Putsch. Ein Beitrag zur deutschen Innenpolitik 1919/20, Düsseldorf 1967.

Essner, Cornelia, Das System der „Nürnberger Gesetze" (1933-1945) oder der verwaltete Rassismus, Habil., TU Berlin, 1999.

Exerzierfeld der Moderne. Industriekultur in Berlin im 19. Jahrhundert, Hg. v. Jochen Boberg/Tilman Fichter/Eckhart Gillen, München 1984.

Die **Extreme** berühren sich. Walther Rathenau 1867-1922. Eine Ausstellung des Deutschen Historischen Museums in Zusammenarbeit mit dem Leo Baeck Institute, New York, Hg. v. Hans Wilderotter, Berlin o. J.

Fabréguet, Michel, Artur Dinter, théologien, biologiste et politique (1867-1948), in: Revue d'Allemagne 32 (2000), S. 233-244.

15.) Forschungsliteratur

Falter, Jürgen W., Die „Märzgefallenen von 1933. Neue Forschungsergebnisse zum sozialen Wandel innerhalb der NSDAP-Mitgliedschaft während der Machtergreifungsphase, in: GG 24 (1998), S. 595-616.

Falter, Jürgen, Hitlers Wähler, München 1991.

Favrat, Jean, La pensée de Paul de Lagarde (1827-1891) Contribution à l'étude des rapports de la religion et de la politique dans le nationalisme et le conservatisme allemands au XIXème siècles, Paris 1979.

Fehrenbach, Elisabeth, Wandlungen des deutschen Kaisergedankens 1871-1918, München, Wien 1969.

Fehrenbach, Elisabeth (Hg.), Adel und Bürgertum in Deutschland 1770-1848, München 1994.

Fehrenbach, Elisabeth, Adel und Bürgertum im Vormärz, in: HZ 258 (1994), S. 1-28.

Felken, Detlef, Oswald Spengler. Konservativer Denker zwischen Kaiserreich und Diktatur, München 1988.

Fellice, Renzo De, Mussolini il fascista. La conquista del potere 1921-1925, Turin 1966.

Ferguson, Niall, The World's Banker. The History of the House of Rothschild, London 1998.

Ferguson, Niall, Der falsche Krieg. Der Erste Weltkrieg und das 20. Jahrhundert, Stuttgart 1999.

Fest, Joachim C., Hitler. Eine Biographie, Frankfurt a. M./Berlin/Wien 1973.

Figes, Orlando, A People's Tragedy. The Russian Revolution 1891-1924, London 1996.

Finkielkraut, Alain, Le Juif imaginaire, Paris 1980.

Fischer, Fritz, Bündnis der Eliten. Zur Kontinuität der Machtstrukturen in Deutschland 1871-1945, Düsseldorf 1979.

Flemming, Jens, Die Bewaffnung des ‚Landvolks'. Ländliche Schutzwehren und agrarischer Konservatismus in der Anfangsphase der Weimarer Republik, in: MGM 2/1979, S. 7-36.

Flemming, Jens, Konservatismus als „nationalrevolutionäre Bewegung". Konservative Kritik an der Deutschnationalen Volkspartei 1918-1933; in: Stegmann, Dirk u. a. (Hg.), Deutscher Konservatismus im 19. und 20. Jahrhundert. Festschrift für Fritz Fischer, Bonn 1983, S. 295-331.

Flemming, Jens, Landwirtschaftliche Interessen und Demokratie. Ländliche Gesellschaft, Agrarverbände und Staat 1890-1925, Bonn 1978.

François, Etienne/**Schulze**, Hagen (Hg.), Deutsche Erinnerungsorte, 3 Bde., München 2001.

Frevert, Ute, Ehrenmänner. Das Duell in der bürgerlichen Gesellschaft, München 1991.

Fricke, Dieter u. a. (Hg.), Lexikon zur Parteiengeschichte. Die bürgerlichen und kleinbürgerlichen Parteien und Verbände die Deutschland (1789-1945), 4 Bde., Köln 1983-1986.

Frie, Ewald, Friedrich August Ludwig von der Marwitz 1777-1837. Biographien eines Preußen, Paderborn u. a. 2001.

Friese, Alfred, Alois Fürst zu Löwenstein-Wertheim-Rosenberg. Standesherr und Präsident des Zentralkomitees der Deutschen Katholikentage in Kleinheubach (1871-1952), in: Lebensläufe aus Franken, Bd. 6, München 1960, S. 365-381.

Friese, Alfred, Karl Fürst zu Löwenstein-Wertheim-Rosenberg. Führer der deutschen Katholiken 1834-1921, in: Lebensläufe aus Franken, Hg. v. Sigmund Freiherr von Pölnitz, Bd. 6, München 1960, S. 382-394.

Fritzsche, Peter, Rehearsals for Fascism: Populism and Political Mobilization in Weimar Germany, New York/Oxford 1990.

Fröhlich, Elke, Die Falle für den Grafen, in: Bayern in der NS-Zeit, Bd. 6, Hg. v. Martin Broszat und Elke Fröhlich, München/Wien 1983, S. 209-227.

Fuchs, Konrad, Jüdische Unternehmer im deutschen Groß- und Einzelhandel dargestellt an ausgewählten Beispielen, in: Mosse, Werner E./Pohl, Hans (Hg.), Jüdische Unternehmer in Deutschland im 19. und 20. Jahrhundert, Stuttgart 1992, S. 177-195.

Funck, Marcus, Regimental Cultures in the German Armies 1871-1914, Vortrag am Center for European Studies der Harvard-University 1998 (unveröffentlichtes Manuskript).

Funck, Marcus, Schock und Chance. Der preußische Militäradel in der Weimarer Republik zwischen Stand und Profession, in: Reif, Heinz (Hg.), Adel und Bürgertum in Deutschland, Bd. 2, Berlin 2001, S. 127-171.

Funck, Marcus, The Meaning of Dying. East Elbian Noble Families as Warrior-Tribes in the 19th and 20th Centuries, in: Sacrifice and National Belonging in the 20th-Century Germany, Hg. v. Greg Eghigian und Matt Berg, Arlington 2002, S. 26-63.

Funck, Marcus, Feudales Kriegertum und militärische Professionalität. Adel und Bürgertum in den preußisch-deutschen Offizierkorps 1860-1933/34, Phil. Diss., Berlin 2003.

Funck, Marcus/**Malinowski**, Stephan, „Charakter ist alles!" Erziehungsideale und Erziehungspraktiken in deutschen Adelsfamilien des 19. und 20. Jahrhunderts, in: Jahrbuch für Historische Bildungsforschung, Bd. 6, Bad Heilbrunn 2000, S. 71-92.

Funck, Marcus/**Malinowski**, Stephan, Geschichte von oben. Autobiographien als Quelle einer Sozial- und Kulturgeschichte des deutschen Adels in Kaiserreich und Weimarer Republik, in: Historische Anthropologie 7 (1999), S. 236-270.

Funck, Marcus/**Malinowski**, Stephan, Masters of Memory. The Strategic Use of Memory in Autobiographies of the German Nobility, in: Alon Confino/Peter Fritzsche (Hg.), Memory Work in Germany, Urbana/Chicago 2002, S. 86-103.

Gailus, Manfred, Protestantismus und Nationalsozialismus. Studien zur nationalsozialistischen Durchdringung des Sozialmilieus in Berlin, Köln/Weimar/Wien 2001.

Gall, Lothar, Bismarck. Der weiße Revolutionär, Frankfurt a. M./Berlin 1980.

Garnett, Robert S., Lion, Eagle and Swastika. Bavarian Monarchism in Weimar Germany, 1918-1933, New York/London 1991.

Geiger, Theodor, Die soziale Schichtung des deutschen Volkes. Soziographischer Versuch auf statistischer Grundlage, Stuttgart 1932.

Genealogisches Handbuch des Adels. Sämtliche Abteilungen und Jahrgänge, Glücksburg 1951 ff.

Gerbet, Klaus, Carl-Hans von Hardenberg 1891-1958. Ein preußischer Konservativer in Deutschland, Berlin 1993.

Gerlach, Christian, Die Männer des 20. Juli und der Krieg gegen die Sowjetunion, in: Hannes Herr/Klaus Naumann (Hg.), Vernichtungskrieg. Verbrechen der Wehrmacht 1941-1944, Hamburg 1995, S. 427-446.

Gerlach, Christian, Kalkulierte Morde. Die deutsche Wirtschafts- und Vernichtungspolitik in Weißrußland 1941-1944, Hamburg 1999.

Gerstner, Alexandra, „Was ist des Deutschen Adelsstand?" Adelsvorstellungen in der ‚Völkischen Bewegung' 1890-1914, Magisterarbeit, FU Berlin 2001.

Gessner, Dieter, Agrarverbände in der Weimarer Republik. Wirtschaftliche und soziale Voraussetzungen agrarkonservativer Politik vor 1933, Düsseldorf 1976.

Giddens, Anthony, Political Theory and the Problem of Violence, in: Ders., Beyond Left and Right: The Future of Radical Politics, Cambridge 1994, S. 229-245.

Gismondi, Michael A., „The gift of theory": A critique of the histoire des mentalités, in: Social History 10 (1985), S. 211-230.

Goeldel, Denis, Moeller van den Bruck (1876-1925) – Un nationaliste contre la révolution. Contribution à l'étude de la „Révolution conservatrice" et du conservatisme allemand du XXè siècle, Frankfurt a. M. u. a. 1984.

Gollwitzer, Heinz, Die Standesherren. Die politische und gesellschaftliche Stellung der Mediatisierten 1815-1918, Stuttgart 1957.

Görlitz, Walter, Die Junker. Adel und Bauer im deutschen Osten. Vierte ergänzte und erweiterte Auflage, Limburg a. D. Lahn 1981.

Göse, Frank, Der preußische Adel und der Nationalsozialismus, in: Preußen und der Nationalsozialismus. Das Land Brandenburg und das Erbe Preußens. Hg. von der Volkshochschule Albert Einstein, o. O., o. J. [Potsdam 1993], S. 59-70.

Gossweiler, Kurt/Schlicht, Alfred, Die Junker und die NSDAP 1931/32, in: ZfG 15 (1967), Heft 4, S. 644-662.

Gothaische genealogische Taschenbücher (‚Gotha'), sämtliche Abteilungen und Jahrgänge, Gotha 1825-1942.

Granier, Gerhard, Magnus von Levetzow; Seeoffizier, Monarchist u. Wegbereiter Hitlers. Lebensweg und ausgewählte Dokumente, Boppard am Rhein 1982.

Grass, Karl Martin, Edgar Jung, Papenkreis und Röhmkrise 1933/34, Phil. Diss., Heidelberg 1966.

Gumbel, Emil J., Verschwörer. Zur Geschichte und Soziologie der deutschen und nationalistischen Geheimbünde 1918-1924, Heidelberg 1979.

Gumpp, Peter, Harry Graf Kessler 1868-1937. Eine Biographie, München 1995.

Guth, Ekkehart P., Der Loyalitätskonflikt des deutschen Offizierskorps in der Revolution 1918-20, Frankfurt a. M./Bern/New York 1983.

Gutsche, Willibald/Petzold, Joachim, Das Verhältnis der Hohenzollern zum Faschismus, in: ZfG 29/1981, S. 917-939.

Gutsche, Willibald, Ein Kaiser im Exil: Der letzte Deutsche Kaiser Wilhelm II. in Holland. Eine kritische Biographie, Marburg 1991.

Haemmerli, Thomas, Republikflüchtling, in: Nexus, Nr. 11 (1995), S. 12-15.

Haffner, Sebastian, Die verratene Revolution. Deutschland 1918/19, Berlin/Bern/München/Wien 1969.

Hagenlücke, Heinz, Deutsche Vaterlandspartei. Die nationale Rechte am Ende des Kaiserreiches, Düsseldorf 1997.

Halbwachs, Maurice, Les cadres sociaux de la mémoire (1925), ND Paris 1976.

Hamerow, Theodore S., Die Attentäter. Der 20. Juli – von der Kollaboration zum Widerstand, München 1999.

Hammersen, N., Politisches Denken im deutschen Widerstand. Ein Beitrag zur Wirkungsgeschichte neokonservativer Ideologien 1914-1944, Berlin 1993.

Handbuch zur „völkischen Bewegung" 1871-1918, Hg. v. Uwe Puschner u. a., München/New Providence u. a. 1996.

Hansen, Knut, Albrecht Graf von Bernstorff. Diplomat und Bankier zwischen Kaiserreich und Nationalsozialismus, Frankfurt a. M./Berlin/Bern 1996.

Harrison, Ted, „Alter Kämpfer" im Widerstand. Graf Helldorf, die NS-Bewegung und die Opposition gegen Hitler, in: VfZ, 3/1997, S. 385-423.

Haubner, Barbara, Nervenkitzel und Freizeitvergnügen. Automobilismus in Deutschland 1886-1914, Göttingen 1998.

Haupt, Heinz-Gerhard/**Crossick**, Geoffrey, Die Kleinbürger. Eine europäische Sozialgeschichte des 19. Jahrhunderts, München 1998.

Heinemann, Ulrich, Ein konservativer Rebell. Fritz-Dietlof Graf von der Schulenburg und der 20. Juli, Berlin 1990.

Heinemann, Ulrich, Arbeit am Mythos. Neuere Literatur zum bürgerlich-aristokratischen Widerstand gegen Hitler und zum 20. Juli 1944 (Teil I), in: GG 21 (1995), S. 111-139.

Heinemann, Ulrich/**Krüger-Charlé**, Michael, Arbeit am Mythos. Der 20. Juli 1944 in Publizistik und wissenschaftlicher Literatur des Jubiläumsjahres 1994 (Teil II), in: GG 23 (1997), S. 475-501.

Heinrich, Gerd, Staatsdienst und Rittergut. Die Geschichte der Familie von Dewitz in Brandenburg, Mecklenburg und Pommern. Mit einem Vorwort von Fritz-Jürgen von Dewitz, Bonn 1990.

Henning, Hansjoachim, „Noblesse oblige?" Fragen zum ehrenamtlichen Engagement des deutschen Adels 1870-1914, in: VSWG, 3/1992, S. 305-340.

Henning, Hansjoachim, Die Oberpräsidenten der Provinzen Brandenburg, Pommern und Sachsen 1868-1918, in: Die Oberpräsidenten 1815-1945. Büdinger Forschungen zur Sozialgeschichte, Hg. v. Klaus Schwabe, Boppard am Rhein 1981.

Henning, Hansjoachim, Die unentschiedene Konkurrenz. Beobachtungen zum sozialen Verhalten des norddeutschen Adels in der zweiten Hälfte des 19. Jahrhunderts, Stuttgart 1994.

Herbert, Ulrich, „Generation der Sachlichkeit". Die völkische Studentenbewegung der frühen zwanziger Jahre in Deutschland, in: Frank Bajohr u. a. (Hg.), Zivilisation und Barbarei. Die widersprüchlichen Potentiale der Moderne. Detlev Peukert zum Gedenken, Hamburg 1991, S. 115-144.

Herbert, Ulrich, Best. Biographische Studien über Radikalismus, Weltanschauung und Vernunft 1903-1989, Bonn 1996.

Herf, Jeffrey, Reactionary Modernism. Technology, Culture and Politics in Weimar and the Third Reich, Cambridge 1984.

Herre, Paul, Kronprinz Wilhelm. Seine Rolle in der deutschen Politik, München 1954.

Herzog, Bodo, Die Freundschaft zwischen Oswald Spengler und Paul Reusch, in: Spengler-Studien. Festgabe für Manfred Schröter zum 85. Geburtstag, Hg. v. Koktanek, Anton, München 1965, S.77-97.

Hettling, Manfred/**Hoffmann**, Stefan-Ludwig, Der bürgerliche Wertehimmel. Zum Problem individueller Lebensführung im 19. Jahrhundert, in: GG 23 (1997), S. 333-360.

Hettling, Manfred/**Hoffmann**, Stefan-Ludwig (Hg.), Der bürgerliche Wertehimmel. Innenansichten des 19. Jahrhunderts, Göttingen 2000.

Hildermeier, Manfred, Geschichte der Sowjetunion 1917-1991. Entstehung und Niedergang des ersten sozialistischen Staates, München 1998.

Hiller v. Gaertringen, Friedrich Frhr., Zur Beurteilung des Monarchismus in der Weimarer Republik, in: Gotthard Jasper (Hg.), Tradition und Reform in der deutschen Politik. Gedenkschrift Waldemar Besson, Frankfurt a. M. 1976, S. 138-185.

15.) Forschungsliteratur

Hoepke, Klaus-Peter, Die deutsche Rechte und der italienische Faschismus. Ein Beitrag zum Selbstverständnis und zur Politik von Gruppen und Verbänden der deutschen Rechten, Düsseldorf 1968.

Hofmann, Arne, „Wir sind das alte Deutschland, Das Deutschland wie es war..." Der „Bund der Aufrechten" und der Monarchismus in der Weimarer Republik, Frankfurt a. M. u. a. 1998.

Hoffmann, Peter, Widerstand, Staatsstreich, Attentat. Der Kampf der Opposition gegen Hitler. Vierte, neu überarbeitete und ergänzte Auflage, München 1985.

Hoffmann, Peter, Claus Schenk Graf von Stauffenberg und seine Brüder, Stuttgart 1992.

Hohendahl, Peter Uwe/**Lützeler**, Paul Michael: Legitimationskrisen des deutschen Adels 1200-1900, Stuttgart 1979.

Höhne, Heinz, Der Orden unter dem Totenkopf. Die Geschichte der SS, Gütersloh 1967.

Holzbach, Heidrun, Das ‚System Hugenberg'. Die Organisation bürgerlicher Sammlungspolitik vor dem Aufstieg der NSDAP, Stuttgart 1981.

Hoppe, Bert, Von Schleicher zu Hitler. Dokumente zum Konflikt zwischen dem Reichslandbund und der Regierung Schleicher in den letzten Wochen der Weimarer Republik, in: VfZ 4/1997, S. 629-657.

Horkheimer, Max/**Adorno**, Theodor W., Dialektik der Aufklärung. Philosophische Fragmente, Frankfurt a. M. 1969.

Hoser, Paul, Ein Philosoph im Irrgarten der Politik. Oswald Spenglers Pläne für eine geheime Lenkung der nationalen Presse, in: VfZ 38 (1990), S. 435-458.

Hoyningen-Huene, Iris Freifrau von, Adel in der Weimarer Republik. Die rechtlich-soziale Situation des reichsdeutschen Adels 1918-1933, Limburg a. D. Lahn 1992.

Huber, Ernst Rudolf, Deutsche Verfassungsgeschichte seit 1789, Bd. 5, Stuttgart u. a. 1978.

Hübinger, Gangolf, Die europäischen Intellektuellen 1890-1930, in: NPL 39 (1994), S. 34-54.

Hübinger, Gangolf, Von Bildungsbürgern und Übermenschen. Ihr politisches Begreifen der modernen Kultur, in: NPL 40 (1995), S. 402-410.

Hull, Isabel V., The Entourage of Kaiser Wilhelm II. 1888-1918, Cambridge 1982.

Hürten, Heinz, Deutsche Katholiken 1918-1945, Paderborn 1992.

Irvine, William D., The Boulanger Affair reconsidered. Royalism, Boulangism and the Origins of the Radical Right in France, New York 1989.

Ishida, Yuji, Jungkonservative in der Weimarer Republik. Der Ring-Kreis 1928-1933, Frankfurt a. M./Bern/New York/ Paris 1988.

Italiaander, Rolf, Hans Hasso von Veltheim-Ostrau. Privatgelehrter und Weltbürger, Düsseldorf 1987.

Jacob, Thierry, Das Engagement des Adels der preußischen Provinz Sachsen in der kapitalistischen Wirtschaft 1860-1914/18, in: Reif, Heinz (Hg.), Adel und Bürgertum in Deutschland, Bd. 1, Berlin 2000, S. 273-329.

Jahnke, Helmut, Edgar Julius Jung. Ein konservativer Revolutionär zwischen Tradition und Moderne, Pfaffenweiler 1998.

Jamin, Mathilde, Zwischen den Klassen. Zur Sozialstruktur der SA-Führerschaft, Wuppertal 1984.

Jansen, Christian, Professoren und Politik. Politisches Denken und Handeln der Heidelberger Hochschullehrer 1914-1935, Göttingen 1992.

Jansen, Christian/**Niethammer**, Lutz/**Weisbrod**, Bernd (Hg.), Von der Aufgabe der Freiheit. Politische Verantwortung und bürgerliche Gesellschaft im 19. Und 20. Jahrhundert, FS Hans Mommsen, Berlin 1995.

Jocteau, Gian Carlo, Un censimento della nobiltà italiana, in: Meridiana. Rivista di storia e scienze sociali 19/1994, S. 113-154.

Jonas, Erasmus, Die Volkskonservativen 1928-1933. Entwicklung, Struktur, Standort und staatspolitische Zielsetzung, Düsseldorf 1965.

Jonas, Klaus W., Der Kronprinz Wilhelm. Biographie, Frankfurt a. M. 1962.

Jones, Larry Eugene, „The greatest stupidity of my life": Alfred Hugenberg and the Formation of the Hitler Cabinet, January 1933, in: Journal of Contemporary History 27 (1992), S. 63-87.

Jones, Larry Eugene, Catholic Conservatives in the Weimar Republic: The Politics of the Rhenish-Wesphalian Aristocracy, 1918-1933, in: German History 18 (2000), S. 60-85.

Jones, Larry Eugene/**Retallack**, James (Hg.), Between Reform, Reaction and Resistance. Studies in the History of German Conservatism from 1789 to 1945, Providence/Oxford 1993.

Jung, Otmar, Volksgesetzgebung: die „Weimarer Erfahrungen" aus dem Fall der Vermögensauseinandersetzungen zwischen Freistaaten und ehemaligen Fürsten, 2 Bde., Hamburg 1990.

Kaelble, Hartmut, Wie feudal waren die deutschen Unternehmer im Kaiserreich?, in: R. Tilly (Hg.), Beiträge zur quantitativen Unternehmensgeschichte, Stuttgart 1985, S. 148-174.

Der **Kaiser** im Bild. Wilhelm II. und die Fotografie als PR-Instrument. Der fotografische Nachlass des letzten deutschen Kaisers aus Haus Doorn, präsentiert von Huis Marseille, Stiftung für Fotografie, Amsterdam/Zaltbommel 2002.

Der letzte **Kaiser**. Wilhelm II. im Exil, Hg. im Auftrage des Deutschen Historischen Museums von Hans Wilderotter und Klaus-D. Pohl, Gütersloh/München 1991.

Kalm, Harald von, Das preußische Heroldsamt (1855-1920). Adelsbehörde und Adelsrecht in der preußischen Verfassungsentwicklung, Berlin 1994.

Kartowitsch, Klaus, Die Herrengesellschaft Mecklenburg (Deutscher Klub Mecklenburg) 1926 bis 1939, Diplomarbeit, Humboldt-Universität Berlin 1984.

Kaschuba, Wolfgang, Deutsche Bürgerlichkeit nach 1800. Kultur als symbolische Praxis, in: Bürgertum im 19 Jahrhundert, Hg. v. Jürgen Kocka, Bd. 2, Göttingen 1995, S. 92-127.

Kater, Michael H., Die Artamanen – Völkische Jugend in der Weimarer Republik, in: HZ 213 (1971), S. 577-638.

Kater, Michael H., Bürgerliche Jugendbewegung und Hitler-Jugend in Deutschland von 1926 bis 1939, in: Archiv für Sozialgeschichte XVII (1977), S. 127-174.

Kater, Michael, The Nazi Party. A Social Profile of Members and Leaders, 1919-1945, Cambridge/Mass. 1983.

Keinemann, Friedrich, Vom Krummstab zur Republik. Westfälischer Adel unter preußischer Herrschaft 1802-1945, Bochum 1997.

Kershaw, Ian, Der Hitler Mythos. Volksmeinung und Propaganda im Dritten Reich, Stuttgart 1980.

Kershaw, Ian, Hitler 1889-1936, Stuttgart 1998.

Kißener, Michael/**Scholtyseck**, Joachim (Hg.), Die Führer der Provinz. NS-Biographien aus Baden und Württemberg, Konstanz 1997.

15.) Forschungsliteratur 637

Klein, Silvia/**Stelmaszyk**, Bernhard, Eberhard Köbel, ‚tusk'. Ein biographisches Porträt über die Jahre 1907 bis 1945, in: Piraten, Swings und Junge Garde. Jugendwiderstand im Nationalsozialismus, Hg. v. Wilfried Breyvogel, Bonn 1991, S. 102-137.

Kleine, Georg H., Adelsgenossenschaft und Nationalsozialismus, in: Vierteljahreshefte für Zeitgeschichte 26 (1978), S. 100-143.

Kleine, Georg H., Nobility in No Man's Land: Prussia's Old Families and Industrial society 1871-1914, unveröffentlichtes Typoskript, Tampa (Florida) 1978.

Klemperer, Klemens von, Germany's New Conservatism: Its History and Dilemma in the Twentieth Century, Princeton, N.J., 1957.

Klemperer, Klemens v. u. a. (Hg.), Die Männer des 20. Juli, Frankfurt a. M. 1994.

Klemperer, Victor, LTI. Notizbuch eines Philologen, Leipzig 1975 (zuerst 1946).

Kocka, Jürgen (Hg.), Bürger und Bürgerlichkeit im 19. Jahrhundert, Göttingen 1987.

Kocka, Jürgen (Hg.), Bürgertum im 19. Jahrhundert. Deutschland im europäischen Vergleich, 3. Bde., München 1988.

Kocka, Jürgen (Hg.), Sozialgeschichte im internationalen Überblick. Ergebnisse und Tendenzen der Forschung, Darmstadt 1989.

Kocka, Jürgen, Das europäische Muster und der deutsche Fall, in: Bürgertum im 19. Jahrhundert. Deutschland im europäischen Vergleich, Hg. von Jürgen Kocka, Bd. 1, Göttingen 1995, S. 9-75.

Kohlrausch, Martin, Die Flucht des Kaisers – Doppeltes Scheitern adlig-bürgerlicher Monarchiekonzepte, in: Reif, Heinz (Hg.), Adel und Bürgertum in Deutschland, Bd. 2, Berlin 2001, S. 65-101.

Kohlrausch, Martin, Monarchie und Massenöffentlichkeit, „June-Paper" am Europäischen Hochschulinstitut, Florenz 2000.

Kohlrausch, Martin, The Deserting Warlord: Fashioning Wilhelm II's Flight in Germany after the First World War, MA Dissertation, University of Sussex 1997.

Kolb, Eberhard, Die Weimarer Republik, 3. überarbeitete und erweiterte Auflage, München 1993.

Kondylis, Panajotis, Konservativismus. Geschichtlicher Gehalt und Untergang, Stuttgart 1986.

Koszyk, Kurt, Der jüdische Beitrag zum deutschen Presse- und Verlagswesen, in: Mosse, Werner E./Pohl, Hans (Hg.), Jüdische Unternehmer in Deutschland im 19. und 20. Jahrhundert, Stuttgart 1992, S. 196-218.

Kraus, Hans-Christof, Konservativismus im Widerstreit. Zur neueren Literatur über seine Geschichte und Theorie, in: Der Staat 28/1989, S. 225-249.

Kraus, Hans Christof, Altkonservativismus und moderne politische Rechte. Zum Problem der Kontinuität rechter politischer Strömungen in Deutschland, in: Weltbürgerkrieg der Ideologien. Antworten an Ernst Nolte. Festschrift zum 70. Geburtstag, Berlin 1993, S. 99-121.

Krause, Tilman, Wandelnde Öfen, die ER geheizt hat, in: Berliner Tagesspiegel, 14.1.1996, S. W 5.

Krause, Tilman, Ganz aufgeregt auf der Stelle treten, in: Berliner Tagesspiegel, 3.3.1997, S. 5.

Krüger, Gerd, Treudeutsch allewege! Gruppen, Vereine und Verbände der Rechten in Münster 1887-1929/30, Münster 1992.

Krumeich, Gerd, La place de la guerre de 1914-1918 dans l'histoire culturelle de L'Allemagne, in: XXè siècle 41 (1994), S. 9-17.

Kühnl, Reinhard, Die nationalsozialistische Linke 1925-1930, Meisenheim am Glan 1966.

Kultur & Geschichte, Neue Einblicke in eine alte Beziehung, Hg. v. Christoph Conrad und Martina Kessel, Stuttgart 1998.

Laak, Dirk van, „Nach dem Sturm schlägt man auf die Barometer ein...". Rechtsintellektuelle Reaktionen auf das Ende des „Dritten Reiches", in: Werkstatt Geschichte 17/1997, S. 25-44.

Laubner, Jürgen (Hg.), Adel und Junkertum im 19. und 20. Jahrhundert, Halle/Saale 1990 (Martin Luther Universität Halle-Wittenberg, Wissenschaftliche Beiträge).

Laubner, Jürgen, Guido Henckel v. Donnersmarck. Freund und Vertrauter des Reichskanzlers, in: ZfG, 7/1991, S. 677-686.

Lehmann, Albrecht, „Grafenerzählungen". Gehobene Heimat- und Erinnerungsprosa für Bürger von heute, in: Carola Lipp (Hg.), Medien populärer Kultur. Erzählung, Bild und Objekt in der volkskundlichen Forschung, Frankfurt a. M./New York 1995, S. 60-70.

Lenger, Friedrich, Werner Sombart 1863-1941, München 1994.

Lepsius, Mario Rainer, Demokratie in Deutschland. Soziologisch-historische Konstellationsanalysen. Ausgewählte Ausätze, Göttingen 1993.

Lepsius, Mario Rainer, Kritik als Beruf. Zur Soziologie der Intellektuellen, in: Ders., Interessen, Ideen und Institutionen, Opladen 1990, S. 270-285.

Lieven, Dominic, The Aristocracy in Europe 1815-1914, London 1992 (Dt.: Abschied von Macht und Würden. Der europäische Adel 1815-1914, Frankfurt a. M. 1995).

Linke, Angelika, Sprachkultur und Bürgertum. Zur Mentalitätsgeschichte des 19. Jahrhunderts, Stuttgart u. a. 1996.

Linse, Ulrich, Barfüßige Propheten. Erlöser der zwanziger Jahre, Berlin 1983.

Liulevicius, Vejas Gabriel, War Land on the Eastern Front. Culture, National Identity and German Occupation in World War I, Cambridge 2000.

Lob, Brigitte, Albert Schmitt O.S.B. Abt in Grüssau und Wimpfen. Sein kirchengeschichtliches Handeln in der Weimarer Republik und im Dritten Reich, Köln/Weimar/Wien 2000.

Löffler, Bernhard, Die bayerische Kammer der Reichsräte 1848 bis 1918: Grundlagen, Zusammensetzung, Politik, München 1996.

Löffler, Bernhard, Die Ersten Kammern und der Adel in den deutschen konstitutionellen Monarchien. Aspekte eines verfassungs- und sozialgeschichtlichen Problems, in: HZ 1/1997, S. 29-76.

Lohalm, Uwe, Völkischer Radikalismus. Die Geschichte des Deutsch-Völkischen Schutz- und Trutzbundes 1919-1923, Hamburg 1970.

Longerich, Peter, Die braunen Bataillone. Geschichte der SA, München 1989.

Losurdo, Domenico, „Nietzsche, il ribelle aristocratico". Biografia intellettuale e bilancio critico, Turin 2002.

Lüdtke, Alf (Hg.), Alltagsgeschichte. Zur Rekonstruktion historischer Erfahrungen und Lebensweisen, Frankfurt a. M. 1989.

Lüdtke, Alf (Hg.), Herrschaft als soziale Praxis, Göttingen 1991.

Lüdtke, Alf, Eigen-Sinn. Fabrikalltag, Arbeitserfahrungen und Politik vom Kaiserreich bis in den Faschismus, Hamburg 1993.

Malinowski, Stephan, „Führertum" und „Neuer Adel". Die Deutsche Adelsgenossenschaft und der Deutsche Herrenklub in der Weimarer Republik, in: Reif (Hg.), Adel und Bürgertum, Bd. 2, Berlin 2001, S. 173-211.

15.) Forschungsliteratur

Malinowski, Stephan/**Reichardt**, Sven, Die Reihen fest geschlossen? Adlige im Führerkorps der SA bis 1934, in: Eckart Conze/Monika Wienfort (Hg.), Adel und Moderne. Elitengeschichte im 19. und 20. Jahrhundert im europäischen Vergleich, München 2003 (im Druck).

Mallmann, Klaus-Michael/**Paul**, Gerhard, Resistenz oder loyale Widerwilligkeit? Anmerkungen zu einem umstrittenen Begriff, in: ZfG 41 (1993), S. 99-116.

Martiny, Fritz, Die Adelsfrage in Preussen vor 1806 als politisches und soziales Problem, erläutert am Beispiel des kurmärkischen Adels, Stuttgart/Berlin 1938.

Marschall, Birgit, Reisen und Regieren. Die Nordlandreisen Kaiser Wilhelms II., Hamburg 1991.

Matthias, Erich, Hindenburg zwischen den Fronten, in: VfZ 8 (1960), S. 75-84.

Maurer, Michael, Die Biographie des Bürgers. Lebensformen und Denkweisen in der formativen Phase des deutschen Bürgertums (1680-1815), Göttingen 1996.

Mayer, Arno J., The Persistance of the Old Regime, London 1981.

Mayer, Arno J., The Furies. Violence and Terror in the French and Russian Revolutions, Princeton 2000.

McAlleer, Kevin, Dueling. The Cult of Honour in Fin-de-Siècle Germany, Princeton 1994.

Melville, Ralph/**Reden-Dohna**, Armgard (Hg.), Der Adel an der Schwelle des bürgerlichen Zeitalters 1770-1860, Stuttgart 1988.

Mende, Dietrich, Kulturkonservatismus und konservative Erneuerungsbestrebungen, in: Leben und Werk, Festausgabe für Adolf Grabowsky, Köln/Berlin 1963, S. 87-129.

Mension-Rigan, Eric, L'enfance au château. Aristocrates et Grands Bourgeois. Education, Traditions, Valeurs, Paris 1994.

Mergel, Thomas/**Welskopp**, Thomas (Hg.), Geschichte zwischen Kultur und Gesellschaft. Beiträge zur Theoriedebatte, München 1997.

Merkenich, Stephanie, Grüne Front gegen Weimar. Reichs-Landbund und agrarischer Lobbyismus 1918-1933, Düsseldorf 1998.

Meyer, Ahlrich, Die deutsche Besatzung in Frankreich 1940-1944. Widerstandsbekämpfung und Judenverfolgung, Darmstadt 2000.

Michaelis, Wilhelm, Zum Problem des Königstodes am Ende der Hohenzollernmonarchie, in: GWU, Jg. 13 (1962), Heft 11, S. 695-704.

Mock, Wolfgang, „Manipulation von oben" oder Selbstorganisation an der Basis? Einige neuere Ansätze in der englischen Historiographie zur Geschichte des deutschen Kaiserreichs, in: HZ 232 (1981), S. 358-375.

Möckl, Karl (Hg.), Hof und Hofgesellschaft in den deutschen Staaten im 19. und 20. Jahrhundert, Boppart am Rhein 1990.

Mohler, Armin, Der faschistische Stil, in: Von rechts gesehen, Stuttgart 1947, S. 179-221.

Mohler, Armin, Die konservative Revolution in Deutschland 1918-1932. Ein Handbuch. Hauptband und Ergänzungsband (mit Korrigenda) in einem Band, Darmstadt ^{4}1994.

Moltke, Freya von/**Balfour**, Michael/**Frisby**, Julian, Helmuth James von Moltke 1907-1945. Anwalt der Zukunft, Stuttgart 1975.

Mommsen, Hans, Fritz-Dietlof Graf von der Schulenburg und die preussische Tradition, in: VfZ 1977, S. 213-239.

Mommsen, Hans, Die verspielte Freiheit. Der Weg der Republik von Weimar in den Untergang 1918 bis 1933, Frankfurt a. M./Berlin 1990.

Mommsen, Hans, Der Nationalsozialismus und die deutsche Gesellschaft, Hg. v. Lutz Niethammer und Bernd Weisbrod, Reinbek 1991.

Mommsen, Hans, Alternative zu Hitler. Studien zur Geschichte des deutschen Widerstandes, München 2000.

Mommsen, Hans (Hg.), Der Erste Weltkrieg und die europäische Nachkriegsordnung. Sozialer Wandel und Formveränderung der Politik, Köln/Weimar/Wien 2000.

Moncure, John, Forging the King's Sword. Military Education Between Tradition and Modernization – The Case of the Royal Prussian Cadet Corps 1871-1918, New York 1993.

Mosse, George L., The Crisis of German Ideology. Intellectual Origins of the Third Reich, New York 1964.

Mosse, George L., Ein Volk – Ein Reich – Ein Führer. Die völkischen Ursprünge des Nationalsozialismus, Königstein/Ts. 1979, S. 40.

Mosse, Werner E., The German-Jewish Economic Elite 1820-1935. A socio-cultural Profile, Oxford 1989.

Mosse, Werner E./**Pohl**, Hans (Hg.), Jüdische Unternehmer in Deutschland im 19. und 20. Jahrhundert, Stuttgart 1992.

Müller, Klaus-Jürgen, Das Heer und Hitler. Armee und nationalsozialistisches Regime 1933-1940, Stuttgart 1969.

Müller, Reinhard, Hitlers Rede vor der Reichswehrführung 1933. Eine neue Moskauer Überlieferung, in: Mittelweg 36, Heft 1/2001, S. 73-90.

Muncy, L. W., The Prussian Landräte in the Last Years of the Monarchy: A Case Study of Pomerania and the Rhineland in 1890-1918, in: Central European History 6, 1973, S. 299-338

Muth, Heinrich, Die Entstehung der Bauern- und Landarbeiterräte im November 1918 und die Politik des Bundes der Landwirte, in: VfZ 21 (1973), S. 1-13.

Neumann, Franz, Behemoth. Struktur und Praxis des Nationalsozialismus 1933-1944, Hg. und mit einem Nachwort von Gert Schäfer, Frankfurt a. M. 1977.

Niemann, Mario, Mecklenburgischer Grossgrundbesitz im Dritten Reich. Soziale Struktur, wirtschaftliche Stellung und politische Bedeutung, Köln/Weimar/Wien 2000.

Niethammer, Lutz, Posthistoire. Ist die Geschichte zu Ende?, Reinbek bei Hamburg 1989.

Nipperdey, Thomas, Deutsche Geschichte 1800-1866. Bürgerwelt und starker Staat, München 1983.

Nipperdey, Thomas, Deutsche Geschichte 1866-1918, 2 Bde., München 1990/1992.

Noakes, Jeremy, German Conservatives and the Third Reich: an Ambiguous Relationship, in: Martin Blinkhorn (Hg.), Fascists and Conservatives. The Radical Right and the Establishment in Twentieth-Century Europe, London 1990.

Les **Noblesses** Européennes au XIX è siècle. Actes du colloque organisé par l'Ecole française de Rome, Rom 1988.

Nolte, Ernst, Art. „Führer", in: Ritter, Joachim/ Gründer, Karlfried (Hg.), Historisches Wörterbuch der Philosophie, Bd. 2, Darmstadt 1972, Sp. 1128f.

Pahl, Benedikt, Abt Adalbert Graf von Neipperg (1890-1948) und die Gründungs- und Entwicklungsgeschichte der Benediktinerabtei Neuburg bei Heidelberg bis 1949, Münster 1997.

Papenfuß, Dietrich/**Schieder**, Wolfgang (Hg.), Deutsche Umbrüche im 20. Jahrhundert, Köln/Weimar/Wien 2000.

Paul, Gerhard, Aufstand der Bilder. Die NS-Propaganda vor 1933, Bonn 1990.

Paul, Gerhard, „...gut deutsch, aber auch gut katholisch". Das katholische Milieu zwischen Selbstaufgabe und Selbstbehauptung, in: Ders./Klaus-Michael Mallmann, Milieus und Widerstand. Eine Verhaltensgeschichte der Gesellschaft im Nationalsozialismus, Bonn 1995.

Payne, Stanley, Geschichte des Faschismus. Aufstieg und Fall einer europäischen Bewegung, München/Berlin 2001

Petzinna, Berthold, Erziehung zum deutschen Lebensstil. Ursprung und Entwicklung des jungkonservativen ‚Ring'-Kreises 1918 bis 1933, Berlin 2000.

Petzold, Joachim, Franz von Papen. Ein deutsches Verhängnis, München/Berlin 1995.

Petzold, Joachim, Wegbereiter des deutschen Faschismus. Die Jungkonservativen in der Weimarer Republik, Berlin (DDR) 1978.

Peukert, Delev J. K., Glanz und Elend der „Bartwichserei", in: Das Argument 140 (1983), S. 542-549.

Peukert, Detlev J. K., Die Weimarer Republik. Krisenjahre der Klassischen Moderne, Frankfurt a. M. 1987.

Pierenkemper, Toni, Jüdische Unternehmer in der deutschen Schwerindustrie 1850-1933, in: Mosse, Werner E./Pohl, Hans (Hg.), Jüdische Unternehmer in Deutschland im 19. und 20. Jahrhundert, Stuttgart 1992, S. 100-118.

Pogge von Strandmann, Hartmut, Staatsstreichpläne, Alldeutsche und Bethmann Hollweg, in: Ders./Immanuel Geiß, Die Erforderlichkeit des Unmöglichen. Deutschland am Vorabend des ersten Weltkrieges, Frankfurt a. M. 1965, S. 7-45.

Pomp, Rainer, Brandenburgischer Landadel und die Weimarer Republik. Konflikte um Oppositionsstrategien und Elitenkonzepte, in: Kurt Adamy u. Kristina Hübener (Hg.), Adel und Staatsverwaltung in Brandenburg im 19. und 20. Jahrhundert: ein historischer Vergleich, Potsdam 1996, S. 185-216.

Pomp, Rainer, Dietlof Graf v. Arnim-Boitzenburg. Wandlungen eines preußischen Konservativen bis 1933. Mit einem Dokumentenanhang, Berlin 1998 (unveröffentlichtes Typoskript).

Pomp, Rainer/**Wehry** Kathrin, Elitenwandel und gesellschaftliche Modernisierung. Einige Ergebnisse zur Statistik des deutschen Adels im 19. Jahrhundert, Berlin 1999 (unveröffentlichtes Typoskript).

Porombka, Stephan, Felix Krulls Erben. Die Geschichte der Hochstapelei im 20. Jahrhundert, Berlin 2001.

Preradovich, Nikolaus v., Die Führungsschichten in Österreich und Preußen 1804-1918, Wiesbaden 1955.

Preradovich, Nikolaus von, Regierende Fürsten im Dritten Reich. Die Herrschaftsgeschlechter des Deutschen Reiches und die NSDAP, in: Deutschland in Geschichte und Gegenwart, Heft 2, 1981, S. 28-30.

Preußen, Friedrich Wilhelm Prinz von, Die Hohenzollern und der Nationalsozialismus, Phil. Diss., München 1984.

Prinz, Michael/**Zitelmann**, Rainer (Hg.), Nationalsozialismus und Modernisierung, Darmstadt ²1994.

Puhle, Hans-Jürgen, Agrarische Interessenpolitik und preußischer Konservatismus im Wilhelminischen Reich (1893-1914). Ein Beitrag zur Analyse des Nationalismus in Deutschland am Beispiel des Bundes der Landwirte und der Deutsch-Konservativen Partei, Hannover 1966.

Puhle, Hans-Jürgen, Radikalisierung und Wandel des deutschen Konservatismus vor dem ersten Weltkrieg, in: Ritter, Gerhard A. (Hg.), Deutsche Parteien vor 1918, Köln 1973, S. 165-186.

Puschner, Uwe, Die völkische Bewegung im wilhelminischen Kaiserreich. Sprache – Rasse – Religion, Darmstadt 2001.

Pyta, Wolfram, Dorfgemeinschaft und Parteipolitik 1918-1933. Die Verschränkung von Milieu und Parteien in den protestantischen Landgebieten Deutschlands in der Weimarer Republik, Düsseldorf 1996.

Pyta, Wolfram, Konstitutionelle Demokratie statt monarchischer Restauration. Die verfassungspolitische Konzeption Schleichers in der Weimarer Staatskrise, in: VfZ 47 (1999), S. 417-441.

Raabe, Felix, Die bündische Jugend, Stuttgart 1961.

Radkau, Joachim, Die Männer als schwaches Geschlecht. Die wilhelminische Nervosität, die Politisierung der Therapie und der mißglückte Geschlechterrollentausch, in: Kornbichler, Thomas/Maaz, Wolfgang (Hg.), Variationen der Liebe. Historische Psychologie der Geschlechterbeziehung, Tübingen 1995.

Radkau, Joachim, Das Zeitalter der Nervosität. Deutschland zwischen Bismarck und Hitler, München/Wien 1998.

Rahden, Till van, Juden und andere Breslauer. Die Beziehungen zwischen Juden, Protestanten und Katholiken in einer deutschen Großstadt von 1860 bis 1925, Göttingen 2000.

Reden-Dohna, Armgard v./**Melville** Ralph (Hg.), Der Adel an der Schwelle des bürgerlichen Zeitalters 1780-1860, Stuttgart 1988.

Redlich, Fritz, Autobiographies as Sources for Social History. A Research Programm, in: Vierteljahrsschrift für Sozial- und Wirtschaftsgeschichte (62) 1975, 380-390.

Reichardt, Sven, Faschistische Kampfbünde. Gewalt und Gemeinschaft im italienischen Squadrismus und in der deutschen SA, Köln/Weimar/Wien 2002 (im Text zitiert nach **Ders**., Faschistische Kampfbünde in Italien und Deutschland. Ein Vergleich der Formen, Funktionen und Ursachen politischer Gewalt in der Aufstiegsphase faschistischer Bewegungen, Phil. Diss., FU Berlin 2000).

Reif, Heinz, Westfälischer Adel 1770-1860. Vom Herrschaftsstand zur regionalen Elite, Göttingen 1979.

Reif, Heinz, „Erhaltung adligen Stamm und Namens" – Adelsfamilie und Statussicherung im Münsterland 1770-1914, in: Neidhard Bulst, Joseph Goy u. Jochen Hoock (Hg.) Familie zwischen Tradition und Moderne, Göttingen 1981, S. 275-309.

Reif, Heinz, Der Adel in der modernen Sozialgeschichte, in: Sozialgeschichte in Deutschland, Hg. v. W. Schieder und Volker Sellin, Bd. 4, Göttingen 1987, S. 34-60.

Reif, Heinz, Mediator between Throne and People. The Split Aristocratic Conservatism in the 19th Century Germany, in: Bo Stråth (Hg.), Language and Construction of Class Identities, Göteborg 1990, S. 133-150.

Reif, Heinz (Hg.), Ostelbische Agrargesellschaft im Kaiserreich und in der Weimarer Republik. Agrarkrise, junkerliche Interessenpolitik, Modernisierungsstrategien, Berlin 1994.

Reif, Heinz, Adelserneuerung und Adelsreform in Deutschland 1815-1874, in: Fehrenbach, Elisabeth (Hg.), Adel und Bürgertum in Deutschland 1770-1848, München 1994, S. 203-230.

Reif, Heinz: Friedrich Wilhelm IV. und der Adel. Zum Versuch einer Adelsreform nach englischem Vorbild in Preußen 1840-1847, in: Zeitschrift für Geschichtswissenschaften 43 (1995), S. 1097-1111.

Reif, Heinz, Adelspolitik in Preußen zwischen Reformzeit und Revolution 1848, in: Restaurationssystem und Reformpolitik. Süddeutschland und Preußen im Vergleich. Hg. v. Hans-Peter Ullmann und Clemens Zimmermann, München 1996, S. 199-224.

Reif, Heinz, Hauptstadtentwicklung und Elitenbildung: „Tout Berlin" 1871 bis 1918, in: Michael Grüttner u. a. (Hg.), Geschichte und Emanzipation, FS Reinhard Rürup, Frankfurt a. M./New York 1999, S. 679-699.

Reif, Heinz, Adel im 19. und 20. Jahrhundert, München 1999.

Reif, Heinz (Hg.), Adel und Bürgertum in Deutschland, Bd. 1, Entwicklungslinien und Wendepunkte im 19. Jahrhundert, Berlin 2000.

Reif, Heinz (Hg.), Adel und Bürgertum in Deutschland, Bd. 2, Entwicklungslinien und Wendepunkte im 20. Jahrhundert, Berlin 2001.

Reif, Heinz, Die Junker, in: Etienne François/Hagen Schulze (Hg.), Deutsche Erinnerungsorte, Bd. 1, München 2001, S. 520-536.

Reitmayer, Morten, „Bürgerlichkeit" als Habitus. Zur Lebensweise deutscher Großbankiers im Kaiserreich, in: GG 25 (1999), S. 66-93.

Reitmayer, Morten, Bankiers im Kaiserreich. Sozialprofil und Habitus der deutschen Hochfinanz, Göttingen 1999.

Retallack, James N., Notables of the Right. The Conservative Party and Political Mobilization in Germany 1876-1918, London 1988.

Retallack, James N./**Jones** Larry Eugene (Hg.), Between Reform, Reaction and Resistance. Studies in the History of German Conservatism from 1789 to 1945, Providence/Oxford 1993.

Retallack, James, Antisemitism, Conservative Propaganda, and Regional Politics in Late Nineteenth Century Germany, in: German Studies Review, 3/1988, S. 377-403.

Retallack, James, Conservatives and Antisemites in Baden and Saxony, in: German History 4/1999, S. 507-526.

Reulecke, Jürgen, Männerbund versus Familie, in: Thomas Koebner/Rolf Peter Janz/Frank Trommler (Hg.), Mit uns zieht die neue Zeit. Der Mythos Jugend, Frankfurt a. M. 1985, S. 199-223.

Reulecke, Jürgen, „Wir reiten die Sehnsucht tot". Oder: Melancholie als Droge. Anmerkungen zum bündischen Liedgut, in: Thomas Kühne (Hg.), Männergeschichte - Geschlechtergeschichte. Männlichkeit im Wandel der Moderne, Frankfurt a. M. 1996, S. 156-173.

Revolution und Fotografie. München 1918/19, Hg. v. Rudolf Herz und Dirk Halfbrodt, Berlin 1988.

Revolution und Fotografie. Berlin 1918/19. Eine Ausstellung der Neuen Gesellschaft für Bildende Kunst, Berlin 1989.

Richarz, Monika, Die soziale Stellung der jüdischen Händler auf dem Lande am Beispiel Südwestdeutschlands, in: Mosse, Werner E./Pohl, Hans (Hg.), Jüdische Unternehmer in Deutschland im 19. und 20. Jahrhundert, Stuttgart 1992, S. 271-283.

Riehl, Hans, Als die deutschen Fürsten fielen, München 1979.

Ritter, Gerhard A. (Hg.), Deutsche Parteien vor 1918, Köln 1973.

Ritter, Gerhard A./**Kocka**, Jürgen (Hg.), Deutsche Sozialgeschichte. Dokumente und Skizzen, Bd. 2: 1870-1914, München 1974.

Rogalla von Bieberstein, Johannes, Adel und Revolution 1918/1919, in: Mentalitäten und Lebensverhältnisse, FS Rudolf Vierhaus, Göttingen 1982, S. 243-259.

Röhl, John C. G., Kaiser, Hof und Staat. Wilhelm II. und die deutsche Politik, München 1987.

Röhl, John C. G., Wilhelm II. Die Jugend des Kaisers 1859-1888, München 1993.

Röhl, John C. G., Wilhelm II. Der Aufbau der Persönlichen Monarchie. 1888-1900, München 2001.

Röhl, John C. G./**Sombart**, Nicolaus (Hg.), Kaiser Wilhelm II. New Interpretations, Cambridge 1982.

Rose, Detlev, Die Thule-Gesellschaft. Legende, Mythos, Wirklichkeit, Tübingen 1994.

Rosenberg, Arthur, Entstehung der Weimarer Republik. Herausgegeben von Kurt Kersten, Frankfurt a. M. 1961.

Rosenberg, Hans, Die Pseudodemokratisierung der Rittergutsbesitzerklasse, in: Ders., Machteliten und Wirtschaftskonjunkturen. Studien zur neueren deutschen Sozial- und Wirtschaftsgeschichte, Göttingen 1978, S. 83-101.

Rößling, Udo, Der italienische Faschismus im Kalkül der deutschen Adelsgenossenschaft in den Jahren der Weimarer Republik, in: Jenaer Beiträge zur Parteiengeschichte 44/1980, S. 165-183.

Rouette, Hans-Peter, Die Widerstandslegende. Produktion und Funktion der Legende vom Widerstand im Kontext der gesellschaftlichen Auseinandersetzungen in Deutschland nach dem Zweiten Weltkrieg, Phil. Diss., FU Berlin 1983.

Rumschöttel, Hermann, Das bayerische Offizierkorps 1866-1914, Berlin 1973.

Rürup, Reinhard, Probleme der Revolution in Deutschland 1918/19, Wiesbaden 1968.

Rürup, Reinhard, Demokratische Revolution und „dritter Weg". Die deutsche Revolution von 1918/19 in der neueren wissenschaftlichen Diskussion, in: GG 2/1983, S. 278-301.

Rürup, Reinhard, Emanzipation und Antisemitismus. Studien zur „Judenfrage" der bürgerlichen Gesellschaft, Frankfurt a. M. 1987.

Rürup, Reinhard (Hg.), Jüdische Geschichte in Berlin. Essays und Studien, Berlin 1995.

Sabrow, Martin, Der Rathenaumord. Rekonstruktion einer Verschwörung gegen die Republik von Weimar, München 1994.

Saint-Martin, Monique de, L'espace de la noblesse, Paris 1993.

Sartre, Jean-Paul, Réflexions sur la question juive, Paris 1954.

Sauer, Bernhard, Vom „Mythos eines ewigen Soldatentums". Der Feldzug deutscher Freikorps im Baltikum im Jahre 1919, in: ZfG 10/1995, S. 869-902.

Scheck, Raffael, German Conservatism and Female Political Activism in the Early Weimar Republic, in: German History 1/1997, S. 34-55.

Scheel, Klaus, Der Tag von Potsdam, Berlin 1996.

Scheidemann, Christiane, Ulrich Graf Brockdorff-Rantzau (1869-1928). Eine politische Biographie, Frankfurt a. M. 1998.

Scheurig, Bodo, Ewald von Kleist-Schmenzin. Ein konservativer gegen Hitler, Oldenburg/Hamburg 1968.

Scheurig, Bodo, Henning von Tresckow. Ein Preuße gegen Hitler, Berlin 1987.

Schieder, Wolfgang, Das italienische Experiment. Der Faschismus als Vorbild in der Krise der Weimarer Republik, in: HZ 262 (1996), S. 73-125.

Schildt, Axel, Radikale Antworten von rechts auf die Kulturkrise der Jahrhundertwende. Zur Herausbildung und Entwicklung der Ideologie einer „Neuen Rechten" in der Wilhelminischen Gesellschaft des Kaiserreichs, in: Jahrbuch für Antisemitismusforschung, Bd. 4 (1995), S. 63-87.

Schiller, René, Ländliche Eliten im Wandel? Großgrundbesitz und Großgrundbesitzer in der Provinz Brandenburg 1807-1918, Phil. Diss., Berlin 2001.

Schissler, Hanna, Die Junker. Zur Sozialgeschichte und historischen Bedeutung der agrarischen Elite in Preußen, in: Preußen im Rückblick, Hg. v. Hans-Jürgen Puhle und Hans-Ulrich Wehler, Göttingen 1980, S. 89-122.

Schlegel, Katharina: Zum Quellenwert der Autobiographie: Adlige Selbstzeugnisse um die Wende vom 19. zum 20. Jahrhundert, in: GWU 37 (1986), S. 222-233.

Schoenbaum, David, Die braune Revolution. Eine Sozialgeschichte des Dritten Reiches, München 1980.

Schoeps, Manfred, Der deutsche Herrenklub. Ein Beitrag zur Geschichte des Jungkonservatismus in der Weimarer Republik, Phil. Diss., Erlangen-Nürnberg 1974.

Schöllgen, Gregor, Ulrich von Hassell 1881-1944. Ein Konservativer in der Opposition, München 1990.

Schöttler, Peter, Mentalitäten, Ideologien, Diskurse. Zur sozialgeschichtlichen Thematisierung der „dritten Ebene", in: Lüdtke, Alf (Hg.), Alltagsgeschichte. Zur Rekonstruktion historischer Erfahrungen und Lebensweisen, Frankfurt a. M./New York 1989, S. 85-136.

Schreiner, Klaus, „Wann kommt der Retter Deutschlands?" Formen und Funktionen des politischen Messianismus in der Weimarer Republik, in: Saeculum 49 (1998), S. 107-160.

Schreiner, Klaus, Es wird kommen der Tag. Politischer Messianismus in der Weimarer Republik und die Sehnsucht nach „Führerschaft" und „Reich", in: FAZ vom 14.11.1998, Beilage S. I-II.

Schulz, Gerhard, Der ‚Nationale Klub von 1919' zu Berlin. Zum politischen Zerfall einer Gesellschaft, in: Ders., Das Zeitalter der Gesellschaft. Aufsätze zur politischen Sozialgeschichte der Neuzeit, München 1969, S. 299-322.

Schulze, Winfried (Hg.), Sozialgeschichte, Alltagsgeschichte, Mikro-Historie. Eine Diskussion, Göttingen 1994.

Schumann, Dirk, Politische Gewalt in der Weimarer Republik. Kampf um die Straße und Furcht vor dem Bürgerkrieg, Essen 2001.

Schumacher, Martin, Land und Politik, Eine Untersuchung politischer Parteien und agrarischer Interessen 1914-1923, Düsseldorf 1979.

Schwabe, Klaus (Hg.), Die preußischen Oberpräsidenten 1815-1945, Boppard am Rhein 1985.

Schwabe, Klaus (Hg.), Das Diplomatische Korps 1871-1945, Boppard am Rhein 1985.

Schwarz, Gudrun, „Herrinnen der Zukunft". SS-Offiziere und ihre Frauen, in: Ursula Breymayer, Bernd Ulrich, Karin Wieland (Hg.), Willensmenschen. Über deutsche Offiziere, Frankfurt a. M. 1999, S. 123-133.

Schwarz, Hans-Peter, Der konservative Anarchist. Politik und Zeitkritik Ernst Jüngers, Freiburg i.Br. 1962.

Schwarzer, Alice, Marion Dönhoff. Ein widerständiges Leben, Köln 1996.

Schwarzmüller, Theo, Zwischen Kaiser und „Führer". Generalfeldmarschall August von Mackensen, Paderborn ²1996.

Schwerin, Detlef Graf von, „Dann sind's die besten Köpfe die man henkt." Die junge Generation im deutschen Widerstand, München 1991.

Schwierskott, Hans-Joachim, Arthur Moeller van den Bruck und der revolutionäre Konservatismus in der Weimarer Republik, Göttingen/Berlin/Frankfurt a. M. 1962.

Seiffert, Herbert, Die Junker von Alvensleben im 20. Jahrhundert. Eine Studie zur gesellschaftlichen Haltung einer halbfeudalen Kaste, Phil. Diss., Berlin (DDR) 1960.

Sellin, Volker, Mentalität und Mentalitätsgeschichte, in: HZ 241 (1985), S. 556-598.

Sendtner, Kurt, Rupprecht von Wittelsbach, Kronprinz von Bayern, München 1954.

Sieferle, Rolf Peter, Die Konservative Revolution. Fünf biographische Skizzen, Frankfurt a. M. 1995.

Sloterdijk, Peter, Literatur und Lebenserfahrung. Autobiographien der Zwanziger Jahre, München/Wien 1978.

Smelser, Ronald/**Syring**, Enrico (Hg.), Die SS: Elite unter dem Totenkopf. 30 Lebensläufe, Paderborn u. a. 2000.

Soesemann, Bernd, Der Verfall des Kaisergedankens im Ersten Weltkrieg, in: Röhl, John C. G., Der Ort Kaiser Wilhelms II. In der deutschen Geschichte, München 1991, S. 145-172.

Sombart, Nicolaus, Die deutschen Männer und ihre Feinde. Carl Schmitt – ein deutsches Schicksal zwischen Männerbund und Matriarchatsmythos, München 1991.

Sombart, Nicolaus, Jugend in Berlin 1933-1943. Ein Bericht, München/Wien 1984.

Sombart, Nicolaus, Wilhelm II. Sündenbock und Herr der Mitte, Berlin 1996.

Sontheimer, Kurt, Antidemokratisches Denken in der Weimarer Republik. Die politischen Ideen des deutschen Nationalismus zwischen 1918 und 1933, München 1962.

Spenkuch, Hartwin, Das Preußische Herrenhaus. Adel und Bürgertum in der Ersten Kammer des Landtags; 1854-1918, Düsseldorf 1998.

Spenkuch, Hartwin, Herrenhaus und Rittergut. Die Erste Kammer des Landtages und der preußische Adel von 1854 bis 1918 aus sozialgeschichtlicher Sicht, in: GG 25 (1999), S. 375-403.

Stark, Gary D., Entrepreneurs of Ideology. Neoconservative Publishers in Germany 1890-1933, Chapel Hill 1981.

Stegmann, Dirk, Die Erben Bismarcks: Parteien und Verbände in der Spätphase des wilhelminischen Deutschlands. Sammlungspolitik 1897-1918, Köln/Berlin 1970.

Stegmann, Dirk, Vom Neokonservatismus zum Protofaschismus: Konservative Partei, Vereine und Verbände 1893-1920, in: Ders. u. a. (Hg.), Deutscher Konservativismus im 19. und 20. Jahrhundert, FS Fritz Fischer, Bonn 1983, S. 199-230.

Stegmann, Dirk, Konservativismus und nationale Verbände im Kaiserreich, in: GG 10 (1984), S. 409-420.

Stegmann, Dirk/**Wendt**, Bernd Jürgen/**Witt**, Peter-Christian, (Hg.), Deutscher Konservativismus im 19. und 20. Jahrhundert, FS Fritz Fischer, Bonn 1983.

Stehle Hansjakob, Widerstand mit Widersprüchen. Des Bischofs von Münster treudeutscher Löwenmut. Zum 50. Todestag des Grafen von Galen: in : Die ZEIT, Nr. 13, 22.3.1996, S. 86.

Steimann, Karin, Leben lassen, Leipzig 1999.

Steinbach, Peter/**Tuchel**, Johannes (Hg.), Widerstand gegen den Nationalsozialismus, Bonn 1994.

Steinbach, Peter, Widerstand im Widerstreit. Der Widerstand gegen den Nationalsozialismus in der Erinnerung der Deutschen, Paderborn ²2001.

Stekl, Hannes/**Wakounig** Maija, Windisch-Graetz. Ein Fürstenhaus im 19. und 20. Jahrhundert, Wien 1992.

Stern, Fritz, Kulturpessimismus als politische Gefahr. Eine Analyse nationaler Ideologie in Deutschland, Bern/Stuttgart/Wien 1963.

Stern, Fritz: Gold and Iron. Bismarck, Bleichröder and the Building of the German Empire, London 1977 (deutsch: Gold und Eisen. Bismarck und sein Bankier Bleichröder, Frankfurt a. M./Berlin 1987).

Stolberg-Wernigerode, Otto Graf zu, Die unentschiedene Generation. Deutschlands konservative Führungsschichten am Vorabend des ersten Weltkrieges, München/Wien 1968.

Stone, Lawrence, An Open Elite? England 1540-1880, Oxford 1984.

Straub, Eberhard, Albert Ballin. Der Reeder des Kaisers, Berlin 2001.

Struve, Walter, Elites Against Democracy. Leadership Ideals in Bourgeois Political Thought in Germany 1890-1933, Princeton 1973.

Sweetman, Jack, The unforgotten Crowns. The German monarchist movements 1918-1945, Ann Arbor 1980.

Teppe, Karl, Die Oberpräsidenten der Provinz Westfalen 1919-1945. Eine sozialgeschichtliche Studie, in: Mentalitäten und Lebensverhältnisse, FS Rudolf Vierhaus Göttingen 1982, S. 260-276.

Thamer, Hans-Ulrich, Verführung und Gewalt. Deutschland 1933-1945, Berlin 1986.

Theilemann, Wolfram G., Adel im grünen Rock. Adliges Jägertum, Großprivatwaldbesitz und die preußische Forstbeamtenschaft 1866 – 1914, Phil. Diss., Berlin 2001.

Theweleit, Klaus, Männerphantasien, 2 Bde., Frankfurt a. M. 1977.

Thimme, Anneliese, Flucht in den Mythos. Die Deutschnationale Volkspartei und die Niederlage von 1918, Göttingen 1969.

Thoss, Bruno, Der Ludendorff-Kreis 1919-1923: München als Zentrum der mitteleuropäischen Gegenrevolution zwischen Revolution und Hitler-Putsch, München 1978.

Torp, Cornelius, Max Weber und die preußischen Junker, Tübingen 1998.

Treskow, Rüdiger von, Adel in Preußen: Anpassung und Kontinuität einer Familie 1800-1918, in: GG 17 (1991), S. 344-369.

Turner, Henry A., Die Großunternehmer und der Aufstieg Hitlers, Berlin 1985.

Turner, Henry A., Hitlers Weg zur Macht. Der Januar 1933, Berlin 1996.

Tyrell, Albrecht, Vom ‚Trommler' zum ‚Führer'. Zum Wandel von Hitlers Selbstverständnis zwischen 1919 und 1924 und die Entwicklung der NSDAP, München 1975.

Ueberschär, Gerhard R. (Hg.), Der 20. Juli 1944. Bewertung und Rezeption des deutschen Widerstandes gegen das NS-Regime, Köln 1994.

Ullmann, Hans-Peter, Politik im deutschen Kaiserreich 1871-1918, München 1999.

Veblen, Thorstein, The Theory of the Leisure Class. An Economic Study of Institutions, London 1970 (zuerst 1899).

Vierhaus, Rudolf, Die Rekonstruktion historischer Lebenswelten. Probleme moderner Kulturgeschichtsschreibung, in: Göttinger Gespräche zur Geschichtswissenschaft, Bd. 1: Wege zu einer neuen Kulturgeschichte, Hg. v. Hartmut Lehmann, Göttingen 1995, S. 7-28

Villenkolonien in Wannsee 1870-1945. Großbürgerliche Lebenswelt und Ort der Wannsee-Konferenz, (Begleitbuch zur Ausstellung), Berlin 2000.

Volkov, Shulamit, Antisemitismus als kultureller Code. Zehn Essays, München ^{2}2000.

Wala, Michael, Weimar und Amerika. Botschafter Friedrich von Prittwitz und Gaffron und die deutsch-amerikanischen Beziehungen von 1927 bis 1933, Stuttgart 2001.

Weber, Max, Gesammelte Politische Schriften, Hg. v. Johannes Winckelmann, Tübingen ^{2}1958.

Weber, Max, Max Weber Gesamtausgabe (MWG). Im Auftrag der Kommission für Sozial- und Wirtschaftsgeschichte der Bayerischen Akademie der Wissenschaften herausgegeben von Hans Baier, M. Rainer Lepsius, Wolfgang J. Mommsen, Wolfgang Schluchter, Johannes Winckelmann, Tübingen 1986ff.

Wegner, Bernd, Hitlers politische Soldaten: Die Waffen-SS 1933-1945, Paderborn ³1988.

Wehler, Hans-Ulrich, Das Kaiserreich 1871-1918, Göttingen 1973.

Wehler, Hans-Ulrich, Alltagsgeschichte. Königsweg zu neuen Ufern oder Irrgarten der Illusionen, in: Ders., Aus der Geschichte lernen?, München 1988, 130-151.

Wehler, Hans-Ulrich (Hg.), Europäischer Adel 1750-1950, Göttingen 1990.

Wehler, Hans-Ulrich, Deutsche Gesellschaftsgeschichte. Dritter Band: Von der „Deutschen Doppelrevolution" bis zum Beginn des Ersten Weltkrieges 1859-1914, München 1995.

Wehler, Hans-Ulrich, Die Herausforderung der Kulturgeschichte, München 1998.

Wehler, Hans-Ulrich, Deutsches Bürgertum nach 1945: Exitus oder Phönix aus der Asche?, in: GG 27 (2001), S. 617-634.

Weidmüller, Helmut, Die Berliner Gesellschaft während der Weimarer Republik, Phil. Diss., Berlin 1956.

Weisbrod, Bernd, Kriegerische Gewalt und männlicher Fundamentalismus. Ernst Jüngers Beitrag zur Konservativen Revolution, in: GWU 49/1998, S. 542-558.

Wette, Wolfram (Hg.), Pazifistische Offiziere in Deutschland 1917-1933, Bremen 1999.

Wilhelmy, Petra, Der Berliner Salon im 19. Jahrhundert (1790-1914), Berlin 1989.

Winkler, Heinrich August, Weimar 1918-1933. Die Geschichte der ersten deutschen Demokratie, München 1993.

Winkler, Heinrich August, Die deutsche Staatskrise 1930-1933. Handlungsspielräume und Alternativen, München 1992.

Zapf, Wolfgang, Wandlungen der deutschen Elite 1919-1961, München 1965.

Zapf, Wolfgang, Wandlungen der deutschen Eliten. Ein Zirkulationsmodell deutscher Führungsgruppen 1919-1965, München 1965.

Zitelmann, Rainer, Hitler. Selbstverständnis eines Revolutionärs, Stuttgart 1987.

Zollitsch, Wolfgang, Adel und adlige Machteliten in der Endphase der Weimarer Republik. Standespolitik und agrarische Interessen, in: Heinrich August Winkler, (Hg.), Die deutsche Staatskrise 1930-1933. Handlungsspielräume und Alternativen, München 1992, S. 239-256.

Zollitsch, Wolfgang, Agrarische Interessen, familiäre Tradition und regionale Elitenbildung. Landbesitzender Adel in Preußen von 1914 bis 1945, Unveröffentlichtes Vortragspapier, Berlin 1995.

Zollitsch, Wolfgang, Das Scheitern der „gouvernementalen" Rechten. Tilo von Wilmowsky und die organisierten Interessen in der Staatskrise von Weimar, in: Walther von Kieseritzky/Klaus-Peter Sick (Hg.), Demokratie in Deutschland. Chancen und Gefährdungen im 19. und 20. Jahrhundert, München 1999, S. 254-273.

Zühlsdorff, Volkmar von, Deutsche Akademie im Exil. Der vergessene Widerstand, Berlin 1999.

Zunkel, Friedrich, Die rheinisch-westfälischen Unternehmer 1834-1879, Köln/Opladen 1962.

16.) Personenregister

Von inhaltlich begründeten Ausnahmen abgesehen verweisen Personen- und Sachregister nur auf Nennungen im Haupttext und lassen die Fußnoten unberücksichtigt.

Adorno, Theodor W. 303
Aereboe, Friedrich 417
Alvensleben, Hans Bodo Graf v. 114, 132, 396, 425-429, 433f., 441, 452, 454f.
Alvensleben, Ludolf v. 502, 561
Alvensleben, Werner v. 49, 579, 428
Alvensleben-Arensdorf, Udo v. 536
Arco-Valley, Anton Graf v. 223, 340
Arenberg, Franz Prinz v. 179
Arendt, Hannah 141, 483, 550, 556, 608
Aretin, Erwein Frhr. v. 97, 102, 105f., 323, 329, 339, 374-381, 396, 405, 407f., 429, 467, 504, 515f.
Aretin, Karl Adam Frhr. v. 515
Aretin, Karl Frhr. v. 349, 371f., 406-412, 516
Arnim (Familie) 47, 328, 573
Arnim, Clara v. 204
Arnim, Dankwart Graf v. 47, 51, 56, 63f.
Arnim, Gotthard v. 541
Arnim, Hans v. 554
Arnim, Hans-Arno v. 540
Arnim-Boitzenburg, Dietlof Graf v. 57, 131, 219, 239f., 245, 248, 251, 406, 478-481, 485, 488, 517f.
Arnim-Burow, Oskar v. 554
Arnim-Cunersdorf, Achim v. 513, 551
Arnim-Kröchlendorff, Detlev v. 446, 513, 571
Arnim-Muskau, Adolf Graf v. 129
Arnim-Muskau, Hermann Graf v. 184
Bach-Zelewski, Erich von dem 561f., 371
Baden, Friedrich Großherzog v. 179
Baden, Max Prinz v. 200, 230, 234, 465
Ballestrem, Nikolaus Graf v. 365, 429
Ballin, Albert 134, 280
Baudissin, Klaus Graf v. 544
Bayern, Rupprecht Kronprinz v. 114, 329f., 333, 373, 375-378, 504
Bechstein, Helene/Hugo 553

Bentheim-Tecklenburg, Adolf Fürst zu 324, 331, 350-352, 356f., 394, 509, 511, 519, 557-559, 568
Berg-Markienen, Friedrich v. 100, 106, 226, 237, 277f., 327, 336f., 355-367, 371f., 407-411, 427, 431, 485, 491, 510, 513
Bernstorff (Familie) 26, 572
Bernstorff, Johann Heinrich Graf v. 461
Bernstorff-Stintenburg, Albrecht Graf v. 57, 131, 461,
Bernstorff-Wendendorf, Andreas Graf v. 55, 246, 480f.
Best, Werner 451, 566
Bethmann-Hollweg, Theobald v. 186
Bismarck (Familie) 328, 573
Bismarck, Gottfried Graf v. 500
Bismarck, Heinrich v. 502
Bismarck, Otto Fürst v. 77-79, 84, 109, 123, 133, 143, 163, 167, 169, 250, 259, 301, 468
Bismarck, Otto II. Fürst v. 500, 525, 540, 581
Bleichröder, Else v. 140, 168
Bleichröder, Gerson v. 35, 128, 133f., 137, 165, 167-169
Blomberg, Werner v. 350, 509
Boehm, Max Hildegard 303, 427
Bogen u. Schönstedt, Walther v. 316f., 326f., 345f., 351f., 356f., 372f., 398, 407-409, 434, 485,
Bose, Herbert v. 586
Bothmer, Karl Graf v. 470
Braun, Lily 606
Braun, Magnus Frhr. v. 70, 350, 460, 498
Braunschweig, Herzog v. 91, 568
Brauweiler, Heinz 365, 387
Bredow, Ferdinand v. 586
Brockdorff-Rantzau, Ulrich Graf v. 461
Bruck, Carl vom 442, 444f., 447
Bruckmann, Elsa 553
Brüning, Heinrich 354, 384, 424, 517

Brünneck-Trebnitz, Harald v. 534, 536
Bülow (Familienverband) 50, 53, 98, 328, 491, 497, 402, 573, 584
Bülow, Bernard Fürst v. 124, 131, 165, 178, 183, 250f.
Bülow, Bernhard Wilhelm v. 461
Bülow, Friedrich v. 584
Bülow, Paula v. 69
Carolath-Beuthen, Hans Georg Prinz zu 507
Castell-Castell, Carl Fürst zu 395f.
Castell-Castell, Friedrich Carl Fürst zu 179f., 198, 290
Castell-Rüdenhausen, Clementine Gräfin zu 570
Claß, Heinrich 136, 174-176, 183-188, 193, 195-197, 223, 300, 342
Corswant-Cuntzow, Walter v. 518f.
Coudenhove-Kalergi, Richard Graf v. 305f.
Cramon, August v. 510-513
Cuno, Wilhelm 443, 453f., 459, 517
Damaschke, Adolf 519
Darré, Richard Walther 252, 317f., 373, 405, 415, 484, 488, 510, 518-530, 538, 541f., 546, 562, 583
Dinter, Artur 180, 219, 337
Dirksen, Herbert v. 554f.
Dirksen, Viktoria Auguste v. 455, 554
Dissow, Joachim v. s. Rantzau
Dohna (Familie) 328, 573, 565
Dohna, Heinrich Graf zu 515
Dohna-Finckenstein, Hermann Graf zu 525, 529, 579
Dohna-Mallmitz, Heinrich Burggraf zu 425, 430, 431, 433, 433, 440
Dohna-Schlobitten, Alexander Fürst zu 112, 488, 524, 578
Dommes, Wilhelm v. 447, 510, 513
Dönhoff, Marion Gräfin v. 63, 111, 224, 474, 573
Donop, Gerhard v. 206
Drechsel, Karl August Graf v. 151, 301, 314, 349, 355, 407-411
Dürckheim, Kuno Graf v. 277, 530, 552, 559
Duisberg, Carl/Hildegard 436

Eberstein, Friedrich Karl Frhr. v. 562
Ebert, Friedrich 200, 208, 254, 280
Ehrhardt, Hermann 283
Elverfeldt-Canstein Alexander Frhr. v. 393, 482
Engels, Friedrich 14
Epp, Franz Ritter v. 214, 375, 443, 446
Escherich, Georg 418, 430, 436
Eulenburg, Botho Ernst Graf zu 315, 401, 545
Eulenburg, Philipp Fürst zu 78, 172, 223, 237
Eulenburg, Siegfried Graf zu 221
Eulenburg-Hertefeldt, Friedrich Wend-Fürst zu 447, 477-479, 517
Falkenhausen, Ludwig Frhr. v. 237
Feder, Gottfried 447, 501, 506
Finck v. Finckenstein, Heinrich-Georg Graf 579
Finck v. Finckenstein, Konrad Graf 579
Finck v. Finckenstein, Ottfried Graf 49, 71, 92, 247, 501, 579
Fontane, Theodor 137, 609
Franckenstein, Heinrich Frhr. v. und zu 515
Franckenstein, Moritz Frhr. v. und zu 420f., 457, 459
Freytag-Loringhoven, Hugo Frhr. v. 69
Fromm, Bella 512, 545, 555f.
Fugger v. Kirchberg u. zu Weißenhorn, Karl Ernst Graf 150, 547
Fürstenberg, Anelia 127
Fürstenberg, Carl 134, 142
Fürstenberg, Karl Egon Erbprinz zu 583
Fürstenberg, Max Egon Fürst zu 142, 211, 332, 467, 581-583,
Galen Augustinus Graf v. 255
Galen, Clemens August Graf v. 101, 363, 386, 393f., 429
Galen, Franz Graf v. 86, 101, 363-366, 370, 386, 390f., 429, 531
Galen, Friedrich Graf v. 104
Gebsattel, Franz Frhr. v. 457, 459, 558
Gebsattel, Konstantin Frhr. v. 175, 181, 185-187, 453, 457

16.) Personenregister

Gemmingen, Hans Weiprecht Frhr. v. 404-409
George, Stefan 84, 219, 299, 309, 436, 471, 492, 494
Gerlach, Helmuth v. 111, 462, 464
Gerlach, Ludwig v. 113
Gerlich, Fritz 384f.
Glagau, Otto 168f.
Glasmeier, Heinrich 311, 390
Gleichen, Heinrich Frhr. v. 219, 309f., 423, 425-428, 432, 443, 440, 444, 446, 454, 540
Gobineau, Artur Comte de 190f., 195
Goebbels, Joseph 439, 449, 484, 499, 504, 532, 541, 554, 565, 581
Goebbels, Magdalena 556
Goltz, Rüdiger Graf v. d. 315, 379, 511, 513, 517, 552, 554
Göring, Carin 553
Göring, Hermann 66, 391, 498, 508, 553-555, 578f.
Görlitz, Walter 23, 412, 571, 573
Graefe, Albrecht v. 99, 173, 175, 266
Groener, Wilhelm 227, 231, 234-236, 242, 322, 355, 410, 507
Gumppenberg, Johannes Frhr. v. 424, 372
Günther, Hans Friedrich Karl 102, 302, 309, 318, 371, 520f., 526, 528, 562, 583
Guttenberg, Elisabeth Frfr. v. und zu 104
Guttenberg, Enoch Frhr. v. und zu 457, 459, 481,
Guttenberg, Karl Ludwig Frhr. v. 381, 403, 457, 518
Hammerstein-Equord, Kurt Frhr. v. 460, 474
Hammerstein, Marie Louise v. 474
Hammerstein, Marie Therese v. 474
Haniel, Karl 304, 456
Hansemann, Ferdinand von 180
Hardenberg, Carl Hans Graf v. 571
Hassell, Ulrich v. 486, 588
Hatzfeld, Paul Graf v. 132, 167
Helldorf, Wolf Heinrich Graf v. 487, 512, 544, 554, 556
Helldorff-Bedra, Otto v. 190
Henckel v. Donnersmarck, Guido Fürst 123f., 143, 167, 227

Henckel v. Donnersmarck, Guidotto Fürst 542, 556, 568
Hermine Prinzessin Reuß ä. L. (Zweite Ehefrau Wilhelms II.) 507, 555
Hertzberg, Rüdiger v. 341f.
Hertzberg-Lottin Ernst v. 188, 341f.
Hertzberg-Lottin, Gertzlaff v. 188, 223, 336, 341f.
Hessen (Familie) 564, 570
Hessen, Christoph Prinz v. 563
Hessen, Philipp Prinz v. 564
Hessen, Wilhelm Prinz v. 558
Heydebreck, Hans Peter v. 217, 541
Heydt, August Frhr. v. d. 554
Himmler, Heinrich 191, 455, 471f., 523f., 529f., 566, 578f.
Hindenburg, Oskar v. 100, 460
Hindenburg, Paul v. 80, 91, 222-234, 237, 327, 350f., 354, 356, 384, 434, 436, 438, 444, 460, 481, 498, 507, 510, 513, 532, 555, 559, 582, 586
Hohenlohe (Familie) 570
Hohenlohe-Langenburg, Hermann Fürst zu 190, 457
Hohenlohe-Oehringen, Christian Kraft Fürst zu 143
Hohenlohe-Oehringen, Margarethe Prinzessin zu 238
Hohenlohe-Schillingsfürst, Alexander Prinz zu 92
Hohenlohe-Schillingsfürst, Philipp Ernst Fürst zu 134
Hohenzollern-Namedy, Albrecht Prinz v. 398, 431, 454
Holtzendorff, Arndt v. 279f., 464
Holtzendorff, Hanshenning v. 236
Houwald, Albrecht Frhr. v. 327
Hugenberg, Alfred 245, 389f., 391, 423, 436, 438, 449, 457, 459, 468, 478-480, 497, 601
Huhn, Gustav 398-412
Ilsemann, Sigurd v. 242, 342-350, 354, 529, 542
Isenburg, Helene Prinzessin v. 269, 276
Isenburg, Karl Ferdinand Prinz v. 570
Isenburg, Wilhelm Prinz v. 348

Jung, Edgar Julius 58, 295, 303-305, 374, 407585, 599
Jünger, Ernst 68, 241, 296, 303, 319, 493, 606
Kageneck, Hans Graf v. 586
Kanne, Bernd Frhr. v. 550f., 576
Kerckerinck, Engelbert Frhr. v. 251, 311, 362, 386-389, 457, 489, 498
Keßler, Harry Graf v. 462
Ketteler, Wilhelm Frhr. v. 586
Keyserling, Hermann Graf 305, 433, 436
Killinger, Manfred Frhr. v. 225f., 488, 497
Kleist, Leopold v. 509, 554
Kleist-Schmenzin, Ewald v 60, 80, 105, 113, 248, 256, 335, 402, 409, 498, 500, 505, 518, 532, 571
Klemperer, Victor 499
Köbel, Eberhard (alias tusk) 495
Kriegsheim, Arno v. 425, 432
Krupp v. Bohlen u. Halbach, Gustav 137, 139, 279, 457
Krupp, Barbara 279, 435
Lagarde, Paul de 191, 195, 300-304
Lampedusa, Giuseppe Tomasi di 13, 609
Lanz v. Liebenfels, Georg 192
Lehndorff, Hans Graf v. 515
Lent, Friedrich 307
Leonrod, Wilhelm Frhr. v. 323, 359, 372, 558
Lettow-Vorbeck, Paul v. 374, 214, 217, 443
Levetzow, Magnus v. 84, 239, 497f., 509, 511f., 517, 533, 554f.
Ley, Robert 588
Leyen, Erwein Fürst v. d. 151, 349, 370, 420, 457, 559
Liebermann v. Wahlendorf, Willy Ritter 135, 140
Lippe (Familie) 562, 570
Lippe, Christian Prinz zur 579
Lippe, Friedrich Wilhelm Prinz zur 395f., 526
List, Guido (von) 192
Loë, Felix Graf 393
Löffelholz-Colberg, Kurt Frhr. v. 542, 561

Löwenstein-Wertheim-Rosenberg, Alois Fürst zu 52, 86, 107f., 181, 265, 352, 361-366, 369-371, 390, 406, 449, 525, 557f.
Löwenstein-Wertheim-Freudenberg, Hubertus Prinz zu 471f.
Löwenstein, Karl Prinz zu 553
Ludendorff, Erich 254, 374, 504, 533
Lüninck, Ferdinand Frhr. v. und Hermann Frhr. v. 69, 356, 359, 361, 387-393, 402, 409, 426, 434f., 455, 482
Mackensen, August v. 449, 513
Mallinckrodt, Hans-Georg v. 382f.
Mallinckrodt, Meinulf v. 390f., 394
Malsen-Ponickau, Erasmus Frhr. v. 541f.
Maltzahn, Ago Frhr. v. 461
Mann, Thomas 109, 424, 198
Marwitz (Familie) 353f.
Marwitz, Bernhard v. d. 79
Marwitz, Bodo v. d. 180, 206, 262, 334, 353f., 535
Marwitz, Friedrich August Ludwig v. d. 57, 141
Marwitz, Johann Friedrich Adolf v. d. 224
Marx, Karl 14, 50
Massow, Ewald v. 449, 451, 573
Mayer, Ernst 306f, 309
Mecklenburg, Adolf Friedrich Herzog v. 211, 331, 441, 443, 447
Mecklenburg, Johann Albrecht Herzog zu 187
Mecklenburg-Schwerin, Friedrich Franz Großherzog zu 211, 331, 433, 481, 539, 566
Mecklenburg-Strelitz, Elisabeth Großherzogin zu 254
Medem, Walther Eberhard Frhr. v. 355, 410, 554
Meinecke, Friedrich 20, 131, 247, 594
Mendelssohn-Bartholdy, Franz v. 134
Mevissen, Gustav (von) 142
Michels, Robert 303, 307
Mirbach, Wilhelm Graf v. 203
Mirbach-Sorquitten, Julius Graf v. 183f.
Moellendorff, Wichard Frhr. v. 279

16.) Personenregister

Moeller van den Bruck, Arthur 17, 86, 95, 191, 219, 299, 302f., 404, 409, 422f., 424, 427, 458
Mohler, Armin 15, 295, 297, 512
Morozowicz, Elhard v. 535
Mosch, Rudolf v. 152
Müldner v. Mülnheim, Louis v. 244, 263
Münchhausen, Börries Frhr. v. 83, 209, 318-320, 526
Münster, Albrecht Graf zu 770
Musil, Robert 73, 88
Nagel, Leopold Frhr. v. 365, 393
Neipperg, Adalbert, Graf v. 382f.
Neipperg, Attila Graf v. 255f., 366, 371, 406
Neumann, Franz 490, 524
Nostitz, Helene v. 58, 92
Oertzen, Wilhelm v. 112, 282
Oldenburg, Nikolaus Großherzog v. 431, 497
Oldenburg-Januschau, Elard v. 63, 35, 80, 110, 172, 198, 207f., 222, 532
Oppen, Rudolf v. 112, 282
Oppen, Udo v. 281
Oppen-Tornow, Wilhelm v. 213, 239
Ortega y Gasset, José 68
Öttingen-Wallerstein Karl Friedrich Fürst zu 290, 332
Öttingen-Wallerstein, Eugen Fürst zu 332f., 348, 357, 359, 372, 381, 411, 430, 456, 519, 523, 548, 558
Papen, Franz v. 49, 60, 70, 213, 219, 305, 350, 364f., 384-388, 424, 433-435, 438-440, 455, 460, 500, 516, 556, 556, 585f., 603
Pesl, Ludwig 519
Pfeffer v. Salomon, Franz 492
Pflugk-Harttung, Horst v. 223
Pickl Edler v. Witkenberg, Wilhelm 194
Plessen, Hans Balduin v. 543
Plessen, Hans v. 233, 235, 237
Plessen-Langen-Trechow, Reimar v. 441, 448
Preußen, Alexander Prinz v. 549
Preußen, August Wilhelm Prinz v 439, 537, 541, 554, 563, 556.

Preußen, Heinrich Prinz v. 179
Preußen, Oskar Prinz v. 425, 572
Preußen, Waldemar Prinz v. 331
Preußen, Wilhelm Kronprinz v. 96, 129f., 135, 139, 174, 186, 208, 211, 224, 227f., 231f., 234, 238f., 243-251, 254-258, 263-285, 344, 365, 452, 455, 485f., 507-510, 553, 581, 598
Preußen, Wilhelm Prinz v. 335, 374
Prittwitz und Gaffron, Friedrich v. 461f.
Quadt, Eugen Graf v. 430, 459, 571
Quidde, Ludwig 171f.
Rantzau, Johann-Albrecht v. (alias Joachim v. Dissow) 65, 88, 259, 468, 477, 546
Rathenau, Emil 128, 134
Rathenau, Walther 88, 128, 131, 134f., 279, 427
Ratibor u. Corvey, Prinz v. 331, 409, 568
Ratibor, Elisabeth Herzogin v. 481
Rechberg, Arnold 425
Redwitz, Alfons Frhr. v. 419, 519, 523
Reibnitz, Kurt Frhr. v. 91, 424, 462f., 466-469
Reitzenstein, Wilhelm Frhr. v. 87, 523
Renn, Ludwig (d. i. Arnold Vieth v. Golßenau) 259, 472f.
Reusch, Paul 304, 430, 459
Reuß ä. L., Hermine Prinzessin s. Hermine
Reventlow, Ernst Graf zu 131, 137f., 172f., 175, 184f., 251f., 259, 439
Reventlow, Franziska Gräfin v. 185
Rheden-Rheden, Hartwig Frhr. v. 528
Rheinbaben, Rochus v. 467
Rilke, Rainer Maria 209, 436
Roëll, Paul Frhr. v. 152
Rohan, Karl Anton Prinz v. 69, 211, 305f.
Röhm, Ernst 455, 457, 496, 557, 579, 582
Rosenberg, Alfred 514
Rosenberg, Arthur 199
Rosenberg, Hans 20, 118, 209, 606
Rothschild (Bankhaus) 123, 128, 167, 340
Rupprecht (Kronprinz) s. Bayern
Sachsen-Coburg u. Gotha, Ernst Prinz v. 570
Sachsen-Coburg u. Gotha, Carl Eduard Herzog v. 449-452, 568, 570

Sachsen-Meiningen, Bernhard Prinz v. 567, 570
Sachsen-Meiningen, Georg Prinz v. 395
Salburg, Edith Gräfin v. 100, 536
Salm-Horstmar, Eduard Prinz zu 154f., 330
Salm-Horstmar, Otto Fürst zu 179, 182, 187, 449
Salomon, Ernst v. 217
Sartre, Jean-Paul 162, 484
Savigny, Friedrich-Carl v. 586
Schaumburg-Lippe (Familie) 570
Schaumburg-Lippe, Ernst Erbprinz zu 562
Schaumburg-Lippe, Friedrich Christian Prinz zu 439, 541, 543, 551, 565, 584
Schaumburg-Lippe, Marie Adelheid Prinzessin zu 554
Schaumburg-Lippe, Stefan Prinz v. 565
Schemann, Ludwig 190
Schenk v. Stauffenberg s. Stauffenberg
Schlabrendorff, Fabian v. 92, 283, 593
Schleicher, Kurt v. 224, 227, 428, 460, 481, 499, 517, 556, 586
Schleswig-Holstein, Ernst Günther Herzog zu 151
Schoenaich, Paul Frhr. v. 465f., 469
Schoenaich-Carolath, Hans Georg Prinz v. 570
Schotte, Walter 310, 423, 426
Schröder, Kurt Frhr. v. 435 f.
Schulenburg (Familie) 571f., 575, 580
Schulenburg, Elisabeth („Tisa") Gräfin v. d. 63, 91, 204, 209, 218, 598
Schulenburg, Friedrich Graf v. d. 220, 222, 231-235, 244f., 249, 251, 258, 464, 480, 486f., 506
Schulenburg, Friedrich Werner Graf v. d. 572
Schulenburg, Fritz-Dietlof Graf v. d. 116f., 213, 501f., 571f., 580, 588, 590
Schulenburg, Werner v. d. 82f.
Schulenburg, Wolf Werner Graf v. d. 571f.
Schulenburg-Beetzendorf, Werner Graf v. d. 145
Schwabach, Léonie v. 127
Schwabach, Paul v. 127, 133f.

Schwerin von Schwanenfeld, Ulrich Wilhelm Graf 571
Sebottendorf, Rudolf Frhr. v. (eigentlich Rudolf Glauer) 191f.
Selchow, Bogislav v. 69, 77, 115
Siemens, Carl Friedrich v. 35, 268
Siemens, Werner v. 155
Simmel, Georg 56, 58, 110
Soden, Franz Frhr. v. 404, 410
Solf, Wilhelm 130
Solms-Baruth, Hermann Graf zu 411
Solms-Hohensolms-Lich, Hermann-Otto Erbprinz zu 395
Solms-Laubach, Bernhard Graf zu 551, 570
Solms-Laubach, Georg Friedrich Graf zu 451
Sombart, Nicolaus 96, 138, 208, 494, 596
Sombart, Werner 69, 118, 132, 138, 162, 274, 277
Spahn, Martin 387, 423, 432, 442, 445, 457
Spann, Othmar 383, 404, 443, 447
Spengler, Oswald 58, 163, 296, 301-303, 311, 379, 409, 423f., 436, 443, 457f., 497f.
Spitzemberg, Hildegard Frfr. v. 128, 143
Stackelberg, Camilla v. 214
Stadtler, Eduard 181, 387, 423, 427
Starhemberg, Ernst Rüdiger Graf v. 380
Stauff, Philipp 194
Stauffenberg, Claus Schenk Graf v. 13, 309, 532, 571, 580, 590
Stauffenberg, Franz Schenk Frhr. v. 380, 396, 457, 528
Steinbömer, Gustav 308
Stenbock-Fermor, Alexander Graf v. 473
Stetten, Dietrich v. 523
Stoecker, Adolf 157, 165
Stolberg-Stolberg, Hermann Graf zu 340
Stolberg-Wernigerode, Christian Ernst Fürst zu 52, 180, 210, 289f., 324, 395, 419, 457
Stolberg-Wernigerode, Otto Fürst zu 180, 457
Stolberg-Wernigerode, Otto Graf zu 396, 457
Stolberg-Wernigerode, Udo Graf zu 183f.

16.) Personenregister

Strasser, Gregor 95, 251, 424, 492, 554, 595
Strasser, Otto 251, 404, 424, 516, 554
Strousberg, Henry Bethel 124, 133, 143, 166-168
Stülpnagel, Carl Heinrich v. 591
Stülpnagel, Joachim v. 236, 244, 281
Taube, Otto Frhr. v. 106, 272, 293
Thun und Hohenstein, Roderich Graf v. 560
Thüngen, Hildolf Frhr. v. 188
Thüngen, Lutz Frhr. v. 542f.
Thurn u. Taxis (Familie) 289, 291, 548
Thurn u. Taxis, Albert Fürst v. 180, 289
Thurn u. Taxis, Gustav Franz Maria Prinz v. 205
Tiedemann, Heinrich von 180
Tresckow, Henning v. 281, 571, 588, 590, 593
Troeltsch, Ernst 198, 424
Trotha, Lothar v. 215
Tschammer-Osten, Hans v. 398, 561
Tschirschky, (General v.) 57, 208, 220
Tschirschky, Fritz-Günther v. 220, 440, 586
Uechtritz, Bernhard v. 168
Uechtritz, Oldwig v. 60, 168, 175
Unruh, Fritz v. 465
Vacher de Lapouge, Georges 193
Veblen, Thorstein 133f.
Veltheim, Hans-Hasso v. 205, 436
Vietinghoff-Scheel, Charlotte Freiin v. 527
Vietinghoff-Scheel, Leopold Frhr. v. 318, 336, 344
Vögler, Albert 304, 442, 449, 456
Waldburg zu Zeil u. Trauchburg, Erich Fürst v. 382-384
Waldeck u. Pyrmont, Josias Erbprinz zu 457, 524, 566
Wangenheim, Konrad Frhr. v. 131f.
Weber, Max 22, 29f., 44, 157, 283, 293, 301f., 303, 313, 469, 609
Weizsäcker, Ernst Frhr. v. 237
Westarp, Haila Gräfin v. 205
Westarp, Kuno Graf v. 222, 233-235, 251, 460, 468
Wied, Viktor Prinz zu 554

Wilamowitz-Moellendorff, Ulrich v. 84, 131
Wilhelm I. (deutscher Kaiser und König von Preußen) 125
Wilhelm II. (deutscher Kaiser und König von Preußen) 65, 68, 84f., 121, 124-128, 134-143, 174, 186, 227-259, 3312, 333, 344f., 478, 491, 495, 498, 507-512, 521, 554f., 581f., 596, 598
Wilhelm, Kronprinz s. Preußen
Wilmowsky, Tilo Frhr. v. 279, 395f., 435
Winterfeldt, Joachim v. 50, 76
Woedtke, Alexander v. 561
Wolzogen, Ernst Frhr. v. 82, 160, 173-175
Wolzogen, Hans Paul v. 173
Würtzburg, Ludwig Frhr. v. 181
Yorck v. Wartenburg, Paul („Bia") Graf 580
Yorck v. Wartenburg, Peter Graf 93, 580
Yorck v. Wartenburg, Wolfgang Graf 580
Yourcenar, Maguerite 218
Zeddelmann, Walter v. 312f.
Zedlitz-Trützschler, Robert Graf v. 126, 250f., 464
Zitzewitz (Familie) 573f.
Zuckmayer, Carl 587

17.) Sachregister

20. Juli 1944 13, 18, 25, 44f., 224, 557, 571-573, 580, 587-592, 604
Adeligkeit 16, 36, 40-42, 47-117, 589f.
Adelsproletariat/Armut im Adel 37, 106, 260-282, 287, 599
Adelsreform 146-156, 163, 293-320, 520-530, 608
Alldeutscher Verband 174-188, 193, 197, 222f., 317f., 336, 341f., 344, 437, 439, 448f., 497
American Guild for German Cultural Freedom 472
Antibolschewistische Liga 181, 427
Antisemitismus 101, 120-122, 135, 150-153, 157-197, 336-358, 367, 380, 393, 438, 457, 482-488, 596
Arbeitsgemeinschaft katholischer Deutscher 559f.
Arierparagraphen 187f., 336-357, 370, 380, 413, 557, 600
Autobiographien/Memoiren s. Erinnerung
Bayerischer Heimat- und Königsbund 333, 373, 376-378, 419, 482
Berlin s. Großstadt
Bildung/Bildungsfeindschaft 73-90, 109, 141, 299, 310, 318, 595
Blut (als Metapher) 49, 105, 136, 171, 180, 189, 190-196, 228, 274, 307-319, 327, 336-352, 396, 405, 458f., 520-530, 539, 544, 583, 602
Börse/Finanzsektor 43, 71, 100f., 135f., 122, 125f., 147, 161-169, 174, 268, 277-282, 287, 397, 431, 435f., 442, 484f.
Bund der Landwirte 157, 176f., 182, 188, 342, 484
Bund deutscher Gelehrter und Künstler 427
Bund deutscher Bodenreformer 416, 519
Bürgerlichkeit/Antibürgerlichkeit
Casino-Gesellschaft 129, 437
Charisma 44-46, 115, 308, 490, 495, 531, 599
Club von Berlin 133

Deutscher Automobilklub 129f.
Deutscher Flottenverein 177, 179, 181-183, 291
Deutscher Herrenklub 115, 132, 256, 309f., 395, 398, 403, 469, 586f., 601
Deutscher Kolonialverein 179, 183, 291, 369
Deutsch-Völkischer Schutz- und Trutzbund 187f., 336, 342, 390, 562
EDDA (Eisernes Buch deutschen Adels deutscher Art) 336-357, 383, 486f., 521, 529, 583
Eliten s. Funktionseliten
Englischer Adel/Englisches Adelsmodell 44, 72, 148, 160, 300, 304, 307, 313f., 317, 609
Erbhöfe/Reichserbhofgesetz 353, 415, 418, 502, 524f.
Erinnerung/Erinnerungstechniken 31f., 50-64, 79f., 97f., 200-207, 226, 243, 250, 507, 533, 591, 594, 609
Europäischer Kulturbund 306
Familienverbände/Familientage 41, 48, 50, 53f., 57, 76, 98, 250, 265, 322, 338, 341, 350-354, 464f., 491, 497, 584
Feudalisierungsthese 16, 20, 62, 118-143, 293, 596
Fideikommisse 31, 51, 59, 63, 192, 201f., 414-422, 470, 517-519
Frauen, adlige 39, 47, 64, 66, 94, 98, 122f., 153-155, 163, 204, 218, 261f., 264-270, 329, 338, 361, 367f., 452, 473f., 527-530, 570, 577f.
Freikorps 208, 212, 228, 238, 360, 380, 390, 449, 473, 492, 497, 561f., 579, 598
Frontgeneration s. Generationskonflikt
Führer/Führertum 17, 45f., 60, 100, 104-117, 299-320, 395-398, 422-475, 488-500, 552, 595, 598f.
Funktionseliten 42, 55, 89, 109, 121, 131, 304, 282-292, 304, 421-437, 440, 456-461, 586, 589
Fürstenenteignung 372, 416, 420, 516, 536

17.) Sachregister

Gäa 395f., 421f., 436, 456-460, 558
Garderegimenter 48, 119, 139, 168, 220f., 238, 248, 275, 280, 465f., 495, 512
Generationskonflikte/Adelsjugend 39, 107, 199, 209-213, 218-221, 220, 238, 248, 256-258, 301, 324f., 334f., 378-385, 397, 400, 403, 485, 493-495, 499, 506, 513, 528, 531f., 580, 597f.
Genossenschaft katholischer Edelleute Bayerns 107, 144, 149, 156, 263, 267, 340, 348, 360, 363, 366-372, 385, 406, 421, 558
Gesellschaft Deutscher Staat 306f.
Gesellschaft von 1914 130-132
Gesellschaft zum Studium des Faschismus 450-452
Gotha (Nachschlagewerk) 35, 58, 97, 194, 346
Grandseigneurs 36f., 104-109, 120-143, 210f., 283-292, 330-334, 369, 413-422, 461, 528, 548f., 563-570, 601
Großgrundbesitzer 24, 55-72, 108, 150, 178, 209, 283f., 288-292, 328, 385, 414-420, 459, 478, 501, 516-530, 536-538, 577, 579, 599, 607
Großstadt/Berlin/Großstadt-Kritik 59-72, 76, 84, 91, 96, 126-135, 140f., 163f., 169, 196, 372, 401, 485, 492, 494, 525
Haltung/Härte/Charakter 68, 73-90, 98, 100, 225, 360, 595
Helden-Gedenkmappe 97f., 200
Heroldsamt 202, 327, 340
Herrengesellschaft Mecklenburg 315, 426, 440-448, 453f., 518
Herrengesellschaft Schlesien 440
Herrenklub (München) 340, 379
Hochadel s. Grandseigneurs
Hofadel/Höfe/Hofgesellschaft 90f., 99, 101, 126-129, 132-140, 158f., 163-165, 168-173, 195f., 201, 254, 433, 441, 464, 495f., 554, 557, 596
Industrie/Industrielle 35, 37, 43, 48, 70f., 92, 103, 112, 123f., 125, 129-149, 183, 268-273, 277-282, 306, 395, 425-431, 434f., 441-443, 449, 456-459, 517
Jagd 65-68, 464, 578, 581

Juden/Jüdische Bourgeoisie 101, 120-143, 159f., 165f., 189-197, 275, 464, 497, 280, 482-488
Jugendbewegung/Bündische Jugend 401, 471, 492-495
Juni-Klub 422f., 425, 432, 444
„Junker" (Begriff) 14, 20f., 36, 74f., 78, 82, 107, 172, 283, 428, 594
Kadettenkorps 31, 39, 51, 73, 82, 98, 201, 260
Katholische Tatgemeinschaft 381-385, 397, 406
Kolonialtruppen 213-215
Kolonialvereine 84, 179, 183, 291, 369
Königin Luise Bund 338
Konnubium/Heiratsmuster 35, 37, 44, 47, 122-127, 141, 219, 266, 279, 288, 336, 340f., 435, 527, 567
Konservative Revolution s. Neue Rechte
Korps, studentische 78f., 98, 140, 213, 435, 463
Kreuzzeitung/Ära-Artikel 168f.
Kurmärkerklub 96, 265
Lambach-Streit 257
Löbichau, Wirtschaftliche Frauenschule 155, 267
Luxus/Luxuskritik 90-106, 119, 128f., 135, 139, 154, 158f., 163, 294, 497, 565
Männlichkeit 39, 87, 98, 218, 225, 302, 360, 364, 402, 493, 497, 600
Monarchismus 219, 229, 233f., 239, 241-258, 376, 421, 477, 504-516, 522, 598
Münchener Jungadel 334, 378-382, 395, 402
Namensrecht s. Heroldsamt
Nationalklubs 437, 439, 448-456
Neue Rechte/Konservative Revolution 15, 17, 45f., 176-197, 293-320
NSDAP und Adel 34, 99, 251, 342, 345, 375f., 383, 392f., 428, 439f., 446f., 448, 450-455, 478-481, 492, 498, 504-507, 512, 516, 528, 540, 569-585
Nobilitierungen/Neuadel 31, 35, 90f., 119f., 134-136, 139, 171, 183, 193f., 268f., 287, 300-303, 305, 309, 312, 344, 346, 430, 462, 445

Opfer 55, 59, 78, 97-98, 200, 235-236, 503, 537, 571, 587-589, 592
Pagerien 73, 87, 201
Pferde 62-65, 70, 91, 94, 129, 318f.498, 526f.
Politisches Kolleg (Berlin) 401, 412, 432f., 442, 445
Reichserbhofgesetz s. Erbhöfe
Reichswehr 42, 87, 201, 281, 286f., 355, 510, 562, 585
Ring-Bewegung 422-456, 585, 601
Russische Revolution 197, 203, 211
SA und Adel 34, 115, 214, 221, 227, 353, 439, 448, 450, 457, 478, 486f., 492-497, 503, 507, 511, 515, 532-551, 554-557, 562-564, 567, 571, 579-586, 603
Schlesische Magnaten 142f.
Schule der Weisheit 305, 433
Semi-Gotha 194f., 317, 344, 347, 351f., 522
Sonderwegsthese 14, 16, 20, 118, 607
Sprache/Jargon/Anekdoten 32f., 50, 57, 499f., 126, 205-208, 532f.
SS und Adel 82, 227, 350, 353, 485-488, 501-503, 524f., 529f., 539-541, 549, 552f., 559, 561-569, 582f., 603
Stahlhelm 214, 292, 338, 365, 373-375, 390-393, 497, 508, 513, 534-536, 544f., 550, 567f.

Standesherren s. Grandseigneurs sowie 84, 97, 107, 108, 123f.
Stifte/Damenheime/Klöster 155f., 201, 266
Strousberg-Skandal 124, 133, 143, 166-168
Thule-Gesellschaft 191, 205
Turf-Club 129
Unions-Club 129
Verein deutscher Standesherren 395, 413-422
Verein für gebundenen Besitz 377, 419
Verein katholischer Edelfrauen 361
Verein katholischer Edelleute Deutschlands 144, 340, 360f., 383-394, 601
Verein katholischer Edelleute Südwestdeutschlands 38, 150, 255, 264, 360f., 363, 366f., 383, 406f., 408
Vereinigung für nationale und soziale Solidarität 427
Vereinigung Vaterländischer Verbände Deutschlands 238, 315, 373
Verschmelzungsthese/Elitenfusion 16, 20, 42, 44, 72, 119-121, 140, 596, 608
Völkische Bewegung/Völkische Agitatoren 69f., 82, 99f., 120, 135f., 160, 164, 170-197, 201, 240f., 251, 326f., 332-367.
Wehrmacht 500, 503, 590
Wald/Waldbesitz 62-68, 70, 292, 333, 401, 413f., 416, 418, 420, 497, 524f., 581

18.) Abkürzungen

AFA	Archiv der Freiherrn v. Aretin (Haidenburg)
AFHG	Archiv der Freiherrn Hiller v. Gaertringen (Gaertringen)
AFM	Archiv der Freiherrn v. Münchhausen (Bückeburg)
AFWM	Archiv der Freiherrn v. Würtzburg zu Mitwitz (Kronach)
AGSG	Archiv der Grafen Schönburg-Glauchau (Glauchau, Sachsen)
AFLH	Archiv der Freiherrn v. Lerchenfeld (Heinersreuth, Franken)
ASB	Adels- und Salonblatt
AVBG	Archiv des Verbandes der Bayerischen Grundbesitzer (München)
AOBS	Archiv der Otto-von-Bismarck-Stiftung (Friedrichsruh)
BAMA	Bundesarchiv-Militärarchiv (Freiburg)
BAK	Bundesarchiv Koblenz
BAB	Bundesarchiv Berlin-Lichterfelde
BAP	Bundesarchiv Potsdam (jetzt: Bundesarchiv Berlin)
BDC	Berlin Document Center (im Bundesarchiv Berlin)
BayHStA	Bayerisches Hauptstaatsarchiv (München)
BLHA	Brandenburgisches Landeshauptarchiv (Potsdam)
DAAM	Deutsches Adelsarchiv (Marburg)
DAB	Deutsches Adelsblatt
DAG	Deutsche Adelsgenossenschaft
DAG, LAB	Deutsche Adelsgenossenschaft, Landesabteilung Bayern
DAG, LAS	Deutsche Adelsgenossenschaft, Landesabteilung Sachsen
DHK	Deutscher Herrenklub (Berlin)
DVSTB	Deutsch-Völkischer Schutz- und Trutzbund
EDDA	Eisernes Buch deutschen Adels deutscher Art
FCAC	Fürstlich Castell'sches Archiv (Castell)
FÖWA	Fürstlich Öttingen-Wallerstein'sches Archiv (Öttingen)
FFAD	Fürstlich Fürstenbergisches Archiv (Donaueschingen)
FTTZA	Fürst Thurn und Taxis Zentralarchiv (Regensburg)
GGT	Gothaische Genealogische Taschenbücher (1825-1942)
GGT/GHdA A	Adlige Häuser
GGT/GHdA FH	Freiherrliche Häuser
GGT/GHdA G	Gräfliche Häuser
GGT/GHdA Fü	Fürstenhäuser
GHdA	Genealogisches Handbuch des deutschen Adels (1951ff.)
GKE	Genossenschaft katholischer Edelleute Bayerns
GStAPK	Geheimes Staatsarchiv Preußischer Kulturbesitz (Berlin)
HSAD	Hessisches Staatsarchiv (Darmstadt)
IdA	Archiv für deutsche Adelsforschung (Owschlag)
LAG	Landesarchiv Greifswald
LHAM-AW	Landeshauptarchiv Magdeburg, Außenstelle Wernigerode
MGKEB	Mitteilungen der Genossenschaft katholischer Edelleute in Bayern
MLHA	Mecklenburgisches Landeshauptarchiv (Schwerin)
Nl	Nachlaß

NRWSAD	Nordrhein-Westfälisches Staatsarchiv Detmold
NSDAP-OK	Ortskartei der NSDAP
NSSAB	Niedersächsisches Staatsarchiv (Bückeburg)
PA	Personalakte
StAA	Staatsarchiv Augsburg
STAW	Staatsarchiv Würzburg
STAWKB	Staatsarchiv Werthheim – Kloster Bronnbach
VKE	Verein katholischer Edelleute
WAAM	Westfälisches Archivamt Münster
WAB	Westfälisches Adelsblatt
WJOBB	Wochenblatt der Johanniter-Ordens-Balley Brandenburg
ZfA	Zentrum für Antisemitismusforschung (Berlin)